Gestão Empresarial e Sustentabilidade

Gestão Empresarial e Sustentabilidade

EDITORES
ARLINDO PHILIPPI JR
CARLOS ALBERTO CIOCE SAMPAIO
VALDIR FERNANDES

Manole

Copyright © 2017 Editora Manole Ltda., conforme contrato com os editores.

PROJETO GRÁFICO E CAPA
Nelson Mielnik e Sylvia Mielnik

FOTOS DA CAPA
Ana Maria da Silva Hosaka e
Opção Brasil Imagens

DIAGRAMAÇÃO
Acqua Estúdio Gráfico

PRODUÇÃO EDITORIAL
Editor gestor: Walter Luiz Coutinho
Editora responsável: Ana Maria da Silva Hosaka
Produção editorial: Marília Courbassier Paris
Editora de arte: Deborah Sayuri Takaishi

EDITORES
Arlindo Philippi Jr
Carlos Alberto Cioce Sampaio
Valdir Fernandes

SECRETARIA EDITORIAL
Manon Garcia

APOIO TÉCNICO EDITORIAL
Soraia Fernandes

REALIZAÇÃO
Programa de Pós-Graduação Ambiente, Saúde e Sustentabilidade
Departamento de Saúde Ambiental – Faculdade de Saúde Pública, USP
Programa de Pós-Graduação em Tecnologia e Sociedade, UTFPR
Programa de Pós-Graduação em Gestão Ambiental, UP

Dados Internacionais de Catalogação na Publicação (CIP)
(Câmara Brasileira do Livro, SP, Brasil)

Gestão empresarial e sustentabilidade / editores Arlindo Philippi Jr., Carlos Alberto
Cioce Sampaio, Valdir Fernandes. -- Barueri, SP : Manole, 2017. -- (Coleção
ambiental; v. 21).

Vários autores.
Bibliografia.
ISBN 978-85-204-3912-8

1. Administração de empresas 2. Gestão ambiental 3. Planejamento estratégico 4.
Sustentabilidade I. Philippi Jr, Arlindo. II. Sampaio, Carlos Alberto Cioce. III.
Fernandes, Valdir. IV. Série.

16-04736	CDD-658.4

Índices para catálogo sistemático:
1. Gestão ambiental : Sustentabilidade :
Administração   658.4

Todos os direitos reservados.
Nenhuma parte deste livro poderá ser reproduzida, por qualquer processo,
sem a permissão expressa dos editores. É proibida a reprodução por xerox.

A Editora Manole é filiada à ABDR – Associação Brasileira de Direitos Reprográficos.

1ª edição – 2017

Editora Manole Ltda.
Avenida Ceci, 672 – Tamboré
06460-120 – Barueri – SP – Brasil
Fone: (11) 4196-6000 – Fax: (11) 4196-6021
www.manole.com.br
info@manole.com.br

Impresso no Brasil
Printed in Brazil

CONSELHO EDITORIAL CONSULTIVO

Alexandre Louis de Almeida D'Avignon (UFRJ); Allan Claudius Queiroz Barbosa (UFMG); Alvaro Luiz Mathias (UFPR); Ana Luiza Spínola (USP); Angélica Góis Morales (Unesp); Antoninho Caron (FAE); Armando Borges de Castilhos Junior (UFSC); Asher Kiperstok (UFBA); Aurea Maria Brandi Nardelli (Nucleus); Carlos Loch (UFSC); Carlos Melo Garcias (PUC-PR); Carlos Roberto dos Santos (Cetesb); Christian Luiz da Silva (UTFPR); Cinthia Sena Abrahão (UFPR); Claudio Rocha de Miranda (Embrapa); Daniel Hauer Queiroz Telles (UFPR); Darci Campani (UFRGS); Fabio Teodoro (PUC-PR); Francisco Salau Brasil (UEPG); Georges Kaskantzis Neto (UFPR); Gilnei Luiz de Moura (UFSM); Harry Alberto Bollman (PUC-PR); Heitor Cantarella (IAC-SP); Isabel Jurema Grimm (UFPR); Jairo Lizandro Schmitt (Feevale); Joel Souto Maior Filho (UFPB); José Garcia Leal Filho (UFSC); Karin Kässmayer (FAE); Klaus Dieter Sautter (UP); Lucia Santa Cruz (ESPM-RJ); Luciano Freitas Nascimento (Unigranrio); Luciano Munck (UEL); Luis E. Sánchez (USP); Luiz Panhoca (UFPR); Mabel Simone de Araujo Bezerra Guardian (UFRN); Maria Vitoria Duarte Ferrari Tomé (UnB); Marialva Tomio Dreher (Furb); Mário Almeida Neto (UFG); Oklinger Mantovaneli Junior (Furb); Patrícia Almeida Ashley (UFF); Patricia Billota (UP); Paulo Ricardo Opuszka (UFSM); Pedro Roberto Jacobi (USP); Ricardo Ribeiro Alves (Unipampa); Santiago Francisco Yunes (UFSC); Sergio Almeida Pacca (USP); Silvana Audrá Cutolo (USP); Sônia Regina Paulino (USP); Stephan Tomerius (UTrier); Tadeu Fabricio Malheiros (USP); Tercio Ambizzi (USP); Teresa Cristina de Miranda Mendonça (UFRRJ); Valdir Frigo Denardin (UFPR); Valeria Giannella Alves (UFCA); Vladimir Passos de Freitas (PUC-PR); Wanda Maria Risso Günther (USP).

EDITORES
Arlindo Philippi Jr
Carlos Alberto Cioce Sampaio
Valdir Fernandes

AUTORES

Alejandro Dorado
Serviço Nacional de Aprendizagem Industrial, Senai

Alexandre de Oliveira e Aguiar
Universidade Nove de Julho, Uninove

Ana Luiza Silva Spínola
Faculdade de Saúde Pública, USP

Annelissa Gobel Donha
Consultoria Andreoli Engenheiros Associados

Antonio Rioyei Higa
Universidade Federal do Paraná, UFPR

Arlindo Philippi Jr
Faculdade de Saúde Pública, USP

Beatriz Luz
Consultora de sustentabilidade estratégica e economia circular

Carlos Alberto Cioce Sampaio
Universidade Positivo, UP, e Universidade Regional de Blumenau, Furb

Carlos Rossin
PricewaterhouseCoopers, PwC

Cecília Michellis
PricewaterhouseCoopers, PwC

Cláudia Echevenguá Teixeira
Instituto de Pesquisas Tecnológicas, IPT

Cleverson Vitório Andreoli
Instituto Superior de Administração e Economia do Mercosul, Isae, e Consultoria Andreoli Engenheiros Associados

Eliane Pereira Rodrigues Poveda
Universidade Estadual de Campinas, Unicamp

Eloy Fassi Casagrande Jr.
Universidade Tecnológica Federal do Paraná, UTFPR

Eryka Eugênia Fernandes Augusto
Centro Universitário FEI

Ester Feche Guimarães
Escola de Engenharia de São Carlos, USP e Sabesp

Evandro Lau de Andrade
Pontifícia Universidade Católica do Paraná, PUCPR

Fabiana de Nadai Andreoli
Pontifícia Universidade Católica do Paraná, PUCPR

Fabiana Farah
Consultora em cadeia de produção de carnes

Fabio Ytoshi Shibao
Universidade Nove de Julho, Uninove

Fátima Pereira Pinto
Ecouniverso, FIA e Senac

Fernando Soares Pinto Sant'Anna
Universidade Federal de Santa Catarina, UFSC

Gilberto Montibeller-Filho
Universidade Federal de Santa Catarina, UFSC

Gina Rizpah Besen
Universidade de São Paulo, USP

Graciane Regina Pereira
Instituto Federal de Santa Catarina, IFSC

Gustavo Melo
Universidade Federal de Pernambuco, UFPE

Hans Michael van Bellen
Universidade Federal de Santa Catarina, UFSC

Isak Kruglianskas
Faculdade de Economia, Administração e Contabilidade, USP

Izabella Brito
Consultoria Andreoli Engenheiros Associados

Ivan Sidney Dallabrida
Universidade Regional de Blumenau, Furb

Jacques Demajorovic
Centro Universitário FEI

Jorge Justi Junior
Consultoria Andreoli Engenheiros Associados

José Gustavo de Oliveira Franco
Pontifícia Universidade Católica do Paraná, PUCPR

Laércio Antônio Gonçalves Jacovine
Universidade Federal de Viçosa, UFV

Lina Pimentel Garcia
Mattos Filho Advogados

Lineu Belico dos Reis
Escola Politécnica, USP

Luciane Cristina Ribeiro
Pontifícia Universidade Católica do Paraná, PUCPR

Lucila Maria de Souza Campos
Universidade Federal de Santa Catarina, UFSC

Luís Fernando Guedes Pinto
Instituto de Manejo e Certificação Florestal e Agrícola, Imaflora

Luiz Shizuo Harayashiki
Associação Brasileira da Indústria Química, Abiquim

Maiara Melo
Instituto Federal da Paraíba, IFPB

Manon Garcia
Pontifícia Universidade Católica do Paraná, PUCPR

Marc Vilanova Pichot
Esade Business School

Marco Aurélio Soares de Castro
Escola de Engenharia de São Carlos, USP

Margarete Casagrande Lass Erbe
Universidade Federal do Paraná, UFPR

Maria do Carmo Sobral
Universidade Federal de Pernambuco, UFPE

Mariana Rubim P. Accioli Doria
Associação Brasileira da Indústria Química, Abiquim

Mario Roberto dos Santos
Universidade Nove de Julho, Uninove

Marlus Kormann
Coca-Cola/Leão Alimentos e Bebidas

Maurício Dziedzic
Universidade Positivo, UP

Michel Epelbaum
Ellux Consultoria

Monica Kruglianskas
Cambridge Institute for Sustainability Leadership

Oklinger Mantovaneli Jr.
Universidade Regional de Blumenau, Furb

Patrícia de Sá Freire
Universidade Federal de Santa Catarina, UFSC

Paula Vaccari Toppel
Pontifícia Universidade Católica do Paraná, PUCPR

Paulo Luiz A. Coutinho
Braskem

Pedro de Menezes Niebuhr
Menezes Niebuhr Advogados Associados

Pedro Roberto Jacobi
Faculdade de Educação, USP

Rafael Küster de Oliveira
Pontifícia Universidade Católica do Paraná, PUCPR

Rebecca M. Dziedzic
University of Toronto

Ricardo Ribeiro Alves
Universidade Federal do Pampa, Unipampa

Roberto Antônio Finatto
Universidade Federal Fronteira Sul, UFFS

Roberto Giro Moori
Universidade Presbiteriana Mackenzie

Rodrigo Claudino Cortez
Companhia Nacional de Abastecimento, Conab

Rodrigo Eduardo Córdoba
Escola de Engenharia de São Carlos, USP

Rosa Maria Fischer
Faculdade de Economia, Administração e Contabilidade, USP

Saulo Ribeiro dos Santos
Universidade Federal do Maranhão, UFMA

Schirlei Mari Freder
Pontifícia Universidade Católica do Paraná, PUCPR

Solange Maria da Silva
Universidade Federal de Santa Catarina, UFSC

Tadeu Fabrício Malheiros
Escola de Engenharia de São Carlos, USP

Taísa Cecília de Lima Caires
Fundação Espaço ECO

Talita Cristina Zechner Lenz
Universidade Federal de Santa Catarina, UFSC

Tamara Vigolo Trindade
Consultoria Andreoli Engenheiros Associados

Tatiana Tucunduva Philippi Cortese
Universidade Nove de Julho, Uninove e Senac

Thaise Costa Guzatti
Universidade Federal de Santa Catarina, UFSC

Valdir Fernandes
Universidade Tecnológica Federal do Paraná, UTFPR

Valdir Schalch
Escola de Engenharia de São Carlos, USP

Vânia Gomes Zuin
Universidade Federal de São Carlos, UFSCar

Walter Lazzarini
Conselho Superior de Meio Ambiente, Fiesp

Yáskara Barrilli
Associação Brasileira da Indústria Química, Abiquim

Os capítulos expressam a opinião dos autores, sendo de sua exclusiva responsabilidade.

Sumário

Prefácio XVII
Sergio Luiz Gargioni

Apresentação XXI
Arlindo Philippi Jr, Carlos Alberto Cioce Sampaio e
Valdir Fernandes

PARTE I – ABORDAGENS TEÓRICAS DA GESTÃO EMPRESARIAL
PARA SUSTENTABILIDADE

Capítulo 1
Sustentabilidade e Cidadania Corporativa 3
Arlindo Philippi Jr, Carlos Alberto Cioce Sampaio e
Valdir Fernandes

Capítulo 2
Empresas e Sustentabilidade Econômica 14
Gilberto Montibeller-Filho

Capítulo 3
Empreendedorismo Socioambiental 29
Rosa Maria Fischer

Capítulo 4
Mudanças Climáticas e os Desafios para a Gestão Empresarial . . 50
Tatiana Tucunduva Philippi Cortese e Fátima Pereira Pinto

GESTÃO EMPRESARIAL E SUSTENTABILIDADE

PARTE II – TEMÁTICAS APLICADAS À GESTÃO EMPRESARIAL
PARA SUSTENTABILIDADE

Capítulo 5
Gestão Empresarial, Sustentabilidade e Competitividade. 73
Walter Lazzarini

Capítulo 6
Energia, Empresa e Sustentabilidade. 100
Lineu Belico dos Reis

Capítulo 7
Direito Ambiental: Legislação Aplicada ao
Setor Empresarial 133
Ana Luiza Silva Spínola e Lina Pimental Garcia

Capítulo 8
Direito Ambiental: Áreas Contaminadas na Mineração 155
Eliane Pereira Rodrigues Poveda

Capítulo 9
Processo Administrativo Ambiental Orientado
para o Setor Empresarial 173
Pedro de Menezes Niebuhr

Capítulo 10
Gestão para a Universalização dos Serviços de
Saneamento em Áreas de Vulnerabilidade Social 202
Ester Feche Guimarães e Tadeu Fabrício Malheiros

Capítulo 11
O Programa Atuação Responsável® e a
Química Verde no Brasil 233
*Vânia Gomes Zuin, Paulo Luiz A. Coutinho,
Mariana Rubim P. Accioli Doria, Yáskara Barrilli e
Luiz Shizuo Harayashiki*

Capítulo 12
Princípios do Equador e Desempenho
Socioambiental do Setor Financeiro....................... 259
Alejandro Dorado

Capítulo 13
Mercado e Certificação de Produtos da
Agricultura Orgânica 285
Talita Cristina Zechner Lenz e Roberto Antônio Finatto

Capítulo 14
Modelos de Logística Reversa de Resíduos
Eletroeletrônicos: Cenários Internacional e Nacional 304
Jacques Demajorovic e Eryka Eugênia Fernandes Augusto

Capítulo 15
Gestão Empresarial para Sustentabilidade e
Governança Ambiental sob a Perspectiva dos
Serviços Ecossistêmicos 340
*Rafael Küster de Oliveira, Cleverson Vitório Andreoli,
José Gustavo de Oliveira Franco, Fabiana de Nadai Andreoli e
Antonio Rioyei Higa*

PARTE III – METODOLOGIAS E TECNOLOGIAS APLICADAS À GESTÃO EMPRESARIAL
PARA SUSTENTABILIDADE

Capítulo 16
Gestão de Ciclo de Vida como Diferencial
Competitivo para Empresas 403
Beatriz Luz e Cláudia Echevenguá Teixeira

Capítulo 17
Cadeia de Suprimento Verde 427
*Fabio Ytoshi Shibao, Roberto Giro Moori,
Cláudia Echevenguá Teixeira e Mario Roberto dos Santos*

XIV | GESTÃO EMPRESARIAL E SUSTENTABILIDADE

Capítulo 18
Contribuição das Normas de Sistemas de Gestão
e do Modelo de Certificação para a Evolução
da Sustentabilidade 466
Michel Epelbaum

Capítulo 19
Gestão Ambiental na Indústria 512
Margarete Casagrande Lass Erbe

Capítulo 20
Certificação Agrícola...................................... 548
Luís Fernando Guedes Pinto

Capítulo 21
Gestão de Recursos Humanos para Sustentabilidade 569
Alexandre de Oliveira e Aguiar

Capítulo 22
Modelos de Gestão Organizacional para Sustentabilidade:
da Participação à Colaboração 595
Patrícia de Sá Freire e Solange Maria da Silva

Capítulo 23
Certificação Florestal: Contribuição Socioambiental
e sua Aplicação na Indústria 613
Ricardo Ribeiro Alves e Laércio Antônio Gonçalves Jacovine

Capítulo 24
Gestão Sustentável de Resíduos Sólidos 641
*Valdir Schalch, Marco Aurélio Soares de Castro e
Rodrigo Eduardo Córdoba*

Capítulo 25
Produção Mais Limpa (P+L) 675
*Fernando Soares Pinto Sant'Anna,
Lucila Maria de Souza Campos e Graciane Regina Pereira*

Capítulo 26
Ferramentas de Responsabilidade Social Corporativa: uma Análise Comparativa 702
Hans Michael van Bellen e Rodrigo Claudino Cortez

Capítulo 27
Empresas do Sistema B – Inovação em Sustentabilidade 745
Pedro Roberto Jacobi e Gina Rizpah Besen

Capítulo 28
Modelo de Gestão do Fluxo de Materiais e Energia 763
Rebecca M. Dziedzic e Maurício Dziedzic

Capítulo 29
Gestão Ambiental para Implantação de Empreendimentos 800
Cleverson Vitório Andreoli, Annelissa Gobel Donha, Jorge Justi Junior, Izabella Brito e Tamara Vigolo Trindade

PARTE IV – BOAS PRÁTICAS

Capítulo 30
Sustentabilidade como Estratégia de Inovação 839
Monica Kruglianskas, Marc Vilanova Pichot e Isak Kruglianskas

Capítulo 31
Contabilização de Lucros e Perdas Ambientais 866
Carlos Rossin e Cecília Michellis

Capítulo 32
Responsabilidade Socioambiental Empresarial Supermercadista: Sustentabilidade como Fator de Transformação da Cadeia de Valor da Carne 886
Fabiana Farah e Taísa Cecília de Lima Caires

Capítulo 33
Empreendedorismo Agroecoturístico 909
Thaise Costa Guzzatti

XVI GESTÃO EMPRESARIAL E SUSTENTABILIDADE

Capítulo 34
Desafios da Gestão Ambiental de
Empresas Sucroalcooleiras.............................. 929
Maria do Carmo Sobral, Maiara Melo e Gustavo Melo

Capítulo 35
Gestão Sustentável na Construção e na Operação
de Empresa Certificada Leed 954
Marlus Kormann

Capítulo 36
Ecossocioeconomia Empresarial 976
Manon Garcia, Paula Vaccari Toppel,
Carlos Alberto Cioce Sampaio, Ivan Sidney Dallabrida e
Oklinger Mantovaneli Jr.

Capítulo 37
A Aplicação da Comunicação Integrada de
Marketing como Estratégia para a Sustentabilidade 1006
Schirlei Mari Freder, Luciane Cristina Ribeiro,
Saulo Ribeiro dos Santos e Evandro Lau de Andrade

Capítulo 38
Minimização de Impactos Ambientais em um
Campus Universitário 1028
Rebecca M. Dziedzic e Maurício Dziedzic

Capítulo 39
Relações Sustentáveis entre Universidade e Empresa:
o Projeto do Escritório Verde da UTFPR 1073
Eloy Fassi Casagrande Jr.

Índice Remissivo 1112

Anexo: dos Editores e Autores 1115

Prefácio

Diante do cenário contemporâneo, no qual há uma nova relação capital-trabalho-sociedade imposta pelos riscos associados às mudanças climáticas e pela pressão por maior responsabilidade social corporativa, a edição do livro *Gestão Empresarial e Sustentabilidade* traz um rol de informação e conhecimento que evidencia o papel protagonista das empresas e de seus negócios nessa discussão. Seu conteúdo técnico de amplo espectro contempla conceitos e ferramentas que ajudam a desenhar e implantar um novo modelo protagonizado pelos agentes sociais e empresariais.

Pelo impacto inevitável gerado nos processos da cadeia produtiva, com consequências negativas para o ambiente e para as pessoas de um lado e, de outro, pela sua responsabilidade quase única de gerar riqueza, bem como de desenvolver e adotar novas tecnologias e modelos de gestão, as empresas desempenham um papel fundamental e mandatório na mitigação desses riscos. Como consequência, elas criam articulações e sinergias que desencadeiam, em efeito cascata, o que pode ser denominado de ecossocioeconomia, tal como concebido pelo economista Karl William Kapp em *The Social Costs of Private Enterprise*, obra editada em 1950 pela Harvard University Press que problematizava a questão ambiental como sendo essencial nos negócios.

No Brasil, as empresas passaram a dar importância a esse assunto após a mobilização e a difusão de metodologias promovidas por diferentes empresas de consultoria e organizações, notadamente pelo Instituto Ethos e pelo Serviço Social da Indústria (Sesi), a partir do ano 2000. O Sesi Santa Catarina, por exemplo, foi pioneiro na constituição de um grupo de especialistas em tecnologia de responsabilidade social corporativa, tendo difundido diversas metodologias de elaboração de relatórios anuais mais detalhados e completos como o *Global Reporting Iniciative* (GRI), desenvolvido pela entidade de mesmo nome.

Este livro sugere que a lógica dos negócios deve ser repensada de maneira a incorporar os impactos sociais e ecológicos, não apenas nas planilhas de custos das empresas mas em suas estratégias, considerando a responsabilidade socioambiental como fator de competitividade. E que se supere também o discurso superficial do marketing quando este não está associado com a ética ambiental. Negócios verdes significam artigos produzidos de modo ecológico e socialmente sustentáveis. Que inovação e tecnologia sejam concebidas a partir de uma racionalidade empresarial ambiental, na qual possa ser reconceituada a ideia da obsolescência planejada, repensando o ciclo de vida útil do produto e o seu descarte, pensando também na potencialidade de o produto, em seu conjunto ou em suas partes, vir a ser insumo de novos itens, diminuindo significativamente o impacto da sua disposição de rejeitos no ambiente.

O pragmatismo empresarial, conhecido pela sua vocação na realização e prática de ações no mundo da vida, assume papel preponderante no debate sobre educação para o consumo consciente. Mesmo porque a sociedade pode estabelecer padrões de consumo responsáveis no ato de comprar. Isso implica dizer que um bom produto seja não só de baixo custo econômico, mas também de baixo custo socioambiental.

As ações empresariais sustentáveis implicam forte ação de coordenação, pois elas não podem ser concebidas de maneira isolada. As cadeias de negócios devem ser pensadas de forma setorial e intersetorial, ou seja, de maneira que redes de conexões transversais incluam a sociedade civil organizada e o Estado na sua governabilidade.

Nos diversos capítulos do livro, os autores apresentam estratégias empresariais que minimizam consequências socioambientais de médio e longo prazo, incorporando assim os interesses das sociedades presentes e futuras em sua visão organizacional. Também sugerem que a concepção de produtos e seu tempo de vida útil devem ser periodicamente reavaliados, para que suas novas versões incorporem atributos de inovação e qualidade até então desconhecidos.

Sob tal perspectiva, empresas constituem-se em instituições. Instituições são organizações que possuem valores éticos e acompanham, ou então antecipam, comportamentos societários, como está em voga há quase 50 anos. Não há como uma ação social não impactar na natureza, assim como o impacto ambiental não repercutir na sociedade. Exemplos que evidenciam essa indissociabilidade ocorrem todos os dias.

Portanto, este livro trata de um tema atual, contextualizado no cenário brasileiro, utilizando linguagem acessível ao leitor interessado pelo embate das relações entre ambiente e sociedade, sobretudo quando da presença do agente empresarial. O livro ainda consegue aliar discussão teórica e temáticas aplicadas ao planejamento e administração de responsabilidade socioambiental empresarial. Discute, ainda, impacto e apresenta boas práticas úteis para os negócios. Enfim, concretiza um esforço sistematizado de aproximação do conhecimento científico com o cotidiano empresarial.

Sergio Luiz Gargioni
Presidente do Conselho Nacional das Fundações Estaduais de
Amparo à Pesquisa (Confap) e da Fundação de Amparo à Pesquisa e
Inovação do Estado de Santa Catarina (Fapesc)

Apresentação

A questão ambiental, considerando suas várias interfaces, eventos socioeconômicos, socioambientais e mudanças climáticas, coloca a necessidade de serem repensados processos de gestão empresarial. Portanto, há que se refletir sobre modelos de gestão empresarial com base em nova racionalidade, na qual sustentabilidade seja base para inovação.

A obra enfrenta este desafio e aborda conceitos e processos relacionados à gestão empresarial para sustentabilidade. Reúne temas que tratam sobre teorias, conceitos, metodologias, tecnologias apropriadas e práticas relacionados à gestão empresarial e à sustentabilidade. Destina-se à formação de profissionais com atuação nas áreas de administração, economia, engenharias e gestão ambiental, abrangendo aspectos relacionados a gestão, ensino, pesquisa e inovação, em âmbitos privado, público e do terceiro setor.

É composta de quatro partes: "Abordagens Teóricas da Gestão Empresarial para Sustentabilidade", contendo quatro capítulos; "Temáticas Aplicadas à Gestão Empresarial para Sustentabilidade", integrando onze capítulos; "Metodologias e Tecnologias Aplicadas à Gestão Empresarial para Sustentabilidade", com catorze capítulos; e "Boas Práticas", com dez capítulos, totalizando 39 capítulos. Há uma diversidade equilibrada de autores, contemplando variedade de casos que possibilitam visões mais amplas e diversificadas sobre o tema.

Cabe destacar que, editorialmente, a característica desta obra foi a de trazer essa multiplicidade, na qual os autores assumem suas posições, sendo estas consideradas contribuições fundamentais para o escopo da publicação. A partir desse entendimento foi constituída sua unidade, contemplando diversidade de visões e concepções.

Na Parte I, sob o título "Abordagens Teóricas da Gestão Empresarial para Sustentabilidade", encontram-se temas que discutem a transição entre a racionalidade empresarial e a racionalidade empresarial ambiental na contemporaneidade. Aponta-se que a sustentabilidade econômica deve conduzir as empresas sem desqualificar os aspectos socioambientais. Sugere-se compreender as oportunidades em torno do empreendedorismo socioambiental, no qual potencializa a chamada "economia verde". Finalizando, a Parte I trata das mudanças climáticas e dos desafios inerentes à gestão empresarial.

A Parte II, intitulada "Temáticas Aplicadas à Gestão Empresarial para Sustentabilidade", aborda temas e setores importantes da economia e como estes estão se adaptando aos novos tempos. Faz-se inicialmente uma reflexão sobre gestão e sustentabilidade, a partir do tema da competitividade empresarial. Em seguida, trata do entrelaçamento da empresa e sustentabilidade no setor de energia; adentra no direito ambiental, no qual se desvenda a legislação aplicada ao setor empresarial, bem como da sistemática do processo administrativo ambiental no contexto empresarial, e ainda trata do setor específico de áreas contaminadas pela mineração; defronta-se com a gestão para a universalização dos serviços de saneamento em áreas de vulnerabilidade social; aborda temas de vanguarda sobre os desafios da química verde no contexto brasileiro, o desempenho socioambiental do setor financeiro e o mercado e certificação de produtos da agricultura orgânica; e desvenda modelos de logística reversa de resíduos eletroeletrônicos no cenário brasileiro e internacional, assim como a governança ambiental sob a perspectiva dos serviços ecossistêmicos.

"Metodologias e Tecnologias Aplicadas à Gestão Empresarial para Sustentabilidade" constitui a Parte III, que reúne discussões sobre dinâmicas, como gestão de ciclo de vida como diferencial competitivo para empresas; cadeia de suprimento verde; contribuição das normas de sistemas de gestão e do modelo de certificação para evolução da sustentabilidade; gestão ambiental na indústria; certificação agrícola; gestão de recursos humanos para sustentabilidade; modelos de gestão organizacional para sustentabilidade; certificação florestal; gestão sustentável de resíduos sólidos; produção mais limpa; ferramentas de responsabilidade social corporativa e empresas do Sistema B; modelo de gestão do fluxo de materiais e energia; e gestão ambiental para implantação de novos empreendimentos.

Completa a obra a Parte IV, "Boas Práticas", compreendendo casos emblemáticos que trazem aprendizados quanto à concepção, elaboração e implementação de estratégias sustentáveis em organizações empresariais. Mais do que dar destaque às organizações, ressaltam-se as qualidades das práticas, bem como suas limitações, e que não sejam confundidas com experiências acabadas. Aliás, a realidade retrata a imperfeição das ideias, mas enaltace o valor das ações. Destacam-se os temas da sustentabilidade como estratégia de inovação; contabilização de lucros e perdas ambientais; responsabilidade socioambiental empresarial supermercadista; empreendedorismo agroecoturístico; desafios da gestão ambiental de empresas sucroalcooleiras; gestão sustentável na construção e na operação de empresa certificada *Leed*; ecossocioeconomia empresarial; comunicação integrada de marketing como estratégia para sustentabilidade; minimização de impactos ambientais em um *campus* universitário; e relações sustentáveis entre universidade e empresa.

Este livro é resultado de um esforço editorial para melhor compreender a temática ambiental em sua complexidade, o que representa, em seu conjunto, inteirar-se dos desafios que o mundo empresarial tem pela frente. Não se propõe apenas apresentar diagnóstico de um novo ambiente empresarial, mas repensar a racionalidade na tomada de decisão, apresentar alternativas de inovações, soluções e boas práticas para tal desafio. Mais do que promover uma economia mais verde, coloca-se a ideia de que decisores e gestores utilizem lógica que releve custos socioambientais de médio e longo prazo e não apenas cálculo econômico de curto prazo. Espera-se que as gerações futuras reconheçam que esta geração foi capaz de superar a mera crítica para uma ação responsável possível de ser realizada.

Boa leitura!

Arlindo Philippi Jr,
Carlos Alberto Cioce Sampaio e
Valdir Fernandes
Editores

PARTE I

Abordagens Teóricas da Gestão Empresarial para Sustentabilidade

Capítulo 1
Sustentabilidade e Cidadania Corporativa
Arlindo Philippi Jr, Carlos Alberto Cioce Sampaio e Valdir Fernandes

Capítulo 2
Empresas e Sustentabilidade Econômica
Gilberto Montibeller-Filho

Capítulo 3
Empreendedorismo Socioambiental
Rosa Maria Fischer

Capítulo 4
Mudanças Climáticas e os Desafios para a Gestão Empresarial
Tatiana Tucunduva Philippi Cortese e Fátima Pereira Pinto

PARTE 1

Sustentabilidade e Cidadania Corporativa | 1

Arlindo Philippi Jr
Engenheiro civil, sanitarista e ambiental, USP

Carlos Alberto Cioce Sampaio
Administrador, UP e Furb

Valdir Fernandes
Cientista social, UTFPR

INTRODUÇÃO

A partir da Conferência das Nações Unidas sobre Meio Ambiente Humano, em Estocolmo, na Suécia, em 1972, e da publicação de *Limits to Growth* (Meadows et al., 1972), a noção de desenvolvimento apenas como crescimento econômico é colocada em xeque. O debate sobre questões ambientais e sociais é trazido para a agenda dos grandes temas internacionais, com uma preocupação que vai além dos interesses nacionais, favorecendo uma perspectiva global. Essa conferência se tornou um grande marco no processo de tomada de consciência universal da importância do meio ambiente. Foi também a primeira iniciativa do gênero tomada pelas Organização das Nações Unidas (ONU) voltada ao exame dessa questão de forma coordenada, buscando respostas para problemas existentes e tentando definir linhas de ação para o seu enfrentamento.

Dentre as contradições que se apresentavam naquele período, estava a possível incapacidade do planeta para sustentar o estilo de desenvolvimento adotado pelos países desenvolvidos, caso este se estendesse também para os demais países. Principalmente, porque já havia por parte dos países em desenvolvimento, entre os quais o Brasil, uma postura mimética[1] em relação aos países desenvolvidos. Se tal mimetismo se concretizasse, temia-se colocar em risco de colapso as dinâmicas ecológicas e as fontes de recursos naturais responsáveis pela sustentação da própria economia, até então considerada motor do desenvolvimento. Além disso, importantes serviços ambientais, ofertados gratuitamente pela natureza, poderiam ser colocados em risco à medida que as atividades humanas, principalmente a economia, diminuíam a capacidade de resiliência dos sistemas ecológicos.

Da Conferência de Estocolmo para os dias atuais inúmeros eventos e marcos históricos ambientais fizeram parte de um movimento internacional em prol da sustentabilidade, envolvendo governos, sociedade civil e organismos de mercado. Vinte anos após Estocolmo, em 1992, a ONU organizou a Conferência das Nações Unidas sobre Meio Ambiente e Desenvolvimento, no Rio de Janeiro. Essa conferência teve o documento *Our Common Future* (Nosso Futuro Comum) como ponto de partida para sua preparação. Ele ligou fundamentalmente desenvolvimento e meio ambiente como indissociáveis e chama a atenção para o aspecto de que o desenvolvimento integral depende de uma base sustentável, apoiada no tripé justiça social, viabilidade econômica e equilíbrio ambiental (CMMAD, 1991).

Em 2012, a Rio+20 procurou revigorar esses compromissos anteriores e renovar promessas políticas para o desenvolvimento sustentável. Nessa conferência, emergiu o conceito de economia verde, além da necessidade de erradicar a pobreza e de apresentar um avanço mais efetivo de quadros institucionais para o desenvolvimento sustentável como parte de um processo de institucionalização da sustentabilidade.

Esse movimento internacional continua com a recente ratificação do acordo Paris-2015, quando representantes de mais de 170 países o endossaram para reduzir as emissões de carbono. Como publicado no *The Guardian*, o presidente da França declarou: "não há como voltar atrás" (Goldenberg e Neslen, 2016), cravando uma tendência rumo à sustentabilidade, que parece, ao menos no plano político, inexorável.

Em todos esses esforços internacionais sempre esteve presente a importância da participação empresarial. Na Rio-92 criou-se o Conselho Mundial Empresarial para o Desenvolvimento Sustentável (WBCSD, na sigla em inglês). Na Agenda 21 compromissos foram acordados para o

---

[1] Mimetismo é a denominação oriunda da ecologia que significa capacidade de um organismo imitar outro.

século XXI, envolvendo questões espaciais e territoriais a serem consideradas em relação à localização e à atuação das empresas e seus possíveis impactos. Ao longo dos anos, foram realizadas iniciativas que tratam de parâmetros, normas, certificação de empresas como Global Reporting
Initiative (GRI), normas AS8.000, ISO 14.000, AA1.000 e, no caso brasileiro, indicadores para negócios sustentáveis e responsáveis. Na Rio+20 essa
agenda foi assumida pelo Fórum de Sustentabilidade Corporativa do Pacto
Global: Inovação e Colaboração para o Futuro que Queremos, e por inúmeras entidades não governamentais, renovando compromissos da Rio-92
e colocando o desafio de economia verde como uma possibilidade de negócios social e ambientalmente responsáveis (UN, 2012).

Nesse movimento e no conceito de sustentabilidade, está em pauta o
imperativo de conciliar as necessidades da sociedade presente sem comprometer a possibilidade das gerações futuras terem suas necessidades satisfeitas. Nesse contexto, as organizações empresariais não podem ter uma
visão de desenvolvimento econômico desconectada da sociedade e do
ambiente (Souza e Sampaio, 2006), por isso têm sido chamadas a se res-
ponsabilizarem e contribuirem por uma atividade mais sustentável no
presente e no futuro. O objetivo deste capítulo é discutir a importância da
responsabilidade social empresarial para o desafio da sustentabilidade, que
vai de posturas inicialmente reativas até processos mais avançados de cidadania corporativa.

ATUAÇÃO EMPRESARIAL DE CURTO PRAZO: AS QUESTÕES AMBIENTAIS COMO EXTERNALIDADE

A lógica da economia de mercado por muito tempo não levou em
conta as questões ambientais. As pequenas, médias ou grandes empresas só
foram obrigadas a se preocupar com os problemas ambientais que provo-
cavam quando a questão ambiental ganhou dimensões globais. A partir de
uma série de catástrofes ocorridas ou anunciadas, tornaram-se alvo de
movimentos de organizações não governamentais (ONGs), bem como de
políticas governamentais. Só então a destruição e a poluição causadas pelos
processos produtivos passaram a ser vistas como um problema passível de
ser minimizado com o desenvolvimento de tecnologias de minimização,
tratamento e prevenção.

Em um segundo momento, as questões ambientais começaram a ser pensadas a partir de motivações de mercado como externalidades, e não como parte intrínseca dos processos de gestão empresarial e de tomada de decisão. As atitudes proativas ocorriam mas, em sua maioria, desprovidas de mudanças culturais, pois não era da cultura das empresas tratar a conservação ambiental como um valor, e sim associada a imposições legais – uma demanda de mercado, portanto, externa à organização. Por esse motivo, não podia afirmar-se como um paradigma de gestão e de cultura empresarial.

A gestão ambiental empresarial emergia como uma disposição por parte do empresariado de diminuir os impactos ambientais, mas não ainda como uma estratégia de responsabilidade ambiental, parte da cultura empresarial e organizacional. Tratava-se, ainda, de um conjunto de ações de cunho incremental que buscava evitar que consumidores boicotassem empresas em virtude de problemas ambientais. Esse ciclo visava melhorar a imagem do setor produtivo perante a sociedade e, consequentemente, explorar por meio do marketing uma imagem de empresa verde. Por outro lado, buscava-se fazer com que o meio ambiente deixasse de ser associado unicamente ao aumento de custos de produção para ser associado a uma oportunidade de mercado. A partir do momento em que se vislumbram oportunidades de negócios com o mercado de produtos ecologicamente corretos, o meio ambiente tornou-se mais uma variável de mercado, um elemento que compõe a mercadoria, tornando a inserção de ações de mitigação e conservação da natureza um componente da sustentabilidade econômica, pois havia a expectativa de que os custos extras da adequação da produção para diminuir ou eliminar os impactos ambientais da indústria poderiam ser repassados ao consumidor consciente, que estaria disposto a pagar mais caro pelos produtos ecologicamente corretos (Layrargues, 1998).

Entretanto, segundo o mesmo autor, esse movimento não avançou como era esperado, ficando-se em muitos casos apenas no discurso. Continuou-se dependendo da presença do Estado, sem que se consolidasse um movimento empresarial pela sustentabilidade. A preocupação, principalmente do empresariado brasileiro, continuou pautada pela visão economicista da maximização da produção e dos lucros, sem perceber que a lógica da produtividade máxima gerava a possibilidade de esgotamento dos recursos naturais não renováveis, colocando em risco a própria sustentabilidade econômica.

Essa situação também pôde ser verificada por Fernandes e Sant'Anna (2007), concluindo que embora as iniciativas advindas do mercado fossem concretas, elas não representavam uma transformação cultural, sendo apenas ações de ordem incremental motivadas pela expectativa de ganhos em curto prazo ou reativas a imposições legais. Portanto, a dimensão ambiental continuava sendo externalidade, não significando uma mudança interna na cultura e na racionalidade organizacional. As questões ambientais ou continuaram sendo ameaça e sinônimo de diminuição de lucros e aumento das despesas, ou oportunidade de negócios sem, no entanto, significar uma mudança cultural consistente do empresariado em termos de gestão e de produção e em termos de racionalidade produtiva de longo prazo.

SUSTENTABILIDADE: CULTURA DE LONGO PRAZO E CIDADANIA CORPORATIVA

O conceito de responsabilidade social empresarial (RSE) tradicionalmente define quatro tipos de responsabilidades corporativas: a responsabilidade econômica, referente à solvência e à viabilidade econômica dos negócios; a responsabilidade legal, a respeito das leis e dos princípios sociais; a responsabilidade ética, de fazer o que é certo, justo e equitativo; e a responsabilidade filantrópica, no sentido de que a empresa deve contribuir para vários tipos de fins sociais, educacionais, recreativas ou culturais (Carroll, 1999).

Mais recentemente, notadamente a partir dos anos 2000, esse conceito foi reformulado, buscando uma atualização do papel e das responsabilidades corporativas no contexto do desenvolvimento sustentável. Centenas de outros conceitos foram propostos a partir de debates em ambientes de negócios e acadêmicos buscando definir e impulsionar uma forma mais humana, mais ética, mais transparente de fazer negócios. Emergiu o conceito de sustentabilidade corporativa, fundamentado nas três dimensões de sustentabilidade como as três dimensões de responsabilidade corporativa: responsabilidade ambiental, responsabilidade social e responsabilidade econômica (Van Marrewijk, 2003). Esse mesmo autor diferencia, ainda, sustentabilidade corporativa em cinco níveis de comprometimento e integração da empresa com a sociedade:

1. Atuação dentro das observâncias legais, como comportamento correto e de obrigação.

2. Investimento social e ambiental como forma de aumentar os ganhos e melhorar a reputação.
3. Ir além das conformidades legais e oportunidades de lucro para agir com responsabilidade social e ambiental desvinculadas de ganho.
4. Atitude de sinergia com o contexto socioambiental; o desempenho corporativo está associado ao ganho de todos os interessados e a sustentabilidade é um valor em si mesma, que será inevitavelmente reconhecido.
5. A sustentabilidade integrada e incorporada em todos os aspectos da organização como chave para o futuro, única alternativa social e econômica. A responsabilidade presente é a garantia de sobrevivência futura.

Essa redefinição, em seu conjunto, representa a evolução conceitual do papel e da postura empresarial em relação ao contexto socioambiental do qual faz parte. Representa, também, a evolução do termo *cidadania corporativa* que, segundo Matten e Crane (2003), proliferou com muitas interpretações, resultando em grande número de conceitos, com diferentes interpretações. Entretanto, os mesmos autores (com base em Logsdon, 2001) afirmam que as empresas são poderosos agentes públicos, que têm a responsabilidade de respeitar os direitos de cidadãos individuais e que, portanto, cidadania corporativa tem relação direta com a garantia dos direitos dos indivíduos. Para além das polêmicas e polissemias conceituais resultantes, o fato é que há uma tendência global de reformulação de negócios a partir da adesão e aplicação dos princípios de sustentabilidade, e que essa tendência passa pela etapa de repensar o nível de comprometimento das empresas com questões socioambientais.

A Responsabilidade Social Empresarial, recorrentemente utilizada como estratégia de marketing institucional, nessa perspectiva, deve transcender os objetivos circunscritos ao interesse do âmbito interno da empresa para uma perspectiva de sustentabilidade. Não basta minimizar danos ou atender à legislação com ações incrementais para melhor posicionamento no mercado. A sustentabilidade deve representar comprometimento de longo prazo, tendo em vista o papel central que os agentes econômicos ocupam na sociedade. As empresas são organizações vivas e, como tais, possuem responsabilidades que transcendem ao círculo limitado de proprietários, acionistas e associados; suas responsabilidades abrangem a comunidade e o território onde possuem sede ou onde se localiza seu mercado consumidor. Responsabilidades que devem caracterizar as empresas para além do seu caráter privado, como organizações de natureza pública, fundamentais, sinérgicas e integradas na dinâmica ambiental, econômica e social, como apontam Philippi Jr, Sampaio e Fernandes (2012).

Da mesma forma, nessa perspectiva, os consumidores são chamados à responsabilidade para além de seu âmbito privado. Em tempos de mudanças climáticas globais e de popularização das questões socioambientais, quando a mídia televisiva, impressa e virtual torna público informações à sociedade sobre os riscos que o planeta corre, fica caracterizado o fato de que todos serão impactados. Detendo essa informação e conhecimento, a sociedade, enquanto consumidora de produtos, bens e serviços, pode considerar o impacto ambiental provocado como elemento condicionante para tomar a decisão de realizar compras e adquirir serviços que demonstrem atender aos princípios de sustentabilidade. O ato de consumir passa a ser considerado a partir da responsabilidade social com as gerações atuais e futuras, conforme preconizado pela Unep (*United Nations Environment Programme*), para quem o consumo é resultado de escolhas e de variadas atividades, realizadas pelos agentes de mercado, de governo e por famílias e indivíduos. Nesse contexto, tem papel fundamental, igualmente, a estruturação de aparato institucional e marco legal (Philippi Jr et al., 2014), criados pelo Estado, no sentido de coibir comportamentos, produção e consumo não sustentáveis.

Entre as modalidades que exemplificam a RSE (e a cidadania corporativa), algumas delas tratadas nos capítulos subsequentes, encontram-se as empresas B, termo traduzido do inglês *benefit corporation*, que possuem como filosofia não serem a melhor empresa *do* mundo, mas *para* o mundo (Sistema B, 2014). Tal filosofia é transcrita em linguagem contratual, na qual parte dos lucros é comprometida com projetos socioambientais. Na mesma linha, as empresas sociais, inspiradas na experiência paradigmática do Grameen Bank, banco dos pobres (Yunus, 2011), e nas empresas de comunhão (Pinto e Leitão, 2006), possuem uma ética econômica diferenciada e ensejam um modelo em que a sustentabilidade é um valor intrínseco. Essas modalidades, embora mantenham as finalidades econômicas e de ganhos financeiros, não consideram estritamente estes fatores. "Além da competência na gestão e da capacidade de aumento produtivo e dos lucros, ganham espaço no processo de tomada de decisão os fatores sociais e ambientais, associados não só a demandas de mercado, mas também a princípios éticos e morais" (Fernandes e Sant'Anna, 2010, p.158).

Em outras palavras, uma perspectiva de sustentabilidade empresarial e cidadania corporativa insere nas organizações um forte caráter substantivo. Embora empresas atuem na economia de mercado e, portanto, com forte caráter instrumental, sustentabilidade e cidadania as impelem a um papel coletivo. A economia substantiva, definida por Polanyi (1994) e Ramos (1989), pressupõe uma racionalidade coletiva nos processos de tomada de decisão, guiada por imperativos éticos e políticos no sentido aristotélico, levando-as a extrapolar interesses puramente econômicos. Nesse ponto de vista, a economia torna-se meio de buscar a justiça social e a distribuição de renda, além da sustentabilidade ambiental, como processos intrínsecos de seu desenvolvimento. Ou seja, a sua contemplação, enquanto dimensão dos processos de tomada de decisão e de produção, não ocorre porque é reconhecida como uma dimensão motivada unicamente por condicionantes externos, de caráter instrumental, mercadológico ou de marketing; essa contemplação, quando ocorre, surge a partir de valores internos, porque é uma condição e, por isso, é um valor que descende de outros, associados à compreensão do papel social da empresa e contemplados nos cinco níveis propostos por Van Marrewijk (2003).

Um novo pensamento para uma atuação empresarial sustentável, portanto, deve se basear no princípio de que processos produtivos eficientes são aqueles que resultam em benefícios coletivos à sociedade, imbuídos dos valores de cidadania corporativa. Trata-se de uma mudança significativa de pensamento, de intencionalidade e de racionalidade, beneficiando além da empresa e daqueles diretamente ligados à cadeia produtiva, também o consumidor e a sociedade da qual faz parte. Como diria Peter Drucker, a empresa, pela sua própria natureza, possui responsabilidade social, o que pode sugerir que a geração de lucro por parte dela é uma demonstração dessa responsabilidade. No entanto, a geração de lucro condicionada pela ética e pela sustentabilidade, sem dúvida, se apresenta como forte condicionante diante dos imperativos sociais e ambientais que se apresentam na atualidade (Drucker, 2007).

Adota-se, assim, a concepção paradigmática sistêmica que compreende as dinâmicas ecossocioeconômicas. Sugere estimular hábitos de consumo, assim como produzir produtos, que não impactam negativamente o ambiente natural, de modo a contribuir para que as gerações futuras possam ter acesso aos mesmos direitos que as atuais (Sampaio, 2010).

Dessa forma, um novo pensamento empresarial tem como desafio a transição de uma perspectiva instrumental para uma abordagem que englobe uma visão substantiva de longo prazo do papel fundamental da cidadania corporativa e da interdependência entre as dinâmicas socioeconômica e ambiental.

CONSIDERAÇÕES FINAIS

É sabido que, em alguns casos, o movimento de RSE se conformou como um escudo contra as críticas da sociedade aos impactos negativos gerados pelas empresas. A RSE, nesses casos, não ocorreu respaldada por convicções sólidas, mas apenas pelo modismo. A efetividade das ações não estava na melhoria da qualidade de vida da sociedade, mas na renovação da capacidade de competitividade que essa prática podia representar. Esse processo, nas décadas de 1980, 1990 e 2000, foi passando de atitudes reativas a posturas proativas, buscando transformar as demandas por sustentabilidade em oportunidade de negócios. Mais recentemente, tais perspectivas já não são mais julgadas suficientes, e surge a necessidade de que as empresas se vejam como partes integrantes dos ganhos e prejuízos sociais – visão esta presente no conceito atual de sustentabilidade.

Há um movimento internacional de transição em prol da sustentabilidade que envolve governos e, consequentemente, políticas públicas e novas legislações associadas a aspectos socioambientais. Além disso, a sociedade civil ganha espaço com novas pressões e demandas, reivindicando responsabilidade social ambiental por parte de governos e agentes econômicos. Nesse contexto, tornou-se evidente que os negócios precisam responder a essas demandas.

As empresas são parte da sociedade, têm uma função social intrínseca enquanto agentes produtivos, mas o cumprimento dessa função não pode colocar em risco as outras dimensões da vida. A qualidade dos produtos engloba questões que transcendem os próprios produtos. Trata-se de uma perspectiva que vai além da função econômica da empresa para enfatizar sua função social. Uma forma de conduzir os negócios levando em conta no planejamento de suas atividades os interesses de acionistas, funcionários, prestadores de serviço, fornecedores, consumidores, comunidade e governo, tendo em vista o contexto socioambiental e superando a visão de que este representa apenas externalidades e oportunidades de negócios.

Todo esse processo, pelo curto período de tempo compreendido, evidencia um rápido movimento de transição que impõe mudanças significativas em estruturas de produção e, principalmente, função do setor produtivo no processo de desenvolvimento. A responsabilidade pela produção e consumo deve estar associada à responsabilidade social e ambiental. A partir do conceito de sustentabilidade, é imputado às empresas um papel de cidadania que transcende as motivações e ações econômicas. A empresa cidadã deve, além de produzir bens e serviços, proporcionar bem-estar social e desenvolvimento integral, primando pela qualidade dos produtos e do ambiente.

REFERÊNCIAS

CARROLL, A. B. Corporate social responsibility – evolution of a definitional construct. *Business & Society*. v. 38, n. 3, 1999, p. 268-295.

[CMMAD] COMISSÃO MUNDIAL SOBRE MEIO AMBIENTE E DESENVOLVIMENTO. *Nosso futuro comum*. Rio de Janeiro: Fundação Getulio Vargas, 1991.

DRUCKER, P. F. *Management challenges for the 21st century*. Nova York: Routledge, 2007.

FERNANDES, V.; SANT'ANNA, F. S. P. A inserção da dimensão ambiental nas indústrias catarinenses e sua correlação com as políticas públicas. *Revista Brasileira de Ciências Ambientais*, v. 6, 2007, p. 4-8.

_____. A racionalidade da economia de comunhão e responsabilidade socioambiental: a gestão organizacional influenciada por valores espirituais. *Desenvolvimento e Meio Ambiente* (UFPR), v. 21, 2010, p. 157-171.

GOLDENBERG. S; NESLEN, A. World governments vow to end fossil fuel era at UN climate signing ceremony. *The Guardian*. Disponível em: http://www.theguardian.com/environment/2016/apr/22/un-climate-change-signing-ceremony. Acessado em: 28 abr. 2016.

LAYRARGUES, P. P. *A cortina de fumaça. O discurso empresarial verde e a ideologia da racionalidade econômica*. São Paulo: Annablume, 1998.

MATTEN, D.; CRANE, A. *Corporate Citizenship: Towards an extended theoretical conceptualization*. Research Paper Series International Centre for Corporate Social Responsibility. Nottingham University, 2003.

MEADOWS, D. H.; MEADOWS, D. L.; RANDERS, J.; BEHRENS III, W. W. *The Limits to Growth: a report for the Club of Rome's project on the predicament of mankind*. Nova York: Universe Books, 1972. 205p.

PHILIPPI JR, A.; ANDREOLI, C. V.; BRUNA, C. G; FERNANDES, V. Histórico e Evolução do Sistema de Gestão Ambiental no Brasil. In: PHILIPPI JR, A.; ROMÉ-

RO, M. A.; BRUNA, G. C. (Orgs.). *Curso de Gestão Ambiental.* 2.ed. Barueri: Manole, 2014, p. 19-52.

PHILIPPI JR, A.; SAMPAIO, C. A. C.; FERNANDES, V. *Gestão de natureza pública e sustentabilidade.* Barueri: Manole, 2012.

PINTO, M. C. S.; LEITÃO, S. P. *Economia de comunhão: empresas para um capitalismo transformado.* Rio de Janeiro: FGV Editora, 2006.

POLANYI, K. *El sustento del hombre.* Barcelona: Mondadori, 1994.

RAMOS, A. G. *A nova ciência das organizações: uma reconceituação da riqueza das nações.* Rio de Janeiro: Fundação Getulio Vargas, 1989.

SAMPAIO, C. A. C. *Gestão que privilegia uma outra economia: ecossocioeconomia das organizações.* Blumenau: Edifurb, 2010.

SISTEMA B. *A empresa B.* Disponível em: http://www.sistemab.org/portugues/a--empresa-b. Acessado em: 07 jul. 2014.

SOUZA, V. S. F.; SAMPAIO, C. A. C. Em busca de uma racionalidade convergente ao ecodesenvolvimento: um estudo exploratório de projetos de turismo sustentável e de responsabilidade social empresarial. *RAP*, v. 40, n. 3, 2006, p. 411-425.

[UN] UNITED NATIONS. *Report of the United Nations Conference on Sustainable Development.* Nova York: Organização das Nações Unidas (ONU), 2012.

VAN MARREWIJK, M. Concept and Definitions of CSR and Corporate Sustainability: Between Agency and Communion. *Journal of Business Ethics*, v. 44, 2003, p. 95-105.

YUNUS, M. *Building social business: the new kind of capitalism that serves humanity's most pressing needs.* Nova York: Public Affairs, 2011.

2 | Empresas e Sustentabilidade Econômica

Gilberto Montibeller-Filho
Economista, UFSC

INTRODUÇÃO

Na história do universo empresarial, muitas décadas, de fato quase dois séculos, transcorreram sem que houvesse efetivamente sido colocada como problema ou como solução, restrição ou oportunidade, a temática socioambiental. Quando, aproximadamente a partir da década de 1970, a degradação ambiental e dos recursos naturais – com a grande participação das atividades econômicas em geral e das empresas em particular, especialmente as industriais – atingiu níveis alarmantes, emergiu, perante a realidade, a consciência ecoambientalista.

Atualmente e de forma crescente, as empresas se veem diante dessa questão. Por um lado, por caber-lhes atender exigências legais e também por terem de adaptar-se para atender às regras ambientais de um mercado específico. Por outro lado, surge para elas um mercado novo de consumidores que dão preferência à produção com características ecológico-ambientalistas.

Há, então, uma nova realidade à qual a empresa não pode estar desatenta, porquanto os elementos agora presentes poderão estar intimamente relacionados à sua economicidade ou sustentabilidade econômica, de um modo que anteriormente não se anunciava. É a compreensão desse nexo entre a sustentabilidade organizacional e as ameaças e oportunidades estratégicas agora presentes que situa a razão pela qual o empresário, no contexto atual e próximo, não pode prescindir de incorporar nos processos decisórios a temática socioambiental.

O ESTRUTURAL, O SUSTENTÁVEL E O DESENVOLVIMENTO

Para a discussão da temática a empresa e a sustentabilidade econômica, serão utilizados basicamente três livros produzidos pelo autor do capítulo. Trata-se de *Empresas, desenvolvimento e ambiente* (Montibeller, 2007), *O mito do desenvolvimento sustentável* (Montibeller, 2001), além de outro livro em coautoria, *Empreendedorismo na era do conhecimento* (Fialho et al., 2006). Conteúdos inerentes ao presente propósito foram adaptados em muitas das passagens ao longo do texto.

O conceito de sustentabilidade, próprio do paradigma do desenvolvimento sustentável, é bem representado pela sua versão francesa *durable*. Associa-se à ideia do que é duradouro, crônico, do que não é passageiro, não é efêmero, e sim do que tem sequência ao longo de um período infinito ou ao menos indefinido. Pois bem, uma empresa é normalmente implantada com a expectativa de que sua existência seja duradoura. Ter a tendência a ser durável, a permanecer por longo tempo é o que caracteriza como estrutural um fenômeno econômico.

A característica do estrutural é, então, sua tendência a permanecer ao longo do tempo. Como ilustração desse aspecto, no campo microeconômico, tem-se o caso da implantação de uma indústria, por exemplo. Um empreendimento dessa natureza jamais se concretiza apenas para atender a um aumento conjuntural da demanda e, passado esse aumento, haver a desativação da fábrica. Pelo contrário, o empresário toma a iniciativa de um investimento fixo na esperança de que seja duradouro. Quando ocorre o desmantelamento de uma indústria, isso também tem um caráter perene, pois ela terá desaparecido para sempre.

Idêntico fenômeno é o deslocamento da capacidade potencial de produção da economia como um todo – ou visto em um ângulo macro. Essa ampliação está relacionada ao investimento autônomo de empresas e/ou de governos em infraestrutura, em pesquisa e desenvolvimento ou em tecnologia, por exemplo. Investimentos que não ocorrem por motivações relacionadas ao curto prazo, senão por decisões estratégicas de longo prazo. O investimento autônomo promove a mudança estrutural na capacidade de produção potencial, alterando os parâmetros de máxima e de mínima, limites dentro dos quais os movimentos de curta duração, os chamados ciclos de Kitchin, passam a se verificar. A estrutura define-se, assim, por sua tendência a permanecer ao longo do tempo e diz-se que uma empresa ou uma economia é sólida se firmes são os seus fundamentos. Por exemplo: um parque industrial ou setor industrial, uma economia constituída com elevado grau de complexidade, portanto sólida, e assim por diante.

Surge, porém, uma questão adicional, importante e aparentemente contraditória, porém totalmente lógica: mesmo a estrutura, o durável, o que tende a permanecer, é importante que ele se transforme, se modifique. Vejamos o porquê.

O conceito de desenvolvimento em geral – e o de desenvolvimento socioeconômico em particular – está intimamente associado ao de estrutura. São as mudanças estruturais, transformações de caráter qualitativo, portanto, muito mais do que as de natureza quantitativa, que se traduzem em desenvolvimento. O desenvolvimento econômico e social, ao significar necessariamente mudanças na essência da sociedade, está intimamente relacionado com os elementos de natureza *estrutural*. Por isso que a abordagem do desenvolvimento necessariamente preocupa-se com prazos longos, ou mesmo para além destes, com o prazo *secular*. A análise do desenvolvimento raramente pode ser de curto prazo, pois as estruturas, resistentes a mudanças, exigem períodos longos para que se alterem – as exceções se ligam a revoluções político-sociais. As transformações estruturais, de caráter qualitativo, portanto, associam-se à noção de desenvolvimento, assim, períodos de desenvolvimento econômico decorrem de transformações estruturais.

Para compreender o processo completo do desenvolvimento socioeconômico, é necessário considerar o contexto no qual as mudanças ocorrem: isto é, o microambiente. É nas empresas que se verificam as ações de inovações, de grandes mudanças das quais deriva o efeito macroeconômico: as transformações ocorrem ao nível das empresas (micro) e transbordam para o nível macro, resultando no desenvolvimento regional ou nacional. Portanto, há intrínseca relação entre os níveis micro e macro, e o movimento de transformação parte das empresas inovadoras.

A história do desenvolvimento do capitalismo a partir da Revolução Industrial, no âmbito da qual até hoje se encontra o sistema, demonstra que períodos de forte crescimento da economia estão associados, ou melhor, resultam de ondas de inovações operadas pelas empresas inovadoras.

Com efeito, conforme o Quadro 1, a cada longo período de desenvolvimento, de aproximadamente 25 anos, corresponde um conjunto de processos inovadores baseados em novas tecnologias fundamentais. Uma vez que as novas tecnologias se disseminam pelo sistema, a economia entra em recessão seguida da depressão. O período de forte crescimento seguido de outro período de forte descenso perfazem aproximadamente meio século e completam um ciclo, conhecido, na literatura econômica, como Longo Ciclo Kondratieff, em homenagem ao economista russo descobridor do fenômeno. No total de mais de 200 anos que decorrem no contexto da Revolução Industrial, emergida no final do século XVIII, observam-se quatro ciclos de Kondratieff completos.

Quadro 1 – Longos períodos de desenvolvimento no capitalismo industrial e tecnologias fundamentais.

Períodos da economia mundial	Tecnologias fundamentais e setores líderes industriais	Tipos de inovações (quantidade)
Período I 1780-1825	Revolução Industrial: máquina a vapor, tear, madeira e ferro; tecidos.	15
Período II 1850-1875	Carvão, ferro, fundição, estradas de ferro e materiais de construção; energia a vapor.	46
Período III 1890-1915	Aço, eletrônica, motor a combustão interna, mecânica, química mineral e produção de gás; siderurgia, eletricidade.	72
Período IV 1940-1965	Petroquímica, radiofonia, televisão, computador eletrônico, energia nuclear, satélites, automóveis, aviação comercial, transistor, microeletrônica, telecomunicações, robótica, química fina, biotecnologia, fibras óticas, novos materiais; plásticos.	87
Período V 1990-...	Microeletrônica, computadores, informática, internet, fontes alternativas de energia, nanotecnologia; ambientalismo, produção e mercados verdes.	Em processo

Fonte: Adaptado de Montibeller (2007).

O Período V, ou V Kondratieff, inicia-se por volta do ano 1990 e encontra-se em processo, segundo muitos analistas (outros, porém, defendem que a economia mundial ainda não entrou em nova fase expansiva). Como demonstra a regularidade histórica, uma série de inovações marca a entrada em longo período de desenvolvimento e constata-se, também, que a cada novo período que se sucede a quantidade de tipos de inovações é maior. O Período V é caracterizado fortemente pelas inovações empresariais ligadas à área da informática, nanotecnologias, entre outras, e as relacionadas à área da economia verde ou do ambientalismo. Na sequência veremos como as inovações "verdes" se conectam com a sustentabilidade econômica empresarial.

EMPRESAS E SUSTENTABILIDADE ECONÔMICA

Para a empresa capitalista, duas questões são fundamentais: obter lucro e manter-se no mercado. Conforme visto, uma empresa não é implantada para ato contínuo e no momento seguinte ser extinta; ao contrário, ela tem o caráter estrutural. Assim, no mundo normal dos negócios, o empresário não pretende apenas um lucro momentâneo; ele pretende, sim, obter lucro continuado e por um período indefinido de tempo. O fato mesmo de o empreendimento exigir um montante de capital a ser amortizado faz com que ele não possa ser desativado assim que implantado.

A racionalidade econômica fundamental baseia-se em análise benefício-custo. Para uma empresa, essa corresponde a receitas menos despesas (Receitas – Despesas) – sendo positivo esse resultado, isso significa lucro. Duas questões se acrescentam, a saber: a taxa de lucro e a massa de lucro. De nada adianta uma elevada taxa e pouca massa. Por exemplo, vender apenas algumas poucas mercadorias adquiridas a R\$ 1,00/unidade por R\$ 2,00/unidade significa taxa de lucro de 100%, porém com um volume de lucro muito pequeno. A questão do lucro foi sobejamente estudada por Keynes, Schumpeter, Marx e outros, para os quais a empresa tradicional opera com lucro normal, correspondente aos juros do mercado, e a empresa dinâmica busca lucro extra, superior ao normal, o superlucro.

Então, tem-se a equação empresarial expressada da seguinte maneira:

Obter taxa de lucro normal (ou extra-normal, de preferência) + massa de lucro significativa	=	Manter-se no mercado indefinidamente

A empresa, quando em regime concorrencial, opera com a taxa de lucro vigente no mercado, pois ela não tem como impor nenhuma condição especial. A empresa que inova, por seu lado, busca, mediante diferenciação no mercado, uma posição de competitividade, a fim de obter lucro extra. Em sentido neoschumpeteriano, a primeira é a empresa tradicional; a segunda é a empresa inovadora. Esses diversos comportamentos na esfera microeconômica têm importância diferenciada na esfera macro, do desenvolvimento, isto é, na visão que interessa do ponto de vista socioeconômico. Tem-se que a dinâmica da economia é conseguida somente pela atuação das empresas inovadoras, conforme demonstrado, entre outros, por Mário Possas (1987) e por Ernest Mandel (1986), mediante processos de diferenciação e ganhos de competitividade.

O movimento ambientalista, tendo produzido uma série de comportamentos novos de preferência do consumidor por produtos de origem verde, de preferência por empresas que declaram posturas ambientalistas, além de ter influenciado a criação de uma série de leis e normas a que as empresas são obrigadas a atender, veio a propiciar elementos para as empresas encontrarem como atender duas condições essenciais no cenário contemporâneo do universo empresarial, que são a dinâmica e a sustentação econômicas. Dito de outra forma: a dinâmica e a sustentabilidade econômica empresarial encontram, na atualidade e crescentemente no futuro, resposta em um mesmo elemento: o ambientalismo.

A dinâmica empresarial é garantida no processo, porquanto, ao adotar preceitos do ambientalismo, a empresa estará, ainda que momentaneamente – em breve as demais a imitarão –, em situação diferenciada, privilegiada diante das demais empresas que ainda não os adotaram. Essa condição permite-lhe ampliar mercado e obter superlucro. Um exemplo é quando a empresa implanta sistemas de caráter ambiental, como no caso do sistema ISO 14001.

De fato, a adoção, pelas empresas, dos Sistemas ISO (International Organization for Standardization) tem o sentido referido. A implantação desses sistemas por uma organização é de sua livre vontade e decisão. Contudo, não é próprio do regime de mercado haver postura magnânima de uma empresa, pois há o problema de competitividade do seu produto. Assim, uma organização racional, isto é, econômica, adotará preceitos que a façam incorrer em custos se, e somente se, estes forem de alguma forma compensados: poder repassá-los aos preços dos seus produtos ou serviços; melhorar a imagem da empresa e então promover ampla divulgação do seu feito em adotar ISO; maior aceitação do produto no mercado e outros ganhos semelhantes.

Importante pesquisa realizada por Oliveira e Serra (2010) demonstra na prática tais argumentações. O estudo levantou cerca de 400 indústrias certificadas com a norma NBR ISO 14001 no estado de São Paulo. Os principais resultados quanto aos benefícios obtidos com a certificação para as empresas são referidos a seguir, em transcrição relativamente livre.

Verificou-se que as empresas com certificação ISO 14001 são mais atrativas para os investidores. Isso porque suas ações ambientais são preventivas e evitam riscos de contaminações ao meio ambiente, afastando a possibilidade de passivos ambientais que atrapalhem seus resultados financeiros.

A certificação ISO 14001 motiva os trabalhadores a atingirem metas e objetivos ambientais. Os treinamentos para o Sistema de Gestão Ambiental (SGA) propiciam conscientização dos trabalhadores quanto à importância de realizar suas atividades pensando sistemicamente e sempre de forma a considerar as consequências para o meio ambiente. O resultado confirma que a certificação é um fator de motivação dos empregados.

A pesquisa demonstrou que a certificação ISO 14001 influencia positivamente os demais processos internos de gestão nas empresas estudadas. A certificação contribui para uma sensível melhoria no ambiente de trabalho, refletindo positivamente na qualidade do relacionamento entre pessoas. Os treinamentos também costumam ressaltar a importância dos trabalhadores na execução das tarefas, no sucesso da empresa e na preservação do planeta.

A certificação ISO 14001 influencia positivamente a imagem da empresa perante a mídia e a sociedade. Diante disto, deduz-se que o SGA com base na NBR ISO 14001, de fato, demonstra o comprometimento da organização com seu desempenho ambiental e isso contribui para lhe conferir uma imagem de responsabilidade e confiabilidade.

O SGA com base na referida norma propicia segurança às empresas no controle de potenciais impactos ambientais de suas atividades, produtos e serviços. A empresa fica sujeita a menos riscos devido à consciência ambiental dos colaboradores e ao maior controle de seus processos.

A certificação ISO 14001 contribui para a redução de consumo de energia elétrica, água, gás, óleo combustível e outros itens de custos no processo produtivo. Esse fato é explicado pela contínua conscientização dos empregados para a economia na utilização de recursos naturais, pela modernização de equipamentos, pela padronização dos processos, dentre outros fatores.

Outra possibilidade vem de uma abordagem sistêmica, holística ou ecológica das organizações, na ótica da sustentabilidade. Em livro intitulado *Pensamento sistêmico* (Andrade et al., 2006), os autores apresentam diversos casos de aplicação do método como ferramenta em empresas e instituições públicas. Mediante o método, a organização não mais trabalha de forma fragmentada, em departamentos estanques e cada um com objetivo e métrica própria, resquícios de uma visão cartesiana. Aplicando o método sistêmico, o processo da empresa ou organização é visto em forma circular, isto é, cada componente, que poderia ser visto como uma externalidade negativa, retorna para seu aproveitamento. Assim, é o caso de uma indústria que se definia como produtora exclusiva de energia a partir do carvão, exalando gás CO_2. A análise sistêmica permitiu ver o aproveitamento integrado pela utilização do gás em uma lagoa de produção de algas. A empresa passou a utilizar parte das algas produzidas como biomassa para a produção de energia e outra parte para produzir substâncias vendidas como insumo à indústria farmacêutica, encontrando viabilidade econômica no processo. Ou seja, de um escopo único, a produção de energia migrou para um novo escopo, aberto, que poderia definir a missão da empresa como uma gestora integrada de produtos naturais, ao mesmo tempo em que melhora sua imagem pública.

Vê-se em todos os processos o imperativo apontado da equação benefício-custo. São as vantagens no mercado em relação à imagem da empresa e às vendas ou na diminuição de custos por evitar danos ambientais que movem a empresa; é a adoção, com ampla divulgação na mídia, dos preceitos de responsabilidade socioambiental; é a busca de soluções ambientais gerando novos negócios, em suma, é próprio da empresa capitalista o comportamento racional do ponto de vista econômico. Todo comportamento individual fora deste parâmetro, considerado o ambiente concorrencial, que venha a gerar, por exemplo, somente mais custos para a empresa a enfraquece perante as demais no primeiro momento; na continuidade, elimina-a do mercado.

Operacionalmente, portanto, a gestão ambiental, a visão ecológica e as estratégias mercadológicas apresentam efeitos positivos, não somente quanto ao meio ambiente como também em relação a resultados para as organizações. A proliferação de empresas inovadoras nesse sentido, nos principais países e inclusive no Brasil, atesta o fenômeno.

AMBIENTALISMO E SUSTENTABILIDADE EMPRESARIAL

A partir dessas considerações, pode-se pensar acerca do nosso tema central: a economia e as empresas em sua relação com o meio ambiente e com o ambientalismo, como sintetizado no Quadro 2. Um apanhado histórico mostra que ao longo do tempo essa relação tem sido conflituosa, pois a produção e o consumo na modernidade do mundo industrializado implicam o uso desenfreado de recursos naturais e a produção de rejeitos – isso se acentua sobremaneira nos anos 1950 a 1970, com a economia global atingindo alto patamar e taxas elevadas de expansão.

No período referido, o paradigma é o do desenvolvimento econômico, conceito que entendia ser o bom desempenho da economia capaz de por si só redundar em grandes avanços sociais, embora nestes não houvesse nenhuma preocupação com a questão ambiental. A preocupação com o meio ambiente surge pela observação do grau de impacto da economia sobre a natureza e sobre os recursos naturais, e segue aproximadamente a seguinte evolução: até por volta dos anos de 1950 estava restrita aos cientistas; na década seguinte, o ambientalismo é marcado pela atuação das ONGs na área; nos anos de 1970, o sistema governamental passa a integrar o movimento, através da criação de agências estatais de meio ambiente em muitos países, dentre os quais o Brasil.

As décadas de 1980 e 1990 representam para a economia mundial, assim como para os países subdesenvolvidos, um longo período de retração que sobreveio ao ciclo expansivo. Mas a retração da economia não se refletiu em diminuição do impacto ambiental. Pelo contrário, a política econômica de cunho neoclássico, com sua tônica de redução do Estado (regulador e fiscalizador) e corte de custos nas empresas, leva ao aprofundamento da problemática ambiental.

Nesse mesmo período, contudo, amplia-se a atuação da sociedade em torno das questões ambientais. Em meados dos anos de 1980, o Relatório Brundtland apresenta o conceito de sustentabilidade. Na década seguinte, fruto do crescente interesse social pela qualidade ambiental, algumas empresas passam a encontrar um segmento próprio de mercado que valoriza e dá preferência a seus produtos por terem sido processados segundo critérios que preservam a qualidade do meio. Passa a haver certa convergência real entre a economia e o meio ambiente, latente no primeiro conceito, o de ecodesenvolvimento, criado nos anos de 1970, que buscava essa convergência.

EMPRESAS E SUSTENTABILIDADE ECONÔMICA | **23**

Quadro 2 – Períodos econômicos, relação com meio ambiente e paradigmas predominantes.

Década	Economia	Meio ambiente	Paradigma	Característica do ambientalismo
1950		Degradação ambiental		Cientistas – emergência da preocupação ecológica
1960				ONGs
	Expansiva		Desenvolvimento econômico	Sistema político (governo e partidos), Estocolmo-72:
1970				**Ecodesenvolvimento**
		Elevada degradação ambiental		Agências estatais de meio ambiente
1980	Retração/ recessiva		Estabilização neoclássica	Partidos verdes, Relatório Brundtland: desenvolvimento sustentável
1990				Empresas e mercados verdes
2000	Gestão eco-eco		Desenvolvimento sustentável	Ambientalismo multissetorial e complexo; gestão ambiental pública e empresarial. Desenvimento socioeconômico e meio ambiente. Restrições ambientais: exigências comerciais e legais; estratégias de mercado verde.

Fonte: Baseado em Montibeller (2008).

A partir do ano 2000, configura-se um ambientalismo multissetorial e complexo, envolvendo diversos setores da administração pública, da iniciativa privada e da sociedade como um todo de diferentes formas. Na ótica das atividades econômicas, essas formas se concretizam basicamente em restrições, exigências e incentivos legais ambientalistas, no surgimento e consolidação de um segmento de mercado para produtos "ambientalmente corretos", bem como na formação de um mercado de bens e serviços destinados às empresas que necessitam cumprir exigências ambientais ou adequar-se estrategicamente ao novo mercado (por exemplo, fornecimento de equipamentos industriais e de serviços de consultoria).

O paradigma da sustentabilidade permeia, hoje, segmentos das mais diversas esferas: o meio científico, o político, o empresarial, o social. Ele pressupõe a gestão ambiental e, portanto, abre um campo de pesquisas científicas e de trabalhos técnicos. Sob essas várias formas de extravasamento para as diferentes atividades, o desenvolvimento sustentável se consolida para compor, com outros tipos de inovação, um conjunto de elementos que, pode-se conjecturar à vista das regularidades históricas observadas, respondem por um novo longo período de desenvolvimento.

ESTRATÉGIAS EMPRESARIAIS DE DESENVOLVIMENTO

Como se viu no transcorrer do capítulo, existe estreita inter-relação entre o microambiente, isto é, a unidade de produção ou empresa, e o macroambiente no qual esta se encontra, como demonstra a Figura 1. As atividades produtivas inserem-se no âmbito da microeconomia, enquanto a produção global, ou seja, o resultado macroeconômico ou Produto Interno Bruto é a somatória de todas essas unidades. Assim como o global depende da atuação das empresas, a atuação dessas depende das condições e tendências do macroambiente no qual se situam.

O macroambiente é composto de elementos sobre os quais, em tese, nenhuma empresa pode exercer ação para modificá-los, sendo, portanto, variáveis incontroláveis sob a ótica da unidade produtiva. São componentes que dizem respeito à política econômica (variáveis macroeconômicas); elementos de ordem ecológica ou ecoambientais; de ordem demográfica; da política tecnológica e das demais políticas públicas; de aspectos legais e de condicionantes socioculturais.

Figura 1 – O macroambiente, o microambiente e a empresa.

Macroambiente

Variáveis (incontroláveis): macroeconômicas; ecoambientais; demográficas; tecnológicas; políticas; legais; socioculturais.
Megatendências que: a) restringem, ameaçam; b) criam oportunidades.

Microambiente (agentes imediatos que afetam a empresa no mercado)

Órgãos normativos
↓
Fornecedores → Empresa ← Clientes
↑
Concorrentes

Fonte: Montibeller (2007).

As condições do macroambiente e as tendências gerais que seus componentes apresentam, as megatendências, são determinantes para o sucesso ou insucesso empresarial – além, por certo, da organização interna da empresa. As megatendências de um ou mais desses componentes podem representar ameaças ou restrições a serem consideradas na tomada de decisões estratégicas empresariais. Podem, por outro lado, estar apresentando oportunidades mercadológicas ou outras cujo processo decisório empresarial não devem ignorar.

As decisões perante megatendências predominantemente de restrições e ameaças não são absolutas, no sentido de serem válidas para qualquer tipo de empresa. Cada empresa encontra uma forma de resistir, no limite para garantir sua existência enquanto empresa – o caráter estrutural de que falamos.

Quando, por outro lado, o cenário aponta para a predominância de oportunidades no macroambiente, a estratégia empresarial a ser adotada será a de desenvolvimento. E uma estratégia de desenvolvimento, seja no ambiente empresarial, seja em uma visão macro, tendo em vista as evidências e as tendências apontadas, necessariamente terá que considerar, no cenário atual e futuro, o ambientalismo, com seus componentes de sustentabilidade econômica, social e ecológica.

Idealmente, as três dimensões devem estar contempladas em cada iniciativa empresarial ou pública e, de fato, ser integradas. Assim, por exemplo, seria o caso de uma indústria que, ao tempo em que adota a gestão ambiental e social – o ambiente interno em sua ampla acepção –, produz equipamentos para processos antipoluidores a serem implantados em outras indústrias. E por parte da gestão pública, o apoio à iniciativa privada se restringir a empresas que ao mesmo tempo contivessem todas essas características. Seria a sustentabilidade no sentido forte do conceito.

Na prática, raramente uma unidade produtiva, uma região ou setor atende a todas as dimensões. É então cogitada uma sustentabilidade *fraca*, na qual há compensação entre as unidades para se chegar a resultados considerados satisfatórios. No livro *O mito do desenvolvimento sustentável* (Montibeller, 2008), procuramos demonstrar que, de fato, a economia não consegue superar plenamente a problemática socioambiental, pois o sistema está imerso na necessidade de gerar externalidades ou custos sociais de variada ordem, inclusive a socioambiental e cuja absorção representaria o aprofundamento da tendência à queda secular da taxa de lucro. Por outro lado, aceitar a sustentabilidade fraca como satisfatória significa justificar ideologicamente a permanência da problemática ambiental.

Para encerrar e por oportuno, retomam-se algumas palavras da conclusão do livro referido. O conceito de desenvolvimento sustentável, paradigma normativo elaborado no seio do movimento ambientalista, permite orientar a avaliação das condições socioeconômicas e ambientais nas organizações e na sociedade. Esse novo paradigma se apresenta, também, como norteador das ações que visam à sustentabilidade ambiental e à transformação das condições socioeconômicas, em nível micro e macro. A constatação dos limites derivados da racionalidade econômica, para que isso venha a ocorrer de forma plena, não invalida os esforços que visam a processos de aprimoramento das condições socioeconômicas com uma melhor relação da empresa e do homem com a natureza.

CONSIDERAÇÕES FINAIS

Para a análise da sustentabilidade econômica das empresas no contexto atual e no cenário futuro, nos quais é forte e importante a presença dos preceitos ambientalistas, foram utilizadas referências conceituais, históricas e empíricas.

Uma organização nasce destinada à permanência no tempo, possui caráter não de conjuntura efêmera, e sim de estrutura duradoura. Mas à estrutura cabe modificar-se, inovando e assim levando ao desenvolvimento. Bem demonstram esse processo a ocorrência de longos períodos de forte e continuado crescimento da economia ao longo da história, associados a ondas de inovações tecnológicas.

Durante duzentos anos, desde o advento da modernidade com a Revolução Industrial, a atividade empresarial e a economia que se expandiram exponencialmente pouco ou nenhum cuidado dedicaram aos problemas socioambientais, em grande medida por elas mesmas produzidos. Ao atingir um auge, a degradação do meio provocou o surgimento da conscientização ambiental e o desenvolvimento do movimento ambientalista. A construção do conceito de desenvolvimento sustentável vem nesse movimento, com as dimensões de sustentabilidade econômica, social e ambiental.

O movimento ambientalista abriu novas exigências e também oportunidades às organizações. A sustentabilidade econômica empresarial fica em parte condicionada a formas de atender a exigências do mercado e a normas e regulamentos impostos. De um lado, para evitar custos de multas e outros encargos do gênero, de outro, as estratégias mercadológicas incluem adaptação a novos mercados verdes e todo o conjunto de oportunidades dos componentes das megatendências ambientalistas presentes no macroambiente.

A sustentabilidade econômica de toda e qualquer empresa no sistema capitalista implica a obtenção de lucro (taxa e massa atrativas) de forma persistente, duradoura no tempo. A análise *benefício-custo* é a ferramenta por excelência para a obtenção dessa racionalidade empresarial, considerando positivamente as vantagens e negativamente os custos, sendo o resultado positivo o que leva o empresário a decidir-se pelo investimento ou ação.

Assim, vantagens representadas por questões de mercado ou de redução de custos são as que movem as empresas, conforme bem demonstraram constatações obtidas mediante pesquisa sobre a adoção do ISO 14001 em empresas paulistas. Esse resultado leva a pensar em seu corolário, a saber: a empresa não adota voluntariamente, no conceito de responsabilidade socioambiental, preceitos ambientalistas se esses implicarem desvantagens econômico-financeiras. Essa dedução vai ao encontro de nossa tese apresentada no livro referido, segundo a qual há limite à sustentabilidade socioambiental pela impossibilidade, em função da racionalidade econômica, de que a empresa adote procedimentos sociais e ambientais se esses implicarem redução do lucro e perda de competitividade. Ou ainda, visto de outro ângulo, a empresa somente adota preceitos ambientalistas até o limite em que a ação não venha a prejudicar seus interesses econômicos.

Conforme já referido, a constatação da existência de limites, contudo, não invalida os esforços que visam à melhoria das condições socioeconômicas com uma melhor relação da empresa e do homem com a natureza, mesmo no contexto do capitalismo. A compreensão do processo não implica imobilização, e sim ter consciência do alcance das nossas ações. Nesse sentido, a expectativa que norteou a realização do presente trabalho foi a de estar contribuindo, ainda que na exiguidade de um artigo ou capítulo, à causa ambientalista.

REFERÊNCIAS

ANDRADE, A. et al. *Pensamento sistêmico, cadernos de campo: o desafio da mudança sustentada nas organizações e na sociedade*. Porto Alegre: Bookman, 2006.

FIALHO, F.A.P. et al. *Empreendedorismo na era do conhecimento*. Florianópolis: VisualBooks, 2006.

MANDEL, E. *Las ondas largas del desarollo capitalista*. Madri: Siglo XXI, 1986.

MONTIBELLER, G.F. *O mito do desenvolvimento sustentável: meio ambiente e custos sociais no moderno sistema produtor de mercadorias*. Florianópolis: EdUFSC, 2001, 2004, 2008.

_____. *Empresas, desenvolvimento e ambiente: diagnóstico e diretrizes de sustentabilidade*. Barueri: Manole, 2007.

OLIVEIRA, O.J.; SERRA, J.R. Benefícios e dificuldades da gestão com base em ISO-14001 em empresas industriais de São Paulo. *Prod*. v. 20, n. 3, p. 429-438, 2010.

POSSAS, M.L. *A dinâmica da economia capitalista: uma abordagem teórica*. São Paulo: Brasiliense, 1987.

Empreendedorismo Socioambiental | 3

Rosa Maria Fischer
Cientista social, USP

INTRODUÇÃO

No momento em que esta obra foi proposta e estruturada, verificava-se uma tendência de se evidenciar o empreendedorismo como um dos mais importantes temas, tanto para a literatura acadêmica quanto para a divulgação popular. Há de se refletir sobre o significado dessa tendência: de um lado ela pode estar indicando apenas um modismo, no sentido de estimular as pessoas a empreender no lugar de buscar posições mais tradicionais no mercado de trabalho. Por outro lado, ela pode sinalizar mudanças significativas na lógica das relações socioeconômicas, principalmente no que concerne à tipologia dos negócios, desde suas características jurídico-legais até as organizacionais.

Estas ambiguidades são mais complexas quando o empreendedorismo é referido a um fenômeno relativamente recente: o empreendedorismo socioambiental. Trata-se do surgimento de empreendimentos que, ainda que detenham algumas das características próprias das empresas, destas se diferenciam principalmente no que se refere às finalidades para as quais foram criados, como: o atendimento de necessidades sociais de segmentos populacionais que não têm acesso a serviços públicos e privados; a conservação de recursos naturais ameaçados de extinção; a criação de condições para geração de renda de famílias em situação de vulnerabilidade; o fortalecimento de direitos de cidadania para grupos sociais que têm dificuldades de acesso; a implantação de ações que alavanquem o desenvolvimento multidimensional do território; entre outras.

Para colocar em pauta este tema, ainda que sem a pretensão de esgotar as reflexões que ele suscita, o presente texto busca discutir alguns dos seus aspectos, com uma abordagem que enfoca a evolução dos conceitos empregados e das práticas observadas. Em primeiro lugar, procura-se relatar a imprecisão conceitual em torno dos termos *empreendedorismo* e *empreendedor* pois, embora não seja possível propor uma definição única e mais precisa, em virtude da diversidade de aplicação dos conceitos, é importante investir em descrições mais rigorosas. Em seguida, defende-se a proposição de que o empreendedorismo social é um fenômeno que deve ser compreendido no âmbito da plataforma teórica do desenvolvimento sustentável multidimensional (Sachs, 2008), pois as finalidades com que esses empreendimentos são criados estão vinculadas a valores de transformação social. Esta é uma postura que deve ser confessada enquanto crença pessoal, o que pode ser considerado um viés, mas é aqui assumida com objetividade. No item seguinte, procura-se descrever, ainda que de forma sumária, o processo de surgimento do empreendedorismo social na história recente e com ênfase na realidade brasileira, embora se considere que o fenômeno possa ter raízes mais antigas, principalmente em contextos internacionais. E, finalmente, busca-se elaborar considerações finais sobre o cenário atual dos negócios socioambientais ponderando, porém, que o fenômeno é ainda imaturo para propiciar análises conclusivas, mas suficientemente significativo para que se prospecte sobre quais são os fatores críticos para sua evolução e quais os cenários que poderão consolidar sua manifestação.

RECOLOCANDO OS CONCEITOS

Os vocábulos empreendedorismo e empreendedor vêm ocupando amplos espaços da literatura em Economia e Administração, refletindo uma nova onda de valorização desses conceitos que são empregados em textos que os consideram como elementos fundamentais para o progresso econômico e o desenvolvimento social.

EMPREENDEDORISMO SOCIOAMBIENTAL | 31

O uso excessivo e muitas vezes equivocado desses termos, inclusive em peças de divulgação popular, tem redundado em falta de precisão conceitual e de rigor em suas definições. Na prática, isso acarreta ações empreendedoras e perfil de atributos do empreendedor reduzidos a descrições confusas, ora normativas, ora mitificantes.

Para discorrer sobre a emergência dos empreendimentos com finalidades sociais e/ou ambientais, que se constituiu em fenômeno relativamente recente no campo das ciências das organizações, cumpre, portanto, realizar uma reflexão sobre os conceitos e seus usos, de modo a reenquadrá-los em molduras históricas e teóricas específicas.

O empreendedorismo pode ser compreendido como um processo social de busca da criação de valor, o qual pode realizar-se em diferentes âmbitos organizacionais. O termo adquiriu *status* de construto, devido ao seu emprego por Joseph Schumpeter ao elaborar sua teoria sobre a "destruição criadora" como motor do desenvolvimento capitalista em seu livro *Teoria do desenvolvimento econômico: uma investigação sobre lucros, capital, crédito, juros e o ciclo econômico* (1911)[1]. Nele, o autor ressalta o papel do empresário como protagonista desses processos, na medida em que destrói modelos de negócios, produtos e até mesmo empresas, para implantar inovações que seriam as propulsoras do progresso.

Embora seja natural que um economista, que vivia o contexto histórico do capitalismo da primeira metade do século XX, empregasse esses termos referindo-se, exclusivamente, ao âmbito das relações econômicas de produção, suas definições contribuíram para que eles fossem utilizados de forma reducionista ao serem apropriados por outras áreas do conhecimento, como as que tratam da gestão de organizações.

Essa origem "schumpeteriana" dos termos parece ter restringido seu emprego contemporâneo apenas para definir a criação de organizações empresariais, aquelas dedicadas exclusivamente às relações capitalistas de mercado, quando o próprio significado semântico do ato de empreender pode ser remetido aos diferentes modelos organizacionais e às diversas esferas da vida social e econômica. Além disso, a figura do empreendedor passou a ser confundida com a do empresário, o qual pode ser um mero proprietário dos meios de produção e não deter os atributos necessários

---

[1] Como desenvolvido por Bruyat e Julien (2000), Schumpeter, na obra *Teoria do desenvolvimento econômico: uma investigação sobre lucros, capital, crédito, juro e o ciclo econômico* (1911), delineia o conceito de "destruição criadora", aperfeiçoando-o, posteriormente, em seu livro *Capitalismo, socialismo e democracia* (1942).

para idealizar e implementar uma iniciativa empreendedora. E, ainda, ao descrever o empreendedor, essas definições tendem a desfocar do processo – o empreendedorismo –, o qual é mais significativo para a compreensão do fenômeno enquanto movimento social; para ressaltar o foco no protagonista – o empreendedor –; via de regra descrevendo-o como um Super-Homem, figura inexistente na realidade concreta.

Mas esses descaminhos no emprego do termo e de suas definições não podem ser atribuídos, exclusivamente, à raiz teórica schumpeteriana, a qual até se justifica pelo contexto histórico em que o autor produziu sua obra e os objetivos para os quais ela foi elaborada pelo economista. É possível que ele tenha se apropriado das reflexões de Jean Baptiste Say, que, no início do século XIX, definiu o termo francês *entrepreneur* como a pessoa que detinha a capacidade de mover recursos econômicos de uma área de baixa produtividade para outra que oferecesse elevada produtividade, e, com esta, expectativas de maior retorno de investimentos. Antes de Say, Richard Cantillon, economista do século XVII, empregou o termo empreendedorismo referindo-se ao processo de criação de empreendimentos econômicos e foi pioneiro em destacar uma diferença entre o empreendedor, como a pessoa que assumia os riscos de decisões audaciosas e inovadoras, e o capitalista, que se limitava a fornecer capitais na expectativa de retornos lucrativos. Essas origens dos termos refletem o período histórico de transição do capitalismo mercantil à Revolução Industrial dos séculos XVII e XVIII, configurando que o fenômeno do empreendedorismo está geralmente associado, nesses estudos, ao processo de evolução do modelo capitalista de produção na história econômica ocidental.

Nesse contexto, com o surgimento de corporações e a formação de empresas de grande porte no final do século XIX e início do século XX, desponta a figura do administrador, encarregado de organizar, planejar, dirigir e controlar formalmente essas organizações. Considerando as atribuições de poder e o nível de responsabilidade desse profissional, frequentemente, ele é confundido com o empreendedor, o que tornou o emprego do conceito, na contemporaneidade, ainda mais eclético e, nesse sentido, menos preciso.

Peter F. Drucker (1998) contribuiu para ampliar a definição de empreendedor ao associá-lo ao papel de agente de mudança, seja no âmbito das relações de mercado ou mesmo no espaço da vida social. Dessa proposição advém o termo *entrepreneur*, inventado para definir o desempenho de profissionais que não criam propriamente novos empreendimentos, mas que elaboram soluções, introduzem inovações, provocam alterações que modificam processos, modelos, produtos, ainda que nos limites da própria organização a qual estão vinculados, independentemente de não possuírem a propriedade do capital, dos meios de produção ou de títulos e ações societárias.

A proposição de Drucker contemplou, desse modo, sob a abrangência do conceito de empreendedor, tanto o funcionário de um órgão da Administração Pública, quanto o criador de uma empresa e o instituidor de uma organização sem fins lucrativos. Ou seja, não é o tipo e finalidade do empreendimento, mas as características do desempenho da pessoa (ou do grupo de pessoas) executora da iniciativa que define esse processo como empreendedorístico. Tal abordagem permitiu ampliar o horizonte do empreendedorismo para espaços profissionais e organizacionais que eram considerados pouco inovadores – como o funcionalismo público e seus órgãos administrativos –, bem como, para tipos de organizações que não eram privilegiadas pelos estudiosos das ciências das organizações – como aquelas inseridas no chamado Terceiro Setor.

Estas reflexões se tornaram importantes quando, ao final do século XX, começaram a ser empregados os termos empreendedorismo social e empreendedor social, referindo-se a todo um campo de práticas que davam corpo a ideias em construção: empreendimentos inclusivos, negócios socioambientais e empreendimentos sustentáveis. Ou seja, vem surgindo uma vasta e diversa nomenclatura que, se ainda peca pela imprecisão, guarda o mérito de ampliar o espaço do empreendedorismo, valorizando as finalidades sociais e ambientais.

Mais uma vez é o contexto social, econômico e político que influencia o surgimento de novos termos e de definições e significados mais específicos para os conceitos reificados. A mobilização social em torno das questões socioambientais, agora acessíveis às mais amplas camadas da "sociedade da informação e do conhecimento", propiciou a emergência de empreendimentos cuja missão central e explícita é de natureza social; para os quais a riqueza constitui um meio para alcançar o fim e não a finalidade em si, nem o motivo de ser da organização (Dees, 2001).

E os empreendedores sociais, por sua vez, são pessoas ou grupos de pessoas que percebem a oportunidade de atender a determinadas necessidades das quais a sociedade (ou certos grupos sociais) é carente. Estes empregam sua capacidade de captar os recursos necessários (conhecimentos, capitais, profissionais especializados, infraestrutura e equipamentos) para tornar efetivo esse atendimento, de forma a transformar uma realidade social injusta ou desigual. Portanto, o empreendedorismo social apropria-se dos conceitos tradicionalmente empregados para se referir ao processo de criação de empreendimentos econômicos de feição capitalista, para definir iniciativas que extrapolam as relações de mercado e que não se restringem aos modelos das organizações capitalistas.

O fortalecimento da ideia e o crescimento dos mais diversos tipos de empreendimentos com propósitos sociais em diferentes partes do mundo aproximaram tais iniciativas das mobilizações voltadas à sustentabilidade ambiental. E, a semelhança, entre a lógica que visa à equidade social e a que se propõe a assegurar a permanência da vida no planeta tem propiciado o surgimento de iniciativas que buscam integrar os dois objetivos.

Sem dúvida, ao incorporar objetivos tão mais amplos e meritórios do que os empreendimentos mais comuns de serem encontrados no universo dos negócios, essas iniciativas merecem estar no foco das pesquisas e estudos sobre as organizações complexas contemporâneas. Contudo, elas colocam aos estudiosos novos dilemas no que concerne à precisão conceitual e de operacionalização dos construtos empregados. De qual empreendimento está se falando? Em qual medida e em quais características é semelhante ou diferente dos modelos de negócios e tipos de organização já existentes? Qual é o perfil do empreendedor que assume o desafio do negócio socioambiental? Podem-se identificar determinados atributos, habilidades, competências que caracterizariam esse perfil?

Decerto não é possível empregar a definição limitadora de que o empreender signifique apenas criar empresas privadas com finalidades quase exclusivas de mais elevada rentabilidade do capital investido. Nem tampouco do empreendedor movido, primordialmente, pela ambição do lucro. Mas não basta sair dessa visão simplista e redutora. Para compreender o empreendedorismo socioambiental e contribuir com maior precisão conceitual, é necessário recolocar os conceitos em molduras teóricas específicas e descrever as características predominantes dos casos empíricos que, embora ainda raros e muitas vezes imaturos, já podem vir a ser estudados.

No sentido dos fundamentos teóricos que podem dar substrato aos conceitos e práticas do empreendedorismo socioambiental, propõe-se seu enquadramento na linha de pressupostos desenvolvidos por autores que defendem um modelo de desenvolvimento sustentável multidimensional

(Sachs, 2008; Veiga, 2005; Abramovay, 2010). Evidentemente, propor essa vertente teórica para compreender o surgimento e as possibilidades de consolidação do empreendedorismo socioambiental significa a adoção de uma postura específica, não necessariamente a única nem, tampouco, aquela subjacente às ideias e propósitos dos próprios empreendedores. Essa perspectiva teórica e analítica alinha-se com a proposição de que os valores que movem os empreendedores e a filosofia que inspira os modelos de negócios adotados baseiam-se na crença de que o desenvolvimento de pessoas e organizações é o motor da transformação da humanidade. Para explicitar esse referencial teórico, será apresentado, na sequência, um resumo da evolução dessas ideias no contexto brasileiro.

DESENVOLVIMENTO SUSTENTÁVEL: MOLDURA TEÓRICA DO EMPREENDEDORISMO SOCIAL

Os propósitos que inspiram as iniciativas de empreendedorismo social são, via de regra, acionados pela percepção crítica do cenário de desigualdades que pode ser encontrado nas mais diferentes partes do mundo, o qual persiste ainda quando o avanço das ciências e das tecnologias poderia ter superado os obstáculos à redução da miséria. Pois, na primeira década do século XXI, os dados comprovam a assimetria entre as potencialidades de recursos disponíveis e a situação de carência vivenciada por amplos contingentes humanos: cerca de 1 bilhão de pessoas padece de fome e desnutrição, 1,2 bilhão não tem acesso à água potável e 1,6 bilhão ao saneamento básico; calcula-se que 18 milhões morrem por ano em função dessas condições precárias, sendo que metade desse número são crianças menores de cinco anos de idade (Sen, 2000; Kliksberg, 1997).

Ainda que os indicadores tradicionais de mensuração da pobreza demonstrem a redução quantitativa do segmento de miseráveis na população brasileira, o quadro de exclusão social continua preocupante, pois a desigualdade na distribuição de renda e demais fatores condicionantes continuam restringindo o acesso de milhões de pessoas aos "direitos de cidadania". Internamente, o país continua reproduzindo grandes desigualdades, de modo que é possível observar vários brasis dentro do Brasil. Segundo o Atlas de Desenvolvimento Humano no Brasil 2013 (Idamb, 2013), ao traçar-se uma comparação entre os municípios de maior e menor renda *per capita* mensal do país, a diferença permanece grande: de R$ 2.043,74 (São

Caetano do Sul-SP) para R$ 96,25 (Marajá do Sena-MA). Isso significa que um cidadão médio de São Caetano do Sul tinha, na fase de elaboração do relatório, renda *per capita* mensal 20 vezes maior que a de um cidadão médio de Marajá do Sena, ou uma diferença de mais de 2.000%. Mais do que a distribuição de renda, porém, o que configura a situação de exclusão são as dificuldades em assegurar a distribuição equitativa de meios e equalizar as condições de acesso para que cada pessoa desfrute da liberdade que lhe possibilita participar da vida social e política (Sen, 2000).

Esse cenário, que pouco ou nada se altera, com o passar do tempo, colocou a todos que se inquietam com o quadro de iniquidades o desafio de buscar caminhos que promovessem um desenvolvimento econômico que extirpasse essas diferenças. Mas os caminhos percorridos não lograram atingir esse objetivo: durante as décadas de 1960 e 1970, tanto estudiosos quanto investidores propugnavam que o crescimento econômico advindo da expansão da produção industrial e do aceleramento da urbanização seriam os motores desse desenvolvimento. Acoplavam esse enfoque a programas que visavam reduzir as disparidades regionais, mediante uma ação combinada do Estado com empreendimentos de grande porte do setor privado.

O desenvolvimento era sinônimo de crescimento urbano-industrial concentrado em metas macroeconômicas, muitas vezes, desvinculadas das necessidades sociais e ambientais específicas de cada localidade e de sua população. O conjunto da realidade brasileira era concebido como um todo homogêneo, cujo desenvolvimento seria alavancado por meio do crescimento das atividades industriais, do consumo urbano e da modernização de hábitos e costumes.

As sequelas dessa visão limitada ficaram patentes em indicadores sociais que permitiram a elaboração da famosa metáfora dos dois países contraditórios. Urbanização acelerada, migrações desestruturantes, exploração irracional de recursos naturais e, principalmente, os baixos padrões de vida de amplas camadas da população evidenciaram que o modelo era insuficiente para criar equilíbrio econômico e justiça social.

Nos anos de 1980, a conjuntura recessiva da economia internacional aprofundou a desigualdade que sempre caracterizou as relações sociais no país. Em oposição à proposta de crescimento econômico-industrial acelerado, o conceito de desenvolvimento começa, então, a ser definido com uma abrangência ampliada, qualificada pela noção de sustentabilidade.

Cunhado originalmente com o objetivo de preservação do meio ambiente, o qualificativo de sustentabilidade esboçou-se em seguida como um construto de maior complexidade, porque passou a abranger, concomitantemente, ampla gama de componentes da vida social. Em outras palavras, o desenvolvimento deixa de ser sinônimo de crescimento de alguns setores modernos da economia para se transformar em uma proposta de aperfeiçoamento contínuo dos múltiplos fatores que influenciam o bem-estar humano e as condições de vida e de sociabilidade das pessoas. Como afirmava Rattner, tratava-se de estabelecer a equação: "capaz de levar à formulação de políticas e diretrizes para a intervenção racionalizadora que postula a precedência do bem comum e da causa pública face aos interesses particulares" (Rattner, 1991).

Conforme essa perspectiva de desenvolvimento, as despesas com educação, saúde e nutrição da população, por exemplo, não são mais apenas contabilizadas como custo social, mas passam a ser vistas como rubricas de investimento, essenciais para assegurar a existência de padrões equânimes de estruturação social. E a sustentabilidade pressupõe que múltiplos conjuntos de forças sociais, econômicas e políticas sejam articulados de forma a obter melhorias simultâneas: no equilíbrio da distribuição da renda, no padrão de qualidade de vida dos diversos segmentos da população, no acesso aos direitos civis e aos serviços públicos para todos os cidadãos, na garantia de preservação e de efetivas condições de reprodução dos recursos naturais.

Nessa linha de pensamento, os fatores econômicos não são hierarquizados de maneira a determinar os demais componentes do cenário social. Tampouco o crescimento industrial é considerado o elemento determinante do desenvolvimento dos demais aspectos da vida em sociedade. A evolução do desenvolvimento não é proposta como um caminho linear, no qual a acumulação de riqueza em um setor da economia, ou em uma classe social, é considerada pré-requisito para uma distribuição posterior que, supostamente, alavancaria os demais setores e segmentos sociais.

A sustentabilidade define que os padrões de desenvolvimento devem ser estabelecidos a partir dos componentes múltiplos e específicos de cada realidade: a oferta existente de recursos humanos, naturais e materiais; as vocações para a produção econômica delineadas pelas condições físico-geográficas e histórico-culturais próprias de cada região; as demandas e necessidades, assim como as potencialidades e experiências desenvolvidas pelas pessoas.

Esta visão passou a ser incorporada e difundida por diversas fontes. Em 1996, Amartya Sen – então conferencista junto ao Banco Mundial e pesquisador em Harvard – afirmava que o crescimento e a produtividade estavam vinculados a investimentos nas áreas sociais, pois existe uma interdependência entre o desenvolvimento humano, a geração de competências e a expansão destas, sob a forma de capacidades produtivas.

> Existe uma acentuada complementaridade entre a condição de agente individual e as disposições sociais: é importante o reconhecimento simultâneo da centralidade da liberdade individual e da força das influências sociais sobre o grau e o alcance da liberdade individual. Para combater os problemas que enfrentamos, temos de considerar a liberdade individual um comportamento social. O desenvolvimento consiste na eliminação das privações de liberdade que limitam as escolhas e as oportunidades das pessoas de exercer ponderadamente sua condição de agente. (Sen, 2000, p. 10)

Quando se amplia a noção de capital, abrangendo os diversos tipos de ativos que constituem o patrimônio de um povo (Ostrom, 1999), uma observação que ressalta é que a abrangência e a complexidade da proposição do desenvolvimento sustentável demandam um pré-requisito essencial: o acesso da sociedade a condições plenas de participação e aos meios de comunicação e intercâmbio. A sustentabilidade do desenvolvimento é um processo, isto é, mantém-se no movimento contínuo da dinâmica social. Por isso, deve estar continuamente sendo alimentada pelos insumos da demanda e da realização das pessoas e dos grupos sociais. Isso pressupõe que essas pessoas e grupos tenham condições de se manifestar, tenham canais para obter e trocar informações, saibam acessar os meios para se articularem e se comunicarem, estejam capacitadas a utilizarem os dados obtidos.

Embora esses requisitos possam ser assegurados pelas facilidades propiciadas pelo avanço tecnológico nas áreas de telecomunicações e informatização, sua absorção pela sociedade depende dos padrões políticos e culturais que sustentam o relacionamento social. Portanto, a adoção de um modelo de desenvolvimento social sustentável efetiva-se apenas quando e se, a sociedade gozar de condições plenas de participação e estiver capacitada a empregar esses meios e recursos de comunicação no aperfeiçoamento de suas ações, decisões e relações.

As perspectivas do desenvolvimento sustentável orientam-se para, prioritariamente, assegurar a qualidade de vida das pessoas, preservar os recursos naturais para as futuras gerações e praticar a justiça social na distribuição e na fruição dos bens criados pela humanidade. Esses padrões de desenvolvimento podem e devem estar parametrizados pelos condicionantes da conjuntura econômico-social. Evidentemente, não seria realista propugnar, em tempos de globalização, por metas de desenvolvimento local que estivessem na contramão das tendências universais. Entretanto, atingir determinadas e específicas metas de mercado não é sinônimo de ter alcançado patamares de desenvolvimento, principalmente, quando e se tais metas se reduzem a resultados quantitativos de componentes isolados da vida social.

No Brasil, a redemocratização, iniciada nos anos de 1980, encorajou a participação da sociedade civil nas iniciativas de modernizar o Estado e, principalmente, de participar da elaboração de políticas sociais e programas de desenvolvimento. Essa foi uma premissa importante, na medida em que fortalecia a capacidade de os próprios cidadãos administrarem o processo de desenvolvimento do país, antes minada pelo ciclo de autoritarismo político.

O modelo de descentralização administrativa, inaugurado pela Constituição de 1988, transferiu para os governos municipais a execução e a avaliação de programas sociais e estimulou o fortalecimento das organizações da sociedade civil, chamadas para operar algumas atividades, ou mesmo, utilizadas como modelo ideal para substituir o aparato do Estado na prestação de determinados serviços públicos (Santos, 2001). E, embora ainda sofra percalços para sua implantação, esse processo é, potencialmente, um dos instrumentos eficazes para hierarquizar a prioridade entre as metas que incorporam as tendências da economia globalizada e aquelas que atendem ao processo do desenvolvimento local, porque permite que estas sejam concebidas à medida que o cidadão e a sociedade local puderem participar, de forma efetiva, da geração e da implantação das ações desse desenvolvimento. Esse conjunto de aspectos favoráveis levou ao crescimento quantitativo, assim como, principalmente, à expansão da visibilidade das chamadas organizações do Terceiro Setor. Os movimentos sociais formalizados em organizações não governamentais, associações, entidades beneficentes e assistenciais, que já eram o espaço da participação social, do trabalho voluntário, da solidariedade silenciosa e da cidadania assumida, começaram a emergir para desempenhar papéis mais evidentes e significativos no cenário institucional brasileiro.

Esse movimento ganhou força na última década do século XX, quando se aprofundou a necessidade de resgatar a dívida social e alavancar o desenvolvimento do país, ao mesmo tempo em que ficavam visíveis as deficiências existentes para realizar esse processo. Além da democratização, era preciso construir um Estado sensível às demandas sociais, capaz de criar políticas que respeitassem as diversidades e que disponibilizassem meios de comunicação e participação aos diversos atores sociais. E, além disso, era preciso convocar empresários, profissionais e trabalhadores para assumirem seu papel ativo no exercício da responsabilidade social, fosse nos espaços organizacionais da militância, fosse no contexto empresarial, fosse no cotidiano da vida pessoal.

Esse cenário tornou-se propício ao surgimento de organizações da sociedade civil dedicadas a projetos de geração de renda e a intervenções, visando ao desenvolvimento comunitário. Na mesma linha, os investimentos sociais privados geridos por fundações e institutos empresariais, ou mesmo, pelas áreas de responsabilidade corporativa e sustentabilidade das empresas começaram a deslocar-se de objetivos estritamente filantrópicos para o apoio e fomento de ações de desenvolvimento do território[2] (Bisc, 2012).

Essas mudanças de ótica e de atuação dos diversos atores sociais – Estado, as organizações privadas e aquelas constituintes do chamado Terceiro Setor – foram estabelecendo um ambiente propício ao surgimento de empreendimentos com finalidades socioambientais, orientados por uma visão de desenvolvimento sustentável.

A EMERGÊNCIA DO EMPREENDEDORISMO SOCIAL

Dentre o conjunto de fatores que contribuíram para a emergência do empreendedorismo social no Brasil, alguns devem ser destacados, como: a incapacidade do Estado atender o amplo espectro de necessidades da população com serviços públicos; as mudanças na atuação das organizações da sociedade civil e das não governamentais; a evolução dos projetos de geração de renda e das alternativas associativas e comunitárias para a solução dos problemas de desenvolvimento local. Algumas iniciativas foram inspiradas pelos preceitos de autogestão da economia solidária (Singer,

---

[2] Benchmarking do Investimento Social Corporativo (Bisc) é uma pesquisa realizada anualmente, desde 2008, pela Comunitas em parceria com o Committee Encouraging Corporate Philanthropy (CECP), que levanta e analisa informações que permitem às lideranças empresariais, bem como aos gestores das áreas sociais, a avaliação do alcance de seu investimento social, a comparação de sua atuação com padrões de referências do investimento social corporativo nacional e internacional, além do desenvolvimento de estratégias de atuação.

2004), como as cooperativas de coleta de resíduos sólidos que foram criadas em todo país como solução para, simultaneamente, gerar ocupação e renda para pessoas desempregadas, racionalizar o processamento do lixo urbano e estimular a indústria de reciclagem (Fischer et al., 2010*). E as associações de moradores que criam núcleos produtivos, agregando mulheres para produção e comercialização de trabalhos artesanais, ou para prestação de serviços manuais, contratados pela indústria de moda e confecções (Fischer et al., 2007). Assim como uma variada gama de cooperativas de prestação de serviços de limpeza, construção civil, reformas etc., que logram apoiar pessoas com baixa escolaridade e qualificação profissional, as quais, individualmente, teriam maiores dificuldades para encontrar oportunidades de trabalho e para se inserir no mercado formal.

Muitas dessas iniciativas mesclam as atividades de produção econômica com algum tipo de militância, de caráter religioso ou político, em que é possível identificar sua origem em movimento sociais que a precederam, e que lhes assegura um suporte de fortalecimento ideológico e espiritual. Outras são movidas desde o início por uma visão de fortalecimento comunitário, como as cooperativas de crédito e os bancos comunitários, que encontram soluções próprias para os problemas locais, como os mutirões de construção das moradias, a moeda comunitária e o mercado de escambo[3].

Muitos empreendimentos sociais são oriundos de organizações da sociedade civil que amadureceram seu desempenho e, diante do desafio de assegurar a sustentabilidade e a independência financeira, criaram formas de geração de receita a partir dos serviços que prestam e da produção de bens comercializáveis. O AfroReggae, movimento sociocultural de apoio a comunidades das favelas do Rio de Janeiro, expandiu e fortaleceu suas atividades, ao longo de mais de 20 anos de atuação, compondo sua receita com patrocínios e doações mesclados à comercialização de serviços e produtos. O Instituto de Pesquisas Ecológicas (IPÊ), originalmente dedicado à preservação de fauna e flora, ampliou seu escopo de atividades, estabelecendo parcerias com empresas e associações e criando um instituto de ensino superior e uma empresa de prestação de serviços ambientais. O Comitê para Democratização da Informática, cuja missão original foi a de propiciar o acesso digital a crianças e jovens de baixa renda, criou o CDI-LAN, empresa social dedicada a estabelecer *lan-houses*, que amplia e

---

[3] Nesse quesito, é fundamental citar o caso do Banco Palmas. Para uma leitura aprofundada, confira: Meyer (2013).

diversifica as possibilidades de prestação de serviços de informática para usuários das mais diversas classes socioeconômicas[4].

Diferentemente dos movimentos sociais, que se caracterizavam pelo espontaneísmo e relativa informalidade, os empreendimentos sociais oriundos das organizações da sociedade civil assumem a formalidade jurídico-legal, responsabilizam-se por sua autonomia administrativo-financeira e, ainda que com algumas especificidades, inserem-se nas relações de mercado. Essa passagem exige profundas modificações, principalmente nos modelos de gestão adotados, para que esses empreendimentos se resguardem de sua vulnerabilidade financeira e sejam suficientemente transparentes para assegurar sua legitimidade na interação com diversos públicos e *stakeholders*.

Outras iniciativas surgiram da atuação social empresarial, seja como um avanço em relação aos projetos e parcerias que caracterizavam os programas de responsabilidade corporativa, seja como a criação ou recriação de novos negócios, destinados a incorporar aqueles segmentos sociais, até então, excluídos do consumo. Aqui, convém fazer uma ressalva ao emprego genérico dos conceitos referidos ao empreendedorismo socioambiental, pois a expressão "negócios para a base da pirâmide", oriunda da proposição de Prahalad (2005), equivocadamente estendeu sua definição para o que pode ser considerado apenas como uma estratégia empresarial para conquistar consumidores pertencentes às classes de menor poder aquisitivo.

Mas se nesse tipo de atuação o protagonismo da empresa privada não deve ser catalogado como empreendedorismo social, em outros casos é possível ressaltar como as corporações podem fazer uso da abundância de recursos organizacionais, técnicos e gerenciais que possuem para estimular iniciativas efetivamente empreendedoras. Por exemplo, empresas do setor agroindustrial, como o grupo Orsa e o grupo Votorantin na produção de celulose e a Agropalma de produção de óleos vegetais, inserem pequenos produtores rurais em sua cadeia produtiva como fornecedores autônomos de matéria-prima. Esse tipo de relacionamento empresarial tem resultados econômico-financeiros para ambas as partes; possibilita a inclusão social e econômica de famílias que estavam na iminência de perder suas propriedades e evadirem para os centros urbanos; e assegura a preservação dos recursos naturais, em razão da assistência agronômica propiciada pela

---

[4] Para maiores informações sobre as entidades referidas, consultar seus respectivos endereços eletrônicos: www.afroreggae.org; www.ipe.org.br; e www.cdi.org.br.

empresa para garantir a qualidade e produtividade da matéria-prima produzida por seus fornecedores.

Mas é significativa também a emergência de empreendimentos que não estão vinculados às raízes dos movimentos sociais e das organizações do terceiro setor, tampouco às iniciativas empresariais de responsabilidade social. São empreendimentos que surgem, desde sua concepção, como "um empreendimento que tem a 'criação de valor social' como seu objetivo estratégico primordial, o qual orienta sua missão para uma modelagem criativa e inovadora" (livre tradução do autor) (Nicholls, 2006).

Isto é, são propostas de negócios sociais que visam atender com serviços básicos – como nas áreas de educação e saúde – a população que não tem acesso à oferta privada, que se caracteriza pelos preços elevados, nem à oferta pública, que é escassa e de má qualidade[5].

Outras são associações dedicadas à produção econômica que geram trabalho e renda para pessoas e grupos que, devido a sua inserção social, têm dificuldades de acesso aos mercados formais. Há ainda empreendimentos cuja natureza são os negócios voltados ao meio ambiente, que realizam ações de preservação dos recursos naturais, transações por emissão de carbono, programas educacionais e certificações ambientais.

Ou seja, é toda uma ampla e diversificada gama de organizações, com diferentes portes, inseridas ou não em cadeias produtivas, pertencentes ou não a arranjos produtivos locais, que estão ocupando espaços para incrementar a vitalidade nas relações econômicas e a participação nas relações sociais e políticas. Nessa multiplicidade de possibilidades, é possível também observar o surgimento de um novo tipo de organização que aglutina dois objetivos que antes eram vistos como incompatíveis: sustentabilidade financeira e geração de valor social. Empresas sociais (*social enterprise*), negócios inclusivos (*inclusive business*), negócios sociais (*social business*) e negócios socioambientais são alguns dos termos usados atualmente para nomear as organizações que visam solucionar problemas sociais e do meio ambiente, com eficiência e sustentabilidade financeira, por meio de mecanismos de mercado.

---

[5] Aqui, é válido citar os casos Sembis e La Fajeda: o Sembis, na Costa Rica, é um caso de empreendedorismo social dedicado a prestar atendimento médico a baixos preços, suprindo a carência do serviço público. E o La Fajeda, na Espanha, emprega pessoas que padecem de transtornos mentais na produção agroindustrial de laticínios (Vernis, Lamolia e Arenas, 2009).

TENDÊNCIAS DOS NEGÓCIOS SOCIOAMBIENTAIS

Na literatura internacional, três principais correntes definem os negócios socioambientais. A perspectiva europeia, nascida da tradição do movimento de economia social, que preconizava as soluções do associativismo, enfatizando a atuação de organizações da sociedade civil que incorporem funções públicas, em parceria ou em substituição à presença do Estado. A perspectiva norte-americana, na qual o negócio socioambiental deve ser feito por empresas privadas, que atuam com a lógica de mercado e que têm os mesmos direitos e deveres que legislam a atuação empresarial, mas são dedicadas a gerar soluções para os problemas sociais e ambientais. A corrente predominante nos países em desenvolvimento é a que os negócios sociais são iniciativas de mercado que visam à redução da pobreza e à transformação das condições sociais que marginalizam ou excluem as pessoas; ou seja, vão além do atendimento de necessidades imediatas por terem uma intenção de realizar uma transformação social.

Por ser uma terminologia nova, importada do ambiente empresarial, a expressão *negócios sociais* tem sido alvo de polêmicas entre acadêmicos e *practitioners*. Provocadas pela falta de um consenso sobre um conceito novo que procura conciliar dois propósitos vistos, *a priori*, como irreconciliáveis: negócios inseridos em relações de mercado e empreendimentos capazes de gerar impacto socioambiental. Não é uma tarefa simples a busca dessa conciliação, pois implica propostas de mudanças na lógica de mercado em fatores, tais como, a distribuição do lucro, o retorno do investimento e os critérios de tributação. Também exige um investimento teórico e prático para definir o caráter socioambiental dos empreendimentos, bem como, com quais indicadores avaliar os aspectos inovativos de sua proposta e a efetividade dos resultados obtidos com seu desempenho.

Trata-se, portanto, de conceitos e definições em construção, os quais vão se refinando, tornando-se mais precisos, à medida que os casos empíricos e seus estudos vão acumulando experiências, informações e conhecimentos. Muitos atores sociais e diferentes tipos de organizações estão envolvidos nessa construção: as organizações aceleradoras, que são constituídas com o objetivo de facilitar e orientar o estabelecimento de empreendimentos socioambientais, acelerando seu amadurecimento (por exemplo, Artemísia)[6]; as incubadoras, que possibilitam a manutenção dos empreen-

---

[6] Disponível em: http://www.artemisia.org.br/. Acessado em: 29 jun. 2016.

dimentos em suas fases iniciais (por exemplo, Cietec/USP e incubadora da EACH/USP)[7]; e grupos de investidores que se interessam por apoiar financeiramente esse tipo de negócio (por exemplo, Plano CDE e Endeavor)[8].

Mas a ambiguidade e a diversidade dos termos não são os únicos desafios. Se os empreendedores sociais têm encontrado na chamada fase de *start-up* investidores e aceleradores, no transcurso de vida dos negócios socioambientais tem sido difícil obter a rentabilidade financeira maximizando resultados sociais. Aspectos como a concorrência com negócios já estabelecidos, a dificuldade em se posicionar e a carga excessiva de tributos fragilizam a possibilidade de sobrevivência desses empreendimentos.

Desde o momento zero do empreendimento, é fundamental inovar e viabilizar novos arranjos institucionais. Não é possível reproduzir o modelo tradicional dos negócios próprios das relações de mercado capitalistas e, simplesmente, inserir uma dimensão de atuação social, como eram modelados os "braços de responsabilidade social" das iniciativas empresariais. É necessário pensar e agir diferente. Essa diferença reside, principalmente, nas possibilidades de cocriação dos empreendimentos e de cofinanciamento dos capitais de investimento e dos recursos, na capacidade de autossustentação financeira, no emprego de modelos de gestão flexíveis que assegurem transparência e participação, na perspectiva clara e precisa de resultados a serem alcançados e na potencialidade desses resultados gerarem impactos de transformação.

O que se prospecta para a emergência dos negócios socioambientais no Brasil é que seu crescimento e consolidação dependem de manter coerência com os conceitos e práticas do desenvolvimento sustentável multidimensional. Pois é possível vislumbrar uma convergência entre essa proposição de economia política e a criação dessas múltiplas configurações organizacionais que abrigam esses novos negócios.

Algumas identidades podem ser ressaltadas em ambas: a primeira delas diz respeito aos princípios inspiradores das visões de mundo que as sustentam. Pode-se dizer que os empreendimentos sociais, assim como a proposição de desenvolvimento sustentável, repousam na ideia generosa de que todos os seres humanos são iguais. E que essa igualdade não permi-

---

[7] Disponível em: http://www.cietec.org.br/; http://www.each.usp.br/incubadora/. Acessado em: 29 jun. 2016.

[8] Disponível em: http://www.planocde.com.br/; http://www.endeavor.org.br/. Acessado em: 29 jun. 2016.

te que se admita um quadro como o demonstrado pelo Índice de Pobreza Multidimensional (IPM), o qual identificou no final da década de 2010 que 1/3 da população mundial, correspondendo a cerca de 1,7 bilhão de pessoas, vivia em situação de pobreza (Pnud, 2010), enquanto o índice de Desenvolvimento Humano Ajustado à Desigualdade demonstrou o incremento da desigualdade de distribuição da renda na maioria das regiões do mundo, destacando-se a América Latina como a região onde tal distribuição é a mais desigual (Pnud, 2011).

Outro princípio que pode ser considerado semelhante em ambas as propostas diz respeito à diversidade. As proposições de estímulo ao desenvolvimento abandonaram a cisão que existia entre a percepção do social e do ambiental, agregando ambos os focos, de modo que a preservação dos recursos naturais que são essenciais à vida devem assegurar, também, as condições de bem-estar do ser humano e de manutenção da sociabilidade. Na mesma linha, a multiplicidade de proposições de negócios socioambientais indica essa mesma concepção abrangente: quando se propõe a criação de cooperativas de catadores de resíduos sólidos na cadeia da reciclagem, não se trata apenas de gerar trabalho e renda para a inclusão de cidadãos profissionalmente desqualificados, mas também de solucionar os graves problemas ambientais advindos do lixo urbano e de estimular uma cadeia de produção econômica ainda pouco explorada e conhecida (Fischer et al., 2006). Ou, quando uma grande empresa de produção de óleos vegetais opta por incorporar ao seu processo produtivo os pequenos proprietários rurais em vez de adquirir grandes extensões de terra para plantio de sua matéria-prima, ela não está apenas buscando reduzir os investimentos e os custos fixos, mas também evitar os problemas sociais advindos do sucateamento das pequenas propriedades e do empobrecimento das comunidades que estão em seu entorno (Fischer et al., 2006).

Ambas as proposições – de desenvolvimento e de empreendedorismo – também estão fundamentadas no conceito da sustentabilidade. Para os negócios socioambientais, um dos principais desafios de concepção e de gestão consiste em como manter-se sustentável em suas várias dimensões: a sustentabilidade que advém de sua capacidade de gerar resultados efetivos; assim como aquela proveniente do reconhecimento de seus *stakeholders*, o qual lhe confere legitimidade. E, ainda, a sustentabilidade que lhe garante solidez financeira e capacidade de sobrevivência, diante das crises vivenciadas em seus ciclos de vida, entre as quais, a concorrência com outras iniciativas e as pressões oriundas de contextos externos turbulentos.

A expectativa gerada por essa confluência entre as proposições do desenvolvimento sustentável multidimensional e as do empreendedorismo socioambiental é a da possibilidade de transformar as relações econômicas de mercado em contribuintes do incremento da qualidade de vida e do bem-estar dos seres humanos.

CONSIDERAÇÕES FINAIS

Este capítulo foi escrito com o objetivo de alinhavar reflexões sobre um fenômeno relativamente recente que é a emergência de empreendimentos que se caracterizam por assumirem a finalidade de gerar valor social, contribuindo para reduzir problemas sociais e ambientais que afetam as possiblidades de desenvolvimento.

O surgimento desses empreendimentos conferiram robustez ao interesse, tanto acadêmico quanto popular, pelo tema do empreendedorismo, o qual implica a necessidade de buscar maior precisão conceitual ao empregá-lo no âmbito das ciências das organizações. Para tanto, o texto faz breve incursão sobre a origem histórica do termo e adota a opção de enquadrá-lo ao referencial teórico do desenvolvimentos multidimensional. Nesse sentido, assume o pressuposto de que os negócios socioambientais, considerados como investimentos de impacto, detêm a potencialidade de gerar resultados de transformação social.

Esses empreendimentos são organizações híbridas, seja em virtude das missões a que se dedicam; seja em função dos modelos de negócios que adotam; seja devido ao tipo de iniciativa que lhes deu origem. Esta característica aumenta a complexidade de sua análise, já que não é possível reduzi-los às tipologias organizacionais consagradas, mas também reforça o interesse e a necessidade de seu estudo e monitoramento sistemático.

Assim como demanda o fortalecimento de um amplo ecossistema que assegure a institucionalização dessas iniciativas inovadoras, o ambiente propício ao surgimento e consolidação dos empreendimentos socioambientais necessita da presença de políticas públicas que facilitem sua criação e manutenção; condições fiscais e tributárias amigáveis; modelos organizacionais e de gestão flexíveis; investidores dispostos a assumirem riscos e novos padrões de retorno; instituições aceleradoras com capacidade de transferir experiências e conhecimentos. E, acima de tudo, da consolidação de valores de uma cultura de transformação social, econômica e ambiental.

REFERÊNCIAS

ABRAMOVAY, R. *Desenvolvimento sustentável: qual a estratégia para o Brasil?* Novos Estudos, 2010. Disponível em: http://www.scielo.br/pdf/nec/n87/a06n87.pdf. Acessado em: 3 mar. 2012.

[BISC] *Benchmarking do Investimento Social Corporativo.* Relatório 2012. São Paulo: Comunitas, 2012.

BRUYAT, C; JULIEN, P. A. Defining the field of research in entrepreneurship. New York, *Journal of Business Venturing.* v. 16, p. 165-180, 2000.

DEES, J. G. *The meaning of 'Social Entrepreneurship',* 2001. Disponível em: http://www.caseatduke.org/documents/dees_sedef.pdf. Acessado em: 12 fev. 2012.

DRUCKER, P. F. *Inovação e espírito empreendedor.* 5. ed. São Paulo: Pioneira, 1998.

FISCHER, R. M. et al. Dendê Oil Family Agriculture Project. *Harvard Review of Latin America,* fall 2006.

FISCHER, R. M.; BOSE, M. et al. Pesquisa – COOPA-ROCA – Cooperativa de Trabalho Artesanal e de Costura da Rocinha. 2007. (Relatório de pesquisa).

FISCHER, R. M.; COMINI, G.; BOSE, M. et al. Solid waste management: integrating low-income sectors in the value chain. In: MÁRQUEZ, P.; REFICCO, E.; BERGER, G. *Socially inclusive business: engaging the poor through market initiatives in Iberoamerica.* Cambridge, MA: David Rockefeller Center for Latin American Studies, Harvard University Press, 2010. 365p. (Social Enterprise Knowledge Network - SEKN).

[IDAMB] ÍNDICE DE DESENVOLVIMENTO HUMANO MUNICIPAL BRASILEIRO. Brasília: PNUD, Ipea, FJP, 2013. 96p. (Atlas de desenvolvimento humano no Brasil 2013).

KLIKSBERG, B. *O desafio da exclusão: por uma gestão social eficiente.* São Paulo: Fundap, 1997.

MEYER, C. Social currency for common goods: the case of the Palmas currency, 2013. Disponível em: http://www.inovacaoparainclusao.com/uploads/4/2/2/8/ 4228830/social.currency.for.common.good.pdf. Acessado em: 23 set. 2013.

NICHOLLS, A. Playing the field. *Social Entrepreneurship Posting from Oxford.* v. 1, autumn, 2006.

OSTROM, E. Copyng with tragedies of the commons. *Ann. Rev. Polit. Sci.* Indiana University. v. 2, p. 493-535, 1999.

[PNUD] PROGRAMA DAS NAÇÕES UNIDAS PARA O DESENVOLVIMENTO. Relatório de Desenvolvimento Humano 2010. A Verdade sobre a Riqueza das Nações. Nova York, 2010.

_____. Relatório de Desenvolvimento Humano 2011. Sustentabilidade e equidade: um futuro melhor para todos. Nova York, 2011.

PRAHALAD, C. K. *A riqueza na base da pirâmide: Como Erradicar a Pobreza com o Lucro*. Porto Alegre: Bookman, 2005.

RATTNER, H. (Coord.). *Instituições Financeiras e Desenvolvimento Tecnológico Autônomo: o Banco Nacional de Desenvolvimento Econômico e Social*. São Paulo: IPE-USP, 1991.

SACHS, I. *Desenvolvimento includente, sustentável, sustentado*. Rio de Janeiro: Garamond, 2008.

SANTOS, B. S. *Pela Mão de Alice – O Social e o Político na Pós Modernidade*. São Paulo: Cortez, 2001.

SCHUMPETER, J. A. *Teoria do desenvolvimento Econômico: uma investigação sobre lucros, capital, crédito, juro e o ciclo econômico*. Tradução: Maria Sílvia Possas. São Paulo: Nova Cultural, 1997 [1911].

_____. *Capitalismo, socialismo e democracia*. Rio de Janeiro: Zahar, 1984 [1942].

SEN, A. *Desenvolvimento como liberdade*. São Paulo: Companhia das Letras, 2000.

SINGER, P. *É possível levar o desenvolvimento a comunidades pobres?* Texto para discussão. Brasília: Secretaria Nacional de Economia Solidária – Ministério do Trabalho e Emprego, 2004. Disponível em: http://portal.mte.gov.br/data/files/FF8080812BCB2790012BCF8C1B8E5087/prog_desenvolvimentocomunidadespobre.pdf. Acessado em: 5 jun. 2013.

VEIGA, J. E. *Desenvolvimento sustentável: o desafio do século XXI*. Rio de Janeiro: Garamond, 2005.

VERNIS, A.; LAMOLIA, L.; ARENAS, D. *Case La Fageda*. Social Enterprise Knowledge Network, 2009.

4 | Mudanças Climáticas e os Desafios para a Gestão Empresarial

Tatiana Tucunduva Philippi Cortese
Advogada, Uninove e Senac

Fátima Pereira Pinto
Engenheira química, Ecouniverso, FIA e Senac

INTRODUÇÃO

As mudanças climáticas passaram a ser percebidas em todo o mundo por meio da Convenção-Quadro das Nações Unidas sobre Mudança do Clima (UNFCCC), que foi adotada durante a Conferência das Nações Unidas sobre Meio Ambiente e Desenvolvimento – Rio 92. Em 1997, o Protocolo de Kyoto foi aprovado na Conferência das Partes, estabelecendo obrigações para os países desenvolvidos de reduzir suas emissões coletivas de gases de efeito estufa (GEE) em pelo menos 5%, quando comparados aos níveis de 1990.

Desde 1990, o Painel Intergovernamental sobre Mudanças Climáticas (em inglês, Intergovernmental Panel on Climate Change, ou IPCC) lançou cinco relatórios descritivos do estado da ciência na matéria e, cada vez mais, tem apresentado o problema com maior detalhamento e acuidade, e reconhecido sua gravidade. O painel indica que a temperatura média na superfície terrestre subiu entre 0,74 e 1,8°C no último século e atribui parte disso às atividades humanas. Foram simulados quatro diferentes cenários de concentrações de gases de efeito estufa, possíveis de acontecer até o ano de 2100 – os chamados *Representative Concentration Pathways* (RCPs), que levam em conta os impactos dessas emissões, isto é, o quanto haverá de alteração no balanço de radiação do sistema terrestre (IPCC, 2013).

O balanço de radiação corresponde à razão entre a quantidade de energia solar que entra e que sai do planeta Terra, indicando o quanto ficou armazenado no sistema terrestre de acordo com as concentrações de gases de efeito estufa, partículas de aerossóis emitidas e agentes climáticos diversos. Importante destacar que o cenário mais otimista prevê que o sistema terrestre armazenará 2,6 watts por metro quadrado (W/m^2) adicionais. Sendo assim, o aumento da temperatura terrestre poderia variar entre 0,3 e 1,7ºC de 2010 até 2100 e o nível do mar poderia subir entre 26 e 55 centímetros ao longo do século XXI. Segundo o IPCC, em todos os cenários, é muito provável (90% de probabilidade) que a taxa de elevação dos oceanos durante o século XXI exceda a observada entre 1971 e 2010. A expansão térmica resultante do aumento da temperatura e o derretimento das geleiras seriam as principais causas (IPCC, 2013).

As principais consequências do aumento do efeito estufa são as temperaturas globais médias mais elevadas, resultando em ruptura dos sistemas naturais; mudanças nos regimes de chuva e nos níveis de precipitação em muitas regiões, com impactos na oferta de água e na produção de alimentos; aumento da incidência e da intensidade de eventos climáticos extremos, tais como ondas de calor e estresse térmico, tempestades, enchentes, incêndios e secas; aumento do nível do mar, com impactos nas áreas costeiras e em regiões de baixada; e alterações de ecossistemas, como a decorrente do aumento de vetores transmissores de doenças e sua distribuição espacial (IPCC, 2013).

As negociações internacionais são lentas, envolvem diversos setores e múltiplos interesses, e a regra de aprovação por consenso do sistema da ONU torna as normas muito genéricas e de difícil aplicação prática.

O economista Nicholas Stern elaborou juntamente com o governo britânico um estudo econômico sobre os custos da mudança do clima intitulado "Relatório Stern" (Stern, 2006), que foi um divisor de águas, pois introduziu essa discussão na agenda econômica mundial.

De acordo com esse relatório, as mudanças do clima atingirão os elementos básicos de que as pessoas precisam para viver – acesso à água, produção de alimentos, saúde e o ambiente (Stern, 2006). Ainda há tempo para evitar os piores impactos, desde que sejam tomadas providências imediatas. Caso isso não ocorra, o total dos custos e riscos das alterações climáticas será equivalente à perda anual de no mínimo 5% do Produto Interno Bruto (PIB) global, que somou US$ 65 trilhões em 2010.

Em contraste, o relatório indica que os custos para tomar as devidas providências para reduzir as emissões de GEE podem ser limitados anualmente a 1% do PIB mundial. Portanto, a transição para economia de baixo carbono custará menos do que remediar os danos causados pelas mudanças do clima (Stern, 2006). Mais recentemente, o economista reviu a estimativa de investimentos necessários para estabilizar a concentração de carbono na atmosfera para 2 a 3% do PIB mundial (Mattarozzi, 2012).

A partir da divulgação destes dados, e da repercussão do livro e filme *Uma Verdade Inconveniente*, de Albert Gore (2006), o tema das mudanças climáticas ganhou destaque na agenda internacional. A célebre frase de Yuri Gagarin "A Terra é azul", usada em 1961, hoje contrasta com a imagem da National Aeronautics and Space Administration (Nasa) (Figura 1), de 14 de dezembro de 2009, desse mesmo planeta envolto por uma nuvem de partículas, o carbono negro (*black carbon*), um dos efeitos das mudanças climáticas.

Figura 1 – *Dark side of carbon.*

Fonte: www.nasa.gov/multimedia/imagegallery/image_feature_1546.html.

As discussões em torno do tema mudanças climáticas acompanham os interesses de todos e o direcionamento das ações do Poder Público, das instituições, das nações e das posições de diferentes estudos que podem ou não ser convergentes, uma vez que dependem de influências políticas, econômicas, sociais, tecnológicas e ambientais sob as quais estão inseridos.

O EFEITO ESTUFA E AS MUDANÇAS CLIMÁTICAS

O efeito estufa existe graças à presença na atmosfera de uma camada de alguns gases formada principalmente por dióxido de carbono (CO_2), metano (CH_4) e óxido nitroso (N_2O), e vapor d'água. Esse fenômeno natural proporciona uma temperatura média global, próxima à superfície, em torno de 14°C, ideal ao desenvolvimento de vida na Terra.

Os raios solares, ao serem emitidos sobre o topo da atmosfera terrestre, têm dois destinos: parte é refletida diretamente de volta ao espaço, enquanto a outra é absorvida pelos oceanos e pela superfície terrestre, promovendo o seu aquecimento. Desta segunda parte, uma parcela também seria irradiada de volta ao espaço, mas é bloqueada pela presença dos gases de efeito estufa.

O problema não é o fenômeno natural, mas o agravamento dele. Como muitas atividades humanas emitem uma grande quantidade de gases formadores do efeito estufa (GEEs), esta camada tem ficado cada vez mais espessa, retendo mais calor na Terra, aumentando a temperatura da atmosfera terrestre e dos oceanos e ocasionando o aquecimento global.

As emissões de gases de efeito estufa ocorrem praticamente em todas as atividades humanas e setores da economia: o dióxido de nitrogênio (N_2O) na agricultura, por meio da preparação da terra para plantio e aplicação de fertilizantes; o metano (CH_4) na pecuária, por meio do tratamento de dejetos animais e pela fermentação entérica do gado e também pela decomposição dos resíduos orgânicos em aterros; o dióxido de carbono (CO_2) no transporte, pela queima de combustíveis fósseis, como gasolina e gás natural, e no desmatamento e queimada de florestas; e nas indústrias, a emissão de dióxido de carbono (CO_2) no processo de produção de cimento, ferro e aço, além do perfluorcarbono (PFC) na produção de alumínio, entre outros.

Atualmente, são sete os gases considerados como causadores do efeito estufa pelo Protocolo de Kyoto, oriundos de fontes antropogênicas[1], que estão listados na Tabela 1.

---

[1] Fontes antropogênicas são aquelas geradas por atividades humanas.

GESTÃO EMPRESARIAL E SUSTENTABILIDADE

Tabela 1 – Os sete gases de efeito estufa do Protocolo de Kyoto.

Gás de efeito estufa		GWP (horizonte de 100 anos)
CO_2	Dióxido de carbono	1
CH_4	Metano	25
N_2O	Óxido nitroso	298
HFC	Hidrofluorcarbono	12 – 14.800
PFC	Perfluocarbono	7.390 – 12.200
NF_3	Trifluoreto de nitrogênio	17.200
SF_6	Hexafluoreto de enxofre	22.800

Fonte: IPCC (2007).

Dióxido de carbono equivalente (CO_2e)

Cada gás de efeito estufa tem um potencial diferente de contribuição de aquecimento na atmosfera, chamado de potencial de aquecimento global. Para comparação das emissões de diferentes gases, a quantidade de cada gás é convertida em uma medida comum, o dióxido de carbono equivalente ou CO_2e. Esta conversão é feita com o uso do Potencial de Aquecimento Global (em inglês, *Global Warming Potential* – GWP), multiplicado pela quantidade mássica de cada gás.

O dióxido de carbono (CO_2) é o gás de referência a partir do qual os restantes compostos químicos são medidos, sendo-lhe atribuído um fator igual a 1. Já o metano (CH_4) tem, comparativamente, um fator de 25 ao longo de 100 anos. Isso significa que 1 kg de CH_4 é 25 vezes mais potente do que 1 kg de CO_2 durante o mesmo período de tempo.

OS ACORDOS INTERNACIONAIS PARA CONTER O AQUECIMENTO DO PLANETA

Desde o início da década de 1970 os cientistas vêm alertando a comunidade mundial sobre o aquecimento do planeta de forma gradual, provocado pelas atividades antropogênicas como a queima de combustíveis fósseis na geração de energia, nos transportes e outras fontes de emissão de gases de efeito estufa. Conforme mostrado na Figura 2, em 1988 a Organização das Nações Unidas (ONU) tomou a primeira iniciativa efetiva sobre as mudanças climáticas com a criação do IPCC, um organismo que analisa, avalia e publica as mais recentes informações científicas, técnicas e socioeconômicas produzidas em âmbito mundial para a compreensão das mudanças climáticas.

Figura 2 – Histórico dos acordos internacionais contra o aquecimento global.

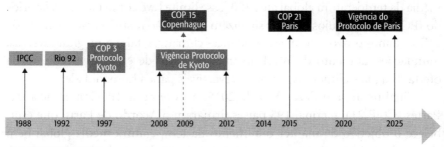

COP: Conferência das Partes
IPCC: Painel Intergovernamental de Mudanças Climáticas (sigla em inglês para *Intergovernmental Panel on Climate Change*)
Rio 92: Conferência das Nações Unidas sobre o Meio Ambiente e o Desenvolvimento

Em 1992, a cidade do Rio de Janeiro sediou a Conferência das Nações Unidas sobre Meio Ambiente e Desenvolvimento, ocasião em que foi criada a UNFCCC. Com ela, os países signatários comprometeram-se a elaborar uma estratégia global para proteger o sistema climático para gerações presentes e futuras. Foi definida a formação de um comitê com reuniões periódicas das partes (países) com o propósito discutir ações e estabelecer acordos internacionais para a estabilização das emissões de gases de efeito estufa do planeta e, assim, conter o aquecimento global. Essas reuniões foram denominadas de Conferência das Partes (COP).

A terceira Conferência das Partes (COP 3) aconteceu em 1997, na cidade de Kyoto, no Japão, onde foi assinado o primeiro e mais importante acordo internacional sobre mudanças climáticas, o Protocolo de Kyoto. Os países signatários foram divididos em dois grupos, sendo o Anexo I constituído de países desenvolvidos, e o Não Anexo I, de países em desenvolvimento. Em 2005, cerca de 184 países ratificaram o Protocolo de Kyoto: 37 países desenvolvidos mais a comunidade europeia assumiram o compromisso de reduzir 5,2% das emissões dos níveis do ano de 1990, no período de 2005 a 2012. O Brasil, país membro do Não Anexo I, assim como outros países deste grupo, colaborou com a redução das emissões dos países do Anexo I, sediando a implantação de projetos do Mecanismo de Desenvolvimento Limpo (MDL).

A 15ª Conferência das Partes (COP 15), realizada em Copenhague, em 2009, teve uma grande repercussão mundial porque havia uma grande expectativa de que os países assinassem um novo acordo climático global, para vigorar após o término da vigência do Protocolo de Kyoto em 2012. Mas não houve consenso entre os grandes emissores mundiais China e Estados Unidos, então a negociação foi postergada para os anos seguintes. No entanto, nessa conferência foi estabelecido o objetivo de um aumento máximo de 2°C na média da temperatura global até 2100. Esse limite teve como base os relatórios do IPCC (AR-4), cujos estudos sinalizam que se não mantivermos o limite de 2°C, os danos provocados pelas mudanças climáticas, tais como grandes secas, inundações, aumento do nível do mar, extinção de espécies e redução da oferta de água e alimentos, seriam irreversíveis para a humanidade.

Finalmente, em dezembro de 2015, aconteceu a 21ª Conferência das Partes (COP 21), na qual 195 países firmaram o Acordo de Paris, que estabelece o objetivo de manter o aumento da temperatura média global bem abaixo de 2°C em relação aos níveis pré-industriais e garantir esforços para limitar o aumento da temperatura a 1,5°C até 2100. Nesse acordo, cada país propôs suas metas nos documentos chamados Contribuições Nacionalmente Determinadas Pretendidas, ou INDCs (sigla em inglês de *Intended Nationally Determined Contributions*), que vão vigorar de 2020 a 2030. As nações se comprometeram a rever suas metas até 2018 e, a partir de então, revisá-las a cada cinco anos.

Outro ponto relevante do Acordo de Paris foi o consenso sobre o financiamento de um piso de US$ 100 bilhões por ano, a partir de 2020, com uma revisão em 2025, para projetos de mitigação e adaptação dos efeitos do aquecimento para os países em desenvolvimento.

A INDC do Brasil inclui uma meta de redução de 37% das emissões relativas ao ano 2005 até 2025, e o indicativo de 43% de redução em 2030, além de um conjunto de compromissos e programas para atingimento das metas.

LEGISLAÇÃO BRASILEIRA SOBRE MUDANÇAS CLIMÁTICAS

A Política Nacional sobre Mudança do Clima, instituída pela Lei Federal n. 12.187 de 29 de dezembro de 2009, define mudança climática como aquela "direta ou indiretamente atribuída à atividade humana que altere a composição da atmosfera mundial e que se some àquela provocada pela variabilidade climática natural observada ao longo de períodos comparáveis".

Cumpre destacar, ainda, os conceitos de mitigação e adaptação. O primeiro envolve mudanças e substituições tecnológicas que reduzam o uso de recursos e as emissões de gases de efeito estufa e aumentem os sumidouros. Como exemplo, em termos de mitigação, o setor de transportes é um dos mais críticos, pois há grande potencial de redução de emissões por meio de uma política de mobilidade urbana mais eficiente. Outro setor crítico é a agricultura, já que as atividades a ele vinculadas – tais como desmatamentos e queimadas – têm significativa participação nas emissões domésticas desses gases. Adaptação, por sua vez, trata de ações que diminuam a vulnerabilidade dos sistemas diante dos cenários previstos para alterações climáticas.

Em termos de adaptação, a gestão de áreas de riscos nas cidades reduziria a vulnerabilidade dos municípios diante do cenário de intensificação de eventos climáticos extremos, que resultam em enchentes e deslizamentos. No meio rural, técnicas agrícolas voltadas à adaptação relacionam-se, por exemplo, ao desenvolvimento de cultivos ambientados a condições climáticas extremas, bem como ao uso de tecnologias que promovam menor vulnerabilidade dos sistemas rurais, como no caso do plantio direto e da recuperação de pastagens.

Para que a Política Nacional sobre Mudança do Clima se efetive, segundo o art. 6º, serão utilizados diversos instrumentos, dentre os quais o Fundo Nacional sobre Mudança do Clima; as resoluções da Comissão Interministerial de Mudança Global do Clima; as medidas fiscais e tributárias destinadas a estimular a redução das emissões e remoção de gases de efeito estufa; o desenvolvimento de linhas de pesquisa por agências de fomento; os registros, inventários, estimativas, avaliações e quaisquer outros estudos de emissões de GEE e de suas fontes, elaborados com base em informações e dados fornecidos por entidades públicas e privadas; as medidas de divulgação, educação e conscientização; o monitoramento climático nacional; o estabelecimento de padrões ambientais e de metas, entre outros.

O art. 12 da referida lei estabeleceu o compromisso voluntário de reduzir de 36,1 a 38,9% as emissões de gases de efeito estufa até 2020, com base nos valores emitidos em 2005.

Lançado em 2009, o Fórum Clima – Ação Empresarial sobre Mudanças Climáticas, uma iniciativa privada do empresariado brasileiro, vem exercendo um papel importante no monitoramento e divulgação sobre o andamento das políticas de mudanças climáticas no Brasil. As informações completas e atualizadas das 27 unidades da federação podem ser encontradas no Observatório de Políticas Públicas de Mudanças Climáticas no website do Fórum Clima (Fórum Clima, 2016).

EMISSÕES GLOBAIS E BRASILEIRAS

Segundo o quinto Relatório do IPCC (AR-5), lançado em 2013 e 2014, até o final do século XXI as emissões de GEE devem se limitar a uma média anual de 11 gigatoneladas de dióxido de carbono equivalente ($GtCO_2e$), para que a temperatura média anual do planeta não ultrapasse os 2°C e, portanto, não tenhamos consequências drásticas em virtude das mudanças climáticas. De acordo com o Banco de Dados de Emissões para Pesquisa Atmosférica Global (Edgar, em inglês, do Joint Research Center, da Comissão Europeia), o total de emissões globais em 2014, com inclusão da mudança do uso do solo, foi de 53 $GtCO_2e$, ou seja, muito acima da meta estabelecida pelo IPCC. A Figura 3, elaborado pelo World Resources Institute (WRI), mostra os dez maiores emissores globais de gases de efeito estufa em 2011 em duas visões: com e sem a mudança do uso de solo e florestas (em inglês, LUCF – *land use change and forestry*).

Na Figura 4, são demonstrados os principais emissores *per capita* (tCO_2e/habitante). É possível verificar que a emissão *per capita* do Brasil está próxima da média mundial.

As emissões brasileiras

O Brasil tem apresentado uma importante evolução na elaboração de inventário de emissões de GEE em âmbito nacional, estadual e municipal. As emissões têm reduzido progressivamente desde o primeiro inventário em 2004, com destaque para o setor de mudança do uso da terra, resultado da redução do desmatamento e das queimadas no território nacional.

Outra importante conquista brasileira refere-se à criação de ferramentas de quantificação e divulgação das emissões por setores de atividades. Em

Figura 3 – Os dez maiores emissores globais.

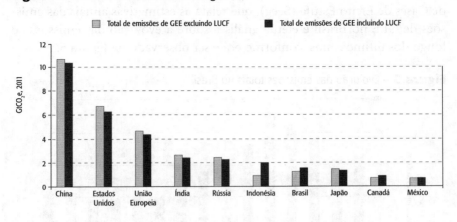

Fonte: WRI (2014).

Figura 4 – Emissões de CO_2 *per capita* dos dez maiores emissores globais.

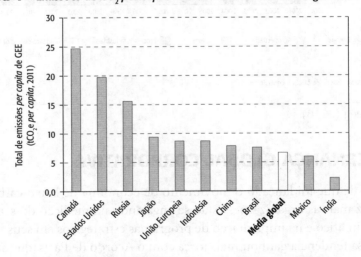

tCO_2e: toneladas de dióxido de carbono equivalente

Fonte: WRI (2014).

2013, o Observatório do Clima lançou o Sistema de Estimativa de Emissões de Gases de Efeito Estufa (Seeg), que relata as estimativas anuais das emissões de GEE no Brasil e efetua análises sobre a evolução das emissões ao longo dos últimos anos, conforme pode ser observado na Figura 5.

Figura 5 – Evolução das emissões totais no Brasil.

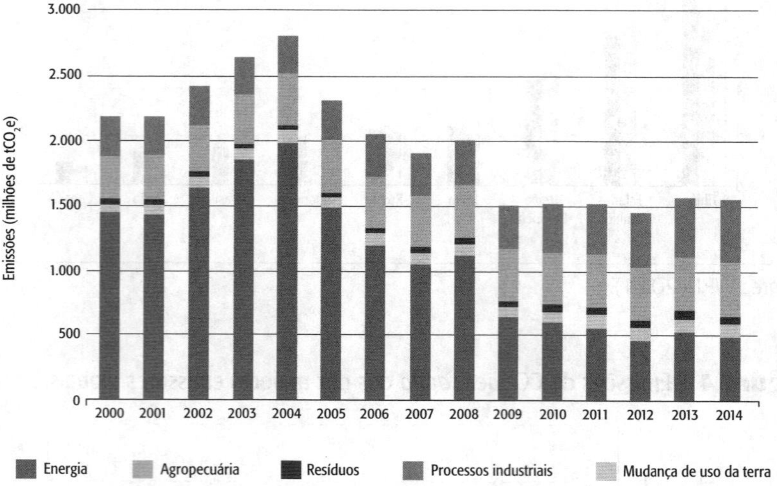

tCO$_2$e: toneladas de dióxido de carbono equivalente

Fonte: Seeg (2016).

GOVERNANÇA GLOBAL CORPORATIVA

Desde que foi lançado o movimento de economia de baixo carbono, cada vez mais as organizações estão se engajando na medição do seu impacto climático e na implantação de programas estratégicos em seus negócios. Essa tendência ganhou mais força com o Acordo de Paris, que sinaliza que este é o momento de investir na economia de baixas emissões, a fim de que os países atinjam suas metas de mitigação definidas nas INDCs.

A Governança Climática Corporativa é um programa que atende a essa demanda, com etapas bem definidas e de forma organizada e comparativa entre as empresas, seja por demanda de seus acionistas, clientes, consumidores, agentes financeiros, competitividade de mercado ou até mesmo para atender a regulamentações governamentais.

De acordo com o CNI (2011), o processo de implantação da Governança Climática Corporativa é formado por oito passos, divididos em três grandes etapas: Diagnóstico; Gestão Estratégica; e Divulgação e Engajamento, conforme mostrado na Figura 6.

Figura 6 – Os oito passos da implantação da governança climática corporativa.

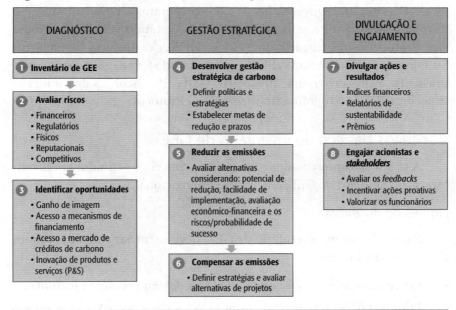

Fonte: adaptada de CNI (2011).

Diagnóstico

A etapa de diagnóstico contém três passos descritos resumidamente a seguir.

Passo 1 – Inventário corporativo de emissões de GEE

A elaboração de inventários de emissões de GEE é o primeiro passo para que uma organização possa contribuir para o combate às mudanças climáticas. Conhecendo o perfil dessas emissões, qualquer empresa pode dar os passos seguintes: estabelecer estratégias, planos e metas para redução, gestão das emissões de gases de efeito estufa e engajar-se na solução desse enorme desafio da economia de baixo carbono.

O inventário de emissões de GEE contabiliza as emissões e remoções de gases de efeito estufa de fontes antropogênicas, relativas às atividades de uma organização, geralmente no período de um ano. O resultado das emissões é geralmente expresso em toneladas de dióxido de carbono equivalente (tCO_2e). O desenvolvimento da contabilização de emissões de gases de efeito estufa em âmbito mundial foi iniciado pelo IPCC. O método de elaboração de inventários de GEE corporativos mais utilizado é o *Corporate Accounting and Reporting Standard*, emitido pelo Green House Gas Protocol, uma parceria do WRI e do World Business Council for Sustainable Development (WBCSD). Esse método foi adaptado à realidade brasileira pelo Programa Brasileiro GHG Protocol e denominado Especificações do Programa Brasileiro GHG Protocol.

Conceitos básicos do inventário de GEE

A seguir são apresentados os principais conceitos definidos em inventários corporativos de GEE, em âmbito internacional.

Limites do inventário

Para elaborar um inventário de GEE, deve-se iniciar com as seguintes definições dos limites:

- Limites organizacionais: quais unidades da empresa serão incluídas.
- Limites operacionais: quais as atividades das operações da empresa que geram gases de efeito estufa, denominadas fontes de emissão. A Figura 7 ilustra as principais fontes de emissão de GEE de uma organização, por tipo de atividade.

Escopos de emissões

As fontes de emissão de GEE são classificadas em três escopos:

- Escopo 1 – Emissões diretas obrigatórias: são as emissões provenientes de fontes que pertencem ou são controladas pela empresa.
- Escopo 2 – Emissões indiretas obrigatórias: aquisição de energia (elétrica, vapor ou calor) de terceiros e consumida na empresa.
- Escopo 3 – Emissões indiretas opcionais: são outras emissões indiretas atribuíveis ao negócio que não pertencem ou não são controladas pela empresa.

Figura 7 – Representação das fontes antropogênicas de emissão de GEE.

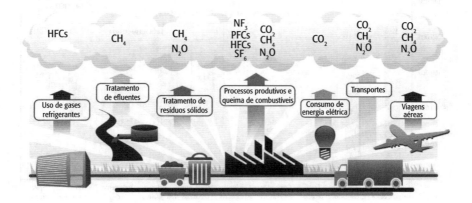

Fonte: Ecouniverso Projetos Ambientais (2013).

Emissões de CO_2 da biomassa

O CO_2 liberado na queima de combustíveis da biomassa[2] (por exemplo, etanol, biodiesel, bagaço de cana, lenha) é considerado carbono neutro porque, durante o processo da fotossíntese, o vegetal que originou o combustível absorve CO_2 da atmosfera. Dessa forma, as emissões de CO_2 provenientes da biomassa não são contabilizadas no inventário de GEE, mas devem ser reportadas separadamente.

Ano-base do inventário

É o ano em que a empresa define que o inventário está completo e com dados consistentes para ser usado como referência histórica na sua gestão de emissões de GEE.

Relatório do inventário de GEE

Após a contabilização das emissões de GEE, são elaborados relatórios com os resultados de emissões, expressos em tCO_2e, conforme o exemplo do inventário de GEE de uma indústria apresentado na Figura 8.

---

[2] Biomassa é um recurso natural renovável.

Figura 8 – Exemplo de resultados de inventário de GEE – indústria.

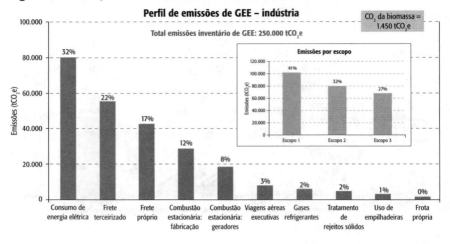

Fonte: Ecouniverso Projetos Ambientais (2013).

Antes da comunicação externa, algumas empresas submetem esses dados a uma verificação de terceira parte, por meio da norma ISO 14.064-1 ou da própria metodologia do GHG Protocol.

Após a realização do inventário de GEE, as organizações já podem participar de programas públicos de divulgação dos resultados do seu impacto climático, que podem ser de agências ambientais estaduais, ou mesmo se filiar a programas, tais como o Programa Brasileiro GHG Protocol, entre outros.

Passo 2 – Análise de riscos

O inventário se constitui em um mapeamento das emissões de GEE, fundamental para orientar a análise dos riscos com impactos no desempenho econômico, ambiental e social (Figura 9).

Passo 3 – Identificação de oportunidades

Assim como os riscos, as mudanças climáticas podem trazer oportunidades nos negócios das organizações, conforme mostrado na Figura 10.

De acordo com o Carbon Disclosure Project (2015), o Acordo de Paris estabelece a fundação política para o comprometimento de ações climáticas corporativas mais ousadas, com a ampliação do uso de energias renováveis.

Além disso, a precificação de carbono, juntamente com um mecanismo de negociação de emissões, fornecerá um incentivo para redução das emissões.

Figura 9 – Riscos na economia de baixo carbono.

REGULATÓRIOS	COMPETITIVOS E REPUTACIONAIS	FINANCEIROS	FÍSICOS
Regulamentações mandatórias (ex.: metas de redução e taxa sobre produtos e serviços – P&S)	Perda da credibilidade da marca	Aumento do preço de *commodities*	Aumento do preço dos insumos (água, energia etc.)
	Acusações de *greenwashing*	Aumento dos valores de seguros e resseguros	Alta do valor da terra
Responsabilidade no cumprimento de legislações	Mudança de hábito de clientes e fornecedores	Custo do carbono (ex.: multa)	Diminuição da disponibilidade dos insumos
	Pressão e conscientização dos consumidores, investidores e acionistas	Perda de mercado	
		Restrição a linha de créditos	Danificação das estruturas
	Dano à imagem da empresa		

Fonte: adaptada de CNI (2011).

Figura 10 – Oportunidades na nova economia de baixo carbono.

FINANCEIRAS	REGULATÓRIAS	COMPETITIVAS E REPUTACIONAIS	FÍSICAS
Melhor eficiência operacional e logística	Antecipação das regulamentações	Aumento da credibilidade da marca	Inovação tecnológica em produto e serviço (P&S) para adaptação às mudanças climáticas
Maior eficiência no uso de energia e insumos produtivos	Influência no processo de criação de novas leis	Novos investidores e parceiros	
Desenvolvimento de novos produtos e mercados	Incentivos e subsídios governamentais	Aumento da atratividade de profissionais	Melhoria dos processos com redução de insumos e aumento de eficiência
Mercado de carbono		Rotulagem ambiental	
Aumento de valor das ações		Responsabilidade socioambiental	
Acesso a mercados financeiros internacionais		Pioneirismo/liderança de mercado	
		Diferenciação da empresa/produtos	

Fonte: adaptada de CNI (2011).

Gestão estratégica

A definição da política da empresa com relação às mudanças climáticas é a primeira ação para a implementação da gestão estratégica, para então estabelecer as metas de redução e tomar decisões sobre investimentos em compensação (Figura 11).

Figura 11 – Implementação da gestão estratégica de carbono.

Passo 4	Passo 5	Passo 6
DESENVOLVIMENTO DA GESTÃO ESTRATÉGICA DE CARBONO	**REDUÇÃO DE EMISSÕES**	**COMPENSAÇÃO DE EMISSÕES**
Desenvolver gestão estratégica de carbono • Definir políticas e estratégias • Estabelecer metas de redução e prazos	**Reduzir as emissões** • Avaliar alternativas considerando: potencial de redução, facilidade de implementação, avaliação econômico-financeira e riscos/probabilidade de sucesso	**Compensar as emissões** • Definir estratégia e avaliar alternativas de projetos

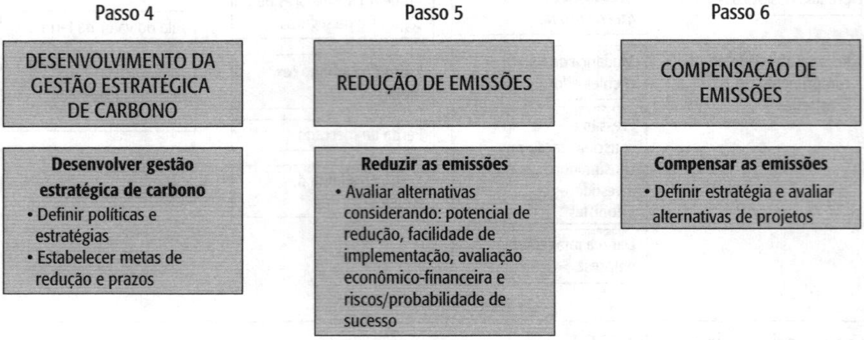

Fonte: adaptada de CNI (2011).

Divulgação e engajamento

Os seis primeiros passos da implantação da Governança Climática Corporativa são fundamentais para o amadurecimento da empresa nesse contexto e, assim, ter condições de colaborar com o meio externo, em ações proativas no movimento da economia de baixo carbono.

O passo 7 trata da divulgação de ações e resultados; por meio de ferramentas tais como os relatórios de sustentabilidade, sendo os principais o *Global Reporting Initiative* (GRI), o *Carbon Disclosure Project* (CDP) e o Índice de Sustentabilidade Empresarial (ISE) (Figura 12).

Quanto aos relatórios financeiros, empresas de capital aberto podem se filiar ao BM&FBovespa para participar do Índice de Carbono Eficiente, expresso por meio das emissões da empresa pelo seu faturamento bruto ($tCO_2e/R\$$), que atualmente reúne cerca de 50 empresas no Brasil. No exterior, o Índice Dow Jones é o mais utilizado. As empresas respondem a questionários sobre suas práticas de governança climática, que são ponderadas para receberem benefícios como linhas diferenciadas de crédito e uma maior valorização de suas ações no mercado.

O passo 8 sugere diferentes ações proativas, tais como participação de programas como Empresas pelo Clima, que reúne organizações para debates e troca de experiências em projetos de redução e compensação de emissões. Algumas empresas também adotam a vinculação de bônus ao atingir metas de governança climática e também incentivos aos funcionários na participação de programas como medição de sua pegada de carbono e compensação de emissões.

Figura 12 – Divulgação e engajamento.

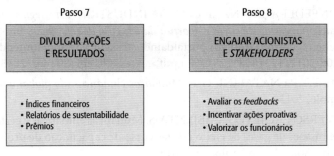

Fonte: adaptada de CNI (2011).

Concluindo os oito passos descritos, as organizações conseguirão medir seu impacto climático no local em que atuam e traçar programas estratégicos para seus negócios.

CONSIDERAÇÕES FINAIS

Com uma participação importante na transição do país para economia de baixo carbono, as indústrias brasileiras já perceberam a necessidade de emitir menos gases de efeito estufa, aumentando a eficiência energética e consumindo menos recursos naturais.

A governança climática corporativa possibilita agregar valor à estratégia ao desenvolver novos produtos, na melhoria da posição competitiva das empresas e na defesa de sua reputação institucional e empresarial, de modo a garantir a competitividade da indústria em âmbito global.

REFERÊNCIAS

[ABNT] ASSOCIAÇÃO BRASILEIRA DE NORMAS TÉCNICAS. *NBR ISO 14064 – Gases de Efeito Estufa – Parte 1 – Especificação e orientação a organizações para quantificação e elaboração de relatórios de emissões e remoções de gases de efeito estufa*. Rio de Janeiro, 2007.

BRASIL. Lei n. 12187, de 30/12/2009. Dispõe sobre a Política Nacional sobre Mudança do Clima. *Diário Oficial da União*. Brasília, 30 dez. 2009.

CARBON DISCLOSURE PROJECT. O Acordo de Paris: a nova bússola para os negócios. *Carbon Disclosure Project*, 12 dez. 2015. Disponível em: <http://www.cdpla.net/pt-br/noticias/o-acordo-de-paris-nova-b%C3%BAssola-para-os-neg%C3%B3cios>. Acessado em: 05 mar. 2016.

[CNI] CONFEDERAÇÃO NACIONAL DA INDÚSTRIA. *Estratégias corporativas de baixo carbono: gestão de riscos e oportunidades: guia de referência*. Brasília, 2011. Disponível em: <http://arquivos.portaldaindustria.com.br/app/conteudo_24/201 2/09/04/208/20121123180802251358u.pdf>. Acessado em: 20 mar. 2015.

CORTESE, T.T.P.; NATALINI, G.T. *Mudanças climáticas: do global ao local*. Barueri: Manole, 2013.

ECOUNIVERSO PROJETOS AMBIENTAIS. Mudanças climáticas e gestão corporativa de emissões de gases de efeito estufa [curso de capacitação de professores do Centro Paula Souza]. São Paulo, abr. 2013.

FÓRUM CLIMA. *Ação Empresarial sobre Mudanças Climáticas*. Disponível em: <http://forumempresarialpeloclima.org.br/>. Acessado em: 03 mar. 2016.

GORE, A. *Uma verdade inconveniente: o que devemos saber (e fazer) sobre o aquecimento global*. Barueri: Manole, 2006. 328p.

[GRI] GLOBAL REPORTING INITIATIVE. *Sustainability Reporting Guidelines – reporting principles and standard disclosures*. Amsterdã, 2015. Disponível em: <https://www.globalreporting.org/resourcelibrary/GRIG4-Part1-Reporting-Principles-and--Standard-Disclosures.pdf >. Acessado em: 07 mar. 2016.

[IPCC] INTERGOVERNMENTAL PANEL ON CLIMATE CHANGE. *Guidelines greenhouse gas inventories*. v. 1-8. Japão, 2006.

_____. *Quarto relatório da avaliação do grupo de trabalho II do IPCC*. s/l, 2007. Disponível em: <www.mct.gov.br/upd_blob/13404.pdf>. Acessado em: 15 dez. 2009.

_____. *Climate change 2013: the physical science basis*. 2013. Disponível em: <http://www.ipcc.ch/report/ar5/wg1/>. Acessado em: 12 jun. 2013.

_____. *Fifth Assessment Report (AR5)*. Disponível em: <https://www.ipcc.ch/report/ar5/>. Acessado em: 07 mar. 2016.

MATTAROZZI, V. Os desafios do setor financeiro no caminho do desenvolvimento sustentável. In: ALMEIDA, F. *Desenvolvimento sustentável, 2012-2050: visão, rumos e contradições*. Rio de Janeiro: Elsevier, 2012.

[ONU] ORGANIZAÇÃO DAS NAÇÕES UNIDAS. Convenção-Quadro das Nações Unidas sobre Mudança do Clima. Rio de Janeiro, 1992.

PROGRAMA BRASILEIRO GHG PROTOCOL. *Especificações do Programa Brasileiro GHG Protocol – Contabilização, Quantificação e Publicação de Inventários Corporativos de Emissões de Gases de Efeito Estufa*. Disponível em: <http://www.ghgprotocolbrasil.com.br>. Acessado em: 07 mar. 2016.

PROTOCOLO DE KYOTO. *Protocolo de Kyoto à Convenção sobre Mudança do Clima*. Convenção-Quadro das Nações Unidas sobre Mudança do Clima, 1997. Disponível em: <http://www.mct.gov.br/index.php/content/view/28739.html>. Acessado em: 19 jan. 2011.

[SEEG] SISTEMA DE ESTIMATIVA DE EMISSÃO DE GASES DE EFEITO ESTUFA. Disponível em: <http://seeg.observatoriodoclima.eco.br/index.php/emissions/index/sector/>. Acessado em: 04 mar. 2016.

STERN, N. *Stern Review on the economics of climate change*. Reino Unido: UK Government, 2006. Disponível em: <http://webarchive.nationalarchives.gov.uk/+/http://www.hm-treasury.gov.uk/independent_reviews/stern_review_economics_climate_change/stern_review_report.cfm>. Acessado em: 20 nov. 2009.

[WBCSD/WRI] WORLD RESOURCES INSTITUTE/WORLD BUSINESS COUNCIL FOR SUSTAINABLE DEVELOPMENT. *The Greenhouse Gas Protocol-GHG Protocol: A Corporate Accounting and Reporting Standard*. EUA: 2005. Disponível em: <http://www.ghgprotocol.org/files/ghgp/public/ghg-protocol-revised.pdf>. Acessado em: 05 mar. 2016.

[WRI] WORLD RESOURCES INSTITUTE. *6 Graphs Explain the World's Top 10 Emitters*, nov. 2014. Disponível em: <http://www.wri.org/blog/2014/11/6-graphs-explain-world%E2%80%99s-top-10-emitters>. Acessado em: 10 fev. 2016.

PARTE II

Temáticas Aplicadas à Gestão Empresarial para Sustentabilidade

Capítulo 5
Gestão Empresarial, Sustentabilidade e Competitividade
Walter Lazzarini

Capítulo 6
Energia, Empresa e Sustentabilidade
Lineu Belico dos Reis

Capítulo 7
Direito Ambiental: Legislação Aplicada ao
Setor Empresarial
Ana Luiza Silva Spínola e Lina Pimentel Garcia

Capítulo 8
Direito Ambiental: Áreas Contaminadas na Mineração
Eliane Pereira Rodrigues Poveda

Capítulo 9
Processo Administrativo Ambiental Orientado
para o Setor Empresarial
Pedro de Menezes Niebuhr

Capítulo 10
Gestão para a Universalização dos Serviços de
Saneamento em Áreas de Vulnerabilidade Social
Ester Feche Guimarães e Tadeu Fabrício Malheiros

Capítulo 11
O Programa Atuação Responsável® e a Química Verde no Brasil
Vânia Gomes Zuin, Paulo Luiz A. Coutinho, Mariana Rubim P. Accioli Doria, Yáskara Barrilli e Luiz Shizuo Harayashiki

Capítulo 12
Princípios do Equador e Desempenho Socioambiental do Setor Financeiro
Alejandro Dorado

Capítulo 13
Mercado e Certificação de Produtos da Agricultura Orgânica
Talita Cristina Zechner Lenz e Roberto Antônio Finatto

Capítulo 14
Modelos de Logística Reversa de Resíduos Eletroeletrônicos: Cenários Internacional e Nacional
Jacques Demajorovic e Eryka Eugênia Fernandes Augusto

Capítulo 15
Gestão Empresarial para Sustentabilidade e Governança Ambiental sob a Perspectiva dos Serviços Ecossistêmicos
Rafael Küster de Oliveira, Cleverson Vitório Andreoli, José Gustavo de Oliveira Franco, Fabiana de Nadai Andreoli e Antonio Rioyei Higa

Gestão Empresarial, Sustentabilidade e Competitividade | 5

Walter Lazzarini
Engenheiro agrônomo, Fiesp

INTRODUÇÃO

O desafio que se apresenta às empresas brasileiras hoje é o de realizar uma gestão empresarial que seja eficiente e que tenha competência, considerando-se as vertentes de sustentabilidade sob os aspectos econômico, social e ambiental, em um mundo globalizado, onde a competitividade se expressa de maneira intensa no comércio internacional.

Tal desafio se torna ainda maior no cenário atual e em um futuro imediato, o que deverá exigir novas posturas, tanto oficiais quanto do setor privado, no enfrentamento da difícil tarefa de reduzir as emissões atmosféricas de gases de efeito estufa e das consequências ambientais, econômicas e sociais das mudanças climáticas.

Conhecer as deficiências internas do país por meio de um diagnóstico, com mensuração dos aspectos mais significativos que afetam a economia com os reflexos sociais e ambientais, é um dos objetivos deste capítulo. A identificação com dados de cada aspecto que tem impedido o Brasil de alcançar o nível de desenvolvimento econômico, com melhoria da qualidade de vida da população, seguramente pode contribuir no conhecimento de sua realidade. O levantamento da situação das rodovias; a insuficiência de ferrovias e hidrovias; a falta de portos para escoamento dos produtos brasileiros; a enorme carga tributária que penaliza as empresas brasileiras reduzindo drasticamente sua competitividade no mercado internacional; os juros absurdos e os enormes *spreads* bancários; os entraves e a demora no licenciamento ambiental, a burocracia e a sua aliada corrupção, tudo isso é um passo importante e necessário.

Se é importante conhecer as deficiências como caminho para superá-las, é imprescindível a comparação com países desenvolvidos ou em desenvolvimento quanto aos aspectos que afetam a competitividade. Assim, a comparação da qualidade portuária, do custo de movimentação de contêineres, do tempo de liberação das mercadorias pela alfândega, da carga tributária e até o custo da burocracia para pagamentos de impostos mostram a dificuldade para ampliação da participação brasileira no mercado internacional.

Assim, este capítulo pretende contribuir para o importante e oportuno debate da necessidade de superação dos gargalos de desenvolvimento do Brasil, não somente indicando e mensurando os aspectos mais relevantes das deficiências estruturais como, em especial, fazendo a comparação com importantes países que atendem às necessidades de sua população de maneira adequada e com custos relativos, bem como conseguem exportar seus produtos, gerando riqueza, renda e os empregos tão necessários.

AS MUDANÇAS CLIMÁTICAS E A SUSTENTABILIDADE

Cerca de 40 anos nos separam da primeira grande reunião, a Primeira Conferência Mundial sobre o Homem e o Meio Ambiente, quando os países manifestaram sua preocupação quanto aos problemas ambientais que afetavam o planeta no histórico evento de Estocolmo, na Suécia, promovido pelo Programa das Nações Unidas para o Desenvolvimento (Pnud).

Quatro décadas representam uma fração de segundo na evolução da Terra, que sofre os impactos ambientais naturais há bilhões de anos e os provocados pelo homem nos últimos poucos milênios.

Os encontros dos países a cada 10 anos nos eventos mundiais para discussão dos problemas que afetam o meio ambiente e a qualidade de vida da população refletem bem a preocupação que agora toma conta dos governantes e da sociedade. Mais do que isso, as inúmeras manifestações de cientistas do mundo todo demonstram a necessidade de medidas urgentes para estancar a degradação ambiental e, em especial, a questão mais atual que é a emissão dos gases de efeito estufa, responsável pelo aquecimento global com consequências imprevisíveis. Refutado por uma pequena minoria de autores, o assunto precisa ser enfrentado ao menos pela responsabilidade das atuais gerações para com as próximas, e em respeito ao princípio da precaução.

Já em 1992 a Organização das Nações Unidas para a Educação, a Ciência e a Cultura (Unesco), o braço direito cultural da Organização das Nações Unidas (ONU), estabelecia como meta que "cada geração deve deixar os recursos da água, do solo e do ar tão puros e despoluídos como quando apareceram na Terra. Cada geração deve a seus descendentes a mesma quantidade de espécies de animais que encontrou".

Se isso for impossível, deve-se no mínimo tentar; e se não for possível alcançar essa meta, deve-se pelo menos minimizar ao máximo os efeitos de nossa permanência temporária neste planeta.

Os encontros constantes, pelo menos a cada década, dos mandatários máximos dos países, bem como as seguidas reuniões de representação da sociedade civil, dos cientistas, de organismos nacionais e internacionais, dentre outros, demonstram a preocupação crescente quanto à piora da qualidade de vida, bem como quanto aos proclamados efeitos desastrosos da mudança climática e o consequente aquecimento global com a previsão de inundações, enchentes, secas, desaparecimento de ilhas, afetando a população do mundo todo, alteração do clima, perda de espécies animais e vegetais e, em especial, o efeito sobre a vida do homem na Terra.

Admitindo publicamente ou não, é evidente a responsabilidade das autoridades constituídas; cabe aos governos eleitos democraticamente ou não, enquanto responsáveis máximos por seus países, assumir as responsabilidades perante a sua população nas decisões, tomar medidas e estabelecer políticas de enfrentamento das mudanças climáticas, como líderes de suas comunidades.

Essas políticas estabelecidas, com diretrizes claras e metas definidas, devem ser seguidas pela população, à qual os governos devem propiciar educação ambiental para sua contribuição individual e coletiva na mitigação e até na adaptação dos efeitos do aquecimento global.

E às empresas e aos agentes econômicos em geral cabe a responsabilidade de sua adaptação com a difícil tarefa de compatibilizar a sustentabilidade e sua competitividade em um mundo globalizado, em meio ao terror das mudanças climáticas.

A árdua tarefa dos governos e sociedades responsáveis é a da busca do desenvolvimento sustentável em um mundo competitivo onde muitos países, por condições econômicas ou falta de consciência, poderão não assumir suas responsabilidades quanto às medidas necessárias para o enfrentamento do aquecimento global, com os custos naturalmente significativos daí advindos, tendo como resultado, portanto, uma vantagem econômica competitiva em comparação aos que adotarem as medidas necessárias com os respectivos custos econômicos. Esta é uma disputa desleal.

O papel dos governos no enfrentamento das mudanças climáticas

A reunião realizada em dezembro de 1997 no Japão gerou o Protocolo de Kyoto como fruto positivo da preocupação no combate às mudanças climáticas e com medidas objetivas de minimização do problema. A indicação dos países com responsabilidades de redução de suas emissões, os chamados países ricos ou desenvolvidos, e a relação daqueles que não tinham esse compromisso em razão de seu estágio de desenvolvimento, gerou polêmicas e controvérsias.

Justamente os países mais desenvolvidos, e portanto aqueles com melhor condição econômica de suportar o peso e o custo das medidas para a redução das emissões atmosféricas, foram os mais resistentes à assunção dos compromissos.

E não é absolutamente aceitável essa postura perante a comunidade mundial como grandes emissores de gases de efeito estufa.

A resistência de países desenvolvidos na aceitação dos efeitos danosos das mudanças climáticas, liderados pelos Estados Unidos, seja por convicção, seja por defesa de seus interesses econômicos, representou um atraso nas medidas de enfrentamento das mudanças climáticas. A contestação dos resultados dos estudos dos maiores e mais respeitados centros de pesquisa do mundo todo semeou incertezas e serviu como justificativa de tantos outros países para não assumirem tais compromissos.

A posição dos governos de vários países desenvolvidos provocou naturalmente reflexos econômicos e culturais sobre as empresas, pois, liberadas do cumprimento de obrigação e metas, desoneraram-se de custos relativos à adoção de medidas de controle de emissão de gases de efeito estufa. Além disso, não tiveram necessidade de desenvolver tecnologias ambientais, nem inovação tecnológica, importante não somente para si próprias mas como uma fonte de tecnologia para empresas de outros países na disseminação de conhecimento que pudesse antecipar as medidas corretas no equacionamento da questão.

CRESCIMENTO ECONÔMICO *VS.* QUALIDADE DE VIDA

A postura de muitos países desenvolvidos, seguidos por inúmeros outros em desenvolvimento, é a da busca incessante do crescimento econômico como praticamente uma única meta. A esta não estão relacionadas, necessariamente, a qualidade de vida da população e a preservação dos recursos naturais como base do desenvolvimento sustentável e a garantia de melhor qualidade de vida da população.

O desafio que se coloca é: mais crescimento econômico ou mais desenvolvimento sustentável? Maior renda *per capita* ou melhor Índice de Desenvolvimento Humano (IDH)?

Em 2002, dez anos após a Eco-92 ou Rio-92, em uma importante reunião sob o patrocínio da ONU, ocorrida na capital do estado do Rio de Janeiro, que tratou em especial de mudanças climáticas e biodiversidade, as constatações dos impactos ambientais eram preocupantes.

Constatava-se naquela oportunidade a falta de água potável para cerca de 2 bilhões de pessoas no mundo todo com as consequências daí advindas de doenças e mortes, estas atingindo cerca de 2.200.000 pessoas anualmente. Estimava-se em 3 milhões de mortes causadas por ano pela poluição do ar; e que as emissões de dióxidos de carbono, um dos maiores responsáveis pelo efeito estufa, teriam aumentado 10% no mundo todo desde 1991. Segundo o relatório da ONU, divulgado previamente à reunião de Joanesburgo, na África do Sul, cerca de 2,4% das florestas, ou seja 90 milhões de hectares, haviam sido destruídas nos anos 1990, tendo a África perdido 7% de sua cobertura vegetal e a América Latina, 15%; alertava também o referido relatório que o consumo global de combustíveis fósseis havia crescido 10% (Veja, 2002).

Há 10 anos, em 2002, o Fundo Mundial para a Natureza (WWF) estimava que o homem havia ultrapassado em 20% os limites de exploração que o planeta poderia suportar. Esse limite seria de 1,9 ha por pessoa, enquanto a média mundial estaria em 2,3 ha, ou seja, cerca de 20% a mais; a Europa explora em média 5,0 ha por pessoa e os Estados Unidos, 9,6 ha.

Ou seja, a Europa ultrapassou em 160% e os Estados Unidos em 400% (Veja, 2002).

Já no ano de 2013 os recursos repostos pelo planeta se esgotaram em 20 de agosto, de acordo com a Global Footprint Network, organização não governamental de pesquisa que calcula há 10 anos o que se chama de "Dia da Sobrecarga" (Folha de S. Paulo, 2013). A conclusão é de que, para sustentar o atual padrão médio de consumo, a Terra precisaria ter 50% mais recursos naturais. Para sustentar a humanidade no ano de 2050, com este padrão de desenvolvimento insustentável, precisaríamos de dois planetas Terra!

Assim, o crescimento econômico, sem considerar o desenvolvimento sustentável, torna-se um processo de produção sem levar em conta os impactos ambientais e suas consequências para a população à qual esse mesmo crescimento econômico deveria servir.

A mensuração do crescimento econômico e a qualidade de vida

A tradicional forma de medição do crescimento econômico dos países é o índice do Produto Interno Bruto (PIB), que reflete apenas o fluxo do dinheiro e não contabiliza custos sociais e, principalmente, ambientais. Está claro que esse indicador é parcial e não espelha a qualidade de vida da população, que deve ser o aspecto mais importante a ser considerado. A adoção do PIB naturalmente permite uma avaliação, ainda que parcial e limitada, da situação dos países do ponto de vista exclusivamente econômico. É tão parcial e distorcido que se computam custos de calamidades, desastres, doenças e acidentes porque movimentam dinheiro.

A queda de um avião com uma centena de mortos gera fluxo de dinheiro, pois uma nova aeronave terá de ser construída, mais aço fabricado, peças e acessórios terão de ser produzidos e novos empregos serão criados, gerando fluxo de dinheiro. Uma guerra com centenas de milhares de mortos movimenta a economia pela necessidade de fabricação de aviões, mísseis, navios, tanques de guerra, munição, consumo de combustíveis para transporte das tropas, confecção de uniformes, alimentação, hospitalização e tratamento de feridos, fabricação de medicamentos, enterro dos mortos, destruição e necessidade de novas casas, escolas e prédios, reconstrução de pontes e estradas dos países atingidos. E isso não pode ser considerado desenvolvimento.

Para mensurar ou pelo menos avaliar a situação da população é que foi desenvolvido o IDH das Nações Unidas[1], que é uma medida comparativa usada para classificar os países pelo seu grau de "desenvolvimento humano" e para ajudar a categorizar os países como desenvolvidos (desenvolvimento humano muito alto), em desenvolvimento (desenvolvimento humano médio e alto) e subdesenvolvidos (desenvolvimento humano baixo). A estatística é composta a partir de dados da expectativa de vida ao nascer, educação e PIB *per capita* (PPC) (como um indicador do padrão de vida) levantados em âmbito nacional. A cada ano os países membros da ONU são classificados de acordo com essas medidas. O IDH também é usado por organizações locais ou empresas para medir o desenvolvimento de entidades subnacionais como estados, cidades, aldeias etc.

Esse índice, desenvolvido em 1990 pelos economistas Amartya Sen e Mahbub ul Haq, vem sendo usado desde 1993 pelo Pnud no seu relatório anual (Fiesp, 2013). Se o objetivo for a identificação da qualidade de vida das pessoas, esse é o indicador que deve ser adotado.

E qualidade de vida da população está fortemente relacionado a políticas públicas ambientais e à forma de produção das empresas.

Para discutir gestão empresarial, sustentabilidade e competitividade é necessário conhecer a situação atual das empresas em nosso país.

As práticas ambientais das empresas brasileiras em 2007

O *Anuário Análise – Gestão Ambiental – 2007* levantou as práticas ambientais de 500 das 1.000 maiores empresas do Brasil, em um trabalho de muitos meses, realizado por inúmeros especialistas, que se constitui em um dos mais importantes documentos que retrata a real e atual situação dessas empresas. O estudo naturalmente visou àquelas com maior faturamento e que teoricamente têm grande potencial de impacto no meio ambiente. Pelo fato de algumas dessas empresas terem apresentado respostas unificadas, o trabalho traz o registro de 412 delas e não das 500 referidas. Destas, 71% estão ligadas ao setor de indústria e agricultura, 25% ao setor de serviços e 4% ao de comércio.

---

[1] Índice de Desenvolvimento Humano. Disponível em: http://www.pt.wikipedia.org/wiki/Indice_de_Desenvolvimento_Humano.html. Acessado em: 19 jun. 2015.

GESTÃO EMPRESARIAL E SUSTENTABILIDADE

A divisão de amostra por ramo de atividade está apresentada na Figura 1, e as atividades das empresas e o número delas por ramo de atividade constam na Tabela 1.

Figura 1 – Empresas por setor (em %).

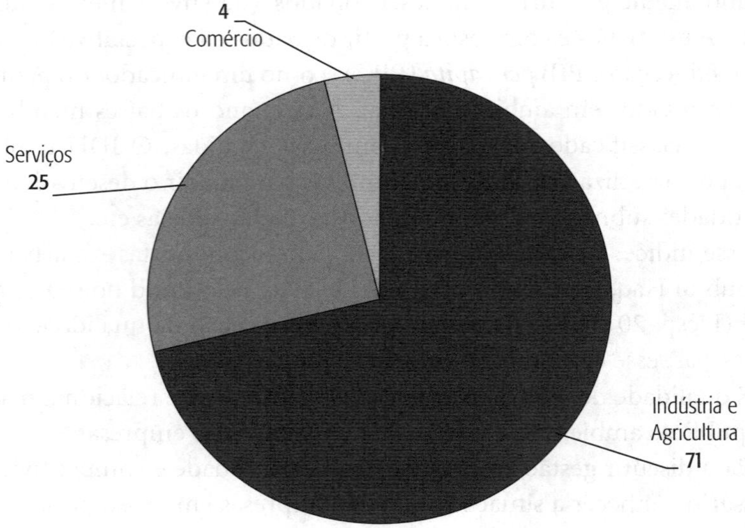

Fonte: Anuário Análise Gestão Ambiental (2007).

Tabela 1 – Divisão de amostra por ramo de atividade.

Ramo de atividade	Em n.	Em %	Ramo de atividade	Em n.	Em %
Açúcar e álcool	17	4	Metalurgia e siderurgia	46	11
Água e saneamento	10	2	Mineração	7	2
Alimentos	40	10	Papel e celulose	16	4
Bebidas e fumo	12	3	Petróleo e gás	12	3
Comércio e atacadista	4	1	Plástico e borracha	10	2
Comércio exterior	3	1	Química e petroquímica	38	9
Comércio varejista	5	1	Serviços especializados	18	4

(continua)

Tabela 1 – Divisão de amostra por ramo de atividade. *(continuação)*

Ramo de atividade	Em n.	Em %	Ramo de atividade	Em n.	Em %
Construção e engenharia	19	5	Serviços médicos	10	2
Eletroeletrônica	15	4	Tecnologia da informação	6	1
Energia elétrica	28	7	Telecomunicações	6	1
Farmacêutica e cosméticos	18	4	Têxtil, couro e vestuário	13	3
Materiais de construção e decoração	15	4	Transporte e logística	23	6
Mecânica	6	1	Veículos e peças	15	4

Fonte: Anuário Análise Gestão Ambiental (2007).

Os resultados mais importantes desse extenso trabalho indicam que 44% das empresas entrevistadas só contratam fornecedores que adotam procedimentos de gestão ambiental; 47% utilizam fontes renováveis de energia; 49% pesquisam tecnologia para reduzir as emissões atmosféricas; 53% possuem ISO 14001; 59% possuem programas de plantio de árvores; 61% têm meta de redução do consumo de água e de energia elétrica; 81% declaram no organograma a quem cabe a responsabilidade sobre a gestão ambiental; e 85% informam praticar a coleta seletiva do lixo.

Importante também ressaltar que, em resposta às perguntas formuladas, mais de 80% informaram que os impactos ambientais dos processos, atividades e serviços da empresa são conhecidos; mais de 70% implementam programas de gestão voltadas à melhoria de objetivos e metas ambientais; mais de 60% trabalham com meta de redução de consumo de água; e 80% das indústrias brasileiras dão treinamento em gestão ambiental para os terceirizados que lhes prestam serviço.

Por outro lado, nesse trabalho de 2007, devem-se ressaltar alguns aspectos preocupantes tanto do ponto de vista ambiental como do empresarial. Quanto ao primeiro, mesmo considerando essas grandes empresas, constatou-se um investimento limitado na redução da emissão de gás carbônico, que é um dos principais responsáveis pelo efeito estufa, pois apenas 28% delas informaram que desenvolvem algum projeto para tal redução (vale dizer que mesmo sendo grandes empresas, apenas cerca de ¼ afirmou ter algum projeto, sem discriminar sua dimensão, pois não foi solicitado). Esse é um percentual muito pequeno ao se tratar de um dos mais preocupantes problemas ambientais da atualidade.

Quanto ao aspecto empresarial, ressalta-se a não contabilidade do passivo ambiental pelas empresas, cuja vinculação não é obrigatória ao balanço patrimonial. Portanto é evidente a necessidade de ter conhecimento do passivo ambiental da mesma maneira que as empresas registram seus passivos trabalhistas, pois aquele não só pode ser muito significativo, e de mais difícil mensuração quando se trata, por exemplo, de contaminação de solo e água subterrânea, como pode ser um empecilho na obtenção de crédito bancário, bem como na avaliação em processo de fusão ou aquisição de empresa. Assim, é preocupante sob o ponto de vista empresarial constatar-se que 71% das empresas não lançam o passivo ambiental no balanço publicado. Espera-se que pelo menos uma proporção significativa dessas grandes empresas tenha um relatório interno que dimensione adequadamente esse passivo. Se esta já não é uma prática nas grandes empresas, é de se imaginar que a proporção das médias e pequenas que não lançam o passivo ambiental no balanço seja bem maior.

As práticas ambientais das empresas brasileiras – a situação atual

O uso da mesma fonte bibliográfica, a publicação *Análise – Gestão Ambiental 2012/2013*, permite uma nova e interessante comparação sobre a evolução ou involução das práticas ambientais das empresas brasileiras. Esse trabalho apresenta o resultado das entrevistas com 564 grupos empresariais que representam 848 matrizes e subsidiárias, com sede em 21 estados brasileiros e no Distrito Federal, e que atuam em 60 diferentes ramos de atividades. Assim, esse pode ser considerado um dos mais atuais e importantes trabalhos sobre o desempenho das empresas quanto às práticas ambientais, o que tem correlação direta com a gestão empresarial e, portanto, com a sustentabilidade.

É importante ressaltar que, além da atualização das informações, esse estudo apresenta a comparação entre os anos 2011 e 2012. Desse modo, com referência ao "Relacionamento com Fornecedores", à pergunta "se exigem que fornecedores comprovem procedimentos de gestão ambiental para contratá-los", de 55,9% das empresas que responderam afirmativamente em 2011, o índice caiu para 49,5% em 2012; entretanto, o índice dos que afirmaram que "sim, porém não de forma sistemática" teve um aumento de 31% para 40,3%, podendo, desse modo, considerar-se que 89,9% das empresas entrevistadas admitiram comprovação de procedimentos de gestão ambiental para contratação de fornecedores.

Com relação às ações de ecoeficiência, houve uma evolução significativa, pois 58,3% das empresas declararam que utilizavam fontes renováveis de energia em 2011, índice este que evoluiu para 66,7% em 2012.

Das 837 empresas entrevistadas em 2011, 53,2% possuíam a Certificação ISO 14001 – Sistema de Gestão Ambiental, índice este que baixou para 50,5% das 826 empresas entrevistadas em 2012. Nesse mesmo item com referência às regras da série ISO 14000, a prática mais comum é a adoção das auditorias ambientais, confirmadas por 83,1% das empresas em 2011 e por 79,7% delas em 2012.

Quanto à análise de vida do produto, o índice mostrou-se baixo tanto em 2011 (21,3%) como em 2012, quando mostrou que apenas 18,5% das empresas entrevistadas adotaram essa prática.

Outra ação de gestão ambiental das empresas refere-se ao programa de plantio de árvores. Assim, se em 2011 eram 66,7% as empresas que adotaram essa prática, esse índice, que já era alto, foi para 69,6% em 2012.

Outro importante indicador da preocupação da gestão ambiental do grupo das grandes empresas entrevistadas refere-se ao consumo de recursos naturais, em especial a água, motivo de significativos esforços dada a relevância desse indispensável bem público pelo seu uso inadequado, desperdício de água tratada e a frequente contaminação de nossos corpos d'água. A quantidade de empresas que aderiram à meta de redução evoluiu de 66,2% em 2011 para 70,7% em 2012.

Quanto ao consumo de energia elétrica, outro insumo importantíssimo na composição de custos na produção industrial, a meta de redução, relativamente alta, manteve-se praticamente estável, com índice de 70,5% em 2011 e de 69,4% em 2012.

O aspecto "Estrutura da Gestão Ambiental" contemplou a questão "como definem a responsabilidade pela área ambiental", com 83,4% das empresas tendo afirmado "formalmente e declarada no organograma" em 2011; o índice permaneceu estável (84%) em 2012. Nesse mesmo aspecto, quando a referência era a qual nível organizacional a área responsável se reporta, ao se somar as respostas incluindo presidência, vice-presidência e diretoria, portanto o mais alto nível decisório das empresas, alcança-se o índice de 78,7% em 2011, e de 79,6% em 2012. Ainda nesse aspecto, uma preocupação do estudo estava voltada para o conhecimento dos impactos ambientais das atividades pela administração das empresas. Nesse quesito, 82,4% das empresas informavam positivamente em 2011, e um índice pouco abaixo, de 81,4% delas, em 2012. Quando questionadas com relação a programas de gestão para melhorar as metas ambientais, 76,7% responderam sim de maneira documentada em 2011, índice que aumentou para 80% em 2012.

Quanto ao treinamento relativo à gestão e risco ambiental, é muito significativo o índice de 93% das empresas em 2011 e de 93,9% em 2012.

No aspecto Políticas de Divulgação e Informação, o subitem que tratou do lançamento de despesas com passivos ambientais no balanço publicado mostra um percentual baixo para os dois anos em foco; assim, em 2011 era de 28,9% e em 2012, de 29,5%.

Outro aspecto muito relevante quanto à gestão empresarial para a sustentabilidade é o controle de emissão das empresas relacionado a projetos para reduzir emissão dos gases de efeito estufa. Neste trabalho do *Anuário – Gestão Ambiental 2012/2013*, houve uma evolução muito significativa com relação ao mesmo estudo do *Anuário 2007*, em que apenas 28% das empresas haviam informado que desenvolviam algum projeto para redução das emissões de CO_2 para os dois últimos anos levantados. Em 2011, foram 54,8% de respostas positivas, o que aumentou no ano seguinte para 58,8%, demonstrando o nível de consciência das empresas pesquisadas para redução da emissão desses gases e, consequentemente, para mitigação do aquecimento global.

Esse importante trabalho levanta os aspectos indicados também considerando de maneira segregada as práticas em cada um dos setores – agro, comércio, indústria e serviços. Tal enfoque permite uma visualização de desempenho por setor, e, portanto, uma indicação da ação governamental nos vários níveis de decisão para a implementação de melhorias que permitam e incentivem práticas que levem a melhor aceitação dos produtos e serviços no exterior. Uma ação nesse sentido poderá contribuir de forma significativa na sustentabilidade econômica e ambiental para a gestão empresarial de nossas empresas. Além disso, poderá eliminar ou pelo menos minimizar as justificativas de imposição de barreiras por questões ambientais no comércio internacional.

Assim, vale a pena a análise dos resultados por setor, de maneira segregada, para alguns dos aspectos levantados. No subitem relacionado à comprovação de práticas ambientais para contratação de fornecedores, o mais alto índice é o da indústria, com 64,5%, comparado com o setor de serviços (46%), o do comércio (40%) e o setor agro (apenas 20,5%). Já quanto a Ações de Ecoeficiência, a utilização de fontes renováveis de energia é maior no setor agro com 90,6%, comparando com o setor de serviços (68,5%), com a indústria (55,7%) e com o setor de comércio (51,4%).

Tomando apenas mais alguns indicadores, ressalta-se a maior preocupação da indústria no estabelecimento de meta de redução de consumo de água, que alcança 78,2% das empresas entrevistadas, contra 69,3% no setor agro, 64,2% no setor de serviços e 57,1% no comércio. Esse é um tema de enorme relevância, que deve suscitar tomada de decisão e ações que aumentem esses indicadores, em especial no setor agro, que é tido como o maior consumidor de água em razão de sua especificidade.

Um aspecto absolutamente relevante para a gestão empresarial para a sustentabilidade em tempos de mudança climática é o desempenho dos setores analisados quanto ao controle de emissões. Nesse tema, de maneira surpreendente, o setor que mais tem projeto para reduzir as emissões de gases de efeito estufa é o agro, com 70,1% das empresas, seguido da indústria (56,6%), dos serviços (56,4%) e, finalmente, do comércio (51,4%).

O estudo também se aprofunda na avaliação de cada um dos itens ou aspectos citados por ramo de atividade, nos 60 ramos pesquisados.

O que as empresas brasileiras precisam fazer ou as barreiras ambientais

O mundo hoje está globalizado, os países se relacionam tanto diplomática quanto cultural e comercialmente, e o comércio externo cresce de maneira constante. O fluxo de mercadorias é intenso entre países e regiões de todo o planeta, e o protecionismo ainda praticado por alguns países tem sido condenado pelos organismos internacionais de regulação do comércio.

Se hoje as barreiras tarifárias são proibidas por acordos internacionais, ainda que alguns países as pratiquem, uma nova forma de barreira não tarifária tem sido exercida com base em problemas ambientais. O boicote a produtos não produzidos de maneira ambientalmente correta ou que possam estar provocando real ou ficticiamente um dano ao meio ambiente também é uma prática que pode prejudicar de modo significativo países e empresas.

Assim, são conhecidos o fato ocorrido em 1996, quando os Estados Unidos bloquearam a importação do Brasil alegando "razões ambientais",

GESTÃO EMPRESARIAL E SUSTENTABILIDADE

bem como o caso do camarão boicotado pela alegada forma como eram pescados. Consumidores da Alemanha e da Inglaterra foram pressionados a boicotar produtos brasileiros em razão das queimadas na Amazônia, como foram boicotados os vinhos franceses em função das explosões no Atol de Mururoa (Abdalla, 2002).

Os Estados Unidos só compram camarão do Brasil desde que a captura não afete as tartarugas marinhas; a Espanha autoriza a importação de madeira desde que explorada de maneira sustentável (Amanhã, 1997).

Assim, qualquer fato, real ou não, é facilmente divulgado para o mundo todo; a comunicação é hoje muito maior do que em qualquer outra época da humanidade. São inúmeros os veículos que levam as informações de maneira imediata. Além dos tradicionais como jornais, revistas de alcance relativamente pequeno e da televisão de maior alcance, a internet disponibiliza milhões de informações *online* sobre todos os fatos e dados de todos os setores, que podem ser obtidas no computador ou nos equipamentos ainda mais modernos, como os celulares.

Desse modo, é fundamental a preocupação com a questão ambiental, a preservação do meio ambiente e dos recursos naturais renováveis, em especial nos processos produtivos, se não por absoluta consciência ambiental, pelo potencial de impacto que isso possa representar na atividade econômica, principalmente naquelas voltadas ao comércio exterior, notadamente para os países desenvolvidos.

A preocupação ambiental é hoje entendida como um fator estratégico de competitividade. Isso porque a população, em especial dos países desenvolvidos e ricos, com maior nível educacional e de poder de compra, tem sido a mais sensível quanto à questão ambiental. Uma pesquisa realizada pela Opinion Research Corporation em 1990 (Abdalla, 2002), já naquela época nos Estados Unidos, indicou que 71% das pessoas consultadas teriam mudado de marca de produto em virtude da consideração de cunho ambiental, e 27% afirmaram ter boicotado produtos por causa de maus antecedentes ambientais do fabricante.

Mais de vinte anos decorreram daquela época aos dias de hoje, com evolução impressionante das formas de difusão de informações e, muito significativamente, com o aumento da consciência da população sobre a questão ambiental, o que pressupõe maior risco na produção, fabricação e exportação de produtos sem os cuidados ambientais necessários. Pesquisas realizadas na Alemanha sobre "qual seria o maior problema atual para as pessoas consultadas" indicaram que para 56% seriam "problemas do meio ambiente". Outra pesquisa realizada em 25 países pela International Environmental Monitor Limited (IEML), com sede no Canadá, constatou que mais de 70% das pessoas acham que a saúde de seus filhos seria prejudicada por problemas ambientais.

Desse modo injusto, ou não, o meio ambiente tem sido pretexto para práticas protecionistas.

O compromisso dos países no enfrentamento das mudanças climáticas

Se a preocupação com a questão ambiental se explicitou de maneira harmônica e conjunta na reunião de Estocolmo em 1972, com a adesão da maior parte dos países do mundo, foi em Kyoto, no Japão, que um número significativo de países assumiu compromissos reais como signatários do Protocolo. A falta de apoio de alguns países por critério definido nesse documento impediu que o acordo entrasse em vigor, o que demandou mais alguns anos e muita pressão até que os retardatários assumissem o compromisso. O fato é que países sem expressão econômica comparativa com os demais, como Tuvalu, Bangladesh, Uganda, Etiópia e Coreia do Norte, bem como outros bastante desenvolvidos, como Alemanha, Itália, Reino Unido e França, assumiram os compromissos; os chamados em desenvolvimento, que constituem o Brics (Brasil, Rússia, Índia, África do Sul e China, com exceção deste último), também assinaram o Protocolo de Kyoto.

A falta de adesão da principal economia do mundo, os Estados Unidos, e naquele momento a maior emissora de gases de efeito estufa, impediu a vigência imediata do compromisso; a então segunda maior emissora que recentemente assumiu o primeiro lugar nesse quesito, a China, também não foi signatária. Dessa forma, estabelecia-se uma desvantagem entre os países signatários e, portanto, comprometidos com a redução da emissão dos gases de efeito estufa com aqueles que sem esse compromisso não investiam em tecnologia para contenção dessas emissões e, consequentemente, não oneravam seu custo de produção. Estes se constituíram em exemplo negativo para os demais países, em um desestímulo para a adoção de práticas visando à contenção dessas emissões.

E são os países desenvolvidos que detêm tecnologias avançadas, inclusive nas áreas de meio ambiente. Segundo a *Revista Amanhã*, ano XII, n. 121, de julho de 1997, portanto há mais de 15 anos, o mercado mundial de tecnologia de meio ambiente contava com uma participação de 19,3% dos Estados Unidos, seguidos pela Alemanha com 18,4%, o Japão com 13,2%, a Itália com 10,6%, a França com 7,4% e a Inglaterra com 6,9%, perfazendo naquela oportunidade cerca de 75%, ou seja, ¾ das tecnologias de meio ambiente geradas no mundo todo. Desse total, como dito, cerca de 20% eram gerados pelos Estados Unidos, justamente o maior emissor dos gases de efeito estufa.

O Brasil, além de signatário do Protocolo de Kyoto, assumiu mais recentemente através de um documento legal – a Lei n. 12187[2] – o compromisso ao instituir a Política Nacional sobre Mudanças Climáticas (PNMC). Essa lei considera que todos têm o dever de atuar para a redução dos impactos decorrentes da ação do homem sobre o clima, adotando medidas para evitar ou minimizar as causas das mudanças climáticas originárias da ação do homem, definindo, entre outros aspectos, o desenvolvimento sustentável como a condição para o enfrentamento das alterações climáticas. O caráter voluntário dessa lei naturalmente não garante o alcance de seus objetivos.

Além de estabelecer objetivos e diretrizes, a PNMC estabelece o compromisso nacional voluntário de ações de mitigação das emissões dos gases de efeito estufa visando reduzir entre 36,1% e 38,9% suas emissões projetadas até 2020.

No estado de São Paulo, foi instituída a Política Estadual de Mudanças Climáticas (PEMC) através da Lei n. 13798[3], que

> tem por objetivo geral estabelecer o compromisso do Estado frente ao desafio das mudanças climáticas, dispor sobre as condições necessárias aos impactos derivados das mudanças climáticas, bem como contribuir para reduzir ou estabilizar a concentração de gases de efeito estufa na atmosfera.

Adotando princípios como o da precaução, da prevenção, do poluidor pagador, da participação da sociedade civil, do desenvolvimento sustentável, entre outros, a lei estabelece que o estado tenha, em 2020, a meta de redução de 20% das emissões de dióxido de carbono relativas a 2005. O

---

[2] Política Nacional Sobre Mudanças Climáticas – Lei federal n. 12.187, de 29 de dezembro de 2009.

[3] Política Estadual de Mudanças Climáticas – Lei estadual n. 13.798, de 9 de novembro de 2009.

caráter obrigatório estabelecido nessa lei pressupõe maior possibilidade de alcance pelo menos em parte de seu objetivo.

Assim, não somente o Brasil adotou metas mesmo que voluntárias, como o estado de São Paulo, especificamente, o mais industrializado e desenvolvido, estabeleceu também suas metas, nesse caso obrigatórias, em uma demonstração tanto em âmbito nacional quanto estadual de compromisso com a redução das emissões de gases de efeito estufa, como contribuição à redução da perspectiva de aquecimento global do planeta.

O "CUSTO BRASIL"

Apesar do crescimento econômico constatado no Brasil nas duas últimas décadas, o que tem dado relevância ao país em âmbito internacional – considerado país emergente, participante do bloco Brics –, é grande a dificuldade de adoção de uma gestão empresarial com sustentabilidade para parte dos empreendedores brasileiros.

O mesmo trabalho do *Anuário Análise – Gestão Ambiental – 2007* fornece uma informação importante sobre as maiores dificuldades dos empresários. Confrontados com uma relação das chamadas "mazelas brasileiras", as empresas consultadas apontaram em primeiro lugar a carga tributária, problema que afeta fortemente nossa indústria e todas as atividades produtivas, e que em última instância recai no consumidor brasileiro, além de afetar enormemente nossa competitividade. Em segundo lugar, como óbice ao trabalho das empresas, foi apontada a taxa de juros, considerada das mais altas do mundo; a seguir, a legislação trabalhista e, em quarto lugar a corrupção, talvez um dos maiores males que afetam tanto o setor público, em todos os seus níveis e poderes, como o setor privado.

Naturalmente deve-se adicionar a essa lista outras "mazelas brasileiras" tão conhecidas e até o momento sem uma solução satisfatória. A infraestrutura insuficiente tem onerado sobremaneira em especial os produtos agrícolas, que são muito baratos "da porteira para dentro", em razão da alta produtividade agrícola dos produtores rurais, mas se tornam caros no porto de embarque, perdendo competitividade diante de produtores internacionais. A imensa maioria dos produtos agrícolas é transportada por rodovias insuficientes em número e inadequadas em manutenção.

As recentes filas de caminhões durante dias para descarga de soja no porto de Santos, o maior da América do Sul, é uma comprovação inequívoca desse problema. As emissões atmosféricas das centenas de milhares de viagens de veículos a diesel, contribuindo de maneira significativa para o efeito estufa, não ajudam na gestão empresarial sustentável, competitiva, e menos ainda na minimização do aquecimento global.

A questão da infraestrutura é das mais importantes e negativas para uma gestão empresarial que vise à sustentabilidade. Neste aspecto, deve-se ressaltar que em um período de apenas dez anos, de 2002 a 2013, a frota de veículos – automóveis, ônibus, caminhões, tratores, motocicletas – aumentou de 35 para 77 milhões de unidades, ou seja, um aumento de 107%, enquanto a infraestrutura cresceu menos de 10% (Martins, 2013); ou seja, a frota veicular cresceu 10% ao ano e a infraestrutura, 1%. Esse fato naturalmente provoca congestionamentos tanto nas vias urbanas quanto nas rodovias, com aumento de consumo de combustível e consequente aumento no custo de transporte dos produtos; e naturalmente maior poluição ambiental pela emissão dos gases de efeito estufa, o que impacta a qualidade de vida da população e contribui para o aquecimento global.

Ainda quanto à infraestrutura, é importante abordar o sistema portuário brasileiro, considerado entre os piores do mundo entre 144 países analisados, em que o Brasil ocupa o 135º lugar, pouco acima do Quirguistão, que ocupa o último lugar. Essa classificação é o resultado, entre outros aspectos, do custo da movimentação de contêiner, que na China é de US$ 175, no porto de Roterdã, na Holanda, de US$ 110; no Brasil na média de US$ 200 e no porto de Santos, o mais importante do país, US$ 290.

Essa péssima classificação se deve também à questão do tempo de liberação de mercadorias pela alfândega; enquanto em Singapura e no Chile é de apenas um dia, na Alemanha e na Costa do Marfim dois dias, e na China três dias, no Brasil são necessários cinco dias com todas as despesas daí decorrentes. Entre os principais problemas destacam-se as exigências burocráticas, o faturamento dos portos, o acesso rodoviário e os custos e tarifas. A situação é também ruim quando se trata de infraestrutura urbana e mobilidade, o que seguramente afeta de maneira significativa o custo de transporte, a qualidade de vida da população, bem como a sustentabilidade das empresas. A maior parte da população brasileira vive em cidades e uma porcentagem alta mora nas capitais e regiões metropolitanas do Brasil, onde essas questões são sentidas de maneira mais intensa.

Com a infraestrutura crescendo a uma velocidade muito menor que a produção de veículos, o resultado é o congestionamento das vias urbanas, a perda diária de 2 a 3 horas do trabalhador no roteiro casa-trabalho-casa.

Isso significa praticamente a perda de 1 mês de trabalho por trabalhador ao ano, o que é absolutamente relevante do ponto de vista social, além do aumento das emissões atmosféricas dos gases de efeito estufa, o aumento do custo de transporte das mercadorias e o consequente encarecimento do custo de vida da população. Esses fatores dificultam e impactam negativamente a gestão empresarial, que tem cada vez mais dificuldade em sustentabilidade, o que afeta também a competitividade de nossas empresas em relação às empresas exportadoras de países concorrentes.

A burocracia, uma doença que persiste ao longo de anos, em especial no setor público, mas também presente em especial nas grandes organizações privadas, é um mal de difícil solução. Ela está arraigada culturalmente em nós, é aceita como inevitável, e pouco se faz para combatê-la. Além do mais, a burocracia é um dos elementos propiciadores da corrupção.

Deve-se incluir também como um elemento significativo do "Custo Brasil" a extensa e complexa legislação ambiental brasileira. Editada nos três níveis de poder, como reza a Constituição Federal, com indefinições, contradições e lacunas que permitem interpretações distintas, tem sido um aspecto de retardamento do início de atividades necessárias ao desenvolvimento do país. Aqui é importante uma referência específica ao licenciamento ambiental tanto dos empreendimentos públicos ou privados, com potencial de impacto ambiental como hidrelétricas de grande capacidade de geração de energia e que afetam grande área em sua bacia de acumulação, como de empreendimentos menores e que mesmo assim precisam ser aprovados através de Estudo de Impacto Ambiental. Neste caso, dada a complexidade do estudo, o número de intervenientes na discussão de aprovação e, em especial, a insuficiência de profissionais dos órgãos ambientais, apesar da alta qualificação técnica, o processo pode se delongar por mais de 1 e, às vezes, 2 anos do início da elaboração do estudo até a obtenção da Licença de Instalação dos Equipamentos. Como dessa fase até a construção do empreendimento e o efetivo início da operação são necessários mais de 12 ou 24 meses, tem-se um prazo de 3 a 4 anos de investimento até o início da produção. Este é um aspecto relevante que afeta a gestão, a sustentabilidade e a competitividade das empresas brasileiras.

No aspecto "Licenciamento e Território", o *Anuário de Gestão Ambiental 2012/2013* fornece uma informação importante quando questionadas se as empresas têm empreendimentos em curso atrasados pelo licenciamento ambiental, ações do Ministério Público ou decisões judiciais. Nesse item, 15,3% das empresas informaram positivamente, isto é, têm empreendimentos atrasados pelas causas citadas, e 74,6% afirmaram negativamente; a diferença de 10,1% refere-se às que não responderam a essa questão. Em 2012, esses índices foram positivos para 16,9%; 70,5% para as que não têm atraso; e 12,6% não quiseram responder. Esses resultados devem ser vistos pelo menos sob as seguintes óticas: de um lado, o percentual relativamente baixo de cerca de 1/6 das empresas (16,9%) com atraso nos empreendimentos, o que não condiz com a percepção sobre a questão da reclamação da demora no licenciamento ambiental, conforme as inúmeras matérias e manifestações inclusive de autoridades quanto ao atraso em empreendimentos tanto públicos quanto privados. Por outro lado, deve-se considerar alto o índice de 1 em cada 6 empresas, as grandes empresas com maior capacidade de investimento, estar com seus cronogramas atrasados em razão da falta de licença ambiental ou de ação do Ministério Público.

Interessante também é analisar os resultados alcançados na pesquisa do *Anuário Análise Ambiental 2012/2013* relacionados ao aspecto "Dificuldades Ambientais", enfrentadas pelas empresas, segregadas pelos setores agro, comércio, indústria e serviços separadamente. Quando questionadas se têm projeto atrasado por questões ambientais, responderam afirmativamente 31,5% do agro; 22,5% dos serviços; 6,5% da indústria e 2,9% do comércio. No quesito "Em que estágio se encontra seu projeto mais atrasado" por questão ambiental, se na dependência de decisão da Justiça Federal, da Justiça Estadual, parecer de órgão ambiental federal, do órgão ambiental estadual, 100% das empresas do agro; 100% do comércio; 90,5% das indústrias e 62,8% do setor de serviços informaram estar aguardando parecer do órgão ambiental estadual.

Tanto a questão da demora de licenciamento, parecer de órgão ambiental, ação do Ministério Público, quanto o valor total dos projetos em atraso são aspectos relevantes que afetam o Custo Brasil para empresas com consequências na sustentabilidade e na competitividade.

Merecem destaque os resultados obtidos, por setor, quanto ao valor dos investimentos represados por qualquer das razões anteriormente enumeradas. No agro, 77,5% dos projetos atrasados referem-se a empreendimentos de valor de investimento entre R$ 100 milhões e R$ 250 milhões, e 7,5% entre R$ 50 milhões e R$ 100 milhões, no setor em que 17,5% das empresas preferiram não informar. No comércio, 100% dos projetos em atraso referem-se a investimentos de até R$ 50 milhões; e na indústria de até R$ 50 milhões atinge 23,8% ou quase 1/4 dos projetos, e entre R$ 50 milhões até R$ 100 milhões atinge 32,8% ou 1/3 dos projetos.

Os entraves à competitividade brasileira

Sem dúvida alguma, o Brasil vem se desenvolvendo de maneira significativa nas últimas décadas não só economicamente, mas fazendo justiça a 40 milhões de famílias brasileiras que ascenderam socialmente das classes D e E para a C.

As exportações brasileiras aumentaram 15,6% ao ano em dólares correntes entre 2003 e 2010, com superávits comerciais muito significativos de US$ 44,9 bilhões em 2005, US$ 46,4 bilhões em 2006 e US$ 40,0 bilhões em 2007. Tais fatos permitiram o acúmulo de reservas que passaram de US$ 39,4 bilhões em 2003 para US$ 288,6 bilhões em 2010 (Fiesp, 2013).

Outros fatos importantes são dignos de nota no desenvolvimento brasileiro: a criação de 10,8 milhões de empregos entre 2003 e 2010; a redução de desemprego de 12% em 2003 para 7% em 2010; o aumento real do salário mínimo de 52,6% no mesmo período; as cerca de 13,3 milhões de famílias correspondendo a aproximadamente 50 milhões de pessoas atendidas pelo Programa Bolsa Família, entre outras.

Se esses são efetivamente fatos extremamente positivos tanto do ponto de vista econômico como principalmente social, outros aspectos devem ser analisados quanto ao poder de competitividade brasileira em relação a inúmeros outros países em um ambiente de crescimento do comércio internacional onde a oferta de melhores produtos a menor custo é fundamental.

Alguns aspectos colocam o Brasil em inferioridade em termos de competitividade com outros países: a elevada carga tributária de quase 34% do PIB do Brasil, muito superior à carga tributária dos países com os quais compete – de 20 a 25% do PIB. A burocracia, citada no título Custo Brasil, é aqui especificada em termos de gasto de tempo para pagamento de impostos, o que coloca o Brasil, segundo o Banco Mundial, no desconfortável lugar de líder mundial; são 2.600 horas anuais, em média, por empresa contra 300 a 400 horas dos concorrentes. Assim até para pagar impostos o Brasil despende de mais tempo que os concorrentes. Segundo a Federação das Indústrias do Estado de São Paulo (Fiesp), o custo médio da burocracia no Brasil é de 1,47 a 2,76% do PIB, ou seja, entre R$ 46,3 bilhões e R$ 86,7 bilhões em valores de 2009.

Outro aspecto que afeta a competitividade brasileira são os juros excessivos. Apesar dos cortes que essa taxa sofreu nos últimos anos, o juro real brasileiro é considerado o quarto maior do mundo.

94 | GESTÃO EMPRESARIAL E SUSTENTABILIDADE

A infraestrutura defasada onera a produção, reduz a produtividade da economia e, consequentemente, a competitividade. Neste aspecto muito importante para um país com grande capacidade produtiva, em especial no agronegócio, é relevante a comparação com muitos de nossos concorrentes em vários segmentos da infraestrutura. Assim, no *ranking* da qualidade portuária que indica Singapura, Holanda, Hong Kong e Bélgica como os quatro primeiros, o Brasil encontra-se em 130º lugar. No *ranking* da qualidade rodoviária, que indica França, Singapura, Suíça e Omã nos quatro primeiros lugares, o Brasil ocupa o 118º lugar; e no *ranking* da qualidade ferroviária, que tem Suíça, Japão, Hong Kong e França nos quatro primeiros lugares, o Brasil está em 91º lugar. E, finalmente, no *ranking* da qualidade aeroportuária, que tem Singapura, Hong Kong, Suíça e Emirados nos quatro primeiros lugares, o Brasil está em 122º. Esses dados são do *ranking* do Fórum Econômico Mundial sobre a competitividade da indústria.[4] Nesse sentido, o Brasil, como um dos países de maior extensão territorial do mundo, com enorme potencial de produção agrícola, que alcança as maiores produtividades nos principais produtos, ocupa lugares acima do 100º posto, com exceção da qualidade ferroviária, o que nos limita muito em termos de competitividade.

Se essa situação onera significativamente a competitividade do agronegócio, algo semelhante ocorre com a indústria de transformação, prioritariamente localizada nas regiões metropolitanas próximas da costa brasileira. Aqui a competitividade é afetada por uma carga tributária de 40,3% dos preços dos produtos; o custo da burocracia no pagamento dos tributos alcança 2,6% dos produtos industriais; os encargos trabalhistas alcançam 32,4% do total dos custos de mão de obra; o custo do capital responde por 7,5% do preço dos produtos industrializados; a infraestrutura deficiente responde por 1,8% do preço dos produtos industriais; e, finalmente, a constatação de que insumos básicos como gás natural estão acima da média internacional (Fiesp, 2013).

Tais fatos não estão somente afetando nossa capacidade de exportação como têm provocado a entrada desproporcional de produtos estrangeiros; assim, de acordo com o IBGE, entre janeiro de 2003 e maio de 2012, o volume de venda do comércio varejista cresceu 109,6%, mas a produção da indústria de transformação doméstica avançou apenas

---

[4] Fórum Econômico Mundial sobre a Competitividade da Indústria – *The Global Competitiveness Report*, 2011/12.

23,9%, diferença esta que foi atendida basicamente pela importação de produtos de nossos concorrentes internacionais, parte dos quais provavelmente contrabandeados.

A "nova" energia que pode afetar a competitividade

A energia tem uma participação significativa no custo de produção de qualquer produto; assim, uma fonte de energia mais barata reduz o custo de produção e pode ser o fator determinante na competitividade e, portanto, na colocação dos produtos no mercado internacional.

Dessa forma, a busca por independência de fontes energéticas, bem como energia a menor custo, é uma meta procurada incessantemente por governos e empresas. Uma "novidade" neste aspecto é o desenvolvimento da tecnologia que está permitindo a exploração do gás de xisto, o "shale gas", iniciada há poucos anos, em especial nos Estados Unidos.

A extração do gás de xisto nos Estados Unidos pode alterar o cenário econômico do país que ainda está afetado pela crise econômica de 2008. Esse trabalho começou há apenas 4 anos, já tendo 26 reservas em exploração; somente na chamada formação geológica Marcellus, que abrange a Pensilvânia, Nova York, Ohio e a Virgínia Ocidental, há de 5 a 6 mil poços em operação. A reserva dos Estados Unidos pode abastecer o mercado americano nos próximos 100 anos, estimando-se que até 2020 o gás vá adicionar de 2 a 4% ao PIB americano por ano, estimado entre US$ 380 e US$ 690 bilhões e deve gerar algo como 1,7 milhão de empregos diretos especialmente para trabalhadores com nível superior de escolaridade (Marin, 2013).

Não só a energia para a maior economia do planeta estará garantida, minimizada a dependência do petróleo dos países do Oriente Médio, com constante instabilidade política, como principalmente trata-se de uma energia barata comparativamente com as demais fontes atuais. O gás de xisto americano pode ser vendido a US$ 4 por milhão de BTUs, valor significativamente muito menor que o gás que a Rússia envia para a Alemanha a US$ 11,36, que na Indonésia custa US$ 17,72, e no Brasil, cerca de US$ 18, ou seja, o custo do gás no Brasil é 4,5 vezes o valor do gás de xisto americano.

Para os Estados Unidos, a energia barata é fundamental no seu processo produtivo, o que deve provocar investimentos americanos e do exterior, bem como o deslocamento de muitas indústrias americanas atualmente operando em países subdesenvolvidos ou em desenvolvimento, de volta ao país. Uma perspectiva é a substituição do carvão, fonte altamente poluidora responsável por 50% da energia elétrica do país. Assim, além do aspecto econômico altamente positivo, o que deverá aumentar significativamente a competitividade americana, o gás de xisto, também energia fóssil, é muito menos poluente que o carvão.

Tal fato tem uma importância política e econômica em âmbito mundial, pois os Estados Unidos até então, isto é, durante todo o mandato do ex-presidente George Bush, resistente às medidas de controle das emissões de gases de efeito estufa, podem se tornar, agora no segundo governo Obama, um líder na luta pela redução das emissões de CO_2. Haverá forte pressão diplomática ou por meio de acordos internacionais para a obrigatoriedade de cumprimento de metas de redução dessas emissões, naturalmente provocando aumento no custo de produção de muitos países e tornando os Estados Unidos não somente mais competitivos economicamente como líderes políticos no enfrentamento do aquecimento global.

Isso naturalmente também afeta o Brasil, pois, conforme a Coalizão das Indústrias Brasileiras (BIC, na sigla em inglês), a possibilidade de fuga de investimentos produtivos do Brasil para os Estados Unidos é tão real quanto o risco do etanol ser substituído pelo gás natural como combustível de transição.

Essa fonte de energia mais barata pode provocar um impacto significativo em nossa promissora e real fonte renovável de energia que é o etanol. Desse produto, extraído da cana-de-açúcar que encontrou quase que no Brasil como um todo as condições ideais ou pelo menos adequadas de produção, temos produzido cerca de 20 bilhões de litros por ano. Essa fonte energética tem sido importantíssima na mistura à gasolina ou mesmo diretamente no tanque dos veículos, sendo responsável pela geração de um número significativo de empregos, tanto no campo como nas cidades, evitando a emissão de enorme quantidade de gases de efeito estufa. E a possibilidade de que o álcool seja substituído pelo gás na mistura obrigatória à gasolina, pelo menos em longo prazo, impacta sobremaneira esse setor no Brasil.

CONSIDERAÇÕES FINAIS

Os dados e as informações apresentadas permitem por si concluir que a gestão empresarial para a sustentabilidade e competitividade em tempo de mudança climática exige ações fortes e integradas do setor público, das empresas e da sociedade.

Dos governos, em vários níveis, são necessárias decisões e medidas imediatas e de curto prazo para a redução da carga tributária, que tem onerado sobremaneira as empresas e, por consequência, os consumidores. A carga tributária atual é incompatível com o desenvolvimento sustentável que se deseja. Não se pode mais protelar; pelo contrário, é necessária uma ação imediata na melhoria da infraestrutura brasileira na manutenção e construção de rodovias, uma atenção e investimento prioritário em ferrovias e hidrovias, no sentido de redução do custo do frete de nossos produtos, e também nos portos, porta de saída de produtos brasileiros e entrada de matérias-primas.

O combate sistemático à burocracia e à corrupção, que muitas vezes estão associadas, é uma medida a ser adotada de modo implacável tanto no setor público como no setor privado, porque afeta a competitividade e, pior que isso, a credibilidade do Brasil no exterior.

Na atual fase de intenso comércio internacional, mesmo com o crescimento positivo e ascensão de milhões de famílias ao mercado de consumo, não se pode ficar na dependência do mercado interno.

Sem as medidas preconizadas e que estão sendo reivindicadas pela sociedade brasileira, corremos o risco de um retorno à situação de país pré-emergente.

Associado ao desenvolvimento sustentável almejado, temos que ir além de um processo de produção mais limpa, para uma economia limpa, que seja economicamente viável, socialmente justa e ambientalmente sustentável.

As empresas brasileiras, muitas das quais têm adotado posturas e ações muito importantes de gestão empresarial preocupadas com a mudança climática, têm ainda muito trabalho a desenvolver.

Muitos índices ambientais das grandes empresas são positivos, mas podem e devem melhorar não somente para sua sustentabilidade nas três vertentes – econômica, ambiental e social –, como também para o enfrentamento de um disputado comércio internacional.

Não há dúvidas de que barreiras ambientais, justificadas ou não, serão impostas para os produtos brasileiros com maior capacidade de competição em âmbito internacional. Para isso, as grandes empresas exportadoras têm de estar preparadas, e mesmo as médias empresas que almejam alcançar o amplo comércio internacional, a médio prazo. Nesse sentido, a questão mais relevante que pode ser colocada como barreira ambiental é a emissão dos gases de efeito estufa, seja em termos absolutos por país, por unidade de produto ou mesmo por habitante.

É fundamental esta conscientização por parte dos governos e das empresas visando à preparação para adaptação às mudanças climáticas. Aqui uma atenção especial deve ser dada às atividades agrícolas, que podem ser as mais afetadas com as alterações do clima.

Por fim, e não menos importante, é essencial a ação individual de cada habitante, bem como a coletiva da sociedade civil. Cada um pode contribuir tanto com ações individuais, que são relevantes no resultado, como em ações da sociedade como um todo, na difícil tarefa de transição para uma alteração dos hábitos de consumo que têm sido incentivados ao extremo; nunca o consumismo esteve tão exacerbado em nosso país.

É assim que o indivíduo, as empresas, os governos e a sociedade civil têm de agir para a minimização dos efeitos do aquecimento global e para adaptação de suas consequências, visando à gestão empresarial para a sustentabilidade e competitividade e para o desenvolvimento sustentável desejado. Esta é uma tarefa de todos.

REFERÊNCIAS

ABDALLA, L.A. *Qualidade e gestão ambiental.* 3. ed. São Paulo: Juarez de Oliveira, 2002.

AMANHÃ. *Economia e Negócios*, ano XII, n. 121, jul. 1997.

ANUÁRIO ANÁLISE GESTÃO AMBIENTAL. Publisher Eduardo Oinegue, Editora Silvana Quaglio, 2007.

_____. Publisher Silvana Quaglio, Editor Alexandre Secco, IBEP Gráfica, 2012/2013.

BRASIL. *Política Nacional sobre Mudanças Climáticas.* Lei n. 12.187, de 29 de dezembro de 2009.

[FIESP] FEDERAÇÃO DAS INDÚSTRIAS DO ESTADO DE SÃO PAULO. *Estratégia de potencial sócio econômico pleno para o Brasil*, maio 2013.

FOLHA DE S.PAULO. Secção Ciência + Saúde, 20 ago. 2013.

FÓRUM ECONÔMICO MUNDIAL SOBRE A COMPETITIVIDADE DA INDÚSTRIA. *The Global Competitiveness Report*, 2011/12.

MARTINS, J.A. SIMEFRE, Palestra em 6 de junho de 2013.

MARIN, D.C. Energia e combustíveis. Gás de xisto, uma revolução americana. *O Estado de São Paulo*, São Paulo, Caderno de Economia, 4 ago. 2013.

SÃO PAULO (estado). *Política Estadual de Mudanças Climáticas – PEMC*. Lei n. 13.798, de 9 de novembro de 2009.

VEJA, n. 1.765, ano 35, 21 ago. 2002.

Sites

[UNESCO] ORGANIZAÇÃO DAS NAÇÕES UNIDAS PARA A EDUCAÇÃO, A CIÊNCIA E A CULTURA, 1992. Disponível em: http:www.unesco.org. Acessado em: 18 nov. 2014.

WIKIPÉDIA. *Índice de Desenvolvimento Humano*. Disponível em: http://www.pt. wikipedia.org/wiki/Indice_de_Desenvolvimento_Humano.html. Acessado em: 19 jun. 2015.

6 | Energia, Empresa e Sustentabilidade

Lineu Belico dos Reis
Engenheiro eletricista, Poli/USP

INTRODUÇÃO

A energia, presente em todas as atividades humanas e obtida por meio de transformações de recursos naturais, configura-se como componente fundamental na construção de um modelo sustentável de desenvolvimento.

A harmonização das atividades humanas com os requisitos associados ao tratamento sustentável da energia é um dos principais desafios da atualidade, fazendo parte dos grandes temas internacionais já há algumas décadas, com avanços e recuos, conquistas e decepções. Há grande dificuldade na obtenção de consenso, devido a uma série de interesses e pressões e, no caso da energia, da complexidade do setor energético.

No entanto, é possível distinguir diversos avanços no cenário da energia e da sustentabilidade, principalmente quando o foco passa do abrangente (planeta Terra) para o mais específico, considerando regiões, localidades e setores econômicos, por exemplo, nos quais podem ser distinguidas, de forma mais concreta, diversas ações efetivas que se orientam para a sustentabilidade. É este foco específico o objeto deste capítulo que visa ressaltar as principais conexões entre energia, empresa e sustentabilidade, as quais devem formar a base de integração ao tema da Gestão Empresarial, por meio dos sistemas e processos da Gestão

Energética, cada vez mais difundida e influente no seio das empresas preocupadas com a sustentabilidade.

Nesse contexto, a implantação de Sistemas de Gestão Energética em empresas, principalmente nos setores industriais e comerciais, tem aumentado significativamente nos últimos tempos por diversos motivos, tais como redução de custos gerenciáveis, minimização de riscos associados às incertezas da disponibilidade energética, restrições ambientais, valorização da imagem da empresa. Todos estes em harmonia com a sustentabilidade.

Sendo um dos requisitos básicos de um processo sustentável a integração harmoniosa, ao longo do tempo, dos aspectos globais com os locais, fica claro que o conjunto de soluções e políticas visualizado globalmente para orientar os sistemas energéticos para a sustentabilidade deverá ser a base dos enfoques mais restritos, em âmbito local, sendo ajustado às diversas e diferentes realidades consideradas.

Nesse cenário, ao se direcionar o foco para as empresas e a gestão empresarial, devem ser ressaltados os seguintes aspectos:

- Há, em termos globais e de acordo com resultados de fóruns e trabalhos internacionais, um conjunto de ações e atividades sugeridas como soluções energéticas para a sustentabilidade, que deverão também orientar as políticas energéticas neste sentido. Essas ações e atividades, dentre outros aspectos, ressaltam a importância da busca de maior eficiência energética e do aumento da utilização de fontes energéticas renováveis.

- Sistemas de gerenciamento e gestão direcionados à sustentabilidade necessitam de estratégias de longo prazo, que possam ser adaptadas às modificações da realidade ao longo do tempo, e poderão estar vinculadas aos planos diretores de longo prazo. A citada adaptação, por outro lado, requer um processo continuado de monitoramento e revisão de rota, que estabelecerá um conjunto de táticas voltadas a garantir, ao longo do tempo, ajuste contínuo às referidas estratégias. Componentes básicos desse processo são os sistemas de monitoramento (medição), de avaliação da situação (efetuada por meio de índices ou indicadores relevantes ao processo avaliado) e de reajuste (readequação ou reajuste do sistema às novas condições). Tais características, de ordem geral, também formam a base dos sistemas de Gestão Energética, nos quais a orientação à sustentabilidade é fundamentalmente influenciada pelos índices ou indicadores de avaliação citados anteriormente.

- Há uma forte relação entre as estratégias e políticas energéticas e os sistemas de gestão da energia com as matrizes energéticas que, neste caso, configurarão matrizes locais empresariais. O levantamento das características energéticas da empresa enfocada, a determinação de sua matriz energética e o seu gerenciamento ao longo do tempo, segundo preceitos da sustentabilidade, serão preponderantes para o sucesso de um sistema de gestão sustentável.

Com base nesses aspectos, este capítulo do livro enfoca a energia no âmbito da empresa e da sustentabilidade energética, passando da visão global para a visão local, priorizando o uso de recursos energéticos e de projetos de eficiência energética, enfatizando ao final, inclusive com exemplos qualitativos e quantitativos, as relações desejadas entre o sistema de gestão energética, o planejamento energético e a matriz energética da empresa para que se encaminhe na direção da sustentabilidade.

ENERGIA, SUSTENTABILIDADE E AS EMPRESAS

Sendo a energia uma componente fundamental na construção de um modelo sustentável de desenvolvimento, a questão energética tem estado sempre presente nas discussões globais sobre sustentabilidade. Essa questão, então, tem sido abordada das mais diferentes formas, com visões muitas vezes conflitantes e posicionamentos radicais e moderados. Assim, há um grande número de livros, artigos, debates e outras atividades voltadas ao tema, que, além do mais, apresenta características extremamente dinâmicas, principalmente devido às evoluções tecnológicas e aos aspectos políticos, econômicos e socioambientais.

Certamente não é objetivo deste capítulo se aprofundar nesse assunto, sugerindo-se imersão nas referências existentes a quem desejar ou necessitar fazê-lo. Nesse caso, as referências apresentadas neste capítulo podem proporcionar um bom início.

O que se faz a seguir, de forma consistente com o tema do capítulo, é ressaltar, de forma concisa, um conjunto de ações e atividades sugeridas em fóruns e em trabalhos internacionais como soluções energéticas para a sustentabilidade, que deverão também orientar as políticas energéticas nesse sentido. E, em seguida, acrescentar alguns outros aspectos importantes que devem ser considerados, principalmente quando o enfoque se direciona para as empresas.

Uma avaliação das principais referências internacionais e nacionais que tratam da questão energética no âmbito da sustentabilidade permite que sejam indicadas as seguintes principais soluções energéticas aderentes ao modelo visualizado para *desenvolvimento sustentável*:

- Diminuição do uso de combustíveis fósseis (carvão, óleo, gás) e o aumento do uso de tecnologias e combustíveis renováveis, com vistas a alcançar uma matriz energética renovável em longo prazo.

- Aumento da eficiência do setor energético desde a produção até o consumo. O potencial aumento da demanda energética pode ser controlado por meio dessa medida, principalmente em países desenvolvidos, onde a demanda deve crescer de forma mais moderada. Nos países em desenvolvimento, tais medidas irão se refletir na diminuição das necessidades energéticas associadas à melhor distribuição do desenvolvimento e poderão contrabalançar ou atenuar a demanda de energia necessária para se atingir um padrão mínimo consistente com o modelo de desenvolvimento sustentável.

- Introdução de mudanças no setor produtivo como um todo, voltadas ao aumento de eficiência no uso de materiais, transporte e combustíveis.

- Incentivos ao desenvolvimento tecnológico do setor energético, no sentido de buscar alternativas potencialmente menos impactantes do ponto de vista ambiental. Isso inclui, também, melhorias nas atividades de produção de equipamentos e materiais para o setor energético e de exploração de combustíveis.

- Estabelecimento de políticas energéticas favorecendo a formação de regulações e incentivando a escolha de alternativas potencialmente menos impactantes do ponto de vista ambiental em detrimento das demais. Sendo que tais regulações podem criar mecanismos de mercado que favoreçam o desenvolvimento de tecnologias mais limpas.

- Incentivo ao uso de combustíveis menos poluentes. Embora seja um assunto polêmico, há uma vertente de especialistas que defendem, em um período intermediário de encaminhamento para uma matriz predominantemente renovável (havendo também dúvidas sobre quando isso poderia ocorrer), a utilização do gás natural como ponte, uma vez que este tem vantagens (ou menos desvantagens) sobre o petróleo ou carvão mineral por produzir menos emissões.

Essa lista, certamente, não esgota o assunto e está mais focada em aspectos tecnológicos e ambientais, devendo-se lembrar, no entanto, de que a eficiência energética, principalmente do lado do consumo, também tem forte componente cultural, associada aos hábitos de consumo.

Nesse cenário, deve-se salientar ainda dois aspectos muito relevantes relacionados ao conceito de equidade: a universalização do atendimento, concentrada em proporcionar acesso de todos os seres humanos aos bens energéticos, e o atendimento das necessidades energéticas básicas, ou seja, não apenas dar acesso à energia, mas fazê-lo em quantidade tal que possa suprir as necessidades de cada indivíduo para ter um padrão de vida digno. Na verdade, esses aspectos relacionados com a equidade vão muito além de uma questão simplesmente energética. Mas a menção aqui apresentada é a que basta para o tema deste capítulo.

Para este, resta então verificar como as empresas se conectam com os assuntos listados anteriormente.

Busca de adequação ambiental, aumento de eficiência e utilização de recursos renováveis são soluções aplicáveis a todas as empresas, sempre levando em conta suas características específicas. O seguimento de políticas e a atuação na busca da equidade, cuja determinação é responsabilidade dos governos e das instituições reguladoras (representando, em tese, o Estado), aplicam-se mais diretamente a empresas governamentais ou não governamentais, atuantes principalmente nos setores de infraestrutura, como as concessionárias de energia.

A partir dessas bases, então, é possível estabelecer características e requisitos básicos que deverão ser atendidos por sistemas de gerenciamento e gestão energética e planejamento estratégico, assim como a matriz energética de uma empresa, para que se orientem de acordo com a sustentabilidade.

GERENCIAMENTO E GESTÃO ENERGÉTICA

Em sua conceituação mais ampla, gerenciamento e gestão energética se referem às metodologias e procedimentos voltados a avaliar, monitorar, operar e acompanhar o desempenho energético de um determinado sistema, que, conforme apontado na introdução, pode ter dimensões que vão desde as do planeta Terra até as pequenas áreas, como residências e comunidades isoladas da rede elétrica.

Conjuntos básicos de atividades nesse contexto são:

- Conhecimento das informações associadas aos fluxos de energia (externos e internos ao sistema), às variáveis que influenciam os mesmos fluxos e aos processos que utilizam a energia, direcionando-a a produtos ou serviços. Um produto importante, nesse contexto, é o diagnóstico energético, que deve incluir pelo menos as seguintes etapas: estudo dos fluxos de materiais e produtos; caracterização do consumo energético; avaliação das perdas de energia; e desenvolvimento de estudos para determinar as alternativas técnicas mais econômicas para redução do consumo e das perdas.

- Acompanhamento de índices e indicadores que possam servir de controle à evolução energética, como o consumo de energia (total, por unidade), os custos específicos dos diversos energéticos, as características básicas do consumo, os valores médios contratados, faturados e registrados de energia.

- Atuação com vistas a modificar os índices e indicadores de forma a reduzir o consumo de energéticos. O que pode ser obtido, por exemplo, diminuindo-se o consumo de energia (total, por unidade), tanto por meio da introdução de (troca por) tecnologias mais eficientes, como por meio de sistemas de controle voltados à utilização mais racional da energia.

Tais atividades formam o núcleo do sistema de gestão energética. Que vai apresentar maior ou menor complexidade, dependendo do sistema gerenciado. Por exemplo, o gerenciamento do sistema elétrico brasileiro, com todos seus geradores, linhas de transmissão, redes de distribuição e cargas, tem alto grau de complexidade e envolve diversos agentes institucionais. Quando se considera uma empresa, por outro lado, em geral um sistema menos diversificado e com menores delimitações geográficas, o sistema de gestão se torna mais simples, como se apresenta a seguir.

Em sua configuração mais comum, um sistema de gestão energética empresarial é formado basicamente por ações de comunicação, diagnóstico e controle. Esse sistema pode também conter uma comissão incumbida de assessorar o seu núcleo diretor, cujo exemplo mais difundido é a Comissão Interna de Conservação de Energia (Cice). Essa comissão, além de atuar nas atividades citadas, tem também como atribuição conscientizar e motivar os funcionários da empresa (e, muitas vezes, dos fornecedores e de empresas terceirizadas) a participar e se engajar nas ações associadas aos objetivos principais do sistema de gestão. Ela pode também ser encarregada da emissão de um relatório anual sobre o sistema de gestão.

A Figura1 apresenta um diagrama da constituição típica de um sistema de gestão energética.

Figura 1 – Constituição do programa de gestão energética.

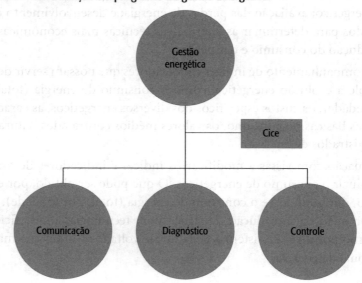

Fonte: Marques et al. (2007).

Conforme apontado no início do capítulo, os sistemas de gerenciamento energético em indústria e comércio têm sido aplicados de forma crescente, principalmente por causa da redução de custos, das restrições ambientais e também das incertezas relacionadas à disponibilidade energética. Além disso, ações associadas à sustentabilidade já há algum tempo acrescentam valor à imagem da empresa. Nesse cenário, também podem ser agregados programas governamentais compulsórios de incentivos à eficiência energética, como os da Agência Nacional de Energia Elétrica (Aneel) e os programas voluntários de certificação de edifícios.

Normalmente, o responsável técnico pela gestão de energia tem como meta tornar cada vez mais eficientes as instalações e os sistemas e equipamentos da empresa, enfrentando dois desafios principais: avaliar o montante de energia ou demanda energética necessária para atender a suas necessidades atuais e futuras e produzir, adquirir e contratar no mercado essa disponibilidade energética.

É importante ressaltar que a superação dos dois desafios apresentados permite que o sistema de gestão se ajuste facilmente com as soluções energéticas para sustentabilidade apresentadas no tópico anterior: para isto, é suficiente que se dê prioridade aos recursos renováveis como fontes energéticas, uma vez que a busca de maior eficiência faz parte automática do sistema de gestão.

E, como apontado, é possível que a empresa seja produtora de toda ou parte de sua energia consumida ou, até mesmo, seja fornecedora de energia a outros consumidores.

Estas diversas possibilidades podem criar um cenário bastante amplo para o responsável pela gestão, que também deve estar sempre em dia com a evolução do arcabouço regulatório do setor energético em constante evolução (talvez mais lenta do que o desejável), para incluir tecnologias mais avançadas, inovações, assim como incentivos e regramentos para serem incorporadas.

A seguir, cada um destes três conjuntos de atividades básicas de um sistema de gestão energética é enfocado separadamente, com uma descrição geral de seus aspectos principais e de componentes e variáveis importantes para desempenho adequado do sistema de gestão como um todo. Os exemplos de aplicação (estudos de caso), apresentados ao fim deste capítulo, para os setores industrial e comercial poderão ser consultados, se necessário, para maiores esclarecimentos e fixação de conceitos.

LEVANTAMENTO DE DADOS, FLUXOS ENERGÉTICOS E DIAGNÓSTICO ENERGÉTICO

Ao ter como base a avaliação das necessidades atuais e futuras de energia, a partir do conhecimento dos fluxos energéticos externos (no caso, nas fronteiras de entrada e saída da empresa) e internos, o sistema de gestão fica atrelado à matriz energética da empresa, em sua caracterização atual e de curto, médio e longo prazos.

O estabelecimento dessa matriz está associado com esse primeiro conjunto de atividades, que também ressalta a importância do diagnóstico energético na implantação do sistema e das auditorias energéticas periódicas para verificação e fiscalização.

As principais etapas em um diagnóstico energético são:

- Levantamento dos dados gerais da empresa.
- Estudos dos fluxos de materiais e produtos.
- Caracterização do consumo energético.
- Avaliação das perdas de energia.
- Desenvolvimento dos estudos técnicos e econômicos das alternativas de redução das perdas.
- Elaboração das conclusões e recomendações.

Além disso, um relatório de diagnóstico energético deve conter pelo menos os seguintes itens, relativos às diferentes formas de energia:

- Com relação aos sistemas elétricos:
  - Levantamento da carga elétrica instalada.
  - Análise das condições de suprimento (qualidade do suprimento, harmônicas, fator de potência, sistema de transformação).
  - Estudo do sistema de distribuição de energia elétrica (corrente, variações de tensão, estado das conexões elétricas).
  - Estudo do sistema de iluminação (iluminância, análise de sistemas de iluminação, condições de manutenção).
  - Estudo de motores elétricos e outros usos finais (estudo dos níveis de carregamento e desempenho, condições e manutenção).
- Com relação aos sistemas térmicos e mecânicos:
  - Estudo do sistema de ar condicionado e exaustão (sistema frigorífico, níveis de temperatura medidos e de projetos, distribuição de ar).
  - Estudo do sistema de geração e distribuição de vapor (desempenho da caldeira, perdas térmicas, condições de manutenção e isolamento).
  - Estudo do sistema de bombeamento e tratamento de água.
  - Estudo do sistema de compressão e distribuição de ar comprimido.

- Com relação aos balanços energéticos:
    - Análise de uso racional da energia, por exemplo, por meio de estudos técnicos e econômicos das possíveis alterações operacionais e de projeto, por exemplo, da viabilidade econômica da implantação de sistemas de alto rendimento e de automação e controle digital para melhorar o desempenho energético.

DETERMINAÇÃO E ACOMPANHAMENTO DE ÍNDICES E INDICADORES ADEQUADOS

Uma vez efetuado o diagnóstico energético e, concomitantemente, montados o banco de dados e a matriz energética da empresa, é necessário determinar quais indicadores e índices serão considerados para avaliação do desempenho do sistema. O estabelecimento desses índices e indicadores pode ser feito considerando apenas a matriz energética atual da empresa e depende largamente das características básicas da empresa enfocada e da experiência dos profissionais envolvidos na questão. Há índices e indicadores clássicos para certos tipos de empresas, assim como para os diversos tipos de usos finais de energia existentes nela. A estes poderão ser adicionados outros, dependendo de cada caso. A determinação dos indicadores influenciará o sistema de medição e monitoramento, pois as variáveis necessárias para sua determinação deverão estar sempre disponíveis.

De certa forma, o conjunto de indicadores deverá efetuar uma espécie de medição da saúde da empresa, sendo que o desempenho de cada indicador (ou subconjunto de indicadores) orientará ações corretivas, que poderão ser automáticas ou não.

Indicadores escolhidos com base em critérios associados com a sustentabilidade colocarão a evolução energética da empresa alinhada ao modelo sustentável de desenvolvimento.

ATUAÇÃO PARA CONTROLE DOS INDICADORES ENERGÉTICOS

A atuação para controle dos indicadores energéticos vai seguir o mesmo padrão dos sistemas clássicos de controle: o indicador medido é comparado com um valor de referência daquele indicador e, se houver uma diferença significativa (erro), um sinal de correção do indicador é enviado ao sistema (realimentação) para reajustar as variáveis influentes naquele indicador de forma que ele se iguale à referência.

Essas referências de indicadores representam o atendimento a metas desejadas, formando um conjunto de indicadores, muitas vezes, denominados de *benchmarks* a serem atingidos.

PLANEJAMENTO ESTRATÉGICO, MATRIZ ENERGÉTICA E O SISTEMA DE GESTÃO ENERGÉTICA

De uma forma simples, pode-se entender planejamento (sempre desenvolvido para certo período de tempo) como o processo de estabelecer estratégias adequadas para atingir determinados objetivos, levando em consideração as diversas alternativas possíveis para as variáveis que possam afetar as condições nas quais as decisões são baseadas.

No caso da energia, as estratégias devem ser voltadas a estabelecer um programa ou plano de oferta das diversas formas de energia, obtidas por meio da utilização de diferentes recursos naturais e tecnologias, capaz de suprir as necessidades (demandas) energéticas dos inúmeros setores consumidores, considerando as características específicas e de eficiência das respectivas cadeias energéticas. Deve-se citar que os projetos energéticos podem demandar um tempo significativo para construção e colocação em operação (comissionamento), além daquele relacionado ao desenvolvimento dos diversos tipos de estudos e projetos, assim como da sua tramitação legal (incluindo principalmente os requisitos ambientais e sociais). Esses períodos, variáveis com as características de cada sistema energético enfocado, devem ser considerados no planejamento.

Muitas são as variáveis que afetam as condições influentes nas decisões associadas ao planejamento: a própria evolução do consumo (necessidades) ao longo do tempo; as variações dos custos das tecnologias disponíveis; novas tecnologias que possam ser utilizadas; tendências e políticas internacionais e locais; a disponibilidade dos recursos naturais básicos para a produção de energia, entre outras.

Nesse contexto, podem ser incluídos os assim denominados custos e benefícios sociais e ambientais, desde que estes possam ser "medidos" em grandezas monetárias (os denominados custos tangíveis). Mas, nesse caso, a análise sofre algumas modificações, uma vez que nem sempre (nos prevalecentes modelos econômicos atuais) há condições de repassar esses custos para os consumidores. Isso resulta em que, muitas vezes, as questões sociais e ambientais sejam tratadas à parte, refletindo-se em ações de prevenção, mitigação ou compensação.

Mas quando aparecem custos e benefícios não passíveis de serem representados por grandezas monetárias, entra o aspecto subjetivo, e a solução já não é mais tão linear ou simples como apresentada até o momento. A tomada de decisão, então, apresenta forte dependência de políticas, enfatizando a importância de se encaminhar para uma decisão participativa.

Note que o cenário de planejamento, em sua conceituação geral, apresenta um alto grau de complexidade. Na realidade, a maior ou menor complexidade é função principalmente da grandeza e das dimensões do sistema enfocado e da quantidade dos envolvidos e afetados por ele. No caso desta análise, o foco, direcionado para uma empresa, diminui bastante a complexidade, delimita a área de atuação e faz decrescer a quantidade dos envolvidos e afetados, simplificando bastante a questão. Neste contexto, muitas vezes, o planejamento estratégico, aqui conceituado, confunde-se com o plano diretor da empresa.

Por outro lado, em função do período da análise, o planejamento pode ser "dividido" em diversos tipos, nos quais há grande influência do grau de incerteza dos dados. Quanto mais longo o período enfocado pelo planejamento, maior o número de incertezas.

Assim, busca-se, no planejamento de longo prazo, considerar principalmente as variáveis que podem influenciar estratégias de longo prazo e orientar políticas (neste caso, políticas empresariais). Daí resultará um conjunto ordenado de projetos que formará uma espécie de rota orientadora, mas não definitiva, a qual poderá ser ajustada na medida em que o passar do tempo confirmar ou não as previsões de longo prazo.

No planejamento de curto prazo, no qual as incertezas são bem menores, a análise necessita ser mais detalhada, pois as decisões de se construir ou não as obras associadas a um projeto deverão ser agilmente tomadas com base nos estudos efetuados.

No planejamento da operação, vai-se a um extremo praticamente oposto ao do longo prazo: não se analisam projetos e obras, e tão somente como deverá operar o conjunto de instalações existente.

Este cenário temporal ressalta a importância de se considerar o planejamento como um processo, no qual, para garantir a evolução harmoniosa do sistema ao longo do tempo, o curto prazo realimenta e interage com o longo prazo: estratégias (planejamento) de longo prazo orientam táticas (gestão) de curto prazo, as quais, por sua vez, reforçam ou alertam para modificações nas estratégias iniciais. Mas, como apresentado, incertezas aumentam com o aumento do período de planejamento. O pequeno risco de erro, no caso de previsões para 5 anos, aumenta consideravelmente para previsões cobrindo períodos bem maiores, como 30 anos ou mais.

Então, surge uma questão importante: como a estratégia se modificaria se fossem adotadas certas políticas de incentivo ou desincentivo a uma determinada fonte de energia (pelo governo, por exemplo)? Ou, se ocorresse um fato inesperado, como os choques do petróleo, a recente crise econômica? Ou, se a economia como um todo crescesse muito mais ou muito menos do que o esperado?

A metodologia mais utilizada para tentar prever tais ocorrências é a técnica de cenários. Embora essa técnica também não seja imune a fatos inesperados, ela abre um leque maior de possibilidades estratégicas que será ajustado à medida que o tempo avança e as ações de curto prazo (táticas) são adequadas às situações que ocorrem de fato.

A forma mais simples de explicar a técnica de cenários é se basear em três posturas alternativas: a de considerar que tudo irá continuar como já vem ocorrendo (este cenário é, muitas vezes, referido pelo seu nome em Inglês *business as usual*); a de raciocinar de forma pessimista e considerar que a situação irá piorar; e a de raciocinar com otimismo e acreditar que a situação irá melhorar. É claro que a definição do que é postura pessimista ou otimista dependerá do objetivo de análise: se o objetivo é alcançar uma matriz energética mais de acordo com a sustentabilidade, a postura otimista estará associada ao menor crescimento do consumo (inclusive por causa do aumento da eficiência energética) e aumento da utilização de fontes renováveis de energia.

Agindo-se assim, são estabelecidos, então, três cenários e, dependendo da situação, podem ser considerados outros cenários intermediários entre estes três. Mas, deve ser ressaltado que, à medida que o número de cenários aumentam, maior se torna a complexidade da análise, o que pode dificultar o estabelecimento de estratégias alternativas.

A evolução do sistema energético, tanto em termos de consumo, quanto em termos de suprimento, é então estudada para cada um dos cenários, formando um leque de alternativas que dará maior facilidade às correções de rumo necessárias ao longo do tempo.

Por outro lado, uma necessidade fundamental do planejamento é ter bem modelado o sistema sobre o qual atua. Bancos de dados e informações confiáveis são fundamentais para obtenção de bons resultados. No caso da energia, esses dados e informações servem para a construção da matriz energética, que concatena e integra as diversas cadeias energéticas existentes no sistema.

Cadeias energéticas são conjuntos de atividades que englobam produção, transporte e distribuição das diversas formas de energia obtidas de um recurso natural até seus locais de consumo. Os principais componentes das cadeias energéticas são as diversas fontes primárias, as formas de transporte de energia, os centros de transformação, a energia secundária e o consumo final. Com base nas cadeias energéticas é construída a matriz energética.

Para uma simples descrição da matriz energética, pode-se recorrer ao conceito matemático de matriz que, no caso mais simples, identifica as relações entre elementos de conjuntos (dois conjuntos, no caso mais simples). Os elementos da matriz energética quantificam as relações entre o conjunto dos recursos naturais (e as fontes secundárias de energia) e o conjunto das diversas formas de consumo, como pode ser visto no fim deste capítulo, em um exemplo (estudo de caso apresentado). As cadeias energéticas são elementos fundamentais do processo de cálculo (quantificação) utilizado na matriz energética. A introdução de uma terceira dimensão na matriz, o tempo, permite o conhecimento e a prospecção da evolução da matriz ao longo do tempo.

A matriz energética contém informações preciosas, tanto para o planejamento energético quanto para o estabelecimento de políticas, dos mais diferentes tipos. Além disso, a matriz permite a monitoração do sistema enfocado, assim como a criação de indicadores que poderão servir não somente para "medir" o desempenho energético do sistema enfocado e efetuar o encaminhamento para o desenvolvimento sustentável, mas também para perseguir metas de desempenho (*benchmarks*), que podem ser, por exemplo, estabelecidas pelas características do mercado de atuação, no caso das empresas.

Para facilitar o entendimento, pode-se considerar, genericamente, uma empresa industrial cuja produção é medida em toneladas. Um indicador a ser obtido se refere, por exemplo, à eficiência energética desse setor: energia consumida (em todas as formas) por tonelada produzida. Poderia ser também energia elétrica consumida por unidade de tonelada produzida, ou também tonelada de certo recurso natural por tonelada produzida ou, no caso em que seu recurso natural ocupe espaço, a área utilizada pelo recurso natural por tonelada produzida. Tais indicadores poderiam ser comparados com referências (*benchmarking*) do setor de atuação da empresa e dar origem a políticas empresariais, visando tornar a empresa mais competitiva.

Esta descrição da matriz energética contém intrinsecamente as fortes relações desta com o sistema de gestão energética, assim como com o planejamento estratégico (ou plano diretor).

Alguns aspectos importantes devem ser salientados no tocante a estas matrizes e ao sistema de gestão:

- A oferta de energia, na maioria das vezes, será configurada como importação, na cadeia energética, a não ser em casos onde haja produção própria de energia, em suas diferentes formas. Nesse último caso, pode haver necessidade de complementação energética (via importação), ou autossuficiência ou venda de energia. O exemplo apresentado mais adiante, neste capítulo, ilustra de forma bastante concreta o caso mais geral de produção própria com necessidade de complementação.

- O transporte até o consumo vai depender do tipo de energia usada, das dimensões do empreendimento, e, a não ser em casos muito específicos nos quais possa haver transformação energética para produção de energia secundária, usualmente será representado pelas perdas nele ocorridas.

- O consumo incluirá os diversos usos finais da energia no empreendimento.

- Índices e indicadores da evolução energética poderão ser estabelecidos em função de cada caso e, até mesmo, comparados com valores desses índices e indicadores assumidos como *benchmarking* ou metas a serem buscadas no âmbito de processos de planejamento estratégico (ou plano diretor). O caso apresentado adiante para uma indústria exemplifica claramente este procedimento.

- A construção da base de dados pode se apresentar como um desafio importante, dependendo do tipo de medições utilizado pela empresa. Certamente, quanto mais medições a empresa tiver, tanto mais simples a montagem da base de dados. No caso bastante comum de falta de medições internas ao empreendimento, no entanto, será necessário se desenvolver um plano de medições que considere as mais diversas situações, as alterações de mercado dos produtos, as sazonalidades, entre outros aspectos.

- A expansão dos conceitos para incluir outros recursos naturais, tais como água e resíduos, apresentará as mesmas características, certamente com dificuldades adicionais relacionadas principalmente com a construção da base de dados.

- É possível também construir matrizes agregadas de diversas unidades da mesma empresa ou grupo, de forma tal a permitir uma visão global integrada, sem perder, no entanto, a possibilidade de identificação das unidades. Isso pode permitir uma avaliação integrada, a identificação de pontos fracos e fortes e o estabelecimento de atividades sinérgicas voltadas ao melhor desempenho do conjunto como um todo.

GESTÃO ENERGÉTICA EM EMPRESAS

Com base no exposto, são apresentados a seguir, para os setores industrial e comercial, alguns exemplos escolhidos com o objetivo de sedimentar os conceitos apresentados, esclarecer eventuais dúvidas e convidar a reflexões.

Para o setor industrial, apresenta-se um sumário de resultados de uma análise energética típica de uma indústria, desenvolvida em trabalho de consultoria do autor.

No que se refere ao setor comercial, apresenta-se um sumário de diversas análises de pré-diagnóstico energético, com foco em eletricidade, desenvolvidas no âmbito do Programa de Eficiência Energética da Aneel[1].

Com relação à eficiência energética, deve-se ressaltar que há um significativo potencial de ganhos no país nos setores industrial e comercial, que têm grande participação no consumo de energia no Brasil. Potencial que pode se realizar não somente com a introdução de tecnologias e procedimentos mais eficientes, como os citados, mas também com o enfrentamento do desafio de incentivar e propiciar a reforma e a modernização da maior parte das empresas, cujos sistemas energéticos se encontram com idade bastante avançada, com características obsoletas, além de vitimadas por uma falta de cultura de manutenção, entre outros aspectos.

---

[1] Exemplos obtidos nas seguintes referências citadas ao fim deste capítulo: Reis (2011) e Roméro e Reis (2012), nas quais podem ser encontrados mais detalhes, se desejado.

GESTÃO DE ENERGIA – EXEMPLO PARA O SETOR INDUSTRIAL

Um plano diretor de energia de um complexo industrial pode ser elaborado por meio da avaliação de sua matriz energética, podendo ainda ser utilizado para estabelecer bases de dados e de metodologias para futuras avaliações de planos de expansão da referida unidade.

A identificação da matriz energética da indústria requer levantamento e compilação de dados históricos sobre o consumo de energia e permite avaliação do cenário atual. Essa avaliação pode sugerir procedimentos para aperfeiçoar a coleta e o tratamento de dados e informações e futuras ações com vistas ao aumento da eficiência energética global ao longo do tempo, cuja evolução poderá ser monitorada por meio de indicadores energéticos a serem estabelecidos como *benchmarks*, os quais também poderão ser aperfeiçoados ao longo do tempo. Essa base também tornará possível analisar, com maior segurança, qualquer plano de expansão futura, assim como identificar algum risco de não atendimento da nova demanda pelas energias utilizadas atualmente e avaliar fontes alternativas de energia que garantam o abastecimento do complexo industrial. Tal análise pode ser complementada pela avaliação de riscos, para verificar oportunidades e necessidades de ações complementares.

É importante ressaltar que a matriz energética também permite o inventário de emissões de gases do efeito estufa, que pode orientar alterações na própria matriz.

Os principais objetivos de um estudo desse tipo são:

- Delinear um roteiro de tratamento de dados, monitoramento de desempenho e cálculos de indicadores energéticos, que, adotados como *benchmarks*, orientem a operação da planta ao aumento da eficiência energética.

- Apresentar considerações de ordem metodológica associadas à avaliação, ao planejamento de expansões futuras do complexo industrial quanto aos possíveis cenários de consumo e ao abastecimento das diversas formas de energia necessárias.

- Elaborar um inventário de emissões de gases do efeito estufa.

Em uma fase inicial de estudo, é também importante salientar que a escolha de um número pequeno de indicadores energéticos – por exemplo, apenas a intensidade energética (entendida como o consumo energético dividido pelo total produzido) da unidade produtiva para cada tipo de produto e forma de energia – permite o estabelecimento de *benchmarks* simples de entendimento, monitoração e cálculo para aferir a evolução da eficiência energética. Isso pode ser importante para introduzir a cultura de utilização de indicadores na empresa. Outros indicadores podem ser agregados, tanto nessa fase quanto no futuro, para refletir outros aspectos importantes do projeto. Por exemplo, indicadores que levem em conta as quantidades de energia própria e adquirida poderiam ser úteis para consubstanciar estratégias de médio e longo prazo, associadas ao cenário energético do país ou da região na qual a indústria se localiza.

É importante salientar que a construção da matriz energética e a obtenção dos *benchmarks* são fatores fundamentais no desenvolvimento do estudo e na coleta de dados. Nesse sentido, os dados a serem coletados com informações históricas relacionadas ao consumo de energia mensal e ao nível de produção das diversas unidades produtivas do complexo industrial permitem o cálculo da intensidade energética de cada unidade produtiva (que pode ser expressa em kWh/t produzida, m³ lenha/t produzida e t óleo combustível/t produzida). A matriz energética do complexo industrial pode ser obtida indiretamente a partir dessas informações.

A avaliação do desempenho histórico da intensidade energética de cada unidade produtiva permite identificação dos períodos de maior eficiência energética de cada processo industrial e o estabelecimento de um *benchmark* operativo de intensidade energética. Esses valores de *benchmark* poderão servir de primeira referência operativa para as diversas unidades produtivas, uma vez que novos valores poderão ser estabelecidos ao longo do tempo. Nesse sentido, aperfeiçoamentos operativos e novas tecnologias, quando viáveis e implantadas, poderão permitir o estabelecimento de novos *benchmarks*, de forma a aumentar a eficiência energética da planta ao longo do tempo, assim como a competitividade econômica.

O histórico da intensidade energética das diversas unidades também pode ser utilizado para se efetuar a previsão de cenários de consumo de futuros planos de expansão. Em virtude das variações ocorridas durante o período de operação, pode-se, por exemplo, estimar esse consumo em três situações:

- Consumo mínimo: correspondente ao cálculo do consumo esperado se cada unidade mantiver a mínima intensidade energética observada durante o período histórico analisado.

- Consumo máximo: correspondente ao cálculo do consumo esperado se cada unidade operar com a máxima intensidade energética observada durante o período analisado.
- Consumo intermediário: correspondente ao cálculo do consumo esperado se cada unidade operar com a média anual das intensidades energéticas observadas durante o período.

Esses diferentes indicadores de consumo podem ser combinados adequadamente para a criação de cenários energéticos futuros, que orientarão o planejamento e plano diretor energético da empresa.

Para uma avaliação mais adequada do desempenho histórico da indústria, podem ser desenvolvidos gráficos como os da Figura 2, que permitem reconhecimento direto das condições de consumo anteriormente citadas e do comportamento da intensidade energética para cada unidade industrial.

Figura 2 – Gráfico de consumo de energia elétrica e intensidade energética para uma unidade da indústria (exemplo para período histórico de 4 anos e meio).

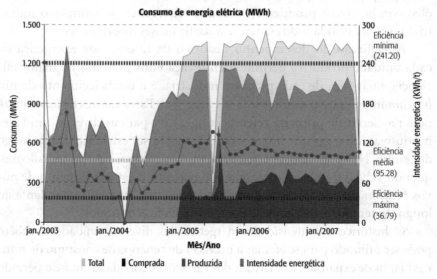

A montagem da matriz energética da indústria, no período considerado, também deve ser efetuada para servir de base ao estabelecimento dos cenários futuros, o que pode ser feito facilmente se a indústria dispõe de dados energéticos específicos para cada unidade. Se esses dados não estiverem disponíveis, deve-se trabalhar com o que estiver em mãos, efetuar medições e implementar um sistema de medições. Nesse caso, há de se levar um tempo para obtenção e tratamento de dados.

A Tabela 1 ilustra, como exemplo, a matriz energética de uma indústria com 8 unidades produtivas (UP), para um ano do período histórico.

Deve-se citar, finalmente, que, para quaisquer configurações de futuros planos de expansão, é necessário estabelecer um conjunto mínimo de hipóteses para a avaliação de riscos de não atendimento da demanda, relacionados principalmente a:

- Indisponibilidade das fontes de geração: deve ser considerado o risco de perda de cada fonte ou unidade produtora de energia, para qualquer tipo de energia e fonte geradora – própria ou externa (adquirida). Deve ser efetuada análise de sensibilidade relacionada com a variação dos riscos assumidos.

- Cenários de demanda: podem ser estabelecidos três cenários correspondentes à demanda mínima, intermediária e máxima, calculadas a partir dos cenários de consumo e dos fatores de carga obtidos por meio dos dados recebidos.

- Porcentagem da carga não alimentada: pode ser calculada como o valor porcentual da demanda disponível em cada configuração relativamente à demanda considerada (mínima, intermediária ou média).

GESTÃO DE ENERGIA ELÉTRICA – EXEMPLOS PARA O SETOR COMERCIAL

Os relatórios de pré-diagnóstico elaborados no âmbito do Programa de Eficiência Energética da Aneel envolvem as concessionárias de energia elétrica e as empresas consumidoras, com o objetivo de apresentar, em cada caso, as alternativas de medidas de eficiência energética, com estimativa dos custos e dos benefícios da economia de energia e redução de demanda. Para isso, usa-se um procedimento padronizado e consistente, tendo como principais resultados a indicação das vantagens e benefícios que a empresa consumidora enfocada poderá obter com a execução do projeto, além de estabelecer uma base importante para possíveis próximos passos, relacionados com a decisão da empresa de concretizá-lo.

Tabela 1 – Exemplo de uma matriz energética de uma indústria.

MATRIZ ENERGÉTICA: ANO X									
Consumo – Produto (unidade produtiva)									
Tipo de energia	Unidade	UP*1	UP2	UP3	UP4	UP5	UP6	UP7	UP8	Total
Energia elétrica comprada	(MWh)	3.573	27.291	25.898	1.138	4.563	7.416	568	0	70.447
Energia elétrica produzida	(MWh)	1.290	5.688	6.661	265	1.378	3.569	61	378	19.290
Lenha produzida	(t)	0	0	65.000	0	0	652.800	0	0	717.800
Lenha comprada	(t)	0	0	0	0	0	49.028	0	0	49.028
Combustíveis fósseis	(t)	0	0	0	0	0	0	0	386	386

* UP: unidade produtiva.

A seguir, são apresentados sumários de três estudos efetuados em empresas com características diferentes e enfocando diversos usos finais de energia elétrica. Esses casos, desenvolvidos por Fábio Antônio Filipini, da Graphus Energia, conforme já adiantado, podem ser encontrados com mais detalhes em Roméro e Reis (2012).

Relatório de pré-diagnóstico: sistema de ar-condicionado em edifício de empresa do setor de comércio e serviços

Objetivo

O objetivo do relatório de pré-diagnóstico foi o de apresentar as alternativas de medidas de eficiência energética, com estimativa dos custos e dos benefícios da economia de energia e redução de demanda, enfocando, no caso, o sistema de ar-condicionado central (*chiller*) do edifício da empresa, do setor comércio e serviços. A meta foi a redução de demanda de energia elétrica, bem como do consumo de energia nos períodos de horários de maior utilização por meio da substituição de *chiller* existente por equipamento mais eficiente.

Com os resultados apresentados, a empresa recebeu informação suficiente para decidir a solução final para elaboração do projeto de eficiência energética.

Sumário executivo

Otimização e substituição do sistema de ar-condicionado:

- Substituição do *chiller* Carrier 240 TR por *chiller* Trane 200 TR.
- Vida útil adotada de 10 anos (conforme chamada pública 001/2009).
- Redução de demanda prevista de 55 kW.
- Energia economizada de 130,680 MWh/ano.
- Economia prevista, segundo metodologia Aneel, de R$ 43.221,56/ano.
- Investimento previsto de R$ 212.379,43.
- Taxa anual de desconto com valor de 8%.
- RCB total do pré-diagnóstico de 0,698.
- Tempo de retorno simples de aproximadamente 48 meses.

Detalhes do consumidor

Este projeto contempla eficientização do sistema de ar-condicionado de edifício de empresa do setor de comércio e serviços.

A seguir, encontram-se os dados energéticos detalhados da unidade consumidora.

Subgrupo tarifário/tipo de tarifa	A4 / Horo-sazonal Verde
Tensão contratual de fornecimento	13.200 Volts
Demanda contratada	700 kW
Consumo mensal médio	150.009 kWh/mês (nos últimos 12 meses)
Demanda máxima registrada	691 kW em abril de 2009

Horário de funcionamento do sistema de ar-condicionado:
9 h/dia (três horas em horário de ponta)
264 dias/ano (22[dias/ano].12[meses/ano])
Esse valor está em acordo com as 2.400 horas previstas no Manual Aneel/2008.

Análises do uso de energia (situação atual)

O consumidor é atendido em uma tensão nominal de fornecimento de 13.800 V, estando enquadrada na tarifa Horo-sazonal Verde, subgrupo A4, com um preço médio de energia elétrica de R$ 407,91/MWh.

O importe anual de energia elétrica é de R$ 60.743,20/mês.

Insumos energéticos

O consumidor utiliza principalmente a energia elétrica, tendo em sua matriz energética um pequeno percentual de outros energéticos. Não existe, até o momento, indicador de consumo específico para os usos finais de energia da instalação.

Característica do sistema elétrico

A energia elétrica fornecida pela distribuidora é feita por uma rede aérea em tensão de fornecimento de 13.800 Volts (nominal), sendo que a distribuição de energia na edificação é feita em tensão secundária, para os usos finais, de 220/127 Volts e 380/220 Volts no setor administrativo e comercial.

Análise de histórico de energia elétrica

A análise dos parâmetros do consumo de energia elétrica é indispensável para uma tomada de decisão quanto ao seu uso eficiente. Sendo a conta de energia elétrica uma síntese dos parâmetros de consumo, sua análise torna-se ferramenta importante para o gerenciamento energético.

Na análise do histórico de energia elétrica, adotou-se como parâmetro de avaliação a utilização de energia elétrica no período de setembro/2008 a agosto/2009, pelo fato de esse mesmo período representar a condição atual de operação da instalação.

Nessa análise, foi efetuado levantamento detalhado, dentre outras variáveis relevantes, de: histórico de consumo e demanda de energia elétrica, e histórico de importes e tributos de energia elétrica no período de ponta e no período fora da ponta do sistema; levantamento do comportamento do fator de carga; identificação da variação do preço da energia elétrica (na ponta e fora da ponta); divisão dos custos da energia elétrica, considerando principalmente o consumo na ponta e fora da ponta, a demanda na ponta e o excedente de energia reativa.

Os principais resultados obtidos foram:

- Consumo médio total nos últimos 12 meses de 150.009 kWh/mês.
- Demanda máxima de energia elétrica registrada de 691 kW, no mês de abril de 2009.
- Fator de carga médio de 34%.

Análise do uso final da energia elétrica na instalação (rateio de energia elétrica)

A Figura 3 demonstra que a parcela de energia elétrica utilizada para o sistema de ar condicionado corresponde a 20,6% de toda a energia consumida, enquanto a parcela para outros usos finais absorve os 79,4% restantes. O seu horário de funcionamento é considerado como de 9 h/dia, com 3 horas em horário de ponta, durante os 264 dias do ano.

Conclusão

A redução de demanda de energia elétrica estimada é de 55 kW (155,8 kW para 100,8 kW), representando uma redução percentual de aproximadamente 35%.

Figura 3 – Rateio dos usos finais de energia elétrica na instalação.

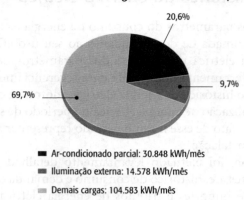

Fonte: Roméro e Reis (2012).

Relatório de pré-diagnóstico: sistema de iluminação em uma empresa do setor de comércio e serviços

Objetivo

O relatório de pré-diagnóstico apresenta as alternativas de medidas de eficiência energética, estimando seus custos e os benefícios da economia de energia e redução de demanda.

O projeto teve como objetivo o uso mais eficiente da energia elétrica no sistema de iluminação de uma empresa do setor de comércio e serviços. A meta foi reduzir a demanda de energia elétrica, bem como o consumo de energia nos horários de maior utilização, por meio da substituição de lâmpadas mistas, de vapor de mercúrio, incandescentes e fluorescentes por lâmpadas de vapor de sódio de alta pressão, fluorescentes compactas e fluorescentes tri-fósforo.

Com os resultados obtidos, a empresa poderá decidir a solução final para elaboração do projeto de eficiência energética.

Sumário executivo

Substituição de lâmpadas e reatores no sistema de iluminação presente nos apartamentos e na área comum da empresa:

- Troca de 121 lâmpadas mistas de 160 W por 121 lâmpadas e reatores de vapor de sódio de alta pressão de 70 W.
- Troca de 51 lâmpadas e reatores de vapor de mercúrio de 400 W por 51 lâmpadas e reatores de vapor de sódio de alta pressão de 250 W.
- Troca de 4 lâmpadas incandescentes de 100 W por quatro lâmpadas fluorescentes compactas de 23 W.
- Troca de 68 lâmpadas fluorescentes de 40 W e 34 reatores eletromagnéticos 2 x 40 W por 68 lâmpadas fluorescentes tri-fósforo de 32 W, T8 e 34 reatores eletrônicos 2 x 32 W.
- Adoção de vida útil de 10 anos para reatores eletrônicos (chamada pública 001/2009).
- Vidas úteis adotadas para as lâmpadas de acordo com o indicado na chamada pública da distribuidora 001/2009.
- Redução de demanda prevista de 7,766 kW.
- Energia economizada de 37,330 MWh/ano.
- Economia prevista, segundo metodologia Aneel, de R$ 9.014,43/ano.
- Investimento previsto de R$ 35.819,69.
- Taxa anual de desconto com valor de 8%.
- RCB total do pré-diagnóstico de 0,455.
- Tempo de retorno simples de 23 meses.

Detalhes do consumidor

Subgrupo tarifário/tipo de tarifa   A4/Convencional
Consumo mensal médio   18.820 kWh/mês (nos últimos 12 meses)
Demanda máxima registrada   177 kW em maio de 2009

Análise do uso de energia (situação atual)

O consumidor é atendido em uma tensão nominal de fornecimento de 13.800 V, estando enquadrado na tarifa convencional, subgrupo A4, com um preço médio de energia elétrica de R$ 491,97/MWh.

O importe médio com energia elétrica é de R$ 9.258,79/mês. Os valores foram calculados considerando o uso de tarifas atualizadas pela Resolução Aneel n. 839, de 23 de junho de 2009, e também considerando o consumidor adimplente.

Insumos energéticos

O consumidor utiliza principalmente a energia elétrica, tendo em sua matriz energética um pequeno percentual de outros energéticos. Não existe, até o momento, indicador de consumo específico para os usos finais de energia da instalação.

Característica do sistema elétrico

A energia elétrica fornecida pela distribuidora é feita por uma rede aérea em tensão de fornecimento de 13.800 Volts (nominal), sendo a distribuição de energia na instalação feita em tensão secundária, para os usos finais, de 220/127 Volts.

Análise de histórico de energia elétrica

A análise dos parâmetros do consumo de energia elétrica é indispensável para uma tomada de decisão quanto ao uso eficiente. Sendo a conta de energia elétrica uma síntese dos parâmetros de consumo, sua análise torna-se uma ferramenta importante para o gerenciamento energético. Analisando o histórico de energia elétrica, adotou-se como parâmetro de avaliação a utilização dessa energia entre julho de 2008 a junho de 2009, por esse período representar a condição atual de operação da instalação.

Nessa análise, foi efetuado levantamento detalhado, dentre outras variáveis relevantes, de: histórico de consumo e demanda de energia elétrica, e histórico de importes e tributos de energia elétrica, no período de ponta e no período fora da ponta do sistema; levantamento do comportamento do fator de carga; identificação da variação do preço da energia elétrica (na ponta e fora da ponta); divisão dos custos da energia elétrica, considerando o consumo na ponta e fora da ponta, a demanda na ponta e o excedente de reativos.

Os principais resultados obtidos foram:

- Consumo médio total nos últimos 12 meses de 18.820 kWh/mês.
- Demanda máxima de energia elétrica registrada de 177 kW, no mês de maio de 2009.
- Fator de carga médio de 21%.

Análise do uso final da energia elétrica na instalação (rateio de energia elétrica)

Na Figura 4, pode-se observar que a parcela de energia elétrica utilizada para o sistema de iluminação atual corresponde a 43,4% de toda a energia consumida, enquanto a parcela para outros usos finais absorve os 56,6% restantes.

Figura 4 – Rateio dos usos finais de energia elétrica na instalação.

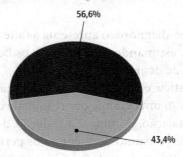

Fonte: Roméro e Reis (2012).

Conclusão

Benefícios do pré-diagnóstico que podem ser destacados:
- Conscientização dos usuários internos da instalação com relação ao combate ao desperdício de energia elétrica.
- Promoção do uso eficiente de energia elétrica entre consumidores do mesmo segmento, servindo como exemplo de ação a ser seguida.

- Redução de consumo e demanda, o que possibilita à distribuidora atender novos consumidores sem investimentos adicionais, postergando, assim, futuros investimentos.
- Redução de custo com energia elétrica, o que poderá proporcionar recursos que poderão ser redirecionados a outros setores prioritários da instituição.
- A implementação dos resultados desse pré-diagnóstico proporcionará uma atualização tecnológica do conjunto de iluminação utilizado atualmente.

Relatório de pré-diagnóstico: sistema de força motriz (motores elétricos) de empresa do setor de comércio e serviços

Objetivo

O relatório de pré-diagnóstico apresenta as alternativas de medidas de eficiência energética, estimando seus custos e os benefícios da economia de energia e redução de demanda.

Esse pré-diagnóstico é direcionado ao sistema de força motriz, por apresentar no momento uma grande oportunidade de aumento da eficiência energética na instalação. A meta é a redução de demanda de energia elétrica, bem como do consumo de energia nos períodos de maior utilização por meio da substituição de motores elétricos convencionais (*Standard*) por motores elétricos de alto rendimento.

Com os resultados obtidos, a empresa do setor de comércio e serviços poderá encontrar a solução final para elaboração do projeto de eficiência energética.

Sumário executivo

Substituição de motores elétricos dos diversos equipamentos de fabricação de madeira.
- Troca de 33 motores elétricos convencionais por motores de alto rendimento (Tabela 3).

- Adoção de vida útil de 10 anos para os motores de alto rendimento (Manual Aneel, item III.3; p. 56 e chamada pública n. 001/2007).
- Redução de demanda prevista de 10,532 kW.
- Energia economizada de 57,977 MWh/ano.
- Economia prevista, segundo metodologia Aneel, de R$ 11.645,90/ano.
- Investimento previsto de R$ 49.224,49.
- Taxa anual de desconto com valor de 12%.
- Fator de recuperação de capital (FRC) = 0,1769.
- RCB total do pré-diagnóstico de 0,748.
- Tempo de retorno simples 46 meses.

Detalhes do consumidor

Subgrupo tarifário/tipo de tarifa	A4/Horo-sazonal Verde
Consumo mensal médio	261.163 kWh/mês (nos últimos 12 meses)
Demanda máxima registrada	981 kW em fevereiro de 2007

Análise do uso de energia (situação atual)

A unidade consumidora é atendida em uma tensão de alimentação de 13,8 kV, estando enquadrada na tarifa verde, subgrupo A4, com um preço médio de energia elétrica de R$ 221,20/MWh.

O importe anual com energia elétrica é de R$ 687.894,00.

Insumos energéticos

O consumidor utiliza principalmente a energia elétrica, tendo em sua matriz energética um pequeno percentual de gás liquefeito de petróleo (GLP), usado principalmente no aquecimento de chuveiros dos quartos e na lavanderia, não apresentando resíduo energético. Conforme se verifica na Figura 5, a energia elétrica corresponde a 87% de toda a energia consumida na instalação. Não existem indicadores de consumo específicos para os usos finais de energia da instalação.

Figura 5 – Rateio de usos finais de energia na instalação.

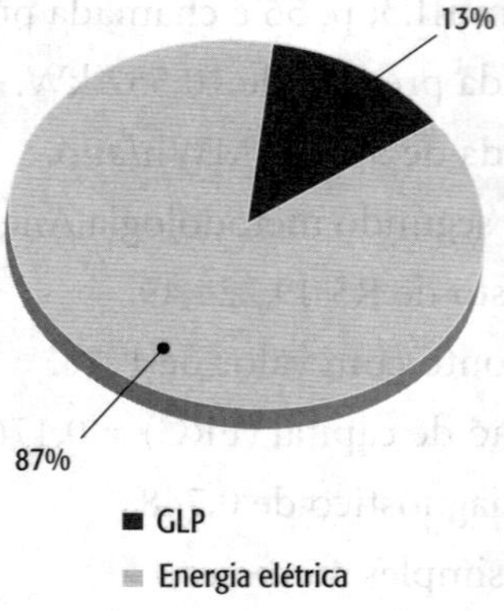

13%

87%

■ GLP
■ Energia elétrica

Fonte: Roméro e Reis (2012).

Conclusão

Benefícios do pré-diagnóstico que podem ser destacados:

- Conscientização dos usuários internos da instalação com relação ao combate ao desperdício de energia elétrica.

- O benefício da redução de custo com energia elétrica proporcionará recursos que poderão ser redirecionados a outros setores prioritários da instituição.

- A implementação da proposta do pré-diagnóstico proporcionará uma atualização tecnológica do conjunto de motores elétricos existente.

CONSIDERAÇÕES FINAIS

Entre os aspectos importantes levantados nesse enfoque dos temas energia, empresas e sustentabilidade, ressalta-se a grande importância da energia e, no seu bojo, do uso da energia pelas empresas, no âmbito da busca de um modelo sustentável de desenvolvimento.

Eficiência energética e gerenciamento adequado da energia no âmbito das empresas, alinhados a preceitos internacionais que valorizam o uso de fontes renováveis, são aspectos fundamentais a serem considerados e se encontram inseridos nos sistemas de gestão energética empresarial.

Neste contexto, sobressaem-se as estratégias de longo prazo, que, em geral, orientam o estabelecimento de planos diretores das empresas e as matrizes energéticas empresariais, cujas características básicas apresentam adequação inerente com os sistemas de gestão energética. Estes, por sua vez, de forma simplificada, constam de três conjuntos básicos de atividades, procedimentos e produtos: banco de dados e informação, determinação de índices e indicadores adequados para monitoramento e controle da gestão e atuação para ajuste dos referidos indicadores.

A análise efetuada buscou ressaltar a complexidade do tema e a dimensão do desafio associado à construção da base necessária para sucesso de um sistema de gestão energética orientada à sustentabilidade.

As relações entre estratégias, matriz energética empresarial e gestão energética são ressaltadas, assim, como as principais dificuldades usualmente encontradas na montagem do banco de dados e informações, escolha de indicadores e do controle deles ao longo do tempo.

Outros aspectos muito importantes para a sustentabilidade, de cunho social e ambiental, como os associados à equidade são também enfocados de forma simples e consistente com os objetivos deste capítulo, enfatizando sua importância na valorização da imagem das empresas.

Comentários apresentados sobre o cenário geral da gestão energética empresarial no país enfatizam o significativo potencial de ganhos nos setores industrial e comercial, os quais têm grande participação no consumo de energia no Brasil, que pode se concretizar não somente com a introdução de tecnologias e procedimentos mais eficientes como os citados, mas também com o enfrentamento do desafio de incentivar e propiciar a reforma e a modernização da maior parte das empresas, cujos sistemas energéticos se encontram com idade bastante avançada, características obsoletas, além de vitimadas por uma falta de cultura de manutenção, entre outros aspectos.

Em seguida, alguns exemplos práticos e ilustrativos foram apresentados com o objetivo de sedimentar os conceitos apresentados, esclarecer eventuais dúvidas e convidar a reflexões.

REFERÊNCIAS

MARQUES, M. C. S.; HADDAD J; GUARDIA, E. C. *Eficiência Energética – Teoria & Pratica*. Itajubá, MG: Fupai, 2007.

REIS, L. B. *Matrizes energéticas: conceitos e usos em gestão e planejamento*. Barueri: Manole, 2011.

_____. Indicadores de energia, desenvolvimento e sustentabilidade. In: PHILIPPI JR, A.; MALHEIROS, T. F. (Org.). *Indicadores de Sustentabilidade e Gestão Ambiental*. Barueri: Manole, 2013.

REIS, L. B.; FADIGAS, E. A.; CARVALHO, C. E. *Energia, recursos naturais e a prática do desenvolvimento sustentável*. Barueri: Manole, 2012.

REIS, L. B.; SILVEIRA, S. *Energia elétrica para o desenvolvimento sustentável*. São Paulo: Edusp, 2012.

ROMÉRO, M. A.; REIS, L. B. *Eficiência energética em edifícios*. Barueri: Manole, 2012.

Direito Ambiental: Legislação Aplicada ao Setor Empresarial | 7

Ana Luiza Silva Spínola
Advogada e consultora ambiental

Lina Pimentel Garcia
Advogada e consultora ambiental, Mattos Filho Advogados

INTRODUÇÃO

O presente capítulo discute um dos temas prediletos dos operadores do Direito que atuam na área de direito ambiental, qual seja, áreas contaminadas. Quando se trata de uma área contaminada de relevância, seja pela extensão da contaminação, seja pela localização do imóvel, o tema deve ser analisado de maneira integrada com os demais aspectos atinentes ao uso e à ocupação de solo.

Tal como ocorre com outras matérias de natureza ambiental, o estudo acadêmico e prático do tema de áreas contaminadas demanda do jurista uma avaliação que alie questões de direito imobiliário, de direito regulatório e de direito societário. O direito imobiliário será sempre importante, pois o imóvel contaminado, muitas vezes, é objeto de transação privada para incorporação, ou mesmo é analisada a vocação para o qual se destinará de acordo com legislação de uso e ocupação do solo. No que se refere ao direito regulatório, será relevante determinar qual o licenciamento aplicável às obras de engenharia previstas no sistema de remediação, de maneira coordenada com o licenciamento construtivo por ventura pretendido. Já o direito societário também terá relevância expressiva, uma vez que o imóvel pode constituir ativo de empresa, ou ser almejado por uma companhia, e com isso demandar avaliação de questões de responsabilidade e sucessão de obrigações relacionadas à contaminação.

Verifica-se, portanto, que do ponto de vista jurídico é complexo o gerenciamento de uma área contaminada. Sendo assim, tal como se mostra também a maioria das questões tuteladas pelo direito ambiental, é preciso que advogados, promotores, juízes e demais operadores do direito pautem sua conduta e orientação jurídica com base em premissas e informações de ordem técnica, de modo a inseri-las num contexto sistêmico da função social, ambiental e econômica da propriedade.

A falta de conhecimento técnico e científico do tema, conjugada com a ausência da variável ambiental no custo dos empreendimentos e ausência de controle do Estado, sedimentou um problema sistêmico de áreas contaminadas e, mais grave ainda, muitas vezes sem a identificação dos responsáveis para assegurar sua remediação.

São inúmeras as histórias de áreas contaminadas chamadas de órfãs, tendo em vista que os responsáveis por atividades que contribuíram para a degradação do solo ou da água subterrânea não mantiveram saúde financeira sequer para seu negócio, quanto mais para reparar o dano que haviam causado. Por isso, tais áreas remanesciam, e muitas ainda remanescem, em condições impróprias para ocupação, inclusive com potencial risco à saúde humana.

Isso posto, e levando em consideração o contexto histórico de ocupação e industrialização, da presença (ou ausência) do Estado, do progresso acadêmico no campo das ciências ambientais e da necessidade de desenvolvimento com segurança para o país, foi criada uma legislação eficiente que ordena a prevenção e a remediação de áreas contaminadas.

Muitos aspectos do gerenciamento já estão bem resolvidos na legislação – tanto nacional como de alguns Estados –, por exemplo, o rito de estudos e análises que devem ser seguidos para assegurar a proteção ambiental e a função social da propriedade.

Remanescem, entretanto, algumas questões conceituais para serem mais bem trabalhadas pela doutrina especializada. Entre diversos aspectos que podem ser eleitos para o debate, escolhemos aqui para exposição os aspectos jurídicos relacionados ao gerenciamento de risco de uma área contaminada e o uso do solo remediado – ou reabilitado (terminologia preferida pelas autoras).

Já existe bastante material técnico e científico sobre o tema para nortear a avaliação ambiental conduzida em um processo de remediação.

DIREITO AMBIENTAL: LEGISLAÇÃO APLICADA AO SETOR EMPRESARIAL | **135**

Entretanto, é necessário que esse assunto seja objeto de reflexão, conciliando-se aspectos jurídicos e fáticos, com intuito de assegurar uma ampla compreensão por operadores do direito e a consequente aplicação precisa das ferramentas legais existentes.

O uso equivocado de conceitos jurídicos, quando aplicados sem o rigor necessário ou, por outro lado, em excesso, de maneira despropositada, desconsiderando outros elementos fundamentais e também protegidos constitucionalmente, pode inviabilizar a reabilitação de áreas degradadas, conceitos estes que serão trabalhados e aprofundados a seguir.

CARACTERIZAÇÃO DO ESTUDO

Foi realizada pesquisa descritiva e exploratória, visando-se obter maior familiaridade com os temas abordados. Quanto aos materiais utilizados, foi desenvolvida pesquisa bibliográfica, buscando-se a literatura nacional e internacional, assim como pesquisa documental relacionada aos atos normativos aplicáveis.

ASPECTOS CONTROVERTIDOS DA LEGISLAÇÃO AMBIENTAL APLICADA ÀS ÁREAS CONTAMINADAS

Contextualização histórica

O reconhecimento de que a qualidade do solo pode significar um problema de saúde pública e representar riscos para os ecossistemas, segundo Sánchez (2001), só se consolidou muito depois que a poluição da água e do ar fossem objeto de vasta legislação, e que órgãos governamentais especializados tivessem sido criados para aplicá-la.

A qualidade do solo era muito mais assunto de livros e trabalhos acadêmicos, que costumam classificar a poluição segundo o meio afetado – ar, água ou solo –, do que de política pública. No entanto, as substâncias poluentes circulam de um meio para outro, e destes para os organismos vivos, incluindo o homem. Pode-se, portanto, afirmar que, desde que a poluição de origem industrial começou a se manifestar, seus efeitos se refletem no solo (Sánchez, 2001).

Casarini (s.d.) destaca que o tema poluição do solo cada vez mais se torna motivo de preocupação para a sociedade e as autoridades, tanto em vista dos aspectos de proteção à saúde pública e ao meio ambiente como também pela publicidade dada aos episódios críticos de poluição por todo o mundo.

Nas palavras do consultor da Agência Alemã de Cooperação Técnica *(Gesellschaft für Technische Zusammenarbeit - GTZ)* e especialista em áreas contaminadas Andreas Marker:

> [...] o solo, genericamente definido como camada superficial da crosta terrestre, não raramente é ou foi considerado no passado um receptor inesgotável de substâncias economicamente inúteis e muitas vezes prejudiciais para o meio ambiente. Assim, acumulou-se uma herança nociva, o chamado passivo ambiental, basicamente como resultado de deposição de resíduos sólidos, infiltrações, vazamentos e acidentes, no decorrer do processo de industrialização e adensamento demográfico, principalmente em centros urbanos de países e regiões industrializados. (Marker, 2008, p. 19)

No contexto brasileiro, a preocupação com a poluição do solo e com as áreas contaminadas é bastante recente e vem, especialmente a partir do ano 2000, sendo um problema reconhecido pelo ordenamento jurídico e despertando a atenção das autoridades federais, estaduais e municipais.

Contextualização normativa

Com relação à evolução da legislação pátria sobre proteção do solo, é possível afirmar que, inicialmente, a proteção jurídica tinha um caráter mais ideal e principiológico. Termos como preservação e restauração dos recursos ambientais, recuperação da qualidade ambiental e a recuperação de áreas degradadas constam como objetivos ou princípios das Políticas Nacional (Lei federal n. 6.938/81) e do Estado de São Paulo (Lei estadual n. 9.509/97) do Meio Ambiente, das Constituições Federal (1988), e do mesmo Estado (1989). A partir de dado momento, a recuperação do recurso que estava sendo degradado passaria a ser necessária, mas a legislação, ainda genérica, não trazia a forma ou instrumentos para essa recuperação.

Um marco importante foi estabelecido pela Lei de Crimes Ambientais (Lei federal n. 9.605/98), que trouxe, entre as condutas puníveis, o crime de poluição. Contaminar um terreno passou, a partir de então, a ser tipificado como crime, dependendo, por exemplo, do nível de dano causado à saúde humana. Foi também preenchida outra lacuna em âmbito federal, por meio do Decreto federal n. 3.179/99[1], que fixou como infração administrativa a conduta de causar poluição, aplicável a áreas contaminadas. Tal norma acabou também por fornecer aos órgãos ambientais um importante dispositivo para enquadrar legalmente as infrações relacionadas à poluição de solo constatadas nas ações de fiscalização.

A primeira norma que aborda o tema das áreas contaminadas aprovada em nível federal foi a Resolução do Conselho Nacional do Meio Ambiente (Conama) n. 273/2000, que estabeleceu os procedimentos para o licenciamento ambiental de postos de serviço. Termos como "passivo ambiental" e "contaminação" começavam a aparecer nas normas ambientais, sendo que especificamente esta norma reconheceu (em sua motivação) que vazamentos de combustíveis poderiam causar contaminação de corpos de água do solo e do ar e que a ocorrência desses vazamentos vinha aumentando significativamente nos últimos anos.

Pela primeira vez, exige-se que atividades a serem encerradas apresentem um plano de desativação, o que foi posteriormente previsto, em 2002, na legislação paulista (Decreto estadual n. 47.400), e definitivamente estabelecido como relevante instrumento do gerenciamento da qualidade do solo na Lei estadual n. 13.577/2009, de modo que todos os empreendimentos sujeitos ao licenciamento ambiental devem comunicar o encerramento ou suspensão das atividades e informar as medidas de remediação planejadas se a área estiver contaminada, e não apenas os postos de serviço.

Mais recentemente, a partir do ano de 2006, a legislação ambiental passou a "se especializar" no tema de áreas contaminadas:

- Reconhecendo a existência dessas áreas.
- Trazendo uma gama de novos conceitos e instrumentos necessários para entender e lidar com o assunto.
- Buscando meios e estabelecendo procedimentos para gerenciar tais áreas.
- Responsabilizando os agentes causadores.
- Determinando obrigações para os órgãos públicos envolvidos.

---

[1] Revogado pelo Decreto n. 6.514/2008.

Desta forma, a legislação ambiental passa a prever conceitos, princípios, objetivos, instrumentos e obrigações, bem como a disciplinar condutas referentes especificamente ao manejo de áreas contaminadas, preenchendo-se uma enorme lacuna jurídica relacionada à proteção do recurso ambiental solo.

No âmbito federal, destacam-se a Resolução Conama n. 420/2009 e a Política Nacional de Resíduos Sólidos (Lei federal n. 12.305/2010). Na esfera estadual, citando o Estado de São Paulo que atuou de maneira pioneira nessa especialidade das ciências ambientais e consequentemente foi editando normatização correlata, destacam-se a Política Estadual de Resíduos Sólidos (Lei estadual n. 12.300/2006), a lei específica de proteção da qualidade do solo e gerenciamento de áreas contaminadas (Lei estadual n. 13.577/2009) e seu regulamento (Decreto estadual n. 59.263/2013).

A Resolução Conama n. 420/2009 teve o mérito de determinar aos Estados o prazo de quatro anos para que estabeleçam seus valores próprios de referência de qualidade de solo. Esse é um passo primordial para que áreas degradadas e contaminadas sejam gerenciadas: primeiro deve-se buscar conhecer o que é "solo limpo", isto é, sem contaminação.

É de se salientar que, no tocante ao controle da poluição do ar e das águas superficiais, a legislação ambiental estabelece padrões objetivos de emissão e de qualidade. No tocante ao solo, não existem "padrões", cujo gerenciamento é realizado com base em valores de concentração de substâncias, denominados valores orientadores.

Merece também ser salientado que a referida Resolução Conama n. 420/2009 trouxe conceitos, princípios, diretrizes e metodologia de gerenciamento que podem ser utilizados pelos outros estados do Brasil que ainda não possuem uma política pública a respeito do assunto.

A Lei paulista n. 13.577/2009, por sua vez, é a primeira e única lei específica sobre proteção do solo e gerenciamento de áreas contaminadas aprovada no país, a despeito de alguns outros estados já possuírem alguma regulamentação sobre o tema[2]. Entre as matérias legisladas, encontram-se a definição de termos técnicos relevantes, o enquadramento das áreas de acordo com os conhecimentos técnicos acumulados, os responsáveis legais

---

[2] Exemplo de regulamentação estadual sobre o tema que segue a sistemática da legislação paulista é Minas Gerais com a Deliberação Normativa Conjunta Copam/Cerh n. 02, de 8 de setembro de 2010. O Rio de Janeiro também aplica o mesmo rito de avaliação de áreas contaminadas de forma análoga, no bojo de uma espécie de licenciamento ambiental específica ou atrelada ao encerramento de atividades potencialmente poluidoras.

pela identificação e reabilitação das áreas, a elaboração de um registro e cadastro de áreas contaminadas, a descrição do processo de gerenciamento por etapas, a criação de um fundo e de outros mecanismos financeiros, os esclarecimentos a respeito das competências dos órgãos públicos envolvidos, a adoção dos valores orientadores como parâmetro de atuação dos órgãos públicos, a determinação da averbação da contaminação na matrícula do imóvel, a obrigatoriedade de estudo de passivo ambiental previamente ao licenciamento de empreendimentos em áreas potenciais ou suspeitas de estarem contaminadas, a previsão de programa que garanta o acesso à informação e a participação da população no processo de avaliação e remediação da área. Como instrumentos relevantes, destacam-se, por exemplo, o plano diretor, a legislação de uso e ocupação do solo e o plano de desativação.

O decreto regulamentador da Lei paulista n. 59.263/2013 abordou diversos temas, entre os quais destacamos a classificação da área em todas as etapas do gerenciamento, de modo a contribuir para a acessibilidade pública da informação, bem como para a gestão propriamente dita dos procedimentos de remediação. Essa classificação já constava de regulamento interno da Companhia Ambiental do Estado de São Paulo (Cetesb), mas agora vem vinculado a conceitos importantes expostos na legislação. Também ficaram claros os momentos e as ferramentas para a interação entre a Cetesb e os órgãos municipais que autorizam as construções, bem como com órgãos e entidades de proteção da saúde. Além disso, a legislação também detalha o seguro ambiental, o fundo para recuperação de áreas degradadas, parâmetros de penalidades importantes tanto para punir a degradação quanto para o não atendimento ao gerenciamento da remediação.

Um dos pontos fundamentais da lei e de seu regulamento é constituir a eleição da "avaliação de risco" como instrumento de tomada de decisão a respeito da intervenção a ser feita em uma área contaminada, o que, por sua relevância, será adiante detalhado e discutido.

QUESTÃO CONTROVERTIDA: AVALIAÇÃO DE RISCO COMO INSTRUMENTO DE GERENCIAMENTO DE ÁREAS CONTAMINADAS

A descoberta, na década de 1970, de que as áreas contaminadas representavam um risco à saúde humana exigiu regras claras sobre os procedimentos legais referentes à responsabilização jurídica dos causadores, assim como definições a respeito de "risco" e "contaminação". Foi indispensável determinar as atribuições dos órgãos públicos competentes, cuja atuação corretiva, na década de 1980, tanto alertou para a problemática das áreas contaminadas quanto estigmatizou tais áreas (Marker, 2003, p. 45).

Tanto os Estados Unidos quanto os países europeus, especialmente Alemanha, Holanda e Inglaterra, segundo Marker (2003), apresentam o mesmo desenvolvimento conceitual-legal nas políticas relativas às áreas contaminadas. É possível identificar três gerações de políticas públicas, que foram mudando de enfoque ao longo do tempo, no sentido de flexibilização e crescente preocupação com a viabilidade econômica a partir da década 1990:

- 1ª geração (década de 1970/1980): políticas reativas com enfoque na defesa do perigo e soluções para "bombas ecológicas", inibindo a reutilização.

- 2ª geração (década de 1980/1990): políticas corretivas com enfoque na abordagem sistemática do gerenciamento de áreas contaminadas, por meio da aprovação de legislação que estabeleça a responsabilidade legal e critérios para remediação conforme o uso do solo.

- 3ª geração (a partir da década de 1990): políticas fundadas no conceito de ciclo econômico e de prevenção com enfoque na viabilização econômica da remediação, na flexibilização dos padrões e na reutilização da área sob critérios econômicos e ambientais.

Com relação à flexibilização no controle do risco e ao histórico do gerenciamento de áreas contaminadas em 16 países europeus, Ferguson (1999, p. 33) menciona que:

> [...] há aproximadamente 20 anos, a contaminação do solo era normalmente percebida em termos de incidentes relativamente raros, com consequências catastróficas possíveis, mas quase que desconhecidas para a saúde humana e meio ambiente. [...] Como resultado, os agentes públicos buscaram o máximo controle do risco: a poluição deveria ser removida ou completamente contida.

Entretanto,

> [...] atualmente, é amplamente conhecido que o controle drástico do risco, por exemplo, com a *limpeza das áreas até a concentração anterior à contaminação*

DIREITO AMBIENTAL: LEGISLAÇÃO APLICADA AO SETOR EMPRESARIAL | **141**

ou a níveis adequados para o uso mais sensível do solo não é, nem tecnicamente, nem economicamente viável" (Ferguson, 1999, destaque dos autores).

Para dar um exemplo, Ferguson (1999, p.33) relata que:

> [...] em 1981, aproximadamente 350 áreas nos Países Baixos eram tidas como contaminadas e, possivelmente, com necessidade de remediação. Em 1995 o número cresceu para 300.000 áreas com um custo de limpeza estimado em 13 bilhões de ECU (unidades monetárias europeias[3]). Circunstâncias similares existem na maioria de outros países industrializados. Consequentemente, apesar de se reconhecer a necessidade de políticas de proteção de solo e águas subterrâneas, estratégias de gerenciamento de áreas contaminadas caminharam em direção a aptidão para o uso *(fitness for use)*.

Marker (2003) complementa no sentido de que, a partir dos anos 1980, tanto na Europa quanto nos Estados Unidos, a remediação de áreas contaminadas foi vinculada a critérios extremamente conservadores, expressos em conceitos como o de multifuncionalidade do solo da legislação holandesa e na rigidez da lei americana. Como consequência, observaram-se impedimentos no desenvolvimento econômico e decadência social, como no caso das regiões industriais tradicionais, em Pittsburg e Buffalo, nos Estados Unidos, em Liverpool, Reino Unido e nas regiões carboníferas da França, Bélgica, Inglaterra e Alemanha.

O artigo elaborado por Ferguson (1999) permite concluir que o gerenciamento de áreas contaminadas nos 16 países europeus estudados é fundamentalmente baseado em avaliação de risco, seja à saúde humana, seja ao meio ambiente. A maioria dos países adota o princípio da aptidão para o uso (denominado no texto de diversas formas, como *fitness for use, function oriented approach, suitable for use approach, cost-effective approach*).

Ainda, valores orientadores são adotados para diferentes cenários de uso do solo como forma de avaliar o risco de determinada área, com base nos quais os objetivos da remediação serão definidos (Ferguson, 1999).

A esse respeito, Cunha (1997) salienta que um ponto em comum a todos os países que elaboraram programas de gerenciamento de áreas contaminadas foi o elevado número de áreas e o montante de recursos neces-

---

[3] ECU era a sigla utilizada para *European Currency Unit*, substituída pelo euro em 1º de janeiro de 1999. À época, 1 ECU equivalia a 1 euro.

142 | GESTÃO EMPRESARIAL E SUSTENTABILIDADE

sários a sua remediação. É preciso, portanto, avaliar a necessidade de remediar uma área contaminada, considerando os níveis de contaminação existentes e o potencial de causar danos à saúde da população.

Tal procedimento é denominado genericamente como *avaliação de risco à saúde* (o destaque é nosso) e tem sido adotado em alguns países como forma de determinar a real necessidade de remediação de um local, assim como na definição do sistema de remediação a ser implantado. (Cunha, 1997)

Sobre o assunto, vale a pena novamente transcrever os ensinamentos de Marker (2008, p. 27):

Áreas contaminadas podem ser reinseridas no ciclo econômico [...] desde que os cuidados necessários ao gerenciamento do risco sejam implementados. *Isso não implica a necessidade de eliminar totalmente a contaminação e devolver ao solo sua multifuncionalidade (que* ___ *do ponto de vista econômico).* Contaminações residuais são ___ ___ seja controlado. Isso pode acontecer através da ___ ___ do uso ___ do de um terreno com as condições ambientais do solo e das águas su ___ por medidas de restrição do uso (controle institucional).
O tratamento da contaminação em níveis baixos, como, por exemplo, o tratamento da água subterrânea por métodos hidráulicos de bombeamento e extração dos contaminantes, *pode até deixar contaminações remanescentes,* uma vez que eles não apresentem risco para o uso declarado. *Medidas de contenção que cortam as vias de propagação dos contaminantes até eles não mais alcançarem os receptores* – habitualmente barreiras físicas ou hidráulicas – também podem ser implantadas e integradas em *projetos arquitetônicos e da construção civil* (impermeabilização da superfície, lajes etc.) e assim garantem a segurança dos futuros moradores.
Com o apoio de métodos avançados de investigação e tecnologias modernas de remediação, permite-se identificar, avaliar e sanear ambiental e economicamente o impacto negativo de uma contaminação, *adequando a qualidade do solo anteriormente contaminado para futuros usos* (os destaques são nossos), *de modo que o bem-estar dos novos usuários seja garantido, a revitalização seja viável economicamente e os imóveis valorizados.*

Diante da literatura acima exposta, é possível afirmar que, em geral, uma área contaminada pode ser remediada objetivando-se uma dentre duas possíveis situações futuras a seguir sintetizadas: que o solo seja compatível com um uso previamente determinado (princípio da aptidão para uso), ou com todos os usos ou funções do solo possíveis (princípio da multifuncionalidade do solo). Parte-se do princípio de que certos usos do solo requerem uma qualidade ótima, como o residencial, e outros não, como usos industriais ou estacionamentos, por exemplo.

- Princípio da aptidão para o uso: é realizada uma avaliação de risco à saúde, que, necessariamente, leva em conta o cenário de uso futuro do solo e as vias pelas quais as pessoas estão (ou podem vir a estar) expostas aos contaminantes existentes. O risco é minimizado, de modo que é possível que contaminantes permaneçam na área, desde que este risco seja gerenciável e mantido em um patamar aceitável. A remediação da área é feita até o ponto necessário que permita sua utilização para o uso previamente estabelecido. Tal decisão é fundamentada em metas de remediação, calculadas com base em avaliação de risco cujos resultados variam conforme cada cenário de exposição a depender do uso futuro do solo. Neste caso, a área é reabilitada para um determinado uso (Spínola, 1997).

- Princípio da multifuncionalidade do solo: o risco é eliminado com a remoção ou destruição integral das substâncias poluentes. A área é restaurada às condições naturais (ou seja, às concentrações anteriores à contaminação), podendo ser utilizada para quaisquer usos. Neste caso, os custos da remediação podem ser infinitamente mais altos que na hipótese anterior, chegando, inclusive, a inviabilizar a intervenção na área (Spínola, 1997).

O Estado de São Paulo, por meio da Lei n. 13.577/2009, seguiu acertadamente essa tendência, adotando o princípio *fitness for use* à medida que estabeleceu a avaliação de risco como subsídio para tomada de decisão quanto à intervenção a ser realizada em uma área contaminada, para fins de remediação. A Resolução Conama n. 420/2009 caminhou no mesmo sentido. A partir de uma combinação de parâmetros de qualidade de solo e de águas subterrâneas como indicadores da extensão de uma contaminação é apurado o chamado risco de exposição humana correspondente e, com isso, determinado o método mais apropriado e eficiente de remediação.

Nessas circunstâncias, vale discutir algumas expressões trazidas pela legislação atual, que podem causar, e de fato causam, confusão para os operadores do direito e para o público em geral quando da interpretação de tal assunto.

A Política Nacional do Meio Ambiente tem por objetivo recuperar a qualidade ambiental, e, como um dos princípios, recuperar áreas degradadas, ao passo que visará à preservação e restauração dos recursos ambientais. O poluidor é obrigado a indenizar ou reparar os danos causados. Nos termos da Constituição Federal, incumbe ao poder público preservar e restaurar os processos ecológicos essenciais. Aquele que explorar recursos minerais fica obrigado a recuperar o meio ambiente degradado.

A lei que instituiu o Sistema Nacional de Unidades de Conservação (Lei federal n. 9.985/2000) pela primeira vez se preocupou em esclarecer tais conceitos reconhecendo, de forma inovadora, a possibilidade de que um ecossistema possa ser recuperado sem retornar à sua condição original. O termo "recuperação" foi definido como restituição de um ecossistema [...] a uma condição não degradada, que pode ser diferente de sua condição original. Por outro lado, definiu-se "restauração" como restituição de um ecossistema [...] o mais próximo possível da sua condição original.

O Decreto estadual n. 47.400/2002, ao criar o plano de desativação, facultou a adoção de medidas de restauração e recuperação. A Política Estadual de Resíduos, por sua vez, exige a recuperação ou remediação de áreas contaminadas.

A diversidade e a imprecisão dos conceitos legais podem resultar, por consequência, em uma diversidade de interpretações possíveis.

A aplicação equivocada de tais conceitos, quando se tratava de áreas contaminadas, levou ao entendimento de que, em diversos casos, as áreas tivessem que ser remediadas de modo a voltar a ter um uso multifuncional, situação pela qual, como mencionado, já passaram inúmeros países com um passado industrial (como Estados Unidos e países europeus). Tais países, por experiência própria e depois de muito apanharem e de acumularem vultosos passivos ambientais, verificaram que não seria possível exigir que todas as áreas contaminadas retornassem ao *status quo ante* da contaminação, de modo que flexibilizaram sua legislação no sentido de gerenciar as áreas com base em avaliação de risco, muitas vezes adequando o uso do solo à contaminação existente, a qual permaneceria na área (ou seria retirada em parte).

No Brasil, diante da novidade do tema e do desconhecimento de operadores do direito, decisões judiciais têm sido proferidas no sentido da recomposição integral da área contaminada.

DIREITO AMBIENTAL: LEGISLAÇÃO APLICADA AO SETOR EMPRESARIAL **145**

Determinou-se, por exemplo, a "integral e completa recomposição do complexo ecológico atingido até que este adquira qualitativa e quantitativamente os atributos que detinha antes do início do processo de poluição [...]"[4]. Em outro processo sentenciou-se da seguinte forma:

> [...] comprovada a contaminação, imperiosa a recuperação do local, com a adoção das medidas necessárias para reconstrução do ambiente anterior [...] devem as rés reconduzir o ambiente ao estado anterior, o que somente é possível com a demolição das obras irregulares [...][5].

Ainda nesta linha, consta no Manual Prático da Promotoria de Justiça do Meio Ambiente de 2005 a recomendação de que os promotores devem atuar no sentido de exigir a reparação integral do dano ambiental, sendo que, na medida do possível, o meio ambiente deveria ser reconstituído a uma situação como se o dano não tivesse ocorrido. Pelo fato de o meio ambiente ecologicamente equilibrado ser considerado um direito indisponível, não se poderia aceitar a adoção de dispositivo que pretenda limitar a reparabilidade dos danos, sendo necessário recompor o ambiente degradado ao estado original (Martins et al., 2005).

No Inquérito Civil n° 05/2005 em trâmite perante a Promotoria de Justiça de Mauá, em que se apura a contaminação do solo em um posto de serviço, a Sra. Promotora questiona à Cetesb se "é possível a reparação do dano, ou seja, a restauração da situação primitiva, total ou parcial"?

A legislação ambiental vem procurando esclarecer o assunto à medida que traz conceitos específicos aplicáveis ao gerenciamento de áreas contaminadas, justamente pelo fato de reconhecer a complexidade e vultosa soma de recursos exigida, não apenas para realizar o diagnóstico da contaminação, mas a remediação e reabilitação em si da área. Segundo Grimski e Ferber (2001), a revitalização de *brownfields* (também aplicável a áreas contaminadas) é um campo complexo, pois combina a multiplicidade de tarefas com a multiplicidade de atores e de disciplinas que precisam cooperar com sucesso em uma dimensão definida (vide Figura 1).

---

[4] Sentença proferida em 1995 pelo Juízo de Direito da Primeira Vara Judicial da Comarca de Mogi Mirim, nos autos do processo n. 480/1988.

[5] Sentença proferida em 2006 pelo Juízo de Direito da 3ª Vara Cível de Mauá, nos autos do processo n. 348.01.2001.008501-4.

146 GESTÃO EMPRESARIAL E SUSTENTABILIDADE

Não poderia o ordenamento jurídico, como de fato não o fez, ignorar os diversos motivos que impedem a exigência do retorno de uma área contaminada ao *status quo ante*.

Verifica-se que todas as normas específicas sobre gerenciamento de áreas contaminadas, aprovadas a partir de 2006, trazem a avaliação de risco como instrumento a ser utilizado, abrindo-se a possibilidade de que a área seja remediada em conformidade com o uso futuro que se fará nela. Aceita-se, portanto, que a área possa abrigar futuramente usos menos exigentes, de modo que a contaminação não seja inteiramente eliminada.

É totalmente inaceitável que o conceito de restauração, pensado pelo legislador para ser utilizado em gestão de unidades de conservação e em outras situações fáticas, seja a regra quando se trata de uma área contaminada.

Exigir a restituição de determinada área até o mais próximo possível de sua condição original, em se tratando de uma área contaminada, pode, de fato, inviabilizar economicamente sua reabilitação. Não há qualquer tipo de semelhança entre tais situações jurídicas, nem mesmo a finalidade que se deseja é a mesma.

Uma área que tenha sido anteriormente contaminada precisa ter seu risco avaliado e controlado, bem como retornar para o ciclo econômico e para o tecido urbano. Ou seja, deve voltar a ter uma função social, sob pena de ficar indeterminadamente abandonada em vista do custo de sua remedição, que chega facilmente a milhões de reais. Seria uma temeridade exigir a reparação integral do dano, sabendo-se que o abandono da área e a consequente ausência de controle do risco seria bastante provável.

Nessas circunstâncias, o princípio da reparação integral do dano ambiental[6], totalmente necessário e aplicável em outras situações jurídicas, *in casu*, confronta-se de modo diametral ao princípio da função social da propriedade[7]. Ambos os princípios encontram-se esculpidos na Constituição Federal, algum deve prevalecer?

A interpretação sensata leva à pacífica coexistência de ambos os valores protegidos por tais princípios, de modo que determinada área conta-

---

[6] O princípio da reparação integral do dano ambiental remete ao conceito de que todo aquele que pratique condutas lesivas está sujeito a arcar com a reparação do dano, dado o prejuízo ocasionado à sociedade, titular desse bem (comum).

[7] A aplicação prática do conceito de função social da propriedade visa impedir que uma área urbana fique, por exemplo, ociosa ou sem uso. Condutas como manter o solo urbano "não edificado, subutilizado ou não utilizado" são passíveis de punição, nos termos do §4º do art. 182 da Constituição Federal. Busca-se, portanto, que a propriedade cumpra uma função e seja reinserida no tecido urbano. Uma área contaminada, após sua reabilitação para determinado uso futuro, cumpre a função social da propriedade.

minada seja efetivamente remediada (reparando-se o dano decorrente, ainda que em parte) até o ponto em que o risco seja controlado e tenha uma função social, de modo que não fique abandonada ou subutilizada.

A Política Estadual de Resíduos trouxe o conceito de remediação vinculando-o à adoção de medidas para eliminação ou redução dos riscos. Seu regulamento definiu recuperação de áreas degradadas como retorno da área degradada a uma forma de utilização, de acordo com um plano pré-estabelecido para uso do solo.

Na etapa do gerenciamento de áreas contaminadas denominada avaliação de risco, segundo a decisão de diretoria (DD) n. 103/2007 da Cetesb, a implementação das medidas de intervenção visam à reabilitação da área. Entende-se que a área contaminada é reabilitada para um uso futuro, e não recuperada ou restaurada. Optou-se por não utilizar o termo remediação tendo em vista que a área pode ser reabilitada para um novo uso sem que técnicas de remediação sejam utilizadas, mas apenas de controle institucional ou de engenharia.

Em consonância com a referida DD n. 103/2007 a Resolução Conama n. 420/2009 trouxe de forma tecnicamente correta os conceitos de remediação como sendo uma das ações de intervenção para reabilitação de área contaminada, que consiste em aplicação de técnicas, visando à remoção, contenção ou redução das concentrações de contaminantes. Utilizou-se o termo reabilitação para definir as ações de intervenção, visando atingir um risco tolerável, para o uso declarado ou futuro da área. Ao mesmo tempo foi corretamente previsto[8] que ações de restauração poderiam ser exigidas (não como regra).

Finalmente, a Lei estadual n. 13.577/2009, após definir remediação como adoção de medidas para a eliminação ou redução dos riscos, determinou que a tomada de decisão, pelo órgão ambiental, sobre a intervenção em uma área contaminada sob investigação será subsidiada por avaliação de risco para fins de remediação [...] esclarecendo de vez o tema e trazendo o necessário fundamento legal para que se gerencie uma área adotando-se o princípio da aptidão para o uso.

Referida lei foi regulamentada pelo Decreto estadual n. 59.263/2013, o qual detalhou o rito do gerenciamento perante a Cetesb, bem como

---

[8] A proteção do solo deve ocorrer de maneira preventiva, a fim de garantir a manutenção da sua funcionalidade, ou corretiva, visando restaurar sua qualidade ou recuperá-la de forma compatível com os usos previstos (art. 3°).

ratificou a necessária interação do responsável legal com outros órgãos de saúde e a própria população. Atento aos objetivos da função social da propriedade, ficou estabelecida a integração entre procedimentos de aprovação da construção – normalmente municipais – com avaliação das questões ambientais pertinentes à remediação. O rito regular para a consecução de uma edificação passa por uma aprovação do projeto – em que será analisada sua convergência com diretrizes e regras municipais, além de requisitos construtivos de segurança, para depois da implementação ser emitido documento que ateste o atendimento aos tais parâmetros na oportunidade da efetiva construção. Atendidos os requisitos aprovados em projeto, o titular do empreendimento recebe o chamado "habite-se".

Pois bem, considerando o risco de se avançar em projetos de engenharia sem observância das questões ambientais por ventura pertinentes, a legislação estabeleceu que, em caso de construção em áreas – potencial ou efetivamente – contaminadas, tal como uma região que passa por mudança de vocação industrial para comercial ou residencial, somente deverão ser emitidas as autorizações correspondentes depois da manifestação da Cetesb.

No que interessa à presente discussão, a legislação corrobora com o instrumento de avaliação de risco e detalha, ainda, outros aspectos relevantes que conduzem ao completo reconhecimento dessa ferramenta como determinante para a definição do uso futuro e específico para aquele solo contaminado, entre os múltiplos usos e funções possíveis para a propriedade.

Ficou claro na recente legislação a possibilidade de medidas de remediação para tratamento e para contenção dos contaminantes, medidas de controle institucional (exemplo, restrição de garagem ou uso de água subterrânea) e medidas de engenharia (exemplo, impermeabilização de determinado espaço no imóvel), a depender do caso concreto. Considerando que a legislação estimula, para o caso de medidas de remediação, aquelas que promovam a remoção e a redução de massa dos contaminantes, ficou estabelecido que nas demais hipóteses (contenção, medidas de controle institucional e medidas de engenharia), deverá o responsável legal apresentar análise técnica, econômica e financeira que comprove a inviabilidade de remoção de massa. Essa análise, a nosso ver, está ligada ao valor do imóvel *vis-à-vis* os diferentes custos para as diversas formas de remediação.

A partir da extensão da contaminação e do uso pretendido para determinada área, serão avaliados os riscos envolvidos e consequentemente os métodos de remediação a serem aplicados. Nos casos em que já se constata a contaminação e ainda não se tem o uso mais especifico que será dado ao imóvel, será necessário estabelecer genericamente qual será a vocação da área (residencial, comercial, industrial ou agrícola) para obter os parâmetros que serão perseguidos no processo de remediação. Por ocasião de um projeto cujo uso já foi especificado, como uma incorporação de prédios residenciais e comerciais, por exemplo, será possível atribuir-se caráter totalmente direcionado para avaliação do órgão ambiental em consonância com os métodos de remediação que serão aplicados, integrando as providências de ordem ambiental com as medidas de engenharia empreitadas na construção do empreendimento.

É de se considerar que a previsão da avaliação de risco como instrumento do gerenciamento de áreas contaminadas é recente na legislação brasileira (tendo sido introduzida, como visto, a partir de 2006) e deverá ser gradualmente conhecida e aplicada pelos operadores do Direito.

Há premente necessidade de que os conceitos legais sejam corretamente entendidos e utilizados, evitando-se intermináveis discussões e confusões por parte de quem vai cumprir ou mesmo aplicar a legislação. Verifica-se que o maior desafio, em se tratando de gestão de uma área contaminada, é a compatibilização do *quantum* será remediado considerando a viabilidade econômica.

As políticas públicas brasileiras podem não cometer os mesmos erros de países que possuem tradição no gerenciamento de áreas contaminadas. Wenger e Kugler (2004) afirmam que em vários países da Europa um número cada vez maior de áreas industriais estão subutilizadas ou abandonadas, sendo que a maioria sofreu com a poluição provocada por processos industriais por mais de cem anos.

Não é sem razão que a agência ambiental federal alemã contratou um grupo de especialistas liderado pela Deutsche Bahn AG (Companhia Ferroviária Alemã), para conduzir um projeto de pesquisa focado nos principais obstáculos para revitalização de *brownfields*. O objetivo era avaliar os fatores de influência mais relevantes e estabelecer novos padrões técnicos a serem implementados pelos setores público e privado (Grimski e Ferber, 2001).

Foi constituído um modelo conceitual – representado na forma de um tetraedro[9] (Figura 1). Assumiu-se que o sucesso de projetos complexos, tais como a revitalização de *brownfields*, dependeria da rede de relações entre diversos fatores de influência inter-relacionados. Nenhum fator nessa rede de relação se sobreporia a outro, mas surtiriam efeitos de forma coordenada (Grimski e Ferber, 2001).

Figura 1 – Componentes da revitalização de *brownfields*.

Fonte: Grimski e Ferber (2001).

Cada fator de influência pode ser da seguinte forma resumido (Grimski e Ferber, 2001):

• A preparação da área refere-se ao desenvolvimento da revitalização, incluindo as técnicas de tratamento de áreas contaminadas.

• O uso futuro deve ser planejado e influenciará a viabilidade econômica do projeto.

---

[9] O modelo tridimensional que melhor retrata a rede de relações dos fatores determinantes para revitalização de *brownfields* é o tetraedro. Todos os vértices do tetraedro se sustentam por meio de uma conexão direta e equivalente uns aos outros. Tanto o cumprimento das arestas como a área das faces possuem dimensão equivalente. Assim, é particularmente adequado para representar a rede de relações e a interdependência entre os quatro fatores de influência. Ele ilustra que a revitalização de *brownfields* é um campo complexo, combinando a multiplicidade de tarefas com a multiplicidade de atores e de disciplinas que precisam cooperar com sucesso em uma dimensão definida. O tetraedro é, em particular, estável, logo, para representar a rede de relações e a interdependência (Grimski e Ferber, 2001).

- A viabilidade econômica dependerá do efetivo gerenciamento do projeto, visando integrar aspectos técnicos e de planejamento, sendo que fundos públicos também são um elemento relevante.
- O quadro legal engloba também a necessidade de integração dos diferentes procedimentos de aprovação referentes à legislação de planejamento urbano, construção e ambiental.

Outro modelo conceitual que considera a viabilidade econômica em si da área como um dos maiores vetores para a revitalização (Figura 2) foi apresentado no Relatório *Sustainable brownfield regeneration* realizado em 2006 pela rede Cabernet.

O modelo desenvolvido caracteriza três tipos de áreas de acordo com sua situação econômica que varia em razão do custo da revitalização (que depende de vários atores, como a necessidade de remediação), valor da área (que também depende de diversos itens, como a localização) etc.

Figura 2 – Modelo A-B-C: classificação de *brownfields* segundo sua viabilidade econômica.

Fonte: Cabernet (2006).

As áreas são classificadas da seguinte forma (Cabernet, 2006):

- Áreas A: possuem alta viabilidade econômica e os projetos de revitalização são geridos por financiamento privado (*self developing sites*).

- Áreas B: estão no limite da margem de lucro e os projetos tendem a ser financiados por intermédio de cooperação ou parceria público--privadas (*potential development sites*).

- Áreas C: representam projetos não lucrativos, que deverão ser liderados pelo setor público ou pela municipalidade. Financiamentos públicos ou instrumentos específicos legislativos (por exemplo, incentivos tributários) são necessários para estimular a revitalização de tais áreas (*reserve sites*).

Este modelo destaca basicamente os atores responsáveis pelo financiamento da revitalização e pode ser usado para auxiliar as instituições competentes no desenvolvimento de estratégias para lidar com os diferentes tipos de *brownfields* (Cabernet, 2006).

Finalizando esta exposição, verificou-se que a viabilidade econômica da reabilitação de uma área – fundamento da reabilitação para o uso declarado e da utilização do instrumento da avaliação de risco – representa a condição *sine qua non* para o sucesso do projeto.

Uma inestimável lástima seria a legislação ambiental e os operadores do direito no Brasil ignorarem tais conceitos, ou mesmo entenderem-no como inconstitucional, buscando uma reparação do dano ambiental ideal, não correspondente ao real, que indubitavelmente levará ao abandono e à subutilização de inúmeras áreas contaminadas.

CONSIDERAÇÕES FINAIS

O gerenciamento de risco como fator determinante para a decisão acerca da destinação de uma área contaminada foi a solução encontrada internacionalmente, visando reinseri-la no tecido urbano, desenvolvendo-se um uso compatível e viável economicamente, evitando-se, com isso, a proliferação de áreas abandonadas e órfãs.

No caso concreto será avaliada a vocação do imóvel, conjugada com o plano diretor do município, o controle dos riscos e com a viabilidade técnico-econômica, definindo-se o método mais apropriado (técnica, econômica e funcionalmente) de reabilitação da área.

Parte do avanço de entendimentos sobre o assunto já alcançado, como exposto, está regulamentado em alguns estados. De toda forma, tais normas devem ser consideradas como referência para a compreensão e lida do assunto em qualquer parte do território nacional. São os conceitos nelas trazidos e defendidos no presente estudo que norteiam a racionalidade do assunto. Sem essas considerações fáticas e interpretação sistêmica da legislação ambiental, contaríamos com um retrocesso. O espírito do sistema de gerenciamento que vem sendo concebido no estado de São Paulo, e nacionalmente replicado, é de prevenção e de manutenção da função social da propriedade, o que certamente inclui uma ocupação sem riscos à saúde.

Tal como foi retratado, a expectativa de reparação integral do dano, em sua leitura mais pura, para todos os casos de contaminação, pode resultar em atos desproporcionais, na medida em que estaria desconsiderando fatores históricos, assim como a necessária viabilidade econômica. Ademais, inviabiliza-se a reabilitação, considerando que imóveis contaminados não mais seriam objeto de demanda imobiliária, e que parte dos responsáveis diretos estruturaria uma forma de evitar ao máximo a reparação, seja no *quantum* devido, seja prolongando no tempo a perspectiva de reutilização de uma área contaminada.

Há de se ressaltar, entretanto, que, a despeito da defesa da utilização da avaliação de risco como instrumento de gerenciamento de uma área contaminada, é preciso que, em casos concretos, verifique-se a peculiaridade das partes, objeto e locais envolvidos, de modo a identificar se por ventura – excepcionalmente – caberia uma ação mais conservadora. De toda forma, levam-se em consideração as variáveis de um dado contexto.

O gerenciamento de áreas contaminadas previsto no ordenamento jurídico citado se mostra como uma política pública de grande alcance, pois fomenta a reutilização e reabilitação de áreas, assim como objetiva manter sob controle e minimizar a ocorrência de riscos de forma mais efetiva e positiva.

Por fim, com relação aos conceitos legais utilizados na legislação comentada, vale fazer uma crítica à Lei estadual n. 13.577/2009, que infelizmente manteve o termo área remediada para uso declarado, o que pode não condizer com a realidade, já que, por vezes, uma área não precisa passar por um processo de remediação para ser reabilitada para um novo uso. O correto, portanto, seria dizer área reabilitada para um uso declarado. O termo recuperação pode e deve ser utilizado para áreas degradadas em sentido genérico. Entretanto, em se tratando de áreas contaminadas, o termo mais correto seria reabilitação (ou até restauração, se, de fato, se objetivar, no caso concreto, excepcionalmente, a multifuncionalidade do solo).

REFERÊNCIAS

CABERNET. Concerted Action on Brownfield and Economic Regeneration Network. *Sustainable brownfield regeneration: Cabernet network report.* Nottingham, UK, 2006.

CASARINI, D. C. P. *Gestão da qualidade do solo e da água subterrânea.* São Paulo: CETESB; [s.d.]. Material institucional não publicado.

CUNHA, R. C. A. *Avaliação de risco em áreas contaminadas por fontes industriais desativadas - estudo de caso.* São Paulo, 1997, 152p. Tese (Doutorado em Geociências) – Instituto de Geociências, Universidade de São Paulo.

FERGUSON, C. C. Assessing risks from contaminated sites: policy and practice in 16 european countries. *Land Contamination and Reclamation.* Richmond, v. 7, p. 33-54, 1999.

GRIMSKI, D.; FERBER, U. Strategic approach for sustainable land use: recommendations for action for an effective brownfield redevelopment. In: *A selection of recent publications*, vol. 6. Berlin: Umweltbundesamt, 2001. p. 225-234.

MARKER, A. *A revitalização de áreas urbanas degradadas: políticas, instrumentos e incentivos no cenário internacional – Relatório de Consultoria 01/01.* São Paulo: GTZ, 2003. 45 p.

_____. *Avaliação ambiental de terrenos com potencial de contaminação: gerenciamento de riscos em empreendimentos imobiliários.* Brasília: Caixa, 2008.

MARTINS, A. F. et al. Áreas Contaminadas. In: *Manual Prático da Promotoria de Justiça do Meio Ambiente.* São Paulo: Imprensa Oficial do Estado de São Paulo/ Ministério Público do Estado de São Paulo, 2005. p. 723-804.

MILARÉ, E. *Direito do ambiente: a gestão ambiental em foco.* 6. ed. São Paulo: Editora Revista dos Tribunais, 2009.

SÁNCHEZ, L. E. *Desengenharia: o passivo ambiental na desativação de empreendimentos industriais.* São Paulo: Edusp, 2001.

SPÍNOLA, A. L. S. *Inserção das áreas contaminadas na gestão municipal: desafios e tendências.* São Paulo, 1997, 289 p. Tese (Doutorado em Saúde Pública) – Faculdade de Saúde Pública, Universidade de São Paulo.

WENGER, C.; KUGLER, P. A reciclagem de *brownfields* na Suíça: eliminando áreas contaminadas e reutilizando terrenos abandonados simultaneamente. In: MOERI, E; COELHO, R; MARKER, A. (Ed.). *Remediação e Revitalização de Áreas Contaminadas: aspectos técnicos, legais e financeiros.* São Paulo: Signus, 2004. p. 17-26.

Direito Ambiental: Áreas Contaminadas na Mineração

8

Eliane Pereira Rodrigues Poveda
Advogada, Unicamp

INTRODUÇÃO

O direito ambiental consiste no conjunto de normas jurídicas disciplinadoras da proteção da qualidade do meio ambiente. Como ciência, também busca o conhecimento sistematizado das normas e princípios que regem a sadia qualidade de vida e o seu equilíbrio para a proteção efetiva do meio ambiente (Freitas, 2002).

Os empreendimentos minerários, ainda que tenham caráter estratégico para os países em desenvolvimento, não são suficientemente considerados nas reflexões acadêmicas sobre direito público. Verifica-se que a legislação mineral, embora garanta aos mineradores o usufruto dos minerais extraídos, é de longa data um negócio de direito público.

O direito mineral por seu turno é um ramo autônomo do direito público, uma vez que dispõe de objeto particular de estudo e utiliza métodos de investigação também particulares, constituindo, por conseguinte, um *direito especial*.

Como todo ramo do direito, o direito minerário também deve ser considerado sob dois aspectos. O aspecto objetivo, que consiste no conjunto de normas jurídicas disciplinadoras da atividade mineira sob os enfoques preventivo, corretivo e de fomento junto aos empreendimentos minerários; e o aspecto do Direito Minerário como ciência: a busca do conhecimento sistematizado das normas e princípios ordenadores do aproveitamento dos recursos minerais de forma ética e *racional* (Herrmann, 2000).

Fato inconteste é a necessidade de compatibilização das políticas públicas minerária e ambiental, ante ao bem a ser tutelado — recursos naturais (recursos minerais) — , *bens ambientais* que necessitam de preservação ainda do que resta de patrimônio ambiental do planeta ante as constantes agressões sofridas ao longo do tempo e que vêm impondo significativas alterações do ambiente natural.

Dessa forma, a administração dos recursos naturais quanto aos impactos negativos oriundos das atividades minerárias estariam sendo impedidos ou mitigados em conformidade com a legislação ambiental vigente dentro da premissa da *melhoria contínua e da prevenção de futuros passivos ambientais*, visando à eficácia dos instrumentos legais, desde a concepção da atividade minerária, durante o aproveitamento dos recursos minerais até a sua desativação e/ou fechamento, abordando o ciclo de vida do empreendimento como um todo, com vistas à efetividade legal de aproveitamento e proteção dos recursos naturais, bens de uso comum de todos e essenciais à sadia *qualidade de vida*.

A ausência de interrelação das políticas públicas existentes tende a agravar ainda mais o direito ao meio ambiente sadio e equilibrado das futuras gerações, quando se trata de áreas impactadas pela atividade de mineração.

Há a necessidade do planejamento dos custos ambientais do empreendimento minerário em todo o ciclo de vida da atividade ante as suas características intrínsecas, tais como: rigidez locacional, exaustão física, política e social da jazida e ainda capital expressivo para transformar ocorrência em bem útil.

Entendemos ser fundamental essa visão para o minerador, pois a atividade interfere no ambiente natural, se mal conduzida gera impactos ambientais por degradação ou contaminação que devem ser planejados e gerenciados em todo o ciclo de vida do empreendimento minerário.

É exatamente com esse conjunto de preocupações que o homem tem um grande desafio a enfrentar no século XXI, pois é a partir da compreensão de que o direito ao meio ambiente ecologicamente equilibrado é um direito fundamental – a proteção à vida humana e ao direito de existir do homem – que se passa a orientar as formas de atuação no campo da tutela do meio ambiente, pois é imprescindível o *uso racional dos recursos naturais* para a própria perpetuação da espécie humana, esse *desideratum* que se estende para todos que habitam o globo terrestre.

No entendimento de Milaré (2005, p. 125), a natureza, personificada na Terra, volta a ser chamada para seu grande papel de mediadora dos homens entre si e com o planeta que é, a um só tempo, casa e sustento da sociedade humana.

A ciência jurídica se completa, de alguma forma, pela *consciência* ética. No que concerne ao meio ambiente, sua importância cada vez mais sentida e valorizada conquistou um notável espaço nos campos da ética, por ser uma visão diferente sobre a vida no planeta Terra.

O direito não se constrói para si mesmo ou para uma ordem social e política abstrata. Ele deve interessar-se pelo homem concreto, pelas diferentes realidades humanas, permanentes e mutantes, que servem de insumo para a história universal. A justiça legal e a justiça moral dão-se as mãos e se fundem para construir um mundo saudável e justo (Milaré, 2005, p. 126).

Uma política consistente de planejamento de recursos naturais é fundamental para o desenvolvimento de uma administração e gerenciamento efetivos dos recursos naturais – o ar, a água (superficial e subterrânea), o solo, subsolo (minerais, rochas) – vitais para a sociedade.

Dentro dessa concepção, passamos a relatar a importância dos recursos naturais para a sobrevivência da sociedade contemporânea, com ênfase no aproveitamento dos recursos minerais baseados na legislação mínero--ambiental.

POLÍTICAS PÚBLICAS MÍNERO-AMBIENTAL PARA A REPARAÇÃO DE PASSIVOS AMBIENTAIS

O legislador constituinte explicitou as responsabilidades do minerador com a recuperação do meio ambiente.

Essa obrigatoriedade foi alçada à categoria constitucional, encontrando--se inscrita no capítulo de meio ambiente da Constituição Federal[1].

No entanto, a legislação minerária estabeleceu as obrigações legais de administração, fiscalização impostas à União e notadamente controle sobre

---

[1] § 2º Aquele que explorar recursos minerais fica obrigado a recuperar o meio ambiente degradado, de acordo com solução técnica exigida pelo órgão público competente, na forma da lei.

a poluição causada pelas atividades extrativas minerais impostas à União (art.1º, art. 3º, III, Decreto-lei 227/1967; art. 47 caput e incisos VIII, IX, X, XI e XII), de forma que elas sejam equalizadas à conservação ambiental.

Assim, se a lei impõe ao poder público o controle e a fiscalização da atividade mineradora, possibilitando a aplicação de penalidades, não lhe compete optar por não fazê-lo, porquanto inexiste discricionariedade, mas obrigatoriedade de cumprimento de conduta impositiva.

A atividade da administração não pode restringir-se ao exercício de suas prerrogativas, há necessidade de ir além, visando à efetividade de seu poder-dever, o qual é fundamentado no princípio da indisponibilidade do interesse público.

Para que isso ocorra, cabe ao órgão gestor, dentro de sua competência legal, propor procedimentos integrados com os demais órgãos fiscalizadores. Somente dentro dessa premissa é que o poder público irá efetivamente cumprir com o *princípio da supremacia do interesse público sobre o privado* e notadamente nas atividades que envolvem a mineração este é um grande desafio a ser enfrentado (Poveda, 2007, p. 123).

Com o intuito de promover a gestão integrada das questões ambientais da mineração, a Portaria Conjunta DNPM/Ibama n. 1, de 10/01/2007, instituiu o Comitê Técnico Permanente de Integração Mineração e Meio Ambiente (CTPI-Mima). No entanto, não basta o estabelecimento de normas e procedimentos, pois a atividade de mineração requer atuação conjunta do setor e dos órgãos gestores do poder público em prol do uso racional do recurso mineral com o fito de buscar a sustentabilidade para a empresa de mineração.

Nesse sentido, cumpre destacar a atuação conjunta das partes interessadas para o cumprimento da execução da decisão proferida pelo Superior Tribunal de Justiça no Acórdão inédito[2] que dispõe acerca dos custos a serem suportados na condenação do Estado na reparação de danos ambientais, *verbis*:

> Condenada a União a reparação de danos ambientais[3], é certo que a sociedade mediatamente estará arcando com os custos de tal reparação, como se fora auto-indenização. Esse desiderato apresenta-se consentâneo com o princípio

---

[2] Acórdão no Recurso Especial n. 647.493 - SC (2004/0032785-4) do Superior Tribunal de Justiça.

[3] Artigo 37, § 6º, determina: As pessoas jurídicas de direito público e as de direito privado prestadoras de serviços públicos responderão pelos danos que seus agentes, nessa qualidade, causarem a terceiros, assegurado o direito de regresso contra o responsável nos casos de dolo ou culpa.

da equidade, uma vez que a atividade industrial responsável pela degradação ambiental – por gerar divisas para o país e contribuir com percentual significativo de geração de energia, como ocorre com a atividade extrativa mineral – a toda a sociedade beneficia.

Essa não é a hipótese ideal, mas ocorre quando a empresa chamada à reparação ambiental dilui os custos de tal atividade nos preços de seus produtos, de forma que também o consumidor – que, em última análise, acaba por beneficiar-se do esgotamento dos recursos naturais – arque com os custos da degradação ambiental, mesmo que desconheça tal fato.

Após essa linha de raciocínio, volto à questão abordada pela União sobre a diluição dos custos da reparação com a sociedade, no caso de ver-se obrigada a suportar a referida reparação. Num primeiro momento, há de se pensar ter razão a União, pois o dano ambiental está localizado no sul do Estado de Santa Catarina, não havendo o restante da sociedade que arcar com a reparação. Todavia, a poluição de que ora se cuida foi causada pela extração de carvão mineral, cujo destino econômico beneficiou a sociedade como um todo. Releva destacar, a seguir, informe extraído do site *www.global21.com.br*:

'O uso do carvão mineral no Brasil se dá segundo duas classificações, o carvão vapor (energético) que é nacional e tem cerca 90% do seu uso na geração elétrica e o carvão metalúrgico, importado, que tem a característica de se expandir quando da combustão incompleta, produzindo o coque, este especialmente usado na indústria siderúrgica.

O carvão mineral manteve, em 2003, a participação de 6,5% na Matriz Energética Brasileira'.

Assim, a diluição dos custos da reparação com a sociedade em geral, que se beneficiou com a produção das empresas poluidoras, apresenta-se consentânea com o princípio da eqüidade, até porque se trata de diluição indireta, efetivada via arrecadação tributária (*o que já ocorre*).

Portanto, nenhum reparo há de se feito no acórdão quanto à questão.

Nada obstante a solidariedade do Poder Público, o certo é que as sociedades mineradoras, responsáveis diretas pela degradação ambiental, devem, até por questão de justiça, arcar integralmente com os custos da recuperação ambiental. E o fazendo o Estado, em razão da cláusula de solidariedade, a ele há de ser permitido o ressarcimento total das quantias despendidas, uma vez que, embora tenha sido omisso, não logrou nenhum proveito com o evento danoso, este apenas beneficiou as empresas mineradoras.

Em face do dispositivo acima, entendo que a União não tem a faculdade de exigir dos outros devedores que solvam as quantias eventualmente por ela despendidas, mas sim, o dever, pois há interesse público reclamando que o prejuízo ambiental seja ressarcido primeiro por aqueles que, exercendo atividade poluidora, devem responder pelo risco de sua ação, mormente quando auferiram lucro no negócio explorado (STJ, 2004. Grifos originais).

Saliente-se, portanto, que não há de se falar que a sociedade arcará com o ônus, pois foi demonstrada a diluição indireta dos custos da reparação com a sociedade em geral que se beneficiou com a produção das empresas mineradoras poluidoras.

Em matéria de direito ambiental, o que se pretende também é o resguardo da vida humana, que não prescinde de um meio ambiente equilibrado, portanto, intenta-se proteger o maior bem existente: a vida. De forma que são responsabilizados aqueles que destroem os meios de realização desse direito indisponível que tutela interesses difusos[4].

Nas palavras do ilustre magistrado Dr. Marcelo Cardozo da Silva[5]:

> Estamos diante de um processo único que trata da recuperação de 03 bacias hidrográficas no Estado de Santa Catarina, com enfrentamento de diversas peculiaridades. Trata-se de um passivo ambiental histórico que hoje apresenta sua conta (a ser paga pelas gerações que se sucedem).

E se não bastasse a responsabilidade objetiva preconizada na Política Nacional do Meio Ambiente, os constituintes brasileiros de 1988 deram um significativo passo na teoria jurídica da responsabilidade penal e administrativa ambiental, ao dispor no art. 225, § 3º que "[...] as condutas e atividades consideradas lesivas ao meio ambiente sujeitarão os infratores, pessoas físicas ou jurídicas, a sanções penais e administrativas, independentemente da obrigação de reparar os danos ambientais" (Poveda, 2007, p. 57).

E não é diferente no Código de Mineração, no qual o minerador, de acordo com o disposto no art. 38, art. 47, VII e art. 48 do Decreto-lei n. 227, de 28.02.1967, é obrigado a cumprir os ditames legais previstos, sob pena de caducidade do título minerário, se incorrer nas sanções previstas e não respeitar os ditames especificados no referido diploma legal. Assim,

---

[4] "Interesses difusos são aqueles que abrangem número indeterminado de pessoas unidas pelas mesmas circunstâncias de fato e coletivos aqueles pertencentes a grupos, categorias ou classes de pessoas determináveis, ligadas entre si ou com a parte contrária por uma relação jurídica-base. 3.1. A indeterminidade é a característica fundamental dos interesses difusos". Acórdão STF - RE 163.231-3/SP, j. 26.02.1997, rel. Min. Maurício Corrêa.

[5] Termo de audiência pública realizada na Unesc pela 1ª Vara Federal de Criciúma em 29 de outubro de 2007.

não havendo adimplemento das condições previstas e se constatar lavra ambiciosa, responderá o minerador pela falta de cumprimento ao princípio do conteúdo ético de sua atividade.

Como bem se sabe, a conduta pode ser imputada à pessoa física ou jurídica, de direito público ou privado, que tenha concorrido, por ação ou omissão, para a prática da infração.

Por certo, com a manifestação definitiva do Superior Tribunal de Justiça, deverá haver reparação dos passivos ambientais cuja incumbência será dos empreendimentos minerários[6], na hipótese de impossibilidade de recuperação haverá responsabilidade subsidiária aos sócios[7], e ainda foi reconhecida a responsabilidade solidária da União[8], podendo esta ressarcir-se em face das mineradoras. Assim, o julgado estriba que a responsabilidade civil do Estado por omissão é subjetiva, mesmo se tratando de responsabilidade por dano ao meio ambiente (Poveda, 2010).

Daí a importância do exame do Poder Judiciário, *verbis*:

> [...] é inegável o papel de juiz ativo no plano da jurisdição coletiva, quanto mais não seja pela circunstância de a eficácia do julgado apresentar-se potencializada, projetando-se ultra partes ou mesmo erga omnes, donde dever o juiz desdobrar os cuidados com o quesito da relevância social do interesse e sua adequada representação nos autos. (Mancuso, 2004, p. 283)

Partindo-se de tais ilações, é razoável deduzir que este é um tema a se perpetuar na jurisprudência nacional, que consolida um avanço para o ordenamento pátrio.

A legislação no âmbito do estado de São Paulo sobre gerenciamento de áreas contaminadas *é o primeiro* diploma legal no território nacional que dispõe sobre a proteção da qualidade do solo contra alterações nocivas por contaminação, define responsabilidades, estrutura procedimental para a identificação de áreas passíveis de contaminação e já contaminadas, bem como dá providências para a remediação dessas áreas, de forma a tornar o seu uso seguro novamente[9].

---

[6] Responsáveis diretos. Sócios respondem em nome próprio (arts. 3º, IV c/c art. 14, § da Lei n. 6.938/81).

[7] Responsabilidade atribuída aos sócios-administradores (arts. 942 e 1.024 do Código Civil).

[8] Art. 37, § 6º da Constituição Federal.

[9] Com a promulgação do Decreto estadual n. 59.263, de 5 de junho de 2013, que regulamenta a Lei n. 13.577, de 8 de julho de 2009, que dispõe sobre diretrizes e procedimentos para a proteção da qualidade do solo e gerenciamento de áreas contaminadas, e dá provi-

A legislação ambiental paulista prevê o gerenciamento de áreas contaminadas e cria o Plano de Intervenção, instrumento de gestão que deverá ser implementado com garantias financeiras, tais como as bancárias e o seguro ambiental, objetivando assegurar o gerenciamento e a reabilitação das áreas contaminadas. Essa legislação vem roborar a Lei estadual n. 6.134, de 1988, regulamentada pelo Decreto n. 32.955, de 1991, que dispõe sobre a preservação dos depósitos naturais de águas subterrâneas no âmbito do território do estado de São Paulo.

O diploma legal é proativo ao dispor sobre a possibilidade de o empreendedor (responsável legal) apresentar garantias financeiras ou seguro ambiental ao órgão ambiental, com vistas a garantir a execução, implantação e monitoramento do Plano de Intervenção para a remediação da área contaminada (Poveda, 2011)[10].

Para o adimplemento da obrigação ambiental, ressalta-se a importância das geociências para os estudos e a execução dos projetos, desde a etapa de investigação detalhada, que consiste na primeira do processo de reabilitação de áreas contaminadas na mineração, sendo de fundamental importância para subsidiar a execução das etapas seguintes, de avaliação de risco e definição da remediação, tendo como objetivo fundamental quantificar a contaminação, sob quatro aspectos fundamentais: a geologia e a hidrogeologia regional e local; a natureza e a extensão da contaminação; a evolução da contaminação no tempo e no espaço; e as rotas de migração de contaminantes, vias de exposição e receptores de risco[11].

CONCEITOS LEGAIS DE DEGRADAÇÃO, POLUIÇÃO E CONTAMINAÇÃO

O maior impacto das atividades do homem sobre o planeta ocorreu a partir da Revolução Industrial, a qual se orientou na busca de redução de custos e do aumento da capacidade de produção, negligenciando-se nas preocupações com a conservação dos recursos naturais e nos impactos ao meio ambiente e à saúde humana.

---

dências correlatas no âmbito do estado de São Paulo. A legislação contribuiu para a Lei federal n. 12.305, de 2010, regulamentada pelo Decreto n. 7.404, de 2010 e Resolução Conama 420, de 2009.

[10] Para mais informações sobre o tema ver o artigo de Spínola et al. (2010).

[11] Disponível em: http://www.cetesb.sp.gov.br/Solo/areas_contaminadas/Capitulo VIII.pdf.

A alteração adversa das características do meio ambiente é definida pela lei como a degradação da qualidade ambiental (Lei federal n. 6.938/81, art. 3º, II). A mesma lei, em seu art. 3º, III, estabelece que poluição é:

> [...] degradação da qualidade ambiental resultante de atividades que direta ou indiretamente: a) prejudique a saúde, a segurança e o bem-estar da população; b) criem condições adversas às atividades sociais e econômicas; c) afetem desfavoravelmente a biota; d) afetem as condições estéticas ou sanitárias do meio ambiente) lancem matérias ou energia em desacordo com os padrões ambientais estabelecidos.

Assim, a poluição afirma-se como uma forma de degradação dos recursos ambientais, onde as substâncias poluentes circulam de um meio para o outro e destes para os organismos vivos, incluindo o homem.

A Lei estadual n. 997/76 em seu art. 2º considera poluição do meio ambiente[12]:

> [...] a presença, o lançamento ou a liberação, nas águas, no ar ou no solo, de toda e qualquer forma de matéria ou energia, com intensidade, em quantidade, de concentração ou com características em desacordo com as que forem estabelecidas em decorrência desta Lei, ou que tornem ou possam tornar as águas, o ar ou solo:
> I - impróprios, nocivos ou ofensivos à saúde;
> II - inconvenientes ao bem estar público;
> III - danosos aos materiais, à fauna e à flora;
> IV - prejudiciais à segurança, ao uso e gozo da propriedade e às atividades normais da comunidade.

Portanto, poluição que pode causar um dano.

Reitere-se que a Política Nacional do Meio Ambiente mistura dois conceitos técnicos, ao definir poluição como degradação. A degradação é gênero do qual poluição é espécie.

Segundo Sánchez,

> [...] desde que a poluição de origem industrial começou a se manifestar, seus efeitos se refletem sobre o solo. O termo poluição do solo usualmente se

---

[12] Legislação Estadual: controle de poluição ambiental – São Paulo: Cetesb, 2003.

refere à presença de substâncias que alteram negativamente sua qualidade e podem, por conseguinte, afetar a vegetação que dele depende, a qualidade da água subterrânea ou ainda representar um risco à saúde das pessoas que com ele entrem em contato direto. (Sánchez, 2001, p. 81-82)

A origem das áreas contaminadas está relacionada ao desconhecimento, em épocas passadas, de procedimentos seguros para o manejo de substâncias perigosas, ao desrespeito a esses procedimentos seguros e à ocorrência de acidentes ou vazamentos durante o desenvolvimento dos processos produtivos, de transporte ou ainda de armazenamento de matérias-primas e produtos. Pode ser exemplificada por condutas tais como: disposição inadequada de resíduos, área industrial abandonada, vazamentos e perdas imperceptíveis, acidentes, manejo e/ou depósito inadequado de substâncias químicas, entre outras práticas não mais aceitas pela sociedade contemporânea (Spínola, 2011).

Como vimos, as áreas contaminadas são oriundas da ausência de medidas preventivas e de sistemas de gestão ambiental e são decorrentes da concepção equivocada de que o solo foi considerado por muito tempo um receptor ilimitado de materiais descartáveis como os resíduos domésticos e industriais, com base na suposição de que esse meio apresentava capacidade regenerativa ilimitada das substâncias nocivas, todavia hoje está comprovado que essa suposição é incorreta e que a capacidade depurativa do solo se esgota[13].

A existência de uma área contaminada pode gerar problemas, como danos ao patrimônio público e privado, com a desvalorização das propriedades, além de danos provocados ao meio ambiente.

Entende-se por área contaminada aquela onde há comprovadamente poluição causada por quaisquer substâncias ou resíduos que nela tenham sido depositados, acumulados, armazenados, enterrados ou infiltrados, e que determina impactos negativos sobre os bens a proteger. Segundo a Política Nacional do Meio Ambiente e legislações decorrentes desta, são considerados bens a proteger: qualidade do solo, das águas superficiais e subterrâneas, qualidade do ar, fauna e flora; saúde e bem estar da população; interesses de proteção à natureza/paisagem; ordenação territorial e planejamento regional e urbano; e a segurança e ordem pública[14].

O art. 3º do Regulamento da Lei n. 13.577/2009 estabelece a definição de área contaminada:

---

[13] Exposição de motivos do PL de lei de áreas contaminadas do estado de São Paulo.
[14] Guia para avaliação do potencial de contaminação em imóveis.

[...] área, terreno, local, instalação, edificação ou benfeitoria que contenha quantidades ou concentrações de matéria em condições que causem ou possam causar danos à saúde humana, ao meio ambiente ou a outro bem a proteger[15].

Na mesma esteira, contaminação é uma espécie do gênero poluição.

ESTUDOS PARA A REMEDIAÇÃO AMBIENTAL EM ÁREAS CONTAMINADAS PELA MINERAÇÃO

Na definição de área contaminada,

[...] área, local ou terreno onde há comprovadamente poluição ou contaminação causada pela introdução de quaisquer substâncias ou resíduos que nela tenham sido depositados, acumulados, armazenados, enterrados ou infiltrados de forma planejada, acidental ou até mesmo natural"[16].

Nessa área, os poluentes ou contaminantes podem concentrar-se na subsuperfície dos diferentes compartimentos do ambiente, como no solo, nos sedimentos, nas rochas, nos materiais utilizados para aterrar os terrenos, nas águas subterrâneas ou, de uma forma geral, nas zonas não saturada e saturada, além de poderem concentrar-se nas paredes, nos pisos e nas estruturas de construções.

Os poluentes ou contaminantes podem ser transportados a partir desses meios, propagando-se por diferentes vias, como o ar, o próprio solo, as águas subterrâneas e superficiais, alterando suas características naturais de qualidade e determinando impactos negativos e/ou riscos sobre os bens a proteger, localizados na própria área ou em seus arredores[17].

Na legislação vigente no âmbito do estado de São Paulo, o plano de intervenção deverá contemplar as exigências estabelecidas pelo órgão ambiental no procedimento administrativo de gerenciamento de áreas contaminadas[18] em consonância com o disposto na Resolução Conama n. 420,

---

[15] Art. 3º da Lei n. 13.577, de 2009, vigente no estado de São Paulo e Lei federal n. 12.305, de 2010.

[16] Projeto do Regulamento da Lei de Áreas Contaminadas. Disponível em: http://www.cetesb.sp.gov.br. Acessado em: setembro 2011.

[17] Projeto do Regulamento da Lei de Áreas Contaminadas. Disponível em: http://www.cetesb.sp.gov.br. Acessado em: setembro 2011.

[18] Decisão de Diretoria n. 103/2007/C/E, de 22 de junho de 2007.

de 2009, cujo objetivo é que as metas atingidas possam garantir, após o monitoramento, que a área seja considerada apta para o uso declarado na matrícula do imóvel, respeitando o princípio da aptidão do uso.

Nesse sentido, é importante também ampliar o conceito de proteção. Não nos referimos aqui somente à reabilitação da área minerada, mas sim à necessidade de um controle efetivo de poluição da fonte durante a fase de operação do empreendimento minerário, pois, se constatada, quaisquer formas de efeitos adversos (ar, água, solo e subsolo) podem alterar e comprometer a qualidade dos recursos naturais.

Principalmente, se houver a constatação de pluma de contaminação caminhando em direção à área de lavra, esse fator implica diretamente em riscos à saúde do trabalhador do empreendimento minerário, bem como no comprometimento do aproveitamento dos recursos minerais. Se ocorrer a continuidade da explotação (lavra) sem um diagnóstico da poligonal, a atividade propriamente dita poderá ser um fator facilitador da extensão da pluma de contaminação, causando danos de difícil reparação ao meio ambiente, bem como à qualidade do recurso mineral.

Os recursos minerais possuem características que os colocam em posição destacada, dada sua importância econômica e sua relação com a soberania. No entanto, os impactos ambientais na sua explotação (fase de aproveitamento econômico do depósito mineral) e possíveis degradações (contaminação do solo, da qualidade das águas superficiais e subterrâneas), se não houver um planejamento adequado e o uso de boas práticas de gerenciamento de engenharia de minas, podem comprometer o ciclo de vida do empreendimento minerário.

Estão registrados na literatura técnica especializada vários casos de constatação de alterações significativas nas características das águas subterrâneas em decorrência de atividade de mineração. Citam-se os casos de Araxá, Mariana e Ouro Preto (MG), Criciúma (SC) e Cajamar (SP) (Albuquerque Filho, 1998).

Daí a importância dos estudos geoquímicos, geológicos e hidrogeológicos associados ao projeto de engenharia das obras e serviços de remediação de áreas contaminadas, pois são fundamentais para quantificar a contaminação sob quatro aspectos, a saber: (i) a geologia e a hidrogeologia regional e local com informações resumidas, incluindo petrografia, estratigrafia, tectônica; intemperismo e formação e tipos de solo; pedogênese, estrutura e textura da camada superficial (solo); regime de águas subterrâneas – cota do lençol freático; informações sobre recarga, descarga e estima-

DIREITO AMBIENTAL: ÁREAS CONTAMINADAS NA MINERAÇÃO | **167**

tiva da direção e velocidade de fluxo; (ii) a natureza e a extensão da contaminação; (iii) a evolução da contaminação no tempo e no espaço; e (iv) as rotas de migração de contaminantes, vias de exposição e receptores de risco.

É de se salientar que os estudos desenvolvidos para o gerenciamento de áreas contaminadas podem contribuir para diversos segmentos e notadamente para os empreendimentos minerários, até porque nas suas mais diferentes formas e características mostram uma propensão muito grande para interagir com o solo e os mananciais subterrâneos, desde a fase de pesquisa mineral e demais etapas do processo de explotação, durante o beneficiamento dos recursos minerais até a desativação e/ou fechamento da mina.

Os estudos multidisciplinares das geociências são destacados, notadamente pela sua relevância para o cumprimento dos Planos de Gerenciamento Ambiental e recuperação de passivos oriundos da atividade minerária e dos seus impactos no meio ambiente e na saúde pública (Figueiredo, 2000).

Os estudos desenvolvidos para o gerenciamento de áreas contaminadas podem contribuir para diversos segmentos, inclusive o da *mineração*, até porque nas suas mais diferentes formas e características mostra uma propensão muito grande para interagir com o solo e os mananciais subterrâneos, em todo o ciclo de vida de mina até a desativação, fechamento e, dependendo, até na etapa denominada pós-fechamento.

Sánchez (2001) destaca casos de socialização de passivos ambientais na mineração:

Cavas de extração de areia desativadas e posteriormente usadas para disposição de resíduos sólidos industriais da Rhodia próximo a loteamentos populares em Samaritá – *São Vicente SP.*

Também sob uma política que não reconhece o problema, permite-se que *escória de fundição de chumbo seja utilizada para pavimentação de ruas no município de Santo Amaro da Purificação, Bahia,* disseminando assim este metal, de toxicidade relativamente elevada, no solo subjacente. Nesse local, uma usina metalúrgica processava concentrado de minério de chumbo para transformá-lo em lingotes do metal. Fechada em 1993, depois de 32 anos de funcionamento, a empresa deixou, *a título de passivo ambiental, uma pilha de 490 mil toneladas de escória, além de ter contribuído com o envio de toneladas de chumbo e cádmio para o estuário do rio Subaé, para a baía de Todos os Santos e para a atmosfera da região.*

A Companhia Brasileira de Chumbo, Cobrac, empresa de capital francês, começou a funcionar em Santo Amaro da Purificação em 1960, com uma fundição de chumbo que utilizava concentrado de minério proveniente da mina de Boquira, no interior da Bahia. Em 1989 a Cobrac foi incorporada pela *Plumbum Mineração e Metalugia S.A.*, empresa do Grupo Trevo, que também adquiriu as jazidas de chumbo do *Vale do Ribeira,* nos *Estados de São Paulo.* (Sánchez, 2001, p. 118-119, grifos nossos)

Ressalta ainda o autor que a mineração possui diferenças que a distingue de outras atividades, ante o necessário planejamento e gerenciamento para a recuperação e reabilitação de áreas degradadas pela atividade:

No entanto, uma questão fundamental que foi levantada pela sociedade em relação ao setor mineral – qual seja a necessidade de prever e gerenciar usos sequenciais do solo e consequentemente de minimizar a degradação e recuperar áreas degradadas – expande-se para os demais setores da atividade econômica. Mas há algumas diferenças entre a indústria em geral e a mineração, no sentido de que, nesta o novo ambiente criado pode ser valorizado, se for aproveitado com criatividade, enquanto o solo contaminado por uma indústria química é só um peso, como dizem na Alemanha (Altlasten), um passivo. (Sánchez, 2001, p. 206)

O projeto de recuperação e fechamento de minas abandonadas e áreas degradadas pela mineração de carvão no Brasil é considerado tecnicamente

[...] o projeto, que não encontra paralelo na América Latina, vez que está estruturado nas linhas de drenagem superficial, organismos vivos, mapeamento, geologia e hidrogeologia, engenharia de reabilitação, biologia e revegetação e aspectos socioeconômicos"[19].

Isso porque a extensão dos impactos gerados pela atividade de mineração ocasionou um passivo ambiental com três bacias hidrográficas atingidas (rios Araranguá, Tubarão e Urussanga). Em razão da grande dimensão da bacia carbonífera, ela foi dividida em distritos geográficos, com base na distribuição espacial das áreas impactadas, com o objetivo de facilitar a comunicação e o planejamento. Ao todo são 18 distritos, perfazendo um total de 6.171,24 hectares de áreas impactadas pela atividade de mineração.

A recuperação ambiental que compõe a Bacia Carbonífera do Sul do Estado de Santa Catarina é oriunda de julgamento histórico proferido pelo

---

[19] Disponível em: https://www.jfsc.jus.br/acpdocarvao. Acessado em: setembro 2011.

Superior Tribunal de Justiça (STJ), parte integrante desse estudo em razão da exigência de apresentação de garantia financeira ou seguro ambiental para assegurar o cumprimento das obrigações constantes do Termo de Compromisso de Ajuste de Conduta – padrão firmado pelas empresas de mineração e homologado em juízo.

O seguro garantia não visa o meio ambiente como objeto de reparação e indenização, no caso de sinistro, e sim tão somente a obrigação do tomador de levar a cabo o compromisso assumido (Polido, 2005).

Assim, tem por escopo garantir que a obrigação do tomador (poluidor) constante da avença firmada com o segurado (entidade legitimada para propor o termo) seja efetivamente cumprida.

É o contrato a ser garantido que define o objeto do seguro que é, portanto, acessório a este. A possibilidade de adimplir a obrigação garantida é o grande diferencial desse ramo de seguro, pois muitas vezes ter parte dos prejuízos ressarcidos ou o dinheiro de volta não atende a real necessidade do segurado.

Há empreendimentos de mineração constantes do Cadastro de Áreas Contaminadas dos Estados de São Paulo, Minas Gerais e Rio de Janeiro, os únicos da federação que já listaram os poluidores com obrigações ambientais a serem cumpridas para a descontaminação do solo e da água subterrânea oriundos da atividade.

Esse é o desafio a ser enfrentado, pois caso contrário como se cumprirão os princípios constitucionais preconizados de recuperação de áreas degradadas e de prevenção diante da falência do poluidor, quem irá garantir a remediação do passivo ambiental?

E quando não houver responsabilidade solidária entre o Poder Público e o degradador pela recuperação das áreas mineradas, os custos serão sociais?

Nas lições de Steigleder (2011), e se não houver o termo de ajustamento de conduta, diante da relutância do poluidor na celebração do acordo com o Ministério Público? E nos casos de garantias hipotecárias constantes do TAC firmado, se o Ministério Público for o tomador do compromisso, não haverá como figurar na condição de credor, o que conduz à seguinte dúvida: quem será o credor da hipoteca e quem executará as medidas de remediação, na hipótese de inadimplemento do devedor?

No Brasil, o tema ainda é inexplorado. Não há legislação federal tratando de garantias financeiras para reparação de danos ambientais ou as exigindo como condição ao licenciamento de atividades de elevado potencial degradador. Registra-se, neste estudo, a iniciativa legislativa no âmbito do estado de São Paulo, inovadora ao prever os instrumentos financeiros para a implantação do sistema de proteção da qualidade do solo e para o gerenciamento de áreas contaminadas, mas sem efetividade legal.

Sob essa ótica o seguro garantia constitui um instrumento econômico para afiançar o cumprimento da obrigação de fazer das condicionantes estabelecidas com os órgãos públicos integrantes do Sistema Nacional do Meio Ambiente (Sisnama) e Ministérios Públicos (Estadual e Federal).

Esse tipo de seguro é bastante transparente, todavia ele não visa ao meio ambiente propriamente dito e nem a sua limpeza ou remediação, mas o objeto da apólice repousa tão somente na *obrigação de fazer*, sendo esta a parcela de risco efetivamente segurada e garantida. Portanto, o objeto do seguro não seria a remediação em si do meio ambiente, mas sim a garantia do cumprimento da obrigação quanto à concretização efetiva do procedimento de remediação (Polido, 2014).

Destaca ainda o autor que se trata de segmento específico de seguro com viés ambiental, para o qual o Mercado Segurador Brasileiro ainda não desenvolveu todas as possibilidades de aplicação e comercialização (Polido, 2014).

Nos países que exigem garantias financeiras, a forma de garantia aceitável é múltipla, cabendo à empresa escolher a mais adequada. Formas aceitáveis de garantias incluem depósitos à vista, títulos governamentais, hipotecas, cartas de fiança bancária, *seguros* e depósitos em fundos.

Assim, países como Estados Unidos, Canadá, Austrália e África do Sul exigem que a apresentação de planos de reabilitação para as áreas de mineração seja acompanhada de uma estimativa de custos. Com base nesses planos e orçamentos, as empresas devem apresentar garantias financeiras para a realização dos trabalhos de recuperação previstos. Tais garantias ficarão indisponíveis até a conclusão dos trabalhos ou poderão ser deduzidas em caso de recuperação progressiva. Se a empresa não executar a recuperação nos moldes preconizados por seu plano, o governo utilizará a garantia para promover a adequada recuperação (Sánchez, 2001).

Pelo exposto, as garantias financeiras e seguros ambientais constituem mecanismos de gestão de passivos ambientais que prescindem de estudos compatíveis e equipes interdisciplinares que os viabilizem, quer pelo Poder Público, quer pelo mercado segurador nacional.

CONSIDERAÇÕES FINAIS

Percorrendo a doutrina e a literatura técnica especializada, entende-se que ainda há muitos desafios a serem enfrentados por todas as partes envolvidas. No entanto, é fundamental que a tendência mundial seja adotada no Brasil, a começar por regras coercitivas que obriguem condutas para se alcançar a sustentabilidade da atividade minerária no país, com soluções de desativação que atendam aos objetivos de proteção ambiental dos recursos naturais e a manutenção ou melhoria da qualidade de vida da sociedade.

Outro aspecto fundamental é que o marco regulatório da mineração contemple, para a reabilitação e fechamento de mina, *mecanismos de garantia financeira* e *seguros ambientais* para tornar viáveis o seu emprego e finalidade de cumprir com o princípio constitucional de recuperação da área degradada pela atividade.

O cumprimento deste princípio no direito ambiental constitui um desafio para o século XXI de todas as partes interessadas, notadamente quando o empreendedor não tiver condições financeiras para arcar com os custos de reparação do meio ambiente lesado pela atividade produtiva.

A empresa de mineração que buscar desenvolver sua atividade respeitando os padrões de desempenho de sustentabilidade ambiental e social, a rigor, deve ter nova postura ideológica, ao internalizar os custos ambientais em todo o ciclo de vida do empreendimento com planejamento e gerenciamento em todas as suas etapas, pois isso implica não permitir que suas naturais externalidades sejam socializadas para as futuras gerações.

REFERÊNCIAS

ALBUQUERQUE FILHO, J. et al. Poluição de Águas Subterrâneas relacionada ao uso do solo. In: *Revista Universidade Guarulhos – Geociências*. Guarulhos: UnG/SP, ano III, n. 6, p. 120-131, 1998.

ALMEIDA, H. M. *Mineração e meio ambiente na Constituição Federal*. São Paulo: LTr, 1999.

FIGUEIREDO, B. R. *Minérios e ambiente*. Campinas: Editora da Unicamp, 2000, p. 353-356.

FREITAS, V. P. *A Constituição federal e a efetividade das normas ambientais*. 2. ed. São Paulo: Editora Revista dos Tribunais, 2002.

HERRMANN, H. A mineração sob a óptica legal. In: LINS, F. A. F. et al. (Ed.). *Brasil 500 anos: a construção do Brasil e da América Latina pela mineração: histórico, atualidade e perspectivas*. Rio de Janeiro: Cetem/MCT, 2000, p. 165-178.

GESTÃO EMPRESARIAL E SUSTENTABILIDADE

MANCUSO, R. C. *Interesses Difusos. Conceito e legitimação para agir.* 6. ed. São Paulo: Editora Revista dos Tribunais, 2004, p. 283.

MILARÉ, É. *Direito do ambiente: doutrina, prática, jurisprudência, glossário.* 4. ed. São Paulo: Ed. RT, 2005.

POLIDO, W. *Seguros para riscos ambientais.* São Paulo: Editora Revista dos Tribunais, 2005.

_____. *Programa de Seguros e Riscos Ambientais no Brasil. Estágio de Desenvolvimento Atual.* 2. ed. Atual. e ampl. Rio de Janeiro: Funenseg, 2014.

POVEDA, E. P. R. *A eficácia legal na desativação de empreendimentos minerários.* São Paulo: Signus, 2007.

_____. Conflito entre o social e o ambiental. Comentários ao acórdão no Recurso Especial nº 647.493/SC (2004/0032785-4) da Segunda Turma do Superior Tribunal de Justiça. In: POVEDA, E.P.R. et al. *Julgamentos históricos do direito ambiental*, coordenado por Vladimir Passos de Freitas. Campinas: Millennium, 2010, p. 215-231.

_____. Seguro-Garantia como instrumento econômico para a Implementação do Gerenciamento de Áreas Contaminadas. *Revista Síntese Direito Ambiental.* São Paulo, IOB, ano I, n. 3, p. 78-89, out. 2011.

_____. Seguro-Garantia como instrumento econômico para a Sustentabilidade na Mineração. In: POVEDA, E.P.R. et al. *Direito e Desenvolvimento uma abordagem sustentável.* Coordenado por Fernando Rei et al. São Paulo: Saraiva, 2013, p. 123-144.

SÁNCHEZ, L. E. *Desengenharia: o passivo ambiental na desativação de empreendimentos industriais.* São Paulo: Edusp; 2001.

SPÍNOLA, A. L. S. *A inserção de Áreas Contaminadas na gestão municipal: desafios e tendências.* São Paulo, 2011. 289 p. Tese (Programa de Pós Graduação em Saúde Pública). Faculdade de Saúde Pública da Universidade de São Paulo.

SPÍNOLA, A. L.; PHILIPPI Jr., A.; TOMERIUS, S. Contaminated sites and brownfield management: state of art in Brazil and in Germany. *Management of Environmental Quality.* v. 21, n. 3, p. 299-307, 2010.

STEIGLEDER, A. M. Instrumentos de garantia para assegurar a reparação do dano ambiental. Doutrina Nacional. *Revista de Direito Ambiental*, São Paulo, n. 63. p. 135-156, out./dez. 2011.

[STJ]. Supremo Tribunal de Justiça, Acórdão no Recurso Especial n. 647.493-SC (2004–0032785–4), 2004.

SUSLICK, S. B.; IRAN F. M.; DONEIVAN F. F. *Recursos Minerais e sustentabilidade.* Campinas: Komedi, 2005.

Processo Administrativo Ambiental Orientado para o Setor Empresarial

9

Pedro de Menezes Niebuhr
Advogado, Menezes Niebuhr Advogados Associados

INTRODUÇÃO

Em termos gerais, sustentabilidade no cotidiano das empresas significa a adoção (espontânea e/ou estimulada) de medidas ecologicamente amigáveis e de responsabilidade social. Assenta-se na premissa de que as empresas devem assumir papel ativo na mudança de práticas produtivas e padrões de consumo capazes de repercutir no dever, atribuído a todos, de preservação ambiental.

A sustentabilidade nas empresas possui significado amplo; vai desde a adoção de boas práticas ambientais até a incorporação e o respeito de procedimentos e normas regulatórias voltados à proteção do ambiente. Afirma-se, com isso, que a sustentabilidade ambiental nas empresas relaciona-se também ao rigoroso cumprimento das regras jurídicas (de cunho formal ou material) de natureza ambiental. E aqui reside a estreita relação entre a sustentabilidade e os processos administrativos ambientais.

Em termos jurídicos, a exploração e o uso da propriedade, assim como o desenvolvimento de atividades econômicas, não são absolutamente livres. O ordenamento jurídico condiciona, por exemplo, a "construção, instalação, ampliação e funcionamento de estabelecimentos e atividades que utilizam recursos ambientais, efetiva ou potencialmente poluidores ou capazes, sob qualquer forma, de causar degradação ambiental" ao prévio licenciamento ambiental[1]. Também sujeita o exercício dessas mesmas atividades à fiscalização pelo Poder Público, além de autorizar o sancionamento de condutas desconformes[2].

Isso significa dizer, em síntese, que o Direito faz uma vedação genérica ao desenvolvimento de atividades potencialmente degradantes ou utilizadoras de recursos naturais; vedação que só pode ser levantada mediante a prévia manifestação do Poder Público no tocante à regularidade da atividade pretendida e à capacidade dela ser suportada, sem danos intoleráveis, pela natureza.

No entanto, os processos administrativos ambientais não se resumem à avaliação prévia do desenvolvimento de atividades potencialmente degradantes ou utilizadoras de recursos naturais, do qual a modalidade mais comum é o licenciamento ambiental. Também durante seu desenvolvimento (seja legalizado ou clandestino), o Poder Público está habilitado a fazer o controle (chamado de controle sucessivo) de atividades impactantes, reprimindo condutas e até mesmo restaurando aquela vedação original do exercício de atividades potencialmente degradantes ou poluidoras.

O modo pelo qual o Poder Público promove esse controle prévio e sucessivo das atividades potencialmente poluidoras e degradantes ocorre, por excelência, por meio dos processos administrativos ambientais. A empresa que pretende, de fato, adotar uma gestão sustentável em sua rotina deve conhecer e submeter-se, de modo apropriado, aos processos administrativos ambientais de controle prévio e sucessivo, em todas as suas espécies.

PROCESSOS ADMINISTRATIVOS AMBIENTAIS DE CONTROLE PRÉVIO

Os processos de controle prévio antecedem o desenvolvimento de atividades potencialmente degradantes, poluidoras ou utilizadoras de recursos naturais. Eles se prestam a avaliar as possibilidades (jurídicas e fáticas) de desenvolvimento da atividade, a apontar seus limites e a conceber (em conjunto entre empreendedores, demais afetados e Administração) as

---

[1] Ver art. 10 da Lei n. 6.938/81.
[2] Ver §3º e inciso V do art. 225 da Constituição da República.

soluções e alternativas necessárias para controlar e mitigar seus impactos negativos, e também, no outro lado, a otimizar seus impactos positivos.

Os processos de controle prévio não se limitam àqueles em que o resultado final é voltado à autorização ou à licença ambiental. A declaração de viabilidade ambiental para o desenvolvimento de dada atividade, feita pelo órgão competente, por exemplo, não envolve a edição de um ato autorizativo. De igual modo, existem atividades que, em função do porte ou do potencial degradante, são dispensadas da elaboração de estudos ambientais e do próprio licenciamento, o que não significa a inexistência de controle prévio. Em muitos casos, a Administração exige uma comunicação prévia do empreendedor e cadastra a atividade em um banco de dados próprio, expedindo uma certidão que resolve a situação.

Considerando, portanto, que o controle prévio pode se dar de diferentes modos, é possível identificar pelo menos quatro espécies de processos administrativos: a) que atestam a viabilidade ambiental; b) que declaram a dispensa de licenciamento; c) de mera comunicação de atividade ao órgão ambiental; d) de licenciamento ou autorização ambiental propriamente ditos.

Processos declaratórios de viabilidade ambiental

O parecer ou declaração de viabilidade (vulgarmente conhecido como "consulta") é instituto e amplamente difundido em matéria urbanística[3]. Trata-se do mecanismo de controle edilício pelo qual a Administração indica aos interessados os possíveis usos da propriedade à luz das regras de ordenação espacial do solo.

A consulta de viabilidade é um instrumento precipuamente voltado à garantia de segurança jurídica, na medida em que fornece ao interessado um conjunto de informações confiáveis e credíveis que lhe permite analisar a viabilidade da operação urbanística cogitada e decidir se avança ou não com os procedimentos de anuência da Administração (Correia, 2010). Ao mesmo tempo, a declaração de viabilidade é comumente utilizada (como

---

[3] A consulta de viabilidade é o processo por meio do qual se pesquisa, junto às entidades competentes, sobre a possibilidade da prática de atividade ou ação em dado espaço, bem como a existência de eventuais condicionantes.

requisito) para os propósitos de instrução de procedimentos urbanísticos de aprovação de projetos de engenharia e licenciamento de obras.

Apesar de a declaração de viabilidade ambiental ter uso mais tímido que na esfera urbanística, ela segue basicamente a mesma lógica: serve para prestar ao interessado informações preliminares acerca de eventuais restrições/condicionantes ambientais (decorrentes de atos normativos) já catalogadas pelo órgão, informações estas que serão complementadas e confirmadas posteriormente no bojo de um processo de anuência da Administração para o desenvolvimento da atividade.

No processo de declaração de viabilidade ambiental, o órgão competente confronta o uso pretendido pelo particular (em termos genéricos, sem avaliar ainda as minúcias do projeto) às peculiaridades ambientais da área em que se cogita desenvolver a atividade.

A consulta de viabilidade ambiental tem, assim, natureza declaratória, informativa, mas não é definitiva e exauriente. Ela não autoriza o desenvolvimento da atividade nem deflagra o processo licenciatório, tampouco avalia as peculiaridades do projeto pretendido. Essas são, basicamente, as diferenças entre a consulta de viabilidade ambiental e a licença ambiental prévia, a ser analisada oportunamente. Enquanto que a consulta de viabilidade ambiental apenas informa o uso (permitido, tolerável ou proibido) previamente estipulado para a área, a licença ambiental prévia deflagra o processo de licenciamento de um projeto específico, avaliando inclusive as características (ainda que de modo preliminar) da atividade pretendida, estabelecendo, em seu bojo, as adequações, restrições específicas e condições a serem atendidas para se avançar à etapa subsequente do licenciamento (a instalação).

O procedimento propriamente dito da consulta de viabilidade é singelo. O interessado apresenta o requerimento ao órgão ambiental competente na forma preconizada pela normatização vigente de cada ente federado, com a indicação de elementos suficientes para a discriminação do espaço do qual se pretende certificar a viabilidade de uso (preferencialmente as coordenadas geográficas). O pedido é distribuído a um servidor capacitado para a tarefa, que faz a sobreposição das coordenadas informadas pelo interessado ao banco de dados do órgão. Se necessário, nessa etapa são feitas as vistorias em campo para confirmar informações. O processo é encerrado com a emissão da declaração de viabilidade, que atesta a (im) possibilidade de o local receber o uso cogitado e/ou indica eventuais restrições nele incidentes.

Processos declaratórios de dispensa de licenciamento – cadastros ambientais

O escopo dos processos administrativos ambientais é preservar a integridade dos ecossistemas e garantir o uso racional dos recursos naturais, evitando, em última análise, danos ambientais. Significa dizer que a atuação do órgão ambiental em matéria de controle só é legítima diante da pretensão ou do próprio exercício de uma atividade que, em tese, é capaz de gerar impactos relevantes ao ambiente.

Grande parte das atividades humanas são, a princípio, aptas a impactar o ambiente. Entretanto, novamente, só se justifica a atuação do órgão ambiental para licenciamento ou autorização de uma atividade se ela for capaz de causar um estado de alteração ambiental relevante.

Na hipótese de o impacto de uma atividade ser reduzido ou irrelevante, não se cogita a necessidade de o empreendedor obter, para seu exercício, a anuência prévia da Administração (nos modelos de autorização ou licença) sob o ponto de vista ambiental. Do contrário, submeter a atividade a uma autorização ou licença ambiental quando sabidamente ela não é capaz de gerar impactos relevantes ao ambiente atentaria contra o postulado da proibição do excesso, um dos elementos balizadores da atividade administrativa nesta seara.

É nesse contexto que se apresentam como solução os processos de declaração de dispensa/isenção de licenciamento ambiental. Através deles o órgão ambiental não abdica de exercer o controle prévio do exercício de atividade impactante; apenas desincumbe o empreendedor de submeter-se a um processo licenciatório ordinário, quando já se sabe a pouca relevância, para o ambiente, do exercício daquela atividade – e, neste contexto, a desnecessidade da elaboração de estudos ambientais sofisticados, de pareceres técnicos, vistorias, etc.

Diz-se que ainda assim a Administração exerce o controle prévio pelos quais os processos de dispensa/isenção de licenciamento ambiental são instruídos por uma série de documentos e declarações, apresentados pelo empreendedor e/ou produzidos pela Administração, que atestam ser a atividade pretendida exatamente aquela que o órgão reputa como suscetível da dispensa. Esses documentos ficam arquivados e catalogados no banco de dados do órgão ambiental, providência que lhe permite, em controle sucessivo, identificar eventuais desvios de conduta ou alteração das circunstâncias fáticas que ensejaram a emissão da declaração de dispensa.

178 GESTÃO EMPRESARIAL E SUSTENTABILIDADE

Somente podem ser dispensadas do licenciamento ambiental aquelas atividades em que é possível descartar a relevância do impacto que causam no ambiente, em função de sua natureza ou porte. Por essa razão, a dispensa de licenciamento só cabe para atividades previstas em listagem específica publicada pelo ente federado, pelo Conselho de Meio Ambiente ou pelo órgão ambiental para esse fim.

Ainda a propósito da certificação de dispensa/isenção de licenciamento ambiental, é necessário não confundi-la com a declaração de incompetência do órgão para o exercício da atividade licenciatória. A certificação de dispensa/isenção de licenciamento pressupõe uma prévia análise do mérito, da natureza da atividade pretendida. A Administração sabe que a atividade pretendida não é capaz de provocar uma alteração ou degradação relevante. Já a declaração de incompetência do órgão para o exercício da atividade licenciatória apenas exprime uma análise sobre o ponto de vista formal: o órgão vinculado a determinado ente federado atesta (segundo listagens próprias a tal desiderato) que o licenciamento não deve ser processado naquela esfera.

Assim, quando o órgão ambiental estadual certifica que uma atividade consta na listagem das potencialmente causadoras de impactos locais, ele não atesta que a atividade causa um impacto de menor monta a ponto de dispensá-lo do licenciamento, mas apenas certifica que o órgão ambiental estadual não possui competência, nos termos da lei, para licenciar ambientalmente aquela atividade, remetendo o titular da pretensão ao Município para fazê-lo. Na esfera municipal, serão avaliados os impactos da atividade, que, embora possam se restringir ao âmbito local, são possivelmente significativos.

Em suma, ao atestar que a atividade pretendida por um sujeito consta na lista das potencialmente causadoras de impacto local ou não atende à tipologia estabelecida pelo Poder Executivo a respeito das atividades licenciáveis pela União, confirma-se, apenas em caráter formal, a incompetência do órgão ambiental estadual e federal, respectivamente, em licenciá-las. Não se trata de dispensa de licenciamento propriamente dita. A dispensa de licenciamento deve ser certificada pelo órgão com base em listagem especialmente produzida para esse fim.

O procedimento é deflagrado por requerimento do titular da pretensão ao órgão ambiental que seria competente para licenciar a atividade (caso seu potencial degradante fosse de tal nível que implicasse a necessidade de licenciamento, segundo a tipologia definida pelos Conselhos de

Meio Ambiente) ou, diante da inviabilidade desse critério, ao órgão ambiental municipal[4], contendo pedido de expedição do ato de dispensa/isenção de licenciamento. O requerimento deve ser acompanhado da documentação exigida pelo ente federado para instrução do processo, consistente, pelo menos, em declaração da atividade pretendida, localização do espaço em que se pretende levá-la a cabo e ciência/indicação das restrições ambientais decorrentes da normatização de regência (áreas de preservação permanente, reserva legal etc.). O processo de declaração de dispensa/isenção de licenciamento encerra-se com a emissão de documento que atesta o enquadramento da atividade pretendida na hipótese prevista na listagem de atividades não licenciáveis.

Processos de comunicação prévia do exercício de atividade ao órgão ambiental

Os processos de comunicação prévia assentam-se na necessidade de a Administração manter registradas atividades que, apesar de não serem submetidas ao licenciamento ambiental, ainda assim merecem, por sua natureza, ser de conhecimento do Poder Público.

O processo de comunicação prévia parte basicamente do mesmo pressuposto do processo de declaração de dispensa/isenção de licenciamento. A regra estampada no art. 10º da Lei n. 6.938/81 é que as atividades potencialmente degradantes/poluidoras ou utilizadoras de recursos naturais devam ser licenciadas pelo órgão ambiental competente. A exceção à necessidade de submeter-se ao licenciamento, portanto, ocorre quando a atividade sabidamente não é capaz de causar poluição/degradação em níveis que justifique a atuação do órgão ambiental.

Entretanto, ao invés de declarar a dispensa de licenciamento, pode o Poder Público exigir que o particular informe a prática de dada conduta como requisito de licitude da ação. O efeito de ambas as situações é efetivamente similar: de um lado, para obter a declaração de dispensa/isenção de licenciamento o interessado deve informar a intenção de executar alguma atividade; de outro, a comunicação prévia não enseja, necessariamente,

---

[4] A preferência pelo órgão ambiental municipal justifica-se pela maior proximidade que uma atividade de potencial degradante não relevante guarda ao âmbito de abrangência local dos impactos ambientais, em relação ao âmbito de abrangência regional (que justificaria a atuação do órgão estadual).

180 | GESTÃO EMPRESARIAL E SUSTENTABILIDADE

a deflagração de um licenciamento ambiental. A diferença reside no fato de que, no processo de comunicação prévia, o titular da pretensão não aguarda manifestação da Administração para a prática do ato: a anuência, nestas hipóteses, pode ser tácita. A ausência de oposição pela Administração ao requerimento de comunicação prévia equivale à declaração implícita da preexistência da situação jurídica e de conformidade da conduta.

A necessidade de comunicar à Administração a prática de determinado ato decorre da própria normatização vigente. O processo de comunicação prévia tem o condão de remover uma condição imposta pela ordem jurídica para conferir plena licitude a dado comportamento. O procedimento é igualmente singelo: do requerimento do particular para recebimento da comunicação prévia segue-se a checagem, pelo órgão ambiental, de que a atividade é sujeita a esse tipo de processo de controle. Sendo positiva, a informação é cadastrada no banco de dados do órgão.

Apenas como exemplo, toma-se o processo de controle prévio de *corte de espécies florestais plantadas*. De acordo com o art. 2º da Instrução Normativa n. 08/04 do Instituto Brasileiro do Meio Ambiente e Recursos Naturais Renováveis, a colheita dos produtos de florestas plantadas depende de mera informação ao Ibama ou órgão ambiental competente, acompanhada de indicação da propriedade, área e quantidade de árvores a serem cortadas, croqui de localização das espécies, laudo técnico etc. Leia-se:

> Art. 2º *Os proprietários de espécies florestais nativas plantadas, quando da colheita e comercialização dos produtos delas oriundos, deverão prestar informações ao Ibama ou órgão estadual competente, sobre os plantios,* incluindo:
>
> I – *Informação de Corte de Espécies Florestais Nativas Plantadas*, constante do Anexo a esta Instrução Normativa, devidamente preenchida, contendo, no mínimo, as seguintes informações:
>
> A) nome e endereço do proprietário e da propriedade;
>
> B) dados do proprietário e da propriedade, incluindo cópia da matrícula do imóvel no Registro Geral do Cartório de Registro de Imóveis da respectiva comarca, atualizada em noventa dias, com averbação da Reserva Legal;
>
> C) área total e quantidade de árvores ou exemplares plantados de cada espécie, nome científico e popular das espécies e a data ou ano do plantio;
>
> D) croqui de localização das espécies florestais nativas plantada a serem objeto de exploração, corte ou supressão, devendo ser georreferenciado nos casos de solicitação de corte de árvores acima de 200 m³ (duzentos metros cúbicos);

E) para subsidiar a comprovação de que se trata de espécies florestais nativas plantadas, o Ibama ou órgão estadual competente, poderão solicitar, justificadamente, outros documentos e fotografias da área.

II – Laudo Técnico com a respectiva Anotação de Responsabilidade Técnica (ART), de profissional habilitado, atestando tratar-se de espécies florestais nativas plantadas, bem como a data ou ano do plantio das mesmas, sempre que se tratar de corte ou exploração acima de 50 (cinquenta) metros cúbicos ou 50 (cinquenta) árvores, de espécies constantes da Lista Oficial de Espécies Ameaçadas de Extinção.

§ 1º – As informações prestadas pelo proprietário, com fundamento nesta Instrução Normativa, são de caráter declaratório e não ensejam nenhum pagamento de taxas (grifo nosso).

Processos de licenciamento e autorização ambiental

Os processos de licenciamento e autorização ambiental[5] são os mais efetivos meios de controle prévio de proteção do ambiente disponibilizados pelo Direito Administrativo. É por intermédio deles que a Administração aprofunda o exame das circunstâncias e pormenores da atividade pretendida pelo empreendedor, tentando antecipar os riscos e impactos que ela é capaz de causar no ambiente. Isso se faz por meio de uma avaliação de impacto ambiental, um conjunto de operações, lastreado em trabalhos técnicos, que visa mapear e quantificar as diferentes interfaces que a atividade pretendida é suscetível de criar com o ambiente que lhe circunda. A avaliação de impacto ambiental, é importante registrar, não se confunde com o *estudo de impacto ambiental*, que é um de seus instrumentos.

Diferentemente do que ocorre nos processos de controle prévio vistos anteriormente (de declaração de viabilidade, dispensa/isenção de licenciamento e de comunicação prévia), nos de licenciamento e autorização ambiental o órgão de proteção conduz um procedimento que leva a cabo uma efetiva avaliação de impacto ambiental da atividade pretendida (enquanto nas demais, a reduzida repercussão ambiental da atividade já era presumida). Referidas circunstâncias tornam o processo de licenciamento e auto-

---

[5] As licenças e autorizações ambientais são atos administrativos, condicionados e com termo (prazo), que declaram e/ou outorgam ao interessado o direito de empreender atividade potencialmente degradante ou utilizadora de recursos naturais.

rização ambiental significativamente mais complexo que as demais espécies de processos de controle prévio.

A atividade desenvolvida nesse tipo de expediente deve se distribuir em uma das seguintes fases: (i) audiência prévia ao requerimento, entre o empreendedor e o representante do órgão de proteção ambiental para orientação a respeito da viabilidade do pedido, enquadramento do porte e potencial poluidor da atividade e definição dos estudos que devem ser providenciados para a análise preliminar; (ii) requerimento, pelo empreendedor, da intenção de desenvolver determinado projeto/atividade; (iii) apresentação das informações técnicas pelo empreendedor; (iv) disponibilização da pretensão de licenciamento ao público (que pode dar-se por meio da publicação do pedido de licenciamento na imprensa, a possibilitar a participação popular por meio de audiências públicas e consultas públicas, dentre outros mecanismos); (v) avaliação dos agentes públicos dotados de competência sobre as questões suscitadas no processo, em suas respectivas esferas de conhecimento; (vi) eventual contradita do empreendedor; (vii) reunião final para acordo quanto às alterações cogitadas e medidas mitigadoras; (viii) decisão sobre o requerimento do empreendedor.

Conforme a sistemática prevista na esfera federal pelo Decreto federal n. 99.274/90, todas essas providências são tomadas em três etapas distintas: no licenciamento prévio (licença ambiental prévia – LAP), na instalação (licença ambiental de instalação – LAI) e na operação da atividade ou empreendimento (licença ambiental de operação – LAO)[6]. Estados e municípios, todavia, possuem competência para regular o tema, podendo conceber sistemática própria a respeito das modalidades de licenças, de modo a melhor atender suas peculiaridades administrativas e regionais. Isso permi-

---

[6] Leia-se o conceito das Licenças Ambientais Prévias, de Instalação e Operação constante no Decreto federal n. 99.274/90:

"Art. 19. O Poder Público, no exercício de sua competência de controle, expedirá as seguintes licenças:

I – Licença Prévia (LP), na fase preliminar do planejamento de atividade, contendo requisitos básicos a serem atendidos nas fases de localização, instalação e operação, observados os planos municipais, estaduais ou federais de uso do solo;

II – Licença de Instalação (LI), autorizando o início da implantação, de acordo com as especificações constantes do Projeto Executivo aprovado; e

III – Licença de Operação (LO), autorizando, após as verificações necessárias, o início da atividade licenciada e o funcionamento de seus equipamentos de controle de poluição, de acordo com o previsto nas Licenças Prévia e de Instalação".

te, por exemplo, que em alguns locais seja dispensada ou aglutinada uma ou outra etapa do licenciamento de acordo com a natureza da atividade ou do empreendimento a ser licenciado.

A questão das competências licenciatórias

A Lei complementar n. 140/2011 arrola o conjunto de atividades cujo licenciamento ambiental é atribuição de cada ente federado. À União cabe licenciar as atividades previstas nas oito alíneas do inciso XIV do art. 7º do referido diploma legal, além de controlar o conjunto de pelo menos outras dez atividades, o que pressupõe emitir anuência prévia para seu exercício:

Art. 7. São ações administrativas da União: [...]

XII – controlar a produção, a comercialização e o emprego de técnicas, métodos e substâncias que comportem risco para a vida, a qualidade de vida e o meio ambiente, na forma da lei; [...]

XIV – promover o licenciamento ambiental de empreendimentos e atividades:

a) localizados ou desenvolvidos conjuntamente no Brasil e em país limítrofe;

b) localizados ou desenvolvidos no mar territorial, na plataforma continental ou na zona econômica exclusiva;

c) localizados ou desenvolvidos em terras indígenas;

d) localizados ou desenvolvidos em unidades de conservação instituídas pela União, exceto em Áreas de Proteção Ambiental (APAs);

e) localizados ou desenvolvidos em 2 (dois) ou mais Estados;

f) de caráter militar, excetuando-se do licenciamento ambiental, nos termos de ato do Poder Executivo, aqueles previstos no preparo e emprego das Forças Armadas, conforme disposto na Lei complementar n. 97, de 9 de junho de 1999;

g) destinados a pesquisar, lavrar, produzir, beneficiar, transportar, armazenar e dispor material radioativo, em qualquer estágio, ou que utilizem energia nuclear em qualquer de suas formas e aplicações, mediante parecer da Comissão Nacional de Energia Nuclear (Cnen); ou

h) que atendam tipologia estabelecida por ato do Poder Executivo, a partir de proposição da Comissão Tripartite Nacional, assegurada a participação de um membro do Conselho Nacional do Meio Ambiente (Conama), e considerados os critérios de porte, potencial poluidor e natureza da atividade ou empreendimento;

XV – aprovar o manejo e a supressão de vegetação, de florestas e formações sucessoras em:

a) florestas públicas federais, terras devolutas federais ou unidades de conservação instituídas pela União, exceto em APAs; e

b) atividades ou empreendimentos licenciados ou autorizados, ambientalmente, pela União; [...]

XVII – controlar a introdução no país de espécies exóticas, potencialmente invasoras que possam ameaçar os ecossistemas, habitats e espécies nativas;

XVIII – aprovar a liberação de exemplares de espécie exótica da fauna e da flora em ecossistemas naturais frágeis ou protegidos;

XIX – controlar a exportação de componentes da biodiversidade brasileira na forma de espécimes silvestres da flora, micro-organismos e da fauna, partes ou produtos deles derivados;

XX – controlar a apanha de espécimes da fauna silvestre, ovos e larvas; [...]

XXII – exercer o controle ambiental da pesca em âmbito nacional ou regional;

XXIII – gerir o patrimônio genético e o acesso ao conhecimento tradicional associado, respeitadas as atribuições setoriais;

XXIV – exercer o controle ambiental sobre o transporte marítimo de produtos perigosos; e

XXV – exercer o controle ambiental sobre o transporte interestadual, fluvial ou terrestre, de produtos perigosos".

Aos municípios cabe licenciar atividades de impacto local, assim definidas por tipologia aprovada pelos Conselhos Estaduais do Meio Ambiente, bem como atividades localizadas em Unidades de Conservação instituídas pelo município (exceto áreas de proteção ambiental) e aprovar supressão e manejo de vegetação naquelas duas hipóteses:

Art. 9º São ações administrativas dos Municípios: [...]

XIV – observadas as atribuições dos demais entes federativos previstas nesta Lei complementar, promover o licenciamento ambiental das atividades ou empreendimentos:

a) que causem ou possam causar impacto ambiental de âmbito local, conforme tipologia definida pelos respectivos Conselhos Estaduais de Meio Ambiente, considerados os critérios de porte, potencial poluidor e natureza da atividade; ou

b) localizados em unidades de conservação instituídas pelo Município, exceto em Áreas de Proteção Ambiental (APAs);

XV – observadas as atribuições dos demais entes federativos previstas nesta Lei Complementar, aprovar:

PROCESSO ADMINISTRATIVO AMBIENTAL ORIENTADO PARA O SETOR EMPRESARIAL | 185

a) a supressão e o manejo de vegetação, de florestas e formações sucessoras em florestas públicas municipais e unidades de conservação instituídas pelo Município, exceto em Áreas de Proteção Ambiental (APAs); e
b) a supressão e o manejo de vegetação, de florestas e formações sucessoras em empreendimentos licenciados ou autorizados, ambientalmente, pelo Município.

Aos estados, residualmente[7], cabe promover o licenciamento de atividades que não são de competência da União ou dos municípios, além daquelas localizadas em Unidades de Conservação instituídas pelo estado (exceto áreas de proteção ambiental), e aprovar supressão e manejo de vegetação naquelas duas hipóteses e em imóveis rurais. Outras quatro atividades, afora as arroladas, são de incumbência do órgão estadual, todas discriminadas no art. 8º da mesma Lei:

Art. 8º São ações administrativas dos Estados: [...]
IV – promover o licenciamento ambiental de atividades ou empreendimentos utilizadores de recursos ambientais, efetiva ou potencialmente poluidores ou capazes, sob qualquer forma, de causar degradação ambiental, ressalvado o disposto nos arts. 7º e 9º; [...]
XV – promover o licenciamento ambiental de atividades ou empreendimentos localizados ou desenvolvidos em unidades de conservação instituídas pelo Estado, exceto em Áreas de Proteção Ambiental (APAs). [...]
XVIII – controlar a apanha de espécimes da fauna silvestre, ovos e larvas destinadas à implantação de criadouros e à pesquisa científica, ressalvado o disposto no inciso XX do art. 7º;
XIX – aprovar o funcionamento de criadouros da fauna silvestre;
XX – exercer o controle ambiental da pesca em âmbito estadual; e
XXI – exercer o controle ambiental do transporte fluvial e terrestre de produtos perigosos, ressalvado o disposto no inciso XXV do art. 7º.

A Lei complementar n. 140/2011 faz a importante previsão, ainda, de que o licenciamento dar-se-á perante somente um ente:

---

[7] "[...] Consabido que a Lei complementar 140/2011 estipula em seus artigos as atribuições da União, Estados e Municípios, e, no que diz respeito ao licenciamento ambiental, a competência dos Estados é residual, abarcando todos os empreendimentos e atividades não englobados pelas atribuições da União e dos Municípios, do que se inclui a revenda de combustíveis e derivados do petróleo, realizada pela Sudema. [...]" (TRF-5, AC 563218, Relator Desembargador Federal Francisco Cavalcanti, Primeira Turma, j. em 13/03/2014).

186 | GESTÃO EMPRESARIAL E SUSTENTABILIDADE

Art. 13. Os empreendimentos e atividades são licenciados ou autorizados, ambientalmente, por um único ente federativo, em conformidade com as atribuições estabelecidas nos termos desta Lei complementar.

Transparece a intenção, do dispositivo, de racionalizar a atividade administrativa, eliminar a incerteza e reduzir a insegurança jurídica, ao mesmo tempo em que preserva os empreendedores de ter de se submeterem ao duplo licenciamento (o que antes era, em tese, possível).

PROCESSOS ADMINISTRATIVOS AMBIENTAIS DE CONTROLE SUCESSIVO

Após a Administração anuir com a pretensão do empreendedor para o exercício de uma ação potencialmente degradante ou utilizada de recursos naturais, remove-se, como visto, uma proibição genérica que o impedia de iniciar uma obra ou desenvolver dada atividade. Dispondo dessa anuência, em quaisquer de suas variadas formas, o empreendedor está (ambientalmente) habilitado a executar o projeto conforme proposto perante a Administração.

Isso não equivale dizer, contudo, que está encerrado o exercício da atividade de proteção ambiental. Encerra-se tão somente a etapa de controle prévio, na qual a Administração toma ciência da intenção do particular de desenvolver uma atividade antrópica e, nos termos definidos, com ela anui ou discorda.

A emissão do ato que habilita o empreendedor a implementar obra ou desenvolver determinada ação deflagra um novo momento na atividade administrativa: o controle sucessivo. Nos processos administrativos de controle sucessivo, a Administração Pública realiza o monitoramento da conduta do particular, o qual pode se dar por prazo certo ou prolongar-se no tempo (a depender da sua natureza, isto é, caso se trate de uma obra ou do desenvolvimento de uma atividade continuada).

O monitoramento desempenhado pela Administração Pública tem como escopo verificar, entre outras nuances adiante expostas, se o empreendedor desenvolve o projeto nos termos que foram licenciados/autorizados no bojo dos processos de controle prévio. Para a instalação de uma obra, envolve certificar se foram efetivamente adotadas pelo empreendedor as medidas de controle ambiental impostas na expedição da licença, como o isolamento da vegetação nativa porventura existente no imóvel. Ou ainda, também atinente à execução de uma obra, se foi dado adequado destino aos resíduos sólidos gerados, por exemplo.

No desenvolvimento de atividades continuadas, os processos administrativos de controle sucessivo prestam-se a certificar se as condicionantes ambientais definidas foram ou são efetivamente atendidas, o que pode incluir, por exemplo, a necessidade de controlar emissões de ruído, gases, qualidade do efluente gerado, execução de medidas compensatórias, entre outros.

Não obstante, tanto atividades previamente licenciadas quanto quaisquer outras – aquelas que tiveram licenciamento ambiental dispensado ou mesmo as que não se submeteram, indevidamente, a um licenciamento ambiental quando a legislação assim impunha – são capazes, em tese, de provocar alterações no ambiente em nível considerado intolerável pelo ordenamento. O desenvolvimento de uma atividade potencialmente degradante ou utilizadora de recursos naturais sem a prévia anuência da Administração quando esta se fazia impositiva já traz consigo, vale dizer, a presunção relativa de danos ou agressão ao ambiente, posto que possivelmente tenha sido desenvolvida sem acompanhamento dos mecanismos de mitigação e compensação de impactos eventualmente causados[8].

Nessas hipóteses – em que a atividade já se desenvolve, com ou sem a anuência do órgão ambiental –, tem lugar outra modalidade de processo de controle sucessivo, os processos fiscalizatórios. Os processos ambientais fiscalizatórios têm como propósito não necessariamente verificar a execução, pela empresa, das medidas de controle impostas pelo órgão ambiental (embora em muitos casos isso possa ocorrer), mas, sobretudo, apurar a eventual prática de ilícito administrativo ambiental, aplicar medidas acautelatórias e imputar, se for o caso, as respectivas sanções e consequências jurídicas para corrigir a postura faltosa.

É possível deduzir, portanto, um conjunto de três espécies de processos de controle sucessivo. No primeiro grupo se enquadram os processos que visam acompanhar o desenvolvimento de uma atividade anuída pela Administração para atestar seu desenvolvimento nos termos previamente aprovados, aqui designados por processos de avaliação das medidas de

---

[8] Esta presunção relativa, vale dizer, não significa que o exercício de uma atividade clandestina implica, necessariamente, prática de danos ambientais, mas que cabe ao particular, no caso, comprovar a inocorrência.

188 | GESTÃO EMPRESARIAL E SUSTENTABILIDADE

controle ambiental. Na segunda categoria estão os processos fiscalizatórios propriamente ditos, que visam apurar a prática de eventual ilícito administrativo e impor as consequências jurídicas. A elas agregam-se, ainda, os processos corretivos, que têm como objeto tanto a regularização de atividades desconformes quanto a recuperação ambiental provocada pela prática de uma conduta ilícita.

Processos de avaliação de medidas de controle ambiental

No processo de licenciamento, a Administração detém a prerrogativa de instituir obrigações ao empreendedor do exercício de atividade antrópica, destinadas a resguardar a integridade do ambiente ou a utilização racional dos recursos naturais. Essas obrigações impostas pela Administração funcionam como condicionantes formais ao exercício da atividade e compreendem o dever, atribuído à empresa, de comprovar que o exercício da atividade se dá em consonância às exigências impostas por ocasião da expedição da licença ou ato congênere[9].

Pela sistemática vigente, na qual é o empreendedor quem promove os estudos técnicos necessários à avaliação da potencialidade do impacto/danos da atividade pretendida, exige-se que ele proponha à Administração as medidas de controle ambiental reputadas como adequadas para a ação cogitada, considerando os efeitos mapeados. No contexto da definição dos critérios mínimos a serem exigidos na elaboração do Estudo de Impacto Ambiental e do Relatório de Impacto Ambiental, a Resolução Conama n. 01/86 diz que nesses estudos deve-se definir as medidas mitigadoras dos impactos negativos, inclusive indicando o controle e o sistema de tratamento de despejos, além de elaborar o programa de acompanhamento e monitoramento dos impactos:

> Art. 6º O estudo de impacto ambiental desenvolverá, no mínimo, as seguintes atividades técnicas: [...]
> III – Definição das medidas mitigadoras dos impactos negativos, entre elas os equipamentos de controle e sistemas de tratamento de despejos, avaliando a eficiência de cada uma delas [...]

---

[9] As exigências e condicionantes ambientais são obrigações, estatuídas pela Administração Pública no ato de licença e autorização, que visam acompanhar, monitorar e mitigar os impactos negativos, bem como evitar danos intoleráveis pelo ordenamento.

IV – Elaboração do programa de acompanhamento e monitoramento (os impactos positivos e negativos, indicando os fatores e parâmetros a serem considerados.

À Administração cumpre, com base nas informações prestadas pelo empreendedor em seus estudos, definir as medidas de controle ambiental e demais condicionantes, conforme preceituam os incisos I, II e III do art. 8º da Resolução Conama n. 237/97, que regulamenta o Decreto federal n. 99.274/90:

> Art. 8º O Poder Público, no exercício de sua competência de controle, expedirá as seguintes licenças:
> I – Licença Prévia (LP) – concedida na fase preliminar do planejamento do empreendimento ou atividade aprovando sua localização e concepção, atestando a viabilidade ambiental e estabelecendo os requisitos básicos e *condicionantes a serem atendidos nas próximas fases de sua implementação;*
> II – Licença de Instalação (LI) – autoriza a instalação do empreendimento ou atividade de acordo com as especificações constantes dos planos, programas e projetos aprovados, *incluindo as medidas de controle ambiental e demais condicionantes, da qual constituem motivo determinante;*
> III – Licença de Operação (LO) – autoriza a operação da atividade ou empreendimento, *após a verificação do efetivo cumprimento do que consta das licenças anteriores, com as medidas de controle ambiental e condicionantes determinados para a operação* (grifo nosso).

A depender, assim, da natureza da atividade, do grau de impacto e da potencialidade do dano, a Administração pode concordar, refutar ou modificar as medidas de controle sugeridas pelo empreendedor, bem como definir o conteúdo e a extensão das informações que devem ser prestadas, sua periodicidade etc.

A par das situações em que cabe ao empreendedor sugerir medidas de controle e à Administração defini-las, bem como disciplinar a forma de sua comprovação, inserem-se nos processos administrativos de avaliação de medidas de controle ambiental as hipóteses em que a apresentação de relatórios e informações decorre diretamente da regulamentação de regência. Isto é, também por meio de resoluções, portarias ou instruções normativas se disciplina a obrigação do empreendedor de apresentar informações ou relatórios. É o que ocorre, por exemplo, no caso de lançamento de efluentes por fontes poluidoras, cuja obrigação de monitoramento é regrada pela Resolução Conama n. 430/11:

> Art. 24. Os responsáveis pelas fontes poluidoras dos recursos hídricos deverão realizar o automonitoramento para controle e acompanhamento periódico dos efluentes lançados nos corpos receptores, com base em amostragem representativa dos mesmos.
>
> § 1º – O órgão ambiental competente poderá estabelecer critérios e procedimentos para a execução e averiguação do automonitoramento de efluentes e avaliação da qualidade do corpo receptor.
>
> § 2º – Para fontes de baixo potencial poluidor, assim definidas pelo órgão ambiental competente, poderá ser dispensado o automonitoramento, mediante fundamentação técnica.

Usualmente, o aludido controle sucessivo é feito pela apresentação de relatórios de controle e/ou monitoramento ambiental, por meio dos quais as empresas comprovam formalmente à Administração que o exercício da atividade licenciada ou autorizada acontece dentro de padrões de regularidade, considerando as leis, regulamentos, normas técnicas e condições impostas na própria licença e que incidem sobre a atividade. Por essa razão, mais do que manter a Administração atualizada e ciente de que todas as condicionantes ambientais por ela (ou pela normatização vigente) exigidas são efetivamente cumpridas, a comprovação da adoção de medidas de controle ambiental serve como salvaguarda da empresa, já que o conjunto de relatórios apresentados é devidamente arquivado no órgão ambiental e faz prova da regularidade do exercício de sua atividade.

Nos processos de avaliação das medidas de controle ambiental, a atividade administrativa envolvida tem por objetivo a declaração de conformidade do exercício da ação praticada. O silêncio da Administração, transcorrido prazo razoável para o exame da documentação, deve significar a anuência implícita e presumida quanto à regularidade da atividade; acontecendo o contrário, isto é, não presumida a regularidade, a Administração deve obrigatoriamente tomar medidas imediatas para a identificação, correção do problema ou cessação da degradação ambiental.

Afora a avaliação dos planos e programas de controle ambiental propriamente ditos, também atinente a essa espécie de processos de controle sucessivo, estão as auditorias ambientais. Por meio das auditorias ambientais, a Administração socorre-se ao trabalho desenvolvido por empresas privadas, preferencialmente acreditadas previamente para essa incumbência, as quais certificam o desempenho ambiental de certa atividade. As empresas certificadoras colhem, processam e compilam as informações necessárias, por exemplo, relacionadas a emissões, resíduos, consumo de matéria-prima, energia, água, ruído, dentre outros, e as disponibilizam a todos os interessados (ao público e à própria Administração).

A auditoria ambiental, segundo a sistemática contemplada pelas Resoluções Conama n. 306/02 e n. 381/2006, compreende entrevistas com os gerentes e os responsáveis pelas atividades e funções de instalação, inspeções e vistorias nas instalações, análise de informações e documentos, análise das observações e constatações, definição das conclusões da auditoria e elaboração de relatório final. O relatório final da auditoria deve contemplar um plano de ação com ações corretivas e preventivas associadas às não conformidades e deficiências indicadas, além de proposta de cronograma para implementação das ações e para a avaliação do cumprimento das medidas.

Alguns Estados e municípios incorporaram as auditorias ambientais aos seus processos de controle sucessivo, tornando-as obrigatórias[10].

Processos fiscalizatórios

O processo fiscalizatório visa apurar a notícia da prática de uma conduta irregular e, acaso ela se confirme, identificar sua extensão, demandar sua reparação e sancionar seu agente. Além, portanto, de visar a aplicação de penalidades, no processo fiscalizatório colhem-se importantes subsídios para a concepção de medidas tendentes a mitigar impactos, compensar danos e, especialmente, *evitá-los no futuro*. É o que diz, em outras palavras, Édis Milaré:

> Cabe notar que o poder de polícia administrativa ambiental, a serviço da comunidade e na defesa do patrimônio público, nunca será eficazmente exercido sem uma pedagogia adequada às situações. Ainda que *ignorantia legis neminem excusat*, constatamos e entendemos que muitos desvios

---

[10] Pelo menos os estados do Rio de Janeiro (Lei estadual n. 1.898/91), Espírito Santo (Lei estadual n. 4.802/93), Rio Grande do Sul (Lei estadual n. 11.520/2000) e Paraná (Lei estadual n. 13.448/2002) também dispõem de regulação sobre as auditorias ambientais no âmbito dos seus territórios (vide Machado, 2015).

nocivos ao meio ambiente provêm de velhos vícios culturais, da falta de consciência sobre problemas e exigências ambientais, assim como da compulsão de hábitos arraigados na população em geral. É mais nobre educar do que punir, sem dúvida. Entretanto, há casos em que a punição integra o processo pedagógico. Seja como for, quem exerce o poder de polícia administrativa ambiental precisa estar preparado para ambas as medidas, amparado pela lei e armado de profunda consciência social.

Nessa linha de pensar pontifica de igual maneira o professor da Universidade de Limoges, Michel Prieur, quando ensina que o poder de polícia ambiental *deve buscar, em primeiro lugar, a adequação da conduta*, reservada a punição para os casos extremos, de absoluta necessidade (Milaré, 2014, p. 341, grifo nosso).

Disso deduz-se a importância da instrução probatória nestes expedientes. A instrução probatória não deve ser apenas voltada para a aplicação da medida de sanção cogitada; a prova produzida, por ser mais técnica, especializada e profunda, deve necessariamente ser utilizada no propósito primordial do Direito Ambiental, que é evitar a produção de danos ou, tendo eles já ocorrido, corrigi-los. É na etapa instrutória de um processo fiscalizatório que se revelarão as verdadeiras implicações da conduta reputada como irregular, em sua efetiva dimensão.

No campo de discussões ambientais, a acusação da prática de infração administrativa[11] costuma partir e ser certificada por profissionais especialistas em sua área de atuação. É de se reconhecer, todavia, que a opinião técnica do agente administrativo não tem maior peso que a opinião técnica de profissional, igualmente detentor de habilitação específica, eventualmente contratado pelo fiscalizado. Não é o fato de o profissional estar vinculado ao serviço público que torna sua opinião mais acertada e verdadeira. A aptidão técnica, a metodologia e a persuasão dos argumentos expostos é que tornam uma versão mais verossímil que outra, independentemente de quem a sustenta.

Além do mais, deve-se ter em mente que uma notícia de prática de infração ambiental desacompanhada de elementos que indiquem, com

---

[11] Leia-se o conceito legal de infração administrativa ambiental, constante no art. 70 da Lei n. 9.605/98:

"Art 70. Considera-se infração administrativa ambiental toda ação ou omissão que viole as regras jurídicas de uso, gozo, promoção, proteção e recuperação do meio ambiente".

grau de certeza, a autoria, a materialidade e a voluntariedade em transgredir uma norma protetiva, mesmo quando feita pela autoridade administrativa, não tem o condão de constituir, por si só, um meio robusto de prova; e, muito menos, de deslocar ao fiscalizado, em todo e qualquer caso, o encargo de comprovar não ter praticado o fato como narrado. Se ausentes na autuação ambiental elementos que comprovem o narrado pela autoridade administrativa, em tese não deve o fiscalizado ser punido. Ademais, tendo sido instaurada controvérsia em face da versão acusatória, a dúvida beneficia o acusado; a solução é em prol do fiscalizado.

Apesar de entendimentos contrários (Milaré, 2014)[12], reputamos, em virtude dos argumentos já mencionados, que a regra, portanto, é que o ônus da prova[13] nos processos administrativos fiscalizatórios que culminam com o exercício da pretensão punitiva da Administração é da acusação (leia-se Administração), a exemplo do que ocorre nos processos penais e cíveis. A inversão deve ser exceção, e como tal, justificada.

No que toca ao resultado final desses processos, é fato que a sanção por excelência no Direito Administrativo sancionatório é a multa pecuniária (Perez e Sanches, 1992, p.178). Em matéria ambiental trata-se de um dado evidente. Muito embora o Decreto federal n. 6.514/08 (repetindo o art. 72 da Lei n. 9.605/98) preveja dez tipos distintos de sanções administrativas[14], os arts. 24 a 93 estabelecem multa como sanção da quase generalidade das condutas nele arroladas.

---

[12] Cite-se, por exemplo, a posição de Édis Milaré, para quem a responsabilidade administrativa ambiental, por ser informada pela teoria da culpa presumida, impõe a inversão do ônus da prova ao acusado para que este demonstre sua não culpa (falta do elemento subjetivo ou invalidação do juízo indiciário da infração) (Milaré, 2014. p. 246 e seguintes).

[13] Por ônus da prova entende-se o encargo, atribuído a dado sujeito, de comprovar a versão dos fatos por ele apresentada.

[14] "Art. 3º As infrações administrativas são punidas com as seguintes sanções:

I – advertência;

II – multa simples;

III – multa diária;

IV – apreensão dos animais, produtos e subprodutos da fauna e flora e demais produtos e subprodutos objeto da infração, instrumentos, petrechos, equipamentos ou veículos de qualquer natureza utilizados na infração; (Redação dada pelo Decreto nº 6.686, de 2008.)

V – destruição ou inutilização do produto;

VI – suspensão de venda e fabricação do produto;

VII – embargo de obra ou atividade e suas respectivas áreas;

VIII – demolição de obra;

IX – suspensão parcial ou total das atividades; e

X – restritiva de direitos."

Essa característica, todavia, não mais se alinha às principais transformações ocorridas no Direito Administrativo contemporâneo, que reconhece que a força e a coerção podem não ser, em todos os casos, o melhor meio para se alcançar os resultados pretendidos. Sem o envolvimento do destinatário da atividade administrativa, muitas vezes encontra-se resistência para a consecução da finalidade pública perseguida. Por essas razões, propaga-se a ideia de consensualidade como uma nova feição da Administração Pública contemporânea. O Estado não abdica da força e da coerção, apenas percebe que em número variado de casos, o envolvimento do destinatário da atividade administrativa é capaz de oferecer mais proveitos do que simplesmente impor uma ordem.

Advoga-se, com isso, a tese de que a seara ambiental é uma esfera propícia para o consenso e para a concertação, especialmente quando se trata do exercício da pretensão punitiva da Administração. A Administração pode substituir a aplicação de sanção pela busca de uma composição com o fiscalizado a fim de concretizar medidas em prol do ambiente. Considerando que o fim mediato da aplicação de sanção no processo fiscalizatório é desestimular a prática de atividades causadoras de ilícitos ambientais, é juridicamente viável, e em muitos casos preferencial, que se utilize de soluções que passem pelo envolvimento e engajamento do fiscalizado na correção de condutas e em práticas pedagógicas ativas.

Em matéria ambiental, existe previsão legal genérica (na Lei n. 9.605/98) que possibilita que os órgãos ambientais convertam a penalidade de multa pela prestação de serviços ambientais e firmem termos de compromisso com os responsáveis por projetos ou pela execução de atividades suscetíveis de degradarem a qualidade ambiental, para que estes promovam as necessárias correções de suas atividades:

> Art. 72. [...] § 4º A multa simples pode ser convertida em serviços de preservação, melhoria e recuperação da qualidade do meio ambiente. [...]
> Art. 79. -A Para o cumprimento do disposto nesta Lei, os órgãos ambientais integrantes do Sisnama, responsáveis pela execução de programas e projetos e pelo controle e fiscalização dos estabelecimentos e das atividades suscetíveis de degradarem a qualidade ambiental, ficam autorizados a celebrar, com força de título executivo extrajudicial, termo de compromisso com pessoas físicas ou jurídicas responsáveis pela construção, instalação, ampliação e funcionamento de estabelecimentos e atividades utilizadores de recursos

ambientais, considerados efetiva ou potencialmente poluidores. (Incluído pela Medida Provisória n. 2.163-41, de 23 de agosto de 2001)

§1º – O termo de compromisso a que se refere este artigo destinar-se-á, exclusivamente, a permitir que as pessoas físicas e jurídicas mencionadas no *caput* possam promover as necessárias correções de suas atividades, para o atendimento das exigências impostas pelas autoridades ambientais competentes, sendo obrigatório que o respectivo instrumento disponha sobre: [...]

Convém também anotar que as etapas do processo fiscalizatório, especialmente porque podem resultar na manifestação do *jus puniendi*, devem ser norteadas pelas garantias da ampla defesa e do contraditório, insculpidas no inciso LV do art. 5º da Constituição da República. Daí a atenção para que, sempre que for incorporado aos autos algum documento ou nova informação que possa influir na decisão administrativa, seja garantida ao fiscalizado a possibilidade de contraditá-la.

Feita essa ressalva, constata-se que as fases do processo fiscalizatório devem se organizar respeitando a seguinte sistemática de marcha processual: (i) informação de possível prática de ilícito ambiental; (ii) decisão que recebe a informação e deflagra o processo administrativo; (iii) constatação ou vistoria do ilícito no local dos fatos; (iv) laudo técnico com a descrição pormenorizada da conduta identificada como ilícita, acompanhada das provas já disponíveis; (v) notificação do fiscalizado; (vi) disponibilização do processo e de seus documentos na internet, sempre que possível, para dar ampla publicidade a terceiros; (vii) defesa prévia; (viii) análise técnica da defesa prévia; (ix) instrução processual; (x) alegações finais; (xi) decisão final.

Da decisão que julga a defesa apresentada em processos administrativos fiscalizatórios, cabe recurso administrativo à autoridade superior. Em alguns entes da federação, a estrutura administrativa da Administração ambiental é organizada de tal modo que o julgamento em segunda instância do recurso administrativo é reservado à autoridade pertencente aos próprios quadros do órgão ambiental – é o que ocorre, por exemplo, no Ibama. Em outros entes federados, a competência para julgar recursos administrativos interpostos contra decisões de primeira instância é atribuída a órgãos colegiados integrantes da estrutura administrativa – os Conselhos Municipais e Estaduais do Meio Ambiente.

A questão das competências fiscalizatórias

Quando o assunto é competências fiscalizatórias, a Lei complementar n. 140/2011 não logrou os mesmos resultados havidos na definição das competências licenciatórias.

No seu art. 17, a Lei estatui que o órgão licenciador é também o competente a fiscalizar, isto é, a lavrar o auto de infração para apurar um ilícito administrativo e, em decorrência dele, eventualmente aplicar a sanção cabível:

> Art. 17. Compete ao órgão responsável pelo licenciamento ou autorização, conforme o caso, de um empreendimento ou atividade, lavrar auto de infração ambiental e instaurar processo administrativo para a apuração de infrações à legislação ambiental cometidas pelo empreendimento ou atividade licenciada ou autorizada.

A previsão faz todo sentido: se um órgão dotado de competência ambiental avaliou todos os estudos apresentados pelo sujeito, requereu complementações e esclarecimentos, fez análises técnicas, vistoriou a área/instalações, emitiu pareceres favoráveis e impôs condicionantes ao exercício da atividade, ele estaria, presumidamente, em melhores condições de dizer se houve ou não infração ambiental do que o órgão que não teve qualquer contato com os documentos técnicos já produzidos. O órgão licenciador presumidamente dispõe de informações pertinentes ao estado do ambiente antes da intervenção; está em condições adequadas para comparar se houve ou não uma alteração indevida no ecossistema, por exemplo.

Acontece que o §2º do art. 17 da Lei complementar n. 140/2011 ressalvou a possibilidade de outro órgão ambiental, que não o responsável pelo licenciamento da atividade, adotar medidas para evitar, fazer cessar ou mitigar fato capaz de provocar a degradação da qualidade ambiental, comunicando ao órgão competente o ocorrido para tomar as medidas cabíveis. Mais ainda, o §3º do mesmo art. 17 assegura o exercício, por todos os entes federativos, da atribuição comum de fiscalização da conformidade de empreendimentos e atividades efetiva ou potencialmente poluidores ou utilizadores de recursos naturais, fazendo a ressalva de que, nestes casos, prevalece o auto de infração ambiental lavrado por órgão que detenha a atribuição de licenciamento ou autorização. Leia-se:

Art. 17 – [...] §2º Nos casos de iminência ou ocorrência de degradação da qualidade ambiental, o ente federativo que tiver conhecimento do fato deverá determinar medidas para evitá-la, fazer cessá-la ou mitigá-la, comunicando imediatamente ao órgão competente para as providências cabíveis.

§3º – O disposto no *caput* deste artigo não impede o exercício pelos entes federativos da atribuição comum de fiscalização da conformidade de empreendimentos e atividades efetiva ou potencialmente poluidores ou utilizadores de recursos naturais com a legislação ambiental em vigor, prevalecendo o auto de infração ambiental lavrado por órgão que detenha a atribuição de licenciamento ou autorização a que se refere o *caput*.

Na prática, os §§2º e 3º do art. 17 da Lei complementar n. 140/2011 acabaram criando uma exceção ao *caput* que devolve as coisas ao estado anterior da promulgação da Lei. Pela literalidade dos §§2º e 3º do art. 17, qualquer órgão pode lavrar autos de infração e impor medidas acautelatórias (como embargo) diante da prática (ou eminência) de um ilícito ambiental material, devendo comunicar o órgão licenciador a respeito. A novidade é a previsão expressa de que, tendo o órgão licenciador instaurado auto de infração, este prevalece em face daquele outro lavrado pelo órgão ambiental não licenciador.

A melhor interpretação que se pode atribuir aos §§2º e 3º do art. 17 da Lei complementar n. 140/2011, a fim de não tornar sem efeito a regra matriz prevista no *caput* do mesmo dispositivo, é a de resguardar a possibilidade de qualquer órgão lavrar autos de infração e impor medidas acautelatórias nas hipóteses em que a atividade fiscalizada não houver sido devidamente licenciada. Nesse caso, havendo autuações em duplicidade, prevalece aquela proveniente do órgão que deveria ter licenciado a atividade, nos termos dos arts. 7º a 9º da Lei complementar n. 140/2011.

Diante da confusa redação do art. 17 da Lei Complementar n. 140/2011, essa é a interpretação que confere alguma racionalidade ao dispositivo. Fora disso, haveria invasão indevida de competência e, no caso de prevalência de dois autos de infração sobre uma mesma conduta, caracterizar-se-ia o *bis in idem* (dupla punição por um mesmo fato), situação que desenha violação ao postulado da proibição do excesso.

Processos administrativos corretivos

O último conjunto de espécies de processos de controle sucessivo são os processos administrativos corretivos, que têm lugar diante da confirmação da prática de irregularidades, notadamente aquelas de cunho material, isto é, que envolvem alteração indevida das condições fáticas do ambiente. Por alteração indevida, cabe a observação, entende-se a intervenção vedada pela lei ou regulamento, não autorizada ou que extrapola os limites da anuência do órgão ambiental competente.

A deflagração de processos administrativos corretivos tem cabimento em duas hipóteses: (i) a fim de regularizar a atividade, quando for necessária a instauração de expediente para balizar ambientalmente os termos de uma ação já em desenvolvimento, como os processos de controle prévio o fariam caso o empreendedor não houvesse incorrido em irregularidade, isto é, não tivesse intervido no ambiente sem a anuência da Administração ou em desacordo com ela; (ii) para avaliar as medidas que devem ser adotadas pelo fiscalizado para recuperar o ambiente alterado.

Processos regularizatórios

A *priori*, a intervenção não autorizada no ambiente enseja, ao seu agente, a restituição das coisas ao *status quo*. No entanto, existem casos em que o sujeito que executa ação potencialmente degradante sem anuência da Administração (ou em desacordo dela) fica dispensado de restituir as coisas ao *status quo*, caso se constate que, submetida a pretensão do exercício da ação à anuência da Administração, este exercício seria passível de ser autorizado. Apesar da conduta, por si só, ser suficiente para ser sancionada nas esferas competentes (inclusive na administrativa), admite-se a continuidade da ação mediante a correção da irregularidade, desde que não existam impedimentos legais para o seu desenvolvimento. A confirmação desta possibilidade se dá por meio da deflagração de um processo corretivo regularizatório.

A possibilidade de regularização de determinada ação funda-se no princípio da proporcionalidade, que veda a imposição de consequências mais onerosas quando, por outros meios, o interesse público possa ser satisfeito de modo menos traumático à esfera jurídica individual do particular.

Por esse motivo, entende-se que a instalação de uma obra ou o desenvolvimento de uma atividade devem ser desfeitos ou encerrados nas hipóteses em que elas, estas ações, sejam inviáveis do ponto de vista jurídico. Caso fique verificado que se o sujeito tivesse providenciado a prévia anuência da Administração ele a teria obtido (ainda que com as condicionantes eventualmente cogitadas pelo órgão ambiental), não há sentido desfazer a intervenção ou fazer cessar definitivamente a atividade para, em momento posterior, deferir a pretensão do interessado. Isso implicaria impingir ao titular da pretensão ônus excessivo, porquanto o desfazimento da obra ou o encerramento definitivo da atividade não importaria em benefício relevante e indispensável ao interesse público e à coletividade.

No processo corretivo regularizatório, aplica-se toda a mesma sistemática que norteia o processo licenciatório/autorizativo, ressalvadas as particularidades referentes ao fato de a obra ou instalações para desenvolvimento da atividade já terem sido iniciadas ou estarem prontas e em desenvolvimento. Essa ressalva implica, em alguns casos, supressão da fase de licenciamento prévio, cujas avaliações serão aglutinadas na etapa de avaliação da licença de instalação ou operação.

Os estudos a se exigir do empreendedor para avaliação do projeto e da atividade devem consistir naqueles mesmos que lhes seriam exigidos caso se tratasse de um licenciamento ordinário. Na etapa de avaliação da licença de instalação, poderão evidentemente ser demandadas modificações/melhoramentos nas obras ou instalações, além de serem estabelecidas restrições, dentre outras medidas, assim como as condicionantes que seriam impostas em um licenciamento regular, anterior ao desenvolvimento da atividade.

Processos de recuperação ambiental

A consequência natural da apuração, em processo fiscalizatório, da prática de danos ambientais ou de sua perpetuação ilícita é a ordem para repará-lo, preservando ou restaurando a integridade do ecossistema. Considerando que o Direito Administrativo Ambiental tem como núcleo evitar a prática de danos, ou, no caso de sua ocorrência, corrigi-lo, a imputação ao agente da obrigação de restituir as coisas ao estado em que se encontrava é, a rigor, o verdadeiro escopo do processo fiscalizatório quando se conclui pela materialidade e pela autoria de uma conduta.

GESTÃO EMPRESARIAL E SUSTENTABILIDADE

Os processos corretivos de recuperação ambiental têm lugar quando confirmada a prática de danos ambientais pelo fiscalizado, ou quando a legislação lhe impõe o encargo de corrigi-lo (ainda que não tenha sido o agente responsável pela sua produção; é o caso, por exemplo, da obrigação de recuperar a coisa diante da prática de conduta ilícita pelo antecessor na cadeia dominial do imóvel). Essa constatação, para dar ensejo à recuperação ambiental na esfera administrativa, deve provir de um regular processo fiscalizatório. Em outros termos, o título hábil a deflagrar um processo administrativo corretivo de recuperação ambiental é a decisão que confirma a acusação veiculada no auto de infração ambiental ou que simplesmente apura a ocorrência de danos ambientais (ainda que não seja conclusiva quanto à autoria).

Dispondo o órgão ambiental do projeto de recuperação do dano, ele é avaliado e corrigido/complementado se for o caso. Na hipótese de o fiscalizado vir a elaborar referido documento, a Administração não precisa determinar sua correção ou complementação. As informações imprecisas ou faltantes podem constar na própria análise técnica que é feita pelos agentes do órgão ambiental, reduzidas a termo na forma de parecer técnico.

De posse do projeto de recuperação ambiental e do parecer técnico que o avalia, a autoridade ambiental competente deve aprová-lo e determinar que o fiscalizado inicie sua execução. A ele cabe comprovar o cumprimento das obrigações na forma determinada, sob pena de incidir em nova infração ambiental e, eventualmente, responder à ação judicial proposta para garantir aquele desiderato.

CONSIDERAÇÕES FINAIS

Viu-se, neste capítulo, que:

- Os processos administrativos ambientais dividem-se em processos de controle prévio e de controle sucessivo.

- Os processos de controle sucessivo, por sua vez, são subdivididos em processos: (i) que atestam a viabilidade ambiental; (ii) que declaram a dispensa de licenciamento; (iii) de mera comunicação de atividade ao órgão ambiental; (iv) de licenciamento ou autorização ambiental propriamente ditos.

- São espécies de processos de controle sucessivo: (i) processos de avaliação das medidas de controle ambiental; (ii) processos fiscalizatórios; (iii) processos corretivos (de regularização e de recuperação ambiental).

- O respeito às regras, formais e materiais, de proteção ambiental é um imperativo no exercício da atividade empresarial dos dias atuais. Conhecer e respeitar os tipos de procedimentos, prévios e sucessivos, a que a empresa deve se submeter quando o assunto é sua interação com o ambiente, é pressuposto de boas práticas e de uma conduta ambientalmente responsável.

- Autoproclamar-se sustentável demanda da empresa uma interação cooperativa nos processos administrativos ambientais, considerando que eles sejam os espaços ideais para se produzir, tratar e compartilhar todas as informações relevantes e que neles todas as nuances a respeito dos efeitos da atividade sobre o ambiente são descortinadas.

REFERÊNCIAS

CORREIA, F. A. *Manual de Direito do Urbanismo*. v. III. Coimbra: Almedina, 2010, p. 173.

MILARÉ, É. *Direito do Ambiente*. 9.ed. São Paulo: RT, 2014, p. 341.

MACHADO, P. A. L. *Direito ambiental brasileiro*. 23.ed. São Paulo: Malheiros, 2015, p. 357-359.

PEREZ, A. C.; SANCHEZ, A. C. *Derecho Administrativo Sancionador*. Madrid: Editorales de Derecho Reunidas, 1992, p. 178.

PRATES, M. M. *Sanção Administrativa Geral: Anatomia e Autonomia*. Coimbra: Almedina, 2005, p. 123.

10 | Gestão para a Universalização dos Serviços de Saneamento em Áreas de Vulnerabilidade Social

Ester Feche Guimarães
Engenheira elétrica, USP e Sabesp

Tadeu Fabrício Malheiros
Engenheiro civil, USP

INTRODUÇÃO

Os serviços públicos de abastecimento de água e esgotamento sanitário representam pilares importantes no enfrentamento da crise urbana. A ausência de acesso a esses serviços indica um dos primeiros sinais da vulnerabilidade de uma população. No contexto da provisão desses serviços, as lacunas no Brasil ainda revelam um desafio na gestão para o desenvolvimento sustentável. Embora estudos (IBGE, 2008, 2011; Ipea, 2013) indiquem que a taxa de cobertura de serviços de abastecimento de água em áreas urbanas do país se aproximam de 100%, principalmente nas regiões Sul e Sudeste, pesquisas de campo mostram que assentamentos nessas regiões dispõem somente de acesso irregular (Rasera, 2014; Calderón, 2014). Destacam também que o acesso às redes públicas de esgotamento sanitário vem crescendo, mas ainda é insuficiente, em especial em áreas de habitações subnormais (Emplasa, 2010, 2013; Ministério das Cidades, 2008). São diversos os dados disponíveis acerca da cobertura de abastecimento de água e esgotamento sanitário em áreas legais, porém faltam indicadores para medir disparidades da situação do usuário nas questões da universalização (Juliano et al., 2012a).

As empresas de saneamento[1], fundamentadas juridicamente na Constituição, operam formalmente em áreas legais, mas informalmente consentem que populações vulneráveis acessem água para suas necessidades. Há muita pressão por parte de diversos atores locais para provisão de serviços de infraestrutura de saneamento básico. A comunidade tem se mobilizado bastante e aumentou a participação social no que tange às demandas por saneamento. No entanto, a resposta completa a toda esta problemática é muito complexa e demorada, por exemplo na questão de titularidade da terra. Ao mesmo tempo, a pressão de cidadãos associada à urgência em termos de saúde pública leva as operadoras de serviços de saneamento a encaminhar ações, mesmo que provisórias, para atender a essas populações. Neste contexto, em vários casos sofreram ações judiciais por atenderem aos usuários em áreas de invasão, situação das diversas favelas do país, uma vez que estavam impedidas de oficialmente levar serviços de infraestrutura a áreas ilegais. Foram vários os casos em áreas de proteção de mananciais na região metropolitana de São Paulo, até a criação de uma legislação específica para essas áreas. Posterior e progressivamente, as empresas vêm se articulando formalmente com outros atores-chave, como Ministério Público e prefeituras, para que projetos sejam implementados nos programas de urbanização ou mediante autorizações judiciais para a área específica.

Esses processos, no entanto, são longos, em diversos casos descontinuados, com dificuldade de atender às dinâmicas dessas áreas irregulares (Rasera, 2014; Calderón, 2014). Davis (2006) afirma que existe um subcidadão, subincluído, excluído do exercício de seus direitos, mas incluído nas suas obrigações.

Faz-se necessário este enfoque para o entendimento de que o ordenamento jurídico do direito ao acesso aos serviços de abastecimento de água e esgotamento sanitário não se sobrepõe ao direito ambiental e de propriedade. Nessa racionalidade, a concessionária operará áreas irregulares somente se autorizada pela Justiça.

---

[1] O termo "saneamento" aqui, visando melhor fluidez no texto, foi utilizado com o significado de serviços de abastecimento de água e esgotamento sanitário. Cabe destacar que a Política Estadual de Saneamento do Estado de São Paulo – Lei n. 7750/92 – define Saneamento ou Saneamento Ambiental como o conjunto de ações, serviços e obras que têm por objetivo alcançar níveis crescentes de salubridade ambiental, por meio do abastecimento de água potável, coleta e disposição sanitária de resíduos líquidos, sólidos e gasosos, promoção da disciplina sanitária do uso e ocupação do solo, drenagem urbana, controle de vetores de doenças transmissíveis e demais serviços e obras especializados.

A escola de Saúde Pública de Harvard, partindo da noção de risco, definiu vulnerabilidade como um termo que vem da advocacia internacional sobre direitos do homem, que inicialmente era a garantia do direito à cidade de um grupo que pudesse estar sendo prejudicado (Czeresnia e Freitas, 2003). Então, como resolver o dilema da gestão, em especial no contexto de países da América Latina, onde as realidades dos ambientes urbanos ocorrem na chamada cidade informal?

Em um país da dimensão do Brasil, com taxas de urbanização e pobreza muito altas, são quase um corolário os assentamentos irregulares nas periferias e, em muitos casos, mesclados à cidade legal.

Segundo a Pesquisa Nacional de Amostras de Domicílios (Pnad), em 2012 havia uma demanda habitacional para 5,24 milhões de domicílios no Brasil; desses, 740 mil famílias tinham renda inferior a três salários mínimos (IBGE, 2013). No último censo, houve um incremento de mais de 10% na demanda por domicílios no estado de São Paulo, proveniente de moradias classificadas como subnormais. Em diversos municípios brasileiros, a realidade habitacional não é diferente (Ipea, 2013). Segundo o IBGE, cerca de 3 milhões de domicílios ocupados por 11 milhões de pessoas estão localizados em mais de 6 mil aglomerados subnormais. Desses cidadãos, 59,4% estão nas nove maiores regiões metropolitanas do país. Ressalta-se que grande parte localiza-se ao longo da margem de córregos, rios ou lagos/lagoas (IBGE, 2011; Ipea, 2013). Estudos das dinâmicas migratórias do país demonstram que, partindo de pequenos municípios para as regiões metropolitanas, os indivíduos vão rumo à favelização, e estima-se um aumento de 6% desse grupo nos últimos dez anos (Ipea, 2013).

Nesse sentido, diante da crescente urbanização da pobreza em habitações precárias, identificam-se diversos desafios da universalização do saneamento básico no Brasil: serviços básicos nas áreas de vulnerabilidade social de baixa qualidade ou inexistentes, comportamento da população acessando as redes de forma ilícita, externalidades sobre a saúde pública e o meio ambiente não equacionadas, diferentes práticas de gestão e governança, comprometimento dos indicadores regulatórios e elevada barreira de entrada, referente à baixa renda da população (Guimarães et al., 2014).

As empresas públicas, para atendimento de questões semelhantes, têm adotado técnicas originárias da Teoria Neoclássica da Administração, fortemente influenciadas pelo modelo weberiano burocrático, não no sentido das disfuncionalidades, mas do ponto de vista do melhor regramento (Bresser-Pereira, 1998). Justifica-se a adoção de tal modelo pela necessidade da administração das empresas de engenharia, em grande parte de economia mista ou estatal, estar subordinada a leis específicas, cujo rigor atinge o profissional individual e coletivamente.

Nesse contexto, as companhias estaduais de saneamento básico (CEBs) vêm se empenhando em buscar eficiência produtiva e eficácia social na gestão valendo-se das melhores práticas da administração pública. É possível identificar diversos exemplos de boas práticas e casos de sucesso no atendimento de comunidades em situação de vulnerabilidade social. Observa-se, assim, no contexto da universalização de áreas consideradas irregulares, presentes na "cidade informal", que as soluções demandam grupos de trabalho compostos por profissionais de diferentes saberes, permitindo melhor enfrentamento organizacional dos grandes desafios para atendimento a populações vulneráveis e em condição de exclusão.

Embora necessária à classificação e sumarização do conhecimento, inquestionavelmente as diferentes abordagens administrativas não são capazes, de forma isolada e descontextualizada, de proporcionar com precisão os instrumentos e ferramentas adequados para decisões da administração e suas variáveis internas e externas (Koontz, 1980).

Desafios para as organizações podem ser identificados dentre os fatores justificados pela Gestão de Ocupação dos movimentos entre 1997 e 2007 conduzida pelo Movimento dos Trabalhadores sem Teto em diversos municípios do estado de São Paulo como São Bernardo, Campinas, Guarulhos, Osasco, Taboão da Serra e Itapecerica da Serra. Segundo Miagusko (2012), a ocupação não é organizada, e acaba por introduzir conflitos de diferentes naturezas em suas demandas. E o poder público empurra suas atribuições entre diferentes esferas de competências. Em geral, organizações governamentais e não governamentais não estão plenamente estruturadas para atenção às demandas provenientes de grupos humanos em contextos *ad hoc*.

Por essas razões, o modelo de gestão para alcançar e manter a universalização do saneamento básico deve ser inovador para considerar as demandas do cidadão em atuação articulada entre gestores do saneamento e setores correlatos com contribuições ao desenvolvimento urbano, da sociedade civil em geral em uma nova postura participativa de forma a contribuir no formato de tomada de decisão e do poder público, enquanto ente responsável pelo bem-estar social.

Barbosa (2010) identificou em seus estudos que a forma de gestão do saneamento em áreas de pobreza deve ser composta de arranjos institucionais para atender à universalização em áreas irregulares. Destacou que são necessárias articulações com a Defensoria do Estado e com a Promotoria Pública antecipadamente para possibilitar um arranjo jurídico de eventual regularização das áreas e, posteriormente, parcelamento de dívidas e aplicação de tarifas sociais.

Nesse sentido, o enfrentamento do desafio da universalização dos serviços de abastecimento de água e esgotamento sanitário requer esforços de atualização em política, gestão e respectivos instrumentos e ferramentas que alavanquem ações integradas, fortaleçam diálogos entre partes interessadas. Devem ser, principalmente, robustos e dinâmicos para lidar com a própria diversidade e complexidade que as áreas de vulnerabilidade social representam, em ambientes políticos muitas vezes instáveis.

CONTROVÉRSIAS DA GESTÃO EM ÁREAS VULNERÁVEIS

O *Atlas do Saneamento* (IBGE, 2011) apresenta dados preocupantes relacionados ao contexto da gestão do saneamento no Brasil, tais como intermitência em regiões de secas, ausência de serviços e sistemas de cobrança em várias cidades e taxas de mortalidade infantil e de doenças de veiculação hídrica, que continuam elevadas em parte, por problemas nos sistemas de saneamento ambiental. Refletem, portanto, fragilidade na prestação dos serviços no Brasil quanto à ausência de instrumentos de gestão como Plano de Saneamento, contratos e leis específicas.

Há que se considerar que os equacionamentos do setor passam pela análise de como o afastamento das áreas rurais e o desenvolvimento da civilização nas cidades têm afetado de forma crescente populações pobres em diversos aspectos, como baixa qualidade ou ausência de serviços básicos, riscos associados à forma como a população mais carente busca provisão desses serviços, insuficiência de mecanismos de financiamentos e políticas de subsídios para ampliar o acesso da população de baixa renda, inadequada contabilização dos altos custos ambientais, associados ainda a indefinições de uma estratégia nacional para universalização dos serviços de saneamento básico em áreas de vulnerabilidade social e do nível de exigência regulatória.

Esses aspectos têm impacto importante nos processos de universalização dos serviços de saneamento, nos usuários, no entorno político e institucional destas regiões onde as áreas de vulnerabilidade social estão mais presentes, como as regiões metropolitanas e diversas outras cidades de grande porte no Brasil.

Tal impacto tem grande relevância na gestão das operadoras de serviços de abastecimento de água e esgotamento sanitário, pois tem reflexo na capacidade de cumprimento de contratos de concessão firmados com municípios, na implementação de programas de responsabilidade social e de sustentabilidade e em seu equilíbrio econômico-financeiro.

Assim, na perspectiva das empresas operadoras, faz-se necessária a definição de inovação na governança empresarial que cubra situações marginais e permita focalizar esforços e recursos para proteger a população mais vulnerável e possibilitar o acesso universal aos serviços prestados. Essa inovação, de certa forma, será construída em um contexto de lacunas políticas para equacionamento dos desafios da universalização diante do modelo de subsídios. No caso do subsídio entre municípios, o equilíbrio econômico-financeiro de um contrato deve ser obtido isoladamente ao longo do período contratual, ou seja, por meio de tarifas, cuja arrecadação se dá dentro da área urbana do município que contratou a concessionária. No caso do subsídio entre usuários, a evasão dos que incorporaram fontes alternativas de abastecimento de água romperam o mecanismo entre grandes e pequenos usuários em situação de vulnerabilidade social (Juliano et al., 2012b). Fragilidades do atual sistema nacional de informações em saneamento nos aspectos conceituais e metodológicos relacionados ao tema da vulnerabilidade social dificultam a formulação de políticas, planos, programas e projetos, e assim não favorecem a articulação entre instituições que conduzem habitação, saneamento, desenvolvimento social, planejamento urbano e saúde.

A inovação da gestão deverá promover o funcionamento da empresa com celeridade, redução de gargalos decisórios, fortalecimento de parcerias com poder público e fornecedores e transparência com a sociedade civil.

Para a universalização do saneamento, faz-se necessária uma maior aproximação de instrumentos e ferramentas de gestão com a realidade, de forma a inovar o modelo em regime de eficiência técnica, eficácia social e efetividade. Deve-se perceber as mudanças na estrutura de mercado e sociedade, antecipando-se a elas, de forma a compreender o propósito moral da transformação e trazer conceitos e conteúdo para a organização como valores empresariais.

PRÁTICAS DOS SERVIÇOS PÚBLICOS EM ÁREAS VULNERÁVEIS

A escola empreendedora da administração do movimento contemporâneo, especificamente do grupo do empreendedorismo social e negócios ambientais sustentáveis, descreveu as características dos negócios socioambientais sustentáveis em relação a seus potenciais e limitações, identificando os desafios de gestões de empreendimentos com finalidades sociais e ambientais e a possibilidade de aplicações de conhecimentos, métodos e técnicas consagrados na administração das organizações. Dessa maneira, podem-se analisar os principais processos de gestão de serviços regulados para desenhar a inovação necessária que promova a universalização dos serviços em áreas de vulnerabilidade. As grandes organizações sociais estão classificadas em duas grandes escolas: a primeira, de grandes organizações comerciais, chamadas *corporate entrepreneurship*, que, em suporte à sua missão social, não visam ao lucro; a segunda de empreendedores sociais, *change makers,* com o objetivo de desenvolver novos serviços, novas combinações. As dimensões associadas a esses dois grupos de grandes organizações são: atividade contínua de produção de bens ou serviços; nível de risco significante (gestores assumem total ou parcialmente o risco, dependendo da garantia de sua sustentação); quantidade de trabalhadores mínimos (não apenas voluntários); objetivo específico de benefício; transparência de seus indicadores sociais; governança participativa em negócios sociais em conselhos deliberativos (Borzaga e Galera, 2009).

Segundo Durana et al. (2010), em cinco estudos de caso para atender à população de baixa renda, as grandes empresas de serviços de energia e gás na Venezuela, na Argentina, na Colômbia e no Peru consideraram que a universalização para o segmento de baixa renda (SBR) deve observar diversos aspectos, além dos anteriormente destacados, tais como a crescente urbanização da pobreza, o acesso ilícito de serviços básicos, os custos elevados de operação e a indefinição de uma estratégia empresarial. Ao mesmo tempo, esse modelo de negócio para o SBR deve ser capaz de aceitar desafios como: baixar custos de atendimento e operação dos serviços; reduzir barreira de entrada (financeira); elaborar estratégias inovadoras de sensibilização; criar canais de crédito e subsídios; promover a participação e o desenvolvimento do regulador para coibir a intervenção pública sobre o preço (preço político *versus* preço de mercado); dentre outros. Para os autores, a variação de escala e objetivos empresariais é diretiva para o sucesso, sendo explicados em diferenças apoiadas em relação ao modelo do negócio, como: percepção dos obstáculos; visão; abertura de mercado de baixa renda e sua maturação; criação de serviços e produtos complementares cujas ações se revertem em benefícios sociais; projetos-pilotos antes das implantações em grande escala; rentabilidade; valores da empresa; subsídios; valor percebido sobre um serviço público e concessão de crédito para aumento de consumo com produtos complementares; redução da ineficiência e visão de Pesquisa e Desenvolvimento (P&D) sobre os SBRs (Durana et al., 2010).

Os estudos feitos na Índia com 300 iniciativas de mercado sobre como prestar serviços às populações pobres por meio de soluções de mercado, ou seja, negócios da economia formal que ajudavam a melhorar as condições de vida das pessoas que estavam na base da pirâmide econômica, revelaram modelos de negócio populares que trabalhavam, ou procuravam trabalhar, em escala. As soluções de mercado como uma abordagem promissora de combate à pobreza que conseguiram escala apresentaram os seguintes pontos em comum: organização de ponta a ponta, pois se criou não apenas um produto, mas um ecossistema abrangendo toda a cadeia de valor; manutenção do foco em um número reduzido de produtos ou serviços, para criar especialização e reduzir custos; equacionamento das fontes de financiamento subsidiado com acesso a financiamento com juros abaixo do mercado, para reduzir o custo de capital do empreendimento; e paciência – não esperar milagres no curto prazo. Muitos empreendimentos chegaram a levar dez a quinze anos para alcançar a escala desejada. Obtiveram-se como importante lição que deve-se tratar populações de baixa renda como clientes potenciais, como fornecedores ou produtores, inserindo-os na cadeia de suprimentos (Monitor Group, 2009).

Experiências de sucesso em alguns países como Senegal e Uganda reforçam que um novo paradigma está sendo construído apoiado na colaboração e nas parcerias entre operadoras de serviços de abastecimento de água, municipalidades, organizações das comunidades (CBOs, na sigla em inglês) e organizações não governamentais, bem como parcerias público-privadas (PPPs). Esse formato tem conseguido avanços significativos na promoção da universalização de serviços para as comunidades de baixa renda da África (Brocklehurst e Jan, 2004; Cross e Morel, 2005). O mesmo paradigma teve resultado no incremento do acesso aos serviços de água e esgotamento sanitário para mais de 30 mil habitações em áreas de vulnerabilidade social, reduzindo a frequência e a gravidade das doenças de veiculação hídrica em crianças da Argentina (Almansi et al., 2003; Galiani et al., 2006).

Convencionalmente, os clientes de baixa renda são vistos com baixa capacidade de pagamento para receber serviços melhores e mais adequados (Asia, 1999). Esses usuários frequentemente têm demonstrado maior disposição de pagar pelos serviços de água do que pelos serviços de esgotamento sanitário (Brocklehurst e Evans, 2001). De qualquer forma, é esperado que disposição de pagar devesse motivar ou sinalizar as operadoras para expandir seus serviços para áreas vulneráveis. Isso é relevante pelo fato de os clientes em situação de pobreza dominarem uma economia de países *"low-income"*, e pesquisas indicam que as participações deles contribuem para recuperação dos custos em regime de eficiência, eficácia e sustentabilidade.

Berg e Marques (2011) afirmam que os países abordam de forma distinta a universalidade dos serviços públicos de saneamento. A grande maioria aborda o tema em suas leis; é variado o modo que ele é instituído. Na Itália, na França e nos Países Baixos, a universalização é compulsória aos prestadores, mas em outros países, em sua maioria, a unidade gestora tem liberdade para a consecução da universalização.

Para Blokland et al. (2009), a experiência e a pesquisa têm demonstrado que o serviço de saneamento eficaz na prestação desses serviços, ao operar em regime de eficiência, requer um esforço muito maior do que assentar redes e conectar os clientes. Em vez disso, exige uma abordagem integrada da operação e outros intervenientes, incluindo a determinação de fornecimento de serviços para os pobres em áreas informais, tecnologia, soluções sobre questões de acessibilidade e a criação de instituições eficazes e inovadoras em acordos e incentivos.

Dois modelos de gestão em áreas vulneráveis podem ser citados como exemplos para reflexão: o da Serviços de Saneamento Integrado do Norte e Nordeste de Minas Gerais (Copanor), subsidiária da Companhia de Saneamento Básico de Minas Gerais (Copasa), e o programa Córrego Limpo da Região Metropolitana da Companhia de Saneamento Básico do Estado de São Paulo (Sabesp).

Copanor – Estudo de caso da Companhia de Saneamento Básico do Estado de Minas Gerais

A Copasa é uma empresa de capital aberto com investimentos da ordem de R$ 980 bilhões/ano. Operava em 626 municípios no estado de

Minas Gerais com concessão de água e em 283 com concessão de esgoto em 2013. Tem uma estrutura de governança proveniente do Novo Mercado da Bolsa de Valores, Mercadorias e Futuros de São Paulo (BM&FBovespa), onde suas ações são negociadas. Com o objetivo de implantar sistemas de abastecimento de água, coleta e tratamento de esgoto em todas as localidades com população entre 200 e 5 mil habitantes no norte e nordeste de Minas, a Copanor foi criada pela Lei estadual de Minas Gerais n. 16698/2007, como subsidiária da Copasa. Objetiva a melhoria da qualidade de vida da população em sua área de abrangência, redução dos índices de mortalidade infantil causadas por doenças infecciosas e parasitárias, redução das desigualdades regionais e despoluição de rios e córregos. A Copanor se responsabilizará pela gestão dos serviços no Vale do Jequitinhonha, mantendo nível de qualidade equivalente ao dos serviços prestados pela Copasa-MG, em regime de subconcessão, observando as diretrizes do plano de saneamento básico de sua região de atuação, estabelecido nos termos da Lei federal n. 11445, de 5 de janeiro de 2007 (Copasa, 2013a).

Além disso, busca planejar e prestar serviços de abastecimento de água e de esgotamento sanitário do norte de Minas e das bacias hidrográficas dos rios Jequitinhonha, Mucuri, São Mateus, Buranhém, Itanhém e Jucuruçu. Essa região já era operada anteriormente pela Copasa; trata-se de uma das áreas de menor renda e maior vulnerabilidade socioambiental do Brasil. A criação da subsidiária Copanor tem a missão de oferecer serviços de abastecimento de água e esgotamento sanitário com tarifas reduzidas compatíveis com a realidade socioeconômica da população, em sua área de abrangência. Para isso, os investimentos na implantação dos sistemas de abastecimento de água e esgotamento sanitário da Copanor são subsidiados pelo governo do estado de Minas Gerais e cabe à Companhia a operação desses sistemas. Além do objetivo de consolidar Minas como um modelo em saneamento, a Copanor, com uma política de tarifas reduzidas, é uma empresa sustentável e contribui para diminuir as desigualdades regionais e promover a inclusão social (Copasa, 2013a).

Para isso, a Copanor conta com recursos não onerosos do estado para construir reservatórios, estações de tratamento de água e esgotos e redes de distribuição de água e esgoto, módulos sanitários de 463 localidades. O modelo de gestão escolhido teve por objetivos conferir maior eficiência à operação local, reduzir custos e gerar receitas suficientes para cobrir despesas operacionais – portanto, sem objetivos de lucro. Em 2012, estava atendendo 155 localidades, beneficiando mais de 209 mil pessoas com serviços que garantem, inclusive, módulos sanitários nas residências. Para provisionar os investimentos necessários, foi criado o Fundo Estadual de Saúde (FES), que contou com aporte do governo estadual de Minas Gerais de R$ 545 milhões, dos quais R$ 264 milhões foram aplicados em obras até 2011. A previsão de o montante restante ser investido até 2015 foi afetada pela crise hídrica. Segundo a matriz, o modelo tecnológico e organizacional adotado pela subsidiária, que permite o aumento da eficiência e a redução de custos operacionais na prestação de serviços de saneamento para as comunidades com baixo Índice de Desenvolvimento Humano (IDH), está ultrapassando as fronteiras de Minas. Porém, em 2012, os funcionários da Copanor denunciaram as suas condições de trabalho em blogs, pedindo apoio à população para que a empresa cumprisse suas funções operacionais. Pediram revisão da grande disparidade salarial entre matriz e subsidiária, reclamando do excesso de atribuições. Citaram como exemplo o Operador de Sistema, chamado de "o que faz de tudo", que fazia serviços de manutenção e ligação em redes de distribuição de água e coleta de esgoto, exercia as funções de leiturista, de operador da Estação de Tratamento de Água (ETA), de operador da Estação de Tratamento de Esgoto (ETE), às vezes realizando até serviços de eletromecânica, sem conhecimento técnico, atendente comercial, motorista condutor de produtos químicos perigosos, pois a empresa não possui profissionais suficientes nessas áreas (Copasa, 2013a; 2013b; Segov, 2012; Jusbrasil, 2013; Tratabrasil, 2015).

Conforme Tabela 1, o número de comunidades atendidas no primeiro quadriênio de operação oscilou.

Tabela 1 – Localidades atendidas pela Copanor de 2008 a 2013.

LOCALIDADES ATENDIDAS					
ANO	2008	2009	2010	2011	2013
Total de localidades – SAA	22	30	85	26	163
Total de localidades – SES	10	4	3	1	18
População beneficiada – SAA	41.214	59.876	72.662	41.551	215.303
População beneficiada – SES	12.004	7.333	5.085	968	25.390

Fonte: Copasa (2013b).

Por levantamentos e entrevistas, identificou-se que no modelo da Copanor adotou-se a prestação dos serviços integralmente por funcionários da concessionária. Não houve a inserção do cidadão da comunidade na cadeia produtiva de valor, o que poderia reduzir as sobrecargas dos trabalhadores contratados e aumentar os produtos com geração de valor compartilhado. Percebe-se também que seria desejável uma melhor instrumentalização nas funções da gestão administrativa e econômico-financeira da subsidiária; o fato de não objetivar lucro modificou a política empresarial de participação nos resultados dos funcionários alocados na subsidiária, promovendo tensões internas.

No segundo semestre de 2012, a administração da Copasa retomou as funções administrativas e financeiras por considerar que o modelo não estava respondendo aos desafios propostos e que o retorno promoveria ganhos de escala[2].

Em dezembro de 2013, havia um total de 198 localidades atendidas com sistemas de abastecimento de água implantados, 61 localidades com sistemas de esgotamento sanitário; 886 famílias foram contempladas com a implantação de módulos sanitários com banheiro, tanque, chuveiro e pia em suas residências. O modelo empresarial, inovador para o setor, conta com o subsídio do Estado para garantir viabilidade econômico-financeira e prover tarifas sociais para todos os usuários registrados no Cadastro Único (CadÚnico) para o programa da tarifa social da energia elétrica do Governo Federal; no entanto, as estruturas de gestão da Copanor voltaram a ficar vinculadas à Copasa, cujos custos são maiores que os previstos no modelo inicial, para garantir que se atinjam os objetivos empresariais.

De 2007 até dezembro de 2013, foi investido pelo governo do estado de Minas Gerais por meio da Copanor, com recursos do Tesouro Estadual, o montante de R$ 423 milhões em obras de saneamento, equipamentos, materiais e serviços; 88 municípios já estavam com a lei autorizativa para contratos de programa para a transferência dos serviços da prefeitura municipal para a Copanor. Já é considerado um modelo de referência em que o estado provê o equacionamento de subsídios a investimento e custos dos serviços, ensejando ainda a medição das externalidades positivas. Considera-se a Copasa como uma *corporate entrepreneurship*, conforme Borzaga e Galera (2009).

---

[2] Em entrevista realizada pelos autores deste capítulo, em 2012.

Córrego Limpo – Estudo de caso da Companhia de Saneamento Básico do Estado de São Paulo

A Companhia de Saneamento Básico do Estado de São Paulo (Sabesp) é uma empresa de capital aberto com investimentos da ordem de R$ 2 bilhões/ano. Em 2013, operava em 363 municípios no estado de São Paulo e tem uma estrutura de governança proveniente do Novo Mercado da Bolsa de Valores, Mercadorias e Futuros de São Paulo (BM&FBovespa), American Depositary Receipts (ADR) e Bolsa de Valores de Nova York (NYSE), onde suas ações são negociadas (Sabesp, 2013).

A Sabesp criou um programa para promover a coleta e o afastamento dos esgotos coletados nas áreas de baixa renda do estado de São Paulo em complementação ao projeto de despoluição do rio Tietê – batizado como Programa Córrego Limpo. Segundo o Plano Municipal de Saneamento do Município de São Paulo, as ações a cargo da Sabesp são relacionadas a eliminação das ligações clandestinas ou inadequadas, manutenção das redes, elaboração de projetos, licenciamento e execução de ligações, coletores e estações elevatórias, monitoramento da qualidade da água e a informação ambiental à população local. As ações do município são: limpeza de margens e leitos de córrego; manutenção da rede pluvial; contenção de margens; remoção de população das áreas ribeirinhas por onde deve passar a infraestrutura de rede; urbanização de favelas; implementação de parques lineares sempre que possível; e notificação de proprietários para que regularizem suas conexões. É importante observar que dentre as maiores dificuldades deste Programa está a necessidade de remoção e realocação da população de baixa renda da beira de córregos, em função da existência de ocupações precárias nas áreas de fundo de vale, onde devem ser implantados os coletores tronco. Os recursos para as ações de responsabilidade do município são provenientes dos aportes trimestrais da concessionária de 7,5% da receita bruta arrecadada no município em um fundo municipal de saneamento e infraestrutura, criado pela Lei estadual n. 14934/2009, quando da contratualização dos serviços entre município e concessionária. O contrato remete à agência reguladora a decisão do repasse desse encargo às tarifas por ocasião da revisão tarifária (Arsesp, 2012). Até o ano de 2012 foram despoluídos pela concessionária 52 córregos e 1,7 milhão de pessoas foram beneficiadas (Sabesp, 2011). O modelo de gestão adotado neste caso da Sabesp foi chamado de construção de governança, em articulação e or-

GESTÃO PARA A UNIVERSALIZAÇÃO DOS SERVIÇOS DE SANEAMENTO | **215**

ganização com a comunidade. O conceito de governança, segundo Donahue (2004, p. 3), da Kennedy School of Government de Harvard, é:

> A essência da Governança Colaborativa é um novo nível de engajamento político/social entre vários setores da sociedade que constitui uma maneira mais efetiva de enfrentar muitos dos problemas das sociedades modernas, muito além do que vários setores foram capazes de conquistar sozinhos.

No município de São Paulo, há um elevado número de comunidades de baixa renda envolvidas em microbacias distintas, cujo caráter descentralizado amplia a dificuldade de os agentes públicos se fazerem presentes em todos os córregos. Também, as diversas dimensões que a proteção desses fundos de vale requer fazem com que seja quase impossível ao poder público agir sozinho. A solução proposta no programa foi montar uma estratégia de implantação de governança colaborativa em cada bacia hidrográfica contando com a comunidade local. A colaboração funciona como um tipo de rede de relacionamento. Na proteção dos córregos é indispensável a colaboração de todos os envolvidos direta e indiretamente. Neste caso, o objetivo foi identificar e/ou construir uma rede com várias organizações que formassem alianças temporárias ou permanentes em torno de um propósito específico: proteger os córregos e tornar duradouros os ganhos do Programa Córrego Limpo[3].

Na definição das estratégias da governança colaborativa, o projeto-piloto empregou o Modelo dos Níveis de Ação Colaborativa (MNAC), elaborado por Imperial (2005), da Universidade da Carolina do Norte, e já utilizado na análise do trabalho em seis bacias hidrográficas norte-americanas. Por meio do MNAC, buscou-se identificar padrões presentes em cada nível nas seis bacias norte-americanas analisadas. Operacionalmente, foram identificadas três atividades comuns a todas as bacias: melhoria das condições ambientais, instrução do público e dos tomadores de decisão, monitoramento e fiscalização (Quadro 1). Como o nível operacional é o último na cadeia da governança colaborativa, não traz muitos desafios estratégicos. Há a preponderância do poder público, e a cooperação da sociedade civil

---

[3] As informações aqui descritas da governança colaborativa adotada no Programa Córrego Limpo foram autorizadas pela Diretoria de Operação Metropolitana da Sabesp. Os autores agradecem a disponibilização de documentos de circulação restrita para fins de estudos e publicação deste texto.

ocorre de forma marginal. Na experiência norte-americana, o nível operacional envolveu não só a questão das obras e infraestrutura, mas também a sensibilização da população para a questão da proteção dos recursos naturais, por meio de melhorias nas atividades de educação, além de monitoramento e fiscalização.

Quadro 1 – Nível operacional: atividades e caráter colaborativo.

Atividade	Ações	Caráter colaborativo
Melhoria das condições ambientais	Coleta de esgoto, implantação de melhores práticas, coleta de lixo e entulho	Parceria entre órgãos públicos dos níveis federal, regional e local e entre órgãos do mesmo nível. Envolve compartilhamento de recursos, desde recursos financeiros e técnicos até capacidade de planejamento e gestão
Educação do público e dos tomadores de decisão	Palestras, cursos, preparação de materiais de divulgação como guias e cartilhas, treinamento e assistência técnica voltados para públicos específicos como professores e tomadores de decisão	Parceria com outros órgãos públicos, escolas, organizações da sociedade civil (ONGs). O setor público geralmente entra com recursos financeiros e expertise técnica; as ONGs entram também com expertise técnica e com a organização do treinamento; as escolas e outras associações garantem o público
Monitoramento e fiscalização	Coleta de dados	Parceria com escolas e universidades locais para a coleta de dados por meio do voluntariado

Fonte: Sabesp (2011).

O nível da formulação de políticas é aquele que apresenta maior intensidade no caráter colaborativo. Envolve atividades de compartilhamento de conhecimentos e recursos, além de desenvolvimento de políticas compartilhadas, regulações e normas sociais (Quadro 2). Nesse nível constrói-se a rede de colaboração propriamente dita, embora ela deva ser reconhecida também no âmbito institucional. Os grupos de trabalho ou forças-tarefa podem incorporar novos atores à rede, e isso acaba gerando novas ideias, de forma a resolver problemas, construir relacionamentos e desenvolver confiança. As redes também criam canais valiosos de troca de informações.

Quadro 2 – Nível da formulação de políticas: atividades e caráter colaborativo.

Atividade	Ações	Caráter colaborativo
Compartilhamento de conhecimentos	Redução da assimetria de informações por meio do desenvolvimento de bases de dados comuns (com uso de Sistemas de Informação Geográfica – GIS), compartilhamento de recursos técnicos, inventário de recursos integrados (relatórios anuais, relatório de monitoramento etc.)	Reúne todas as partes interessadas, isto é, todos aqueles que afetam ou são afetados pela questão ambiental das bacias. São formados grupos de trabalho, forças-tarefa e comitês consultivos
Compartilhamento de recursos	Contratação de pessoal por um parceiro para prestação de serviços a outro (uma organização recruta voluntários para trabalhar para outra), colaboração entre quadros técnicos, compartilhamento de recursos financeiros	Envolve principalmente ONGs, visando à maior eficiência e ao menor custo dos projetos e tendo em vista as limitações do setor público
Desenvolvimento de políticas compartilhadas, regulações e normas sociais	Desenvolvimento de documentos de políticas compartilhadas, definição conjunta de prioridades e estabelecimento de normas sociais (códigos compartilhados por todos)	Envolve todas as partes interessadas

Fonte: Sabesp (2012).

No âmbito institucional, são desenvolvidas atividades como a formalização das políticas compartilhadas, assim como o desenvolvimento de organizações colaborativas (Quadro 3). Nesse âmbito, Imperial (2005) identificou fatores dos quais depende toda a estratégia de cooperação. Uma característica é que a colaboração deve ocorrer em um jogo em que todos ganham – terminologia adotada na Teoria Geral da Administração, *Win-Win*, o jogo ganha-ganha, em que todos os envolvidos são igualmente beneficiados. Embora possam surgir conflitos, é essencial que haja objetivo comum e um mínimo de valores compartilhados; quando se juntam atores com visões conflitantes e objetivos excludentes, a colaboração não acontece. Outra necessidade é ter foco: iniciativas sem objetivos claros tendem a levar os participantes ao desinteresse. Também é útil criar regras para reger o esforço colaborativo para evitar perder muito tempo discutindo processos e procedimentos.

Quadro 3 – Nível institucional: atividades e caráter colaborativo.

Atividade	Ações	Caráter colaborativo
Formalização das políticas compartilhadas, regras, normas, práticas, processos e procedimentos	Elaboração de instrumentos regulatórios como termos de cooperação, resoluções, alterações de legislação, leis e decretos	Participação de todas as partes interessadas
Desenvolvimento de organizações colaborativas	Criação de organizações de segunda ordem, isto é, organizações que não só respondem às mudanças no seu ambiente de atuação como também revisam seus próprios valores e crenças estabelecendo um quadro de referência comum	Participação de todas as partes interessadas

Fonte: Sabesp (2012).

A Unidade de Negócio Norte da RMSP reúne-se mensalmente com lideranças comunitárias desde 1996, com objetivo de promover responsabilidade ambiental, melhor responder demandas das comunidades e fazer prestação de contas. Nesse sentido, entendem a colaboração entre empresa e sociedade em três níveis: operacional, formulação de políticas e institucional (Quadro 4). Há uma relação de antecedência entre os níveis, indicando que as ações colaborativas dependem de um suporte na formulação de políticas e são restringidas e promovidas pelas normas empresariais.

GESTÃO PARA A UNIVERSALIZAÇÃO DOS SERVIÇOS DE SANEAMENTO | 219

Quadro 4 – Níveis de colaboração.

Nível	Descrição
Operacional	Tem impacto direto no mundo real. Trata-se de intervenções como implantação de infraestrutura ou então de processos educativos e de monitoramento e avaliação. Envolvem, na maior parte das vezes, serviços governamentais
Formulação de políticas	Não tem impacto direto no mundo real. Tem caráter orientador, incrementando a comunicação entre os atores, coordenando ações e integrando políticas de maneira a alavancar os objetivos coletivos (governança)
Institucional	Atividades que influenciam, restringem, incrementam ou promovem ações no âmbito operacional e de formulação de políticas

Fonte: Sabesp (2012).

Aplicando os princípios do MNAC ao Programa Córrego Limpo da forma como estava em 2012, chega-se à síntese do Quadro 5. Nele, os espaços em branco mostram as oportunidades de aprimoramento da colaboração. Importante notar que dizem respeito à ampliação da cooperação entre órgãos públicos, mas também ao envolvimento de novos atores, sobretudo locais. A partir desse modelo, foram identificadas oportunidades para colaboração entre os envolvidos no Programa Córrego Limpo: comunidades vizinhas aos cursos d'água e órgãos públicos, como a Secretaria de Estado de Saneamento e Energia, a Sabesp e as secretarias municipais de Coordenação das Subprefeituras, de Infraestrutura Urbana e Obras, de Habitação e do Verde e Meio Ambiente; as unidades regionais tiveram autonomia para organizar-se em atendimento às diretrizes estratégicas empresariais.

A partir da tipologia de bacias e da análise de redes sociais, o projeto-piloto sugere estratégias para estabelecimento de uma boa governança colaborativa: antes do início de obras, comunicar o que se pretende com a intervenção. Segundo a metodologia, é necessário ouvir o público para conhecer sua percepção sobre a iniciativa, estimular e incorporar propostas locais de melhoria dos córregos que sejam complementares às do poder público, relacionar o córrego à vida das pessoas por meio de material informativo sobre sua história, criar canal direto com gestores do programa para denúncias sobre deposição de lixo e entulho no córrego, disponibilizar página na internet na qual conhecimentos técnicos e da população possam ser

GESTÃO EMPRESARIAL E SUSTENTABILIDADE

Quadro 5 – Comparação do modelo MNAC com o estado do Programa Córrego Limpo em 2012.

Nível de colaboração	Existe colaboração	Órgãos públicos no mesmo nível	Órgãos públicos de outros níveis	ONGs	Público mais amplo*
Operacional					
Melhoria das condições ambientais	Sim	X	X		
Educação de público e tomadores de decisão	Sim	X	X		
Monitoramento e fiscalização	Sim	X			
Formulação de políticas					
Compartilhamento de conhecimentos	Não				
Compartilhamento de recursos	Não				
Desenvolvimento de políticas compartilhadas, regulações e normas sociais	Não				
Institucional					
Formalização das políticas compartilhadas, regras, normas, práticas, procedimentos e processos	Sim	X	X		
Desenvolvimento de organizações colaborativas	Não				
* Associações de moradores, pessoas engajadas na conservação e limpeza do córrego, pessoas envolvidas com o Programa.					

Fonte: Sabesp (2012).

compartilhados, criar relatórios de avaliação e monitoramento que informem a comunidade e a mantenha envolvida, firmar termo de cooperação envolvendo os participantes de cada bacia e definindo as regras para o processo colaborativo e criar fóruns em cada uma das bacias participantes do programa, conforme relatórios de circulação restrita da Sabesp.

Para os fóruns foram feitas as seguintes recomendações: composição por representantes da Sabesp e dos demais setores envolvidos; definir objetivos e prioridades dos projetos de preservação dos córregos; disseminar informações sobre o Programa; apoiar as iniciativas educacionais do nível operacional; auxiliar nos processos de monitoramento e fiscalização no nível local; considerar diagnóstico das redes sociais existentes; onde houver redes consolidadas, negociar com as lideranças locais; onde não houver, o poder público deverá tomar a iniciativa de instalação, convidando para participar os atores locais e, onde necessário, atores externos, como ONGs.

Do ponto de vista do impacto social, identificam-se melhores contribuições para gerar e distribuir valor nas comunidades locais um modelo de governança colaborativa. Porém, observam-se ainda diversas controvérsias entre visões de enfoque sociotécnico quanto às atribuições do Estado. No que tange à provisão constitucional do direito aos serviços de saneamento básico[4], há sempre a busca do poder público para superação de impedimentos trazidos pelo direito de propriedade, desafios legais para estabelecer parcerias e prover recursos contínuos para ampliar a base de famílias atendidas em uma política social.

Nesse sentido, os benefícios das atividades do setor são tão impactantes que são claramente identificáveis e desejáveis as intervenções perante os resultados socioambientais de despoluição dos córregos. Além do acesso aos serviços, surgiram novos comércios provenientes do acesso à água, promovendo aumento de renda, valorização imobiliária, consciência ambiental, construção de um sentimento de valorização do local, pertencimento, fortalecimento dos vínculos das redes sociais e ligação de grupos dispersos entre cidadãos e organizações.

Permanecem os desafios da mensuração de externalidades socioambientais nessas áreas.

---

[4] A Política Federal de Saneamento Básico do Brasil, Lei n. 11445/2007, define saneamento básico como o conjunto de serviços, infraestruturas e instalações operacionais de abastecimento de água potável, esgotamento sanitário, limpeza urbana e manejo de resíduos sólidos e drenagem e manejo das águas pluviais urbanas.

Considera-se a Sabesp uma organização *change makers*, conforme Borzaga e Galera (2009).

DETERMINANTES DA UNIVERSALIZAÇÃO

Para que se possam tecer conclusões quanto à gestão empresarial dos serviços de abastecimento de água e esgotamento sanitário em áreas de vulnerabilidade social, há que se considerar que a eficácia social é fortemente impactada por modelos de subsídios definidos pela política pública, da qual o regulador é o executor para garantir a modicidade tarifária sobre cobertura dos custos eficientes dos serviços de médio e longo prazo, recursos para investimentos prudentes, remuneração de ativos e dos acionistas, serviço da dívida, garantia do alcance de metas contratuais e de eficiência pela operadora, além da governança.

No entanto, essas questões ainda carecem de maiores esforços no sentido de uma necessária revisão da política nacional de saneamento no Brasil. A Lei federal n. 11445/2007 e o Plano Nacional de Saneamento (Plansab) (Brasil, 2007), que estabelecem diretrizes nacionais para o saneamento básico, preconizam, dentre outros, os princípios fundamentais da universalização e integralidade, de forma sustentável por meio do equilíbrio econômico-financeiro do contrato firmado entre concessionária e poder concedente ou seu representante. O equilíbrio se dará por meio de tarifas cobradas aos usuários pelos serviços prestados. O usuário de baixa renda será subsidiado pelo modelo de subsídio cruzado, conforme definido no Plansab; porém, essa metodologia deixou de ser aplicável, pois rompeu-se o modelo de subsídios cruzados intermunicipais por decisão dos municípios superavitários; e também entre grandes e pequenos usuários de baixa renda motivada pela migração para uso de poços (Brasil, 2007, 2010; Juliano et al., 2012b). Reforça essa tese a decisão do Supremo Tribunal Federal de que a titularidade dos serviços de saneamento em regiões metropolitanas, aglomerados urbanos e microrregiões, para funções públicas de interesse comum, deve ser exercida por gestão compartilhada entre estado e município, bem como em zonas especiais de interesse social (Brasil, 2013) para viabilizar as garantias da constituição cidadã.

Assim sendo, há que se prover equacionamentos aos municípios cuja capacidade de pagamento de seus cidadãos não permite a universalização em regime de eficiência. Nesse sentido, a eficácia social, promovida pelas estruturas tarifárias dos subsídios cruzados entre municípios e usuários adotadas anteriormente ao Marco Regulatório, deve ser prevista e provisionada na política pública por meio de subsídios a demanda, semelhante à política pública do desenvolvimento social para os setores de energia e gás, ou por normatização de equilíbrio regional.

Nesse sentido, os atuais dilemas da prestação dos serviços públicos de saneamento ainda passam pelo equacionamento de uma regulação apoiada na eficiência operacional diante dos requisitos da teoria do bem-estar social. Esta requer um forte alicerce de política pública com respostas aos desafios da ascendente migração para os centros urbanos de populações, onde se estabelecem em situação precária e de exclusão social. Numa população de excluídos, que não tem ciência de seu direito social ao saneamento, o Legislativo e Executivo deverão promover medidas igualitárias para a universalização inclusiva[5].

DISCUSSÃO

Segundo Reficco (2011), a visão tradicional das contribuições das empresas para a sociedade tem demonstrado efetividade limitada: descontinuidade, coordenação falha, falta de visão sistêmica e estratégia equivocada, distanciamento da empresa, e estratégias conflitantes com atuação sobre os sintomas e não nas causas – obtendo resultados ineficazes.

Nesse sentido, o saneamento opera sobre os resultados demandados sobre a tecnicidade da engenharia sanitária, não sendo capturadas medições dos impactos socioambientais. O objeto de decisão é o equilíbrio econômico-financeiro por tarifas. A criticidade está no fato de as ações não serem intrínsecas ao negócio, mudando a centralidade do modelo hegemônico do saneamento operar. Ainda que façam parte da estratégia de uma empresa, não necessariamente farão parte da estratégia da política pública.

Também pode-se observar no saneamento ações paliativas e compensatórias, conforme Reficco (2011) afirma como defensor de ações sociais. Quando uma organização cria uma subsidiária, ou unidade de negócio,

---

[5] Universalização inclusiva significa prestar serviços públicos essenciais à vida de um subcidadão, subincluído nas políticas públicas, não contado nas metas setoriais, mediante um processo participativo, conduzido pela concessionária em parceria com o poder concedente e demais atores da sociedade, para prover água e esgotamento sanitário, ainda que em áreas de exclusão social por meio de arranjos sócio-técnicos em construções singulares, inclusivas e cuidadoras do direito humano fundamental (Guimarães et al., 2015).

terá a cobrança de resultado, estará efetivamente com a estratégia voltada para a visão social. Isso ocorreu no caso da visão socioambiental da Copasa.

No entanto, as motivações podem ser diferenciais na obtenção dos objetivos estabelecidos. A defesa da universalização pelo modelo hegemônico da engenharia de uma subsidiária com os mesmos princípios contribui para estabelecer as prioridades; porém, a demanda espontânea também é um revelador das necessidades trazidas pelos sanitaristas e usuários (Juliano, 2012a), como no caso da governança colaborativa da Sabesp.

Os dois casos apresentados preliminarmente demonstram que a universalização dos serviços de saneamento em áreas de vulnerabilidade socioambiental demandam ações articuladas entre agentes e políticas públicas para as dimensões da sustentabilidade no setor.

Segundo conceitos de Brugman e Prahalad (2007), os modelos adotados pelos casos apresentados, ainda que com deficiências, geram valor compartilhado especialmente para as populações vulneráveis, o Estado, a empresa, mediante colaboração, e as alianças intersetoriais. No que tange à geração de valor, há que se considerar que o modelo colaborativo promove melhores resultados em relação aos modelos assistencialistas, pois preocupam-se com a emancipação, a cidadania e a inclusão na cadeia de valor do cidadão vulnerável.

Conforme Fischer (2011), no modelo de empreendimento social, a autonomia jurídica, administrativa e gerencial têm de gerar valor econômico e valor social.

Semelhantemente, no modelo de empreendimento socioambiental, a autonomia jurídica, administrativa e de gestão têm de gerar valor econômico, valor social e valor ambiental permanente.

No caso das áreas urbanas, as diversas ações necessárias partem da regularização fundiária sustentada no direito constitucional de propriedade e da mobilização da comunidade, sendo fundamental o diálogo com atores-chave, como o Ministério Público e a Promotoria Pública, para que se possa planejar a atuação dos prestadores sobre áreas irregulares. Desta forma, as diversas ações que promovem o atendimento a essas áreas demandam esforços e entendimentos diversos sobre o tema incluindo a judicialização dos trabalhos. Nesse sentido, faz-se necessário o desenvolvimento de mecanismos que promovam a gestão integrada do saneamento, considerando suas externalidades e a interdisciplinaridade do assunto.

No caso das áreas rurais, ultrapassadas as barreiras de entrada e organização da oferta, os desafios passam à capacitação e envolvimento da própria comunidade na cadeia de valor, de forma a garantir também a eficiência e a eficácia da prestação dos serviços. Aceitar um determinado conceito ou ideia no setor de saneamento implica escolher determinadas intervenções efetivas sobre a rede e a vida dos usuários individuais e, ao mesmo tempo, redefinir o espaço onde se exerce o controle e gestão das redes de saneamento, onde os indivíduos estarão conectados, entendidos como grupo humano, como população (Juliano et al., 2012a).

Porter e Kramer (2011) propõem uma estratégia de criação de valor social e econômico compartilhado. Ao definir serviços bons para a empresa e para o coletivo, é fundamental pensar no que é realmente bom para a sociedade e que novos produtos e serviços devem ser gerados para inovar o modelo. A adoção desse modelo pela sociedade civil está fundamentada na recomendação do diálogo para a criação de um novo *business* empresa e sociedade, com o *modus operandi* dessa organização de forma a ter uma reflexão do valor que gera com o que se faz, podendo-se ter um valor compartilhado do social e do econômico.

Porém, no saneamento, a inovação do modelo de gestão deve gerar valor inclusivo considerando os resultados mediante as importantes dimensões econômicas e sociais, acrescentadas das dimensões ambientais e legais, sem as quais as externalidades positivas ficam ocultas e não valorizadas no modelo (Figura 1).

Figura 1 – Modelo GVIS: Geração de Valor Inclusivo no Saneamento (escala de iniciativas – criação de valor compartilhado)

Estudos de Kanter (1999; 2008) identificaram que a inovação da estratégia, ao inserir uma grande corporação como um ator fundamental, quando ainda não se adotava nas práticas de gestão na relação entre empresa, Estado e sociedade civil, é algo possível e gera valor compartilhado (Porter e Kramer, 2011). Nesse sentido, a governança inclusiva é o processo adequado para garantir o cumprimento das funções do poder concedente, da concessionária, regulador e entidades governamentais, por meio de instrumentos institucionais, com atribuições e competências claras e detalhadas de todos os atores para a universalização inclusiva dos serviços de saneamento, que promovam a participação social e permitam o controle social (Guimarães et al., 2015).

CONSIDERAÇÕES FINAIS

Um modelo de negócio inovador dos serviços públicos de saneamento, entendido como abastecimento de água e esgotamento sanitário, deve gerar benefícios sociais em uma escala de iniciativas de geração de valor socioambiental e econômico com lições de inclusão. A universalização do saneamento deve transformar a condição de vida do usuário de áreas de vulnerabilidade diante da importância da relação deste com acesso a serviços de água e esgotamento sanitário. Por meio de mudanças da gestão da organização e governança, deve-se identificar os mecanismos de exclusão e definir estratégias para alcançar a universalização inclusiva, mensurando o impacto socioambiental gerado pelo negócio. Nesse sentido, a governança inclusiva fomentará atendimento a populações excluídas pelo compartilhamento de atribuições dos diversos atores, que serão pressionados por mecanismos sociais.

O desafio de revisão das práticas é de propor um novo modelo que seja capaz de ter por objetivos o reconhecimento de externalidades ambientais e sociais, falhas de mercado, sustentabilidade socioambiental, situações que exacerbam as limitações no acesso a água e esgotamento sanitário e fomentando mitigações e ações de adequações (Figura 2).

Faz-se necessária a gestão inclusiva, alternativa a um modelo organizativo hegemônico que será promovido pela governança inclusiva apoiada em um sistema colegiado, cujo compartilhamento de planejamento e gestão é constitutivo. As formulações desses grupos são marcadas pela preocupação com a melhor representação possível de atores provenientes de

Figura 2 – Objetivos do modelo NIS.

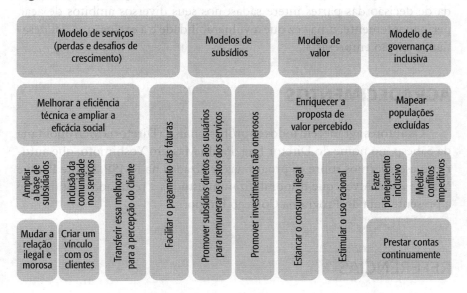

diversos níveis e processos da organização, da sociedade civil, do poder público, de agentes financeiros e representantes que garantam a representatividade da intersetorialidade necessária. Visa-se, assim, constituir um espaço coletivo de contraste, disputa e composição das diferentes visões e interesses dos atores, na perspectiva de uma prática mais solidária, menos alienada, mais participativa e cuidadora dos usuários.

O modelo de negócio para alcançar e manter a universalização dos serviços de abastecimento de água e esgotamento sanitário deve ser inovador para integrar as demandas do cidadão para a universalização, por meio da governança inclusiva. Esta requer atuação articulada e integrada dos gestores do saneamento e setores correlatos ao desenvolvimento urbano, que combine objetivos do atendimento com o equacionamento dos problemas sociais, de modo a contribuir no formato de tomada de decisão. Um modelo inovador de negócio, que atenda aos desafios das controvérsias sócio-técnicas do saneamento, deverá prover mecanismos adequados de mapeamento e governança das áreas que necessitam ser atendidas por água e esgotamento sanitário, de forma a garantir provisão a populações vulneráveis segundo critérios que insiram a dimensão ambiental. Deverá ainda considerar os necessários arranjos entre organizações burocráticas e sociedade civil, por instrumentos de participação, controle social e empo-

deramento, que consigam efetivar a inserção desta complexidade na tomada de decisão das partes interessadas, nos seus diversos âmbitos de ação
permanentemente, uma vez que a vulnerabilidade e a exclusão social desafiam a gestão empresarial.

AGRADECIMENTOS

Os autores agradecem todos os profissionais da Diretoria Metropolitana
da Sabesp, no nome do Diretor Eng. Paulo Massato Yoshimoto, que auto-
rizou escrevermos sobre os programas realizados na RMSP, Dante Pauli e
Marcia Alice Alves, que disponibilizaram estudos e resultados obtidos até
a presente data do Programa Córrego Limpo.

REFERÊNCIAS

ALMANSI, F.; HARDOY, A.; PANDIELLA, G. et al. *Everyday water struggles in
Buenos Aires: the problem of land tenure in the expansion of potable water and sanitation service to informal settlements.* Londres: WaterAid and Tearfund, 2003.

ARSESP. *Processo n. 05/2012.* Disponível em: <http://www.sabesp.com.br/sabesp/
filesmng.nsf/B7CA544FCE64C55383257B2C007BB4B3/$File/parecer68_2012_
revisao_encargo_legal.pdf>. Acessado em: 3 out. 2013.

ASIA, W. *Willing to pay but unwilling to charge: do "willingness to pay" studies make
a difference.* Anchor, Índia: Field Note, DFID, 1999.

BARBOSA, C. *Pro-poor incentives for water and sanitation services provision: a case
study of Water Utilities in the State of Sao Paulo, Brazil. The partial fulfilment of requirements for the Master of Science degree at the Unesco-IHE Institute for Water
Education.* Países Baixos: Delft, 2010.

BERG, S.; MARQUES, R. Quantitative studies of water and sanitation utilities: a
benchmarking literature survey. *Water Policy,* v. 13, 2011, p. 591-606. IWA Publishing, 2011.

BLOKLAND, M.W.; ALAERTS, G.J.; KAPERSMA, J.M.; HARE, M. (Eds.). *Capacity development for improved water management.* Delft: Unesco-IHE, 2009.

BORZAGA, C.; GALERA, G. *Social enterprise: an international overview of its concepts evolution and legal implementation.* 2nd Emes International Conference on
Social Enterprise, 2009.

BRASIL. *Lei federal n. 11445 de 05/01/2007. Estabelece diretrizes nacionais para o saneamento básico.* Brasília: Ministério das Cidades, 2010.

_____. *Proposta de Plano Nacional de Saneamento Básico (Plansab).* Brasília: Ministério das Cidades, 2010. Disponível em: <http://www.cidades.gov.br/images/stories/ArquivosSNSA/PlanSaB/VP_Plansab13042011.pdf>. Acessado em: 3 out. 2013.

_____. *Acórdão da ADI n. 1842/RJ – Rio de Janeiro Ação Direta de Inconstitucionalidade.* Disponível em: <http://www.stf.jus.br/portal/ jurisprudencia/listarJurisprudencia.asp?s1=%281842%29&base=baseAcordaos>. Acessado em: 3 out. 2013.

BRESSER-PEREIRA, L.C.; SPINK, P. (Orgs.). *Reforma do estado e administração pública gerencial.* São Paulo: Fundação Getulio Vargas, 1998.

BROCKLEHURST, C.; EVANS, B. Serving poor consumers in South Asian cities: private sector participation in water and sanitation. *Overview paper, Water and Sanitation Program.* Ásia Meridional, 2001.

BROCKLEHURST, C.; JAN, J.B. Innovative contracts, sound relationships: urban water sector reform in Senegal. *Water supply and sanitation sector board discussion paper series*, n. 1. Washington, DC: The World Bank, 2004.

BRUGMANN, J.; PRAHALAD, C.K. Co-creating business's: new social compact. *Harvard Business Review*, p. 80-90, fev. 2007.

BURRELL, G.; MORGAN, G. *Sociological paradigms and organizational analysis.* Londres: Heinemann, 1979.

CALDERÓN, Y.C.G. *Indicadores para benchmarking na prestação dos serviços de água e esgoto em áreas com populações vulneráveis da Baixada Santista.* São Carlos, 2014. Dissertação (Mestrado). EESC-USP.

[CEM] CENTRO DE ESTUDO DA METRÓPOLE. *Base cartográfica digital das favelas do município de São Paulo.* 2003. 1 CD-ROM.

COPASA. *Relatório Anual e de Sustentabilidade.* 2013. Disponível em: http://www.copasa.com.br/media2/RelatorioAnual/Relatorio_Anual_Copasa_2013_Portugues.pdf . Acesso em: 3 out. 2013a.

_____. *Formulário de Referência – 2013.* Companhia de Saneamento de Minas Gerais, 2013. Disponível em: http://www.mzweb.com.br/copasa/web/default_download.asp?NArquivo=Copasa_FR_. Acesso em: 3 out. 2013b.

CROSS, P.; MOREL, A. Pro-poor strategies for urban water supply and sanitation services delivery in Africa. *Water science and technology.* International Association on Water Pollution Research, v. 51, p. 51, 2005.

230 | GESTÃO EMPRESARIAL E SUSTENTABILIDADE

CZERESNIA, D.; FREITAS, C.M. *Promoção da saúde: conceitos, reflexões, tendências.* Rio de Janeiro: Fiocruz, 2003, p. 117-39.

DAVIS, M. *Planeta favela.* Biotempo: São Paulo, 2006.

DONAHUE, J.D. 2004. On collaborative governance. Working paper, John F. Kennedy School of Government, Center for Business and Government.

DURANA, V.; FRANCO, N.; GUTIERREZ, R. et al. Serviços públicos, interesses privados e benefícios sociais. In: *Negócios inclusivos, iniciativas de mercado com los pobres de Ibero-America. Un proyecto de investigación colectiva de la Social Enterprise Knowledge Network.* Oficina de Relaciones Externas del BID. 2010.

EMPLASA. Estudo da morfologia e hierarquia funcional da rede urbana paulista e regionalização do estado de São Paulo. 2010. Disponível em: http://www.emplasa. sp.gov.br/emplasa/ProjetosEstudos/Relatorios/Novosrelatorios_8-8/Rede_REG_ relatorio%207volume_III.pdf . Acesso em: 30 jun. 2015.

_____. O fenômeno da mobilidade pendular na macrometrópole do estado de São Paulo: uma visão a partir das quatro regiões metropolitanas oficiais. Equipe responsável pelo Nepo/Unicamp. 2013. Disponível em: http://www.emplasa.sp. gov.br/emplasa/RELATORIO-PENDULARIDADE-UNICAMP-06-02-2013.pdf. Acesso em: 6 fev. 2013.

FISCHER, R. *Empreendedorismo social: apontamentos para um debate, políticas sociais: ideias e práticas.* São Paulo: Moderna, 2011.

FURTADO, B.A.; LIMA NETO, V.C.; KRAUSE, C. *Estimativas do déficit habitacional brasileiro (2007-2011) por municípios (2010).* Brasília, IPEA, 2013.

GALIANI, S.; ROZADA, M.; SCHARGRODSKY, E. *Water expansion in Shantye towns: health and savings,* 2006.

GUIMARÃES, E.F.; COUTINHO, S.; MALHEIROS, T.F. et al. Os indicadores do saneamento medem a universalização em áreas de vulnerabilidade social? *Engenharia Sanitária e Ambiental.* v. 19, p.165-71, 2014.

GUIMARÃES, E.F.; MALHEIROS, T.F.; MARQUES, R.C. Universalização inclusiva e governança inclusiva: novos conceitos e indicadores de saneamento básico para áreas de vulnerabilidade social. In: *IV Workshop Interdisciplinario de Investigación e Indicadores de Sustentabilid.* Concepción, Chile. 422-433, 2015.

[IBGE] INSTITUTO BRASILEIRO DE GEOGRAFIA E ESTATÍSTICA. Ministério do Planejamento, Orçamento e Gestão. Pesquisa Nacional de Saneamento Básico. Coordenação de População e Indicadores Sociais. 2008. Disponível em: http:// www.ibge.gov.br/home/estatistica/populacao/condicaodevida/pnsb2008/PNSB _2008.pdf. Acessado em: 3 out. 2013.

_____. *Atlas de saneamento 2011*. Ministério do Planejamento Orçamento e Gestão. Ministério das Cidades. 2011.

_____. Estimativas da população para o cálculo dos pesos para a expansão da amostra da Pnad 2012 e a reponderação das Pnads 2007 a 2012. Nota Técnica, 2013. Disponível em: http://www.ipea.gov.br/portal/images/stories/PDFs/nota_tecnica/131125_notatecnicadirur05.pdf. Acessado em: 3 jul. 2015.

IMPERIAL, M.T. Using collaboration as a governance strategy: lessons from six watershed management programs. *Administration & Society*, 2005, v. 37, p. 281.

[IPEA] INSTITUTO DE PESQUISA ECONÔMICA APLICADA. *Cidades em Movimento: Desafios e políticas públicas*. Disponível em: <http://noticias.terra.com.br/brasil/cidades/ipea-n-de-moradores-de-favelas-cresce-mais-de-50-em-brasilia, 55b3e12eba4a2410VgnCLD2000000ec6eb0aRCRD.html>. Acessado em: 2 dez. 2013.

JULIANO, E.F.G.A.; FEUERWERKER, L.C.M.; COUTINHO, S.M.V. et al. Racionalidade e saberes para a universalização do saneamento em áreas de vulnerabilidade social. *Ciência & Saúde Coletiva*, Rio de Janeiro, v. 17, n. 11, p. 3037-46, 2012a.

JULIANO, E.F.G.A.; COUTINHO, S.M.V.; PROTA, M.G. et al. Inter-relações ambiente e saúde no uso de poços oficiais para consumo humano em áreas de contaminação dos recursos hídricos subterrâneos. *Saúde em Debate*. Rio de Janeiro, v. 36, n. especial, p. 85-97, 2012b.

JUSBRASIL. Arsae recebe denúncias sobre serviços da Copasa e Copanor. Disponível em: http://al-mg.jusbrasil.com.br/noticias/2667345/arsae-recebe-denuncias-sobre-servicos-prestados-pela-copasa-e-copanor. Acessado em: 3 out. 2013.

KANTER, R. From spare change to real change: the social sector as beta site for business innovation. *Harvard Business Review*, v. 77, n. 3, maio-jun. 1999.

_____. Transforming giants: what kind of company makes it its business to make the world a better place? *Harvard Business Review*, Janeiro, 2008.

KOONTZ, H. The management jungle theory revisited. *Academy of Management Review*. v. 5, n. 2, p. 175-87, 1980.

MIAGUSKO, E. *Movimentos de moradia e sem tetos em São Paulo: experiências no contexto do desmanche*. São Paulo: Alameda. 2012.

MINISTÉRIO DAS CIDADES. *Estudo sobre as deficiências de acesso e a probabilidade de cumprimento das metas de desenvolvimento do milênio nos serviços de saneamento básico no Brasil.* São Paulo: MCid, 2008.

MONITOR GROUP. Emerging Markets, Emerging Models, Relatório da Monitor Group, 2009.

PORTER, M.; KRAMER, M. Creating shared value. *Harvard Business Review*. Jan. Feb. 2011.

RASERA, D. *Indicadores de universalização dos serviços de abastecimento de água e esgotamento sanitário em áreas com populações em vulnerabilidade socioambiental: estudo de caso no município de Cubatão/SP.* São Carlos, 2014. Dissertação (Mestrado) – EESC-USP.

REFICCO, E. Políticas sociais – ideias e práticas. Empreendedorismo social e desenvolvimento sustentável. As empresas na sociedade: os limites das boas intenções. 2011. Editora Moderna. Disponível em: http://www.centroruthcardoso.org. br/anx%5CPoliticas_Sociais_Final.pdf. Acessado em: 3 out. 2013.

[SABESP] COMPANHIA DE SANEAMENTO BÁSICO DO ESTADO DE SÃO PAULO. Projeto piloto: Estratégias de organização e articulação com a comunidade do Programa Córrego Limpo. Relatório de circulação restrita – Síntese/ Cebrap. 2011.

_____. *Relatório de sustentabilidade*. São Paulo, 2012.

_____. Disponível em: www.sabesp.com.br. Acessado em: 3 out. 2013.

SEGOV. *Caderno de Indicadores/Escritório de Prioridades Estratégicas*. Belo Horizonte, Minas Gerais. Escritório de Prioridades Estratégicas. 2012. 251p.: il.

TRATABRASIL. *Copasa vai revisar plano de investimento para este ano*. 2015. Disponível em: http://www.tratabrasil.org.br/copasa-vai-revisar-plano-de-investimento-para-este-ano. Acessado em: 30 jun. 2015.

O Programa Atuação Responsável® e a Química Verde no Brasil

11

Vânia Gomes Zuin
Química, UFSCar

Paulo Luiz A. Coutinho
Engenheiro Químico, Braskem

Mariana Rubim P. Accioli Doria
Química, Abiquim

Yáskara Barrilli
Química, Abiquim

Luiz Shizuo Harayashiki
Químico, Abiquim

INTRODUÇÃO

A indústria química serve de base para diversos setores. A partir de matérias-primas renováveis ou não, esta indústria gera os produtos químicos empregados na fabricação de fibras, resinas, corantes e pigmentos, elastômeros, fertilizantes e produtos de química fina em geral. Tais produtos são usados em setores como o energético, de construção civil, cosméticos e perfumaria, fármacos, têxtil, automobilístico, agroindústria, eletrodomésticos etc. (Antunes et al., 2011).

Como se pode observar, a química está presente em todos os aspectos da vida contemporânea. O faturamento da indústria química mundial é superior a US$ 5 trilhões. O Brasil detém a sexta maior indústria química do mundo, com um faturamento em torno de US$ 165 bilhões em 2014 e 10% do PIB industrial ou 4º maior setor industrial do PIB e compreende mais de 1,5 milhão de empregos. No início da década de 1990, foram iniciados dois movimentos com forte impacto na área de química em geral, motivados pelo aumento da consciência ambiental da sociedade e pela série de graves acidentes ocorridos na indústria química na década anterior. Esse aumento da consciência ambiental teve dois marcos no período. O primeiro foi o Relatório Brundtland, de 1987, que levantava a preocupação com o uso exagerado dos recursos naturais e o seu impacto para as futuras gerações. O segundo tem relação com a Agenda 21, um dos importantes resultados da Conferência das Nações Unidas sobre o Meio Ambiente e Desenvolvimento, realizada em junho de 1992 no Rio de Janeiro, que ficou conhecida como Rio-92, Eco-92 ou Cúpula da Terra. Em seu capítulo 30, a Agenda 21 prega o aperfeiçoamento dos sistemas de produção por meio de tecnologias e processos que utilizem os recursos de maneira mais eficiente e, ao mesmo tempo, gerem menos resíduos, o que significa produzir "mais com menos" (Cnumad, 1995). Teria início aí um processo que deveria levar o comércio e a indústria na direção da sustentabilidade.

Os acidentes e impactos ambientais que a indústria química causava, principalmente a partir de 1960, contribuíram para criar uma imagem negativa para o setor. Uma série de movimentos rumo às ações mais sustentáveis foi iniciada, sendo o *Responsible Care Program* uma das respostas da indústria. Já a chamada Química Verde seria a proposta dos Governos e da Academia, colocada de forma mais proeminente em meados dos anos de 1990.

O primeiro programa surgiu no Canadá, no final dos anos 1980, por iniciativa da Canadian Chemical Producers' Association (CCPA) e foi adotado rapidamente por mais de 50 países com indústria química em operação (Ciac, 2013). Este era compreendido como um instrumento de gerenciamento ambiental no sentido amplo, mas, no início, voltado principalmente para garantir a segurança de instalações, processos, produtos, bem como a preservação da saúde dos trabalhadores. O programa canadense foi concebido a partir da visão de diálogo e melhoria contínua, fornecendo mecanismos que levassem ao desenvolvimento de sistemas e metodologias adequadas para cada etapa do gerenciamento ambiental. Esse modelo deveria ser capaz de atender às necessidades de cada empresa, sem que, no entanto, perdesse as características e especificidades próprias da indústria química em geral.

O programa foi lançado no Brasil, sob o nome Atuação Responsável® pela Associação Brasileira da Indústria Química (Abiquim) em 1992. Inicialmente voluntária, a adesão ao programa tornou-se obrigatória para todos os associados em 1998. Para preconizar sua adoção, a Abiquim elabora e publica guias técnicos, promove eventos e cursos para conscientização e treinamento das práticas e sistemas de gestão e realiza diversas atividades complementares, como elaboração e divulgação dos dados de desempenho do setor nas áreas de saúde, segurança e meio ambiente. Em 2003, iniciou-se um processo de revisão do Programa no Brasil, o RevisAR. Este se propunha a melhorar, atualizar e ampliar o escopo do Programa Atuação Responsável®, com a incorporação de temas como qualidade, tecnologia, responsabilidade social e proteção contra agressões intencionais.

A base da química verde surge em 1993 e tem sua origem em medidas do *US Pollution Prevent Act* (1990) e do *US Green Chemistry Program* (rotas alternativas para prevenção da poluição, 1991). Ela se consolida por meio da publicação do livro *Green Chemistry: Theory and Practice*, de Paul Anastas e John Warner em 1998. De maneira resumida, esta filosofia defende a criação, o desenvolvimento e a aplicação de produtos e processos químicos para reduzir ou eliminar o uso e a geração de substâncias nocivas à saúde humana e ao ambiente. Até então, a química tinha seus processos regulados segundo uma abordagem de comando e controle. A ideia era fazer a gestão, o controle daquilo que era gerado no processo. Padrões eram definidos e o processo era monitorado ou controlado de forma a atendê-los. A química verde procura alterar radicalmente esta abordagem tradicional. Os processos e produtos são pensados de forma a garantir intrinsecamente a segurança e o uso responsável dos recursos naturais, ou seja, é a química para o meio ambiente (Anastas; Warner, 1998).

A química verde tem por base 12 preceitos: prevenção de resíduos, a economia de átomos, o uso de reagentes menos tóxicos, o desenvolvimento de compostos seguros, a redução do uso de solventes e auxiliares, a eficiência energética, o uso de matérias-primas renováveis, a redução da produção de subprodutos, o uso da catálise, o desenvolvimento de produtos degradáveis, a prevenção em tempo real e o desenvolvimento de processos intrinsecamente seguros. Estes princípios serão detalhados no terceiro tópico deste capítulo. Rapidamente o conceito se difundiu no mundo. Os governos de vários países criaram prêmios e programas de pesquisa como forma de promover a adoção da química verde pelas empresas. As diversas associações químicas, a academia e o governo deram origem, em parceria ou não, a institutos voltados para o desenvolvimento desta nova frente de ação. Os pontos expostos já permitem visualizar as sinergias existentes entre o Programa Atuação Responsável® e a química verde, principalmente a partir da criação do RevisAR, o qual expandiu o escopo do programa original. Nesse sentido, pretende-se destacar estas sinergias e, a partir daí, identificar o potencial de integração dos dois movimentos e descrever algumas experiências brasileiras. Dessa forma, este capítulo apresentará inicialmente o histórico, os conceitos, a evolução e o atual momento do Programa Atuação Responsável® no Brasil. Na seção seguinte, mostram-se a origem, o detalhamento dos princípios e a situação da química verde no Brasil e no mundo. A seguir, enumera as sinergias entre os dois movimentos, discute o potencial de integração e apresenta algumas experiências. Por fim, apresenta conclusões e comentários finais.

O PROGRAMA ATUAÇÃO RESPONSÁVEL®: HISTÓRICO, EVOLUÇÃO E SITUAÇÃO NO BRASIL

A evolução da indústria química, mais do que refletir a melhoria dos seus sistemas de gerenciamento, vem mostrando um crescimento inquestionável nas preocupações relacionadas com a segurança e o meio ambiente, assim como com a produção de produtos mais seguros para a saúde.

O início dessa trajetória foi marcado pelo surgimento de grandes indústrias químicas após o final da Segunda Guerra Mundial. O desenvolvimento das empresas, a partir da década de 1950, não foi acompanhado pela necessidade de interação com a sociedade no que se referia à sua proteção; consequentemente, a imagem da indústria química foi fortemente abalada pela ocorrência de grandes acidentes que acarretaram significativos impactos ambientais e, em alguns casos, grande número de mortes e feridos.

Em 16 de abril de 1947, no Texas, Estados Unidos, um incêndio no compartimento de carga no navio Grandcamp carregado com 3.200 toneladas de nitrato de amônio ocasionou uma série de explosões subsequentes, atingindo as instalações da Monsanto e residências vizinhas ao porto. Aproximadamente 600 pessoas perderam a vida e cerca de 3.500 ficaram feridas como a explosão que estilhaçou janelas de construções a uma distância de 40 km.

No ano de 1948, em Ludwigshafen, Alemanha, a explosão de um vagão tanque contendo dimetil éter no interior da Basf causou a morte de

207 pessoas. Em 1956, no Japão, foram confirmados os primeiros casos de doenças causadas pela contaminação com mercúrio, o que mais tarde ficou conhecido como o Mal de Minamata. A Chisso Corporation foi considerada responsável por poluir a baía de Minamata com os despejos de seus efluentes. Estima-se que mais de 900 pessoas tenham morrido, com dores severas devido a esse envenenamento. Em 2001, uma pesquisa indicou que cerca de 2 milhões de pessoas possam ter sido afetadas pela ingestão de peixe contaminado e, no mesmo período, foi reconhecido que cerca de 3.000 pessoas sofriam do Mal de Minamata.

Já no dia 1º de junho de 1974, em Flixborough, na Inglaterra, uma explosão em uma planta de caprolactama provocada pela ruptura de uma tubulação e vazamento de ciclohexano quente ocasionou a morte de 28 pessoas, além de ferir gravemente 36 funcionários e 53 pessoas da comunidade do entorno. A planta foi integralmente destruída e os danos materiais alcançaram um raio de 13 km.

No dia 10 de julho de 1976, na cidade de Seveso, na Itália, ocorreu a liberação de dioxina de uma planta de triclorofenil da ICMESA. Como consequência, 3.000 animais morreram e outros 70.000 animais tiveram que ser sacrificados para evitar a contaminação de carne que seria utilizada para consumo humano. O acidente provocou a contaminação imediata de cerca de 10 km^2 de terra e vegetação. Mais de 600 pessoas tiveram de abandonar suas casas e até 2.000 foram tratadas por intoxicação por dioxina. O desastre levou à criação da Directiva Seveso, que foi emitida pela comunidade europeia, impondo normas industriais muito mais rígidas do que as que estavam em vigor naquela época.

No dia 3 dezembro de 1984, houve o desastre de Bhopal, na Índia, uma das maiores catástrofes industriais da história. Um vazamento para a atmosfera de isocianato de metila de uma planta da Union Carbide provocou a morte de milhares de pessoas da comunidade local. Atualmente, cerca de 150 mil pessoas ainda sofrem com os efeitos do acidente e aproximadamente 50 mil pessoas estão incapacitadas para o trabalho, devido aos graves problemas de saúde.

Esses eventos e a pressão crescente da sociedade levaram a indústria química mundial a repensar suas estratégias de segurança e de relacionamento com o público acerca de seus processos e produtos.

Uma pesquisa realizada na década de 1980 pela Chemical Manufactures Association (CMA), nos Estados Unidos, mostrou que a imagem negativa da indústria química só perdia para a indústria do cigarro. Esse mesmo panorama se repetiu no Brasil: na realização do I Workshop do Programa Atuação Responsável®, dados obtidos pela Abiquim em uma pesquisa de opinião indicaram que a indústria química foi apontada como a atividade industrial com maiores riscos e potencial de consequências deletérias para a sociedade.

O estabelecimento do *Responsable Care*, em 1984 pela CCPA, objetivou definir as novas diretrizes para as questões de segurança dos processos, dos produtos, para a segurança dos trabalhadores e para a proteção ambiental. O programa é atualmente coordenado pelo International Council of Chemical Associations (ICCA), adotado em mais de 60 países, e representa uma estratégia da indústria química mundial que impulsiona a melhoria contínua em saúde, segurança e meio ambiente, juntamente com uma comunicação aberta e transparente com as partes interessadas. Em constante revisão, o Programa Atuação Responsável® também procura abranger o desenvolvimento e aplicação da química sustentável, permitindo à indústria atender a crescente demanda mundial por produtos químicos. Essa diretriz se refletiu no lançamento, em 2006, da *Responsible Care Global Charter* na *International Conference on Chemicals Management* (SAICM) ocorrida em Dubai.

Neste documento, foi firmado o compromisso com o Programa Atuação Responsável®, concentrando-se em pontos importantes, como o desenvolvimento sustentável, a gestão eficaz dos produtos químicos ao longo da cadeia de valor, uma maior transparência da indústria e melhor harmonização e coerência de ações em todo o mundo.

Os programas dos diversos países estão em diferentes estágios de desenvolvimento, com diversidade de ênfases, e são coordenados pela ICCA Leadership Group Care. Lançado em abril de 1992 no Brasil (oitavo país a adotá-lo formalmente) às vésperas da Rio-92, o Programa Atuação Responsável® é a iniciativa da Abiquim voltada a apoiar a indústria química a ela associada na gestão de suas atividades em saúde, segurança e meio ambiente, visando à sustentabilidade.

No período anterior à Rio-92 (1ª Onda), a indústria tinha seu foco na produção, no controle da poluição de suas unidades produtivas e resíduos industriais e na prevenção de acidentes, com destaque para os de grandes proporções (Figura 1). Com isso, predominaram significativos investimentos em tecnologias de processo mais seguras e eficientes.

A partir da Rio-92, como indicado no capítulo 19 da Agenda 21, a necessidade de continuar a aprimorar os processos químicos e a segurança dos produtos era o grande desafio que se impunha à prática química. Dela derivaram as Convenções de Rotterdam e Estocolmo, o Sistema Globalmente Harmonizado de Classificação e Rotulagem de Produtos Químicos (GHS) e o Fórum Intergovernamental de Segurança Química, criado para promover a implantação do capítulo 19 da Agenda 21 (2ª Onda).

Figura 1 – A evolução da segurança química (Abiquim).

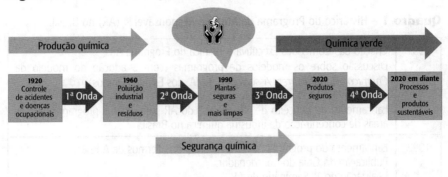

Fonte: http://www.abiquim.org.br/servico/publicacao/livros-cd-e-pdf.

Como consequência, entre 1992 e 2011, a indústria química manteve sua ação de melhoria nos processos e passou a investir mais esforços no conhecimento das características de periculosidade dos produtos e na exposição a eles por parte das pessoas e do meio ambiente, caracterizando a 3ª Onda. O Programa Atuação Responsável® veio apoiar a indústria química brasileira neste esforço. A história do programa inicia-se com a criação de uma comissão especial, pela então diretoria da Abiquim, hoje denominado conselho diretor, com a missão específica de avaliar a oportunidade do desenvolvimento no Brasil de um programa nos moldes do *Responsible Care®*. A comissão, coordenada pelo então Diretor-presidente da *Union Carbide* do Brasil, após um ano de análise sobre o conceito e conteúdo dos programas existentes na ocasião (em especial, os existentes no Canadá e nos Estados Unidos), concluiu que a Abiquim deveria desenvolver sua própria iniciativa, tomando por base o modelo americano, preferido por sua estrutura de Códigos de Práticas Gerenciais e pelo fato de ser mais amplamente conhecido nas empresas.

O nome Programa Atuação Responsável® foi escolhido e a iniciativa foi publicamente adotada pela Abiquim em uma cerimônia de assinatura dos primeiros termos de adesão por parte de empresas associadas, ocorrida na sede da associação, em São Paulo, em 1992. Seu lançamento marcou o início de uma postura de pró-atividade, transparência e diálogo com as partes interessadas na indústria, com uma proposta de continuidade e responsabilidade, independentemente da existência de legislação. Sua continuidade representa o compromisso com a sustentabilidade do setor químico brasileiro. No Quadro 1, estão descritos os fatos mais relevantes relacionados ao Programa.

Quadro 1 – Histórico do Programa de Atuação Responsável® (AR) no Brasil.

1991	Criação das Comissões Executiva e Técnica do Programa AR. Discussão sobre os modelos de programas (com a adoção do modelo da *Chemical Manufacturers Association*, CMA, dos Estados Unidos). Definição dos 12 Princípios Diretivos. Lançamento do conceito de "Regionais" do AR para levar o programa para as áreas de concentração da indústria química no Brasil.
1992	Lançamento do programa com a assinatura dos Termos de Adesão. Publicação do Guia do Coordenador. Realização do 1º Seminário de AR. Criação das primeiras "Regionais" do Programa.
1993	Criação da lista de práticas gerenciais, a partir do modelo usado nos Estados Unidos.
1994	Desenvolvimento dos Guias de Implementação dos Códigos de Segurança de Processo (Sepro) e Saúde e Segurança do Trabalhador (SST).
1995	Desenvolvimento dos Guias de Implementação dos Códigos de Transporte e Distribuição (Tradi) e Proteção Ambiental (PA). Início do processo de autoavaliação da implantação dos Códigos de Práticas Gerenciais de Sepro e SST. Realização do evento "Qualidade e AR, Gerenciando a Indústria Química no Ano 2000".
1996	Desenvolvimento do Guia de Implementação do Código de Diálogo com a Comunidade, Preparação e Atendimento a Emergências (DCPAE) Lançamento do programa de parcerias para o AR. Início do processo de autoavaliação da implantação dos Códigos de Práticas Gerenciais de Tradi e PA.
1997	Desenvolvimento do Guia de Implementação do Código de Gerenciamento de Produto. Criação do "Termo de Compromisso" anual com o AR. Realização do 1º Congresso de Atuação Responsável. Início do processo de autoavaliação do Código DCPAE.

(continua)

O PROGRAMA ATUAÇÃO RESPONSÁVEL® E A QUÍMICA VERDE NO BRASIL | **241**

Quadro 1 – Histórico do Programa de Atuação Responsável® (AR) no Brasil.
(continuação)

1998	Início da obrigatoriedade do compromisso com o AR como condição de filiação à Abiquim. Desenvolvimento e divulgação para as associadas do conjunto de indicadores do AR.
1999	Entrada na Abiquim das primeiras duas empresas parceiras do AR.
2001	Publicação do primeiro relatório de Atuação Responsável. Início da análise sobre a conveniência de fazer a primeira revisão do Programa. Lançamento do Sistema de Avaliação de Segurança, Saúde, Meio Ambiente e Qualidade (SASSMAQ).
2002	Celebração de 10 anos do Programa. Montagem do 1º modelo do sistema de verificação externa independente (3ª parte) do AR – VerificAR e a realização das duas verificações-piloto. Definido o início da primeira revisão do Programa.
2003	Definido o 2º modelo do AR e iniciado o processo de revisão, com a produção das versões preliminares de visão, missão e princípios diretivos do programa.
2004	Criação do Conselho Consultivo Nacional (CCN). Aprovação dos textos da visão, missão e princípios diretivos do programa. Início da redação do novo conjunto de diretrizes do AR.
2005	Produção do 1º conjunto de diretrizes; iniciada a revisão do VerificAR. Iniciada a construção da página da internet dedicada ao Canal AR.
2006	Revisão da metodologia do VerificAR.
2007	Elaboração do manual e regulamentos do VerificAR. Validação do novo modelo com a aplicação de pilotos. Finalização dos textos dos níveis de implementação das diretrizes. Início dos cursos de capacitação para aplicação do modelo revisado.
2008	Aplicação do VerificAR de modo aberto. Concepção do modelo do PreparAR com assinatura de convênio com o Sindicato da Indústria de Produtos Químicos de São Paulo (Sinpoquim).
2009	Introdução do conceito de Plano de Implementação do programa. Mudança no texto do logo, de "Um compromisso da indústria química" para "Compromisso com a sustentabilidade", em consonância com a mudança feita em âmbito mundial pelo ICCA.
2010	Realização do 13º Congresso do AR e da 2ª Conferência Latino-americana de Segurança de Processos do Centro de Segurança Química de Processos (CCPS).

(continua)

GESTÃO EMPRESARIAL E SUSTENTABILIDADE

Quadro 1 – Histórico do Programa de Atuação Responsável® (AR) no Brasil.
(continuação)

2011	Introduzido o novo sistema de gestão do programa atuação responsável, que substitui o conjunto de diretrizes. Firmados junto às empresas a nova Declaração de Comprometimento e o Termo de Adesão ao programa.
2012	Celebração dos 20 anos do Programa AR e realização do 14º Congresso. Capacitação do Sistema de Gestão do Ar. Criação dos Núcleos de Multiplicação. Realização de Eventos nas empresas para disseminação do AR.
2013	Elaboração do Manual de Auditoria do AR. Elaboração do Manual para Implantação e Roteiro de Auditoria para o AR. Realização da primeira auditoria-piloto do AR.
2014	Certificação da primeira empresa no Sistema de Gestão da Atuação Responsável.

Com a adoção do Programa de Atuação Responsável®, a Abiquim comprometeu-se a divulgar publicamente os resultados da gestão em saúde, segurança e meio ambiente de suas empresas associadas. Para isso, desenvolveu alguns instrumentos importantes:

- Publicação dos relatórios anuais de atuação responsável: destinados a apresentar os resultados quantitativos da gestão do conjunto das empresas associadas, por meio dos indicadores de desempenho do programa.

- Organização de congressos de atuação responsável: destinados a apresentar temas relevantes em SSMA e da estrutura do programa, e a permitir a troca de experiências entre os profissionais de empresas associadas, representantes de governo, de outros setores e de comunidades vizinhas às empresas.

- Desenvolvimento e atuação nos núcleos de multiplicação: criados com o objetivo de descentralizar as ações para disseminação e capacitação sobre o programa.

- Elaboração de manuais para apoio para implantação e auditoria do Programa de Atuação Responsável®.

- Elaboração de diretrizes e apoio na formação dos conselhos comunitários consultivos: destinados a prover fóruns de discussão em SSMA entre líderes nacionais ou de comunidades locais e representantes das empresas.

- Elaboração de publicações: destinadas a informar profissionais das empresas e outros interessados.
- Realização de cursos e outros eventos: destinados à formação continuada dos profissionais das empresas.

A Abiquim também constituiu um conjunto de comissões que trabalham com os temas vinculados ao Programa de Atuação Responsável® formadas por técnicos e dirigentes das empresas associadas e apoiadas por uma estrutura permanente, com profissionais especializados, agrupados nas áreas específicas. É objetivo da Abiquim expandir e ampliar os esforços de melhoria de desempenho advindos do programa, partilhando o processo com empresas que, mesmo não sendo indústrias químicas, estão diretamente ligadas ao setor e podem trabalhar em um regime de parceria.

Sistema de Gestão do Programa Atuação Responsável®

A ferramenta de implantação do Programa Atuação Responsável® é o seu sistema de gestão, descrito no documento Requisitos do Sistema de Gestão, publicado em dezembro de 2011, pela Abiquim. O sistema de gestão do Programa de Atuação Responsável® está constituído em 10 elementos de gestão que se desdobram em 28 requisitos, classificados como indispensáveis e complementares que, ao serem incorporados ao sistema de gestão da empresa, considerando sua estrutura e sua cultura, permitem o atendimento ao programa de forma eficaz e auditável. O sistema apresenta uma compatibilização com as normas ISO 14001 e OSHA 18000, além de atender às diretrizes da *Responsible Care Global Charter*. Na Figura 2, são apresentados os 10 elementos do sistema de gestão do Programa de Atuação Responsável®.

Organizado a partir da ferramenta de gestão PDCA (do inglês *Plan – Do – Check – Act* ou Planejar – Executar – Monitorar – Analisar), o processo de gestão inicia-se com a assinatura, pelo principal executivo da empresa, do Termo de Adesão e Declaração de Comprometimento assumindo o compromisso de nortear as ações pelos princípios do programa e afirmando seu apoio às ações do programa. Também, nesse momento, é designado um coordenador do Programa de Atuação Responsável®, que

Figura 2 – Os 10 elementos do sistema de gestão do Programa de Atuação Responsável®.

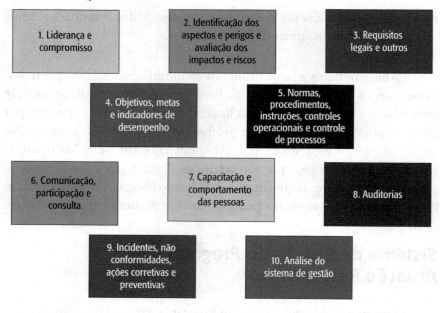

Fonte: http://www.abiquim.org.br/servico/publicacao/livros-cd-e-pdf.

deve possuir um compromisso com os objetivos do processo para implantar os requisitos e avaliar o seu desempenho. O processo é finalizado com uma auditoria no sistema implementado pela empresa.

Sistema de Avaliação de Segurança, Saúde, Meio Ambiente e Qualidade

O compromisso com o Programa Atuação Responsável® fez com que o setor químico definisse como estratégico levar às cadeias de valor a ele ligadas sua filosofia de responsabilidade em saúde, segurança e meio ambiente, de preferência considerando também instrumentos concretos para melhoria de desempenho. Dessa forma, nasceu o Sistema de Avaliação de Segurança, Saúde, Meio Ambiente e Qualidade (Sassmaq).

O objetivo do Sassmaq é reduzir, de forma contínua, os riscos de acidentes nas operações de transporte e distribuição de produtos químicos. O sistema possibilita uma avaliação do desempenho da gestão de empresas que prestam serviços à indústria química em todos os modais de transporte. O módulo rodoviário, o primeiro a ser lançado pela Abiquim, em maio de 2001, baseia-se na iniciativa da indústria europeia *Safety & Quality Assessment System* (SQAS), desenvolvida pelo Conselho Europeu da Indústria Química (Cefic).

Além do módulo rodoviário, foram desenvolvidos os módulos estação de limpeza (para empresas que fazem limpeza e descontaminação de tanques, isotanques, vagões-tanque e embalagens utilizados no transporte ou na armazenagem de produtos químicos), ferroviário e atendimento a emergências (para empresas que fazem atendimento a emergências no transporte de produtos químicos).

A avaliação das empresas é feita por organismos certificadores independentes credenciados pela Abiquim. São avaliados os elementos centrais, compostos pelos aspectos administrativos, financeiros e sociais da empresa, e os elementos específicos, constituídos pelos serviços oferecidos e pela estrutura operacional. No fim, as empresas aprovadas recebem um certificado de terceira parte e têm seu nome divulgado no site do Sassmaq (www.abiquim.org.br/sassmaq).

A Abiquim recomenda às suas associadas de somente contratar empresas certificadas pelo Sassmaa para o transporte rodoviário de produtos químicos a granel.

A Estratégia Global de Produtos

A Estratégia Global de Produtos (GPS, *Global Product Strategy*) começou a ser discutida em 2003 como uma resposta voluntária da indústria química mundial à demanda por mais informações sobre a periculosidade e os riscos de substâncias químicas. A GPS foi formalmente lançada em 2006, durante a primeira Conferência Internacional sobre Gestão de Produtos Químicos (ICCM), em Dubai, Emirados Árabes Unidos, que adotou a Abordagem Estratégica para a Gestão Internacional de Químicos (SAICM). Para estabelecer a GPS, o ICCA comprometeu-se a:

• Desenvolver um guia para gestão de produtos (*Product Stewardship Guide*).

• Desenvolver um sistema para implementação da estratégia.

• Definir um processo de avaliação de substâncias baseado em risco.

• Melhorar o fluxo de informações sobre substâncias químicas.

GESTÃO EMPRESARIAL E SUSTENTABILIDADE

- Desenvolver parcerias com organismos internacionais e outras partes interessadas.
- Compartilhar informação relevante sobre produtos químicos entre a indústria e o público.
- Fazer pesquisa para eliminar brechas na informação e para identificar assuntos emergentes.
- Divulgar a GPS interna e externamente à indústria.
- Desenvolver princípios de defesa de interesse (*advocacy*).

O produto principal da GPS é o chamado resumo de segurança GPS, preparado pelas empresas químicas, visando fornecer informações sobre as características e os usos de uma substância química, de modo a possibilitar seu entendimento pelo público e, assim, mostrar a segurança dos produtos ao longo do ciclo de vida. As informações contidas no resumo não são voltadas para dar apoio em emergências médicas ou para tratamentos contra intoxicações e não substituem as informações completas que continuam a ser apresentadas nas fichas de informação de segurança de produtos químicos (FISPQs).

As empresas são responsáveis pela elaboração dos resumos das suas substâncias, assim como no *Registration, Evaluation, Authorisation and Restriction of Chemicals* (Reach), sendo estimuladas a trocar informações com outras empresas para desenvolverem resumos comuns.

Para preparar os resumos, as empresas devem conhecer profundamente as características de perigo e as rotas e situações de exposição de pessoas (e ambiente) de suas substâncias. Uma vez produzidos, os resumos devem ser tornados públicos, preferencialmente por meio eletrônico. Dois importantes instrumentos foram desenvolvidos para auxiliar a implantação do GPS:

- Guia para avaliação de riscos de substâncias químicas: em oito passos, descrevendo todas as etapas necessárias para avaliação de periculosidade e de exposição de substâncias químicas.

- Portal GPS na internet: permite a inserção dos resumos por parte das empresas. Sua divulgação pública possibilita a troca de informações entre as empresas durante o processo de elaboração de suas fichas de segurança e dos seus próprios resumos.

O ICCA tem trabalhado com cada associação para garantir que se cumpra a meta definida na Rio+10, em Joanesburgo, de realização das avaliações de risco e publicação dos resumos de todas as substâncias químicas colocadas no comércio pelas empresas associadas até 2020, visando à minimização dos efeitos adversos à saúde e ao meio ambiente. Entre as ações para atingir tal meta, foram previstas no plano de ação aprovado na Rio+10 e em suas possíveis aplicações a ratificação e a inserção de instrumentos internacionais, tal como a convenção de Roterdã sobre o procedimento de consentimento prévio informado para o comércio internacional de uma série de substâncias químicas e agrotóxicos perigosos, a Convenção de Estocolmo, sobre poluentes orgânicos persistentes, a Declaração da Bahia e as Prioridades de Ação para além do ano 2000 do Fórum Intergovernamental de Segurança Química e a Convenção de Basileia, sobre o controle de movimentos transfronteiriços de resíduos perigosos (Brasil, 2014).

Muitas empresas promovem ações mais ambiciosas, discutindo ciclo de vida, excelência e sustentabilidade, mas o fazem sem perder de vista a segurança e a eficiência de seus processos e produtos. Por meio do Programa Atuação Responsável®, a indústria química tem relatado e acompanhado o progresso em elementos críticos de gerenciamento de produtos e realizado melhorias em seus processos atuais. A estrutura do programa engloba seis elementos básicos: princípios diretivos; códigos de práticas gerenciais; comissões de lideranças empresariais; conselhos consultivos; difusão para a cadeia produtiva; e avaliação de desempenho (Marinha e Pacheco, 2004). Como poderão ser verificados, alguns destes elementos têm forte aderência à química verde.

A QUÍMICA VERDE: CONCEITOS E PRÁTICAS

As ações mais significativas para a criação do movimento conhecido como química verde se iniciaram nos anos de 1990, e, de maneira relevante, nos Estados Unidos, Inglaterra e Itália (Zuin, 2013). Esse movimento pode ser definido como desenho, desenvolvimento e uso de produtos e processos químicos para reduzir ou eliminar o emprego e a geração de substâncias nocivas à saúde humana e ao meio ambiente (Anastas; Warner, 1998). Dessa definição, deduz-se que a redução do risco pode ser alcançada por meio da minimização ou mesmo eliminação da periculosidade associada às substâncias tóxicas, em vez da restrição de exposição delas. O risco pode ser expresso por meio de uma relação dependente de parâmetros como perigo e exposição a uma dada substância. Nesse sentido, idealmente, a aplicação da química verde pode promover a passagem da abordagem tradicional de comando e controle à prevenção de poluição, tornando desnecessárias as remediações dos impactos ambientais observados na atualidade (Correa et al., 2013). Os 12 princípios da química verde podem ser vistos no Quadro 2.

Logo após a publicação da Lei de Prevenção à Poluição dos Estados Unidos, em 1991, a agência de proteção ambiental norte-americana (EPA) lançou o programa Rotas Sintéticas Alternativas para Prevenção de Poluição, visando apoiar as pesquisas que objetivassem prevenir a poluição na produção de compostos sintéticos. Já em 1993, com a inclusão de outros tópicos, houve a expansão e a consolidação desse programa, que adotou nome oficial de química verde. Em 1995, foi instituído o programa presidencial norte-americano de premiação desafio em química verde, com o objetivo de reconhecer inovações em pesquisa, desenvolvimento e aplicação industriais de tecnologias para a redução da produção de resíduos na fonte. Desde então, há premiações anuais nas categorias rotas sintéticas alternativas, condições alternativas de reação, pequenos negócios, acadêmico e desenvolvimento de produtos químicos mais seguros ou inócuos. Além dos Estados Unidos, outros países como Japão, Inglaterra, Itália, Austrália e Alemanha também têm adotado premiações com o mesmo escopo (Zuin, 2013).

O Consórcio Universitário Química para o Ambiente (Inca) foi fundado, em 1993, para reunir pesquisadores cujas linhas de trabalho tivessem adesão aos preceitos da química verde. Desde seu início, uma das ideias centrais do Inca era a disseminação da química verde, principalmente por meio da promoção de eventos direcionados a estudantes de graduação e pós-graduação, caso da Escola Internacional de Verão em Química Verde. Em 1997, foi criado o Instituto de Química Verde (GCI), afiliado à Sociedade Americana de Química desde 2001.

A Sociedade Britânica de Química (RSC) estruturou uma *network* em química verde em 1998 e, no ano seguinte, lançou o periódico *Green Chemistry*, cujo índice de impacto tem crescido de maneira considerável desde a sua criação (em 2013, com 6,828). A RSC ainda deu origem à publicação de uma série de livros voltados aos resultados de pesquisa e às técnicas de vanguarda em química verde.

Quadro 2 – Princípios da química verde.

1. Prevenção	Prevenir a formação de resíduos é melhor e menos dispendioso que a sua remediação ou tratamento.
2. Economia atômica	Maximizar a incorporação dos átomos dos reagentes nos produtos.
3. Reações com compostos menos tóxicos	Priorizar a substituição de compostos de alta toxicidade por compostos de menor toxicidade nas reações químicas.
4. Desenvolvimento de compostos seguros	Desenvolver compostos com função desejada e menor toxicidade possível.
5. Diminuição de solventes e auxiliares	Diminuir ou evitar o uso de compostos auxiliares.
6. Eficiência energética	Utilizar, sempre que possível, métodos à pressão e à temperatura ambientes.
7. Emprego de compostos renováveis	Priorizar, se técnica e economicamente viável, a utilização de matérias-primas renováveis.
8. Evitar a formação de derivados	Evitar ou minimizar o uso de reagentes bloqueadores, de proteção ou desproteção, e modificadores temporários.
9. Catálise	Preferir reagentes catalíticos, tão seletivos quanto possível, aos reagentes estequiométricos.
10. Desenho de compostos degradáveis	Produzir compostos que sejam degradados a produtos inócuos, assim que cumprirem a sua função.
11. Análise em tempo real para a prevenção da poluição	Empregar metodologias analíticas para o monitoramente de processos em tempo real, com vistas ao controle da geração de compostos nocivos.
12. Química segura para a prevenção de acidentes	Escolher compostos – bem como a forma destes – de maneira a minimizar potenciais acidentes químicos, como vazamentos, explosões e incêndios.

Fonte: adaptado de Anastas e Warner (1998).

Nesse mesmo período, houve o estabelecimento de várias frentes para o enraizamento desse movimento em diferentes instituições no mundo todo, tais como: o Green Chemistry Centre of Excellence, da Universidade de York; a criação do subcomitê de Química Verde, da International Union for Pure and Applied (Iupac), que procura estabelecer uma agenda mundial de atividades colaborativas, como a organização da Conferência Internacional em Química Verde; o Canadian Green Chemistry Network; o Centre of Green Chemistry da Universidade Monash, todos fundados no início dos anos 2000 (Correa; Zuin, 2009).

No Brasil, a química verde encontrou maior acolhimento primeiramente no setor industrial, mas, aos poucos, alcançou as universidades e demais órgãos governamentais. Desde meados de 2000, inúmeras instituições de ensino, pesquisa, associações profissionais e empresas da área de química e engenharias têm trabalhado e interagido para o avanço e difusão da química verde (Zuin, 2013). Em 2007, houve a criação da Rede Brasileira de Química Verde (RBQV), uma instituição sem fins lucrativos que tem como meta atuar interinstitucionalmente, de modo a promover inovações científicas e tecnológicas para empresas nacionais, com o apoio da comunidade científica e das agências governamentais. Vale ressaltar que isso inclui o estabelecimento da Escola Brasileira de Química Verde, constituída com uma universidade que tem vocação para o desenvolvimento da química no país. Composta por membros da academia, a RBQV busca ser um facilitador no Brasil na instauração dos 12 princípios mundiais que regem a química verde, por meio dos seguintes objetivos (RBQV, 2013):

- Promover o desenvolvimento tecnológico e inovação de produtos e processos limpos de acordo com os princípios da química verde, pela mobilização de instituições de ensino e pesquisa, empresas do setor industrial ou de serviços, órgãos públicos ou privados.

- Consolidar e expandir a infraestrutura de laboratórios e facilidades de pesquisa e suporte técnico em torno da visão estratégica de PD&I em química verde para o país.

- Formar e qualificar recursos humanos nos temas estratégicos da química verde, formando gestores, pesquisadores, engenheiros e trabalhadores para o aproveitamento das oportunidades abertas pela química verde.

- Transferir o conhecimento e as tecnologias desenvolvidas no âmbito da rede de química verde para as empresas intervenientes e demais instituições que apoiam a Rede.

- Estabelecer canais de comunicação que atinjam amplos setores da sociedade para informá-los sobre os impactos e os benefícios da química verde na qualidade de vida do cidadão, no desenvolvimento local de comunidades e regiões e no aproveitamento das vantagens competitivas do país para o desenvolvimento industrial sustentável.

No bojo dessas discussões, em 2009 e 2010, houve as primeiras publicações de livros em língua portuguesa voltadas à química verde, com ênfase na realidade brasileira, caso dos livros *Química Verde: fundamentos e aplicações*, publicado por Correa e Zuin (2009) e premiado com o 52º Jabuti de Bronze, e o livro *Química Verde no Brasil: 2010-2030*, editado pelo Centro de Gestão e Estudos Estratégicos (CGEE) (Zuin, 2013).

Para a elaboração de sua publicação, o CGEE reuniu representantes da comunidade científica e de empresas para um amplo estudo sobre os principais temas correlacionados com a química verde, objetivando a sua inserção como uma base estratégica para o desenvolvimento do Brasil nos próximos 20 anos. Esse estudo considerou a experiência nacional, as potencialidades da nossa biodiversidade e a estreita cooperação com a indústria nacional para compor uma proposta de trabalho em química verde no Brasil, o que possibilitou verificar os seguintes temas prioritários: biorefinarias pelas rotas termoquímica e bioquímica; alcoolquímica; oleoquímica; sucroquímica; fotoquímica; conversão de CO2; bioprodutos, bioprocessos e biocombustíveis; e energias alternativas. Esses temas também incluem outros assuntos transversais como: catálise, modelagem e escalonamento de processos. Como parte de suas metas, planeja-se integrar as ações que vêm sendo desenvolvidas de forma isolada no país, considerando os programas de pós-graduação nacional (especialmente das áreas da Biologia, Química e Engenharia Química) (CGEE, 2010). Essa convergência pôde ser observada nas diretrizes que balizaram o edital n. 27/2012 da Fundação de Amparo à Pesquisa do Estado do Rio de Janeiro (Faperj), com vistas ao desenvolvimento e inovação de produtos e processos químicos verdes, baseadas na obra *Química Verde no Brasil: 2010-2030*. Os projetos aprovados nessa chamada focaram majoritariamente síntese orgânica, seguido por biomassa e biocatálise.

No mesmo ano, o Brasil sediou a Conferência das Nações Unidas sobre Desenvolvimento Sustentável (Rio+20), com a meta primordial de planejar um modelo de desenvolvimento de longo prazo que considerasse a redução das disparidades sociais vigentes entre (e dentro de muitas) nações, expressa no documento O Futuro que Queremos (Sachs, 2012). Como parte da programação da Rio+20, o CGEE realizou nove painéis de discussão, um deles relacionado à química verde e aos desafios para o desenvolvimento sustentável. Por meio da análise dos tópicos abordados na ocasião, foi possível identificar fortes ligações entre a química verde e o desenvolvimento sustentável. O documento O Futuro que Queremos apresentou interfaces diretas e indiretas com os pressupostos da química verde, especialmente relacionados aos tópicos químicos, resíduos e tecnologia. Observou-se também que a química verde é parte de uma Química Sustentável mais ampla, já que o movimento não contempla nem dá ênfase a algumas dimensões do desenvolvimento sustentável, especialmente de cunho social (Almeida, 2012).

Conteúdos semelhantes relacionados à química verde também foram apresentados no livro *Contribuição da pós-graduação brasileira para o desenvolvimento sustentável: Capes na Rio+20*, que teve como principal objetivo enfatizar os avanços da pós-graduação brasileira na Rio+20 (Brasil, 2012). Ainda em 2012, a 4ª Conferência Internacional da Iupac em química verde foi realizada no país (Foz do Iguaçu), sob os auspícios da Sociedade Brasileira de Química (SBQ), atraindo cerca de 600 participantes de mais de 45 países, dos setores acadêmico, industrial, governamental e não governamental. Em 2013, a SBQ criou a seção "Química Verde", como resultado da articulação de pesquisadores de reconhecido impacto nessa sociedade científica. Estão previstas conferências plenárias, apresentações orais e pôsteres nas próximas reuniões anuais da SBQ, bem como a participação de seus coordenadores para a construção de uma agenda comum de ações voltadas à química verde com outras instituições e setores do país e do exterior (Zuin, 2013).

SINERGIAS ENTRE O PROGRAMA ATUAÇÃO RESPONSÁVEL® E A QUÍMICA VERDE

Entre os princípios diretivos do Programa de Atuação Responsável® que orientam a prática da indústria química brasileira que tem maior proximidade à química verde destacam-se: a promoção, em todos os níveis hierárquicos, do senso de responsabilidade individual com relação ao meio ambiente, segurança e saúde ocupacional; e o senso de prevenção de todas as fontes potenciais de risco associadas às suas operações, aos seus produtos e aos locais de trabalho. Trata-se do primeiro princípio da química

O PROGRAMA ATUAÇÃO RESPONSÁVEL® E A QUÍMICA VERDE NO BRASIL | **253**

verde e, talvez, o mais importante, pois baliza todos os demais. Desde 2012, a Abiquim vem implementando a Estratégia Global de Produtos (GPS) que enfoca o *design* de produtos químicos mais seguros para os trabalhadores e consumidores. Outros princípios diretivos do programa com forte adesão à química verde são:

- Promoção da pesquisa e o desenvolvimento de novos processos e produtos ambientalmente compatíveis.
- Avaliação prévia do impacto ambiental de novas atividades, processos e produtos e monitoramento dos efeitos ambientais das suas operações.
- Busca contínua da redução dos resíduos, efluentes e emissões para o ambiente, oriundos das suas operações.

No período de 2001 a 2011, as empresas que fazem parte do Programa Atuação Responsável® tornaram-se três vezes mais seguras que a média da indústria manufatureira nacional (Figueiredo, 2013). Nesses 10 anos, o consumo de água foi reduzido em 50%, a emissão de gases efeito estufa em 30%, já o reciclo de água aumentou em 30% e a eficiência energética em 10%. Os indicadores do Atuação Responsável® mostram como o programa contribuiu para o desenvolvimento sustentável da indústria química nacional, com produtos mais seguros, menor gasto de água e energia e redução da emissão de gases, ou seja, perdas do processo. Dados divulgados pela Abiquim apontam que houve avanços consideráveis rumo à química verde de 2006 a 2012, principalmente com relação à:

- Diminuição contínua de geração de resíduos sólidos (de 9,3 a 7,1 kg/t de produto), associada ao aumento de reciclagem de resíduos de 11,7% em 2006 para 39% em 2012.
- Redução de água captada (de 7,41 a 5,20 m^3/t de produto) e água consumida em processos (de 4,42 a 3,08 m^3/t de produto).
- Diminuição de efluentes lançados em curso de água (de 2,40 a 1,34 m^3/t de produto) e reciclo de efluentes (de 19,8 a 36,4 % do total lançado).
- Redução de emissão de dióxido de carbono (de 542 a 270 kg CO2 eq/t de produto).

Outros indicadores referentes à segurança, ao transporte e ao estabelecimento de diálogo com a comunidade também permitem verificar melhoras significativas em direção às práticas industriais ambientalmente mais sustentáveis no período de 2006 a 2012, tais como: diminuição da frequência de acidentes com afastamento (de 2,98 a 1,95 por milhão de horas de exposição), de acidentes no transporte rodoviário (de 2,49 a 1,34 por 10.000 viagens) e de reclamações de comunidades vizinhas por fábricas (de 1,29 a 0,41) (Figueiredo, 2013).

Logo, além da prevenção à poluição buscada pela indústria química brasileira, as demais diretrizes da química verde que têm aproximação com o Programa de Atuação Responsável® tocam à busca por reações com compostos de menor toxicidade; o desenvolvimento de compostos seguros; a diminuição de solventes e auxiliares; a eficiência energética; o uso de substâncias renováveis; e a química segura para a prevenção de acidentes. É relevante notar que as sinergias existentes entre o programa e os pressupostos da química verde se encontram no âmbito de um dos objetivos do pacto nacional da indústria química, que é posicionar o Brasil como líder na produção de químicos a partir de matérias-primas renováveis até 2020, conceito alinhado com o princípio sete da química verde.

Potencial de integração e experiências

As iniciativas como as colocadas pela Organização das Nações Unidas para o Desenvolvimento Industrial (Unido), em relação ao estabelecimento de indústrias verdes – tais como promover padrões sustentáveis de produção e consumo, uso eficiente de recursos e energia, reduzir a emissão de carbono e resíduo, fomentar ações não poluidoras e seguras que originem produtos gerenciados durante seus respectivos ciclos de vida –, podem ser verificadas em uma série de práticas apresentadas por empresas que têm relevância no contexto brasileiro, a saber:

• Processo HPPO (*Hydrogenperoxide Propylene Oxide*): o óxido de propileno é um dos produtos químicos industriais de maior volume no mundo. É um bloco de construção para uma vasta gama de produtos químicos, incluindo detergentes, poliuretanos, aditivos alimentares e itens de higiene pessoal e cosmética. O seu processo de produção gera subprodutos, bem como uma quantidade expressiva de resíduos. A Dow e Basf desenvolveram conjuntamente uma nova rota química para produzir óxido de propileno com peróxido de hidrogênio. Essa rota elimina a maioria dos resíduos e reduz o consumo de água e energia.

- Processo Scorr (*Supercritical CO2 Resist Remover*): esse processo serve para remover resíduos de *wafers* semicondutores durante sua produção. O processo Scorr melhora as técnicas convencionais, minimiza o uso de resíduos e solventes perigosos, é mais seguro para os trabalhadores, de menor custo e consome menos água e energia. Esse processo também elimina a necessidade de lavagem com água ultrapura e subsequente secagem.

- Processo PC (processo de produção de policarbonato sem a formação de fosgênio e utilizando o subproduto CO_2 como matéria-prima): a Asahi Kasei Corporation desenvolveu um novo processo verde para a produção de policarbonato baseado no Bisfenol-A, sem a utilização de fosgênio e cloreto de metileno. O processo tradicional utiliza CO, produzido a partir de coque, hidrocarbonetos, oxigênio e cloro (Cl_2) como matérias-primas, gerando fosgênio como intermediário. No entanto, esse processo envolve risco inerente, devido à alta toxicidade do intermediário e das matérias-primas. O novo processo PC permite a produção com alto rendimento de policarbonato e monoetilenoglicol (MEG), a partir do óxido de etileno, dióxido de carbono e Bisfenol-A. Essa nova tecnologia não só supera os problemas ambientais como também reduz o consumo de matérias-primas e de energia, contribuindo também com a redução de emissões de CO2. Esse processo alternativo recebeu o *Green and Sustainable Chemistry Award* do Ministério de Economia, Comércio Exterior e Indústria do Japão; o 35º *Japan Chemical Industry Association Award* da Associação Japonesa da Indústria Química, ambos em 2003; e o *Green and Sustainable Chemistry Award* da Agência de Proteção Ambiental americana.

- Processos que utilizam etanol e glicerina, subprodutos da cadeia produtiva do biodiesel, para a produção de polímeros verdes. Algumas empresas já dominam o processo de conversão de etanol em polietileno e de glicerina em polipropileno ou policloreto de vinila. Nos próximos anos, grandes empresas petroquímicas anunciaram que têm interesse na produção destes polímeros verdes no Brasil, com investimentos superiores a US$ 1,3 bilhão (Silva et al., 2009). Para além dos produtos verdes, a empresa Braskem busca ser notada como parte da solução para o desenvolvimento sustentável, gerando resultados econômicos com a menor intensidade de emissão de gases efeito estufa e de uso de água da indústria química mundial. De 2002 a 2009, a empresa reduziu em 54% a geração de efluentes, em 72% a geração de resíduos sólidos, em 27% o consumo de água e em 6% o consumo de energia. A Braskem posiciona-se como a maior indústria química baseada em matérias-primas renováveis. Possui metas de sustentabilidade para toda a empresa. O éter etil-terc-butílico (ETBE) verde produzido pela Braskem à base de cana-de-açúcar evita a emissão de 0,783 t CO_2 e/t, além de servir como substituto do éter metil-terc-butílico (MTBE), substância potencialmente carcinogênica. Por sua vez, a produção do polietileno verde captura cerca de 2,5 t CO_2 e/t PE.

CONSIDERAÇÕES FINAIS

Com o aumento da consciência ambiental em todo o mundo fica evidente que, dentro das prioridades empresariais, as questões ligadas à saúde, à segurança e ao meio ambiente devem assumir posição de destaque. A busca pela maior eficiência dos processos produtivos e das demais atividades ligadas aos seus negócios deve atender também às preocupações do público quanto aos riscos e aos custos ambientais. A partir dessa visão, a indústria química brasileira, a exemplo do que ocorre em diversos outros países, desenvolve há mais de duas décadas um sistema destinado à melhoria contínua de suas atividades, o Programa Atuação Responsável®. Esse programa, que tem forte adesão a vários princípios da química verde, continua a se expandir para novas regiões, empresas e comunidades, por meio da formação continuada de profissionais da indústria, da melhoria nas questões de saúde, segurança e meio ambiente e do emprego de um sistema gerencial cada vez mais rigoroso de avaliação por auditorias e indicadores de desempenho.

A adoção do programa tem possibilitado à indústria química nos últimos anos, e à sua cadeia de valor, reduzir significativamente os impactos ambientais decorrentes de seus processos e produtos e, ao mesmo tempo, reduzir custos e contribuir para a melhoria das condições sociais e da qualidade de vida de seus trabalhadores, das comunidades vizinhas às fábricas e do público em geral. Logicamente, como qualquer mudança, algumas barreiras que demandam um debate aprofundado entre diversos setores da sociedade para a implementação ideal do programa e inserção da química verde em todas as indústrias tocam às dimensões técnicas (desenho de novas rotas sintéticas etc.), políticas (por exemplo, de fomento, regulatória), econômica (ligada aos riscos e custos à instalação de plantas), à definição de métricas do grau verde de produtos e processos e, também, ao âmbito educacional. Estima-se que, em 2020, haverá uma participação da chamada química verde de pelo menos 10% no conjunto da oferta de produtos petroquímicos. O Brasil poderá deter, se forem viabilizados os investimentos necessários, uma fatia relevante da oferta total. Essas questões têm sido, em grande medida, enfrentadas e vários processos industriais verdes, projetados, alguns já implementados, como é o caso da produção do ETBE verde, considerando a realidade brasileira, cuja cadeia compreende várias das diretrizes da química verde e sustentável.

REFERÊNCIAS

ALMEIDA, M. F. L. *Química Verde: desafios para o desenvolvimento Sustentável.* Parcerias Estratégicas: edição especial Rio+20, v. 17, n. 35, p. 113-166, 2012.

ANASTAS, P. T.; WARNER, J. C. *Green Chemistry: Theory and Practice.* Oxford University Press: New York, 1998.

ANTUNES, A. M. S.; GALERA, P.; RUBINSTEIN, L. Prospectiva para a indústria química do Brasil: uma visão para o futuro. *Economia & Tecnologia.* v. 26, p. 1-11, 2011.

BRASIL. Ministério da Educação: Coordenação de Aperfeiçoamento de Pessoal de Nível Superior. Contribuição da pós-graduação brasileira para o desenvolvimento sustentável: Capes na Rio+20. Brasília: Capes, 2012.

BRASIL. Disponível em: http://www.mma.gov.br/seguranca-quimica/gestao-das-substancias-quimicas. Acessado em: ago. 2014.

[CIAC] The Chemistry Industry Association of Canada. The Responsible Care Program. Disponível em: http://www.canadianchemistry.ca/responsible_care/index.php/en/index. Acessado em: set. 2013.

CCGE. Química Verde no Brasil: 2010-2030. Brasília: Centro de Gestão e Estudos Estratégicos, 2010.

[CNUMAD] CONFERÊNCIA DAS NAÇÕES UNIDAS SOBRE O MEIO AMBIENTE E DESENVOLVIMENTO (1992: Rio de Janeiro). Conferência das Nações Unidas sobre o Meio Ambiente e Desenvolvimento: de acordo com a Resolução n. 44/228 da Assembleia Geral da ONU, de 22-12-89, estabelece uma abordagem Equilibrada e integrada das questões relativas a meio ambiente e desenvolvimento: a Agenda 21 - Brasília: Câmara Dos Deputados, Coordenação de Publicações,

1995. 472p. - (Série Ação parlamentar; n. 56). Disponível em: http://www.onu.org. br/rio20/img/2012/01/agenda21.pdf. Acessado em: set. 2013.

CORREA, A. G.; ZUIN, V. G. (Org.). Química *Verde: fundamentos e aplicações.* São Carlos: EDUFSCar, 2009.

CORREA, A. G.; ZUIN, V. G.; FERREIRA, V. et al. *Green Chemistry in Brazil.* Pure and Applied Chemistry, v. 85, n. 8, p. 1643-1653, 2013.

FIGUEIREDO, F. *Desempenho da Indústria Química 2013 e Indicadores de Atuação Responsável 2012.* São Paulo: Abiquim, 2013.

MARINHA, A. B. A.; PACHECO, É. B. A. V. et al. Avaliação do Programa Atuação Responsável quanto à aplicação do código de proteção ambiental na indústria de polímeros. Polímeros: *Ciência e Tecnologia,* v. 14, n. 4, p. 217-222, 2004.

[RBQV] REDE BRASILEIRA DE QUÍMICA VERDE. Quem somos. Disponível em: http://www.quimicaverde.com.br/QuemSomos.aspx. Acessado em: set. 2013.

SACHS, I. De volta à mão visível: os desafios da Segunda Cúpula da Terra no Rio de Janeiro. *Estudos Avançados,* v. 26, n. 74, p. 5-20. 2012.

SILVA, R.; HARAGUCHI, S. K.; MUNIZ, E. C. et al. Aplicações de fibras lignoce-lulósicas na química de polímeros e em compósitos. *Química Nova,* v. 32, n. 3, p. 661-671, 2009.

ZUIN, V. G. A inserção da Química Verde nos Programas de Pós-Graduação em Química do Brasil: tendências e perspectivas. *Revista Brasileira de Pós-Graduação,* v. 10, n. 21, p. 557-73, out. 2013.

Princípios do Equador e Desempenho Socioambiental do Setor Financeiro

12

Alejandro Dorado
Biólogo, Senai

INTRODUÇÃO

Nas últimas três décadas tem-se escrito muito a respeito do conceito de desenvolvimento sustentável (Dixon e Fallon, 1989; Hopwood et al., 2005; Atkinson et al., 2007; Philippi Jr e Malheiros, 2013). Desde o ano de 1973, quando foi publicado o trabalho de Holling a respeito da resiliência da estabilidade dos ecossistemas até o artigo de uma biosfera sustentável, atingir a sustentabilidade tornou-se uma das questões mais prementes do terceiro milênio.

Ao mesmo tempo, referir-se à sustentabilidade significa incluir a gestão ambiental e os processos requeridos para mitigar os impactos ambientais oriundos de atividades humanas. Analisando as principais formas de intervenção do homem nos ecossistemas, as quais produzem impactos ambientais, quer seja a) os processos urbano-industriais, b) os processos agrossilvipastoris e c) os processos energético-mineradores, constata-se que, embora sejam diferentes, todas produzem alterações nos fatores e serviços ambientais dos ecossistemas (Dorado, 1998).

Nesse contexto, falar em sustentabilidade no âmbito de uma economia de mercado, hoje dominante e sem propostas alternativas viáveis que indiquem respostas perante as características intrínsecas da nossa espécie em que o consumo é a força motora do desenvolvimento, é, no mínimo, contraditório. Assim, onde já é difícil aceitar qualquer definição de sustentabilidade que incorpore as dimensões espacial e temporal também existe a necessidade de definir indicadores.

A busca por indicadores de sustentabilidade socioambiental tornou-se, na última década, fundamental para a decisão (Malheiros et al., 2013) e avaliação econômicas das modernas sociedades onde o capital natural[1] é mais que um valor agregado.

Na atualidade, a sustentabilidade transformou-se em um importante elemento na elaboração das estratégias de negócios. A adoção de respostas aos temas sociais e ambientais e um sistema de gestão para a sustentabilidade corporativa reduzem os custos promovendo o crescimento e a melhoria da imagem, assim como o estreitamento das relações entre as partes interessadas (*stakeholders* = atores sociais) e a diminuição dos riscos (sociais, financeiros ou ambientais).

O que seria a sustentabilidade fora todas as expressões e desejos vinculados à base dos recursos naturais prometidos às gerações futuras? No presente, é impossível tratar essas questões de forma isolada. As atividades humanas e os ecossistemas não podem ser tratados de modo independente. As atividades humanas e os serviços ambientais não funcionam de maneira linear, assim, seu controle e sua previsão não são simples (Folke et al., 2002).

Observa-se que o conceito de desenvolvimento sustentável ultrapassa o de desenvolvimento econômico, pois, além de trazê-lo em si, o desenvolvimento sustentável inclui as noções de crescimento e de atividade antrópica em escala temporal por parte das populações. Além do desenvolvimento econômico, o desenvolvimento sustentável contempla a conservação do meio ambiente e o planejamento da utilização dos recursos naturais ao longo do tempo de uma forma sustentável (Dorado, 1998).

Nos sistemas agroecológicos, a sustentabilidade representa a capacidade que um sistema tem para manter a sua produção e a produtividade ao longo do tempo, sem a necessidade de aumentar-se o uso dos insumos, mesmo quando da presença de perturbações (Altieri, 2002). Essa ideia se aproxima a uma abordagem de recursos infinitos na qual não se inclui a escala espacial.

---

[1] O conceito de capital natural nos ajuda a entender a base na qual toda a economia se apoia e, consequentemente, os limites para seu crescimento.

O conceito clássico de sustentabilidade descrito no Relatório de Brundtland em 1987 e corroborado pela Declaração do Rio sobre Meio Ambiente e Desenvolvimento (1992), pela Declaração do Milênio (2000), pela Declaração de Joanesburgo (2002) e por Veiga (2005) incluiu a noção do tempo ao propor que as futuras gerações deverão ter recursos similares ou melhores que os atuais, mas não especifica a escala, isto é, a quantidade de recursos futuros.

O atual conceito de sustentabilidade é usualmente aceito pelas comunidades em geral em razão da sua imediata aplicação na solução dos problemas ambientais decorrentes das atividades do desenvolvimento humano. Porém, no presente, não mais é suficiente conhecer apenas o tamanho do consumo e da produção. Devem ser também relevadas as informações a respeito do dano aos elementos naturais e a base dos recursos, bem como os resíduos produzidos e, notadamente, a situação da saúde da população. As informações devem ser obtidas em âmbito local, regional, nacional e global. Com base neste marco referencial, a sustentabilidade é possível?

Nesse âmbito, os Princípios do Equador (PEs), como será visto adiante, não são uma ferramenta de avaliação dessa sustentabilidade, e, sim, uma ferramenta de avaliação de risco para o setor financeiro, assim como seu desempenho socioambiental.

IMPACTOS E RISCOS AMBIENTAIS

Como já mencionado, os impactos ambientais decorrentes das ações humanas e as mudanças causadas por atividades urbano industriais certamente são as principais razões da transformação do ambiente. A partir do ano de 2007, mais da metade da população mundial vive nas grandes cidades (Schaffer e Vollmer, 2010). No Brasil, o aumento da urbanização iniciou na década de 1960, transformando a população brasileira em urbana. Hoje existem no país cerca de trinta regiões metropolitanas, onde moram mais de 80% da população, bem como nas outras 5.500 cidades brasileiras (IBGE, 2013).

Os problemas decorrentes desse processo acelerado de urbanização – tais como alteração do clima, enchentes, uso e ocupação inadequados dos solos, mobilidade urbana, saúde pública e saneamento básico inadequados – desafiam a capacidade dos governos de suprirem as demandas das populações, potencializando a rápida degradação dos recursos naturais. As atividades agrossilvipastoris e de geração de energia fornecem insumos aos ecossistemas urbanos, cada vez mais ávidos por energia e alimentos. É urgente encontrar a resposta dos problemas da urbanização, ao considerá-la uma forma de organização do *Homo sapiens*.

Por outro lado, torna-se difícil precisar os limites do ambiente urbano, assim como tentar processos socioambientais sustentáveis nas áreas de transição. Perante esse panorama, como ser "sustentável" diante da apropriação dos recursos naturais essenciais à vida ao longo do tempo sem considerar as interações (*tradeoffs*) e os riscos resultantes do binômio conservação do ambiente e desenvolvimento socioeconômico?

Nesse sentido, definir sustentabilidade do ambiente urbano é ainda mais complexo. A sustentabilidade é mais do que um objetivo; a sustentabilidade para o homem urbano é um processo semelhante ao da melhoria contínua conhecido como PDCA[2]. Logo, sustentabilidade é mais do que um conceito ou um estilo a ser praticado.

CONSUMO SUSTENTÁVEL?

Os conteúdos descritos são na atualidade as maiores preocupações dos governantes e das instituições públicas e privadas. Por exemplo, o Ministério da Ecologia do Desenvolvimento Sustentável e da Energia[3] da França, apresenta na sua página eletrônica da Internet temas como energia, ar, clima, água e biodiversidade, desenvolvimento sustentável, transporte e cidades sustentáveis, manifestando desse modo a preocupação do Estado da França com as questões relativas à sustentabilidade e a sua estreita relação com as cidades, a energia e os alimentos, assim como quanto ao limite do crescimento da nossa espécie.

Por sua vez, o setor financeiro, por exemplo, a Corporação Financeira Internacional (em inglês, International Finance Corporation, IFC), no ano de 2013, declarou a sua posição quanto à sustentabilidade, tendo considerado esse tema no binômio negócios *versus* sustentabilidade ao relacioná-lo aos problemas da atualidade, tais como a crescente e rápida urbanização, o

---

[2] PDCA: *Plan, Do, Check, Act* (Planejar, Fazer, Monitorar, Agir). Processo de melhoria contínua ISO 9001:2008.

[3] *Ministère de L´Écologie, du Dévelloppement Durable et de L´Energie* (http://www.developpement-durable.gouv.fr/-Le-ministere-.html).

crescimento da população mundial, a demanda dos recursos naturais, os desequilíbrios econômicos, as mudanças climáticas e a perda da biodiversidade, os quais estão sendo enfrentados pelas corporações multinacionais.

Simultaneamente, quase todos os setores empresariais adotaram a sustentabilidade na definição dos objetivos e metas mesmo que na forma retórica ou apenas como propaganda. A preocupação reside na conservação dos recursos naturais para as gerações futuras, em razão de tais recursos serem finitos, uma vez que a nossa relação socioambiental não é sustentável, significando que os recursos podem ser esgotados de modo irreversível em poucas décadas. Essa possibilidade requer o planejamento e a cuidadosa utilização das atuais reservas naturais.

As ambições do homem como espécie transformadora do ambiente na escala planetária, como ser social, e o processo de urbanização modificam tanto os fluxos energéticos dos sistemas ecológicos quanto os ciclos biogeoquímicos (Odum, 1988). A forma pela qual essas questões deverão ser consideradas pelo homem determinará a manutenção ou a deterioração da base de recursos naturais e o sustento da própria vida.

Hoje, há um consenso a respeito da necessidade que existe de incorporar o conceito de sustentabilidade em todas as etapas das atividades industriais, comerciais e de serviços. Obviamente, a etapa da introdução está superada, faltando apenas a adoção da ideia por todos os setores produtivos da sociedade.

Estamos vivenciando o período no qual há uma tendência à massificação da "forma sustentável", que é acompanhada do processo de profissionalização da "sustentabilidade". No presente, não há mais espaço para as formas tradicionais do mercado consumidor que objetiva exclusivamente o lucro sem levar em consideração as necessidades e as urgências decorrentes do esgotamento da base dos recursos naturais. Qualquer produto ou serviço deve passar hoje sob o crivo da sustentabilidade. Assim, a inovação tecnológica dos processos, o marketing, a diminuição dos custos, a incerteza, o ciclo de vida do produto são as premissas dos mercados permeadas pela sustentabilidade.

A sustentabilidade deixou de ser custo para se tornar valor agregado ao produto ou ao serviço prestado. Hoje, temos carros sustentáveis, geladeiras e fogões sustentáveis, construção sustentável, demolição sustentável e os mais variados produtos que não agridem a natureza. Parece que, por um passe de mágica, o nosso consumo tornou-se sustentável. A sustentabilidade tornou-se a variável independente à qual as empresas devem adequar seus programas de marketing.

Dessa forma, o valor da sustentabilidade adicionado aos produtos do mercado pode ser identificado pela forma como os consumidores sentem e agem em relação ao produto e aos preços em função da parcela do mercado conquistada e na lucratividade obtida. Sua adoção é um ativo intangível que agrega um valor psicológico e ganho financeiro à empresa. A sustentabilidade não é mais uma moda ou um estilo que veio para ficar, apesar de sustentabilidade, consumo e crescimento não serem compatíveis entre si.

O setor financeiro não é imune ao estilo que veio para ficar. O risco e a imagem são assuntos de magna importância estratégica para os grandes agentes econômicos. Como uma forma de adaptação ao atual cenário, as corporações financeiras englobam o processo de avaliação dos riscos socioambientais nas suas políticas corporativas.

Como exemplo das políticas corporativas associadas à sustentabilidade, é possível citar o episódio do maior fundo de pensão do mundo (Fundo de Pensão do Governo da Noruega), que no ano de 2013 anunciou a retirada de 40% dos investimentos para a produção de óleo vegetal oriundo de áreas de desmatamento. Quanto aos riscos da oferta de crédito financeiro, outro caso bem conhecido é o incidente da *British Petroleum* (BP), ocorrido no Golfo do México no ano de 2012, o qual revelou como a falta de cuidado com o capital natural pode trazer sérias consequências financeiras a empreendedores, acionistas e seus financiadores.

OS DEZ PRINCÍPIOS DO EQUADOR[4]

Os dez PEs (Quadro 1) foram criados no mês de outubro do ano de 2002 pela IFC e pelo ABN-Amro no encontro realizado para discutir as experiências vivenciadas em projetos de investimento em mercados emergentes, os quais envolviam questões sociais e ambientais. Os PEs são critérios de desempenho para a concessão de crédito.

Esses critérios têm o propósito de assegurar que os projetos financiados por instituições financeiras que tenham aderido os PEs sejam desenvolvidos de modo social e ambientalmente responsáveis. No ano seguinte, em 2003, os dez maiores bancos do mundo[5], que juntos eram responsáveis por

---

[4] Os PEs são um conjunto de políticas e diretrizes (salvaguardas) a serem observadas na análise de projetos de investimento da modalidade *project finance* de valor igual ou superior a US$ 10 milhões.

[5] ABN-Amro, Barclays, Citigroup, Crédit Lyonnais, Crédit Suisse, HypoVereinsbank (HVB), Rabobank, Royal Bank of Scotland, WestLB e Westpac.

mais de 30% dos investimentos mundiais, reuniram-se para definir as regras de atendimento dos PEs, quando da concessão de crédito financeiro.

Quadro 1 – Os Dez Princípios do Equador.

Princípio 1	Análise e categorização
Princípio 2	Avaliação socioambiental
Princípio 3	Padrões socioambientais aplicáveis
Princípio 4	Sistema de Gestão Ambiental e Social e Plano de Ação dos Princípios do Equador
Princípio 5	Consulta e divulgação
Princípio 6	Mecanismo de reclamação
Princípio 7	Análise independente
Princípio 8	Obrigações contratuais
Princípio 9	Monitoramento independente e divulgação de informações
Princípio 10	Divulgação de informações e transparência

Fonte: IFC (2012)

Em linhas gerais, o objetivo era garantir a sustentabilidade socioambiental dos projetos a serem financiados e para a gestão dos riscos da inadimplência por parte dos tomadores de crédito. Em termos práticos, os PEs determinaram que as empresas interessadas na obtenção de recursos para financiar seus projetos devem incorporar a gestão de risco socioambiental, a proteção à biodiversidade e hábitat naturais, adotando mecanismos de prevenção e controle de poluição, de proteção à saúde, de proteção à diversidade cultural e étnica, de sistemas de saúde e de segurança ocupacional, assim como a avaliação dos impactos socioeconômicos, a inclusão das comunidades tradicionais, a eficiência na produção, distribuição e consumo de recursos naturais (água e energia), o combate à mão de obra infantil e escrava e o respeito aos direitos humanos.

Como se pode observar, o leque de objetivos era ambicioso, estando em consonância com o conceito do desenvolvimento sustentável vigente a partir da Rio-92.

Na versão do mês de julho do ano de 2006 dos PEs, determinou-se que as instituições financeiras deveriam usar essa ferramenta para implantar políticas, procedimentos e normas socioambientais relacionadas às atividades de financiamentos de projetos e que não se deveriam outorgar recursos financeiros a clientes que não estivessem dispostos ou aptos para cumprir as políticas e os procedimentos dos PEs.

O Princípio 1, *Análise e categorização*, aplica-se aos projetos que solicitam financiamento, e tem como base determinar a magnitude dos potenciais impactos socioambientais e riscos associados, de acordo com os critérios do IFC. As categorias são A, B e C. No Anexo I dos PEs, encontra-se descrito que a categoria A é aplicada em projetos com possíveis impactos sociais ou ambientais significativos, heterogêneos, irreversíveis ou sem precedentes.

Na categoria B, enquadram-se os projetos cujos impactos socioambientais potenciais são limitados, isto é, quantitativamente pequenos e específicos ao local do empreendimento. Esses projetos também devem apresentar os impactos potenciais reversíveis e os mitigáveis, indicando as medidas adequadas a serem executadas pelo empreendedor. Finalmente, os projetos incluídos na categoria C não apresentam impactos ou estes são mínimos.

O Princípio 2, *Avaliação socioambiental*, aplica-se aos projetos das categorias A e B. Esses projetos devem desenvolver estudo de impacto ambiental que permitam identificar, qualificar e quantificar todos os riscos e os impactos socioambientais a eles associados. Esse estudo pressupõe o diagnóstico ambiental envolvendo os meios físico, biológico e antrópico. O estudo dos impactos deve também apresentar as proposições das medidas de gestão e de mitigação adequadas à natureza e à escala do projeto em foco.

A título ilustrativo, o Anexo II dos PEs elenca as questões socioambientais potencias a serem abordadas na documentação de avaliação socioambiental. Assim, devem ser consideradas alternativas de projeto viáveis e favoráveis sob o ponto de vista socioambiental, devendo também ser respeitadas todas as exigências legais do país sede do empreendimento e todos os tratados e acordos internacionais aplicáveis.

Da mesma forma, as questões de proteção dos direitos humanos, saúde pública, segurança da comunidade, proteção ao patrimônio cultural e arqueológico, prevenção da poluição, controles das emissões, impactos socioeconômicos, aquisição de terras e reassentamento involuntário, bem como povos indígenas, consulta e participação das partes afetadas e conservação da biodiversidade também devem ser abordadas na avaliação socioambiental.

No Brasil esse princípio é obrigatoriamente atendido no estudo de avaliação de impacto ambiental (EIA/Rima) como determina a Conama n. 237, de 19 de dezembro de 1997. O art. 3º da Conama estabelece que:

PRINCÍPIOS DO EQUADOR E DESEMPENHO SOCIOAMBIENTAL DO SETOR FINANCEIRO | **267**

A licença ambiental para empreendimentos e atividades consideradas efetiva ou potencialmente causadoras de significativa degradação do meio dependerá de prévio estudo de impacto ambiental e respectivo relatório de impacto sobre o meio ambiente (EIA/Rima), ao qual dar-se-á publicidade, garantida a realização de audiências públicas, quando couber, de acordo com a regulamentação.

O Princípio 3 descreve os *padrões sociais e ambientais* (Anexo III dos PEs) e as diretrizes de meio ambiente, saúde e segurança (Anexo IV). Os padrões de desempenho foram definidos pela IFC, devendo ser atendidos por projetos que são executados nos países que não integram a Organização Mundial do Comércio (OMC) ou aqueles países que não são classificados como de alta renda segundo a base dos dados do Banco Mundial (World Bank Development Indicator Database).

A diferença na sua aplicabilidade adota como referência os requisitos regulatórios e a opinião pública dos países considerados como de alta renda que atendem ou superam os requisitos dos padrões de desempenho da IFC e as diretrizes de meio ambiente, saúde e segurança ocupacional.

Os oito padrões e desempenho (*performance standard*) são:

- Sistema de gerenciamento e avaliação socioambiental.
- Trabalho e condições de trabalho.
- Prevenção e redução da poluição.
- Segurança e saúde da comunidade.
- Aquisição de terras e reassentamento involuntário.
- Preservação da biodiversidade e gerenciamento sustentável dos recursos naturais.
- Povos indígenas.
- Patrimônio cultural.

Para cada um dos padrões de desempenho a IFC desenvolveu um conjunto de recomendações (*guidance notes*) que estabelecem as responsabilidades dos tomadores de crédito, quanto à gestão dos projetos e aos requerimentos a serem cumpridos para receber o apoio da Corporação Financeira Internacional.

O *plano de ação* e o *sistema de gestão* constituem o Princípio 4. Aplicam-se a todos os projetos das categorias A ou B a serem executados nos países que não pertencem à OMC ou nos países que não são considerados como de alta renda. O Princípio 4 estabelece que o financiado deverá elaborar um plano de ação e implantará um sistema de gestão das medidas compensatória, corretivas e mitigadoras que contemple os aspectos da avaliação de impactos.

Nos países de alta renda, as instituições financeiras podem solicitar também o desenvolvimento do plano de ação com base nas leis e normas estabelecidas no país do projeto.

Os Princípios 5 (*Consulta e divulgação*) e 6 (*Mecanismo de reclamação*) são aplicáveis aos projetos das categorias A e B, a serem executados nos países que não integram a OMC ou de baixa renda, devendo ser realizada a consulta prévia das comunidades que podem ser afetadas durante a instalação e a operação do empreendimento.

O acesso à informação e o mecanismo de participação da população garantem a aceitação do projeto por parte da comunidade e criam a ferramenta de diálogo eficiente e eficaz.

Quanto à análise da documentação de avaliação, do plano de ação e consulta popular, tais procedimentos deverão ser executados por especialista socioambiental como determinado no Princípio 7, *Análise independente*, o qual não deve pertencer ao quadro dos técnicos da instituições financeiras e dos tomadores do empréstimo.

Obviamente, abre-se aqui um grande nicho de mercado para a consultoria, principalmente nos países que não pertencem à OMC ou que não são classificados como países de alta renda pelo Banco Mundial.

O Princípio 8, *Obrigações contratuais*, estabelece o compromisso do tomador do financiamento, por meio da incorporação no contrato, no cumprimento de todas as leis, regulamentos e autorizações sociais e ambientais do país sede, no cumprimento do plano de ação durante a construção e operação do projeto, na disponibilização de relatórios periódicos e no descomissionamento das instalações quando for aplicável.

Quando houver não conformidades nos compromissos socioambientais, tanto os prestamistas quanto os clientes do empréstimo tomarão as providências cabíveis para colocar o projeto novamente em conformidade, em prazo estabelecido entre ambas as partes.

Da mesma forma como estabelecido no PE 7, o Princípio 9 determina *monitoramento independente* e *divulgação de informações*. Esse PE garante o monitoramento contínuo do projeto e a divulgação das informações durante a vigência do empréstimo. Exige-se em todos os projetos de categoria A e, quando for o caso, nos de categoria B. Esse especialista independente deverá ser contratado pelo cliente e compartilhará suas informações de acompanhamento com as instituições financeiras.

Finalmente, os prestamistas comprometem-se com a *divulgação de informações* (PE 10). Assim, todos os signatários do PE divulgarão as informações dos seus processos e a experiência na implementação dos princípios, com uma periodicidade anual, no mínimo.

O marco da sustentabilidade da IFC publicado no mês de janeiro do ano de 2012 articula o compromisso estratégico da corporação com o desenvolvimento sustentável que faz parte da aproximação da IFC à gerência de risco. Esse marco inclui os padrões de desempenho socioambientais (PDS) e a política de informação da IFC.

Assim, na revisão dos PDSs o foco é prover ao cliente o roteiro de como identificar os riscos e os impactos, para posteriormente mitigá-los, evitá-los e/ou gerenciá-los. Dessa forma, mostra-se o procedimento para realizar os negócios de maneira sustentável, incluindo todas as partes interessadas (*stakeholders*) e imputando responsabilidades ao cliente das atividades do projeto proposto.

Cabe destacar que a elaboração do marco demandou 18 meses, tendo acrescentado as questões emergentes relativas ao meio ambiente e à sociedade. O documento descreve as lições aprendidas durante a revisão dos PDSs. No Quadro 2, apresenta-se o histórico da cronologia dos fatos relativos aos padrões de desempenho socioambientais elaborados pela IFC.

Quadro 2 – Cronologia da atualização e revisão dos parâmetros de desempenho socioambientais da Corporação Financeira Internacional.

Ano	Cronologia dos Eventos			
2009	Julho	Setembro a novembro	Novembro a dezembro	–
	Apresentação das políticas de desempenho dos PDSs entre 2006 e 2009	Fase I: Consulta a respeito das questões chaves e das mudanças	Avaliação dos resultados da Fase I	–
2010	Março	Maio	Junho a agosto	Novembro a dezembro

(continua)

270 | GESTÃO EMPRESARIAL E SUSTENTABILIDADE

Quadro 2 – Cronologia da atualização e revisão dos parâmetros de desempenho socioambientais da Corporação Financeira Internacional. *(continuação)*

Ano	Cronologia dos Eventos			
2010	Revisão do processo de análise	Rascunho da versão n. 1	Fase II: Consulta do rascunho da versão n. 2	Aprovação das mudanças
2011	Janeiro a março	Maio	–	–
	Fase III: Consulta da versão final	Apresentação da versão final do documento	–	–
2012	Janeiro	–	–	–
	Oficialização e publicação da revisão dos PDSs	–	–	–

Fonte: adaptada de IFC (2012).

A última revisão dos PDSs contemplou oito grupos de trabalho, os quais elaboraram oito notas de orientação (*guidance notes*) para cada um dos parâmetros de desempenho. Com a revisão dos PDS, o principal PE, Sistema de Gerenciamento e Avaliação Socioambiental, definiu a necessidade e a importância da avaliação integrada dos impactos socioambientais, bem como dos riscos e das oportunidades que podem resultar do projeto. Além disso, ficaram esclarecidas as questões da participação e o engajamento das comunidades que poderão ser atingidas pelo projeto e o desempenho do sistema de gestão a ser desenvolvido durante a vida útil do empreendimento. Os outros sete PDSs estabeleceram os objetivos e os requerimentos para evitar, minimizar e compensar os riscos aos trabalhadores, às comunidades e ao meio ambiente. Assim, os impactos e os riscos a serem identificados deverão ser adequadamente geridos pelo tomador do financiamento implementando um sistema de gestão apropriado.

Na revisão dos PEs realizada no ano de 2012 foi introduzido o conceito de mitigação ambiental (*environmental offsets*) para que os impactos socioambientais inevitáveis sejam compensados visando alcançar um balanço neutro ou positivo do projeto.

Assim, com base no conceito de sustentabilidade ambiental, as ações e os projetos de compensação (*offsets*) são considerados no PE ferramentas adequadas para manter e aumentar o valor socioambiental nas situações em que o desenvolvimento socioeconômico pode resultar em impactos ambientais. As compensações aplicam-se aos casos nos quais os esforços para evitar ou minimizar os impactos adversos realizados não foram capazes o suficiente para atingir o balaço neutro ou positivo do projeto almejado.

Tendo a sustentabilidade como meta, as questões ambientais e sociais emergentes incluídas na versão de 2012 dos PEs pela IFC são mudanças climáticas, direitos humanos e negócios, gestão da cadeia produtiva, problemas de gênero, participação das partes interessadas, comunidades indígenas e os serviços dos ecossistemas e biodiversidade.

O documento publicado no mês de junho do ano de 2013, que atualizou os PEs, ampliou o número de produtos a serem financiados mantendo o valor inicial de US$ 10 milhões a ser disponibilizado no mercado consumidor. Por outro lado, acrescentou a avaliação dos gases de efeito estufa (GEE) nos projetos que podem emitir mais que 100 mil toneladas de carbono equivalente, conforme pode ser visto no Anexo A do citado documento.

Essa nova condição está em consonância com a avaliação das mudanças climáticas e visa analisar alternativas energéticas e a neutralização de emissões de GEE. Quanto à participação de partes interessadas, o Princípio 5 reconhece a vulnerabilidade das comunidades indígenas e recomenda a consulta e a participação popular no processo de construção e durante a operação do empreendimento.

O PE 7, *Análise independente*, determina que os projetos com potenciais riscos de impacto de habitats críticos, populações indígenas, patrimônio cultural significativo e reassentamentos de grande escala deverão ser avaliados por consultoria independente. Finalmente, o Anexo B da revisão de 2013 estabelece o conteúdo mínimo que o relatório do tomador de empréstimo deverá apresentar.

Uma das primeiras constatações decorrente da análise crítica realizada em dois momentos distintos dos PEs, nos últimos dez anos, é o aperfeiçoamento da busca pela sustentabilidade socioambiental. Foram incorporados os mais novos problemas desta década: mudanças climáticas, perda de biodiversidade, participação das minorias e grupos vulneráveis, readequação financeira, mecanismos de controle e aperfeiçoamento do monitoramento dos riscos e dos impactos ambientais adversos associados aos projetos.

Em suma, o setor financeiro percebeu que o gerenciamento adequado dos riscos e o valor agregado por meio da incorporação de soluções sustentáveis podem ser a chave para definir o processo de melhoria contínua associado à gestão para a sustentabilidade.

ACOMPANHAMENTO E AVALIAÇÃO DO PROCESSO DE FINANCIAMENTO

A chamada *due diligence*[6] é um processo de monitoramento e avaliação de todos os compromissos socioambientais assumidos pelo tomador do financiamento que, em geral, é executado ao longo do período de vigência contratual.

No Brasil, existem atualmente financiamentos nos quais a *due diligence* será realizada durante anos, como nos projetos das usinas hidrelétricas de Santo Antônio e Jirau, no rio Madeira (RO), ou Belo Monte, no rio Xingu (PA).

O principal objetivo da *due diligence* é diminuir o risco socioambiental do empréstimo e permitir que as instituições envolvidas executem uma avaliação independente e detalhada das ações em desenvolvimento no projeto. Esse processo segue o roteiro de adequação do empreendimento aos PEs. A avaliação possibilita elaborar uma estratégia coerente de ações a serem desenvolvidas durante a construção e a operação do empreendimento, assim como identificar os passivos ocultos, as contingências e os riscos futuros associados ao projeto.

Geralmente, o processo de avaliação ambiental engloba todos os assuntos vinculados ao marco legal, tais como: laboral (saúde e segurança do trabalho), responsabilidade social, qualidade, meio ambiente e gestão integrada. É importante citar que no início da *due diligence* as partes estabelecem os procedimentos a serem executados e a periodicidade das auditorias.

O auditor deverá ter acesso irrestrito aos dados, a todas as áreas de ação do empreendimento, subcontratados e a todos os atores sociais envolvidos. Em geral, as visitas de auditoria são mais frequentes na constru-

---

[6] Para o termo *due diligence* não existe uma tradução adequada que represente a ideia do processo envolvido. São investigações "voluntárias" ou diligências prévias realizadas nos empreendimentos tomadores de financiamento. Pode-se entender, em tradução livre, como o processo de auditoria. Normalmente é utilizada para definir o processo de investigação do comprador na aquisição de uma empresa, com o consentimento de todas as partes envolvidas na negociação.

ção e instalação do projeto e menos frequentes na operação. A duração das inspeções de auditoria depende do tamanho e das dificuldades associadas ao empreendimento a ser auditado.

Cabe observar que a vistoria é executada com base nas informações apresentadas pelo empreendedor, sendo conduzida por amostragens definidas pelo auditor em função das áreas, dos processos e dos documentos que ele deseja auditar. Por força contratual, o custo financeiro da *due diligence* é sempre de responsabilidade do empreendedor.

Após a execução do processo de avaliação em *due diligence*, estabelecem-se as orientações e os prazos de execução das ações recomendadas para garantir a normalidade das atividades do projeto. Esse aspecto é de suma importância, pois o plano de ações é o principal produto da auditoria. Nesse plano estão descritas as questões fundamentais para o desenvolvimento adequado do projeto provenientes do trabalho do auditor, podendo contemplar procedimentos e novas ações, para garantir dessa forma os investimentos das instituições financeiras, assim como os do empreendedor.

Em termos de mercado, as auditorias ambientais aumentaram a partir da década de 1990, notadamente com o crescimento das operações de fusões e aquisições das novas companhias criadas no Brasil, transformando-se em um nicho de mercado importante para a consultoria ambiental. Com a adoção dos PEs pelas instituições financeiras, o mercado se ampliou e, no presente, continua em expansão. Como já citado, os grandes bancos brasileiros são signatários do PE, o que os obriga a contratar esses serviços para operações acima de US$ 10 milhões.

Finalmente, deve-se observar que as instituições financeiras brasileiras estão se adaptando ao novo processo de avaliação dos riscos socioambientais. Assim, todos os grandes bancos nacionais estão qualificando os seus recursos humanos e contratando especialistas das diversas áreas envolvidas nas avaliações dos pedidos de financiamento e de acompanhamento de *due diligence*, da mesma forma que o fizeram o Banco Mundial e o IFC.

O DESEMPENHO SOCIOAMBIENTAL DAS INSTITUIÇÕES FINANCEIRAS NO BRASIL

Como é sabido, nos últimos dez anos a economia brasileira sofreu grandes mudanças, como a hiperinflação, o Plano Real e a entrada de capital estrangeiro. Ao mesmo tempo, houve uma concentração do setor e ocorreram fusões, compras e aumento da participação do setor privado em detrimento dos bancos públicos. Prova disso é o número de bancos que operavam e continuam operando no país nos últimos anos. No ano de 1997, existiam 230 bancos funcionando no Brasil, mas, no ano de 2003, esse número diminuiu para 165; em 2010, era menor do que 157 (Bank-Track, 2012).

Em 2006, os bancos brasileiros responsáveis pelos financiamentos de projetos associados aos PEs eram o ABN-Amro Real (12 projetos), o Banco do Brasil (9 projetos), o Bradesco (11 projetos) e o Itaú (16 projetos) (Ribeiro e Oliveira, s/d).

No ano de 2011, 80% dos dez maiores bancos nacionais tinham definido uma política de sustentabilidade e apresentaram relatórios específicos do desempenho socioambiental e da governança corporativa. Em contrapartida, nas instituições de pequeno e médio porte, o número foi de apenas 12,5% de todo o conjunto de instituições dessas categorias.

Dias e Oliveira (2011) consideram os PEs ferramenta de diálogo entre os bancos e a sociedade que contribuem para a sustentabilidade, devendo ser investigados sob essa nova abordagem no âmbito acadêmico. Com base nos exemplos dos créditos outorgados para grandes empreendimentos de geração de energia e da oposição manifestada por vários atores sociais, os autores analisaram o comportamento dos clientes da rede bancária brasileira, tendo sido constatado que 70% dos entrevistados preferem os bancos que disponibilizam informações a respeito de impactos ambientais e sociais de seus investimentos. Cabe acrescentar que 18% dos entrevistados adotariam essa atitude independentemente das condições comerciais e dos serviços ofertados pela instituição e 52% preferem essas instituições bancárias, desde que os serviços e condições comerciais fossem os ofertados pelo seu banco.

Por outro lado, os resultados do trabalho realizado em função da estratificação do nível de renda dos entrevistados, que teve como base os dados do Instituto Datafolha, mostram que apenas 40% dos entrevistados da classe D e 79% dos das classes A e B dariam preferência às instituições "preocupadas" com as questões ambientais. Além disso, 58% dos entrevistados acham que as instituições financeiras brasileiras gastam mais recursos com propaganda do que com a execução das ações divulgadas. Dos entrevistados, 31% citam que é somente "marketing ambiental" resumindo-se a uma estratégia de comunicação. Finalmente, todos os entrevistados desconheciam as atividades dos citados bancos no âmbito dos PEs, em 2011.

A rede BankTrack[7] (2012), por sua vez, foi muito receptiva à criação dos PEs, porém tem a percepção de que os padrões de desempenho não refletem a melhor legislação nem as melhores práticas internacionais. No ano de 2010, a BankTrack e 100 organizações não governamentais apresentaram aos signatários do PE as propostas das mudanças que poderiam resultar maior transparência, responsabilidade e respostas eficazes dos problemas ambientais urgentes (Dias e Oliveira, 2011). Com as modificações realizadas no ano de 2012 pelo IFC e com aquelas realizadas no ano de 2013 pelos bancos signatários dos PEs, as solicitações das ONGs foram atendidas, tendo como resultado a não aprovação de grandes empreendimentos, como o da hidroelétrica de UTE Belo Monte, no estado do Pará.

Na esfera do sistema financeiro nacional, pode-se afirmar, quanto aos PEs, que no presente existe uma apropriação do termo "sustentabilidade" como ferramenta de propaganda e para visibilidade junto a investidores, sendo, portanto, pouco significativo em relação à quantidade de recursos financiados sob essa lógica, comparados com a carteira total de crédito.

O FUTURO

Com base nos conteúdos descritos, pode-se observar que a sustentabilidade transformou-se em uma ferramenta indispensável na elaboração de estratégias de negócios e que no presente as grandes empresas nacionais e multinacionais, na sua grande maioria, incluindo as de médio porte, estão adotando medidas de longo prazo para gestão ambiental e gestão de riscos. A adoção dessas medidas traduz-se em crescimento institucional e redução de custos.

No mês de maio de 2013, o responsável pelo setor dos financiamentos sustentáveis do grupo multinacional holandês ING, membro do Comitê Diretivo da Associação dos Princípios do Equador (EP Association Steering Committee), na ocasião do lançamento da terceira versão destes declarou:

> Durante dez anos o marco dos PEs contribuiu para a minimização e o manejo responsável dos impactos socioambientais dos processos de financiamentos

---

[7] Rede global, com sede na Holanda, com 40 ONGs em vários países e continentes, que monitora as operações financeiras dos bancos privados, fundos de pensão, investidores e companhias de seguros e seus efeitos nas pessoas e no planeta. Disponível em: http://www.banktrack.org.

de projetos de grande escala. A aprovação da versão III dos PEs significa que um número maior de projetos serão contemplados, fato bem-vindo para as instituições financeiras que desejam ter uma melhor gestão sobre os riscos socioambientais. Além disso, são boas notícias para o meio ambiente e as comunidades do mundo todo, já que o desenvolvimento continua aportando benefícios e desafios.

Com base no marco conceitual, pode-se afirmar que o conceito de desenvolvimento responsável continua sendo considerado sustentabilidade, embora sejam contraditórios entre si.

Na realidade, as ações e as declarações supostamente sustentáveis melhoram a imagem das empresas, estreitando as relações entre os atores sociais envolvidos nas lides de questões ambientais. As ferramentas de gestão para a sustentabilidade possibilitam que as empresas antecipem e identifiquem as tendências atuais do mercado, para estimar o efeito dos usos dos recursos naturais para elaboração dos seus produtos, visando ao atendimento das expectativas dos consumidores e das partes interessadas.

Nesse sentido, existem trabalhos que mostram que 76% dos executivos das companhias, CEOs[8], consideram que um robusto desempenho em termos de sustentabilidade contribui positivamente para os negócios em longo prazo (McKinsey, 2011). O impacto da cultura da sustentabilidade no comportamento e no desempenho de 180 companhias foi analisado por Eccles, Ioannou e Serafeim (2011), da Universidade de Harvard, entre 1992 e 2010, tendo sido observado que as companhias com atuação robusta na área de meio ambiente, governança corporativa e sociedade superaram aquelas que tiveram um fraco desempenho financeiro. Na Figura 1, apresenta-se uma parte dos resultados do trabalho desenvolvido por esses autores.

Analisando a Figura 1, verifica-se que tanto as empresas com fraca atuação no mercado (curva de cor cinza claro), quanto as empresas com forte desempenho no mercado (curva de cor cinza escuro) apresentam um crescimento do faturamento anual no período entre o ano de 1992 e 2010. Entretanto, o faturamento das empresas cujas políticas ambientais estão associadas aos PEs apresenta um melhor desempenho em relação ao daquelas que não adotaram os PEs.

---

[8] CEO *Chief Executive Officer*. Cargo mais alto de uma corporação. É o executivo ou administrador com poder total de gestão de uma organização.

Figura 1 – Desempenho financeiro de corporações com forte e fraca atuação socioambiental e governança (em milhões de dólares por ano).

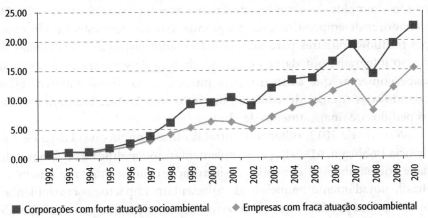

Fonte: BankTrack (2012).

Por outro lado, 87% dos consumidores preocupam-se com os impactos socioambientais oriundos dos produtos que consomem e 54% destes estão dispostos a pagar mais por produtos sustentáveis (McKinsey, 2011). Os estudos (McKinsey, 2010) indicam que o principal motivo de as companhias não praticarem as políticas sustentáveis, embora os consumidores e a mídia demandem essa atitude, é a falta de uma definição clara a respeito do assunto.

A IFC adotou no ano de 2006 uma política apoiada na sustentabilidade, tendo reformulado seus parâmetros de desempenho socioambiental. Na atualidade, os PDSs são empregados em praticamente todas as parte do mundo como ferramentas de avaliação dos riscos socioambientais. No presente, mais de 70 instituições financeiras de grande porte utilizam os PEs. Além desse universo, 15 grandes corporações financeiras europeias e 32 agências de concessão de crédito para exportação de países que constituem à Organização para a Cooperação Econômica e o Desenvolvimento também adotam os PDSs do IFC (IFC, 2013).

A gestão para a sustentabilidade é no momento o grande desafio das empresas de todo o mundo. As empresas têm se preparado para enfrentar esse desafio dos mecanismos do PDCA adotando sistemas de qualidade e gestão ambiental integrados.

As grandes obras de infraestrutura para a geração de energia no âmbito do Programa de Aceleração do Crescimento (PAC) do governo brasileiro são exemplos da obtenção de financiamentos associados aos PEs. Os tomadores de empréstimo, na sua grande maioria, têm estruturado equipes multidisciplinares para implantação e administração dos sistemas de gestão integrada, notadamente aqueles da área de segurança e ambiental. Cabe comentar que as instituições financeiras no Brasil também estão criando suas equipes de avaliação de riscos socioambientais para analisar os pedidos de financiamento de obras.

No ano de 2012, o Banco Central do Brasil publicou o Edital de Audiência Pública n. 41/2012 para implementar uma política de responsabilidade socioambiental em todas as instituições financeiras que atuam no Brasil, notadamente naquelas que apresentam impactos socioambientais oriundos dos produtos que produzem e dos serviços que prestam, visando ao conhecimento e ao gerenciamento dos riscos e das oportunidades relativas às mudanças climáticas e à biodiversidade, assim como a divulgação dessas informações nos relatórios de desempenho anual dessas instituições.

É oportuno também observar a respeito dos últimos critérios de avaliação de desempenho elaborados como aquele do Instituto Brasileiro de Defesa do Consumidor (Idec, 2012) que foi desenvolvido com o apoio da Oxfam Novib· Guia dos Bancos Responsáveis (GBR), traduzido na Internet pelo site Guia dos Bancos Responsáveis (<www.guiadosbancosresponsaveis.org.br>). Esse guia é uma ferramenta de informação para os interessados em conhecer e adotar as políticas bancárias relativas à responsabilidade social empresarial (RSE). A ferramenta tem a finalidade de esclarecer as diversas facetas da RSE bancária no Brasil (Figura 2).

Nesse guia, os seis maiores bancos brasileiros em termos de carteira de clientes com mais de 165 milhões de contas, entre os quais encontram-se a Caixa Econômica Federal (CEF), o Bradesco, o Banco do Brasil, o Itaú-Unibanco, o Santander e o HSBC, foram analisados com base nos questionários respondidos pelos dirigentes ou diretores das próprias instituições financeiras.

Apresentam-se nesse guia os critérios socioambientais considerados pelas instituições locais para os financiamentos que abarcam questões gerais, tais como o protocolo verde, produtos socioambientais, emissão de gases de efeito estufa e exclusão do setor por periculosidade. Também abordaram-se os setores da agropecuária, da pesca, da mineração, das hidrelétricas e do manejo florestal, sob o ponto de vista da política de análise dos riscos social e ambiental quanto ao acompanhamento, o monitoramento, o cumprimento de normas e as certificações e o respeito aos direitos ambientais e trabalhistas.

Analisando a Figura 2, pode-se verificar que o Banco do Brasil é aquele que mais se aproxima da conduta ideal, enquanto o HSBC e o Bradesco são aqueles que apresentam o pior desempenho relativo à responsabilidade socioambiental e as diretrizes dos PEs.

Além dos Princípios do Equador, o setor financeiro desenvolveu parâmetros de desempenho no âmbito da sustentabilidade. Dentre os quais destacam-se três descritos a seguir. O Natural Capital Declaration (NCD), ou, em português, Declaração Natural do Capital, é o mais novo desses, tendo incorporado a noção da base dos recursos naturais e dos serviços ambientais.

Figura 2 – Ranking geral: respostas ao questionário do GBR 2012.

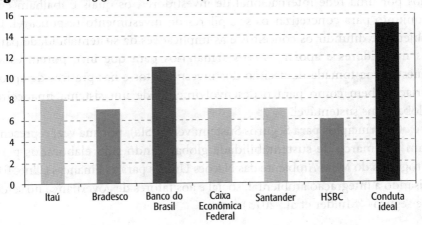

Fonte: Idec (2012).

A NCD é uma declaração do e para o setor financeiro, demonstrando sua liderança e empenho na Reunião da Terra Rio + 20, no sentido de integrar considerações da base de recursos naturais em serviços e produtos de empréstimos, investimentos e seguros. É também uma chamada das instituições financeiras aos governos para desenvolver o marco regulatório, para estimular as empresas, inclusive instituições financeiras, a integrar o valor dos serviços ambientais em operações de negócios de uma empresa por meio de divulgação, medidas fiscais e relatórios.

A NCD, lançada no mês de junho do ano de 2012, da qual a Caixa Econômica Federal é signatária em conjunto com outras 39 instituições (por exemplo, IFC, BBVA), descreve os quatro compromissos que devem ser assumidos pelos signatários da declaração, a saber:

- Ter a compreensão dos impactos e da dependência no capital natural (base de recursos naturais).
- Incorporar considerações sobre o capital natural em empréstimos, ações, obrigações e produtos de seguros.
- Incorporar o capital natural nas contas financeiras.
- Comunicar e divulgar as ações relativas ao capital natural.

Os Princípios para Investimento Responsável (PRI) foram estabelecidos por uma rede internacional de investidores, os quais trabalham em conjunto para concretizar os seis pilares do investimento responsável. O objetivo é difundir os conceitos e as implicações da sustentabilidade para os investidores e apoiar os seus signatários para que incorporem essas questões na tomada de decisão dos investimentos e nas práticas de apropriação, bem como para o desenvolvimento de um sistema financeiro global mais sustentável.

Os Princípios para Seguros Sustentáveis (PSIs), por sua vez, representam um marco de sustentabilidade global, tendo sido elaborados pelo Programa do Meio Ambiente das Nações Unidas para as Finanças (Unepfi), visando à integração ambiental, social e aos fatores de governança no setor de seguros (Mulder et al., 2013).

CONSIDERAÇÕES FINAIS

Desde a percepção da finitude dos recursos naturais, da magnitude do consumo e da pegada ecológica, incluindo as alterações dos fluxos de energia, os ciclos de nutrientes nos ecossistemas e as decorrentes mudanças ambientais e as ameaças à biodiversidade, até a incorporação desses recursos como valor agregado no mercado financeiro, a questão ambiental tem sido o palco das diferentes relações entre os homens por meio da natureza. Hoje, lidamos com essa realidade sob a ótica de um processo de aproximação sucessiva a um objetivo a ser alcançado. Nossa

PRINCÍPIOS DO EQUADOR E DESEMPENHO SOCIOAMBIENTAL DO SETOR FINANCEIRO | **281**

visão da base dos recursos naturais é, sem dúvida, bem diferente neste novo século.

O mercado de consumo tenta incorporar a questão socioambiental como um fator no traçado de estratégias de negócios, em que se estreitam as relações com todas as partes interessadas diminuindo os riscos. Como incluir neste processo a noção de longo prazo e as informações relativas ao tamanho e natureza da base de recursos naturais, aos serviços ambientais, à produção de resíduos e à saúde ambiental?

Essa questão está no centro do debate e será objeto das discussões que deverão ser produzidas nos próximos anos, em diferentes níveis (local, regional, nacional e global) e por todas as partes interessadas. Certamente a comunidade científica deverá buscar respostas práticas para as questões e os desafios impostos pelos limites do nosso planeta, que forneçam subsídios aos tomadores de decisão. Os pesquisadores hoje trabalham com informação insuficiente e as lideranças políticas com informação imperfeita e, assim, o discurso ambiental presta-se aos diferentes objetivos de cada ator social.

A sustentabilidade como processo deve dar lugar à sustentabilidade como uma estratégia de longo prazo, não de crescimento, e, sim, de equilíbrio, colocando nossa espécie e a saúde ambiental no centro da discussão.

Uma das principais questões que precisará de resposta é qual será o objeto prioritário em termos dos *tradeoffs* e que deverá ser protegido e conservado para o futuro. Ou seja, terra, água, ar, biodiversidade, economia, crescimento e aspectos sociais devem ser colocados na equação sobre a estratégia de longo prazo.

Sem esquecer que nosso planeta já passou por cinco extinções de espécies em massa e poderá passar por uma sexta e continuará sem a nossa "ajuda".

Certamente, os resultados dos *tradeoffs* desses processos serão fundamentais e não deverão demorar para se manifestar. O setor financeiro está ciente dos desafios e das oportunidades que se encontram nesse caminho, sem esquecer sua missão e seu objetivo, inseridos na lógica do mercado de uma sociedade de risco e consumo.

REFERÊNCIAS

ALTIERI, M.A. *Agroecologia: bases científicas para uma agricultura sustentável.* Rio de Janeiro: Agropecuária, 2002.

ATKINSON, G.; DIETZ, S.; NEUMAYER, E. (Ed.). *Handbook of sustainable development.* Cheltenham Glo: Edward Elgar Publishing, Inc., 2007. 489p.

BANKTRACK. *Introdução ao setor bancário brasileiro e suas práticas de sustentabilidade.* São Paulo: Amigos da Terra, 2012. 25p.

BONINI, S.; GÖRNER, S. Survey. The business of sustainability: McKinsey Global Survey Results. McKinsey & Company. Insights & Publications. October 2011. Disponível em: www.mckinsey.com/insights/energy_resources_materials/the_business _of_sustainability_mckinsey_global_survey_results. Acessado em: 5 dez. 2013.

BONINI, S.; GÖRNER, S.; JONES, A. Survey. How companies manage sustainability: McKinsey Global Survey Results. McKinsey & Company. Insights & Publications. March 2010. Disponível em: http://www.mckinsey.com/insights/sustainability/how_companies_manage_sustainability_mckinsey_global_survey_results#. Acessado em: 5 dez. 2013.

DIAS, M.A.; OLIVEIRA, H.A. de. Princípios do Equador: diálogo entre a sociedade e os bancos? Uma visão brasileira. *Ponto-e-vírgula*, v. 10, p. 182-205, 2011.

DIXON, J.A.; FALLON, L.A. The concept of sustainability: origins, extensions, and usefulness for policy. *Society & Natural Resources*, v. 2, n. 1, p. 73-84, 1989.

DORADO, A.J. *Gestão ambiental na fronteira agrícola da região amazônica.* São Paulo, 1998. Tese (Doutorado) – Universidade de São Paulo.

ECCLES, G.R.; IOANNOU, I.; SERAFEIM, G. *The impact of a corporate culture of sustainability on corporate behavior and performance.* Harvard Business School, November 2011.

FOLKE, C., CARPENTER, S., ELMQVIST, T. et al. Resilience and sustainable development: building adaptative capacity in a world of transformation. *Ambio*, v. 31, n. 5, p. 437-440, 2002.

HOLLING, C.S. Resilience and stability of ecological systems. *Annu. Rev. Ecol. Syst*, v. 4, p. 1-23, 1973.

HOPWOOD, B.; MELLOR, M.; O'BRIEN, G. Sustainable development: mapping different approaches. *Sustainable Development*, v. 13, n. 1, p. 38-52, 2005.

[IBGE] INSTITUTO BRASILEIRO DE GEOGRAFIA E ESTATÍSTICA. *Censo Demográfico 2010.* Rio de Janeiro: 2013. 251p.

[IDEC] INSTITUTO BRASILEIRO DE DEFESA DO CONSUMIDOR. *Guia dos bancos responsáveis 2012. Relatório Final.* São Paulo: IDEC, 2012. 422p.

[IFC] INTERNATIONAL FINANCE CORPORATION. *IFC's sustainability framework: from policy update to implementation*. Washington, IFC, 2012.

_____. *The business case for sustainability*. Washington: IFC & WBG, 2013.

LUBCHENCO, J. et al. The sustainable biosphere initiative: an ecological research agenda. *Ecology*, v. 72, n. 2, p. 371-412, 1991.

MALHEIROS, T.F.; COUTINHO, S.M.V.; PHILIPPI JR, A. Desafios do uso de indicadores na avaliação da sustentabilidade. In: PHILIPPI JR, A; MALHEIROS, T.F. (Eds.). *Indicadores de sustentabilidade e gestão ambiental*. Barueri: Manole, 2013, p. 1-29.

MCINSEY & CO. *The Power of Many. Realizing the potential of entrepreneurs in the 21st century*. October 2011. 60p.

_____. *Innovation and commercialization*, 2010. McKinsey Global Survey Results. Disponível em: http://mckinsey.com/business-functions/strategy-and-corporate--finance/our-insights/innovation-and-commercialization-2010-mckinsey-global--survey-results. Acessado em: 9 maio 2016. August, 2010.

MEBRATU, D. Sustainability and sustainable development: historical and conceptual review. *Environmental Impact Assessment Review*, v. 18, n. 6, p. 493-620, 1998.

MOFFATT, I. Ecological footprints and sustainable development. *Ecological Economics*, v. 32, p. 359-362, 2000.

MULDER, I.; MICHELL, A.W.; PEIRÃO, P. et al. *The NCD Roadmap. Implementing the four commitments of the Natural Capital Declaration*. Unep FI: Geneve, GCP: Oxford, May 2013. 51p. Disponível em: www.naturalcapitaldeclaration.org. Acessado em: 5 dez. 2013.

[NU] NAÇÕES UNIDAS. *Declaração do Milênio. Cimeira do Milênio*. Nova York: UN, 2000. 20p.

ODUM, E.P. *Ecologia*. Rio de Janeiro: Guanabara, 1988. 434p.

PHILIPPI JR, A.; MALHEIROS, T.F. (Ed.). *Indicadores de sustentabilidade e gestão ambiental*. Barueri: Manole, 2013. 743p.

REDCLIFT, M. The meaning of sustainable development. *Geoforum*, v. 23, n. 3, p. 395-403, 1992.

REES, W.E. The ecology of sustainable development. *Ecology*, Washington, v. 20, n. 1, p. 18-23, 1990.

RIBEIRO, M. de S.; OLIVEIRA, O.J.D. de. *Os princípios do Equador e a concessão de crédito sócio-ambiental*. Disponível em: www.congressousp.fipecafi.org. Acessado em: 20 jun. 2013.

SCHAFFER, D.; VOLLMER, D. (Ed.). *Pathways to urban sustainability: research and development on urban systems*. The National Academy of Sciences: Washington D.C., 2010. 36p.

SHARACHCHANDRA, M.L. Sustainable development: a critical review. *World Development*, v. 19, n. 6, p. 607-621, 1998.

UNCED. *Declaração do Rio de Janeiro sobre meio ambiente e desenvolvimento*. Rio de Janeiro: Unced, 1992. 6p.

_____. *Declaração de Johanesburgo sobre desenvolvimento sustentável*. Johanesburgo: Unced, 2002. 6p.

VEIGA, J.E. *Desenvolvimento sustentável: o desafio do século XXI*. Rio de Janeiro: Garamond, 2005.

Mercado e Certificação de Produtos da Agricultura Orgânica

13

Talita Cristina Zechner Lenz
Turismóloga, UFSC

Roberto Antônio Finatto
Geógrafo, UFFS

INTRODUÇÃO

Nas últimas três décadas, o debate sobre a problemática ambiental alcançou as arenas políticas, acadêmicas e a sociedade civil, infiltrando-se nos meios de comunicação de massa e transformando-se em assunto comum. A chamada "revolução ambientalista" conduziu a um novo conceito – o de desenvolvimento sustentável –, que alcançou destaque a partir da década de 1990. Contudo, a crescente utilização do termo não veio acompanhada de uma discussão crítica consistente a respeito do seu efetivo significado e das medidas necessárias para alcançá-lo (Van Bellen, 2004). Ponto comum entre os estudiosos do assunto (Sachs, 2007; Veiga, 2008; Vieira et al., 2005; Sen, 2000) é que se trata de um conceito pluridimensional. Sachs (2007, p. 22) sintetiza da seguinte maneira: "trabalho atualmente com a ideia de desenvolvimento socialmente includente, ambientalmente sustentável e economicamente sustentado".

O enfoque de Sachs (2007) permite compreender que o desenvolvimento deve ser analisado a partir de uma perspectiva estrutural, ou seja, a problemática ambiental só pode ser compreendida se inserida no modelo de desenvolvimento econômico da sociedade contemporânea. As atividades humanas geraram sua própria crise, ao que Toledo (2012) define como a crise da modernidade. Os indicadores que compõem esse cenário podem ser percebidos tanto no aspecto ambiental, pela contaminação do solo e dos recursos hídricos, na excessiva emissão de gases (como o metano e o dióxido de carbono) e na perda da biodiversidade; quanto na intensificação de problemas sociais e econômicos (fome, desemprego, crises financeiras, aumento das desigualdades, entre outros).

Um dos elementos que contribuiu para a necessidade de repensar os rumos do desenvolvimento foi o processo de modernização da agricultura que, com diferentes intensidades, foi colocado em marcha na segunda metade do século XX. A modernização aumentou significativamente o consumo de energia não renovável na agricultura a partir do intensivo uso de fertilizantes químicos, agrotóxicos e máquinas agrícolas. Esses elementos permitiram a expansão das monoculturas de exportação que, mais uma vez, ao serem deslocadas para diferentes partes do mundo, contribuíram para o aumento da demanda energética. Na última década, o avanço dos organismos geneticamente modificados e a insegurança quanto aos seus efeitos para a biodiversidade e a saúde humana reforçaram a necessidade de formas de produção menos artificializadas e capazes de diminuir o impacto ambiental das atividades agrícolas.

Algumas propostas foram, assim, ganhando espaço por apresentarem características que permitem aproximações com os princípios da sustentabilidade. No que se refere ao espaço agrário, a agricultura orgânica é uma das atividades que podem minimizar o impacto negativo da atividade agrícola. Um dos seus princípios é o de produzir alimentos isentos de insumos químicos, gerando benefícios à saúde do agricultor e do consumidor. Diante disso, essa atividade ganhou impulso na última década, e os produtos orgânicos conquistaram o mercado.

Para viabilizar e regulamentar a comercialização dos produtos orgânicos, fez-se necessária a criação de um mecanismo regulatório capaz de lidar com as especificidades da agricultura orgânica. O principal instrumento utilizado foi a certificação. De acordo com o *Online Etymology Dictionary* (2014), certificar significa: declarar a verdade de; atestar, confirmar e testemunhar a verdade. Dentre as modalidades de certificação utilizadas pela agricultura orgânica, tomam força as chamadas certificações de terceira parte. Elas refletem uma mudança da governança pública para a esfera privada, pois, tradicionalmente, as agências governamentais eram responsáveis por monitorar a segurança alimentar e as normas de qualidade. No entanto, a nova dinâmica de produção e distribuição global dos produtos orgânicos manifestada, sobretudo, na consolidação das vendas para as redes varejistas contribuiu na transição das partes responsáveis por essa tarefa, conforme será apresentado no texto.

Desta forma, este capítulo tem o objetivo de descrever a atual situação do mercado de produtos da agricultura orgânica, enfatizando os processos de certificação. Afinal, como ocorre o processo de certificação orgânica? Qual é o caminho percorrido do produtor até o ponto de venda? E quais os mecanismos utilizados para assegurar a qualidade e a credibilidade desse processo? Ao lançarmos essas questões sobre o tema, ressaltamos, ao longo do texto, a dimensão econômica da sustentabilidade, sem com isso desconsiderar a importância das dimensões ambiental e social inerentes ao conceito.

A reflexão apresentada foi construída a partir de revisão bibliográfica sobre o tema e sobre os dados do Cadastro Nacional de Produtores Orgânicos, disponíveis no Ministério da Agricultura, Pecuária e Abastecimento.

AGRICULTURA ORGÂNICA: BREVE HISTÓRICO E CARACTERÍSTICAS

A agricultura orgânica pode ser definida de diferentes formas, mas seu princípio central está presente na definição de Altieri e Nicholls (2003, p. 142), quando afirmam que ela se refere a "um sistema de produção cujo objetivo é manter a produtividade agrícola, evitando ou reduzindo significativamente o uso de fertilizantes sintéticos e pesticidas". Alguns dos princípios da agricultura orgânica foram sistematizados com base nas pesquisas desenvolvidas na Índia pelo inglês Sir Albert Howard. A ideia central nos trabalhos de Howard era a de que "um solo provido de níveis altos de matéria orgânica asseguraria uma vida intensa e rica para a flora microbiana, pela qual a nutrição e a sanidade das plantas seriam plenamente atendidas" (Bonilla, 1992, p. 16). Os níveis satisfatórios de fertilidade do solo, por sua vez, deveriam ser mantidos por meio do processo Indore[1].

As técnicas empregadas para elevar a fertilidade do solo são centrais na produção orgânica. Ao ressaltarem esse aspecto, Ormond et al. (2002,

---

[1] Desenvolvido entre 1924 e 1931, é um processo de compostagem "pelo qual os resíduos da fazenda eram transformados em humo, que, aplicado ao solo em época conveniente, restaurava a fertilidade perdida por um processo biológico natural" (Bonilla, 1992, p. 16).

p. 5) afirmam que "alimentação adequada e ambiente saudável resultam em plantas mais vigorosas e mais resistentes a pragas e doença". Entre as práticas utilizadas estão: a ativação de processos biológicos, o uso de bio-fertilizantes, adubação verde e a rotação e consórcio de cultivos agrícolas. O objetivo da agricultura orgânica é utilizar produtos e processos naturais, preservando a biodiversidade com vistas a sustentar, a longo prazo, a produtividade dos agroecossistemas. Sobressaem, assim, benefícios ambientais que extrapolam o espaço agrícola, uma vez que esse sistema de produção estimula a formação de solo, a polinização, a ciclagem de nutrientes e usa formas de controle biológico de doenças, resultando em ganhos ambientais e econômicos (Sandhu et al., 2010).

A difusão da agricultura orgânica foi impulsionada pela criação da Federação Internacional dos Movimentos da Agricultura Orgânica (Ifoam), em 1972, na cidade de Versalhes, França. Segundo a definição adotada pela Federação, que atualmente está presente em 120 países, a agricultura orgânica é

> [...] "um sistema de produção que promove a saúde dos solos, ecossistemas e pessoas. Tem como base os processos ecológicos, biodiversidade e ciclos adaptados às condições locais em alternativa ao uso de insumos com efeitos adversos. (Ifoam, 2014, p. 1)

A definição também incorpora aspectos socioeconômicos, já que, para a Federação citada, a agricultura orgânica "combina a tradição, inovação e ciência de modo a ser benéfica para o espaço partilhado, promove relacionamentos justos assegurando uma boa qualidade de vida a todos envolvidos" (Ifoam, 2014, p. 1).

Outra definição abrangente de produção orgânica também foi adotada na legislação brasileira. A principal lei relacionada ao tema no país é a Lei n. 10.831, de 23 de dezembro de 2003. Nela, o sistema orgânico de produção agropecuária é definido como

> [...] todo aquele em que se adotam técnicas específicas, mediante a otimização do uso dos recursos naturais e socioeconômicos disponíveis e o respeito à integridade cultural das comunidades rurais, tendo por objetivo a sustentabilidade econômica e ecológica, a maximização dos benefícios sociais, a minimização da dependência de energia não renovável, empregando, sempre que possível, métodos culturais, biológicos e mecânicos, em contraposição ao

MERCADO E CERTIFICAÇÃO DE PRODUTOS DA AGRICULTURA ORGÂNICA | **289**

uso de materiais sintéticos, a eliminação do uso de organismos geneticamente modificados e radiações ionizantes, em qualquer fase do processo de produção, processamento, armazenamento, distribuição e comercialização, e a proteção do meio ambiente. (Brasil, 2003)

Na legislação brasileira, o sistema orgânico de produção agropecuária possui sentido abrangente, englobando vários sistemas produtivos como o ecológico, biodinâmico, natural, regenerativo, biológico, agroecológico e de permacultura.

Diante disso, pode-se afirmar que o termo agricultura orgânica também vem sendo empregado para fazer referência ao conjunto dos diferentes tipos de produção que, em alguma medida, visam diminuir o impacto e a artificialidade do processo de produção na agricultura. Como aponta Darolt (2002, p. 18) "a agricultura orgânica da atualidade representa a fusão de diferentes correntes do pensamento que podem ser agrupadas em quatro grandes vertentes: agricultura biodinâmica, biológica, orgânica e natural". Deve-se considerar, entretanto, que essas vertentes também apresentam características e princípios particulares. Diante do exposto, apesar de alguns esforços para ampliarem seu significado, como nas definições da Ifoam e da legislação brasileira, o termo agricultura orgânica vem sendo utilizado para definir todos os tipos de agricultura que não utilizam produtos químicos ao longo do processo de produção.

É interessante notar que no princípio do movimento orgânico outros aspectos de ordem social e econômica também se atrelavam à produção orgânica. Os agricultores aderiam ao sistema orgânico movidos pela preocupação ambiental e pela sua saúde, entendendo a unidade produtiva como um todo integrado e com vistas ao mercado local (Feiden, 2005; Altieri e Nicholls, 2003). Com o aumento da demanda por produtos orgânicos, muitos agricultores consideraram essa forma de produção um negócio, e os chamados "orgânicos por substituição" conquistaram espaço no mercado.

A área total de produção orgânica mundial[2], em 2011, era de 37.245.686 hectares, sendo que 33% dessa área estava na Oceania, 29% na Europa, 25% na América (Latina e do Norte), 10% na Ásia e 3% na África. Em relação aos países, as cinco maiores áreas de produção encontravam-se na

---

[2] As informações apresentadas sobre a agricultura orgânica mundial resultam de pesquisa realizada pelo Research Institute of Organic Agriculture (FiBL) e a International Federation of Organic Agriculture Movements (Ifoam) com base em dados do setor privado, certificadoras e governo de cada país.

seguinte ordem: Austrália, Argentina, Estados Unidos, China e Espanha (Willer et al., 2013).

No caso do Brasil, de acordo com os dados de janeiro de 2014, disponíveis no Cadastro Nacional de Produtores Orgânicos, existem 6.719 produtores orgânicos. Como pode ser observado no gráfico a seguir (Figura 1), em relação à distribuição no território, a região Nordeste possui maior número de produtores cadastrados, com um total de 2.796.

Figura 1 – Número de produtores orgânicos certificados no Brasil – por região.

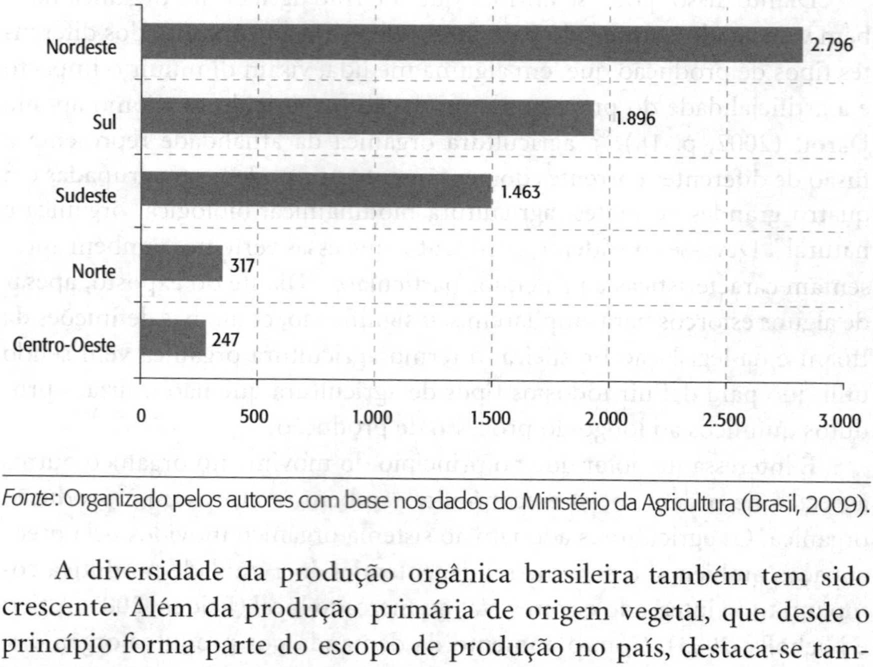

Região	Valor
Nordeste	2.796
Sul	1.896
Sudeste	1.463
Norte	317
Centro-Oeste	247

Fonte: Organizado pelos autores com base nos dados do Ministério da Agricultura (Brasil, 2009).

A diversidade da produção orgânica brasileira também tem sido crescente. Além da produção primária de origem vegetal, que desde o princípio forma parte do escopo de produção no país, destaca-se também a presença de produtos processados, de origem tanto vegetal como animal. O gráfico a seguir (Figura 2) apresenta o escopo de produção por diferentes grupos de produtos[3]. É clara a superioridade quantitativa da produção primária vegetal (PPV) em comparação com a produção primária animal (PPA), o processamento de produtos de origem animal

---

[3] Por falta de informações não foi possível inserir o tipo de produção de 140 produtores. Em alguns casos, o mesmo produtor aparece em mais de um dos grupos de produtos citados. Não foram inseridos no gráfico os dados relativos ao processamento de produtos têxteis e o processamento de insumos agrícolas, casos que possuíam, de acordo com o cadastro de referência, menos de cinco certificados.

MERCADO E CERTIFICAÇÃO DE PRODUTOS DA AGRICULTURA ORGÂNICA **291**

(POA), o processamento de produtos de origem vegetal (POV) e o extrativismo sustentável orgânico (EXT). Além de alimentos, também é possível encontrar cosméticos e produtos de higiene produzidos a partir de insumos orgânicos.

Figura 2 – Número total de produtores orgânicos por grupo de produtos no Brasil.

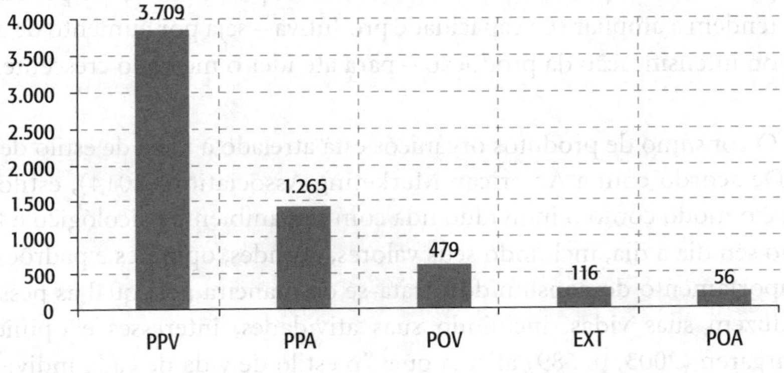

Fonte: Organizado pelos autores com base nos dados do Ministério da Agricultura, Pecuária e Abastecimento (Brasil, 2009).

Em relação ao mercado mundial de orgânicos, as estimativas apontam que ele movimentou quase US$ 63 bilhões em 2011, representando um crescimento de 170% em relação a 2002 (Willer et al., 2013). Entretanto, o consumo dos produtos e bebidas orgânicas encontra-se espacialmente concentrado, uma vez que Europa e América do Norte respondem por 96% do consumo total desses produtos. Enquanto que Estados Unidos, Alemanha e França são os países onde os orgânicos movimentam os mais elevados valores, chegando a um total de mais de €31 milhões, em 2011. O maior consumo *per capita* de produtos orgânicos ocorre na Suíça, Dinamarca e Luxemburgo (Willer e Lernoud, 2013).

Muitas são as razões para a ampliação na demanda por produtos orgânicos. Campanhola e Valarini (2001) identificaram algumas delas:

- A preocupação com a saúde por parte dos consumidores.

- A atuação de ONGs do movimento ambientalista que, ao incentivar a produção orgânica, a abertura de espaços de comercialização e a certificação dos produtos, também impulsionaram o seu consumo.

- A influência de grupos religiosos a partir de princípios de harmonia na relação homem e ambiente.
- O discurso e atuação de grupos organizados contra a agricultura convencional e os seus promotores.
- O *marketing* realizado pelos supermercados, induzindo o consumo dos produtos. Se, por um lado, a demanda amplia, as áreas de produção tendem a ampliar sua capacidade produtiva – seja por aumento de área ou intensificação da produção – para atender o mercado crescente.

O consumo de produtos orgânicos está atrelado à ideia de estilo de vida. De acordo com a American Marketing Association (2014), estilo de vida é o modo como o indivíduo lida com seu ambiente psicológico e físico no seu dia a dia, incluindo seus valores, atitudes, opiniões e padrões de comportamento do consumidor; trata-se da maneira pela qual as pessoas conduzem suas vidas, incluindo suas atividades, interesses e opiniões. Spaargaren (2003, p. 689) afirma que: "o estilo de vida de cada indivíduo é construído a partir de uma série de blocos – que correspondem a um conjunto de práticas sociais que os indivíduos invocam no seu cotidiano".

Guillon e Williquet (2003 apud Guivant, 2003), por sua vez, trataram de relacionar esses dois conceitos – consumo de alimentos orgânicos e estilo de vida – e cunharam a definição de consumidores *Ecológico-trip* e *Ego-trip*. No primeiro grupo, situam-se consumidores que procuram o consumo orgânico como parte de uma atitude assumida perante ao meio ambiente ou de responsabilidade social, ou seja, é o estilo de vida atrelado a práticas sociais apresentadas. Trata-se de uma busca por contato simbólico entre o consumidor e seu ambiente e se traduziria num consumo mais ordenado de produtos naturais ou com apelo "bio" aliado a atividades de maior contato com a natureza (Guivant, 2003).

A segunda definição abarca os consumidores que se preocupam em manter um estilo de vida saudável e, nesse caso, interessam-se pelos orgânicos, mas isso não implica que tenham o seu modo de vida voltado para as práticas sociais e atitudes que sejam resultantes da preocupação com o meio ambiente. Partindo dessa distinção, Guivant (2003) observa que o consumo crescente de orgânicos nos supermercados é parte de uma demanda mais ampla por produtos saudáveis, associados com bem-estar, saúde e qualidade de vida, que faz parte do estilo de vida denominado *Ego-trip*. A autora lembra ainda que é importante ter cuidado para não idealizar os consumidores *Ecológico-Trip*, atribuindo a eles, em excesso, um potencial de mudança social e ambiental. No caso dos *Ego-trip*, a busca por qualidade de vida pode ser realizada de maneira variada, visto a ampla oferta especializada da agricultura e da indústria, que têm desenvolvido, de forma acelerada, muitos produtos para esse nicho de mercado.

O mercado de produtos orgânicos, como salientam Allen e Kovach (2000), tende a diminuir o "fetichismo" da mercadoria no sistema agroalimentar, a medida que fornecem informações a respeito do processo de produção dos referidos alimentos.

Para compreender o conceito de fetichismo da mercadoria, é necessário recorrer a Marx (1974). O autor estava preocupado em elaborar uma crítica aos trabalhos de David Ricardo e Adam Smith no tocante ao conceito de mercadoria, pois tanto Ricardo como Smith enxergavam as mercadorias como o resultado de leis econômicas "naturais", independentes da história (Novaes e Dagnino, 2004). Conforme explicam "uma construção histórica socialmente determinada – a mercadoria – era apresentada como perene e intransponível, obscurecendo-se, assim, que a determinação do seu valor tinha caráter de classe" (Novaes e Dagnino, 2004, p. 190). Para Marx (1974), tratava-se de uma ilusão que naturaliza um ambiente social específico. Assim, no esforço de tecer uma crítica a esse pensamento, ele cunha o conceito de fetiche de mercadoria que representaria essa falta de visibilidade a respeito dos processos sociais e de classes inerentes em cada mercadoria. Em síntese, Marx (1974) pretende destacar que a mercadoria é uma forma específica de relação entre as classes sociais que nasce com o capitalismo, destacando que os modos de produção são historicamente construídos.

Allen e Kovach (2000) observam que, quanto mais os consumidores sabem sobre os processos de produção, o mais provável é que eles estejam dispostos a comprar produtos orgânicos. Portanto, para os autores, parece ser do interesse dos produtores orgânicos combater o fetiche da mercadoria por meio da propaganda, engajamento político *(lobby)* e esforços de *marketing*. Os produtores orgânicos se importam em descrever as suas próprias práticas de produção, a fim de compará-las com as práticas de produção de seus concorrentes convencionais. Ao lançar luz sobre os métodos de produção, o chamado mercado verde pode reduzir ou eliminar a alienação entre consumo e produção, enfraquecendo assim o fetichismo da mercadoria.

Vale destacar que o crescimento do consumo de orgânicos está centrado no potencial de mudança, isto é, na força motriz das decisões individuais de cada consumidor, como destacado anteriormente. A esse respeito, não importa o quão bem intencionados os consumidores estão, eles não podem fazer boas escolhas se não dispuserem de boas informações. Historicamente, os consumidores receberam pouca ou nenhuma informação sobre os impactos sociais e ambientais da produção e do consumo de um produto. Por isso, os sistemas de rotulagens e certificações são importantes fontes de informação que, combinadas com a intenção de compra, impulsionam o crescimento progressivo do mercado de produtos orgânicos (Allen e Kovach, 2000).

Decorre disso a importância do selo de identificação dos orgânicos, permitindo ao consumidor reconhecer os produtos no momento da compra. Assim, as certificadoras, que permitem o uso do selo orgânico nos produtos, têm a função de vender solidez (fiabilidade) ecológica no mercado.

INTERFACES ENTRE AGRICULTURA ORGÂNICA E O PROCESSO DE CERTIFICAÇÃO

Ao longo do século XX, despontaram diversas iniciativas de certificação no mundo ocidental, dirigidas ao estabelecimento de padrões tanto de produtos de consumo como de processos, competências e serviços. A certificação constitui um sistema de controle ou verificação, no qual um terceiro agente atua entre o produtor e o comprador para assegurar que determinado produto, processo ou serviço cumpra com os requisitos previamente especificados (Leiva, 2008).

Conforme sustenta Radomsky (2009), as transformações na sociedade pautadas pelo conhecimento e pela informação mostraram uma crescente necessidade de distinguir e qualificar os produtos. Nesse direcionamento, surge a preocupação em comprovar a originalidade e a autenticidade dos produtos. Inicialmente, os padrões de certificação possuíam caráter de referência, baseados em sistemas numéricos comuns, os quais definiam as unidades de peso e medida, atuando pioneiramente no âmbito da eletrotécnica e da engenharia mecânica. Posteriormente, em 1946, surge a International Standartization Organization (ISO) a partir de um encontro com representantes de 25 países. O objetivo inicial da referida organização era facilitar a coordenação internacional e unificar os padrões industriais (Leiva, 2008).

Segundo Alcântara et al. (2008), encontram-se na literatura alguns exemplos de selos aplicados à segurança e à qualidade de alimentos, tais como: selos de garantia de processos, como a certificação ISO; selos de conformidade, como é o caso do selo Abic (Associação Brasileira da Indústria de Café), que garante a composição do café; selos de qualidade de alimento, incluindo o *Label Rouge*; o selo *Forest Standartship Council* (FSC), que garante madeira oriunda de reflorestamento; além dos selos de garantia de origem, tais como os selos de denominação de origem usados para vinhos e queijos. No período recente, vêm ganhando destaque os selos orgânicos que certificam o processo de produção orgânica.

Observa-se que muitos selos possuem a preocupação em assegurar maior qualidade aos produtos e processos. Contudo, convém destacar que a compreensão do conceito de qualidade é subjetiva e resulta da interação de atores que apresentam uma pluralidade de lógicas de ação, organizadas em diferentes formas de coordenação e dão origem a distintas definições da qualidade (Sant'Ana, 2007).

É possível afirmar que os processos de certificação operam como um depósito de confiança em uma sociedade de consumo, na qual, além de produtos, consomem-se signos, estilos de vida e símbolos (Leiva, 2008). Além disso, eles atuam diretamente nos processos de tomada de decisão dos consumidores, que, somados ao selo, também estão presentes em outros elementos. A despeito do assunto, Kotler comenta que os principais fatores que influenciam o comportamento do consumidor no momento da compra são:

a) fatores culturais – os quais se relacionam com os costumes, tradições, classe social, família, papéis e *status*; b) fatores pessoais como idade e estágio no ciclo de vida, ocupação e circunstâncias econômicas, estilo de vida, personalidade e autoimagem; c) fatores psicológicos tais como motivação, percepção, aprendizagem e crenças e atitudes (Kotler, 2000, apud Alcântara et al., 2008, p. 3).

No que se refere especificamente às certificações voltadas para os produtos orgânicos, elas buscam reconhecer o diferencial modo de produção e processamento dos produtos. A necessidade da certificação decorre, entre outros fatores, do distanciamento entre o produtor e o consumidor no atual sistema de mercado. Ao se tornar globalizada, a produção de orgânicos passou a requerer a atuação de novas organizações para regulamentar os processos de compra, venda e consumo na esfera internacional, as denominadas certificadoras de terceira parte (em inglês, *third-party certification*). Conforme explicam Betti et al.:

Para a atuação precisa e efetiva dos organismos certificadores, cujos Estados delegaram a função de emitir pareceres, laudos e selos de conformidade, criaram-se os mecanismos e organizações de fornecimento de acreditação. Acreditação é o procedimento pelo qual uma organização, geralmente com autoridade em âmbito transnacional, ministra reconhecimento que uma dada entidade certificadora possui competência para a sua atividade. (Betti et al., 2013, p. 301)

A normatização da produção é um mecanismo regulador significativo no sistema agroalimentar global de orgânicos. A forte presença da certificação de terceira parte reflete uma mudança mais ampla que desloca o peso da governança pública para a governança privada. Tradicionalmente, as agências governamentais eram responsáveis por monitorar a segurança alimentar e as normas de qualidade. No entanto, a globalização do sistema agroalimentar, a consolidação da indústria de varejo de alimentos e o aumento dos padrões requisitados pelos varejistas (sobretudo na Europa) impulsionou uma mudança na responsabilidade dessa tarefa para as certificadoras (Hatanaka et al., 2005).

No que se refere à atuação das acreditadoras, ou seja, as organizações que credenciam as certificadoras, merece destaque a ênfase na aplicação de normas de qualidade e de segurança alimentar. Essas duas preocupações estão intimamente relacionadas ao processo de comercialização adotado, que passou a ser, em muitos casos, intermediado por redes varejistas. Conforme explicam Hatanaka et al. (2005), a preocupação com a potencial perda de reputação e da necessidade de minimizar a responsabilidade, caso ocorra uma doença provocada pelos alimentos, faz com que os varejistas apoiem a certificação de terceira parte. Eles reconhecem que as normas privadas são insuficientes se não houver um sistema de certificação e rotulagem que assegurem sua aplicação. Vale notar que para os varejistas a implementação da certificação por terceiros traz ainda duas vantagens: o custo de monitoramento de segurança e qualidade passa para os fornecedores, e a certificação orgânica pode ser utilizada como ferramenta de marketing para potencializar as vendas (Hatanaka et al., 2005).

Sob a ótica dos produtores orgânicos que passam a ser certificados por terceiros, se, por um lado, ocorre um aumento nos custos, por outro, eles podem vir a ganhar oportunidades econômicas no mercado sobre os produtores não certificados. Contudo, é notável que as oportunidades que a certificação por terceiros possam oferecer variam entre produtores de pequeno e grande porte. Melhores oportunidades estarão disponíveis para os fornecedores que possam arcar com os custos para instituir as mudanças organizacionais necessárias a fim de viabilizar essa nova modalidade de certificação, além de terem capacidade para as atualizações tecnológicas (Hatanaka et al., 2005). Para os pequenos produtores, os desafios da implementação da certificação de terceiros podem ser difíceis de serem superados, em decorrência das dificuldades financeiras e do acesso limitado às informações referentes aos padrões exigidos pelos varejistas. Para esse grupo de fornecedores, essa modalidade de certificação requer assistência técnica e financeira por parte do governo, para evitar que sejam excluídos (Hatanaka et al., 2005).

No caso do Brasil, a alternativa de destaque adotada para a certificação de pequenos produtores foi a participativa. Essa forma de certificação diminui os custos e fortalece a participação dos integrantes do sistema de produção orgânico, na medida em que eles mesmos são responsáveis por acompanhar os processos de produção. Portanto, de acordo com a atual legislação brasileira, o Sistema Brasileiro de Avaliação da Conformidade Orgânica é composto pelos Organismos Participativos de Avaliação da Conformidade (Opac)[4] e pela Certificação por Auditoria (ou de terceira parte). Além dessas duas modalidades, também existem as Organizações de Controle Social (OCSs), que atuam no controle da qualidade orgânica em canais de comercialização específicos.

Atualmente estão credenciadas no Ministério da Agricultura Pecuária e Abastecimento (Mapa) oito empresas para realizar a Certificação por Auditoria no país. Apesar de as sedes das empresas se localizarem nos estados das regiões Sul e Sudeste, a maior parte delas tem abrangência nacional e/ou internacional.

O Instituto de Tecnologia do Paraná (Tecpar), o IMO Control do Brasil Ltda. e a Ecocert Brasil Certificadora Ltda. estão credenciadas para certificar a produção primária animal e vegetal, o processamento de produ-

---

[4] O Opac é o representante legal e jurídico de um Sistema Participativo de Garantia da Qualidade Orgânica (SPG), assumindo as responsabilidades formais por ele desenvolvidas (Mapa, 2014). O Decreto n. 6.323, de 27 de dezembro de 2007, define um SPG como o "conjunto de atividades desenvolvidas em determinada estrutura organizativa, visando assegurar a garantia de que um produto, processo ou serviço atende a regulamentos ou normas específicas e que foi submetido a uma avaliação da conformidade de forma participativa". Nesse sentido o controle da qualidade orgânica dos produtos é realizado pelos próprios integrantes do sistema de produção, envolvendo, assim, produtores, representantes de organizações sociais, técnicos e consumidores.

tos de origem animal e vegetal e o extrativismo sustentável orgânico. O IBD Certificações Ltda. e a Agricontrol Ltda. (OIA), por sua vez, além dos itens e processos anteriormente citados, também certificam o processamento de insumos agrícolas (sementes e mudas) e o processamento de produtos têxteis, respectivamente. O Instituto Nacional de Tecnologia (INT) certifica a produção primária animal e vegetal, o processamento de produtos de origem vegetal e o extrativismo sustentável orgânico. O Instituto Chão Vivo de Avaliação da Conformidade e o Instituto Mineiro de Agropecuária (IMA) estão credenciados para certificar a produção primária vegetal e o processamento de produtos de origem vegetal (Mapa, 2014).

Os produtos certificados no Brasil devem receber o selo oficial do Sistema Brasileiro de Avaliação da Conformidade Orgânica, que teve seu uso regularizado pela Instrução Normativa n. 50, de 5 de novembro de 2009. O tipo de certificação, participativa ou por auditoria, aparece especificado no selo, como mostra a Figura 3.

Figura 3 – Selos de identificação dos produtos orgânicos no Brasil.

Fonte: adaptada de Brasil (2009).

Os produtores orgânicos no Brasil, como exposto anteriormente, dispõem de três diferentes mecanismos para o controle da qualidade orgânica. A Tabela 1 apresenta o número de produtores por mecanismo de controle da qualidade. Os dados indicam que o número de certificação por auditoria é quantitativamente superior quando comparado aos outros dois mecanismos de controle. Isso se deve, em parte, pelo fato dessa modalidade de certificação ser aceita em todos os tipos de mercado, inclusive no mercado externo, permitindo ao produtor maior possibilidade na venda dos produtos. Por outro lado, as tradicionais formas de venda direta ao consumidor,

MERCADO E CERTIFICAÇÃO DE PRODUTOS DA AGRICULTURA ORGÂNICA | **299**

como as feiras-livres, por exemplo, e a crescente comercialização dos produtos orgânicos para o mercado institucional são elementos que explicam o elevado número de agricultores vinculados às OCSs e aos Opacs.

As OCS podem ser cooperativas, associações ou outra forma de organização dos agricultores previamente cadastrada no Mapa. Na região Nordeste, onde há o maior número de agricultores vinculados às OCS, praticamente metade dos produtores orgânicos utiliza essa modalidade de controle da qualidade. Nesse caso, os produtos não recebem um selo orgânico e a venda ocorre de forma direta ao consumidor, para o Programa de Aquisição de Alimentos (PAA), via Conab, ou para o Programa Nacional de Alimentação Escolar (PNAE). Diante do contexto, fica evidente que a confiança é um elemento de destaque nessa forma de controle da qualidade.

Tabela 1 – Brasil/regiões: número de produtores por mecanismo de controle da qualidade orgânica.

	Norte	Nordeste	Centro-Oeste	Sudeste	Sul	Total
OCS	146	1.388	148	406	291	2.379
OPAC	0	0	21	369	1.066	1.456
Certificadora	171	1.408	78	688	539	2.884
Total	317	2.796	247	1.463	1.896	6.719

Fonte: Ministério da Agricultura, Pecuária e Abastecimento (Brasil, 2009).

Em relação à certificação participativa, o elevado número de agricultores vinculados aos Opacs na região Sul deve-se à importância da Rede Ecovida nessa parte do país. A Rede, constituída por ONGs, cooperativas de produtores e consumidores, associações e grupos de produtores, tem sido fundamental para viabilizar a articulação entre os diferentes componentes do sistema de produção e fomentar a certificação participativa entre seus membros.

CONSIDERAÇÕES FINAIS

Não há dúvidas de que o debate sobre o desenvolvimento sustentável vem se intensificando nos últimos 40 anos e que grande parte desse esforço de reflexão consiste em criar e fortalecer estratégias que possam fomentar a sustentabilidade em distintas arenas, como no caso da agricultura. Ainda que não se trate da única alternativa possível, a produção de alimentos orgânicos se aproxima da perspectiva da sustentabilidade por diminuir as externalidades negativas da agricultura e favorecer as condições de inclusão de pequenos produtores rurais.

O objetivo desse capítulo foi descrever a atual situação do mercado de produtos da agricultura orgânica, enfatizando os processos de certificação. O capítulo mostrou que, quanto mais o mercado de produtos orgânicos cresce e passa a ser comercializado em larga escala, como no caso de grandes redes varejistas, mais importante passa a ser a atuação dos organismos de regulamentação.

Observa-se que, no mercado atual, a tendência é que se instaure uma assimetria informacional (Rezende e Farina, 2011) entre produtores e consumidores, pois os consumidores se situam cada vez mais distantes das áreas de produção, sobretudo se consideramos as exportações de produtos orgânicos. Contudo, mediante a atuação das acreditadoras, certificadoras e outras entidades do setor, criam-se condições institucionais para dar conta do desafio de gestão e de governança da agricultura orgânica. Além de tornar a atividade viável, essa ação conjunta das diferentes instituições permite que a assimetria informacional seja diminuída, tornando os sistemas de certificação e rotulagens mais sofisticados e capazes de informar adequadamente os consumidores.

Tratando ainda de diminuir a assimetria informacional entre produtores e consumidores, observou-se que o selo tem um poder importante sobre as decisões do consumidor. Mais que um elemento de comunicação, ele revela complexas técnicas e relações necessárias para a produção de determinado produto e, assim, funciona como um elo entre o desejo do consumidor – resultado de diferentes fatores – e os atributos do produto. O processo de certificação, que permite o posterior uso do selo, deve ser, portanto, muito transparente para que o selo possa representar aquilo que se propõe.

Ademais, outra barreira a ser transposta é na qualidade das informações sobre os produtos orgânicos, como apontaram Allen e Kovach (2000). Guivant (2003) comenta que alguns consumidores observam apenas a aparência dos alimentos, seu caráter estético e a expectativa de um sabor agradável. A falta de informação sobre a relação entre uso de agrotóxicos e

MERCADO E CERTIFICAÇÃO DE PRODUTOS DA AGRICULTURA ORGÂNICA | **301**

aparência do produto pode fazer com que alguns indivíduos deixem de comprar os orgânicos.

Além disso, vale destacar que o desafio de lidar com a questão da produção e comercialização dos produtos orgânicos, passa pelo reconhecimento de que o perfil e a motivação dos consumidores são diferentes e não compõem um grupo homogêneo. Nesse sentido, vale o esforço de fugir da armadilha de idealizar todos os consumidores de orgânicos, ligando-os diretamente a ações de engajamento social e ambiental.

Finalmente, estamos de acordo com Altieri e Nicholls (2003) quando afirmam que a agricultura orgânica deve ser ecológica e socialmente sustentável. O processo de substituição de insumos, suficiente para receber a certificação, deve ser uma etapa de um processo mais complexo de transição. Se essa forma de produção agrícola se restringir à substituição de insumos convencionais por aqueles orgânicos, permanecerá distante da perspectiva pluridimensional, componente essencial da sustentabilidade.

REFERÊNCIAS

ALCÂNTARA, N. B. et al. A opinião dos consumidores sobre os selos de qualidade de alimentos das redes de varejo. XI SEMEAD: empreendedorismo em organizações. Anais do XI SEMEAD, São Paulo, 2008. Disponível em: http://www.ead.fea.usp.br/semead/11semead/resultado/trabalhosPDF/637.pdf. Acessado em: 5 ago. 2014.

ALLEN, P.; KOVACH, M. The capitalist composition of organic: the potential of markets in fulfilling the promise of organic agriculture. *Agriculture and Human Values*. v.17, Issue 3, p. 221-32, 2000.

ALTIERI, M. A; NICHOLLS, C. I. Agroecologia: resgatando a agricultura orgânica a partir de um modelo industrial de produção e distribuição. *Ciência & Ambiente*. n. 27, p.141-52, 2003.

AMERICAN MARKETING ASSOCIATION – Dictionary. Disponível em: https://www.ama.org/resources/Pages/Dictionary.aspx?dLetter=L. Acessado em: 19 mar. 2014.

BETTI, P. et al. O consumo politizado como resposta à crise socioambiental: as justificativas sociais da compra de produtos orgânicos em feiras-livres de Curitiba. In: NIEDERLE, P. A.; ALMEIDA, L; VEZZANI, F. M. (Org.). *Agroecologia: práticas, mercados e políticas para uma nova agricultura*. Curitiba: Kairós, 2013.

BONILLA, J. A. *Fundamentos da agricultura ecológica: sobrevivência e qualidade de vida*. São Paulo: Nobel, 1992. 260p.

GESTÃO EMPRESARIAL E SUSTENTABILIDADE

BRASIL. Lei n. 10.831, de 23 de dezembro de 2003. Dispõe sobre a agricultura orgânica e dá outras providências. Disponível em: https://www.planalto.gov.br/ccivil_03/Leis/2003/L10.831.htm. Acessado em: 29 ago. 2014.

_____. Ministério da Agricultura, Pecuária e Abastecimento (Mapa). *Instrução normativa n. 50, de 05 de novembro de 2009. Institui o selo único oficial do Sistema Brasileiro de Avaliação da Conformidade Orgânica e estabelece os requisitos para sua utilização nos produtos orgânicos.* 2009. Disponível em: http://www.agricultura.gov.br/legislacao/sislegis. Acessado em: 08 abr. 2015.

CAMPANHOLA, C.; VALARINI, P. J. A agricultura orgânica e seu potencial para o pequeno agricultor. *Cadernos de Ciência & Tecnologia.* v. 18, n. 3, p. 69-101, 2001.

DAROLT, M. R. Agricultura orgânica: inventando o futuro. Londrina: Iapar, 2002. 250p.

FEIDEN, A. Agroecologia: Introdução e conceitos. In: AQUINO, A. M.; ASSIS, R. L. *Agroecologia: princípios e técnicas para uma agricultura orgânica sustentável.* Brasília/DF: Embrapa Informação Tecnológica, 2005. p. 49-70.

GUIVANT, J. Os supermercados na oferta de alimentos orgânicos: apelando ao estilo de vida ego-trip. *Ambiente e Sociedade.* v. 6, n. 2, 2003.

HATANAKA, M.; BAIN, C.; BUSCH, L. Third-party certification in the global agrifood system. *Foodpolicy.* v. 30, n. 3, p. 354-69, 2005.

[IFOAM] FEDERAÇÃO INTERNACIONAL DOS MOVIMENTOS DA AGRICULTURA ORGÂNICA. Disponível em http://infohub.ifoam.org/sites/default/files/page/files/doa_portuguese.pdf. Acessado em: 28 jan. 2014.

KOTLER, P. *Administração de marketing: a edição do novo milênio.* 10. ed., São Paulo: Pearson Prentice Hall, 2000.

LEIVA, D. J. Certificacion: la emergencia de un Capital Simbólico. Departamento de Sociologia, Facultad de Ciencias Sociales, Universidad de Chile, 2008.

MARX, K. *O capital*: crítica da economia política. Coimbra, Portugal: Centelha, v. 1, 1974.

[MAPA] MINISTÉRIO DA AGRICULTURA, PECUÁRIA E ABASTECIMENTO. Disponível em: http://www.agricultura.gov.br/desenvolvimento-sustentavel/organicos. Acessado em: 10 fev. 2014.

NOVAES, H. T.; DAGNINO, R. *O fetiche da tecnologia.* Marília: Editora da Unesp. Organizações & Democracia, n. 5, 2004.

ONLINE ETIMOLOGY DICTIONARY. Disponível em: http://www.etymonline.com/index.php?allowed_in_frame=0&search=certif&searchmode=none. Acessado em: 5 ago. 2014.

ORMOND, J. G. P.; PAULA, S. R. L.; FAVERET FILHO, P. et al. *Agricultura orgânica: quando o passado é futuro.* Rio de Janeiro: BNDES, 2002. 35p.

RADOMSKY, G. F. W. Práticas de certificação participativa na agricultura orgânica. *RevistaIDeAS*, v. 3, n. 1, p. 133-64, jan/jun 2009.

REZENDE, C.L.; FARINA, E.M.M.Q. Assimetria informacional no mercado de alimentos orgânicos. In: II SEMINÁRIO BRASILEIRO DE NOVA ECONOMIA INSTITUCIONAL. Campinas, 2001.

SACHS, I. Primeiras intervenções. In: NASCIMENTO, E. P.; VIANNA, J. N. (Org.). *Dilemas e desafios do desenvolvimento sustentável no Brasil.* Rio de Janeiro: Garamond, 2007.

SANDHU, H. S.; WRATTEN, S. D.; CULLEN, R. Organic agriculture and ecosystem services. *Environmental Science & Policy.* v. 13, p. 1-7, February 2010.

SANT'ANA, A. L. Produtos *fermiers* na França: uma abordagem transversal da qualidade? III Simpósio Internacional de Geografia Agrária. *Anais...* Londrina, 2007.

SEN, A. K. *Desenvolvimento como liberdade.* Tradução: Laura Teixeira Motta. São Paulo: Companhia das Letras, 2000.

SPAARGAREN, G. Sustainable consumption: a theoretical and environmental policy perspective. *Society&Natural Resources.* v. 16, n. 8, p. 687-701, 2003.

TOLEDO, V. M. Diez tesis sobre la crisis de la modernidad. *Polis*, n. 33, 2012. Disponível em: http://polis.revues.org/8544. Acessado em: 28 mar. 2014.

VAN BELLEN, H. M. Desenvolvimento sustentável: uma descrição das principais ferramentas de avaliação. *Ambiente e Sociedade.* v. 7, n. 1, p. 67-88, jan./jun. 2004.

VEIGA, J. E. *Desenvolvimento sustentável: o desafio do século XXI.* 3. ed. Rio de Janeiro: Garamond Universitária, 2008.

VIEIRA, P. F.; BERKES, F.; SEIXAS, C. S. *Gestão integrada e participativa de recursos naturais: conceitos, métodos e experiências.* Florianópolis: Secco/APED, 2005.

WILLER, H.; LERNOUD, J. Current Statistics on Organic Agriculture Worldwide: Organic Area, Producers and Market. In: WILLER, H.; LERNOUD, J.; KILCHER, L (Ed.). The World of Organic Agriculture Statistics and Emerging Trends 2013.Research Institute of Organic Agriculture/FiBL, Frick, Switzerland and International Federation of Organic Agriculture Movements/IFOAM, Bonn, Germany. 2013, p. 36-128. Disponível em: http://www.organic-world.net/2415.html. Acessado em: 3 mar. 2014.

WILLER, H.; LERNOUD, J.; HOME, R. The World of Organic Agriculture 2013: Summary. In: WILLER, H.; LERNOUD, J.; KILCHER, L (Ed.).The World of Organic Agriculture Statistics and Emerging Trends 2013. Research Institute of Organic Agriculture/FiBL, Frick, Switzerland and International Federation of Organic Agriculture Movements/IFOAM, Bonn, Germany, 2013, p. 26-34. Disponível em: http://www.organic-world.net/2415.html. Acessado em: 3 mar. 2014.

14 | Modelos de Logística Reversa de Resíduos Eletroeletrônicos: Cenários Internacional e Nacional

Jacques Demajorovic
Economista, Centro Universitário da FEI

Eryka Eugênia Fernandes Augusto
Graduação em Informática com ênfase em Gestão de Negócios, Centro Universitário da FEI

INTRODUÇÃO

A partir de meados da década de 1990, ampliaram-se os debates sobre logística reversa (LR) de resíduos de equipamentos eletroeletrônicos (REEE) envolvendo gestores públicos e privados e do mundo acadêmico. Esse maior interesse está relacionado ao rápido crescimento da geração de REEE no contexto mundial, a evolução da legislação ambiental e o envolvimento crescente de consumidores em relação aos movimentos de responsabilidade social das empresas.

Como resultado, verifica-se o desenvolvimento de diversos modelos de logística reversa em países desenvolvidos. Na Suíça e Suécia, os modelos de responsabilização dos fabricantes sobre a destinação final dos REEE evidenciam a importância desta abordagem para incrementar a coleta e destinação segura dos REEE ao final de sua vida útil para o consumidor. Em contrapartida, nos países em desenvolvimento, os modelos de LR estão ainda em estágios preliminares. Algumas experiências em países como Índia e China indicam que modelos específicos adaptados à realidade local são necessários para que os REEE sejam gerenciados de forma adequada. Nesse caso, a construção desses modelos deve considerar as lacunas da legislação e de instrumentos econômicos de gestão, o baixo grau de conscientização da população sobre problemas socioambientais relacionados

MODELOS DE LOGÍSTICA REVERSA DE RESÍDUOS ELETROELETRÔNICOS | **305**

aos REEE e a presença de um setor informal que coleta parcela crescente de equipamentos eletroeletrônicos sem os equipamentos e procedimentos necessários para impedir impactos à saúde destes trabalhadores e ao meio ambiente.

A Política Nacional de Resíduos Sólidos (PNRS) aprovada em 2010 representa no contexto dos países desenvolvidos uma abordagem inovadora para a gestão da LR de REEE em países em desenvolvimento. A PNRS demanda que produtores, importadores e varejo sejam corresponsáveis pela implantação da LR, independente do setor público. A legislação brasileira é a primeira também mundialmente a reconhecer a importância das cooperativas de catadores na cadeia de reciclagem e estimula a integração dessas organizações nos sistemas de fluxos reversos.

Este capítulo aborda as principais características, desafios e perspectivas de modelos de logística reversa no cenário internacional a partir das experiências implementadas em países como Suíça, Suécia, Coreia do Sul, China e Índia. A escolha desses países se deve ao fato de os dois primeiros serem considerados referências mundiais em termos de resultados alcançados em coleta e destinação de REEE. Já os três últimos possibilitam discutir alguns desafios comuns enfrentados na implementação da LR de REEE em países em desenvolvimento. Também apresenta um quadro atual dos desafios e perspectivas para o modelo LR brasileiro, que vem sendo construído por meio dos acordos setoriais de REEE, conforme exigência da PNRS.

LOGÍSTICA REVERSA: FATORES MOTIVADORES E DESAFIOS

A LR é o processo de planejamento, implementação e controle da eficiência, estoques em processo, produtos acabados e informações relacionadas do ponto de consumo ao ponto de origem, com o objetivo de reagregar valor ou efetuar o descarte de forma correta (Rogers e Tibben-Lembke, 1998; Rubio et al., 2008; Leite et al., 2009). A LR ganhou força em meados da década de 1990 em razão de seu âmbito estratégico. Segundo Rubio et al. (2008), as pesquisas acadêmicas neste setor aumentaram em seis vezes no período entre 1995 e 2005. Para Jayaraman e Luo (2007), três fatores explicam o maior interesse pela LR no setor empresarial nos países desenvolvidos: a evolução da legislação ambiental, os benefícios gerados para a imagem da empresa pelo marketing social e ambiental e as pressões competitivas do mercado.

Especificamente no que concerne aos REEE, a logística reversa vem sendo incorporada de forma estratégica nos processos de tomada de decisão nas empresas. Leite (2009) aponta o fator econômico como o principal *driver* para implementação de um programa de LR. Ainda segundo Leite et al. (2009), no caso dos fabricantes de produtos eletrônicos, uma vantagem clara é a garantia de que seus produtos usados terão o descarte correto, não voltando para o mercado paralelo, criando demanda por computadores novos. Já Jayaraman e Luo (2007) argumentam que a LR pode gerar novas fontes de receita, compensando, muitas vezes, o custo com o investimento inicial feito, especialmente quando a implantação é acompanhada de inovação nos produtos.

Segundo Lau e Wang (2009) muitos fatores apontam a LR como solução para pressões geradas pelo mercado, tecnologia e sociedade, como aumento da competição de forma globalizada, o rápido avanço tecnológico, alimentando o consumo pela obsolescência programada, e redução do ciclo de vida, assim como as exigências dos consumidores em relação ao meio ambiente, conforme descritos na Figura 1.

Figura 1 – Razões para implantação do sistema de LR na Indústria de EEE.

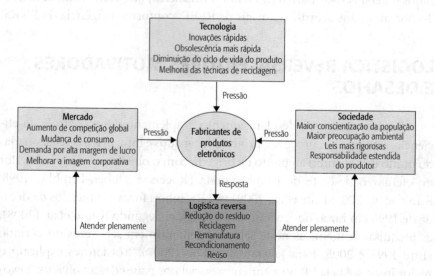

Fonte: Lau e Wang (2009, tradução nossa).

Corroborando Lau e Wang (2009), Jayaraman e Luo (2007) afirmam que a LR traz benefícios econômicos indiretos para as empresas, com uma melhora de sua imagem no mercado e relacionamento com os clientes pelo aumento de satisfação. Para Janse et al. (2009), o consumidor europeu está colocando maior pressão sobre as empresas nas questões de responsabilidade social, principalmente para destinação final adequada dos produtos pós-consumo. Como resultado desse processo, os autores constataram que, em uma pesquisa com cinco grandes fabricantes de eletroeletrônicos, três delas já contavam com um setor específico para gerenciamento de LR. Já o estudo de Lau e Wang (2009) indicam três alternativas implementadas pelos fabricantes para gerenciar a LR, incluindo modelos próprios dos produtores, modelo de cogerenciamento e modelo em que a atividade é totalmente terceirizada. Para os autores, a escolha do modelo dependerá da importância estratégica dessa atividade para a gestão da empresa, além da capacidade para gerenciar a atividade e a disponibilidade de recursos para custear as atividades.

Apesar das pressões existentes, a literatura também mostra uma série de barreiras para a implantação dessa atividade, destacando-se a visão de que o custo com a atividade não compensa os investimentos e o baixo interesse em coordenar a complexa cadeia reversa e seus múltiplos atores, incluindo o setor de varejo e seus consumidores (Lau e Wang, 2009). Também em alguns países outros problemas são apontados, como no caso do Brasil, a estrutura da carga tributária ou falta de incentivos financeiros para a expansão da atividade (Schluep et al., 2009).

Nesse contexto, observa-se o desenvolvimento de diferentes modelos em diversos países para lidar com a questão dos Resíduos de Equipamentos Eletro Eletrônicos (REEE).

MODELOS E EXPERIÊNCIAS DE LOGÍSTICA REVERSA DE REEE

Um estudo feito pela ABDI (2012) com o objetivo de criar uma proposta de modelagem à LR dos REEE Brasil mostra oito modelos internacionais no setor de REEE, conforme apresentado na Figura 2.

Observa-se que os modelos podem ser de responsabilidade exclusiva dos fabricantes ou do governo, ou ainda de responsabilidade compartilhada, quando mais de um agente da cadeia é responsável pela reciclagem e

Figura 2 – Modelos Internacionais de LR.

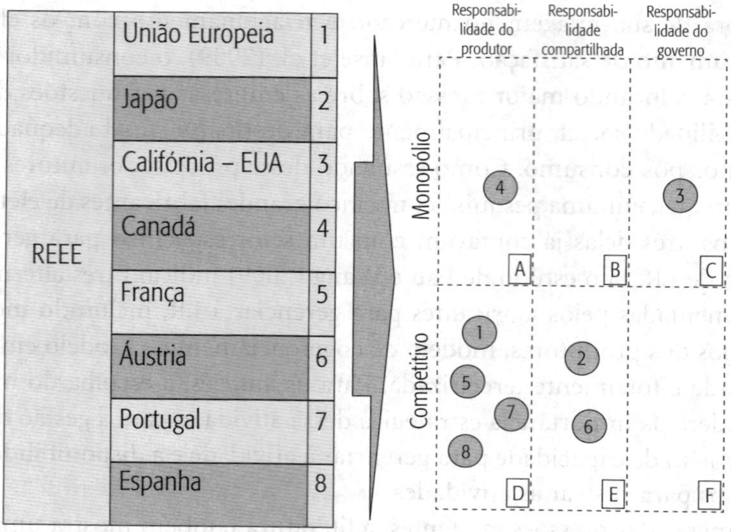

REEE		
União Europeia	1
Japão	2
Califórnia – EUA	3
Canadá	4
França	5
Áustria	6
Portugal	7
Espanha	8

Responsabilidade do produtor · Responsabilidade compartilhada · Responsabilidade do governo

Monopólio: 4, 3, A, B, C
Competitivo: 1, 2, 5, 7, 6, 8, D, E, F

Fonte: adaptado de ABDI (2012).

disposição de resíduos. Os modelos são caracterizados como monopolistas quando uma única organização, governamental ou não, detém o controle praticamente exclusivo da reciclagem e destinação. Ou, ainda, competitivo quando vários atores atuam na reciclagem e na disposição de resíduos. A seguir, detalham-se alguns desses modelos implantados.

Experiências da logística reversa em países desenvolvidos: os casos da Suíça e Suécia

A Suíça foi o primeiro país a implementar, em todo o setor industrial, um sistema organizado para coleta e reciclagem de REEE, em operação desde 1995, segundo Sinha-Khetriwala et al. (2005). Antes da legislação entrar em vigor em 1999, duas Organizações de Responsabilidade dos Produtores (ORP – tradução nossa), a Swico, criada em 1993 pela associação dos produtores e importadores da Suíça de equipamento eletrônico para escritório e TI, e a Sens (Fundação Suíça para a Gestão de Resíduos – tradução nossa), criada em 1990 como uma organização sem fins lucrativos que opera soluções de recuperação em nome dos fabricantes, importadores e varejistas (Hischier et al., 2005), haviam estabelecido um sistema de coleta, disposição e financiamento de REEE (Sinha-Khetriwala et al., 2005). Produtores aderiam às ORP de forma voluntária, sendo esta gerida pelos comitês de representantes dos produtores, responsáveis pela tomada de decisão, como a definição da Taxa de Antecipada para Reciclagem (TAR – tradução nossa), que financia o sistema e faz a avaliação dos contratos de reciclagem, segundo Khetriwal et al. (2009).

Em 2003, foram recolhidos 68.000 toneladas de REEE na Suíça, cerca de 9 kg/pessoa, 125% a mais do que os 4 kg/pessoa mínimos exigidos pela Diretiva de REEE da EU (Sinha-Khetriwala et al., 2005).

O sucesso do sistema de coleta deve-se à eficiência da gestão do fluxo dos resíduos, pela Swico e Sens, responsáveis pelos bens das linhas verde, marrom e branca, como computadores, televisores e geladeiras, respectivamente (Sinha-Khetriwala et al., 2005). Em 2007, a Suíça passou a contar com mais outras duas ORP, bem menores que as duas primeiras, SLRS (Swiss Light Recycling Foundation) e Inobat (Organização dos Stakeholders para Eliminação da Bateria – tradução nossa), responsáveis pelos equipamentos de iluminação e pilhas, em ordem (Khetriwal et al., 2009). O consumidor conta com uma rede para descartar seus dispositivos no fim-de-vida, com 500 pontos de coleta oficiais distribuídos por todo o país, além de milhares de postos instalados no comércio varejista, que devem receber, de forma gratuita, REEE de qualquer marca ou ano, de acordo com Sinha--Khetriwala et al. (2005). Após coletados, os REEE são encaminhados, através de transportadores autorizados, para as centrais de reciclagem. O sistema de LR é todo administrado pelas ORP, que recebem do produtor a Tarifa Antecipada de Reciclagem (TAR), usada para pagar todo o sistema de coleta, transporte, desmontagem, descontaminação e reciclagem dos aparelhos descartados. A TAR é cobrada do consumidor no momento da compra do equipamento eletrônico, destacada na nota fiscal, sem incidência de tributo (Khetriwal et al., 2009).

Outros dois fatores apresentados por Khetriwal et al. (2009) para o sucesso desse sistema foram, primeiramente, a parceria formada entre as ORP e o Escritório Federal da Suíça de Meio Ambiente, tanto na fase inicial como durante todo o processo, colaborando na montagem das redes de trabalho de coleta e reciclagem, inclusive na elaboração da Lei;

e o fato de o sistema de gerenciamento dos resíduos ser baseado na Responsabilidade Estendida do Produtor (REP – tradução nossa), estabelecendo papéis claros aos atores envolvidos no processo, como apresentado no Quadro 1.

Quadro 1 – Atores e suas responsabilidades no Sistema de LR da Suíça.

Ator	Responsabilidade
Governo	O governo federal faz o papel de um supervisor, enquadrando as diretrizes básicas e legislação. Autoridades locais desempenham um papel no controle e monitoramento e emissão de licenciamento para empresas de reciclagem.
Produtor/ importador	Importadores têm as responsabilidades econômicas e físicas de seus produtos.
ORP (Swico, Sens)	Tem o papel de gerenciar as operações do dia a dia do sistema, incluindo a definição das taxas de reciclagem, bem como licenciamento e auditoria recicladores.
Distribuidores	Têm uma parte da responsabilidade física e informacional do produto. São obrigados a retornar os produtos em categorias que têm à venda, independentemente de o produto ter sido vendido por eles ou se o consumidor adquire um produto similar como substituto.
Varejista	São responsáveis por mencionar claramente o valor da TAR na fatura do cliente.
Consumidores	São responsáveis e obrigados por lei a descartar os aparelhos usados nos varejistas ou pontos de coleta designados. Arcar com a responsabilidade financeira final, por meio da taxa de reciclagem sobre as novas aquisições de produtos.
Pontos de coleta	Coletam todos os tipos de REEE gratuitamente e garantem a segurança dos produtos cedidos para evitar furtos ou exportações ilegais.
Recicladores	Devem aderir às normas mínimas em matéria de emissões de poluentes e tomar medidas de segurança adequadas relativas à saúde do empregado. Precisam de autorização para operar uma unidade de reciclagem do governo local, bem como a licença dos profissionais.

Fonte: adaptado de Khetriwal et al. (2009, tradução nossa).

A experiência da Suíça mostra que é possível implantar um sistema de LR para REEE quando existe cooperação entre os atores. Foi necessário apenas um pequeno número de empresas de grande porte para criar uma massa crítica para iniciar a implantação do sistema de LR dos REEE antes da exigência legislativa (Khetriwal et al., 2009). Também foi importante no modelo suíço o reconhecimento da importância da parceria do governo com as ORP, possibilitando a elaboração de uma Lei que atendesse aos diversos interesses dos atores envolvidos nessa questão. Dessa forma, foi possível escolher um modelo de baixo custo e flexível, respeitando a experiência das ORP.

Outro exemplo de avanço da logística é o caso da Suécia, que se tornou líder mundial na coleta de REEE, por um acordo firmado em 2001 entre produtores de EEE e autoridades locais. Ficou estabelecido um sistema de cooperação entre as partes, na qual a organização dos produtores suecos, representada pela El-Krestsen, arcava com todos os custos de desmontagem, descontaminação, reciclagem e destinação ambientalmente adequada, e todos os 290 municípios suecos seriam responsáveis pelo sistema de coleta dos REEE (Sepa, 2009). Cidadãos suecos entregam para reciclagem um pouco mais que 16 kg *per capita* por ano de REEE, nos mais de 1.000 postos de coleta distribuídos pelo país (Elretur, 2010). Houve uma grande evolução na coleta de REEE a partir de 2002, saltando de 4 kg *per capita* para mais de 16 em 2008.

A El-Kretsen gerencia a coleta e o sistema de reciclagem nacional de REEE na Suécia, com a colaboração das autoridades locais. Essa parceria significa que as autoridades locais cuidam da gestão e dos custos dos pontos de coleta, como centros de reciclagem, onde os cidadãos suecos podem deixar seus REEE gratuitamente. A El-Kretsen gerencia e financia os transportes dos REEE para pré-tratamento e reciclagem de acordo com as leis vigentes. Depois de separado, o resíduo é enviado para empresas conveniadas, especializadas em reciclagem, que obedecem a padrões de processos estabelecidos pelo sistema, que são regulamentados por Lei e pelo código de conduta anexado a todo contrato da El-Kretsen, segundo dados divulgados pela Elretur (Elretur, 2010).

Em 2008, uma organização de produtores lançou a EAF (Associação Sueca de Reciclagem de Produtos Eletrônicos – tradução nossa). As lojas de seus membros são utilizadas como ponto de coleta. A EAF celebrou um acordo com a El-Krestsen de compensação financeira, permitindo que seus membros paguem as mesmas taxas para reciclagem dos REEE que os membros da El-Krestsen, nas cidades onde não tem postos de coleta (Sepa, 2009). O sistema de coleta da Suécia começa com a entrega pelo consumidor do seu equipamento eletrônico usado, no fim-de-vida, aos pontos de coleta municipais que, na maioria dos casos, funcionam como estação de reciclagem também. Os produtores garantem o tratamento adequado para esses resíduos, separando-os por tipo, retirando as substâncias perigosas, desmontando-os para recuperar os materiais valiosos e destinando os materiais que não podem ser reciclados, como alguns tipos de plástico, madeira e material têxtil, para serem incinerados com recuperação de energia, que produzem eletricidade e aquecimento (Elretur, 2010). O Ecoloop é fechado quando novos produtos a partir de material reciclado chegam às lojas,

O exemplo da Suécia demonstra a importância da parceria tanto com o governo local, quanto com o comércio varejista e entre os dois sistemas de gerenciamento de reciclagem de REEE geridos por grupos de produtores desses dispositivos. No caso da El-Kristsen, ela viabiliza a reciclagem dos membros da EAF, ao mesmo custo dos seus membros, nos locais onde esta não possui postos de coletas, potencializando a capilaridade e abrangência das duas organizações no país.

Experiências da logística reversa em países em desenvolvimento: os casos da Coreia do Sul, China e Índia

No caso dos países em desenvolvimento, há experiências também em curso, porém com desafios maiores para o seu êxito por diversos fatores, como a falta de legislação e fiscalização apropriada, incentivos econômicos, vulnerabilidades da população envolvida na coleta informal de REEE e o aumento significativo nos últimos anos da exportação desses materiais de forma ilegal. Ainda assim, citam-se três iniciativas importantes, na Coreia do Sul, China e Índia.

A Coreia do Sul, por meio do seu Ministério do Meio Ambiente (MMA), em 1992, implementou Leis para viabilizar a destinação adequada dos REEE. Em 2006, no entanto, apenas uma pequena parcela do lixo-eletrônico foi recuperada e reciclada, em razão do alto custo de transporte e reciclagem de REEE, entre outros fatores, segundo Jang (2010).

Uma revisão cronológica das Leis de reciclagem da Coreia do Sul e os resultados do seu desdobramento na implantação de um sistema de LR de

MODELOS DE LOGÍSTICA REVERSA DE RESÍDUOS ELETROELETRÔNICOS | 313

REEE se faz necessária para melhor compreensão dos fatos. A primeira regulamentação sobre reciclagem de REEE coreana entrou em vigor em 1992, intitulada como Lei de Promoção da Conservação e Reciclagem de Recursos ou Lei de Reciclagem de Resíduos, abrangendo apenas duas categorias de EEE, televisores e máquinas de lavar. Até 2006, outros oito tipos de EEE foram incluídos: ar-condicionado, refrigerador, computador, aparelhos de som, telefone celular, máquinas copiadoras, fax e impressora (Jang, 2010).

Concomitantemente, o MMA da Coreia do Sul introduziu o Sistema de Depósito-Reembolso dos Resíduos para os EEE e algumas embalagens de produtos, como vidro, plásticos e latas, e outros itens como óleos lubrificantes, baterias, pneus, lâmpadas fluorescentes (Jang, 2010). Os fabricantes eram obrigados a fazer um depósito antecipado do custo da reciclagem dos resíduos, que eram calculados com base no relatório de produção anual enviado no ano anterior para o MMA da Coreia e devolvidos aos produtores após a coleta e reciclagem desses resíduos (Chung e Murakami-Suzuki, 2008; Jang, 2010). Segundo Chung e Murakami-Suzuki (2008) a Koreco (Korea Recycling Corporation ou Corporação de Reciclagem da Coreia – tradução nossa) é responsável pela gestão do sistema de depósito, controlando a reciclagem realizada e os depósitos sem retorno ao produtor, que eram direcionados ao Sistema de Coleta e Reciclagem do Governo (Jang, 2010). Com o objetivo de aumentar a quantidade de resíduos reciclados pelos fabricantes, a taxa de depósito passou de 30 won/kg em 1992 para 38 won/kg em 1996. O resultado dessa ação foi o aumento da taxa de restituição aos fabricantes de 0,03% em 1993 para 8,3% em 1997, índice ainda considerado muito baixo pela perspectiva política do governo da Coreia (Chung e Murakami-Suzuki, 2008). Além disso, o custo da reciclagem muitas vezes é superior ao valor do depósito, sendo quatro vezes mais caro em alguns casos (Chung e Murakami-Suzuki, 2008). Por conta desses fatores, o sistema de depósito não teve êxito, de acordo com Jang (2010).

Em 2000, um programa-piloto foi celebrado de forma voluntária entre três grandes indústrias de EEE – Samsung, LG e Daewoo – e MMA da Coreia do Sul. Esse acordo deu origem a três usinas de reciclagem, a primeira foi a Planta de Reciclagem Asan da Samsung em 1988, seguida pela Planta de Reciclagem Chilseo da LG em 2001 e, finalmente, a Planta de Reciclagem Metropolitana (tradução nossa) em 2003 (Chung e Murakami-Suzuki, 2008). Outro resultado desse programa foi a criação da

AEE Korea (Association of Electronics Environment ou Associação de Eletrônicos e Meio Ambiente da Coreia do Sul – tradução nossa) pela Organização de Responsabilidade do Produtor (ORP), criada em 2000 como um esforço de cooperação para compartilhar a responsabilidade da reciclagem de REEE ambientalmente adequada, entre a indústria eletrônica e seus membros, de acordo com Jang (2010).

Nesse cenário, em 2003, o MMA da Coreia do Sul alterou a Lei de Reciclagem de Resíduos, regulamentando a Responsabilidade Estendida do Produtor (REP – tradução nossa) sobre todos os itens abrangidos pelo sistema de depósito e incluindo os computadores pessoais e monitores (Jang, 2010) e telefones celulares em 2005 (Park, 2006). A REP envolve produtores atribuindo maior responsabilidade sobre a gerência e os impactos ambientais de seus produtos em todo seu ciclo de vida. Os produtores assumem a obrigação de produzir e projetar produtos mais fáceis para reciclar, estabelecer e manter estruturas de reciclagem, arcando com as despesas desse processo (Park, 2006). Segundo Moe Korea (2008) é atribuído ao produtor de EEE cotas de coleta e reciclagem obrigatória sobre sua produção anual, extinguindo a taxa de reembolso. No entanto, caso não seja atingida essa quantidade, ele deverá arcar com o custo da reciclagem, acrescido de 30% do valor do processo. Essas cotas de reciclagem variam entre 55 e 70% do peso da produção anual, dependendo do tipo de equipamento. Cada fabricante pode cumprir a sua obrigação legal de três maneiras: reciclando sua cota em uma usina própria; terceirizando o trabalho para empresas de reciclagem comerciais; ou aderindo à Organização de Responsabilidade do Produtor (ORP – tradução nossa), pagando taxas para realizar a reciclagem, de acordo com Chung e Murakami-Suzuki (2008). Ainda segundo os autores, a responsabilidade pode ser assumida de forma individual ou coletiva nesse regime.

Um dos resultados do Sistema de REP apresentado no relatório de Park (2006) foi o aumento em 50% das taxas de coleta e reciclagem de REEE na Coreia, entre 2002 e 2004. O destaque especial é dado aos computadores, que passaram de 17 mil para 149 mil unidades coletadas, com um aumento acumulado de 776%.

Nesse cenário, a Figura 3 mostra o atual sistema de LR na Coreia do Sul e todos os atores envolvidos nele. Parcerias com o setor privado viabilizaram quatro centros de reciclagem dos grandes produtores: Yongin, Asan (da Samsung), Chilseo (da LG) e Honam, além de aproximadamente 60 centros de armazenamento de REEE existentes no país, segundo Jang (2010).

Figura 3 – Sistema de LR de REEE da Coreia.

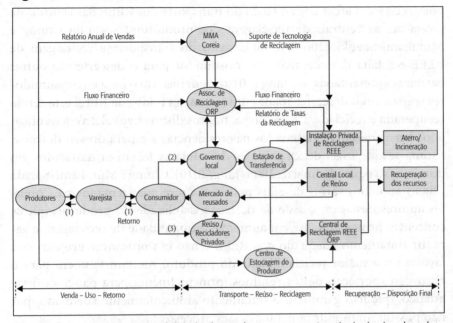

ORP: Organização da Responsabilidade do Produtor; 1-3: as três principais vias de coleta.

Fonte: Jang (2010, tradução nossa).

O sistema de LR de REEE na Coreia tem três principais vias de coleta, conforme mostra a Figura 3. A via 1 é realizada por meio da entrega do REEE pelo consumidor para o vendedor varejista sem custo nenhum. É responsabilidade do varejo transportar os REEE para os centros de estocagem do produtor. A via 2 consiste na entrega dos resíduos nas centrais de coleta do governo ou postos de coletas, que ficam próximos a complexos residenciais. Nesse sistema, o consumidor compra uma etiqueta amarela que, dependendo do tipo EEE, custa entre US$ 3 e US$ 1 por dispositivo; ela possibilita descartar os resíduos nos locais designados pelo governo. Em seguida, os REEE são encaminhados semanalmente por transportadores locais contratados pelo governo para instalações privadas ou centrais estatais. A 3ª via de coleta é realizada por coletores privados, que muitas vezes pagam aos consumidores por alguns tipos de EEE (Jang, 2010).

Entretanto, na Coreia, a reciclagem de REEE ainda está em seus estágios iniciais em termos de tecnologia de reciclagem e infraestrutura (Jang, 2010). Apenas 98 dos 232 municípios da Coreia cooperam ativamente com os fabricantes, em razão da má situação financeira destes, que é agravada por precisarem arcar com o custo do transporte dos REEE das centrais de coleta até as centrais de reciclagem dos produtores, segundo Chung e Murakami-Suzuki (2008). O alto custo do transporte e reciclagem de REEE e a falta de incentivos ao consumidor para o descarte são outras barreiras apresentadas por Jang (2010). Sem incentivo para os consumidores realizarem o descarte, apenas uma pequena fração de REEE está sendo recuperada e reciclada. Dessa forma, muitos dispositivos eletrônicos obsoletos permanecem armazenados nas residências à espera do seu descarte. Estima-se que mais de 28 milhões de celulares foram armazenados em domicílios a partir do final de 2006 (Jang, 2010). Chung e Murakami-Suzuki (2008) apontam vários desafios políticos a serem enfrentados na Coreia. Os autores destacam o sistema de responsabilidade do produtor, que se concentra principalmente em aumentar a quantidade de reciclagem e garantir tratamento adequado dos REEE e não em promover projetos que favoreçam a maior reciclabilidade do produto. Alertam também para o risco de exportação desses resíduos, principalmente para países do leste asiático, que não garantem o tratamento ambientalmente adequado, por não possuírem monitoramentos desses processos.

Em âmbito mundial, alguns projetos têm sido desenvolvidos com o objetivo de criar soluções para a implantação de LR. O Projeto StEP, lançado pela ONU, visa minimizar o problema do lixo eletrônico, criando padrões mundiais de reciclagem, analisando as melhores alternativas existentes, identificando modelos de negócios para apoiar o uso sustentável das tecnologias da informação e comunicação, avaliando as legislações nacionais para criar recomendações sobre novos tipos de medidas de política e viabilizando o diálogo entre os principais atores no domínio do e-lixo (Schluep et al., 2009). Dessa forma, esses projetos visam atuar como facilitadores no processo para transpor as barreiras de implantação do sistema de LR para os REEE.

Um dos desdobramentos do projeto StEP foi a formação de um consórcio de empresas formados por dois produtores de EEE multinacionais, uma empresa de recondicionamento de EEE, uma refinaria de metais preciosos europeia, vários institutos de pesquisa e uma recicladora de sucata de metais mistos, para criar o modelo ideal de reciclagem de REEE em larga escala na China. Essa iniciativa foi relatada por Wang et al. (2012) para analisar os resultados benéficos da implantação da filosofia Best of 2 Worlds (Bo2W, em tradução livre, "O melhor dos 2 Mundos") sobre o meio ambiente e a economia em países em desenvolvimento, comparando os resultados com um modelo indiano de baixa escala, realizado pelo programa de REEE suíço por meio do Empa (sigla em alemão para Laboratórios Federais Suíços de Ciência e Tecnologia de Materiais, em tradução livre), envolvendo o setor informal em Bangalore, em parceria com os recicladores locais.

Após 1 ano e meio da implantação do sistema de reciclagem na China, Wang et al. (2012), aferiu que, apesar do acúmulo de conhecimento técnico gerado, o modelo de larga escala não foi eficiente. Um dos principais desafios encontrados foi a falta de disponibilidade de REEE suficiente, com valores razoáveis para sustentar a operação diária da usina. Por conta da ausência de legislação para regular o tratamento de lixo eletrônico nesse país, o setor informal dominou a coleta e a negociação desses resíduos. O projeto, para tratar de forma ambientalmente adequada esses insumos, tornou-se economicamente inviável para o consórcio, perdendo em competitividade para o setor informal. Wang et al. (2012) afirmam que a implementação de uma infraestrutura de reciclagem Bo2W em larga escala na China pode ser bem-sucedida quando a regulamentação adequada estiver em vigor para gerar acesso junto à coleta de resíduos de forma suficiente, por meio de incentivos financeiros e desembaraço legal.

Na Índia, o projeto-piloto teve resultados mais animadores, com o envio de dois lotes até o momento para a usina de reciclagem europeia. Com uma abordagem de pequena escala, semelhante ao modelo avaliado na China, foi implantado o modelo Bo2W, utilizando, na etapa de pré--processamento e desmontagem manual, mão de obra do setor informal local, que recebe incentivos para trabalhar na produção de lotes ideais para serem enviados à usina de reciclagem europeia. Segundo Wang et al. (2012), uma importante barreira financeira foi diagnosticada, em razão do *gap* criado entre o envio do lote de resíduo e o pagamento após seus processamentos pela usina europeia, pois o setor informal funciona baseado no recebimento diário da produção. Esse modelo é sustentado pelo tamanho e custo do setor informal de reciclagem, preservando milhares de postos de trabalho e garantindo a retirada de uma renda mínima para esses trabalhadores. Nesse cenário, Wang et al. (2012) sugerem como solução para a questão de fluxo de caixa no setor informal uma parceria entre grandes recicladores locais ou internacionais que atuariam como intermediários entre o setor informal e a usina, financiando o fluxo de caixa. Outro fator importante abordado pelos autores é a necessidade de implementar mais processos seguros ao meio ambiente e à saúde desses fornecedores.

Os autores afirmam que em países em desenvolvimento, no estágio de pré-processamento, a desmontagem manual é preferível, pelo baixo custo operacional e alto rendimento na recuperação de material, em contraposição ao alto gasto energético e custo de investimento na tecnologia de separação mecânica, além do baixo rendimento de recuperação desse processo. Apresentando os resultados desses dois projetos pilotos, Wang et al. concluem que o modelo ideal seria alcançado:

> combinando as melhores técnicas para pré-processamento manual em uma escala local, com adequadas normas de segurança ambiental, de saúde e para o processamento final o uso de alta tecnologia em uma escala global, permitindo alcançar a solução mais sustentáveis para o tratamento do REEE nos países em desenvolvimento. (2012, p. 2144, tradução nossa)

As experiências apresentadas mostram que apesar de todos os esforços legislativos, mesmo em países desenvolvidos considerados referências na implementação da logística reversa, encontram-se enormes desafios para a coleta em larga escala e destinação correta de REEE. Várias causas podem ser identificadas: em primeiro lugar, os esforços de coleta insuficiente; por outro lado, tecnologias de reciclagem, em parte, inadequadas, em terceiro lugar, os fluxos grandes e, muitas vezes, ilegais de exportação de lixo eletrônico em regiões sem infraestruturas de reciclagem ou local adequado, segundo Schluep et al. (2009). Há também a questão tributária, que em muitos países não estimula a adesão das empresas aos programas de logística reversa. Por exemplo, um dos fatores negativos apontados pelo relatório do Projeto StEP para o Brasil é a carga tributária muito alta sobre as empresas. Dessa forma, os empresários entendem a questão da implantação da LR como um fardo em seu orçamento (Schluep et al., 2009).

No caso específico do Brasil, o maior avanço recente nessa temática ocorreu em 02 de agosto de 2010, quando a Lei n. 12.305/2010 foi sancionada pelo Congresso Nacional e instituiu a PNRS (Guarnieri, 2011), superando o desafio da falta de legislação com abrangência nacional focada nos resíduos sólidos, envolvendo o setor privado, público e consumidores, de forma compartilhada no gerenciamento dos produtos pós-consumo e seu descarte ambientalmente adequado, segundo Reveilleau (2011).

PNRS e Acordo Setorial

A PNRS dispõe sobre as diretrizes da gestão integrada e gerenciamento de resíduos sólidos e obriga a implantação de sistemas de LR nas empresas fabricantes, importadoras, distribuidoras e no comércio varejista de produtos tóxicos e tecnológicos, garantindo o retorno dos produtos, após o uso pelo consumidor, para a cadeia produtiva ou dando destino ambientalmente adequado (Brasil, 2010a).

Diversos autores apontam para o caráter inovador da Lei n. 12.305/2010 (Guarnieri, 2011; Reveilleau, 2011; Yoshida, 2012), intitulada como Política Nacional de Resíduos Sólidos, e regulamentada pelo Decreto n. 7.404, de dezembro de 2010, que, de forma ousada, implementa a gestão compartilhada do meio ambiente seguindo o art. 225 da Constituição Federal, de acordo com Yoshida (2012).

Guarnieri (2011) fala da importância da conquista da aprovação da Lei n. 12.305/2010 após tramitação de mais de 21 anos no Congresso Nacional. Segundo Reveilleau (2011), a demora em promulgar a Lei ocorreu por causa do conflito de interesses envolvidos e da resistência de atores da cadeia em assumir os custos inerentes à atividade. Yoshida (2012) destaca o caráter vanguardista da Lei, em seus objetivos, princípios, diretrizes e instrumentos, como compensação ao tempo de tramitação.

OS INSTRUMENTOS PARA IMPLANTAÇÃO DO GERENCIAMENTO DOS REEE E SEUS DESAFIOS

Responsabilidade compartilhada

De acordo com o art. 30 da Lei n. 12.305/2010, a responsabilidade compartilhada será implantada de "forma individualizada e encadeada". No caso das empresas geradoras de resíduos sólidos, sejam elas fabricantes ou importadoras, serão responsáveis por criarem e implantarem sistemas de LR, para captação dos seus produtos após o uso, independentemente do sistema de limpeza urbana. Acosta et al. (2008) dizem ser primordial essa regulamentação da responsabilidade de toda cadeia produtiva em cada etapa do ciclo de vida do produto.

Segundo Guarnieri (2011), a criação da responsabilidade compartilhada entre os atores responsáveis pela geração de resíduo sólido é uma inovação da PNRS. Já para Reveilleau (2011), a PNRS preenche uma lacuna legislativa para a implantação da responsabilidade compartilhada, pois muitos fabricantes e importadores se recusavam a cumprir as normas fixadas pelo Conama com conteúdos similares, com a alegação de inconstitucionalidade, por não serem prescritas por lei.

Representantes da indústria e varejo alegam que o maior desafio referente à responsabilidade compartilhada é o fato de não existir uma definição de onde começa e onde termina o papel de cada um na cadeia reversa. Dessa forma, instala-se uma disputa para conseguir diminuir ao máximo a parte que cabe a si. O governo alega que essa flexibilidade na definição dos papéis faz parte da estratégia para que os próprios atores criem uma solução adequada para a questão da LR do seu setor (Augusto, 2014).

Logística reversa

Um importante instrumento adotado pela PNRS para a implantação da responsabilidade compartilhada é a LR, que obriga a cadeia de suprimento a organizar o retorno do produto pós-consumo e garantir a destinação final ambientalmente adequada.

A Lei n. 12.305/2010, por meio do art. 33, priorizou a obrigação dos fabricantes, importadores, distribuidores e comerciantes de (a) agrotóxicos, (b) pilhas e baterias, (c) pneus, (d) óleos lubrificantes, (e) lâmpadas fluorescentes, e (f) EEE e seus componentes a criarem e implantarem sistemas de LR pós-consumo para captação dos seus produtos, independentemente do sistema de limpeza urbana.

A logística reversa é definida pela PNRS, no art. 3º, como:

> instrumento de desenvolvimento econômico e social caracterizado por um conjunto de ações, procedimentos e meios destinados a viabilizar a coleta e a restituição dos resíduos sólidos ao setor empresarial, para reaproveitamento, em seu ciclo ou em outros ciclos produtivos, ou outra destinação final ambientalmente adequada. (Brasil, 2010a)

Segundo Mota (2012), a Lei n. 12.305/2010, "motivada pelos aspectos econômicos, sociais e ambientais", trata a LR como mecanismo de agregação de valor ao RS por meio da recuperação dos materiais e/ou produtos gerida pelo setor empresarial.

No caso dos EEE e seus componentes, assim como nas lâmpadas, o sistema de LR será implementado de forma progressiva segundo cronograma estabelecido em regulamento, de acordo com o art. 56 da PNRS (Brasil, 2010a). Essa determinação se deve à complexidade do tema e às divergências de interesses entre os setores envolvidos.

Nesse cenário, o Brasil enfrenta problemas similares aos da Coreia do Sul, referentes ao alto custo do transporte e à baixa conscientização do consumidor, pois ele precisa de incentivo financeiro para fazer o descarte de aparelhos celulares e não os deixar guardados em gavetas. Esse comportamento põe em risco questões como o alcance das metas, aumentando a resistência dos atores envolvidos na LR de REEE, que alega poder ser prejudicado com multas, por exemplo, pois não tem como obrigar o consumidor final a fazer o descarte correto voluntariamente (Augusto, 2014).

Acordo setorial, termo de compromisso e decreto

A implementação da LR de REEE, consoante com a PNRS, dependerá de acordos setoriais, envolvendo o comprometimento de todos os atores envolvidos na cadeia produtiva para o desenvolvimento sustentável, de acordo com Reveilleau (2011).

A complexidade e amplitude do tema de RS, as divergências de interesses entre os atores englobados no ciclo de vida do produto, entre outros fatores, exige cooperação e envolvimento de todos. A PNRS pretende alcançar esse equilíbrio por meio do diálogo e da troca de informações sempre que possível. Para tanto, criou três instrumentos para efetivar a implementação do sistema de LR, a saber: decreto, termo de compromisso e acordo setorial. Tido como um dos elementos centrais da gestão compartilhada, o acordo setorial poderá ser firmado, por contrato, entre o poder público e fabricantes, importadores, ou comerciantes dos produtos e fabricantes de embalagens obrigados a implementar o Sistema de LR, tendo como objetivo assegurar a implantação da responsabilidade compartilhada pelo ciclo de vida dos produtos, podendo ter abrangência nacional, regional, estadual ou municipal (Brasil, 2010b).

O acordo setorial pode ser iniciado tanto pelo poder público, com a publicação de um edital de chamamento, quanto pelo setor privado. A principal diferença, quando ele é iniciado pelo governo, é que terá critérios mínimos a serem atendidos, estabelecidos no edital de chamamento, ba-

GESTÃO EMPRESARIAL E SUSTENTABILIDADE

seados no estudo de viabilidade técnica solicitado pelo governo. A sua aprovação depende da avaliação do MMA e de submissão à consulta pública. O fluxo dos procedimentos para elaboração e celebração do acordo setorial são apresentados na Figura 4 conforme o estabelecido na PNRS (Brasil, 2010b).

Figura 4 – Fluxo do acordo setorial.

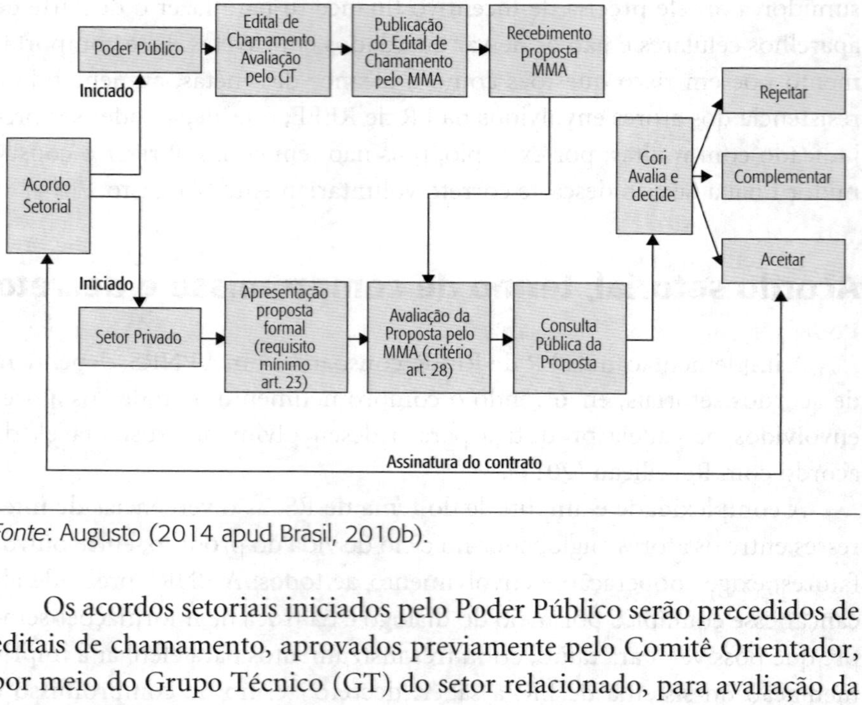

Fonte: Augusto (2014 apud Brasil, 2010b).

Os acordos setoriais iniciados pelo Poder Público serão precedidos de editais de chamamento, aprovados previamente pelo Comitê Orientador, por meio do Grupo Técnico (GT) do setor relacionado, para avaliação da viabilidade técnica e econômica antes de sua publicação. O MMA enviará a proposta ao Comitê Orientador para Implementação de Sistemas de Logística Reversa (Cori) para consulta pública.

Já os acordos iniciados pelo setor privado deverão apresentar proposta formal ao MMA, contendo os requisitos mínimos estipulados no art. 23 do Decreto n. 7.404/2010. As propostas serão avaliadas pelo MMA de acordo com os critérios previstos no art. 28 no decreto e enviadas ao Cori para consulta pública (Brasil, 2010b).

O MMA, por ocasião da consulta pública, deverá receber, analisar e sistematizar as contribuições e documentos apresentados pelos órgãos e entidades públicas e privadas, garantindo sua publicidade no acordo.

Após sua validação, encaminhará a proposta ao Cori, que definirá se irá rejeitar, pedir complementação ou aceitar. No caso do aceite, será chamado o setor proponente para assinatura de acordo setorial com o MMA (Brasil, 2010a).

A elaboração dos acordos setoriais poderá contar com a participação dos representantes do Poder Público, setor privado referido, assim como das cooperativas ou outras formas de associações de catadores de materiais recicláveis ou reutilizáveis e do setor de reutilização, tratamento e reciclagem de resíduos sólidos em questão, além da população, por intermédio das entidades que as representem (Brasil, 2010b).

Os acordos setoriais, por sua característica participativa, envolvendo empresas, população e governo, no debate e construção dos contratos, têm sido privilegiados pelo Comitê Orientador para a implantação do Sistema de LR (MMA, 2011).

Entretanto, como apresentado anteriormente, o Sistema de LR poderá ser implementado por regulamento, por meio de decreto publicado pelo Poder Executivo, mediante consulta pública e avaliação da viabilidade técnica e econômica pelo Cori ou por termo de compromisso, quando não houver acordo setorial ou regulamento, na mesma área de abrangência (Brasil, 2010b).

O Cori, apoiado pelo Grupo Técnico de Assessoramento (GTA), juntos, têm a missão de nortear as ações do governo, para a implantação da LR, de forma a implementar a responsabilidade compartilhada pelo ciclo de vida dos produtos, focando na elaboração de acordos setoriais (MMA, 2012a). O Cori é formado "pelos Ministérios: do Meio Ambiente, da Saúde, da Fazenda, da Agricultura, Pecuária e Abastecimento e do Desenvolvimento, Indústria e Comércio Exterior" (MMA, 2012b), tendo sido instituído em 17 de fevereiro de 2011, em atendimento ao art. 33 do Decreto n. 7.404/2010. O GTA tem sua formação composta por técnicos dos mesmos cinco ministérios (MMA, 2012b).

Por determinação do Cori, foram criados cinco Grupos de Técnicos Temáticos (GTT) com a finalidade de realizar estudos, propor soluções de governança e modelos de LR, focadas para cada uma das cadeias identificadas como prioritárias, gerando subsídios ao estudo de viabilidade técnica e econômica para a implantação de sistemas de LR e criação da minuta do edital de chamamento para o Acordo Setorial de cada um, incluindo: medicamentos, lâmpadas fluorescentes, EEE, embalagens de óleos lubrificantes e geral (Brasil, 2010b; MMA, 2012a; MMA, 2012b).

O setor de EEE teve seu edital de chamamento aprovado na reunião do Cori em 19 de dezembro de 2012 (MMA, 2012c). Foi publicado em 13 de fevereiro de 2013, sob o n. 01/2013, com data final para envio das propostas em 12 de junho de 2013 (MMA, 2013b). A previsão mais otimista era que ele seria assinado em outubro de 2013 (MMA, 2013a). Porém, até o momento ele ainda não foi efetivamente assinado.

A proposta de acordo setorial para EEE deverá abranger os resíduos provenientes "de produtos eletroeletrônicos de uso doméstico e seus componentes, cujo adequado funcionamento depende de correntes elétricas com tensão nominal não superior a 220 volts".

De acordo com o Edital de chamamento (MMA, 2013b), a proposta de acordo setorial deverá abordar em seu conteúdo mínimo, além da indicação dos produtos contemplados, a discriminação das etapas do Sistema LR, com a operacionalização e o "conjunto de atribuições individualizadas e encadeadas dos participantes do sistema no processo de recolhimento, armazenamento, transporte e destinação final ambientalmente adequada dos produtos", podendo antecipar a necessidade de incentivos governamentais, assim como a avaliação dos benefícios ambientais a serem gerados pela implantação da LR. Deverá conter, ainda, a possibilidade de contratação de cooperativas ou afins, assim como entidades juridicamente constituídas para realização das ações propostas ou do titular do serviço de limpeza urbana, com a declaração da devida remuneração, nesse último caso. Na descrição da operacionalização, deverá estar estabelecido em qual etapa do ciclo de vida o sistema de LR está inserido, assim como o detalhamento de sua operação.

Com relação ao consumidor, deverá ser informado o seu papel no Sistema de LR dos REEE, em relação à forma de descarte. Nesse sentido, é obrigatória a inclusão de um plano de comunicação e de mídia, para informar aos consumidores sobre o funcionamento do sistema de logística reversa. O Plano de mídia deverá detalhar o valor do investimento, periodicidade, veículos de comunicação e horários das campanhas. Faz parte do acordo, a educação ambiental, não formal, com formação de gestores municipais, líderes de comunidade ou associações e formadores de opinião.

O Acordo setorial deve apresentar metas nacionais de implantação progressiva do sistema de LR, obedecendo a requisitos específicos obrigatórios, a serem alcançados em até 5 anos após a sua assinatura:

- Atender 100% dos municípios com população superior a 80 mil habitantes, nos quais a destinação final ambientalmente adequada deverá abranger 100% dos resíduos recebidos.
- Manter um ponto de coleta de REEE para cada 25 mil habitantes, no mínimo.
- Recolher e dar destinação final ambientalmente adequada a 17%, em peso, de todos os EEE objetos do Edital, colocados no mercado nacional no ano anterior.
- Todas as metas devem estar descritas em um cronograma de implantação progressivo até o cumprimento da meta final, estabelecida por linha de produto (MMA, 2013b).
- No último dia do prazo estipulado no edital de chamamento n. 01/2013 para entrega das propostas de Acordo Setorial para implantação do sistema de LR, foram enviadas quatro propostas pelo setor de EEE ao MMA para serem avaliadas. O MMA esperava assinar o acordo setorial até o final do ano (MMA, 2013c).

Uma das quatro propostas apresentada ao MMA, para a implantação do Sistema de LR para REEE, foi emitida pelo comércio varejista, representados pela Confederação Nacional do Comércio de Bens, Serviços e Turismo (CNC), Associação Brasileira de Supermercados (Abras) e Instituto para Desenvolvimento do Varejo (IDV). Os representantes das principais redes do varejo optaram por apresentar proposta própria de acordo setorial para gestão do Sistema de LR de REEE, motivados pelo fato de o setor da indústria de EEE querer "imputar ao comércio a responsabilidade de operar e custear toda a fase de logística primária" (CNC, 2013).

A proposta de acordo setorial dos "Produtos Eletroeletrônicos e seus Componentes da Linha Verde (Equipamentos de Informática e seus Acessórios e Celulares)" para a implantação dos sistemas de logística reversa da Associação Brasileira da Indústria Elétrica e Eletrônica (Abinee), em conjunto com a Associação Brasileira dos Distribuidores de Tecnologia da Informação (Abradisti) e o Sindicato Nacional das Empresas de Telefonia e de Serviço Móvel Celular e Pessoal (SindiTelebrasil), foi entregue ao MMA no dia 12 de junho de 2013. Eles defendem a unificação de todos os setores envolvidos pelo ciclo de vida dos EEE, indústria, importadores, distribuidores e varejo, para obtenção de um sistema mais eficiente e economicamente viável, e também alertaram para a importância da conscientização do consumidor final no sentido do descarte ambientalmente adequado. A proposta dividiu os Sistemas de LR em duas subcategorias: telefones móveis e seus acessórios e equipamentos de informática e seus acessórios, por conta das discrepantes diferenças entre seus produtos, relacionadas a tamanho, composição, tempo de vida útil; e outras. No que tange aos celulares e acessórios, objeto dessa pesquisa, a proposta visa utilizar sistemas de LR já utilizados pela indústria, unificando-os para dar maior capilaridade (Abinee, 2013). Vale lembrar que as operadoras de telefonia celular implementaram sistema de coleta dos aparelhos, baterias e acessórios em 2008, antes da aprovação da PNRS (ABDI, 2012).

Nesse cenário, fica evidente que a participação de todos os atores responsáveis pelo ciclo de vida dos EEE é de suma importância. Acosta et al. (2008) fala a respeito da falta de comprometimento dos fabricantes quanto ao descarte do lixo eletrônico ambientalmente adequado, da importância da conscientização do consumidor final para seu eficaz envolvimento do processo de LR. Lau e Wang (2009) apontam para o fato de os fabricantes, em países em desenvolvimento, como a China, só terem implantado sistemas de LR quando impulsionados pela obrigatoriedade de cumprir a legislação. Já a pesquisa de Demajorovic et al. (2012a) aponta a comunicação entre os atores da cadeia produtiva como fator crítico para o sucesso da implantação da LR. Em sua pesquisa com os cinco maiores fabricantes de celulares no Brasil, verificou-se que, apesar da existência da Lei e da obrigatoriedade de que as iniciativas de LR sejam comunicadas pelos fabricantes para a cadeia produtiva, praticamente inexistem fluxos de informação nesse sentido para o setor de varejo e consumidores finais. Segundo vários atores envolvidos na construção do acordo setorial, uma lista com entraves para a implantação da LR de REEE no Brasil foi entregue ao Governo Federal, conforme apresentado no Quadro 2 (Augusto, 2014).

Quadro 2 – Entraves para implantação da LR de REEE.

• Inexistência de uma política fiscal simplificada para a movimentação de REEE.	• Criação de leis divergentes pelos municípios e estados.
• Falta de empresas para reciclagem técnica e legalmente adequadas.	• Complexidade de alguns produtos em função do tamanho e da tecnologia.

(continua)

MODELOS DE LOGÍSTICA REVERSA DE RESÍDUOS ELETROELETRÔNICOS | **327**

Quadro 2 – Entraves para implantação da LR de REEE. *(continuação)*

• Necessidade ou não de licenciamento dos postos/centros de recebimento e homologação do contentor diante da indefinição da periculosidade do REEE no final da vida útil.	• Dificuldade atual de dispor os rejeitos de forma ambientalmente adequada em determinadas regiões do Brasil.
• Inexistência de uma tratativa para manuseio, movimentação, transporte e armazenamento dos produtos em fim de vida útil (resíduos) até o reciclador.	• Ausência de uma política federal para definição de balanço financeiro quanto à provisão de recursos para custear o processo de retorno GT3 Desoneração e Incentivos Fiscais – Coordenação MDIC.
• Dificuldades de transporte em algumas regiões e licenciamento único para transitar no país.	• Unificação das informações/sistemas ambientais estaduais junto ao Cadastro Técnico Federal (CTF) do Ibama e a implantação do Sinir.

Fonte: Abinee (2012).

Entretanto, o Governo Federal diz que todas essas questões, denominadas por ele como desafios e incorporadas ao Estudo de Viabilidade Técnica de Implantação da LR de REEE, serão tratadas após a assinatura do acordo. O Governo do Estado de São Paulo garante que esses resíduos não serão enquadrados como resíduos perigosos, isentando a LR de todos os processos específicos dessa categoria. Todos os representantes dos 3 níveis de Governo advertem que caso os atores envolvidos não cheguem a um consenso, será criado um decreto para regulamentar e definir o papel de cada um, tanto no processo quanto do fluxo financeiro. Entretanto, atores da indústria e comércio ameaçam questionar judicialmente a viabilidade dele, pois alegam que o governo não tem conhecimento suficiente para saber como executar todo o ciclo reverso dos REEE. Esses desafios se intensificam em relação à inclusão dos catadores de materiais recicláveis.

A INCLUSÃO SOCIAL DOS CATADORES DE MATERIAIS RECICLÁVEIS

No caso dos catadores, sua inclusão tem caráter social e econômico, efetivando a vertente social da PNRS com a priorização de sua inserção nos sistemas de gestão integrada e responsabilidade compartilhada. Com o objetivo de promover essa inclusão, a PNRS torna instrumento "o incentivo à criação e ao desenvolvimento de cooperativas ou de outras formas de associação de catadores de materiais reutilizáveis e recicláveis", no art. 8º, IV (Brasil, 2010a), para viabilizar a sua participação, prioritariamente em parceria com o governo e instituições privadas, conforme suas competências e incumbências legais, nos sistemas de LR, coleta seletiva e responsabilidade compartilhada sobre o ciclo de vida dos produtos, desta classe de trabalhadores (Brasil, 2010a; Migliano, 2013), reconhecida pelo Ministério do Trabalho e Emprego desde 2002, segundo Migliano (2013).

No intuito de atender a essa prerrogativa e garantir a emancipação dos catadores de materiais recicláveis, o Poder Público poderá instituir medidas indutoras e linhas de financiamento para atender, prioritariamente, segundo o art. 42, às iniciativas de "implantação de infraestrutura física e aquisição de equipamentos para cooperativas", previstas no inciso III. Assim como a União, os Estados, o Distrito Federal e os Municípios poderão criar medidas a fim de "conceder incentivos fiscais, financeiros ou creditícios", respeitando os limites de suas competências, aos projetos que visem parceria das cooperativas sobre a responsabilidade pelo ciclo de vida dos produtos, segundo o art. 44, II (Brasil, 2010a).

Com esse propósito, também inclui como conteúdo mínimo para a elaboração do Plano Nacional de RS metas que vinculem a participação dos catadores de materiais recicláveis, na eliminação e recuperação de lixões, no art.15, V da PNRS, até 2014 (Brasil, 2010b). O entendimento, por parte do governo, sobre a necessidade de associar a extinção dos lixões à inclusão social, põe o Brasil em evidência internacional, de acordo com Sousa (2012), como exemplo nessa questão. Entretanto, segundo a autora, precisa ser definida a maneira pela qual será executada essa ação para garantir o alcance das metas.

Segundo Mota (2012), as cooperativas de catadores são um importante "elo" entre o poder público e as empresas para a execução do sistema de reciclagem. Souza et al. (2012, p. 260) também consideram as cooperativas como elos na cadeia de LR, mas desempenhando papéis alternados, "ora como fornecedores de matérias-primas para a indústria, ora como receptores de resíduos sólidos pós-consumo". Entretanto, apesar do seu papel fundamental para a implementação da PNRS, essas organizações recebem reduzidos investimentos dos seus parceiros, tanto do setor privado, como do público, de acordo com Souza et al. (2012).

Mota (2012) apresenta uma série de desafios a serem enfrentados pelas cooperativas para alcançarem maior eficiência na comercialização direta com a indústria, como: melhores práticas de gestão, em particular na administração da produção; a capacitação gerencial, que não é vista como prioridade entre os cooperados, que valorizam o conhecimento empírico; a diferença entre a forma de organização das cooperativas e as empresas, gerando conflitos de escala, tempo e burocracia empresarial. Demajorovic et al. (2012b) apontou a falta de legalização das cooperativas, como barreira para seu crescimento, pela impossibilidade de emitir notas fiscais e conseguir melhores condições de comercialização, assim como a falta de profissionalização no processo de produção, desqualificando-a como fornecedora para a indústria recicladora. Entretanto observou-se que "as relações têm sido viabilizadas através da flexibilização de ambos os lados, de maneira a conciliar seus interesses sociais, em função de objetivos comuns", segundo Mota (2012, p. 125).

Reveilleau (2011) alerta para o desafio de procurar modelos adequados para realizar a inclusão social desse importante ator da cadeia de reciclagem, promovendo sua valorização perante a sociedade e a melhoria das suas retiradas financeiras. A autora ainda aponta a necessidade de capacitá-los e melhorar a infraestrutura das cooperativas, para que possam executar de forma digna o seu papel no sistema de logística reversa.

No caso específico dos REEE, a complexidade da gestão e os riscos inerentes ao seu processamento podem ser fatores complicadores para a inclusão das cooperativas nesse setor. Pesquisa de Migliano (2012) mostra que os fabricantes e mesmo representantes do poder público não acreditam na capacidade técnica e financeira para realizarem a reciclagem dos REEE. Já o trabalho de Augusto (2014) revela que as próprias cooperativas alegam não estarem capacitadas para essa demanda, e algumas delas, não veem vantagem financeira com o processamento dos REEE, em razão da falta de fluxo e valor aferido com a venda dos insumos triados. Além disso, consideram que os REEE ocupam um espaço grande nas cooperativas e demandam maior tempo para sua comercialização em relação aos materiais já tradicionalmente comercializados por estas organizações.

Dessa forma, nenhum ator se mostrou interessado em participar do processo de desenvolvimento das cooperativas. Apenas não se opõem veementemente à sua contratação, desde que estejam capacitadas, treinadas, equipadas, licenciadas e homologadas, conforme as exigências do mercado.

Tendo como base toda a discussão apresentada no referencial teórico sobre as experiências internacionais e o modelo de LR de REEE sendo construído a partir da aprovação da PNRS, apresenta-se um quadro-resumo das características principais dos diferentes modelos de cada país (Quadro 3).

A Suíça tem um governo ativo, por seu papel fiscalizador e normativo (Khetriwal et al., 2009). Diferente da Suécia, líder em reciclagem de REEE, com participação do governo na operação de coleta, transporte até o ponto de consolidação e triagem (Sepa, 2009). A Coreia do Sul tem várias características parecidas com o modelo sueco, como a participação governamental e responsabilização da indústria. No entanto, a baixa conscientização da população aparece como um elemento importante para os resultados ainda tímidos dos modelos implementados. No caso da China e da Índia, o governo também não participa, e não foi definida uma taxa para financiamento, esperando que o modelo se autossustente. As iniciativas, no entanto, apresentaram resultados muito limitados, principalmente na China, pois ao não considerar a inclusão do setor informal no modelo, a atividade de coleta de REEE foi muito restrita para sustentar financeiramente a operação. Já o modelo brasileiro tem o governo ativo no que se refere à normatização e à criação de incentivos fiscais, creditícios e financeiros (Brasil, 2010a; ABDI, 2012), mas sem a participação na fiscalização da Operadora Gestora (OG), as quais serão de responsabilidade da indústria, operacionalizando toda a LR de REEE. Essa operadora será contratada no mercado brasileiro, podendo ou não terceirizar as etapas do processo de LR. Além da OG, será criada uma entidade para auditar todas as empresas do processo reverso, assim como os resultados obtidos.

A responsabilidade do consumidor no modelo brasileiro será de entregar o celular ou microcomputador sem custo nem incentivo nos postos de coleta. Será cobrada uma taxa embutida na compra do produto para cobrir o custo do sistema de LR, repassada pela indústria para a OG. Após o descarte dos equipamentos nos pontos de coleta instalados no varejo, a OG irá fazer a retirada e o transporte para o ponto de consolidação, onde será feita a separação por marcas e o pré-armazenamento. Depois, o material será transferido para as centrais de transbordo para sua descaracterização e destinação para reciclagem, descontaminação e eliminação do rejeito final.

Nesse modelo, apesar da legislação reconhecer as cooperativas como eventuais fornecedores, elas não estão contempladas. Há dúvidas se elas irão conseguir atender às exigências de qualidade e documentais para se-

Quadro 3 – Modelos internacionais e o possível modelo brasileiro.

	Suíça	Suécia	Coreia do Sul	China	Índia	Brasil
Governo	Ativo	Participativo	Participativo	Não atua	Não atua	Ativo
Indústria	Gestão total	Transporte/reciclagem	Transporte/reciclagem	Entrega o REEE		Gestão total
Consumidor	Paga TAR Entrega	Entrega sem custo	Com/sem custo ou recebe			Paga taxa embutida e entrega
Setor informal				Excluído	Pré-processamento	Não capacitado
Modelo	REP ORP	REP Gov/ORP	REP Indústria/governo/particular	Consórcio StEP	Programa Empa	RCP
Financiamento	TAR	Indústria	Indústria	Autossustentado	Autossustentado/ adiantamento do pagamento	Taxa embutida
Performance	9 kg/*per capita*/ ano Alta conscientização	16 kg/*per capita*/ ano Alta conscientização	Baixa conscientização Falta verba governamental	Sem êxito	Sucesso Falta segurança	Baixa conscientização sem implantação

RCP = Responsabilidade Compartilhada do Produtor

Fonte: Augusto (2014).

rem homologadas como fornecedoras da OG (Augusto, 2014). Assim, futuros programas de capacitação das cooperativas para trabalhar com este tipo de resíduo serão fundamentais para facilitar ou não a inclusão das cooperativas no fluxo reverso de REEE.

A Suécia e Suíça não contam com o mercado informal de reciclagem (Hischier et al., 2005; Sinha-Khetriwala et al., 2005; Khetriwal et al., 2009). Outro ponto que aproxima o modelo indiano ao modelo brasileiro é a falta de processos eficazes e seguros dos catadores de materiais. Ao escolher deixar de fora as cooperativas, a indústria não corre o risco de ser responsabilizada por processos canhestros, mas pode tornar-se refém dessa classe de trabalhadores e outros recicladores informais, como tanto temem.

CONSIDERAÇÕES FINAIS

A PNRS é um marco histórico para gestão dos RS no contexto brasileiro. Entretanto, muitos conflitos de interesses precisam ser superados para a implantação da LR de REEE.

Em países desenvolvidos, como Suécia e Suíça, a LR de REEE foi uma iniciativa do setor privado, dos produtores de EEE, e só depois em parceria com o governo o modelo foi convertido em Lei. A sinergia entre todos os envolvidos nesse processo foi fundamental para a eficácia dos seus sistemas de LR. Também o alto grau de conscientização dos consumidores, que fazem corretamente o descarte de seus aparelhos, e a taxa de reciclagem que financia todo o processo foram essenciais para garantir o crescimento da coleta e destinação de REEE.

No caso dos países em desenvolvimento, diversos desafios complexificam a implantação de um modelo de LR de REEE eficiente e em larga escala. Na Coreia do Sul, por exemplo, problemas com falta de infraestrutura e tecnologia adequada para a LR desses resíduos são agravados pelo alto custo da reciclagem e do seu transporte. Além disso, a frágil situação financeira dos municípios que são responsáveis pela coleta e envio dos resíduos para os pontos de consolidação dos produtores de EEE permite que pouco mais de 1/3 deles realizem seu papel na LR. Outro fator importante é a falta de conscientização do consumidor, que espera receber incentivo financeiro para fazer o descarte dos seus aparelhos, ou preferem mantê-los guardados. O governo sul-coreano tem feito constantes esforços para o aperfeiçoamento do sistema de LR de REEE, criando diversos mecanismos legislativos para incentivar um volume maior de destinação ambientalmente adequada, como aumento de metas de reciclagem para os produtores e multas severas para os que não alcançam as cotas. Entretanto, todos os esforços são concentrados na responsabilidade do produtor, sem criar um sistema que privilegie o ecodesign dos produtos, o que poderia potencializar a reciclagem deles, com menor custo e impacto ao meio ambiente.

Já na China e na Índia, leis e fiscalização fracas, setor informal de catadores negligenciados, falta de estrutura, conscientização e segurança no trabalho põem em risco inclusive as iniciativas de instituições como Empa e ONU na implantação de um modelo factível de LR de REEE. Importante destacar que o fator que decidiu o sucesso e o fracasso dos programas pilotos estudados por Wang et al. (2012) nesses dois países foi a inclusão ou não do setor informal. Na China, por preferirem trabalhar apenas com parceiros mais capacitados, o setor informal foi excluído. Entretanto, como protesto a essa situação, esses trabalhadores começaram a reter todos os REEE que conseguiam ter acesso, impossibilitando o envio de lotes necessários para o funcionamento das usinas de reciclagem (Wang et al., 2012). A Índia incluiu os catadores informais até o pré-processamento, dando incentivos financeiros para a formação de lotes ideais, refletindo no sucesso do programa. Mas questões como o *gap* do repasse financeiro dos lotes precisam ser resolvidos por meio de parceria com os grandes recicladores nacionais, que adiantariam o fluxo de caixa para esse setor (Wang et al., 2012).

No caso do Brasil, verificam-se várias semelhanças com esses países. A PNRS é um grande guarda-chuva na questão da gestão de RS. Tem aspectos inovadores, como a responsabilidade compartilhada pelo ciclo de vida do produtor e as legislações mais avançadas a exemplo do caso da Suécia e Suíça. Entretanto, diferentemente desses países, a PNRS institui a responsabilidade compartilhada entre todos os atores da cadeia produtiva do setor de equipamentos eletroeletrônicos, incluindo o consumidor. Dessa forma, cada um deles tem obrigações no sistema de LR de REEE. Apesar de criar a obrigação sob cada ator, a lei não estabelece onde começa e termina o papel de cada um, sendo esse um dos maiores impasses para definição do modelo de LR de REEE brasileiro. O modelo de financiamento da LR no Brasil segue o modelo suíço, com a TAR sendo cobrada do consumidor no momento da compra do bem. No caso brasileiro, porém, o governo quer que a taxa seja somada ao valor do bem e depois deverão incidir os impostos correspondentes. Isso é diferente do modelo europeu, em que a TAR é cobrada no ato da compra, mas separadamente do valor da venda, com os impostos correspondentes. Dessa forma, o sistema brasileiro poderia levar a um encarecimento maior do preço final pago pelo consumidor do que nos modelos europeus apresentados.

No que diz respeito às semelhanças entre os modelos de LR de REEE nos países em desenvolvimento estudados, é importante destacar as questões de custo de transporte, reciclagem, falta de conscientização do consumidor que, além de poder se recusar a pagar a taxa de coleta, espera receber algum benefício ao descartar seu dispositivo eletrônico. Outra questão similar refere-se aos desafios de incorporação de catadores a esse processo, organizados ou não. Pelas características dos REEE, muito distinto dos materiais comumente processados por catadores, a questão do risco à saúde e ao meio ambiente é um fator fundamental para que esses trabalhadores possam ser incluídos de forma a se beneficiarem pelo processo de valorização dos materiais recicláveis. A experiência na Índia, implementada pelo Empa, mostra que é possível incluir os catadores de materiais recicláveis nesse modelo, gerando renda para esses trabalhadores, além de potencializar a recuperação de materiais nobres pelo pré-processamento manual e o baixo custo da mão de obra. No entanto, é necessário oferecer um adiantamento do repasse das usinas de reciclagens para esse setor, pois o processo todo, de envio do lote triado, separação dos metais valiosos no usina e apuração dos resultados para gerar o valor a ser pago pelo lote triado, pode demorar até 60 dias, o que inviabilizaria a participação do setor informal nesse processo por conta da falta de fluxo de caixa. Além disso, é importante criar programas de capacitação de segurança e saúde do trabalho, viabilizando a atividade de forma eficiente para os trabalhadores e meio ambiente.

Por fim, há diversos desafios do próprio processo de gestão que precisam ser melhor avaliados de forma que o modelo brasileiro possa alcançar resultados mais significativos. Conforme discutido, o desafio de viabilidade financeira da LR depende de minimizar custos com atividade de transporte e assegurar grande quantidade de coleta de material para que o benefício de ganhos de escala aumente a rentabilidade do processo. No caso brasileiro, as dimensões continentais, com seu principal modal sendo o rodoviário, desafiam a viabilidade financeira da LR. Também, o Brasil não tem hoje tecnologias para reaproveitar as partes mais valiosas dos REEE como placa de computadores e chips. Esse material é exportado para outros países, transferindo a outros mercados a maior parte da receita gerada na atividade de LR. Também é preciso repensar a atual estrutura tributária do país, que hoje pune o reciclador com uma bitributação. Além de impostos que incidem nos momentos de manufatura e comercialização, eles continuaram a pagar impostos durante o fluxo reverso, no transporte e nas etapas de manufatura reversa, já que o governo não criou medidas para isentá-los nesse processo.

Ao final deste trabalho, destaca-se ainda que é preciso criar mecanismos que permitam a efetiva inclusão das cooperativas de catadores como prestadores de serviço nos fluxos reversos de REEE. Conforme discutido neste capítulo, esse é um dos principais pontos inovadores da legislação. Ao reconhecer o papel das cooperativas, a PNRS indica que o modelo de logística reversa deve ser um instrumento que reduza os impactos sociais e que promova também a inclusão social.

REFERÊNCIAS

[ABDI] AGÊNCIA BRASILEIRA DE DESENVOLVIMENTO INDUSTRIAL. *Logística Reversa de Equipamentos Eletroeletrônicos: Análise de Viabilidade Técnica e Econômica*. Brasília: ABDI, nov. 2012. Disponível em: <http://www.mdic.gov.br/arquivos/dwnl_1362058667.pdf >. Acessado em: 20 mar. 2013.

[ABINEE] ASSOCIAÇÃO BRASILEIRA DA INDÚSTRIA ELÉTRICA E ELETRÔNICA. Abinee discute logística reversa: reuniões temáticas com governo avançam. Curitiba, nov. 2012. *Informativo Abinee*. Disponível em: <http://www.abinee.org.br/informac/arquivos/infabnov.pdf >. Acessado em: 01 jul. 2013.

_____. *Abinee entrega proposta de logística reversa para informática e celulares*. 13/06/2013. 2013. Disponível em: <http://www.abinee.org.br/noticias/com237.htm>. Acessado em: 07 jul. 2013.

ACOSTA, B.; WEGNER, D.; PADULA, A. D. Logística reversa como mecanismo para a redução do impacto ambiental originado pelo lixo informático. *Revista Eletrônica de Ciência Administrativa – RECADM*. v.7, n.1, p. 1-12, maio 2008. Disponível em: <http://revistas.facecla.com.br/index.php/recadm/article/view/67/209>. Acessado em: 27 maio 2011.

AUGUSTO, E. E. F. *Logística reversa de computadores e celulares: desafios e perspectivas para o modelo brasileiro*. 2014. 157f. Dissertação (Mestrado em Administração) – Centro Universitário da FEI, São Paulo, 2014.

BRASIL. *Lei 12.305 de 02 de agosto de 2010. Institui a Política Nacional de Resíduos Sólidos; altera a Lei n. 9.605, de 12 de fevereiro de 1998; e dá outras providências.* Brasília: Planalto, Casa Civil, 2010a. Disponível em: <http://www.planalto.gov.br/ccivil_03/_Ato2007-2010/2010/Lei/L12305.htm>. Acessado em: 03 jun. 2011.

_____. *Decreto 7.404 de 23 de dezembro de 2010. Regulamenta a Lei n. 12.305 de 02 de agosto de 2010, que institui a Política Nacional de Resíduos Sólidos, cria o Comitê Interministerial da Política Nacional de Resíduos Sólidos e o Comitê Orientador para a implantação dos Sistemas de Logística Reversa, e dá outras providências.* DF, Brasíla: Planalto, Casa Civil, 2010b. Disponível em: <http://www.planalto.gov.br/ccivil_03/_Ato2007-2010/2010/Decreto/D7404.htm> Acessado em: 03 jun. 2011.

CHUNG, S-W.; MURAKAMI-SUZUKI, R. A Comparative study of e-waste recycling systems in Japan, South Korea and Taiwan from the EPR perspective: implications for developing countries. In: KOJIMA, M. (Ed.). *Promoting 3Rs in developing countries: Lessons from the Japanese Experience.* Chiba: IDE-Jetro, 2008. Disponível em: <http://www.ide.go.jp/English/Publish/Download/Spot/pdf/30/007.pdf>. Acessado em: 10 jun. 2013.

[CNC] CONFEDERAÇÃO NACIONAL DO COMÉRCIO DE BENS, SERVIÇOS E TURISMO. *Resumo dos Relatórios das Representações CNC*, n. 75, jul. 2013. Disponível em: <http://www.cnc.org.br/sites/default/files/arquivos/075.pdf>. Acessado em: 19 jul. 2013.

DEMAJOROVIC, J.; HUERTAS, M. K .Z.; BOUERES, J. A. et al. Logística reversa: como as empresas comunicam o descarte de baterias e celulares? *RAE-Revista de Administração de Empresas.* São Paulo, v. 57, n. 2, p. 165-178, 2012a. Disponível em: <http://rae.fgv.br/sites/rae.fgv.br/files/artigos/10.1590_s0034-75902012000200004.pdf>. Acessado em: 16 ago. 2012.

DEMAJOROVIC, J.; CAIRES, E.; SILVA, J. C.; SILVA, L. Empresas e cooperativas de catadores: parcerias para a construção de fluxos reversos de resíduos sólidos. In: ENAPEGS EIXO TEMÁTICO 1: ECONOMIA SOLIDÁRIA E COOPERATIVISMO, 6, 2012b, São Paulo. *Anais eletrônicos...* Disponível em: <http://anaisenapegs.com.br/2012/dmdocuments/319.pdf> Acessado em: 20 jan. 2013.

ELRETUR. *Sweden: World Leader in WEEE Collection and Treatment*, 2010. Disponível em: <http://www.avfallsverige.se/fileadmin/uploads/elretur_eng.pdf>. Acessado em: 03 mar. 2013.

GUARNIERI, P. *Logística reversa: em busca do equilíbrio econômico e ambiental.* 2.ed. São Paulo: Clube de autores, 2011.

HISCHIER, R.; WÄGER, P.; GAUGLHOFER, J. Does WEEE recycling make sense from an environmental perspective? The environmental impacts of the Swiss take--back and recycling systems for waste electrical and electronic equipment (WEEE). *Environmental Impact Assessment Review.* v. 25, p. 525-539, 2005. Disponível em:

<http://www.ewasteguide.info/files/Hischier_2005_EIAR_0.pdf>. Acessado em: 16 maio 2012.

JANSE, B.; SCHUUR, P.; BRITO, M. P. A reverse logistics diagnostic tool: the case of the consumer electronics industry. *The International Journal of Advanced Manufacturing Technology*. v. 47, p. 495-513, 2009.

JANG, Y-C. Waste electrical and electronic equipment (WEEE) management in Korea: generation, collection, and recycling systems. *Journal of Material Cycles and Waste Management*. v. 12, n.4, p. 283-294, nov. 2010. Disponível em: <http://link.springer.com/article/10.1007%2Fs10163-010-0298-5>. Acessado em: 01 jul. 2012.

JAYARAMAN, V.; LUO, Y. Creating competitive advantages through new value creation: a reverse logistics perspective. *Academy Management Perspective*. v. 1, n. 2, p. 56-73, maio 2007.

KHETRIWAL, D. S.; KRAEUCHI, P.; WIDMER, R. Producer responsibility for e-waste management: Key issues for consideration e Learning from the Swiss experience. *Journal of Environmental Management*. v. 90, n.1, p. 153-165, 2009.

LAU, K. H; WANG, Y. Reverse logistics in the electronic industry of China: a case study. *Supply Chain Management: An International Journal*. v. 14, n. 6, p. 447-465, 2009.

LEITE, P. R. *Logística reversa: meio ambiente e competitividade*. 2. ed. São Paulo: Pearson Prentice Hall, 2009.

LEITE, P. R.; LAVEZ, N.; SOUZA, V. M. Fatores da logística reversa que influem no reaproveitamento do "lixo eletrônico" – um estudo no setor de informática. In: SIMPOI. 2009, São Paulo. *Anais eletrônico...* p. 1-16. Disponível em: <http://www.simpoi.fgvsp.br/arquivo/2009/artigos/E2009_T00166_PCN20771.pdf>. Acessado em: 04 mar. 2011.

MIGLIANO, J. E. B. *Política nacional de resíduos sólidos (PNRS) perspectivas, desafios e oportunidades para a indústria nacional de computadores*. 2012. 124f. Dissertação (Mestrado em Administração) – Centro Universitário da FEI, São Paulo, 2012.

_____. A política nacional de resíduos sólidos como indutora de estratégias da produção mais limpa e da sustentabilidade. In: INTERNATIONAL WORKSHOP ADVANCES IN CLEANER PRODUCTION – ACADEMIC WORK, 4, 2013, São Paulo. *Anais eletrônicos...* São Paulo: Unip, 2013. Disponível em: <http://www.advancesincleanerproduction.net/fourth/files/sessoes/4B/5/migliano_jeb_presentation.pdf>. Acessado em: 27 jul. 2013.

[MMA] MINISTÉRIO DO EMIO AMBIENTE. *Logística Reversa*. 2011. Disponível em: <http://www.mma.gov.br/cidades-sustentaveis/residuos-perigosos/logistica-reversa>. Acessado: 27 jul. 2013.

_____. *Grupo de Assessoramento do Comitê: Grupo Técnico de Assessoramento (GTA)*. 2012a. Disponível em: <http://www.mma.gov.br/cidades-sustentaveis/residuos-perigosos/logistica-reversa/pneus>. Acessado em: 07 jul. 2013.

_____. *Logística Reversa*. 2012b. Disponível em: <http://www.mma.gov.br/cidades-sustentaveis/residuos-solidos/instrumentos-da-politica-de-residuos/comite-orientador-logistica-reversa>. Acessado em: 07 jul. 2013.

_____. *Sistemas em Implantação: Logística Reversa de embalagens plásticas de óleos lubrificantes, lâmpadas, embalagens em geral, eletroeletrônicos, medicamentos*. 2012c. Disponível em: <http://www.mma.gov.br/cidades-sustentaveis/residuos-perigosos/logistica-reversa/sistemas-em-implanta%C3%A7%C3% A3o>. Acessado em: 01 jul. 2013.

_____. *Chamamento para a Elaboração de Acordo Setorial para a Implantação de Sistema de Logística Reversa de Produtos Eletroeletrônicos e seus Componentes: edital n. 01/2013*. 2013a. Disponível em: <http://www.desenvolvimento.gov.br/arquivos/dwnl_1360956094.pdf>. Acessado em: 20 maio 2013.

_____. *Política nacional de resíduos sólidos: ações do MMA e governo federal, lei n. 12.305/2010, decreto n. 7.404/2010*. 2013b. Disponível em: <http://www.conferenciameioambiente.gov.br/wp-content/uploads/2013/04/A%C3%A7%C3%B5es-do-MMA-e-Governo-Federal-PNRS.pdf>. Acessado em: 21 jul. 2013.

MOE KOREA. *Act on the Promotion of Saving and Recycling of Resources*. 2008. Disponível em: <http://eng.me.go.kr/board.do?method=view&docSeq=8098&bbsCode=law_law_law>. Acessado em: 07 jun. 2013.

MOTA, F. S. Inserção das organizações de catadores de materiais recicláveis em programas empresariais de logística reversa: um estudo multi-setorial no estado de São Paulo. 2012. 149f. São Paulo. Dissertação (Mestrado em Administração de Empresas) – Escola de Administração de Empresas de São Paulo, São Paulo, 2012.

PARK, I-H. *Policy Direction on E-Waste Recycling in Korea*. nov. 2006. Disponível em: <http://www.env.go.jp/recycle/3r/en/asia/02_03-4/07.pdf>. Acessado em: 11 jun. 2013.

REVEILLEAU, A. C. A. A. Política nacional de resíduos sólidos: aspectos da responsabilidade dos geradores na cadeia do ciclo da vida do produto. *Revista Internacional de Direito e Cidadania (RIDC)*. n. 10, p. 163-174, jun. 2011.

ROGERS, D. S.; TIBBEN-LEMBKE, R. S. *Going backwards: reverse logistics trends and practices*. Reno: University of Nevada e Reverse Logistics Executive Council, 1998. Disponível em: <http://www.rlec.org/reverse.pdf>. Acessado em: 19 maio 2011.

RUBIO, S.; CHAMORRO, A.; MIRANDA, F. J. Characteristics of the research on reverse logistics (1995–2005). *International Journal of Production Research*. v. 46, n. 4, p.1099-1120, 15 fev. 2008.

SCHLUEP, M.; HAGELÜKEN, C.; KUEHR, R. et al. *Recycling from e-waste to resources. Sustainable Innovation and Technology Transfer Industrial Sector Studies.* Bonn: Unep-UNU, Solving the E-waste Problem (StEP), 2009. Disponível em: <http://www.unep.org/PDF/PressReleases/E- Waste_publication_screen_FINAL-VERSION-sml.pdf>. Acessado em: 02 nov. 2011.

[SEPA] SWEDISH ENVIRONMENTAL PROTECTION AGENCY. WEEE directive in Sweden: evaluation with future study. 2009. Disponível em: <http://www.naturvardsverket.se/Documents/ publikationer/978-91-620-8421-9.pdf>. Acessado em: 24 maio 2012.

SINHA-KHETRIWALA, D.; KRAEUCHIB, P.; SCHWANINGERC, M. A comparison of electronic waste recycling in Switzerland and in India. *Environmental Impact Assessment Review*. n. 25, p.492, 2005.

SOUSA, C. O. M. A política nacional dos resíduos sólidos: análise das propostas para disposição final de resíduos sólidos urbanos. *Conexão acadêmica*. ano 2, v. 3, p. 43-49, 2012.

SOUZA, M. T. S.; PAULA, M. B.; SOUZA-PINTO, H. O papel das cooperativas de reciclagem nos canais reversos pós-consumo. *RAE*, São Paulo, v. 52, n. 2, abr. 2012. Disponível em: <http://www.scielo.br/scielo.php?script=sci_arttext&pid=S0034-75902012000200010&lng=en&nrm=iso>. Acessado em: 27 jun. 2013.

WANG, F.; HUISMAN, J.; MESKERS, C. E. M. et al. The Best-of-2-Worlds philosophy: developing local dismantling and global infrastructure network for sustainable e-waste treatment in emerging economies. *Waste Management*. n.32, p. 2134-46, 2012. Disponível em: <http://www.ewasteguide.info/files/Wang_2012_Bo2W_0.pdf>. Acessado em: 28 fev. 2013.

YOSHIDA, C. Competência e as diretrizes da PNRS: conflitos e critérios de harmonização entre as demais legislações e normas. In: PHILIPPI JR, A. (Coord). *Política nacional, gestão e gerenciamento de resíduos sólidos*. Barueri: Manole, 2012, p. 3-38.

15 | Gestão Empresarial para Sustentabilidade e Governança Ambiental sob a Perspectiva dos Serviços Ecossistêmicos

Rafael Küster de Oliveira
Engenheiro ambiental, PUCPR

Cleverson Vitório Andreoli
Engenheiro agrônomo, Isae e Consultoria Andreoli Engenheiros Associados

José Gustavo de Oliveira Franco
Advogado, PUCPR

Fabiana De Nadai Andreoli
Engenheira civil, PUCPR

Antonio Rioyei Higa
Engenheiro florestal, UFPR

INTRODUÇÃO

Em muitos segmentos empresariais, a comercialização já superou a produção como fator limitante da atividade econômica: tornou-se mais difícil vender do que produzir. No mercado globalizado, os conceitos clássicos de qualidade do produto vêm sendo bastante ampliados, com um grande destaque à qualidade ambiental. Por conseguinte, o comprometimento socioambiental da empresa, além de essencial à qualidade ambiental, pode representar um importante diferencial competitivo em um mercado globalizado (Andreoli, 2002).

O meio ambiente é um bom negócio, e não são os ambientalistas visionários e idealistas que fazem essa afirmação. Reduzir os custos com a eliminação de desperdícios, desenvolver tecnologias limpas e baratas e reciclar insumos não são apenas princípios de gestão ambiental, mas condição de sobrevivência empresarial (Andreoli, 2002). No futuro, a busca pela gestão sustentável dos ecossistemas poderá conferir às empresas outro diferencial competitivo de inexorável importância (AEM, 2005g; Teeb, 2010c; WRI, 2012).

A degradação dos ecossistemas, antes considerada uma questão ambiental local ou regional, já é reconhecida como um poderoso fator de mudança global (Lambin et al., 2001; Defries et al., 2004; Foley et al., 2005). De acordo com o Painel Intergovernamental sobre Mudanças Climáticas (IPCC, 2014), a emissão de gases de efeito estufa oriunda do desmatamento e das mudanças no uso da terra desde 1750 contribuiu substancialmente para o aquecimento global. Um dos riscos associados às mudanças climáticas é o aumento na frequência e na intensidade da ocorrência de eventos climáticos extremos. Esses fenômenos podem trazer sérias consequências ecológicas, sociais e econômicas (Alley et al., 2003; Schmitz et al., 2003; Folke et al., 2004; Folke, 2006; Smit e Wandel, 2006; Phillips et al., 2009; Davidson et al., 2012).

Outra consequência da degradação dos ecossistemas é a perda da biodiversidade e de serviços ecossistêmicos. A biodiversidade é definida pela Convenção de Diversidade Biológica como a variabilidade entre organismos vivos de todas as origens e os complexos ecológicos de que fazem parte; os ecossistemas terrestres, marinhos e outros ecossistemas aquáticos, englobando ainda a diversidade dentro de espécies, entre espécies e de ecossistemas. De acordo com a Avaliação Ecossistêmica do Milênio (AEM, 2005f), o ecossistema é um complexo dinâmico de comunidades vegetais, animais e de micro-organismos que interagem com o meio como uma unidade funcional. Os serviços dos ecossistemas, ou serviços ecossistêmicos, são os benefícios diretos e indiretos que os humanos obtêm dos ecossistemas, como água potável, alimento, madeira, regulação do clima, regulação do ciclo hidrológico, controle de pestes e recreação (AEM, 2005f). Segundo a AEM (2005f), a biodiversidade é a base para os serviços ecossistêmicos, que por sua vez, são essenciais para o bem-estar humano.

As empresas interagem direta e indiretamente com os ecossistemas e a biodiversidade. Por exemplo, uma empresa agrícola influencia diretamente os ecossistemas locais por meio das suas operações, como preparo do solo, adubação e controle de pragas. Já uma empresa processadora de alimentos pode ter uma baixa influência direta nos ecossistemas locais, contudo, a produção dos seus insumos pode causar consideráveis impactos ambientais. Assim, por meio da cadeia de produção, a empresa processadora de alimentos estaria interagindo indiretamente com os ecossistemas impactados pelas atividades agrícolas. Essa empresa poderia diminuir o seu impacto ambiental indireto ao adquirir insumos de empresas comprometidas com a proteção dos ecossistemas ou, ainda, influenciando os fornecedores a adotarem práticas sustentáveis.

As empresas também interagem com os ecossistemas e a biodiversidade por meio das suas escolhas de investimentos, como: participação no mercado de serviços ecossistêmicos, tal qual o mercado de carbono; diversificação para bens cujo processo produtivo demande menor ou maior consumo de combustíveis fósseis; expansão das atividades da empresa para áreas ambientalmente vulneráveis; deslocamento das operações da empresa para países com leis ambientais menos restritivas; desenvolvimento de tecnologias menos poluentes; e apoio a pesquisas e projetos direcionados ao manejo sustentável de recursos naturais e à conservação da biodiversidade.

De acordo com a WRI (2012), a maioria das ferramentas de gestão ambiental empresarial é focada em riscos ambientais, deixando de lado uma gama de oportunidades que os serviços ecossistêmicos oferecem para os negócios (Quadro 1).

Quadro 1 – Riscos ou oportunidades nos negócios considerando o impacto das empresas sobre os ecossistemas.

Tipo	Risco	Oportunidade
Operacional	- Aumento dos custos em razão da menor disponibilidade de recursos naturais, como a água doce. - Redução da produtividade em razão da diminuição na oferta de serviços ecossistêmicos. - Interrupção das atividades por causa de eventos climáticos extremos.	- Aumento na eficiência no uso dos recursos, como a adoção de práticas de minimização do consumo de água doce. - Processos industriais de baixo impacto ambiental, de forma a proteger os ecossistemas cujos serviços são importantes para a operação da empresa.
Regulamentar e legal	- Multas ou taxas de utilização. - Suspensão de autorizações ou licenças. - Recusa de autorizações ou licenças. - Redução de cotas de utilização de recursos naturais. - Processos judiciais instaurados por comunidades locais.	- Licenças formais de expansão de operações. - Subsídios ambientais. - Cooperação com o governo na proteção ou recuperação de ecossistemas que forneçam serviços necessários para a empresa.

(continua)

Quadro 1 – Riscos ou oportunidades nos negócios considerando o impacto das empresas sobre os ecossistemas. *(continuação)*

Tipo	Risco	Oportunidade
Reputacional	- Prejuízo para a marca ou imagem da empresa.	- Remodelação ou diferenciação da marca.
Mercado e produto	- Alterações nas preferências do cliente.	- Novos produtos ou serviços. - Mercados para produtos certificados. - Mercados de serviços ecossistêmicos.
Financeiro	- Condições de crédito mais rigorosas.	- Novos financiadores e fundos de investimento para empresas com responsabilidade socioambiental.

Fonte: WRI (2012).

Há muitos relatos de empresas que estão se beneficiando com a gestão ecossistêmica em diversos países (WBCSD, 2010; WRI, 2012; Unep, 2012). Verifica-se que o sucesso da gestão ecossistêmica não depende apenas da postura do empresário, mas também da atuação do governo e das preferências e exigências dos demais agentes econômicos, como investidores, integrantes das cadeias de produção e, principalmente, os consumidores quando incluem a sustentabilidade entre os critérios de escolha dos produtos.

O conceito de responsabilidade social deve privilegiar o papel das empresas para o estímulo de práticas mais sustentáveis em toda a sociedade. Entretanto, é imperativo que o governo, assim como o público em geral, esteja igualmente comprometido (Figura 1). O governo não apenas regula as atividades operacionais das empresas como também molda um campo de atuação empresarial, o qual deve promover a transparência, a inclusão e incentivos para a criação de soluções que sejam ao mesmo tempo competitivas e menos impactantes para os ecossistemas e a biodiversidade (WBCSD, 2010).

Esse campo de atuação empresarial, alinhado ao desenvolvimento sustentável, exige mudanças significativas na governança ambiental, especialmente em seu marco jurídico regulatório, o que inclui um maior reconhecimento da importância econômica dos ecossistemas e uma maior

Figura 1 – Interação entre ecossistemas, empresas, consumidores e governo.

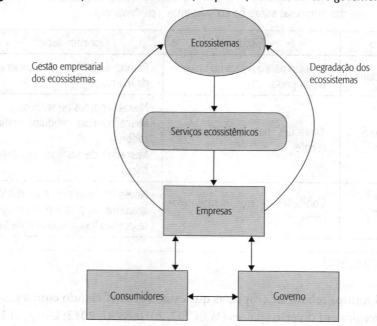

participação da sociedade na governança ambiental. Essas mudanças contemplam o tópico central desse capítulo, o qual termina com uma análise crítica do processo de licenciamento ambiental no Brasil.

FUNÇÕES E SERVIÇOS ECOSSISTÊMICOS

A biodiversidade é de fundamental importância para as funções e os serviços ecossistêmicos (Peterson et al., 1998; Chapin et al., 2000; Naeem, 2002; Folke et al., 2004; Hooper et al., 2005; Hillebrand e Matthiessen, 2009; Cardinale et al., 2012). De acordo com Boyd e Banzhaf (2007), os processos e funções ecológicas são caracterizados pelas interações entre os componentes dos ecossistemas. Segundo Groot et al. (2002), as funções ecossistêmicas são definidas como a capacidade de os processos naturais e seus componentes suprirem os produtos e serviços que satisfazem, direta ou indiretamente, as necessidades humanas. Segundo Daily et al. (1997), os serviços ecossistêmicos são as condições e os processos por meio dos quais os ecossistemas naturais, e as espécies que os constituem, sustentam a vida humana. Para Costanza et al. (1997), os serviços ecossistêmicos representam os benefícios que as pessoas obtêm, direta ou indiretamente, dos ecossistemas. Os últimos autores, para efeito de simplificação, consideram ambos os produtos e serviços dos ecossistemas como serviços ecossistêmicos.

A relação entre funções e serviços ecossistêmicos não é necessariamente de um para um: uma única função ecossistêmica pode contribuir para vários serviços ecossistêmicos; enquanto que um único serviço ecossistêmico pode ser o produto de duas ou mais funções ecossistêmicas (Costanza et al., 1997). A distinção entre funções e serviços ecossistêmicos, no entanto, é obscura (Groot et al., 2010). De acordo com Groot et al. (2010), uma diferença fundamental entre funções e serviços ecossistêmicos está em se os humanos são ou não favorecidos pelo ecossistema: as funções ecossistêmicas sempre existem, mas precisam ser vistas pelos humanos como benefícios para também serem consideradas serviços. Para Boyd e Banzhaf (2007), as funções e os processos ecológicos não são os produtos finais, e sim intermediários na produção do serviço ecossistêmico. Como exemplo, os atores argumentam que a purificação da água não é um serviço ecossistêmico, ao contrário do proposto por Daily (1997). A purificação da água, segundo Boyd e Banzhaf (2007), é uma função associada a certas coberturas de uso da terra. A água pura, por sua vez, seria o serviço cujo valor é definido, em determinado lugar e época, pela sua conexão com a saúde humana, recreação, etc. Na AEM (2005f), os serviços ecossistêmicos contemplam produtos, serviços, valores culturais e outros benefícios intangíveis que contribuem direta ou indiretamente para o bem-estar humano.

AVALIAÇÃO ECOSSISTÊMICA DO MILÊNIO E ABORDAGEM ECOSSISTÊMICA

A AEM, promovida pelas Nações Unidas, apresentou a avaliação mais extensa e audaciosa sobre o estado e as tendências de mudança dos ecossistemas do planeta. Essa avaliação, conduzida no período de 2001 a 2005, contou com a participação de mais de dois mil autores e revisores espalhados pelo mundo. A AEM foi de extrema importância para que os ecossis-

GESTÃO EMPRESARIAL E SUSTENTABILIDADE

temas e seus serviços ganhassem enorme destaque na literatura, sendo que alguns desses estudos e revisões complementam, corroboram e corrigem alguns dados e perspectivas da AEM (p. ex., Groot et al., 2010; Teeb, 2010a; Cardinale et al., 2012).

Na AEM, os serviços ecossistêmicos são classificados em quatro linhas funcionais: provisão, regulação, cultural e suporte (Quadro 2). No entanto, reconhece-se a existência de sobreposições de serviços ecossistêmicos entre as categorias.

Quadro 2 – Categorias, descrição e exemplos de serviços ecossistêmicos

Categorias	Descrição	Exemplos
Serviços de suporte	Serviços necessários para a oferta dos demais serviços ecossistêmicos.	- Fotossíntese. - Ciclagem de nutrientes. - Formação do solo.
Serviços de provisão	Produtos obtidos dos ecossistemas.	- Alimento. - Água potável. - Madeira. - Fibras têxteis. - Bioquímicos. - Recursos genéticos.
Serviços de regulação	Benefícios obtidos por meio da regulação dos processos ecológicos.	- Regulação do clima. - Purificação da água. - Controle de enchentes. - Sequestro de carbono. - Controle de doenças. - Controle de pestes. - Polinização. - Dispersão de sementes. - Tratamento de resíduos.
Serviços culturais	Benefícios intangíveis obtidos dos ecossistemas por meio do enriquecimento espiritual, desenvolvimento cognitivo, reflexão, recreação e experiências estéticas.	- Espiritual e religioso. - Estéticos. - Inspiradores. - Educacional. - Recreação e ecoturismo. - Senso de lugar. - Herança cultural.

Fonte: AEM (2005f).

Os *serviços de provisão* são os produtos obtidos dos ecossistemas. Os *serviços de regulação* são os benefícios obtidos por meio da regulação dos processos ecossistêmicos. Os *serviços culturais* são caracterizados pelos benefícios não materiais obtidos dos ecossistemas por meio de enriquecimento espiritual, desenvolvimento cognitivo, reflexão, recreação e experiências estéticas. Finalmente, os *serviços de suporte* são aqueles necessários para a produção dos demais serviços ecossistêmicos. Ao contrário das outras categorias, os impactos desses serviços na sociedade são indiretos e ocorrem dentro de longos períodos de tempo. Por exemplo, as pessoas não usufruem diretamente do serviço ecossistêmico de formação do solo; o impacto da perda de solo, no entanto, prejudica a provisão de produtos agrícolas e florestais, dois serviços ecossistêmicos de provisão que afetam diretamente as pessoas. Se o efeito indireto da perda de solo é perceptível dentro de poucos anos, então a formação de solo pode ser considerada como um serviço regulador. Se o efeito for observado ao longo de décadas, então a formação de solo passa a ser vista nesse enquadramento como um serviço de suporte.

A AEM teve o seu foco na relação entre os serviços ecossistêmicos e o bem-estar humano. O último foi definido em função de múltiplos elementos: materiais básicos para uma vida salutar, saúde, boas relações sociais, segurança e liberdade de escolha e ação (Quadro 3).

Quadro 3 – Elementos do bem-estar humano dependentes dos serviços ecossistêmicos.

Elementos do bem-estar	Descrição/exemplos
Materiais básicos para uma vida salutar	- Meio de sustento seguro e adequado. - Alimentos. - Moradia. - Vestuário. - Acesso a bens.
Saúde	- Ausência de doenças. - Ambiente físico salutar, incluindo ar puro e água limpa.
Boas relações sociais	- Coesão social. - Respeito mútuo. - Capacidade de ajudar o semelhante. - Prover as crianças do necessário.

(continua)

Quadro 3 – Elementos do bem-estar humano dependentes dos serviços ecossistêmicos.
(continuação)

Elementos do bem-estar	Descrição/exemplos
Segurança	- Acesso seguro aos recursos naturais. - Segurança pessoal. - Proteção contra desastres naturais e desastres causados pelos humanos.
Liberdade de escolha e ação	- Oportunidades para o indivíduo alcançar o que almeja. A perda de serviços ecossistêmicos diminui o leque de opções e oportunidades para as relações entre os humanos e os ecossistemas. - Dependente dos demais elementos do bem-estar humano listados anteriormente. - Dependente de fatores sociais, econômicos, políticos e culturais. - Requisito para o usufruto de outros elementos do bem--estar, notadamente a igualdade e a justiça.

Fonte: AEM (2005d).

De acordo com a AEM (2005f), a conversão de ecossistemas terrestres em diferentes formas de uso da terra desde 1945 foi maior do que toda conversão ocorrida nos séculos XVIII e XIX somados, na maioria das vezes para suprir a crescente demanda por alimentos, água, madeira, fibras e combustível.

Por mais que as práticas de uso da terra variem de lugar para lugar, o seu propósito final genericamente é o mesmo: a aquisição de recursos naturais para as necessidades humanas imediatas. Apesar de contribuirem para o bem-estar humano e o desenvolvimento econômico, essas aquisições resultaram em grandes mudanças ambientais (Foley et al., 2005). Em última análise, esses ganhos socioeconômicos foram obtidos a um custo ambiental muito elevado, com destaque para a degradação de ecossistemas e a perda de biodiversidade (Chapin et al., 2000; Myers et al., 2000; Naeem, 2002; Hooper et al., 2005; Brooks et al., 2006; Metzger et al., 2006).

O estudo da AEM concluiu que:

- 60% dos serviços ecossistêmicos avaliados foram degradados ou utilizados de maneira insustentável. Isso resultou na diminuição da capacidade de muitos ecossistemas em ofertar serviços ambientais, como a água pura, pesca de captura, purificação do ar e da água e regulação climática.

- A degradação dos ecossistemas aumentou a probabilidade de ocorrência de mudanças ambientais abruptas e potencialmente irreversíveis, como o colapso da produção pesqueira, a introdução ou perda de espécies e mudanças climáticas regionais.

- Os efeitos negativos da degradação dos ecossistemas recaíram desproporcionalmente sobre as populações mais pobres, o que contribuiu para o aumento das desigualdades e conflitos sociais pelo mundo.

A gestão sustentável dos ecossistemas está no cerne da Abordagem Ecossistêmica (AE), proposta pela Convenção de Diversidade Biológica (CBD, 2014). A AE, estruturada em 12 princípios, é uma estratégia para a gestão integrada do solo, água e recursos biológicos que busca a conservação e o uso sustentável dos ecossistemas e da biodiversidade de forma equitativa (Quadro 4).

Quadro 4 – Os 12 princípios da abordagem ecossistêmica.

Princípio 1	Os objetivos da gestão de terra, água e recursos vivos são questões de escolhas sociais.
Princípio 2	A gestão deve ser descentralizada para o nível adequado mais baixo possível.
Princípio 3	Os gestores do ecossistema devem considerar os efeitos (potenciais e atuais) das suas atividades sobre os ecossistemas adjacentes e sobre outros ecossistemas.
Princípio 4	Reconhecendo os ganhos potenciais da gestão, há geralmente a necessidade de compreender e gerir o ecossistema em um contexto econômico.
Princípio 5	A conservação da estrutura e o funcionamento do ecossistema, de modo a manter os serviços do ecossistema, devem ser um objetivo prioritário da abordagem ecossistêmica.
Princípio 6	Os ecossistemas devem ser geridos dentro dos seus limites de funcionamento.

(continua)

Quadro 4 – Os 12 princípios da abordagem ecossistêmica. *(continuação)*

Princípio 7	A abordagem ecossistêmica deve ser aplicada nas escalas temporais e espaciais apropriadas.
Princípio 8	Considerando as múltiplas escalas temporais e os intervalos de demora de resposta que caracterizam os processos dos ecossistemas, os objetivos da gestão dos ecossistemas devem ser de longo prazo.
Princípio 9	A gestão tem de reconhecer que as mudanças são inevitáveis.
Princípio 10	A abordagem ecossistêmica deve procurar o equilíbrio adequado e a integração do uso e da conservação da diversidade biológica.
Princípio 11	A abordagem ecossistêmica deve considerar todas as formas relevantes de informação, incluindo o conhecimento científico, indígena e local, as inovações e as práticas.
Princípio 12	A abordagem ecossistêmica deve envolver todos os setores relevantes da sociedade e disciplinas científicas.

Fonte: CBD (2014).

A AE reconhece que as necessidades econômicas, sociais e culturais moldam a forma como os indivíduos visualizam os ecossistemas. Assim, os ecossistemas representam um amplo espectro de percepções e expectativas para a sociedade. Sendo a equidade uma das principais premissas da CDB, a AE exige a proteção da diversidade cultural e a consideração dos interesses e anseios dos diferentes grupos e setores da sociedade. Nesse sentido, a AE preconiza que os objetivos da abordagem ecossistêmica devem ser escolhas sociais (Princípio 1 da AE). E também enfatiza a importância de se gerir os ecossistemas sob um contexto econômico (Princípio 4 da AE).

A AE (ver Quadro 4) não responde como inserir e integrar todas as formas de conhecimento da sociedade na gestão sustentável dos ecossistemas (Princípios 11 e 12). Tampouco como promover a justiça e a equidade social. Ao contrário, a AE provoca uma série de questionamentos e reflexões sobre a relação *seres humanos x sociedade*. Acima de tudo, a sua adoção induz à abertura de um espaço maior para o diálogo, interação e cooperação entre os diferentes grupos e setores da sociedade. Esse espaço maior possivelmente é necessário para o desenvolvimento e a consolidação de arranjos de governança ambiental mais eficientes, adaptáveis e duradouros, que se baseiem nas premissas de (1) respeito à resiliência e capacidade de suporte dos ecossistemas, (2) conservação da biodiversidade, (3) incorporação da diversidade cultural e institucional e (4) distribuição mais equânime dos riscos e benefícios inerentes à gestão ecossistêmica.

GESTÃO DOS ECOSSISTEMAS SOB O CONTEXTO ECONÔMICO

Em conformidade com o Princípio 4 da AE, a gestão sustentável dos ecossistemas usualmente exige que os ecossistemas sejam compreendidos e geridos sob um contexto econômico. Isso inclui:

- A redução das distorções (incentivos) de mercado que afetam adversamente a biodiversidade.
- O alinhamento de incentivos para a promoção da conservação e uso sustentável da biodiversidade.
- A internalização das externalidades ambientais.

A externalidade pode ser definida como o impacto das ações de uma pessoa sobre o bem-estar de outras que não tomam parte da ação. No âmbito econômico, a externalidade negativa ocorre quando o mercado acarreta custos a pessoas externas a ele, isto é, pessoas que não participam da produção, distribuição ou consumo dos bens e serviços comercializados. Um exemplo de externalidade negativa é a emissão de gás carbônico de uma atividade industrial. Como o custo da poluição não é considerado pelas empresas no custo de produção de um bem, a quantidade produzida desse bem é superior à quantidade desejada sob o ponto de vista social, o que configura uma falha de mercado.

Como exemplo de uma externalidade ambiental positiva, considere o caso de uma propriedade rural cuja floresta natural contribui para a melhoria da qualidade da água na sua bacia hidrográfica (Figura 2). A purificação da água pela floresta é um exemplo de serviço ecossistêmico de regulação. Se os usuários da água, a jusante dessa propriedade, não estão pagando ao proprietário pelo benefício de acesso à água limpa, o serviço ecossistêmico de purificação da água configura uma externalidade ambiental positiva não remunerada (Engel et al., 2008).

Figura 2 – Lógica dos programas de pagamento por serviços ambientais.

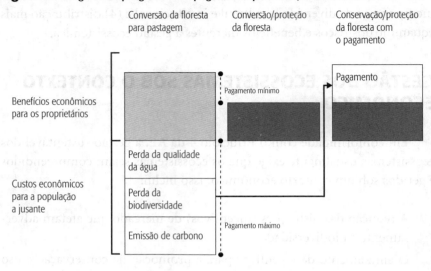

Fonte: Engel et al. (2008).

Os proprietários rurais geralmente recebem poucos incentivos para a conservação da floresta natural, pois os benefícios disso são geralmente inferiores aos que seriam obtidos a partir de usos alternativos para a terra. Entretanto, a conversão da floresta impõe custos à sociedade na medida em que serviços ecossistêmicos são perdidos. Assim, se o benefício total da conservação superar o benefício do uso alternativo da terra, o pagamento por serviços ambientais poderia tornar a conservação florestal mais atrativa aos proprietários.

O problema de uma externalidade positiva, sob a ótica econômica, é que a sua provisão não é eficiente. Isto é, a quantidade ofertada do bem ou serviço em questão é inferior àquela demandada pela sociedade. Isso ocorre principalmente pela ausência de incentivos econômicos (pagamentos) para a provisão do bem ou serviço.

Considerando o exemplo anterior, a área florestal conservada gera um custo pelo menos ao proprietário: o custo oportunidade, que representa o benefício econômico de que o proprietário deve abrir mão para manter a área florestal na sua propriedade. Nesse caso, o custo oportunidade representa o lucro que o proprietário deve renunciar ao não adotar um uso alternativo para a terra, como uma pastagem ou monocultura agrícola. Como

GESTÃO EMPRESARIAL PARA SUSTENTABILIDADE E GOVERNANÇA AMBIENTAL | **353**

não existe um pagamento pelos serviços ecossistêmicos providos pela floresta natural, o proprietário é incentivado a converter a floresta para diferentes formas de uso da terra (Engel et al., 2008).

Muitos serviços ecossistêmicos, em especial os serviços de regulação, são externalidades positivas porque possuem características de bens públicos e comuns (Brown et al., 2007; Farley e Costanza, 2010). Na economia[1], essas duas categorias de bens são definidas pela não exclusão (Figura 3). A última denota a impossibilidade de excluir alguém do consumo do serviço ecossistêmico.

Figura 3 – Quatro tipos de bens segundo os critérios de exclusão e rivalidade.

		Rival?	
		Sim	Não
Excludente?	Sim	Bens privados	Monopólios naturais
	Não	Bens comuns	Bens públicos

Fonte: Mankiw (2011).

De acordo com a Figura 3, o bem é excludente quando é possível controlar o acesso das pessoas a esse bem, como o solo ou um plantio florestal dentro de uma propriedade privada. O bem é rival quando o seu uso reduz ou elimina a sua disponibilidade para os demais usuários, como o solo, a água doce e os recursos biológicos. Exemplos de serviços ecossistêmicos sem rivalidade são a beleza cênica de uma paisagem, a regulação do clima e a proteção contra os raios ultravioleta.

Diferentemente de um serviço ecossistêmico de provisão, como a madeira ou produtos agrícolas, os serviços ecossistêmicos de regulação se estendem além dos limites físicos da propriedade (Engel et al., 2008; Teeb, 2010a). Contudo, o proprietário não consegue controlar o acesso de terceiros a esses serviços. Surge então o dilema do caronista (*free-rider*): as pessoas não têm incentivos para pagar por um serviço recebido de graça. Assim, elas são beneficiadas pelo serviço, mas esperam que outros usuários

---

[1] Para o Direito Brasileiro, bem público é um bem que pertence a uma Pessoa Jurídica de Direito Público – União, estados, DF ou municípios. Tem titularidade individual e não é necessariamente de uso comum. Também não corresponde a um bem coletivo ou comum, nem a direito coletivo ou difuso.

paguem por ele. Porém, se todos adotassem a estratégia do caronista, não haveria incentivo econômico algum para a provisão do serviço (Brown et al., 2007; Engel et al., 2008; Gomez-Baggethun et al., 2010; Seehusen e Prem, 2011). Em resumo, os consumidores se beneficiam de um serviço ecossistêmico, mas os responsáveis pela proteção do ecossistema não recebem um pagamento ou outra forma de compensação por isso.

O dilema do caronista é ainda mais grave para os bens comuns por suas características de rivalidade (Ostrom et al., 1999a; 1999b). A rivalidade implica que o consumo de um serviço ecossistêmico por um indivíduo reduz a disponibilidade desse serviço para outro consumidor (Mankiw, 2011). Segundo Hardin (1968), os consumidores dos bens comuns estão presos a um processo inevitável que leva à destruição dos recursos dos quais eles são dependentes. Esse processo foi denominado pelo autor como *a tragédia dos comuns*. Ela ocorre porque não existe exclusão, e cada indivíduo busca a maximização dos seus benefícios, desconsiderando os efeitos das suas ações sobre o bem-estar dos demais.

Se os agentes privados não forem capazes de resolver o problema das externalidades, o que geralmente é o caso para os bens públicos e comuns, o governo necessita entrar em cena (Rezende e Oliveira, 2001; Brown et al., 2007). Os dois principais intrumentos governamentais para a resolução (internalização) das externalidades ambientais são as *políticas de comando e controle* e as *políticas baseadas no mercado* (Common e Stagl, 2005; Daily e Farley, 2011). As políticas de comando e controle regulam o comportamento dos agentes privados mediante a imposição de proibições, restrições e obrigações. Os agentes privados que não cumprirem com o estabelecido recebem multas ou perdem a licença ambiental, entre outros tipos de penalidade.

As políticas baseadas no mercado oferecem incentivos para que os agentes privados solucionem os problemas das externalidades. As duas principais vantagens apontadas para os instrumentos econômicos em relação àqueles de comando e controle são: (1) os primeiros são mais flexíveis, incorrendo menores custos sobre as empresas e os seus consumidores e (2) constituem um incentivo para que essas empresas busquem continuamente soluções para as externalidades, como o desenvolvimento de tecnologias para o controle da poluição (Motta, 2006).

Os instrumentos econômicos possuem basicamente duas abordagens: a pigoviana e a coasiana. Na primeira, o governo internaliza a externalidade onerando bens e serviços que causam externalidades negativas (taxas pigovianas) e subsidiando os bens e serviços que promovam externalidades positivas (Common e Stagl, 2005; Daily e Farley, 2011).

A abordagem coasiana forma a base conceitual para a maioria dos programas de pagamentos por serviços ambientais (PSA) em discussão no mundo (Muradian et al., 2010). Isto é, os mercados de carbono, água e biodiversidade. De acordo com Coase (1960), as externalidades ambientais podem ser solucionadas se os direitos de propriedade forem bem definidos e se os custos de transação forem baixos. Os custos de transação de um PSA para as partes envolvidas incluem os custos da obtenção de informações, da busca de compradores ou provedores e da transferência de títulos. Os custos de transação também contemplam a definição e a garantia do direito de propriedade para o serviço ecossistêmico em questão: custos que são usualmente incorridos pelo governo (Brown et al., 2007). Ressalta-se que o direito de propriedade não se refere apenas ao direito sobre a sua posse, mas também ao direito de comercializar os serviços ecossistêmicos da propriedade (Brown et al., 2007).

O PSA pode surgir a partir de interesses voluntários (como as certificações florestais), pagamentos mediados pelo governo ou programas de *cap and trade* (créditos e permissões ambientais). Com o *cap and trade,* o governo ou outro instituto regulador (1) estabelece um limite máximo para uma atividade ou emissão de um poluente (o *cap*), (2) estabelece créditos ou permissões para a atividade ou emissão de poluentes, (3) permite que os indivíduos ou empresas comercializem os créditos ou permissões dentro de certas regras institucionais e (4) monitora a atividade ou emissão em questão (Brown et al., 2007).

Embora geralmente enquadrado como um instrumento econômico de gestão, o programa de *cap and trade* combina características de instrumentos de comando e controle (estabelecimento do limite máximo e monitoramento) e de instrumentos econômicos (mercado para os créditos ou permissões) (Brown et al., 2007).

Dentre os instrumentos econômicos na experiência brasileira, a Lei n. 6.938/81 prevê a Servidão Ambiental (no inciso XII, do art. 9º, e art. 9º-A). Esta constitui a possibilidade de o proprietário gravar as áreas florestais excedentes à Reserva Legal e às Áreas de Preservação Permanente de seu imóvel como Servidão Ambiental, a qual poderá ser utilizada por outro imóvel rural para compensar a Reserva Legal de que não dispõe.

No âmbito da nova Lei n. 12.305/2010, pela Política Nacional de Resíduos Sólidos, também estão presentes os mecanismos econômicos de efetividade do direito mediante a chamada Logística Reversa. Nesta, responsabiliza-se toda a cadeia de produção, comercialização e consumo pelos resíduos gerados, e atribui-se ao fabricante a obrigação de dar a destinação final adequada aos produtos e embalagens inservíveis ao consumidor após o consumo, também chamada responsabilidade pós-consumo.

Esse modelo faz com que o fabricante considere os custos de coleta, armazenagem, transporte e destinação final de seus produtos após o descarte pelos consumidores, e repense inclusive o projeto dos mesmos, visando ao maior aproveitamento e menor custo. Ou seja, o projeto do produto passa a considerar todo o seu ciclo de vida, internalizar seus custos e induzir a redução, reutilização e reciclagem. Internaliza assim as externalidades negativas (lixo/resíduos) e positivas (coleta e reciclagem) do mercado de consumo, fechando o ciclo. Reconhece a externalidade positiva das atividades realizadas pelos catadores, tradicionalmente vistos pela sociedade como pedintes e marginalizados, quando na verdade sempre foram agentes de grande relevância ambiental. Neste ponto, a Lei induz a inserção das associações e cooperativas de catadores no processo (contemplando assim a variável social), para evitar que o mercado, ao identificar esse nicho, acabe por excluí-los.

A cobrança pelo uso da água, instituída pela Política Nacional de Recursos Hídricos (art. 1º, II, da Lei n. 9.433/97), é um exemplo de utilização de um instrumento econômico, tendo como base o Princípio do Usuário Pagador, previsto na Política Nacional do Meio Ambiente (PNMA). Mais precisamente, o seu art. 4º, VII, da Lei n. 6.938/81 – PNMA estabelece "a imposição, ao poluidor e ao predador, da obrigação de recuperar e/ou indenizar os danos causados e, ao usuário, da contribuição pela utilização de recursos ambientais com fins econômicos".

De forma complementar aos Princípios do Usuário Pagador e do Poluidor Pagador, surge o novo Princípio do Protetor Recebedor, expresso na Lei n. 12.305/2010 da Política Nacional de Resíduos Sólidos (art. 6º, II). O Princípio do Protetor Recebedor reflete as externalidades positivas; os princípios do Poluidor Pagador e Pagador Poluidor, as externalidades negativas.

Dentro do Sistema Jurídico Brasileiro, as novas normas vêm apontando a adoção de pagamento não pelos serviços ecossistêmicos, mas pelos serviços ambientais, assim entendidos como os serviços realizados pelos proprietários no sentido de recuperar, manter ou melhorar os serviços ecossistêmicos. Estes são valorados por seu custo direto ou ainda

GESTÃO EMPRESARIAL PARA SUSTENTABILIDADE E GOVERNANÇA AMBIENTAL | **357**

pelos custos de oportunidade voluntariamente renunciados pelo proprietário ou possuidor.

Valoração econômica de serviços ecossistêmicos e análise econômica de custo-benefício

Um grande desafio para um governo é quantificar a necessidade da sociedade por um serviço ecossistêmico. Uma vez que o serviço ecossistêmico não possui preço no mercado, ou então o seu preço subestima seu valor social, é difícil definir o nível de provisão do serviço para a sociedade. Outra questão igualmente importante é se o benefício social dessa política compensa os seus custos sociais (Rezende e Oliveira, 2001; Brown et al., 2007).

Existem diferentes métodos de valoração econômica para serviços ecossistêmicos, como os métodos de função de produção, custos de viagens, preços hedônicos, valoração contingente e modelagem de escolha (Quadro 5). Cada método possui suas vantagens e desvantagens; as suas aplicações são limitadas pelo serviço ecossistêmico em questão e pela disponibilidade de dados e recursos (Ortiz, 2003; Groot e Van Der Meer, 2010; Teeb, 2010a).

Quadro 5 – Métodos de avaliação econômica para serviços ecossistêmicos.

Método			Comentário/exemplo
Valoração de mercado	Preço de mercado		Aplicável principalmente para serviços ecossistêmicos com características de bens privados, como o mel, a madeira e produtos agrícolas.
	Baseados nos custos	Custos evitados	O valor do serviço de controle de enchentes pode ser derivado dos danos estimados caso a enchente ocorresse.
		Custos de substituição	O valor da recarga do lençol freático pode ser estimado a partir dos custos de obtenção de água de outras fontes.

(continua)

Quadro 5 – Métodos de avaliação econômica para serviços ecossistêmicos.
(continuação)

Método			Comentário/exemplo
Valoração de mercado	Baseados nos custos	Custos de mitigação	Os benefícios dos serviços de regulação fornecidos por zonas úmidas podem ser estimados calculando os custos de investimento necessários para prevenir enchentes na sua ausência.
	Função de produção/ fator de renda		O valor do serviço ecossistêmico é estimado pela sua contribuição como insumo ou fator de produção de outro produto. Por exemplo, a contribuição da fertilidade do solo à produção e, com isso, à renda do produtor.
Preferências reveladas	Custos de viagens		Uma parte do valor de lazer atribuído pelas pessoas a uma localidade ou paisagem se reflete no montante de tempo e dinheiro que as pessoas gastam com a viagem para visitar esse lugar.
	Preços hedônicos		O valor da beleza cênica pode ser estimado ao identificar o quanto uma bela vista aumenta o preço de um imóvel.
Valoração simulada	Valoração contingente		A aplicação de questionários pode levantar a disposição dos usuários para pagar pela preservação das amenidades ambientais ou pela melhoria de um serviço: por exemplo, a melhoria da qualidade de água para possibilitar a pesca e o banho em um rio.

(continua)

GESTÃO EMPRESARIAL PARA SUSTENTABILIDADE E GOVERNANÇA AMBIENTAL | 359

Quadro 5 – Métodos de avaliação econômica para serviços ecossistêmicos.
(continuação)

Método		Comentário/exemplo
	Modelagem de escolha	Entre os métodos estão os experimentos de escolha, classificação de contingências e comparação de pares.
Valoração simulada	Valoração em grupo	Estimativas de valoração obtidas em grupo e baseadas nos princípios da democracia deliberativa e na suposição de que as decisões públicas devem resultar do debate e de consensos entre atores sociais, e não da agregação de preferências individuais medidas separadamente.

Fonte: Groot e Van Der Meer (2010); Teeb (2010a); Seehusen e Prem (2011).

Os serviços ecossistêmicos de regulação têm sido preferencialmente avaliados pelos métodos de custos evitados e custos de substituição e valoração contingente; os serviços ecossistêmicos culturais, pelos métodos de custos de viagens, preços hedônicos e valoração contingente; e os serviços ecossistêmicos de provisão, pelos métodos de produção/fator renda e pelos preços de mercado (Brown et al., 2007; Teeb, 2010a).

Uma vez estimados os valores econômicos dos serviços ecossistêmicos, pode-se incorporar esses valores nas análises de custo-benefício (ACBs). A ACB é uma análise econômica na qual os custos e benefícios de um projeto são considerados sob o ponto de vista social. Isso se traduz (1) na contabilização dos custos e benefícios ambientais sem valor ou subvalorizados pelo mercado e (2) na correção dos preços dos demais bens e serviços que não reflitam os seus valores sociais (Asafu-Adjaye, 2005; Pearce et al., 2006).

Os valores de mercado podem não refletir os valores sociais por diversos motivos, como monopólios, barreiras comerciais, taxas, subsídios, incentivos fiscais, influência de sindicatos de trabalhadores ou patronais, baixo nível de informação e câmbio sub ou supervalorizado. Os preços corrigidos são chamados de *preços-sombra* (*shadow prices*) (Rezende e Oliveira, 2001; Pearce et al., 2006).

Um dos aspectos fundamentais das políticas governamentais é a criação de empregos. A inclusão do benefício da criação de empregos na ACB requer a atribuição do preço-sombra à mão de obra. Para uma região com alta taxa de desemprego, o custo social da mão de obra é considerado inferior ao preço de mercado. O efeito disso é a redução dos custos do projeto, o que o torna mais atrativo (Pearce et al., 2006).

Para a ACB, recomenda-se a execução do projeto se os seus benefícios sociais superarem os seus custos sociais. Já na análise custo-efetividade uma decisão já foi tomada em relação à provisão de um bem ou serviço. Isto é, decidiu-se que os benefícios sociais do bem ou serviço em questão superam os seus custos sociais, quaisquer que sejam esses custos. O propósito da análise custo-efetividade é o de apontar qual o projeto que possibilitaria alcançar esse objetivo incorrendo o menor custo social (Asafu-Adjaye, 2005; Brown et al., 2007).

Um exemplo da aplicação da análise custo-efetividade foi o famoso caso do abastecimento de água na cidade de Nova York (Chichilnisky e Heal, 1998). O serviço ecossistêmico de purificação da água na bacia hidrográfica de Catskill costumava ser suficiente para que a água abastecida em Nova York atendesse aos padrões de qualidade da EPA, a Agência de Proteção Ambiental dos Estados Unidos. Contudo, a qualidade da água foi sendo deteriorada em virtude do aumento da poluição do solo por efluentes domésticos, pesticidas e herbicidas. Em 1996, a prefeitura dessa cidade teve que optar entre a restauração ambiental da bacia ou a construção e a manutenção de uma estação de tratamento de água. O custo estimado para a construção da estação foi entre 6 e 8 bilhões dólares, mais um custo anual de manutenção de 300 mil dólares. No final, optou-se por investir cerca de 1,5 bilhão de dólares na restauração da bacia hidrográfica. Esse custo de restauração contemplou especialmente a compra de terras, subsídios de restrição do uso do solo para proprietários de terras e a construção de novas e melhores estações de tratamento de efluentes.

Um dos tópicos mais controversos na aplicação da ACB é a escolha da taxa de desconto. A taxa de desconto pode ser vista como um decréscimo no peso dos custos ou benefícios futuros em relação àquele dos custos e benefícios presentes. Quanto maior a taxa de desconto, maior a desvalorização dos custos e benefícios futuros. Por conseguinte, os custos e benefícios futuros possuem um peso muito baixo para projetos com horizontes temporais longos (Asafu-Adjaye, 2005; Pearce et al., 2006; Gasparatos et al., 2008; Teeb, 2010b). Por exemplo, uma taxa de desconto de 5% implica que os custos da perda da biodiversidade daqui a 50 anos representam 1/7 do custo da perda da mesma biodiversidade no presente (Teeb, 2010b).

Em última análise, a taxa de desconto representa um *tradeoff* (comprometimento) entre o bem-estar da geração presente e o das futuras gerações (Asafu-Adjaye, 2005; Pearce et al., 2006; Gasparatos et al., 2008; Teeb, 2010b). Por conseguinte, a escolha da taxa de desconto também é uma questão ética, que vai muito além do escopo da ACB (Gasparatos et al., 2008). Nesse sentido, alguns autores sugerem a adoção de uma taxa de desconto de 0% para os custos e benefícios sociais. Enquanto outros autores questionam a falta de embasamento teórico-econômico que justifique o uso de uma taxa de desconto dessincronizada com as taxas de desconto praticadas no mercado financeiro (as taxas de juros de mercado) (Asafu-Adjaye, 2005; Pearce et al., 2006; Gasparatos et al., 2008; Teeb, 2010b). Além disso, a aplicação de uma taxa nula de desconto sugeriria que a geração atual deveria se sacrificar, por exemplo, em prol do bem-estar das gerações futuras dos próximos cem anos, mil anos ou um milhão de anos, o que não faria sentido para a maioria das pessoas hoje (Pearce et al., 2006).

GOVERNANÇA AMBIENTAL

A valoração econômica de serviços ecossistêmicos representa uma estratégia promissora para a inclusão dos ecossistemas e da biodiversidade nas tomadas de decisões humanas (Costanza et al., 1997; Groot et al., 2010; Teeb, 2010a). Entretanto, ressalta-se que a importância dos ecossistemas e da biodiversidade vai muito além da oferta de serviços ecossistêmicos (AEM, 2005e). Oreskes (2004), por exemplo, questiona a dependência humana sobre os serviços ecossistêmicos como a principal justificativa para a conservação da biodiversidade. E se os humanos conseguissem viver perfeitamente em um mundo com muito menos biodiversidade, no qual todos os serviços ecossistêmicos pudessem ser obtidos das monoculturas florestais, dos campos de golfe, dos quintais, e assim por diante? A perda da biodiversidade seria então aceitável? Para o autor, a vida é muito mais do que o somatório dos serviços ecossistêmicos. Sob as perspectivas éticas, religiosas, culturais e filosóficas, os ecossistemas possuem valores mesmo que não contribuam para o bem-estar humano (Oreskes, 2004). O desafio de gerir as relações *ser humano x natureza* incorporando-se toda a pluralidade de valores dos ecossistemas e da biodiversidade adentra o domínio da governança ambiental.

A AEM (2005f) projetou diferentes cenários futuros sobre a degradação dos ecossistemas e perdas da biodiversidade resultantes do uso não sustentável dos ecossistemas. Os resultados desses cenários foram preocupantes. Para evitar esses quadros, a AEM (2005f) propôs (1) mudanças profundas nas instituições e nos arranjos de governança ambiental e (2) um conjunto de respostas da sociedade. As últimas foram agrupadas de acordo com a seguinte tipologia: respostas legais, econômicas, sociais e comportamentais, tecnológicas e cognitivas (Quadro 6). As instituições, conforme a AEM (2005a), não são respostas em si, mas é por meio delas que as respostas são convertidas em vetores de mudança, diretos e indiretos, para as relações *ser humano x natureza*.

Segundo Lemos e Agrawal (2006), seria difícil acreditar no sucesso de respostas econômicas às externalidades ambientais sem o comprometimento do governo, uma vez que o último estabelece as bases do mercado e define incentivos sobre os quais as empresas e os indivíduos baseiam as suas ações. De fato, o marco regulatório dos mercados e mesmo a criação de obrigações que podem dar origens a novos mercados ambientais está vinculado, em grande medida, a normas legais e políticas públicas. Similarmente, as respostas sociais e comportamentais, tecnológicas e cognitivas dependem da atuação do governo (Lemos e Agrawal, 2006).

De acordo com Hodgson (2006), as instituições são sistemas de regras sociais estabelecidas e prevalecentes as quais estruturam a interação social. As instituições podem ou não possuir um caráter legal. Exemplos de instituições informais são as tradições, hábitos, costumes e convenções sociais. Metaforicamente falando, as instituições são "as regras do jogo" da sociedade; as *organizações*, "os jogadores" (North, 1990). A organização é formada por um coletivo de indivíduos (os membros da organização) engajados em relação a um propósito (North, 1990). As relações entre os membros da organização são estruturadas pelo sistema de regras internas (formais e informais) da organização (Ostrom, 1990; Scott, 1995; Young, 2002). Assim sendo, quando a organização é analisada como uma estrutura (o "jogo"), e não como um agente ("o jogador"), a organização pode ser considerada uma instituição (Hodgson, 2006). Segundo Hodgson (2006), um dos problemas em se considerar a organização apenas como um agen-

Quadro 6 – Respostas sociais para a reversão da degradação dos ecossistemas.

Tipologia de resposta	Explicação/exemplos
Legal	- Promovem as regras formais por meio das quais as demais respostas são estruturadas e operacionalizadas.
Econômica	- Eliminação de subsídios que promovem o uso excessivo dos serviços ecossistêmicos. - Uso mais intensivo de instrumentos econômicos e abordagens baseadas no mercado para a gestão dos ecossistemas.
Social e comportamental	- Educação ambiental e campanhas de conscientização ambiental. - Movimentos e protestos sociais. - Empoderamento das comunidades mais dependentes dos serviços de um ecossistema e/ou mais afetadas pela sua degradação. - Empoderamento das mulheres e dos jovens.
Tecnológica	- Produtos, instrumentos, processos e práticas que promovam o uso eficiente dos serviços ecossistêmicos e a minimização dos impactos humanos sobre os ecossistemas.
Cognitiva	- Reconhecimento (legitimação) do conhecimento tradicional. O conhecimento tradicional é aquele desenvolvido e compartilhado entre os integrantes de uma comunidade caracterizada por uma cultura distinta. Vários integrantes da comunidade contribuem para a construção desse conhecimento. - Desenvolvimento, reconhecimento e integração do conhecimento científico sobre o funcionamento dos ecossistemas. - Desenvolvimento, reconhecimento e integração do conhecimento científico sobre a sinergia e a operacionalização de todas as respostas listadas neste quadro.

Fonte: AEM (2005a).

te remete ao risco de mascarar os seus conflitos internos, os quais podem ajudar a explicar o comportamento e o desempenho da organização em diversos momentos.

A *capacidade institucional* diz respeito à habilidade da instituição de executar ações de forma efetiva. Se a instituição não possuir aptidões, informações e recursos adequados para a implantação de uma política, os resultados obtidos poderão ser insatisfatórios, independentemente do nível de comprometimento e de entusiasmo dos membros da organização (AEM, 2005b).

A capacidade institucional também é regida por fatores externos: o contexto político (AEM, 2005b). As ações institucionais podem gerar insatisfações na sociedade a ponto de serem barradas. No governo de muitos países, por exemplo, é comum a competição por orçamentos entre instituições ambientais e instituições mais velhas, de outros setores, que detêm maior influência política (Unep, 1999). O resultado disso são instituições ambientais caracterizadas pela falta de recursos e equipe, e cada vez mais sobrecarregadas à medida que a legislação ambiental torna-se mais extensa e complexa (Unep, 1999). Similarmente, o sucesso de uma instituição é acondicionado pelo apoio e recursos de outras instituições (AEM, 2005b).

Uma etapa crítica na elaboração de uma política é a identificação dos *stakeholders*. Não apenas os interesses como também a influência política (o poder) dos potenciais *stakeholders* devem ser identificados. De maneira geral, os *stakeholders* incluem: (1) os indivíduos e grupos que possuem influência política sobre as ações da instituição e estão motivados a usar esse poder; (2) aqueles interessados em influenciar as ações da instituição e que estão engajados na busca de influência política para isso; (3) aqueles que são afetados pelas ações da instituição, mas que não conseguem, ou não buscam, adquirir influência política (AEM, 2005b).

Para Lemos e Agrawal (2006), a governança ambiental representa as intervenções voltadas para os incentivos, conhecimentos, instituições, processos decisórios e comportamentos humanos relacionados ao ambiente. Mais especificamente, eles definiram a governança ambiental como o conjunto de processos regulatórios, mecanismos e organizações por meio do qual os atores políticos influenciam ações e resultados ambientais. De acordo com a Unep (2009), a governança ambiental compreende as regras, práticas, políticas e instituições que moldam a forma como os humanos interagem com o ambiente.

Governança não é sinônimo de gestão pública, pois a primeira considera o papel de diferentes *atores sociais* (Lemos e Agrawal, 2006), como: (1) governos nacionais e subnacionais, (2) organizações não governamentais nacionais e internacionais, (3) institutos de pesquisa, (4) setor de negócios, (5) comunidades e (6) famílias e indivíduos (AEM, 2005c). Em última análise, o governo é apenas um dos atores sociais da governança ambiental.

Um dos grandes desafios da governança ambiental é lidar com o caráter multiescalar das questões ambientais. Por exemplo, as consequências sociais, ecológicas e econômicas das perdas de biodiversidade e da poluição atmosférica extravasam os limites políticos territoriais (Unep, 2009). Assim sendo, os atores sociais necessitam atuar em diferentes níveis organizacionais: (1) local, (2) subnacional, (3) nacional, (4) regional, (5) global e (6) combinação entre os níveis anteriores (AEM, 2005c).

Na literatura sobre governança ambiental até o final da década de 1990, a maior parte dos autores discorreu sobre a importância de um único agente: tipicamente atores do governo e do mercado e, em menor proporção, atores da sociedade civil, como ONGs e comunidades locais. Contudo, o caráter complexo e multiescalar das questões ambientais serviu de inspiração para a adoção de arranjos híbridos de governança (Lemos e Agrawal, 2006). Basicamente, a ideia por trás dos arranjos híbridos de governança (Figura 4) é a de lidar com as limitações de um único agente e a de incorporar os pontos fortes dos demais (Lemos e Agrawal, 2006). Na Figura 4, os vértices do triângulo representam os agentes convencionais da governança ambiental. As parcerias entre esses agentes formam os pilares dos arranjos híbridos de governança ambiental (Lemos e Agrawal, 2006).

De acordo com Durant et al. (2004), a busca de novas abordagens de governança ambiental foi impulsionada pela insatisfação de muitos em relação

Figura 4 – Mecanismos e estratégias da governança ambiental.

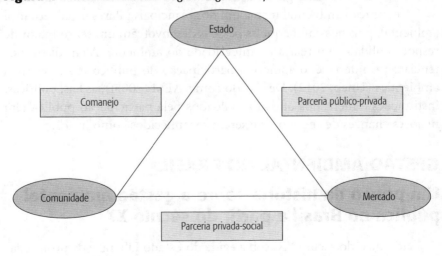

Fonte: Lemos e Agrawal (2006).

ao excesso de burocracia dos governos e aos resultados insatisfatórios das políticas convencionais de comando e controle. Mais especificamente, as deficiências das últimas em controlar fontes difusas de poluição e o seu baixo *custo-efetividade* em longo prazo. Por exemplo, uma vez que a empresa esteja em conformidade com os padrões ambientais fixados pela legislação, não existem incentivos para inovações, *redesign* e investimentos tecnológicos no que diz respeito aos aspectos ambientais dos seus processos (Durant, et al., 2004).

O baixo *custo-efetividade* das políticas de *comando e controle* e a crescente preocupação dos consumidores no que diz respeito às questões ambientais são algumas das principais justificativas para a adoção concomitante de políticas de mercado. A participação da comunidade e de vozes locais possibilita (1) o ganho de conhecimento e informações locais e (2) a distribuição mais equânime dos benefícios da gestão dos ecossistemas. Já o governo possui um papel central na legitimação, no empoderamento e na construção da capacidade institucional das comunidades, das ONGs e do mercado (Lemos e Agrawal, 2006). Além disso, o governo pode criar uma plataforma de interação e cooperação institucional para que esses atores sociais atuem de forma coesa (WBCSD, 2010). Acima de tudo, é importante ter em mente que as políticas governamentais de comando e controle são extremamente valiosas para o combate à degradação ambiental. A questão central é que elas precisam ser (1) mais bem formuladas e aplicadas e (2) complementadas por outros instrumentos de governança, os quais são frutos de parcerias entre governo, comunidade e mercado (Unep, 2012).

A educação ambiental forma um dos principais pilares da governança ambiental, pois possibilita que as pessoas desenvolvam um senso maior de responsabilidade em relação à integridade do ambiente. Além disso, potencializa o interesse, o apoio e a participação do público nas iniciativas ambientais (Unep, 2012). De acordo com a AEM (2005f), as leis, políticas, instituições e mercados que são moldados pela participação pública têm maiores chances de sucesso e de serem reconhecidos como justos.

GESTÃO AMBIENTAL NO BRASIL
Um pouco da história sobre a gestão ambiental pública no Brasil a partir do século XX

No início do século XX, sob a égide do Estado Liberal e da propriedade absoluta, a legislação ambiental brasileira se limitava basicamente à re-

GESTÃO EMPRESARIAL PARA SUSTENTABILIDADE E GOVERNANÇA AMBIENTAL | 367

gulação da exploração de espécies arbóreas valiosas – quando de domínio do Estado – como o pau-brasil (*Caesalpinia echinata*) e outras espécies denominadas popularmente de madeiras de Lei. O desmatamento estava concentrado no bioma Mata Atlântica; as suas principais causas eram o suprimento da demanda europeia por produtos florestais, a produção de energia e o estabelecimento de propriedades rurais (Banerjee et al., 2009).

O declínio do estoque de madeira na região despertou o interesse do governo em regulamentar o uso das florestas. Em 1934, durante o governo de Getúlio Vargas, foi aprovado o primeiro Código Florestal. Com o advento dessa lei, o direito privado de propriedade sobre os recursos naturais passou a ser subordinado ao interesse coletivo da sociedade, ou ao menos no que tange ao recurso madeireiro. Essa lei criou a exigência da Reserva de no mínimo 25% da área florestal da propriedade privada. Nesta, entretanto, o proprietário poderia, e mesmo era desejável, convertê-la em floresta industrial, homogênea/monocultura, pois o foco era a manutenção de estoque madeireiro. Criou também a figura das florestas protetoras em áreas de maior fragilidade – embrião do instituto das Áreas de Proteção Permanente (APPs), as quais deveriam assim ser declaradas pelo Poder Público e indenizadas ao particular (Franco, 2005). O primeiro Código Florestal foi muito pouco eficiente em reduzir o desmatamento na Mata Atlântica; a prioridade governamental era a industrialização nacional e a colonização e expansão agrícola na Amazônia (Banerjee et al., 2009).

Nesse mesmo ano, a Constituição Federal de 1934 deu início ao Estado Social e ao processo de incorporação do conceito de Função Social da Propriedade, ao prever que a propriedade não poderia ser utilizada de modo contrário ao interesse social ou coletivo definido em lei. Nesse caminho, a Função Social corresponderia basicamente à obrigação de produzir visando ao Pleno Emprego, inspirado na figura dos Melhoramentos discorridos por John Locke. Isto é, a conversão ("melhoramento") de áreas naturais, que pouco ou nenhum valor tinha aos humanos, em áreas produtivas sob o ponto de vista econômico: lavoura, pecuária e plantios florestais. Sob esse novo discurso, a propriedade não utilizada é considerada improdutiva e, como tal, pode ser desapropriada pelo Estado. Nesse contexto, não cabe aos proprietários outra alternativa senão explorar economicamente a propriedade (Franco, 2005).

A industrialização, por sua vez, exigiria grandes investimentos na infraestrutura energética do país. Nesse sentido, a produção de energia hidrelétrica passou a ser uma questão estratégica no governo, o que levou à decretação do Código das Águas de 1934. Até então, o Código Civil de 1916 mantinha o conceito português de que o potencial de navegabilidade era o principal critério para a atribuição de interesse público sobre as águas (Sampaio, 2012). A década de 1930 também foi marcada pela criação do Código de Minas (1934) e do Código de Pesca (1938). O último foi reinstituído em 1967 pelo Decreto-lei n. 221/1967. A Carta Constitucional de 1946, no art. 175, atribuiu competência à União para legislar sobre "as riquezas do subsolo, mineração, metalurgia, *águas, energia elétrica, floresta, caça e pesca*". Conforme o art. 5º, XV, a Carta Constitucional de 1946 dividiu entre os entes da federação a competência para legislar sobre monumentos naturais, paisagens e locais de particular beleza. No final da década de 1940, já se discutia no congresso um novo código florestal.

A década de 1960 foi marcada pelo surgimento e a consolidação do movimento ambientalista no mundo. No Brasil, a década de 1960 foi caracterizada pelo golpe militar de 1964. Em 1965, o governo militar de Humberto de Alencar Castelo Branco instituiu um novo Código Florestal (Lei n. 4771/65). Essa lei aumentou para 50% o requerimento de Reserva Legal para a Amazônia Legal e reduziu para 20% nas demais áreas do país (mas manteve a possibilidade de homogeneização da vegetação). Instituiu a Área de Proteção Permanente (APP) para áreas vulneráveis – como margens de rios, encostas e topos de morros – localizadas em propriedades privadas, agora sem necessidade de desapropriação ou indenização. A lei também definiu uma gama de categorias para áreas de conservação.

A política desenvolvimentista que norteava o Regime Militar exigia que se garantisse o suprimento de matéria-prima, como o carvão vegetal, para as indústrias. Nesse contexto, foram criados incentivos fiscais para a expansão das florestas plantadas. Em 1967 foi criado o Instituto Brasileiro de Desenvolvimento Florestal (IBDF). Embora o seu mandato também contemplasse a conservação e o manejo de florestas naturais, a atuação do IBDF foi caracterizada predominantemente pela gestão dos incentivos fiscais para florestas plantadas e pelo controle da comercialização de produtos madeireiros (Banerjee et al., 2009).

Uma grande preocupação geopolítica do regime militar era a segurança das fronteiras da Amazônia brasileira e o controle sobre os recursos naturais, como os recursos minerais, desse território. O lema do governo brasileiro para a Amazônia era o de "integrar para não entregar". Para isso, o governo financiou a construção de grandes estradas e promoveu diversos mecanismos de incentivos para a colonização agrícola da Amazônia. Nesse

GESTÃO EMPRESARIAL PARA SUSTENTABILIDADE E GOVERNANÇA AMBIENTAL | **369**

contexto, o governo criou a Superintendência de Desenvolvimento da Amazônia (Sudam), em 1966, e o Instituto Nacional de Colonização e Reforma Agrária (Incra), em 1970. Em especial, o Programa Nacional de Integração, criado em 1970, financiou a construção da rodovia Transamazônica e da rodovia Cuiabá-Santarém.

O modelo de colonização da Amazônia adotado pelo Incra promovia de forma demasiada o desmatamento. Na Amazônia, o Incra obteve a jurisdição sobre terras a 100 km das rodovias federais e a 150 km das fronteiras internacionais (Banerjee et al., 2009). O Incra então transferia o direito de propriedade sobre essas terras para aqueles que as desmatassem.

Mundo afora, o meio ambiente ganhara notoriedade por causa de catástrofes ambientais. Dentre os relatos clássicos da literatura pode-se citar o *grande smog* (mistura de névoa e fumaça) em Londres no ano de 1952. Os níveis de poluição atmosférica em Londres eram altíssimos desde o início da Revolução Industrial. No dia 5 de dezembro de 1952, Londres amanheceu coberta por um *smog* de consequências catastróficas. Uma inversão térmica impediu a dispersão do *smog* por quatro dias, o que levou a óbito mais de 4.000 pessoas.

Em 1962, Rachel Carson, naturalista e pesquisadora em biologia marinha, publicou o bestseller *Silent Spring* (Primavera Silenciosa), no qual documentou eloquentemente os efeitos nocivos dos pesticidas, especialmente o DDT, para o ambiente e a saúde humana (Carson, 1980). Essa obra foi um marco histórico para o movimento ambientalista. Atribui-se a essa obra a proibição do uso do DDT nos Estados Unidos anos mais tarde (Oreskes, 2004).

Em 1972, o Clube de Roma publicou a obra "Limites para o Crescimento" (Meadows et al., 1972). Nesse trabalho, os autores discorrem sobre os resultados de um modelo computacional criado para simular as consequências do crescimento econômico desregulado, do crescimento populacional e da exploração desmedida dos recursos naturais. Concluiu-se que o ambiente não suportaria o crescimento econômico até o ano de 2100 caso a sociedade não adotasse novas formas de agir e pensar.

Até o início da década de 1970, o desenvolvimento ainda era interpretado como um processo quase que exclusivamente econômico, o qual poderia ser suficientemente avaliado pelo produto nacional bruto (PNB). Em muitos países em desenvolvimento, como o Brasil durante o regime militar, a preocupação ambiental era vista como uma ameaça ao desenvolvimento.

Nesse sentido, se a poluição implicasse industrialização e, portanto, desenvolvimento, então ela poderia até ser algo desejável por muitos. Diga-se de passagem, essa foi a posição adotada pelo governo brasileiro na conferência de Estocolmo. Outros ainda enxergavam o discurso ambiental como uma maneira de "formalizar" ou justificar a exploração dos países ricos sobre os países pobres.

Uma nova perspectiva sobre a relação entre o desenvolvimento e o meio ambiente emergiu na Conferência das Nações Unidas sobre o Meio Ambiente Humano, em 1972, também conhecida como Conferência de Estocolmo (Earth Council et al., 2002). Nessa conferência, as questões ambientais, que se limitavam basicamente ao controle da poluição, foram elevadas como condicionantes da qualidade de vida humana e da garantia dos interesses das futuras gerações. A busca do crescimento econômico sem consideração a outros fatores – como necessidades básicas, respeito ao próximo, ar puro, água, abrigo e saúde – foi questionada de gerar condições de vida indignas ao ser humano. Reconheceu-se que dois terços da população mundial estavam vivendo em condições de pobreza, desnutrição, analfabetismo e miséria. Conclui-se que satisfazer as necessidades básicas de vida nos países em desenvolvimento seria um requisito fundamental para que a sociedade avançasse nas questões ambientais; esses países, no entanto, deveriam promover um "desenvolvimento correto", alinhado às questões ambientais, evitando-se cometer os mesmos erros dos países desenvolvidos (Earth Council et al., 2002).

A Conferência de Estocolmo foi bem-sucedida em colocar o meio ambiente em posição proeminente na agenda política da maioria dos países. Uma das recomendações da conferência resultou na criação de uma nova agência das Nações Unidas: o Programa das Nações Unidas para o Meio Ambiente (Pnuma/Unep).

Segundo Philippi Jr et al. (2014), a estruturação da gestão ambiental pública no Brasil foi impulsionada pelas pressões internacionais na esteira da Conferência de Estocolmo e pelas exigências ambientais de institutos de fomento financeiro, como o Banco Interamericano de Desenvolvimento (BID) e o Banco Mundial. Para grandes obras financiadas com recursos externos, era comum a exigência da elaboração de estudos ambientais.

A crise do petróleo de 1973 criou um grande impacto na economia mundial e marcou o fim do "milagre econômico" brasileiro no governo militar. O Brasil foi um dos países que mais se endividou com a compra de óleo a preços altíssimos. O governo militar acreditava que o desenvolvimento infraestrutural e industrial brasileiro voltado para a exportação reverteria a crise econômica brasileira. Esse desenvolvimento exigia grandes investimentos externos. Nesse período, o governo criou grandes polos agropecuários e agrominerais na Amazônia, com destaque para o programa Polamazônia.

Sob a influência da Conferência de Estocolmo, o governo brasileiro instituiu, em 1973, a Secretaria Especial do Meio Ambiente (Sema). Contudo, o foco da Sema, na prática, não foram os grandes problemas ambientais brasileiros, como a poluição nos centros urbanos ou a gestão dos recursos naturais, mas as exigências ambientais para os financiamentos oriundos de outros países. Mais especificamente, a prioridade da Sema era o Sistema de Licenciamento de Atividades Poluidoras (Slap). Somente anos mais tarde o sistema de licenciamento evoluiu para a concepção do Sistema de Licenciamento Ambiental (Slam) (Philippi Jr et al., 2014).

É verdade que a Sema e o IBDF criaram inúmeras áreas de proteção ambiental no Brasil. Porém, segundo Banerjee et al. (2009), essas áreas de proteção foram essencialmente "parques de papel": áreas protegidas por lei, mas caracterizadas pela (1) falta de gestão, de recursos e de infraestrutura, (2) legislação contraditória e (3) pouca participação das comunidades locais no manejo dos seus recursos naturais. Em suma, a criação de "parques de papel" é uma forma cômoda de se forjar um comprometimento ambiental.

O movimento ambiental no Brasil teve oportunidade política para crescer e se consolidar a partir do início da abertura política, em 1974, no governo do general Ernesto Geisel. A abertura política compreendeu o processo de liberalização do regime militar, e democratização do sistema político, que terminou em 1988 com a promulgação da nova Constituição.

Em 1981, a Política Nacional de Meio Ambiente (Lei n. 6.938/81) é criada em meio a um período de crise econômica e democratização da sociedade brasileira. Esse período de democratização foi refletido na PNMA, de modo que os órgãos estaduais foram instituídos como as entidades responsáveis pela gestão ambiental. Porém a Lei n. 8.028/90 instituiu o Ibama como órgão executor do Sisnama. Esse órgão nasceu da congregação de diversas agências, até então responsáveis pelas questões ambientais e correlatas, como a Sema e o IBDF. Aos poucos, o Ibama foi usurpando ainda mais da autonomia de gestão ambiental dos órgãos ambientais. Durante a abertura política, também entrou em cena um ator social que assumiu um papel de extrema importância na gestão ambiental: o Ministério Público.

A Lei n. 6.938/81 – PNMA traz o primeiro passo para a ecologização do Direito ao introduzir uma visão sistêmica de gestão e proteção ambiental, a qual se evidencia já no conceito jurídico de Meio Ambiente adotado no art. 3º, I, equivalente a bases, processos e fluxos das interações físico-químicas e biológicas inerentes aos ecossistemas.

Por meio dessa lei, foi criado o Sisnama, como sistema voltado a integrar a atuação dos órgãos ambientais de diferentes esferas federativas e o Conama, o qual estabelece critérios de qualidade ambiental para regulamentar os dispositivos legais em matéria ambiental. A PNMA também define os Instrumentos de Proteção Ambiental, os quais articulados permitem atuar nas diferentes variáveis indispensáveis à garantia de um modelo de desenvolvimento socioeconômico viável em um ambiente sadio. Padrões de Qualidade Ambiental, Zoneamento Ambiental, Licenciamento de Atividades Potencialmente Poluidoras, Criação de Espaços Especialmente Protegidos, Penalidades Administrativas e Criminais, bem como responsabilidade civil objetiva são alguns dos instrumentos que moldam e visam dar efetividade ao sistema jurídico ambiental, e garantir o equilíbrio ecológico do meio ambiente.

Internacionalmente, durante a abertura política brasileira, intensificou-se substancialmente o interesse na Amazônia à medida que a importância da biodiversidade e do sequestro de carbono para a sociedade foi se tornando mais evidente (Banerjee et al., 2009).

Em 1987, a Comissão Mundial das Nações Unidas sobre Meio Ambiente e Desenvolvimento (CMMAD) apresentou um documento chamado "Nosso Futuro Comum" (*Our Common Future*), também conhecido como Relatório Brundtland. Nesse documento, o desenvolvimento sustentável é definido como aquele que atende às necessidades do presente, sem comprometer a capacidade de as gerações futuras atenderem às suas próprias necessidades. Além disso, reconhece-se que o desenvolvimento sustentável é limitado pelo estágio atual da tecnologia e da organização social. Porém, conforme o documento, tanto a tecnologia quanto a organização social podem ser geridas e aprimoradas para proporcionar uma nova era de crescimento econômico (CMMAD, 1998).

O desafio de desenvolvimento sustentável lançado pela CMMAD levou à convocação da Conferência das Nações Unidas sobre Meio Ambiente e Desenvolvimento, ou Eco92, realizada no Rio de Janeiro. A busca por um desenvolvimento econômico, social e ambientalmente adequado foi o foco de tratados e convenções estabelecidos durante a convenção. Entre estes, destacam-se a Agenda 21, a Convenção sobre Diversidade Biológica, a Convenção sobre Mudanças Climáticas, a Declaração sobre Princípios Florestais e a Declaração do Rio sobre Meio Ambiente e Desenvolvimento.

Gestão e normatização ambiental no Brasil

A Política Nacional de Meio Ambiente (PNMA), instituída pela Lei n. 6.938/1981, é um marco legislativo na gestão ambiental brasileira. No seu art. 3º, I, o meio ambiente é definido com "o conjunto de condições, leis, influências e interações de ordem física, química e biológica, que permite, abriga e rege a vida em todas as suas formas". Este conceito evidentemente internaliza no Direito a perspectiva ecossistêmica da tutela ambiental ao definir meio ambiente a partir de processos, fluxos e interações dinâmicas inerentes aos ecossistemas. A partir daí, Meio Ambiente não corresponde mais apenas à base física, mas a esta integrada nos processos físico-químicos e bióticos presentes. O bem ambiental tutelado pelo direito passa a ser fluído e abstrato, como equilíbrio ecológico, o qual a própria Constituição Federal irá adotar. Segundo Sampaio (2012), trata-se de um texto precursor e audacioso, pois que introduzira os conceitos de meio ambiente, poluidor, poluição e degradação ambiental, além de tipificar o princípio do pagador poluidor. Um dispositivo avançado instituído pela Lei n. 6.938/81 foi o da responsabilidade objetiva. Conforme o seu art. 14, § 1º, "*é o poluidor obrigado, independentemente da existência de culpa, a indenizar ou reparar os danos causados ao meio ambiente e a terceiros, afetados por sua atividade. O Ministério Público da União e dos Estados terá legitimidade para propor ação de responsabilidade civil e criminal, por danos causados ao meio ambiente*".

Conforme o art. 2º da Lei n. 6.938/81, a PNMA "tem por objetivo a preservação, melhoria e recuperação da qualidade ambiental propícia à vida, visando assegurar, no País, condições ao desenvolvimento socioeconômico, aos interesses da segurança nacional e à proteção da dignidade da vida humana, [...]". Para assegurar esse objetivo, a PNMA criou dois sistemas essenciais para a gestão ambiental: o Sistema Nacional de Meio Ambiente e um conjunto de instrumentos de gestão/proteção ambiental (Quadro 7).

Quadro 7 – Sisnama e instrumentos de gestão ambiental da política nacional de meio ambiente (Lei n. 6.938/81).

Sisnama	- Visa possibilitar a articulação coordenada, a cooperação e a troca de informações entre os órgãos e entidades responsáveis pela proteção e melhoria da qualidade ambiental nos diversos entes da federação: União, estados e municípios. - Insere-se o Conselho Nacional do Meio Ambiente (Conama) para regular os dispositivos legais em matéria ambiental, como o estabelecimento de critérios de qualidade ambiental.

(continua)

374 | GESTÃO EMPRESARIAL E SUSTENTABILIDADE

Quadro 7 – Sisnama e instrumentos de gestão ambiental da política nacional de meio ambiente (Lei n. 6.938/81). *(continuação)*

Instrumentos de gestão ambiental (categorias e principais instrumentos)	Planejamento e gestão territorial (incisos II e VI)	- **Zoneamento Ambiental** (regulamentado pelo Decreto n. 4.297/2002, que define as diretrizes para a elaboração do Zoneamento Ecológico Econômico – ZEE). - **Espaços Territoriais Especialmente Protegidos** (materializa-se principalmente por meio da Lei n. 9.985/2000, que cria o Sistema Nacional de Unidades de Conservação – Snuc).
	Parametrização (inciso I)	- **Padrões de qualidade ambiental** (p. ex.: limites de emissões atmosféricas, emissões de ruídos, lançamento de efluentes e geração de resíduos sólidos).
	Gestão e fiscalização (incisos III e IV)	- **Licenciamento Ambiental** - **Avaliação de Impactos Ambientais** - **Auditorias Ambientais Compulsórias**
	Informação, articulação e monitoramento de atividades e qualidade ambiental (incisos VII, VIII, X, XI e XII)	- **Sistema Nacional de Informações Ambientais** - **Relatório de Qualidade do Meio Ambiente** - **Cadastro de Atividades e Instrumentos de Defesa Ambiental** - **Cadastro Técnico Federal**
	Repressão e responsabilização (inciso IX e art. 14)	- **Responsabilidade civil, penal e administrativa.** - **Responsabilidade civil objetiva.**
	Instrumentos econômicos de incentivo e desenvolvimento	- **Princípios do Poluidor Pagador e do Usuário Pagador** - São previstos "incentivos à produção e instalação de equipamentos e a criação ou absorção de tecnologia voltados para a melhoria da qualidade ambiental" (art. 9º, inciso V).

Normas como a Lei n. 9.605/98 (a Lei de Crimes Ambientais) e seu regulamento, o Decreto n. 6.514/2008, materializam e sistematizam os instrumentos de responsabilidade penal e administrativa ambiental, complementando os instrumentos de planejamento, controle e coerção previstos na PNMA. Esse aparato tem como objetivo principal dar efetividade às normas de proteção ambiental mediante o modelo de comando-controle, o qual tende a desestimular as condutas contrárias à norma diante do temor e ônus das ações cabíveis. Nesse viés, um importante feito da Lei n. 9.605/98 foi a responsabilização de pessoas jurídicas por crimes ambientais.

Outro fator de importância fundamental na gestão ambiental brasileira foi a Lei n. 7.347/85, conhecida como Lei dos Interesses Difusos. Entende-se por interesses difusos aqueles que pertencem a todos coletivamente, mas a ninguém exclusivamente, sendo conhecidos como transindividuais ou metaindividuais, como Direito ao equilíbrio ecológico do Meio Ambiente, Direito do Consumidor, Direito a Valores Históricos, entre outros. A partir dessa lei, a ação do Ministério Público e de ONGs assume grande influência na gestão ambiental por meio da Ação Civil Pública, instrumento processual utilizado no intuito de reprimir ou, de maneira preventiva, impedir todo e qualquer dano de determinado bem de interesse difuso. Esse regime normativo em matéria de ação coletiva ambiental foi posteriormente aperfeiçoado pela Constituição Federal de 1988.

Por seu turno, na base do sistema jurídico ambiental, a Constituição Federal de 1988 dedica em seu Título VIII – Da Ordem Social, um capítulo exclusivamente para o meio ambiente (capítulo VI). O seu art. 225 traz a seguinte determinação: "Todos têm direito ao meio ambiente ecologicamente equilibrado, bem de uso comum do povo e essencial à sadia qualidade de vida, impondo-se ao Poder Público e à coletividade o dever de defendê-lo e preservá-lo para as presentes e futuras gerações. "

A partir desse dispositivo, consolida-se a figura do Equilíbrio Ecológico do Meio Ambiente, voltado à sadia qualidade de vida, como bem ambiental, o qual passa a ser tutelado constitucionalmente como Direito Difuso, não pertencendo assim a ninguém individual e exclusivamente, mas a todos coletivamente. O equilíbrio ecológico do meio ambiente, também denominado Macro Bem Ambiental é abstrato, fluído e dinâmico, baseado em processos ecossistêmicos decorrentes da interação das bases físicas que o sustentam (Leite, 2000).

Já as bases físicas, e/ou recursos naturais, são corpóreos, têm de regra titulação individual, sendo públicos ou privados dependendo de a quem pertencem, e compõem os denominados micro-bens ambientais (Leite, 2000). É sobre esses micro-bens que recaem as limitações e determinações das normas ambientais visando garantir que o uso e a gestão deles permitam a manutenção do equilíbrio ecológico ou macro-bem ambiental. Em outras palavras, a legislação visa à gestão adequada da base física voltada a assegurar a manutenção dos processos e serviços ecossistêmicos que sustentam o equilíbrio ecológico do meio ambiente. Nesse diapasão, inúmeras são as normas jurídicas legais e infralegais, federais, estaduais e municipais, editadas visando materializar os diversos instrumentos previstos na PNMA, e que atualmente formam o Direito Ambiental Brasileiro.

De modo geral, elaborou-se uma das legislações ambientais mais avançadas do mundo, mas com significativo descompasso em relação à capacidade institucional e política das suas agências ambientais para aplicá-la. Surge então a famosa premissa de que as leis ambientais brasileiras são fortes no papel, mas fracas na prática. Considere também a falta de embasamento científico de significativa parte da normatização ambiental brasileira, o "cartorialismo" herdado de Portugal e uma legislação ambiental que foi se tornando extremamente longa e complexa. O resultado disso tudo vem sendo uma gestão ambiental fragmentada, engessada e pouco eficiente: uma gestão que muito pouco induz ao desenvolvimento sustentável.

A deficiência das agências ambientais brasileiras ganhou destaque internacional por causa da obra "Making Law Matter – Environmental Protection and Legal Institutions in Brazil". Nela, a professora McAllister, da UC Davis School of Law, Estados Unidos, discorre sobre a atuação do Ministério Público (MP) na gestão ambiental pública no Brasil. De acordo com a autora, o MP possui quatro atuações fundamentais para a aplicação da legislação ambiental no Brasil. Primeiramente, o envolvimento dos promotores do MP mudou a cultura da impunidade para as leis ambientais. Em segundo lugar, o MP tem poder de investigar e mover ações legais contra as agências ambientais públicas. Em terceiro, com a resolução extrajudicial de casos, por meio dos Termos de Ajustamento de Condutas (TAC), o MP atua como um fórum para a resolução de disputas ambientais. Finalmente, o MP tem servido como o principal meio de veículo para que os interesses ambientais cheguem ao Judiciário. O livro atribui o sucesso da atuação do MP nas questões ambientais principalmente à independência do órgão e ao talento dos seus promotores (McAllister, 2008).

GESTÃO EMPRESARIAL PARA SUSTENTABILIDADE E GOVERNANÇA AMBIENTAL | **377**

O livro da professora McAllister foi tema de revisão de uma série de artigos publicados pela George Washington University Law School[2]. Crawford (2009), um desses revisores, também demonstrou grande interesse e admiração em relação ao papel do MP na aplicação da legislação ambiental. Contudo, esse autor levantou alguns questionamentos sobre o sistema de valores pessoais dos promotores do MP. Primeiramente ressalta que o Brasil possui uma das maiores dimensões territoriais, uma das maiores diversidades culturais e um dos mais expressivos contrastes socioeconômicos do mundo. Então questiona qual a sociedade, ou as sociedades, que o MP estaria defendendo no Brasil e o posicionamento e a atuação do MP em relação à execução de leis que protejam os interesses de um grupo seleto da sociedade ao custo da injustiça e da desigualdade social.

Na literatura sobre o desenvolvimento sustentável, muitos autores são enfáticos ao afirmar que não existem indivíduos com valores imparciais (Meppem e Bourke, 1999; Sunderlin, 1995; Gasparatos e Scolobig, 2012). As instituições moldam a ação dos indivíduos. Contudo, os indivíduos trazem os seus valores e visões de mundo para dentro da instituição. Com o tempo, esses valores passam a ser incorporados (institucionalizados) nas regras informais das instituições (Scott, 1995). Existe um forte consenso de que as regras informais são tão importantes quanto as formais da instituição (Ostrom, 1990; North, 1990; Scott, 1995; Young, 2002; Hodgson, 2006). Nesse sentido, é válido o questionamento de Crawford (2009) em relação aos sistemas de valores pessoais dos procuradores do MP.

Esquirol (2009), outro revisor da obra da professora McAllister, provoca uma reflexão sobre o significado de "independência política", e as formas como McAllister estaria empregando o termo "independência" referindo-se ao MP. Argumenta que a independência pode ser algo bom ou ruim dependendo do contexto. Segundo o autor, a independência pode significar tanto a liberdade de interferências políticas indesejáveis como o poder para a imposição de ideais políticos e idiossincrasia. Além disso, argumenta que a *dependência* pode ser um valor positivo no sentido de responsabilização pelas ações. Finalmente, considera que a dependência é favorável quando se trata de influências externas visando à aplicação de leis de prioridade social e sincronização de políticas governamentais.

---

[2] Disponível em: http://www.gwilr.org/?page_id=93.

Segundo Philippi Jr et al. (2014), o MP, por meio da Ação Civil Pública, foi responsável pela homogeneização da observância da legislação ambiental, que era ignorada ou parcialmente aplicada em alguns estados brasileiros.

Nos últimos dez anos, um número crescente de autores vem criticando a excessiva intervenção do MP no âmbito de competência e discricionariedade do Executivo, bem como a tendência ao questionamento judicial em licenciamentos ambientais. Por exemplo, em um estudo realizado pelo Banco Mundial sobre o licenciamento ambiental de empreendimentos hidrelétricos no Brasil, afirmou-se que:

> Dados fornecidos pelas entidades entrevistadas, inclusive membros do próprio MP Federal e do Estado de São Paulo, indicam que os promotores/procuradores do MP têm um amplo poder para exercer influência sobre questões que não estão direta ou explicitamente sob a competência legal ou técnica do MP, tais como: (i) definição da matriz energética nacional; (ii) organização territorial do sistema de geração de energia; (iii) estabelecimento de critérios e metas de desenvolvimento econômico regional e estruturação para atendimento dessas demandas; (iv) estabelecimento de prioridades de interesses econômicos e ambientais; e (v) valoração ou não dos impactos decorrentes. A atuação do MP nesses temas e sua natural tendência ao uso de medidas judiciais aumenta a frequência e a geração de conflitos no âmbito do processo de licenciamento. (Banco Mundial, 2008)

De acordo com Hochstetler (2011), é comum o MP interferir nos processos de licenciamento ambiental de empreendimentos e exigir informações que muito dificilmente poderiam ser levantadas pelo empreendedor. Segundo a SAEPR (2009), existe um cargo excessivo imposto sobre os profissionais públicos que atuam no processo de licenciamento ambiental. Mais precisamente, é comum se verificar a condenação de técnicos do Ibama por crimes ambientais e por improbidade administrativa por conta dos resultados técnicos dos seus trabalhos. Isso resulta em um comportamento de aversão a riscos entre os profissionais públicos responsáveis pela emissão de licenças, que optam quase que exclusivamente pela possibilidade de erro por comissão, e não de erro por omissão (Banco Mundial, 2008).

Nesse contexto, é muito comum que o órgão licenciador recorra ao "princípio da precaução", coibindo a atividade proposta (Banco Mundial, 2008). Esse princípio também é comumente interpretado de maneira excessiva no Judiciário, possivelmente pela própria falta de preparação para a análise de questões técnico-ambientais. A Convenção sobre Diversidade Biológica observa, em seu preâmbulo, que "quando existir ameaça de sensível redução ou perda de diversidade biológica, a falta de plena certeza científica não deve ser usada como razão para postergar medidas para evitar ou minimizar essa ameaça". Similarmente, a falta de plena certeza científica não deve ser usada como razão para postergar medidas que contribuam para o desenvolvimento sustentável. A lógica é simples: a ciência não produz prova nem certeza.

Segundo Oreskes (2004), é comum que os oponentes das causas ambientais argumentem que não existem provas científicas sobre a gravidade dos problemas ambientais. Em resposta, muitos cientistas acreditam que as suas funções são a de fornecer provas para a sociedade. Porém, a ciência não produz provas, mas no máximo um forte consenso. Esse consenso é então submetido a um processo contínuo e rigorosíssimo de reavaliação, sendo, portanto, mutável no tempo. Aliás, essa é a principal tese de Karl Popper, um dos mais importantes filósofos da ciência moderna. Como bem observa Paulo Affonso Leme Machado ao tratar do Princípio da Precaução, "A implementação do princípio da precaução não tem por finalidade imobilizar as atividades humanas. Não se trata da precaução que tudo impede ou que em tudo vê catástrofes ou males" (Machado, 2013, p. 99).

Em síntese, não faz sentido algum usar de modo radical o princípio da precaução como justificativa para a falta de ação, mas sim com parcimônia apenas para casos extremos em que o nível de incerteza justifique a prudência e, portanto, a precaução.

A gestão ambiental no Brasil é um assunto que já ganhou por diversas vezes os holofotes na literatura nacional e internacional. A necessidade de se investir na capacidade institucional e política dos órgãos ambientais brasileiros é amplamente reconhecida. Já a atuação do MP na última década é um assunto um pouco mais polêmico. Não se pode olvidar de sua extrema relevância em termos de tutela ambiental, mas também há de se reconhecer que em alguns casos ou regiões existem focos de intervenção/judicialização relativamente distorcidas. Um assunto que foi deixado de lado, no entanto, remete à base científica por trás da legislação ambiental brasileira. De nada adianta capacitar os órgãos ambientais se as suas ações forem fundamentadas em normas ambientais incongruentes.

A legislação ambiental é o produto de uma complexa interação entre fatores históricos, culturais, econômicos e ambientais, mas que deve ser pautada nas diferentes formas de conhecimento científico e tradicional da sociedade, conforme preconizado pela Abordagem Ecossistêmica. Mas a dificuldade de atingir um consenso que considere adequadamente os principais aspectos técnico-científicos envolvidos continua sendo uma das características mais marcantes da normatização ambiental brasileira.

O início do Conama foi marcado pela "importação" de diversas normas, muitas vezes sem ao menos alterar os seus padrões de qualidade ambiental. Caso esses padrões tenham sido adotados meramente pela falta de opções, por que as instituições de pesquisa brasileiras não teriam tido condições de definir padrões melhores? Ou então, caso as instituições de pesquisa brasileiras tenham estipulado padrões ambientais mais coerentes, por que os padrões antigos da legislação permanecem? Outra questão central é que a normatização ambiental não pode se restringir a um processo essencialmente jurídico. Nos Estados Unidos, por exemplo, a normatização tem início com uma análise técnica e científica rigorosa. Em seguida, a norma passa pela consulta jurídica. A terceira etapa da normatização representa a consulta popular. O público é encorajado a consultar as normas e a contribuir com críticas e comentários no sítio eletrônico do governo[3]. Ao enviar uma contribuição, recebe-se um número de protocolo para o seu rastreamento. A contribuição é direcionada para a agência governamental competente, e depois redirecionada para o sítio eletrônico do governo, onde fica disponível para acesso público. A participação popular é certamente um recipiente fundamental para se evitar a máxima das "leis que não pegam".

Outra característica indesejável da normatização brasileira é a premissa de que "quanto mais rigorosa a norma, maior a sua eficácia". Antes de tudo, essa é uma premissa que foca apenas o benefício aparente da norma, desconsiderando o seu custo e o incentivo criado. Se o custo para o cumprimento da lei for muito alto, cria-se um incentivo para que a lei seja burlada. Além disso, se um indivíduo bem intencionado não tiver condições de cumprir a lei, ele ficará na ilegalidade junto com aqueles que agiram de má índole. As normas ambientais devem induzir ao desenvolvimento sustentável. Mas como é possível, por exemplo, promover o reúso do esgoto tratado ou a reciclagem de resíduos se uma lei ambiental exageradamente rigorosa estabelece padrões que inviabilizam a sua adoção? Nesses casos, o excesso nas exigências dos padrões ambientais ou o excesso de burocracia, ao inviabilizar essas práticas, estimulam alternativas de disposição final ainda mais impactantes para o ambiente.

---

[3] Disponível em: http://www.regulations.gov/.

GESTÃO EMPRESARIAL PARA SUSTENTABILIDADE E GOVERNANÇA AMBIENTAL | **381**

Em síntese, não faz sentido avaliar o benefício socioambiental de uma norma sem levar em consideração o seu custo socioambiental. As ACBs foram desenvolvidas para esse propósito. É verdade que os métodos de valoração econômica para serviços ecossistêmicos vêm recebendo uma série de críticas metodológicas. Mas várias dessas questões metodológicas poderão ser trabalhadas. Também é verdade que a avaliação econômica em si é insuficiente para contemplar o desenvolvimento sustentável em toda a sua plenitude, especialmente nas suas implicações éticas. Mas nenhum outro método de avaliação, isoladamente, é capaz de cumprir essa façanha. Existem diversos métodos para a avaliação do desenvolvimento sustentável (Ness et al., 2007; Gasparatos et al., 2008; Bartelmus, 2008; Siche et al., 2008; Singh et al., 2009; Gasparatos e Scolobig, 2012). Possivelmente, avaliações mais robustas do desenvolvimento sustentável exigirão a integração entre diferentes métodos de avaliação. A questão central é que a ACB não pode ser ignorada na normatização ambiental brasileira, devendo considerar de modo equitativo os custos e benefícios econômicos, sociais e ambientais.

Licenciamento ambiental no Brasil

O Licenciamento Ambiental é um dos principais instrumentos da Lei n. 6.938/81. O seu art. 10 dispõe que: "A construção, instalação, ampliação e funcionamento de estabelecimentos e atividades utilizadores de recursos ambientais, efetiva ou potencialmente poluidores ou capazes, sob qualquer forma, de causar degradação ambiental dependerão de prévio licenciamento ambiental".

O Decreto n. 99.274/90, que regulamentou a Lei n. 6.938/81, adotou o modelo trifásico de licenciamento ambiental: Licença Prévia (LP), Licença de Instalação (LI) e Licença de Operação (LO).

Em 1986, o Conama, por meio da Resolução n. 01, dispôs sobre critérios básicos e diretrizes gerais para a avaliação de impacto ambiental. A norma determina que sejam realizados o estudo de impacto ambiental e o respectivo relatório de impacto ambiental (EIA/Rima) para o licenciamento de atividades que possam causar *significativo* impacto no meio ambiente.

Apresenta de forma exemplificativa, em seu art. 3º, o rol de obras/atividades cujo potencial de impacto é considerado significativo, a demandar EIA/Rima.

Já o simples impacto ambiental é definido pela norma como: "qualquer alteração das propriedades físicas, químicas e biológicas do meio

GESTÃO EMPRESARIAL E SUSTENTABILIDADE

ambiente, causada por qualquer forma de matéria ou energia resultante das atividades humanas que, direta ou indiretamente, afetam: I – *a saúde, a segurança e o bem-estar da população;* II – as atividades sociais e econômicas; III – a biota; IV – as condições estéticas e sanitárias do meio ambiente; V – a qualidade dos recursos ambientais".

Nesses termos, toda atividade potencialmente causadora de impactos ou utilizadora de recursos naturais demanda Licenciamento Ambiental, e somente aquelas potencialmente causadoras de significativo impacto é que demandarão EIA/Rima.

A Resolução Conama n. 237/97 estabelece definições (Quadro 8), procedimentos e critérios para o processo de licenciamento ambiental, como as tipologias de empreendimentos e atividades relacionadas que estão sujeitas ao licenciamento ambiental. No seu art. 6º, o EIA/Rima é exigido apenas para empreendimentos e atividades consideradas efetiva ou potencialmente causadoras de *significativa degradação do meio*. Não obstante, a Resolução não prevê critérios para a definição de *significativa degradação do meio*.

Quadro 8 – Definições sobre o licenciamento ambiental.

Licenciamento Ambiental	Procedimento administrativo pelo qual o órgão ambiental competente licencia a localização, instalação, ampliação e a operação de empreendimentos e atividades utilizadoras de recursos ambientais, consideradas efetiva ou potencialmente poluidoras ou daquelas que, sob qualquer forma, possam causar degradação ambiental, considerando as disposições legais e regulamentares e as normas técnicas aplicáveis ao caso.
Licença Ambiental	Ato administrativo pelo qual o órgão ambiental competente estabelece as condições, restrições e medidas de controle ambiental que deverão ser obedecidas pelo empreendedor, pessoa física ou jurídica, para localizar, instalar, ampliar e operar empreendimentos ou atividades utilizadoras dos recursos ambientais consideradas efetiva ou potencialmente poluidoras ou aquelas que, sob qualquer forma, possam causar degradação ambiental.
Estudos Ambientais	São todos e quaisquer estudos relativos aos aspectos ambientais relacionados à localização, instalação, operação e ampliação de uma atividade ou empreendimento, apresentado como subsídio para a análise da licença requerida, como: relatório ambiental, plano e projeto de controle ambiental, relatório ambiental preliminar, diagnóstico ambiental, plano de manejo, plano de recuperação de área degradada e análise preliminar de risco.

(continua)

Quadro 8 – Definições sobre o licenciamento ambiental. *(continuação)*

Licença Prévia (LP)	Concedida na fase preliminar do planejamento do empreendimento ou atividade aprovando sua localização e concepção, atestando a viabilidade ambiental e estabelecendo os requisitos básicos e condicionantes a serem atendidos nas próximas fases de sua implementação.
Licença de Instalação (LI)	Autoriza a instalação do empreendimento ou atividade de acordo com as especificações constantes dos planos, programas e projetos aprovados, incluindo as medidas de controle ambiental e demais condicionantes, da qual constituem motivo determinante.
Licença de Operação (LO)	Autoriza a operação da atividade ou empreendimento, após a verificação do efetivo cumprimento do que consta das licenças anteriores, com as medidas de controle ambiental e condicionantes determinados para a operação.

Fonte: Resolução Conama n. 237/97.

O art. 10º da Conama n. 237/97 define as etapas do processo de licenciamento ambiental (Quadro 9). A Lei n. 9.605/98 reforça a obrigatoriedade do licenciamento ambiental das atividades potencialmente degradadoras da qualidade ambiental e define as penalidades a serem aplicadas ao infrator.

A Lei Complementar n. 140 (LC 140) regulamenta as regras de competência para licenciamento visando evitar o conflito e a sobreposição de atuação entre os órgãos ambientais dos entes federativos no processo de licenciamento ambiental. A Lei também prevê critérios diferenciados para o licenciamento ambiental de empreendimentos em função da localização, potencial poluidor e natureza da atividade.

Outras exigências legais foram sendo incorporadas ao processo de licenciamento ambiental, como:

- Outorga do direito de uso dos recursos hídricos definida na Política Nacional de Recursos Hídricos (Lei n. 9.433/97).

- Planos de Gerenciamento de Resíduos Sólidos, instituídos pela Política Nacional de Resíduos Sólidos (Lei n. 12.305/2010).

- Compensação Ambiental e as questões locacionais previstas no Sistema Nacional de Unidades de Conservação (Lei n. 9.985/2000, Decreto n. 4.340/2002 e Decreto n. 6.848/2009).

384 GESTÃO EMPRESARIAL E SUSTENTABILIDADE

- Autorização para supressão de vegetação, a constituição da reserva legal e da área de preservação permanente e a inscrição no Cadastro Ambiental Rural (CAR), estabelecidos no novo Código Florestal (Lei n. 12.651/2012).

- Definição da matriz energética e redução da emissão dos gases de efeito estufa definidos pela Política Nacional de Mudanças Climáticas (Lei n. 12.187/2009).

- Necessidade de observar a existência de Áreas Prioritárias para a Conservação, Uso Sustentável e Repartição de Benefícios da Biodiversidade Brasileira (Portaria Ministerial MMA n. 9/2007).

Quadro 9 – As etapas do processo de licenciamento ambiental.

I	Definição pelo órgão ambiental competente, com a participação do empreendedor, dos documentos, projetos e estudos ambientais, necessários ao início do processo de licenciamento correspondente à licença a ser requerida.
II	Requerimento da licença ambiental pelo empreendedor, acompanhado dos documentos, projetos e estudos ambientais pertinentes, dando-se a devida publicidade.
III	Análise pelo órgão ambiental competente, integrante do Sisnama, dos documentos, projetos e estudos ambientais apresentados e a realização de vistorias técnicas, quando necessárias.
IV	Solicitação de esclarecimentos e complementações pelo órgão ambiental competente, integrante do Sisnama, uma única vez, em decorrência da análise dos documentos, projetos e estudos ambientais apresentados, quando couber, podendo haver a reiteração da mesma solicitação caso os esclarecimentos e complementações não tenham sido satisfatórios.
V	Audiência pública, quando couber, de acordo com a regulamentação pertinente.
VI	Solicitação de esclarecimentos e complementações pelo órgão ambiental competente, decorrentes de audiências públicas, quando couber, podendo haver reiteração da solicitação quando os esclarecimentos e complementações não tenham sido satisfatórios.
VII	Emissão de parecer técnico conclusivo e, quando couber, parecer jurídico.
VIII	Deferimento ou indeferimento do pedido de licença, dando-se a devida publicidade.

Fonte: Resolução Conama n. 237/97.

A insegurança jurídica, o excesso de burocracia, lentidão e o aspecto meramente "cartorial" são algumas das principais reclamações dos empresários em relação ao processo de licenciamento ambiental no Brasil. Conforme o Quadro 10, compilaram-se as principais recomendações de diferentes atores sociais no que diz respeito ao aperfeiçoamento do processo de licenciamento ambiental no Brasil (Banco Mundial, 2008; SAEPR, 2009; Abema, 2013; FMASE, 2013; CNI, 2014).

Verificou-se que a sobreposição e o conflito dos entes federativos são um dos principais problemas do licenciamento ambiental. A LC 140 veda a exigência de licenciamento por mais de um ente federativo. Contudo, a Lei ainda está em processo de implementação nos Estados, e encontra dificuldades em especial na transferência da atribuição aos Municípios, principalmente nos de menor porte.

Esses cinco estudos apontam a necessidade de instrumentos de planejamento de políticas ambientais, como a Avaliação Ambiental Estratégica (AAE) e a Avaliação Ambiental Integrada (AAI). De acordo com a Abema (2013), esses instrumentos são fundamentais para que se possa definir com clareza a significância dos impactos e as medidas mitigadoras e compensatórias. De acordo com a SAEPR (2009), o licenciamento individual das obras de infraestrutura, sem uma prévia avaliação estratégica e integrada dos impactos ambientais, não é a medida mais eficaz para a proteção ao meio ambiente, pois se perde a visão sistêmica dos investimentos em infraestrutura e do impacto sobre o meio ambiente.

A Abema (2013) salienta que existem poucas informações geográficas em relação ao local do empreendimento, o que dificulta avaliar a vulnerabilidade ecológica do território. De acordo com o Banco Mundial (2008), a escassez de informações técnico-científicas sobre os meios biótico e físico força o empreendedor a coletar e processar um grande número de informações diretamente no campo e em um curto espaço de tempo. Apesar dos esforços, esses diagnósticos ficam limitados, o que abre espaço para que os órgãos licenciadores não concedam ou mesmo revoguem a licença ambiental como base no princípio da precaução. A Abema (2013) ressalta a importância dos investimentos em sistemas de informações geográficas, geotecnologias e tecnologia da informação. Além disso, recomenda, sempre que possível, a consideração dos fatores locacionais discriminados no Zoneamento Ecológico Econômico, planos de gestão de bacia hidrográfica, mapeamento da cobertura vegetal, AAE e AAI.

GESTÃO EMPRESARIAL E SUSTENTABILIDADE

Quadro 10 – Recomendações para o aperfeiçoamento do processo de licenciamento ambiental no Brasil.

Recomendações	CNI [a]	Abema [b]	FMASE [c]	SAEPR [d]	Banco Mundial [e]
Clara definição de competências entre os entes federativos	X	X	X	X	X
Apoio de instrumentos de planejamento e gestão	X	X	X	X	X
Formulação de termos de referência específicos para diferentes empreendimentos	X		X	X	X
Melhoria da qualidade dos estudos ambientais				X	X
Integração com outras políticas nacionais	X	X			
Sistema de licenciamento integrado (balcão único de entrada)	X	X	X	X	X
Desvincular anuências de órgãos intervenientes		X	X	X	
Definição clara e precisa dos termos técnicos, como *significativo impacto ambiental*	X	X	X	X	X
Complexidade do licenciamento condizente com a complexidade do empreendimento	X	X	X	X	X
Capacitação dos órgãos licenciadores	X	X	X	X	X
Menor interferência do MP	X	X	X	X	X
Informatização de todo o processo de licenciamento	X		X		

(continua)

Quadro 10 – Recomendações para o aperfeiçoamento do processo de licenciamento ambiental no Brasil. (*continuação*)

Recomendações	CNI [a]	Abema [b]	FMASE [c]	SAEPR [d]	Banco Mundial [e]
Regulamentação das audiências públicas		X	X	X	
Regulamentação da cobrança pela compensação ambiental	X	X	X		
Condicionantes condizentes com os impactos ambientais do empreendimento	X	X	X	X	X
Regulamentação dos custos do licenciamento	X				X
Monitoramento ambiental e aumento da validade das licenças	X		X	X	
Criação de incentivos para medidas voluntárias de gestão ambiental	X		X		

Fonte: (a) CNI (2014); (b) Abema (2013); (c) FMASE (2013); (d) SAEPR (2009); (e) Banco Mundial (2008).

Segundo a CNI (2014), vários estados utilizam instrumentos de planejamento territorial, como o Zoneamento Econômico Ecológico (ZEE). Aliás, a partir da Lei n. 12.651/2012, os estados passaram a ter o prazo de 5 anos para concluírem seus respectivos ZEEs. Contudo, a escala do ZEE não é normalmente propícia para o licenciamento ambiental (CNI, 2014). Além disso, a maioria dos estados não utiliza os instrumentos de planejamento territorial para induzir à instalação de empreendimentos em determinada área (CNI, 2014). Finalmente, a CNI (2014) adverte que as inúmeras exigências legais e ambientais dos estados para determinadas áreas incentiva o empreendedor a buscar outras áreas, para as quais o grau de exigência é menor.

A Abema (2013) considera que o licenciamento ambiental perde seu propósito e credibilidade quando não é integrado a outras políticas nacionais e instrumentos de gestão ambiental:

> Sem o apoio de importantes mecanismos como a Avaliação Ambiental Estratégica, o Zoneamento Ambiental, o Monitoramento Contínuo da Qualidade Ambiental, os Planos Diretores de Bacias Hidrográficas e a Avaliação Ambiental Integrada, para citar os mais relevantes, o Licenciamento perde a sua finalidade como instrumento para aferir os impactos, tornando-se cada vez mais uma prática cartorial, em prejuízo da proteção do meio ambiente. (Abema, 2013)

Já a CNI (2014) atribui o aspecto "cartorial" do licenciamento à ausência de monitoramento, por parte das agências ambientais, dos impactos ambientais causados por empreendimentos licenciados.

> A pesquisa da CNI indica que o monitoramento após a emissão das licenças é um instrumento pouco utilizado pelos órgãos ambientais, que acabam se apoiando na imposição excessiva de condicionantes, muitas vezes inviáveis ou que não guardam qualquer relação com os impactos identificados nos estudos ambientais. A falta de acompanhamento sistemático, por parte do órgão licenciador, dos impactos e riscos ambientais das obras licenciadas impede que se avaliem os benefícios gerados pelo licenciamento, reduzindo a importância do instituto e conferindo-lhe aspecto meramente cartorial. (CNI, 2014)

Segundo a CNI (2014), o monitoramento eficiente das atividades exercidas pelo empreendimento pode ser uma solução mais adequada e eficaz em relação à imposição excessiva de condicionantes, pois diminui os custos para ambos os lados. Além disso, sugere que este monitoramento permita a ampliação do prazo de validade da LO ou até mesmo a sua renovação automática.

A normatização é um assunto recorrente nos cinco estudos em questão. De acordo com a Abema (2013), a falta de normas claras e precisas aumenta a subjetividade das decisões dos analistas dos órgãos ambientais. Esse quadro leva invariavelmente à solicitação de informações complementares, o que contribuiu substancialmente para a lentidão do licenciamento (Abema, 2013).

Segundo a CNI (2014), os pontos críticos para a regulamentação são: (1) as tipologias de atividades e empreendimentos sujeitos ao licenciamento ambiental; (2) os limites de atuação e prazo para manifestação dos órgãos intervenientes; (3) a definição dos itens que podem ser incluídos no cálculo da taxa de licenciamento ambiental.

Não existem padrões e critérios claros e precisos para a caracterização de *significativo impacto ambiental*. A única referência é o critério de equiparação ao rol de atividades do art. 2° da Resolução n. 01/86 Conama. Entretanto, quase todo o impacto ambiental vem sendo tratado como significativo, o que impede a adoção de modelos simplificados de licenciamento (Abema, 2013). A LC 140 prevê a definição das tipologias de atividades e empreendimentos sujeitos ao licenciamento ambiental; a Lei, contudo, está em processo de implementação.

Outro grande problema remete à defasagem tecnológica do licenciamento ambiental. Bancos de dados integrados facilitariam a análise pelos órgãos ambientais, empreendedores e consultores, evitando-se que um mesmo documento seja apresentado mais de uma vez ou que informações já existentes sejam levantadas. Recomenda-se a informatização integrada de todo o processo de licenciamento ambiental entre o órgão licenciador e os órgãos envolvidos, bem como entre os entes federativos. Alguns instrumentos propostos incluem: (1) criação de um portal eletrônico simplificado de licenciamento, disponível na rede mundial de computadores; (2) banco de dados contendo informações sobre o empreendedor e as empresas, garantindo os sigilos previstos em lei; (3) banco de dados georreferenciado (FMASE, 2013).

As anuências exigidas por instituições intervenientes – que atuam fora da órbita da gestão ambiental pública – aumentam substancialmente a burocracia, lentidão e complexidade do licenciamento (Abema, 2013). Nesse sentido, a FMASE (2013) sugere a criação de uma entidade da qual fará parte um colegiado de profissionais pertencentes aos diferentes órgãos e entidades que intervêm no processo de licenciamento ambiental, de modo a formar um efetivo balcão único de licenciamento. Os profissionais que integrariam o colegiado possuiriam autonomia para, em nome dos órgãos intervenientes, apresentar pareceres e posicionamentos, mas tendo que cumprir os prazos e observar os momentos específicos e adequados para se manifestar no procedimento administrativo.

A CNI (2014) prioriza a garantia da autonomia do órgão licenciador como o condutor do processo de licenciamento, o que poderia ser alcançado por meio da: (1) definição clara dos limites e prerrogativas nas manifestações dos demais órgãos envolvidos no licenciamento; (2) cumprimento dos prazos legalmente determinados, em todas as instâncias, adequando os órgãos envolvidos para essa finalidade; (3) definição e verificação do cumprimento de exigências técnicas, termos de referência, estudos, condicionantes e medidas compensatórias pelo órgão licenciador, considerando, a seu critério, as recomendações dos órgãos envolvidos. Além disso, sugere a exigência de atestado de responsabilidade técnica para quaisquer laudos ou pareceres emitidos por órgãos externos ao Sisnama.

É imperativo que se invista na capacitação institucional dos órgãos ambientais. A incapacidade institucional do Sisnama abre espaço para a atuação cada vez mais intensa do MP (Banco Mundial, 2008; CNI, 2014). A SAEPR (2009) propõe imbuir os profissionais públicos que participam do processo de licenciamento ambiental de *discricionariedade técnica*, garantindo que eles não poderão ser responsabilizados civil, penal ou administrativamente se suas decisões estiverem devidamente fundamentadas. A FMASE (2013) recomenda a alteração da Lei de Crimes Ambientais para restringir a responsabilidade criminal do agente licenciador à conduta dolosa (arts. 66 a 69-A da Lei n. 9.605/98).

O Banco Mundial (2008) propõe a criação e promoção de mecanismos de resolução de conflitos entre os atores do processo de licenciamento:

> O licenciamento ambiental de grandes empreendimentos tem sido frequentemente judicializado, transferindo para o Poder Judiciário indefinições que deveriam estar sendo equacionadas no âmbito do processo administrativo de licenciamento ambiental. Há que se adotar mudanças estruturais que reduzam a cultura de conflitos (vide também parágrafos seguintes). Uma alternativa para uma ação mais segura, rápida e eficaz do Poder Judiciário na resolução de conflitos em procedimentos de licenciamento ambiental está na especialização. Nesse sentido, uma das ações do Judiciário que tem surtido efeitos positivos é a criação de varas ambientais especializadas, que visam à busca de magistrados que tenham a área ambiental mais afeita a seus conhecimentos técnico-jurídicos, para decisões mais eficientes. (Banco Mundial, 2008)

A Lei n. 9.985/2000 do Snuc prevê o valor de compensação ambiental de acordo com o grau de impacto do empreendimento. Originalmente a lei fixava o *quantum* mínimo em 0,5% dos custos do empreendimento, mas esse ponto do dispositivo foi julgado inconstitucional. Essa exigência de compensação ambiental é válida apenas para empreendimentos causadores de significativo impacto ambiental, enquadrando-se no princípio do Usuário Pagador, conforme bem observou o STF quando da análise da ADIN n. 3.378-6.

Apesar de existir uma norma nacional orientando a realização das audiências públicas (Previsão de Publicidade no art. 225, §1º, IV da CF 1988 e Resoluções Conama n. 01/86 e n. 09/87), a grande maioria dos Estados segue seus próprios critérios (CNI, 2014). A Abema (2013) questiona a falta de tempo para o diálogo entre o empreendedor e a comunidade diretamente impactada pelo empreendimento. Além disso, afirma que as audiências acabam servindo como instância para a atuação dos setores que se opõem ao empreendimento. Por não participarem das fases anteriores, em especial quando se decide pela implantação do empreendimento, os opositores ao empreendimento estariam encontrando nas audiências públicas o espaço para as suas manifestações (Abema, 2013). Feitas essas considerações, a Abema (2013) recomenda:

- O desenvolvimento de um sistema de informação ambiental eletrônico, com acesso universal, que possibilite o acompanhamento pela sociedade de todas as etapas do licenciamento ambiental e o acesso aos estudos apresentados pelo empreendedor.

- A realização de oficinas públicas para os empreendimentos de significativo impacto ambiental visando apresentar o projeto, os estudos e as medidas adotadas para compensar, mitigar ou evitar os seus impactos sobre as comunidades inseridas na sua área de abrangência.

- A regulamentação do funcionamento das audiências públicas para que se restrinja à discussão das medidas adotadas por empreendimentos de significativo impacto ambiental para compensar, mitigar ou evitar os seus impactos sobre as comunidades inseridas na sua área de abrangência.

Nesta medida, a implementação dos três passos garante a ampla publicidade, a participação devidamente informada de todos os cidadãos e a intervenção direta dos imediatamente afetados. Há de se recordar, entretanto, que esses procedimentos não podem ter o condão de afastar a análise de adequação e viabilidade ou não do empreendimento ao local proposto, mas sim evitar interferências descontextualizadas e especialmente a judicialização desnecessária ou excessiva.

GESTÃO EMPRESARIAL E SUSTENTABILIDADE

Finalmente, não existem incentivos no licenciamento ambiental para a adoção de medidas voluntárias de gestão ambiental, como a certificação ISO 14.000. Esses incentivos poderiam contemplar a ampliação do prazo de validade das licenças ambientais, renovação automática da licença de operação e desconto nas taxas do licenciamento ambiental, entre outros benefícios.

CONSIDERAÇÕES FINAIS

A literatura é rica em casos em que a flexibilidade das políticas ambientais de mercado permitiu que as empresas alcançassem significativos ganhos no controle da poluição, em especial na redução da emissão de poluentes atmosféricos, com custos econômicos inferiores aos instrumentos puramente de comando e controle. Para o futuro, as políticas ambientais de mercado também poderão assumir um importante papel em relação à internalização das externalidades positivas, o que inclui os benefícios econômicos da recuperação, manutenção e melhoria dos serviços ecossistêmicos.

No Brasil, existe uma tendência recente e crescente em relação ao uso de instrumentos econômicos nas leis ambientais. A efetividade desses instrumentos, no entanto, dependerá da competência do Estado para a construção da capacidade institucional e política das instituições públicas e dos demais atores sociais da governança ambiental, assim como da conscientização, interesse e comprometimento de todos esses atores.

O licenciamento ambiental e as políticas ambientais de comando e controle são os principais instrumentos de gestão ambiental nos países que vêm apresentando os maiores avanços no controle da poluição. A questão central é que esses instrumentos precisam ser aplicados de forma coerente e eficiente no Brasil.

É fundamental que as diferentes formas de conhecimento da sociedade, como o conhecimento científico, sejam suficientemente incorporadas na normatização ambiental. As normas ambientais precisam de um adequado respaldo científico e técnico. Acima de tudo, é imperativo que se avaliem o custo e o benefício socioambiental da norma sob a ótica de diferentes métodos e sistemas de valoração.

Em especial, deve-se reconhecer que os serviços ecossistêmicos são decorrentes de diferentes padrões de qualidade ambiental. Também se deve considerar toda a diversidade de ecossistemas em um país de dimensões continentais como o Brasil. Isso fortalece o preceito de que a legislação federal deve definir as orientações gerais e permitir que as leis estaduais e municipais detalhem adequadamente os critérios de utilização do meio com base nas peculiaridades locais.

Já no pilar executivo e judiciário, o carro-chefe da resolução das questões ambientais não pode ser o uso inadequado do princípio da precaução, de modo que o torne um desestímulo ao desenvolvimento sustentável. Na sociedade atual não há mais tempo e espaço para a simples definição do que não se pode fazer; torna-se imperioso o papel do Estado – Legislativo, Executivo e Judiciário – na indicação em âmbito socioambiental e econômico de como se fazer. Em síntese, a fundamentação jurídica da legislação ambiental deve seguir o preceito constitucional do desenvolvimento sustentável e não se restringir ao seu aspecto essencialmente ambiental. Isso implica ampliar os espaços participativos das empresas na governança ambiental, de modo que elas possam buscar e adotar formas mais flexíveis e eficientes para a prevenção de danos ambientais e o controle da poluição.

Observa-se um forte consenso na literatura sobre os principais problemas e desafios do licenciamento ambiental no Brasil. O sistema atual é excessivamente burocrático e complexo, de modo que os prazos do licenciamento são completamente incompatíveis com as dinâmicas do mercado. A indefinição de competências associada à grande discricionariedade do aparato legal leva à excessiva judicialização dos processos de licenciamento e a fortes distorções nas interpretações das regulamentações previstas. Esse quadro de insegurança jurídica resulta em diversos custos ao empreendedor, como aqueles associados aos processos judiciais, ao aumento dos prazos para a implantação dos empreendimentos e às medidas suplementares eventualmente exigidas. A redução de novos negócios, por sua vez, afeta o crescimento econômico e a oferta de empregos no país. Acima de tudo, um sistema de licenciamento ambiental deficitário deixa de cumprir a sua principal função socioambiental: a de prevenir danos ambientais.

A necessidade de se aperfeiçoar o licenciamento ambiental no Brasil torna-se inquestionável à luz de todos esses problemas. Destaca-se o fato de não se tratar de reduzir exigências ambientais necessárias e adequadas para a compatibilização dos empreendimentos às condições do meio, mas sim de garantir que a autoridade ambiental definida pelo executivo tenha todas as condições e autonomia para exercer seu papel de forma eficiente.

Atualmente, as preocupações ambientais deixaram de ser território exclusivo dos ambientalistas. O setor produtivo ampliou o seu espaço de par-

GESTÃO EMPRESARIAL E SUSTENTABILIDADE

ticipação na busca pelo desenvolvimento sustentável. Um novo desafio para o setor produtivo é a gestão dos ecossistemas, de modo a incorporar toda a pluralidade de riscos e oportunidades inerentes aos serviços ecossistêmicos. Contudo, o sucesso da gestão empresarial dos ecossistemas, tão urgente e necessária para a proteção dos ecossistemas e da biodiversidade, não ocorrerá sem a mudança de valores, atitudes e procedimentos de toda a sociedade.

REFERÊNCIAS

[ABEMA] ASSOCIAÇÃO BRASILEIRA DE ENTIDADES ESTADUAIS DE MEIO AMBIENTE. *Novas propostas para o licenciamento ambiental no Brasil.* Brasília: ABEMA, 2013. Disponível em: http://www.abema.org.br/site/arquivos_anexo/Livro_Relatorio_Final_2.pdf. Acessado em: 16 ago. 2014.

[AEM] AVALIAÇÃO ECOSSISTÊMICA DO MILÊNIO. *Policy responses: Typology of responses.* 2005a. Disponível em: http://www.millenniumassessment.org/documents/document.307.aspx.pdf. Acessado em: 15 ago. 2014.

_____. *Policy Responses: Assessing responses.* 2005b. Disponível em: http://www.millenniumassessment.org/documents/document.308.aspx.pdf. Acessado em: 02 maio 2014.

_____. *Multiscales assessments: Responses.* 2005c. Disponível em: http://www.millenniumassessment.org/documents/document.347.aspx.pdf. Acessado em: 02 jun. 2014.

_____. *A framework for assessment: Ecosystems and human well-being.* 2005d. Disponível em: http://www.millenniumassessment.org/documents/document.301.aspx.pdf. Acessado em: 23 jul. 2014.

_____. *A framework for assessment: Concepts of ecosystem value and valuation approaches.* 2005e. Disponível em: <http://www.millenniumassessment.org/documents/document.304.aspx.pdf>. Acessado em: 01 maio 2014.

_____. *Ecosystems & human well-being: Synthesis.* 2005f. Disponível em: http://www.millenniumassessment.org/documents/document.356.aspx.pdf. Acessado em: 23 jun. 2014.

_____. *Ecosystems & human well-being: Opportunities and Challenges for Business and Industry.* 2005g. Disponível em: http://www.unep.org/maweb/documents/document.353.aspx.pdf. Acessado em: 23 jun. 2014.

ALLEY, R. B. et al. Abrupt climate change. *Science,* v. 299, n. 5615, 2003.

ANDREOLI, C.V. *Gestão ambiental.* Curitiba: FAE, 2002.

ASAFU-ADJAYE, J. *Environmental economics for non-economists: techniques and policies for sustainable development*. 2. ed. Singapore: World Scientific Publishing, 2005.

BANCO MUNDIAL. *Licenciamento Ambiental de Empreendimentos Hidrelétricos no Brasil: uma Contribuição para o Debate*. 2008. Disponível em: http://documents. worldbank.org/curated/en/2008/03/10155469/environmental-licensing-hydroe-lectric-projects-brazil-contribution-debate-vol-1-3-summary-report. Acessado em: 17 ago. 2014.

BANERJEE, O.; MACPHERSON, A.J.; ALAVALAPATI, J. Toward a Policy of Sustainable Forest Management in Brazil - A Historical Analysis. *The Journal of Environment & Development*. v. 18, n. 2, p. 130-153, 2009.

BARTELMUS, P. *Quantitative economics: how sustainable are our economies?* Dordrecht: Springer, 2008.

BOYD, J.; BANZHAF, S. What are ecosystem services? The need for standardized environmental accounting units. *Ecological Economics*. v. 63, n. 2-3, p. 616-626, 2007.

BRIASSOULIS, H. Who plans whose sustainability? Alternative roles for planners. *Journal of Environmental Planning and Management*. v. 46, p. 889-902, 1999.

BROOKS, T. M. et al. Global biodiversity conservation priorities. *Science*. v. 313, n. 5783, p. 58-61, 2006.

BROWN, T. C.; BERGSTROM, J. C.; LOOMIS, J. B. Defining, valuing, and providing ecosystem goods and services. *Natural Resources Journal*. v. 47, n. 2, p. 329-376, 2007.

CARDINALE B.J. et al. Biodiversity loss and its impact on humanity. *Nature*. v.486, p.59-67, 2012.

CARSON, R. *Primavera silenciosa*. Barcelona: Grijalbo, 1980.

[CBD] CONVENTION ON BIOLOGICAL DIVERSITY. *Ecosystem Approach*. Disponível em: http://www.cbd.int/ecosystem/. Acessado em: 15 maio 2014.

CHAPIN, F. S. et al. Consequences of changing biodiversity. *Nature*. v. 405, n. 6783, p. 234-242, 2000.

CHICHILNISKY, G.; HEAL, G. Economic returns from the biosphere – commentary. *Nature*. v. 391, n. 6668, p. 629-630, 1998.

[CMMAD] COMISSÃO MUNDIAL SOBRE MEIO AMBIENTE E DESENVOLVIMENTO. *Nosso Futuro Comum*. Rio de Janeiro: Fundação Getúlio Vargas, 1998.

[CNI] CONFEDERAÇÃO NACIONAL DA INDÚSTRIA. *Licenciamento ambiental: proposta para aperfeiçoamento*. Brasília: CNI, 2014. Disponível em: http://arquivos.portaldaindustria.com.br/app/conteudo_24/2014/07/22/468/V24_Licenciamentoambiental_web.pdf. Acessado em: 13 ago. 2014.

COASE, R. H. The problem of social cost. *Journal of Law & Economics*. v. 3, n. OCT, p. 1-44, 1960.

COMMON, M.; STAGL, S. *Ecological economics: an introduction*. Cambridge University Press: Cambridge, 2005.

COSTANZA, R. et al. The value of the world's ecosystem services and natural capital. *Nature*. v. 387, n. 6630, p. 253-260, 1997.

CRAWFORD, C. Defending Public Prosecutors and Defining Brazil's Environmental "Public Interest": A Review of Lesley McAllister's *Making Law Matter: Environmental Protection and Legal Institutions in Brazil, 40 GEO*. Wash. Int'L. v. 40, n.3, 2009.

DAILY, G.C. et al. Ecosystem services: benefits supplied to human societies by natural ecosystems. *Issues in Ecology*, n. 2, p. 1-15, 1997.

DAILY, H.; FARLEY, J. *Ecological economics: principles and applications*. 2. ed. Washington DC: Island Press, 2011.

DAVIDSON, E. A. et al. The Amazon basin in transition. *Nature*, v. 481, n. 7381, p. 321-328, 2012.

DAVIS, L.S. et al. *Forest management to sustain ecological, economic and social values*. 4. ed. Illinois: Wave Land Press, 2005.

DEFRIES, R. S.; FOLEY, J. A.; ASNER, G. P. Land use choices: balancing human needs and ecosystem function. *Frontiers in Ecology and the Environment*. v. 2, n. 5, 2004.

DURANT, R. F. et al. Toward a new governance paradigm for environmental and natural resources management in the 21st century? *Administration & Society*. v. 35, n. 6, p. 643-682, 2004.

EARTH COUNCIL et al. *ECO'92: Different visions*. San José, Costa Rica: University for Peace, 2002.

ENGEL, S.; PAGIOLA, S.; WUNDER, S. Designing payments for environmental services in theory and practice: an overview of the issues. *Ecological Economics*. v. 65, n. 4, p. 663-674, 2008.

ESQUIROL, J.L. Writing the Law of Latin America. George Washington International Law Review. *Wash. Int'L*. v. 40, n. 3, 2009.

FARLEY, J.; COSTANZA, R. Payments for ecosystem services: From local to global. *Ecological Economics*. v. 69, n. 11, p. 2060-2068, 2010.

[FMASE] FÓRUM DE MEIO AMBIENTE DO SETOR ELÉTRICO. *Proposta de Diretrizes Institucionais para o Novo Marco Legal do licenciamento ambiental do setor elétrico*. 2013. Disponível em: http://www.fmase.com.br/FMASE/arquivos/Proposta_do_FMASE_Novo_Marco_Legal_do_Licenciamento_Ambiental.pdf. Acessado em: 11 ago. 2014.

FOLEY, J. A. et al. Global consequences of land use. *Science*. v. 309, n. 5734, p. 570-574, 2005.

FOLKE, C. et al. Regime shifts, resilience, and biodiversity in ecosystem management. *Annual Review of Ecology Evolution and Systematics*. v. 35, p. 557-581, 2004.

FOLKE, C. Resilience: the emergence of a perspective for social-ecological systems analyses. *Global Environmental Change-Human and Policy Dimensions*. v. 16, n. 3, p. 253-267, 2006.

FRANCO, J. G. *Direito Ambiental – matas ciliares: conteúdo jurídico e biodiversidade*. Curitiba: Juruá, 2005.

GASPARATOS, A.; ELHARAM, M.; HOMER, M. Critical review of reductionist approaches for assessing the progress towards sustainability. *Environmental Impact Assessment Review*. v. 28, n. 45, p. 286-311, 2008.

GASPARATOS, A.; SCOLOBIG, A. Choosing the most appropriate sustainability assessment tool. *Ecological Economics*. v. 80, 2012.

GOMEZ-BAGGETHUN, E. et al. The history of ecosystem services in economic theory and practice: from early notions to markets and payment schemes. *Ecological Economics*. v. 69, n. 6, p. 1209-1218, 2010.

GROOT, R. S.; WILSON, M. A.; BOUMANS, R. M. J. A typology for the classification, description and valuation of ecosystem functions, goods and services. *Ecological Economics*. v. 41, n. 3, p. 393-408, 2002.

GROOT, R. de. et al. Challenges in integrating the concept of ecosystem services and values in landscape planning, management and decision making. *Ecological Complexity*. v. 7, n. 3, 2010.

GROOT, R. de.; VAN DER MEER, P. Quantifying; valuing goods; services provided by plantations forests. In: BAUHUS, J.; VAN DER MEER, P.; KANNINEN. (Ed.). *Ecosystem Goods and Services from plantation forests*. London: Earthscan, 2010. p. 16-42.

HARDIN, G. Tragedy of commons. *Science*. v. 162, n. 3859, 1968.

HILLEBRAND, H.; MATTHIESSEN, B. Biodiversity in a complex world: consolidation and progress in functional biodiversity research. *Ecology Letters*. v. 12, n. 12, p. 1405-1419, 2009.

HOCHSTETLER, K. The politics of environmental licensing: energy projects of the past and future in Brazil. *Studies in Comparative International Development*. v. 46, n. 4, p. 349-371, 2011.

HODGSON, G. M. What are institutions? *Journal of Economic Issues*. v. 40, n. 1, p. 1-25, 2006.

HOOPER, D. U. et al. Effects of biodiversity on ecosystem functioning: A consensus of current knowledge. *Ecological Monographs*. v. 75, n. 1, p. 3-35, 2005.

[IPCC] PAINEL INTERGOVERNAMENTAL SOBRE MUDANÇAS CLIMÁTICAS. Summary for Policymakers. In: *Climate Change 2013: The Physical Science Basis. Contribution of Working Group I to the Fifth Assessment Report of the Intergovernmental Panel on Climate Change*. Cambridge: Cambridge University Press, 2013. Disponível em: http://www.climatechange2013.org/images/report/WG1AR5_SPM_FINAL.pdf. Acessado em: 22 jul. 2014.

LAMBIN, E. F. et al. The causes of land use and land cover change: moving beyond the myths. *Global Environmental Change - Human and Policy Dimensions*. v. 11, n. 4, 2001.

LEITE, J.R. M. *Dano ambiental: do individual ao coletivo, extrapatrimonial*. São Paulo: Revista dos Tribunais, 2000.

LEMOS, M. C.; AGRAWAL, A. Environmental governance. *Annual Review of Environment and Resources*. v. 31, p. 297-325, 2006.

MACHADO, P.A.L. *Direito Ambiental Brasileiro*. 21. ed. São Paulo: Malheiros, 2013.

MANKIW, G. Principles of economics. 6. ed. Mason: Cengage Learning, 2011.

MCALLISTER, L.K. *Making law matter. Environmental protection and legal institutions in Brasil*. Stanford: Stanford Law Books, 2008.

MEADOWS, D.H. et al. *The limits to growth: a report for the Club of Rome's project on the predicament of mankind*. New York: Universe Books, 1972.

MEPPEM, T.; BOURKE, S. Different ways of knowing: a communicative turn toward sustainability. *Ecological Economics*. n. 30, p. 389-404, 1999.

METZGER, M. J. et al. The vulnerability of ecosystem services to land use change. *Agriculture Ecosystems & Environment*. v. 114, n. 1, p. 69-85, 2006.

MOTTA, R.S. *Economia ambiental*. Rio de Janeiro: FGV, 2006.

MURADIAN, R. et al. Reconciling theory and practice: an alternative conceptual framework for understanding payments for environmental services. *Ecological Economics*. v. 69, n. 6, p. 1202-1208, 2010.

MYERS, N. et al. Biodiversity hotspots for conservation priorities. *Nature*. v. 403, n. 6772, p. 853-858, 2000.

NAEEM, S. Ecosystem consequences of biodiversity loss: the evolution of a paradigm. *Ecology*. v. 83, n. 6, p. 1537-1552, 2002.

NESS, B. et al. Categorising tools for sustainability assessment. *Ecological Economics*. v. 60, n. 3, p. 498-508, 2007.

NORTH, D.C. *Institutions, Institutional Change, and Economic Performance*. Cambridge: Cambridge University Press, 1990.

ORESKES, N. Science and public policy: what's proof got to do with it. *Environmental Science & Policy*. v. 7, p. 369-383, 2004.

ORTIZ, R.A. Valoração econômica ambiental. In: MAY, P.H.; LUSTOSA, M.C.; VINHA, V. *Economia do meio ambiente*. Rio de Janeiro: Elsevier, 2003. p. 81-100.

OSTROM, E. et al. Sustainability – revisiting the commons: local lessons, global challenges. *Science*, v. 284, n. 5412, p. 278-282, 1999a.

OSTROM, E. Coping with tragedies of the commons. *Annual Review of Political Science*. v. 2, p. 493-535, 1999b.

_____. *Governing the commons: the evolution of institutions for collective action.* Cambridge: University Press, 1990.

PEARCE, D.; ATKINSON, G.; MOURATO, S. *Cost-benefit analysis and the environment: recent developments.* Paris: OECD, 2006.

PETERSON, G.; ALLEN, C. R.; HOLLING, C. S. Ecological resilience, biodiversity, and scale. *Ecosystems*. v. 1, n. 1, p. 6-18, 1998.

PHILIPP JR, A.; ANDREOLI, C. V.; COLLET, B. G.; FERNANDES, V. Histórico e Evolução do Sistema de Gestão. In: PHILIPPI JR, A.; ANDRADE, M. R.; COLLET, B. G. (Org.). *Curso de Gestão Ambiental*. 2.ed. Barueri: Manole, 2014, v. 1, p. 19-50.

PHILLIPS, O. L. et al. Drought Sensitivity of the Amazon Rainforest. *Science*. v. 323, n. 5919, p. 1.344-1.347, 2009.

REZENDE, J. L. P.; OLIVEIRA, A. D. *Análise econômica e social de projetos florestais*. Viçosa, MG: UFV, 2001.

RODRIGUES, A. S. L. et al. Boom and Bust Development Patterns Across the Amazon Deforestation Frontier. *Science*. v. 324, n. 5933, p. 1435-1437, 2009.

[SAEPR] SECRETARIA DE ASSUNTOS ESTRATÉGICOS DA PRESIDÊNCIA DA REPÚBLICA. *Licenciamento ambiental*. 2009. Disponível em: http://www.law. harvard.edu/faculty/unger/portuguese/pdfs/11_Licenciamento_ambiental1.pdf. Acessado em: 15 maio 2014.

SAMPAIO, R.S.R. *Direito ambiental – doutrina e casos práticos.* Rio de Janeiro: Elsevier/FGV, 2012.

SCHMITZ, O. J. et al. Ecosystem responses to global climate change: moving beyond color mapping. *Bioscience*. v. 53, n. 12, 2003.

SCOTT, W.R. *Institutions and organizations.* Thousand Oaks: Sage Press, 1995.

SEEHUSEN, S.E.; PREM, I. Por que pagamentos por serviços ambientais? In: BECKER, F.; SEEHUSEN, S.E. *Pagamento por serviços ambientais na Mata Atlântica: lições aprendidas e desafios.* Brasília: MMA, 2011. p. 15-54.

SICHE, J. R. et al. Sustainability of nations by indices: comparative study between environmental sustainability index, ecological footprint and the emergy performance indices. *Ecological Economics*. v. 66, n. 4, 2008.

SINGH, R. K. et al. An overview of sustainability assessment methodologies. *Ecological Indicators*. v. 9, n. 2, 2009.

SMIT, B.; WANDEL, J. Adaptation, adaptive capacity and vulnerability. *Global Environmental Change-Human and Policy Dimensions*. v. 16, n. 3, p. 282-292, 2006.

SUNDERLIN, W. Global environmental change, sociology, and paradigm isolation. *Global Environmental Change-Human and Policy Dimensions*. v. 5, n. 3, jun. 1995.

[TEEB] THE ECONOMICS OF ECOSYSTEMS AND BIODIVERSITY. *The economics of valuing ecosystem services and biodiversity*. Earthscan: London, 2010a.

_____. *Discounting, ethics, and options for maintaining biodiversity and ecosystem integrity*. Earthscan: London, 2010b.

_____. *TEEB report for business*. Earthscan: London, 2010c.

[UNEP] UNITED NATIONS DEVELOPMENT PROGRAM. *Global Environment Outlook 2000*. 1999. Disponível em: <http://www.unep.org/geo/geo2000.asp>. Acessado em: 21 jul. 2014.

_____. *Environmental Governance*. 2009. Disponível em: <http://www.unep.org/pdf/brochures/EnvironmentalGovernance.pdf >. Acessado em: 25 jul. 2016.

_____. *Global Environment Outlook 5 – Environment for the future we want*. 2012. Disponível em: <http://www.unep.org/geo/geo5.asp>. Acessado em: 13 maio 2014.

[WBCSD] WORLD BUSINESS COUNCIL FOR SUSTAINABLE DEVELOPMENT. Vision 2050: the new agenda for business. Geneva: WBCSD, 2010.

[WRI] WORLD RESOURCES INSTITUTE. *The corporate ecosystem services review. Guidelines for identifying business risks and opportunities arising from ecosystem change*. 2012. Disponível em: http://www.wri.org/publication/corporate-ecosystem-services-review. Acessado em: 22 ago. 2014.

YOUNG, O.R. *The Institutional Dimensions of Environmental Change: Fit, Interplay, and Scale*. Cambridge: MIT Press, 2002.

PARTE III

Metodologias e Tecnologias Aplicadas à Gestão Empresarial para Sustentabilidade

Capítulo 16
Gestão de Ciclo de Vida como Diferencial
Competitivo para Empresas
Beatriz Luz e Cláudia Echevenguá Teixeira

Capítulo 17
Cadeia de Suprimento Verde
*Fabio Ytoshi Shibao, Roberto Giro Moori,
Cláudia Echevenguá Teixeira e Mario Roberto dos Santos*

Capítulo 18
Contribuição das Normas de Sistemas de Gestão
e do Modelo de Certificação para a Evolução
da Sustentabilidade
Michel Epelbaum

Capítulo 19
Gestão Ambiental na Indústria
Margarete Casagrande Lass Erbe

Capítulo 20
Certificação Agrícola
Luís Fernando Guedes Pinto

Capítulo 21
Gestão de Recursos Humanos para Sustentabilidade
Alexandre de Oliveira e Aguiar

Capítulo 22
Modelos de Gestão Organizacional para
Sustentabilidade: da Participação à Colaboração
Patrícia de Sá Freire e Solange Maria da Silva

Capítulo 23
Certificação Florestal: Contribuição Socioambiental e
sua Aplicação na Indústria
Ricardo Ribeiro Alves e Laércio Antônio Gonçalves Jacovine

Capítulo 24
Gestão Sustentável de Resíduos Sólidos
*Valdir Schalch, Marco Aurélio Soares de Castro e
Rodrigo Eduardo Córdoba*

Capítulo 25
Produção Mais Limpa (P+L)
*Fernando Soares Pinto Sant'Anna,
Lucila Maria de Souza Campos e
Graciane Regina Pereira*

Capítulo 26
Ferramentas de Responsabilidade Social Corporativa:
uma Análise Comparativa
Hans Michael van Bellen e Rodrigo Claudino Cortez

Capítulo 27
Empresas do Sistema B – Inovação em
Sustentabilidade
Pedro Roberto Jacobi e Gina Rizpah Besen

Capítulo 28
Modelo de Gestão do Fluxo de Materiais e Energia
Rebecca M. Dziedzic e Maurício Dziedzic

Capítulo 29
Gestão Ambiental para Implantação de
Empreendimentos
*Cleverson Vitório Andreoli, Annelissa Gobel Donha,
Jorge Justi Junior, Izabella Brito e
Tamara Vigolo Trindade*

Gestão de Ciclo de Vida como Diferencial Competitivo para Empresas

16

Beatriz Luz
Engenheira química e consultora de sustentabilidade estratégica e economia circular

Cláudia Echevenguá Teixeira
Bióloga, IPT

INTRODUÇÃO

Todos os dias somos expostos a inúmeros produtos e serviços desenvolvidos com a proposta de suprir desde as nossas necessidades básicas até aquelas mais específicas. A oferta de produtos é tão grande que permite escolhas entre diferentes marcas, preços, tamanhos, cores, formas e, consequentemente, diferentes "cargas e impactos ambientais". Estes estão diretamente associados aos recursos utilizados na fabricação (matéria-prima, insumos, energia, água, entre outros), bem como à tecnologia empregada e à logística dos materiais e produtos. O impacto de um produto também está associado a sua qualidade, durabilidade e disposição final. Dessa forma, as cargas ambientais e os impactos são um reflexo do ciclo de vida de cada produto, ou seja, do conjunto de etapas para que o produto cumpra uma função que envolve desde a extração da matéria-prima até a disposição final, incluindo a possibilidade de alternativas de aproveitamento e valorização, bem como o transporte (ABNT, 2009a; Rigamonti et al., 2010; Silva e Kulay, 2010).

Portanto, a sociedade está constantemente tendo de fazer escolhas e tomar decisões de consumo. Mas como desenvolver e optar pelo produto que apresente o menor impacto ambiental?

A Avaliação do Ciclo de Vida (ACV) é um método que tem como base o pensamento de ciclo de vida e que é capaz de compilar os fluxos de massa e de energia, de entrada e saída, e avaliar os potenciais impactos ambientais associados a um produto/processo ao longo de todo o seu ciclo de vida (ABNT, 2009a). Esse método está sendo cada vez mais aplicado pelas empresas para estabelecer e avaliar o desempenho ambiental de seus produtos e, dessa forma, minimizar seus impactos.

Dentro desse contexto, este capítulo aborda o pensamento de ciclo de vida e a ACV como estratégia empresarial para ofertar produtos com desempenho ambiental conhecido e desenvolvidos considerando-se a variável ambiental e traz exemplos de três empresas brasileiras que utilizam a ACV no desenvolvimento de seus produtos.

MARCOS LEGAIS, ESTRATÉGICOS E AMBIENTAIS

A Figura 1 apresenta uma linha do tempo que realça alguns marcos legais, estratégicos e ambientais que contribuíram para o desenvolvimento e a aplicação da ACV no Brasil.

Figura 1 – Marcos legais, estratégicos e ambientais.

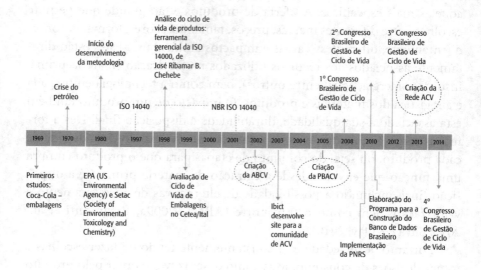

GESTÃO DE CICLO DE VIDA COMO DIFERENCIAL COMPETITIVO PARA EMPRESAS | **405**

Os primeiros estudos voltados a questões ambientais são da década de 1960, quando grandes organizações, pensando na redução de seus custos operacionais, decidiram avaliar o consumo de energia de seus processos produtivos. Alguns anos depois, diante da crise do petróleo, o mundo começou a se conscientizar da necessidade de avaliar o uso dos recursos naturais. Entretanto, foi a Coca Cola, em 1969, que realizou os primeiros estudos voltados a analisar o impacto de suas embalagens.

Em 1997, a norma da International Organization for Standardization (ISO) 14040 foi criada visando estabelecer diretrizes e padrões para a realização de estudos de avaliação do ciclo de vida.

Em 1998, foi lançada no Brasil a obra *Análise do ciclo de vida de produtos: ferramenta gerencial da ISO 14000* (Chehebe, 1998), antes mesmo da tradução da norma. Ressalta-se que posteriormente o nome do método estabelecido pelas normas da Associação Brasileira de Normas Técnicas (ABNT) ficou como Avaliação do Ciclo de Vida, e não "análise". O primeiro estudo de ACV realizado no país foi executado no Centro de Tecnologia de Embalagens (Cetea) do Instituto de Tecnologia de Alimentos (Ital), em 1999, conforme Madi et al. (1999 apud Silva e Kulay, 2010).

No Brasil, as normas de ACV foram traduzidas para o português em 2001. Em 2009, as normas foram revistas e atualmente estão em vigor no sistema ABNT as normas NBR ISO 14040 – Gestão ambiental – Avaliação do Ciclo de Vida – Princípios e estrutura (ABNT, 2009a) e NBR ISO 14044 – Gestão ambiental – Avaliação do Ciclo de Vida – Requisitos e orientações (ABNT, 2009b), que substituíram e cancelaram as normas NBR ISO 14041, NBR ISO 14042 e NBR ISO 14043.

O Programa das Nações Unidas para o Meio Ambiente (*The United Nations Environment Programme* – Unep) e a Sociedade para a Toxicologia Ambiental e Química (*Society for Environmental Toxicology and Chemistry* – Setac) lançaram em 2002 a *Life Cycle Initiative*, que teve como objetivo disseminar globalmente o pensamento de ciclo de vida e auxiliar a sua aplicação no dia a dia das empresas (Unep, 2012). A iniciativa respondia ao chamado dos governantes de todo o mundo para uma nova economia de ciclo de vida conforme a Declaração Ministerial de Malmö (Unep, 2000) sobre consumo sustentável.

Em 2002, no Brasil, foi criada a Associação Brasileira do Ciclo de Vida (ABCV), que é uma sociedade civil sem fins lucrativos. A ABCV atua junto às empresas e instituições acadêmicas de ensino e pesquisa, órgãos governamentais e sociedade organizada, e tem por finalidade viabilizar a difusão e a consolidação da gestão do ciclo de vida. Essa associação promove o evento intitulado "Congresso Brasileiro em Gestão do Ciclo de Vida", desde 2008, estando em 2014 na sua quarta edição (ABCV, 2014).

Durante a Rio+20, a Life Cycle Initiative publicou o resultado dos seus dez anos de trabalho, mostrando que a forma de se atingir a economia verde e garantir um futuro sustentável para as próximas gerações é considerar o pensamento de ciclo de vida no processo de decisão de novos bens e serviços, em investimentos e elaboração de políticas públicas, e operacionalizá-los por meio de mecanismos e ferramentas de gestão de ciclo de vida. Por causa disso, o conceito de ciclo de vida foi amplamente discutido e inserido como uma métrica importante nos compromissos empresariais assinados por mais de 200 empresas brasileiras que fazem parte da Rede Brasileira do Pacto Global (Figura 2). Entre os compromissos assumidos, as empresas se comprometeram a atuar em suas cadeias de valor e disponibilizar informações visando informar o consumidor para que ele entenda a importância de que suas escolhas sejam feitas considerando todas as etapas do ciclo de vida de bens e serviços.

O Conselho Empresarial Brasileiro para o Desenvolvimento Sustentável (CEBDS), associação civil fundada em 1997 e que lidera os esforços do setor empresarial para a implementação do desenvolvimento sustentável no Brasil, publicou a Visão 2050, inspirada na Vision 2050 do World *Business Council for Sustainable Development* (WBCSD), adaptada à realidade brasileira (CEBDS, 2013). A Visão 2050 para o Brasil foi definida em nove áreas temáticas para delinear os caminhos rumo a um futuro sustentável. Na temática "materiais e resíduos", foi concebida a visão de que a ACV seria utilizada como um dos principais instrumentos para a decisão das empresas sobre a introdução de produtos no mercado, bem como pelos consumidores para avaliar e decidir sobre a compra de determinado produto. Dessa forma, tem-se a incorporação dos resultados do estudo de ACV na comunicação entre o fornecedor e consumidor.

CARACTERÍSTICAS DO MÉTODO ACV

A ACV está centrada, como outros métodos de avaliação ambiental, no binômio aspectos e impactos ambientais. Esses têm uma relação de nexo causal, sendo o primeiro causa e o segundo consequência. No Quadro 1 estão apresentados os conceitos e exemplos de aspecto e impacto ambiental.

Figura 2 – Compromissos empresariais do Pacto Global.

Contribuição Empresarial para a Promoção da Economia Verde e Inclusiva
COMPROMISSOS

1. BUSCAR sempre o resultado econômico sustentável, aquele que considera a obtenção desses resultados associados à maximização dos benefícios ambientais e sociais e à minimização de possíveis impactos negativos.

2. ATUAR nos nossos processos produtivos e nas nossas **cadeias de valores** (fornecedores e clientes) de forma a:
a) continuar a melhorar a eficiência de recursos ambientais (energia, materiais, solo, água etc.) e a reduzir qualquer forma de desperdício (resíduos, efluentes, gases de efeito estufa etc.);
b) ampliar o uso de fontes de energia ou de matérias-primas renováveis;
c) promover a geração de empregos dignos, aqueles que consideram o atendimento aos direitos humanos e a capacidade das pessoas de se desenvolverem continuamente;
d) promover o diálogo, a cooperação e o comprometimento visando ampliar a contribuição da cadeia para o desenvolvimento sustentável.

3. REFORÇAR nosso investimento em inovação e tecnologia de forma a introduzir novas soluções em processos, produtos e serviços que possibilitem a redução dos impactos decorrentes da produção, do uso e eventuais descartes associados aos produtos e serviços.

4. FORTALECER o papel do consumidor e a importância das suas escolhas de consumo considerando todo o **ciclo de vida** dos produtos e serviços.

5. DIRECIONAR nossos investimentos sociais ao fortalecimento de três aspectos:
a) Inclusão social da camada mais pobre da população.
b) Educação e desenvolvimento de competências para a sustentabilidade.
c) Promoção da diversidade humana cultural.

6. REFORÇAR nosso investimento em inovação e tecnologia de forma a introduzir novas soluções em processos, produtos e serviços que possibilitem a redução dos impactos decorrentes da produção, do uso e eventuais descartes associados aos produtos e serviços.

7. DEFINIR metas concretas para os aspectos mais relevantes da contribuição de cada um dos nossos negócios para o desenvolvimento sustentável e relatar publicamente a evolução do atendimento desses compromissos.

8. PROMOVER a difusão do conhecimento, respeitando a propriedade intelectual, de melhores práticas empresariais focadas na ampliação da contribuição para o desenvolvimento econômico, social e ambiental.

9. CONTRIBUIR nas discussões sobre desenvolvimento sustentável, economia verde e inclusiva, economia de baixo carbono ou qualquer outro tema correlato nos fóruns empresariais, como sindicatos e associações, dos quais fazemos parte, especialmente no Comitê Brasileiro do Pacto Global, em universidades e escolas de negócios, junto à sociedade organizada e junto ao governo, de modo a influenciar e ser influenciado nessa interação.

10. INFLUENCIAR e apoiar as decisões e políticas do governo brasileiro que contribuam para o desenvolvimento sustentável.
a) Fortalecimento da educação em todos os níveis (primários, secundários, profissionalizantes, universitário e de pós-graduação), dando destaque à difusão dos princípios e das práticas do desenvolvimento sustentável.
b) Favorecimento de investimentos em inovação, pesquisa e desenvolvimento de ciência e tecnologia, especialmente daqueles que podem introduzir melhorias radicais nos impactos ambientais e sociais.
c) Promoção da produção e do consumo mais sustentável, favorecendo aqueles que melhorem os impactos ambientais e sociais considerando todo o ciclo de vida dos produtos e serviços.
d) Apoio as empresas que assumam os riscos da introdução de novos produtos e serviços mais sustentáveis.
e) E fortalecimento da participação empresarial e da integração das diversas políticas nacionais e globais considerando o equilíbrio entre o desenvolvimento econômico, social e ambiental.

Fonte: adaptada de Pacto Global (2012).

Quadro 1 – Conceitos e exemplos de aspecto e impacto ambiental.

Conceitos/ exemplos	Aspecto ambiental	Impacto ambiental
Conceitos	Elemento das atividades, produtos ou serviços de uma organização que podem interagir com o meio ambiente (ABNT, 2004).	Qualquer alteração das propriedades físicas, químicas e biológicas do meio ambiente, causada por qualquer forma de matéria ou energia resultante das atividades humanas que, direta ou indiretamente, afetam: I – A saúde, a segurança e o bem-estar da população. II – As atividades sociais e econômicas. III – A biota. IV – As condições estéticas e sanitárias do meio ambiente. V – A qualidade dos recursos ambientais (Brasil, 1981).
Exemplos	Consumo de água, consumo de matérias-primas, consumos de fontes de energia, emissão de ruídos, lançamento de água com detergentes, emissões de gases, resíduos e efluentes, transporte de cargas (Sanchez, 2008).	Eutrofização, aquecimento global, depleção da camada de ozônio, ecotoxicidade, contaminação do solo, contaminação do lençol freático, incômodo aos vizinhos, congestionamentos (Sanchez, 2008).

Integrando esses conceitos de aspectos e impactos ao ciclo de vida de produtos tem-se a Figura 3, a qual apresenta os aspectos como entradas e saídas ao longo do ciclo de vida, desde a extração das matérias-primas até a destinação final. Dependendo de como essas relações acontecem, temos os impactos ambientais, que podem ser locais, regionais e globais. Na figura estão apresentados também, como exemplos de categorias de impactos ambientais: aquecimento global, acidificação do solo, toxicidade humana, ecotoxicidade, depleção da camada de ozônio, entre outros. Ressalta-se que cada etapa do ciclo terá suas particularidades em termos de aspectos e impactos.

A ACV pode ser aplicada para diferentes produtos, mas não necessariamente apenas para bens físicos. Nos termos de ACV, produto é qualquer bem ou serviço, e pode ser exemplificado como segue (ABNT, 2009a):

Figura 3 – Aspectos e impactos ao longo do ciclo de vida.

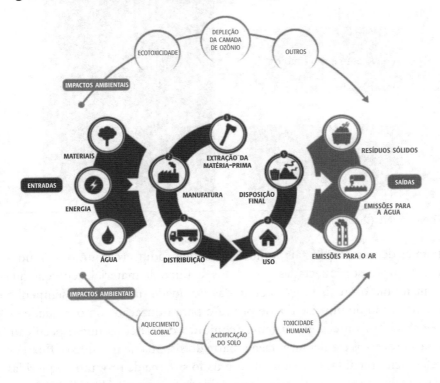

- Serviços (por exemplo, transporte).
- Informações (por exemplo, programa de computador, dicionário).
- Materiais e equipamentos (por exemplo, parte mecânica de um motor).
- Materiais processados (por exemplo, lubrificantes).

Um estudo de ACV envolve as fases apresentadas na Figura 4, sendo o método normalizado pelas normas NBR 14040 e NBR 14044 (ABNT, 2009a, 2009b).

Na primeira etapa da ACV, denominada objetivo e escopo, definem-se a finalidade e a abrangência do estudo, bem como parâmetros decisivos

Figura 4 – Fases de uma ACV.

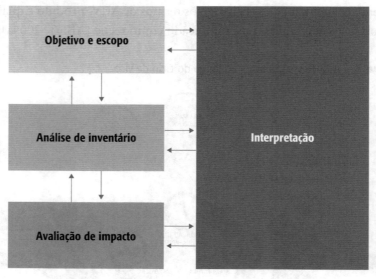

Fonte: ABNT (2009a).

para as demais etapas, tais como sistema de produto (conjunto de unidades de processo, conectadas em termos de fluxo de material e energia, que realiza uma ou mais funções definidas); unidade funcional (desempenho quantificado de um sistema de produto para utilização como unidade de referência); fronteira do sistema (conjunto de critérios que especificam quais processos elementares fazem parte do sistema de produto) e fluxo de referência (medidas das saídas de um dado sistema de produto, requeridas para realizar a função expressa pela unidade funcional) (ABNT, 2009a).

A segunda etapa da ACV, denominada análise de inventário do ciclo de vida ou simplesmente inventário do ciclo de vida (ICV), consiste da coleta e sistematização dos dados de entrada e saída do sistema em estudo. O inventário do ciclo de vida (ICV) envolve todos os fluxos correspondentes a uma dada unidade funcional do sistema em estudo e são contabilizados para o ciclo de vida do processo ou do produto. Desse inventário, resulta uma grande quantidade de dados numéricos que, para serem manipuláveis e interpretáveis, têm de ser agrupados por meio de fatores de equivalência ou caracterização na fase seguinte, que é a Avaliação de Impacto do Ciclo de Vida (AICV) (ABNT, 2009b). Na AICV, os dados coletados no ICV devem ser correlacionados às categorias de impacto, e para tanto são necessárias a seleção e a aplicação de um dos métodos de AICV internacionalmente reconhecidos e tecnicamente validados. Em linhas gerais, esses métodos dividem-se em *midpoint* e *endpoint*, e diferenciam-se na forma de abordagem e na amplitude de suas categorias de impacto (Thrane e Schmidt, 2006). Os métodos de ponto médio (*midpoint*) envolvem categorias de impacto tais como aquecimento global, potencial de depleção da camada de ozônio, potencial de acidificação, potencial de eutrofização, ecotoxicidade e toxicidade humana, entre outros. Os métodos de ponto final (*endpoint*) baseiam-se em estudos epidemiológicos para determinar a toxicidade das substâncias emitidas. São categorias mais amplas, como saúde humana, recursos naturais e qualidade dos ecossistemas. Os métodos EDIP97 e CML são exemplos de métodos *midpoint*, e o *Eco-Indicator 99*, de método *endpoint*. Por sua vez, existem também métodos que trabalham com categorias *midpoint* e *endpoint*, tal como o ReCiPe (Teixeira et al., 2012).

Na última etapa da ACV, interpretação do ciclo de vida, os resultados da Análise de Inventário e da Avaliação de Impacto são interpretados de acordo com o objetivo e escopo, a fim de obter conclusões, limitações e recomendações do estudo.

VISÃO EMPRESARIAL PARA A APLICAÇÃO DA ACV

As decisões que irão influenciar no impacto ambiental de um produto vão desde a escolha de seus fornecedores, passando pelo design do produto, sua embalagem, sua logística e de seus materiais, assim como a possibilidade de reúso, reciclagem e sua disposição final. O pensamento de ciclo de vida está associado a uma visão holística da cadeia produtiva de forma a ultrapassar as fronteiras do negócio considerando a cadeia de valor por completo.

Esse conceito pode ser aplicado para auxiliar decisões operacionais dentro das fronteiras do negócio, de forma estratégica na fase de desenvolvimento de produtos ou até mesmo como base de evidência para a elaboração de um plano robusto de comunicação e marketing visando demonstrar a sustentabilidade de produtos e serviços.

A Figura 5 ilustra três grandes grupos estratégicos de aplicação da ACV no contexto empresarial, e pode auxiliar a tomada de decisão em diversas áreas do negócio, a saber: melhoria contínua e competitividade, planejamento estratégico e comunicação da sustentabilidade.

Figura 5 – Visão empresarial para aplicações da ACV.

ACV: melhoria contínua e competitividade – ajudando a reduzir emissões

O primeiro ponto que deve ser destacado em relação a um estudo de ACV é que este não lhe trará respostas, mas, sim, resultados. O estudo apresenta uma série de informações referentes ao seu produto e/ou serviço, permitindo um conhecimento detalhado das áreas de impacto e as causas específicas ao longo do ciclo de vida. Neste caso, a ACV pode ser utilizada de forma pontual e pragmática, visando à melhoria contínua em etapas específicas da cadeia. Dessa forma, é possível compreender quais são as principais áreas de impacto e, com isso, definir as principais ações e investimentos para a redução das emissões, sem perder a visão do todo, evitando assim a transferência de problema ao longo da cadeia.

Este modelo de avaliação de impacto é um avanço na visão de impacto ambiental e desenvolvimento de produtos, pois substitui o que era chamado de "visão de fim de tubo", na qual a análise de impacto era feita ao final do processo produtivo, com o intuito de estabelecer ações corretivas.

A partir do momento em que os potenciais impactos são conhecidos, é possível trabalhar no design de novos produtos com foco em áreas específicas visando à redução e/ou minimização. Esse processo, conhecido como ecodesign ou *Design for Environment* (DfE), tem como base o conhecimento do impacto do seu produto, o que vai influenciar os diversos tipos de design aplicados pelas empresas, por exemplo: design visando ao uso eficiente de

GESTÃO DE CICLO DE VIDA COMO DIFERENCIAL COMPETITIVO PARA EMPRESAS | 413

energia, design para a remanufatura ou reciclagem ao final da fase de uso do produto, design para eliminação do uso de materiais perigosos.

Portanto, uma interpretação detalhada dos resultados é importante para o entendimento e compreensão, transformando informação em conhecimento.

Exemplo: Embraer – ecodesign

Criada em 19 de agosto de 1969, por iniciativa do governo federal brasileiro, a Empresa Brasileira de Aeronáutica S. A. (Embraer) transformou ciência e tecnologia em engenharia e capacidade industrial. Privatizada em 1994, viveu um processo de expansão e hoje é uma das maiores exportadoras brasileiras, que projeta, desenvolve, fabrica e vende aeronaves e sistemas para os segmentos de aviação comercial, aviação executiva, defesa e segurança (Embraer, 2014).

A Embraer vem trabalhando de maneira inovadora e ousada na implementação dos conceitos ligados à gestão do ciclo de vida, integrando a visão de melhoria contínua ao ecodesign. Em 2007, foi implementado o Programa de Excelência Empresarial Embraer (P3E), baseado na filosofia de manufatura enxuta, com forte apelo à otimização e à melhoria contínua (Embraer, 2014).

Ao longo dos anos, essa visão de processo foi transformada em uma visão mais integrada, aplicada a um nível mais estratégico servindo de embasamento para definição de prioridades entre os diversos projetos de melhoria. Em 2010, um marco importante foi o lançamento do Programa de Desenvolvimento Integrado do Produto Ambientalmente Sustentável (Dipas). Esse Programa constituiu um grande avanço em relação ao tema na Embraer, uma vez que passou a examinar potenciais impactos ambientais não somente nos processos produtivos da empresa, mas também em relação ao seu produto e seu desempenho ambiental. O conceito de DfE começou a ser aplicado por meio de um processo estruturado de capacitação e do desenvolvimento de ferramentas como o DfE *Guide*, que estabelecia diretrizes de projeto para o meio ambiente aplicados à indústria aeronáutica (Embraer, 2014).

Hoje, está estabelecido um procedimento para incorporar requisitos ambientais (emissões, ruído, uso de materiais etc.) nas definições para novos produtos e acompanhamento do ambiente regulatório relacionado ao produto, como a restrição do uso de materiais perigosos na fabricação de aeronaves. Dessa forma, o DfE busca prever e minimizar os impactos ambientais do produto sem comprometer requisitos essenciais à aeronave como qualidade, segurança e custo.

Como próxima etapa do programa Dipas, a Embraer irá aplicar uma avaliação simplificada do ciclo de vida dos seus produtos, utilizando a chamada DfE *Matrix*. Os resultados obtidos com o uso dessa ACV simplificada, que considerará desde a seleção de materiais até a análise de alternativas de fim de vida dos componentes do produto, serão utilizados como critério na tomada de decisão. Além disso, buscar-se-á desenvolver um processo de declaração ambiental do produto, que trará aos clientes e às demais partes interessadas um grau ainda maior de informação sobre o desempenho de indicadores ambientais.

ACV: planejamento estratégico – contribuindo para a estratégia de negócio

Empresas que veem a sustentabilidade como um fator essencial para o desenvolvimento e perpetuidade do seu negócio estão constantemente buscando ferramentas para avaliar o impacto ambiental e social de seu negócio, produtos e serviços. Segundo Sala et al. (2013), é um processo dinâmico de adaptação, aprendizagem e ação, tratando de reconhecer, entender e agir sobre as interconexões entre a economia, a sociedade e o meio ambiente natural. Sendo assim, a sustentabilidade aparece como um dos eixos principais para o desenvolvimento de novos produtos.

Neste caso, a ACV aparece como uma ferramenta importante para estimar o impacto de um novo produto ou processo na sua fase de concepção. Uma vez que compreendemos as causas do impacto, podemos optar por uma rota tecnológica específica, uma fonte alternativa de energia, matéria-prima, fornecedores, embalagem e/ou equipamentos que contribuirão para reduzir o impacto do produto.

Com isso, a ACV passa a ser mais do que somente um método de avaliação de impacto; é um conceito estratégico incorporado à gestão da empresa de forma que todas as decisões têm como base o pensamento de ciclo de vida, em inglês, *Life Cycle Thinking*. As companhias encontraram na ACV um bom suporte para definir suas estratégias ambientais, podendo prever e identificar os efeitos ambientais de seus produtos nas diferentes fases do ciclo de vida (Gonzáles et al., 2002).

GESTÃO DE CICLO DE VIDA COMO DIFERENCIAL COMPETITIVO PARA EMPRESAS | **415**

Empresas que trabalham dessa forma entendem que não é possível operar de forma isolada. As cadeias produtivas estão interconectadas e globalizadas e para atingir uma economia verde, as decisões em relação a produtos, investimentos e políticas públicas devem ser tomadas com base no pensamento de ciclo de vida, com a criação de valor compartilhado, e operacionalizadas por intermédio de modelos de gestão.

Isso demonstra a importância da visão do todo, a responsabilidade com a cadeia de fornecedores, a preocupação com a sociedade e a parceria com clientes para o desenvolvimento de produtos e serviços mais sustentáveis. Empresas que seguem essa visão percebem a necessidade de repensar os modelos de negócio.

Não podemos continuar vivendo nessa "economia linear", em que matérias-primas são extraídas do meio ambiente, produtos são produzidos e resíduos são descartados. A nova realidade em que vivemos requer a implementação e o entendimento dos benefícios do pensamento de ciclo de vida estabelecendo uma visão de "economia circular", na qual rejeitos não mais existem – devem ser reprocessados no mesmo ciclo produtivo, em outras cadeias ou até mesmo retornados ao meio ambiente. A economia circular concentra-se em uma maior produtividade dos recursos e a melhoria da ecoeficiência de uma forma abrangente, principalmente otimizando a estrutura industrial com o desenvolvimento de novas tecnologias e aplicações, renovação de equipamentos e renovação das formas de gestão (Hu et al., 2011).

Acredita-se que a economia circular estabelece uma base para redesign de produtos e uma oportunidade para estimular a inovação e a criatividade, permitindo uma nova economia mais positiva e restauradora. A discussão vai além das questões de produção e consumo eficiente, mas provoca uma redefinição de valores e sistema: a visão de produtos para serviços, consumidores para usuários e o foco na reconstrução de capital natural e social (Ellen MacArthur Foundation, 2013).

Sendo assim, a economia circular visa atingir um fluxo eficiente de materiais que podem ser resumidos em dois tipos (Figura 6): materiais biológicos e materiais técnicos.

- Materiais biológicos ou orgânicos: materiais biodegradáveis que podem retornar ao meio ambiente como compostos orgânicos ou fertilizantes naturais.

- Materiais técnicos: materiais que têm o seu ciclo de vida estendido no momento da sua reutilização e/ou reciclagem.

Nesse caso, os resíduos seriam eliminados das cadeias produtivas, uma vez que os produtos teriam sido desenhados para retornar ao meio ambiente (*design out waste*).

Com isso, tendo como foco a avaliação de impacto ambiental de produtos, percebe-se a importância de não se limitar a uma fase do ciclo produtivo. É preciso avaliar o impacto da matéria-prima, o design do produto, como ele é utilizado e como é descartado ou retorna à cadeia produtiva.

Figura 6 – Economia linear *versus* economia circular.

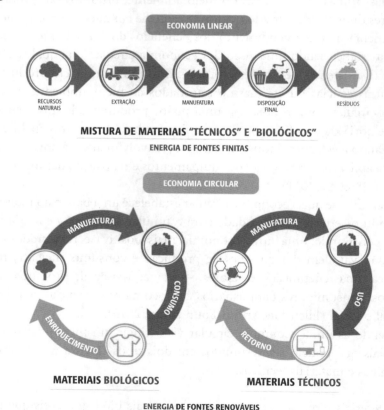

Fonte: adaptada de Ellen MacArthur Foundation (2013).

GESTÃO DE CICLO DE VIDA COMO DIFERENCIAL COMPETITIVO PARA EMPRESAS | **417**

Portanto, os resultados de um estudo de ACV podem auxiliar a tomada de decisão desde a escolha da matéria-prima até o desenho do produto final em alinhamento à estratégia do negócio. Uma ACV fornece informações aos tomadores de decisão sobre os possíveis efeitos ambientais de suas escolhas (May e Brennan, 2003).

Exemplo: Natura – calculadora de carbono

Criada em 1969 com o objetivo de vender cosméticos por meio do conceito de venda direta sem lojas, a Natura é hoje líder brasileira em cosméticos contando com aproximadamente 1,5 milhão de consultores na América Latina e Europa. Também compõem essa rede 6,7 mil colaboradores e aproximadamente 5 mil fornecedores e terceiros, além de cooperativas e agricultores familiares (Natura, 2014).

A Natura é pioneira no Brasil no uso do pensamento em ciclo de vida para o desenvolvimento de novos produtos. O conceito, utilizado desde 2001, é aplicado na avaliação de matérias-primas, novas embalagens, assim como ações de melhoria contínua nas áreas de produção, transporte e distribuição. As áreas de inovação e sustentabilidade funcionam em sinergia, utilizando ferramentas comuns que direcionam o processo de tomada de decisão (Natura, 2014).

Uma das ferramentas internas é a calculadora de carbono, que visa mensurar o impacto ambiental dos produtos, demonstrando o compromisso com a redução das emissões de carbono e o desenvolvimento sustentável (Natura, 2014).

Como exemplo, pode-se citar a nova linha de produtos SOU lançada em 2013. O desafio foi elaborar uma linha de produtos buscando a valorização do que é essencial para oferecer o máximo em prazer e qualidade conciliando as melhores alternativas para redução do desperdício, otimização de recursos, ganho de eficiência e redução do impacto ambiental (Natura, 2014).

A solução foi uma embalagem desenvolvida com um design inteligente, que aproveita até a última gota de cada produto e ainda utiliza 70% menos matéria-prima, apresenta uma redução de emissão de 60% que as embalagens convencionais, além de gerar três vezes menos resíduos.

Isso só foi possível por intermédio do pensamento integrado, em que cada etapa do processo foi considerada e avaliada isoladamente. Isso tudo também gerou uma economia no processo, o que possibilitou oferecer preços mais econômicos.

Além disso, a Natura investiu em uma nova forma de produção, com algumas máquinas adquiridas exclusivamente para a fabricação da SOU. Usualmente, uma embalagem chega à fábrica em diversas partes – frasco, válvula, tampa, rótulo; porém, no caso da SOU, a embalagem adquire seu formato final no mesmo local e ao mesmo tempo em que o produto é envasado. A linha SOU chega à fábrica na forma de rolo de filme plástico; em seguida, entra em uma única máquina que sela o filme, corta no formato da embalagem, recebe o produto e coloca a tampa. Devido ao formato de rolo de filme, para cada mil embalagens vazias de SOU, seria possível transportar apenas 28 das embalagens tradicionais do mercado. Menos transporte significa menos gasto de combustível e poluição (Natura, 2014).

E essas são apenas algumas das métricas utilizadas para mostrar o posicionamento e o desejo em democratizar a sustentabilidade e, dessa forma, ampliar o convite a um novo consumo e oferecer toda a qualidade Natura para muito mais gente.

A Natura também continuou inovando na aplicação do conceito no ambiente empresarial, realizando o primeiro estudo de ACV Social no Brasil e contribuindo para o desenvolvimento da metodologia, em conjunto com a *Life Cycle Initiative*.

ACV: A comunicação da sustentabilidade do produto – comunicação e marketing

A sustentabilidade de um produto está associada a uma série de fatores. Mas como escolher o produto mais sustentável? Como comunicar a sustentabilidade de um produto diante de uma complexidade de informações?

Neste caso, a ACV contribui para a qualidade, a transparência e a credibilidade das informações, pois garante que os dados comunicados têm como base um estudo técnico-científico conduzido diante de diretrizes e uma padronização aprovada globalmente – a norma ISO 14040. Com isso, a empresa evita acusações de fazer *green washing*, ou seja, quando a comunicação está sendo feita de forma a induzir o consumidor a acreditar que o produto é sustentável, quando na verdade não é. Barbieri et al. (2009) advertiram que um dos problemas mais graves é a possibilidade do uso deliberadamente indevido de uma ACV para divulgar vantagens ambientais dos produtos de uma empresa ou para mostrar desvantagens nos produtos dos concorrentes com análises e informações que nem sempre são verdadeiras.

A visão holística, o pensamento de ciclo de vida e a economia circular ajudam a compreender os diversos impactos relacionados a um produto e entender que estes podem ser locais ou globais. O nível de criticidade de determinado impacto vai depender do contexto do estudo e do cenário que está sendo avaliado. Um país com grande restrição de água teria um nível de criticidade, para o impacto em relação ao uso de água, muito mais elevado que um país com abundância desse recurso.

Não se deve tomar decisões isoladas. A visão do todo permite observar que mudanças feitas em uma parte da cadeia poderão gerar impacto em outra etapa ou criar um novo problema. O entendimento dessas relações e trocas é importante para a tomada de decisão e o efeito no equilíbrio de impactos do seu produto. Ao invés de agregar valor à cadeia, é possível que se esteja transferindo o problema de uma etapa para outra, no inglês, *burden shifting*.

Portanto, a responsabilidade pela sustentabilidade do produto deve ser vista de forma holística e compartilhada por todas partes interessadas (*stakeholders*) na cadeia de valor do produto e/ou serviço, de forma a analisar os impactos de forma global e local.

Outro ponto importante na comunicação dos resultados de um estudo de ACV é a clareza e a transparência das informações apresentadas. Uma ACV deve fornecer uma imagem clara e abrangente quanto possível das consequências ambientais das ações humanas para que se possa propor ações alternativas ou gerar ideias e uma base de conhecimento para as possíveis tomadas de decisões futuras (Ekvall e Finnveden, 2001). Além disso, quando a comunicação é feita de forma a comparar o impacto ambiental de diversos produtos, a Norma ISO 14040 recomenda que uma revisão de terceira parte (ou *peer review*) seja feita (ABNT, 2009a).

Uma série de questionamentos e debates metodológicos faz parte do processo, o que muitas vezes acaba por estender o tempo de conclusão do estudo. Para o âmbito empresarial, esta fase complexa de diálogo e interpretação dos resultados pode gerar ansiedades e frustrações; porém é a fase mais importante que irá garantir a qualidade da comunicação e a credibilidade do estudo.

Exemplo: Braskem

A Braskem, em apenas dez anos, tornou-se a maior produtora de resinas termoplásticas das Américas. Com o início da produção do plástico de etanol de cana-de-açúcar, em setembro de 2010, tornou-se também a maior produtora de biopolímeros do mundo. Desde sua criação teve o desenvolvimento sustentável como base de sua estratégia. Segundo Bastos (2007, p. 225), "[...] o desafio de buscar alternativas ao petróleo e a estagnação do dinamismo tecnológico na área de polímeros petroquímicos explicam em grande medida o envolvimento recente em biopolímeros, no plano internacional, de tradicionais empresas químicas".

O conceito de ciclo de vida visando à avaliação de impacto já é bastante utilizado pelo setor petroquímico como forma de avaliar e demonstrar o impacto dos produtos ao longo do seu ciclo de vida. A Braskem utiliza o conceito desde 2005 em parceria com empresas especializadas para avaliações específicas de impacto de processos e produtos. Em 2011, criou uma área dedicada ao assunto, visando disseminar o conceito de forma mais ampla internamente, promovendo e oferecendo suporte para que o conceito fosse aplicado não somente pela área de processo, mas também pela área de inovação no desenvolvimento de novos produtos e junto a clientes com o intuito de demonstrar os benefícios ambientais dos produtos plásticos. Teve também um papel importante na estruturação da Rede ACV – uma rede de empresas que tem como objetivo trabalhar de forma colaborativa para o desenvolvimento e aplicação da ACV no âmbito empresarial brasileiro (Braskem, 2014).

Considerando a liderança na área de biopolímeros, um setor inovador e ainda pouco conhecido, a Braskem tem como desafio passar a mensagem de sustentabilidade de forma clara junto a seus clientes, garantindo que o consumidor final compreenda e valorize seus benefícios ambientais.

Os biopolímeros são polímeros que têm como diferencial sua matéria-prima de fonte renovável ou sua disposição final de forma biodegradável. No caso do plástico verde da Braskem, sua proposta de valor está na sua matéria-prima de fonte renovável – a cana-de-açúcar –, que captura carbono durante seu crescimento gerando um plástico com uma pegada de carbono negativa e reciclável. Além disso, devido ao uso reduzido de combustível fóssil, contribui para a redução do aquecimento global (Braskem, 2013).

Entretanto, a fonte renovável traz alguns contrapontos não existentes nos polímeros tradicionais e, portanto, para que a avaliação ambiental tenha credibilidade no mercado, ela deve ser consistente e transparente. É neste momento que o estudo de ACV se torna extremamente importante e uma ferramenta essencial para dar respaldo técnico e evidências concretas ao plano de comunicação da sustentabilidade do produto.

Neste caso, a Braskem trabalhou em cooperação com seus fornecedores e engenheiros de processo para que dados primários fossem coletados permitindo a realização de um estudo de ACV com dados reais da cadeia para a realidade temporal, geográfica e tecnológica representativa do processo produtivo do plástico verde. O estudo seguiu as diretrizes da norma ISO 14040, incluindo uma revisão de terceira parte, com a participação de três especialistas, visando validar o resultado obtido, permitindo a comparação do biopolímero com o pó tradicional de fonte fóssil. O estudo mostrou que o biopolímero contribui para a redução das emissões dos gases de efeito estufa, pois captura -2,15 kg CO_2eq/kg biopolímero (pegada negativa: -2,15 kg CO_2 eq/kg biopolímero), enquanto o polímero fóssil da Braskem emite +1,83 kg CO_2 eq/kg polvmer (pegada poditiva: +1,83 eq/kg CO_2 polímero). Além disso, o biopolímero naturalmente consome 80% menos energia fóssil que o polímero de origem fóssil, demonstrando a proposta de valor dos biopolímeros: redução das emissões de carbono e redução do uso de recursos de origem fóssil.

Três fatores contribuem para a pegada negativa do plástico verde: o carbono biogênico referente ao carbono capturado pela cana-de-açúcar durante seu crescimento, o aumento do estoque de carbono no solo resultante do cultivo da cana-de-açúcar em solo degradado e o crédito gerado pelas emissões evitadas das termelétricas a gás natural diante do uso da energia renovável gerada da queima do bagaço nas usinas de etanol e açúcar.

O estudo também comprovou que mais de 85% da energia utilizada no processo produtivo do biopolímero é de fonte renovável.

Além disso, o estudo também foi importante para medir os impactos provenientes da matéria-prima renovável que em certas categorias de impacto demonstram um impacto maior ao biopolímero. Entretanto, na sua contextualização e análise, é possível entender suas origens e definir ações para minimizá-los. Por exemplo, o estudo demonstrou que o impacto referente ao uso de fertilizantes é reduzido devido ao uso de resíduos do processo, como a vinhaça e a torta de filtro, que contribuem para reduzir o uso de fertilizantes químicos.

Outro produto originado desse biopolímero produzido pela Braskem é o "capacete verde", mostrado no trabalho de Boa Vista et al. (2013). O

GESTÃO EMPRESARIAL E SUSTENTABILIDADE

equipamento de proteção individual (EPI) destinado à proteção da cabeça dos trabalhadores é utilizado nas situações de exposição a agentes meteorológicos e em cenários de trabalho em locais onde exista risco de impactos provenientes de queda ou projeção de objetos, queimaduras, choque elétrico e irradiação solar. A MSA, empresa fabricante do capacete, efetuou um inventário das emissões de gás carbônico (CO_2) para a atmosfera comparando os dois processos de fabricação do casco do capacete, relativo ao período de 1º de janeiro a 31 de dezembro de 2011. Concluiu que, por unidade produzida, o capacete verde (utilizando polietileno verde da Braskem e pigmentos) sequestra 231 g de CO_2 da atmosfera, enquanto na produção do capacete com as matérias-primas tradicionais (polietileno petroquímico e pigmentos) verificou que, para cada unidade produzida, são emitidos 1.029 g de CO_2 para a atmosfera. O estudo mostrou que a substituição da matéria-prima levou à redução do impacto gerado na produção dos capacetes pela empresa.

Dessa forma, é possível, por meio do estudo de ACV, substanciar a contribuição dos biopolímeros para uma sociedade de baixo carbono e uma economia circular.

OS DESAFIOS DA ACV

Como pode-se observar, o primeiro passo para a elaboração de um estudo de ACV é a definição de objetivo e escopo. Para isso, a discussão deve envolver uma equipe multidisciplinar com representantes da área técnica, comercial e o especialista que irá conduzir o estudo, para que seja possível a visão do todo e da real aplicação do estudo.

A primeira fase consiste na coleta de dados, que pode ser direta do processo (dados primários) ou com base em literatura (dados secundários).

Em muitos países, uma consistente base de dados de inventário de matérias-primas já está constituída, considerando os aspectos geográficos, temporais e tecnológicos, garantindo a qualidade e a aplicabilidade dos dados. Um banco de dados completo cria agilidades e facilita a condução de estudos de ACV de produtos.

No Brasil, as indústrias e o governo têm se articulado para a elaboração de um banco de dados, porém ainda não há dados robustos e representativos da realidade brasileira. Esse é um dos grandes desafios ao uso da ACV no Brasil, pois cria dificuldades, aumento de tempo e custo ao longo do processo.

Juntamente a essas condições, vimos na falta de especialistas um outro fator limitante ao uso da ACV no Brasil, como ferramenta para determinar a sustentabilidade de produtos.

Programas elaborados pela Associação Brasileira de Ciclo de Vida (ABCV), iniciativas em parceria com a Unep/Setac, além de cursos elaborados por iniciativas privadas, visam aumentar a capacitação de profissionais no mercado brasileiro.

Além disso, o entendimento da complexidade da ferramenta pelos empresários também aparece como uma barreira ao processo. O negócio busca informações diretas e práticas para a tomada de decisão, enquanto que o estudo de ACV nos traz uma riqueza de informações sobre determinado produto, assim como os vários caminhos que podem ser seguidos e não uma resposta única para a solução de um problema.

CONSIDERAÇÕES FINAIS

A ACV pode ser aplicada em várias situações, contribuindo para a tomada de decisão do negócio. A ACV contribui para:

- Avaliação do impacto ambiental de um sistema de produto em um tempo específico.
- Entendimento dos *trade-offs* e definição do equilíbrio de impactos ao longo da cadeia de valor.
- Identificação de oportunidades de melhoria e auxílio na tomada de decisão.
- Desenvolvimento sustentável de produtos – ecodesign.

Destaca-se a possibilidade de desenvolvimento dos estudos em dois níveis, a saber:

- Um estudo simplificado de ACV tem como base dados de literatura e serve para uma visão estimada de impacto. Neste caso, não é específico para o seu produto, mas pode dar uma ideia de impacto com menos custo e mais rapidamente que um estudo completo.
- Um estudo completo de ACV certamente tem um nível de complexidade mais elevado, mas garante o impacto real, pois é específico para

o seu produto. Neste caso, o estudo deve ter como base dados primários coletados ao longo de todas as etapas do processo e considerar a fronteira do berço ao túmulo. Estudos de berço à porta são considerados estudos parciais, pois não consideram o impacto ao longo da fase de uso e disposição final.

Portanto, independentemente de qual o objetivo e o tipo de estudo escolhido, a ACV é um método que auxilia a tomada de decisão em diversas áreas do negócio, em relação à variável ambiental. Entretanto, ela deve ser muito bem planejada e deve ser utilizada de forma integrada ao processo de decisão junto a outras ferramentas, entendendo seus pontos fortes e suas limitações.

AGRADECIMENTOS

As autoras agradecem a contribuição dos colegas Fabien Brones, André Tachard e Milena Tudisco pelos cases da Natura, Embraer e Braskem, respectivamente. Igualmente agradecem a Lucas Boaventura Pacífico pela arte gráfica das ilustrações e a Mário Roberto dos Santos pelo auxílio na revisão das referências e na formatação.

REFERÊNCIAS

[ABCV] ASSOCIAÇÃO BRASILEIRA DE CICLO DE VIDA. Disponível em: http://www.abcvbrasil.org.br/. Acessado em: 26 maio 2014.

[ABNT] ASSOCIAÇÃO BRASILEIRA DE NORMAS TÉCNICAS. NBR ISO 14001: Sistemas de gestão ambiental – Requisitos com orientação para o uso. Rio de Janeiro, 2004.

_____. NBR ISO 14040: Gestão ambiental – Avaliação do ciclo de vida – Princípios e estrutura. Rio de Janeiro: ABNT, 2009a.

_____. NBR ISO 14044: Gestão ambiental – Avaliação do ciclo de vida – Requisitos e orientações. Rio de Janeiro: ABNT, 2009b.

BARBIEIRI, J.C.; CAJAZEIRA, J.E.R.; BRANCHINI, O. Cadeia de suprimento e avaliação do ciclo de vida do produto: revisão teórica e exemplo de aplicação. *O Papel*. v. 70, n. 9, p. 52-72, 2009.

BASTOS, V.D. Biopolímeros e polímeros de matérias-primas renováveis alternativos aos petroquímicos. *Revista do BNDES.* v. 14, n. 28, p. 201-34, 2007.

BOA VISTA, H.A.; SHIBAO, F.Y.; SANTOS, M.R. Produto sustentável: equipamento de proteção individual (EPI) fabricado com plástico verde. In: ENCONTRO INTERNACIONAL SOBRE GESTÃO EMPRESARIAL E MEIO AMBIENTE, 15., 2013, São Paulo. *Anais...* São Paulo: Engema, 2013.

BRASIL. Lei n. 6.938, de 31 de agosto de 1981. Dispõe sobre a Política Nacional do Meio Ambiente, seus fins e mecanismos de formulação e aplicação e dá outras providências, 1981.

BRASKEM. *Pe+Verde*. Disponível em: http://www.braskem.com.br/plasticoverde/principal.html. Acessado em: 23 jul. 2013.

_____. Avaliação de ciclo de vida (ACV). Disponível em: http://www.braskem.com.br/site.aspx/avaliacao-de-ciclo-de-vida. Acessado em: 26 maio 2014.

[CEBDS] CONSELHO EMPRESARIAL BRASILEIRO PARA O DESENVOLVIMENTO SUSTENTÁVEL. *Visão Brasil 2050: a nova agenda para as empresas.* Disponível em: http://www. cebds.org.br/media/uploads/pdf/visao_brasil_2050_-_v final.pdf. Acessado em: 20 dez. 2013.

CHEHEBE, J.R. *Análise do ciclo de vida dos produtos: ferramenta gerencial da ISO 14000.* Rio de Janeiro: Qualitymark, 1998.

EKVALL, T.; FINNVEDEN, G. Allocation in ISO 14041 – a critical review. *Journal of Cleaner Production*, v. 9, n. 3, p. 197-208, 2001.

ELLEN MACARTHUR FOUNDATION. *Interactive system diagram*, 2013. Disponível em: http://www.ellenmacarthurfoundation.org/circular-economy/circular-economy/interactive-system-diagram. Acessado em: 26 maio 2014.

[EMBRAER] EMPRESA BRASILEIRA DE AERONÁUTICA S. A. 2014. Disponível em: http://www.embraer.com.br/pt-BR/Paginas/Home.aspx. Acessado em: 26 maio 2014.

GONZÁLES, B.; ADENSO-DÍAZ, B.; GONZÁLEZ-TORRE, P.L. A fuzzy logic approach for the impact assessment in LCA. *Resources, Conservation and Recycling.* v. 37, n. 1, p. 61-79, 2002.

HU, J. et al. Ecological utilization of leather tannery waste with circular economy model. *Journal of Cleaner Production.* v.19, n. 2-3, p. 221-8, 2011.

MAY, J.R.; BRENNAN, D.J. Application of data quality assessment methods to an LCA of electricity generation. *The International Journal of Life Cycle Assessment.* v. 8, n. 4, p. 215-25, 2003.

NATURA. 2014. Disponível em: http://www.natura.com.br/www/. Acessado em: 26 maio 2014.

PACTO GLOBAL – REDE BRASILEIRA. *Contribuição Empresarial para a Promoção da Economia Verde e Inclusiva*, 2012. Disponível em: http://www.pactoglobal.org.br/Public/upload/ckfinder/files/carta_de_compromissos_rio20_rede_brasileira_do_pacto_global.pdf. Acessado em: 9 jan. 2014.

RIGAMONTI, L.; GROSSO, M.; GIUGLIANO, M. Life cycle assessment of sub-units composing a MSW management system. *Journal of Cleaner Production*. v.18, n.16-17, p. 1652-62, 2010.

SALA, S.; FARIOLI, F.; ZAMAGNI, A. Progress in sustainability science: lessons learnt from current methodologies for sustainability assessment: Part 1. *The International Journal of Life Cycle Assessment*. v. 18, n. 9, p. 1653-72, 2013.

SÁNCHEZ, L.E. *Avaliação de impacto ambiental: conceitos e métodos*. São Paulo: Oficina de Textos, 2008.

SILVA, G.A.; KULAY, L.A. Avaliação do ciclo de vida. In: VILELA JUNIOR, Alcir; DEMAJOROVIC, Jacques (Orgs.). *Modelos e ferramentas de gestão ambiental: desafios e perspectivas para as organizações*. São Paulo: Senac, 2010.

TEIXEIRA, C.E.; CUNHA, A.C.L.L.; ARDUIN, R.H. et al. Avaliação do ciclo de vida (ACV) aplicada a remediação de áreas contaminadas DOI: 10.5773/rgsa.v6i2. 565. *RGSA: Revista de Gestão Social e Ambiental*. v. 6, p. 3-18, 2012.

THRANE, M.; SCHMIDT, J. Life cycle assessment. In: *Tools for sustainable development. Aalborg: Department of Development and Planning*, Aalborg University. 2006.

[UNEP] UNITED NATIONS ENVIRONMENT PROGRAMME. *Greening the Economy Through Life Cycle Thinking. Ten Years of the UNEP/SETAC Life Cycle Initiative*. 2012. Disponível em: http://www.unep.fr/shared/publications/pdf/DTIx1536xPA--GreeningEconomythroughLifeCycleThinking.pdf. Acessado em: 26 maio 2014.

_____. *Malmö Declaration. Adopted by the Global Ministerial Environment Forum – Sixth Special Session of the Governing Council of the United Nations Environment Programme Fifth plenary meeting 31 May 2000*. Disponível em: http://www.unep.org/Malmo/malmo_ministerial.htm. Acessado em: 20 jan. 2014.

Cadeia de Suprimento Verde | 17

Fabio Ytoshi Shibao
Administrador, Uninove

Roberto Giro Moori
Engenheiro mecânico, Universidade Presbiteriana Mackenzie

Cláudia Echevenguá Teixeira
Bióloga, IPT

Mario Roberto dos Santos
Engenheiro eletrônico, Uninove

INTRODUÇÃO

Este capítulo pretende dar uma visão geral sobre a gestão da cadeia de suprimento verde, focada no tema ambiental, e apresenta as principais definições dadas pelos pesquisadores que são referência nessa área do conhecimento, porque a escassez dos recursos naturais e o aumento dos índices de poluição criaram regulamentações mais rigorosas para serem cumpridas pelas empresas. Logo, para atingir os objetivos de lucro e manter uma boa imagem corporativa junto aos clientes, torna-se necessário a colaboração dos fornecedores e distribuidores em ações de melhoria contínua nos processos produtivos, nos projetos de produtos e serviços e no redesenho das redes logísticas com a incorporação da logística reversa, com base em conceitos ambientalmente amigáveis (Malcon, 2010).

Como os custos envolvidos em ações ambientais são considerados elevados pelas firmas e os retornos desses investimentos são calculados do ponto de vista econômico (Nogueira et al., 2011), neste capítulo são apresentadas as principais diretrizes para que as empresas pratiquem a gestão ambiental em suas atividades, a definição de gestão da cadeia de suprimentos verde (*Green Supply Chain Management* – GSCM) e os principais fatores que influenciam as práticas ambientais empresariais, tais como: práticas internas de GSCM; práticas externas de GSCM; investimentos verdes; *ecodesign* e logística reversa; perfil verde; proatividade corporativa; reatividade corporativa; desempenho ambiental; desempenho econômico; e desempenho operacional.

GSCM é um campo que ainda apresenta lacunas conceituais (Srivastava, 2007), portanto, entende-se que esforços de revisão são úteis para o desenvolvimento da pesquisa sobre o tema no âmbito acadêmico e para o meio empresarial para a aplicação sustentável em operações industriais.

O ser humano sempre buscou uma relação de domínio sobre a natureza com base na sua criatividade, para garantir a sua sobrevivência em um ambiente hostil, o que propiciou descobertas que facilitaram o controle sobre os demais seres vivos, consideradas como o início da degradação da natureza (Simão, 2008).

O setor empresarial vive um momento de mudanças constantes, porque o mercado se apresenta de forma dinâmica, em termos de tecnologias, ecologia, mudanças políticas, econômicas, culturais e sociais. A sobrevivência das corporações significa cada vez mais a necessidade de as empresas se tornarem inteligentes, ágeis e adaptativas, conforme preconizou Kruglianskas (1996).

Diferentemente de outras épocas, o que mudou não foram as atividades em que as empresas estão envolvidas, mas a possibilidade de utilizar tecnologia como força produtiva direta (Castells, 2000). Em outras palavras, o aumento do consumo implicou a aceleração do giro da produção, transformando-se em um mundo no qual tudo é descartável, o que tem sido perverso para o planeta e seus habitantes.

Os objetivos do desenvolvimento sustentável desafiam as instituições contemporâneas (Bellen, 2007), porque todas as definições e ferramentas pertinentes à sustentabilidade consideram o fato de que não se conhece totalmente como o sistema opera, podendo-se descobrir apenas os impactos ambientais decorrentes de atividades com o meio ambiente. Muitos economistas ressaltam semelhanças entre a gestão de portfólios de investimento com a sustentabilidade, na medida em que se procura maximizar o retorno e manter o capital constante (Rutherford, 1997).

Na década de 1990, surgiu o termo cadeia de suprimentos (CS) definido pelo Supply Chain Council (SCC), como todos os esforços envolvidos na produção e liberação de um produto final, desde o primeiro fornecedor até o cliente final. Nessa visão, o empenho é planejar (*plan*), abastecer (*source*), fazer (*make*) e entregar (*delivery*), conforme descrito por Pires (2009). Uma CS inclui todas as organizações envolvidas em todos os fluxos, serviços, recursos financeiros e/ou informações do fornecedor do início da cadeia para o cliente final (Mentzer et al., 2001).

Em termos gerais, nas CSs as organizações competem e cooperam ao mesmo tempo, e essa combinação estabelece um relacionamento dinâmico entre os membros da cadeia, pelo fato de a empresa de uma CS fazer parte de outra cadeia, com diferentes objetivos e tipos de negócios. Dessa forma, as alterações nas leis, surgimento de novas tecnologias, novas exigências dos clientes e melhoria na qualificação dos funcionários são a nova realidade, consequentemente obrigam as empresas a realizar constantes alinhamentos estratégicos (Brown et al., 2006).

A exploração descontrolada da natureza causa alterações climáticas, além da iminente escassez dos recursos naturais no curto e médio prazo (Stern Review, 2008). Portanto, para se obter vantagem competitiva, via CS, as organizações incorporam a análise ambiental, a fim de obter real qualidade ambiental no produto ou serviço (Christopher, 1993). Entretanto, os impactos ambientais não são considerados de forma pontual, mas a partir de uma avaliação global de toda a cadeia que envolve o processo (Mcintyre et al., 1998). Assim, emerge o tema *Green Supply Chain* (GSC), que busca, além dos padrões tradicionais estabelecidos, a qualidade ambiental de toda a CS, e considera, além da logística tradicional da CS, também a logística reversa. Segundo Rogers e Tibben-Lembke (1998), logística reversa é o processo de retornar bens de seu destino final tradicional com a finalidade de recuperar valor ou promover um descarte adequado.

A prática do *Green Supply Chain Management* (GSCM) conforme Bowen et al. (2001a) apud Shibao (2011, p. 21) inclui:

> [...] redução de perdas, reciclagem, desenvolvimento de fornecedores, desempenho dos compradores, compartilhamento de recompensas e riscos, adoção de tecnologias "limpas", adequações à legislação, reutilização de materiais, economia de água e energia, utilização de insumos ecologicamente corretos, processos de produção enxutos e flexíveis, comprometimento e conscientização ambiental dos participantes da cadeia.

Dessa forma, as operações de duas ou mais organizações, para gerenciar ou influenciar tais atividades em outras empresas na CS, tanto à montante (antes da empresa foco) quanto à jusante (após a empresa foco), são representadas na Figura 1. A empresa foco e as demais empresas da CS poderão optar por investir recursos próprios para melhorar as práticas ambientais ao longo da CS.

Figura 1 – Representação de uma *Green Supply Chain Management (GSCM)*.

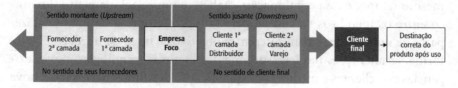

Muitas organizações, atentas às mudanças nos setores industriais em que atuam, começaram a se movimentar estrategicamente rumo à sustentabilidade de seus negócios, ao demonstrar um perfil proativo, recaindo as atenções nas indústrias de processo, como a química, petroquímica, papel e celulose, bebidas e setor energético.

Portanto, caso a empresa ignore suas responsabilidades, muitos custos implícitos podem se tornar explícitos. Miles e Covin (2000) afirmaram que as empresas negligentes ficam sujeitas a multas e podem perder participação de mercado devido a danos em sua reputação.

Em suma, as organizações atuam em um ambiente de negócios cada vez mais competitivo, logo, faz-se necessário encontrar novas e criativas formas de melhorar a rentabilidade e prover um melhor serviço para os clientes, cada vez mais preocupados com o meio ambiente. A seguir, serão apresentadas as estratégias utilizadas pelas empresas para se tornarem sustentáveis em relação ao meio ambiente.

MEIO AMBIENTE E ESTRATÉGIAS SUSTENTÁVEIS

Meio ambiente é o planeta com todos os seus elementos, tanto os naturais quanto os alterados e construídos pelos seres humanos. Portanto, o meio ambiente compreende o ambiente natural e o artificial que é o ambiente biológico original alterado, destruído e construído pelos humanos como as áreas urbanas, industriais e rurais (Barbieri, 2011). O meio ambiente não é apenas o espaço onde os seres vivos existem ou podem existir, mas a própria condição para a existência de vida na Terra.

No início da década de 1980, algumas empresas perceberam que a responsabilidade ambiental poderia trazer uma vantagem competitiva diante dos seus competidores. Logo, iniciaram a adesão às normas internacionais que estabeleciam critérios para a implantação de sistemas de gestão da qualidade e do meio ambiente a partir da década de 1990. Na Europa, também houve iniciativas de criação de selos verdes, sendo que alguns países já possuíam normas próprias e outros utilizavam a BS 7750 (*British Standard* 7750) como base para a comercialização de seus produtos (Maimon, 1999). A norma inglesa BS 7750 – *Specifications for Environmental Management Systems*, teve a primeira emissão em 1992 e especificou os requisitos para desenvolvimento, implantação e manutenção de sistemas de gestão ambiental pelas empresas (Campos et al., 2006).

Com o intuito de proporcionar universalmente os procedimentos de gestão ambiental empresarial, foram aprovadas e publicadas, em 1996, as normas da International Organization for Standardization (ISO) série ISO 14000, que tinham base na antiga BS 7750 e estabeleceram as principais diretrizes para a gestão ambiental das empresas. As normas permitem avaliar aspectos ligados à saúde, à segurança e ao meio ambiente, adicionando-se a avaliação dos sistemas de qualidade e de responsabilidade social de forma integrada, por equipes independentes, ao possibilitar às empresas a obterem a certificação de seus sistemas de acordo com as normas ISO 9001 (qualidade), ISO 14001 (meio ambiente), ISO 16001 (Responsabilidade Social) e OHSAS (*Occupational Health and Safety Assessment Series*) 18001 (Ventura, 2008).

As corporações buscam a certificação ISO 14001 para atuar no mercado global, porque a preocupação ambiental deixou de ser uma questão ecológica e passou também a ser econômica. Portanto, as empresas precisam se atentar tanto na integração interna como em compras, contabilidade, engenharia, logística, manufatura, marketing e outros, quanto na organização externa como os consumidores, fornecedores, governo, instituições financeiras, operadores logísticos, revendedores, varejistas etc. Além disso, é requerida a capacidade de gerenciar sistemas de informações, tecnologias de última geração, novos processos de negócios com capacidade de resposta rápida e flexível aos eventos externos e a contínua redução de custo ao longo da CS (Handfield; Nichols Jr., 2002).

Assim sendo, ao associar os temas meio ambiente e estratégias sustentáveis, a organização se posiciona diante dos desafios competitivos, isto é, antecipa-se em relação aos seus concorrentes e assume posição de pioneira. O comportamento ambiental da companhia sofre influência direta dessa variável, uma vez que, em razão dos recursos disponíveis, o gestor com postura passiva dificilmente adotará soluções inovadoras para a gestão do meio ambiente.

O surgimento de associações como o Conselho Empresarial Brasileiro para o Desenvolvimento Sustentável (CEBDS), ligado ao *World Business Council for Sustainable Development* (WBCSD), que congrega empresas com a finalidade de compartilhar informações sobre práticas sustentáveis entre seus membros e com a sociedade, e também o Pacto Global da Organização das Nações Unidas (ONU) – *UN Global Compact,* uma iniciativa com 4.700 empresas que buscam implantar os princípios que envolvem quatro dimensões – direitos humanos, padrões de trabalho, ambiente e anticorrupção – são exemplos incipientes de preocupações por parte das empresas privadas em incorporar sustentabilidade em sua estratégia de negócios, ao tomar consciência de que esperar pela formulação de políticas públicas ambientais para depois agir rumo à sustentabilidade não parece ser para elas uma opção sensata.

Todavia, ainda hoje, o elemento determinante para a formulação de estratégias sustentáveis é a legislação, pois é por intermédio dela que os governos comunicam as suas políticas ambientais às empresas, seja por meio de mecanismos econômicos de incentivo, seja por meio de sanções e multas.

Tal fato acarreta dificuldades na gestão de operações globais devido às diferenças entre as legislações ambientais. Essa multiplicidade de regulamentações tem como resultado o surgimento de consultorias especializadas em legislação ambiental, além daquelas especializadas em tecnologias ambientais, que aumentam os custos das empresas. A seguir serão apresentados os conceitos sobre Gestão da Cadeia de Suprimentos.

GESTÃO DA CADEIA DE SUPRIMENTOS

A produção ou parte dela não existe isoladamente, porque todas as operações fazem parte de uma rede maior e estão interconectadas com outras operações. O conceito de Gestão da Cadeia de Suprimentos (*Supply Chain Management* – SCM) inclui, portanto, os fornecedores e os clientes. Porém, na literatura, encontram-se vários conceitos da SCM, muitos deles

CADEIA DE SUPRIMENTO VERDE | **433**

direcionados para as operações logísticas e atendimento à demanda (Ballou, 2006), não havendo consenso entre os diferentes autores (Pires, 2009).

A proliferação dos acordos de livre comércio e o processo de internacionalização das companhias têm demandado desempenhos logísticos eficazes das organizações. Logo, o conceito da cadeia de suprimentos teve rápida difusão como integrador de toda a cadeia em nível global (Dornier et al., 2000). A definição de *Supply Chain* parece ser mais comum que a definição de SCM, que exige mais esforço de coordenação e análise do que as abordagens de gerenciamento de canais tradicionais (Cooper; Ellram, 1993; Lambert et al., 1998).

As empresas trabalham dentro da SCM porque os benefícios potenciais para os compradores são: nos aspectos econômicos, a transferência do risco e redução de custos e melhoria da qualidade; em relação aos itens gerenciais, a concentração no negócio principal e gerenciamento de poucos relacionamentos; e, em relação à estratégia, a posição competitiva na CS. Enquanto para os vendedores são: economia de escala e redução dos riscos de utilização da capacidade produtiva, concentração em atividades especializadas e em poucos clientes, e gerenciamento de poucos relacionamentos; quanto ao aspecto estratégico, o horizonte de planejamento e investimento é de longo prazo (Cooper; Ellram, 1993).

Portanto, o que se verifica é que a SCM não é apenas uma área dentro da empresa que "cuida" das compras, mas como um processo de negócio chave, estratégico e integrador (Pires, 2009). Essa visão permite aos participantes da CS o compartilhamento de informações, riscos e recompensas (Mentzer et al., 2001).

Para que todos obtenham recompensas, faz-se necessário um processo eficiente de cooperação, integração de processos-chave, estabelecimento de relações de longo prazo, coordenação interfuncional, que leve à redução de desperdícios e dos custos, e melhoria do valor e satisfação dos consumidores, de forma a proporcionar vantagens competitivas para os participantes da CS. A cooperação emerge diretamente da relação de confiança e comprometimento dos envolvidos no processo de SCM (Mentzer et al., 2001).

Para que essa confiança seja marcante em toda a CS, é necessário um processo de gerenciamento do poder e uma forte liderança focada para o desempenho do processo (Lambert et al., 1998), isto é, a SCM precisa de uma empresa que lidere o processo de forma a determinar um ritmo padronizado para todos os elos pertencentes à cadeia. Portanto, o motivo do arranjo, a modelagem ou a disposição de uma CS aumentam a vantagem competitiva de todos os participantes, ou seja, estrutura-se de forma que as empresas participantes melhorem seus desempenhos ambientais, operacionais e econômicos.

Para se avançar na direção da SCM, utiliza-se do conceito de Handfield e Nichols Jr. (2002) apud Shibao (2011, p. 41):

> [...] como sendo todas as iniciativas associadas ao fluxo e a transformação de materiais, desde a etapa de extração da matéria-prima, até o consumo de bens e serviços pelo usuário final, como um fluxo de informações associado à montante e à jusante na CS. (Vide Figura 1).

No entanto, não há uma preocupação de forma integrada da gestão ambientalmente correta em toda a cadeia. Sendo esse um conceito emergente, faz-se necessário um debate sobre a ampliação dos conceitos de SCM para uma visão GSCM, como uma forma de incorporar, em todos os processos atuais, uma visão de gestão ambiental na CS, como descrito no próximo item.

GESTÃO DA CADEIA DE SUPRIMENTOS VERDE (*GREEN SUPPLY CHAIN MANAGEMENT* - GSCM)

Porter e Van der Linde (1995) procuraram fundamentar a GSCM como iniciativas competitivas, em que a ecologização pode ser a economia de recursos por meio da eliminação dos desperdícios e melhoria na produtividade. Van Hoek (1999) estudou a GSCM sob três aspectos: reativo, proativo e agregação de valor. Na abordagem reativa, as empresas destinam o mínimo de recursos para a gestão ambiental e algumas iniciativas de melhorias para diminuição do impacto ambiental na produção. Na proativa, as empresas começam a se antecipar às novas leis ambientais, por exemplo, ao destinar recursos para reciclagem e *design* de produtos verdes. Por último, sob a ótica de agregar valor, as companhias procuram integrar atividades ambientais, como compras verdes e certificação ambiental na sua estratégia empresarial.

Em seguida, Van Hoek (1999) discutiu a transição do pensamento de que a ecologização deixa de ser um fardo para tornar-se uma fonte de vantagem competitiva. Sarkis (1995) discorreu sobre a fabricação ambientalmente consciente. Guide e Wassenhove (2002) examinaram o papel dos gestores ambientais. As interações entre os vários *stakeholders* em integrar GSCM e as vantagens que lhes poderão advir foram descritas por Gungor e Gupta (1999). Em um estudo que relacionou elementos de GSCM e indicadores de desempenho, Beamon (1999) defendeu o estabelecimento e a implantação de um sistema de medição, no qual a estrutura de avaliação da CS é prolongada para incluir os mecanismos de recuperação de produtos.

Diversas análises foram objeto de estudos relacionados à GSCM, como a seguir destacadas: o estudo das fases do ciclo de vida do produto foi realizado por Kaiser et al. (2001), enquanto Zhu e Geng (2001) analisaram o impacto das compras verdes na seleção dos fornecedores. A gestão de resíduos foi abordada por Theyel (2001), embalagem e conformidade legal foram vistas por Min e Galle (2001), fabricação verde e operações por Sarkis e Cordeiro (2001), estudos sobre implantação das práticas de Sistema de Gestão Ambiental (SGA) por Hui et al. (2001), seleção de indicadores de desempenho ambiental por Scherpereel, Van Koppen e Heering (2001), relacionamento entre desempenho ambiental e econômico das empresas por Wagner et al. (2001), o foco nos prestadores de logística por Krumwiede e Sheu (2002) e Meade e Sarkis (2002), os desafios de gestão e as consequências ambientais na fabricação reversa foram resumidos por White et al. (2003) e a extensão das responsabilidades aos produtores por Spicer e Johnson (2004).

As dificuldades para implantar a GSCM, segundo Nunes (2005, p. 18) consistem em:

> [...] restrição no número de fornecedores e da cultura das organizações. O obstáculo não é propriamente um problema gerado pela gestão ambiental na CS, mas uma tendência de mercado em vista de simplificar o processo de SCM. A questão da cultura organizacional, por sua vez, é uma barreira a ser transposta, porque a GSCM demanda iniciativas de transferência de conhecimento, de tecnologias e de práticas ambientais ao longo de toda a cadeia produtiva, ações que muitas empresas nunca realizaram. Por isso, há a necessidade de treinamento e integração numa filosofia ambiental similar, todos os elos da CS.

No processo de GSCM, diversas iniciativas podem ser adotadas, como as identificadas por Zucatto (2008):

* "Integrar as filosofias de redução, reutilização, remanufatura, reciclagem e tratamento de efluentes" (Sarkis, 2003 apud Zucatto, 2008, p. 9).

O objetivo dessa iniciativa é reduzir e até eliminar o desperdício, com a consequente redução dos custos na aquisição de matéria-prima.

- "Compreender o ciclo de vida do produto. Os produtos apresentam seis estágios no seu ciclo de vida – introdução, crescimento, maturidade, saturação, declínio e morte. Nessa perspectiva, a CS relaciona questões ambientais para cada estágio" (Sarkis, 2003 apud Zucatto, 2008, p. 9).

- "Compreender o ciclo de vida do processo. Os processos têm quatro estágios – início, crescimento rápido, maturação e declínio. Assim como no ciclo de vida do produto, é preciso efetuar a gestão de riscos ambientais em cada estágio do ciclo de vida do processo" (Hayes; Wheelwrigth, 1984 apud Zucatto, 2008, p. 9).

- "Explorar sistemas de informação. Esses instrumentos facilitam a comunicação rápida em mercados competitivos e tornam mais acessíveis as informações aos decisores" (United States Environmental Protection Agency – EPA, 2000 apud Zucatto, 2008, p. 9).

- "Utilizar sistema de simulação. Velocidade e tempo são aspectos decisivos e a simulação estabelece cenários para decisão, que poderá possibilitar economia de esforços, recursos e tempo" (Khoo et al., 2006 apud Zucatto, 2008, p. 9).

- "Melhorar continuamente por meio da ecoeficiência que se relaciona ao processo, com o objetivo de fazer melhor os produtos e a ecoeficiência que visa fazer um produto melhor" (Shireman, 2001 apud Zucatto, 2008, p. 9).

Bowen et al. (2001b) identificaram em diversas literaturas os benefícios potenciais das práticas da *Green supply*, que teoricamente trazem benefícios para a sociedade, para a empresa e para o processo de compra e suprimento. Mas, para Lamming e Hampson (1996), o atendimento das legislações ambientais pode representar um aumento de custo para a empresa. Mesmo assim, os próprios autores apontaram também que as empresas que possuem alto desempenho ambiental reduzem seus custos com a eliminação de perdas. Em suma, os custos e benefícios da GSCM são difíceis de ser quantificados e mensurados, tornando inevitável que eles tenham um balanço desigual entre as empresas. A seguir, será apresentado o conceito de GSCM como uma ampliação da concepção da SCM convencional.

GSCM COMO CONCEITO AMPLIADO DA SCM CONVENCIONAL

A SCM é um conjunto de abordagens utilizadas para integrar eficientemente desde a aquisição de matéria-prima até a entrega final do produto aos consumidores, de forma que seja produzida e distribuída na quantidade, localização e no tempo certo, para minimizar os custos globais do sistema, ao mesmo tempo em que atinge o nível de serviço desejado (Simchi-Levi et al., 2003).

As atividades de manufatura e produção passaram a ser consideradas potencialmente danosas para a saúde das pessoas e do meio ambiente se não controladas corretamente, pois podem gerar poluição, romper o ecossistema e depredar os recursos naturais, segundo Fiksel (1996). Dentro dessa realidade, as práticas ambientais passaram a fazer parte do cotidiano das empresas ao exigir uma evolução das demandas ambientais socialmente aceitas no gerenciamento das suas operações.

Para que as empresas não corram riscos de serem penalizadas, seja por uma medida regulatória, seja pelo conceito que o consumidor define ou ainda por padrões morais, elas expandiram o conceito de SCM convencional de minimizar os custos finais, para uma SCM com foco ambiental.

Nesse aspecto, Bloemhof-Ruwaard et al. (1995) descreveram que os processos verdes e produtos verdes apresentam muitas oportunidades de aplicação nos procedimentos ambientalmente amigáveis. Por exemplo, a redução dos resíduos, a minimização da poluição, com a utilização dos recursos de forma eficiente, e o descarte após o final da vida do produto.

Sarkis (2003) afirmou que as inovações ambientais podem ser mais bem utilizadas durante a fase de produção na CS, por ser esta fase o foco interno na organização e por serem mais visíveis os benefícios da implantação de processos ecológicos. A GSCM, além de envolver as práticas tradicionais de SCM, integra critérios ou problemas ambientais na decisão de compra e relacionamentos de longo prazo com os fornecedores. Visa também confinar os resíduos dentro do sistema industrial, a fim de conservar energia e evitar a dispersão de materiais perigosos no meio ambiente, controlando, assim, o impacto ambiental nos processos dentro de uma organização (Gilbert, 2001).

Em vista disso, o comprador e os critérios de seleção de fornecedores são fundamentalmente diferentes em cadeias convencionais e em cadeias

438 | GESTÃO EMPRESARIAL E SUSTENTABILIDADE

verdes. Em cadeias convencionais, o padrão predominante é o preço. Em redes verdes, o objetivo ecológico é uma parte dos critérios de seleção de fornecedores. Colocar esses critérios ecológicos em prática requer uma avaliação cuidadosa do fornecedor, baseada em relacionamentos orientados no longo prazo, que geralmente leva mais tempo e só um número muito limitado deles é que satisfaz os critérios definidos. Assim, qualquer mudança de seleção de fornecedores não pode ser implantada na GSCM tão rapidamente como na SCM convencional.

Uma das percepções iniciais sobre a introdução de produtos ecológicos no mercado é que eles levam a um maior custo de produção, em comparação com os convencionais. No entanto, resultados recentes mostram que as inovações e o planejamento podem reduzir drasticamente esses custos na maioria dos casos. Em comparação com as SCM convencionais, que têm um grande número de materiais convencionais e fornecedores, as GSCM são relativamente inferiores em termos de rapidez e flexibilidade (Ho et al., 2009). O Quadro 1 resume as principais diferenças entre gestão convencional e gestão verde da cadeia de suprimento.

Quadro 1 – Diferenças entre SCM convencional e Green SCM.

Características	SCM convencional	Green SCM
Objetivos e valores	Econômicos	Econômicos e ecológicos
Otimização ecológica	Alto impacto ecológico	Abordagem integrada Baixo impacto ecológico
Critério de seleção de fornecedor	Mudança rápida por preço Relacionamento de curto prazo	Aspectos ecológicos (e preços) Relacionamento de longo prazo
Pressão por custo e preços	Alta pressão por custo Preços baixos	Alta pressão por custo Preços altos
Velocidade e flexibilidade	Alto	Baixo

Fonte: Adaptado de Ho et al. (2009, p. 21).

Embora em alguns casos os custos envolvidos na GSCM sejam elevados em comparação com a SCM convencional, a consciência do consumidor sobre o meio ambiente ajudou as organizações a criar uma imagem de marca e a se tornar uma vantagem competitiva exclusiva. Beamon (1999) mostrou em sua pesquisa que 75% dos consumidores afirmaram que o seu poder de compra foi influenciado pela reputação ambiental da empresa e que 80% estariam dispostos a pagar mais por produtos ambientalmente amigáveis. Porém, a pesquisa da Confederação Nacional da Indústria (CNI) de 2010 apontou que apenas 11% dos entrevistados dariam preferência a produtos e serviços de empresas com preocupação e ações de conservação ambiental, bem como foi baixa a disposição em pagar mais por um produto ambientalmente correto (CNI, 2010).

Por outro lado, exigências ecológicas são consideradas critérios fundamentais para produtos e processos e, ao mesmo tempo, a empresa busca garantir a sustentabilidade econômica e permanecer competitiva e lucrativa. Ao praticar apenas uma fração dos conceitos verdes na SCM, muitas empresas já têm alcançado sucesso. Portanto, entre as abordagens SCM e GSCM há uma ampliação dos conceitos. Mais do que simplesmente agregar o fator ambiental às atividades das organizações, a GSCM fornece uma nova visão das responsabilidades das empresas com o meio ambiente e a sociedade.

A seguir, são conceituadas práticas internas de GSCM, práticas externas de GSCM, investimentos verdes, *eco-design* e logística reversa, perfil verde, pró-atividade corporativa, reatividade corporativa e desempenho ambiental, econômico e operacional.

PRÁTICAS INTERNAS DE GSCM

A literatura que apoia a ideia de que as práticas GSCM vão melhorar o desempenho ambiental é relativamente forte, segundo Zhu e Sarkis (2004), podendo, essas práticas, serem divididas em internas e externas.

As práticas internas de GSCM normalmente decorrem da possibilidade de adequar o ambiente de trabalho para uma maior produtividade de maneira enxuta, ideia originariamente concebida no Japão que, após a derrota sofrida em 1945 na Segunda Grande Guerra Mundial, tentava se reerguer e, para tanto, as indústrias japonesas necessitavam colocar no mercado produtos com preço e qualidade capazes de competir na Europa e nos Estados Unidos.

Com base na necessidade do cliente, é estabelecido o ambiente apropriado de manufatura: produção para estoque (*make to stock*), montagem sob encomenda (*assembly to order*), fabricação sob encomenda (*make to order*) e projeto sob encomenda (*engineering to order*), conforme MacCarthy e Fernandes (2000).

As práticas ambientais podem ser consideradas como extensão da filosofia enxuta que, de acordo com Monden (1997), objetiva reduzir prazos, melhorar a qualidade dos produtos e serviços e a redução de custos, o que Zhu e Sarkis (2004) afirmaram que as práticas ambientais auxiliam na melhoria da qualidade.

A Produção Mais Limpa visa melhorar a eficiência, lucratividade e a competitividade, enquanto protege o meio ambiente, o consumidor e o trabalhador (Bicheno, 2004). Pode ser considerada, portanto, uma ampliação do conceito de filosofia enxuta (Gianetti; Almeida, 2006).

Outra consideração é quanto aos resíduos emitidos pela atividade produtiva na indústria, que sempre foi também um problema que levou à necessidade de conscientização verde. No caso de GSCM, os esforços para minimizar tal problema têm sido o foco central, pois constituem um processo realizado por clientes e fornecedores que envolve a coleta, o transporte, a incineração, a compostagem ou a alienação de bens comercializados entre as partes envolvidas (Lamming; Hampson, 1996; Srivastava, 2007).

Atentar para uma abordagem comum que consiste em substituir um potencial material perigoso por um processo menos problemático, aparentemente uma ação razoável, pode resultar em um rápido esgotamento de recursos escassos ou aumentar a extração de outros materiais ambientalmente problemáticos, conforme alertou Graedel (2002).

Assim, ao estudar as práticas internas de GSCM, diversos condicionantes são considerados: compromisso da alta administração, suporte aos gerentes de nível médio, cooperação interfuncional para melhorias ambientais, gestão ambiental de qualidade total, conformidade ambiental, programas de auditoria, certificação ISO 14001 e sistemas de gestão ambiental (Ninlawan et al., 2010; Zhu; Sarkis, 2004; Zhu et al., 2010). A seguir, discorre-se sobre as práticas externas de GSCM.

PRÁTICAS EXTERNAS DE GSCM

O estudo das práticas externas de GSCM destaca-se porque a adequação ambiental pode ser influenciada por pressões (normas, leis, *stakeholders* etc.), sobretudo se a responsabilidade social corporativa e a imagem ambiental não forem positivas, uma vez que as empresas irão perder par-

CADEIA DE SUPRIMENTO VERDE | **441**

ticipação de mercado global, além daquelas exercidas pelos detentores do poder como as agências governamentais (Zhu et al., 2010).

O foco estratégico de compras permite à organização considerar uma série de relacionamentos estratégicos (Cousins, 1999; Lamming, 1993) que podem ser obtidos com seus fornecedores, para compartilhar tecnologias, riscos e recompensas (Lane; Bachmann, 1998) e, com isso, motivar os compradores e os vendedores a trabalharem juntos na melhoria ambiental (Den Hond, 1996). Além disso, o movimento de delegação de responsabilidades aos fornecedores e as estratégias de redução da base de suprimentos (Cousins, 1999) também facilitam uma cooperação mais estreita entre comprador e vendedor, ao permitir que o cliente possa transferir recursos chaves e conhecimento diretamente ao fornecedor (Lamming, 1993). Como exemplo, temos o desenvolvimento de tecnologias limpas (Carter et al., 1998).

Outra técnica muito utilizada é o preenchimento de questionários para demonstrar o compromisso com o desempenho e com o cliente sobre certos temas, tais como: cumprimento de regulamentação, efeitos e desempenho ambiental, existência de regulamentação e compromisso geral (Lamming; Hampson, 1996) e critérios ambientais para seleção de fornecedor (Rao, 2005).

Se por um lado a colaboração facilita a introdução de compras verdes (Green et al., 1996; Lamming; Hampson, 1996) para tornar a habilidade da gestão de questões ambientais mais eficaz (Noci, 1997), do lado oposto, o nível de "analfabetismo ambiental" a respeito de compras personalizadas ainda é uma barreira para a implantação de compras verdes (Lamming; Hampson, 1996), uma vez que muitos gerentes de compras acreditam que iniciativas ambientais geram somente custos (Min; Galle, 1997).

O treinamento do pessoal de compras sobre os benefícios de suprimento verde traz um efeito positivo sobre as atividades ambientais de compras (Carter et al., 1998), porque o desenvolvimento de compras verdes exige um aumento significativo na quantidade de coleta de dados e pessoal com nível adequado de experiência e conhecimento técnico industrial (Lamming; Hampson, 1996).

As empresas que possuem avaliação de fornecedores (Noci, 1997) são boas em abordagens formais para a seleção e avaliação de fornecedores (Green et al., 1996), por terem orientações claras sobre como as questões ambientais podem ser equilibradas com o aumento do custo (Min; Galle, 1997; Noci, 1997). Portanto, a existência de políticas e procedimentos de-

GESTÃO EMPRESARIAL E SUSTENTABILIDADE

talhados de compras é um recurso fundamental para a implantação de um sistema adequado de compras verdes, ao permitir que as questões ambientais possam ser construídas para as estruturas existentes.

Mais um processo baseado na prática externa de GSCM é a implantação de auditoria ambiental de segunda parte no fornecedor, isto é, auditoria realizada por uma empresa contratada especializada e que não faz parte da CS (Rao, 2005; Zhu; Sarkis, 2006) e a certificações dos sistemas de gestão ambiental (Zhu; Sarkis, 2006). Os principais objetivos da auditoria ambiental são a identificação e a documentação da situação da conformidade da empresa e o aperfeiçoamento dos sistemas de gestão ambiental (Barbieri, 2011).

Dessa forma, ao estudar as práticas externas de GSCM, considera-se o fornecimento de especificações de *eco-design* para os fornecedores, que incluem as exigências ambientais para o item a ser comprado, cooperação para os objetivos ambientais, auditoria da gestão ambiental e exigência da certificação ISO 14001. Além disso, são considerados também cooperação com os clientes para *eco-design*, produção mais limpa e embalagem ambientalmente correta (Ninlawan et al., 2010; Zhu; Sarkis, 2004; Zhu et al., 2010). O próximo item aborda os investimentos verdes relevantes nos estudos de GSCM.

INVESTIMENTOS VERDES

O sistema capitalista e o decorrente aumento do consumo, juntamente com uma intervenção cada vez maior do homem nos processos naturais, na busca de uma produção mais rápida com baixos custos, têm como consequências o aumento das condições de miséria e desigualdade social. Logo, a prevenção da poluição requer investimentos estruturais em operações que envolvam mudanças no produto ou no processo e, com isso, prover benefícios à empresa por melhorar o desempenho ambiental das operações ao longo do processo produtivo e não somente no final (Gavronski et al., 2003).

O controle da poluição gerada no processo produtivo é investimento estrutural que trata as emissões no final do processo, ou seja, depois de serem geradas, não reduzem a quantidade total de poluentes liberados e descartados, apenas reduzem o risco associado a um determinado poluente, segundo Klassen e Whybark (1999).

No Brasil, as práticas de responsabilidade social estão em desenvolvimento, incluindo as voltadas para o meio ambiente, pois os empresários, movidos pelos danos ocorridos ao meio ambiente que prejudicam cada vez mais o planeta, estão mais abertos a uma política ambientalmente correta, o que torna, assim, a responsabilidade social um compromisso comum com a sociedade. Por meio de investimentos e da mudança de determinadas atitudes perante à administração dos efeitos colaterais dos agentes poluidores, são feitas as prevenções das tragédias ambientais, promove-se a qualidade de vida e a saúde dos funcionários e da população, divulga-se uma boa imagem ao mercado e gera-se mais lucro, à medida que se reduzem gastos e custos operacionais (Melo Neto, 2001).

A recuperação de investimentos é uma prática tradicional de negócios, mas também pode ser considerada uma prática ambientalmente correta, uma vez que reduz os resíduos que podem ser eliminados de outra forma, e ainda aumenta a vida útil dos produtos que podem ser reciclados e reutilizados, conforme Zhu e Sarkis (2004).

Resumidamente, ao estudar os investimentos verdes, considera-se o investimento em equipamentos que diminuem consumo de energia elétrica, água, matéria-prima e também atividades que recuperam os investimentos, como a venda do excesso de estoques de materiais, sucatas e materiais usados ou equipamentos depreciados (Ninlawan et al., 2010; Zhu; Sarkis, 2004; Zhu et al., 2010). Nessa mesma linha de pensamento, são apresentados no próximo item dois conceitos relacionados à concepção conceitual da GSCM.

ECO-DESIGN E LOGÍSTICA REVERSA

O *eco-design* refere-se à concepção de produtos que atendam às questões ambientais ou à recuperação de produtos (Lamming; Hampson, 1996; Srivastava, 2007; Zhu; Sarkis, 2006). Enquanto Krikke et al. (2003) discutiram o projeto de desmontagem, He et al. (2004) e Sarkis e Cordeiro (2001) trataram do *design* por intermédio da minimização dos resíduos.

Assim, o *eco-design* se inicia desde a concepção e projeto, manufatura e processos de suporte, com confiabilidade, sustentabilidade e competitividade do produto, além do objetivo de projetar produtos nos quais os impactos ambientais sejam os mínimos possíveis em todas as etapas do

GESTÃO EMPRESARIAL E SUSTENTABILIDADE

ciclo de vida e que haja melhorias significativas nos aspectos ambientais (Tsoulfas; Pappis, 2008; Zhu et al., 2008).

No geral, 80% dos impactos ambientais negativos são detectados na fase de *design* do produto. Assim, considerar os aspectos ambientais e econômicos desde o início do processo de desenvolvimento do novo produto é importante, pois aqueles que passam pela técnica de *eco-design* são denominados produtos verdes, ambientalmente corretos. Os objetivos principais são a redução de utilização de matérias-primas e a diminuição da geração de resíduos e dos custos de disposição final (Jeswiet; Hauschild, 2005).

Do ponto de vista técnico, pode se considerar o *eco-design* como uma ferramenta estratégica para a concepção de novos produtos, porque certamente o tema "verde" representa um significativo motivador para a diferenciação de produto. Porém, atenção especial deve ser dada quanto à reciclagem ou desmontagem que possibilite ao gerente de produto identificar o melhor *trade off* entre a compatibilidade ambiental de um produto e a sua contribuição para a rentabilidade da empresa (Azzone; Noci, 1998).

A evolução da visão tradicional do ciclo de vida do produto para a abordagem do *cradle to cradle design* (design do berço ao berço) requer um cuidado especial no processo logístico, porque a viabilidade da maioria das inovações de um produto verde depende do gerenciamento eficaz dos fluxos reversos dos bens (Ninlawan et al., 2010).

Assim, ao estudar *eco-design* e logística reversa, considera-se o quanto a empresa investe em matérias-primas menos agressivas ao meio ambiente e se ela desenvolve o *design* dos seus produtos para reduzir o consumo de material e energia. Considera-se também se a empresa evita o uso de materiais perigosos ao meio ambiente nos seus produtos e nos processos de fabricação, se atua junto aos seus clientes na implantação da reciclagem, eliminação de embalagem e na redução de resíduos e se prevê a logística reversa no *design* dos seus produtos (Ninlawan et al., 2010; Zhu; Sarkis, 2004; Zhu et al., 2010). No próximo item, será apresentado o perfil verde que aborda a postura das empresas com relação ao meio ambiente.

PERFIL VERDE

Embora no passado já tenha sido tratada por muitos como uma questão ideológica de grupos ambientalistas que não aceitavam a sociedade de consumo moderna, a preocupação com a preservação ambiental gradativamente assumiu maior importância dentro das empresas. Observou-se que, na questão ambiental contemporânea, o grau de comprometimento dos empresários e administradores é cada vez maior na busca de soluções ambientalmente adequadas na aquisição de matéria-prima, produção, distribuição, consumo de bens e serviços e a destinação ambientalmente correta após o seu uso (Souza, 2002).

Atualmente, as dimensões econômicas e mercadológicas das questões ambientais têm representado custos ou benefícios, limitações ou potencialidades, ameaças ou oportunidades para as organizações empresariais. Pois a melhoria na gestão ambiental pouco tem acrescentado para a melhoria da eficiência e da produtividade.

Para enfatizar esse tema, um estudo realizado pela CNI, em 2010 e 2007, com mais de 1.200 empresas, mostrou que as principais motivações que levam as empresas a adotarem medidas associadas com a gestão ambiental são as apresentadas no Quadro 2.

Quadro 2 – Comparativo entre pesquisa CNI 2010 *versus* 2007.

Descrição	2010 % respostas	2007 % respostas
Imagem e reputação	78,6%	20,4%
Exigências do licenciamento ambiental	77,7%	51,4%
Regulamentos ambientais	66,6%	58,1%
Políticas internas das empresas	65,8%	51,6%

Fonte: Adaptado de CNI (2007, 2010).

O crescimento do percentual de resultados associados à questão da imagem das empresas é potencializado por indutores legais, em questões ambientais, tais como exigências para o licenciamento e os regulamentos ambientais, o que mostra a preocupação das companhias com consumidores, acionistas, mídia e concorrentes, entre outros (CNI, 2010). Verificou-se também que, quanto menor o porte da empresa, mais importantes são os requisitos legais e, no caso das grandes empresas, são sua imagem e reputação. Mais da metade das empresas defenderam a criação de um tratamento fiscal diferenciado para estimular a adoção de instrumentos de gestão ambiental (67,1%); em seguida, o tratamento diferenciado no licenciamento ambiental (61,9%) e, depois, a política de incentivo mais assinalada foi a oferta de financiamento a juros mais baixos (49,0%).

Pode-se observar que a regulação por parte do Estado, com objetivos ambientais, exerce grande influência nas decisões das empresas em tomar um tipo ou outro de postura ambiental, segundo Sarkar (2008), como apresentado na Figura 2. Porém, a influência desses diversos estímulos sobre a organização tem pesos e papéis diferentes, dependendo do setor e do contexto institucional em que a organização está inserida. Assim, sugere-se que, ao se propor e implantar instrumentos de intervenção governamental na busca da sustentabilidade, avaliem-se as consequências de tais instrumentos, para que não haja desperdícios de recursos com a escolha errada de mecanismos.

Figura 2 – Perfil verde.

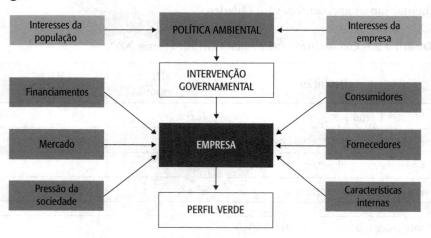

Fonte: Adaptado de Sarkar (2008).

As empresas podem se posicionar em relação à gestão ambiental sob duas perspectivas:

- Com a visão estratégica, a qual engloba as questões ambientais à estratégia empresarial, na busca de vantagens competitivas sustentáveis e um melhor desempenho ambiental e econômico (Porter; Van Der Linde, 1995).

CADEIA DE SUPRIMENTO VERDE | **447**

- A partir do modelo de conformidade ambiental, em que as empresas cumprem todos os regulamentos e leis aplicáveis às questões ambientais (Miles; Covin, 2000). Cabe ressaltar que as pressões ambientais sobre as empresas estão no mesmo patamar de importância de outras pressões por elas sofridas, tais como a econômica e a operacional, conforme Perez-Sanchez et al. (2003).

A seguir, são apresentados os perfis que as empresas adotam quando se trata de questões ambientais, que podem ser proatividade corporativa e reatividade corporativa.

PROATIVIDADE CORPORATIVA

A autorregulação, isto é, quando as empresas estabelecem as suas próprias regras para um determinado assunto, estende-se às companhias que agem por sua própria iniciativa e estão interessadas no desempenho de seus negócios. As indústrias adotam posturas proativas em relação ao meio ambiente, razão pela qual incorporam fatores ambientais nas metas, políticas e estratégias da empresa. Consideram os riscos e os impactos ambientais não só nos processos produtivos, mas também nos seus produtos. Assim, notou-se que a abordagem proativa não é restrita à gestão ambiental, mas é uma tendência que emergiu na administração em geral, desde Drucker (1992) e Hamel e Prahalad (1995), para incentivarem as empresas a enxergar mais longe e se anteciparem às mudanças para a obtenção de vantagens competitivas no mercado em que atuam e também para criação de novos mercados.

Na década de 1990, muitas empresas começaram a integrar o meio ambiente nas suas estratégias de negócios, o que Varadarajan (1992) chamou de *enviropreneurial marketing*. Esse conceito pode ser definido como atividades empresariais benéficas ambientalmente, que atendem tanto aos objetivos econômicos como aos do meio ambiente.

Hoffman (1999) pesquisou a indústria química e petroquímica, entre 1960 e 1993, para entender como essas indústrias têm se moldado de uma postura de resistência ao ambientalismo para uma postura mais proativa, e identificou quatro períodos no ambientalismo corporativo:

- Ambientalismo industrial (1960-1970), que focava sobre a resolução interna de problemas como um adjunto para a área de operações (o foco, portanto, era na indústria e havia uma crença de que os problemas ambientais seriam solucionados pela tecnologia, sem a interveniência governamental).

- Ambientalismo regulatório (1970-1982), cujo escopo era sobre a conformidade com as regulamentações, dada à imposição externa de novas leis ambientais cada vez mais rigorosas e ao declínio da influência da indústria no campo organizacional.

- Ambientalismo como responsabilidade social (1982-1988), cujo objetivo era reduzir a poluição e minimizar os resíduos dirigidos externamente por pressões de movimentos ambientalistas e iniciativas voluntárias.

- Ambientalismo estratégico (1988-hoje), que concentram-se na integração de estratégias ambientais proativas a partir da administração superior, devido a interesses econômicos que passam a se desenvolver associados às questões ambientais das empresas.

Outro fator central na condução das ações ambientais é a reputação, por ser o conjunto de percepções mantidas pelas pessoas internas e externas à empresa, na busca de satisfazer as demandas de uma variedade de *stakeholders,* tais como: proprietários, consumidores, empregados, fornecedores, governo, bancos etc., para que, assim, a operação da organização seja legitimada (Miles; Covin, 2000). Melhora a habilidade da firma em criar valor, porque permite explorar opções de mercado lucrativas e incrementa o valor de mercado da empresa.

Assim, a melhoria na reputação da organização obtida por meio da estratégia ambiental adequada pode contribuir, junto com a diferenciação de produtos e a diminuição dos custos, para a ocupação, manutenção e/ou melhoria da posição de mercado. Essa hipótese se convencionou chamar de *ganha-ganha*, ou seja, de que melhores desempenhos ambientais e econômicos podem ser aliados e não opostos (Karagozoglu; Lindell, 2000).

O meio ambiente é considerado ponto chave em todas as tomadas de decisões operacionais, sobre fluxos de materiais, insumos, fornecedores e desenvolvimento de produtos. As empresas proativas possuem capacidade para prevenção de poluição ambiental que inclui as atividades de planejamento, monitoramento e antecipação, com sistemas para monitorar e responder às questões ambientais internas e externas (Ninlawan et al., 2010; Zhu; Sarkis, 2004; Zhu et al., 2010). No próximo item será abordada a reatividade corporativa, ou seja, quando a empresa tem comportamento reativo em relação ao meio ambiente.

REATIVIDADE CORPORATIVA

Há basicamente três razões, segundo Rosen (2001), para que as empresas tenham que melhorar o seu desempenho ambiental:

- Primeira: o regime regulatório internacional está mudando em direção a exigências crescentes em relação à proteção ambiental.
- Segunda: o mercado de fatores e produtos está mudando.
- Terceira: o conhecimento está mudando, com crescentes descobertas e publicidade sobre as causas e consequências dos danos ambientais.

Conforme resultados da pesquisa conduzida por Lau e Ragothaman (1997), com objetivo de proporcionar um sumário de estatísticas descritivas sobre questões estratégicas da gestão ambiental da indústria química, as principais forças a dirigir a implantação de programas de gestão ambiental são, em ordem de importância, as regulamentações ambientais, a reputação da companhia, as iniciativas da alta administração, a redução de custos e as demandas dos consumidores.

O mesmo estudo concluiu que a maioria das empresas desenvolve suas ações ambientais mais como resposta às regulamentações ambientais do que como uma política proativa rumo ao encontro dos interesses de toda a sociedade, e certamente está relacionado ao fato de a indústria química ser um setor fortemente regulamentado em função de seus potenciais impactos ambientais.

No Brasil, também foi conduzida uma pesquisa em indústrias de grande porte por Neder (1992), constatando que as ações ambientais das empresas que se concentravam na modernização dos sistemas de controle da poluição eram essencialmente em função das crescentes exigências das regulamentações ambientais. Além disso, as ações eram tomadas na maioria das empresas como atividades meio e, portanto, tinham pouco efeito em termos de inovações organizacionais, tecnológicas ou de produto.

Apesar das oportunidades estratégicas que o Sistema de Gestão Ambiental (SGA) oferece às empresas, como redução de custos e a diferenciação de produtos, Porter e Van der Linde (1995) argumentaram que as regulamentações inteligentemente orientadas para resultados e para as inovações são necessárias, entre outras razões, por criarem pressões que motivam as empresas a inovar. Também, por alertar e educar as empresas acerca da provável ineficiência no uso de recursos e áreas potenciais para melhoramentos tecnológicos, por criar demandas para melhoramentos ambientais e por evitar que empresas ambientalmente irresponsáveis obtenham vantagens competitivas em função disso.

Assim, a gestão ambiental empresarial é atualmente condicionada pela pressão das regulamentações, pela busca de melhor reputação, pela pressão dos acionistas, investidores e bancos para que as empresas reduzam o seu risco ambiental, pela pressão de consumidores e pela própria concorrência (Ninlawan et al., 2010; Zhu; Sarkis, 2004; Zhu et al., 2010). No próximo item será abordado quais são os fatores considerados na avaliação de desempenho ambiental das empresas.

DESEMPENHO AMBIENTAL

Um caminho possível para conciliar o modelo de negócios com as preocupações ambientais é uma abordagem de criação de um estoque de ativos intangíveis, que podem alavancar o desempenho econômico e garantir a sobrevivência da organização (Gardberg; Fombrun, 2006). Parte dos recursos gerados pelas empresas é destinado à promoção de atividades relacionadas à questão ambiental, segundo Branco e Rodrigues (2006), ou seja, uma relação de sinergia entre a gestão de ativos intangíveis e as atividades de GSCM, em que o papel central desse relacionamento consiste na construção, conservação e expansão do capital da organização e auxilia na compreensão do processo de criação de valor da empresa (Parisi; Hockerts, 2008).

Atkinson e Hamilton (1996) investigaram o levantamento pela contabilidade das questões ambientais, com indicadores ambientais e seus impactos nas contas públicas. Foram os primeiros esforços para medir o desenvolvimento sustentável que poderia ser reforçado por meio dos indicadores ambientais em termos monetários e as informações sobre a ligação físico-ambiental com os dados econômicos nas contas nacionais úteis para os gestores públicos.

Tocchetto e Tocchetto (2004) por sua vez analisaram todo o processo de implantação do SGA em empresas galvânicas, contemplou impactos ambientais, ações obrigatórias, tratamento dos efluentes, programas de reúso, estratégias de gestão ambiental, ações implementadas e os indicadores ambientais. Os autores perceberam benefícios indiretos, tais como: redução de custos de tratamento da água, segurança no cumprimento da legislação, diminuição dos passivos ambientais e melhoria da estrutura organizacional.

Tendo em vista o enfoque prioritário demandado pela questão ambiental nas empresas, as práticas de GSCM se apresentam como investimentos estratégicos comparáveis à pesquisa e desenvolvimento e à publicidade, capazes de produzir benefícios no longo prazo para as companhias, e ajudam a criar diferencial competitivo para a organização, conforme Gardberg e Fombrun (2006). No próximo item serão abordadas quais são as atividades empresarias que contribuem para o desempenho econômico em uma GSCM.

DESEMPENHO ECONÔMICO

Os investimentos em atividades de GSCM podem gerar benefícios internos às empresas, que auxiliam a desenvolver novos recursos e capacidades que estão relacionadas com o *know-how* e com a cultura corporativa, pois as vantagens competitivas oriundas permitem que as empresas explorem as oportunidades de comercialização lucrativa e aumentem seu valor de mercado (Miles; Covin, 2000).

Entende-se que as atividades de GSCM não proporcionam às companhias valor de troca explícito, mas permitem gerar ativos intangíveis como reputação, marca e conhecimento, que contribuem para a diferenciação competitiva das organizações (Surroca et al., 2010). Godfrey (2005) identificou que a filantropia empresarial pode gerar capital moral positivo entre as comunidades e os *stakeholders*, e também pode proporcionar aos acionistas uma proteção equivalente a um seguro para uma companhia que contribui para construir uma reputação empresarial responsável, além de contribuir para a riqueza dos acionistas, uma vez que os riscos de penalidades, multas, passivo ambiental e outras sanções são abrandados.

Do lado oposto, eventos negativos, como desastres ambientais, fraudes no mercado e fechamento de postos de trabalho, promovem situações de risco para os acionistas, com a redução dos ativos intangíveis (Godfrey et al., 2009), assim como empresas que apresentam baixo desempenho ambiental, porque tendem a reduzir os valores dos ativos intangíveis de mercado da empresa (Konar; Cohen, 2001).

Miles e Covin (2000) afirmaram que as empresas atingem a redução de custos por meio de metas ambientais, como a melhoria de processos, utilização completa de insumos, redução de consumo de energia e água e a redução no manuseio e armazenamento de resíduos. Branco e Rodrigues

(2006) defenderam que as atividades de GSCM envolvem custos, uma vez que podem exigir a compra ou a adaptação de equipamentos que atendam às exigências ambientais, a implantação de controles rigorosos de qualidade e o maior enfoque na saúde, na segurança, nos programas ambientais e na auditoria ambiental.

Portanto, uma análise com enfoque no desempenho econômico de curto prazo pode ser uma medida inadequada para o estudo do ponto de vista do desempenho ambiental, uma vez que esse último funciona como uma rede de segurança para a reputação e para a cultura corporativa, cria uma espécie de reserva de recursos de ativos intangíveis que visa proteger a empresa das ações negativas como uma plataforma de oportunidades que fornecem meios para o crescimento futuro da organização (Gardberg; Fombrun, 2006). Assim, os investimentos e os custos envolvidos na realização da GSCM são geralmente incorridos no curto prazo, enquanto as vantagens procedentes desses investimentos e custos são, na maioria das vezes, alcançadas no longo prazo (Branco; Rodrigues, 2006).

Para tanto, ao estudar desempenho econômico, são considerados os resultados positivos e negativos, isto é, como positivos se a empresa, ao participar da GSCM, reduziu o custo de consumo de energia e água, se diminuiu a taxa de tratamento de resíduos, se reduziu a taxa de descarga de resíduos, se ganhou com o reúso, reciclagem, diminuição do descarte de produtos e embalagens e se conseguiu melhorar a margem de lucro. Enquanto, como desempenho econômico negativo se, ao adotar a GSCM, aumentaram investimentos para fabricar e comercializar produtos ambientalmente corretos, se os custos operacionais aumentaram, se o custo de treinamento dos funcionários aumentou para gerir corretamente a GSCM, se os custos subiram devido à compra de materiais ambientalmente amigáveis e se aumentaram gastos na conscientização ambiental dos clientes, fornecedores e sociedade (Ninlawan et al., 2010; Zhu; Sarkis, 2004; Zhu et al., 2010). No próximo item será abordado quais são os fatores considerados na avaliação de desempenho operacional das empresas.

DESEMPENHO OPERACIONAL

A GSCM se destacou dentro das organizações, com a valorização da sua finalidade e da sua posição estratégica em orientar vários processos centrais, como o gerenciamento do relacionamento com fornecedores, a escolha dos clientes e o projeto de produtos (Caplice; Sheffi, 1995). Todavia, sob o aspecto de medição de desempenho, ainda necessita ser examinada mais detalhadamente. Lambert e Pohlen (2001) afirmaram que a ausência de uma definição clara e amplamente aceita da GSCM, aliada à complexidade presente nesses sistemas, dificulta o desenvolvimento de indicadores de desempenho.

Os indicadores tradicionais são criticados porque focam em resultados de curto prazo, apresentam pouco incentivo às inovações e encorajam apenas melhorias locais (Neely, 1998). É o caso, por exemplo, do incentivo dado aos gestores para manter operários e máquinas produzindo para elevar o desempenho da utilização de recursos, sem considerar o aumento do estoque e a consequente elevação dos custos.

Assim, a preocupação com o desempenho ambiental de fornecedores tornou-se característica de uma prática empresarial responsável (Rao, 2002). Na verdade, há casos em que as empresas têm sido responsabilizadas pelo passivo ambiental de seus fornecedores, razão pela qual há a necessidade consistente de integrar as preocupações ambientais com as preocupações econômicas da estratégia, a fim de ajudar a contribuir para a sustentabilidade do futuro da empresa.

O conceito de GSCM tem sido observado como um princípio inovador de gestão, porque, segundo Sarkis (1999), evoluiu ao abranger muitas fontes, como compras, marketing, distribuição, logística e gestão de operações e os problemas envolvidos na relação comprador-vendedor, nos prazos de entrega, no gerenciamento de estoques e no desenvolvimento de produtos.

Sarkis (1999) mostrou como as empresas com foco em gestão total da qualidade (*Total Quality Management* – TQM), com ênfase na melhoria da qualidade do produto, zero defeito, satisfação do cliente, treinamento e capacitação de funcionários e outros, ao integrá-la com a gestão ambiental, resulta no gerenciamento total da qualidade ambiental (*Total Quality Environmental Management* – TQEM). Essa abordagem permite às organizações reduzirem a fonte de poluição e melhorar o desempenho ambiental, a vantagem de marketing e a imagem corporativa para que a empresa passe para o status de excelência global.

Numa perspectiva mais ampla, a integração da dimensão ecológica no processo de formulação estratégica faz frequentemente com que os executivos repensem as estratégias gerais do negócio. Geralmente modificam estratégias baseadas em custo, porque a redução do desempenho ambiental da empresa requer aquisição ou desenvolvimento de novas tecnologias, que afetam assim o desempenho econômico ao incorporar os novos investimentos e custos. Ainda podem mudar estratégias baseadas na diferenciação, devido à oportunidade de conseguir uma fatia maior do mercado ou na participação em nichos de um novo mercado. Podem também alterar as políticas de integração para baixo ou para cima na CS.

Programas que visam à melhoria do desempenho ambiental dos produtos da empresa podem induzir os gestores a modificar suas escolhas de integração para cima e consideram reciclagem, projeto e engenharia de produto que anteriormente era fabricado por fornecedores externos e passam a ser produzidos internamente.

No sentido contrário, o interesse em reduzir a quantidade de resíduos pode induzir os dirigentes a escolher uma integração para baixo, nesse caso, incorporando os canais reversos da CS para dentro da corporação para facilitar o retorno de produtos no fim da vida útil (Levy, 2000).

Dessa maneira, ao estudar o desempenho operacional, é considerado se a empresa, ao participar da GSCM, diminuiu a taxa de sucatas, se a qualidade dos produtos e serviços comercializados melhorou, se a empresa melhorou a utilização dos recursos produtivos, se as metas de minimizar e eliminar as não conformidades dos produtos foram atingidas e se a companhia melhorou a qualidade dos registros, análises e soluções das reclamações dos clientes (Ninlawan et al., 2010; Zhu; Sarkis, 2004; Zhu et al., 2010).

Face ao exposto, à crescente importância da GSCM e à necessidade de seu gerenciamento eficaz, a medição de desempenho se apresenta como uma ferramenta para os gestores na análise e avaliação da GSCM, tendo como objetivo final a satisfação dos clientes e o aumento da competitividade.

A seguir, serão apresentadas as conclusões de como superar as dificuldades para implantação da GSCM.

CONSIDERAÇÕES FINAIS

A produção ou parte dela não existe isoladamente, porque todas as operações fazem parte de uma rede maior e estão interconectadas com outras operações. Para que todas as empresas constituintes dessa CS obtenham recompensas, é importante um processo eficiente de cooperação, integração de processos-chave, estabelecimento de relações de longo prazo, coordenação interfuncional que leve à redução de desperdícios e

CADEIA DE SUPRIMENTO VERDE | **455**

dos custos, e melhoria do valor e satisfação dos consumidores, de forma a proporcionar vantagens competitivas para os participantes da CS.

Nesse contexto de negócios, o meio ambiente passou a ser também um fator estratégico para as empresas e a responsabilidade se estendeu para além de suas fronteiras, no que diz respeito a seus processos e produtos. As empresas procuram avaliar os impactos ambientais de seus produtos e serviços, dentro da CS, com o objetivo de obter vantagem competitiva no setor industrial que atuam. Com a integração do pensamento ambiental na gestão da CS tem-se a *Green Supply Chain Management* (Srivastava, 2007).

Para que fosse possível avaliar os procedimentos de gestão ambiental de uma forma padronizada, a *International Organization for Standardization* aprovou e publicou, em 1996, as normas da série ISO 14000 e estabeleceu as principais diretrizes para a gestão ambiental pelas empresas.

As corporações buscam a certificação ISO 14001 para atuar no mercado global, mas precisam estar atentas tanto à integração interna (compras, engenharia, logística, manufatura etc.), quanto à organização externa (consumidores, fornecedores, governo etc.).

Diversas análises foram objeto de estudos relacionados à GSCM, como a seguir destacadas: estudo das fases do ciclo de vida do produto; impacto das compras verdes na seleção dos fornecedores; gestão de resíduos; embalagem e conformidade legal; fabricação verde e operações; implantação das práticas de Sistema de Gestão Ambiental; seleção de indicadores de desempenho ambiental; relacionamento entre desempenho ambiental e econômico das empresas; enfoque nos prestadores de logística; os desafios de gestão e as consequências ambientais na fabricação reversa; e a extensão das responsabilidades aos produtores, entre outros.

A GSCM incorpora vários conceitos e entre eles estão: práticas internas de GSCM (produção, geração de resíduos, auditoria etc.), práticas externas de GSCM (fornecedores, clientes etc.), investimentos verdes, *eco-design* e logística reversa, perfil verde, proatividade corporativa, reatividade corporativa e desempenho ambiental, econômico e operacional.

Algumas pesquisas no Brasil mostraram o relacionamento entre esses conceitos e a GSCM, e, entre elas, pode-se apresentar três:

- Jabbour e Jabbour (2012) estudaram a evolução da gestão ambiental e a adoção de práticas de GSGM no setor eletroeletrônico brasileiro. A pesquisa revelou que a evolução da gestão ambiental influencia a adoção de práticas de GSCM nas empresas. As práticas foram classificadas pelos autores em: orientadas aos fornecedores (melhoria do desempenho ambiental dos fornecedores); orientada aos consumidores (melhoria do desempenho ambiental induzido pelos consumidores); e orientada para a recuperação de investimentos (retorno do investimento realizado por meio de venda de sucatas e outros materiais inservíveis).

- Lopes et al. (2013) estudaram a influências das práticas do GSCM no desempenho ambiental das empresas do setor automobilístico brasileiro. A pesquisa mostrou que a prática parceria com fornecedores foi a variável que mais afetou o desempenho ambiental das empresas analisadas.

- Shibao et al. (2013) pesquisaram sobre a relação entre as dimensões da GSCM, o perfil (reativo ou proativo) e o desempenho ambiental, econômico e operacional nas indústrias químicas brasileiras. O estudo mostrou que existe uma tendência de que boas práticas da GSCM podem gerar um bom desempenho, que não é necessariamente somente o ambiental, econômico ou operacional, podendo ser todos ou uma combinação entre eles.

Resumidamente, a GSCM exige processos gerenciais que atravessam áreas funcionais dentro das empresas e se conectam com parceiros comerciais e com clientes para além das fronteiras organizacionais (Bowersox et al., 2006). Nesse sentido, Christopher (1997) acrescentou que a CS representa uma rede de empresas conectadas nos dois sentidos, dos fornecedores e dos clientes, em diferentes processos e atividades que produzem valor na forma de produtos e serviços que são colocados nas mãos dos consumidores finais. O grande desafio é integrar e coordenar o fluxo de materiais de uma variedade de fornecedores e, ao mesmo tempo, gerenciar a distribuição dos produtos acabados.

No contexto da GSCM, foram evidenciadas, sob a visão econômica, que cumpriu seu papel de agregar valor aos produtos ou serviços aos *stakeholders*. Porém, sob a ótica da GSCM, as empresas gerenciam a cadeia de suprimentos verde para além dos benefícios econômicos. As questões sociais e ambientais fazem parte de suas preocupações. Podem também intensificar o processo de inovação, talvez mais do que qualquer outra atividade econômica porque, com raras exceções, as firmas não têm como rotinas e estratégia de concorrência e crescimento as atividades de Pesquisa & Desenvolvimento, em sua maioria realizada pelo setor público via empresas estatais, instituições de pesquisa e universidades federais. A Lei n. 12.305, de 2 de agosto de 2010, é um passo nesse sentido.

Orientações para futuros trabalhos acadêmicos vislumbram tendências de testar construtos que compõem a GSCM, perfil verde e desempenho, para que as empresas estreitem suas relações com seus fornecedores e clientes para formularem estratégias ambientais capazes de reduzir os desperdícios e beneficiar a natureza, a empresa e a sociedade. Nesse contexto, as oportunidades de pesquisa são abundantes.

REFERÊNCIAS

ATKINSON, G.; HAMILTON, K. Accounting for progress: indicator for sustainable development. *Environment: Science and Policy for Sustainable Development*, v. 38, n. 7, p. 16-44, 1996.

AZZONE, G.; NOCI, G. Seeing ecology and "green" innovations as a source of change. *Journal of Organization Change Management*. v. 11, n. 2, p. 94-111, 1998.

BALLOU, R. H. *Gerenciamento da cadeia de suprimentos/logística empresarial*. Porto Alegre: Bookman, 2006.

BARBIERI, J. C. *Gestão ambiental empresarial: conceitos, modelos e instrumentos*. São Paulo: Saraiva, 2011.

BEAMON, B. M. Designing the Green Supply Chain. *Logistics Information Management*. v. 12, n. 4, p. 332-342, 1999.

BELLEN, H. M. *Indicadores de sustentabilidade: uma análise comparativa*. Rio de Janeiro: FGV, 2007.

BICHENO, J. *The new Lean toolbox towards fast, flexible flow*. Buckingham: Picsie Books, 2004.

BLOEMHOF-RUWAARD, J. M.; Van BEEK, P.; HORDIJK, L.; et al. Interactions between operational research and environmental management, *European Journal of Operational Research*. v. 85, n. 2, p. 229-243, 1995.

BOWEN, F. E.; COUSINS, P. D.; LAMMING, R. C. et al. The role of supply management capabilities in green supply. *Production and Operations Management*. v. 10, n. 2, p. 174-180, 2001a.

_____. Horses for courses: explaining the gap between the theory and practice of green supply. *Greener Management International*. v. 35, p. 41-60, Autumn 2001b.

BOWERSOX, D. J.; CLOSS, D. J.; COOPER, M. B. *Gestão logística de cadeias de suprimentos*. Porto Alegre: Bookman, 2006.

BRANCO, M. C.; RODRIGUES, L. L. Corporate social responsibility and resource-based perspectives. *Journal of Business Ethics*. v. 69, n. 2, p. 111-132. 2006.

BROWN, S.; LAMMING, R.; BESSANT, J. et al. *Administração da produção e operações*. Rio de Janeiro: Campus/Elsevier, 2006.

CAMPOS, L. M. S.; MELO, D. A.; SILVA, M. C. et al. Os sistemas de gestão ambiental: empresas brasleiras certificadas pela norma ISSO 14001. In: Encontro Nacional de Engenharia de Produção, 26., Fortaleza, *Anais*. Rio de Janeiro: Enegep, 2006.

CAPLICE, C.; SHEFFI, Y. A review and evaluation of logistics performance measurement system. *The International Journal of Logistics Management*. v. 6, n. 1, p. 61-74, 1995.

CARTER, C. R.; ELLRAM, L. M.; READY, K. J. Environmental purchasing: benchmarking our German counterparts. *Journal of Supply Chain Management*. v. 34, n. 3, p. 28-38, 1998.

CASTELLS, M. *O poder da identidade*. São Paulo: Paz e Terra, 2000.

CHRISTOPHER, M. Logistic and competitive strategy. *European Management Journal*. v. 11, n. 2, p. 258-261, 1993.

_____. *Logística e gerenciamento de cadeia de suprimentos*. São Paulo: Pioneira, 1997.

[CNI] CONFEDERAÇÃO NACIONAL DA INDÚSTRIA. *Sondagem especial*. Brasília: CNI, 2007. Disponível em: http://www.cni.org.br/portal/data/files/FF80808 12B59EC71012B5E96A68768E2/Sondagem%20Especial%20Meio%20Ambiente%20Setembro%202010.pdf. Acessado em: 21 ago. 2014.

_____. *Sondagem especial*. Brasília: CNI, 2010. Disponível em: http://www.cni.org.br/portal/data/files/FF8080812B59EC71012B5E96A68768E2/Sondagem%20 Especial%20Meio%20Ambiente%20Setembro%202010.pdf. Acessado em: 21 ago. 2014.

COOPER, M.; ELLRAM, L. M. Characteristics of Supply Chain management and the implication for purchasing and logistics strategy. *The International Journal of Logistics Management*. v. 4, n. 2, p. 13-24, 1993.

COUSINS, P. D. Supply base restructuring: myth or reality. *European Journal of Purchasing and Supply Management*. v. 5, n. 3-4, p. 143-155, 1999.

DEN HOND, F. Capabilities in corporate environmental strategy: the case of end--of-life vehicle recycling. In: Academy of Management, Cincinnati, *Anais...* Cincinnati, OH: Academy of Management, 1996.

DORNIER, P.; ERNST, R.; FENDER, M. et al. *Logística e operações globais: texto e casos*. São Paulo: Atlas, 2000.

DRUCKER, P. *Administrando para o futuro: os anos 90 e a virada do século*. São Paulo: Pioneira, 1992.

[EPA] UNITED STATES ENVIRONMENTAL AGENCY. *The lean and green supply chains a practical guide for materials managers and supply chain managers to reduce costs and improve environmental performance.* Washington, D.C.: Usepa – Environmental Accounting Project, 2000.

FIKSEL, J. *Design for environment: creating eco-efficient products and processes.* New York: McGraw-Hill, 1996.

GARDBERG, N. A.; FOMBRUN, C. J. Corporate citizenship: creating intangible assets across institutional environments. *Academy of Management Review.* v. 31, n. 2, p. 329-346, 2006.

GAVRONSKI, I.; PAIVA, E. L.; FERRER, G. Certificação ISO14001: motivações e benefícios. Um estudo de estratégia de operações sob a ótica da visão baseada em recursos. In: Encontro da Associação Nacional dos Proramas de Pós-Graduação em Administração, 25., 2003, Atibaia. *Anais.* Rio de Janeiro: ENANPAD, 2003.

GIANNETTI, B. F.; ALMEIDA, C. M. B. V. *Ecologia industrial: conceitos, ferramentas e aplicações.* São Paulo: Edgard Blücher, 2006.

GILBERT, S. *Greening supply chain: enhancing competitiveness through green productivity.* Tokyo: Asian Productivity Organization, 2001.

GODFREY, P. C. The relationship between corporate philanthropy and shareholder wealth: a risk management perspective. *Academy of Management Review.* v. 30, n. 4, p. 777-798, 2005.

GODFREY, P. C.; MERRILL, C. B.; HANSEN, J. M. The relationship between corporate social responsibility and shareholder value: an empirical test of the risk management hypothesis. *Strategic Management Journal.* v. 30, n. 4, p. 425-445, 2009.

GRAEDEL, T. E. Material substitution: a resource supply perspective. *Resources, Conservation and Recycling.* v. 34, n. 2, p. 107-115, 2002.

GREEN, K.; MORTON, B.; NEW, S. Purchasing and environmental management: interactions, policies and opportunities. *Business Strategy and the Environment.* v. 5, n. 3, p. 188-197, 1996.

GUIDE, V. D. R.; VAN WASSENHOVE, L. N. The reverse supply chain. *Harvard Business Review.* v. 18, p. 25-26, 2002.

GUNGOR, A.; GUPTA, S. M. Issues in environmentally conscious manufacturing and product recovery: a survey. *Computers & Industrial Engineering.* v. 36, n. 4, p. 811-853, 1999.

HAMEL, G.; PRAHALAD, C. K. *Competindo pelo futuro.* Rio de Janeiro: Campus, 1995.

HANDFIELD, R. B.; NICHOLS JR., E. L. *Supply chain redesign: converting your supply chain into integrated value system.* Englewood Cliffs: Financial Times Prentice Hall, 2002.

HAYES, R. H.; WHEELWRIGTH, S. C. *Restoring our competitive edge: competing through manufacturing*. Hoboken: John Wiley & Sons Ltd., 1984.

HE, C-H.; GAO, Y-H.; YANG, S-H. et al. Optimization of the process for recovering caprolactam from wastewater in a pulsed-sieve-plate column using green design methodologies. *Journal of Loss Prevention in the Process Industries*. v. 17, n. 3, p. 195-204, 2004.

HO, J. C.; SHALISHALI, M. K.; TSENG, T. et al. Opportunities in green Supply Chain management. *The Coastal Business Journal*. v. 8, n. 1, p. 18-31, 2009.

HOFFMAN, A. J. Institutional evolution and change: environmentalism and the US chemical industry. *The Academy of Management Journal*. v. 42, n. 4, p. 351-371, 1999.

HUI, I. K.; CHAN, A. H. S.; PUN, K. F. A study of the environmental management system implementation practices. *Journal of Cleaner Production*, v. 9, n. 3, p. 269-276, 2001.

JABBOUR, A. B. L. S.; JABBOUR, C. J. C. Evolução da gestão ambiental e a adoção de práticas de *Green Supply Chain Management* no setor eletroeletrônico brasileiro. In: Encontro da Associação Nacional dos Programas de Pós-Graduação em Administração, 36, 2012, Rio de Janeiro. *Anais*. Rio de Janeiro: EnANPAD, 2012.

JESWIET, J.; HAUSCHILD, M. EcoDesign and future environmental impacts. *Materials & Design*. v. 26, n. 7, p. 629-634, 2005.

KAISER, B.; EAGAN, P. D.; SHANER, H. Solutions to health care waste: life-cycle thinking and green purchasing. *Environmental Health Perspectives*. v. 109, n. 3, p. 205-207, 2001.

KARAGOZOGLU, N.; LINDELL, M. Environmental management: testing the win-win model. *Journal of Environmental Planning and Management*. v. 43, n. 6, p. 817-829, 2000.

KHOO, H. H.; SPEDDING, T. A.; BAINBRIDGE, I.; et al. *Creating a green supply chain: a simulation and modeling approach*. London: Springer London, 2006.

KLASSEN, R. D.; WHYBARK, D. C. The impact of environmental technologies on manufacturing performance. *Academy of Management Journal*. v. 42, n. 6, p. 599-615, 1999.

KONAR, S.; COHEN, M. A. Does the market value environmental performance? *Review of Economics and Statistics*. v. 83, n. 2, p. 281-289, 2001.

KRIKKE, H. R.; BLOEMHOF-RUWAARD, J. M.; VAN WASSENHOVE, L. N. Concurrent product and closed-loop supply chain design with an application to refrigerators. *International Journal of Production Research*. v. 41, n. 16, p. 3689-3719, 2003.

KRUGLIANSKAS, I. *Tornando a pequena e média empresa competitiva*. São Paulo: Instituto de Estudos Gerenciais e Editora, 1996.

KRUMWIEDE, D. W.; SHEU, C. A model for reverse logistics entry by third-party providers. *Omega*. v. 30, n. 5, p. 325-333, 2002.

LAMBERT, D. M.; POHLEN, T. L. Supply chain metrics. *The International Journal of Logistics Management*. Bradford, v. 12, n. 1, p. 1-19, 2001.

LAMBERT, D. M.; STOCK, J. R.; ELLRAM, L. M. *Fundamentals of logistics management*. Boston: McGraw-Hill, 1998.

LAMMING, R. C. *Beyond partnership: strategies for innovation and lean supply*. London: Prentice-Hall, 1993.

LAMMING, R. C.; HAMPSON, J. The environment as a supply chain management issue. *British Journal of Management*. Special Issue, v. 7, p. 45-62, mar. 1996.

LANE, C.; BACHMANN, R. *Trust within and between organizations: conceptual issues and empirical applications*. Oxford: Oxford University Press, 1998.

LAU, R. S. M.; RAGOTHAMAN, S. Strategic issues of environmental management. *South Dakota Business Review*. Vermillion, v. 56, dec. 1997.

LEVY, G. M. *Packaging, policy and the environment*. Maryland: Aspen Publishers Inc., 2000.

LOPES, L. J.; SACOMANO NETO, M.; SILVA, E. M. et al. Influência das práticas do *Green Supply Chain Management* no desempenho ambiental das empresas do setor automotivo brasileiro. In: Encontro da Associação Nacional dos Programas de Pós-Graduação em Administração, 37., 2013, Rio de Janeiro. *Anais*. Rio de Janeiro: EnANPAD, 2013.

MACCARTHY, B. L.; FERNANDES, F. C. F. A multidimensional classification of production systems for the design and selection of production planning and control system. *Production Planning & Control*. v. 11, n. 5, p. 481-496, 2000.

MAIMON, D. *ISO 14001 – passo a passo da implantação nas pequenas e médias empresas*. Rio de Janeiro: Qualitymark, 1999.

MALCON, J. Keeping orangutans out of the supply chain. *Inside Supply Management*, v. 21, n. 5, p. 22-24, 2010.

MCINTYRE, K.; SMITH, H.; HENHAM, A. et al. Environmental performance indicators for integrated Supply Chains: the case of Xerox Ltd. *Supply Chain Management*. v. 3, n. 3, p. 149, 1998.

MEADE, L.; SARKIS, J. A conceptual model for selecting and evaluating third-party reverse logistics providers. *Supply Chain Management*. v. 7, n. 5, p. 283-295, 2002.

MELO NETO, F. P. *Gestão da responsabilidade social corporativa: o caso brasileiro*. Rio de Janeiro: Qualitymark, 2001.

MENTZER, J. T.; DE WITT, W.; KEEBLER, J. S. et al. Defining supply chain in management. *Journal of Business Logistics*. v. 22, n. 2, p. 1-25, 2001.

MILES, M. P.; COVIN, J. G. Environmental marketing: a source of reputational, competitive and financial advantage. *Journal of Business Ethics*. v. 23, n. 3, p. 299-311, 2000.

MIN, H.; GALLE, W. P. Green purchasing strategies: trends and implications. *International Journal of Purchasing and Materials Management*. v. 33, n. 3, p. 10-17, 1997.

_____. Green purchasing practices of US firms. *International Journal of Operations & Production Management*. v. 21, n. 9, p. 1222-1238, 2001.

MONDEN, Y. *Toyota production system: an integrated approach to just-in-time*. Norcross: Engineering and Management Press, 1997.

NEDER, R. T. Há política ambiental para a indústria brasileira. *Revista de Administração de Empresas*. São Paulo, FGV, v. 32, n. 2, p. 6-13,1992.

NEELY, A. *Measuring business performance*. London: The Economist in Association with Profile Books, 1998.

NINLAWAN, C.; SEKSAN, P.; TOSSAPOL, K. et al. The implementation of green supply chain management practices in electronics industry. *International Multiconference of Engineers and Computer Scientists*. Hong Kong, mar. 2010.

NOCI, G. Designing green vendor rating systems for the assessment of a supplier's environmental performance. *European Journal of Purchasing and Supply Management*. v. 3, n. 2, p. 103-114, 1997.

NOGUEIRA, A.; PERES, A.; CARVALHO, E. Avaliação do risco ambiental utilizando FMEA em um laticínio na região de Lavras – MG. *Produção Online*. v. 11, n. 1, p. 194-209, 2011.

NUNES, B. T. S. *Gestão ambiental em cadeias produtivas agroindustriais: um estudo em um aglomerado produtivo da caprinovino cultura no Estado do Rio Grande do Norte*. Natal, 2005, 119 p. Dissertação (Mestrado em Ciências em Engenharia de Produção), Universidade Federal do Rio Grande do Norte (UFRN).

PARISI, C.; HOCKERTS, K. N. Managerial mindsets and performance measurement systems of CSR-related intangibles. *Measuring Business Excellence*. v. 12, n. 2, p. 51-67, 2008.

PEREZ-SANCHES, D.; BARTON, J. R.; BOWER, D. Implementing environmental management in SMEs. *Corporate Social Responsibility and Environmental Management*. v. 10, n. 2, p. 67-77, 2003.

PIRES, S. R. L. *Gestão da cadeia de suprimentos: conceitos, estratégias, práticas e casos – Supply Chain Management*. São Paulo: Atlas, 2009.

PORTER, M. E.; VAN DER LINDE, C. Green and competitive: ending the stalemate. *Harvard Business Review*. v. 73, n. 5, p. 120-134, 1995.

RAO, P. Greening the supply chain: a new initiative in South East Asian context. *International Journal of Operations & Production Management*. v. 22, n. 5/6, p. 632-655, 2002.

_____. The greening of suppliers - in the South East Asian context. *Journal of Cleaner Production*. n. 13, n. 9, p. 935-945, 2005.

ROGERS, D.; TIBBEN-LEMBKE, R. S. *Going backwards: reverse logistics trends and practices*. Reno: Reverse Logistics Executive Council, University of Nevada, Center for Logistics Management, 1998.

ROSEN, C. M. Environmental strategy and competitive advantage: an introduction. *California Management Review*. v. 43, n. 3, p. 8-15, 2001.

RUTHERFORD, I. Use of models to link indicators of sustainable development, In: MOLDAN, B.; BILHARZ, S. (Ed.). *Sustainability indicators: report of the project on indicators of sustainable development*. Chichester: John Wiley & Sons Ltd., 1997.

SARKAR, R. Public policy and corporate environmental behavior: a broader view. *Corporate Social Responsibility and Environmental Management*. v. 15, n. 5, p. 281--297, 2008.

SARKIS, J. Supply chain management and environmentally conscious design and manufacturing. *International Journal of Environmentally Conscious Design and Manufacturing*. v. 4, n. 2, p. 43-52, 1995.

_____. *How Green is the Supply Chain? Practice and research*. Worcester: Graduate School of Management, Clark University, 1999.

_____. A Strategic decision framework for green supply chain management. *Journal of Cleaner Production*. v. 11, n. 4, p. 397-409, 2003.

SARKIS, J.; CORDEIRO, J. J. An empirical evaluation of environmental efficiencies and firm performance: pollution prevention versus end-of-pipe practice. *European Journal of Operational Research*. v. 135, n. 1, p. 102-113, 2001.

SCHERPEREEL, C.; VAN KOPPEN, C. S. A.; HEERING, G. B. F. Selecting environmental performance indicators. *Greener Management International*. v. 33, n. 33, p. 97-115, 2001.

SHIBAO, F. Y. *Cadeia de suprimentos verde: um estudo nas indústrias químicas no Brasil*. São Paulo, 2011. 308 p. Tese (Doutorado em Administração de Empresas). Universidade Presbiteriana Mackenzie.

SHIBAO, F. Y.; MOORI, R. G.; SANTOS, M. R. et al. A cadeia de suprimento verde e as indústrias químicas no Brasil. In: Seminários de Administração, 16., São Paulo, *Anais*. São Paulo: Semead, 2013.

SHIREMAN, W. K. *The eco-economy: enhancing productivity and environmental performance*. Tokyo: Asian Productivity Organization, 2001.

SIMÃO, A. G. *Indústrias químicas e o meio ambiente: estudo das percepções de profissionais que atuam em indústrias químicas instaladas em um município paranaense.* Curitiba, 2008. 310 p. Dissertação (Mestrado em Organizações e Desenvolvimento). Centro Universitário Franciscano (Unifae).

SIMCHI-LEVI, D.; KAMINSKY, P.; SIMCHI-LEVI, E. *Cadeia de suprimentos – projeto e gestão.* Porto Alegre: Bookman, 2003.

SOUZA, R. S. Evolução e condicionantes da gestão ambiental nas empresas. *REAd - Revista Eletrônica de Administração.* Porto Alegre, v. 8, n. 6, p. 51-70, 2002.

SPICER, A. J.; JOHNSON, M. R. Third-party demanufacturing as a solution for extended producer responsibility. *Journal of Cleaner Production.* v. 12, n. 1, p. 37-45, 2004.

SRIVASTAVA, S. K. Green Supply Chain Management: a state of the art literature review. *International Journal of Management Reviews.* v. 9, n. 1, p. 53-80, 2007.

STERN REVIEW. *The Economics of Climate Change,* 2008. Disponível em: http://www.hm-treasury.gov.uk/d/Executive_Summary.pdf. Acessado em: 21 ago. 2014.

SURROCA, J.; TRIBO, J. A.; WADDOCK, S. Corporate responsibility and financial performance: the role of intangible resources. *Strategic Management Journal.* v. 31, n. 5, p. 463-490, 2010.

THEYEL, G. Customer and supplier relations for environmental performance. *Greener Management International.* v. 2001, n. 35, p. 61-69, 2001.

TOCCHETTO, K. R. L.; TOCCHETTO, A. L. Indicadores de desempenho ambiental para empresas com atividade galvânica, In: Congresso Acadêmico sobre o Meio Ambiente e Desenvolvimento Sustentável do Rio de Janeiro, 1., 2004, Rio de Janeiro, *Anais.* Rio de Janeiro: FGV, 2004.

TSOUFAS, G. T.; PAPPIS, C. P. A model for supply chains environmental performance analysis and decision making. *Journal of Cleaner Production.* v. 16, n. 15, p. 1647-1657, 2008.

VAN HOEK, R. I. From reversed logistics to green supply chains. *Supply Chain Management: An International Journal.* v. 4, n. 3, p. 129-135, 1999.

VARADARAJAN, P. R. Marketing's contributions to strategy: the view from a different looking glass. *Journal of The Academy of Marketing Science,* v. 20, n. 4, p. 335-343, 1992.

VENTURA, V. L. S. *Mudanças nas práticas de gestão de pessoas vinculadas à gestão ambiental: um estudo no setor de transporte rodoviário de cargas perigosas do Brasil.* São Caetano do Sul, 2008, 125 p. Dissertação (Mestrado em Administração de Empresas). Universidade Municipal de São Caetano do Sul.

WAGNER, M.; SCHALTEGGER, S.; WEHRMEYER, W. The relationship between the environmental and economic performance of firms. *Greener Management International.* v. 2001, n. 34, p. 94-111, 2001.

WHITE, C. D.; MASANET, E.; ROSEN, C. M. et al. Product recovery with some byte: an overview of management challenges and environmental consequences in reverse manufacturing for the computer industry. *Journal of Cleaner Production*. v. 11, n. 4, p. 445-458, 2003.

ZHU, Q.; GENG, Y. Integrating environmental issues into supplier selection and management. *Greener Management International*. v. 2001, n. 35, p. 26-40, 2001.

ZHU, Q.; GENG, Y.; FUJITA, T. et al. Green supply chain management in leading manufactures: case studies in Japanese large companies. *Management Research Review*. Bingley, v. 33, n. 4, p. 380-392, 2010.

ZHU, Q.; SARKIS, J. Relationships between operational practices and performance among early adopters of green supply chain management practices in Chinese manufacturing enterprises. *Journal of Operations Management*. v. 22, n. 3, p. 265-289, 2004.

_____. An inter-sectoral comparison of green supply chain management in China: drivers and practices. *Journal of Cleaner Production*. v. 14, n. 5, p. 472-486, 2006.

ZHU, Q.; SARKIS, J.; CORDEIRO, J. J. et al. Firm-level correlates green supply chain management practices in the Chinese context. *Omega*. v. 36, n. 4, p. 577-591, 2008.

ZUCATTO, L. C. Inovações em processos como forma de estruturar uma cadeia de suprimentos sustentável. *Revista Setrem*. v. 7, n. 13, p. 4-13, 2008.

18 Contribuição das Normas de Sistemas de Gestão e do Modelo de Certificação para a Evolução da Sustentabilidade

Michel Epelbaum
Engenheiro químico e economista,
Ellux Consultoria

CONTRIBUIÇÃO DAS NORMAS TÉCNICAS

A normalização técnica tem auxiliado sobremaneira a gestão ambiental e, mais recentemente, a gestão da sustentabilidade. As normas são resultado de consenso de técnicos e especialistas dos vários agentes envolvidos com o assunto, padronizando boas práticas, disseminando conhecimento e harmonizando requisitos em âmbito internacional. A International Organization for Standardization (ISO) publicou um estudo (ISO, 2012) que reúne pesquisas sobre os benefícios econômicos tangíveis decorrentes da implementação de normas, entre os quais:

- Representam cerca de 1% do PIB de países como França, Alemanha e Nova Zelândia.
- Representam cerca de 13% do crescimento da produtividade do trabalho no Reino Unido e de 17% do mesmo índice no Canadá.
- Representam estimativa entre 1,3 e 1,8% das vendas totais da indústria automotiva global (somente avaliando a contribuição para as funções de engenharia, compras e produção).

Além destes, devem ser mencionados os benefícios intangíveis, como redução de impactos ambientais, redução de acidentes e outros resultados.

Desde as primeiras normas de métodos de ensaio e de temas como resíduos e efluentes, a normalização padronizou boas práticas sobre temas técnicos ligados ao controle de poluição ambiental, e as harmoniza até os dias atuais:

- Armazenamento de resíduos.
- Amostragem de efluentes para análises.
- Projetos de sistemas individuais de tratamento de esgoto doméstico.
- Amostragem de chaminés para avaliação de emissões atmosféricas.
- Padrões de ruído ambiental.
- Métodos de ensaios para toxicidade aquática.

As normas técnicas também cobrem, há décadas, assuntos de interface com o controle de poluição ambiental, como segurança, transporte e produtos químicos, além de outros como:

- Fichas de informação de segurança de produtos químicos.
- Projeto, construção e operação de tanques de combustíveis.
- Medição de fumaça preta com uso da escala de Ringelmann[1].

Mais recentemente, as normas técnicas passaram a abordar também outros temas relacionados à sustentabilidade, como as normas de acessibilidade de edificações para pessoas portadoras de necessidades especiais.

EVOLUÇÃO PARA NORMAS DE SISTEMAS DE GESTÃO

A evolução da normalização seguiu de perto o avanço tecnológico e dos conceitos e práticas empresariais. Desde o final da década de 1970, mas principalmente a partir da década de 1990 em diante, houve uma ampliação do foco das normas, eminentemente ligadas às instalações, em direção aos modelos de gestão.

---

[1] Escala de Ringelmann – escala visual padronizada utilizada para medir a densidade colorimétrica de emissões de fumaça preta de veículos ou chaminés.

A experiência japonesa tem mostrado que modelos e ferramentas de gestão são diferenciais competitivos, como evidenciam os resultados de produtividade, qualidade e custos atingidos, por exemplo, na indústria automobilística, um dos ícones da revolução industrial e também dessa transformação. A Organisation for Economic Co-operation and Development (OECD) mostrou que 85% dos avanços de produtividade do final do século XX resultaram de treinamento, aumento de habilidades e alterações na organização do trabalho (Meyer-Stamer,1997).

É nesse contexto que se insere a discussão dos sistemas de gestão. As tecnologias são parte da resposta das empresas à questão da sustentabilidade. No entanto, soluções de engenharia não se sustentam se não forem amparadas por estruturas organizacionais, cultura apropriada, pessoas competentes e conscientes, além de sistemas de informação/comunicação. Nesse sentido, os sistemas de gestão tornam a melhoria constante e integrada na gestão empresarial.

Traçando um paralelo com a área de informática, como apresentado na Figura 1, um avançado computador (*hardware* – tecnologia) não funcionará adequadamente se não estiver associado a um bom programa (*software* – procedimentos e sistemas), e mesmo assim não serão obtidos bons resultados se não estiverem sendo operados por pessoal qualificado (*humanware* – pessoas e suas competências).

Figura 1 – Aspectos complementares da gestão.

Gestão de cultura, competências, treinamento, conscientização e motivação	*Humanware*
Procedimentos formais, sistemas de gestão empresarial	*Software*
Tecnologias de controle e prevenção	*Hardware*

As primeiras normas de sistemas de gestão surgiram na década de 1970, fundamentando-se nas normas militares do pós-guerra, no controle de qualidade da crescente indústria à época, nas normas nucleares do início da década de 1970 e na teoria de sistemas proposta em 1937 pelo biólogo Ludwig von Bertalanffy, difundida amplamente na década de 1950. A teoria geral de sistemas de Bertalanffy propôs unificar as diferentes visões das ciências por meio dos "Sistemas – partes em interação" (Bertalanffy, 2010), formando conjuntos maiores com determinados objetivo e funções. Tal teoria é a base de todas as normas de sistemas de gestão.

Alguns países criaram normas nacionais para sistemas de gestão da qualidade no final da década de 1970, como o Canadá, mas o modelo mais consagrado à época foi a Norma Inglesa BS 5750 (1979). O Reino Unido, a maior potência até o início do século XX, apresentava elementos econômicos e culturais próprios que frutificaram na intensa normalização (The Royal Warrant Holders Association, 2013):

- A inglesa British Standard Institution (BSI), nascida em 1901, foi a primeira entidade normativa do mundo.
- O sistema inglês de medidas foi adotado durante muito tempo em vários países, até ser compartilhado com o Sistema Internacional.
- O modelo de certificação de terceira parte que viria a se espalhar pelo mundo nasceu lá.
- A certificadora Lloyds Register é a mais antiga do mundo, fundada em 1688.
- O selo da Rainha há séculos é atribuído mediante o cumprimento de critérios de qualidade.

Por estas razões, o modelo inglês se transformou em referência de normas internacionais. A normalização já era muito difundida na Inglaterra na primeira guerra mundial, espalhando-se nos anos 1920 para o Canadá, Austrália, África do Sul e Nova Zelândia, interessando ainda aos Estados Unidos e Alemanha (BSI Group, 2013). A padronização em nível internacional começou pela área eletrotécnica, com a constituição da International Electrotechnical Commission (IEC) em 1922, e culminou na criação da ISO em 1946.

As normas britânicas foram e continuam sendo uma grande base para a elaboração de normas ISO de sistemas de gestão, por exemplo, a BS 5750:1979 foi a base para a ISO 9001; a BS 7750:1992 para a ISO 14001; a BS 8800:1996 para a OSHAS 18001.

O sucesso da norma ISO 9001, primeira norma civil internacional de sistema de gestão de qualidade, abriu espaço para normas baseadas nesse modelo de gestão. Na Figura 2 é apresentada a trajetória da normalização em sistemas de gestão, culminando com a terceira geração de normas, as de responsabilidade social e de sustentabilidade (a primeira geração tinha finalidade econômica; a segunda, ambiental; e a terceira visa critérios de responsabilidade social ou associados ao *triple bottom line*). O conceito dos três pilares foi criado pelo fundador da consultoria inglesa Sustain Ability, John Elkington, na virada do século XXI, e rapidamente adotado em âmbito mundial: "a sociedade depende da economia, e a economia depende do ecossistema global, cuja saúde representa o pilar derradeiro". Esses pilares podem ser representados como placas sobrepostas, interferindo umas nas outras (Elkington, 2001). Diante dessa visão, uma empresa pode ser considerada sustentável se gerenciar e conseguir bons resultados nas áreas econômica, ambiental e social, concomitantemente.

Figura 2 – Evolução dos modelos normativos da ISO para sustentabilidade e responsabilidade social.

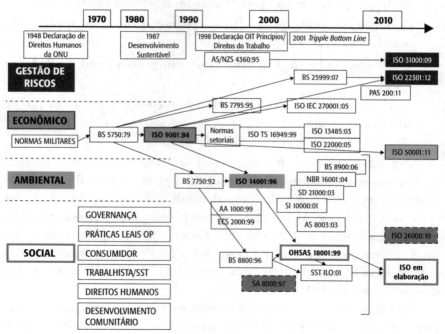

O modelo de sistema de gestão introduzido pela norma ISO 9001, revisado quando da aprovação da ISO 14001, tem como características:

- Base no ciclo PDCA, ou ciclo de Shewhart/Deming, difundido no pós-guerra – *plan* (planejar), *do* (executar), *check* (avaliar) e *act* (agir).

CONTRIBUIÇÃO DAS NORMAS DE SISTEMAS DE GESTÃO | 471

Apesar de inerente ao modelo ISO, esta lógica de raciocínio faz parte de vários outros modelos normativos, e só foi claramente explicitado no chamado modelo ISO com a aprovação da ISO 14001, em 1996, e a revisão, em 2000, da norma ISO 9001.

- Gestão como um processo a ser estruturado conforme os requisitos das normas, e cuja certificação valida somente a implementação desse sistema (não certifica um certo desempenho esperado).

- Evolução do desempenho baseado no princípio da melhoria contínua (só introduzido com a ISO 14001 e com a revisão em 2000 da ISO 9001), não se constituindo como norma de excelência.

- Ciclo de gestão da alta administração baseado na definição de política, objetivos e análise periódica.

- Tratamento sistemático de problemas – o modelo prevê uma gestão preventiva, mas reconhece que falhas são passíveis de ocorrência, devendo ser tratadas objetivamente com o intuito de eliminar seus efeitos e evitar a sua recorrência (ou ocorrência, quando potencial), nos casos de maior gravidade.

- Auditorias internas como modelo de avaliação.

- Controle de documentos e registros baseada nos preceitos de Organização e Métodos da década de 1970.

- Adoção de boas práticas de gestão de operações, manutenção, engenharia, compras e pessoas.

Parte desse sucesso se deve a fatores externos à norma, ligados ao sistema de certificação de terceira parte adotado. Outro grande motivo do sucesso dessa abordagem é evidenciado no processo de aquisição de materiais e serviços, em que a adoção da certificação e da gestão por modelos padronizados na relação cliente-fornecedor provê maior grau de confiança no fornecimento, e leva à redução de custos de auditorias e avaliações. Nesse sentido, o sistema de garantia da qualidade substituiu parte do sistema de avaliação de fornecedores e dos produtos adquiridos, promovendo a redução de custos de aquisição por parte de clientes.

Serão apresentadas no tópico a seguir as normas ISO de sistema de gestão de segunda e terceira geração.

NORMAS DE SISTEMAS DE GESTÃO AMBIENTAL, RESPONSABILIDADE SOCIAL E SUSTENTABILIDADE

O primeiro modelo de Sistema de Gestão Ambiental (norma de segunda geração) baseado na abordagem de sistemas da qualidade foi o definido pela Norma Britânica BS 7750:1992. Tal norma foi adotada como base para o modelo europeu de sistema de gestão ambiental (SGA), assim como para a norma ISO 14001, amplamente difundida pelo mundo todo.

O modelo da norma ISO 14001 prevê a implementação de 17 elementos para uma gestão eficaz, baseado em uma série de boas práticas e ferramentas (Epelbaum, 2010):

* Ambientais, como avaliação de impactos ambientais; controle ambiental; preparação e resposta a emergências.
* Da qualidade, como ciclo PDCA; auditoria interna; tratamento de não conformidades.
* Empresariais, por exemplo, gerenciamento por objetivos.

Tal modelo pode ser aplicado em qualquer tipo de organização, de qualquer porte e em qualquer país. Como premissa básica, impõe-se o comprometimento com o cumprimento da legislação aplicável, com a melhoria contínua do desempenho ambiental e com a prevenção da poluição (ABNT – Associação Brasileira de Normas Técnicas, 2004). Nesse sentido, não é um modelo de excelência ambiental, pois não exige os melhores padrões e tecnologias imediatamente. Ela serve para demonstrar que uma organização tem sua gestão ambiental estruturada para obter esses resultados e que está melhorando os seus indicadores ano a ano, de acordo com sua política, seus objetivos e suas metas ambientais.

Dezessete anos após sua criação, pode-se avaliar a contribuição da norma para a gestão ambiental, como apontado no Quadro 1.

Vale comentar sobre a norma britânica BS 8555:2003, elaborada com o apoio do Ministério do Comércio e Indústria e o Ministério do Ambiente e Negócios Rurais. Criada para ajudar pequenas e médias empresas a crescer e desenvolver seus padrões de desempenho ambiental, ela propõe a implementação de sistemas de gestão e a preparação para certificação ISO 14001 (ou pela norma europeia) em seis etapas. Um processo de certificação está sendo estudado pela gestora da norma, a Fundação Acorn Trust.

CONTRIBUIÇÃO DAS NORMAS DE SISTEMAS DE GESTÃO | **473**

Quadro 1 – Principais avanços e resultados da ISO 14001.

TEMA	AVANÇO
Comprometimento dos gestores	Elevação da gestão ambiental ao patamar estratégico das organizações. Definição de uma política ambiental que contemple a busca da prevenção da poluição, melhoria contínua e conformidade aos requisitos legais e outros assumidos, ganhando o comprometimento da alta administração também em relação à avaliação crítica dos resultados do SGA e à tomada de ações.
Avaliação de impactos ambientais	Sistematização no dia a dia das organizações da avaliação prévia dos aspectos e impactos ambientais decorrentes de suas atividades, produtos e serviços, contemplando as situações acidentais e emergenciais, além da avaliação quando de mudanças e de passivos ambientais.
Identificação e avaliação da conformidade legal	Identificação, acesso e interpretação sistemática dos requisitos legais e outros pertinentes às atividades, produtos e serviços da organização. Avaliação periódica da conformidade, essencial para redução de risco de vulnerabilidades, multas e penalidades junto aos órgãos regulatórios, resultados importantes das organizações certificadas conforme a norma ISO 14001.
Melhoria do desempenho	Definição de objetivos/metas/programas e indicadores visando à melhoria contínua, à prevenção da poluição e à implementação da política ambiental definida. Tal requisito é um avanço diante da gestão ambiental vigente anteriormente, que se esgotava na conformidade legal, tecnologias de fim de linha e projetos de curto prazo, em muitos casos. A partir do SGA, a empresa deve buscar melhorar sempre o seu desempenho ambiental, procurando alinhar as metas da gestão ambiental com a meta da gestão estratégica empresarial.
Treinamento, conscientização e competência	Definição de mecanismos para identificação e provisão de treinamento e competências ambientais. Ela inova também ao exigir procedimentos para garantir a conscientização contínua de todo o pessoal próprio e daqueles que atuam em seu nome.
Comunicação	Um dos principais motivadores na direção da implementação da ISO 14001 pelas organizações foi a melhoria da imagem institucional. A definição de procedimentos formais sistemáticos para a comunicação interna e externa, que usualmente era feita de maneira informal, auxiliou nesse sentido, principalmente no que tange ao diálogo com as partes interessadas e à divulgação dos resultados do SGA.

(continua)

Tabela 1 – Principais avanços e resultados da ISO 14001. *(continuação)*

TEMA	AVANÇO
Requisitos aos fornecedores	O SGA agrega valor à gestão solicitando a identificação, comunicação e avaliação de requisitos ambientais aos fornecedores e prestadores de serviços. A adoção de requisitos de qualificação (ou questionamentos) de clientes a seus fornecedores envolvendo o SGA foi um dos grandes estímulos para a implementação e certificação pela norma ISO 14001.
Emergências ambientais	Implementação e simulação de planos para resposta a emergências ambientais, prática oriunda da área de segurança e riscos, em consequência dos muitos acidentes ocorridos ao redor do mundo.
Tratamento de não conformidades	Um dos pontos que melhor caracteriza um sistema de gestão no modelo PDCA é o tratamento das não conformidades reais ou potenciais. Tal sistemática introduzida no SGA é de grande valor para a sua manutenção e melhoria.
Auditorias ambientais	Definição de procedimentos e programas para auditorias de SGA, visando prover informações à alta administração para tomada de decisões. A norma inova ao adotar uma auditoria de sistema de gestão, diferentemente das tradicionais auditorias técnicas ambientais executadas por especialistas externos, muitas vezes da matriz da empresa, que não eram introjetadas pela gestão das subsidiárias.

Fonte: Epelbaum (2010).

Esta norma acabou dando origem às normas ISO 14005:2010 e à brasileira NBR ISO 14005:2012 – Sistemas de gestão ambiental – Diretrizes para a implementação em fases de um sistema de gestão ambiental, incluindo o uso de avaliação de desempenho ambiental.

O sucesso da ISO 9001 e da ISO 14001 foi um grande estímulo para o chamado modelo ISO de Sistemas de Gestão, amplamente difundido nos últimos 15 anos, inclusive nos assuntos ligados à sustentabilidade. No Quadro 2 são apresentadas as principais normas de sistemas de gestão com este modelo, enfatizando o grande uso destas, responsáveis por mais de 1,5 milhão de certificações.

Quadro 2 – Principais normas de sistemas de gestão elaboradas pela ISO.

Norma	Objeto	Ano de criação	Certificações em 2011 (ISO – International Organization for Standardization, 2011)
ISO 9001	Qualidade	1987	1.111.698
ISO 14001	Meio ambiente	1996	267.457
ISO/TS 16949	Qualidade automotiva	1999	67.546
ISO IEC 27001	Segurança de informações	2005	17.509
ISO 22000	Qualidade em alimentos	2005	19.980
ISO 13485	Qualidade em dispositivos médicos	2003	20.034
ISO/TS 29001	Qualidade para fornecedores da indústria petroquímica e petróleo/gás	2010	Sem dados disponíveis
ISO 50001	Gestão de energia	2011	461

Atualmente, as normas técnicas abrangem diversos temas da sustentabilidade, como:

- Normas de controle ambiental e monitoramento.
- Normas de gestão empresarial relacionadas aos temas da sustentabilidade.
- Normas sobre produtos.
- Normas relacionadas ao aquecimento global.

A evolução dessas normas para uma visão de gestão ocorreu a partir de uma série de fatos nos últimos 15 anos, que levaram a uma integração entre meio ambiente (que já tinha uma norma de gestão bastante empregada) e responsabilidade social, e também à necessidade de tratamento estratégico e sistemático dessas questões:

a) Gestão ambiental
- Aumento da preocupação mundial com o aquecimento global, colocando esse assunto em um novo patamar de riscos ao planeta, como demonstrado por pesquisas anuais de diversas entidades (Fórum Econômico Mundial, 2013).

476 | GESTÃO EMPRESARIAL E SUSTENTABILIDADE

b) Gestão social

- Socialização das reuniões mundiais de meio ambiente, que passaram a se concentrar em assuntos de responsabilidade social (p. ex., pobreza).

- Crescente entendimento e assimilação dos riscos para as organizações internacionais que os assuntos de responsabilidade social poderiam trazer (p.ex., casos de más condições de trabalho em fábricas de empresas transnacionais em países em desenvolvimento).

c) Gestão socioambiental

- Crescente entendimento de que a sustentabilidade envolve o *triple bottom line.*

- Desenvolvimento de indicadores e programas integrados entre meio ambiente e responsabilidade social nos organismos internacionais (p.ex., ONU – Metas do Milênio e *Global Compact*).

- A legislação sobre o direito do saber difundiu-se sobremaneira entre os diversos países, aliado à facilidade de acesso às informações proporcionada pela internet e meios digitais. Um número expressivo de organizações elabora atualmente relatórios de sustentabilidade e responsabilidade social para atender às necessidades de suas partes interessadas a respeito de informações sobre seu desempenho (GRI, 2014).

- Legislação cada vez mais exigente.

- Práticas de consumo e de investimentos cada vez mais baseados em critérios socioambientais.

d) Gestão de riscos econômicos

- Crise de confiança e ética ocorrida nos Estados Unidos em 2001/2002, que levou à criação da Lei Sarbannes-Oxley[2], e o estouro das empresas.com, em 2000, que representaram importante movimento para a governança corporativa.

- Aumento da preocupação com a segurança eletrônica, representado pelo *bug* do milênio e a ascensão da internet.

---

[2] Lei americana criada em 2002 pelos senadores Paul Sarbanes e Michael Oxley para aperfeiçoar a transparência e a governança corporativa das empresas e evitar riscos e escândalos financeiros.

CONTRIBUIÇÃO DAS NORMAS DE SISTEMAS DE GESTÃO

- Aumento da preocupação com a segurança pública e privada, e a gestão de riscos, particularmente após o ataque ao World Trade Center, em 2001.

- Ameaças de doenças e mortes por pandemias muito frequentes desde 2003 (epidemia Sars – síndrome respiratória aguda grave), passando pela gripe aviária de 2005 e a pandemia da gripe A em 2009, demonstrando a necessidade de gestão de riscos e planos de resposta a emergências.

- A grande crise financeira de 2008, com a quebra do Lehman Brothers e de outras grandes empresas do mercado financeiro, considerada por alguns como uma continuação dos episódios da *Enron* e da quebra das empresas.com, colocou mais ênfase nos riscos econômicos e financeiros mundiais e na sua gestão.

- A crescente interdependência financeira e econômica e a crescente dispersão geográfica das cadeias de valor aumentam o alcance dos assuntos pertinentes às corporações e também os riscos globais.

Do ponto de vista das empresas, seu desempenho em relação à sociedade em que opera e seu impacto no meio ambiente se tornaram uma parte crucial na avaliação de sua *performance* geral e de sua capacidade de continuar a operar de maneira eficaz. Atualmente, elas estão sujeitas a um controle e questionamento maior vindo de suas diversas partes interessadas, como clientes e consumidores, trabalhadores e seus sindicatos, conselheiros, sócios e acionistas, a comunidade, organizações não governamentais, estudantes e investidores. O desempenho em responsabilidade social da organização pode influenciar, além de outros, os seguintes fatores:

- Vantagem competitiva.
- Reputação.
- Capacidade de atrair e manter investidores e clientes.
- Capacidade de atrair e manter trabalhadores, e manter o moral e a produtividade dos empregados.
- Relação com os governos, a mídia, os fornecedores e a comunidade em que opera.

Muitas organizações têm conduzido programas de responsabilidade social e avaliações do seu desempenho ambiental, econômico e social. No entanto,

GESTÃO EMPRESARIAL E SUSTENTABILIDADE

por si só, tais avaliações podem não ser suficientes para proporcionar a uma organização a garantia de que seu desempenho não apenas atende, mas continuará a atender, aos requisitos legais e aos de sua própria política. Para que sejam eficazes, é necessário que esses procedimentos sejam conduzidos dentro de um sistema da gestão estruturado que esteja integrado na organização. (ABNT, 2012)

Pode-se afirmar que as normas de gestão empresarial relacionadas à sustentabilidade estão relacionadas a três linhas conceituais que se desenvolveram separadamente, porém nos últimos anos passaram a se complementar e/ou integrar, como explicado nos tópicos a seguir e no Quadro 3:

- Responsabilidade social – normas que podem focar o pilar social da sustentabilidade, mas também podem abranger os pilares econômicos e ambientais.
- Sustentabilidade – normas que podem abranger o pilar ambiental (uma vez que até poucos anos atrás havia uma interpretação mais restrita da sustentabilidade centrada na gestão ambiental, mas as normas mais recentes contemplam os três pilares).
- Gestão de riscos – normas que podem abranger os três pilares, sob a ótica da prevenção e mitigação de acidentes, emergências ou crises.

Os técnicos públicos e gestores dessas três áreas eram distintos até pouco tempo atrás, quando começou a haver uma sobreposição de funções dentro das organizações, principalmente entre a responsabilidade social e a sustentabilidade.

Quadro 3 – Temas da gestão e as principais funções de origem.

Funções de origem	Tema de gestão		
	Sustentabilidade	Responsabilidade social	Gestão de riscos
Principal função de origem	Meio ambiente	Responsabilidade social	Segurança patrimonial

(continua)

CONTRIBUIÇÃO DAS NORMAS DE SISTEMAS DE GESTÃO | **479**

Quadro 3 – Temas da gestão e as principais funções de origem. *(continuação)*

	Tema de gestão		
Outras funções que gerenciam o tema	Engenharia/ manutenção utilidades/	Comunicação	Administração
	Segurança do trabalho	Relações institucionais	Segurança do trabalho
	Qualidade	RH	Segurança de processos
	RH	Marketing	Engenharia

Como a própria norma ISO 26000 reconhece, as relações entre a responsabilidade social e o desenvolvimento sustentável não eram tão claras.

Apesar de muitas pessoas usarem os termos responsabilidade social e desenvolvimento sustentável de forma intercambiável e haver uma íntima relação entre esses termos, eles são conceitos diferentes [...] O desenvolvimento sustentável é um conceito e um objetivo norteador amplamente aceito que obteve reconhecimento internacional após a publicação em 1987 do relatório Nosso Futuro Comum da Comissão Mundial sobre Meio Ambiente e Desenvolvimento [...] O desenvolvimento sustentável tem três dimensões – econômica, social e ambiental – as quais são interdependentes. A responsabilidade social tem como foco a organização e refere-se às responsabilidades da organização para com a sociedade e o meio ambiente. A responsabilidade social está intimamente ligada ao desenvolvimento sustentável [...] ele pode ser usado como forma de abarcar as expectativas mais amplas da sociedade a serem levadas em conta por organizações que buscam agir responsavelmente. Portanto, um objetivo amplo de responsabilidade social da organização deveria ser o de contribuir para o desenvolvimento sustentável. (ABNT, 2010)

Nesse sentido, a responsabilidade poderia ser entendida como uma forma de ser e atuar para atingir o desenvolvimento sustentável.

Nos Quadros 4 e 5 são apresentadas as principais normas internacionais e referenciais para a gestão de responsabilidade social, sustentabilidade e gestão de riscos.

GESTÃO EMPRESARIAL E SUSTENTABILIDADE

Quadro 4 – Principais normas internacionais sobre gestão da responsabilidade social e desenvolvimento sustentável.

Norma	Objeto	Origem	Ano de criação
ISO 26000	Sistema de gestão de responsabilidade social abrangente	ISO, internacional	2010
BS 8900 (partes 1 e 2)	Sistema de gestão do desenvolvimento sustentável	Reino Unido	2006
AA 1000	Responsabilidade social e sustentabilidade, engajamento de partes interessadas, e relato de desempenho nestes temas	AccountAbility, Reino Unido	1999
SA 8000	Sistema de gestão de responsabilidade social, com ênfase no aspecto trabalhista	Social Accountability International	1997
OHSAS 18001	Sistema de gestão da saúde ocupacional e segurança	Grupo internacional de entidades normativas nacionais e certificadoras	1999
SD 21000	Desenvolvimento sustentável	AFNOR, França	2003
SI 10000	Responsabilidade social e envolvimento comunitário	SII, Israel	2001
NBR 16001	Sistema de gestão de responsabilidade social abrangente	ABNT, Brasil	2004
ECS2000	Sistemas de conformidades legais e éticas	Sociedade Japonesa de Estudos de Ética nos Negócios, Japão	1999
AS 8003	Governança e responsabilidade social corporativa	SA, Austrália	2003

CONTRIBUIÇÃO DAS NORMAS DE SISTEMAS DE GESTÃO | **481**

Quadro 5 – Principais normas internacionais sobre gestão de riscos.

Objeto	Norma	Origem	Ano de criação
ISO 31000	Princípios e diretrizes para gestão de riscos empresariais	Internacional	2009
AS/NZS 4360	Gestão de riscos empresariais	Austrália/Nova Zelândia	1995
HB 436	Diretrizes para AS/NZS 4360	Austrália/Nova Zelândia	1999
ISO 22301	Sistema de gestão de continuidade de negócios	Internacional	2012
ISO 22313	Diretrizes para sistema de gestão de continuidade de negócios	Internacional	2012
BS 25999	Sistema de gestão de continuidade de negócios Parte 1: código de prática. Parte 2: requisitos	Reino Unido	2007
NBR 15999	Sistema de gestão de continuidade de negócios Parte 1: código de prática. Parte 2: requisitos	Brasil	2007
NBR ISO 22301	Sistema de gestão de continuidade de negócios – requisitos	Brasil	2013
ISO/IEC 27031	Gestão de continuidade de negócios para tecnologia da informação	Internacional	2011
PAS 200	Diretrizes para gestão de crises	Reino Unido	2011
ISO 22320	Requisitos para gestão de resposta a emergências	Internacional	2011
ISO 22322	Segurança patrimonial societária – gestão de emergências – diretrizes para alerta ao público	Internacional	2015
ISO 11320	Segurança de criticidade nuclear – preparação e resposta a emergências	Internacional	2011

GESTÃO EMPRESARIAL E SUSTENTABILIDADE

Os princípios e práticas de sustentabilidade passaram a permear todas as atividades e negócios nos últimos anos. Diversas normas sobre sustentabilidade específicas ou setoriais foram definidas em vários âmbitos nacionais ou globais, como:

- **Cidades sustentáveis**
  - BS 8904:2011 – Diretriz para desenvolvimento de comunidades sustentáveis.
  - CWA 16267:2011 – Diretriz para desenvolvimento sustentável de cidades históricas e culturais.
  - BS ISO 37120:2013 – Desenvolvimento sustentável e resiliência de comunidades. Indicadores para serviços de cidade e qualidade de vida.

- **Sustentabilidade nas compras públicas**
  - BIP 2203:2011 – Guia para compras sustentáveis. Comprando de forma sustentável usando a BS 8903.
  - BS 8905:2011 – Diretriz para estrutura para avaliação do uso sustentável de materiais.

- **Construção sustentável**
  - ISO 15392:2008 – sustentabilidade na construção de edifícios – princípios gerais.
  - ISO 21930:2007 – sustentabilidade na construção de edifícios – declaração ambiental de produtos de construção.
  - ISO 21929-1:2011 – sustentabilidade na construção de edifícios – indicadores de sustentabilidade – parte 1: estrutura para o desenvolvimento de indicadores e conjunto de indicadores para edifícios.
  - ISO 21931-1:2010 – sustentabilidade na construção de edifícios – estrutura para métodos de avaliação de desempenho ambiental dos trabalhos de construção – parte 1: edifícios.
  - ISO 10987:2012 – máquinas para movimentação de terra – sustentabilidade – terminologia, fatores de sustentabilidade e relato.
  - BS EN 15643:2010-2011 – sustentabilidade na construção de edifícios – avaliação de sustentabilidade de edifícios – partes 1 a 4.

- BS EN 16309:2011 – sustentabilidade na construção de edifícios – avaliação do desempenho social dos edifícios – método de cálculo.
- BS EN 16627:2013 – sustentabilidade na construção de edifícios – avaliação do desempenho econômico dos edifícios – método de cálculo.
- BS EN 15978:2011 – sustentabilidade na construção de edifícios – avaliação do desempenho ambiental dos edifícios – método de cálculo.
- BS ISO 15392:2008 – sustentabilidade na construção de edifícios – princípios gerais.
- BS ISO 21929-1:2010 – sustentabilidade na construção de edifícios – indicadores de sustentabilidade – parte 1: estrutura para o desenvolvimento de indicadores e conjunto de indicadores para edifícios.
- BS EN 15804:2008-2013 – partes 1 a 4 – sustentabilidade nos trabalhos de construção. Declarações ambientais de produtos.
- BS EN 15942:2011 – sustentabilidade na construção de edifícios. Declarações ambientais de produtos. Formato de comunicação *Business to Business*.
- A americana E2114:2008 – Terminologia para sustentabilidade relativa ao desempenho de edifícios.
- Portaria Inmetro 50/2013 – Requisitos de avaliação da Conformidade para a Eficiência Energética de Edificações.
- Outros critérios privados, como o francês Aqua e o americano *Leadership in Energy and Environmental Design* (Leed).

- **Sustentabilidade de eventos**

- ISO 20121:2012 – sistemas de gestão da sustentabilidade de eventos – requisitos com guia para uso.
- BS 8901:2010 – sustentabilidade na gestão de eventos.
- BIP 2176:2010 – tornando eventos mais sustentáveis – um guia para a BS 8901.
- BS ISO 20121:2012 – sistemas de gestão da sustentabilidade de eventos – requisitos com guia para uso.
- NBR ISO 20121:2012 – sistemas de gestão da sustentabilidade de eventos – requisitos com guia para uso.

- Série de normas da americana American Society for Testing and Materials (ASTM) de 2011 sobre sustentabilidade na avaliação e seleção de eventos (E2741 – destinos; E2742 – exposições; E2743 – transportes; E2745 – audiovisual e produção; E2746 – comunicação e marketing; E2747 – escritórios dentro do evento; E2773 – alimentos e bebidas).

- **Sustentabilidade na produção de biocombustíveis**
  - BS EN 16214 – critério de sustentabilidade para a produção de biocombustíveis biolíquidos para aplicações em energia – partes 1 a 4 (a partir de 2012).

- **Turismo sustentável**
  - NBR 15401 – meios de hospedagem – sistema de gestão da sustentabilidade – requisitos.

- **Manejo florestal sustentável:**
  - Certificação FSC, criada em 1993 e gerenciada pela organização não governamental Forest Steward Council.
  - Programme for the Endorsement of Forest Certification Schemes (PEFCS), antigo Pan European Forest Certification (PEFC), criado em junho de 1999, de caráter voluntário, baseado em critérios próprios definidos nas resoluções das Conferências de Helsinki e de Lisboa, de 1993 e 1998, sobre proteção florestal na Europa, com reconhecimento dos diferentes sistemas dos países da comunidade europeia (Inmetro, 2013).
  - Diversos sistemas nacionais (Suécia, Finlândia, Noruega, Alemanha, Inglaterra, Estados Unidos, Canadá, África do Sul, Indonésia, Malásia, Nova Zelândia, Chile, Áustria, Gana, Bélgica e outros) (Inmetro, 2013).
  - Cerflor – Programa Brasileiro de Certificação Floresta, lançado em 2002, coordenado pelo Inmetro, baseado em critérios de certificação criados pela Sociedade Brasileira de Silvicultura e pela ABNT desde 1996 (Inmetro, 2013).

- **Sustentabilidade de processos**
  - Considerando a necessidade de associar a qualidade intrínseca do produto à sustentabilidade do processo produtivo em alguns

CONTRIBUIÇÃO DAS NORMAS DE SISTEMAS DE GESTÃO | **485**

Programas de Avaliação da Conformidade estabelecidos pelo Instituto Nacional de Metrologia, Qualidade e Tecnologia (Inmetro), este órgão definiu sete princípios, 13 critérios e 89 indicadores para a avaliação da sustentabilidade de processos produtivos, por meio da Portaria 317/12.

Normas internacionais sobre partes ou temas específicos de um sistema de gestão da sustentabilidade também foram elaboradas, como:

* Governança corporativa, salientando o trabalho normativo da Austrália, com exemplos como:
  * AS 3806-2006 – Programas de conformidade corporativa.
  * Série AS 8000 (8000:2003 – Bons princípios de governança; 8001:2008 – Controle de fraude e corrupção; 8002:2003 – Código de conduta organizacional; 8004:2003 – Programa de proteção de testemunhas para empresas; 8015:2005 – Tecnologia da informação e de comunicação).
  * Manuais de diretrizes da série HB 400 de 2004 a 2006 (400 – Introdução à governança corporativa; 401 – Aplicações de governança corporativa; 402 – Planejamento empresarial; 403 – Melhores práticas de relato do conselho; 405 – Estrutura para abertura de informações e transparência; 407 – Governança corporativa para pequenos negócios; 408 – Cultura de governança corporativa).

* *Reporting* – Norma da organização não governamental Global Reporting Institute (GRI), modelo mais reconhecido internacionalmente para elaboração de relatórios de sustentabilidade, em sua quarta versão (publicada em 2013).
* Sistemas de gestão de saúde ocupacional e segurança – diversas normas para sistemas de gestão de saúde ocupacional e segurança foram elaboradas ao redor do mundo (p.ex., a inglesa BS 8800:1996, a espanhola UNE 81900:1996, a americana ANSI/AIHA Z10:2005, OHSAS 18001:1999 elaborada por diversos países e a global OIT:2001 – Diretrizes para sistemas de gestão de saúde ocupacional e segurança (OSH-MS) da Organização Internacional do Trabalho. A discussão de

uma norma internacional ISO vem sendo feita desde 1996, e depois de inicialmente ser rejeitada, foi criado em 2013 o ISO/PC 283, liderado pelo Reino Unido, com escopo de criação de norma(s) para requisitos para sistemas de gestão de saúde ocupacional e segurança, com base na OHSAS 18001 e em outras normas nacionais.

Outras normas sobre gestão de segurança/riscos também foram criadas, como:

- ISO/IEC GUIA73:2005 – Gestão de riscos – Vocabulário – Recomendações para uso em normas.
- ISO 28000:2007 – Especificação para sistemas de gestão de segurança patrimonial para a cadeia de fornecimento, baseada no ciclo PDCA, voltada para certificação.
- ISO/IEC Série 20000 partes 1 a 11 (a partir de 2005) – Requisitos, diretrizes e apoios para sistema de gerenciamento de serviços em tecnologia da informação, inclusive em contingências, baseadas na BS 15000 (criada em 2000, com partes elaboradas/revisadas posteriormente).
- ISO 39001:2012 – Sistemas de gestão de segurança de tráfico viário – requisitos com guia para uso.

Como pode ser notado, a gama de normas de sistemas de gestão baseados no modelo ISO é extensa, bem como os padrões de referência para as áreas de gestão da sustentabilidade, responsabilidade social e riscos empresariais.

Antes de abordar as normas de terceira geração, cabe detalhar neste capítulo os conceitos e prática de certificação, tema muito discutido atualmente, e que pode ser considerado uma linha divisória entre algumas das normas de sustentabilidade/responsabilidade social.

CERTIFICAÇÃO DE SISTEMAS DE GESTÃO

O modelo de certificação atual de produtos e sistemas de gestão surgiu como evolução do sistema de classificação e certificação de navios por empresas contratadas pelas companhias seguradoras no final do século XIX.

A certificação tem por objetivo demonstrar que um determinado processo, produto, serviço, pessoa ou sistema atende a um referencial normatizado, distinguindo-se de seus concorrentes e trazendo ao cliente/consumidor uma garantia sobre o atendimento dos requisitos.

Assim, a certificação consiste em uma avaliação por organismos públicos ou privados, com fornecimento de atestado de conformidade. A certificação pode ser de caráter compulsório ou voluntário. A certificação compulsória está normalmente associada à garantia da segurança do consumidor ou da saúde pública, sendo estabelecida de modo estatutário por organismos nacionais ou supranacionais, como é o caso dos regulamentos do Inmetro para produtos (p.ex., embalagens utilizadas no transporte de produtos perigosos, extintores de incêndio, recipientes transportáveis para gás liquefeito de petróleo (GLP), tanques de armazenamento de combustíveis etc.) e da certificação de produtos orgânicos.

A certificação voluntária abrange diversas naturezas e objetos, compreendendo muitas categorias de certificação ambiental e de sustentabilidade, entre as quais:

- Produtos – compreende os chamados selos ecológicos, como:
  - *Ecolabel* da Comunidade Europeia para diversas categorias, como produtos de papel e de limpeza.
  - Rótulo Ecológico ABNT para produtos como pneus reformados e produtos de aço para construção civil, que contemplam requisitos sociais.
  - Selo Procel – Programa Nacional de Conservação de Energia Elétrica para eletrodomésticos.
  - Selo de sustentabilidade de produtos da certificadora americana NSF, p.ex. para produtos de pisos e paredes.

- Pessoas – por exemplo, profissionais e guias da área de turismo e turismo de aventura certificados pelo Inmetro por meio de diversas normas da ABNT.
- Áreas/processos – por exemplo, FSC para áreas e produtos florestais.
- Edifícios – por exemplo, Leed, Aqua e Inmetro.
- Cadeias de custódia – por exemplo, certificações da cadeia de custódia florestal, para garantir a origem da madeira de fontes renováveis ou não nativas.

- Sistemas – SGA/ISO 14001, Sistema de gestão da responsabilidade social/NBR 16001, Sistema de gestão da sustentabilidade para meios de hospedagem/NBR 15401.

Considerando a profusão de distintos selos e certificações, um sistema de certificação deve ser regulamentado por critérios normativos transparentes e coerentes, condensado entre as várias partes interessadas envolvidas, de modo a obter credibilidade.

O esquema de certificação dos sistemas de gestão conforme o modelo ISO é definido e mantido pelos governos nacionais pelas entidades vinculadas à administração direta pública. No caso do Brasil, o sistema é definido e coordenado pelo Inmetro. Esses critérios são padronizados internacionalmente por meio do Fórum Internacional de Acreditação (IAF) e do Comitê de Avaliação da Conformidade da ISO (Casco). Esse sistema de certificação prevê critérios para a acreditação de organismos de avaliação da conformidade e seus auditores, que atuam em nome dos órgãos governamentais coordenadores ("acreditadores") para auditar as organizações que desejam a certificação de seus sistemas de gestão. Os certificados usualmente são válidos por três anos, com direito à renovação mediante avaliações periódicas de manutenção, porém podem ser cassados em caso de não conformidades graves em relação às normas de referência.

Este sistema é largamente utilizado no mundo inteiro, e possibilitou uma grande expansão da gama de produtos/serviços/pessoas/sistemas objeto de verificação, contribuindo para a melhoria da qualidade, segurança e redução de impactos ambientais. Vale comentar o benefício trazido pela definição clara de critérios de sustentabilidade para produtos, evitando declarações enganosas, subjetivas e de maquiagem verde crescentes nos últimos anos, como:

- Amigo do planeta.
- Produto 100% natural.
- Certificação ISO 14001 na embalagem do produto, dando a entender que o produto é certificado, quando somente o sistema de gestão é certificado.
- Certificação ISO 14001 na página da internet ou em relatório anual da organização, dando a entender que toda a organização é certificada, mas, na verdade, somente uma unidade é certificada.

No entanto, ao longo dos anos também verificaram-se muitos questionamentos que merecem reflexão, principalmente quanto à confiança do controle dos riscos envolvidos nas auditorias de terceira parte, entre os quais:

- Se a acreditação dos organismos de certificação é idônea.
- Frequência e escopo das auditorias periódicas.
- Rigor das auditorias.
- Garantia da competência dos auditores.
- Conflito de interesses pelos organismos de certificação.
- Entendimento e interpretação uniforme entre os auditores dos organismos de certificação.

Outras iniciativas de responsabilidade social e sustentabilidade fora do âmbito da ISO apresentam esquemas diferenciados de controle, validação, certificação e reconhecimento, como:

- *Pacto Global da ONU* – iniciativa da ONU nos assuntos de direitos humanos, trabalho, meio ambiente e anticorrupção, adotada atualmente por mais de 12 mil organizações em mais de 145 países, não objetos de uma certificação específica, mas de relatórios anuais de comunicação de progresso (UN, 2014).
- Reporte de indicadores de sustentabilidade conforme o modelo *GRI*, controlados pela própria instituição, com mais de 6,4 mil organizações cadastradas e mais de 15,4 mil relatórios de sustentabilidade cadastrados aderentes ao modelo (GRI, 2014).
- *Indicadores Ethos*, sistema de avaliação de responsabilidade social desenvolvido e mantido pelo Instituto Ethos (brasileiro), para uso entre seus associados.
- *BCORP* – certificação criada e controlada pela ONG americana BLAB sobre critérios de desempenho, prestação de contas e transparência em sustentabilidade, contando 1.045 certificadas em julho de 2014, em 34 países, em 60 setores produtivos (Blab, 2014).

No próximo tópico, será abordada a ISO 26000, norma que já se tornou referência no tema, mesmo com menos de três anos desde sua criação.

Norma ISO 26000

A principal norma de terceira geração que trata do desenvolvimento sustentável e da responsabilidade social de maneira integrada é a ISO 26000. Essa norma internacional foi desenvolvida por um inédito processo participativo *multi-stakeholder* que envolveu quase 500 especialistas de mais de 90 países e 40 organizações internacionais ou com ampla atuação regional envolvidas em diferentes aspectos da responsabilidade social. A presidência do grupo foi exercida por um time misto Brasil-Suécia, sendo a primeira vez que o Brasil ocupou essa posição em um *working group* (WG) da ISO.

Considerado o maior e mais complexo comitê técnico da ISO até hoje, a norma foi publicada em dezembro de 2010, após mais de cinco anos de reuniões dos representantes de seis diferentes grupos de partes interessadas: consumidores; governo; indústria; trabalhadores; organizações não governamentais (ONG); e serviços/suporte/pesquisa/outros (SSPO). Além desta busca de equilíbrio entre as partes interessadas envolvidas nos grupos de trabalho, buscou-se um balanço entre países em desenvolvimento e desenvolvidos, assim como entre gêneros em sua composição.

O Centro de Estudos em Sustentabilidade da FGV/Gvces (FGV, 2011) destaca que esta constituição e processo inédito de atuação trouxeram bons resultados, como o grande interesse no tema, a grande representatividade e legitimidade da norma e o estabelecimento de novas metodologias que poderão influenciar fortemente os futuros processos da ISO.

Ela se baseou nas melhores práticas desenvolvidas pelas iniciativas de responsabilidade social, públicas e privadas, e foi elaborada de modo coerente com as declarações e convenções internacionais da ONU e OIT. Pode-se dizer que o primeiro grande benefício da ISO 26000 foi a padronização internacional dos princípios, conceitos, temas, práticas e técnicas de responsabilidade social, além de seu papel de grande importância para o desenvolvimento sustentável. Um destes pontos de padronização refere-se à distinção entre responsabilidade social e filantropia, que durante um bom tempo permeou a prática dentro das organizações.

A Norma fornece orientações sobre sete princípios de responsabilidade social, sete temas centrais e 36 questões pertinentes à responsabilidade social, resumidos na Figura 3, que resume a ISO 26000 como um todo, e o Quadro 6. Todos os temas centrais são relevantes para todas as organizações, cabendo a cada organização identificar o que é pertinente e significativo para ela. Cada organização também deve levar em conta os interesses das partes envolvidas, requisito forte dessa norma no que tange à identificação, avaliação, engajamento e comunicação. Além disso, deve obedecer à legislação vigente, respeitar as normas internacionais de comportamento e buscar a melhoria contínua do desempenho.

Figura 3 – Resumo dos elementos do sistema de gestão de responsabilidade social conforme a norma ISO 26000.

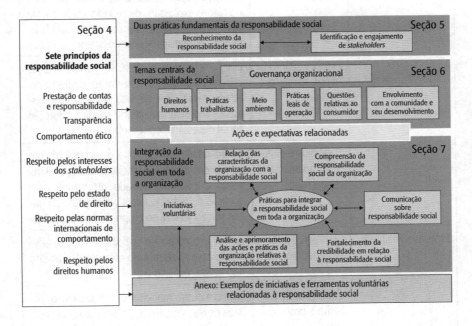

Fonte: ABNT (2010).

Ela se aplica a todos os tipos de organizações nos setores privado, público e sem fins lucrativos, sejam elas grandes ou pequenas, com operações em países desenvolvidos ou em desenvolvimento, iniciantes na responsabilidade social ou já com gestão madura.

Um ponto importante da norma são as diretrizes para sua integração com a gestão existente da organização, contribuindo positivamente por meio da correlação existente com as principais ferramentas/iniciativas/boas práticas de responsabilidade social disponíveis, contida em seu anexo A.

Quadro 6 – Temas, questões e abrangência da ISO 26000.

Tema central	Questões	Abrangência
Direitos humanos	Discriminação	Evitar a discriminação de todos os tipos (p.ex., raça, cor, gênero, idade, idioma, religião, situação econômica, deficiência, estado civil ou situação familiar, relacionamentos pessoais e estado de saúde – como ser portador de HIV/Aids).
	Direitos civis e políticos	Direitos à vida, segurança pessoal, propriedade, liberdade, entre outros. Liberdades de opinião e expressão, de reunião pacífica e de associação, religião ou crença, privacidade, direito de participar de eleições, entre outros.
	Direitos econômicos, sociais e culturais	Direito à educação, trabalho em condições dignas, liberdade de associação, padrão adequado de saúde e de vida; alimentação, vestuário, moradia, assistência médica, proteção social necessária, entre outros.
	Princípios e direitos fundamentais no trabalho	Liberdade de associação e o reconhecimento efetivo do direito à negociação coletiva; eliminação de trabalho forçado ou compulsório; abolição do trabalho infantil; eliminação da discriminação relativa ao emprego e à ocupação.
Práticas trabalhistas	Emprego e relações de trabalho	Direito a contrato de trabalho e recurso adequado caso os termos do contrato de trabalho não sejam respeitados.
	Condições de trabalho e proteção social	Salário e outras maneiras de remuneração, jornada de trabalho, férias, práticas disciplinares e de demissão, proteção à maternidade e questões relativas ao bem-estar, como instalações sanitárias, refeitórios e serviços médicos.
	Saúde e segurança no trabalho	Promoção do bem-estar físico, mental e social dos trabalhadores e prevenção de riscos ocupacionais; adaptação do ambiente de trabalho aos trabalhadores.
Práticas leais de operação	Comportamento ético nas organizações	Práticas anticorrupção, envolvimento político responsável, práticas anticoncorrência desleal, respeito ao direito de propriedade.

(continua)

Quadro 6 – Temas, questões e abrangência da ISO 26000. *(continuação)*

Tema central	Questões	Abrangência
Práticas leais de operação	Promoção na cadeia de valor	Influenciar outras organizações a promover a adoção de e o apoio a princípios e práticas de responsabilidade social, por meio de seus processos de compra.
Consumidor	Práticas justas de marketing, propaganda, venda e pós-venda	Marketing e venda responsável, práticas contratuais justas. Atender ao consumidor sobre reclamações e controvérsias. Proteger/dar privacidade aos dados do consumidor. Promover a educação/conscientização do consumidor.
	Saúde e segurança do consumidor	Fornecer produtos e serviços seguros e que não ofereçam riscos inaceitáveis quando usados ou consumidos. Fornecer instruções claras de uso seguro.
	Consumo sustentável	Consumo de produtos e recursos em taxas coerentes com o desenvolvimento sustentável.
	Acesso a serviços essenciais	Contribuir com o cumprimento do direito de acesso a serviços essenciais, como saúde, eletricidade, gás, água, esgoto e comunicação.
Meio ambiente	Prevenção da poluição	Evitar ou reduzir todos os tipos de poluição (sonora, visual, do ar, da água, do solo, uso e descarte de produtos químicos, entre outras).
	Uso sustentável de recursos e energia	Usar a uma taxa menor ou igual à de reposição natural; conservação, uso e acesso à água, eficiência no uso de materiais, inclusive eficiência energética/energias renováveis.
	Mitigação e adaptação às mudanças climáticas	Inventariar e reduzir as emissões de gases de efeito estufa (GEE) provenientes de atividades humanas para evitar as alterações climáticas globais (p.ex., aumento de temperaturas, aumento de eventos extremos, etc.).
	Proteção/restauração do ambiente e biodiversidade	Valorização e proteção da biodiversidade, uso sustentável do solo e dos recursos naturais, desenvolvimento urbano e rural ambientalmente favorável.

(continua)

494 | GESTÃO EMPRESARIAL E SUSTENTABILIDADE

Quadro 6 – Temas, questões e abrangência da ISO 26000. *(continuação)*

Tema central	Questões	Abrangência
Desenvolvimento e envolvimento comunitário	Desenvolvimento comunitário	Participar do processo de desenvolvimento da comunidade (p.ex., educação, cultura e saúde), estimulando o empreendedorismo e a geração de renda.
	Envolvimento comunitário	Ser uma empresa-cidadã, envolvendo-se e participando de instituições civis/redes de grupos e indivíduos da sociedade civil

Fonte: Epelbaum (2012).

Dessa maneira, a ISO 26000 funciona como um grande balizador e direcionador para os usuários que se interessem em aprofundar o entendimento ou implementação de elementos específicos do sistema de gestão.

Desde o início, a visão definida pelo comitê elaborador da ISO 26000 é de uma norma de diretrizes que não seria objeto de esquema de certificação, uma decisão tomada em função do ceticismo de certas partes interessadas nesse esquema. Essa definição acabou levando a uma tentativa de desconstrução do modelo ISO, começando pela quebra da sequência PDCA do texto, o que não bloqueia completamente o modelo PDCA nela embutido. Isso também não tira o mérito dessa publicação, bastante rica em suas diretrizes. No entanto, essa definição está sendo rediscutida como parte do processo de revisão periódica previsto para a norma, com base em pesquisa realizada entre os membros do comitê elaborador da ISO 26000.

Outra pesquisa realizada em setembro e outubro de 2011 pela ISO (International Organization for Standardization, 2012) entre todos os seus membros, com o objetivo de avaliar a difusão e implementação da ISO 26000, constatou que ela se tornou provavelmente a mais importante e mais aceita iniciativa mundial de responsabilidade social:

- 80% dos 66 respondentes (53 países) adotaram ou vão adotar a ISO 26000 como norma nacional; na Europa, 25 dos 29 países membros respondentes a adotaram; o Brasil a adotou em 2010, e a China, em 2011.

- Norma disponível em 18 línguas.

- Rápida disseminação na América Latina.
- Forte interesse do Oriente Médio.
- Cerca de 20 mil normas vendidas/entregues.

Alguns destes países desdobraram a ISO 26000 em documentos de implementação, como o Reino Unido (BIP 2215:11 – Entendendo a ISO 26000: Uma abordagem prática para a responsabilidade social), e outros definiram normas de requisitos para fins de certificação, tal como a brasileira NBR 16001, explanada a seguir.

NBR 16001

A norma NBR 16001, contrariamente à ISO 26000, já foi concebida com o objetivo de permitir a certificação por organizações interessadas, de todos os tipos e portes, condições geográficas, culturais e sociais. A primeira versão da NBR 16001 (2004) claramente foi baseada na ISO 14001, tomando elementos também da AA1000, SA8000 e OHSAS 18001. Os temas previstos da responsabilidade social eram mais amplos do que os definidos nas normas AA 1000 e SA 8000. O fundamento da abordagem da revisão de 2012, já alinhada à ISO 26000, porém reestruturada conforme o ciclo PDCA, é mostrado na Figura 4.

A NBR 16001 recomenda que o sistema da gestão da responsabilidade social estimule as organizações a considerarem a implementação da melhor prática disponível, quando apropriada e economicamente exequível, de modo a atingir os objetivos da responsabilidade social. Alerta ainda que o atendimento aos requisitos da norma não significa que a organização seja socialmente responsável, mas que possui um sistema da gestão da responsabilidade social, e que duas organizações que desenvolvam atividades similares que implementaram o SGRS podem apresentar níveis diferentes de desempenho de responsabilidade social. Vale comentar ainda que a conformidade com essa norma não implica, por si só, a conformidade com as diretrizes da ISO 26000, mas certamente auxilia sobremaneira a organização em seu processo de implementação de suas diretrizes.

Figura 4 – Modelo PDCA da norma NBR 16001.

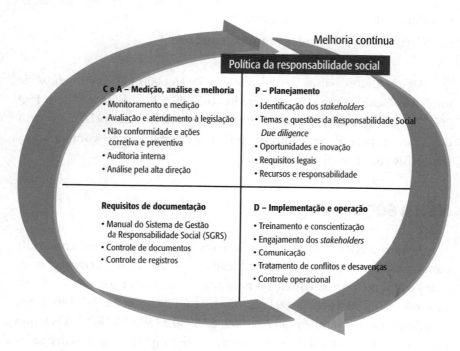

Fonte: adaptada de ABNT (2012).

Desde a primeira versão, ela já trazia uma definição de responsabilidade social avançada, incorporando a correlação com o desenvolvimento sustentável e a relação com as partes interessadas: responsabilidade social é a "relação ética e transparente da organização com todas as suas partes interessadas, visando ao desenvolvimento sustentável" (ABNT, 2004).

Em 2005, houve o lançamento da NBR 16002 (qualificação de auditores), e, em 2009, foi publicada a NBR 16003 (realização de auditorias), ambas em revisão para alinhamento com a NBR ISO 19011:2012 (diretrizes para auditoria de sistemas de gestão), e complementação no que tange à responsabilidade social.

Apesar da interessante e inovadora abordagem, a NBR 16001 foi adotada apenas por 17 organizações, sendo que empresas de serviços e engenharia/construção somadas representam mais de 70% do total (Inmetro, 2014). Somente quatro organismos de certificação estão acreditados pelo Inmetro para realizar estas auditorias de certificação (Inmetro, 2014).

Pesquisa realizada pelo Grupo de Trabalho do Comitê de Responsabilidade Social da ABNT com 16 das organizações certificadas na NBR 16001:2004, realizada em 2011 (Inmetro, 2014), apontou que a maioria delas percebeu benefícios resultantes dessa certificação:

- Agregou valor à organização (69% concordaram totalmente).
- Contribuiu para consolidação das práticas de RS em curso (69% concordaram totalmente).
- Contribuiu para melhorar ou fortalecer a imagem e reputação (63% concordaram totalmente).
- Contribuiu para melhorar o relacionamento com algumas das partes interessadas (56% concordaram totalmente e 38% concordaram parcialmente).
- Contribuiu para melhorar a capacidade de atrair e manter seus clientes/usuários (44% concordaram parcialmente e 25% concordaram totalmente).
- Contribuiu para melhorar a capacidade de atrair e manter trabalhadores (50% concordaram parcialmente e 31% concordaram totalmente).

A pesquisa apontou ainda o grau de dificuldade dos vários elementos do sistema de gestão, sendo que o levantamento de aspectos da responsabilidade social foi um dos mais citados, inclusive no que tange à necessidade de mudanças. Porém isso não explica totalmente a baixa adesão, que ainda carece de uma investigação mais profunda sobre as possíveis causas.

Outros modelos normativos para responsabilidade social e sustentabilidade

Normas nacionais sobre responsabilidade social e sustentabilidade, ou sobre alguns de seus temas, foram desenvolvidas em diversos países, alguma das quais serão comentadas a seguir.

BS 8900

A norma BS 8900 – Guia para a gestão do desenvolvimento sustentável não é uma norma de sistema de gestão, e constitui um guia de diretrizes, criado inicialmente sem propósito de certificação. Em sua revisão, ela acabou sendo dividida em duas partes, sendo que a segunda parte (Estrutura para avaliação frente à BS 8900-1 – Especificação) foi criada para permitir uma certificação focada em resultados específicos (e não nos requisitos do sistema de gestão). Ela pode ser adotada por organizações de todos os tamanhos, tipos e setores, públicas ou privadas.

Ela considera a abordagem dos três pilares de Elkington, porém não explicita a correlação com a responsabilidade social, nem os temas contidos dentro do arcabouço do desenvolvimento sustentável. A norma define que a organização deve explicitar e informar princípios do desenvolvimento sustentável, alinhados aos seus valores, considerando as normas, acordos e convenções internacionais, e deve contemplar no mínimo inclusão, integridade, organização e transparência. Nesse sentido, a ISO 26000 é mais avançada, tomando para si princípios mais abrangentes.

Um elemento considerado crítico pela norma é o engajamento eficaz e contínuo das partes interessadas, abordados especificamente em dois capítulos sobre esse tema. Em outro capítulo, a norma chama a atenção para a necessidade de identificar e avaliar riscos e oportunidades, de modo a maximizar as oportunidades e minimizar os riscos. Nesse sentido, acaba fazendo um elo com a abordagem de gestão de riscos, já comentada neste capítulo.

A norma apresenta uma grande contribuição por meio de um modelo de matriz de desenvolvimento ou de maturidade, com exemplos para diferentes tipos de atividades, apresentada como uma maneira de avaliar o progresso, esclarecer os próximos passos e mesclar os princípios que formam a base da sustentabilidade com a implementação prática. Segundo essa norma, cada organização deveria gerar a sua própria matriz, definindo um caminho a ser percorrido na direção do desenvolvimento sustentável, alinhando princípios e práticas com os estágios de maturidade.

Em sua visão, a implementação de um sistema de gestão de sustentabilidade é um processo, e o progresso pode ser alcançado por meio de:

- Fortalecimento das relações com as partes interessadas.
- Ampliação da coesão e compreensão interna sobre os requisitos e o desempenho.
- Desenvolvimento da segurança e da confiança – por meio da transparência e da prestação de contas.
- Estímulo ao aprendizado e inovação.
- Compreensão e gestão de riscos e oportunidades.

SD 21000

A norma SD 21000 – Desenvolvimento Sustentável – Responsabilidade Social Corporativa – Guia para a inserção do desenvolvimento sustentável na gestão e estratégia da organização, por sua vez, contempla elementos de sistema de gestão e busca integrar o desenvolvimento sustentável aos sistemas de gestão da organização. No entanto, não é uma norma de sistema de gestão (não segue o PDCA), sendo mais filosófica e contendo diretrizes para a incorporação dos conceitos e práticas de sustentabilidade na gestão empresarial. Ela pode ser adotada por organizações pequenas ou grandes, públicas ou privadas, de todos os setores produtivos. Não tem propósito de certificação.

Vale comentar que a norma é mais voltada para a sustentabilidade do que para a responsabilidade social. Além disso, o termo inglês para social cobre um campo mais amplo do que o comumente admitido pela expressão francesa social, sendo que se deve adotar na leitura dessa norma o termo duplo social/societário.

Essa norma define que as abordagens de integração incluem a aplicação da legislação, a gestão da atenção das partes interessadas e a gestão dos aspectos socioambientais.

SA 8000

A SA 8000 foi um dos primeiros modelos certificáveis de sistemas de gestão de responsabilidade social, como era entendida à época, concentrando-se nos temas de direitos humanos e práticas trabalhistas. A sua estrutura é a do PDCA alinhada ao modelo ISO. Ela contava em 31 de dezembro de 2013 com 3.254 empresas certificadas de 65 setores produtivos em 74 países (Social Accountability Accreditation Services, 2014), com avaliações feitas por entidades certificadoras credenciadas unicamente pela ONG elaboradora da norma, Social Accountability International (SAI). Ela é muito utilizada por empresas transnacionais como requisito a seus fornecedores, em especial dos países emergentes, por causa dos impactos sociais e da fraca legislação e controle trabalhista nesses países. Durante alguns anos, foi considerada o modelo para organizações que queriam se certificar com relação à RS, mas houve uma queda na utilização desse modelo normativo a partir da publicação dos modelos mais recentes.

500 | GESTÃO EMPRESARIAL E SUSTENTABILIDADE

Série de normas AA 1000

A série de normas AA1000 é composta de três padrões para auxiliar as organizações a se tornar mais responsáveis e sustentáveis (na abordagem dos três pilares), sendo que a primeira norma foi criada em 1999. Constitui-se em importante referência internacional, sendo citada no Anexo A da ISO 26000 como iniciativa/ferramenta desenvolvida ou administrada por meio de processo multipartite. Não são normas de sistemas de gestão, mas sim de princípios, porém que preveem um esquema de avaliação e certificação. Ela busca alcançar seu objetivo por meio da melhoria da qualidade da responsabilidade social e ética, auditoria e relato. Seu foco principal é na verificação de relatórios de sustentabilidade/responsabilidade social e no engajamento das partes interessadas. As três normas desenvolvidas para isso são:

* AA1000APS – fornece princípios gerais de *accountability* (prestação de contas), provê uma estrutura para identificar, priorizar e responder aos desafios da sustentabilidade.
* AA1000AS – fornece requisitos e metodologia para a verificação da natureza e extensão da adesão aos princípios.
* AA1000SES – fornece estrutura para o engajamento das partes interessadas.

SI 10000

Uma das mais antigas normas de responsabilidade social (criada em 2001), a norma SI 10000, elaborada pela Standards Institution of Israel (SII), aborda especificamente práticas de "responsabilidade social e envolvimento com a comunidade". Ela visa auxiliar as organizações a desenvolver e manter políticas e procedimentos para controlar suas ações de responsabilidade social e interação com a comunidade, e demonstrar para as partes interessadas que estão sendo seguidas de acordo com este modelo normativo. Ela especifica 11 elementos, contemplando responsabilidades da diretoria, alocação de recursos, envolvimento e responsabilidades dos colaboradores, qualidade do ambiente de trabalho, qualidade do meio ambiente, ética, transparência e publicação, ações preventivas e corretivas, treinamento, controle e registro de documentação. Apesar de conter elementos de um sistema de gestão PDCA, ela não se caracteriza como uma norma de sistema de gestão no modelo ISO.

SR 10

Outra norma desdobrada das normas ISO de sistemas de gestão é a IQnet SR 10:2011 – Sistema de Gestão de Responsabilidade Social – Requisitos. Ela foi elaborada pela IQnet, rede internacional de entidades certificadoras, procurando abranger os requisitos da norma ISO 26000 e ser compatível com a ISO 9001, ISO 14001, OHSAS 18001 e SA 8000. Tem por modelo o PDCA dessas normas, e foi elaborada com o objetivo de certificação. Além disso, adiciona princípios de gestão e qualidade aos princípios da ISO 26000, e tem requisito referente às atividades contratadas fora da organização, definindo que a organização deve exercer controles sobre elas no sistema de gestão, incluindo o atendimento aos requisitos legais. Ela tem uma organização interessante dos requisitos em seu capítulo 7, apresentando uma segmentação por parte interessada, apesar de aparentemente limitar os temas centrais da ISO 26000 (na prática, as organizações devem identificar e avaliar a significância de todos os impactos de responsabilidade social). A primeira certificação no mundo ocorreu em 2012, na República Tcheca.

Normas sobre temas específicos da responsabilidade social e sustentabilidade

Diversas normas sobre temas específicos da responsabilidade social/sustentabilidade foram desenvolvidas em âmbito internacional, sendo a mais famosa a ISO 14001, de abrangência nacional. Abordaremos a seguir as principais normas sobre saúde ocupacional e segurança e governança corporativa.

A norma internacional OHSAS 18001 – Occupational Health and Safety Assesment Series – foi criada em 1999 por diversas entidades normativas e certificadoras (lideradas pelo Reino Unido) como alternativa a uma norma ISO sobre saúde ocupacional e segurança, cuja elaboração foi abortada à época, porém retomada em 2013. Ela é totalmente alinhada com o modelo ISO e o PDCA, baseada na ISO 14001. Por esta razão, ela tem grande penetração no mundo empresarial, contando com 54.357 empresas certificadas em 31 de dezembro de 2009 (OHSAS Project Group, 2013), certificação esta criada pelas entidades normativas e certificadoras que elaboraram, porém sem reconhecimento oficial dos governos. Considerando a aprovação da ISO 45001 planejada para 2016, com previsão de certificação oficial pelos países, essa norma deverá ter seu uso reduzido.

Sobre normas para governança corporativa, são citadas a seguir as pioneiras normas australiana AS 8003 e japonesa ECS2000. A AS 8003 é uma das primeiras normas do mundo direcionada para a implementação da responsabilidade social corporativa, integrada à gestão das organizações, fazendo parte de um pacote de normas de governança corporativa desse país. Ela prevê verificação de terceira parte (Louette, 2007). A norma japonesa ECS2000 propõe um sistema de conformidade legal/ético nas organizações, baseado no ciclo PDCA[3] da norma ISO 14001. Cada organização deve implementar sua política de ética, um código de ética e os procedimentos internos requeridos pela empresa. Uma auditoria independente deve ser contratada para avaliar a implementação do sistema, e devem ser tomadas ações corretivas para eventuais não conformidades (Louette, 2007).

CONSIDERAÇÕES FINAIS

A ampla base normativa sobre os temas da sustentabilidade já demonstrou grande contribuição para a evolução técnica do tema. Nos últimos anos, as normas avançaram em direção a modelos de sistemas de gestão que possam acelerar a busca do desenvolvimento sustentável, da responsabilidade social e da gestão de riscos, ampliando as normas temáticas existentes anteriormente, como a ISO 14001, a OHSAS 18001 e a SA 8000.

Sem a pretensão de tirar conclusões definitivas sobre a contribuição das normas de sistemas de gestão e do modelo de certificação para a evolução da sustentabilidade, são abordadas neste capítulo suas primeiras contribuições bastante visíveis, limitações e tendências futuras. E essa discussão é liderada pelos benefícios resultantes do processo e dos resultados da norma ISO 26000:

---

[3] Ciclo PDCA (ou ciclo de Shewhart/Deming) – ciclo de gestão constituído pelas etapas *Plan* (planejar), *Do* (executar), *Check* (avaliar) e *Act* (agir).

- **Avanço conceitual e de princípios da sustentabilidade** – a grande discussão mundial multipartite proporcionada pela elaboração da norma ISO 26000 e outras normas representou um marco histórico de harmonização e padronização, trazendo grandes benefícios como os que seguem:
  - Alinhamento e convergência entre o desenvolvimento sustentável e a responsabilidade social, além do alinhamento com a gestão de riscos, temas que até há poucos anos tinham histórias paralelas.
  - Harmonização dos conceitos e princípios da responsabilidade social e desenvolvimento sustentável – a norma teve grande sucesso em correlacionar, padronizar e unificar os conceitos e princípios empregados em diversas iniciativas de responsabilidade social ao redor do mundo, dentro de um contexto estratégico maior, trazendo para o mesmo barco as iniciativas internacionais, intergovernamentais, empresariais e de organizações não governamentais, abrangentes ou específicas.
  - Delimitação da abrangência temática do desenvolvimento sustentável e responsabilidade social – os sete temas centrais da ISO 26000, com suas 36 questões pertinentes à responsabilidade social, acabaram criando a referência para o que se entende por sustentabilidade e responsabilidade social.
  - Harmonização da aplicação da legislação – diante de um mundo com grandes diversidade cultural e comportamental, o grupo de trabalho da ISO acabou definindo soluções razoáveis para situações como países em regime ditatorial, países com legislação vigente porém com fraca fiscalização e países com claros sintomas de não cumprimento dos direitos humanos. Por meio dos princípios do respeito ao estado de direito e respeito pelas normas internacionais de comportamento, a norma recomenda que as organizações se esforcem para:
    - Respeitar a legislação, e, no mínimo, as normas internacionais de comportamento em que a legislação ou sua implementação não prevê salvaguardas socioambientais adequadas.
    - Respeitar essas normas ao máximo em países onde a legislação ou sua implementação contradigam as normas internacionais de comportamento.

- Rever a natureza de suas relações e atividades naquela jurisdição em situações em que a legislação ou sua implementação seja conflitante com as normas internacionais de comportamento, com consequências significativas.

- **Avanço de operacionalização do desenvolvimento sustentável, responsabilidade social e gestão de riscos** – a discussão gerada pela elaboração da ISO 26000 e das outras normas gerou uma grande análise crítica da miríade de práticas, ferramentas e iniciativas existentes sobre os temas, proporcionando:

  - Elevação da responsabilidade social, sustentabilidade e gestão de riscos ao patamar estratégico das organizações – assim como ocorreu com a ISO 14001 e outras normas, e está ocorrendo com a gestão de energia por meio da ISO 50001.

  - Padronização e harmonização das boas práticas existentes, com a ISO 26000 tornando-se uma referência internacional e um guia para implementação.

  - Contextualização e organização das ferramentas e iniciativas relacionadas aos temas para auxiliar as organizações que pretendem implementar um sistema de gestão.

  - Avanço na operacionalização da gestão do desenvolvimento sustentável e responsabilidade social, áreas amplas, subjetivas e até pouco tempo atrás, com dificuldade de compreensão. Além disso, pode-se perceber uma definição de caminhos mais concretos e um processo de evolução para se atingir o desenvolvimento sustentável, como sugerido pela BS 8900.

  - Consenso sobre a aplicação na cadeia de valor – esta foi uma das grandes discussões no cerne da elaboração da norma ISO 26000, dadas as proporções de esforço, tempo, comprometimento e proatividade que podem atingir. O entendimento de que esta gestão deve chegar à cadeia de valor é aceito pela maioria dos grupos de diálogo, mas a sua operacionalização é complexa. É um dos grandes calos das empresas certificadas em responsabilidade social (p.ex., é talvez a maior dificuldade da implementação e certificação pela norma SA 8000 para muitos setores produtivos). Em futuros esquemas de certificação, esse tópico poderia ser trabalhado de modo a não ser nem exageradamente frouxo que leve

CONTRIBUIÇÃO DAS NORMAS DE SISTEMAS DE GESTÃO | **505**

à perda de seu valor, nem radical demais que desmotive as organizações a adotar esse modelo.

- **Processo de diálogo e construção de normas** – grande benefício internacional foi gerado somente pelo processo de elaboração da ISO 26000, que certamente se refletirá nas futuras discussões nos ambientes normativos. O processo de diálogo multipartite inédito na ISO já se tornou referência para trabalhos internacionais de normalização.

- **Difusão do conceito e das práticas para a sustentabilidade** – a adoção das normas de sistemas de gestão da sustentabilidade por dezenas de países é um dos sinais do interesse em torno desse tema, e de que estes modelos estão trazendo contribuições concretas. Particularmente sobre a ISO 26000, a FGV/Gvces (FGV, 2011) concluiu que ela facilita a disseminação da responsabilidade social e seus conceitos, ajudando a colocar esses temas na agenda e na prática de empresas de todos os tipos e em todas as suas áreas, incluindo a alta direção.

- **Influência em políticas, legislação, guias e instrumentos voluntários** – na área de sustentabilidade, talvez a norma que trouxe mais benefícios até o momento presente seja a ISO 14001. Ela foi amplamente adotada como referência em diversos instrumentos de políticas públicas, legislação e instrumentos voluntários, como:

  - Legislação sobre licenciamento ambiental (a certificação por essa norma pode aumentar o tempo de validade das licenças em alguns estados, como Minas Gerais).

  - Instrução técnica n. 44 do Corpo de Bombeiros do Estado de São Paulo, que provê aumento de validade de licença (Auto de Vistoria do Corpo de Bombeiros – AVCB) em função da certificação ISO 14001.

  - Está contida no questionário de avaliação do Índice de Sustentabilidade Empresarial (ISE) da Bovespa.

  - Está contida nos critérios de avaliação para concessão de crédito por bancos e agências de fomento (p.ex., Banco Interamericano de Desenvolvimento – BID).

  - É um critério de avaliação amplamente utilizado por diversos clientes para seus fornecedores, particularmente do setor industrial.

Espera-se que as normas de gestão da sustentabilidade, responsabilidade social e gestão de riscos tenham também importante penetração e

GESTÃO EMPRESARIAL E SUSTENTABILIDADE

utilização como referência legal, de investimento e de negócios, sendo que alguns indícios relacionados à ISO 26000 foram detectados por pesquisa da ISO realizada em setembro/outubro de 2011 (ISO, 2012):

- Diretrizes da OECD receberam novo capítulo sobre Direitos Humanos em 2011, e expansão do capítulo sobre interesse dos consumidores, baseado na ISO 26000.
- A GRI e a ISO estabeleceram um documento de correlação com a Norma ISO 26000 (Diretrizes para relato de sustentabilidade: GRI e ISO 26000: como usar as diretrizes do GRI em conjunto com a ISO 26000).
- A ONU (Pacto Global) e a ISO estabeleceram um documento de correlação com a Norma ISO 26000.
- A Comissão Europeia revisou recentemente sua definição de responsabilidade social corporativa e temas por ela abrangidos, alinhada à ISO 26000, tornando essa norma uma das três referências recomendadas para as empresas europeias para implementar a responsabilidade social.

Limitações

As normas de gestão da sustentabilidade e responsabilidade social representam um importante avanço, considerando que a criticidade desses temas continua a aumentar. No entanto, devem ser explicitadas também suas limitações e problemas a serem resolvidos para ampliar os seus benefícios:

- Complexidade dos temas e de implementação – mesmo considerando a intensa normalização e criação de diretrizes para a sua implementação, o tema é complexo, exige grandes esforços por tempo prolongado e conhecimentos especializados para vários dos temas centrais. A pesquisa da ABNT sobre a NBR 16001 também explicitou essa complexidade, como comentado no tópico específico deste capítulo. Nesse sentido, a FGV/Gvces comenta que "para empresas iniciantes em responsabilidade social, ou com uma cultura de gestão pouco institucionalizada, a adoção da ISO 26000 poderá implicar grande esforço inicial, especialmente para convencer a alta direção, pois a norma

CONTRIBUIÇÃO DAS NORMAS DE SISTEMAS DE GESTÃO | **507**

pressupõe certo grau de consciência sobre a importância da gestão bem estruturada (ainda que simples)" (FGV, 2011).

* **Validação da implementação do sistema de gestão da sustentabilidade/responsabilidade social** – o grau de adoção dos sistemas de gestão pelas organizações depende fundamentalmente dos benefícios percebidos, e parte deles tem a ver com o reconhecimento externo associado. Nesse sentido, um esquema de validação tem se mostrado fundamental. Diferentemente das normas ISO 14001, ISO 9001, OHSAS 18001 e SA 8000, as normas de sustentabilidade não são certificáveis e não têm esquema de certificação independente, em sua maioria. A NBR 16001 constitui uma exceção, e mesmo assim foi adotada por um número baixo de organizações. Nesse sentido, como validar que uma organização realmente implementou um sistema de gestão de sustentabilidade? Essa discussão está em andamento em vários grupos de normalização no mundo inteiro, como na Holanda e no próprio âmbito da ISO, como comentado neste capítulo. A Holanda publicou em 2011 a norma NPR 9026 – Manual de Autodeclaração à NEN-ISO 26000, pretendendo estimular a evidência de atendimento à norma ISO 26000 pelas organizações por meio de autodeclarações. Se, por um lado, essa limitação torna flexível o grau de adoção das normas de gestão às organizações, por outro lado pode desmotivar a sua adoção por muitas empresas, ou levar à criação de autodeclarações enganosas ou parciais. Nesse sentido, esquemas de certificação, validação ou avaliação poderiam facilitar a maior difusão desses modelos normativos.

Tendências

O tema da sustentabilidade continua sendo um desafio para a humanidade, de modo que certamente demandará muitos esforços adicionais nos próximos anos, e requerendo a elaboração de novas normas internacionais. O programa ambiental das Nações Unidas solicitou à ISO a elaboração de normas para considerar a sustentabilidade e a "pegada" de carbono e água ao longo da cadeia de valor. A ISO também considera estender seus trabalhos sobre sustentabilidade para normas sobre indicadores de desempenho, inovação e tecnologias limpas, eficiência energética, emissões de gases de efeito estufa, rotulagem ecológica de produtos, entre outros (ISO, 2012).

Considerando toda a discussão deste capítulo, pode-se fazer um exercício de especulação a respeito de algumas possíveis tendências de normalização:

- **ISO 26000 como referência mundial** – seguindo o caminho atual, parece natural assumir que a ISO 26000 se tornará referência internacional para muitos programas de responsabilidade social e sustentabilidade, passando a ser um modelo para critérios de investimentos socialmente responsáveis, índices sustentáveis de bolsas de valores, programas internacionais (p.ex., Pacto Global da ONU).

- **Normas de sistemas de gestão da sustentabilidade certificáveis** – seguindo o caminho aberto pela ISO 9001, 14001 e OHSAS 18001, bem como outras referentes à responsabilidade social, existe um grande potencial para uma norma de sustentabilidade certificável. O próprio grupo elaborador da ISO 26000 está discutindo a viabilidade da elaboração de uma norma certificável baseada nessa norma de diretrizes.

- **Novas normas de sistemas de gestão da sustentabilidade** – diante da grande mudança representada pela ISO 26000, certamente outras normas mundiais serão revisadas para se alinhar a esse modelo. Além disso, considerando a complexidade da implementação de um sistema de gestão da responsabilidade social em direção à sustentabilidade, espera-se que novas normas de apoio à implementação sejam elaboradas, eventualmente até normas específicas para setores, regiões, atividades e/ou micro/pequenas empresas – que ajudem as empresas a definir mais rapidamente onde centrar seus esforços. Nesse sentido, o Technical Management Board (TMB) da ISO identificou a necessidade por guias práticos para a aplicação dos princípios de sustentabilidade na elaboração de normas dos vários comitês da ISO, e estabeleceu um painel de especialistas para desenvolver diretrizes para a comunidade de elaboradores de normas ISO, o futuro ISO Guia 82. Tal guia deverá abranger tanto a identificação e avaliação de fatores de sustentabilidade pertinentes aos novos projetos de normas, como os meios práticos para refletir estes fatores no texto final.

- **Difusão das normas de sustentabilidade pela cadeia de valor** – da mesma forma como existem os critérios de homologação de fornecedores pelos critérios de qualidade e meio ambiente em muitas organizações clientes, espera-se que haja uma expansão destes critérios para a sustentabilidade, passando a abranger outros critérios não comuns atualmente, como direitos humanos, ética, eficiência energética, emissões de gases de efeito estufa, entre outros.

- **Incorporação crescente da gestão de riscos** nas operações estratégicas e rotineiras das organizações, tanto do ponto de vista dos riscos econômicos como dos riscos socioambientais.

REFERÊNCIAS

[ABNT] ASSOCIAÇÃO BRASILEIRA DE NORMAS TÉCNICAS. *NBR ISO 14001: Sistemas da gestão ambiental – Requisitos com orientações para uso*. Rio de Janeiro, 2004, 27p., p.v-vii.

_____. *NBR 16001: Responsabilidade Social – Sistema da Gestão – Requisitos*. Rio de Janeiro, 2004. 11p., p.3.

_____. *NBR 16001: Responsabilidade Social – Sistema da Gestão – Requisitos*. Rio de Janeiro, 2012. 48p., p.vii.

_____. *NBR ISO 26000: Diretrizes sobre Responsabilidade Social*. Rio de Janeiro, 2010. 110p.

BERTALANFFY, L.V. *Teoria Geral dos Sistemas: fundamentos, desenvolvimento e aplicações*. 5.ed. Petrópolis: Vozes, 2010.

BLAB. *B Corporation*. Disponível em: http://www.bcorporation.net. Acessado em: 10 jul. 2014.

BSI GROUP. *Our History*. Disponível em: http://www.bsigroup.com/en-GB/about-bsi/our-history. Acessado em: 05 ago. 2013.

ELKINGTON, J. *Canibais com Garfo e Faca*. São Paulo: Makron, 2001, p.76.

EPELBAUM, M. Abrangência da sustentabilidade e o setor elétrico. *Revista O Setor Elétrico*, ano 7, ed. 73, fev/2012.

_____. Sistemas de Gestão Ambiental. In: VILELA Jr., A; DEMAJOROVIC, J. *Modelos e Ferramentas de Gestão Ambiental. Desafios e Perspectivas para as Organizações*. 2.ed. São Paulo: Senac, 2010, p.120 e 123.

[FGV] FACULDADE GETÚLIO VARGAS. Centro de Estudos em Sustentabilidade – Gvces. *Contribuições do 1º grupo de trabalho do GVces sobre a ISO 26000*. abril/2011.

FÓRUM ECONÔMICO MUNDIAL. Global Risks Report 2013. Disponível em: http://www3.weforum.org/docs/WEF_GlobalRisks_Report_2013.pdf. Acessado em: 13 ago. 2013.

[GRI] GLOBAL REPORTING INITIATIVE. Sustainability Disclosure database. Disponível em: http://database.globalreporting.org. Acessado em: 10 jul. 2014.

[INMETRO] INSTITUTO NACIONAL DE METROLOGIA, QUALIDADE E TEC-NOLOGIA, VINCULADO AO MINISTÉRIO DO DESENVOLVIMENTO, IN-DÚSTRIA E COMÉRCIO EXTERIOR. Cerflor: Certificação Florestal. Disponível em: http://www.inmetro.gov.br/qualidade/cerflor.asp. Acessado em: 15 ago. 2013.

_____. Programa Brasileiro de Certificação em Responsabilidade Social. Disponível em: http://www.inmetro.gov.br/qualidade/responsabilidade_social/progra ma_certificacao.asp. Acessado em: 10 jul. 2014.

_____. Programa Brasileiro de Certificação em Responsabilidade Social. Disponível em: http://www.inmetro.gov.br/organismos/consulta.asp. Acessado em: 10 jul. 2014.

_____. Pesquisa Realizada com Organizações Certificadas na ABNT NBR 16001:2004. Disponível em: http://www.inmetro.gov.br/qualidade/responsabili-dade_social/palestras/pesquisa_com_organizacoes_certificadas.pdf. Acessado em: 18 ago. 2013.

[ISO] INTERNATIONAL ORGANIZATION FOR STANDARDIZATION. ISO Focus. Volume 3, No. 1, January 2012, ISSN 2226-1095. Disponível em: http://www.iso.org/iso/home/news_index/iso_magazines/isofocusplus_index/isofocus-plus_2012/isofocusplus_2012-01.htm. Acessado em: 14 ago. 2013.

_____. ISO standards – What's the bottom line? 2012. Disponível em: http://www.iso.org/iso/bottom_line.pdf. Acessado em: 26 jul. 2013.

_____. ISO Survey of Management System Standard Certifications 2011. Disponível em: http://www.iso.org/iso/news.htm?refid=Ref1686. Acessado em: 06 ago. 2013.

_____. ISO Focus. Volume 3, No. 1, January 2012, ISSN 2226-1095. Disponível em: http://www.iso.org/iso/home/news_index/iso_magazines/isofocusplus_index/isofocusplus_2012/isofocusplus_2012-01.htm. Acessado em: 10 ago. 2013.

LOUETTE, A. *Gestão do Conhecimento: compêndio para a sustentabilidade: ferra-mentas de gestão da responsabilidade socioambiental.* São Paulo: Antakarana Cultu-ra Arte e Ciência, 2007.

MEYER-STAMER, J. *Technology, competitiviness and radical policy change: the case of Brazil.* London: Frank Cass & Co., 1997.

OHSAS Project Group. Survey into the availability of OH&S Standards and Certifi-cates. Disponível em: http://ohsas18001expert.com/wp-content/uploads/2011/05/2009-OHSAS-Certificates-Survey-Results.pdf. Acessado em: 03 ago. 2013.

SOCIAL ACCOUNTABILITY ACCREDITATION SERVICES. SA 8000 Certified Facilities. Disponível em: http://www.saasaccreditation.org/certfacilitieslist. Aces-sado em: 10 jul. 2014.

THE ROYAL WARRANT HOLDERS ASSOCIATION. History of the Royal Warranty. Disponível em: http://www.royalwarrant.org/history/history-of-the-royal-warrant. Acessado em: 05 ago. 2013.

[UN] UNITED NATIONS. Overview of the UN Global Compact. Disponível em: http://www.unglobalcompact.org/AboutTheGC/index.html. Acessado em: 10 jul. 2014.

Gestão Ambiental na Indústria | 19

Margarete Casagrande Lass Erbe
Engenheira química, UFPR

INTRODUÇÃO

Acidentes ambientais ocorridos há mais de 30 anos e que ainda requerem cuidados ambientais para a minimização dos impactos negativos causados auxiliaram na conscientização para a adoção de um sistema de gestão ambiental (SGA) na indústria.

Na década de 1970, as organizações tinham por base o controle e por princípio o fim da linha de produção, de modo que a responsabilidade acabava com o produto realizado. Nesse período já havia a preocupação com a poluição do ar, das águas e com o consumo de recursos não renováveis. A gestão ambiental na indústria se limitava ao emprego de equipamentos para o controle de poluição. Foi nessa época que ocorreu a Conferência de Estocolmo[1], realizada em 1972 e o acidente de Seveso[2], em 1976.

---

[1] Em 1972, a Conferência de Estocolmo foi um grande marco ambiental por chamar a atenção do mundo para a gravidade da situação nesse setor.

[2] Em 10/06/1976, numa planta industrial situada em Seveso/Itália, ocorreu a ruptura do disco de segurança de um reator, que resultou na emissão para a atmosfera de uma grande nuvem tóxica, contendo triclorofenol (TCP), etilenoglicol e 2,3,7,8-tetraclorodibenzoparadioxina (TCDD). A nuvem se espalhou por uma grande área, contaminando pessoas, animais e o solo da vizinhança da unidade industrial.

GESTÃO AMBIENTAL NA INDÚSTRIA | **513**

O planejamento para pôr em prática ações para reciclagem, recuperação e redução de uso dos materiais já ocorria na década de 1980 em várias linhas de produção. Além de engenheiros, os profissionais envolvidos eram técnicos em ciências ambientais, que incluem biólogos e geólogos. As preocupações com a questão ambiental se ampliaram pela possível contaminação dos solos. Como ferramentas empregadas no SGA, foram introduzidos os Estudos de Impactos Ambientais (EIA-Rima), auditorias, análises de risco e atuação responsável. Fatos marcantes desse período foram o acidente em Bhopal/Índia, em 1984, o acidente de Chernobyl/ Ucrânia, em 1986, o acidente com o petroleiro da Exxon Valdez, que ocorreu em 1989 e o documento publicado em 1987 – Nosso Futuro Comum, também conhecido como Relatório Brundtland. Somente a partir da década de 1990 a filosofia das organizações se concentrou na gestão, aplicando o princípio da prevenção da poluição. As preocupações se expandiram para questões relacionadas à preservação da camada de ozônio, riscos de aquecimento global, manutenção da biodiversidade e produção vinculada ao desenvolvimento sustentável. O SGA adotado por uma equipe multidisciplinar passa a ser uma ferramenta empregada, incluindo a avaliação do ciclo de vida e introdução do selo ecológico ao produto. Foi nesta década que ocorreu a Conferência das Nações Unidas sobre Meio Ambiente e Desenvolvimento no Rio de Janeiro (Conuced), conhecida como Rio 92. Em 1996 surgiu a série ISO 14.000.

Após o ano 2000, gradativamente as organizações vêm empregando o Sistema de Gestão Integrado (SGI), que engloba simultaneamente os sistemas de gestão da qualidade, ambiental, segurança, saúde e responsabilidade social em busca da sustentabilidade.

A preocupação global em relação à sustentabilidade do planeta foi transferida às indústrias sob as mais diversas formas (Cajazeira, 1998):

- Financeira – bancos e instituições financeiras evitam investimentos em negócios com perfil ambiental conturbado.

- Seguros – diversas seguradoras só aceitam apólices contra danos ambientais em negócios de comprovada competência em gestão do meio ambiente.

- Legislação – crescente aumento das restrições aos efluentes industriais pelas agências ambientais.

- Consumidores – consciência verde.

GESTÃO EMPRESARIAL E SUSTENTABILIDADE

As organizações estão buscando ajustes na sua gestão empresarial, de modo a responder aos principais atores internos (empregados, acionistas) e externos (sociedade, comunidade, governo). A consciência ambiental está cada vez mais arraigada às tomadas de decisão. Entre os mecanismos incentivadores das boas práticas empresariais estão os instrumentos certificadores, com destaque para a série ISO 14000 criada pela International Organization for Standardization (ISO)[3]. A norma ISO 14.001 é utilizada como um referencial de base na gestão ambiental.

SISTEMAS DE GESTÃO

Fundada em 1947, em Genebra, e presente em cerca de 160 países, a ISO promove a normatização de produtos e serviços. A adoção das normas ISO torna-se vantajosa por conferir maior organização, produtividade, credibilidade e consequente aumento da competitividade empresarial nos mercados nacional e internacional. Sua credibilidade decorre da verificação de requisitos por meio de auditorias independentes.

Revisadas permanetemente, as normas ISO passaram da preocupação inicial (1987) com a qualidade do produto para uma preocupação mais holística. As principais normas e diretrizes para o estabelecimento das especificações dos sistemas de gestão tratam da qualidade, meio ambiente[4], segurança e saúde e responsabilidade social.

A reflexão sobre a qualidade ambiental e a conservação dos recursos naturais pelas empresas ocorreu em resposta às demandas da sociedade e às exigências do mercado. As empresas fazem uso de diretrizes para se adequarem a determinadas normas de aceitação e reconhecimento geral, dando início à sistematização de procedimentos, padronização e normalização.

Além da ISO 14.001, que apresenta requisitos para o desenvolvimento, implantação e manutenção de um SGA, são normas ambientais reconhecidas e aplicáveis: a British Standard Institution (BSI) – BS 7750 utilizada na Europa/Inglaterra desde 1992; a Eco Management and Audit Scheme (EMAS) utilizada na Comunidade Europeia desde 1994 e a Canadian Standard Association (CSA) utilizada no Canadá e EUA, desde 1950. Elas caracterizam-se por se-

---

[3] A ISO, organização não governamental, é constituída pela federação mundial de organismos nacionais de normalização e possui um único membro de cada país. A Associação Brasileira de Normas Técnicas (ABNT) é a representante oficial do Brasil.

[4] Entende-se por meio ambiente o ar, a água, o solo, os recursos naturais, a flora, a fauna, os seres humanos e suas inter-relações (ABNT, 2004).

GESTÃO AMBIENTAL NA INDÚSTRIA | **515**

rem normas de uso voluntário, orientadoras para a criação e implantação de um sistema de gestão ambiental em âmbito empresarial.

IMPLANTANDO UM SISTEMA DE GESTÃO AMBIENTAL

Destaca-se como objetivo da adoção de um SGA, que a sua abrangência possibilite a harmonia das iniciativas de normalização pelos países, por meio de padrões que levem a excelência ambiental e minimize barreiras comerciais. Um guia para a avaliação da *performance* ambiental deve possibilitar que as exigências de registros sejam simplificadas. De acordo com a ISO 14.001, um SGA é a parte do sistema de gestão global que inclui na estrutura organizacional as atividades de planejamento, responsabilidades, práticas, procedimentos, processos e recursos para desenvolver, implementar, atingir, analisar criticamente e manter uma política ambiental. Trabalha-se com a prevenção, redução e controle dos impactos ambientais[5] das atividades, produtos e serviços. Busca-se a melhoria contínua[6] do desempenho ambiental e da produtividade.

Identificação da atividade

Para a determinação de uma política ambiental é necessário que a indústria tenha o conhecimento claro de seus aspectos[7] e impactos ambientais. Vários são os instrumentos que possibilitam determinar o aspecto ambiental, o qual está relacionado com a atividade desenvolvida nos diferentes setores da organização. Um fluxograma que englobe os vários setores da organização facilita a identificação das atividades que são impactadas por ela. Devem ser consideradas todas as entradas e saídas do processo.

---

[5] Define-se impacto ambiental como qualquer modificação do meio ambiente, adversa ou benéfica, que resulte, no todo ou em parte, dos aspectos ambientais da organização (Inmetro, 2013). O impacto pode ocorrer em todos ou em parte dos aspectos ambientais da organização.

[6] Entende-se por melhoria contínua quando o sistema da gestão ambiental avança com o propósito de atingir o aprimoramento do desempenho ambiental geral. A melhoria contínua ocorre atingindo as diretrizes dadas pela política ambiental da organização (ABNT, 2004).

[7] Aspecto ambiental é um elemento das atividades ou produtos ou serviços de uma organização que pode interagir com o meio ambiente. Um aspecto ambiental significativo é aquele que tem ou pode ter um impacto ambiental significativo (Inmetro, 2013).

GESTÃO EMPRESARIAL E SUSTENTABILIDADE

Na identificação de atividades é importante que seja detalhado cada aspecto em análise. Por exemplo:

- A água que será utilizada necessita de tratamento? A água deverá ser aquecida, resfriada, deionizada ou será para a dessedentação?
- Os materiais adquiridos serão reutilizáveis, descartáveis, recicláveis? São de alumínio, aço, vidro, Tetra Pack®, plástico (PVC, PP, PE), papel/papelão?
- A energia utilizada é renovável? Provém de fonte alternativa (eólica, solar), termoelétrica, hidráulica ou nuclear?

Assim como na identificação de atividades na entrada do processo é importante que seja detalhada e analisada cada atividade na saída. Por exemplo, analisando a água de saída de uma Estação de Tratamento de Efluentes (ETE), devem ser avaliados os parâmetros: pH, DBO (demanda bioquímica de oxigênio), DQO (demanda química de oxigênio), OD (oxigênio dissolvido), toxidez, condutividade elétrica, radioatividade, metais pesados, materiais patogênicos e demais elementos em atendimento à legislação ambiental aplicável. Os resultados das análises estão dentro dos limites máximos liberados para estes parâmetros, de acordo com o que a legislação regulamenta?

Identificação e exame dos aspectos e impactos ambientais

O detalhamento da atividade auxiliará na identificação e exame dos aspectos e impactos ambientais da organização. Associados aos aspectos são identificados os impactos ambientais, positivos ou negativos, sendo necessário determinar se são ou não significativos (Figura 1).

A construção de uma matriz que relacione os aspectos e impactos ambientais auxilia na classificação e determinação de sua significância. Devem ser consideradas as atividades normais de operação, as atividades anormais, como paradas para manutenção, e as atividades de risco ambiental. Para a construção dessa matriz e do planejamento da avaliação dos aspectos e impactos ambientais, é importante que participem os representantes de vários setores da organização, envolvendo, sempre que possível, todas as partes interessadas. Uma ação deverá ser tomada em função da significância determinada.

Figura 1 – Impactos ambientais associados a aspecto ambiental.

Fonte: adaptada de ISO 14.001 (ABNT, 2004).

Determinando a significância do impacto ambiental

Após a identificação e exame dos aspectos e impactos ambientais de uma organização são atribuídos valores numéricos às atividades, de acordo com suas características. Várias são as matrizes utilizadas para avaliar se a atividade será considerada significativa e, dessa maneira, determinar qual ação deve ser tomada. Diferentes pontuações são dadas pelas diferenças encontradas. O impacto oriundo da atividade tem incidência direta ou indireta? A abrangência é local[8], regional[9] ou global[10]? Verifica-se ainda se a probabilidade e a frequência de ocorrência são alta, média ou baixa. A severidade pode ser avaliada segundo sua magnitude e reversibilidade. A detecção/dificuldade de avaliação ou medição quantitativa/qualitativa dos aspectos e impactos ambientais potenciais/reais de uma organização também influenciam na interpretação da significância. Ressalta-se que aqueles

---

[8] Local – quando o impacto se limita a dependências da organização.

[9] Regional – quando o impacto afeta o entorno da organização e a região onde ela se encontra.

[10] Global – quando o impacto atinge um componente ambiental de importância coletiva, nacional ou até mesmo internacional ou global.

518 | GESTÃO EMPRESARIAL E SUSTENTABILIDADE

aspectos e impactos ambientais associados às situações de risco devem ser abordados em estudos específicos, para que sua probabilidade seja determinada por métodos de análise de risco aplicáveis. Por meio da análise dessas características, é possível avaliar a significância do impacto ambiental da organização, que é obtida pelo resultado da seguinte equação (Fiesp, 2007):

significância = probabilidade (Pr) x severidade (Sr) x abrangência (Ab) x detecção (De)

A seguinte pontuação[11] é sugerida para identificar a significância por meio da avaliação da probabilidade, severidade, abrangência e detecção:

*   Probabilidade: alta (3 pontos), média (2 pontos) e baixa (1 ponto).
*   Severidade: alta (3 pontos), média (2 pontos) e baixa (1 ponto).
*   Abrangência: local (1 ponto), regional (2 pontos) e global (3 pontos).
*   Detecção: difícil (3 pontos), moderada (2 pontos) e fácil (1 ponto).

Uma ação deve ser tomada em função da pontuação obtida na determinação da significância (Quadro 1).

Quadro 1 – Significância dos impactos ambientais e ações a serem tomadas.

Pontuação obtida	Significância	Ações mínimas sugeridas
De 1 a 7 pontos	Não significativo	Manter rotina (se o aspecto ambiental for real) ou elaborar um plano de ação (se o aspecto ambiental for potencial)
De 8 a 16 pontos	Significativo	Controle operacional (se o aspecto ambiental for real) ou elaborar um plano de ação e/ou emergência (se o aspecto ambiental for potencial)
Igual ou acima de 17 pontos	Muito significativo	Controle operacional e elaborar um plano de ação e/ou emergência

Fonte: adaptado de Fiesp (2007).

---

[11] A valoração aqui sugerida para a obtenção da significância de uma organização é apenas uma indicação, podendo cada organização decidir por outros métodos, eventualmente mais adequados às particularidades relativas aos aspectos e impactos ambientais de suas operações, atividades e/ou serviços.

Uma atividade pode levar a um ou mais impactos ambientais associados. Essa característica precisa ser sistematizada e avaliada, individual e/ou conjuntamente, com os demais aspectos e impactos ambientais da organização.

Devem ser consideradas, pelo menos como significativas, as situações em que o aspecto e impacto ambiental possam ocorrer com frequência alta ou média. Uma ação deve ser efetuada para atender aos requisitos que a organização subscreva e/ou demandas diversas oriundas de partes interessadas. Atividades que requerem o atendimento a requisitos legais devem ser consideradas de aspecto e impacto ambiental, associadas a significativo, pois controles devem ser obrigatoriamente elaborados.

Um SGA de acordo com a ISO 14.001 especifica que a organização deve estabelecer, implementar e manter procedimentos para determinar os aspectos que tenham ou possam ter impactos significativos sobre o meio ambiente. Observe que essa avaliação deve ocorrer dentro do escopo previamente definido para o SGA. A organização deve assegurar que os aspectos ambientais significativos sejam levados em consideração no estabelecimento, implementação e manutenção de seu SGA, incluindo atividades, produtos ou serviços a serem desenvolvidos. Entre as determinações estabelecidas na política ambiental, deve ocorrer o comprometimento em atender aos requisitos que se relacionem com os aspectos ambientais. As informações devem estar documentadas e mantidas atualizadas, pois são registros obrigatórios do SGA.

Orienta-se que a planilha de identificação de aspectos e impactos ambientais seja elaborada por uma equipe formada por colaboradores dos diferentes departamentos envolvidos. Para todos os impactos considerados significativos ou muito significativos, obrigatoriamente uma ação deve ser tomada. Nessa etapa da análise são indicados quais os responsáveis para a realização da ação e determinados quais os objetivos e metas para o alcance ou manutenção da conformidade ambiental.

Conformidade com os requisitos legais

Um SGA deve verificar e demonstrar a conformidade com os requisitos legais relacionados às atividades da organização, aos seus produtos ou serviços e com aqueles aos quais decide voluntariamente aderir. O controle desses documentos deve estar sempre atualizado para que a organização não corra o risco de deixar de cumprir algum requisito legal aplicável, seja por falta de conhecimento ou por desorganização de seus registros. É fundamental o conhecimento da legislação pertinente às atividades da indústria. É um trabalho minucioso e que deve ser realizado por especialistas, de modo que possibilite continuamente identificar as alterações nos requisitos legais e outros requisitos aplicáveis ao desempenho ambiental. Podem estar incluídas nos requisitos legais as legislações internacionais, federais, estaduais e municipais. Nessa etapa são avaliadas também as documentações envolvidas para a obtenção e manutenção de licenças ambientais. A licença de operação (LO), emitida pelo órgão de controle ambiental, deve ser rigorosamente checada e atendida em todas as suas condicionantes. Dados importantes para serem verificados nesse documento são: razão social, número da licença de operação, data de validade, se o tipo de empreendimento descrito na licença corresponde ao escopo da certificação e dados do corpo hídrico do entorno do empreendimento. Caso tenham ocorrido alterações ou expansões no empreendimento após a emissão da LO, nova solicitação de licenciamento deve ser requerida, mesmo que esta ainda esteja vigente. Observar que todos os requisitos de licenciamento devem ser atendidos. Normalmente há a solicitação para que a licença emitida esteja afixada em local visível.

Atendimento à Constituição Federal, Lei n. 6934 – Política Nacional de Meio Ambiente, Lei 9605 – Lei de Crimes Ambientais, Resoluções Conama, o alvará de funcionamento, a vistoria do corpo de bombeiros, as outorgas e os demais requisitos para a abertura e funcionamento da indústria devem estar disponibilizados e com a data de validade vigente. Caso algum documento esteja em trâmite, deve estar disponível o protocolo fornecido pelo órgão liberador. A elaboração de uma planilha para o controle da documentação auxilia no atendimento desse requisito.

Além dos requisitos legais da organização, devem estar disponíveis os requisitos legais ambientais de fornecedores. É de responsabilidade do departamento de compras a aquisição de produtos e serviços de empresas que possuam a LO vigente. Objetiva-se com essa ação que a indústria atue de modo a não terceirizar a poluição.

Se a organização aceita obedecer a outros critérios técnicos além dos critérios legais (subscreve outros requisitos), aqueles deverão ser identificados e atendidos no âmbito do SGA. É preciso observar que o controle desses requisitos também deve incluir a legislação aplicável determinada na planilha de aspectos e impactos ambientais.

Quando da análise crítica do SGA, um dos itens que devem ser abordados é a avaliação do atendimento aos requisitos legais aplicáveis. Nessa análise verificam-se dificuldades encontradas para o atendimento a esses requisitos e quais são recursos que deverão ser disponibilizados para serem atendidos. Caso ocorra uma não conformidade em requisitos legais, a empresa fica impossibilitada de obter uma certificação ambiental. Sempre que necessário, orienta-se que os requisitos legais pertinentes estejam determinados nos procedimentos operacionais.

Escrevendo a política ambiental

O comprometimento com a conformidade dos requisitos legais aplicáveis e outros requisitos com a prevenção de poluição e com a melhoria contínua do desempenho ambiental devem estar refletidos na política ambiental da organização.

De acordo com o glossário do Instituto Nacional de Metrologia, Qualidade e Tecnologia (Inmetro), a política ambiental deve expressar as intenções e os princípios gerais em relação ao desempenho ambiental da organização, conforme formalmente expresso pela alta administração. Deve prover ainda uma estrutura para ação e definição de seus objetivos[12] e metas[13] ambientais (Inmetro, 2013). A NBR ISO 14.001 (ABNT, 2004) determina que a política deve ser apropriada à natureza, à escala e aos impactos ambientais da organização.

Uma política ambiental só deve ser escrita após a organização ter o conhecimento dos seus impactos ambientais, de quais práticas e procedimentos do SGA já estão sendo aplicados, e depois da avaliação de quais requisitos legais devam ser cumpridos. Acidentes ambientais já ocorridos devem também ser avaliados e investigados. A política também deve refletir o comprometimento com a prevenção de poluição[14] e com a melhoria contínua do desempenho ambiental.

---

[12] Sendo quantificado sempre que exequível, o objetivo ambiental é um propósito ambiental global que uma organização se propõe a atingir. É decorrente da política ambiental (ABNT, 2004).

[13] Resultante dos objetivos ambientais, a meta ambiental precisa ser estabelecida e atendida para que os objetivos sejam atingidos. Quantificada sempre que exequível, a meta ambiental é aplicável à organização ou a partes dela (ABNT, 2004).

[14] Combinada ou separadamente, entende-se como prevenção da poluição o uso de processos, práticas, técnicas, materiais, produtos, serviços ou energia para evitar, reduzir ou controlar a geração, emissão ou descarga de qualquer tipo de poluente ou rejeito, objetivando reduzir os impactos ambientais adversos (ABNT, 2004).

A Figura 2 ilustra os critérios orientativos para a implantação de uma política ambiental.

Figura 2 – Critérios orientativos para a implantação de uma política ambiental.

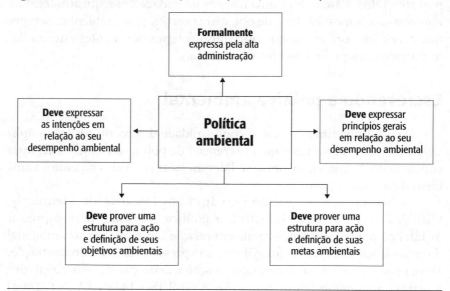

Fonte: adaptada de ISO 14.001 (ABNT, 2004).

Outro fator importante é que a política ambiental deve ser periodicamente analisada para verificar sua adequação.

Objetivos, metas e programas ambientais

Somente após ter conhecimento de seus aspectos e impactos ambientais significativos, da necessidade do atendimento aos requisitos legais e a outros requisitos, e da política ambiental estabelecida, a organização tem condições de propor seus objetivos ambientais, tendo em vista as opções tecnológicas e os recursos humanos, materiais e financeiros disponíveis. As metas devem ter a capacidade de indicar claramente se os objetivos foram ou não alcançados, de modo que seja possível concluir se houve a melhoria contínua ou não do desempenho ambiental da organização (Figura 3).

Figura 3 – Diretrizes para a proposição de objetivos e metas ambientais.

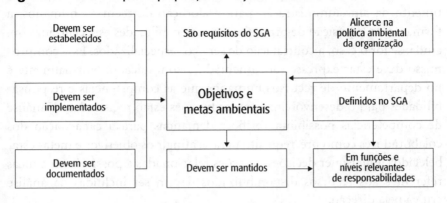

Fonte: adaptada de ISO 14.001 (ABNT, 2004).

A partir do comprometimento para alcançar as metas estabelecidas, há a necessidade de indicar responsáveis, em função das diferentes ações e departamentos envolvidos. Monitoram-se e registram-se a eficácia[15] das ações em andamento. Caso sejam identificadas novas necessidades, os objetivos e prazos podem ser ajustados em reuniões de análises críticas. O desempenho ambiental é avaliado pelos resultados mensuráveis da gestão sobre os aspectos ambientais da indústria. São medidos com base na política ambiental, em objetivos e metas ambientais e em outros requisitos de desempenho ambiental de uma organização.

Recursos humanos para a melhoria contínua do desempenho ambiental

Um representante da diretoria/alta administração (RD) é responsável pelo relato e pelas recomendações de melhoria e deve ter autoridade e responsabilidade para assegurar que sejam estabelecidos, implementados e mantidos os processos necessários ao SGA. Sua função, responsabilidade e autoridade devem ser documentadas e comunicadas internamente e às partes interessadas.

---

[15] Eficácia é alcançar os resultados planejados. Alcançar os objetivos, a meta. Não confundir com eficiência, que é o alcance da eficácia com o menor recurso possível (Informal, 2013).

Para implementar os programas ambientais deve haver comprometimento da alta administração para a alocação de recursos humanos, a formação ou aquisição de profissionais com habilidades especializadas ou, ainda, se for o caso, a contratação de serviços especializados. Esse compromisso deve estar expresso, documentado e comunicado. Normalmente é no departamento de recursos humanos que as competências e responsabilidades para o desenvolvimento das funções estão registradas. A análise de competências possibilita verificar demandas para a capacitação dos colaboradores como pré-requisito para se atingir os objetivos e metas estabelecidos. Quaisquer decisões ou ações relacionadas a possíveis mudanças referentes aos recursos disponibilizados devem ser incluídas na análise crítica pela direção.

Deve-se observar ainda que qualquer pessoa que trabalhe na indústria, para ela (inclui os funcionários terceirizados) ou em seu nome, e que realize tarefas que tenham o potencial de causar impactos ambientais identificados na organização, deve ser competente com base em formação apropriada, treinamento ou experiência. Ações de treinamento devem ser estabelecidas para que os recursos humanos estejam conscientes da importância de se estar em conformidade com a política ambiental e com os requisitos do SGA. Os colaboradores devem saber que seu desempenho pessoal influencia diretamente os aspectos ambientais e respectivos impactos reais ou potenciais associados com seu trabalho e devem estar cientes das consequências da inobservância dos procedimentos estabelecidos no SGA. Os registros da eficácia alcançada nos treinamentos devem ser mantidos.

Recursos financeiros

Para atender e manter os requisitos de um SGA e executar os programas ambientais, a organização deve criar ou oferecer infraestrutura e adquirir tecnologia, disponibilizando recursos financeiros para esse fim.

Essa é uma atividade de análise crítica que deve ser feita pela direção. Registros de demandas e resultados de qualquer decisão ou ação a possíveis mudanças devem ser mantidos se forem relacionados a recursos financeiros. Deve ser prevista pela organização a provisão e gestão de recursos para a aquisição de equipamentos necessários para implementar e manter o SGA e, com isso, aumentar a satisfação das partes interessadas mediante o atendimento aos seus requisitos. Ao planejar a realização do produto, a organização também deve determinar, quando apropriado, a necessidade de estabelecer processos e documentos e prover recursos financeiros específicos para o produto. Durante uma auditoria é comum que o auditor avalie se a previsão de recursos humanos, materiais e financeiros para o SGA são compatíveis com os objetivos e as metas estabelecidos.

Controle operacional

Ações devem ser tomadas quando a atividade desenvolvida estiver associada aos aspectos e impactos ambientais significativos da organização. Para diminuir a possibilidade de ocorrência de desvios em relação à política, aos objetivos e às metas ambientais, são necessários a identificação, o planejamento e a definição de procedimentos documentados das operações da organização, de modo a implementar o controle operacional como elemento do SGA, estendidos aos produtos e serviços fornecidos à organização, comunicando a necessidade de cumprimento dos requisitos de controle de certas operações aos fornecedores e prestadores de serviços (Fiesp, 2007). Atividades de monitoramento, registros, controle e condições de estoque, infraestrutura e manutenção de equipamentos fazem parte do controle operacional. Sempre que necessário, devem ser documentadas as instruções de trabalho, de processos, relatórios e registros, objetivando o controle do aspecto ambiental, de modo a reduzir os impactos ambientais associados. Estes procedimentos documentados também devem possibilitar a identificação, a prevenção e a resposta a reais e potenciais situações de emergência e acidentes.

Comunicação

O contato com as partes interessadas pode ocorrer por meio da difusão de informações. A organização, uma vez decidindo pela comunicação ao público externo a respeito de seus aspectos e impactos ambientais significativos, deve registrar, implementar e estabelecer métodos para essa comunicação, bem como elaborar uma sistemática para o recebimento e respostas de questões oriundas do público externo. Todos os funcionários,

GESTÃO EMPRESARIAL E SUSTENTABILIDADE

nos diferentes níveis da organização devem receber informações relativas aos aspectos ambientais e ao desempenho do SGA em andamento. A comunicação dos indicadores ambientais é uma ferramenta bastante utilizada para esse propósito.

Registro

Requisitos de planejamento, implementação e operação do SGA necessitam ser documentados e controlados para evitar o uso de documentos obsoletos. O SGA, de acordo com a ISO 14.001 (ABNT, 2004), estabelece que devem ser mantidos registros pertinentes aos aspectos ambientais, requisitos legais, resultados do controle de dispositivos de medição e monitoramento, registros pertinentes à educação, treinamento, habilidade e experiência e, quando aplicável, é preciso manter os registros da validação dos processos de produção e fornecimento dos serviços. Registros das ações corretivas[16] e ações preventivas[17] também devem ser mantidos. Toda documentação deve ser planejada, analisada e aprovada. Sempre que necessário, estes dois últimos passos devem ser refeitos.

Avaliação do SGA

O desempenho ambiental da indústria deve ser avaliado sistematicamente. Requisitos legais e outros prescritos pela organização e em especial as atividades relacionadas a aspectos e impactos ambientais significativos são verificados por meio de auditorias.[18] Objetiva-se verificar a eficácia e a melhoria contínua do desempenho ambiental e conferir se o SGA está implantado de acordo com a política ambiental e os objetivos e metas ambientais.

A auditoria ambiental deve ser imparcial e objetiva, tanto na seleção dos auditores como na condução das auditorias. É neste momento que se verifica o cumprimento dos requisitos estabelecidos pela ISO 14.001.

---

[16] Ação corretiva é a ação para eliminar a causa de uma não conformidade identificada.

[17] Ação preventiva é a ação para eliminar a causa de uma potencial não conformidade.

[18] Auditoria é um instrumento de gestão que tem o objetivo de identificar se uma determinada organização cumpre com os requisitos estabelecidos.

Junto do monitoramento, as auditorias fornecem subsídios para medir e avaliar as não conformidades e as ações preventivas e corretivas. Um SGA implantado tem planejada a periodicidade das auditorias e definidos o escopo e a maneira de registrar os resultados e responsabilidades envolvidas. No planejamento da auditoria, é necessário considerar os resultados de auditorias anteriores e estabelecer quais itens serão auditados, relacionando-os à norma. Um modo de desenvolver esta atividade é elaborar um plano de auditoria, no qual são apresentados a data e o período da auditoria, o responsável pela sua condução, o setor a ser auditado e os requisitos que serão avaliados.

A auditoria deve ser registrada e conduzida de acordo com o planejado. Caso ocorram alterações, as partes envolvidas devem ser informadas e aprovar a ação. O uso de uma lista de verificação elaborada em sintonia com os requisitos da norma adotada auxilia nessa avaliação. Esse documento evidencia que a auditoria foi realizada e é subsídio para a elaboração do relatório de auditoria. Os resultados das auditorias são analisados em reuniões de análise crítica pela alta administração da organização. Normalmente, nessa reunião são decididos novos objetivos e metas, observando que ações corretivas devem ser implementadas em função das não conformidades detectadas, e são definidas as atividades de acompanhamento para a verificação das ações executadas. Os resultados são relatados, priorizando as atividades.

Observe que não se pode confundir auditoria com fiscalização. As fiscalizações dos órgãos de controle ambiental podem ser feitas sem aviso prévio e não há a opção de não aceitar essa fiscalização. Já as auditorias são programadas.

Papel do auditor

Por meio de entrevistas, exame de documentos e observações, o auditor ou a equipe de auditoria coleta informações, compara com os critérios preestabelecidos, seja pela organização ou pela norma de referência e relata o resultado às partes interessadas. É importante observar que, em auditorias internas, realizadas pela equipe da própria instituição, os auditores devem ter adquirido a competência para essa atividade, e o registro da eficácia desse treinamento deve ser mantido. A equipe auditora deve ser formada por um auditor líder e por quantos mais auditores forem necessários, podendo incluir especialistas técnicos e observadores. O especialista é necessário quando a competência técnica do auditor não abrange a área a ser auditada. O auditor líder tem a responsabilidade de garantir a condução eficiente do processo de auditoria e ter capacidade de gerenciamento, liderança e características pessoais que permitam a negociação e a intermediação de conflitos. Quando a auditoria objetiva uma certificação ambiental ou demonstração de conformidade a demais partes interessadas, ela é conduzida por auditores de outras organizações, como clientes, comunidades, órgãos governamentais e organismos certificadores. Os auditores externos, já na reunião formal de abertura da auditoria, devem deixar claro que todas as atividades desenvolvidas nesse processo são sigilosas. Além dessa característica, a equipe formada por auditores externos deve ser imparcial, não tendo prestado serviços de consultoria ou trabalhado na organização, para que se caracterize total independência no processo. A eficácia da auditoria ambiental depende da capacitação adequada dos auditores.

Observações e não conformidades constatadas na auditoria ambiental

O auditor verifica se os auditados estão cumprindo os critérios estabelecidos por meio da coleta de evidências. No momento em que são constatadas as não conformidades, elas devem ser averiguadas, pois é nessa hora em que o auditor tem condições de mostrar ao auditado as evidências da não conformidade. Quando as evidências são prontamente constatadas, não há como refutar e são consideradas evidências objetivas (EO).[19] Quando o auditor deixa de apontar a não conformidade no exato momento em que é identificada, há a possibilidade de que sejam geradas discussões posteriores. As evidências do cumprimento e do não cumprimento dos requisitos devem ser relatadas. A entrevista com o auditado possibilita verificar se os procedimentos para o desenvolvimento da atividade estão disponibilizados e são conhecidos e seguidos. Normalmente

---

[19] Evidência objetiva é aquilo que o auditor viu ou o que o auditado deixou de mostrar e que caracteriza uma não conformidade. Também é definida como a informação cuja veracidade pode ser comprovada, com base em fatos obtidos por observação, medição, ensaios ou outros meios.

são realizadas perguntas claras e diretas. Uma pergunta direcionada pode levar à resposta sim ou não, satisfazendo ou não o auditor. Outra característica do processo de auditoria é a coleta de informações por meio da visão, do olfato e da audição. Deve-se ter cuidado para não inferir ou fazer um julgamento precipitado. A evidência objetiva é fundamental.

A falha no cumprimento dos requisitos da norma adotada constitui uma não conformidade. O relato de uma não conformidade deve citar a evidência objetiva constatada, vinculada ao requisito da norma. Quando da reunião de encerramento da auditoria, as oportunidades de melhoria e de não conformidades detectadas são relatadas e devem estar documentadas. Nesse momento, a organização, por meio do RD, compromete-se a elaborar um plano de ação para corrigir a não conformidade. São consideradas não conformidades maiores aquelas que envolvem um descumprimento da legislação aplicável ou quando o desenvolvimento de uma atividade avaliada ou não na planilha de aspecto e impacto ambiental é considerado muito significativo, isto é, um controle operacional deveria ter ocorrido e um plano de ação ou de emergência precisava ter sido elaborado.

Análise crítica do SGA

É durante a análise crítica do sistema implantado, por meio das ações da alta administração, que há a possibilidade de mudanças em um ou diversos elementos do SGA. Essas análises possibilitam alterações na política ambiental, nos objetivos e metas ambientais e nos demais elementos do SGA. De maneira coerente com o princípio da melhoria contínua do sistema e do desempenho ambiental da organização, essas ações podem envolver ou direcionar a alocação de recursos humanos, materiais e financeiros. Uma das técnicas empregadas para essa análise é o uso de indicadores de desempenho ambiental, estabelecidos em consonância com os objetivos e metas ambientais. São exemplos de indicadores ambientais: número de autuações oriundas de órgãos ambientais, prefeitura etc., que têm por objetivo verificar o cumprimento de requisitos legais; quantidade de resíduos gerados, de energia elétrica e de água consumidos a fim de prevenir o desperdício e incentivar a reciclagem; número de treinamentos efetuados que objetiva a capacitação. De acordo com a ISO 14.001, as decisões e ações referentes a entradas para a análise crítica pela alta administração de uma organização devem contemplar os resultados de auditorias anteriores, dados de comunicação/realimentação de clientes e partes interessadas. Deve ser verificada a situação das ações preventivas e corretivas. Nessa avaliação é importante a análise dos recursos disponíveis para o cumprimento dos planos de ação considerados necessários e o acompanhamento das ações de análises críticas anteriores. A análise crítica da alta administração possibilita identificar as oportunidades de melhoria e necessidades de alterações no sistema de gestão em andamento, assegurando a continuidade do SGA de modo pertinente, eficaz e adequado à organização. Essa análise deve ocorrer em intervalos planejados e seus resultados devem ser registrados e mantidos.

Observe que a ISO 14.001 não especifica níveis de desempenho ambiental. A intenção do SGA é fornecer um quadro para uma abordagem holística e estratégica, que possibilite a elaboração de planos e ações para o cumprimento da política ambiental da organização, independentemente do nível de maturidade do desempenho ambiental da organização. No entanto, compromisso com o cumprimento da legislação e regulamentação ambiental aplicável é necessário, juntamente com o compromisso de melhoria contínua.

ESTUDO DE CASO
Identificação da atividade: indústria galvânica

A indústria galvânica realiza o tratamento de superfícies por meio do recobrimento com diferentes tipos de materiais em peças metálicas e objetiva um aumento da resistência à corrosão, tornando a peça mais duradoura, de melhor aparência e com aumento do valor agregado. Diversas etapas do processo da indústria galvânica contemplam o uso de soluções aquosas (ácidas e básicas) e consequente geração de efluentes líquidos, caracterizados por conterem grande variedade de metais pesados dissolvidos (Neto et al., 2008).

O fluxograma da Figura 4 possibilita identificar o aspecto e impacto ambiental das principais atividades desenvolvidas nos diferentes setores da organização.

Figura 4 – Insumos, resíduos e principais etapas do processo da indústria galvânica.

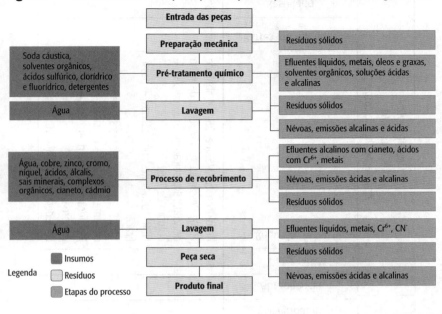

Fonte: Tocchetto (2004).

A elaboração da planilha de identificação de aspectos e impactos ambientais tem como objetivo identificar se as atividades desenvolvidas pela empresa possibilitam um impacto negativo significativo e se haverá necessidade de uma ação mitigadora. Utilizando o modelo sugerido para a classificação e determinação de sua significância, foi construída a planilha apresentada no Quadro 2, que relaciona os principais aspectos e impactos ambientais da indústria galvânica, considerando as atividades normais de operação e demais atividades, como paradas para manutenção e as atividades de risco ambiental.

a) Observe que, mesmo com a pontuação abaixo de sete, ações deverão ser tomadas em virtude dos requisitos legais que determinam, entre outros fatores, as características do acondicionamento dos resíduos, o código das cores dos coletores, as características para a destinação dos materiais oriundos de reformas nas construções civis e, ainda, a obrigatoriedade no atendimento à legislação específica referente ao inventário de resíduos gerados. O atendimento à legislação abrange cuidados especiais no descarte de pilhas e baterias, lâmpadas fluorescentes, resíduos eletrônicos e os oriundos de ambulatório médico.

Quadro 2 – Determinação de significância para indústria galvânica.

Identificação de aspectos e impactos ambientais									1ª versão: *data* Revisão: *data* Aprovação: *nome/cargo*		
Indústria galvânica	Departamento	Atividade da área	Aspecto	Impacto	Probabilidade	Severidade	Abrangência	Detecção	Requisito legal	Partes interessadas	Resultado
1	Administração	Diversas	Descarte de resíduos sólidos	Poluição do solo e da água	3	1	1	1	Resolução n. 275, de 25 de abril de 2001, Resolução n. 307, de 5 de julho de 2002, Resolução n. 313, de 29 de outubro de 2002. NBR 10004: Resíduos sólidos – classificação. NBR 9190: Sacos plásticos para acondicionamento de lixo – classificação. Resolução Conama n. 401, de 4 de novembro de 2008. Lei federal n. 12.305/2010	Sim	3[a]

(a) Observe que, mesmo com a pontuação abaixo de 7 (sete), ações deverão ser tomadas em virtude dos requisitos legais que determinam, entre outros, as características do acondicionamento dos resíduos, o código das cores dos coletores, as características para a destinação dos materiais oriundos de reformas nas construções civis e ainda a obrigatoriedade no atendimento à legislação específica referente ao inventário de resíduos gerados. O atendimento à legislação abrange cuidados especiais no descarte de pilhas e baterias, lâmpadas fluorescentes, resíduos eletrônicos e os oriundos de ambulatório médico.

| 2 | Administração | Diversas | Descarte de resíduos líquidos[b] | Poluição da água | 3 | 2 | 2 | 1 | Resolução Conama n. 357, de 17 de março de 2005 Resolução Conama n. 430 de 13 de maio de 2011 Resolução Conama n. 396, de 3 de abril de 2008 | Sim | 12 |

(b) Mesmo para os resíduos líquidos gerados na área administrativa da empresa há a necessidade de um gerenciamento específico. A legislação estabelece que o descarte de resíduos líquidos atenda aos padrões de lançamento dos efluentes em função da classificação dos corpos de água que receberão este efluente. Atenção especial deve ser dada às águas subterrâneas, planejando seu monitoramento e manutenção da qualidade.

| 3 | Administração | Diversas | Consumo de energia | Consumo de recursos não renováveis | 1 | 1 | 1 | 3 | Não há[c] | Sim | 03 |

(c) Não há legislação que obrigue a redução no consumo de energia. Mesmo que a pontuação não determine a necessidade de uma ação, a empresa poderá se comprometer e elaborar um plano de ação que objetive a redução no consumo de energia e terá, como consequência, a redução de custo e, mudando a fonte de captação de energia, poderá contribuir para a minimização do consumo de recursos não renováveis.

| 4 | Produção | Preparação mecânica | Descarte de resíduos sólidos | Poluição do solo e da água | 3 | 3 | 1 | 1 | Resolução n. 275, de 25 de abril de 2001, Resolução n. 307, de 5 de julho de 2002, Resolução n. 313, de 29 de outubro de 2002 NBR 10004: Resíduos sólidos – classificação, NBR 9190: Sacos plásticos para acondicionamento de lixo – classificação | Sim | 9[d] |

(d) Uma ação deve ser tomada. Além da determinação da legislação para a destinação adequada, os resíduos sólidos oriundos da preparação mecânica devem ter cuidados específicos. Sobras de materiais, equipamentos de proteção individual (EPI), poeiras, resíduos de varrição, lodos da estação de tratamento de efluentes (ETE) etc. são exemplos de materiais que necessitam de controle operacional ou de plano de ação antes do descarte ao meio ambiente.

| 5 | Produção | Pré-tratamento químico Lavagem Processos de recobrimento | Consumo de água subterrânea | Escassez da água | 3 | 3 | 2 | 1 | Licenciamento específico[e] | Sim | 18 |

(e) O poder público autoriza o usuário a utilizar as águas de seu domínio, por tempo determinado e com condições preestabelecidas. Em São Paulo, a outorga é concedida pelo Departamento de Água e Energia Elétrica (DAEE), órgão que integra o Sistema Estadual de Recursos Hídricos.

| 6 | Produção | Pré-tratamento químico / Lavagem / Processos de recobrimento | Consumo de produtos químicos | Risco no transporte de cargas perigosas[f] | 1 | 3 | 2 | 1 | Resolução n. 3.762, de 26 de janeiro de 2012, Resolução n. 3.665, de 4 de maio de 2011, Resolução n. 3.886, de 06 de setembro de 2012, Resolução n. 2.657, de 15 de abril de 2008, Resolução n. 701, de 25 de agosto de 2004 | Sim | 6 |

(f) A Agência Nacional de Transporte Terrestre (ANTT) determina as condições de transporte de cargas e produtos perigosos no Brasil. Mesmo que a indústria galvânica não faça o transporte de seus insumos, contratando serviços de terceiros, é ainda corresponsável caso ocorra um acidente. As legislações pertinentes regulamentam a atividade durante as operações de carga, transporte, descarga, transbordo, limpeza e descontaminação. Os veículos e equipamentos utilizados no transporte de produtos perigosos devem estar devidamente sinalizados e portar a ficha de emergência e o envelope para transporte. Cuidados especiais devem ser tomados no itinerário, na área de estacionamento e em relação à compatibilidade entre resíduos.

| 7 | Produção | Pré-tratamento químico / Lavagem / Processos de recobrimento | Consumo de produtos químicos | Risco no armazenamento de produtos químicos[g] | 2 | 3 | 1 | 1 | Lei n. 9.605, de 12 de fevereiro de 1998 ABNT NBR 7500:2013 | Sim | 6 |

(g) A legislação determina quais são as condições para o transporte terrestre, manuseio, movimentação e armazenamento de produtos, destacando a necessidade de avaliação da compatibilidade entre materiais.

Observe se as atividades desenvolvidas cumprem o que determina a Lei n. 9.605, de 12 de fevereiro de 1998, que dispõe sobre as sanções penais e administrativas derivadas de condutas e atividades lesivas ao meio ambiente.

| 8 | Produção | Pré-tratamento químico Lavagem Processos de recobrimento | Consumo de produtos químicos | Efluentes líquidos contaminados[h] | 2 | 3 | 2 | 2 | Resolução Conama n. 357, de 17 de março de 2005, Resolução Conama n.430, de 13 de maio de 2011, Resolução Conama n. 396, de 3 de abril de 2008 | Sim | 24 |

(h) O efluente líquido da Indústria Galvânica se destaca pelas características de toxicidade, não podendo ser descartado ao meio ambiente sem um tratamento prévio. Normalmente os Órgãos de Controle Ambiental solicitam um relatório do monitoramento efetuado neste efluente, comparando-o com o que prescreve a legislação. Controle operacional e plano de ação devem ser adotados para que a qualidade ambiental da área do entorno e subsolo da empresa seja preservada.

| 9 | Produção | Pré-tratamento químico Lavagem Processos de recobrimento | Emissão de névoas ácidas e alcalinas[i] | Contaminação do ar | 3 | 3 | 1 | 2 | Resolução Conama n. 3, de 28 de junho de 1990 | Sim | 18 |

(i) A legislação determina os padrões de qualidade do ar e as concentrações de poluentes atmosféricos que, quando ultrapassadas, poderão afetar a saúde, a segurança e o bem-estar da população, bem como ocasionar danos à flora e à fauna, aos materiais e ao meio ambiente em geral.

A legislação pertinente aqui apresentada se refere ao âmbito federal e nesta temporalidade. Para a implantação do SGA é necessário expandir a pesquisa nos âmbitos estadual e municipal, os quais poderão ser mais restritivos. Atenção especial deve ser dada para a atualização e o cumprimento da legislação.

Um controle da validade e abrangência dos requisitos legais aplicáveis deve ser implantado, incluindo a licença de operação (LO), o alvará de funcionamento, a vistoria do corpo de bombeiro, as outorgas e os demais requisitos para a abertura e funcionamento da indústria. A elaboração de uma planilha para o controle dessa documentação auxilia no atendimento desse requisito. O Quadro 3 apresenta uma planilha que poderá ser utilizada para a elaboração desse controle.

Quadro 3 – Planilha para o controle de requisitos legais.

Requisito legal	Órgão emissor	Validade	Solicitar revalidação em	Responsável
Licença de operação n. 5.432	IAP	12/10/2015	12/07/2015	Sr JCD/RD
Outorga de uso da água (P3)	Instituto das Águas	30/09/2020	Quando o consumo for superior a 20 m³/h (valor outorgado)	Sr TRB/MAN
Vistoria n. 321	Corpo de Bombeiros	31/12/2015	30/10/2015	Sr TRB/MAN
Alvará de funcionamento n. 5678	Prefeitura	15/09/2015	15/07/2015	Sr JCD/RD

Note que cada requisito legal deve ser renovado em datas distintas, daí a importância de o controle ser vinculado a um responsável e a uma data para dar início à ação, em função do prazo provável para a obtenção da renovação. Cada licença apresenta requisitos a serem cumpridos.

Um controle dos requisitos legais de fornecedores também deve ser implantado. Sugere-se que seja de responsabilidade do departamento de compras o controle dos requisitos legais dos fornecedores de produtos ou serviços. Um dos controles que deve ser efetuado é a verificação da vigência da LO do fornecedor.

Não basta saber que a legislação existe e que se relaciona a determinado assunto. Para a atender deve-se ter conhecimento do aspecto ambiental relacionado, da ação a ser efetuada e de quem será o responsável pela execução. O Quadro 4 ilustra as ações pertinentes à atividade de transporte de cargas perigosas.

Nesse controle, a organização está preocupada com a documentação e a inspeção necessária para o transporte de produtos perigosos, mesmo que esta atividade seja efetuada por empresas transportadoras contratadas. É importante a verificação do ano de emissão do documento, pois a legislação pode ter sido revisada e atualizada e é de responsabilidade do usuário respeitar a lei vigente.

Política ambiental: indústria galvânica

De modo ilustrativo, segue a análise de uma política ambiental adotada por uma indústria galvânica:

A ABCD, empresa do setor de galvanoplastia, com atuação no mercado brasileiro, visando respeitar o meio ambiente, tem como compromisso:
- Melhorar continuamente o desempenho ambiental da empresa, por meio do sistema de gestão ambiental.
- Atuar de forma preventiva em relação à poluição ambiental, com ênfase em efluentes líquidos, resíduos sólidos e consumo de recursos naturais.
- Atender à legislação, às normas ambientais e demais requisitos aplicáveis.
- Conscientizar os colaboradores que atuam na empresa visando ao comprometimento com essa política.

Note que essa política aparentemente é bastante simples, mas traz comprometimentos importantes e que necessariamente devem fazer parte de uma política ambiental. Tratam-se da melhoria contínua e do atendimento à legislação. Os objetivos e metas ambientais descritos se reportam

Quadro 4 – Controle da legislação relacionada à atividade de transporte de cargas perigosas

Documento	Ano	Instância	Aspecto ambiental relacionado	Histórico	Assunto	Responsável
Resolução ANTT 1.644	2006	Federal	Transporte de produtos perigosos	Altera o anexo da Resolução n. 420, de 12 de fevereiro de 2004	Aprova as instruções complementares ao regulamento do transporte terrestre de produtos perigosos	Sr MCS/ EXP

Ação	Documentação/registro	Responsável
Verificar se a empresa realiza transporte terrestre de produtos perigosos ou se contrata terceiros. Em qualquer caso, observar e documentar o cumprimento da Resolução ANTT 1.644, de 2006. Para empresas contratadas, observar e documentar, na Portaria, o cumprimento das obrigações legais, pelas empresas transportadoras contratadas para o transporte de resíduos perigosos e cargas perigosas (Resolução ANTT n. 1.644, de 2006)	Preenchimento de *checklist* de inspeção em veículos de transporte. Verificação de *checklist* de inspeção em veículos de transporte	Sr MCS/ EXP

Fonte: adaptada de Fiesp (2007).

GESTÃO EMPRESARIAL E SUSTENTABILIDADE

na prevenção da poluição. Indicadores devem ser criados para o estabelecimento de metas visando à minimização de resíduos sólidos, efluentes e de consumo de recursos naturais. Entende-se como recursos naturais o consumo de água, energia elétrica e demais recursos renováveis e não renováveis. Há também um compromisso com o treinamento dos colaboradores que atuam na empresa. Estão incluídos aqui também os terceirizados. Uma vez que esses compromissos estejam declarados, são considerados atividades a serem cumpridas e, na planilha de aspecto/impacto ambiental, devem ser considerados significativos, pois ações devem ser estabelecidas, indicando-se os responsáveis e prazo para o seu cumprimento. Outro fator importante é que a política ambiental deve ser periodicamente analisada para verificar sua adequação.

Objetivos, metas e programas ambientais: indústria galvânica

Um exemplo comumente empregado para explicar este conceito está no consumo de água. Caso a indústria determine como significativo o consumo de água, uma ação deve ser tomada. O objetivo ambiental é a diminuição do consumo de água, com uma meta de redução de X% dele em até Y meses, a ser avaliada pela redução dos gastos em água. As Figuras 5 e 6 ilustram de que modo podem ser divulgados objetivos e metas na organização.

Objetiva-se a redução do consumo de água. Nos meses de janeiro a junho o consumo se manteve acima da meta, que é de 12m³/mês (Figura 5). No exemplo apresentado na Figura 6, a meta estabelecida é a de que pelo menos 60 colaboradores participem de treinamento a cada mês. Apenas em abril a meta foi alcançada.

Auditoria ambiental: indústria galvânica

O Quadro 5 apresenta um exemplo de um plano de auditoria. É importante que o setor a ser auditado saiba desse procedimento e aprove previamente o plano de auditoria.

Figura 5 – Indicador de consumo de água.

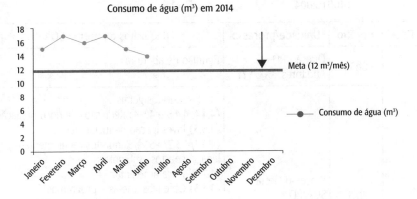

Figura 6 – Indicador para treinamento de colaboradores.

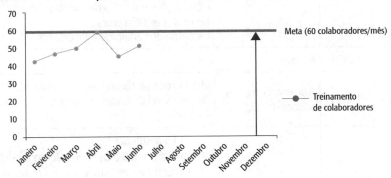

Deve-se notar que nesse exemplo, já no primeiro dia de auditoria, a equipe se divide. Dois auditores avaliam o processo de gestão e um auditor se dirige ao processo operacional. Esse plano de auditoria também deixa claro que serão avaliadas as observações e não conformidades ambientais encontradas na auditoria anterior.

GESTÃO EMPRESARIAL E SUSTENTABILIDADE

Quadro 5 – Exemplo de um plano de auditoria para atender aos requisitos da ISO 14001:2004.

Data	Horário	Unidade/processo	Requisitos da norma SGA
xx/xx/xxxx	8h30	Direção/RD Auditores: XXX. YYY	Reunião de abertura
	9h00	Processo Gestão SGA/RD Auditores: XXX. YYY	(4.1) Requisitos gerais (4.4.4, 4.4.5 e 4.5.4) Requisitos de documentação (4.5.3) Investigação de incidentes (4.3.1/4.3.2/4.5.2)/Requisitos regulamentares/legais/aspectos ambientais (4.2) Política ambiental (4.3.3) Objetivos, metas e programas (4.4.1/4.4.3) Responsabilidade, autoridade e comunicação (4.5.5) Auditoria interna (4.5.3) Ação corretiva/ação preventiva Observações e desvios da auditoria anterior Reclamações de clientes Utilização do certificado e logomarca
	12h30	Almoço	
	13h30	Processo Comercial Auditores: XXX, YYY	(4.3.1) Foco no cliente/aspectos ambientais Processos relacionados a clientes (4.3.1; 4.3.2; 4.4.3; 4.4.6)
xx/xx/xxxx	13h30	Processo Operacional Auditor: ZZZ	(4.4.1) Infraestrutura (4.4.6) Planejamento da realização do produto (4.4.6) Controle de produção e prestação de serviço (4.4.6) Produção e fornecimento de serviço (4.5.1) Controle de dispositivos de medição e monitoramento (4.4.6) Controle operacional (4.5.1; 4.5.2) Medição e monitoramento de processo (4.5.3) Controle de produto não conforme (4.5.3) Ação corretiva e ação preventiva (4.5.2) Avaliação do atendimento a requisitos legais e outros (4.4.7) Preparação e respostas à emergência
	16h30	Reunião da equipe auditora/encerramento do primeiro dia de auditoria	

Fonte: adaptado de Fiesp (2007).

OBSERVAÇÕES E NÃO CONFORMIDADES CONSTATADAS NA AUDITORIA AMBIENTAL

O Quadro 6 apresenta a maneira de registrar uma não conformidade.

Quadro 6 – Exemplo de emissão de não conformidade.

Data da realização da auditoria	NC n. 01 de xx	( ) Maior (x) Menor
Norma: ABNT NBR ISO 14001	Requisito: 4.4.5	

Descrição da não conformidade e evidências objetivas		
Descrição: o setor operacional do Sistema de Tratamento de Efluentes estava com documentos obsoletos e sem a adequada identificação. **EO:** o setor operacional do Sistema de Tratamento de Efluentes estava com a legislação aplicável ao controle e monitoramento dos efluentes na versão desatualizada (Conama n. 357 de 17 de março de 2005). O operador tinha desconhecimento da Resolução Conama n. 430, de 13 de maio de 2011, que dispõe sobre as condições e padrão de lançamento de efluentes, complementa e altera a Resolução Conama n. 357, de 17 de março de 2005.		

Avaliador: assinatura XXX	Avaliado: assinatura Representação da direção	

ANÁLISE DAS CAUSAS			
Xxx			

TOMADA DE AÇÕES (corretivas ou preventivas)	Responsável	Prazo	Efetivação
Xxx	Nomes	xxx	xxx

VERIFICAÇÃO			
Verificação da eficácia – atende? ( ) Sim ( ) Não			

Verificação			
Novas ações, caso necessárias	Responsável	Prazo	Efetivação
Xxx	Nomes	xxx	xxx

Note que é necessário indicar se a NC é maior ou menor e que a EO deve estar relacionada ao requisito da norma. O nome e a assinatura do avaliador e do avaliado, além de formalizar um registro do ocorrido, determinam a responsabilidade para a ação de conformidade e avaliação da eficácia. Nesse exemplo, além de estar disponibilizado um documento obsoleto, o operador que controla a qualidade do efluente tratado não tinha a informação da alteração da legislação. Essa não conformidade requer atualização do documento disponibilizado e treinamento. Não é caracterizada como não conformidade maior, pois nesse caso hipotético a empresa tinha no seu controle dos requisitos legais a informação e o conhecimento da alteração ocorrida na legislação. A análise das causas e tomada de ações é feita após a auditoria e encaminhada para análise e verificação da eficácia.

POSSIBILIDADES DE MELHORIAS PELA IMPLANTAÇÃO DO SGA NA INDÚSTRIA GALVÂNICA

Ações praticadas por meio de planos e programas ambientais possibilitam à organização reduzir gastos e minimizar os impactos ambientais. O Quadro 7 apresenta medidas ambientais possíveis de serem implantadas em uma indústria galvânica.

Quadro 7 – Medidas ambientais implantadas em uma indústria galvânica.

Impacto	Plano ambiental	Ação
Consumo de água	Criação de uma comissão interna que vise à racionalização do consumo da água	Treinamento
	Modernização do sistema operacional	Instalação de hidrômetro, controle de vazão e sistema de lavagem das peças em cascata
Consumo de matérias-primas	Redução do retrabalho dos produtos	Treinamento
	Consumo de materiais de menor impacto ambiental	Uso de Cu alcalino sem CN^-, banho com menor concentração de abrilhantador, redução do consumo de $NiSO_4$

(continua)

Quadro 7 – Medidas ambientais implantadas em uma indústria galvânica.
(*continuação*)

Impacto	Plano ambiental	Ação
Impactos dos processos	Substituição de matérias-primas tóxicas	Uso de desengraxante sem CN⁻, uso de abrilhantador com menor concentração de Ni, substituição da ativação ácida por H_2O_2
Impacto dos efluentes líquidos	Modernização do sistema operacional	Melhoria do *design* dos tambores pela redução do diâmetro dos furos e consequente diminuição do arraste do banho, implantação de evaporadores a vácuo, melhoria da ETE
Impacto dos resíduos sólidos	Modernização do sistema operacional	Redução do lodo da ETE
	Disposição adequada dos resíduos sólidos gerados	Treinamento
	Valorização do resíduo sólido gerado por meio de segregação	Venda de material reciclável: papel, plástico e sucata de aço, alumínio, latão e zamac
Consumo de energia	Criação de uma comissão interna que vise à racionalização do consumo de energia	Treinamento
	Modernização do sistema operacional	Uso de equipamentos de menor consumo energético
Impacto das emissões gasosas	Modernização do sistema operacional	Implantação e controle de lavadores de gases, melhoria no processo de polimento das peças e substituição de matérias-primas
Impacto dos produtos	Redução de retrabalho e consequente redução de geração de sucata	Treinamento

Fonte: adaptada de Tocchetto (2004).

Note que a maioria das ações envolve treinamento da mão de obra. Uma ação no processo operacional leva à redução de efluentes e resíduos e diminuição de sua toxicidade, possibilitando enquadramento nos requisitos legais.

A adoção das normas dos sistemas de gestão da qualidade, meio ambiente, segurança e saúde e da responsabilidade social no fornecimento de produtos e serviços possibilita maior organização, produtividade, credibilidade e consequente aumento da competitividade empresarial. Em especial, as normas que orientam as empresas para um sistema de gestão ambiental promovem a reflexão sobre a qualidade ambiental e a consequente conservação dos recursos naturais, em busca da sustentabilidade.

CONSIDERAÇÕES FINAIS

A utilização da ISO 14.001 como um referencial de base na gestão ambiental possibilita às organizações efetuar ajustes na gestão empresarial, fortalecendo a consciência ambiental nas tomadas de decisão. O levantamento de aspectos, impactos e indicadores ambientais, ao fazer uso dessa ferramenta, determina os responsáveis para o cumprimento de objetivos e metas estabelecidas e abre caminho para uma análise crítica constante por parte da alta administração. Possibilita ainda mudanças, algo coerente com o príncipio da melhoria contínua do sistema.

REFERÊNCIAS

[ABNT] ASSOCIAÇÃO BRASILEIRA DE NORMAS TÉCNICAS. ISO 14001:2004. Sistemas da gestão ambiental – Requisitos com orientações para uso. ABNT/CB-038 Gestão Ambiental. 31 dez. 2004.

CAJAZEIRA, J.E.R. *ISO 14001: Manual de Implantação*. Rio de Janeiro: Qualitymark, 1998.

INFORMAL. Dicionário Informal. Disponível em: http://www.dicionarioinformal.com.br. Acessado em: 16 set. 2013.

[INMETRO] INSTITUTO NACIONAL DE METROLOGIA, QUALIDADE E TECNOLOGIA. Terminologia. Disponível em: http://www.inmetro.gov.br/busca/mapa.asp. Acessado em: 16 set. 2013.

[FIESP] FEDERAÇÃO DAS INDÚSTRIAS DO ESTADO DE SÃO PAULO. Melhore a competitividade com o Sistema de Gestão Ambiental – SGA. 84p.: il. – (Normas e Manuais Técnicos). São Paulo: Fiesp, 2007.

NETO, A.P., BRETZ, J.S., MAGALHÃES, F.S., et al. Alternativas para o tratamento de efluentes da Indústria Galvânica. *Engenharia Sanitária e Ambiental.* v.13, n.3, p. 263-70. jul./set. 2008. Disponível em: http://www.scielo.br/pdf/esa/v13n3/a04 v13n3.pdf. Acessado em: 02 jun. 2014.

TOCCHETTO, M.R.L. *Implantação de gestão ambiental em grandes empresas com atividade galvânica no Rio Grande do Sul.* Porto Alegre, 2004. Dissertação. Programa de Pós-Graduação em Engenharia de Minas, Metalúrgica e de Materiais. Universidade Federal do Rio Grande do Sul, Escola de Engenharia.

20 | Certificação Agrícola

Luís Fernando Guedes Pinto
Engenheiro agrônomo, Imaflora

INTRODUÇÃO

Este capítulo tem o propósito de apresentar a importância e o papel da certificação para incentivar mudanças da agropecuária rumo à sua sustentabilidade. O texto apresenta o histórico e os principais conceitos sobre a certificação e a sua aplicação na agropecuária, além de trazer exemplos de sistemas e selos e explicar a ligação entre a produção no campo e as cadeias produtivas. Conclui tratando dos impactos e do futuro desse instrumento.

A agropecuária é uma das atividades de maior importância para a economia, a sociedade e o meio ambiente no Brasil e no mundo. Resulta na produção de alimentos, energia e fibras, fornecendo matérias-primas para diversos setores produtivos. É a atividade que ocupa a maior parte da superfície terrestre, tendo grande impacto sobre o solo, a água e a biodiversidade. Influencia decisivamente serviços ambientais fundamentais para a qualidade de vida e a produção no campo e nas cidades em escala local e global, como a regulação climática e a disponibilidade de água. É responsável por garantir a maior parte do emprego e renda das populações rurais, como trabalhadores assalariados; agricultores familiares; extrativistas; pequenos, médios ou grandes empreendedores; além do efeito no emprego, na renda e na geração de riqueza nas cadeias produtivas do agronegócio, que terminam no varejo e atingem o cidadão.

Por outro lado, aos poucos as pessoas estabelecem a relação entre o consumo e os impactos das atividades produtivas e estão cada vez mais interessadas em obter informações sobre o que consomem. Querem saber as características, a origem e a forma de produção daquilo que compram. Pesquisas mostram que, além do preço e da aparência, estão preocupadas principalmente com a qualidade dos produtos em relação à segurança para a saúde, à nutrição e à sustentabilidade. Para tanto, querem garantias de origem e rastreabilidade.

Todavia, os governos e as regulações oficiais nacionais e multilaterais de comércio, meio ambiente e direitos humanos e trabalhistas têm falhado em garantir integralmente as aspirações da sociedade por uma produção sustentável e relações éticas de negócios. Nesse contexto, os mercados passaram a ser uma arena paralela de disputa, negociação e regulação entre a sociedade civil e o setor produtivo e empresarial. Assim, mecanismos voluntários e independentes passaram a ser uma alternativa ou instrumentos adicionais de busca de estímulos à sustentabilidade.

CONCEITOS DA CERTIFICAÇÃO SOCIOAMBIENTAL

A certificação socioambiental é um instrumento de mercado, de caráter voluntário, cuja finalidade é promover mudanças em setores produtivos por meio de incentivos econômicos. Com um certificado ou selo no produto final, possibilita conectar e diminuir as lacunas de informação entre produtores e consumidores ao longo da cadeia de valor. O selo permite ao consumidor distinguir produtos com determinadas características e tomar decisões de compra. Espera-se que tal mecanismo possa melhorar a governança do uso da terra e de cadeias produtivas e catalisar mudanças sociais e ambientais rumo a uma produção mais sustentável. Pode também fortalecer a produção de comunidades e produtores familiares, quando possibilita a inclusão destes em novas cadeias de valor e relações comerciais (Viana et al., 1996; Cashore et al., 2004). Assim, a certificação socioambiental engloba interesses públicos e privados, o que implica uma ética particular para o seu desenvolvimento e implementação. Geralmente são sistemas desenvolvidos em processos multissetoriais, com a participação de grupos com interesses distintos, que podem envolver o setor produtivo e organizações da sociedade civil, como ambientalistas, representantes de trabalhadores, grupos indígenas e outros movimentos sociais. A implementação dos sistemas costuma ser feita por meio de uma ONG, sem a participação de governos.

O nível de implementação da certificação em uma determinada região ou setor produtivo é influenciado por fatores econômicos, pelo nível de governança e pelo contexto social (Van Kooten et al., 2005). Segundo Voivodic e Beduschi-Filho (2010), o fenômeno da adesão do setor empresarial a sistemas de certificação voluntários, com participação da sociedade civil e não regidos pelo governo pode ser explicado a partir de duas abordagens. A vertente econômica explica que o mercado é autônomo e se autorregula pelo balanço entre oferta e demanda, com o mínimo de interferências externas. Portanto, a vantagem competitiva pela diferenciação ou agregação de valor à empresa ou ao seu produto seria a razão para participar da certificação socioambiental. Todavia, as ciências sociais consideram que os mercados respondem a interações sociais, que interferem em decisões econômicas. Desse modo, a adesão a mecanismos socioambientais voluntários faz parte de uma relação com a sociedade civil, na qual se visa proteger e valorizar a imagem e a reputação da empresa, com benefícios econômicos e não econômicos, parte deles intangíveis.

O surgimento desse mecanismo deve ser analisado à luz do comércio internacional, que tem na Organização Mundial do Comércio (OMC) a sua principal referência. Essa entidade tem por objetivo contribuir para que os fluxos de comércio internacional circulem com fluidez, equidade, previsibilidade e liberdade. Para tanto, deve-se garantir condições justas e iguais de competição e acesso aos mercados. A despeito desses princípios, persistem profundas distorções no sistema multilateral de comércio, onde muitos dos países mais ricos e desenvolvidos figuram entre os que mais protegem suas economias e diminuem as possibilidades de igualdade comercial, seja por meio de subsídios ou pela imposição de barreiras tarifárias e não tarifárias. Essas práticas têm afetado a competitividade de setores produtivos e causado uma excessiva produção de mercadorias e grande aumento do consumo, com impactos sobre os recursos naturais. Além disso, a OMC não permite diferenciar mercadorias em função de seus processos produtivos, argumentando que esses processos não têm relevância para o comércio internacional. Foi nesse contexto que alguns setores da sociedade civil e empresarial propuseram a criação de mecanismos que permitissem diferenciar, de maneira voluntária, a origem e o processo produtivo de produtos de importância para o desenvolvimento sustentável (Carvalho, 2007).

Assim, a certificação socioambiental surgiu da preocupação de movimentos ambientalistas e sociais e de consumidores da Europa e dos Estados Unidos com os impactos ambientais e sociais associados à produção de *commodities* em países tropicais ou em desenvolvimento. Após a Rio-92 e a elaboração da Agenda 21, parte dos ambientalistas e movimentos sociais se conscientizou de que não bastava somente criticar e articular boicotes a produtos dessas origens, mas urgia apresentar alternativas viáveis aos modelos de desenvolvimento e produção existentes, considerando inclusive o componente relacionado à economia das propostas em curso. Frente a esse quadro, o crescimento econômico e a produção deveriam buscar conciliar de maneira equilibrada os interesses econômicos, sociais e ambientais, tendo o desenvolvimento sustentável como referência e ideal. No bojo desse contexto, a certificação socioambiental visa diferenciar produtos oriundos de processos de produção ambientalmente adequados, socialmente justos e economicamente viáveis. Logo, seus padrões devem refletir a conciliação de interesses dos setores econômicos, ambientais e sociais (Pinto e Prada, 2008). Ervin e Elliot (1996) definem padrões de certificação como uma medida para se comparar as práticas de manejo existentes em uma determinada operação contra um grupo de princípios ou condições ideais.

Figura 1 – O tripé da certificação socioambiental

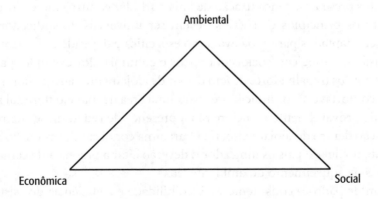

De maneira geral, os padrões de certificação socioambiental são apresentados sob a forma de princípios e critérios (Figura 2). Os princípios expressam ideias e conceitos gerais e definem a estrutura básica dos padrões

Figura 2 – Estrutura de um padrão ou norma de certificação.

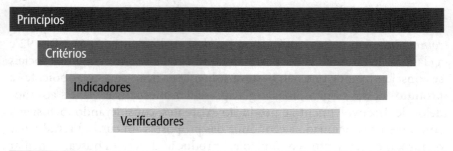

Fonte: Pinto (2014).

(Prabhu et al., 1996). "Deve-se conservar recursos naturais" e "Os direitos de trabalhadores e comunidades devem ser respeitados" são exemplos de princípios. Cada princípio é discriminado e detalhado em uma série de critérios que traduz as ideias expressas nos princípios em elementos que possam ser medidos e/ou avaliados. São exemplos de critérios do primeiro princípio apresentado: "Deve haver áreas para conservação biológica" e "A qualidade da água dever ser conservada e monitorada". Indicadores são os elementos pelos quais os critérios são objetivamente medidos no campo. Assim, a qualidade da água pode ser avaliada a partir da quantidade de sedimentos presentes, concentração de íons, turbidez e outros indicadores. Enquanto os princípios e critérios devem ser universais, os indicadores devem ser adaptados para cada avaliação específica e dependem de fatores locais: físicos, ecológicos, socioeconômicos e culturais. Por exemplo, para um critério: "os trabalhadores devem dispor de alojamentos adequados, salubres e confortáveis", os indicadores para uma área de manejo florestal na Amazônia provavelmente mencionarão a presença de redes, mosquiteiros e ventilação dentro do alojamento, mas para uma condição de produção de erva-mate no Sul do país os indicadores deverão citar a presença de camas, condições de aquecimento do ambiente, etc.

Além de padrões consistentes, a credibilidade e a eficiência dos sistemas de certificação dependem da estrutura institucional em que estes estão apoiados. A estrutura da instituição deve garantir mecanismos para que os princípios de independência e transparência da certificação (seja na definição dos padrões ou nos processos de avaliação) sejam rigorosamente cumpridos. Dessa maneira, Pinto e Prada (2008) descreveram que um sistema de certificação é composto por uma organização que define os padrões e as políticas do sistema, um organismo de acreditação (que registra os organismos de certificação) e organismos de certificação (responsáveis por auditorias no campo e de rastreabilidade na cadeia produtiva), conforme a Figura 3. Todavia, as possibilidades de implementação desses sistemas variam em função da distância entre o produtor e o consumidor final de seu produto, com ao menos três possibilidades, como previsto na legislação brasileira sobre certificação orgânica. Cada possibilidade está atrelada ao nível de informação e confiança de consumidores sobre os produtores e às garantias propostas por cada sistema de certificação. Porém, é possível combinar tanto diferentes sistemas como abordagens de certificação, o que será discutido posteriormente. As possibilidades são:

- Autodeclaração do produtor: faz sentido quando a relação entre o produtor e o consumidor é direta e há confiança entre ambos. Ocorre quando a produção e a comercialização ocorrem no mesmo local, como em feiras.
- Certificação participativa: ocorre quando um grupo de produtores garante a mensagem de certificação por meio de controles internos, alcançando uma escala de comércio regional.
- Certificação de terceira parte: necessária para o comércio em escala nacional e internacional e quando há maior distância entre produtores e consumidores. Dessa maneira, a mensagem da certificação é garantida por auditorias realizadas por certificadores independentes, idealmente controlados por um organismo acreditador.

CERTIFICAÇÃO NA AGROPECUÁRIA

A certificação agrícola surgiu em países europeus com tradição em produzir e valorizar alimentos com características organolépticas especiais. Os certificados desses produtos visavam identificar aqueles com qualidade superior ou advindos de regiões agrícolas tradicionais de cultivo e processamento de determinada cultura, o que se busca até os dias de hoje. Dessa maneira, desenvolveram-se selos como o Label Rouge e o Label Montagne na França, entre outros. Esses selos são geralmente regulamentados e reconhecidos pelos governos locais. Apenas esses produtos participavam com 7% dos US$ 40 bilhões do mercado europeu de alimentos, segundo Spers e Chaddad (1996).

Figura 3 – Estrutura de um sistema de certificação independente.

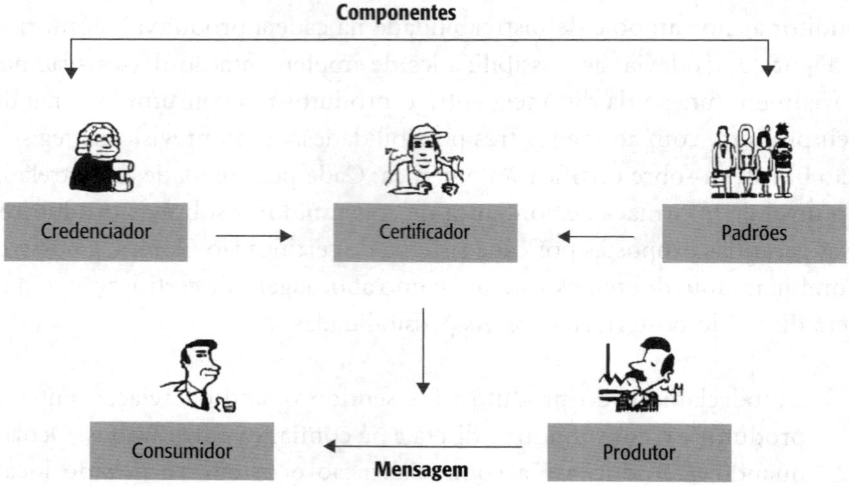

Componentes

Credenciador → Certificador ← Padrões

Certificador →

Consumidor ← **Mensagem** ← Produtor

Fonte: Pinto (2014).

Desde então, os sistemas de certificação aumentaram em importância e complexidade e se espalharam pelo mundo em iniciativas cuja abrangência varia do local ao global. Os principais aspectos que diferenciam as iniciativas de certificação podem ser agrupados nas seguintes categorias, onde varia o escopo e o nível de exigência para um padrão de sustentabilidade (Figura 4):

- Avaliações independentes, realizadas por terceira parte, ou participativas, realizadas pelos próprios produtores.

- Avaliação da qualidade do produto ou do processo produtivo.

- Tipo de transformação que pretendem estimular: social, ambiental ou socioambiental. As abordagens podem variar de genéricas a muito específicas, como contribuir para a conservação de espécies de pássaros ou avaliar aspectos de saúde e segurança do trabalho.

- Abordagem por determinada cultura agrícola (p.ex., café) ou para qualquer outra.

- Avaliação de desempenho, em que importa o resultado do processo produtivo, ou de procedimento, na qual se garante o sistema de gestão.

- Iniciativas oriundas da sociedade civil ou do setor privado.

- Sistemas que atingem nichos de mercado ou que procuram atingir uma parcela significativa de mercado, como *commodities* (*mainstream*).
- Certificações que garantem critérios mínimos. Nesse caso, os critérios exigidos buscam garantir que condições mínimas de responsabilidade socioambiental sejam atendidas, como, desmatamento zero; ausência de trabalho escravo ou infantil; produto não transgênico; entre outros. Por causa de um relativo baixo rigor, possibilita que muitos produtores entrem para o sistema de certificação, oferecendo assim um grande volume de produto certificado ao mercado. Dessa maneira, há uma pequena mudança de desempenho no campo, mas com potencial de ser feita em grande escala.
- Certificações que garantem altos desempenhos socioambientais, com exigência de cumprimento de muitos critérios. As exigências desses sistemas de certificação restringem o número de empreendimentos certificados àqueles que possuem os melhores desempenhos e que servirão de referência para o setor. É uma abordagem com incentivo a um alto desempenho e melhoria contínua. Teoricamente, incentivam uma transformação mais profunda, com maior impacto na unidade produtiva, mas implementado em menor escala na paisagem ou na cadeia produtiva.

Figura 4 – A escalada de níveis de padrões ou normas de certificação de sustentabilidade.

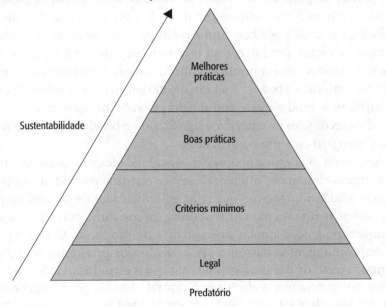

GESTÃO EMPRESARIAL E SUSTENTABILIDADE

O exemplo dos princípios de um sistema de certificação agrícola socioambiental – Rede de Agricultura Sustentável-Rainforest Alliance está relacionado a seguir:

- Princípio 1: sistema de gestão social e ambiental.
- Princípio 2: conservação dos ecossistemas.
- Princípio 3: proteção da vida silvestre.
- Princípio 4: conservação dos recursos hídricos.
- Princípio 5: tratamento justo e boas condições de trabalho.
- Princípio 6: saúde e segurança ocupacional.
- Princípio 7: relações com as comunidades.
- Princípio 8: manejo integrado dos cultivos.
- Princípio 9: manejo e conservação dos solos.
- Princípio 10: manejo integrado dos resíduos.

Teoricamente, essas diferentes abordagens e os diferentes grupos de certificação poderiam e deveriam se complementar. Um empreendimento pode iniciar seu trabalho cumprindo com os critérios mínimos e, posteriormente, implementar critérios de alto desempenho para aprimorar seu processo produtivo. Pode iniciar com uma mudança social e avançar para uma iniciativa ambiental ou socioambiental ou de comércio justo. São diversas possibilidades, onde pode haver uma evolução progressiva de melhorias de desempenho de um produtor, com uma sequência de certificações complementares, evitando uma competição entre iniciativas. Caso isso não ocorra, as múltiplas certificações passam a ser um desafio para o início e o final da cadeia produtiva, pois produtores e consumidores precisam optar por diferentes possibilidades de selos ou entender o significado e o benefício de cada um para decidir se engajar com um ou mais deles.

Apesar de toda essa amplitude de possibilidades, em que o café talvez seja a cultura com maior número de selos e certificados, pode-se sintetizar algumas tendências. Mesmo que com especificidades de missão, os principais sistemas rumam para uma abordagem socioambiental, procurando promover mudanças amplas nos sistemas de produção. O desempenho dos empreendimentos passou a ser avaliado por praticamente todos os sistemas, exceto os das normas ISO, nas quais a conformidade com procedimentos permanece a abordagem central. A avaliação independente é uma necessidade para a avaliação de empreendimentos empresariais e a abordagem participativa pode ser aplicada a pequenos produtores. A principal alternativa para a avaliação independente de pequenos produtores tem sido a certificação em grupos, em que os custos são diluídos entre os participantes. Como exemplo, a certificação em grupos alterou o perfil dos produtores certificados de café, que mudou do predomínio de grandes produtores para incluir uma participação significativa de médios e até pequenos produtores (Figura 5).

Figura 5 – Perfil de produtores de café certificados em grupo e individualmente em 2011 pelo sistema da Rede de Agricultura Sustentável/Rainforest Alliance.

Distribuição do tamanho de fazendas de café certificadas individualmente em 2011

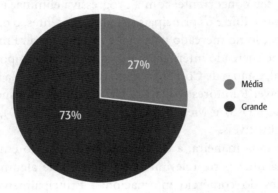

Distribuição do tamanho de fazendas de café certificadas em grupo em 2011

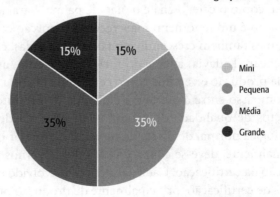

Fonte: Pinto (2014).

O principal desafio para a maioria dos sistemas tem sido a mudança de nichos de mercado para os grandes mercados nacionais e internacionais. Isso implicaria ter um maior número de empreendimentos certificados e, consequentemente, maior impacto da certificação no campo. Ao mesmo tempo, também significa uma maior quantidade e diversidade de produtos disponíveis para o consumidor final. O principal dilema da mudança de escala do nicho para o grande mercado se refere à incorporação dos custos da certificação ao longo das cadeias produtivas, incluindo produtores, processadores, atacadistas e varejistas e consumidores finais. O objetivo de venda em um grande mercado implicaria um produto com o mesmo preço final de seu concorrente, com a progressiva eliminação do sobrepreço aos produtores. Entre os principais sistemas existentes, o orgânico tem a maior participação no mercado nacional e internacional. Em seguida, principalmente no mercado internacional e com pequena importância no mercado nacional, estão o de Comércio Justo (*Fair Trade*), o da Rede de Agricultura Sustentável-Rainforest Alliance, Utz Certified, Bonsucro, Mesa Redonda da Soja (RTRS) e Mesa Redonda da Palma (RSPO), Mesa Redonda de Biocombustíveis.

De toda maneira, a certificação tem crescido em altas taxas e já representa uma parte relevante da produção de algumas *commodities* importantes do comércio internacional. Principalmente para aquelas em que os sistemas têm sido implementados por mais de uma década, há alta coordenação da cadeia produtiva ou pressão social por uma produção sustentável, como o café, o chá e o óleo de palma. Para aquelas em que que a certificação é um fenômeno mais recente, a porção certificada ainda é pequena, mas também crescendo em taxas acentuadas, como no caso da soja e do açúcar. Todavia, apesar do forte crescimento, apenas uma pequena parte da produção é vendida como certificada (Tabela 1). A superoferta ou o descompasso entre a oferta e a demanda de produto certificado se deve a aspectos de qualidade de produtos, desconexão de cadeias produtivas e uma lógica normal de oferta de *commodities* maior do que a demanda.

Finalmente, deve-se citar a entrada dos governos nacionais na regulamentação da certificação. Cada país tem desenvolvido e implementado suas normas de certificação, principalmente de produção orgânica. Isso tem enfraquecido as iniciativas da sociedade civil e resultado em normas diferentes entre países para produtos que, a princípio, teriam as mesmas qualidades. Como exemplo, há países que aceitam transgênicos como orgânicos, algo inaceitável para os sistemas da sociedade civil e outros governos.

Tabela 1 – Evolução da produção e situação entre produção e venda de produtos agrícolas certificados, somando-se diversos sistemas de certificação socioambiental aplicados para cada cultura.

Commodity	Porção da produção global certificada em 2008	Porção da produção global certificada em 2012	Porção da produção global vendida como certificada em 2012
Café	9%	38%	12%
Cacau	3%	22%	7%
Óleo de palma	2%	15%	8%
Chá	6%	12%	4%
Algodão	1%	3%	2%
Banana	2%	3%	3%
Açúcar	< 1%	3%	< 1%
Soja	2%	2%	1%

Fonte: Potts et al. (2014).

A participação de governos, a criação de selos específicos para culturas ou cadeias de produtos, a disputa entre sistemas internacionais ou locais de certificação e a criação de sistemas específicos para demandas de determinados grupos sociais resultou em uma proliferação de sistemas, selos e certificados, consequentemente, causou uma divisão entre movimentos com missões semelhantes e uma disputa por produtores e mercados entre os sistemas. Nesse contexto, aumenta-se a complexidade para a tomada de decisão dos produtores e consumidores quanto a qual sistema aderir. Embora haja cada vez mais opções, necessita-se de um grande volume de informações para optar, por exemplo, por um produto que a princípio não teria muita diferenciação entre uma marca e outra, como banana, açúcar, farinha, para poder estar tranquilo quanto às suas demandas e preocupações como consumidor e cidadão.

ASPECTOS ECONÔMICOS

Para se certificarem, investimentos englobam custos diretos e indiretos por parte dos empreendimentos. Os diretos são os de auditoria, enquanto os indiretos são os necessários para que se atinja um desempenho socioambiental e agronômico compatível com os exigidos pela norma e se conquiste a certificação.

Mas a pergunta fundamental para a decisão de um produtor em se certificar é: qual é o retorno econômico desses investimentos e quais são os seus benefícios? Em geral, no curto prazo, os produtores esperam prêmios (sobrepreços) ou novos mercados para os seus produtos. Embora o prêmio ocorra em algumas cadeias, essa tendência não deve se sustentar no longo prazo, em geral não é uma garantia da certificação e não ocorre em todas as cadeias produtivas. O que se deve esperar é a garantia de mercados ou negócios diferenciados no longo prazo, a serem conquistados pelos produtores. Todavia, a análise econômica deve incluir outras dimensões de mudanças que podem resultar da certificação.

A literatura, experiências de campo em auditorias e depoimentos de produtores apontam melhorias na gestão, economia de recursos e menor uso de insumos resultantes da certificação. Some-se a isso a manutenção ou a recuperação dos capitais natural e social envolvidos na produção agropecuária, que repercutem em benefícios de curto, médio e longo prazo. Finalmente, ainda no campo econômico, há os benefícios intangíveis de reputação, valor de marca, etc. Mais que isso, pensa-se que também se deve analisar o valor econômico da certificação à luz de um instrumento de inovação, acesso a melhores práticas, conhecimento e tecnologia, o que leva a uma melhor gestão rumo à sustentabilidade. Gestores florestais declararam esta como uma das principais razões para se manter a certificação de suas empresas (Kant e Couto, 2009). Mesmo com suas imperfeições, parece mais adequado avaliar o valor da certificação não somente como um mecanismo de mercado, mas também como um programa de inovação e assistência técnica, de modo que pode ser usada e apropriada por produtores como um instrumento de gestão (Pinto, 2014).

Finalmente, uma análise econômica abrangente da certificação socioambiental é uma das grandes lacunas para sua adoção em grande escala. Também é fundamental estudar a repartição (ou concentração) de benefícios econômicos ao longo da cadeia de produtos certificados. Em alguns casos, os investimentos estão sendo feitos exclusivamente por produtores. Em outros, está sendo dividido com outros elos da cadeia. Mas, além da repartição dos custos, é necessário avaliar como ocorre a agregação de valor ao longo da cadeia.

CADEIAS PRODUTIVAS

O grande crescimento das certificações na agropecuária mundial da última década tem sido motivado por estratégias e decisões de grandes empresas do setor alimentício e energético que se abastecem de matérias-primas da agricultura e pecuária. A adesão a certificações voluntárias ou mandatórias é consequência da necessidade de oferecer garantias ou cumprir exigências legais ou de determinados mercados a respeito da qualidade de seus produtos (como questões sanitárias e de segurança alimentar) ou decorrentes de políticas de sustentabilidade empresariais.

Em geral, as certificações são uma das maneiras de as empresas implementarem suas políticas ou compromissos com o suprimento sustentável de matéria-prima. Contribuir para uma agricultura responsável, que gere bem-estar aos produtores e trabalhadores rurais e conserve os recursos naturais pode ser uma motivação para essa decisão. Também pode estar atrelada a um interesse de valorizar a marca da empresa, gerar valor às suas ações, prestar contas ou oferecer garantias para acionistas e investidores e o público em geral. Também há empresas que entendem que a certificação é uma maneira de fidelizar fornecedores, estabelecer relacionamento de longo prazo com eles e garantir a oferta de suprimento, em um possível ambiente futuro de escassez de determinadas *commodities*. Essa escassez pode ser decorrente de uma competição por ingredientes ou até mesmo da ameaça de mudanças climáticas para a produção de certos cultivos.

O fato é que as principais empresas globais possuem alguma política de sustentabilidade ou compromisso público com o suprimento de suas principais *commodities* que se relaciona com a certificação, como açúcar, cacau, café, chá, soja, óleo de palma e outros.

De qualquer maneira, essas decisões corporativas atravessam as cadeias produtivas, do produtor no campo até a indústria de alimentos ou o setor de varejo. Assim, a certificação atinge *traders*, armazéns, processadores e outros elos da cadeia, por meio da certificação de rastreabilidade ou de cadeia de custódia (Figura 6). Nesta, garante-se que não há mistura entre produtos certificados ou não certificados, ou que as eventuais misturas seguem limites estabelecidos. Há diferentes abordagens para sistemas de rastreabilidade, em que os mais exigentes exigem a segregação completa e produtos finais puros certificados, até sistemas que permitem misturas parciais ou balanços de massa. O rigor de cada um vai depender da forma de consumo do produto final, que varia muito entre um alimento orgânico, um ingrediente de uma barra de chocolate ou um combustível.

Figura 6 – Conceito de rastreabilidade da cadeia produtiva e certificação de cadeia de custódia.

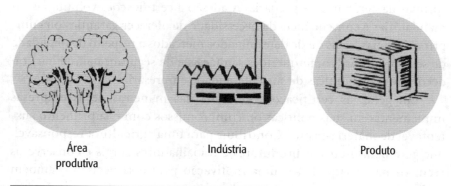

Fonte: Pinto (2014).

CONSIDERAÇÕES FINAIS
Impactos e o futuro da certificação para a agropecuária

A experiência de campo, a literatura científica e estudos técnicos do impacto da certificação demonstram que a certificação pode de fato reconhecer os casos de boas práticas socioambientais e fomentar a mudança no campo na escala de fazendas e empreendimentos agropecuários. As principais transformações geradas pela certificação estão nos seguintes temas:

- Gestão do empreendimento – maior autoconhecimento da propriedade e sistema de produção, organização e planejamento; resultando em melhor eficiência, uso de recursos, menores desperdícios.

- Social – são diversos os impactos potenciais para os trabalhadores de empreendimentos certificados, que podem ser organizados em:
  - Liberdade de organização e negociação coletiva.
  - Condições dignas de trabalho quanto à saúde e segurança, forma de contratação, transporte, condições de moradia e alojamento, entre outros.
  - Redução da pobreza e diálogo e colaboração com comunidades afetadas pelo empreendimento.
- Ambiental – as principais mudanças possíveis são em relação a:
  - Eliminação do desmatamento, restauração de ecossistemas nativos e conservação da biodiversidade.
  - Conservação do solo e da água e controle e diminuição das fontes de poluição e contaminação ambiental.
  - Reciclagem e destino seguro de resíduos.
  - Diminuição da emissão de gases de efeito estufa e do consumo de energia.

Figura 7 – Exemplo de mudanças ou impacto potencial da certificação socioambiental na agricultura. Mudança em alojamento de trabalhadores temporários antes e após a certificação.

Fonte: Lima et al. (2009).
Fotos: acervo do Imaflora.

Todavia, apesar dos substanciais avanços e do potencial de mudanças, há limites sobre o impacto da certificação e até onde o instrumento, pela sua natureza, tem condições de causar mudanças relevantes; e faltam estudos aprofundados para se tecer conclusões mais seguras sobre os efeitos possíveis.

As áreas de melhoria para a agropecuária em que a certificação socioambiental tem potencial limitado para induzir mudanças são:

- No campo do trabalho:
  - A sazonalidade da contratação de mão de obra, especialmente de safristas que trabalham na colheita.
  - O pagamento dos trabalhadores rurais por produtividade.
  - A terceirização da contratação da mão de obra.
  - A migração de trabalhadores rurais.
  - Os impactos da mecanização sobre a oferta de emprego.

- No campo socioeconômico e ambiental:
  - O acesso de produtores familiares, pequenos e médios a se certificar. A certificação em grupo tem facilitado este acesso, mas este ainda é assimétrico, de modo que os grandes produtores têm maior facilidade para ter informações, realizar as mudanças e os investimentos necessários a certificação.
  - A concentração de terras. Esse é um grande dilema não resolvido no Brasil para a concentração de riqueza, poder, e terra e a certificação não encontrou mecanismos para enfrentar essa questão.
  - Vazamentos ou efeitos indiretos do deslocamento de uso da terra ou impactos sociais ou ambientais. O fenômeno conhecido pelas expressões *leakage* ou ILUC (mudança indireta de uso da terra) ocorre quando a solução de um problema em um local causa o mesmo efeito indesejado em outro local. Ainda há dificuldades de método para se avaliar esses efeitos, sendo portanto impossível auditar esse tipo de fenômeno.
  - Passivos sociais ou ambientais. A lógica da certificação é a mudança. Portanto, não deveria excluir empreendimentos que cometeram erros nos passado e estariam dispostos a ter novos

comportamentos e desempenho socioambiental. Contudo, é muito complexo decidir objetivamente se há erros inaceitáveis e outros que poderiam ser reparados. Alguns sistemas de certificação (como da RAS e FSC) possuem uma linha de corte (data) para o passivo de desmatamento. Outros propõem medidas mitigadoras ou compensatórias para passivos. A data de corte é uma medida simples, objetiva e transparente, mas ainda não é a solução ideal. Ela exclui de possíveis mudanças todos os que estão fora de uma data arbitrária e que poderiam estar dispostos a reparar ou superar danos causados.

- Diversificação da produção. Apesar de ter impacto na diversificação da paisagem, pela necessidade da proteção, recuperação e conexão de áreas naturais, não há efeito claro da certificação em incentivar ou exigir diversificação da produção e evitar as monoculturas.

- Uso de agrotóxicos. Há diversos ganhos da certificação quanto a essa questão, mas ainda há espaço para melhorias.

- A concentração de terras e a limitada diversificação da produção também impõem limites da certificação sobre a segurança e a soberania alimentar, que não são tratados adequadamente por normas de certificação.

Os temas que necessitam de estudos aprofundados para esclarecer o papel e os limites da certificação são:

- Escala.
  - Até que ponto os ganhos ambientais na escala da fazenda ou empreendimento certificado repercutem em benefícios em uma escala integradora para a biodiversidade e a água, como a paisagem e bacias hidrográficas? Qual é a densidade de empreendimentos certificados em uma região necessários para causar um impacto ambiental regional?
  - O mesmo raciocínio se aplica para a dimensão socioeconômica. Considerando as limitações e as possibilidades da certificação, até que ponto ela pode colaborar para o desenvolvimento regional e territorial?

- Além da paisagem e região/território, existe uma quantidade mínima da produção de um setor que, após certificada, engatilha uma mudança inercial do setor como um todo?
- Tanto do ponto de vista regional como de um setor, qual é o papel da certificação? Ela promove mudanças pela criação de exemplos e referências isoladas ou com baixa conexão ou é realmente necessária maior densidade para que se aceite que influencia uma região ou um setor? Até que ponto casos isolados mas destacados e reconhecidos pela certificação podem influenciar mudanças de comportamento de um setor produtivo ou região?
- Onde deve ser a linha de corte da certificação? Há sistemas rigorosos, com linha de corte alta, alinhados com alta agregação de valor e diferenciação. Mas se argumenta que sistemas com linhas mais rasas e requisitos menos rigorosos poderiam causar mudanças em maior escala. Assim, quais seriam as vantagens e desvantagens de mudanças mais profundas em menor escala, contrapostas a menores mudanças em maior escala?

- Análise econômica.
  - O estudo da importância e a viabilidade econômica da certificação como agente de mudança também deve integrar várias escalas e abordagens, para se tomar a decisão individual ou até pública de se investir na adoção de sistemas de certificação.
    - O mais comum seria analisar o custo-benefício dos investimentos diretos e indiretos para se adequar e se certificar em relação aos benefícios econômicos diretos de prêmios, acesso a mercados ou negócios diferenciados. Esta, em geral, é a equação do produtor individual.
    - O próximo nível seria avaliar os benefícios da certificação na melhoria da gestão. As hipóteses a serem estudadas deveriam tratar de maior eficiência, uso racional de recursos, menores custos de produção, menos desperdícios, etc.
    - Uma análise sofisticada deve incluir o valor econômico dos serviços ambientais dentro da fazenda e em uma escala integradora de paisagem. Enfim, essa dimensão deve avaliar os efeitos econômicos da certificação em contribuir para o capital natural e social e da resiliência ambiental e social resultante dessa intervenção.

O balanço dessas análises nos indica que a certificação socioambiental tem papel relevante em conduzir a agropecuária à sustentabilidade. Após mais de uma década de sua implementação, a certificação superou a escala de piloto ou nicho no Brasil, atingindo abrangência nacional. Tem sido aplicada em uma diversidade de setores da produção agropecuária e em empreendimentos de tamanhos variados, em escala comercial de cadeias produtivas de alta competitividade. As mudanças não são desprezíveis, mas fica evidente que não são suficientes para causar uma mudança estrutural de um setor dessa envergadura. A certificação, assim como qualquer instrumento isolado, não é uma panaceia ou solução mágica. O seu principal papel tem sido o de inovar e demonstrar soluções para os desafios da sustentabilidade. Sua abrangência e sua escala têm sido capazes de promover o debate público, pautar uma agenda de pesquisa e políticas públicas, induzir mudanças na gestão e práticas de produção no campo em cadeias produtivas nacionais e internacionais. Mas é necessário um conjunto de políticas públicas e privadas que se complementem para evitar e punir o indesejável, e também para incentivar e reconhecer o desejável em várias dimensões e escalas. A certificação deve estar integrada com ensino, educação, pesquisa, outros mecanismos de mercado e políticas públicas para uma ampla mudança a um novo patamar de sustentabilidade. Adicionalmente, a maneira de se implementar um instrumento de certificação pode determinar as suas possibilidades de causar mudanças. A estrutura dos sistemas de certificação, especialmente quanto à independência, participação social e transparência dos sistemas; o conteúdo das normas; a qualidade do trabalho de certificadores; e os mecanismos de acesso e equidade entre vários tipos de produtores e impactos para as partes interessadas são fundamentais para o sucesso de qualquer iniciativa.

REFERÊNCIAS

CARVALHO, A.P. de. *Rótulos ambientais orgânicos como ferramenta de acesso a mercados de países desenvolvidos*. São Paulo, 2007. 201 p. Dissertação (Mestrado). Escola de Administração de Empresas de São Paulo (FGV).

CASHORE, B.; AULD, G.; NEWSOM, D. *Governing Through Markets: Forest Certification and the Emergence of Non-State Authority*. New Haven: Yale University Press, 2004.

ERVIN, J.; ELLIOT, C. The development of standards. In: VIANA, V.; ERVIN, J.; DONOVAN R.; et al. *Certification of forest products: issues and perspectives.* Washington D.C.: Island Press, 1996, p. 33-41.

KANT, S.; COUTO, L. Why Brazilian companies are certifying their forests. *Forest Policy and Economics.* v. 11, issue 9. 2009, p. 579-85.

LIMA, A.C.B.; ALVES, M.C.; MAULE, R.F.; et al. *Does certification make a difference? Impact assessment study on FSC/SAN certification in Brazil.* Piracicaba: Imaflora, 2009.

OXFAM. *Cocoa barometer.* London: Oxfam-Solidaridad, 2012.

PINTO, L.F.G. *A busca pela sustentabilidade no campo – Dez anos da Certificação Agrícola no Brasil.* Piracicaba: Imaflora, 2014.

PINTO, L.F.G.; PRADA, L.S. Fundamentos da certificação. In: ALVES, F.; FERRAZ, J.M.G; PINTO, L.F.G.; et al. *Desafios do Setor Sucroalcooleiro.* Piracicaba: Imaflora/EdUFSCar. 2008, p. 20-36.

POTTS, J.; LYNCH, M.; WILKINGS, A.; et al. *The State of Sustainability Initiatives Review 2014: Standards and the Green Economy.* Winnipeg: IISD-IIED, 2014.

PRABHU, R. COLFER, C.J.P.; VENKATESWARLU, P; et al. *Testing criteria and indicators for the sustainable management of forests: phase 1 final report.* Cifor, 1996.

SPERS, E.E.; CHADDAD F.R. O papel da qualidade na Europa. In: MACHADO FILHO et al. *O agribusiness europeu.* São Paulo: Pioneira, 1996.

VAN KOOTEN, G.C.; NELSON, H.W.; VERTINSKY, I. Certification of sustainable forest management practices: a global perspective on why countries certify. *Forest Policy and Economics.* São Paulo: Elsevier, v.7, ed.7, 2005, p. 854-67.

VIANA, V.; ERVIN, J.; DONOVAN, R.; ELLIOT, C.; GHOLZ, H. *Certification of forest products: issues and perspectives.* Washington: Island Press, 1996.

VOIVODIC, M.; BEDUSCHI-FILHO, L.C. *Os desafios de legitimidade em sistemas multissetoriais de governança: uma análise do Forest Stewardship Council. Ambiente & Sociedade.* São Paulo, 2010, 126 p. Dissertação (Mestrado). Pós-graduação em Ciência Ambiental (Procam). Universidade de São Paulo (USP).

Gestão de Recursos Humanos para Sustentabilidade | 21

Alexandre de Oliveira e Aguiar
Engenheiro químico, Uninove

INTRODUÇÃO

Quando se aborda a gestão ambiental e a sustentabilidade com um olhar histórico, observa-se que, por um período, foram muito valorizados os aspectos tecnológicos, particularmente os relacionados a tecnologias tipo "fim-de-tubo"[1], ou seja, de tratamento dos dejetos industriais com a finalidade de reter os poluentes. Nos anos de 1980, houve, no entanto, uma série de episódios tais como os acidentes de Bopal na Índia, do petroleiro Exxon Valdez no Alasca e da usina nuclear de Chernobil, na atual Ucrânia, que trouxeram como principal lição o fato de que, sem cuidar da gestão, não se conseguiria garantir a eficácia dos aparatos tecnológicos. É nesse contexto que os sistemas de gestão, como o proposto no modelo ISO 14001, e a gestão de pessoas ganharam visibilidade e importância como ferramentas para a sustentabilidade nas empresas.

Mais recentemente, foram acrescentados e intensificados temas como mudanças climáticas, impactos de produtos com organismos geneticamente modificados, mobilidade urbana, energias renováveis, uso racional de água, padrões sustentáveis de produção e consumo e gestão verde da cadeia

---

[1] Recursos tecnológicos que visam reduzir a emissão de poluentes após serem gerados nos processos, sem se preocupar com a redução na fonte.

de suprimentos. Os problemas a serem enfrentados na gestão empresarial para a sustentabilidade são, portanto, de natureza complexa, e com alto nível de interdependência, conforme destacam Nascimento et al. (2008). Vários pesquisadores vêm afirmando que as abordagens mais avançadas de gestão ambiental são intensivas em capital humano e dependentes do desenvolvimento de habilidades por meio de treinamento dos empregados (Del Brio et al., 2007).

No âmbito da bibliografia, muito do que se tem escrito sobre a questão dos recursos humanos para a sustentabilidade está baseado em experiências com sistemas de gestão ambiental. Os sistemas de gestão não são a única ferramenta para impulsionar empresas rumo à sustentabilidade. No entanto, na implantação e manutenção de sistemas de gestão ambiental há uma intencionalidade, e as pessoas são chamadas a participar, em maior ou menor grau. Nas iniciativas para viabilizar sistemas de gestão ambiental, há sempre atividades e responsabilidades novas, e mudanças dos processos organizacionais. O volume e a intensidade das mudanças dependem do estado de maturidade da gestão ambiental na empresa, do padrão normativo escolhido, da realidade da empresa, entre outros fatores. Por isso, usar o aprendizado originado das experiências em sistemas de gestão é rico inclusive para quem não busca a certificação, pois as lições aprendidas são potencialmente válidas para situações em que estruturas são menos formais ou não têm tanta necessidade de demonstração externa.

Além disso, a maioria das empresas inicia seu envolvimento com a sustentabilidade pela gestão ambiental. Nesse caminho, descobre possibilidades e limitações das interfaces entre gestão ambiental e aspectos econômicos, e somente mais tarde sistematiza a gestão de aspectos sociais, como segurança e saúde ocupacional (que é gerenciada geralmente como um item isolado de legislação), direitos humanos no trabalho na cadeia de suprimentos e outros aspectos de impactos sociais. Em vez de iniciar com uma visão tradicional da gestão de recursos humanos, o capítulo segue um caminho que começa na capacitação das pessoas, que é a preocupação mais comumente percebida nas fases iniciais da implantação de um sistema de gestão ambiental, e depois se expande para outros temas da gestão de recursos humanos que são também importantes.

O objetivo deste capítulo é traçar um panorama e trazer algumas questões de teoria e prática que são importantes para se levar em conta na gestão de recursos humanos para sustentabilidade. A abordagem que será utilizada busca tomar proveito de similaridades existentes na gestão

GESTÃO DE RECURSOS HUMANOS PARA SUSTENTABILIDADE | **571**

de recursos humanos para gestão ambiental, responsabilidade social corporativa e outros temas correlatos que compõem uma visão abrangente de sustentabilidade. Embora sejam aspectos importantes, não se pretende discutir ações voltadas à diversidade, à segurança e à saúde ocupacional, ao controle de assédio moral e outros temas voltados ao bem-estar dos funcionários. Este capítulo não pretende esgotar o tema gestão de recursos humanos para a sustentabilidade.

O texto aborda inicialmente aspectos gerais de gestão de recursos humanos e as estratégias empresariais. Uma vez que uma das questões-chave é ter pessoas capacitadas para atuar na direção da sustentabilidade, o tema é discutido em termos dos aspectos técnicos e gerenciais. Por outro lado, só a capacitação não é suficiente, e os temas da conscientização e do engajamento são trazidos à luz dos potenciais conflitos entre os princípios da sustentabilidade e modelo de negócios da empresa. A seguir, serão discutidos outros aspectos da gestão de recursos humanos que potencialmente afetam a eficácia das ações de sustentabilidade, como liderança e o sistema de avaliação e recompensas, e sua aplicação em sistemas de gestão normatizados. Por fim, é abordado o papel da função RH na gestão de recursos humanos para a sustentabilidade, em seguida, traz seus desdobramentos em termos de sustentabilidade e das práticas de sistemas de gestão, que trazem muito aprendizado por existirem inúmeras experiências relatadas.

GESTÃO DE RECURSOS HUMANOS E ESTRATÉGIAS EMPRESARIAIS

No campo da administração, a teoria dos recursos humanos se concentrava até a década de 1980 nas categorias recrutamento e seleção, desenvolvimento, avaliação, e recompensas (Nascimento et al., 2008). Essas são algumas das atividades básicas da função recursos humanos nas empresas. Em muitos casos, elas ainda são complementadas pela comunicação interna, segurança e saúde ocupacional e qualidade de vida no trabalho. Na parte de capacitação, operacionalmente, a sequência é identificar necessidades, planejar, executar e avaliar os treinamentos.

Mais recentemente, há um grande interesse em ligar a gestão de recursos humanos às estratégias da organização. Muita literatura tem tratado da ligação entre a gestão de recursos humanos e a criação de vantagens competitivas. Para avaliar se a implantação das estratégias é viável, a avaliação da disponibilidade ou facilidade em captar recursos humanos em quantidade, estilos, com a experiência e as competências necessárias pode dar uma boa ideia da viabilidade da implantação (Lengnick-Hall e Lengnick-Hall, 1988). Nesse sentido, as competências organizacionais foram identificadas como a ligação entre a definição das estratégias e o atingimento do desempenho empresarial esperado, e a competência dos colaboradores é essencial para a competitividade (Nascimento et al., 2008).

Finalmente, Buller e McEvoy (2012) retomam o conceito de *linha de visão* que propõe que, a partir da estratégia, da cultura e das competências organizacionais, das competências grupais e normativas, conhecimento, competências e habilidades interagem e levam a formação de capital social e capital humano, propiciando atingir o desempenho planejado. Nesse contexto, as funções e atividades em recrutamento e seleção, treinamento e desenvolvimento, avaliação de desempenho e recompensas gravitam ao redor desse alinhamento de uma maneira reflexiva, sendo ao mesmo tempo alimentadas por esse contexto e viabilizando na prática a implantação das estratégias.

No ambiente de negócios, não há apenas a competição pela atenção de potenciais clientes, mas também pelos melhores talentos. E nesse caso a concorrência não se dá somente entre concorrentes em um mesmo nicho de mercado, mas é uma concorrência mais geral. Trata-se de conseguir identificar, atrair e manter pessoas com os talentos e competências necessárias para o sucesso da organização. Portanto, ter uma boa relação e comunicação com os colaboradores e mantê-los na organização depois de ter investido em seu desenvolvimento se torna essencial. Na interação com os colaboradores, alguns desafios se destacam quando se deseja atrair e reter talentos (Aliglieri et al., 2009):

- Dar preferências a valores culturais orientados para mudanças no comportamento organizacional.
- Humanização do recrutamento, seleção, monitoramento, desenvolvimento e recompensa dos empregados.
- Favorecer diversidade entre colaboradores.
- Promoção de saúde e bem-estar do colaborador.
- Serviços de apoio em casos de demissão.

Os autores destacam ainda possibilidades de programas e políticas de responsabilidade social pertinentes: práticas responsáveis no recrutamento e seleção, práticas éticas para orientação de pessoas, modelagem de cargos e avaliação de desempenho, programas de higiene, segurança e qualidade de vida, transparência nas informações, desenvolvimento integral dos colaboradores, e políticas apropriadas de remuneração, benefícios e incentivos.

Outro aspecto relacionado à cultura organizacional que precisa ser destacado é que todo projeto ou estratégia está sujeito a riscos: risco de lucros menores que o esperado, ou mesmo prejuízos, riscos ambientais, riscos sociais, riscos à vida das pessoas, entre outros. Não é possível ter 100% de certeza dos resultados no futuro. É preciso que a cultura organizacional seja consistente com esses riscos e que as pessoas, mesmo que não compartilhem exatamente a mesma percepção desses riscos, consigam gerenciar a diversidade de opiniões de modo a convergir para uma implementação eficaz das estratégias, favorecendo um ambiente de tolerância ao erro para não inviabilizar inovações, e promover o empoderamento[2] dos funcionários, incentivando-os a dar sugestões e trabalhar em ideias que modifiquem atividades, processos e produtos de uma maneira mais sustentável.

A realidade dos negócios mostra um ambiente cada vez mais competitivo, muito por causa do contexto global em que há uma maior mobilidade de matérias-primas, de mercadorias, de informações e de pessoas. As tomadas de decisão cada vez mais precisam ser feitas levando em conta referenciais novos, como os de Porter e Kramer sobre o envolvimento e a interação com partes interessadas e a *teoria dos stakeholders*[3], ao invés de levar em conta apenas a função de dar lucro ao acionista.

Para essa abordagem, os gestores são peças-chave para que as empresas introduzam com sucesso a sustentabilidade em suas estratégias de negócio. Os novos gestores precisam ser capazes de pensar e fazer negócios à luz dos conceitos do desenvolvimento sustentável. Desafios como pensar e agir em um contexto global, incluir propósitos que vão além do lucro, dar à ética um papel central e reestruturar a educação dos executivos, incluindo transversalmente a responsabilidade empresarial (Aliglieri et al., 2009), levam a gestão de recursos humanos a novos terrenos. De modo a confirmar esse pensamento, Jabbour e Santos (2008) propõem que a estratégia de gestão de recursos humanos em empresas sustentáveis deve apoiar a gestão da inovação, a diversidade cultural e a gestão ambiental no mesmo grau de importância.

---

[2] Valorização e fortalecimento da participação dos funcionários na tomada de decisão.

[3] Conjunto de pressupostos teóricos pelos quais a empresa, para obter sucesso, deve levar em conta os interesses de uma série de agentes sociais e partes interessadas ("*stakeholders*"), em oposição à visão clássica de que apenas os interesses dos acionistas devem prevalecer.

Como garantir, então, que as pessoas trabalhando para a empresa sejam capacitadas para tratar dos temas complexos e das inovações necessárias? Renwick et al. (2013) ressaltam que muitas empresas procuram usar de sua reputação ambiental para atrair talentos no sentido de que algumas pessoas, particularmente jovens, tendem a usar tal reputação para escolher as empresas em que gostariam de trabalhar, e levam em conta a imagem da empresa e as abundantes informações existentes na internet. Os autores destacam vários estudos mostrando que empresas com imagem ambiental positiva têm maior capacidade de atrair talentos. Ao mesmo tempo, para que a empresa construa tal imagem, é essencial recrutar força de trabalho disposta a se engajar em projetos voltados à gestão ambiental e susten-tabilidade. Primeiro, será discutida a questão da capacitação de recursos humanos e, em seguida, algumas das dimensões da gestão de recursos humanos que afetam a gestão ambiental.

CAPACITAÇÃO DE RECURSOS HUMANOS PARA SUSTENTABILIDADE EM EMPRESAS

É possível dizer que a capacitação para a sustentabilidade pode ser abordada por duas categorias relativamente independentes: os aspectos técnicos e os aspectos gerenciais.

Aspectos técnicos

A *dimensão técnica* se refere ao conhecimento das questões de sus-tentabilidade, ou seja, dos impactos sociais e ambientais das atividades da empresa. Inclui, por exemplo, o conhecimento dos *processos da empresa*, seus resíduos e emissões, as matérias-primas que usa, e as suas interações e impactos na comunidade. Isso pode incluir questões locais e imediatas, como o gerenciamento dos resíduos ou a extração de água subterrânea para uso industrial, ou questões menos imediatas e mais globais como as mudanças climáticas, conhecimento do mercado de soluções ambientais e de soluções em produção mais limpa para os processos da empresa e co-nhecimento de legislação. A capacitação na dimensão técnica precisa incluir também conhecer a *função do produto ou serviço* da empresa em um sentido mais amplo. Que tal compreender de maneira mais profunda o impacto do produto ou serviço, incluindo os aspectos sociais e ambientais no sentido *downstream* (a jusante) da cadeia de valor? Por outro lado, é fundamental o conhecimento sobre as interações no lado *upstream* (a montante) da cadeia de suprimentos, incluindo fornecedores e subfornecedores, suas questões ambientais, sociais e econômicas. Por fim, é preciso conhecer as interações com outras partes interessadas, não necessariamente clientes e fornecedores, mas que podem ser afetadas pelo negócio da empresa e seu desempenho em sustentabilidade. Essa formação técnica vai desembocar em temas como ciclos biogeoquímicos, indicadores de sustentabilidade, aspectos tecnológicos do controle de resíduos, emissões atmosféricas e efluentes, fontes de recursos renováveis e não renováveis, tecnologias limpas, reciclagem, avaliação de ciclo de vida, cadeias de suprimentos verdes e *ecodesign*[4]. Na questão social, pode incluir, para além da geração de emprego, os direitos humanos no trabalho, como trabalho infantil, trabalho escravo e horas extras, a disponibilidade e qualificação de mão de obra e o sistema de educação local, influência nos sistemas de transporte, saúde e mesmo nos preços de mercado da região onde a empresa tem suas operações.

Dentro da abrangência da capacitação técnica, a literatura destaca a importância do treinamento ambiental, entendido como atividade de treinamento com conteúdo voltado especificamente para meio ambiente. Treinamento ambiental vem sendo apontado como um fator-chave de sucesso, tanto no aspecto de "alfabetização ambiental", ou seja, de fornecimento de informações sobre gestão ambiental e sustentabilidade para permitir a abordagem das questões do dia a dia da empresa, levando em conta essa perspectiva, por exemplo, para identificar oportunidades de processos que minimizem ou reciclem resíduos, uso de processos com menos materiais tóxicos, e economia de água e energia.

Pesquisas têm demonstrado, por exemplo, que as ações de redução de emissões somente têm o resultado esperado (Kitazawa e Sarkis, 2000) e ações ambientais para atender a pressões de partes interessadas (Sarkis et al. 2010) somente têm o resultado esperado quando mediadas pelo treinamento ambiental.

Por outro lado, há certas competências que não são necessariamente "ambientais" e que são necessárias para a abordagem de problemas em sustentabilidade. No caso das lideranças, esse parece ser um aspecto mais estudado, mas nem sempre ele é ressaltado para outras funções.

---

[4] Estilo de projeto de produtos em que as características dos produtos levam em conta as necessidades de redução de impactos ambientais.

Aspectos gerenciais

A capacitação em aspectos gerenciais pode incluir, entre outros elementos: o *gerenciamento de projetos*, já que as ações em direção à sustentabilidade tipicamente são mudanças a serem implementadas nas empresas; o *gerenciamento financeiro*, já que as mudanças podem consumir recursos ou dar retorno financeiro em situações de ganha-ganha; *habilidades de liderança e condução de equipes*, uma vez que a temática da sustentabilidade se revela essencialmente interdisciplinar; e *habilidades de negociação* e política, entendida aqui não como política partidária ou de troca de favores com órgãos públicos para facilitar a implantação de projetos, mas sim da arte de agregar pessoas em torno de objetivos comuns, inclusive dentro da própria empresa.

Também há de se considerar que a capacitação de recursos humanos para a sustentabilidade não se limita à formação de técnicos, analistas e gerentes de sustentabilidade, mas engloba também a contaminação de profissionais das diversas funções empresariais – vendas, marketing, finanças, compras, operações, recursos humanos – com o conhecimento e a vontade de ser um agente de mudanças, e de que essas mudanças sejam no sentido da sustentabilidade.

A experiência prática tem mostrado que os próprios profissionais da área de sustentabilidade se ressentem da falta dessas competências gerenciais. Em tempos passados, os profissionais da área ambiental, segurança do trabalho, responsabilidade social e demais temas da sustentabilidade nem mesmo percebiam a necessidade dessas competências. Por vezes, pareciam pensar que a mera "pregação" por meio da divulgação das informações sobre a "insustentabilidade" e os caminhos técnicos para superá-las eram suficientes. As habilidades gerenciais são essenciais para que os profissionais da sustentabilidade superem o dilema de Cassandra[5].

Na prática, é comum que as empresas cometam o erro de capacitar seus profissionais em normas e legislação. Pessoas competentes só em normas (norma = estrutura) não vão necessariamente ter a compreensão global dos processos e suas inter-relações.

---

[5] Cassandra é uma figura da mitologia grega. Ela teria recebido do deus Apolo o dom da profecia, mas como se recusou a se deitar com ele, teria sido penalizada com a maldição de que ninguém acreditaria em suas previsões. De acordo com o mito, Cassandra previu o episódio do cavalo de Troia, e recomendou que o cavalo fosse rejeitado e destruído. O rei Príamo, não acreditando nela, permitiu a entrada do cavalo, o que levou à derrota dos troianos frente aos gregos.

Outro erro comum é pensar que a competência para sustentabilidade se concentra nos aspectos operacionais, como separar os resíduos ou manejar corretamente produtos perigosos. A seguir, encontram-se alguns exemplos:

- Um mecânico de manutenção que contribui para a sustentabilidade é só aquele que manuseia corretamente os resíduos de óleo? Não seria também aquele que é competente para evitar que as máquinas deixem vazar óleo?

- Um eletricista de manutenção que contribui para a sustentabilidade é só aquele que manuseia corretamente os resíduos de lâmpadas queimadas e outros resíduos eletroeletrônicos? Ou é aquele capaz de executar com perfeição uma instalação elétrica de forma que ela não consuma mais energia que o necessário e seja segura para não causar incêndios?

- Um engenheiro que contribui para a sustentabilidade é só aquele que separa corretamente o lixo do escritório ou é aquele capaz de enxergar as situações de ganha-ganha entre produtividade e meio ambiente, de forma a viabilizar processos mais ecoeficientes e seguros, e capaz de antecipar as necessidades de licenciamento ambiental de processos e produtos, evitando atrasos não previstos?

- Um comprador que contribui para a sustentabilidade é só aquele que se preocupa em documentar as licenças ambientais de seus fornecedores ou é aquele capaz de incluir nas negociações um melhor desempenho ambiental de seus fornecedores?

Diversas empresas incluem requisitos mínimos de formação, treinamento e experiência para esses tipos de profissionais em suas descrições de cargo e em ferramentas equivalentes de recrutamento e seleção, mas nem todas atentam para o fato de que levar esses requisitos a sério pode contribuir de maneira decisiva para a eficácia da gestão para sustentabilidade.

Um dos desafios mais importantes na formação das pessoas é o combate à fragmentação do conhecimento e à reintegração do saber. Essa é uma função que seria das escolas, mas para atender a essa demanda, é importante que haja uma interação, de forma que os problemas reais sejam os motivadores do aprendizado.

PARA ALÉM DA CAPACITAÇÃO: CONSCIENTIZAÇÃO AMBIENTAL E EDUCAÇÃO AMBIENTAL

É considerado senso comum nos meios empresariais que a conscientização dos funcionários sobre os aspectos ambientais do seu trabalho é essencial para que eles incorporem no seu dia a dia as tarefas relacionadas aos controles dos impactos ambientais. Ou seja, não basta ter o conhecimento, é preciso entender a importância das questões relacionadas à sustentabilidade e ligar os temas na prática do trabalho. Por exemplo, é importante garantir que os funcionários reconheçam as consequências de erros na separação de resíduos, os malefícios da contratação de fornecedores inapropriados de matérias-primas ou de serviços (ambientais ou não); a importância na agilidade de solução de problemas de manutenção relacionados à água ou ao manuseio incorreto de produtos químicos, e da identificação de novas tecnologias para economia de energia nos processos e nas edificações.

Muitas empresas se valem de ferramentas de comunicação com a intenção de promover a conscientização ambiental dos funcionários e, portanto, facilitar o entendimento e a incorporação das tarefas no dia a dia.

No entanto, frequentemente cometem dois erros: o primeiro é que, muitas vezes, a comunicação é consistente com a "política ambiental" da empresa, mas é contraditória com o "projeto político"; e o segundo é que frequentemente a comunicação é unidirecional da gerência de meio ambiente para os funcionários das outras áreas. O segundo erro dificulta que se identifique o primeiro, ou seja, se não se escuta o retorno dos funcionários sobre as práticas propostas e realizadas, fica mais difícil identificar se o discurso é apenas "teórico" ou se realmente está sendo colocado em prática.

Embora haja consenso sobre a importância da prática de atividades como palestras, exibição de vídeos, cartazes e outras formas de comunicação ambiental interna, a prática mostra que frequentemente os projetos relacionados à conscientização dos funcionários abordam temas importantes de maneira superficial e isolada. Uma maneira interessante de trabalhar é formar um grupo ou comissão responsável pelas atividades de comunicação e conscientização, que se reúna periodicamente, mas que tenha uma característica-chave essencial: a cada encontro deve ser discutido o impacto das ações tomadas no período anterior – por exemplo, se foi exi-

GESTÃO DE RECURSOS HUMANOS PARA SUSTENTABILIDADE | **579**

bido um vídeo, quais foram os comentários das pessoas? Se foi reforçada a necessidade de separação dos resíduos por tipo, houve algum comentário sobre problemas operacionais como falta de contêineres ou frequência inadequada de recolhimento?

Aqui vale esclarecer uma diferença importante entre *conscientização ambiental* e *educação ambiental*. A primeira se refere ao conhecimento que permite à pessoa relacionar seus atos, inclusive no trabalho, aos impactos ambientais reais ou potenciais. Segundo Philippi Jr e Pelicioni (2005, p. 6), a prática da reflexão crítica deve levar a ação-reflexão-ação, ou seja, o agir transformador é parte da essência da Educação Ambiental. Segundo os autores, "[...] consciência ecológica sem ação transformadora ajuda a manter a sociedade tal qual ela se encontra [...]".

A educação ambiental tem um propósito mais ambicioso, de criar cidadãos ativos e que, mais do que simplesmente compreender os mecanismos biogeofísicos dos impactos ambientais, estejam motivados para interferir na realidade de modo a criar um mundo mais sustentável. Ou seja, há uma proposta política embutida.

Uma das principais resistências das empresas em qualificar funcionários para avaliações mais abrangentes e profundas dos impactos ambientais e sociais da empresa é que se pode chegar ao ponto de questionar a natureza do negócio, ou se os impactos ambientais e sociais se justificam diante dos benefícios trazidos pela empresa para a sociedade. Na medida em que os treinamentos em sustentabilidade atinjam seus objetivos, tornam-se mais próximos da educação ambiental, no sentido de seu projeto político mais crítico e libertário. É por causa da dimensão crítica e política da educação ambiental que geralmente não se fala em educação ambiental nas empresas, e sim em conscientização ambiental. Superar esse embate independe da qualidade técnica do material instrucional, mas depende fundamentalmente da liderança da alta administração da empresa, que deve se dispor a discutir os conflitos que surjam, ao invés de simplesmente ignorá-los. Por exemplo, se um determinado fornecedor tem dificuldades em renovar sua licença ambiental por conta de exigências dos órgãos de controle, o que fazer? Não adianta os funcionários responsáveis pelos processos de qualificação de fornecedores e compras estarem treinados e conscientizados se a alta administração não estiver disposta a discutir possibilidades como apoiar o fornecedor em dificuldades, desenvolver um novo fornecedor e, eventualmente, aceitar pagar um preço mais alto pela matéria-prima. É frustrante para um funcionário engajado dar frequentes sugestões sobre mudanças e perceber que suas sugestões nunca são aceitas. Claro, não precisam ser sempre aceitas, mas se há um "projeto político" que não é aberto a novas ideias, isso leva a uma perda de motivação e a não realização do potencial criativo das pessoas.

Nesse sentido, os profissionais bem capacitados serão capazes de identificar sim dilemas na natureza dos negócios, e pode aparecer o dilema que possivelmente é a cena mais temida dos acionistas: o desafio aos modelos de negócio. O envolvimento das pessoas na gestão ambiental e para sustentabilidade deve ir, portanto, para além do fornecimento de conhecimentos e habilidades técnicos e gerenciais, e de prover a conscientização ou até mesmo a educação ambiental. Pessoas capazes e conscientizadas ou educadas podem acabar não sendo eficazes se a cultura e o clima organizacional não ajudarem a enxergar sentido naquilo que estão fazendo. Para lidar com esse embate, o elo essencial é o papel da liderança.

DIMENSÕES DA GESTÃO DE RECURSOS HUMANOS QUE AFETAM A GESTÃO PARA A SUSTENTABILIDADE

Vários autores têm estudado fatores que afetam a gestão de recursos humanos em gestão ambiental e sustentabilidade, como Kaur (2011) que, ao analisar bibliografia pertinente, destaca quatro variáveis de recursos humanos que afetam o desempenho ambiental: compromisso gerencial, no qual incluímos o tema "liderança", empoderamento, avaliação, *feedback* e recompensas. Neste capítulo, agrupamos os temas em compromisso gerencial e liderança; e avaliação, *feedback* e recompensas, discutidos conjuntamente.

Compromisso gerencial e liderança

O compromisso da alta gerência é um dos elementos que diversos autores confirmam como sendo um dos fatores de sucesso importantes de sistemas de gestão ambiental (Psomas et al., 2011; Sambasivan e Fei, 2008; Yin e Schmeidler, 2009). É preciso haver consistência de postura entre os líderes. Uma situação que pode ocorrer e que prejudica a implantação do sistema de gestão é que a alta administração e a média gerência apoiem a implantação e manutenção do sistema de gestão ambiental apenas no discurso, frustrando com frequência a equipe que pode estar tecnicamente preparada (Moreira, 2001).

É preciso promover uma cultura que permita aos empregados fazer melhorias ambientais, incluindo a promoção da inovação e a aceitação dos riscos associados à inovação (Kaur, 2011). A disponibilidade para mudanças e inovações que contribuam com a sustentabilidade também faz parte da liderança pelo exemplo (Nascimento et al., 2008). Se funcionários são punidos por fracassarem ao tentar introduzir inovações sustentáveis, a gestão para sustentabilidade vai ser deixada de lado. Se o apoio se limita à implantação de coleta seletiva ou de torneiras automáticas nos sanitários, sem ousar nos métodos de produção, pode indicar um "projeto político" cosmético. Em pouco tempo, a liderança pode perder a credibilidade e o apoio e esforço da equipe.

Visser e Crane (2010) identificaram quatro tipos de gerentes de sustentabilidade, de acordo com os fatores do trabalho que proporcionam satisfação aos gerentes, conforme resumido no Quadro 1. De acordo com os autores, valores, inspiração, expertise, empoderamento, pensamento estratégico e contribuição social são fontes de significado para os gerentes. Os profissionais entrevistados pelos pesquisadores relataram encontrar sentido em temas como realização profissional, desenvolvimento de equipe, transformação organizacional ou mudança social. Assim, aliar o desempenho financeiro à sustentabilidade pode não ser suficiente para motivar os gerentes de sustentabilidade.

Quadro 1 – Palavras-chave ligadas aos diferentes estilos de gerentes ambientais.

Estilo de gerente	Palavra-chave associada
Especialista	Individual Projeto Tarefa Técnico Qualidade Solução de problemas
Facilitador	Equipe Pessoas Empoderamento Interpessoal Desenvolvimento Aprendizado

(continua)

582 | GESTÃO EMPRESARIAL E SUSTENTABILIDADE

Quadro 1 – Palavras-chave ligadas aos diferentes estilos de gerentes ambientais. *(continuação)*

Estilo de gerente	Palavra-chave associada
Catalisador	Organizado Estratégico Direção Político Influente Visão
Ativista	Sociedade Organizações de base Crítico Questionador Rede de contatos Justiça

Fonte: adaptado de Visser e Crane (2010).

Não há, em relação aos estilos de gerentes, uma hierarquia de preferência. Cada estilo se adapta melhor a um determinado tipo de organização e contexto, e isso pode variar ao longo do tempo.

Em relação à liderança, há ainda um dilema frequente na organização da temática de sustentabilidade nas empresas que é: deve-se centralizar as responsabilidades em um gerente ambiental ou de sustentabilidade, ou deve-se espalhar as responsabilidades pela empresa? É muito comum que haja um comitê multifuncional para tratar do tema, o que facilita a implantação das decisões tomadas. No entanto, em certas épocas em que há *downsizing* ou algum tipo de pressão de mercado, esses comitês param de funcionar, as pessoas abandonam a parte "sustentabilidade" de suas tarefas e as responsabilidades acabam se concentrando, formal ou informalmente, nas pessoas com cargos específicos em gestão ambiental e sustentabilidade. Esse pêndulo acaba aparecendo também em épocas de auditoria, em que por vezes se encontram atividades com responsabilidades mal definidas, e que acabam "sobrando" para os profissionais específicos de sustentabilidade. Não há uma receita de bolo, em cada empresa depende do número de funcionários, disponibilidade de especialistas, cultura e clima organizacional etc. Esse tema traz um lado da liderança que tem sido pouco tratado quando se discute gestão ambiental ou sustentabilidade nas empresas: a gestão de conflitos.

Conflitos e disputas surgem quando diretrizes ou prioridades são conflitantes. Áreas funcionais da empresa podem ter metas conflitantes. Por exemplo, a área de compras tem como meta comprar mais barato; e a função ambiental, comprar de fornecedores 100% legalizados. Se um fornecedor barato tiver de ser "desqualificado" por uma questão ambiental, pode haver um conflito. Questões similares podem surgir em relação a metas de entrega de volume de produção, prazos para implantação de projetos etc. Ou pode haver conflitos de ordem mais prática e mais indireta, como a disponibilidade de pessoal para executar certas tarefas essenciais à sustentabilidade, como manutenção preventiva, monitoramentos, treinamentos etc.

Por exemplo, em uma empresa em que estava sendo implantado o sistema de gestão ambiental ISO 14001, certas tarefas do gerenciamento de resíduos não estavam claramente atribuídas às áreas funcionais. Além disso, havia tarefas novas que a equipe já havia identificado como necessárias, mas se mantinha o "pingue-pongue" em relação às responsabilidades. Foi então agendada uma reunião entre as áreas. Durante a reunião, usou-se um projetor multimídia para mostrar um quadro com os tipos de resíduos e dados do fluxo interno. As células relacionadas aos responsáveis por cada resíduo estavam em branco. Apenas com a explicitação dos conflitos relativos à falta de conhecimento, ou de recursos de cada área para assumir as responsabilidades, é que as soluções puderam ser encaminhadas.

Muitas empresas tratam esses conflitos de maneira velada. A explicitação e o envolvimento da alta administração são essenciais nesses casos. Quanto mais tempo durar o conflito, menos efetiva será a gestão da sustentabilidade.

A questão da interação entre as áreas chega a ser discutida por Corazza (2003), que argumentou que é grande a quantidade de informações a ser gerenciada entre as áreas funcionais para a gestão ambiental, e que informações geradas em uma área podem ser úteis para outras áreas. A autora apresentou também a necessidade de que a pessoa que exerce a função de gestor ambiental tenha competência para trabalhar na interface entre as áreas. No entanto, é escasso na literatura científica o aprofundamento empírico desta questão. Estudos como o de Jabbour (2010), abordando a introdução da questão ambiental na função produção são raros. O estudo do autor pressupõe que o compromisso da gerência, considerado essencial por vários autores, não é um construto isolado, mas se manifesta como elemento dos demais.

Avaliação de desempenho, recompensas e *feedback*

Uma das dificuldades no processo de avaliação e recompensa é como medir desempenho ambiental e sua relação com o desempenho operacional. No caso de gerentes de linhas operacionais, tipicamente haverá um ou mais indicadores de gestão quantitativos, mas no caso de *staff* ou pessoal operacional, isso pode ser um pouco mais complicado. Além do que, não há consenso na literatura se o pagamento de prêmios aos CEOs por desempenho ambiental realmente causa melhoria nesse desempenho. Uma grande empresa do setor de borracha, por exemplo, implantou um programa de sugestões com prêmios em dinheiro para ideias que trouxessem reduções de custos em que várias das ideias tinham cunho também de ganhos ambientais. O reforço positivo pode ser uma ferramenta importante de engajamento dos funcionários. Se isso envolve premiação em dinheiro ou não, é uma questão bastante discutida, sem consenso, e que é uma opção de cada empresa.

É importante também que haja *feedback* e avaliação quanto às funções e responsabilidades ambientais dos funcionários. Saber quais são suas responsabilidades, e se na visão da empresa (ou da gerência da empresa) estão sendo cumpridas de forma abaixo do esperado, no esperado ou acima do esperado é fundamental. Muitas vezes, os treinamentos e atividades de conscientização focam responsabilidades em coisas elementares, como a separação dos resíduos, apagar as luzes ao ir embora ou não desperdiçar água nos sanitários, esquecendo-se de funções centrais que também podem contribuir (esse assunto será discutido mais detalhadamente adiante, neste capítulo). É importante que se pergunte: O que mais? E na sua atividade-fim, como é a sua contribuição para a sustentabilidade? Esse tipo de pergunta pode provocar o início de uma análise crítica, que pode ter dois caminhos: o primeiro é imediato, fazer o funcionário pensar em como pode ajudar, o que pode levá-lo a ter uma ou mais ideias. O segundo caminho é o da explicitação de uma barreira, por exemplo, a falta de empoderamento, ou a falta de exemplo da gerência. Isso mostra a necessidade de um *feedback* do funcionário para a organização.

Daily e Huang (2001) argumentam que recompensas reforçam o empoderamento e a tomada correta de decisão, melhorando as iniciativas de ações corretivas e preventivas dos funcionários. É muito comum que empresas tenham programas de recompensas para funcionários que têm bom desempenho, ou que apresentem ideias que resultem em maior produtividade, qualidade, segurança ou benefícios ambientais. As recompensas podem ser financeiras ou não. Podem ser bens pré-definidos, como eletrodomésticos, ou uma viagem, somas em dinheiro ou somente uma placa comemorativa. Não há consenso sobre que tipo de premiação é melhor, havendo experiências descritas em ambos os sentidos. O que parece importante é que se analisem o clima e a cultura de cada empresa, em particular para se decidir o melhor tipo de incentivo. É possível, inclusive, que se queira mudar a cultura, mudando também o tipo de incentivo. É um risco, mas possivelmente alguns gerentes vão gostar de experimentar.

Reforço negativo, como advertências e outras punições também pode ser usado, mas Renwick et al. (2013) chamam a atenção para o fato de que não ensinam ou conscientizam para as boas práticas ambientais. Observa-se, na prática, que muitas empresas com sistema de gestão ambiental certificado tratam diversas de suas não conformidades apresentando como ação corretiva algum tipo de realinhamento ou advertência a funcionários envolvidos. Uma desvantagem importante desse tipo de postura é o potencial de afastar as pessoas, no médio prazo, das iniciativas ambientais ("melhor não me envolver"). Além disso, revela tipicamente uma análise pobre das causas das não conformidades, ao atribuir às pessoas e não ao sistema de gestão como um todo a responsabilidade pelos problemas ocorridos. Por exemplo, em uma grande empresa com problemas de cumprimento de prazos da gestão ambiental, as primeiras ações corretivas apontavam para advertências aos funcionários envolvidos. Com uma análise mais aprofundada, observou-se que havia na verdade uma sobrecarga de trabalho, ou seja, a estrutura da empresa é que estava deficiente, e por isso os prazos falhavam. A ação corretiva levou à contratação de pessoal temporário para diminuir a sobrecarga.

SISTEMAS DE GESTÃO NORMATIZADOS E A GESTÃO DE RECURSOS HUMANOS

A partir da década de 1990, uma série de normas internacionais voltadas à gestão de temas relacionados à sustentabilidade foram editadas. Essas normas geralmente tratam de "sistemas de gestão", entendidos aqui como partes da gestão global das organizações, incluindo recursos, documentos, equipamentos, processos, práticas, entre outros, voltadas a tratar de temas específicos. Entre eles, pode-se destacar a norma ISO 14001 sobre sistemas de gestão ambiental (ABNT, 2004), a norma OHSAS 18001 sobre sistemas de gestão de segurança e saúde ocupacional (BSI, 2007), a norma SA 8000 sobre direitos humanos no trabalho (Social Accountability International, 2014) e a norma ABNT NBR 16001 sobre gestão de responsabilidade social (ABNT, 2012). De certo modo, parece que os elaboradores das normas procuraram incorporar algumas das questões para as quais chamamos a atenção. O Quadro 2 mostra alguns aspectos encontrados de maneira geral nessas normas e na prática nas empresas.

Quadro 2 – Dimensões da gestão de recursos humanos em sistemas de gestão normatizados.

Dimensão	Aspecto positivo	Mas, na vida real...
Responsabilidade e autoridade	As normas direcionam para que haja papéis claramente definidos, de forma que não haja dúvidas para as pessoas sobre quem tem de fazer o quê.	...em empresas menos maduras, certas funções e responsabilidades são sistematicamente rejeitadas. ...raramente fica claro de quem é a autoridade quando há a necessidade de soluções de compromisso, ou seja, quando objetivos de negócio e de sustentabilidade são conflitantes. É um tipo de dilema que as normas preferem não abordar em profundidade.
Papel da alta direção	As normas definem certos papéis como definir a política, fornecer recursos; analisar criticamente os resultados. A norma OHSAS 18001 requer que a direção atue dando exemplo.	...o papel de tomar decisões difíceis e resolver conflitos não é reforçado e explicitado. Além disso, nem todas as normas requerem o envolvimento do ponto de vista de dar o exemplo.
Competência	Qualquer pessoa cujo trabalho possa causar impacto significativo (ou acidente ou doença ocupacional, ou impacto social...) deve ser competente com base em treinamento, educação e/ou experiência.	Os textos das normas têm sido interpretados, muitas vezes, de forma a focar no pessoal de nível operacional. Muitas vezes as competências técnicas de pessoal de *staff* e competências gerenciais são negligenciadas, ou admite-se que são gerenciadas de outra forma, "separada" da gestão ambiental.

(continua)

GESTÃO DE RECURSOS HUMANOS PARA SUSTENTABILIDADE **587**

Quadro 2 – Dimensões da gestão de recursos humanos em sistemas de gestão normatizados. *(continuação)*

Dimensão	Aspecto positivo	Mas, na vida real...
Treinamento	Identificar necessidades e prover treinamento, ou de outra forma disponibilizar a competência.	...a identificação das necessidades é vaga, feita de maneira genérica. Muitas vezes, fica definido que a chefia de cada funcionário identifica os treinamentos necessários, cabendo à área de recursos humanos apenas operacionalizar as necessidades.
Comunicação	Ter procedimento para comunicação entre as diversas áreas e funções.	...a maior parte da comunicação acontece de maneira informal, e não é sacramentada em procedimentos. Esse tipo de comunicação acaba sendo ignorado nos sistemas de gestão.
Empoderamento	Na SA 800 está na seção introdutória sobre intenções da norma.	...em maior ou menor grau, muitas empresas têm programas de sugestões e métodos participativos de solução de problemas voltados para programas de qualidade e produtividade. Em sistemas integrados, há exemplos de aproveitamento dessas estruturas. No entanto, às vezes, questões de política interna provocam uma separação total desses recursos, que acabam não sendo usados para gestão da sustentabilidade.
Recompensas	(Não abordam)	...muitos programas de empoderamento e de envolvimento dos empregados têm abordagem de recompensas, seja por meio da remuneração global (atingimento de metas), seja por meio de programas específicos de sugestões e melhorias.

Oliveira et al. (2010) pesquisaram empresas certificadas com o banco de dados do Inmetro, basicamente observando as opiniões daqueles que têm uma posição de coordenação geral do sistema (gerente de meio ambiente, por exemplo). Os pesquisadores usaram uma escala tipo *Likert* com 19 questões sobre o sistema de gestão ambiental, sendo que algumas delas apontavam para assuntos que interessam a presente pesquisa, em particular:

- A certificação ISO 14001 motiva os funcionários a atingir os objetivos e metas ambientais.
- A certificação ISO 14001 influencia positivamente outros processos de gestão da empresa.
- A certificação ISO 14001 influencia o moral dos empregados por trabalharem numa empresa ambientalmente responsável.

Del Brio et al. (2008) estudaram oito empresas e encontraram fatores da cultura organizacional que favorecem o desempenho ambiental, em particular políticas que favorecem a flexibilidade por toda a companhia, o estado da unidade organizacional ambiental e as políticas de recursos humanos relacionadas a questões ambientais, particularmente comunicação, trabalho em equipe e recompensas.

Outro aspecto comumente relevado a um segundo plano é a comunicação interna. Como as normas são relativamente genéricas em relação a esse respeito, e pouco prescritivas em relação ao conteúdo da comunicação, há geralmente pouco esforço para que a comunicação seja honesta e fluída. Nascimento et al. (2008) ressaltam que a produtividade e a eficácia das ações em sustentabilidade dependem da quantidade de informações mutuamente possuídas entre as áreas e as pessoas. Ou seja, quanto mais aberto o diálogo, melhor. No entanto, é interessante notar como as pessoas, e mesmo os pesquisadores, falam pouco das deficiências que acabam sendo criadas quando as empresas se atêm ao mínimo cumprimento das normas.

O PAPEL DA FUNÇÃO RECURSOS HUMANOS

No dia a dia de contato com empresas, encontramos basicamente dois estilos de áreas de recursos humanos: um primeiro, mais simples e primitivo, preocupado com funções burocráticas e legais, como serviços de admissão e demissão, gerenciamento de folha de pagamentos, férias e, eventualmente, benefícios; um segundo tipo, mais dinâmico e moderno, que além das funções burocráticas e legais, assume feições efetivas de recursos humanos, tratando de estratégias de treinamento e desenvolvi-

GESTÃO DE RECURSOS HUMANOS PARA SUSTENTABILIDADE | **589**

mento, planejamento de carreira, avaliação e *feedback*, cultura e clima organizacionais. Evidentemente, o primeiro estilo, conhecido também como "departamento de pessoal", pouca chance tem de contribuir de maneira mais efetiva para a gestão da sustentabilidade.

Jabbour e Santos (2008) propõem que os especialistas em gestão de pessoas em empresas sustentáveis precisam participar ativamente quando os objetivos são estabelecidos a fim de apoiá-los de maneira satisfatória.

Dubois e Dubois (2012) destacam que uma postura mais transformadora do RH envolve liderança, gestão estratégica de RH e a cultura organizacional e sistemas de trabalho, enquanto uma postura mais tradicional se ocupa do recrutamento e seleção, treinamento, gestão de desempenho, recompensas e bem-estar do funcionário. Não significa que as atividades do segundo estilo sejam secundárias, apenas a gestão de RH para sustentabilidade não pode se restringir a elas. Obviamente, funcionários recrutados e selecionados com o perfil adequado, que recebem treinamento, que têm *feedback* sobre seu desempenho e que recebem recompensas e se sentem bem trabalhando na empresa serão mais fáceis de atrair para as tarefas e funções com responsabilidades em sustentabilidade. Mas sem uma visão de liderança, estratégia e cultura, talvez não sejam pessoas com perfil para promover transformações.

Em alguns casos, particularmente em que a área de recursos humanos inclui a gestão de segurança e saúde ocupacional, ela acaba também por assumir centralmente a função gestão ambiental. Isso poderia facilitar a gestão por aproximar recursos humanos e sustentabilidade. Por outro lado, geralmente as competências técnicas não estão na área de recursos humanos, tornando mais difícil estabelecer ações práticas. Não há, no entanto, estudos que comprovem alguma regra geral quanto à adequação ou não da concentração da liderança no tema sustentabilidade pela área de recursos humanos. Para o presente capítulo, esse não é o tema que importa mais, mas sim a função "pura" de gestão de recursos humanos.

Desenvolvendo inteligência

Nascimento et al. (2008) ressaltam o papel da área de recursos humanos em desenvolver inteligências. Isso significa também contribuir para o desenvolvimento de capital intelectual na empresa. Capital intelectual se faz da competência adicionada do compromisso. No caso da sustentabilidade, por conta da complexidade da temática, das interações com todos os processos organizacionais envolvidos e da necessidade de raciocínio complexo e integrativo, essa é uma dificuldade a mais.

Uma parte importante do desenvolvimento da inteligência é a captação de talentos. De acordo com Renwick et al. (2013), universidades podem ter papel importante na formação de lideranças e gerentes. Houve um crescimento importante da disponibilidade de cursos de especialização e MBA específicos em meio ambiente, além disso, a questão ambiental tem ganhado espaço nos MBAs tradicionais.

Cabe ressaltar que o desenvolvimento da inteligência acontece de maneira mais fluída se o compromisso da empresa com a sustentabilidade for mais claro. Nesse ambiente, é possível incentivar atitudes que mudem expectativas e a percepção de risco que orienta as decisões. O desenvolvimento das competências acaba sendo, de alguma forma, mediado pelo projeto político implícito ou explícito, favorecendo ou inibindo o desenvolvimento e a expressão de uma inteligência voltada à sustentabilidade.

RH e o estímulo à inovação e à mudança

Desenvolvimento sustentável envolve mudanças em padrões de produção e consumo. Portanto, a inovação é parte essencial do processo de amadurecimento da organização no sentido de envolver a sustentabilidade na gestão empresarial.

Acontece que a disposição para inovar (mudar, portanto) e a aceitação dos riscos envolvidos é um aspecto humano. A área de Recursos Humanos precisa ter um papel ativo para garantir que o clima organizacional seja favorável à inovação. Precisa estar vigilante para que os gerentes de linha incentivem os funcionários a experimentar novas formas de fazer as coisas, e não punir em caso de fracasso.

É necessária a mudança do pensamento linear para o complexo, aceitando que os problemas nem sempre têm uma solução única já testada e aprovada, mas que em diversos contextos, as soluções podem ser diferentes do que já conhecemos, é um processo que pode ser conduzido por uma área de RH madura.

Em que isso é diferente no contexto da sustentabilidade? Principalmente porque duas variáveis a mais têm de ser consideradas: a primeira é que há ainda uma visão geral de que o retorno do investimento em sustentabilidade é difícil de mensurar, e, portanto, difícil de justificar em termos da dimensão financeira; a segunda, é o fato de que ainda há muitas dúvidas e incertezas científicas sobre diversas questões relacionadas à sustentabilidade e aos métodos para se atacar os problemas, do ritmo das mudanças climáticas ao dilema de erradicação da pobreza. Essas duas variáveis intensificam a percepção de risco nos projetos relacionados à sustentabilidade, e qualquer aversão ao risco acaba se tornando fator de decisão-chave.

CONSIDERAÇÕES FINAIS

Ao frequentar empresas, é comum nos depararmos com queixas sobre a quantidade de trabalho, que tende a aumentar, e o número de pessoas das equipes, que tende a diminuir. O recurso gerencial de redução de pessoal é conhecido como *downsizing*. Isso costuma provocar nas pessoas uma sensação de sobrecarga. O que se descreve é que mal se tem tempo para as atividades de rotina, então qualquer atividade extra, como geralmente é vista a implantação de projetos voltados a sustentabilidade, acaba parecendo um fardo. No entanto, estudos têm demonstrado que a redução de pessoal nem sempre significa barreira à inovação na empresa. Isso significa que as barreiras à inovação dependem mais de outros contextos do que da redução de pessoal em si. Esse tipo de situação potencialmente se aplica também às inovações para sustentabilidade.

Por outro lado, não basta a alta administração fornecer recursos, tem de ajudar a eliminar ou gerenciar dilemas e conflitos de metas – projeto político (diferente de uma "política ambiental"). "Manter a certificação" não é uma meta (às vezes, empresas colocam como sendo), mas é um "projeto político". Mais do que uma "política ambiental", deve haver um "projeto político" claro. Um projeto político que esteja claro para as pessoas quanto à comunicação transparente e quanto ao funcionamento das estruturas de poder real (não apenas as "responsabilidades e autoridades documentadas". Um projeto político dessa forma permite superar o dilema "Não ver o dilema ou fingir que não vê o dilema?" – não pode ser permitido "fingir que não vê" o dilema. A primeira providência para se resolver um problema é admitir que ele existe!

Para a empresa caminhar para a sustentabilidade, a função RH não pode ser só focada nas atividades de rotina tipo Departamento de Pessoal, tem de ser avançado na prática. A função RH tem de ser competente para gerenciar o "projeto político" do ponto de vista das disputas, inveja, premiações etc. Tem de gerenciar a expectativa de que a gestão vai atingir uma "estabilidade", porque não vai existir essa estabilidade, até porque a necessidade de mudança para a sustentabilidade é constante. Enfim, a função RH e os gerentes de sustentabilidade precisam assumir o papel de agentes de mudança, transformando cada colaborador em mais um agente de mudanças.

Por fim, é importante lembrar que não existe norma, método ou ferramenta formal que resista ao fator humano. Se as pessoas não quiserem, se não estiverem mobilizadas, as mudanças não acontecem. Não quer dizer que as ferramentas, como os sistemas de gestão, não sejam úteis. Apenas elas não são suficientes.

REFERÊNCIAS

[ABNT] ASSOCIAÇÃO BRASILEIRA DE NORMAS TÉCNICAS. *NBR ABNT 14001 Sistemas da gestão ambiental – Requisitos com orientações para uso.* Rio de Janeiro: ABNT, 2004.

_____. *NBR ABNT 16001 Responsabilidade social – Sistema de gestão – Requisitos.* Rio de Janeiro: ABNT, 2012.

ALIGLERI, L.; ALIGLERI, L. A.; KRUGLIANSKAS, I. *Gestão socioambiental: responsabilidade e sustentabilidade do negócio.* São Paulo: Atlas, 2009.

[BSI] BRITISH STANDARDS INSTITUTION. *BS OHSAS 18001:2007. Occupational health and safety management systems. Requirements.* Londres: BSI, 2007.

BULLER, P. F.; MCEVOY, G. M. Strategy, human resource management and performance: Sharpening line of sight. *Human resource management review.* v. 22, n. 1, p. 43-56, 2012.

CORAZZA, R. I. Gestão ambiental e mudanças da estrutura organizacional, *RAE-eletrônica.* v. 2, n. 2, jul-dez/2003.

DAILY, B. F.; HUANG, S. C. Achieving sustainability through attention to human resource factors in environmental management. *International Journal of Operations & Production Management.* v. 21, n. 12, p.1539-1552, 2001.

DEL BRIO, J. Á.; FERNANDEZ, E.; JUNQUERA, B. Management and employee involvement in achieving an environmental action-based competitive advantage: an empirical study. *The International Journal of Human Resource Management.* v. 18, n. 4, p. 491-522, 2007.

DEL BRIO, J. A.; JUNQUERA, B.; ORDIZ, M. Human resources in advanced environmental approaches – a case analysis. *International Journal of Production Research.* v. 46, n. 21, p. 6029-6053, nov. 2008.

DUBOIS, C. L. Z.; DUBOIS, D. A. Strategic HRM as social design for environmental sustainability in organization. *Human Resource Management.* v. 51, n. 6, p. 799-826, 2012.

JABBOUR, C. J. C. In the eye of the storm: exploring the introduction of environmental issues in the production function in Brazilian companies. *Journal of Production Research.* v. 48, n. 21, p. 6315-6339, nov. 2010.

JABBOUR, C. J. C.; SANTOS, F. C. A. The central role of human resource management in the search for sustainable organizations. *The International Journal of Human Resource Management.* v. 19, n. 12, p. 2133-2154, 2008.

KAUR, H. Impact of Human Resource Factors on Perceived Environmental Performance: an Empirical Analysis of a Sample of ISO 14001 EMS Companies in Malaysia. *Journal of Sustainable Development.* v. 4, n. 1, p. 211-224, fev. 2011.

KITAZAWA, S.; SARKIS, J. The relationship between ISO 14001 and continuous source reduction programs. *International Journal of Operations & Production Management.* v. 20, n. 2, p. 225-248, 2000.

LENGNICK-HALL, C. A.; LENGNICK-HALL, M. L. Strategic human resources management: A review of the literature and a proposed typology. *Academy of Management Review.* v. 13, n. 3, p. 454-470, 1988.

MOREIRA, M. S. *Estratégia e Implantação do Sistema de Gestão Ambiental (modelo ISO 14000).* Belo Horizonte: Editora de Desenvolvimento Gerencial, 2001. 288p.

NASCIMENTO, L. F.; LEMOS, Â. D. D. C.; MELLO, M. C. A. *Gestão Socioambiental Estratégica.* Porto Alegre: Bookman, 2008. 232p.

OLIVEIRA, O. J. D.; SERRA, J. R.; SALGADO, M. H. Does ISO 14001 work in Brazil? *Journal of Cleaner Production.* v. 18, p.1797-1806, 2010.

PHILIPPI JR, A.; PELICIONI, M. C. F. Bases Políticas, Conceituais, Filosóficas e Ideológicas da Educação Ambiental. In: _____. *Educação Ambiental e Sustentabilidade.* Barueri: Manole, 2005.

PSOMAS, E. L.; FOTOPOULOS, C. V.; KAFETZOPOULOS, D. P. Motives, difficulties and benefits in implementing the ISO 14001 Environmental Management System. *Management of Environmental Quality: An International Journal.* v. 22, n. 4, p. 502-521, 2011.

RENWICK, D. W.S.; REDMAN, T. MAGUIRE, S. Green Human Resource Management: A Review and Research Agenda. *International Journal of Management Reviews.* v. 15, n. 1, p. 1-14, 2013.

SAMBASIVAN, M.; FEI, N. Y. Evaluation of critical success factors of implementation of ISO 14001 using analytic hierarchy process (AHP): a case study from Malaysia. *Journal of cleaner production.* v. 16, n. 13, p. 1424-1433, 2008.

SARKIS, J.; GONZALEZ-TORRE, P.; ADENSO-DIAZ, B. Stakeholder pressure and the adoption of environmental practices: The mediating effect of training. *Journal of Operations Management*. v. 28, n. 2, p. 163-176, 2010.

SOCIAL ACCOUNTABILITY INTERNATIONAL. *Social Accountability 8000*. International Standard. Nova York: Social Accountability, 2014.

YIN, H.; SCHMEIDLER, P. J. Why Do Standardized ISO 14001 Environmental Management Systems Lead to Heterogeneous Environmental Outcomes? *Business Strategy and the Environment*. v.18, p. 469-486, 2009.

VISSER, W.; CRANE, A. *Corporate sustainability and the individual: Understanding what drives sustainability professionals as change agents*. SSRN 1559087, 2010.

Modelos de Gestão Organizacional para Sustentabilidade: da Participação à Colaboração

22

Patrícia de Sá Freire
Pedagoga, UFSC

Solange Maria da Silva
Administradora, UFSC

INTRODUÇÃO

Diversos fatores vêm gerando um gradativo aumento da atenção das pessoas, empresas e organizações em relação ao tema sustentabilidade. A insegurança com o futuro do meio ambiente e, consequentemente, com a sobrevivência da sociedade como um todo, despertou um novo nível de consciência. Sejam os problemas naturais ou os acidentes provocados pelo ser humano, os líderes estão mais atentos às suas responsabilidades para não serem nem a causa e nem sofrerem as consequências de ações ambientais negativas que acabam por prejudicar os negócios.

Acontecimentos negativos e insatisfação dos consumidores geram matérias de comunicação que chamam a atenção da opinião pública, desabonando a marca das empresas envolvidas em fatos negativos. O abalo da confiança acaba por desvalorizar suas ações e, consequentemente, prejudica o negócio. É um mundo em transformação, onde os modelos tradicionais de gestão ficam obsoletos por não privilegiarem o desenvolvimento sustentável.

A nova sociedade do conhecimento exige, então, modelos de gestão inovadores que criem caminhos para atender a essas necessidades emergentes de sustentabilidade. Requer ainda uma visão de mundo interdisciplinar das relações da empresa com o meio, o que faz com que o conhecimento dos funcionários seja mais um dos recursos produtivos, ao lado dos tradicionais fatores de produção – trabalho, capital, terra.

Dessa maneira, a partir da década de 1990, as empresas passaram a se utilizar do capital humano – conhecimento das pessoas – como fator de desenvolvimento sustentável, gerador de mudanças incrementais ou radicais. Adquirir, tratar e utilizar esses conhecimentos como matéria-prima geradora de bens e serviços passou a ser o principal fator de vantagem competitiva. Surgem, então, novos modelos de gestão, que se utilizam fortemente de ativos intangíveis do conhecimento como capital para seu desenvolvimento sustentável (Nadai e Calado, 2005). Este capítulo vem propor o modelo de gestão colaborativa (Freire et al., 2010a), que abraça as premissas e práticas dos modelos anteriores e avança no campo da participação para o conceito de colaboração.

Este estudo buscou, a partir de uma pesquisa teórica bibliográfica, analisar modelos de gestão que se propõem a superar os modelos tradicionais, obsoletos por não privilegiarem o desenvolvimento sustentável. Foram analisados os modelos de gestão participativa, identificando-se que eles abrem espaço para a voz do funcionário no sistema de decisão, facilitando o encontro de soluções, mas que faltam práticas de aprendizagem coletiva que capacite a empresa para o desenvolvimento sustentável. Conclui-se que a gestão colaborativa abraça as premissas e práticas dos modelos participativos, mas avança para a colaboração e, exatamente por isso, capacita a empresa para o desenvolvimento sustentável.

MODELOS DE GESTÃO PARA UMA NOVA SOCIEDADE

Nas palavras de Nadai e Calado (2005), as empresas que vivenciam os novos modelos de gestão podem ser identificadas pela intensidade do conhecimento em seus produtos, processos, pessoas, atividades, clientes e mercados de atuação e práticas de gestão do conhecimento. São características desses modelos de gestão organizacional a valorização de atividades intensivas em conhecimento; a gestão do conhecimento na criação de valor; a dependência da atividade intelectual dos funcionários altamente qualificados; o produto ou serviço criado a partir de processos intensivos em conhecimento; o mercado de atuação que valoriza o conhecimento

MODELOS DE GESTÃO ORGANIZACIONAL PARA SUSTENTABILIDADE | **597**

incorporado aos produtos; e o uso de práticas de gestão do conhecimento para adquirir, criar, compartilhar, tratar, registrar, conservar e disseminar os saberes.

Mas, para uma empresa conquistar esse nível de capacitação, ela precisa interagir dinamicamente com os meios interno e externo (Nonaka et al., 2008), vendo-os como um ecossistema gerador de conhecimento, somando as características culturais da organização e práticas de criação do conhecimento durante o fluxo dos relacionamentos.

As organizações intensivas em conhecimento privilegiam o conhecimento, a inovação e a sustentabilidade, rompendo com as tradicionais estruturas e modelos administrativos que se respaldavam na estrutura hierárquica de dominação burocrática (Helou, 2009). As práticas desses novos modelos de gestão operam de maneira a criar uma visão compartilhada na condução dos objetivos estratégicos, o que dá sentido e energia para a participação dos funcionários durante todo o processo de gestão, levando a organização ao desenvolvimento sustentável.

Entre os modelos que tratam o conhecimento organizacional como ativo intangível para o desenvolvimento sustentável da empresa, destacam-se os modelos de Frame Break (Mitroff et al., 1994); organização inovadora (Galbraith, 1997); organização em hipertexto (Nonaka e Takeuchi, 1997); capital intelectual (Sveiby, 1998); organização individualizada (Goshal e Bartlet, 2000) e o modelo de cadeia de conhecimento (Holsappl e Singh, 2001).

Ao se promover o diálogo entre os modelos, consegue-se entender suas diferentes visões sobre o ativo denominado conhecimento. Os modelos de Galbraith (1997), Nonaka e Takeuchi (1997) e Sveiby (1998) convergem na dimensão da estrutura organizacional, sendo que o modelo de Sveiby (1998) avança sobre a modelagem de processos e tecnologias. Os modelos de Mitroff et al. (1994) e Goshal e Bartlet (2000), por sua vez, ressaltam a dimensão de pessoas. Já o modelo de Holsapple e Singh (2001) alia o ciclo de gestão do conhecimento às atividades secundárias.

O modelo organização inovadora (Galbraith, 1997) é fundamentado em duas estruturas organizacionais: a inovadora e a operacional. A primeira é responsável por criar e a segunda por implantar as ideias criadas. Os líderes e funcionários trabalham de maneira integrada e constituem uma estrutura dinâmica em que se dividem nos papéis de orquestrador, patrocinador e gerador de ideias. Essa estrutura e seus papéis têm o objetivo de promover o encontro sistemático entre os geradores de ideias e aqueles que as podem patrocinar e orquestrar os processos organizacionais para transformá-las em negócio de sucesso.

O modelo de gestão do conhecimento foi cunhado por Nonaka e Takeuchi (1997) em seus estudos sobre o processo de criação do conhecimento organizacional. Segundo os autores, esse processo, ao contrário do armazenamento de dados e dos sistemas de informação, diz respeito a crenças e compromissos dos funcionários e líderes, estando essencialmente relacionado à ação, à atitude e à intenção específica de compartilhamento e criação do conhecimento na estrutura organizacional. É "um processo humano dinâmico de justificar a crença pessoal com relação à verdade" e precisa de uma estrutura para ser gerenciado (Nonaka e Takeuchi, 1997, p.63).

Na mesma linha, o modelo de organização em hipertexto, também proposto por Nonaka e Takeuchi (1997), é estruturado de maneira a promover a exploração, o compartilhamento, a acumulação e a criação do conhecimento organizacional contínua e repetidamente, como em uma espiral ascendente. Por ser um sistema aberto, proporciona às pessoas a possibilidade de entrarem e saírem de múltiplos contextos organizacionais, promovendo uma interação contínua e dinâmica de conhecimento com os clientes e com os parceiros internos e externos. Segundo os autores, essa é a estrutura mais adequada para servir como base para a criação do conhecimento organizacional, já que promove a coexistência da eficiência e estabilidade da dimensão ontológica (estrutura hierárquica formal burocrática) com a eficácia e o dinamismo da dimensão epistemológica (força auto-organizada interdepartamental não hierárquica). Esse modelo de gestão valoriza características da cultura organizacional voltadas para o compartilhamento e disseminação do conhecimento, para que se maximize o potencial dos conhecimentos existentes na organização, disponibilizando todo o conhecimento necessário para que as pessoas desempenhem suas tarefas eficazmente (Freire et al., 2010a).

Para acomodar o fluxo de conhecimento e promover as conversões de conhecimento que compõem a espiral de criação do conhecimento, Nonaka e Takeuchi (1997) propõem uma nova estrutura organizacional, que chamaram de *middle-up-down*. A criação do conhecimento é centrada na média gerência e envolve tanto a alta administração como os funcionários de linha de frente. Com isso, a estrutura se prepara para alavancar o processo de criação mais eficientemente do que a estrutura hierárquica tradicional (*top-down*) ou da linha de frente (*bottom-up*).

O modelo de gestão do capital intelectual (Sveiby, 1998) aponta que, gerenciado o fluxo de informações adequadamente, a competência organizacional aumenta e os relacionamentos melhoram, conferindo uma diferenciação na competitividade, de modo que se pode reverter o quadro de problemas para a sustentabilidade organizacional, simplesmente porque "aqueles que recebem e elaboram a informação tramitada no processo de mediação são expostos a um processo de desenvolvimento, posteriormente compartilhado e repassado ao ambiente de convivência" (Curty, 2005, p. 87).

Para o conhecimento ser gerenciado é necessária a implantação de uma visão sistêmica do capital intelectual construído pelas redes de relacionamentos institucionais e dos funcionários. Com essa visão estabelecida, é possível mensurar os ativos intangíveis e gerenciá-los de maneira a agregar valor à empresa e aos *stakeholders* (Assumpção, 2008). Esses ativos são "bens sem substância física, que dão a seu proprietário expectativa de benefício econômico futuro. Eles representam condições estratégicas de diferenciação no mercado, agregação de valor a bens ou serviços e proporcionam vantagens competitivas" (Ritta e Ensslin, 2010, p. 5)

Quanto à terminologia, a expressão ativos intangíveis foi apresentada pela primeira vez em 1969 por John Kenneth Galbraith (Cabrita, 2004). No início da década de 1990, com o objetivo de ampliar e orientar sua aplicação, Sveiby (1990) publicou *Knowledge Management* e cunhou a expressão capital intelectual, que deu nome ao modelo. Um ano depois, em 1991, a empresa Skandia criou a área de gestão do capital intelectual, publicando, quatro anos depois, seu primeiro relatório com os resultados dessa gestão. Seus resultados positivos chamaram a atenção, consolidando a importância da formatação de novos modelos de gestão que olhassem os conhecimentos como ativos intangíveis.

Indo em direção às pessoas, o modelo *frame break* (Mitroff et al., 1994) descreve novas abordagens organizacionais que não podem ser concretizadas sem uma mudança profunda na estrutura básica, nas funções e nos propósitos das organizações. Como o nome do modelo já denuncia, ele pretende quebrar as estruturas convencionais como caminho para transformar a gestão organizacional. Para isso, os autores propõem uma nova estrutura composta por quatro dimensões:

- **Aprendizagem e conhecimento**: requeridos para a criação de novos produtos ou serviços que não causem problemas para as pessoas e o meio ambiente.

- **Recuperação e desenvolvimento**: organizações e trabalhadores insalubres não podem produzir produtos ou serviços de qualidade e, por isso, precisam de meios para identificar e tratar dos processos disfuncionais do trabalho.

- **Serviço do mundo e da espiritualidade** – os trabalhadores não deixam seu impulso espiritual quando vão para o trabalho e por isso precisam encontrar expressão na forma de serviço para o mundo; as organizações precisam reconhecer essa necessidade e contribuir para a solução dos problemas do mundo.

- **Operação em escala mundial**: para ser um competidor principal a organização precisa de constante inovação, pesquisa e desenvolvimento.

As quatro dimensões formam um todo interconectado, exigindo dos líderes as competências de unir, integrar e gerenciar a tensão criativa gerada pela coexistência dos quatro aspectos. O modelo não tem o objetivo de somar uma nova camada de controle burocrático, pelo contrário, essas novas atividades precisam estar fluindo holograficamente entre e através de cada nível hierárquico da organização. Pelos autores, "o todo está em todas as partes e todas as partes contêm o todo" (Mitroff et al., 1994, p. 37).

Nesse mesmo caminho, surge o modelo organização individualizada (Goshal e Bartlet, 2000, p. 24) que visa a "desenvolver um conjunto de ideias integradas e uma estrutura conceitual que talvez ofereçam aos gerentes o mapa mental da nova geologia corporativa". Esse modelo questiona a fatalidade da rotina das "longas jornadas de trabalho apenas para assegurar o inevitável" (Goshal e Bartlet, 2000, p. 48), quando as pessoas dentro das organizações tradicionais carecem de motivação e incentivo para seguirem na busca por oportunidades emergentes ou desenvolver novas ideias.

Para essa conquista, o modelo propõe mudanças com a pretensão de promover ambiente que estimule o desenvolvimento de habilidades individuais e o reforço do sentimento de confiança em relação a elas, para assim desenvolver características empreendedoras que levam ao sucesso. São três aspectos essenciais dessas características: a relação individualizada entre os gerentes e seus executivos de linha de frente; a ruptura da relação tradicional de autoridade e a possibilidade de questionamento de decisões erradas; a tolerância em relação ao fracasso e ao risco. É pressuposto desse modelo que, com base no poder da iniciativa pessoal e na curiosidade inata do ser humano para agir e aprender com o outro, a organização seja capaz de: "interligar as iniciativas dispersas e alavancar a competência difusa, inserindo os relacionamentos daí decorrentes num processo contínuo de aprendizado e ação organizacional" (Goshal e Bartlet, 2000, p. 77).

De modo pragmático, este modelo propõe o investimento no desenvolvimento das pessoas; a abertura de novos canais de comunicação para a rápida difusão do conhecimento e das competências estratégicas da organização; a criação de uma cultura orientada para a confiança; a organização desenhada como uma rede integrada onde as conexões serão definidas em termos de sua interdependência. Para suportar essas práticas, é indicada a adoção de valores como apoio, disciplina, confiança e entendimento entre as partes, além da multidimensionalidade das tarefas.

Chega-se ao modelo de cadeia de conhecimento (Holsapple e Singh, 2001) que alia os processos de gestão do conhecimento às atividades secundárias da organização. Como premissa, esse modelo defende que quanto melhor o processo de aprendizagem da empresa, melhor ela conseguirá projetar esse aprendizado na forma de sucesso competitivo.

O modelo identifica as atividades de aquisição, seleção, geração, internalização e externalização do conhecimento que ocorrem nos processos de gestão do conhecimento. O processo de gestão do conhecimento não ocorre necessariamente de maneira linear, pode ser interativo e sobreposto, e a natureza dessas variações é promovida pelas atividades secundárias. Por isso é determinante ao desenvolvimento sustentável que essas atividades sejam administradas. São elas: a liderança, a coordenação, o controle e a mensuração.

Por fim, para todos esses modelos (Mitroff, 1994; Galbraith, 1997; Nonaka e Takeuchi, 1997; Goshal e Bartlet, 2000; Holsapple e Singh, 2001), o desenvolvimento sustentável surge a partir das práticas de gestão do conhecimento organizacional e pode se manifestar pela criatividade dos funcionários; pela flexibilidade com que a organização reage ao ambiente; pela produtividade que alcança e, sobretudo, pela capacidade de inovação que possui, levando-a ao reforço de sua imagem.

DA PARTICIPAÇÃO À COLABORAÇÃO

Os modelos analisados oferecem caminhos alternativos aos modelos tradicionais de gestão e todos sugerem estratégias e práticas que se baseiam em princípios da gestão participativa. Ao somar suas orientações colaborativas que valorizam a quebra da hierarquia convencional, transformando a organização em um todo inteligente, com a busca do autodesenvolvimento sustentável, configura-se um novo modelo de gestão, a gestão colaborativa.

Esse modelo trata da interconexão dos funcionários para promover o melhor entendimento sobre as estratégias e a operação. Quanto maior a conectividade entre as pessoas, maior será o entendimento dos princípios, padrões, relações e rotinas, ou seja, aumentará sua competência (Figura 1) para o desenvolvimento sustentável da organização.

Figura 1 – De dado a competência.

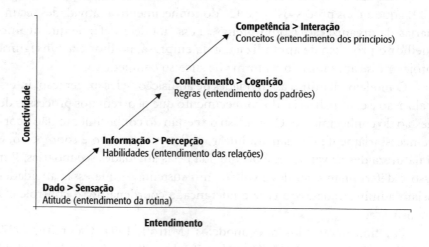

Fonte: adaptada de Watson (2003).

A interação resulta da evolução do entendimento e da conectividade das rotinas para o entendimento das relações; deste nível passa-se para o entendimento dos padrões; para se chegar ao entendimento dos princípios.

A conectividade depende da participação, que significa o ato ou efeito de participar. É o envolvimento em determinada atividade. É o fazer parte. Já o significado de colaboração vai além. Também significa realizar um trabalho conjunto e participar, mas principalmente significa a ação de colaborar com alguém, de ajudar e de auxiliar o outro.

GESTÃO PARTICIPATIVA

A gestão participativa, cujas origens remontam ao final da década de 1950, advém da preocupação com o desalinhamento entre a estratégia e a sua implantação. Essa metodologia de gestão busca eliminar as figuras do gerente autoritário e indiferente e dos funcionários distantes, submissos e reativos. Cria-se um novo relacionamento entre patrão-empregado, mais democrático e produtivo, no qual se valorizam a proatividade do funcionário e a capacidade de ouvir e buscar o consenso do patrão.

Os modelos participativos de gestão se desenvolveram a partir das ideias de negação do exclusivismo do patrão como detentor do saber. Com esse paradigma organizacional, renunciou-se à imposição de modelos de comportamento, evocando-se as capacidades criativas dos funcionários e o coletivismo. Nesse contexto, o patrão é visto como um maestro, conduzindo e direcionando forças, mas sem impor seus conhecimentos, desejos e escolhas. Assume-se um sistema de decisão descentralizado. A metodologia que embasa esses novos modelos promove a internalização da desordem criativa dos funcionários (Kroll, 2005) para que assim o patrão seja capaz de tomar decisões levando em conta os conhecimentos além dos seus.

Com o advento desse modelo de gestão, sentiu-se a importância da identificação dos processos de construção do conhecimento na empresa. A empresa passou a perceber o valor de transformar o conhecimento em um ativo a serviço da organização, em vez de apenas ser uma propriedade de indivíduos. Para isso, o funcionário é visto como um participante e precisa dispor suas informações antes de ser cobrado e, os líderes devem desenvolver competências de gestor de pessoas, como ouvir, consultar e perguntar antes de tomar as decisões.

A gestão participativa tem o objetivo de, por um lado, fazer com que os funcionários sejam valorizados pelo seu saber e, por outro, aumentar as oportunidades de conscientização e mobilização para ações que levam à sustentabilidade organizacional. O funcionário passa a ser respeitado como um profissional responsável pelos resultados e não mais apenas como uma parte do processo.

Uma das vantagens dos modelos alinhados a essa metodologia é o ambiente de trabalho mais participativo, onde as competências individuais começam a aparecer. Surgem as caixinhas de sugestões, a ouvidoria interna e o fale com o presidente. O conhecimento individual começa a ser percebido como ativo da empresa. Dá-se voz a todos na empresa, independentemente de cargo ou função, oferecendo igualdade de oportunidades para livre expressão, o que gera a efetiva participação no sistema de decisão organizacional. Isso é de extrema importância para a valorização do próprio funcionário, pois indica que suas competências são reconhecidas.

A desvantagem desse modelo se destaca pela manutenção da alta dependência do posicionamento do patrão na gestão. O seu papel continua fundamental na criação de meios e ambientes para a participação de cada funcionário. Além disso, é o próprio líder que seleciona se o conhecimento disponibilizado pelo funcionário é pertinente ou não. Outra desvantagem é a geração de maior possibilidade de manifestação de conflito, visto que, ao abrir espaço para o diálogo, os sentimentos escondidos encontram lugar para se manifestar.

O conflito é natural e inerente à vida dos indivíduos e por isso está presente na rotina da organização, seja ele percebido ou não pelo patrão. A gestão participativa apenas desvenda os conflitos não manifestos, oferecendo a oportunidade de esclarecimento e conscientização das consequências e solução para os conflitos. Aumentam as possibilidades de conflitos, mas também aumentam as possibilidades de encontrar melhores soluções. Ao permitir a participação dos funcionários asseguram-se discussões mais amplas. Com a aceitação em consenso pelos funcionários, a solução tem mais chance de resultar em sucesso.

Um funcionário ouvido e valorizado será consequentemente um funcionário comprometido. Quando uma pessoa se sente participante do sistema decisório, ela se sente responsável pelos resultados a serem alcançados e se compromete com eles. Como afirma Marras (2000, p. 314), é preciso oferecer "aos grupos de trabalho o poder e a autonomia de como realizar suas tarefas, reforçando-os com credibilidade e encorajando sua credibilidade". Essa mudança demanda uma maior fluidez no sistema de gestão e, para isso, no mínimo é preciso delegar poder de decisão, mapear as responsabilidades pessoais e permitir o acesso à informação.

A gestão participativa visualiza, portanto, o indivíduo a partir da perspectiva funcionário – empresa. Com o olhar no individuo, favorece a motivação de cada funcionário para a participação na gestão, contribuindo com o que já sabe.

Para a gestão participativa, a soma dos conhecimentos individuais promove a diminuição dos erros no sistema de decisão e operação organizacional. Nessa metodologia se valoriza o conhecimento individual, as

MODELOS DE GESTÃO ORGANIZACIONAL PARA SUSTENTABILIDADE | 605

relações, a prontidão, a agilidade, a entrega e o resultado. O funcionário deixa de ser apenas o responsável pelos resultados de suas funções e passa a ser um participante, corresponsável pelos resultados da empresa.

GESTÃO COLABORATIVA

A gestão colaborativa não nega a gestão participativa, pelo contrário, assume seus princípios e vai além, percebendo o que é e o que poderia vir a ser. Entende-se, nessa nova metodologia, a necessidade da orientação de outros para que o novo conhecimento seja construído, e para que o indivíduo seja capaz de tomar decisões diferentes (no nível de desenvolvimento potencial – vir a ser) do que está habitualmente acostumado a tomar (dentro do nível de desenvolvimento real – ser). Para Vygotsky (1978, p. 87), "o nível de *desenvolvimento real* caracteriza o *desenvolvimento mental* retrospectivamente, enquanto a zona de *desenvolvimento proximal* caracteriza o *desenvolvimento mental* prospectivamente" (grifo dos autores).

Essa metodologia aponta para a sensibilização e a conscientização dos funcionários para participar na gestão com o que já sabem, como na gestão participativa, mas inclui os processos que o mobilizem a aprender o que ainda não sabem.

Cumpre esclarecer que, a gestão colaborativa, com base na teoria da aprendizagem organizacional, afirma que a aprendizagem não é uma questão de aritmética, ou seja, não se soma a aprendizagem individual para resultar na aprendizagem organizacional (Daft e Weik, 1984; Fiol e Lyles, 1985; Argyres e Schon, 1996; Crossan et al., 1999). Mas reconhecem-se os mecanismos de aprendizagens inter-relacionadas que promovem o entendimento necessário para a sustentabilidade organizacional. Ou seja, a metodologia de gestão colaborativa reconhece que somente a soma dos conhecimentos individuais não dá conta de responder à complexidade dos problemas e mudanças atuais e, por isso, é preciso adicionar a estes conhecimentos individuais o fluxo de aprendizagem processada nos relacionamentos das pessoas e das empresas envolvidas. A gestão desses fatores é que reduz os erros do sistema organizacional.

A aprendizagem é um processo que permite o aperfeiçoamento do desenvolvimento das ações por meio da adição de novos conhecimentos, bem como de melhores compreensões (Fiol e Lyles, 1985). Esse processo possibilita a mudança de sistemas de valores e conhecimentos, melhora a capacidade do indivíduo de agir frente à resolução de problemas e promove uma alteração no quadro comum de referência dos indivíduos inseridos no contexto da organização (Cardoso, 2000). São premissas para a promoção da aprendizagem organizacional: toda mudança de ação deve ser resultante de uma mudança cognitiva; as pessoas conhecem mais do que são capazes de explicitar formalmente; todo conhecimento organizacional tem suas raízes em atos de compreensão individual; conhecimentos são construídos socialmente, em interação; o conhecimento precisa ser explicitado para se tornar consciente; as pessoas precisam ter consciência do conhecimento para adaptá-lo a novas situações.

Na atualidade, como destacam Goshal e Bartlet (2000, p. 124), "o ambiente competitivo complexo e dinâmico exige a cooperação na solução dos problemas, a colaboração no compartilhamento de recursos e a implementação coletiva", Ou seja, o trabalho colaborativo é o caminho, pois ninguém mais detém sozinho o conhecimento completo suficiente para criar a solução dos complexos problemas da atualidade e todos, sem exceção, precisam de auxílio do outro para aprender.

Parte-se do complexo pensamento de totalidade e, por isso, respeita-se a dinamicidade dos relacionamentos e da evolução dos resultados gerados a partir da aprendizagem coletiva. Diferentemente da gestão participativa, que entende o auxílio como sendo uma ação do funcionário para com a gestão organizacional, a gestão colaborativa busca institucionalizar a colaboração entre as pessoas; das pessoas com a empresa; entre empresas; e da empresa com as pessoas. Acredita-se que é durante esses relacionamentos colaborativos que o novo conhecimento é construído. E essa construção do novo conhecimento é tão valorizada quanto a explicitação e o compartilhamento do conhecimento preexistente e sua disponibilização em sistemas inteligentes.

Para incentivar a criação desse novo conhecimento, a gestão colaborativa tem como uma de suas preocupações o ambiente social compartilhado. Não simplesmente a hora do cafezinho, a sala sem paredes, o *happy hour* de sexta-feira ou mesmo os cursos de educação corporativa. Usam-se mídias estruturadas ou não estruturadas para a troca verdadeira de dados e informações com o objetivo de promover o diálogo construtivo sobre os temas e a busca sistemática de entendimento para um resultado útil para todos.

A prática colaborativa se expressa em um processo participativo somado com as premissas da psicologia para a gestão sistemática de grupos colaborativos presenciais ou à distância. A participação no grupo se desenvolve em direção à real colaboração na integração e interconexão em rede. Baseados em dinâmicas estruturadas, os grupos são planejados, organizados e gerenciados para a construção de valores internos que levam à sensibilização, conscientização e mobilização de cada participante para o bem de todos.

A prática colaborativa promove a integração na rede com o objetivo de construir sinergia entre os esforços dos funcionários, gestores e líderes acelerando a aprendizagem organizacional. Para promover o nível de sinergia desejada é preciso eliminar as defesas individuais e instituir a efetiva postura proativa de todos os colaboradores. Para tal, como afirmam Freire et al. (2010a), é importante desenvolver o arranjo inteligente de técnicas, práticas e métodos de gestão do conhecimento e inovação que promovem ambientes propícios à construção dos 8C (Figura 2).

Figura 2 – Construção do ambiente 8C.

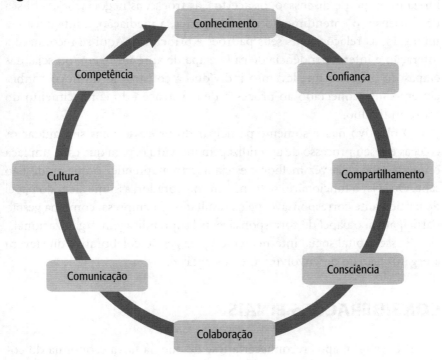

Com base nos autores que desenharam os métodos analisados, como em outros (Almeida, 2007; Dambró et al., 2009; Freire et al., 2010a, Freire et al., 2010b; Henriques, 2004; Kroll, 2005), pode-se apontar a importância da construção de uma cultura organizacional para o compartilhamento do conhecimento e a colaboração; da elevação do nível de consciência dos funcionários para que percebam a importância de seu papel para a cadeia de valor e crescimento da empresa; da conquista a confiança do funcionário na empresa e nos pares com base na liberação da comunicação aberta e verdadeira para ouvir e ser ouvido; e, consequentemente, da criação de competências que levarão a empresa ao desenvolvimento sustentável.

Como aponta De Masi (2012, p. 24) sobre o papel dos funcionários na gestão colaborativa: "a crescente sofisticação e potência das máquinas permitem delegar-lhes tarefas físicas e intelectuais cada vez mais numerosas e complexas".

Os modelos alinhados a essa metodologia de gestão colaborativa valoriza o tempo de discussão, os acertos, as trocas, as negociações, a busca de consenso, o entendimento entre as partes, a mediação, a integração, a interação, as relações e os seus padrões e princípios. Aqui se reconhece a interação e interdependência de cada etapa de aprendizagem, ou seja, das etapas do processo que levam o indivíduo à construção do novo conhecimento interconectado ao processo de construção do conhecimento do outro indivíduo.

O objetivo não é somente participar do processo, mas sim ajudar os colegas em seu processo de aprendizagem individual, para que cada um faça o que já sabe cada vez melhor e esteja aberto a aprender o que ainda não sabe. Ou seja, o funcionário se torna um colaborador, assume além do papel de participante corresponsável pelos resultados da empresa, como na gestão participativa, o papel de corresponsável pela aprendizagem organizacional.

É esse capital social interno gerado pela gestão colaborativa que levará a organização ao desenvolvimento sustentável.

CONSIDERAÇÕES FINAIS

Este estudo, após reconhecer a tese de que na nova economia do conhecimento, o conhecimento do colaborar se tornou "o ativo estratégico mais valioso da organização" (Goshal e Bartlet, 2000, p. 206), identificou diferentes modelos que gerenciam os papéis e relacionamentos, desestruturando-os para remontá-los com base em uma nova metodologia de gestão: a gestão organizacional colaborativa.

Entendeu-se que a gestão deve estar relacionada ao desenvolvimento de competências do líder para ouvir e dialogar antes de tomar suas decisões; à motivação dos funcionários para participar e colaborar com a aprendizagem de todos; a características culturais para a criação de ambientes de compartilhamento de conhecimentos; a estruturas organizacionais e normas de comportamento que valorizem a confiança; e à consciência na rede de relacionamentos internos e externos.

Assim, conclui-se que uma organização aprende a se desenvolver de maneira sustentável quando cada um dos funcionários, incluindo os líderes, disponibiliza seu conhecimento para a organização e, mais do que isso, compartilha seu conhecimento de maneira a contribuir com o crescimento do outro, mudando a prática do trabalho. Utilizar o conceito de aprendizagem organizacional para o desenvolvimento sustentável organizacional é realizar a gestão colaborativa, favorecendo a sensibilização, conscientização e mobilização dos colaboradores envolvidos.

Para vencer a instabilidade das rápidas mudanças promovidas pela hipercompetitividade dessa nova sociedade do conhecimento, é necessário mudar os valores que regem as relações de trabalho. Na atualidade, deve-se construir uma visão compartilhada entre líderes e colaboradores, que se baseie em valores como a descentralização do sistema de decisões, empoderamento, participação, diálogo e compartilhamento, pois são esses valores que geram o comprometimento com a fluidez de processos e a responsabilidade com os resultados planejados.

Para sair da boa intenção para a mudança real é preciso que todos estejam comprometidos e sejam responsáveis por suas atitudes. Para alcançar esse nível de consciência, é necessário o engajamento voluntário com os valores organizacionais. Seja em ambientes presenciais ou virtuais, as empresas devem estimular práticas de encontros de grupos colaborativos para o compartilhamento de boas práticas e lições aprendidas.

Nesse ambiente sinérgico, são criados conhecimentos que levam a mudanças de atitudes individuais para o desenvolvimento organizacional sustentável, pois a mudança cognitiva e de comportamento de cada indivíduo é o eixo central para a aprendizagem em nível organizacional.

Em resumo, visando ao crescimento organizacional, a empresa deve implantar o modelo de gestão participativa, promovendo o alinhamento da operação à estratégia para trazer os funcionários a contribuírem na gestão com seus conhecimentos, reconhecendo-os enquanto participantes. Mas, para alcançar a sustentabilidade organizacional nesse mundo hiper-competitivo, a empresa deve implantar a gestão colaborativa, seguindo os princípios da gestão participativa, e agregar estratégias para a contínua aprendizagem compartilhada e coletiva – dos colaboradores, de grupos e organizacional.

REFERÊNCIAS

ALMEIDA, A.C. *A cabeça do brasileiro*. Rio de Janeiro: Record, 2007.

ARGYRIS, C., SCHÖN, D. A. *Organizational Learning: A Theory of Action Perspective*. Reading: Addison-Wesley, 1996

ASSUMPÇÃO, T. Visão sistêmica relaciona conhecimento e ativos intangíveis. *FNQ*, 2008. Disponível em: www.fnq.org.br/site/ItemID=1032/369/default.aspx. Acessado em: 23 out. 2011.

CABRITA, R. O capital intelectual: a nova riqueza das organizações. *Revista Digital do Instituto de Formação Bancária*. European Distance Education Network. Jun. 2004. Disponível em: www.ifb.pt/publicacoes/info_57/artigo03_57.htm. Acessado em: 12 jun. 2004.

CARDOSO, L. Aprendizagem organizacional. *Psychologica*. n. 23. 2000. p. 95-117.

CROSSAN, M.M.; LANE, H.W.; WHITE, R.E. An organizational learning framework: from intuition to institution. *Academy of Management Review*. n. 24, v. 2, 1999, p. 522-37.

CURTY, R.G. *O Fluxo da informação tecnológica no projeto de produtos em indústrias de alimentos*. Florianópolis, 2005. 249 f. Dissertação) – Mestrado em Ciência da Informação). Programa de Pós-Graduação em Ciência da Informação. Universidade Federal de Santa Catarina (UFSC).

DAFT, R.L.; WEICK, K.E. Toward a model of organizations as interpretation systems. *Academy of Management Review*. n. 9, v. 2, 1984, p. 284-95.

DAMBRÓ, J.; REIS, C.; ZUCCO, F.D. A Gestão Colaborativa da Marca nas Redes Sociais Virtuais. *Revista Brasileira de Marketing*. v. 8, n. 2, 2009.

DE MASI, D. *O futuro do trabalho: fadiga e ócio na sociedade pós-industrial*. 10.ed. Rio de Janeiro: José Olympio, 2012.

FIOL, C.; LYLES, M. Organizational Learning. *Academy Management Review*. n.10, v.4, 1985, p. 803-13.

MODELOS DE GESTÃO ORGANIZACIONAL PARA SUSTENTABILIDADE | **611**

FREIRE, P.S.; NAKAYAMA, M.K.; SPANHOL, F.J. Compartilhamento do Conhecimento: Grupo Colaborativo um Caminho para o Processo de Aprendizagem Organizacional. In: *Gestão de Pessoas*. Florianópolis: Pandion, 2010a, v.4, p. 50-62.

FREIRE, P.S.; AMIN, E.H.; NAKAYAMA, M.K.; FIALHO, F.J. Cultura como Rede de Conexões Paradigmáticas: um caminho para entender e gerenciar os estados de crise organizacionais. *Ciências & Cognição* (UFRJ). v. 15, 2010b, p. 184-201.

GALBRAITH, J. Projetando a organização inovadora. In : STARKEY, K. *Como as organizações aprendem: relatos de sucesso da grandes empresas*. São Paulo: Futura, 1997, p. 190-218.

GOSHAL, S; BARTLETT,C. *A organização individualizada*. Rio de Janeior: Campus, 2000.

HELOU, A.R.H.A. *Método de gestão integrada de riscos no contexto da administração pública*. Florianópolis, 2009, 208 p. (Dissertação) Mestrado. Programa de Pós-Graduação em Engenharia e Gestão do Conhecimento da Universidade Federal de Santa Catarina.

HENRIQUES, M.S. (Org.). *Comunicação e estratégias de mobilização social*. Belo Horizonte: Autêntica, 2004.

HOLSAPPLE, S.W.; SINGH, M. The knowledge chain model: activities for competitiveness. *Expert Systems with application*. v. 20, 2001, p. 77-98.

KROLL, L. Manifesto: lenta transformação nas políticas habitacionais. *Vitruvius – Universo paralelo de arquitetura e urbanismo: Arquitextos*, 2005. Disponível em: http://www.vitruvius.com.br/arquitextos/arq000/esp106.asp. Acessado em: 14 jul. 2013.

MARRAS, J.P. *Administração de recursos humanos: do operacional ao estratégico*. São Paulo: Futura, 2000.

MITROFF, I; MASON, R.; PEARSON, C. *Framebreak: the radical redesign of American business*. San Francisco: Jossey-Bass, 1994.

NADAI, F.C.; CALADO, L.R. O conhecimento como recurso estratégico: caracterizando uma organização intensiva em conhecimento (OIC). In: VIII emead-SSeminários em Administração, 2005. São Paulo. Anais... São Paulo: FEA-USP, 2005.

NONAKA, I.; TAKEUCHI, H. *Criação de conhecimento na empresa*. 5. ed. Rio de Janeiro: Campus, 1997.

NONAKA, I.; TOYAMA R.; HIRATA, T. *Managing flow: a process theory of the knowledge-based firm*. New York: Palgrave MacMillan, 2008.

RITTA, C.O.; ENSSLIN, S.R. Investigação sobre a relação entre ativos intangíveis e variáveis financeiras: um estudo nas empresas brasileiras pertencentes ao Índice IBovespa nos anos de 2007 e 2008. In: 10º Congresso USP de Controladoria e Contabilidade. Anais... São Paulo, 2010.

SHELDRAKE, R. *A ressonância mórfica & a presença do passado: os hábitos da natureza.* Lisboa: Instituto Piaget, 1995.

SVEIBY, K.E. *Kunskapsledning: 101 rÅd till ledare i kunskapsintensiva organisationer.* [Knowledge management: 101 tips for leaders in knowledge-intensive organizations.] Stockholm: Aff"rsv"rlden, 1990.

_____. *A nova riqueza das organizações: gerenciando e avaliando patrimônios de conhecimento.* Rio de Janeiro: Campus, 1998.

VYGOTSKY, L.S. *Mind in society: the development of higher psychological processes.* Cambridge MA: Harvard University Press, 1978.

WATSON, J.M. Statistical Literacy at the School Level: What should students now and do? In: Bulletin of The International Statistical Institute (ISI), 54th, 2003, Berlim. Proceedings... Netherlands: International Statistical Institute, 2003. p. 1-4. Disponível em: http://www.stat.auckland.ac.nz/~iase/publications/3/3516.pdf. Acessado em: 21 abr. 2012.

Certificação Florestal: Contribuição Socioambiental e sua Aplicação na Indústria

23

Ricardo Ribeiro Alves
Administrador, Unipampa

Laércio Antônio Gonçalves Jacovine
Engenheiro florestal, UFV

INTRODUÇÃO

Responsáveis, em grande parte, pela geração de emprego, oferta de produtos e serviços, além de pagamento de impostos, as empresas têm papel fundamental na movimentação da economia de cidades, estados e países e, por isso, muitas vezes eram consideradas como intocáveis benfeitoras da sociedade. Todavia, se por um lado as empresas têm essa inegável importância social, por outro lado, elas são, por diversas vezes, acusadas de exploração de empregados em condições de trabalho desumanas, desenvolvimento de produtos cuja matéria-prima provém de extração irracional, ocasionando diversos impactos ambientais negativos, oferta de produtos pouco importantes à vida das pessoas, além de sonegação de impostos e corrupção.

As empresas, em virtude do maior acesso à informação, decorrente do avanço das tecnologias, sobretudo a internet, têm se tornado mais visíveis à população. Isso representa um fator positivo para elas, pois facilita a divulgação de seus produtos, serviços e marcas; todavia, em outra mão, torna a empresa mais vulnerável à opinião pública no que concerne às suas práticas e ações.

Ao pensar na sua vulnerabilidade e para melhorar sua imagem institucional e também como parte de suas estratégias, muitas empresas têm buscado utilizar processos e insumos menos agressivos ao meio ambiente, como as energias renováveis e mais limpas, por exemplo. Existem, também, empresas que aplicam a gestão ambiental em suas atividades e buscam a certificação do sistema de gestão ambiental (como a ISO 14.001) para legitimar suas ações. Outras empresas vendem produtos de origem florestal, com certificação florestal, praticando o bom manejo, ou seja, aquele ambientalmente apropriado, socialmente benéfico e economicamente viável.

Na certificação florestal, é necessário que a empresa assegure sua unidade de manejo florestal (floresta plantada ou nativa), obtendo, assim, a certificação do manejo florestal. A partir da certificação da unidade de manejo, todos os pontos de comercialização, processamento ou fabricação de produtos florestais à base de madeira e produtos não madeireiros provenientes de materiais virgens e/ou recuperados devem ser certificados, por meio da certificação de cadeia de custódia. Várias indústrias ligadas ao setor florestal já obtiveram a certificação de seus produtos, incluindo os papéis de impressão e de embalagens, chapas, móveis, madeira serrada, produtos florestais não madeireiros, entre outros.

De acordo com Higman et al. (2005), o desenvolvimento de princípios, critérios e indicadores para o manejo florestal sustentável por várias iniciativas internacionais foi guiado, em grande parte, por compromissos políticos nacionais e internacionais, especialmente os documentos da United Nations Conference on Environment and Development (Unced/92): Agenda 21, os Princípios sobre Florestas, a Convenção da Diversidade Biológica e a Convenção do Clima. Além disso, outras iniciativas importantes incluíam o Processo de Helsinki, o Processo de Montreal, a Proposta de Tarapoto e os trabalhos do Center for International Forestry Research (Cifor). Ainda segundo os autores, cada um desses processos propôs critérios e indicadores pelos quais o manejo florestal sustentável pode ser monitorado, avaliado e promovido em diferentes níveis.

No caso específico do Brasil, também contribuiu o fato de o país promover a abertura de sua economia no início da década de 1990, facilitando a exportação de diversos tipos de produtos, entre os quais os certificados. Com a globalização, foi necessário que as empresas de vários setores produtivos da economia nacional melhorassem seus desempenhos ambiental e social e se adequassem para atender um mercado mais exigente, o que muitas vezes passa pela obtenção de uma certificação de reconhecimento internacional.

RESPONSABILIDADE SOCIAL E AMBIENTAL DAS EMPRESAS

As questões socioambientais exercem cada vez mais influência sobre os negócios, com efeitos econômicos que são claramente visíveis para as empresas. Por isso, as organizações realizam ações voluntárias que implicam comprometimento mais amplo do que a simples adesão formal, como seria o caso de obrigações advindas da legislação.

Muitas empresas tomam decisões estratégicas integradas à questão socioambiental e conseguem significativas vantagens competitivas. Com isso, elas poderão obter redução de custos, aumento das vendas, agregação de valor ao produto e incremento nos seus lucros. Nesse sentido, Kotler et al. (2010) destacaram que os executivos precisam ver a sustentabilidade como uma fonte de vantagem competitiva que definirá a empresa, independentemente da concorrência. Ottman (2012), por sua vez, afirmou que os produtos ecoinovadores colocam seus fabricantes em uma posição adiante na curva, geralmente obtendo vantagem que se traduz em uma melhor imagem de marca para seus produtos e serviços.

As pressões externas em relação à sustentabilidade ambiental têm forçado as organizações a assumirem maiores responsabilidades quanto ao meio ambiente, favorecendo a otimização de processos e a adoção de formas de gestão mais eficientes. Entre os principais agentes de pressão que impulsionam a mudança de postura das empresas estão o Estado, a comunidade, o mercado consumidor e os intermediários da cadeia de suprimento. No caso desses últimos, destaca-se o papel que grandes redes de supermercado têm exercido junto a seus fornecedores para que possam comprar produtos mais verdes e os oferece a seus clientes. Todavia, a maior consciência ambiental do empresariado ainda é um desafio, pois as ações voltadas para as questões ambientais estão mais focadas no ambiente interno das organizações. Sobre essa questão, Ottman (2012) destacou que diversas indústrias estão tomando medidas para reduzir as emissões de suas fábricas, tornando seus recursos de energia mais verdes e reduzindo o uso de água, entre outras medidas.

Um aspecto importante nesse processo de mudança de postura é a busca da Responsabilidade Social Empresarial (RSE), que pode ser definida como o estímulo a um comportamento organizacional que integra aspectos sociais e ambientais que não estão necessariamente contidos na legislação, mas que visam atender às expectativas da sociedade em relação à postura socioambiental das organizações. Além disso, é composta por ações dessa natureza que visam identificar e minimizar os possíveis impactos negativos advindos da atuação das empresas, bem como ações para melhorar sua imagem institucional, favorecendo os negócios (Dias, 2007; Nascimento et al., 2008). Para Donaire (1999), a responsabilidade das empresas não está restrita somente à proteção ambiental, mas também pode incluir a participação em projetos filantrópicos e educacionais, bem como a garantia da equidade nas oportunidades de emprego e serviços sociais em geral.

Uma nova atitude diante dos problemas ambientais deve ser tomada pelos empresários e administradores visando a sua solução ou minimização. Assim, eles devem considerar o meio ambiente em suas decisões e adotar concepções administrativas e tecnológicas que sejam eficazes na resolução de tais problemas nas empresas (Barbieri, 2011). Em relação a essa discussão, Kotler et al. (2010) destacaram que a tendência mais forte no futuro para as corporações é a questão da sustentabilidade. Para os autores, a sustentabilidade é um desafio de grande relevância para as organizações no processo de criação de valor para o acionista no longo prazo e possui duas definições. De um lado, as empresas veem a sustentabilidade como sua sobrevivência da empresa no mundo dos negócios no longo prazo. De outro, a sociedade vê a sustentabilidade como sobrevivência do ambiente e do bem-estar social no longo prazo. Contudo, como afirmaram Kotler et al. (2010), as empresas ainda não enxergaram a sinergia entre essas duas definições, motivo pelo qual os administradores e empresários precisam rever suas posturas frente ao tema.

Diante dessa situação é necessário encontrar formas de produção que supram as necessidades da sociedade e que, ao mesmo tempo, promovam a melhoria dos aspectos socioambientais. Sobre essa questão, Seiffert (2008) mencionou que a busca pela adequação e eficácia contínua em organizações que promovam melhorias em sistemas de gestão ambiental é papel da gerência da empresa, que deve realizar revisão crítica periódica dos processos. Essa técnica é conhecida por melhoria contínua, que, segundo Chiavenato (2004), constitui-se em mudança organizacional suave e contínua, centrada nas atividades em grupo de pessoas. Além disso, segundo o autor, visa à qualidade dos produtos e serviços em programas de longo prazo que privilegiam a melhoria gradual por meio da colaboração e participação das pessoas.

É nesse contexto que surge o mercado verde, o qual pode ser entendido como um segmento específico ou nicho (submercado) dentro de um mercado qualquer, que valoriza produtos e serviços que internalizam

CERTIFICAÇÃO FLORESTAL: CONTRIBUIÇÃO SOCIOAMBIENTAL E SUA APLICAÇÃO NA INDÚSTRIA | **617**

questões sociais e ambientais. As empresas desse mercado são conhecidas como empresas verdes (Alves et al., 2011a).

PRODUTOS VERDES COMO PARTE DA ESTRATÉGIA DAS EMPRESAS

Muitas empresas têm utilizado processos e insumos menos agressivos ao meio ambiente, adotando, por exemplo, sistemas de produção mais eficientes e energias mais limpas (hidrelétrica, solar, eólica e geotérmica). Existem também empresas que aplicam a gestão ambiental em suas atividades e buscam a certificação do sistema de gestão ambiental para legitimar suas ações. Outras organizações vendem produtos de origem florestal com certificação florestal praticando o bom manejo. A partir dessas ações pode-se encontrar no mercado os produtos convencionais e os produtos verdes.

Os produtos convencionais são aqueles em que não são consideradas as questões ambientais em nenhuma das etapas do sistema de produção, ou seja, na exploração da matéria-prima, no processamento, no consumo e no descarte final do produto. Um dos exemplos é quando a empresa possui um sistema de produção em que as embalagens desenvolvidas são difíceis de serem recicladas e/ou reutilizadas. Os verdes são aqueles que apresentam algum diferencial ambiental em uma ou mais fases produtivas; um exemplo são os produtos fabricados com matéria-prima renovável, os que promovem menores danos ambientais, que geram resíduos em menor quantidade ou que possam ser reaproveitados no processo produtivo; ou, ainda, apresentam a possibilidade de serem assimilados pelo meio ambiente ao serem descartados, como as embalagens biodegradáveis (Alves et al., 2011b). Especificamente sobre a expressão produto verde, segundo Ottman (2012), é possível dizer que não existe um produto verdadeiramente verde, pois todos os produtos, por mais que sejam bem elaborados, usam recursos e provocam algum tipo de impacto ambiental negativo e geram resíduo. Assim, verde é um termo relativo, e alguns produtos são mais verdes por determinados motivos ou em certas circunstâncias.

Os produtos verdes devem fazer parte da estratégia geral das empresas. Não basta serem disponibilizados no mercado, devem ter também informações para que sejam claramente identificados e privilegiados pelos consumidores. Se tais produtos conseguem concorrer com os produtos convencionais, oferecendo atributos desejados pelos consumidores como desempenho, qualidade, eficiência, preço, design e funcionalidade, o atributo ambiental é um fator a ser considerado pelos consumidores. Para que um produto verde possa se destacar no mercado perante seus concorrentes é importante que ele faça parte da estratégia da empresa e que a qualidade ambiental possa constituir-se em vantagem competitiva para ela.

Alves (2010) desenvolveu um modelo (Figura 1) em que o produto verde deve fazer parte das estratégias gerais da empresa e ser impulsionado por atividades que tragam valor para o consumidor (diferencial verde), como certificações, *marketing* de relacionamento e ligação com uma marca verde. Adicionalmente, o modelo demonstra a importância do estudo do comportamento do consumidor e do *marketing* ambiental no desenvolvimento do produto verde.

Figura 1 – Modelo geral abrangendo as teorias de comportamento do consumidor, *marketing*, estratégia e vantagem competitiva para empresas com produtos verdes.

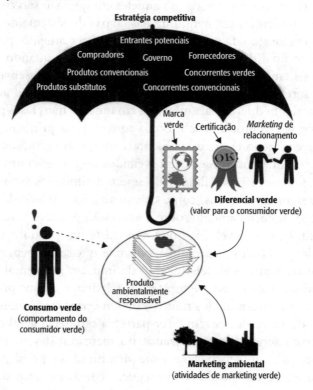

Fonte: Alves (2010).

CERTIFICAÇÃO FLORESTAL: CONTRIBUIÇÃO SOCIOAMBIENTAL E SUA APLICAÇÃO NA INDÚSTRIA | **619**

No modelo, o consumidor enxerga um produto verde e o faz, na maioria das vezes, de acordo com a teoria estabelecida para o comportamento do consumidor. O produto, por sua vez, é composto das atividades de *marketing* ambiental exercidas pela organização (produto, preço, promoção e distribuição) e pelos valores que são transmitidos aos consumidores, como a marca verde, o *marketing* de relacionamento e as certificações. Por fim, o estudo do comportamento do consumidor, do *marketing* desenvolvido e dos valores oferecidos está sob o guarda-chuva da estratégia competitiva da empresa, que irá estabelecer suas ações micro e macroambientais, além de nortear sua visão no médio e longo prazos.

O modelo pode ser analisado sob duas perspectivas diferentes:

* A partir da perspectiva do consumidor: as ações visando à concepção, fabricação e comercialização de produtos verdes poderão iniciar-se a partir da análise, por parte da empresa, do comportamento dos consumidores, objetivando a satisfação de suas necessidades e desejos.

* A partir da perspectiva da organização: as ações visando à concepção, fabricação e comercialização de produtos verdes poderão iniciar-se a partir da oferta de maior valor, por parte da empresa, ao consumidor, objetivando a satisfação de suas necessidades e desejos. Para isso, a empresa precisa coordenar esforços de atividades de *marketing* associadas com ações que promovam maior valor ao consumidor, como desenvolvimento de uma marca verde, estabelecimento do *marketing* de relacionamento e busca de uma certificação.

Um instrumento que auxilia os consumidores na escolha de produtos verdes são as certificações e os selos ambientais, que são conferidos por organizações devidamente acreditadas e independentes de empresas e governos. As empresas que obtêm essas certificações ambientais demonstram sua responsabilidade ambiental e esperam, com isso, ser identificadas pelo consumidor e ter sua preferência. Se isso ocorrer com maior frequência, outras empresas irão, forçosamente, aderir à responsabilidade social e ambiental, sob pena de perderem importantes parcelas de mercado, o que pode resultar em melhoria no desempenho ambiental do setor produtivo como um todo.

A empresa deve identificar os critérios de compra (uso e sinalização) que são importantes para o consumidor visualizar o valor real e percebido de seus produtos. Os critérios de uso vêm da maneira como o fornecedor afeta o valor real para um comprador. Isso pode ser feito por meio da redução de custo do produto ou pela elevação de seu desempenho, e podem incluir qualidade, melhoria em suas características e tempo de entrega mais eficiente. Os critérios de sinalização são originados de sinais de valor ou meios usados para o comprador inferir ou julgar o valor real de um fornecedor (Porter, 1989). No caso específico das certificações, de acordo com Alves et al. (2011a), elas têm a particularidade de sinalizar ao consumidor aspectos de qualidade ambiental inerentes ao produto e, ao mesmo tempo, contribuir para a estratégia competitiva das organizações e para seu *marketing* ambiental.

PAPEL DAS CERTIFICAÇÕES DE CUNHO AMBIENTAL

Segundo Machado (2000), os sinais de qualidade ambiental de um produto podem ser comparados a um *iceberg*, em virtude da existência de diversos fatores que não podem ser visualizados diretamente pelo consumidor no processo de compra; nesse contexto, incluem-se diversas certificações, entre as quais a certificação florestal (Figura 2). A qualidade ambiental representa os aspectos intrínsecos do produto que o caracterizam como ambientalmente responsável. Para Barbieri (2011), a qualidade ambiental representa a superação das expectativas dos clientes internos e externos em termos ambientais.

Dessa maneira, a parte do *iceberg* que aparece na superfície é um sinalizador da qualidade ambiental de um produto e está visível para o consumidor; a parte encoberta pela água representa os custos que a empresa ou a cadeia de agentes precisam assumir para se certificar e não fica visível para o consumidor. Ao levar em consideração os custos da certificação, os administradores e empresários devem avaliar os benefícios potenciais da implementação da certificação e os eventuais riscos. Essa percepção fará com que os tomadores de decisão a visualizem como barreira ou como grande aliada às mudanças organizacionais em relação às questões socioambientais.

Vale ressaltar que a certificação tem caráter de legitimação, não podendo ser confundida como uma lavagem verde (*greenwashing*), que encobre um sistema produtivo poluidor ou que causa degradação. Segundo Nardelli (2001), se a certificação é conduzida de maneira adequada, pode contribuir efetivamente para a redução dos impactos ambientais negativos e preparar a organização para futuras situações relacionadas às questões ambientais nas quais ela possa se envolver.

Figura 2 – O efeito *iceberg* nos sinais de qualidade ambiental.

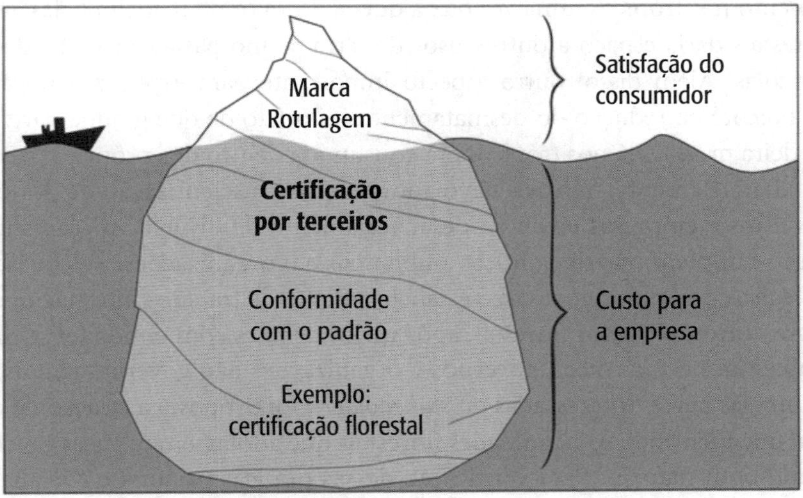

Fonte: adaptada de Machado (2000).

Em alguns tipos de certificação, como a florestal, a empresa que a obteve está sujeita a monitoramentos frequentes que visam avaliar a integridade e o cumprimento dos padrões do sistema de certificação. Esse fato é importante para solidificar a credibilidade e a transparência necessária às organizações.

CERTIFICAÇÃO FLORESTAL

Com a crescente devastação florestal surgiram pressões de comunidades e organizações de países desenvolvidos, no sentido de se buscar uma exploração florestal racional e que minimizasse os danos causados à natureza. Uma dessas alternativas é a certificação florestal, cuja adoção é voluntária, sem envolvimento governamental, e que atesta, para a sociedade em geral, que determinada unidade de manejo florestal está em conformidade com padrões ambientais, sociais e econômicos preestabelecidos pelo sistema de certificação.

Origem da certificação florestal

Ao final da década de 1980, surgiram em alguns países iniciativas de boicotar o consumo de produtos tropicais como uma maneira de desestimular o desmatamento. Esta decisão, no entanto, poderia agravar o desmatamento nos trópicos, uma vez que a queda do valor da madeira e das áreas florestais daria espaço a outros usos da terra, como pastagens e atividades agrícolas. Além disso, outro aspecto importante para explicar o fracasso do boicote na redução do desmatamento foi o fato de que grande parte da madeira produzida nos trópicos era consumida dentro dos próprios países.

Paralelamente, o progressivo aumento da conscientização de pessoas, governos e empresas levou ao desenvolvimento de diversos mecanismos, como a implantação de políticas ambientais nas organizações, a elaboração de legislações mais rigorosas, o estabelecimento de tratados internacionais, entre outros. No setor florestal, após vários debates com entidades sociais, ambientais, econômicas, governos e organizações não governamentais, as chamadas partes interessadas ou *stakeholders*, foi proposta a criação de um selo que identificasse as unidades florestais que adotassem práticas do chamado bom manejo. Para verificação dessas práticas passou-se a avaliar o cumprimento de certos padrões preestabelecidos de comum acordo entre os *stakeholders*. A esse padrão deu-se o nome de certificação florestal, um dos tipos de certificação popularmente conhecidos como selo verde.

A certificação se apresentou como uma ideia inovadora, pois é um sistema concebido para certificar as unidades florestais e seus respectivos produtos florestais.

Segundo Nussbaum e Simula (2005), as razões mais comuns para se certificar são:

- Demanda de clientes por produtos certificados.
- Uso da certificação como modo de acesso a novos mercados.
- Exigência da certificação, por parte de investidores, como uma condição em um empréstimo ou em uma concessão.
- Exigência da certificação, por um segurador.
- Os proprietários, os acionistas ou a gerência veem a certificação como uma ferramenta útil para conseguir seus objetivos.

Para os trabalhadores e suas famílias, a certificação é uma garantia de melhor padrão de vida e de manutenção do emprego. Para os ambientalistas, ela é um instrumento de conservação da natureza; para os empresários, o bom manejo florestal traz lucros e abre novos mercados. Para os consumidores, o selo verde é uma oportunidade de privilegiar os produtos que

CERTIFICAÇÃO FLORESTAL: CONTRIBUIÇÃO SOCIOAMBIENTAL E SUA APLICAÇÃO NA INDÚSTRIA | **623**

beneficiam o meio ambiente e a sociedade. Além disso, para o governo é um facilitador, pois o ajuda no controle, na fiscalização e no cumprimento da legislação ambiental (Suiter Filho, 2000).

Sistemas de certificação florestal

A certificação florestal é um processo independente da relação comercial com a finalidade de verificar se o manejo florestal alcança os requisitos de determinado padrão ou norma. Essa certificação atesta a conformidade de uma unidade de manejo florestal ao padrão e, quando combinada à avaliação da cadeia de custódia, da floresta ao produto final, a organização pode utilizar o selo verde para demonstrar aos clientes que seus produtos são provenientes de florestas bem manejadas.

Além de ter sido desenvolvida como uma ferramenta de mercado para a promoção de produtos do bom manejo florestal, em alguns países a certificação tem sido usada como um meio de implementar as políticas governamentais de manejo florestal sustentável (Higman et al., 2005).

Os sistemas de certificação são geralmente constituídos por três elementos: um padrão, em que estão definidos os requerimentos que devem ser cumpridos; a certificação, que é o processo pelo qual o manejo florestal é avaliado de acordo com o padrão, por meio de auditorias conduzidas por uma terceira parte independente, denominada organismo de certificação; a acreditação, que define as regras para credenciamento e atuação dos organismos de certificação, além de verificar o cumprimento das regras. É o credenciamento que garante a independência e competência dos organismos de certificação. Os principais sistemas de certificação existentes no mundo são o do Forest Stewardship Council (FSC) e do Programme for the Endorsement of Forest Certification Schemes (PEFC).

O FSC é uma organização internacional não governamental, sem fins lucrativos, com sede na Alemanha, fundado em 1993 por representantes de entidades ambientalistas, pesquisadores, produtores de madeira, comunidades indígenas, populações florestais e indústrias de 25 países. Por meio de um processo participativo, envolvendo as diversas entidades citadas, o FSC estabeleceu princípios e critérios para a certificação voluntária do bom manejo, ou seja, o manejo florestal considerado ambientalmente adequado, socialmente benéfico e economicamente viável.

O PEFC foi fundado em 1999, como organização independente, não governamental e sem fins lucrativos, que promove a sustentabilidade do manejo florestal. Esse sistema está fundamentado em critérios definidos nas resoluções das Conferências de Helsinki e de Lisboa sobre proteção florestal na Europa. O PEFC atua como uma organização "guarda-chuva", que facilita o reconhecimento mútuo de um grande número de padrões nacionais de certificação. De acordo com a Itto (2002), a principal característica do PEFC é que ele encoraja a aproximação das partes interessadas e respeita o uso de processos e características regionais para promover o manejo florestal sustentável como base para os padrões de certificação. O PEFC conta com mais de 30 iniciativas nacionais de certificação florestal, entre elas o Sistema Brasileiro de Certificação Florestal (Cerflor), sistema desenvolvido no Brasil.

O sistema de certificação florestal PEFC/Cerflor, também conhecido como ABNT/Cerflor, foi elaborado pela Associação Brasileira de Normas Técnicas (ABNT) e tem por objetivo o desenvolvimento, a implementação e a gestão da iniciativa nacional de certificação florestal. Nesse sistema, a certificação do manejo florestal e da cadeia de custódia é implementada, segundo critérios e indicadores elaborados pela ABNT e de acordo com o Sistema Brasileiro de Avaliação da Conformidade (SBAC) e o Instituto Nacional de Metrologia, Qualidade e Tecnologia (Inmetro). Visando obter maior reconhecimento internacional, em 2005 o ABNT/Cerflor passou a fazer parte do sistema de certificação florestal PEFC.

Além do Cerflor, o PEFC (2013) reconhece diversas outras iniciativas de diversos países, entre as quais:

- Sistema Chileno de Manejo Forestal Sustentable (Certfor): desenvolvido no Chile.

- Canadian Standards Association (CSA): desenvolvido no Canadá.

- Malaysian Timber Certification Council (MTCC): desenvolvido na Malásia.

- Sustainable Forestry Initiative (SFI): desenvolvido nos Estados Unidos e aplicado em plantações e florestas nativas dos Estados Unidos e Canadá.

Todos os sistemas de certificação florestal mencionados operam com base em princípios, critérios e indicadores de manejo florestal sustentável. Além disso, podem ser desenvolvidos padrões nacionais, levando em consideração as peculiaridades regionais do país e de seus ecossistemas.

CERTIFICAÇÃO FLORESTAL: CONTRIBUIÇÃO SOCIOAMBIENTAL E SUA APLICAÇÃO NA INDÚSTRIA | 625

O Quadro 1 apresenta os dez princípios do sistema de certificação florestal FSC, bem como o número de critérios associados a cada um deles.

Quadro 1 – Princípios e critérios do sistema de certificação FSC.

Princípio	Descrição do princípio	Número de critérios
Princípio 1: Cumprimento das leis	O manejo florestal deve respeitar toda legislação aplicável do país em que atua e os tratados e acordos internacionais dos quais o país é signatário, além de cumprir os princípios e critérios do FSC.	8
Princípio 2: Direitos dos trabalhadores e condições de trabalho	A organização deve manter ou ampliar o bem-estar social e econômico dos trabalhadores.	6
Princípio 3: Direitos dos povos indígenas	Devem ser reconhecidos e respeitados os direitos legais e costumários dos povos indígenas de possuir, usar e manejar suas terras, territórios e recursos.	6
Princípio 4: Relações com a comunidade	A organização deve contribuir para manter ou aumentar o bem-estar social e econômico das comunidades locais.	8
Princípio 5: Benefícios da floresta	As operações de manejo florestal devem incentivar o uso eficiente dos múltiplos produtos e serviços da floresta para assegurar a viabilidade econômica e uma grande gama de benefícios ambientais e sociais.	5
Princípio 6: Valores e impactos ambientais	A organização deve manter, conservar e/ou restaurar os serviços ecossistêmicos e os valores ambientais da unidade de manejo, e devem evitar, reparar ou mitigar os impactos ambientais negativos.	10
Princípio 7: Plano de manejo	Um plano de manejo – apropriado à escala e intensidade das operações propostas – deve ser escrito, implementado e atualizado. Os objetivos de longo prazo do manejo florestal e os meios para atingi-los devem ser claramente definidos.	6
Princípio 8: Monitoramento e avaliação	O monitoramento deve ser conduzido – apropriado à escala e à intensidade do manejo florestal – para que sejam avaliados a condição da floresta, o rendimento dos produtos florestais, a cadeia de custódia, as atividades de manejo e seus impactos ambientais e sociais.	5

(continua)

626 | GESTÃO EMPRESARIAL E SUSTENTABILIDADE

Quadro 1 – Princípios e critérios do sistema de certificação FSC. (*continuação*)

Princípio	Descrição do princípio	Número de critérios
Princípio 9: Manutenção de florestas de alto valor de conservação	As atividades em manejo de florestas de alto valor de conservação devem manter ou ampliar os atributos que definem essas florestas.	4
Princípio 10: Implementação das atividades de gestão	As atividades de manejo realizadas pela organização ou na unidade de manejo florestal devem ser selecionadas e implementadas de acordo com as políticas e os aspectos econômicos, ambientais e sociais na organização e de acordo com os princípios e critérios como um todo.	12

Fonte: FSC (2013).

O Cerflor adota cinco princípios descritos no Quadro 2.

Quadro 2 – Princípios e critérios do sistema de certificação Cerflor.

Princípio	Descrição do princípio	Número de critérios
Princípio 1: Cumprimento da legislação	O empreendimento florestal deve ser gerido por meio de atitudes e ações que assegurem o cumprimento das legislações federal, estadual e municipal, assim como os acordos, tratados e convenções internacionais aplicáveis ao manejo florestal.	3
Princípio 2: Racionalidade no uso dos recursos florestais a curto, médio e longo prazos, em busca da sua sustentabilidade	O planejamento do manejo florestal deve ter como objetivo a saúde e a vitalidade dos ecossistemas florestais, buscando manter e aumentar os valores econômicos, ecológicos, culturais e sociais da floresta. Deve-se manejar a floresta de modo que a atividade contribua para conservação dos recursos naturais renováveis.	4
Princípio 3: Zelo pela diversidade biológica	A organização deve manejar a plantação florestal de modo a minimizar os impactos negativos de sua atividade silvicultural sobre a flora e a fauna nativas. Deve zelar pela manutenção e pelo aumento da diversidade biológica.	6

(*continua*)

CERTIFICAÇÃO FLORESTAL: CONTRIBUIÇÃO SOCIOAMBIENTAL E SUA APLICAÇÃO NA INDÚSTRIA **627**

Quadro 2 – Princípios e critérios do sistema de certificação **Cerflor**. (*continuação*)

Princípio	Descrição do princípio	Número de critérios
Princípio 4: Respeito às águas, ao solo e ao ar	O manejo florestal e o programa de desenvolvimento tecnológico devem prever e adotar técnicas que considerem a conservação do solo, dos recursos hídricos e do ar.	4
Princípio 5: Desenvolvimento ambiental, econômico e social nas regiões em que se insere a atividade florestal.	Deve haver uma política de relacionamento com os trabalhadores florestais e comunidades locais, bem como evidências dos benefícios da atividade florestal nos aspectos sociais, ambientais e econômicos.	2

Fonte: ABNT (2012).

Do ponto de vista da organização florestal, decidir por um ou outro sistema depende do motivo pelo qual se busca a certificação. Algumas vezes isso poderá estar nítido, pois os consumidores ou investidores poderão especificar ou demandar por um determinado sistema. Já em outros casos, caberá à organização avaliar os prós e contras de cada sistema e decidir por aquele que é mais apropriado aos seus objetivos e aos seus negócios.

Em algumas situações, a melhor opção pode ser certificar uma unidade de manejo florestal aplicando-se dois sistemas simultaneamente. Esta alternativa é oferecida pelos organismos de certificação e se torna interessante para organizações que estão sob múltiplas demandas. Uma certificação integrada, adotando-se os padrões do FSC e do PEFC/Cerflor, é perfeitamente viável, desde que os requisitos mais restritivos de cada sistema sejam considerados.

A Tabela 1 apresenta um panorama da certificação florestal pelos sistemas FSC e PEFC, com suas áreas certificadas de manejo florestal e número de certificados de cadeia de custódia por continente.

Independentemente do sistema adotado, verifica-se que a certificação florestal tem se mostrado um importante instrumento na promoção de ações visando à sustentabilidade econômica, social e ambiental das organizações de base florestal, tanto no Brasil como no mundo.

Tabela 1 – Panorama da certificação florestal pelos sistemas FSC e PEFC, por continente, em julho de 2013.

Continente	FSC		PEFC	
	Área de manejo florestal certificado (hectares)	Número de certificados (cadeia de custódia)	Área de manejo florestal certificado (hectares)	Número de certificados (cadeia de custódia)
África	6.631.546	163	0	5
América do Sul e América Central (incluindo o México)	13.344.131	1.408	3.600.000	122
América do Norte (excluindo o México)	71.951.897	4.377	151.000.000	553
Ásia	8.224.540	6.347	4.600.000	748
Europa	77.700.402	13.486	80.000.000	8.177
Oceania	2.627.365	465	10.400.000	262
Total	180.479.881	26.246	249.600.000	9.867

Fonte: FSC (2013); PEFC (2013).

Modalidades de certificação florestal

A certificação florestal é aplicada às operações relacionadas ao manejo florestal. Ela é realizada para uma determinada unidade de manejo florestal (UMF), que é definida como uma área de floresta sob um único sistema ou um sistema de manejo florestal comum. Ela pode ser uma área de concessão florestal, uma área pública, uma área privada ou mesmo um grupo de pequenas áreas florestais de diferentes proprietários, mas manejadas sob um sistema comum.

A certificação do manejo florestal atesta áreas que cumprem com os chamados princípios e critérios; a certificação de cadeia de custódia permite relacionar o produto certificado à origem certificada de sua matéria-prima. Em ambos os casos, a certificação não se aplica ao proprietário ou à organização, e sim à unidade de manejo florestal ou a um determinado produto.

Assim, os produtos florestais só podem ser declarados ou rotulados se também certificarem a cadeia de custódia. Esta representa o elo entre clientes e fornecedores, compreendendo todas as etapas, desde a floresta até o ponto de venda, permitindo rastrear e relacionar o produto como oriundo de florestas bem manejadas e certificadas.

Para assegurar essa informação ao consumidor, é necessário que o sistema de controle da cadeia de custódia inclua procedimentos e práticas adequados, implementados em todos os pontos críticos de controle, como:

- Aquisição e recebimento de matéria-prima certificada.
- Estoques de matéria-prima.
- Processamento – principalmente o controle das taxas de conversão da matéria-prima ao produto certificado.
- Armazenamento e venda de produtos certificados.

Uma organização florestal poderá optar por atestar todo o seu sistema de produção ou parte dele. Dessa maneira, ela poderá:

- Processar exclusivamente matéria-prima certificada e ter 100% dos produtos certificados.
- Processar matéria-prima certificada e não certificada em linhas de produção independentes, tendo produtos certificados e não certificados.
- Processar matéria-prima certificada e não certificada, combinadas em uma proporção que atenda aos requisitos mínimos do sistema de certificação ou sob um sistema de balanço de massa (sistema de créditos). Neste último caso, o selo trará a indicação da porcentagem existente de matéria-prima naquele produto ou no processo.

Tanto o FSC como o PEFC/Cerflor possuem requisitos aplicáveis à porção de origem florestal não certificada de um produto que será rotulado ou informado como certificado. A matéria-prima florestal não certificada deverá atender ao padrão de Madeira Controlada do FSC (*FSC Controlled Wood*) ou aos critérios de fontes não controversas do PEFC. Por exemplo, uma fábrica de celulose pode ter uma parte da madeira consumida oriunda de sua unidade de manejo florestal (certificada) e outra parte abastecida por plantações de eucalipto do fomento florestal (não certificado). Para que seu produto – celulose, por exemplo – possa ser comercializado como certificado, a organização deverá garantir que as plantações do fomento florestal atendam aos requisitos de material não certificado do sistema de certificação adotado.

Essa exigência estabelecida na cadeia de custódia tem incentivado as organizações florestais a buscar alternativas para inclusão do fomento florestal e de outros fornecedores de matéria-prima florestal nos sistemas de certificação.

Em termos numéricos, as certificações de cadeia de custódia superam as de manejo florestal certificadas. Isso indica que a mesma unidade de manejo pode fornecer produtos a mais de um processador de matéria--prima e aos vários clientes da cadeia até chegar ao consumidor final. No sistema FSC, por exemplo, até outubro de 2013 eram 1.000 certificados de cadeia de custódia contra 98 unidades de manejo certificadas (FSC, 2013).

Importância da certificação na conservação das florestas

O Greenpeace Brasil faz referência sobre a instalação das companhias multinacionais madeireiras na Amazônia Brasileira e destaca a importância da certificação florestal. As operações madeireiras certificadas oferecem um importante avanço para a indústria madeireira da Amazônia, pois contribuem para promover melhores práticas ambientais de exploração da madeira. Além disso, a organização não governamental cita como fator importante para conter a destruição da Amazônia que os consumidores de madeira amazônica comprem apenas produtos de origem conhecida e que tenham sido certificados por um organismo independente da relação comercial. Associado a estas questões, o Greenpeace Brasil realiza um projeto para conter a diminuição da extração ilegal de madeira amazônica, intitulado Projeto Cidade Amiga da Amazônia e que é realizado em parceria com diversos municípios brasileiros, visando à adoção de leis municipais que proíbam a compra de madeira de origem ilegal nas licitações e obras públicas (Greenpeace, 1999).

Em uma análise dos números da certificação florestal pelo FSC na Região Amazônica (estados da região Norte e estado do Mato Grosso), verificou-se que, fazendo uma comparação das empresas certificadas em 2003 e em 2009, houve um aumento de mais de oito vezes na área certi-

CERTIFICAÇÃO FLORESTAL: CONTRIBUIÇÃO SOCIOAMBIENTAL E SUA APLICAÇÃO NA INDÚSTRIA | **631**

ficada da região, passando de 361.036 hectares para quase 3 milhões de hectares. Houve um salto também no número de unidades de manejo florestal certificadas: em 2003 eram oito unidades; em 2009 passou para 22 unidades (Alves et al., 2009a).

Por fim, verifica-se que as empresas com certificação de plantações florestais exercem importante função ambiental, visto que, em muitos casos, elas cumprem um percentual maior de proteção florestal do que o exigido pela lei. Em alguns estados brasileiros, segundo Alves et al. (2011c), o percentual de proteção florestal, nas unidades de manejo certificadas de plantações florestais, representa mais de 30%, tanto pelo FSC como pelo PEFC/Cerflor. Em uma comparação com outros países da América do Sul, a área de proteção florestal brasileira em plantações certificadas é superior, nos dois sistemas de certificação (Alves et al., 2011d).

CERTIFICAÇÃO FLORESTAL NA INDÚSTRIA

Para oferecer produtos certificados ao consumidor, é necessário que toda a cadeia do produto seja aprovada, desde a unidade de manejo florestal (certificação de manejo florestal) até a confecção do produto final (certificação de cadeia de custódia). Em relação a essa modalidade, diversas indústrias de base florestal já obtiveram a certificação de seus produtos, entre as quais as de papéis de impressão, embalagens, móveis, madeira serrada e produtos florestais não madeireiros.

Aplicabilidade

A identificação da rastreabilidade do material certificado na empresa e o atendimento aos outros requisitos da norma contribuirão para demonstrar o nível de organização interna da empresa. Uma das maneiras de atingir esses objetivos pode ser por meio da elaboração de procedimentos operacionais. Isso porque, após a auditoria na empresa, seguindo os requisitos exigidos pelos sistemas de certificação, o selo verde será atestado por uma certificadora, que deve ser credenciada junto ao FSC ou ao ABNT/Cerflor. De acordo com Imaflora (2002), a identificação da rastreabilidade da matéria-prima da floresta em todas as etapas de transformação do produto até o consumidor final é uma das exigências para que um produto de origem florestal seja certificado.

GESTÃO EMPRESARIAL E SUSTENTABILIDADE

Neste contexto, uma das indústrias de base florestal que tem visto na certificação de cadeia de custódia uma oportunidade de negócio é a indústria moveleira. Alguns aspectos particulares da certificação florestal nessa indústria são apresentados a seguir, com base nos estudos de Alves (2005; 2010).

Estudo de caso: certificação florestal na indústria moveleira

A indústria moveleira é constituída de diversos processos de produção, caracterizada pelo uso de diferentes matérias-primas e uma gama de produtos finais. Essa indústria pode ser segmentada em função do material com que os móveis são confeccionados (madeira, metal e outros), e de acordo com os usos a que são destinados (p.ex., móveis para residência e para escritório).

Diversos fatores podem ser apontados como responsáveis pelo crescimento da indústria moveleira, como avanços na tecnologia e a horizontalização da produção, isto é, a existência de produtores especializados na fabricação de componentes para a indústria de móveis. No Brasil, essa indústria tem sido estratégica para os governos federal e estadual, visto que ela é particularmente importante na criação de novos empregos e na geração de divisas. De acordo com Gorini (1999), esse crescimento se intensificou a partir de 1990, quando a indústria investiu fortemente na renovação do parque de máquinas, principalmente com máquinas importadas vindas da Itália e da Alemanha.

Entre os principais fatores positivos que têm marcado o desenvolvimento da indústria de móveis a partir de 1990, podem ser destacadas a abertura da economia e a ampliação do mercado interno que, juntamente com a redução da inflação e de seus custos indiretos, têm introduzido novos consumidores, antes excluídos do mercado. Além disso, o custo mais acessível da madeira reflorestada representa fator competitivo importante (Valença et al., 2002).

A indústria moveleira nacional é composta, em sua maioria, por micro e pequenas empresas; apenas cerca de 500 empresas podem ser enquadradas como médias e grandes. A maior parte das empresas está localizada nas regiões Sul e Sudeste, destacando-se os seguintes polos nacionais: Bento Gonçalves (RS), São Bento do Sul (SC), Arapongas (PR), Ubá (MG), Mirassol (SP), Votuporanga (SP) e grande São Paulo (SP). De

CERTIFICAÇÃO FLORESTAL: CONTRIBUIÇÃO SOCIOAMBIENTAL E SUA APLICAÇÃO NA INDÚSTRIA | **633**

acordo com Alves (2005), mesmo que ainda de modo incipiente, a indústria moveleira é um dos setores produtivos que têm adotado a certificação florestal nos últimos anos.

Panorama da certificação florestal na indústria moveleira do Brasil

Para a maioria das empresas moveleiras, a certificação florestal é favorecida pelo fato de que seus fornecedores principais de matéria-prima já são certificados pelo FSC. Ressalta-se que a principal matéria-prima utilizada pelas empresas moveleiras são as chapas, principalmente *medium density fiberboard* (MDF – painel de fibra de madeira de média densidade), *oriented strand board* (OSB – painel de tiras de madeira orientadas) e *medium density particleboard* (MDP – painel de partículas de média densidade).

Contudo, Alves et al. (2009b) destacaram que, das estimadas 20 mil empresas moveleiras existentes no Brasil em 2005, apenas 0,15% do total eram certificadas pelo FSC e se concentravam principalmente na região Sul e no estado de São Paulo. Além disso, na época não havia nenhuma empresa moveleira certificada pelo PEFC/Cerflor. Segundo o FSC (2013), em 2012, as empresas moveleiras certificadas correspondem a aproximadamente 0,21% do total, demonstrando que tem havido uma procura pela certificação florestal na indústria moveleira nacional, fruto do maior conhecimento sobre o selo verde e das exigências do mercado consumidor.

A concentração das exportações de móveis brasileiros nos polos de São Bento do Sul, em Santa Catarina, e em Bento Gonçalves, no Rio Grande do Sul, é um fator que faz com que os empresários dessas regiões vejam na certificação florestal uma oportunidade de agregar a variável ambiental em seus produtos. No entanto, mesmo nestes polos, o número de empresas certificadas é baixo em relação ao total.

Enquanto empresas que necessitam de madeira maciça, como as madeireiras, por exemplo, têm dificuldade para encontrar fornecedores certificados, a indústria moveleira se dá ao luxo de comprar matéria-prima certificada (MDF, MDP, OSB, entre outros) e não certificar sua cadeia de custódia. No polo moveleiro de Ubá, Minas Gerais, por exemplo, a maior parte das empresas exportadoras já adquire matéria-prima certificada, mas somente em 2010 ocorreu a primeira certificação de cadeia de custódia, pelo FSC, de uma indústria moveleira. Contudo, outras empresas já têm se mostrado interessadas na certificação florestal e o que se espera é que seja um fator de diferenciação de mercado, aumentando sua competitividade.

Um dos entraves para a certificação florestal na indústria moveleira é a falta de informação do empresário acerca dos principais requisitos necessários para sua obtenção. A obtenção da certificação de cadeia de custódia pela indústria passa pelo cumprimento dos padrões estabelecidos pelo sistema de certificação florestal e, em muitos casos, sua interpretação se torna difícil para a empresa sem a ajuda de um especialista que pode ser, por exemplo, um consultor. Assim, torna-se importante a maior divulgação dos requisitos necessários para obtenção da certificação de cadeia de custódia e que sirvam de parâmetro para a tomada de decisão do empresário da indústria moveleira. Esse desconhecimento por parte do empresariado foi detectado em estudo realizado em um dos polos moveleiros, em 2005, por Alves (2005). Das 20 empresas exportadoras da época, apenas 15% possuíam conhecimento sobre o que era a certificação florestal e, posteriormente, verificou-se que esse conhecimento era apenas superficial, apesar de as empresas comprarem matéria-prima que continham o selo FSC.

Em contraposição ao desconhecimento de muitos empresários, uma pesquisa realizada com as empresas moveleiras certificadas do Brasil, em 2005, destacou que para 67% delas a certificação florestal representava o principal fator para buscar novos mercados, como os de alguns países europeus. Uma das empresas pesquisadas, na época, declarou que "a certificação parece ser o caminho natural no mercado de móveis para exportação e que, em um curto espaço de tempo, deixará de ser um diferencial e passará a ser requisito para mercados mais desenvolvidos e exigentes" (Alves, 2005, p. 58).

A divulgação da certificação florestal junto aos proprietários das empresas moveleiras e a parceria com os fornecedores certificados se tornam necessárias para impulsionar a certificação nessa indústria. A certificação florestal precisa entrar na pauta de assuntos estratégicos de entidades representativas do setor como a Associação Brasileira das Indústrias do Mobiliário (Abimóvel), pois certificar as empresas moveleiras não será apenas um compromisso ambiental e social, mas também uma maneira de obter bons negócios e se diferenciar no mercado.

O fato de poucas empresas serem certificadas faz com que a indústria moveleira não apenas deixe de promover todo um sistema que se pauta por princípios ambientais e sociais, mas, sobretudo, de associar sua imagem institucional a selos reconhecidos internacionalmente (FSC

CERTIFICAÇÃO FLORESTAL: CONTRIBUIÇÃO SOCIOAMBIENTAL E SUA APLICAÇÃO NA INDÚSTRIA | **635**

e PEFC/Cerflor) e aproveitar oportunidades de mercado, principalmente no exterior. Sobre essa questão, segundo Jacovine et al. (2006), 78% das empresas moveleiras certificadas no Brasil consideram a certificação importante para alavancar vendas, conquistar novos mercados e novos clientes, 42,85% a mencionam como uma das principais estratégias; 42,85%, como uma estratégia secundária; e 14,3%, como a principal estratégia. Neste último caso, as empresas alegaram que, sem a certificação, não se poderia entrar em determinado mercado, sendo destacado, principalmente, o europeu.

Para esse tipo de indústria, a certificação florestal tem representado um dos importantes gargalos para a competitividade no mercado externo, pois as exigências da certificação do manejo florestal sustentável e da origem da matéria-prima ganham espaço e criam padrões de mercado, como consequência da pressão de organizações ambientalistas e de grupos de compradores e varejistas, especialmente na Europa e nos Estados Unidos. Desse modo, a obtenção de uma certificação florestal constitui, também, um fator de competitividade para a indústria moveleira, principalmente quando suas empresas almejam atender ao mercado externo.

Desafios para o crescimento do mercado de móveis certificados

Muitos consumidores já se mostram conscientes em relação à importância da variável meio ambiente no momento da compra. De acordo com uma pesquisa realizada em uma das mais importantes feiras de móveis do país, Alves et al. (2009c) destacaram a maior exigência do consumidor quanto à correta procedência da madeira contida nos móveis que adquire. Além disso, os consumidores demonstraram propensão em não adquirir um móvel proveniente de desmatamento ilegal da Amazônia.

Apesar da posição dos consumidores com relação à procedência correta da madeira contida nos móveis, Alves et al. (2009d) verificaram que os consumidores ainda desconheciam o real significado de madeira certificada e a confundiam com madeira legalizada, não estabelecendo relação com a certificação florestal e seus princípios. Os selos dos sistemas de certificação FSC e Cerflor não eram conhecidos pela maioria dos consumidores pesquisados. Essa situação pode ser amenizada com a melhor utilização do *marketing* ambiental por parte das empresas moveleiras certificadas, despertando nesses consumidores o desejo de consumir de forma responsável em termos ambientais e sociais, e dando preferência a seus produtos certificados.

Uma possibilidade de aumento da informação e conhecimento do consumidor sobre os produtos certificados é o crescimento acentuado do número de gráficas e embalagens entrando no processo. A certificação das gráficas e de empresas de embalagens abre um leque de opções de produtos com este diferencial para o consumidor, e essa maior aproximação com o consumidor final é de importância para a divulgação da certificação florestal. Com o aumento do número de certificados de cadeia de custódia, a tendência é que haja uma maior oferta deste tipo de produtos aos consumidores. A certificação de gráficas e de indústria de embalagens, por exemplo, tem proporcionado o surgimento de diversos tipos de produtos certificados, como caixas, livros, revistas, cadernos, envelopes, entre outros, e que são encontrados em papelarias, supermercados, bancas de jornal etc.

Alguns compradores já têm se preocupado com as questões relacionadas à sustentabilidade ambiental e estão adquirindo produtos com certificação florestal. Isso tem acontecido principalmente com as grandes organizações, que não querem ter sua imagem manchada no mercado por adquirirem produtos oriundos de desmatamentos. Um exemplo são redes de supermercados que têm adquirido madeira certificada para a obra e mobília da loja.

De acordo com Alves et al. (2011b), os selos de cunho ambiental, como os da certificação florestal, são como marcas e, por isso mesmo, devem estar fixados na memória do consumidor, contribuindo para a formação do mercado verde. Com a maior divulgação dos selos no Brasil, a tendência é que eles passem a ser mais conhecidos pelos consumidores. Sem essa divulgação, torna-se praticamente sem efeito a associação do selo FSC, PEFC ou Cerflor com a marca de uma organização, pois seu cliente não entende a mensagem de responsabilidade social e ambiental atribuída à certificação. O consumidor pode até comprar o produto, mas a informação referente à marca do sistema de certificação não representará fator relevante para sua tomada de decisão no momento da compra. Para Alves (2010), o selo da certificação florestal, contido no produto, deve ser lido e compreendido pelos consumidores como mais um atributo, além daqueles que eles estão acostumados como qualidade, funcionalidade e *design*.

Esse atributo vai ao encontro de suas expectativas de consumir um produto cuja matéria-prima veio de uma origem ambientalmente responsável.

CONSIDERAÇÕES FINAIS

As empresas são capazes de incorporar a variável meio ambiente em suas estratégias de *marketing*, como maneira de desenvolver boas práticas sustentáveis, oferecer maior valor aos consumidores e atender aos requisitos legais. Apesar de o retorno financeiro ser importante para as empresas, tratar as questões ambientais com seriedade será condição de sobrevivência para as empresas em um futuro não tão distante, pela escassez de diversos tipos de matérias-primas e, também, às pressões ocorridas nas últimas décadas de diversos *stakeholders* em relação à sustentabilidade ambiental nas organizações.

Particularmente para a indústria moveleira, o uso de um instrumento de cunho ambiental como a certificação florestal está alinhado com as estratégias de marketing ambiental e é uma forma de melhoria da imagem institucional perante os *stakeholders*.

O crescimento na oferta de produtos certificados mostra que mais empresas têm percebido a importância de mostrar seu compromisso para com o meio ambiente, fazendo parte de suas estratégias empresariais. As empresas devem promover a diferenciação verde de seu produto certificado em relação ao produto convencional e, no caso das pioneiras, precisam educar o consumidor para os aspectos ambientais relevantes de seu produto. De acordo com Alves (2011a), na estratégia de diferencial verde, a empresa procura verificar os atributos ambientais e sociais que são valorizados pelos consumidores. Dessa maneira, a empresa busca elaborar produtos verdes que contemplem os anseios dos consumidores, posicionando-se como fortemente ligada às questões ambientais.

As empresas devem enxergar o produto certificado como possibilidade de abertura ou manutenção de mercado, obtenção de preços mais elevados, melhoria da imagem institucional, resposta às exigências dos *stakeholders*, entre outros.

Por fim, a fabricação e a comercialização de produtos mais verdes fazem com que as empresas cumpram o seu papel na sociedade ao fornecer bens e serviços utilizando recursos de modo eficiente e gerando resíduos abaixo da capacidade de assimilação do meio ambiente.

REFERÊNCIAS

[ABNT] ASSOCIAÇÃO BRASILEIRA DE NORMAS TÉCNICAS. Manejo florestal sustentável: princípios, critérios e indicadores para plantações florestais (NBR 14789). São Paulo: ABNT, 2012. 19p.

ALVES, R.R. A certificação florestal na indústria moveleira nacional com ênfase no Pólo de Ubá, MG. 2005. 112f. Dissertação (Mestrado em Ciência Florestal). Universidade Federal de Viçosa (UFV).

_____. Marketing, estratégia competitiva e viabilidade econômica para produtos com certificação de cadeia de custódia na indústria moveleira. 2010. 352 f. Tese (Doutorado em Ciência Florestal). Universidade Federal de Viçosa (UFV). MG, 2010.

ALVES, R.R.; JACOVINE, L. A.G.; EINLOFT, R. Indústria moveleira impulsiona certificação florestal. *Revista da Madeira,* Curitiba, v. 120, p. 4-8, 15 ago. 2009a.

ALVES, R.R.; JACOVINE, L.A.G.; SILVA, M.L. da; et al. Certificação florestal e o mercado moveleiro nacional. *Revista Árvore*, Viçosa, v. 33, n. 3, p. 583-9, 2009b.

ALVES, R.R.; JACOVINE, L.A.G.; SILVA, M.L. da; et al. Potencial de implementação da certificação florestal no Polo Moveleiro de Ubá. *Revista Árvore*, Viçosa, v. 33, n. 2, p. 387-94, 2009c.

ALVES, R.R.; JACOVINE, L.A.G.; SILVA, M.L.; et al. A certificação florestal no Arranjo Produtivo Local de Ubá - MG. In: MINETTE, L. J.; SOUZA, A. P.; SILVA, C. M.; et al. (orgs.). *Ambiente, ergonomia e tecnologia em indústrias de móveis.* Visconde do Rio Branco: Suprema Gráfica e Editora, 2009d. v. 1, p. 59-70.

ALVES, R.R.; JACOVINE, L.A.G.; NARDELLI, A.M.B. *Empresas verdes – estratégia e vantagem competitiva.* Viçosa: UFV, 2011a. 194 p.

ALVES, R.R.; JACOVINE, L.A.G.; NARDELLI, A.M.B.; et al. *Consumo verde – estratégia e vantagem competitiva.* Viçosa: UFV, 2011b. 134 p.

ALVES, R.R.; JACOVINE, L.A.G.; SILVA, M.L. Plantações florestais e a proteção de florestas nativas em unidades de manejo certificadas no Brasil. *Revista Árvore*, Viçosa, v. 35, n. 4, p. 859-866, 2011c.

ALVES, R.R.; JACOVINE, L.A.G.; BASSO, V.M.; et al. Plantações florestais e a proteção de florestas nativas em unidades de manejo certificadas na América do Sul pelos sistemas FSC e PEFC. *Revista Floresta*, Curitiba, v. 41, n. 1, p. 145-52, 2011d.

BARBIERI, J.C. *Gestão ambiental empresarial – Conceitos, modelos e instrumentos.* 3. ed. São Paulo: Saraiva, 2011. 358 p.

CHIAVENATO, I. *Introdução à teoria geral da administração.* 3. ed. Rio de Janeiro: Elsevier, 2004. 494 p.

DIAS, R. Gestão *ambiental – Responsabilidade social e sustentabilidade*. São Paulo: Atlas, 2007. 196 p.

DONAIRE, D. *Gestão ambiental na empresa*. São Paulo: Atlas, 1999. 169 p.

[FSC] FOREST STEWARDSHIP COUNCIL. Disponível em: http://www.fsc.org. Acessado em: 11 de out. de 2013.

GORINI, A.P.F. *Panorama do setor moveleiro no Brasil, com ênfase na competitividade externa a partir do desenvolvimento da cadeia industrial de produtos sólidos de madeira*. São Paulo: BNDES, 1999. 48 p.

GREENPEACE. *Face a face com a destruição*. São Paulo: 1999. 32 p.

HIGMAN, S.; MAYERS, J.; BASS, S.; et al. *The sustainable forestry handbook*. London: Earthscan, 2005. 332 p.

[IMAFLORA] INSTITUTO DE MANEJO E CERTIFICAÇÃO FLORESTAL E AGRÍCOLA. *Manual de certificação de cadeia de custódia no sistema do Forest Stewardship Council – FSC*. Piracicaba: 2002. 50 p.

[ITTO] INTERNATIONAL TROPICAL TIMBER ORGANIZATION. Tropical forest update. v. 3. Yokohama, Japão: Itto, 2002. 32 p.

JACOVINE, L.A.G.; ALVES, R.R.; VALVERDE, S.R.; et al. Certificação florestal na visão gerencial e estratégica da indústria moveleira nacional. *Revista Semina – Ciências Agrárias*, Londrina, v. 27, n. 3, p. 367-78, jul/set 2006.

KOTLER, P.; KARTAJAYA, H.; SETIAWAN, I. *Marketing 3.0 – As forças que estão definindo o novo marketing centrado no ser humano*. Rio de Janeiro: Elsevier Campus, 2010. 215 p.

MACHADO, R.T.M. *Rastreabilidade, tecnologia da informação e coordenação de sistemas agroindustriais*. 2000. 224 f. Tese (Doutorado em Administração). Universidade de São Paulo (USP).

NARDELLI, A.M.B. *Sistemas de certificação e visão de sustentabilidade no setor florestal brasileiro*. 2001. 136 f. Tese (Doutorado em Ciência Florestal). Universidade Federal de Viçosa (UFV).

NASCIMENTO, L.F.; LEMOS, A.D.C.; MELLO, M.C.A. *Gestão socioambiental estratégica*. Porto Alegre: Bookman, 2008. 229 p.

NUSSBAUM, R.; SIMULA, M. *The forest certification handbook*. London: Earthscan, 2005. 300 p.

OTTMAN, J.A. *As novas regras do marketing verde – Estratégias, ferramentas e inspiração para o* branding *sustentável*. São Paulo: M. Books, 2012. 328 p.

[PEFC] PROGRAMME FOR THE ENDORSEMENT OF FOREST CERTIFICATION. Disponível em: http://www.pefc.org. Acessado em: 11 de out. de 2013.

640 | GESTÃO EMPRESARIAL E SUSTENTABILIDADE

PORTER, M. *Vantagem competitiva: criando e sustentando um desempenho superior.* Rio de Janeiro: Elsevier Campus, 1989. 512 p.

SEIFFERT, M.E.B. *ISO 14001 Sistemas de gestão ambiental – Implantação objetiva e econômica.* 3. ed. São Paulo: Atlas, 2008. 258 p.

SUITER FILHO, W. Certificação florestal: ferramenta para múltiplas soluções. *Revista Ação Ambiental*, v. 3, n.13, p. 16-8, 2000.

VALENÇA, A.C.V.; PAMPLONA, L.M.P.; SOUTO, S.W. Os novos desafios para a indústria moveleira no Brasil. *BNDES setorial*, Rio de Janeiro, n. 15, p. 83-96, 2002.

Gestão Sustentável de Resíduos Sólidos | 24

Valdir Schalch
Engenheiro químico, EESC/USP

Marco Aurélio Soares de Castro
Engenheiro mecânico, EESC/USP

Rodrigo Eduardo Córdoba
Engenheiro civil, EESC/USP

INTRODUÇÃO

O termo gestão sustentável de resíduos sólidos indica qualquer modelo de gestão de resíduos sólidos permeado pelas premissas do desenvolvimento sustentável. Partindo-se da definição mais difundida, em que a sustentabilidade assenta-se sobre os pilares ambiental, social, econômico, político, territorial e cultural, observa-se a necessidade de considerar esses aspectos fundamentais em qualquer iniciativa de gestão sustentável de resíduos sólidos.

Iniciativas do setor empresarial, órgãos públicos, sociedade e grupos de pesquisa, orientadas por instrumentos legais, sinalizam caminhos para promover a gestão sustentável de resíduos sólidos.

Neste contexto, a Política Nacional de Resíduos Sólidos (PNRS), Lei n. 12.305/2010, em seu art. 20 apresenta os segmentos empresariais que devem elaborar seus planos de gerenciamento de resíduos sólidos, a fim de cumprir as premissas fomentadas por essa política. A partir dessa necessidade, surgiu a motivação principal deste capítulo, que busca apresentar princípios fundamentais a serem considerados na elaboração dos planos de gerenciamento de resíduos sólidos no âmbito empresarial.

DEFINIÇÃO E CLASSIFICAÇÃO DOS RESÍDUOS SÓLIDOS SEGUNDO A PNRS

No contexto brasileiro, é necessário partir da definição oficial relativa a resíduos sólidos apresentada na Lei n. 12.305/2010 (Brasil, 2010a), que, regulamentada pelo Decreto-lei n. 7.404/2010 (Brasil, 2010b), instituiu a PNRS. A lei define resíduos sólidos como "Material, substância, objeto ou bem descartado resultante de atividades humanas em sociedade, a cuja destinação final se procede, se propõe proceder ou se está obrigado a proceder, nos estados sólido ou semissólido", além de "gases contidos em recipientes e líquidos cujas particularidades tornem inviável o seu lançamento na rede pública de esgotos ou em corpos d'água, ou exijam para isso soluções técnica ou economicamente inviáveis em face da melhor tecnologia disponível" (Brasil, 2010a, p. 2).

A partir da definição oficial de resíduos sólidos, pode-se observar que o conceito de resíduos sólidos é bastante amplo, abrangendo não apenas os resíduos no estado sólido, como também semissólidos, líquidos e gases. O Quadro 1 apresenta alguns exemplos de resíduos sólidos e seus respectivos estados físicos.

Quadro 1 – Exemplos de resíduos sólidos e seus estados físicos.

Estado físico	Resíduos sólidos
Sólido	Resíduos domiciliares, lâmpadas fluorescentes, pilhas, pneus, eletroeletrônicos, cavacos, serragem, raspas de couro, resíduos poliméricos, resíduos cerâmicos, cascas e fibras vegetais, penas e carcaças de animais, papel, celulose, concreto, tijolo, madeira.
Semissólido	Lodos de estações de tratamento de água, lodos de estações de tratamento de esgoto, lodos provenientes de corte industrial, lodos de lavadores de gases, graxas.
Líquido	Tintas, vernizes, óleos.
Gasoso (contido em recipiente)	Recipientes aerossóis (perfumes, produtos para cabelo, inseticidas, *sprays* de pintura), extintores de incêndio, geladeiras, peças de aparelhos de ar-condicionado e *freezers*.

Fonte: Córdoba (2014).

O texto da PNRS também define rejeito como um tipo particular de resíduo sólido que, "depois de esgotadas todas as possibilidades de tratamento e recuperação por processos tecnológicos disponíveis e economicamente viáveis" (Brasil, 2010a, p. 2), não apresente outra possibilidade que não a disposição final ambientalmente adequada. Ou seja, o texto prevê que, com a evolução tecnológica e o desenvolvimento de novos processos, certos rejeitos poderão ser reclassificados como resíduos, ou seja, se tornarão matéria-prima.

A PNRS classifica os resíduos sólidos de duas maneiras. Quanto à origem (Figura 1), divide-os em:

- Resíduos domiciliares: resíduos que se originam de atividades domésticas em residências urbanas.
- Resíduos de limpeza urbana: originam-se de serviços de limpeza urbana, como a varrição, limpeza de logradouros e vias públicas, entre outros (Brasil, 2010a).

Estes dois primeiros tipos de resíduos constituem os resíduos sólidos urbanos. Os demais tipos definidos na lei são:

- Resíduos dos serviços públicos de saneamento básico: os que são gerados nessas atividades, com exceção dos resíduos sólidos urbanos.
- Resíduos industriais: gerados pelos processos produtivos e instalações industriais.
- Resíduos de serviços de saúde: originados nos diversos serviços de saúde.
- Resíduos da construção civil: gerados em construções, reformas, reparos e demolições de obras de construção civil; incluem-se aqui os resíduos originados da preparação e escavação de terrenos para obras civis.
- Resíduos agrossilvopastoris: gerados nas atividades agropecuárias e de silvicultura, incluídos os resíduos relacionados aos insumos empregados.
- Resíduos de serviços de transportes: originários das atividades de portos, aeroportos, terminais alfandegários, rodoviários e ferroviários e passagens de fronteira.
- Resíduos de estabelecimentos comerciais e prestadores de serviços: os gerados nessas atividades, excetuados de limpeza urbana, da construção civil e de serviços públicos de saneamento básico, de saúde e de transporte.

- Resíduos de mineração: gerados na pesquisa, extração ou beneficiamento de minérios (Brasil, 2010a).

Cabe informar que o texto da PNRS também considera os resíduos especiais (resíduos de significativo impacto ambiental), os quais são representados por agrotóxicos, seus respectivos resíduos e embalagens, bem como outros produtos cuja embalagem, após o uso, constitua resíduo perigoso; pilhas e baterias; pneus; óleos lubrificantes, seus resíduos e embalagens; lâmpadas fluorescentes, de vapor de sódio e mercúrio e de luz mista; produtos eletroeletrônicos e seus componentes (Brasil, 2010a).

Figura 1 – Divisão dos resíduos sólidos quanto à origem.

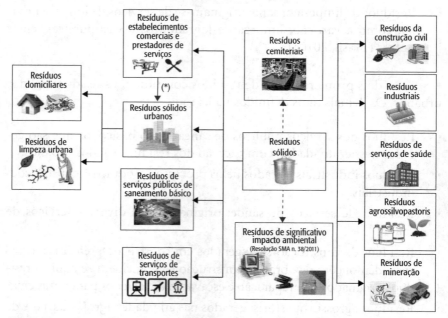

(*) Resíduos de estabelecimentos comerciais e prestadores de serviços podem ser considerados resíduos domiciliares pelo poder público municipal, desde que sejam caracterizados como não perigosos.

Fonte: Schalch et al. (2013) baseado em Brasil (2010a).

Para complementar o texto da PNRS, o estado de São Paulo possui a Resolução SMA n. 38/2011, que estabelece uma relação de produtos geradores de resíduos de significativo impacto ambiental. Incorpora os resíduos mencionados na PNRS, e acrescenta os seguintes:

- Óleo comestível.

- Filtro de óleo lubrificante automotivo.

- Embalagens plásticas, metálicas ou de vidro, após o consumo, consideradas resíduos de significativo impacto ambiental (alimentos, bebidas, higiene pessoal, perfumaria, cosméticos, produtos de limpeza, agrotóxicos e óleo lubrificante).

A partir do Quadro 2 é possível observar como os resíduos elencados no art. 13 da PNRS estão relacionados a legislações, Resoluções Conama ou Anvisa para estabelecer diretrizes, critérios e procedimentos para apoiar sua gestão.

Por fim, os resíduos cemiteriais, também não abordados explicitamente na Lei n. 12.305/10, devem ter sua gestão prevista nos planos municipais de resíduos sólidos, motivo pelo qual são aqui incluídos. Podem ser definidos como os resíduos gerados nos cemitérios, parte deles se sobrepõe a outros tipos de resíduos, como os resíduos da construção e manutenção de jazigos, resíduos recicláveis, resíduos verdes dos arranjos florais e similares, e os resíduos de madeira provenientes dos esquifes. Os resíduos da decomposição de corpos (ossos e outros) provenientes do processo de exumação constituem os únicos específicos deste tipo de instalação (MMA, 2012).

Quadro 2 – Legislações relacionadas à divisão dos resíduos sólidos segundo a PNRS.

Origem	Descrição	Legislações
Resíduos domiciliares (RD)	Originários de atividades domésticas em residências urbanas.	Conama n. 275/2001.
Resíduos de limpeza urbana (RLU)	Originários da varrição, limpeza de logradouros e vias públicas e outros serviços de limpeza urbana.	–
Resíduos sólidos urbanos (RSU)	Resíduos domiciliares e resíduos de limpeza urbana.	Conama n. 404/2008 Conama n. 316/2002, alterada pela Resolução n. 386, de 2006.
Resíduos de estabelecimentos comerciais e prestadores de serviços	Gerados nessas atividades, excetuados os resíduos de limpeza urbana, dos serviços públicos de saneamento básico, de serviços de saúde, da construção civil e de serviços de transportes.	–

(continua)

Quadro 2 – Legislações relacionadas à divisão dos resíduos sólidos segundo a PNRS.
(continuação)

Origem	Descrição	Legislações
Resíduos dos serviços públicos de saneamento básico	Os gerados nessas atividades, excetuados os resíduos sólidos urbanos.	Conama n. 375/2006, retificada pela Resolução n. 380, de 2006.
Resíduos industriais (RI)	Gerados nos processos produtivos e instalações industriais.	Conama n. 313/2002; Conama n. 411/2009 Conama n. 264/1999 Resolução n. 316/2002, alterada pela Resolução n. 386, de 2006. Cetesb (Decisão n. 152/2007/C/E).
Resíduos de serviços de saúde (RSS)	Gerados nos serviços de saúde, conforme definido em regulamento ou em normas estabelecidas pelos órgãos do Sisnama e do SNVS.	Conama n. 358/2005 Conama n. 006/1991 Conama n. 316/2002, alterada pela Resolução n. 386, de 2006 Anvisa RDC n. 306/2004.
Resíduos da construção civil (RCC)	Gerados nas construções, reformas, reparos e demolições de obras de construção civil, incluídos os resultantes da preparação e escavação de terrenos para obras civis.	Conama n. 307/2002, alterada pelas Resoluções n. 348, de 2004, n. 431, de 2011, e n. 448/2012.
Resíduos agrossilvopastoris	Gerados nas atividades agropecuárias e silviculturais, incluídos os relacionados a insumos utilizados nessas atividades.	Conama n. 334/2003.
Resíduos de serviços de transportes	Originários de portos, aeroportos, terminais alfandegários, rodoviários e ferroviários e passagens de fronteira.	Conama n. 452/2012 Conama n. 006/1991. Anvisa RDC n.56/2008.
Resíduos de mineração	Gerados na atividade de pesquisa, extração ou beneficiamento de minérios.	Código de Mineração Decreto n. 227/1967.

(continua)

GESTÃO SUSTENTÁVEL DE RESÍDUOS SÓLIDOS 647

Quadro 2 – Legislações relacionadas à divisão dos resíduos sólidos segundo a PNRS
(continuação)

Origem	Descrição	Legislações
Resíduos de significativo impacto ambiental – SMA 038/2011	Resíduos considerados de significativo impacto ambiental: óleo lubrificante automotivo; óleo comestível; filtro de óleo lubrificante automotivo; baterias automotivas; pilhas e baterias; produtos eletroeletrônicos; lâmpadas contendo mercúrio; pneus. Produtos cujas embalagens plásticas, metálicas ou de vidro, após o consumo, são consideradas resíduos de significativo impacto ambiental.	Lubrificantes: Conama n. 362/2005; n.450/2012. Baterias automotivas: Conama n. 228/1997. Pilhas e baterias: Conama n. 401/2008. Gases em cilindros: Conama n. 340/2003. Pneus: Conama n. 416/2009.
Resíduos sólidos cemiteriais	Os restos mortuários (ossos, tecidos e matéria orgânica animal ou humana), bem como flores, vasos, e material de exumação (caixões, roupas, tecidos de revestimentos, sacos de papelão).	Cetesb (NT- L1.040).

Fonte: Córdoba (2014).

Quanto à periculosidade, os resíduos são classificáveis em perigosos ou não perigosos.

Os primeiros são aqueles que apresentam significativo risco à saúde pública ou à qualidade ambiental em razão de suas características, notadamente:

- Inflamabilidade: propriedade das substâncias que podem produzir fogo ou causar a combustão, estimulando a intensidade de fogo em outro material.

- Corrosividade: propriedade de uma substância, estando pura ou em mistura com água na proporção em peso de 1:1, apresentar pH menor ou igual a 2 ou maior ou igual a 12,5.

- Reatividade: propriedade de ser normalmente instável e reagir de maneira violenta e imediata sem detonar, reagir violentamente, formar com a água misturas potencialmente explosivas ou gerar gases vapores e fumos tóxicos em quantidade suficiente para causar danos à saúde pública, entre outras.

- Toxicidade: propriedade potencial de provocar, em maior ou menor grau, efeito adverso em consequência de interação com um organismo.

- Patogenicidade: propriedade de possuir micro-organismos patogênicos, proteínas virais, mitocôndrias, toxinas capazes de produzir doenças em seres humanos, animais ou vegetais, entre outros.

- Carcinogenicidade: capacidade de provocar ou aumentar a frequência de câncer, por meio de inalação, ingestão ou absorção cutânea.

- Teratogenicidade: capacidade de elevar as taxas espontâneas de danos ao material genético e ainda provocar ou aumentar a frequência de defeitos genéticos.

- Mutagenicidade; propriedade potencial de elevar as taxas espontâneas de danos ao material genético e ainda provocar ou aumentar a frequência de defeitos genéticos (ABNT, 2004).

Já os não perigosos são aqueles não enquadrados nas condições anteriores (Brasil, 2010a).

A NBR 10.004 (ABNT, 2004) apresenta em seu texto, de maneira pormenorizada, as características de periculosidade dos resíduos sólidos. A normatização ainda apresenta em seus anexos quadros normativos e informativos quanto à periculosidade.

O Instituto Brasileiro do Meio Ambiente e dos Recursos Naturais Renováveis (Ibama) publicou em 20 de dezembro de 2012 a Instrução Normativa n. 13, que instituiu a Lista Brasileira de Resíduos Sólidos. A referida lista tem por objetivo reafirmar a PNRS, bem como disciplinar as prestações de informações relativas à gestão e gerenciamento de resíduos sólidos. O texto inicial da instrução normativa considera a importância de padronizar a linguagem utilizada para prestação de informações, monitoramento, controle, fiscalização e avaliação da eficiência da gestão e gerenciamento de resíduos sólidos nos diversos níveis. Entre esses níveis, estão incluídas as empresas e indústrias, as quais deverão seguir a classificação instituída pela instrução normativa.

A classificação da lista visa identificar o processo ou atividade de origem do resíduo, seus constituintes e características, e comparar com listas de resíduos e substâncias cujo impacto à saúde humana e ao meio ambiente seja conhecido (Brasil, 2012).

A lista brasileira de resíduos sólidos foi baseada na mesma estrutura de classificação (capítulos, subcapítulos e códigos) da lista europeia de resíduos sólidos (Commission Decision 2000/532/EC), porém adaptada à realidade brasileira. Os resíduos são definidos por códigos de seis dígitos, conforme apresenta a Figura 2. Os resíduos classificados como perigosos estão indicados na lista com asterisco (*).

Figura 2 – Esquema de códigos de classificação dos resíduos sólidos.

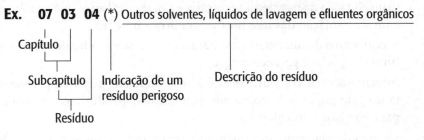

Fonte: Brasil (2012).

A lista é organizada em 20 capítulos, que detalham diversas atividades e processos de fabricação de produtos que geram resíduos sólidos. Nesse contexto, o uso dessa lista é de fundamental importância para se construir uma gestão integrada e sustentável dos resíduos sólidos no âmbito empresarial.

GESTÃO E GERENCIAMENTO DOS RESÍDUOS SÓLIDOS

Gestão e gerenciamento são palavras muitas vezes utilizadas como sinônimos tanto na língua portuguesa como na inglesa, sendo que esta última utiliza o termo *management* para se referir a ambas. No entanto, adota-se aqui a distinção apresentada a seguir, comentada por Leite (1997).

Gestão. Definição de um conjunto de normas e diretrizes que regulamentem os arranjos institucionais (identificação dos diferentes agentes envolvidos e seus respectivos papéis), os instrumentos legais (normas e procedimentos) e os mecanismos de financiamento.

Portanto, a gestão de resíduos sólidos abrange atividades contidas no planejamento estratégico ambiental da empresa (propostas, princípios, objetivos, normas, procedimentos internos, funções, metas e monitoramento) que visam estabelecer o controle da produtividade e o manejo ambientalmente adequado dos resíduos sólidos. São elementos indispensáveis na composição de um modelo de gestão:

- Reconhecimento dos diversos agentes sociais envolvidos, identificando os papéis por eles desempenhados e promovendo sua articulação integrada.
- Consolidação da base legal necessária e dos mecanismos que viabilizem a implementação das leis, normas ou procedimentos.
- Mecanismos de financiamento para a autossustentabilidade das estruturas de gestão e gerenciamento.
- Informação aos colaboradores e à sociedade em geral, empreendida tanto pelo poder público quanto pelos setores produtivos envolvidos, para que haja controle social.
- Sistema de planejamento integrado, orientando a implementação das políticas públicas para o setor (Schalch et al., 2002).

A PNRS remete ao conceito de sustentabilidade e integração dos modelos de gestão aplicados em diversas atividades empresariais, voltados a atender aos objetivos comuns da sociedade. Diante desse contexto, a Lei n. 12.305/2010 define a gestão integrada de resíduos sólidos como "o conjunto de ações voltadas para a busca de soluções para os resíduos sólidos, de forma a considerar as dimensões política, econômica, ambiental, cultural e social, com controle social e sob a premissa do desenvolvimento sustentável" (Brasil, 2010a, p. 2).

Gerenciamento. É a realização do que a gestão delibera, por meio da ação administrativa, de controle e planejamento operacional de todas as etapas do processo.

O gerenciamento de resíduos sólidos é definido na Lei n. 12.305/2010 como o "conjunto de ações exercidas, direta ou indiretamente, nas etapas de coleta, transporte, transbordo, tratamento e destinação final ambientalmente adequada dos resíduos sólidos e disposição final ambientalmente adequada dos rejeitos" (Brasil, 2010a, p. 2).

GESTÃO SUSTENTÁVEL DE RESÍDUOS SÓLIDOS | **651**

Assim, deve-se inicialmente definir um modelo básico de gestão de resíduos sólidos, contemplando aspectos como diretrizes, arranjos institucionais, instrumentos legais e mecanismos de financiamento. A seguir, é preciso criar uma estrutura para o gerenciamento dos resíduos, em consonância com o modelo de gestão definido (Schalch et al., 2002).

GESTÃO DE RESÍDUOS SÓLIDOS: PRESSÕES E ESTÍMULOS

Para que os fatores de pressão e estímulo à gestão sustentável de resíduos sólidos sejam reconhecidos e administrados, deve-se entendê-la no contexto da gestão ambiental empresarial.

Gestão ambiental pode ser definida como o conjunto de diretrizes e atividades administrativas e operacionais, como planejamento, direção, controle e alocação de recursos, adotadas ou realizadas com o objetivo de gerar efeitos positivos sobre o meio ambiente, como reduzir, eliminar, compensar ou mesmo evitar o surgimento de danos ou problemas causados pelas ações humanas (Barbieri, 2011). A gestão de resíduos sólidos deve, assim, avaliar como os resíduos gerados direta ou indiretamente pelas atividades da organização causam impactos positivos ou negativos ao meio ambiente. Deve-se adotar uma visão sistêmica que considere as variáveis ambiental, social, cultural, econômica, tecnológica e de saúde pública envolvidas (Brasil, 2010a).

Nesse contexto, destaca-se o conceito de *stakeholder*. Em geral traduzido para o português como parte interessada, foi definido por Buysse e Verbeke apud Freeman (2003) como "qualquer indivíduo ou grupo que pode afetar o desempenho de uma organização ou que é afetado pelo atingimento dos objetivos dessa organização". Desde então, numerosos trabalhos expandiram esse conceito, apontando, por exemplo, que uma organização deve considerar não apenas seus acionistas, empregados e clientes, mas também seus fornecedores, autoridades públicas, comunidades locais – ou regionais, nacionais etc., dependendo do tamanho da organização –, a sociedade civil em geral, parceiros e competidores, além do próprio ambiente natural (Carroll, 2004; Perrini e Tencati, 2006).

Com efeito, Barbieri (2011) aponta que as preocupações ambientais das empresas são influenciadas pelo que chama de três grandes conjuntos de forças: governo, mercado e sociedade. Legislações mais restritivas, pressões de investidores e fornecedores ou de organizações da sociedade civil têm constituído estímulos para iniciativas empresariais que abrangem, ainda que com diferentes enfoques e intensidades, os aspectos ambiental, social, econômico, político, territorial e cultural, no sentido de tornar mais sustentáveis as atividades do setor.

Dentro das pressões de mercado, pode-se citar a necessidade de certificação de aspectos da organização como os sistemas de gestão da qualidade, objeto da série de normas ISO 9000, e de gestão ambiental, abordados na série ISO 14000. Ambas as séries fundamentam-se na noção de melhoria contínua dos processos da organização, a ser buscada por meio da constante revisão de planos, metas e objetivos, segundo o chamado ciclo PDCA (do inglês *Plan-Do-Check-Act*, ou Planejar-Fazer-Verificar-Agir).

No Brasil, o marco regulatório que fomenta as responsabilidades e estímulos à gestão sustentável de resíduos sólidos nos âmbitos municipal e empresarial é a PNRS (Brasil, 2010a). A PNRS foi pioneira, quanto a legislações, a englobar em seu arcabouço legal a questão dos resíduos sólidos gerados em ambientes empresariais. A supracitada lei, nos arts. 20 a 24, versa sobre as responsabilidades e obrigações de elaboração de planejamento estratégico ambiental voltado ao gerenciamento de resíduos sólidos nas empresas, denominados Planos de Gerenciamento de Resíduos Sólidos.

PRINCÍPIOS DA GESTÃO DE RESÍDUOS

Entre os princípios norteadores da PNRS, destacam-se os seguintes:

- A visão sistêmica na gestão dos resíduos sólidos, de modo a considerar as dimensões ambiental, social, cultural, econômica, tecnológica e de saúde pública.

- A ecoeficiência, mediante a compatibilização entre o fornecimento, a preços competitivos, de bens e serviços qualificados que satisfaçam as necessidades humanas e tragam qualidade de vida, e a redução do impacto ambiental e do consumo de recursos naturais a um nível, no mínimo, equivalente à capacidade de sustentação estimada do planeta.

- A cooperação entre as diferentes esferas do poder público, o setor empresarial e demais segmentos da sociedade.

- A responsabilidade compartilhada pelo ciclo de vida dos produtos (Brasil, 2010a, p. 3).

Observa-se que a Lei brasileira adotou a definição de ecoeficiência originalmente apresentada pelo World Business Council for Sustainable Development (WBCSD). Representado no Brasil pelo Conselho Empresarial Brasileiro para o Desenvolvimento Sustentável (CEBDS), o WBCSD identificou sete elementos que uma organização pode utilizar para melhorar a ecoeficiência no fornecimento de bens e serviços:

- Redução no uso de materiais.
- Redução no consumo de energia.
- Redução da dispersão de substâncias tóxicas.
- Aumento da reciclabilidade.
- Otimização do uso de materiais renováveis.
- Prolongamento do ciclo de vida do produto.
- Aumento de valor agregado de produtos e serviços (WBCSD, 2000).

OBJETIVOS DA GESTÃO DE RESÍDUOS

Idealmente, a gestão de resíduos sólidos deve se mostrar sustentável dos pontos de vista ambiental, social, econômico, político, territorial e cultural, e, nesse sentido, deve ter entre seus objetivos:

- Proteger a saúde pública e da qualidade ambiental.
- Estimular a adoção de padrões sustentáveis de produção e consumo de bens e serviços.
- Minimizar impactos ambientais, reduzindo o volume e a periculosidade dos resíduos perigosos.
- Articular as diferentes esferas do poder público e o setor empresarial, com vistas à cooperação técnica e financeira.
- Garantir regularidade, continuidade, funcionalidade e universalização da prestação dos serviços públicos de limpeza urbana e de manejo de resíduos sólidos, adotando mecanismos gerenciais e econômicos que

654 | GESTÃO EMPRESARIAL E SUSTENTABILIDADE

assegurem a recuperação dos custos dos serviços e garantindo sua sustentabilidade operacional e financeira (Brasil, 2010a).

RESPONSABILIDADES NA GESTÃO DE RESÍDUOS SÓLIDOS

A PNRS estabelece que a responsabilidade pela gestão e gerenciamento dos resíduos sólidos urbanos e dos de resíduos sólidos, adotando mecanismos gerenciais e econômicos que assegurem a recuperação dos custos dos serviços e garantindo sua sustentabilidade operacional e financeira (Brasil, 2010a). A Figura 3 apresenta essa divisão de responsabilidades.

Figura 3 – Gestão e gerenciamento de resíduos sólidos: divisão de responsabilidades.

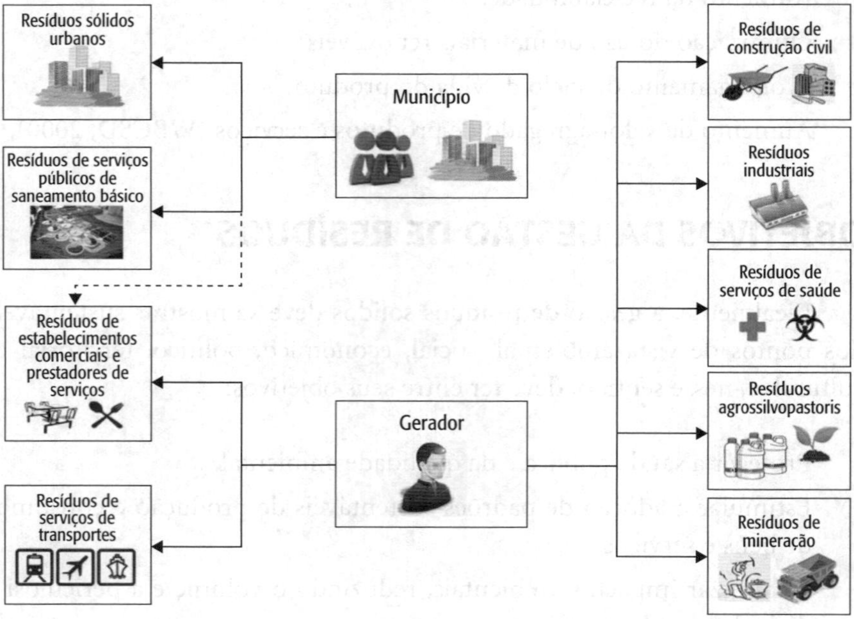

Fonte: Schalch et al. (2013) baseado em Brasil (2010a).

Um conceito bem explorado pela PNRS é a responsabilidade compartilhada pelo ciclo de vida dos produtos, a qual está intimamente ligada ao conceito de *stakeholder*. A Lei n. 12.305/10 define responsabilidade compar-

GESTÃO SUSTENTÁVEL DE RESÍDUOS SÓLIDOS | **655**

tilhada como "conjunto de atribuições individualizadas e encadeadas dos fabricantes, importadores, distribuidores e comerciantes, dos consumidores e dos titulares dos serviços públicos de limpeza urbana e de manejo dos resíduos sólidos, para minimizar o volume de resíduos sólidos e rejeitos gerados, bem como para reduzir os impactos causados à saúde humana e à qualidade ambiental decorrentes do ciclo de vida dos produtos" (Brasil, 2010a, p. 2).

A responsabilidade compartilhada visa:

- Compatibilizar interesses entre os agentes econômicos e sociais e os processos de gestão empresarial e mercadológica com os de gestão ambiental, desenvolvendo estratégias sustentáveis.

- Promover o aproveitamento de resíduos sólidos, direcionando-os para a sua cadeia produtiva ou para outras cadeias produtivas.

- Reduzir a geração de resíduos sólidos, o desperdício de materiais, a poluição e os danos ambientais.

- Incentivar a utilização de insumos de menor agressividade ao meio ambiente e de maior sustentabilidade.

- Estimular o desenvolvimento de mercado, a produção e o consumo de produtos derivados de materiais reciclados e recicláveis.

- Propiciar que as atividades produtivas alcancem eficiência e sustentabilidade.

- Incentivar as boas práticas de responsabilidade socioambiental (Brasil, 2010a).

O Decreto n. 7.404/2010 deixa claro que não apenas o poder público e empresas possuem responsabilidades quanto a resíduos sólidos, pois os consumidores partilham dessas obrigações. De acordo com o art. 6 do Decreto n. 7.404/2010 os consumidores são obrigados a acondicionar para coleta ou devolução os resíduos sólidos passíveis de reutilização e reciclagem, desde que estejam estabelecidos sistema de coleta e logística reversa.

PRÁTICAS PARA A GESTÃO SUSTENTÁVEL DE RESÍDUOS SÓLIDOS

A gestão ambiental, ao longo das últimas décadas, apresentou uma evolução na maneira como lidar com os impactos ambientais decorrentes das atividades humanas. No entanto, o surgimento de um novo conceito não implicou o desaparecimento dos anteriores, de modo que atualmente todos eles convivem simultaneamente.

Simião (2011) aponta que no período pós-Revolução Industrial as empresas preocupavam-se apenas com a produtividade dos seus sistemas, em maximizar lucros e minimizar custos. Os recursos naturais eram tidos como ilimitados e a poluição, como uma consequência inevitável dos processos industriais. Até a década de 1970, vigorava o paradigma de diluir e dispersar os poluentes produzidos, havendo apenas a preocupação de lançá-los o mais longe possível do ponto de geração, evitando assim problemas com as partes diretamente envolvidas.

O período entre os anos 1970 e meados dos 1980 é marcado por iniciativas de controle ambiental, como as chamadas tecnologias de fim de tubo que visam tratar os resíduos, diminuindo sua periculosidade antes da disposição final, ou promover a reciclagem no processo.

De meados dos anos 1980 ao início dos 1990, observa-se o fortalecimento do conceito de redução na fonte geradora. Desde meados de 1990, soma-se às estratégias anteriores a adoção do conceito de ciclo de vida, que implica avaliar os impactos ambientais resultantes desde a extração de matérias-primas até a disposição final do produto, passando pelas etapas de reuso, reciclagem e tratamento.

Desse modo, para as atividades de gestão de resíduos sólidos de modo geral, é preciso necessariamente considerar uma hierarquia de alternativas, isto é, estabelecer uma ordem de prioridades sobre o que em geral constitui a melhor alternativa. Deve-se ter em mente que, no caso de certos resíduos, será preciso se afastar dessa ordem, por questões de viabilidade técnica, econômica e de proteção ambiental (União Europeia, 2008).

A PNRS considera a seguinte hierarquia de estratégias: não geração, redução, reutilização, reciclagem e tratamento dos resíduos sólidos, bem como a disposição final ambientalmente adequada dos rejeitos (Brasil, 2010a). Schalch et al. (2013) consideram como estratégias de gestão a não geração, redução, reutilização, reciclagem, recuperação energética, tratamento físico, químico ou biológico e disposição final (Figura 4).

Nesse ponto, é necessário lembrar a diferença entre reciclagem e reutilização, termos por vezes usados indistintamente. A reciclagem visa ao reaproveitamento de materiais, consistindo na triagem, eventual limpeza do material e posterior processamento. Já a reutilização em geral requer apenas triagem e limpeza, portanto um menor grau de processamento

Figura 4 – Estratégias de gestão e gerenciamento integrado de resíduos sólidos.

Fonte: Schalch et al. (2013).

(Philippi Jr e Aguiar, 2005); tanto produtos como materiais podem ser reutilizados.

ESTRATÉGIAS PREVENTIVAS
Produção mais limpa (P+L)/ Prevenção da poluição

O conceito de reduzir a geração de resíduos não é um conceito novo no setor industrial: as operações industriais tradicionalmente adotam uma série de técnicas visando à redução de resíduos para diminuir os custos de produção e aumentar os lucros (Shen, 1995). No entanto, cita-se como momento histórico o lançamento, em 1976, do programa Prevenção da Poluição Compensa, ou 3P (de *Pollution Prevention Pays*), da 3M (Shen, 1995). O objetivo do programa consiste em prevenir ou minimizar a potencial poluição em sua fonte, de modo que o tratamento no fim do processo de manufatura não seja necessário, e, depois que o produto deixa a fábrica, não haja maiores problemas no uso ou disposição final (Susag, 1982). Royston (1982) ressalta que, com os avanços tecnológicos e administrativos, obtidos com baixos investimentos em modificações na planta e no processo, e nenhum investimento em equipamentos adicionais de controle da poluição, a 3M deixou de gerar, em suas plantas no mundo todo, centenas de milhares de toneladas de efluentes gasosos, milhões de toneladas de resíduos sólidos e centenas de milhões de litros de águas residuárias; e, ao invés de gastar dinheiro para obter esse resultado, a companhia economizou mais de US$ 80 milhões entre 1976 e 1982. Os custos de produção tornaram-se, desse modo, mais baixos do que antes, quando eram empregadas práticas mais poluentes.

Segundo Shen (1995), a redução na fonte abrange qualquer prática que:

- Reduza a quantidade de substâncias que entram em um fluxo de resíduos ou são lançadas no ambiente sem passarem por reciclagem ou tratamento.

- Reduza a toxicidade dos resíduos.

- Enseje modificações em equipamentos, tecnologia, processos, procedimentos, reformulação ou reprojeto de produtos, substituição de matérias-primas e melhoramentos na manutenção, treinamento e controle.

Por sua vez, o termo Produção mais Limpa foi introduzido em 1989 pelo Programa das Nações Unidas para o Meio Ambiente (Pnuma)[1] que o definiu como "a aplicação contínua de uma estratégia ambiental preventiva integrada aos processos, produtos e serviços de modo a aumentar a ecoeficiência e reduzir riscos para os seres humanos e o meio ambiente" (Unep DTIE, 1996). A prioridade é eliminar ou minimizar na fonte os resíduos e as emissões de modo geral em lugar de tratá-los ao fim do processo, e esta redução na fonte pode ser atingida de duas maneiras básicas: mudanças no produto e mudanças no processo (Usepa, 1998). Segundo o Pnuma (2005), essa estratégia aplica-se a:

- Processos produtivos: conservação de recursos naturais e energia, eliminação de matérias-primas tóxicas e redução da quantidade e da toxicidade dos resíduos e emissões.

- Produtos: redução dos impactos negativos ao longo do ciclo de vida de um produto, desde a extração de matérias-primas até sua disposição final.

---

[1] No original, em inglês, United Nations Environmental Program (Unep).

GESTÃO SUSTENTÁVEL DE RESÍDUOS SÓLIDOS | **659**

- Serviços: incorporação de considerações ambientais no planejamento e entrega de serviços.

Oliveira (2002) apresenta uma abordagem econômica do conceito, apontando que a P+L é uma maneira de considerar todas as saídas do processo, especialmente as indesejáveis, como custo adicional e que, portanto, devem ser otimizadas. Já o CEBDS (2003) lembra que matérias-primas, água e energia que entram na empresa são transformadas em produtos ou serviços que serão vendidos, ou saem da empresa como resíduos sólidos, efluentes líquidos ou emissões atmosféricas, que devem ser tratados/dispostos; assim, a redução na geração de resíduos implica diretamente a redução nos custos de tratamento e disposição.

Os termos prevenção da poluição e produção mais limpa são frequentemente usados como sinônimos. Apesar de ambos os termos enfatizarem que a gestão ambiental deve visar à redução dos resíduos na fonte, há logo de início uma diferença na própria utilização geográfica dos termos: P2 é o termo mais comum na América do Norte, enquanto que P+L é usada na Europa, Ásia e Austrália (Hilson, 2003; Unep DTIE, 2012).

Além disso, a produção mais limpa enfatiza mudanças em uma vasta gama de elementos na gestão ambiental, abrangendo processos produtivos e procedimentos administrativos, bem como as dimensões humanas e organizacionais da gestão ambiental, de modo a garantir que os processos produtivos, ciclos de produto e padrões de consumo permitam o desenvolvimento e o atendimento a necessidades básicas, sem a degradação ou destruição dos ecossistemas nos quais esse desenvolvimento deve ocorrer; enquanto o termo prevenção da poluição é usado principalmente para descrever melhorias ambientais resultantes de mudanças puramente tecnológicas (Jackson, 1993; Hilson, 2003).

Assim, a P+L parece apresentar uma abordagem mais abrangente, integrada e sistêmica, por incluir mudanças em todos os aspectos organizacionais relacionados aos processos e produtos, e sua definição e a própria expressão refletem uma busca pela melhoria contínua que, de resto, é também um objetivo de outros setores de uma organização, notadamente o sistema de gestão da qualidade (Silva et al., 2013).

Segundo o Centro Nacional de Tecnologias Limpas (CNTL, 2003), podem ser utilizadas várias estratégias para a introdução de técnicas de produção mais limpa em um processo produtivo, tendo em vista metas ambientais, econômicas e tecnológicas. A priorização dessas metas é definida em cada empresa, por meio de seus profissionais, e baseada em sua política gerencial: dependendo do caso, os fatores econômicos podem ser os determinantes na avaliação e revisão de um processo produtivo, e a minimização de impactos ambientais, uma simples consequência; alternativamente, os fatores ambientais poderão ser prioritários.

Design for the Environment (DfE)

As abordagens de prevenção da poluição/produção mais limpa, mesmo constituindo um avanço considerável em relação à abordagem de fim de tubo, apresentam limitações quando são aplicadas a bens de capital já instalados/existentes e aos parâmetros básicos de processos já estabelecidos (Barbieri, 2011).

Na fase de projeto, quando são definidas as especificações do produto e dos processos necessários, as possibilidades de agir preventivamente são muito maiores e podem ser muito mais eficazes do que buscar soluções paliativas ou de recuperação, para os danos já causados, por meio das soluções de fim de tubo (tratamento) ou mesmo de reciclagem. Em termos de projeto, é muito mais interessante e ecoeficiente intervir diretamente no produto em questão do que, em um momento posterior, projetar e produzir soluções para gerir os impactos ambientais (Manzini e Vezzoli, 2002)

Conceito surgido em 1992, o *Design for the Enviroment* (DfE), também chamado de *ecodesign*, é um modelo de gestão centrado na fase de concepção dos produtos e de seus respectivos processos de produção, distribuição e utilização. O DfE baseia-se em inovações de produtos e processos que reduzam a poluição em todas as fases do ciclo de vida de um produto, seja ele um bem de consumo, seja um serviço (Barbieri, 2011).

De modo a considerar todas as etapas do ciclo de vida, é necessário ter em mente, além dos segmentos internos da empresa, as demais partes interessadas: fornecedores, prestadores de serviços, consumidores, entre outros. Assim, a fragmentação dos atores – e de seus interesses – é o principal desafio a ser vencido na adoção do DfE (Manzini e Vezzoli, 2002).

Quanto à gestão de resíduos, o DfE constitui a estratégia preventiva mais nobre, pois as decisões tomadas na fase de projeto afetam todos os aspectos do produto em questão, contribuindo decisivamente para a não geração ou significativa redução de resíduos a serem geridos durante as fases de extração e beneficiamento de matérias-primas, geração de energia, processos produtivos, de distribuição, consumo e destinação final. Pode compreender ações como:

- Minimização dos recursos: redução no uso de materiais e energia.
- Escolha de recursos e processos de baixo impacto ambiental: seleção de materiais processos e fontes energéticas.
- Otimização da vida dos produtos: projetar produtos que perdurem, reduzir a descartabilidade e a obsolescência programada.
- Extensão da vida dos materiais: projetar prevendo a valorização (reaplicação, reutilização) de materiais anteriormente descartados.
- Facilidade de desmontagem: projetar prevendo a facilidade de separar as partes e materiais para posterior reutilização, recuperação e reciclagem (Manzini e Vezzoli, 2002).

ESTRATÉGIAS PREVENTIVAS – BENEFÍCIOS

Silva et al. (2013) compilam benefícios reportados em *cases* de diversos países do mundo, concluindo que estratégias preventivas representam uma estratégia ganha-ganha, em que a otimização do uso de recursos leva à redução nos custos da organização e nos potenciais impactos ambientais, e ao aumento na lucratividade. Os autores apontam diversos benefícios trazidos pela aplicação de estratégias preventivas, que em geral surgem pela redução, na fonte, da geração de resíduos:

- Menor custo e consequente aumento na lucratividade das operações, resultante da otimização dos processos de tratamento de reciclagem e de disposição de resíduos, bem como da redução do consumo de matérias-primas e insumos; esta, por sua vez, se traduz em benefícios ambientais.
- São perceptíveis também benefícios sociais, como melhoria nas condições de saúde e segurança dos trabalhadores e da comunidade próxima à organização, contribuindo para melhoria da imagem desta junto a acionistas, parceiros comerciais e sociedade em geral.

REÚSO, RECUPERAÇÃO, RECICLAGEM

De abrangência menor do que as estratégias apresentadas anteriormente, mas de grande importância para a gestão de resíduos sólidos em quaisquer circunstâncias, as chamadas estratégias R (o número citado delas varia, 3 a 5 ou mais) já têm sido disseminadas há algum tempo no meio empresarial.

O reúso ou reutilização consiste no aproveitamento dos resíduos sólidos sem transformação biológica, física ou físico-química, observadas as condições e os padrões estabelecidos pelos órgãos competentes (Brasil, 2010a). Dependendo do caso, são realizadas apenas operações de limpeza e colocação de etiquetas, como é o caso de caixas, tambores e garrafas de vidro (Simião, 2011).

A reutilização no meio industrial é frequentemente aplicada às embalagens. Por ocasião de contrato firmado entre empresa e fornecedor, a adoção de embalagens reutilizáveis/retornáveis pode inclusive ser uma condição obrigatória para o fornecimento de componentes (Castro, 2005).

Emprega-se, ainda, o termo recuperação quando o material foi reprocessado a fim de se obter um produto novamente útil, ou passou por alguma maneira de tratamento para ser regenerado (Simião, 2011).

A reciclagem é definida como um processo de transformação dos resíduos sólidos que altera suas propriedades físicas, físico-químicas ou biológicas, visando transformá-los em insumos ou novos produtos; por meio de processos de reciclagem, os resíduos podem retornar ao sistema produtivo como matérias-primas (Bidone e Povinelli, 1999; Brasil, 2010a).

Do ponto de vista ambiental, as estratégias R diminuem a quantidade de resíduos a serem dispostos no ambiente, aumentando a vida útil dos aterros sanitários e industriais, além de contribuir para a conservação dos recursos naturais, pois minimiza sua utilização. Do ponto de vista econômico, proporcionam, por um lado, a reinserção de materiais em processos produtivos, com consequente redução de custos de obtenção e beneficiamento de matérias-primas e, por outro, a redução do custo de gerenciamento de resíduos, com menores investimentos em transporte, armazenamento e em instalações de tratamento e disposição final. Adicionalmente, programas e empresas de reciclagem fomentam a criação de empregos, trazendo benefícios de ordem social (Simião, 2011).

Por outro lado, essas estratégias apresentam limitações de utilização: entre outras condições, requerem que seja feita a segregação dos materiais na fonte geradora e que haja pontos de coleta e estocagem definidos (Santos, 2005); a separação ou estocagem inadequada pode causar a contaminação dos materiais, prejudicando sua reciclabilidade.

A aplicação dessas estratégias também é condicionada às particularidades de cada organização, até mesmo de cada processo. Os aspectos locais são fundamentais para determinar a viabilidade ou não da reutilização, recuperação e reciclagem de resíduos. Assim, uma vez selecionadas as possibilidades de adoção dessas estratégias na empresa, sugere-se a realização de estudo que avalie aspectos como:

- Requisitos de espaço e armazenamento; operação e manutenção; alocação e treinamento de pessoal.
- Tempo para implementação.
- Viabilidade comercial do material reciclável a ser coletado.
- Viabilidade econômica: balanço entre a redução nos custos de disposição final e de aquisição de materiais e os custos adicionais do processo (equipamento, pessoal, consumo de energia e outros) (Usepa, 1998).

De modo geral, as estratégias R – reutilização, recuperação e reciclagem – representam uma oportunidade de evitar a disposição dos resíduos cuja geração não possa ser evitada (Santos, 2005).

GESTÃO INTEGRADA DE RESÍDUOS SÓLIDOS

Um aspecto importante é ter em mente a necessidade de se estabelecer a gestão e o gerenciamento dos resíduos sólidos de maneira integrada. A gestão integrada de resíduos sólidos implica buscar soluções que:

- Em uma visão macro, considerem as dimensões "política, econômica, ambiental, cultural e social" (Brasil, 2010a).
- Em uma visão micro, considerem como prevenir, destinar, tratar e dispor os resíduos de maneira a proteger a saúde humana e o ambiente; em suma, devem-se avaliar as necessidades e condições locais e, então, a seleção e combinação das atividades mais adequadas para essas condições (Usepa, 2002). Em outras palavras, não existe fórmula pronta e aplicável a qualquer situação, nem uma estratégia melhor que

664 | GESTÃO EMPRESARIAL E SUSTENTABILIDADE

todas as outras: a gestão e o gerenciamento integrados não consistem em definir qual a melhor estratégia – reciclagem, compostagem, incineração, disposição em aterro –, mas sim qual a proporção mais apropriada de cada uma delas (Jardim et al., 2000).

Pichtel (2005) aponta que as estratégias que focam o topo da hierarquia – não geração e redução na geração – devem ser encorajadas sempre que possível; contudo, em um sistema de gestão e gerenciamento integrado de resíduos sólidos, todos os componentes são importantes, uma vez que é necessário apresentar uma solução customizada para as potencialidades e necessidades de uma comunidade ou organização em particular. Neste caso, deve-se basear em critérios como porte da organização, infraestrutura já existente ou que pode ser criada, e recursos disponíveis.

Assim, percebe-se que deve haver integração não só entre as diferentes estratégias a serem adotadas para lidar com os resíduos, mas também entre a gestão/planejamento e o gerenciamento/execução, pois uma falha na comunicação entre esses aspectos pode levar a desperdício de tempo e de recursos, por exemplo, na tentativa de executar corretamente um mau planejamento – que adotou estratégias desnecessárias, insuficientes ou inviáveis tecnicamente – ou com a má execução de um planejamento adequado.

NECESSIDADE DE MELHORIA CONTÍNUA

Ainda que o conceito de sustentabilidade seja entendido como bastante amplo, por estar relacionado com espaço e tempo em que se desenrolam as ações humanas, é certo que não faz sentido pensar em sustentabilidade sem pensar de alguma maneira em melhoria contínua. Isso porque as constantes mudanças econômicas, sociais e culturais implicam uma nova relação com o meio ambiente – para melhor ou para pior –, assim, é necessário considerar e perseguir constantemente a melhoria em todos os aspectos de um empreendimento.

Nesse sentido, a gestão sustentável de resíduos sólidos, adotando o princípio de melhoria contínua, alinha-se a eventuais sistemas de gestão ambiental e de qualidade existentes na organização. A busca por certificações no atendimento de normas como as das séries ISO 9000 (sistema de qualidade) e ISO 14000 (sistema de gestão ambiental) pressupõe a busca pela melhoria contínua nesses sistemas e, nesse contexto, a gestão de resíduos sólidos pode contribuir de maneira significativa, caso também seja estruturada e mantida segundo um ciclo PDCA, como anteriormente apresentado.

INSTRUMENTOS PARA A GESTÃO DE RESÍDUOS SÓLIDOS

Entre os instrumentos a serem utilizados para o alcance dos objetivos da PNRS, estão:

- Os planos de resíduos sólidos.
- As ferramentas relacionadas à implementação da responsabilidade compartilhada pelo ciclo de vida dos produtos, como os programas de coleta seletiva e os sistemas de logística reversa.
- A cooperação técnica e financeira entre os setores público e privado para o desenvolvimento de pesquisas de novos produtos, métodos, processos e tecnologias de gestão.
- A educação ambiental.
- Os incentivos fiscais, financeiros e creditícios.
- Os acordos setoriais.
- No que couber, os instrumentos da Política Nacional de Meio Ambiente, entre eles o licenciamento e a revisão de atividades efetiva ou potencialmente poluidoras (Brasil, 2010a).

PLANOS DE RESÍDUOS SÓLIDOS

Para a elaboração participativa da gestão de resíduos sólidos é fundamental que inicialmente sejam traçados os objetivos comuns da sociedade ou corporação. No entanto, é necessário um instrumento que garanta que esses objetivos sejam alavancados e revistos continuamente – um plano ambiental voltado à temática de resíduos sólidos.

No Brasil, a PNRS em seu art. 14 elenca os principais planos ambientais relativos a resíduos sólidos:

- Plano Nacional de Resíduos Sólidos.
- Planos estaduais de resíduos sólidos.

- Planos microrregionais de resíduos sólidos e os planos de resíduos sólidos de regiões metropolitanas ou aglomerações urbanas.
- Planos intermunicipais de resíduos sólidos.
- Planos municipais de gestão integrada de resíduos sólidos.
- Planos de gerenciamento de resíduos sólidos (PGRS).

No âmbito empresarial, o foco principal está nos planos de gerenciamento de resíduos sólidos, que devem ser elaborados por atividades geradoras de resíduos sólidos em que o gerador seja responsável pela gestão, conforme consta no art. 20 da PNRS. A saber:

- Resíduos dos serviços públicos de saneamento básico.
- Resíduos industriais.
- Resíduos de serviços de saúde.
- Resíduos de mineração.
- Estabelecimentos comerciais e de prestação de serviços (atividades geradoras de resíduos perigosos ou não perigosos que, por sua natureza, composição ou volume, não sejam equiparados aos resíduos domiciliares pelo poder público municipal).
- Empresas de construção civil.
- Empresas responsáveis pela gestão de portos, aeroportos, terminais alfandegários, rodoviários e ferroviários e passagens de fronteira.
- Empresas responsáveis pela gestão de atividades agrossilvopastoris.
- Empreendimento ou atividade que gere ou opere com resíduos perigosos.

Para construção de um PGRS de maneira sustentável, o conceito de *stakeholder* deverá ser considerado. O foco do plano deve ir além das fronteiras da propriedade da empresa, abrangendo as relações com fornecedores, autoridades públicas e comunidades locais. Para tanto, a construção de planos de gerenciamento deverão ir de encontro às premissas contidas no plano municipal de gestão integrada de resíduos sólidos.

Os PGRS a serem implantados pelas empresas devem ter o seguinte conteúdo mínimo para atender à legislação vigente:

GESTÃO SUSTENTÁVEL DE RESÍDUOS SÓLIDOS | **667**

- Descrição do empreendimento ou atividade.

- Diagnóstico dos resíduos sólidos gerados ou administrados pela empresa: origem, volume e caracterização dos resíduos, incluindo os passivos ambientais relacionados a eles.

- Explicitação dos responsáveis por cada etapa do gerenciamento de resíduos sólidos.

- Definição dos procedimentos operacionais relativos às etapas do gerenciamento de resíduos sólidos sob responsabilidade do gerador.

- Identificação das soluções consorciadas ou compartilhadas com outros geradores, que podem ser, por exemplo, empresas do mesmo ramo ou região.

- Ações preventivas e corretivas a serem executadas em caso de falhas ou acidentes.

- Metas e procedimentos relacionados à minimização da geração, reutilização e reciclagem.

- Se couber, ações relativas à responsabilidade compartilhada pelo ciclo de vida dos produtos.

- Medidas saneadoras dos passivos ambientais relacionados aos resíduos sólidos.

- Periodicidade de sua revisão, observado, se couber, o prazo de vigência da respectiva licença de operação.

A elaboração do PGRS deve partir de um diagnóstico participativo da situação atual da empresa, que embasará a identificação de oportunidades e medidas com vistas à gestão e gerenciamento dos resíduos identificados; tais medidas devem ser avaliadas periodicamente, com a revisão do plano inicialmente elaborado, percorrendo-se, assim, um ciclo Planejar-Fazer-Verificar-Agir.

PGRS – Elaboração

Para elaboração de um PGRS é necessário considerar os arranjos institucionais envolvidos, os instrumentos legais e os mecanismos de financiamento. O PGRS, primeiramente, deverá efetuar uma leitura participativa da empresa, com ação conjunta dos diferentes agentes envolvidos e seus respectivos papéis, a qual identificará os conflitos, potencialidades e objetivos comuns da empresa e sua comunidade.

Com base no diagnóstico será possível traçar metas, ações e procedimentos internos que assegurem que os objetivos sejam cumpridos. A interação da empresa com a comunidade e outras empresas poderá ser balizada por meio de acordos setoriais e pela interface dos planos de gerenciamento com os planos municipais de gestão integrada de resíduos sólidos.

A empresa deve elaborar seu planejamento físico-financeiro para estruturação do modelo de gestão, o qual buscará a sustentabilidade econômica.

Por fim, mecanismos de monitoramento por meio de indicadores serão fundamentais para observar se a empresa cumprirá ou não seus objetivos, bem como possibilitar sua melhoria continuada.

Sugestão de estrutura de elaboração do PGRS

O exemplo de estrutura de elaboração do PGRS descrito a seguir foi proposto por Castro e Córdoba (2013).

1. **Diagnóstico da empresa**

   1.1 Caracterização do empreendimento e etapas produtivas geradoras de resíduos.

   1.2 Identificação da origem dos resíduos sólidos na empresa e sua geração em cada etapa do processo produtivo.

   1.3 Metodologias utilizadas para o levantamento quantitativo e semiqualitativo dos resíduos sólidos.

   1.4 Procedimentos de caracterização gravimétrica e volumétrica de resíduos.

   1.5 Identificação dos impactos ambientais e passivos ambientais na empresa.

   1.6 Explicitação dos responsáveis por cada etapa do gerenciamento de resíduos sólidos.

   1.7 Identificação das soluções consorciadas ou compartilhadas com outros geradores.

GESTÃO SUSTENTÁVEL DE RESÍDUOS SÓLIDOS | 669

2. Ações e metas

2.1 Conhecendo as diretrizes e estratégias para soluções de problemas.

2.2 Produtividade e resíduos.

2.3 Tecnologias e organização.

2.4 Qualidade, custos e sustentabilidade.

2.5 Responsabilidade do gerador e responsáveis técnicos.

2.6 Ações preventivas e corretivas a serem executadas em situações de gerenciamento incorreto ou acidentes.

2.7 Procedimentos para não geração.

2.8 Redução, reutilização, reciclagem e recuperação energética.

2.9 Redução do volume e da periculosidade dos resíduos perigosos.

2.10 Ações de responsabilidade compartilhada pelo ciclo de vida dos produtos.

2.11 Cooperativas de coleta seletiva e sua relação com empresas.

2.12 Logística reversa e metas de implantação.

2.13 Fomentando o uso de matérias-primas e insumos derivados de materiais recicláveis e reciclados.

2.14 Medidas saneadoras dos passivos ambientais relacionados aos resíduos sólidos.

3. Procedimentos internos

3.1 Como elaborar procedimentos para garantir regularidade, continuidade, funcionalidade e dos serviços de gerenciamento de resíduos sólidos.

3.2 Mecanismos gerenciais e econômicos que garantem a sustentabilidade operacional e financeira do plano.

4. Responsabilidade compartilhada

4.1 Acordos setoriais.

4.2 Plano de gerenciamento de resíduos sólidos na empresa e sua interface com planos municipais.

5. Mecanismos de financiamento

5.1 Financiamento por meio de projetos de inovação.

5.2 Linhas de crédito bancário.

6. Monitoramento

7. Revisão e melhoria contínua do plano

CONSIDERAÇÕES FINAIS

A gestão de resíduos sólidos percorreu um caminho evolutivo relativamente rápido, como que buscando compensar o longo tempo em que foi ignorada ou relegada a um plano de importância inferior pela sociedade de modo geral. Como visto, partiu-se de um contexto em que a geração de resíduos era vista como inevitável e não merecedora de maior atenção até o momento atual, em que já se busca a não geração de resíduos ou, na impossibilidade, a redução em sua geração, com o reúso e recuperação de produtos, a recuperação de materiais – pela reciclagem – ou ao menos do conteúdo energético – por meio da incineração –, para só então tratar os resíduos e/ou dispô-los de modo ambientalmente adequado.

Deve-se partir de um diagnóstico dos resíduos gerados pelas instalações, produtos e processos da organização, o que se pode realizar utilizando-se tanto técnicas específicas para caracterização de resíduos sólidos como ferramentas já de uso consolidado no meio empresarial, por exemplo, as ferramentas da qualidade.

O uso de um conjunto de parâmetros (indicadores) é necessário para monitorar os ganhos ambientais obtidos com os modelos implantados de gestão sustentável de resíduos sólidos. Esses indicadores deverão ser tratados no âmbito da empresa, e também deverá ser explorada a sua integração com a comunidade local.

Finalmente, uma ótica mais radical identificaria uma contradição no termo ora empregado, uma vez que aparentemente apenas seria administrado um impacto já causado (o resíduo sólido) e que tal atitude não deveria estar inserida ou ser considerada em um contexto de sustentabilidade.

GESTÃO SUSTENTÁVEL DE RESÍDUOS SÓLIDOS | **671**

Porém, a sustentabilidade em si não é uma meta a ser alcançada, mas sim um caminho a ser percorrido a passos firmes e não em saltos miraculosos, ao longo do qual a melhoria de produtos, processos e, finalmente, de atitudes seja contínua.

Nesse sentido, a gestão integrada de resíduos sólidos representa um passo importante e necessário em direção a uma condição mais sustentável, pois contribui não só para a melhoria no desempenho ambiental, pela diminuição no volume e mesmo na periculosidade dos resíduos gerados, mas também no desempenho econômico de uma organização, por permitir identificar desperdícios de material e processos ineficientes, entre outros aspectos. A própria eliminação ou diminuição na geração de resíduos sólidos pode também resultar, internamente, em um ambiente de trabalho mais saudável para os colaboradores e, externamente, na melhoria da imagem da organização perante as demais partes interessadas, como a vizinhança e a sociedade de modo geral.

REFERÊNCIAS

[ABRELPE] ASSOCIAÇÃO DAS EMPRESAS DE LIMPEZA PÚBLICA E RESÍDUOS ESPECIAIS. Resíduos Sólidos Urbanos: Recuperação energética. Caderno informativo. ABRELPE/PLASTIVIDA. 24 p. Disponível em: http://www.abrelpe. org.br/_download/informativo_recuperacao_energetica.pdf. Acessado em: 11 dez. 2012.

[ABNT] ASSOCIAÇÃO BRASILEIRA DE NORMAS TÉCNICAS. NBR 10.007: Amostragem de resíduos sólidos. 21p. Associação Brasileira de Normas Técnicas: Rio de Janeiro, 2004.

BARBIERI, J.C. *Gestão ambiental empresarial: conceitos, modelos e instrumentos.* 3. ed. atual. e ampliada. São Paulo: Saraiva, 2011. 376 p.

BIDONE, F.R.A.; POVINELLI, J. *Conceitos básicos de resíduos sólidos.* São Carlos: EESC/USP. 1999. 120 p.

BRASIL. Lei n. 12.305, de 2 de agosto de 2010. Institui a Política Nacional de Resíduos Sólidos altera a Lei no 9.605, de 12 de fevereiro de 1998, e dá outras providências. *Diário Oficial da União*, Brasília, DF, 3 ago. 2010. Disponível em: http://www. planalto.gov.br/ccivil_03/_ato2007-2010/2010/lei/l12305.htm. Acessado em: 22 set. 2010a.

_____. Decreto n. 7.404 de 23 de dezembro de 2010. Regulamenta a Lei n. 12.305, de 2 de agosto de 2010, que institui a Política Nacional de Resíduos Sólidos, cria o Comitê Interministerial da Política Nacional de Resíduos Sólidos e o Comitê Orientador para a Implantação dos Sistemas de Logística Reversa, e dá outras providências. Diário Oficial da União, Brasília-DF, 23 de dezembro. 2010b.

_____. IBAMA – INSTITUTO BRASILEIRO DO MEIO AMBIENTE E DOS RECURSOS NATURAIS RENOVÁVEIS. Instrução Normativa n. 13, de 18 de dezembro de 2012. Lista Brasileira de Resíduos Sólidos. Diário Oficial da União, n. 245, 20 de dezembro, p. 200-7. 2012.

CARROLL, A.B. Managing ethically with global stakeholders: a present and future challenge. *Academy of Management Executive*. v. 18, n. 2, p. 114-20, 2004.

CASTRO, M.A.S. Prevenção da poluição aplicada às embalagens de uso industrial: estudo de caso. 2005. 140 p. Dissertação (Mestrado). Escola de Engenharia de São Carlos, Universidade de São Paulo, Departamento de Hidráulica e Saneamento. São Carlos, 2005.

CASTRO, M.A.S.; CORDOBA, R.E. Planos de gestão e gerenciamento de resíduos sólidos: definições à luz da Política Nacional e propostas. Escola de Engenharia de São Carlos, 2013.

[CEBDS] CONSELHO EMPRESARIAL BRASILEIRO PARA O DESENVOVIMENTO SUSTENTÁVEL. Guia da produção mais Limpa – faça você mesmo. 60 p. 2003. Disponível em: http://www.pmaisl.com.br/publicacoes/guia-da-pmaisl. pdf. Acessado em: 16 jan. 2012

[CNTL] CENTRO NACIONAL DE TECNOLOGIAS LIMPAS. 2003. Disponível em: http://www.rs.senai.br/cntl/. Acessado em: 23 set. 2003.

CÓRDOBA, R.E. Estudo do potencial de contaminação de lixiviados gerados em aterros de resíduos da construção civil por meio de simulações em colunas de lixiviação. 2014. 339 p. Tese (Doutorado). Escola de Engenharia de São Carlos, Universidade de São Paulo (USP).

FREEMAN, E.R. *Strategic management: a stakeholder approach*. Pittman/Ballinger: Boston, 1984. In: BUYSSE, K; VERBEKE, A. Proactive Environmental Strategies: a Stakeholder Management Perspective, *Strategic Management Journal*. v. 24, n. 5, p. 453-70, 2003.

HILSON, G. Defining "cleaner production" and "pollution prevention" in the mining context. Minerals Engineering. v. 16, n. 4, p. 305-21, 2003.

JACKSON, T. (ed.). *Clean production strategies – Developing preventive environmental management in the industrial economy*. Boca Raton: Lewis Publishers, 1993. 415 p.

JARDIM, N.S.; WELLS, C.; CONSONI, A.J.; et al. Gerenciamento Integrado do lixo municipal. In: D'ALMEIDA, M. L. O.; VILHENA, A. (coord.). *Lixo Municipal: Manual de gerenciamento integrado*. São Paulo: IPT/CEMPRE, 2000. p. 3-25.

LEITE, W.C.A. Estudo da gestão de resíduos sólidos: uma proposta de modelo tomando a unidade de gerenciamento de recursos hídricos (URGHI-5) como referência. 1997. 270 p. Tese (Doutorado em Hidráulica e Saneamento). Escola de Engenharia de São Carlos. Universidade de São Paulo (USP).

MANZINI, E.; VEZZOLI C. O desenvolvimento de produtos sustentáveis. São Paulo: Editora da Universidade de São Paulo, 2002. 368 p.

[MMA] MINISTÉRIO DO MEIO AMBIENTE. *Planos de gestão de resíduos sólidos: manual de orientação*. Brasília, 2012. 156 p.

OLIVEIRA, J.F.G. AMA – Adequação Ambiental em Manufatura. In: III Workshop de Adequação Ambiental em Manufatura. Escola de Engenharia de São Carlos, 2002.

PERRINI, F.; TENCATI, A. Sustainability and Stakeholder Management: the Need for New Corporate Performance Evaluation and Reporting Systems. *Business Strategy and the Environment*. v.15, p. 296-308, 2006.

PHILIPPI JR, A.; AGUIAR, A.O. Resíduos sólidos: características e gerenciamento. In: PHILIPPI JR, A. (Org.) *Saneamento, saúde e ambiente: fundamentos para um desenvolvimento sustentável*. Barueri: Manole, 2005, p. 267-321.

PICHTEL, J. *Waste management practices: municipal, hazardous, and industrial*. Boca Raton: CRC, London. 2005. 659 p.

PINATTI, A.E. O design de embalagem de consumo e o meio ambiente – O sistema ecológico-ambiental: ecodesign. São Paulo, 1999, 428 p. Tese (Doutorado). Faculdade de Arquitetura e Urbanismo (FAU). Universidade de São Paulo (USP).

[PNUMA] PROGRAMA DAS NAÇÕES UNIDAS PARA O MEIO AMBIENTE. A produção mais limpa e consumo sustentável na América Latina e Caribe. Pnuma/Cetesb: São Paulo, 2005. 134 p. Disponível em: http://www.cetesb.sp.gov.br/Tecnologia/producao producao_limpa/documentos/pl_portugues.pdf. Acessado em: 15 jul. 2013

ROYSTON, M.G. Making pollution prevention pay. In: HUISINGH, D.; BAILEY, V. (ed.) *Making pollution prevention pay: ecology with economy as policy*. New York: Pergamon Press, 1982, p. 1-16.

SANTOS, C. Prevenção à poluição industrial: identificação de oportunidades, análise dos benefícios e barreiras. São Carlos, 2005. 287 p. Tese (Doutorado). Escola de Engenharia de São Carlos. Universidade de São Paulo (USP).

SCHALCH, V.; CASTRO, M.A.S.; CORDOBA, R.E. Tratamento e disposição final ambientalmente adequada de resíduos sólidos urbanos (apostila). São Carlos: EESC-USP, 2013. 51 p.

SCHALCH, V.; LEITE, W.C.A.; FERNANDES JÚNIOR, J.L. et al. Gestão e gerenciamento de resíduos sólidos. São Carlos. out./2002. 97 p.

SHEN, T.T. *Industrial pollution prevention*. Berlin: Springer, 1995. 374 p.

SILVA, D.A.L.; DELAI, I.; CASTRO, M.A.S. et al. Quality tools applied to Cleaner Production programs: a first approach toward a new methodology. *Journal of Cleaner Production*. v. 47, p. 174-87, 2013.

SIMIÃO, J. Gerenciamento de resíduos sólidos industriais em uma empresa de usinagem sobre o enfoque da produção mais limpa. 2011, 169 p. Dissertação (Mestrado). Programa de Pós-Graduação em Hidráulica e Saneamento. Escola de Engenharia de São Carlos, Universidade de São Paulo (USP).

SUSAG, R.H. Pollution prevention pays: the 3M corporate experience. In: HUISINGH, D.; BAILEY, V. (ed.), *Making pollution prevention pay: ecology with economy as policy*. New York: Pergamon Press, p. 17-22, 1982.

[UNEP DTIE] UNITED NATIONS ENVIRONMENTAL PROGRAMME &DIVISION OF TECHNOLOGY, INDUSTRY AND ENVIRONMENT. Cleaner Production – A Training Resource Package. United Nations Publication, Paris, 1996.

_____. Understanding Resource Efficient and Cleaner Production. Disponível em: http://www.unep.fr/scp/cp/understanding/concept.htm. Acessado em: 30 jan. 2012.

UNIÃO EUROPEIA. Diretiva 2008/98/CE do Parlamento Europeu e do Conselho, de 19 de novembro de 2008. Relativa aos resíduos sólidos e que revoga certas diretivas. Jornal Oficial da União Europeia, 22 nov. 2008. Disponível em: http://eur--lex.europa.eu/LexUriServ/LexUriServ.do?uri=CELEX:32008L0098:EN:NOT. Acessado em: 22 set. 2010.

[UNIDO] UNITED NATIONS INDUSTRIAL DEVELOPMENT ORGANIZATION. Manual on the Development of Cleaner Production Policies e Approaches and Instruments - guidelines for National Cleaner Production Centres and Programmes. 2002. Disponível em: http://www.unido.org/fileadmin/import/9750_02 56406e.pdf. Acessado em: 22 dez. 2011.

[USEPA] UNITED STATES ENVIRONMENTAL PROTECTION AGENCY. Principles of Pollution Prevention and Cleaner Production: an International Training Course (Participant's Manual). 1998. Disponível em: http://www.unep.fr/scp/cp/understanding/concept.htm. Acessado em: 24 jan. 2012.

_____. What Is Integrated Solid Waste Management? 6 p. 2002. Disponível em: http://epa.gov/climatechange/wycd/waste/downloads/overview.pdf. Acessado em: 18 jun. 2013.

[WBCSD] WORLD BUSINESS COUNCIL FOR SUSTAINABLE DEVELOPMENT. A eco-eficiência – criar mais valor com menos impacto. 36 p. 2000. Disponível em: http://www.wbcsd.org/web/publications/eco_efficiencyefficiency_creating _more_value-portuguese.pdf. Acessado em: 11 jul. 2013.

Produção Mais Limpa (P+L) | 25

Fernando Soares Pinto Sant'Anna
Engenheiro civil, UFSC

Lucila Maria de Souza Campos
Engenheira de Produção de Materiais, UFSC

Graciane Regina Pereira
Bióloga, IFSC

INTRODUÇÃO

Uma empresa do setor produtivo ou de serviços focada na sustentabilidade deve procurar meios de evitar a geração de resíduos e efluentes. Isso significa transformar a máxima *reduzir, reutilizar e reciclar*, em *reduzir, reduzir e reduzir*.

A reciclagem de materiais geralmente é *downcycling*, especialmente para plásticos; ou seja, uma garrafa plástica dificilmente retorna para se tornar uma nova garrafa. Ela pode no máximo ser transformada em outro objeto de menor valor agregado. Os aterros sanitário e industrial, ao longo dos anos, acabam por vazar e passar ao meio ambiente seu conteúdo altamente poluidor. A existência de um sistema de reciclagem de materiais pode ser uma boa justificativa para que o setor produtivo continue a produzir nos padrões de sempre, esquecendo a pesquisa por produtos mais sustentáveis e por geração de menos resíduos. Efluentes líquidos e gasosos tendem a impactar diretamente a atmosfera ou corpos hídricos, pois os sistemas de tratamento nunca são totalmente eficientes e seguros.

Uma estratégia interessante para obter a redução de resíduos e efluentes é procurar eliminar os poluentes na fonte onde são gerados. No mundo inteiro, o sucesso de inúmeros casos foi obtido por meio de uma abordagem de gestão empresarial sustentável conhecida como produção mais limpa (P+L). Um breve histórico da P+L, seus principais conceitos, razões para sua adoção e as necessárias políticas públicas para sua disseminação serão abordados a seguir.

HISTÓRICO E CONCEITOS DE PRODUÇÃO MAIS LIMPA

O termo "prevenção da poluição" (PP) surgiu formalmente em 1976, quando Joseph Ling, da empresa 3M, falou sobre o novo programa "Prevenção da poluição paga" (3P) no Seminário "Princípios e criação de tecnologias não geradoras de resíduos". Esse seminário aconteceu em Paris, promovido pela Comissão Econômica das Nações Unidas (Shen, 1999). Segundo Miller et al. (2008), o programa 3P foi implantado em 1975, compreendendo reformulação de produtos, modificação em processos, melhoramento de equipamentos e mudança de métodos com o objetivo de reduzir resíduos na fonte. Ele resultou em uma economia de bilhões de dólares nos processos produtivos da empresa ao longo dos anos seguintes.

Ainda segundo Miller et al. (2008), os Estados Unidos adotaram a PP em 1986, após um período conhecido como Era de Cumprimento de Requisitos. Neste período, que foi de 1970 a 1984, o órgão de controle ambiental United States Environmental Protection Agency (Usepa) atuava por "comando e controle", e o foco das empresas estava no tratamento final de seus efluentes ou resíduos, conhecido como solução "fim de tubo". Em 1980, o congresso americano aprovou a Comprehensive Environmental Response, Compensation, and Liability Act (Lei de Resposta Ambiental Abrangente, Compensação e Responsabilidade). Essa lei, conhecida como "Superfundo", estabeleceu o princípio do poluidor pagador, ao determinar a limpeza de áreas contaminadas, e fez as empresas americanas perceberem que a) a criação de poluição implicava uma potencial responsabilidade econômica que podia se estender por longos anos e que b) o atendimento à legislação e a abordagem de tratamento "fim de tubo" não era suficiente para proteger a corporação dessa responsabilidade.

Em meados dos anos de 1980, a Usepa criou um programa de adesão voluntária para redução dos 17 principais contaminantes químicos. Esse programa ficou conhecido como iniciativa 33/50 e tinha por objetivo reduzir a geração desses contaminantes em 33% no ano de 1992 e de 50% no ano de 1995, em relação ao ano de 1988. Milhares de empresas aderiram ao programa e obtiveram uma redução de suas emissões em torno de 64%. O sucesso do empreendimento ajudou a promover uma ética de prevenção da poluição em empresas e programas do governo americano.

Em 1986, uma nova lei federal reafirmando a lei do "Superfundo" exigiu que os estados desenvolvessem planos que garantissem capacidade para lidar com disposição ou tratamento de resíduos perigosos. Em resposta a essas exigências, muitos estados criaram planos de minimização de resíduos e estabeleceram metas para reduzi-los. Estavam assim estabelecidas as bases para a consolidação da ideia de que prevenir a geração era melhor tanto do ponto de vista ambiental quanto do econômico.

Em 1990, o congresso americano aprovou uma lei para promover a estratégia de PP, denominada Pollution Prevention Act, que incluía subsídios para assistência técnica aos estados, um centro nacional de informação e um programa de coleta de dados sobre prevenção à poluição. Essa lei confiou à Usepa a missão de divulgar e promover a PP em todo o território nacional. Esse conceito é definido pela Usepa como a redução ou eliminação de resíduos na fonte, modificando os processos de produção, promovendo o uso de substâncias não tóxicas ou menos tóxicas, implantando técnicas de conservação e reutilização de materiais, em vez de descartá-los como resíduos (Usepa, 2013).

Na Europa, a partir de 1987, o conceito de PP disseminou-se sob o nome de produção mais limpa (P+L). Inicialmente foi adotado na Suécia e na Holanda, e, mais tarde, em todo o continente europeu (Van Berkel, 2000). Em 1989, a P+L foi formalmente proposta pelo Programa das Nações Unidas para o Meio Ambiente (Pnuma ou Unep – United Nations Environment Programme), como uma abordagem para conservação de recursos e gestão ambiental. A definição de P+L adotada hoje em todos os programas do Pnuma foi estabelecida em 1990 como a aplicação contínua de uma estratégia ambiental integrada aplicada a processos, produtos e serviços para aumentar a eficiência e reduzir riscos a humanos e ao meio ambiente (Unep, 2013).

Segundo Kiperstok (1999), também em 1990 a Inglaterra começou a implantar medidas de P+L. Nesse ano, o parlamento britânico aprovou o Ato de Proteção Ambiental (EPA 90), que estabeleceu a política do Controle da Poluição Integrado (IPC). Essa lei aponta para dois instrumentos a serem utilizados pelas empresas potencialmente poluidoras:

- Best Available Technique Not Entailing Excessive Cost (BATNEEC) ou, em português, melhor tecnologia disponível que não implique custos excessivos.
- Best Practicable Environmental Option (BPEO) ou, em português, melhor opção ambiental praticável.

A visão de prevenção da poluição foi também adotada pela Comunidade Europeia na Diretiva do Conselho relativa à prevenção e controle integrados da poluição (Conselho das Comunidades Europeias, 1996 apud Kiperstok, 1999).

Para promover a implantação de P+L pelas empresas de países em desenvolvimento ou em transição, a Organização das Nações Unidas para o Desenvolvimento Industrial (Onudi ou Unido – United Nations Industrial Development Organization) começou em 1994 a estabelecer Centros Nacionais de P+L. O entendimento da organização é que a P+L é sustentável somente se existir a capacidade de absorvê-la e ajustá-la às condições locais.

O centro de referência em P+L brasileiro foi criado em 1995. Com o apoio da Onudi e do Pnuma, foi instalado o Centro Nacional de Tecnologias Limpas (CNTL) na unidade local do Serviço Nacional de Aprendizagem Industrial (Senai) do Rio Grande do Sul, vinculado à Federação das Indústrias do Rio Grande do Sul. Este passou a ser o elo brasileiro da Rede Latino-americana de P+L, que tem por objetivo desenvolver as capacidades nacionais em P+L, mediante o fomento do diálogo entre a indústria e o governo e o aumento dos investimentos para a transferência e desenvolvimento de tecnologias ambientalmente saudáveis (Red, 2013).

A partir de 1998, o CNTL-Senai/RS e o Conselho Empresarial para o Desenvolvimento Sustentável (CEBDS), em uma ação conjunta com o Serviço Brasileiro de Apoio às Micro e Pequenas Empresas (Sebrae) nacional e outras instituições, promoveram a formalização da Rede Brasileira de Produção mais Limpa, com a formação de quatro Núcleos de Produção mais Limpa no Brasil (NPLs), sediados nas Federações das Indústrias dos Estados da Bahia, Santa Catarina, Mato Grosso do Sul e Minas Gerais (Coelho, 2004). Outros NPLs, em um total de 23, foram instalados em outros estados nos anos seguintes. Esse modelo de rede nacional foi inspirado em exemplos de sucesso de diversos países, conforme citado por Calia e Guerrini (2006):

- Nos Estados Unidos, a agência ambiental criou o "Pollution Prevention Resource Exchange", em 1997, para estabelecer uma rede para troca de informações.

PRODUÇÃO MAIS LIMPA (P+L) | **679**

- No Canadá, foi criado, em 1992, o Centro de Prevenção de Poluição, o qual oferece material didático, fórum online, grupos de trabalho, treinamentos e certificação.

- Na Grã-Bretanha, foi criado, em 1994, o Envirowise que, em dez anos, conseguiu uma economia de US$ 1,7 bilhão. Essa agência oferece um balcão online, visitas às empresas, guias práticos, estudos de caso e 200 eventos ao ano.

- Na Áustria, foi criado, em 1991, o Ecoprofit (Ecological Project For Integrated Environmental Technology), desenvolvido pelo Departamento de Meio Ambiente da Cidade de Graz como uma rede de cooperação composta pela parceria entre os setores público e privado em prol do desenvolvimento sustentável.

- Para os países em desenvolvimento, a ONU criou uma rede em 1989 que integra mais de 100 centros nacionais de produção mais limpa em 40 países, sob a assistência de institutos de países desenvolvidos.

O estado de São Paulo, ao lado do Rio Grande do Sul, teve um papel de grande relevância na introdução da P+L no Brasil. Ainda no ano de 1992, uma parceria entre a Companhia Ambiental do Estado de São Paulo (Cetesb) e a Usepa possibilitou a formação de muitos de seus funcionários em especialistas em PP, termo utilizado na ocasião.

Em 1998, a Cetesb sediou e ajudou a organizar, juntamente com a Usepa, a I Conferência das Américas em P+L, que contou com 250 delegados de 23 países. Esse evento foi apoiado pelas mais prestigiadas instituições do continente, como Pnuma, Agência dos Estados Unidos para o Desenvolvimento Internacional, Agência de Proteção Ambiental do Canadá, Banco Mundial, Banco Interamericano de Desenvolvimento, Mesa Redonda de Prevenção da Poluição dos Estados Unidos, Universidade do Estado de São Paulo, entre outras. A conferência, que durou três dias, foi inteiramente dedicada a P+L, e dividida em seis sessões:

- Soluções técnicas para P+L.

- Políticas públicas e regulação.

- Informação e divulgação.

- Mecanismos de financiamento e incentivos econômicos.

- Sistema de gestão ambiental.

- Treinamento e assistência técnica.

Os tópicos fundamentais para a promoção da P+L foram abordados nesse encontro, que constituiu um marco no processo de implantação da P+L nas Américas. As principais recomendações dos países participantes foram consolidadas em um documento intitulado "Carta de São Paulo em Produção Mais Limpa/Prevenção da Poluição" (Unep, 2002).

Ainda no ano de 1998, a Cetesb participou também do V Seminário Internacional de Alto Nível em P+L, promovido pelo Pnuma, e foi a única signatária brasileira da Declaração Internacional em P+L. Esses eventos fizeram com que o termo P+L, em substituição à PP, fosse oficialmente adotado na instituição (Ribeiro e Pacheco, 2011).

Outro estado que teve iniciativas de destaque em P+L foi a Bahia. Ações de estímulo à P+L foram desencadeadas pela Universidade Federal da Bahia, as quais levaram à criação da Rede de Tecnologias Limpas e Minimização de Resíduos (Teclim), em 1998. A Rede usou todas as estratégias acadêmicas possíveis (ensino, pesquisa e extensão) para disseminar a P+L no estado da Bahia. Uma delas foi um curso de pós-graduação em P+L apostando no potencial de irradiação dos alunos nos vários setores econômicos.

No âmbito do governo brasileiro, o Ministério do Meio Ambiente, dos Recursos Hídricos e da Amazônia (MMA) incentivou a criação de fóruns estaduais de P+L em alguns estados brasileiros. Essas ações, porém, não tiveram desdobramento, e o tema P+L foi negligenciado nas ações de governo até o lançamento do Plano de Ação em Produção e Consumo Sustentáveis (PPCS). As origens desse plano remontam ao ano de 2002, resultado da participação do Brasil na Cúpula Mundial sobre Desenvolvimento Sustentável, em Joanesburgo.

Segundo Biderman et al. (2006), o Plano de Implementação da Cúpula de Joanesburgo reconhece a necessidade de mudança dos padrões insustentáveis de consumo e produção, e conclama os governos a incluírem requisitos de sustentabilidade em suas decisões, inclusive em processos de licitação. Com o objetivo de apoiar e fortalecer iniciativas de consumo e produção mais sustentáveis, o Plano de Implementação estabelece um conjunto de programas a serem desenvolvido com duração de 10 anos.

Para colocá-los em movimento, em 2003 foi dado início ao Processo de Marrakesh, sob coordenação do Pnuma e do Departamento de Assuntos Econômicos e Sociais das Nações Unidas (Undesa), que conta também com a participação de governos nacionais, agências de desenvolvimento, setor privado, sociedade civil e outros atores. O governo brasileiro aderiu ao Processo de Marrakesh em 2007, comprometendo-se a desenvolver programas que estimulem a produção e o consumo sustentável (Brasil, 2012).

Em novembro de 2011, o governo brasileiro tornou público o PPCS, e colocou-o em consulta pública por 12 meses. Esse plano articula as principais políticas ambientais e de desenvolvimento do país, em especial as Políticas Nacionais de Mudança do Clima e de Resíduos Sólidos e o Plano Brasil Maior, e direciona as ações de governo, do setor produtivo e da sociedade para padrões mais sustentáveis de produção e consumo. Seu objetivo é fornecer as diretrizes básicas e eleger as prioridades para que um conjunto de ações cabíveis, articuladas entre si, possa efetivar mudanças expressivas e mensuráveis, tanto nos padrões de consumo como de produção, que possam ser reconhecidos como mais sustentáveis.

Houve muito esforço e inúmeras tentativas de afirmação da P+L no Brasil, mas ela não se disseminou pelo território nacional. Atividades significativas de P+L são reconhecidas atualmente apenas nos estados de São Paulo, Rio Grande do Sul e Bahia. A rede brasileira de P+L, apesar de seu início promissor, foi aos poucos perdendo intensidade, até que, em 2009, o CEBDS considerou-a extinta. Em todos os países onde a P+L/PP foi adotada pelas empresas, aconteceu uma forte atuação de órgão públicos, notadamente de órgãos de controle ambiental. A seguir, serão abordados elementos importantes para o sucesso da P+L, tais como dificuldades a serem contornadas e diretrizes de políticas públicas para sua implantação.

POR QUE ADOTAR A PRODUÇÃO MAIS LIMPA: ASPECTOS PRÁTICOS, DIFICULDADES E FATORES CRÍTICOS PARA IMPLANTAÇÃO

A P+L pode ser considerada uma resposta consistente à poluição e à degradação ambiental, por meio de uma filosofia de prevenção da poluição, que visa reduzir o uso de recursos naturais e a geração de resíduos. A efetividade desta abordagem pode ser comprovada por meio de estudos de casos facilmente acessíveis nos sites do CNTL (http://www.senairs.org. br/cntl/), da Cetesb (http://www.cetesb.sp.gov.br/tecnologia-ambiental/ Produ??o-e-Consumo-Sustent?vel/11-Documentos) e da Teclim/Rede de Tecnologias Limpas da Universidade Federal da Bahia (http://teclim. ufba.br/site/). É importante assinalar que também estão disponíveis nesses endereços eletrônicos vasto material (manuais) sobre como implantar programas de P+L nos diversos setores da indústria.

No campo industrial, de acordo com Van Berkel (1999), a aplicação da P+L parte do princípio de que faz muito mais sentido evitar resíduos e emissões na fonte, em vez de tratá-los e controlá-los após sua geração. Van Berkel (1999) destaca ainda que a P+L ganhou a atenção mundial por provar sua capacidade de reduzir os impactos e cargas ambientais e ao mesmo tempo aumentar a eficiência produtiva e econômica da indústria. Exemplos de sucesso da P+L podem ser encontrados em diversos setores: do espacial à vinicultura (Taylor, 2006), metal mecânico (Severo et al., 2009), panificação (Pimenta e Gouvinhas, 2007), produção de eletrodomésticos da linha branca (Pacheco, 2013; Fonseca e Santos, 2011; Vickers, 2000), têxtil (Fresner et al., 2007), dentre muitos outros.

A abordagem de P+L estabelece uma hierarquia das possíveis formas de reduzir a poluição em sua fonte, como pode ser visualizado na Figura 1. A prioridade é evitar a geração de resíduos e emissões (nível 1). Os resíduos que não podem ser evitados devem, preferencialmente, ser reintegrados ao processo de produção da empresa (nível 2). Na sua impossibilidade, medidas de reciclagem fora da empresa podem ser utilizadas (nível 3) (CNTL, 2014).

O interessante trabalho de Pacheco (2013), baseado principalmente em Van Berkel (2007), CNTL (2006), Unep (2001 e 1994), relaciona categorias de atuação da P+L nos processos produtivos, conceitos e práticas e exemplos de aplicação já adotados em empresas de manufatura (Quadro 1).

Outra maneira de olhar a diversidade de soluções técnicas no âmbito da estratégia de P+L é mostrada no Quadro 2, no qual Van Berkel (1999) classifica os tipos de projetos de P+L adotados sob dois critérios: "prioridade da motivação ambiental" e "sofisticação tecnológica".

Para o autor, exemplos de todos os tipos de projetos são encontrados no setor industrial, desde os mais simples (tipo IV) até os mais complexos e inovadores (tipo I), que diminuem os impactos e melhoram o desempenho da organização. Ele afirma que a P+L é uma ferramenta muito valiosa para diminuir resíduos industriais e emissões, pois faz muito mais sentido tentar eliminar ou reduzir os resíduos e emissões na fonte do que recuperar e reciclar os materiais desperdiçados ou eliminar os efeitos nocivos já gerados. E geralmente benefícios econômicos podem ser alcançados quando se evitam o desperdício e as emissões, quando matérias-primas, energia e água são economizados, e os custos, minimizados (Van Berkel, 1999).

Figura 1 – Métodos de redução na fonte da abordagem P+L.

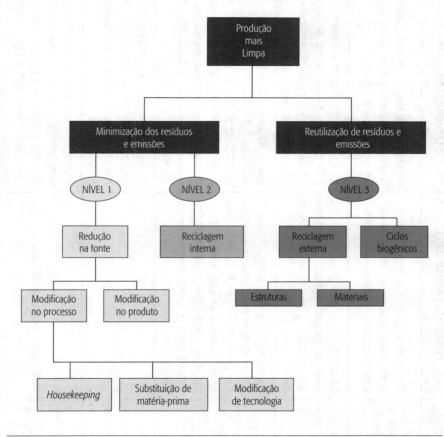

Fonte: CNTL (2014).

Entretanto, a existência de uma série de exemplos de aplicações de P+L em diversos setores não significa que a utilização dessa filosofia seja simples e sem dificuldades na sua implantação. Ou seja, existem barreiras para que a P+L seja adotada em uma empresa.

Para alguns autores, como Shin et al. (2008) e Gunninghan e Sinclair (1997), a maioria das descobertas mundiais em pesquisas empíricas sobre as barreiras da difusão das práticas de produção mais limpa podem ser classificadas em barreiras organizacionais internas e barreiras externas.

As barreiras internas estão relacionadas à falta de informação e conhecimento sobre o tema, baixa percepção das questões ambientais, competição nas prioridades de negócio, pressão para lucros em curto prazo, limi-

Quadro 1 – Categorias, conceito, práticas e exemplos de P+L.

Categorias (Unep 2001; 1994)	Conceito (Unep, 1994)	Práticas (Van Berkel, 2007)	Exemplos (CNTL, 2006)
1. Mudança de matéria-prima	Utilizar matérias-primas que são menos poluentes, renováveis e com maior tempo de vida útil na produção.	Uso de materiais de melhor qualidade, obtendo melhor rendimento, menos variabilidade de produção e qualidade do produto.	Reduzir o uso de fósforo e fosfatos, substituir filmes baseados em água por filmes secos em componentes eletrônicos.
2. Mudança de tecnologia	Modificar ou substituir equipamentos de produção com o objetivo de obter maior eficiência e geração de emissões.	Condições de processamentos melhoradas, mudança de procedimentos operacionais (pH, temperatura, pressão, vazão, dosagem etc.).	Em operações de filtragem e lavagem: reciclar solventes usados; limpeza de peças: uso de dispositivos mecânicos, melhoria da drenagem antes e depois da limpeza.
3. Mudança de práticas operacionais	Adotar ações gerenciais e operacionais para evitar vazamentos, derramamento e perdas produtivas em geral ou fazendo cumprir instruções operacionais já existentes e controlando processos.	Planejamento eficiente de produção reduzindo a necessidade de cruzar produtos incompatíveis; gestão de energia evitando necessidade de equipamentos de carga elevada; manutenção de moldes e máquinas para trabalhar com alta eficiência; gerenciamento de perdas; reprojeto; inovação.	Revisão do fluxo produtivo, reduzindo contaminação e necessidade de limpeza; implantação de sistema de planejamento de produção e de carga; plano e execução de manutenção preventiva; capacitação e instrução de trabalho; gerenciamento de matéria-prima.
4. Mudança das características do produto	Modificações das características do produto a fim de minimizar os impactos ambientais durante ou após a sua utilização.	Reprojeto, inovação.	Produtos com menor grau de brancura (sem agentes de coloração); minimização da embalagem; produtos facilmente desmontáveis e recicláveis.
5. Reúso e reciclagem	Reutilização de resíduos, no mesmo processo ou em outra aplicação; transformação de resíduos em subprodutos.	Reciclagem e reutilização de água.	Sistema de recuperação de solventes orgânicos, energia e resíduos. Logística reversa de peças e produtos em fim de vida útil; desmontagem; reciclagem em geral e reúso de resíduos.

Fonte: Pacheco (2013).

PRODUÇÃO MAIS LIMPA (P+L) | **685**

Quadro 2 – Classificação de projetos de P+L.

Sofisticação da tecnologia	Prioridade da motivação ambiental	
	Baixa	**Alta**
Alta	**Tipo I: projetos orientados por negócios**	**Tipo II: projetos avançados de tecnologia mais limpa**
	Características: • Inovadora • O meio ambiente é apenas um – e não o mais importante – dos objetivos de desenvolvimento. • Alto custo de investimento para produto, processo ou serviço mais competitivo. • Mudança no sistema produtivo (p. ex., no conceito de produto). Exemplos típicos: • Produto ambiental (novo projeto). • Novas linhas de produção que usam menos material, são menos dependentes de substâncias perigosas, consomem menos energia, são menos vulneráveis às alterações das condições do processo ou aplicam materiais ambientalmente preferidos. • Miniaturização e desmaterialização.	Características: • Sofisticada. • O desempenho ambiental é a motivação mais importante. • Custo de investimento médio com economias significativas nos custos ambientais. • Apresenta novas etapas do processo. Exemplos típicos: • Aplicação de nova tecnologia de separação (física, bioquímica etc.) para recuperar componentes valiosos, anteriormente perdidos nos fluxos de resíduos. • Substituição de substâncias perigosas auxiliares (p. ex., cianeto, metais tóxicos).
Baixa	**Tipo III: projetos de tecnologia apropriada**	**Tipo IV: projetos básicos de tecnologia mais limpa**
	Características: • Inteligente, mas conceitualmente simples. • Meio ambiente não é a motivação mais importante. • Custo de investimento moderado para o aumento da eficiência do processo. • Melhor desempenho das etapas do processo. Exemplos típicos: • Equipamento mais eficiente em energia, material ou água. • Processos auxiliares mais eficientes ou duráveis. • Processo otimizado, fluxo e *layout* adequado. • Engenharia e instrumentação inteligentes.	Características: • Senso comum. • O desempenho ambiental é a única motivação. • Baixo investimento para economia significativa de gastos de entrada. • Ignora práticas passadas de desperdício (resultante da falta de atenção da gerência, tradição, hábitos etc.). Exemplos típicos: • Prevenção de derramamento e vazamento. • Melhor gestão do inventário. • Melhor planejamento da produção. • Melhores práticas de manutenção operacional. • Efeito cascata de água ou de calor.

Fonte: Adaptado de Van Berkel (1999).

tação racional na tomada de decisão nos processos, obstáculos financeiros, falta de comunicação nas empresas, inércia de gerenciamento, obstáculos de mão de obra e dificuldade na implementação de tecnologias mais limpas.

Já as barreiras externas estão mais ligadas à falta de regulamentação para utilização da filosofia de P+L, o que dificulta o acesso a tecnologias mais limpas, financiamentos externos e incentivos econômicos.

Também Pacheco (2013) fez uma síntese das principais barreiras para a implementação da P+L, baseando-se nos trabalhos de Cebon (1993), Gunningham e Sinclair (1997), Shi et al. (2008), Shin et al. (2008) e Rossi e Barata (2009). Essa síntese está apresentada no Quadro 3.

Quadro 3 – Síntese das principais barreiras para a implementação da P+L.

Referência	Barreiras
Cebon (1993)	Falta de conhecimento do time de projeto e gestão; visão curta sobre as oportunidades de aplicação das práticas de P+L; organização não internaliza a P+L como uma prática.
Gunningham e Sinclair (1997)	Barreiras internas: falta de conhecimento sobre a P+L; baixa percepção das questões ambientais; competição nas prioridades de negócio; pressão por resultados de curto prazo; falta de comunicação nas empresas; limitação racional na tomada de decisão dos negócios; obstáculos financeiros; obstáculos de mão de obra; dificuldade na implementação de tecnologias mais limpas.
Shi et al. (2008)	Barreiras externas: fracasso da legislação existente; dificuldades no acesso às tecnologias mais limpas; dificuldade no acesso a financiamento externo; incentivos econômicos perversos; ausência de mercado para produtos reciclados; ciclos econômicos.
Shin et al. (2008)	Conhecimento limitado das questões de gestão ambiental nos processos de tomada de decisão; falta de especialistas na área; ausência e indisponibilidade de tecnologias de fácil implantação; indisponibilidade de capital para modernização de plantas industriais.
Rossi e Barata (2009)	Barreiras políticas e de mercado: carência de regulação ambiental; falta de incentivo econômico e inadequada autorregulação industrial; falta de demanda por ecoeficiência; pequena pressão e conscientização pública.

(continua)

Quadro 3 – Síntese das principais barreiras para a implementação da P+L. (*continuação*)

Referência	Barreiras
Rossi e Barata (2009)	Barreiras financeiras e econômicas: elevado custo de capital inicial; dificuldade de acesso a financiamento; fraco desempenho financeiro; ausência de avaliações em P+L; baixa oferta de financiamento.
	Barreiras de informação e técnicas: limitada capacitação e especialização; acesso limitado a apoio técnico externo; acesso limitado às informações em P+L.
	Barreiras gerenciais e organizacionais: prioridade no aumento de produção; preocupação com competitividade; resistência de gestores, falta de consciência sobre os benefícios; capacidade gerencial inadequada.

Fonte: Pacheco (2013); adaptado de Cebon (1993), Gunningham e Sinclair (1997), Shi et al. (2008), Shin et al. (2008) e Rossi e Barata (2009).

O trabalho de Silva et al. (2013) aponta outras barreiras à P+L: falta de uma ação integrada e sistemática, pois geralmente quem implanta o programa é um setor ambiental, que não tem autoridade e conhecimentos suficientes para aplicá-lo em toda a empresa; falta de continuidade, quando programas de P+L são implantados, mas não monitorados, revisados e ampliados; resistência a mudanças; motivação ambiental limitada; liderança inadequada da alta administração; falta de envolvimento dos funcionários; sistema de comunicação falho e inércia operacional. E, ainda segundo os autores, falta de técnicas, ferramentas e informações detalhadas para se obter resultados em cada etapa do processo de implantação da P+L.

POLÍTICAS PÚBLICAS PARA A PRODUÇÃO MAIS LIMPA

Em sua aplicação corrente, o conceito de políticas públicas é compreendido como o conjunto de princípios e diretrizes estabelecidos pela sociedade por meio de sua representação política, na forma da lei, que orientam as ações a serem tomadas e implementadas pelo Estado, pelo Poder Legislativo, pelo Poder Executivo e pelo Poder Judiciário. As políticas públicas são compreendidas, então, como aquelas que estão no universo da ação do Estado (Philippi Jr e Maglio, 2005).

Esse conceito é um dos vários empregados para caracterizar essa linha de estudo das ciências políticas, porém o tema suscita discussões, e não há consenso sobre a definição do que é política pública.

Toda política pública possui em si vários conflitos de interesses e ideias, como também abrange relações interinstitucionais de colaboração. A combinação destas e outras variáveis fazem, ou não, uma política ser eficaz e efetiva, ou seja, que atenda às metas e às expectativas da sociedade.

As políticas de meio ambiente são classificadas pela Constituição Federal (Brasil, 1988) como "Políticas de Ordem Social" e têm o papel de garantir os recursos naturais para a geração atual e para a futura. Para tal, precisa interferir e direcionar as atividades econômicas, de modo que os efeitos negativos da produção sejam prevenidos, minimizados e/ou controlados. No Brasil, o uso e a exploração dos recursos naturais para produção de riqueza faz parte de nossa história, o que acaba dificultando o entendimento de que existem limites para sua utilização. Nosso território tem abundância de muitos recursos e se desenvolveu explorando os mesmos, conduzindo aos quadros atuais de degradação ambiental e às dificuldades de gerenciamento e uso racional.

Fernandes (2003) considera o governo o melhor agente promotor da inserção da variável ambiental no setor produtivo, não só como conformação legislativa ou necessidade de mercado, mas principalmente como uma mudança da racionalidade produtiva, necessária para que se efetive o desenvolvimento sustentável. Esse autor considera ainda que não basta dispor de novas tecnologias, mas é necessário também repensar o seu emprego, como prevê a ecologia industrial, desde a escolha de matéria-prima, uso da energia, processo produtivo, embalagem, até a eliminação pós-consumo.

As políticas públicas ambientais podem ser implantadas por meio dos seguintes instrumentos (Merico, 2001):

- Instrumentos de "comando e controle": são a maneira mais tradicional de implementar a política ambiental, e envolvem basicamente a aplicação da legislação ambiental (comando) e a fiscalização e o monitoramento (controle) da qualidade ambiental.

- Instrumentos voluntários: são utilizados pelo poder público para induzir os processos de transformação da sociedade por meio de mudanças comportamentais, mudanças de mercado, fortalecimento da sociedade civil, mudanças produtivas. São exemplos a certificação ambiental e a Agenda 21.

- Gastos governamentais: compreendem as atividades que o governo define como importantes e prioritárias para canalizar seus esforços e recursos. Envolvem desde projetos especiais para definir determinadas marcas do governo até o reforço de áreas de trabalho cotidiano para cobrir deficiências na atuação cotidiana. Um exemplo é a criação de unidades de conservação.

- Instrumentos econômicos: são os menos utilizados. Como exemplo, pode ser citado o Imposto sobre Circulação de Mercadorias e Serviços (ICMS) Ecológico.

O Pnuma assinala como possibilidades de construção de uma Economia Verde, nova terminologia utilizada pelo órgão para se referir à Produção e Consumo Sustentáveis, os seguintes instrumentos políticos, preferencialmente de forma combinada (Unep, 2011): mecanismos de regulamentação e controle; instrumentos econômicos ou de mercado; instrumentos fiscais e incentivos; e ação voluntária, informações e capacitação.

Os mecanismos de regulamentação e controle estabelecem normalmente as metas iniciais para diminuir emissões e efluentes. Empresas que possuem uma cultura de prevenção e têm atitudes pró-ativas investem em práticas e tecnologias ambientais. Em relação a essa categoria de empresa, a legislação pode estimular padrões mais elevados de tecnologia limpa, principalmente no licenciamento de novas unidades industriais. E, para tal, deve estar em consonância com o ritmo do progresso tecnológico e com as demandas socioambientais.

Os regulamentos de "comando e controle" introduzidos em muitos países, desde 1970, tendem a se concentrar em soluções "fim de tubo", não considerando as abordagens mais preventivas e formas de melhorar a eficiência no uso dos recursos por meio de mudanças mais sistêmicas no processo de produção ou mesmo no design de produto. Isso não incentiva os fabricantes a melhorar seus padrões de eficiência. Já os instrumentos econômicos que colocam um preço nas emissões e efluentes podem estimular melhorias de forma permanente, por exemplo, cobrança de lançamentos nas bacias hidrográficas[1]. Embora pareçam simples de introduzir,

---

[1] As bacias interestaduais que já cobram pelo uso dos recursos hídricos são as dos rios Paraíba do Sul, entre São Paulo, Rio de Janeiro e Minas Gerais; Piracicaba, Capivari e Jun-

GESTÃO EMPRESARIAL E SUSTENTABILIDADE

regulamentos de "comando e controle" podem ser caros e ineficientes em uso (Unep, 2011).

O governo, por meio de ações institucionais, pode garantir o desenvolvimento e a gestão de indústrias e distritos industriais[2] em conformidade ambiental. Isso exige investimento em infraestrutura, por exemplo, para tratamento de resíduos e sua reutilização, bem como em medidas de gerenciamento para uso de recursos (água, por exemplo). Os mecanismos de regulação podem promover a adoção de princípios como a P+L, os 3Rs (reduzir, reutilizar e reciclar), o poluidor pagador, a responsabilidade do produtor, os quais encorajam as cadeias produtivas a pensar em ciclos fechados e tornar os sistemas de reutilização e reciclagem mais eficientes[3] (Unep, 2011).

Sabe-se que os instrumentos de "comando e controle" são os mais empregados e os que mais influenciam as empresas por causa da preocupação com multas ou punições legais, porém deixam lacunas. Ribeiro e Kruglianskas (2009) comentam que os instrumentos econômicos teriam o potencial de suprimir essas lacunas, obtendo melhorias ambientais com vantagens econômicas, principalmente considerando o custo de cumprimento da legislação pelos governos (gastos com a manutenção das agências ambientais, ações de fiscalização etc.). O Departamento de Economia e Meio Ambiente do Ministério do Meio Ambiente aponta como instrumentos econômicos a compensação ambiental e o fomento, os quais poderiam ser mais fortalecidos.

Compensação Ambiental: as políticas de Compensação Ambiental estão fundamentadas no princípio do poluidor-pagador, o qual estabelece que os custos e as responsabilidades resultantes da exploração ambiental dentro do

---

diaí, entre São Paulo e Minas Gerais; São Francisco, que envolve sete estados brasileiros; e Doce, entre Minas e o Espírito Santo (Brasil, 2013b).

[2] Refere-se a aglomerações de empresas com elevado grau de especialização e interdependência, seja de caráter horizontal (entre empresas de um mesmo segmento, ou seja, que realizam atividades similares), seja de caráter vertical (entre empresas que desenvolvem atividades complementares em diferentes estágios da cadeia produtiva). No Brasil, frequentemente utiliza-se a noção de distrito industrial para designar determinadas localidades ou regiões definidas para a instalação de empresas, muitas vezes contando com a concessão de incentivos governamentais (Sebrae/UFRJ, 2003).

[3] Podem-se citar como exemplos de mecanismos de regulação aqueles oriundos da União Europeia, como os relacionados com Resíduos de Equipamentos Elétricos e Eletrônicos (REEE); Restrição de Substâncias Perigosas (RoHS); e Registro, Avaliação e Autorização de Produtos Químicos (Reach).

processo produtivo deverão ser arcados pelo agente causador do dano. A Compensação Ambiental é um mecanismo financeiro que busca orientar, via preços, os agentes econômicos na valorização dos bens e serviços ambientais de acordo com sua real escassez e seu custo de oportunidade social.

Fomento: é uma atividade institucional que se propõe a promover incentivos econômicos objetivando o desenvolvimento sustentável. Utiliza instrumentos fiscais, tributários e creditícios diversos por meio dos quais os agentes econômicos se dispõem, em contextos específicos, a desenvolver atividades produtivas de bens e serviços, inclusive de geração de conhecimentos e tecnologias para a sustentabilidade. As modalidades do fomento podem ser: à produção sustentável; à produção de conhecimentos; ao desenvolvimento sustentável; além de incentivos fiscais, tributários e creditícios. (Brasil, 2013b)

A política fiscal, compreendendo as despesas públicas, subsídios e tributação, pode proporcionar incentivos poderosos para impulsionar a mudança no comportamento das organizações. As isenções fiscais podem ser feitas para produtos específicos ou setores da indústria. "Um exemplo seria um imposto sobre aterros ou sacos plásticos, cujas receitas seriam usadas para infraestrutura de gestão de resíduos ou outros fins" (Unep, 2011). Outros incentivos seriam os subsídios para a tecnologia verde ou inovações tecnológicas, fundos e financiamentos específicos e recompensas.

Os programas de rotulagem ambiental são meios para sensibilizar e educar consumidores para que tomem decisões responsáveis. Aqui o governo pode dar exemplo, fortalecendo ainda mais o programa de compras sustentáveis, o plano de produção e consumo sustentável, e dando continuidade ao projeto de rotulagem ambiental. Esses programas podem "puxar" o mercado, fornecendo aos consumidores informação para ajudá-los a comprar de forma responsável e, portanto, incentivar os fabricantes a projetar e comercializar produtos mais ambientalmente corretos (Unep, 2011).

Em seu último levantamento, a Organização para a Cooperação e Desenvolvimento Econômico (OCDE) (2010 apud Unep, 2011) observou que os impostos cobrados mais perto da fonte de poluição (p. ex., impostos sobre as emissões de CO_2 em vez de impostos sobre veículos a motor) deixam uma faixa maior de possibilidades para a inovação, por causa das complicações das fontes dispersas e variadas. Aumentar o preço dos combustíveis é outra possibilidade que instiga a busca por alternativas tecnológicas.

Iniciativas voluntárias de indústrias podem ser complementadas por parcerias público-privadas para facilitar o diálogo com órgãos governamentais. A autorregulação sob a forma de iniciativas voluntárias é uma ferramenta utilizada há muitos anos. É possível citar o *Responsible Care* da Indústria Química, com participantes de mais de 50 países (Unep, 2011), assim como as normas da ISO 14001.

Iniciativas voluntárias de indústrias ao longo dos últimos anos têm demonstrado crescente disposição para medir e comunicar desempenho, por meio de relatórios de desempenho ambiental, discutindo com investidores e outras partes interessadas os indicadores mais apropriados para usar no processo. Esse constante acompanhamento impulsiona a melhoria da gestão interna e fornece subsídios para ajustamento das ações governamentais e de outros órgãos ou instituições da sociedade.

No cenário nacional atual, é possível citar duas importantes políticas que estimulam a adoção da P+L: o Plano Nacional sobre Mudança do Clima (PNMC) – Lei federal n. 12187/2009 (Brasil, 2009) e a Política Nacional de Resíduos Sólidos (PNRS) – Lei federal n. 12305/2010 (Brasil, 2010). O atendimento às diretrizes desses documentos implica um forte compromisso do setor industrial. A PNRS coloca nos geradores de resíduos a responsabilidade de gerir seus resíduos. Na prática, esta política estimula a logística reversa dos produtos, na qual toda a cadeia produtiva tem de ser repensada. Aqui está uma das melhores oportunidades de articulação com a abordagem P+L, cuja grande ênfase está na redução da poluição na fonte.

Outra iniciativa importante, que incorporou as políticas citadas, é o PPCS, conforme comentado. Além desta, outras políticas nacionais relacionadas a um melhor gerenciamento ambiental e à P+L, no âmbito das três esferas do governo, do setor produtivo e do segmento da sociedade civil, são: Boas Práticas Agropecuárias; Campanhas de Consumo Consciente; Compras Públicas; Portal de Contratações Públicas Sustentáveis; Novo Protocolo Verde ou Protocolo de Intenções pela Responsabilidade Socioambiental; Fixação de Preço Mínimo de Produtos do Extrativismo; Varejo Sustentável; Índice de Sustentabilidade Empresarial ISE Bovespa[4]; Selo Procel; Procel Edifica; Construção Sustentável; Agenda Ambiental na Administração Pública (A3P); Sistema Integrado de Bolsa de Resíduos; Inovação Tecnológica; Nota Verde; Turismo Sustentável; e o Programa de Qualidade Ambiental (Colibri/ABNT) (Brasil, 2010).

---

[4] BM&FBovespa, em conjunto com várias instituições: Abrapp, Anbima, Apimec, IBGC, IFC, Instituto Ethos e Ministério do Meio Ambiente (BM&FBovespa, 2012).

Na Conferência Rio+20 se reafirmou o compromisso com a economia verde, considerada um dos instrumentos mais importantes para se chegar ao desenvolvimento sustentável e oferecer alternativas com relação à formulação de políticas públicas.

O documento "O futuro que queremos" (Nações Unidas, 2012), oriundo da conferência, valida os documentos da Conferência Rio 92, a Agenda 21, o Plano de Aplicação de Joanesburgo e todos os objetivos acordados internacionalmente, inclusive os Objetivos de Desenvolvimento do Milênio. Ele recomenda, ainda, que cada país considere a possibilidade de implantar políticas públicas de Economia Verde, em um contexto de desenvolvimento sustentável e de erradicação da pobreza. Às empresas e às indústrias, o documento recomenda que procedam em conformidade com a legislação nacional e que contribuam para o desenvolvimento sustentável, formulando estratégias de sustentabilidade que incorporem políticas de Economia Verde.

Nesta primeira década do século XXI, a questão ambiental no Brasil ganhou espaço. Diversos programas e ações foram implantados, demonstrando o interesse do governo em ter na sua pauta esta temática. Os conflitos de interesse entre os ministérios também se fizeram presentes, mostrando que desenvolvimento sustentável em um país que almeja melhores posições econômicas no mundo pode ser ponto de divergências e discussões.

Acserald (2001) enfatiza que, embora os órgãos ambientais tenham tomado corpo dentro do governo nos últimos anos, estes foram se caracterizando por acentuadas descontinuidades administrativas, fusões e desintegrações organizacionais, subordinações sequenciadas a um variado número de instâncias ministeriais e a um ainda maior número de responsáveis políticos. Infelizmente, no Brasil, as instituições democráticas frágeis e a coexistência de comportamentos político-administrativos modernos e tradicionais dificultam a implantação de políticas públicas ambientais.

Pereira e Sant'Anna (2012) apontaram os principais órgãos e entidades relacionados com a gestão ambiental e P+L no Brasil e os respectivos papéis no cenário nacional. Órgãos e entidades nacionais (MMA, MDIC, MCTI, MME, CNTL, Sebrae, CEBDS e CNI) declaram preocupação com a gestão ambiental em seus objetivos, ações, programas e planos, estimulando, de alguma forma, seu desenvolvimento nas organizações. Os autores pontuam que, apesar de algumas articulações, a maioria das ações é dissociada de objetivos comuns e não é claramente divulgada em âmbito nacional, dificultando ações efetivas. Como não há integração dessas ações,

694 | GESTÃO EMPRESARIAL E SUSTENTABILIDADE

o que se observa, na prática das organizações, são medidas pontuais de gestão ambiental em alguns setores, em alguma região ou em alguma empresa específica. Pereira e Sant'Anna (2012, p. 24) concluem que:

> Apesar de os ministérios e órgãos privados incentivarem uma produção mais limpa, o país não possui qualquer política específica para a P+L. Percebe-se que as políticas atuais dão indicativos para sua implementação de forma voluntária, mas não há medidas institucionais voltadas para a gestão ambiental nas empresas, ou seja, há um descompasso entre as ações do governo e as demandas da sociedade. As organizações adotam ou não abordagens mais responsáveis, motivadas por interesses próprios ou para indiretamente atender alguns mecanismos de "comando e controle", como o licenciamento ambiental.

A ausência de políticas públicas específicas para a P+L, principal dificuldade para a disseminação da P+L no país, é apontada em outros trabalhos (Gasi e Ferreira, 2006; Layrargues, 2000; Acserald, 2001; Sebrae/CEBDS, 2010; Pimenta e Gouvinhas, 2011; CNI, 2002; CNI, 2012; Silva et al., 2013).

Em 1998, um grupo de lideranças ambientalistas se posicionou a favor da construção de políticas sustentáveis por meio do documento "Por um compromisso com as políticas sustentáveis" (Revista Eco 21, 2011). O documento traz alguns pontos a serem considerados pelos tomadores de decisão do país, como padrões tributários que incentivem ou penalizem as empresas de acordo com seu desempenho ambiental, coordenação do cumprimento dos padrões de emissões na indústria e adoção da contabilidade ambiental nas bases de dados nacionais.

Rosa (2005) afirma que a efetiva gestão ambiental se dá pela integração entre os dois sistemas: sistema ambiental público e sistema ambiental privado. O sistema público estabelecendo políticas, elaborando leis, fiscalizando e punindo o próprio Estado, as pessoas físicas e as empresas. O sistema privado, por sua vez, buscando estabelecer suas próprias políticas, estratégias e seus modelos de gestão que estejam em conformidade com a legislação, primordialmente, e com o mercado em que atua, respeitando e protegendo assim o meio ambiente e as comunidades locais.

Na publicação da CNI (2002) *A indústria e o Brasil: uma agenda para o crescimento*, foi apontado o descontentamento da Confederação com as políticas públicas industriais de modo geral. A concepção e implementação dessa políticas estão dispersas em diferentes ministérios e agências, não raro operando com objetivos conflitantes. Desconectadas de preocupações com competitividade e operando com baixo grau de coordenação, constituem-se em uma das principais barreiras ao crescimento empresarial (CNI, 2002).

Em documento mais recente da CNI, *A indústria brasileira no caminho da sustentabilidade* (CNI, 2012), são feitas proposições com relação às políticas públicas do país:

- Mudanças no sistema tributário, cujos diversos tributos oneram o preço final dos bens de capital e elevam o custo final do investimento, e premiação para utilização eficiente dos recursos naturais.

- Priorização na disseminação de instrumentos de financiamento público com taxas especiais, voltados para a adoção de processos e mudanças na produção, que contribuam para a adequação do setor industrial aos objetivos do crescimento sustentável.

- Intensificação das atividades de pesquisa, desenvolvimento tecnológico e inovação.

- Integração ao menu de políticas voltadas para a área ambiental e climática, predominantemente apoiada em mecanismos de "comando e controle", instrumentos de planejamento, de mercado e de disseminação de informações.

- Investimento em serviços de infraestrutura que impactam o processo produtivo industrial, como transporte e energia.

O documento da CNI ressalta que os sistemas produtivos respondem ao mercado e às políticas públicas, razão pela qual não se pode separar o desempenho das atividades industriais e a estrutura do sistema produtivo do conteúdo das políticas governamentais de desenvolvimento. Às políticas públicas cabe o papel de criar condições para que as empresas incorporem a sustentabilidade em suas estratégias de produção, direcionem o consumo, corrijam as desigualdades regionais e busquem a equidade na distribuição da renda (CNI, 2012).

Em consonância com a CNI, a publicação Sebrae/CEBDS (2010) sobre P+L aponta como obstáculo para implementação da P+L em micro e pequenas empresas a ausência de políticas públicas de suporte tecnológico

GESTÃO EMPRESARIAL E SUSTENTABILIDADE

e financeiro para aquelas empresas que adotam o modelo de Produção Mais Limpa.

As políticas nacionais também são fortemente influenciadas por fatores externos (tratados, acordos, protocolos, exigências, entre outros). Após a Rio+20, ficou novamente bem claro que a Economia Verde deve ser perseguida pelos países, em todos os âmbitos, pois representam diretrizes globais que, uma vez transformadas em políticas públicas, vão desencadear ações locais.

Assim como apontado pelo documento do Unep (2011), há de se pensar em uma combinação de instrumentos políticos que possam de fato desencadear a adoção da P+L pelas organizações, onde parcerias público-privadas sejam acordadas. Nesse sentido cabe a cada país estabelecer mecanismos que façam com que todas as organizações conheçam a abordagem P+L e a implantem, alterando suas práticas produtivas, prevenindo a poluição, diminuindo riscos e aumentando a produtividade.

CONSIDERAÇÕES FINAIS

À medida que os requisitos ambientais tornam-se mais restritivos e as ações de "comando e controle" mais incisivas e contundentes, abre-se caminho para a compreensão das vantagens ambientais e econômicas da P+L. Aspectos da história ambiental americana evidenciam a racionalidade dessa trajetória. As várias e importantes iniciativas de implantação da P+L no Brasil, realizadas pelos setores governamental e privado, abordadas na primeira parte deste capítulo, fazem-nos refletir sobre o que não deu certo, dada a pouca receptividade da P+L pelas empresas. Considerando-se que existe uma legislação ambiental adequada para proteger nosso meio ambiente, uma das possíveis razões seria a fragilidade da fiscalização dos órgãos ambientais. Sem restrições efetivas ao descarte de efluentes e resíduos, as empresas não estariam sensíveis às vantagens da P+L comentadas na segunda parte deste capítulo.

Finalmente, na terceira e última parte, explica-se que o Brasil tem condições de avançar na adoção da P+L, criando e fortalecendo ações governamentais atreladas às diretrizes internacionais e às políticas já implantadas. Não há dúvidas sobre a efetividade dessa abordagem, tanto para se chegar a uma produção sustentável, como para contribuir, em um nível macro, para a economia verde. Os documentos do Pnuma, em especial

"Orientações de implantação para os governos" (Unep, 2001), proporcionam indicações claras de como o setor governamental pode incorporar a P+L como uma política permanente.

REFERÊNCIAS

ACSERALD, H. Políticas ambientais e construção democrática. In: VIANA, G.; SILVA, M.; DINIZ, N. (Orgs.). *O desafio da sustentabilidade: um debate socioambiental no Brasil.* São Paulo: Perseu Abramo, 2001, p.75-96.

BIDERMAN, R. et al.(Org.). *Guia de compras públicas sustentáveis: uso do poder de compra do governo para a promoção do desenvolvimento sustentável.* Rio de Janeiro: FGV, 2006. Disponível em: http://www.mma.gov.br/estruturas/a3p/_arquivos/guia_compras_sustentaveis.pdf. Acessado em: 20 set. 2013.

BM&FBOVESPA. *Índice de Responsabilidade Empresarial.* Disponível em: http://www.bmfbovespa.com.br/indices/ResumoIndice.aspx?Indice=ISE&idioma=pt--br#. Acessado em: 19 fev. 2012.

BRASIL. *Constituição da República Federativa do Brasil.* Brasília: Senado, 1988.

_____. *Lei federal n. 12187, de 29 de dezembro de 2009. Política Nacional sobre Mudança do Clima – PNMC.* Disponível em: http://www.planalto.gov.br/ccivil_03/_ato2007-2010/2009/lei/l12187.htm. Acessado em: 3 set. 2013.

_____. *Lei federal n. 12305. Política Nacional de Resíduos Sólidos.* Disponível em: http://www.planalto.gov.br/ccivil_03/_ato2007-2010/2010/lei/l12305.htm. Acessado em: 5 jan. 2012.

_____. MMA. *Plano de Produção e Consumo Sustentável – PPCS.* 2010. Disponível em: http://www.mma.gov.br/index.php/responsabilidade-socioambiental/producao-e-consumo-sustentavel/plano-nacional. Acessado em: 27 set. 2013a.

_____. MMA. *Economia e meio ambiente. Instrumentos econômicos.* Disponível em: http://www.mma.gov.br/governanca-ambiental/economia-verde/instrumentos-econ%C3%B4micos. Acessado em: 4 set. 2013b.

CALIA, R.C.; GUERRINI, F.M. Estrutura organizacional para a difusão da produção mais limpa: uma contribuição da metodologia seis sigmas na constituição de redes intra-organizacionais. *Gest. Prod. [on-line].* v. 13, n. 3, p. 531-543, 2006. Disponível em: http://www.scielo.br/scielo.php?pid=S0104-530X2006000300014&script=sci_arttext. Acessado em: 8 jul. 2014.

CEBON, P. Corporate obstacles to pollution prevention; the sociology of the workplace is just as important as technical solutions. *EPA Journal.* v. 19, n. 3, p.20-32, 1993.

GESTÃO EMPRESARIAL E SUSTENTABILIDADE

[CETESB] COMPANHIA AMBIENTAL DO ESTADO DE SÃO PAULO. *Produção e consumo sustentáveis. Guias da série P+L*. 2014. Disponível em: http://www.cetesb.sp.gov.br/tecnologia-ambiental/Produ??o-e-Consumo-Sustent?vel/11-Documentos. Acessado em: 8 jul 2014.

CNI. *A indústria e o Brasil: uma agenda para o crescimento*. Brasília: CNI, 2002.

_____. *A indústria brasileira no caminho da sustentabilidade*. Brasília: CNI, 2012.

[CNTL] CENTRO NACIONAL DE TECNOLOGIAS LIMPAS. 2006. Disponível em: http://www.P+L.com.br/publicacoes/guiadeP+L/guia-da-P+L.pdf. Acessado em: 22 out. 2012.

_____. *O que é produção mais limpa?* 2014. Disponível em: http://www.senairs.org.br/cntl/. Acessado em: 8 jul. 2014.

COELHO, A.C.D. *Avaliação da aplicação da metodologia de produção mais limpa Unido/Unep no setor de saneamento – estudo de caso: EMBASA S.A.* Salvador, 2004. Dissertação (Mestrado) – Universidade Federal da Bahia, Escola Politécnica, Departamento de Engenharia Ambiental. Programa de Mestrado Profissional em Gerenciamento e Tecnologias Ambientais no Processo Produtivo.

FERNANDES, V. *Indústria, meio ambiente e políticas públicas em Santa Catarina*. Florianópolis, 2003. 105f. Dissertação (Mestrado) – Universidade Federal de Santa Catarina, Centro Tecnológico. Programa de Pós-Graduação em Engenharia Ambiental.

FONSECA, J.B.; SANTOS, F.C.A. Desenvolvimento de produtos ambientalmente corretos: Estudo de caso em uma empresa alemã produtora de eletrodomésticos. In: *Anais III International Workshop Advances in Cleaner Production: Cleaner Production Initiatives and Challenges for a Sustainable World*. 18-20 maio 2011, São Paulo.

FRESNER, J.; SCHNITZER, H.; GWEHENBERGER, G. et al. Practical experiences with the implementation of the concept of zero emissions in the surface treatment industry in Austria. *Journal of Cleaner Production*. v. 15, n. 13-14, p. 1228-39, 2007.

GASI, T.M.T.; FERREIRA, E. Produção mais limpa. In: VILELA JR., A.; DEMAJOROVIC, J. (Orgs.). *Modelos e ferramentas de gestão ambiental: desafios e perspectivas para as organizações*. São Paulo: Editora Senac, 2006.

GUNNINGHAM, N.; SINCLAIR, D. *Barriers and motivator to the adoption of cleaner production*. The Australian National University, 1997. Disponível em: http://www.environment.gov.au/archive/settlements/industry/corporate/eecp/publications/pubs/barriers.pdf. Acessado em: 8 jul. 2014.

KIPERSTOK, A. Tecnologias limpas: porque não fazer já o que certamente virá amanhã. *Revista TECBAHIA – Revista Baiana de Tecnologias*. Camaçari, v. 14, n. 2, p. 45-51, 1999. Disponível em: http://www.teclim.ufba.br/site/material_online/publicacoes/pub_art69.pdf. Acessado em: 8 jul. 2014.

LAYRARGUES, P.P. Sistemas de gerenciamento ambiental, tecnologia limpa e consumidor verde: a delicada relação empresa-meio ambiente no ecocapitalismo. *RAE – Revista de Administração de Empresas*. v. 40, p. 40-88, abr.-jun. 2000.

MERICO, L.F.K. Políticas públicas para a sustentabildiade. In: VIANA, G.; SILVA, M.; DINIZ, N. (Org.). *O desafio da sustentabilidade: um debate socioambiental no Brasil*. São Paulo: Perseu Abramo, 2001, p. 251-64.

MILLER, G.; BURKE J.; MCCOMAS, C. et al. Advancing pollution prevention and cleaner production – USA's contribution. *Journal Cleaner Production*. v. 16, p. 665-72, 2008.

NAÇÕES UNIDAS. *The future we want. Conferência das Nações Unidas para o desenvolvimento sustentável*. Rio de Janeiro, 2012.

PACHECO, E.D. *Práticas de produção mais limpa num fabricante de eletrodomésticos do setor de linha branca*. Florianópolis, 2013. Dissertação (Mestrado) – Programa de Pós-graduação em Engenharia de Produção.

PEREIRA, G.R.; SANT'ANNA, F.S.P. Uma análise da produção mais limpa no Brasil. *Revista Brasileira de Ciências Ambientais*. n. 24, jun. 2012. Disponível em: http://www.rbciamb.com.br/images/online/Materia_2_artigos313.pdf. Acessado em: 3 set. 2013.

PHILIPPI JR, A.; MAGLIO, I.C. Política e gestão ambiental: conceitos e instrumentos. In: PHILIPPI JR, A.; PELICIONI, C.F. (Eds.). *Educação ambiental e sustentabilidade*. Barueri: Manole, 2005. p. 217-56.

PIMENTA, H.C.D.; GOUVINHAS, R.P. Implementação da produção mais limpa na indústria de panificação de Natal-RN. *Anais XXVII Enegep*, 2007, Foz do Iguaçu.

_____. Cleaner production as a corporate sustainability tool: an exploratory discussion. In: *Anais III International Workshop Advances in Cleaner Production: Cleaner Production Initiatives and Challenges for a Sustainable World*. 18-20 maio 2011, São Paulo.

[RED] RED LATINOAMERICANA DE PRODUCCION MAS LIMPIA. *Servicios*. 2013. Disponível em: http://www.produccionmaslimpia-la.net/index.php/servicios. Acessado em: 30 ago. 2013.

REVISTA ECO 21. Por um compromisso com as políticas sustentáveis. Disponível em: http://www.eco21.com.br/textos/textos.asp?ID=923. Acessado em: 18 jun. 2011.

RIBEIRO, F.M.; KRUGLIANSKAS, I. Políticas públicas ambientais e indução da melhoria de desempenho: uma revisão inicial. In: *Anais II International Workshop Advances in Cleaner Production: Key Elements for a Sustainable World: energy, water and climate change*. 20-22 maio 2009, São Paulo.

RIBEIRO, F.M.; PACHECO, J.W.F. Cleaner production at an environmental agency: 15 years of experience at Cetesb, Sao Paulo – Brazil. In: *Anais III Interna-*

tional Workshop Advances in Cleaner Production: Cleaner Production Initiatives and Challenges for a Sustainable World. 18-20 maio 2011, São Paulo.

ROSA, C. *Gestão por programas e gestão ambiental: uma avaliação da experiência recente do Ministério Público catarinense.* Florianópolis, 2005. 198f. Dissertação (Mestrado) – Universidade Federal de Santa Catarina, Centro Tecnológico. Programa de Pós-Graduação em Engenharia de Produção.

ROSSI, M.T.B.; BARATA, M.M.L. Barreiras à implementação de produção mais limpa como prática de eco eficiência em pequenas e médias empresas no estado do Rio de Janeiro. In: *Anais II International Workshop Advances in Cleaner Production: Key Elements for a Sustainable World: energy, water and climate change.* 20-22 maio 2009, São Paulo.

SEBRAE/CEBDS. *PmaisL – Rede Brasileira de Produção mais Limpa: Relatório 10 anos de parceria.* 2010. Disponível em: http://www.pmaisl.com.br/publicacoes/relatorio_10anos.pdf. Acessado em: 18 ago. 2011.

SEBRAE/UFRJ. *Arranjos produtivos locais: uma nova estratégia de ação para o Sebrae. Glossário de arranjos e sistemas produtivos e inovativos locais.* Coordenação: Helena M. M. Lastres e José E. Cassiolato. 2003. Disponível em: http://www.desenvolvimento.gov.br/arquivos/dwnl_1289323549.pdf. Acessado em: 10 jun. 2013.

SEVERO, E.A.; OLEA, P.M.; MILAN, G.S. et al. Produção mais limpa: o caso do arranjo produtivo local metal-mecânico automotivo da Serra Gaúcha. In: *2nd International Workshop Advances in Cleaner Production.* 2009, São Paulo.

SHEN, T.T. *Industrial pollution prevention.* Berlim: Springer, 1999.

SHI, H.; PENG, S.Z.; LIU, Y. et al. Barriers to the implementation of cleaner production in Chinese SMEs: government, industry and expert stakeholders' perspectives. *Journal of Cleaner Production.* v. 16, p. 842-52, 2008.

SHIN, D.; CURTIS, M.; HUISINGH, D. et al. Development of a sustainability policy model for promoting cleaner production: a knowledge integration approach. *Journal of Cleaner Production.* v. 16. p. 1823-37, 2008.

SILVA, D.A.L.; DELAI, I.; CASTRO, M.A.S. et al. Quality tools applied to cleaner production programs: a first approach toward a nee methodology. *Journal of Cleaner Production.* v. 47. p. 174-87, 2013.

TAYLOR, B. Encouraging industry to assess and implement cleaner production measures Enviro-Stewards Inc. *Journal of Cleaner Production.* v. 14, p. 601-9, 2006.

UFBA. *Teclim – Rede de Tecnologias Limpas.* 2014. Disponível em: http://teclim.ufba.br/site/. Acessado em: 8 jul. 2014.

UNEP. *Government Strategies and Policies for Cleaner Production.* Paris: Unep Industry & Environment, 1994.

PRODUÇÃO MAIS LIMPA (P+L) | **701**

_____. *Cleaner production: implementation guidelines for governments.* França: UNEP's International Declaration on Cleaner Production, 2001.

_____. *Implementation guidelines for governments. International Declaration on Cleaner Production.* 2001. Disponível em: http://www.unep.fr/scp/publications/details.asp?id=WEB/0136/PA. Acessado em: 9 set. 2013.

_____. *Status report: cleaner production in Latin America and the Caribbean.* 2002. Disponível em: http://www.cetesb.sp.gov.br/Tecnologia/producao_limpa/documentos/unep_RLPS_ale.pdf. Acessado em: 30 ago. 2013.

_____. *Towards a green economy: pathways to sustainable development and poverty eradication.* 2011. Disponível em: www.unep.org/greeneconomy. Acessado em: 13 jul. 2012.

_____. *Resource efficient and cleaner production.* 2013. Disponível em: http://www.unep.fr/scp/cp/. Acessado em: 2 set. 2013.

USEPA. *Pollution prevention – Definitions.* 2013. Disponível em: http://www.epa.gov/p2/pubs/p2policy/definitions.htm. Acessado em: 30 ago. 2013.

VAN BERKEL, R. Cleaner production: a profitable road for sustainable development of australian industry. *Clean Air.* v. 33, n. 4, p. 33-8, 1999.

_____. Cleaner production for process industry: overview of the cleaner production concepts and relation with other environmental management strategies. *Plenary Lecture,* Perth WA, p. 9-12, jul. 2000.

_____. Cleaner production and eco-efficiency initiatives in Western Australia 1996 e 2004. *Journal of Cleaner Production.* v. 15, p. 741-55, 2007.

VICKERS, I. Cleaner production: organizational learning or business as usual? An example from the domestic appliance industry. *Business Strategy and the Environmental.* v. 9, p. 255-68, 2000.

26 | Ferramentas de Responsabilidade Social Corporativa: uma Análise Comparativa

Hans Michael van Bellen
Engenheiro mecânico, UFSC

Rodrigo Claudino Cortez
Administrador, Conab

INTRODUÇÃO

As demandas atuais por responsabilidade social (RS) e comportamento ético nas organizações e em seus líderes estão mais fortes do que nunca (Joyner e Payne, 2002; Waddock et al., 2002). Razões instrumentais, relacionais e morais exercem pressões para que as empresas se engajem em práticas de responsabilidade social corporativa (RSC) (Aguilera et al., 2007).

Apesar de sua importância no contexto atual, a análise da RSC ainda é embrionária tanto para seus praticantes quanto para o mundo acadêmico (McWilliams et al., 2006). A literatura sobre o tema se apresenta com uma série de limitações que dificultam o entendimento: proliferação de abordagens (Garriga e Melé, 2004); grande quantidade de conceitos e falta de clareza nas definições (McWilliams et al., 2006); falta de orientação prática para os líderes (Porter e Kramer, 2006); falta de uma base consensual que possibilite a ação empresarial (Henderson, 2001 apud Van Marrewijk, 2003).

Para trazer consenso e uma melhor compreensão, especialistas buscaram reunir e integrar uma série de discussões que ocorrem na literatura em modelos teóricos. Esses modelos, no entanto, mesmo sendo bastante referenciados nos principais artigos de RSC, foram ignorados pelos praticantes. Isso porque os modelos estabeleceram a estrutura, as bases para a

RSC, mas não avançaram em termos de orientações práticas. Os modelos teóricos, portanto, especificam "o que deve ser feito", mas não "como fazer".

As ferramentas de RSC supriram essa lacuna para os gestores ao fornecer orientações, diretrizes, princípios, requisitos, sistemas de gestão e iniciativas para a construção e a gestão da RS. São muitas as ferramentas de RSC (Ligteringen e Zadek, 2005; Barbieri e Cajazeira, 2009; Louette, 2007; Visser, 2012). Ligteringen e Zadek (2004) afirmam que há um sentimento de confusão sobre quais ferramentas existem, como utilizá-las, quais seus custos e benefícios e como elas se relacionam.

Nesse sentido, faz-se necessário identificar em meio a tantas ferramentas aquelas que fornecem orientações práticas para os gestores, contribuem para a construção da gestão da RSC, proporcionam reais benefícios para as empresas. A partir dessas considerações, este capítulo se propõe a realizar uma análise comparativa das ferramentas de RS mais aderidas pelas empresas que compõem o Índice de Sustentabilidade Empresarial (ISE)[1] de 2012 da BM&FBovespa.

RESPONSABILIDADE SOCIAL CORPORATIVA

Até o final dos anos 1970, a RSC foi ridicularizada como uma piada, um oxímoro e uma contradição pela comunidade empresarial (Lydenberg, 2005). No entanto, no final dos anos 1990, a ideia se tornou quase universalmente sancionada e promovida por todos os constituintes da sociedade (Lee, 2008).

Nestes últimos 20 anos, aponta Lee (2008), a RSC se transformou de um conceito irrelevante para um dos mais usuais e mais amplamente aceitos nos negócios mundiais. Segundo o autor, a maioria das organizações internacionais como as Nações Unidas, o Banco Mundial, a Organização de Cooperação Econômica e Desenvolvimento Internacional e a Organização Internacional do Trabalho não apenas endossam, como também estabelecem diretrizes e divisões permanentes para pesquisar e promover a RSC.

De acordo com Dahlsrud (2008), o mundo corporativo se depara com a noção de RSC em qualquer lugar em que ele se direciona nestes dias. Já

---

[1] O ISE é um indicador que reflete o retorno de uma carteira composta por ações de empresas com os melhores desempenhos em todas as dimensões que medem a sustentabilidade empresarial (BM&FBovespa, 2012).

se tornou consenso nos meios empresariais mais avançados que a não consideração das questões socioambientais pode conduzir o empreendimento à ruína (Serva, 2009). Contudo, apesar da sua crescente importância, o que se percebe é que não há clareza sobre o seu real significado no mundo acadêmico nem no corporativo (Van Marrewijk, 2003; Dahlsrud, 2008; McWilliams et al., 2006; Godfrey e Hatch, 2007; Claro et al., 2008).

A variedade de definições acaba dificultando a prática da RSC (Van Marrewijk, 2003; Godfrey e Hatch, 2007). Van Marrewijk (2003) afirma que os executivos muitas vezes ficam em uma situação constrangedora, pois não sabem muito bem o que fazer acerca da RSC. A fim de clarificar o seu significado, vários autores procuraram identificar dimensões que explicassem o conceito.

Dimensões da responsabilidade social corporativa

Carroll (1991) argumenta que, para ser aceita como legítima no mundo corporativo, a RSC deve tratar de toda uma gama de obrigações que a empresa tem para com a sociedade. Segundo o autor, a RSC total das empresas engloba o cumprimento das responsabilidades econômica, legal, ética e filantrópica. Em outras palavras, a empresa socialmente responsável deve se esforçar para ter lucro, obedecer a lei, ser ética e ser uma boa cidadã corporativa (Carroll, 1991).

A pirâmide de Carroll (1991) retrata as dimensões da RSC e pode ser visualizada na Figura 1.

Figura 1 – Pirâmide de responsabilidade social corporativa.

Responsabilidades
filantrópicas
Ser uma boa cidadã corporativa
Melhorar a qualidade de vida

Responsabilidades éticas
Ser ética
Obrigação de fazer o que é certo, correto e justo

Responsabilidades legais
Obedecer às leis
Obedecer às regras do jogo

Responsabilidades econômicas
Ser lucrativa
A fundação sobre a qual todas as outras responsabilidades estão assentadas

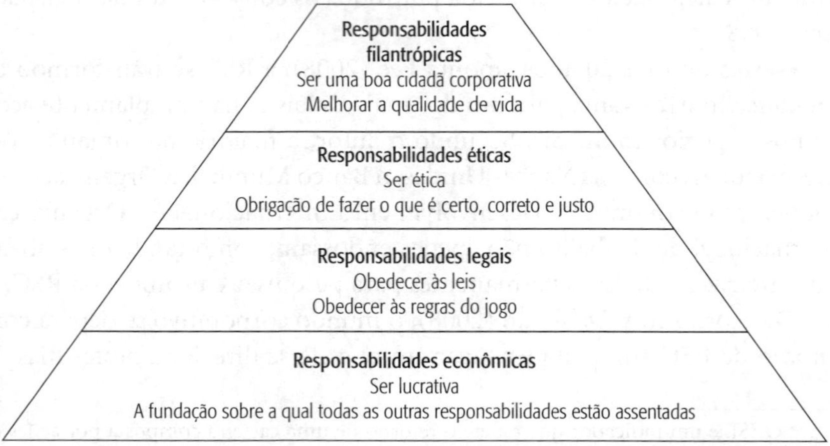

Fonte: Carroll (1991).

FERRAMENTAS DE RESPONSABILIDADE SOCIAL CORPORATIVA: UMA ANÁLISE COMPARATIVA | 705

A pirâmide retrata as quatro dimensões da RSC, começando com o desempenho econômico, que é o alicerce de todas as demais. Antes de qualquer coisa, afirma Carroll (1991), a organização empresarial compreendeu a unidade econômica básica em nossa sociedade. Assim, seu principal papel consistiu em produzir bens e serviços que os consumidores necessitavam e desejavam com um lucro aceitável nesse processo. Todas as outras responsabilidades, segundo o autor, baseiam-se na responsabilidade econômica da empresa, pois sem ela as demais se tornariam de consideração irrelevante (Carroll, 1991).

A sociedade sancionou às empresas a operarem de acordo com a motivação de lucro; no entanto, espera-se que essas cumpram com as leis e regulamentações promulgadas pelos governos federal, estadual e local (Carroll, 1991). Segundo Carroll (1991), as responsabilidades legais refletem uma visão de "ética codificada", no sentido que elas incorporam noções básicas de um funcionamento justo conforme estabelecido pelos legisladores. As responsabilidades legais estão representadas na próxima camada da pirâmide para retratar seu desenvolvimento histórico, mas elas são apropriadamente vistas como coexistindo com as responsabilidades econômicas.

A próxima dimensão refere-se à responsabilidade de as empresas serem éticas. No seu nível mais fundamental, esta é a obrigação de fazer o que é certo, justo e correto, e evitar ou minimizar os danos aos *stakeholders* (Carroll, 1991). De acordo com Carroll (1991), as responsabilidades éticas abrangem aquelas atividades e práticas que são esperadas ou proibidas pelos membros da sociedade, mesmo elas não sendo codificadas pela lei. Embora esteja representada como uma próxima camada da pirâmide, o autor afirma que há uma interação dinâmica entre essa dimensão e a dimensão legal.

Finalmente, espera-se que as empresas sejam boas cidadãs corporativas. Isso é capturado, conforme Carroll (1991), na responsabilidade filantrópica, na qual se espera que as empresas contribuam com recursos humanos e financeiros para a comunidade e que melhorem a sua qualidade de vida. Segundo Carroll, "filantropia engloba ações corporativas que estão em resposta às expectativas da sociedade de que as empresas sejam boas cidadãs corporativas" (1991, p. 229). Isso inclui, de acordo com o autor, se engajar ativamente em ações ou programas que promovem o bem-estar humano.

De forma complementar, outras dimensões da RSC são apresentadas por Dahlsrud (2008). O autor identificou cinco dimensões a partir de uma análise de conteúdo das definições mais conhecidas de RSC. Essas dimensões, sua definição, assim como exemplos de frases pelas quais as dimensões foram identificadas podem ser visualizadas no Quadro 1.

Quadro 1 – Dimensões da RSC conforme Dahlsrud.

Dimensões da RSC	Definição	Frases dos conceitos de RSC
Dimensão ambiental	Refere-se ao relacionamento da empresa com o meio ambiente	"Um ambiente mais limpo"; "gestão ambiental"; "preocupações ambientais nas operações de negócios"
Dimensão social	Refere-se ao relacionamento da empresa com a sociedade	"Contribuir para uma sociedade melhor"; "integrar as preocupações sociais nas operações da empresa"; "considerar o escopo completo do impacto sobre as comunidades"
Dimensão econômica	Refere-se aos aspectos socioeconômicos e financeiros, incluindo a descrição da RSC em termos de uma operação de negócio	"Contribuir para o desenvolvimento econômico"; "preservar a rentabilidade"; "operações da empresa"
Dimensão stakeholder	Refere-se aos stakeholders ou grupos de stakeholders	"Interações com os stakeholders"; "como as organizações interagem com os empregados, fornecedores, clientes e comunidades"; "tratar os stakeholders da empresa"
Dimensão voluntária	Refere-se às ações não prescritas pela lei	"Baseado em valores éticos"; "além das obrigações legais"; "voluntária"

Fonte: Dahlsrud (2008).

A probabilidade de encontrar três ou mais dessas dimensões em um conceito de RSC é de 97%, aponta Dahlsrud (2008).

Uma definição recente de RS e que abrange as dimensões de Carroll (1991) e Dahlsrud (2008) é apresentada pela norma internacional de responsabilidade social ISO 26000. Segundo essa norma, a característica essencial da RS:

é o desejo da organização de incorporar considerações socioambientais em seus processos decisórios e se responsabilizar pelos impactos de suas decisões

FERRAMENTAS DE RESPONSABILIDADE SOCIAL CORPORATIVA: UMA ANÁLISE COMPARATIVA | **707**

e atividades na sociedade e no meio ambiente. Isso implica um comportamento transparente e ético que contribua para o desenvolvimento sustentável, leve em conta os interesses das partes interessadas, esteja em conformidade com as leis aplicáveis e seja consistente com as normas internacionais de comportamento, que esteja integrado em toda a organização e seja praticado em suas relações. (ISO, 2010)

Para Dahlsrud (2008), as definições de RSC descrevem um fenômeno, mas fracassam em apresentar qualquer orientação sobre como gerenciar os desafios dentro desse fenômeno. Dahlsrud (2008) conclui que o desafio dos negócios não é tanto para definir um conceito de RSC, como é para entender como a RSC deve ser socialmente construída em um contexto específico.

Diversos teóricos elaboraram modelos que auxiliam a compreender o fenômeno da RSC. Um dos modelos mais discutidos e comentados na literatura é o modelo de desempenho social corporativo (DSC).

Modelo de Desempenho Social Corporativo

Carroll (1979) foi o precursor do modelo de desempenho social corporativo (DSC). O autor articulou os seguintes aspectos-chave de RS em um modelo conceitual:

- Uma definição básica de RS.
- Uma enumeração das questões sociais que a empresa deve enfrentar.
- Uma especificação da filosofia de resposta para as questões sociais.

O propósito do modelo, segundo Lee (2008), consistiu em ajudar a clarificar e integrar várias vertentes conceituais que tinham aparecido na literatura.

Wartick e Cochran (1985) sugeriram melhorias para esse modelo. Em seu artigo, os autores mostraram como várias visões concorrentes (responsabilidade econômica, responsabilidade pública, responsividade social), as quais se propunham a substituir o conceito de RS, poderiam ser incorporadas no modelo DSC, conforme sugerido por Carroll (1979). Para os autores, o modelo de DSC se baseia em uma versão expandida de RS em uma abordagem de princípios/processos/política. O modelo, portanto, reflete uma interação subjacente entre os princípios de RS, o processo de responsividade social e as políticas desenvolvidas para tratar com as questões sociais.

Sendo assim, no modelo de Wartick e Cochran (1985), o conceito de RSC abraça o componente ético da RS e deve ser pensado como princípio, a responsividade social deve ser pensada como processo, e a gestão das questões sociais, como política.

Donna J. Wood (1991) modificou e melhorou o modelo de DSC, conforme proposto por Wartick e Cochran (1985) e Carroll (1979). De acordo com Carroll (1999), o modelo da autora foi muito mais compreensivo do que as versões anteriores. O autor afirma que o modelo apresentou questões que foram consistentes com os modelos iniciais e outras que não haviam sido abordadas de forma explícita.

Wood (1991, p. 693) define DSC como a "configuração de uma organização empresarial de princípios de RS, processos de responsividade social, e políticas, programas e resultados observáveis conforme eles se relacionam com as relações sociais da empresa". As três partes do modelo de DSC de Wood (1991) podem ser visualizadas no Quadro 2.

Quadro 2 – Modelo de Desempenho Social Corporativo de Wood.

Princípios de responsabilidade social corporativa	Processos de responsividade social corporativa	Resultados do comportamento corporativo
- Princípio institucional: legitimidade - Princípio organizacional: responsabilidade pública - Princípio individual: discrição gerencial	- Avaliação do ambiente - Gestão dos *stakeholders* - Gestão das questões	- Impactos sociais - Programas sociais - Políticas sociais

Fonte: Wood (1991).

A articulação dos princípios de RS (legitimidade, responsabilidade pública e discrição gerencial) nos níveis institucional, organizacional e individual esclarece um longo debate sobre RS e enfatiza os princípios que motivam o comportamento humano e organizacional. A identificação de *processos de resposta específica* – avaliação do ambiente, gestão dos *stakeholders* e gestão das questões – mostra os canais pelos quais a empresa representa seus envolvimentos com o ambiente interno e externo. Incorporar os impactos sociais, políticas e programas como os resultados coletivos das interações do ambiente da empresa permite que avaliações mais pragmáticas sejam feitas (Wood, 1991).

Wood (1991) torna mais explícita as ligações entre as três faces do modelo de DSC, gerando novos entendimentos dos relacionamentos entre empresa-sociedade. As três partes do modelo de DSC são descritas a seguir.

Princípios de RSC

Wood (1991) afirma que tentativas de especificar princípios de RSC na literatura têm sido distinguidas entre três fenômenos conceitualmente distintos, mas relacionados: a) expectativas colocadas sobre todas as empresas em virtude de seu papel como instituições econômicas; b) expectativas colocadas sobre a empresa em particular por causa do que elas são e do que elas fazem; e c) expectativas colocadas sobre os gestores como atores morais dentro das empresas.

Após distinguir esses três níveis de análise (institucional, organizacional e individual), Wood (1991) reúne vários conceitos anteriormente concorrentes para explicar três princípios de RSC, que podem ser vistos no Quadro 3.

Quadro 3 – Princípios de RSC.

Princípio de legitimidade	**Definição:** a sociedade concede legitimidade e poder para as empresas. No longo prazo, aquelas que não usarem o poder da maneira que a sociedade considera responsável irão perdê-lo.	**Nível de aplicação:** institucional, baseado sobre as obrigações genéricas das empresas como uma organização empresarial. **Foco:** obrigações e sanções. **Valor:** define o relacionamento institucional entre as empresas e a sociedade e especifica o que é esperado de qualquer empresa.
Princípio de responsabilidade pública	**Definição:** as empresas são responsáveis pelos resultados relacionados às suas áreas primárias e secundárias de envolvimento com a sociedade.	**Nível de aplicação:** organizacional, baseado sobre as circunstâncias específicas da empresa e relacionamentos com o ambiente. **Foco:** parâmetros comportamentais para as organizações. **Valor:** limita a responsabilidade do negócio para aqueles problemas relacionados às atividades e aos interesses da empresa, sem especificar um domínio de ação possível muito estreito.

(continua)

GESTÃO EMPRESARIAL E SUSTENTABILIDADE

Quadro 3 – Princípios de RSC. (*continuação*)

	Definição: gestores são atores morais. Dentro de cada domínio da RSC, eles são obrigados a exercer tal discrição conforme ela se encontra disponível para eles, em direção aos resultados socialmente responsáveis.	Nível de aplicação: individual, baseado nas pessoas como atores dentro das organizações. Foco: escolha, oportunidade, responsabilidade pessoal. Valor: define a responsabilidade dos gestores de serem atores morais e perceberem e exercerem escolha no serviço da RS.
Princípio de discrição gerencial		

Fonte: Wood (1991).

O princípio de legitimidade, de acordo com Wood (1991):

- Expressa legitimidade como um conceito de nível social.

- Descreve a responsabilidade das empresas como uma instituição social que deve evitar abusar de seu poder.

- Expressa uma proibição ao invés de um dever afirmativo.

- É aplicado igualmente para todas as empresas, independentemente de suas circunstâncias particulares.

O princípio de responsabilidade pública, por sua vez:

- Livra a RSC da ambiguidade que atormentou o início do desenvolvimento conceitual.

- Elimina o lugar de esconderijo conveniente que estava disponível para os executivos que prefeririam não assumir obrigações que estavam tão vagamente definidas.

- Torna clara a RSC para determinadas empresas.

- Exige que as empresas examinem suas próprias posições e papéis únicos no ambiente para determinar suas responsabilidades sociais.

- Não permite que a RSC de uma empresa seja definida pelos caprichos, preferências ou conexões sociais dos principais executivos da organização.

- Estabelece que as responsabilidades sociais devam ser relevantes para os interesses, operações e ações das empresas.

FERRAMENTAS DE RESPONSABILIDADE SOCIAL CORPORATIVA: UMA ANÁLISE COMPARATIVA | **711**

- Deixa um espaço considerável para a discrição gerencial determinar quais problemas e questões sociais são relevantes e como eles devem ser resolvidos (Wood, 1991).

O princípio de discrição gerencial, afirma Wood (1991), tem como premissa as seguintes ideias:

- Gestores existem em um ambiente organizacional e social que é repleto de escolhas.

- As ações dos gestores não são totalmente prescritas pelos procedimentos corporativos, por definições formais de trabalho, pelos recursos disponíveis ou pelas tecnologias.

- Gestores são atores morais em seu trabalho tanto quanto em outros domínios de suas vidas.

- Os gestores possuem discrição, eles são pessoalmente responsáveis por exercê-la e não podem evitar esta responsabilidade por meio de regras, políticas ou procedimentos.

Os princípios de RSC, ressalta Wood (1991), não devem ser pensados como padrões absolutos, mas como formas analíticas a serem preenchidas com o conteúdo de preferências de valores explícitos que existem dentro de um dado contexto cultural ou organizacional e que são operacionalizados por meio de processos políticos e simbólicos desse contexto.

Processos de responsividade social corporativa

A empresa responsiva apresenta os seguintes comportamentos (Ackerman, 1975 apud Wood, 1991):

- Monitora e avalia as condições do ambiente.
- Atende às muitas demandas dos *stakeholders*.
- Projeta planos e políticas para responder às condições de mudanças.

Esses comportamentos compreendem de fato processos que tratam de informação, pessoas e grupos, e questões sociais e eventos; portanto, refletem com mais precisão o que consiste a segunda parte do modelo de

DSC (Wood, 1991). No Quadro 4, podem ser visualizados os processos de responsividade social corporativa de Wood (1991).

Quadro 4 – Processos de responsividade social corporativa.

Processo de avaliação do ambiente	**Definição:** a empresa responsiva precisa analisar o seu ambiente para verificar mudanças importantes.	**Nível de aplicação:** macro e mesoambiente. **Foco:** político, econômico, sociocultural, tecnológico. **Valor:** identifica as mudanças mais importantes. A empresa pode formular estratégias para adaptar-se ou tentar alterar as mudanças.
Processo de gestão dos *stakeholders*	**Definição:** a empresa responsiva precisa administrar suas relações com os *stakeholders*.	**Nível de aplicação:** ambiente externo e interno. **Foco:** qualquer grupo ou indivíduo que pode afetar ou é afetado pela realização dos objetivos da empresa. **Valor:** minimiza surpresas, pois não negligencia os interesses de outros indivíduos, grupos ou organizações da sociedade. A empresa pode desenvolver estratégias para lidar com esses interesses cuidadosamente.
Processo de gestão das questões	**Definição:** a empresa responsiva precisa gerir as questões que a sociedade considera importantes.	**Nível de aplicação:** macro e mesoambiente. **Foco:** qualquer questão que é sensível à opinião pública. **Valor:** minimiza surpresas que emanam do ambiente empresarial turbulento. A empresa pode de imediato dar respostas sistemáticas e interativas às mudanças ambientais.

Fonte: Wood (1991).

Em relação ao primeiro componente de responsividade – avaliação do ambiente –, cabe destacar, conforme Wood (1991):

- O ambiente empresarial não é unitário, nem um fenômeno estável.
- Os ambientes sociais, políticos e legais são tão importantes quanto os ambientes econômicos e tecnológicos.
- Existem técnicas de avaliação ambiental.
- O conhecimento sobre o ambiente pode ser utilizado para inventar estratégias de adaptação ou para mudá-lo.

Quanto ao segundo componente da responsividade da empresa – gestão dos *stakeholders* –, Wood (1991) menciona o trabalho de Freeman (1984), o qual promoveu uma discussão convincente acerca dos *links* entre as funções da companhia e os *stakeholders* externos e definiu um conjunto de ferramentas para mapear esses relacionamentos e suas consequências.

No último componente – gestão das questões –, Wood (1991) menciona o trabalho de Wartick e Cochran (1985), os quais propuseram a gestão das questões como a terceira parte do modelo de DSC. Wood (1991) argumenta, no entanto, que o conceito de gestão das questões tem uma conotação específica de processo, sendo, portanto, melhor visualizado como um processo de responsividade social do que como uma parte do modelo de DSC. O conceito de gestão das questões parece não ter sofrido alterações. Para Wood (1991), assim como para Wartick e Cochran (1985), gestão das questões se subdivide em: identificação das questões, análise das questões e desenvolvimento de resposta.

De acordo com Wood (1991), a responsividade contribui com uma dimensão de ação, um componente de "como fazer", que é necessário para complementar o conceito normativo e motivacional da RSC.

A autora argumenta que os três componentes da responsividade – avaliação do ambiente (contexto), gestão dos *stakeholders* (atores) e gestão das questões (interesses) – são teórica e pragmaticamente interligados.

Resultados do comportamento corporativo

Os resultados do comportamento empresarial, de acordo com Wood (1991), são de interesse direto e evidente na avaliação do DSC. Segundo a autora, a terceira parte do modelo de DSC – resultados sociais – é a única porção que é realmente observável e aberta para avaliação. A autora argumenta que esse aspecto do DSC é o único lugar no modelo de DSC onde existe qualquer desempenho real. Motivações não são observáveis, e processos são somente observáveis por meio de inferência.

Wood divide os resultados em três tipos: impactos sociais do comportamento empresarial, os programas que as empresas utilizam para implementar a responsabilidade e, por último, as políticas desenvolvidas pelas empresas que guiam as questões sociais e os interesses dos *stakeholders*. Esses resultados são apresentados no Quadro 5.

714 | GESTÃO EMPRESARIAL E SUSTENTABILIDADE

Quadro 5 – Resultados do comportamento corporativo.

Políticas	**Definição:** uma declaração sobre a maneira que a empresa decidiu lidar com uma situação da empresa em geral ou de um determinado assunto em particular.	**Nível de aplicação:** própria empresa ou assunto específico. **Foco:** qualquer decisão estratégica tomada pela empresa. **Valor:** especifica (a) uma direção em que a empresa quer se desenvolver e/ou (b) o seu ponto de vista sobre um assunto específico.
Programas	**Definição:** as medidas tomadas pela empresa para lidar com uma questão específica.	**Nível de aplicação:** questões específicas. **Foco:** projetos, tarefas, atribuições. **Valor:** especifica os esforços da empresa para realizar determinado objetivo.
Impactos	**Definição:** os resultados reais das atividades da empresa.	**Nível de aplicação:** ambiente externo e interno. **Foco:** desempenho social, ambiental e econômico. **Valor:** especifica os efeitos da empresa na sociedade.

Fonte: Wood (1991).

Quanto aos impactos sociais do comportamento empresarial, Wood destaca que os primeiros defensores da RSC focaram atenção nos desastres empresariais, derramamentos de óleos, lixos tóxicos, produtos prejudiciais, pagamentos ilegais para políticos e outros impactos sociais negativos semelhantes do comportamento empresarial, e que os primeiros opositores da RSC focaram na criação de empregos, bens e serviços necessários e desejáveis, criação de riqueza, pagamentos de impostos, inovações tecnológicas e outros benefícios similares dos impactos sociais do comportamento empresarial. De acordo com a autora, a maioria das pesquisas sobre os impactos sociais das empresas tem sido realizada na área de relatórios de RSC, com atenção especial voltada para dispositivos de avaliação como indicadores sociais, relatório de metas e contábeis e o balanço social. Para gerenciar os impactos sociais, as empresas empreendem ações que incluem o investimento de recursos em *programas sociais* para alcançar fins específicos e o estabelecimento de *políticas sociais* para institucionalizar motivos socialmente responsáveis e processos socialmente responsivos (Wood, 1991).

Aqueles que possuem programas sociais corporativos procuram satisfazer necessidades particulares ou determinados fins por meio de investimento de recursos em cursos de ações vistos pela empresa como socialmente desejável. Tais programas podem ser desenvolvidos em ações únicas, por meio de projetos de longo prazo, ou até mesmo possuir características institucionalizadas de estrutura corporativa (Wood, 1991).

A política social empresarial, por sua vez, emerge nas empresas para guiar as tomadas de decisões (a) nas áreas onde os problemas ocorrem, para que o esforço necessário não seja desperdiçado na reflexão e análises dos assuntos de rotinas e (b) em áreas de grande interesse ou importância para a organização, assim as ameaças e oportunidades nessas áreas podem ser tratadas de forma mais efetiva (Wood, 1991).

O modelo de DSC apresentado:

- Providencia os aspectos-chave dos conceitos de RS (Carroll, 1979).
- Auxilia na compreensão das diferentes partes que compõem a RSC.
- Fornece os elementos que constituem o fenômeno da RSC.
- Explica a RSC em um contexto amplo (Carroll, 1999).
- Permite que o pesquisador proceda a uma análise sistemática da RSC em uma organização (Jamali e Mirshak, 2007).

No entanto, apesar de todos os esforços em tornar o modelo de DSC mais útil para ambos os pesquisadores e gestores, este não teve sucesso na aplicação generalizada (Lee, 2008). O modelo de DSC define a estrutura da RSC, mas não estabelece princípios socialmente responsáveis. Além disso, não fornece orientações sobre como gerir os processos e avaliar os resultados. Segundo Wood e Jones (1995), o modelo de DSC carece de um aspecto crítico necessário para a implementação: a capacidade de medir e testar empiricamente o modelo.

Diversas ferramentas têm sido criadas para auxiliar os líderes empresariais a estabelecer princípios socialmente responsáveis, gerir processos e avaliar resultados. O conceito, os objetivos e os diferentes tipos de ferramentas de RSC são apresentados a seguir.

Ferramentas de Responsabilidade Social Corporativa

No atual contexto, ferramentas de RSC são necessárias para estabelecer e implementar uma estratégia de negócios bem-sucedida (Dahlsrud, 2008).

A Norma Internacional de Responsabilidade Social – ISO 26000 (ISO, 2010) define uma ferramenta de RS como um sistema, uma metodologia, um programa ou uma atividade que se destina a ajudar as organizações a atingir objetivos específicos relacionados à RS.

Os dois principais objetivos das ferramentas de RS, de acordo com Ligteringen e Zadek (2005), são: a) ajudar a melhorar o desempenho corporativo por meio de práticas de negócios mais responsáveis; e b) providenciar um claro e comum entendimento do que significa conceitos como "desenvolvimento sustentável" e "responsabilidade corporativa".

Segundo Ligteringen e Zadek (2005), as ferramentas de RSC foram desenvolvidas não como uma alternativa às regulamentações governamentais e acordos intergovernamentais, mas porque as leis não fornecem (e não podem fornecer) todos os detalhes de que os gerentes precisam.

A lista de ferramentas é bastante abrangente (Ligteringen e Zadek, 2005; Barbieri e Cajazeira, 2009; Louette, 2007; Visser, 2012; ISO, 2010). Louette (2007) afirma que dos anos 1990 até hoje um grande número de ferramentas foi criado em várias partes do mundo com o objetivo de consolidar e traduzir em práticas de gestão conceitos como RS e desenvolvimento sustentável.

Segundo Visser (2012), as ferramentas de RSC proliferaram em praticamente todas as áreas de sustentabilidade em todos os setores importantes da indústria.

Para amenizar a confusão e auxiliar gestores na escolha de ferramentas, diversos autores buscaram reunir em documentos as principais ferramentas de RSC (The Conference Board of Canada, 2013; Hohnenm, 2007; Balboni et al., 2007; Ligteringen e Zadek, 2004; Goel e Cragg, 2005; Superti, 2005; Government of Canada, 2005; European Comission, 2004).

Uma pesquisa no contexto nacional aponta que a maioria das ferramentas internacionais é destacada por pesquisadores brasileiros (Rabelo e Silva, 2011; Amaral e Zander, 2008; Oliveira et al., 2007; Louette, 2007; Instituto Ethos e Uniethos, 2004).

Algumas dessas ferramentas "desenvolvem ou promovem expectativas mínimas referentes à RS. Essas expectativas podem tomar várias formas, como códigos de conduta, recomendações, diretrizes, declarações de princípios e declarações de valor" (ISO, 2010, p. 91). Observam-se também ferramentas que foram desenvolvidas por diferentes setores com o objetivo de tratar dos desafios específicos daquele setor. Há ainda aquelas que abordam vários modos de integrar a RS nas atividades e decisões da

FERRAMENTAS DE RESPONSABILIDADE SOCIAL CORPORATIVA: UMA ANÁLISE COMPARATIVA | **717**

organização e "outras que criam ou promovem guias práticos específicos que podem ser usados para integrar a responsabilidade social em toda a organização" (ISO, 2010, p. 91).

Barbieri e Cajazeira (2009) argumentam que se faz necessária a utilização de várias ferramentas de gerenciamento para que a RSC seja suficientemente inserida na organização, isso porque a RSC envolve assuntos diversos e complexos. De acordo com Ligteringen e Zadek (2005), as empresas têm utilizado uma gama de diferentes ferramentas. Os autores afirmam, no entanto, que existe uma convergência emergente em torno de uma arquitetura global de ferramentas, que podem ser classificadas em termos de estrutura normativa, sistemas de gestão e diretrizes de processos, como pode ser visualizado no Quadro 6.

Quadro 6 – A arquitetura global emergente.

Estrutura normativa (o que fazer)	Fornecer orientação substancial sobre o que constitui níveis bons ou aceitáveis de desempenho	- Declaração Tripartite de Princípios sobre Empresas Multinacionais (OIT) - Convenções e declarações da ONU sobre questões de desenvolvimento sustentável - Princípios do Pacto Global das Nações Unidas - Diretrizes da OCDE para Empresas Multinacionais
⇕		
Diretrizes de processos (como medir e comunicar)	Permitir a garantia da medição e comunicação do desempenho	- AA1000 *Assurance Standard* - Relatórios de Sustentabilidade GRI
⇕		
Sistemas de gestão (como integrar)	Fornecer estruturas de gestão integradas ou de assuntos específicos para orientar o gerenciamento contínuo dos impactos ambientais e sociais	- AA1000 *Framework* - ISO 14001 - ISO *Social Responsibility Guidance* - *Social Accountability* SA8000 - Sigma *Guidelines*

Fonte: Ligteringen e Zadek (2005).

As ferramentas de estrutura normativa fornecem orientação substancial sobre o que constitui bons ou aceitáveis níveis de desempenho; sendo assim, orientam princípios, políticas, programas e condutas corporativas.

As ferramentas de diretrizes de processos estabelecem diretrizes para a avaliação e a comunicação do desempenho organizacional. São ferramentas que fornecem detalhes para a elaboração de relatórios econômicos, sociais e ambientais.

As ferramentas de sistema de gestão, por sua vez, provêm orientações processuais específicas para implementar e manter sistemas de gestão, programas e atividades. Essas ferramentas fornecem orientações para o gerenciamento contínuo dos impactos ambientais e sociais.

Embora não estejam na classificação de Ligteringen e Zadek (2005), há também as iniciativas de RS, as quais podem ser classificadas como mais uma tipologia de ferramenta de RS. De acordo com a ISO 26000, uma iniciativa de RS "refere-se a uma organização, programa ou atividade expressamente dedicada ao atingimento de um objetivo específico relacionado à responsabilidade social" (2010, p. 94).

Essas diferentes tipologias de ferramentas de responsabilidade social atendem a diversos objetivos a esta relacionados. Pode-se afirmar que essas ferramentas complementam a estrutura de RS oferecida pelo modelo de DSC de Wood (1991): as ferramentas de estrutura normativa definem diversos princípios nos níveis institucional, organizacional e individual; as ferramentas de sistema de gestão orientam os processos de responsividade social corporativa; e as ferramentas de diretriz de processos, assim como as iniciativas de RS, fornecem diretrizes para medir e comunicar os resultados da organização.

De acordo com Louette (2007), as ferramentas se diferenciam pelo grau de profundidade e comprometimento em relação à sustentabilidade, como também nos processos de aplicação, na abrangência e na complexidade com que tratam a questão da sustentabilidade. Para a ISO 26000 (ISO, 2010), as ferramentas de RSC se diferem quanto ao processo de desenvolvimento, escopo, alcance, acessibilidade, princípios, temas e práticas de RS.

A partir dessas considerações, percebe-se a necessidade de caracterizar as tipologias e as diferenças entre as ferramentas de RS. A norma ISO 26000 (ISO, 2010) apresenta uma lista de fatores que auxiliam na decisão sobre a participação ou uso de uma dessas ferramentas.

Fatores determinantes para a escolha das ferramentas de responsabilidade social

As discussões acerca do desenvolvimento da Norma Internacional de Responsabilidade Social – ISO 26000 se iniciaram em meados de 2002. A

FERRAMENTAS DE RESPONSABILIDADE SOCIAL CORPORATIVA: UMA ANÁLISE COMPARATIVA | **719**

primeira versão da norma foi lançada em novembro de 2010. O extenso processo de elaboração envolveu especialistas de mais de 90 países e 40 organizações internacionais que atuam em diferentes aspectos da RS.

O escopo da ISO 26000 consiste em fornecer orientações sobre RS para todos os tipos de organizações. A norma pretende (a) estimular as organizações a realizar atividades que vão além da conformidade legal, (b) promover uma compreensão comum da área de RS, (c) auxiliar as organizações a contribuir para o desenvolvimento sustentável e (d) complementar ferramentas e iniciativas relacionadas à RS (ISO, 2010).

Por causa da grande quantidade de ferramentas existentes, a ISO 26000 (ISO, 2010) recomenda que a organização avalie dez fatores para decidir sobre a participação ou uso de uma ferramenta de responsabilidade social, que podem ser visualizados no Quadro 7.

Quadro 7 – Fatores para decidir sobre a participação ou uso de uma ferramenta de responsabilidade social.

1. O tipo de organização (ou organizações) que desenvolveu e dirige a ferramenta.
2. A reputação da organização (ou organizações) que desenvolveu e dirige a ferramenta.
3. A natureza do processo de desenvolvimento e direção da ferramenta.
4. A acessibilidade da ferramenta.
5. Se a ferramenta é localmente ou regionalmente relevante ou se tem um escopo global e se aplica a todos os tipos de organizações.
6. Se a ferramenta foi elaborada para o seu tipo específico de organização ou suas áreas de interesse.
7. Se a ferramenta é consistente com os princípios subjacentes à RS.
8. Se a ferramenta fornece orientações práticas e valiosas para ajudar a organização a abordar um tema central ou questões específicas.
9. Se a ferramenta ajudará a organização a atingir grupos específicos de partes interessadas.
10. Se a ferramenta fornece orientações práticas e valiosas para ajudar a organização a integrar a RS em todas as suas atividades.

Fonte: ISO (2010).

Referente aos fatores 1 a 6 citados anteriormente, podem-se fazer as seguintes afirmações:

- Os tipos de organizações que desenvolvem as ferramentas de RS compreendem governos, organizações sem fins lucrativos, empresas e universidades. Segundo a ISO 26000 (ISO, 2010), a credibilidade e a integridade dessas organizações estão entre os requisitos que devem ser avaliados.

- O processo de desenvolvimento envolve aspectos como participação de partes interessadas, transparência e participação de países desenvolvidos e de países em desenvolvimento.

- As exigências para se aderir às ferramentas envolvem pré-condições anteriores à adesão, termos de adesão, documentos, prestação de contas, investimento e verificação externa.

- O escopo refere-se à abrangência das ferramentas que podem ser local, regional, continental e global.

- O alcance especifica para quais tipos de organização a ferramenta foi elaborada. As ferramentas de RS podem ser aderidas por organizações públicas, privadas, do terceiro setor e governamentais.

- As ferramentas de RS tratam de assuntos como governança corporativa, trabalho, meio ambiente, questões sociais, econômicas, qualidade, avaliação etc. Algumas ferramentas são elaboradas para tratar das especificidades de determinado setor empresarial.

Os fatores 7, 8, 9 e 10 envolvem a comparação das ferramentas de RSC com os princípios subjacentes à RS, os temas centrais de RS e as práticas para integrar a RS na organização. Esses assuntos abrangem o conteúdo central da norma ISO 26000 (ISO, 2010). Para fins de comparação das ferramentas de RSC, esses elementos serão apresentados resumidamente a seguir.

Princípios, temas centrais e práticas para integrar a responsabilidade social

A norma internacional de responsabilidade social descreve os princípios genéricos de responsabilidade social. Os princípios, de acordo com a norma, compreendem a base fundamental para os processos decisórios ou comportamentos. Os princípios genéricos da RS, conforme a norma ISO 26000 (ISO, 2010), são: prestação de contas e responsabilidade; transparência; comportamento ético; respeito pelos interesses das partes interessadas; respeito pelo estado de direito; respeito pelas normas internacionais de comportamento; e respeito pelos direitos humanos. No processo de escolha de uma ferramenta, deve-se observar se a ferramenta fornece orientações acerca desses princípios ou se eles estão presentes.

Os temas centrais da ISO 26000 (ISO, 2010) cobrem os impactos econômicos, ambientais e sociais mais prováveis que deveriam ser tratados pelas organizações. Esses temas podem ser visualizados no Quadro 8, juntamente com as questões específicas relacionadas a eles.

Quadro 8 – Temas centrais da ISO 26000.

Temas centrais		Questões específicas
Governança organizacional	Direitos humanos	Diligência; situações de risco para os direitos humanos; evitar a cumplicidade; resolução de queixas; discriminação e grupos vulneráveis; direitos civis e políticos; direitos econômicos, sociais e culturais; princípios fundamentais e direitos no trabalho.
	Práticas trabalhistas	Emprego e relações de trabalho; condições de trabalho e proteção social; diálogo social; saúde e segurança no trabalho; desenvolvimento humano e capacitação no local de trabalho.
	Meio ambiente	Prevenção da poluição; uso sustentável dos recursos; atenuação das alterações climáticas e adaptação; proteção do ambiente, biodiversidade e restauração de habitats naturais.
	Práticas justas de operação	Anticorrupção; envolvimento político responsável; concorrência leal; promoção da RS na cadeia de valor; respeito aos direitos de propriedade.
	Questões relativas ao consumidor	Marketing justo, informações factuais e imparciais e práticas contratuais justas; proteção à saúde e à segurança dos consumidores; consumo sustentável; serviço ao consumidor, suporte, denúncia e resolução de conflitos; proteção e privacidade dos dados do consumidor; acesso a serviços essenciais; educação e conscientização.
	Participação comunitária e desenvolvimento	Envolvimento da comunidade; educação e cultura; criação de emprego e o desenvolvimento de competências; desenvolvimento tecnológico e o acesso às tecnologias; riqueza e geração de renda; saúde; investimento social.

Fonte: Elaborado a partir da ISO (2010).

Um tema central de alta importância para a ISO 26000 (ISO, 2010) é a governança organizacional. Isso porque uma governança organizacional eficaz permite à organização agir sobre outros temas e questões centrais e implementar os princípios da RS. A governança organizacional, segundo a norma, é o sistema pelo qual a organização toma e executa decisões na busca de seus objetivos.

Os direitos humanos são os direitos básicos conferidos a todos os seres humanos pelo fato de serem humanos. Essa responsabilidade, segundo a norma, envolve tomar medidas positivas para evitar a aceitação passiva ou a participação ativa na violação de direitos.

As práticas trabalhistas de uma organização incluem todas as políticas e práticas referentes ao trabalho realizado dentro, para ou em nome da organização. As práticas de trabalho incluem quaisquer políticas ou práticas que afetem as condições de trabalho, especialmente a jornada de trabalho e a remuneração (ISO, 2010).

O quarto tema central refere-se ao meio ambiente. As decisões e atividades da organização invariavelmente têm um impacto no meio ambiente. Em suas atividades de gestão ambiental, recomenda-se que a organização avalie a relevância e empregue instrumentos de gestão ambiental (ISO, 2010).

As práticas justas de operação, quinto tema central, referem-se a uma conduta ética nos negócios da organização com outras organizações e indivíduos. Na área de RS, as práticas justas de operação referem-se à maneira como a organização usa suas relações com outras organizações para promover resultados positivos (ISO, 2010).

Referente às questões relativas aos consumidores, as responsabilidades das organizações incluem, por exemplo, fornecer educação e informações precisas, usar informações de marketing e processos contratuais justos, transparentes e úteis e promover o consumo sustentável (ISO, 2010).

Quanto à participação comunitária e o desenvolvimento, as principais áreas de desenvolvimento da comunidade com que a organização poderá contribuir incluem a geração de emprego através da expansão e diversificação das atividades econômicas e do desenvolvimento tecnológico (ISO, 2010).

Os temas centrais da ISO 26000 (ISO, 2010) refletem a visão atual de boas práticas. A ISO 26000 (ISO, 2010) ressalta que esses temas irão mudar no futuro, e outras questões poderão ser consideradas como os elementos importantes da RS.

FERRAMENTAS DE RESPONSABILIDADE SOCIAL CORPORATIVA: UMA ANÁLISE COMPARATIVA | 723

A organização que pretende aderir a ferramentas de RS deve verificar se a ferramenta fornece princípios, orientações e diretrizes relacionadas a esses temas centrais.

A ISO 26000 (ISO, 2010) descreve uma série de orientações que pretendem ajudar as organizações a integrar a RS no *modus operandi* da organização. A norma menciona duas práticas fundamentais de RS: reconhecimento da RS e identificação e engajamento de partes interessadas.

O reconhecimento da RS envolve a identificação de problemas resultantes dos impactos das decisões e atividades da organização, e também como esses problemas deveriam ser abordados de forma a contribuir para o desenvolvimento sustentável (ISO, 2010).

A segunda prática fundamental de RS é identificação e engajamento dos *stakeholders*. O engajamento dos *stakeholders* "ajuda a organização a abordar sua responsabilidade social ao fornecer uma base sólida para as decisões da organização" (ISO, 2010, p. 18). Esse processo é interativo, e sua principal característica é a comunicação de via dupla.

Além das práticas fundamentais, a norma descreve seis fatores para integrar a RS na organização. Esses fatores e as principais ações recomendadas para cada fator são apresentados no Quadro 9.

Quadro 9 – Integração da RS na organização.

Fator	Principais ações recomendadas
Relação das características da organização com RS	- Analisar as principais características da organização. - Identificar as questões relevantes de RS dentro de cada tema central. - Identificar as partes interessadas da organização.
Compreensão da RS da organização	- Determinar a significância das questões relevantes para as atividades da organização. - Estabelecer prioridades para abordar temas centrais e questões. - Avaliar a esfera de influência da organização. - Exercer influência.
Práticas para integrar a RS em toda a organização	- Estabelecer a RS nos sistemas e procedimentos da organização. - Determinar a direção da organização rumo à RS. - Conscientizar e desenvolver competências para a RS.

(continua)

GESTÃO EMPRESARIAL E SUSTENTABILIDADE

Quadro 9 – Integração da RS na organização. (*continuação*)

Fator	Principais ações recomendadas
Comunicação sobre RS	- Relatar sobre o desempenho da organização às partes interessadas afetadas. - Dialogar sobre RS com partes interessadas.
Fortalecimento da credibilidade em relação à RS	- Engajar as partes interessadas. - Participar de sistemas específicos de certificação. - Solucionar conflitos ou desavenças entre a organização e suas partes interessadas.
Análise e aprimoramento das ações e práticas da organização relativas à RS	- Monitorar as atividades de RS. - Analisar o progresso e o desempenho em RS da organização. - Aumentar a confiabilidade da coleta e gestão de dados e informações. - Melhorar o desempenho.

Fonte: Elaborado a partir da ISO (2010).

No processo de escolha de uma ferramenta, deve-se verificar se as ferramentas fornecem orientações sobre esses fatores e/ou se eles estão presentes no conteúdo da ferramenta.

Caracterização do estudo

Foram selecionadas para participar do processo de identificação das ferramentas de RSC as empresas que compõem a carteira do ISE de 2012. Participaram dessa carteira 38 empresas, as quais divulgaram 37 relatórios de sustentabilidade. Esses relatórios, publicados no ano de 2011, foram utilizados para identificar as ferramentas de RSC.

Seguiram-se quatro grandes etapas para a identificação das ferramentas de RSC nos relatórios das empresas do ISE de 2012.

A primeira etapa consistiu na leitura completa de três relatórios de sustentabilidade, os quais foram escolhidos aleatoriamente entre os relatórios das empresas do ISE de 2012. Essa leitura contribuiu para compreender o formato dos relatórios e identificar as seções que mais evidenciaram ferramentas de RS.

Na segunda etapa, realizou-se a leitura completa das seções que se referiam às ferramentas de RS. Os relatórios no formato GRI direcionam as empresas a divulgar essas informações na seção 4.12. Foi realizada a leitura dessas seções em todos os relatórios.

A terceira etapa consistiu na busca das ferramentas de RS por meio de palavras-chave no recurso de busca do leitor de PDF. As ferramentas de RS mais mencionadas nos relatórios, juntamente com as ferramentas mais reconhecidas no cenário internacional, foram procuradas uma a uma em todos os relatórios de sustentabilidade das empresas do ISE de 2012.

Por fim, na quarta e última etapa, fez-se uso do software QSR NVivo 10. Os recursos do software possibilitaram a busca das ferramentas identificadas nas etapas anteriores em todos os relatórios das empresas do ISE de 2012 de forma simultânea.

Para a análise comparativa das ferramentas mais aderidas pelas empresas do ISE de 2012, fez-se uso das dimensões da RSC de Carroll (1991) e Dalshud (2008), do modelo de DSC de Wood (1991) e dos critérios estabelecidos pela ISO 26000 (ISO, 2010).

As dimensões da RSC, conforme Carroll (1991) e Dalsrud (2008), possibilitam afirmar qual a aproximação das ferramentas de RSC do conceito de RSC. O modelo de DSC de Wood (1991), por sua vez, permite a análise das ferramentas referente ao fenômeno, à gestão, às partes ou constructos da RSC. Já a norma ISO 26000 (ISO, 2010), por meio dos seus 10 fatores ou critérios, auxilia no processo de escolha dessas ferramentas.

Ferramentas de responsabilidade social mais aderidas pelas empresas

As análises dos relatórios de sustentabilidade das empresas do ISE de 2012 permitiram identificar 97 ferramentas de responsabilidade social. Para os fins desta pesquisa, estabeleceu-se que as ferramentas *mais aderidas* são aquelas que foram adotadas por sete ou mais empresas. O critério resultou em um total de 25 ferramentas de RS, apresentadas no Quadro 10.

As ferramentas de estrutura normativa mais aderidas pelas empresas do ISE de 2012 estabelecem princípios, regras e recomendações para as seguintes áreas centrais: geral (toda a empresa), governança corporativa e trabalho.

As ferramentas de sistemas de gestão, por sua vez, especificam requisitos acerca da prestação de contas (*accountability*), gestão da qualidade, meio ambiente, segurança e saúde ocupacional.

As ferramentas de diretriz de processos, por meio de diretrizes e indicadores, contribuem para a elaboração de inventários como balanço social, relatório de sustentabilidade e relatório de gases de efeito estufa (GEE).

As iniciativas de RS tratam de temas diversos e utilizam diferentes abordagens para a realização dos objetivos de RSC. Algumas iniciativas realizam a avaliação da sustentabilidade da organização; já outras realizam a avaliação do conteúdo e da qualidade dos relatórios anuais das organizações.

Quadro 10 – Ferramentas mais aderidas pelas empresas do ISE de 2012.

Ferramenta	Ferramentas mais aderidas pelas empresas do ISE	Quantidade de empresas	% das empresas
Estruturas normativas	Pacto Global	30	81,08%
	Níveis 1 e 2 de Práticas Diferenciadas de GC e Novo Mercado	30	81,08%
	Lei Sarbanes-Oxley	20	54,05%
	Pacto Nacional pela Erradicação do Trabalho Escravo	14	37,84%
	Objetivos do Milênio	14	37,84%
	Código das melhores práticas de governança corporativa do IBGC	12	32,43%
	Código Abrasca de Autorregulação e Boas Práticas	10	27,32%
	Programa Empresa Amiga da Criança	9	24,32%
	Pacto Empresarial pela Integridade e contra a Corrupção	8	21,62%
	Convenções fundamentais da OIT	7	18,92%
Sistemas de gestão	ISO 9001	27	72,97%
	ISO 14001	25	67,57%
	OHSAS 18001	20	54,05%
	AA1000	11	29,73%
Diretrizes de processos	Global Reporting Initiative	35	94,59%
	Programa Brasileiro do GhG Protocol	31	83,78%
	Balanço Social Ibase	16	43,24%
	ISO 14064	7	18,92%

(continua)

Quadro 10 – Ferramentas mais aderidas pelas empresas do ISE de 2012. (*continuação*)

Ferramenta	Ferramentas mais aderidas pelas empresas do ISE	Quantidade de empresas	% das empresas
Iniciativas	Índice de Sustentabilidade Empresarial	37	100%
	Carbon Disclosure Project	20	54,05%
	Índice Carbono Eficiente	18	48,65%
	Índice de Ações com Governança Corporativa Diferenciada	16	43,24%
	Prêmio Abrasca	9	24,32%
	Índice Dow Jones Sustainability World	9	24,32%
	Empresas pelo Clima	8	21,62%

Os tipos de organizações que desenvolveram as ferramentas mais aderidas pelas empresas do ISE de 2012 podem ser visualizados na Figura 2.

Figura 2 – Organizações que desenvolveram as ferramentas mais aderidas pelas empresas do ISE de 2012.

Cerca de 70% das organizações caracterizam-se como sem fins lucrativos. As empresas aparecem à frente dos governos e das universidades, com mais iniciativas para desenvolver ferramentas de RS. Por estarem diretamente envolvidas com a RSC em sua missão e objetivos organizacionais, essas organizações podem ser consideradas confiáveis.

Processo de desenvolvimento, escopo e alcance

Os resultados referentes ao processo de desenvolvimento, escopo e alcance das ferramentas mais aderidas pelas empresas do ISE de 2012 estão dispostos no Quadro 11.

GESTÃO EMPRESARIAL E SUSTENTABILIDADE

Quadro 11 – Desenvolvimento, escopo e alcance das ferramentas mais aderidas pelas empresas do ISE de 2012.

Ferramentas/iniciativas	Desenvolvimento				Escopo				Alcance			
	1	2	3	4	1	2	3	4	1	2	3	4
1. Objetivos do Milênio		X	X	X	X	X	X	X	X	X	X	X
2. Pacto Empresarial pela Integridade e contra a Corrupção		X	X	X	X	X				X	X	
3. Pacto Global		X		X	X	X	X	X	X	X	X	X
4. Código Abrasca de Autorregulação e Boas Práticas		X	X		X	X				X	X	
5. Código das melhores práticas de governança corporativa do IBGC		X	X		X	X				X	X	X	X
6. Lei Sarbanes-Oxley	X				X	X	X	X	X	X		
7. Níveis 1 e 2 de Práticas Diferenciadas de GC e Novo Mercado	X				X	X			X	X		
8. Convenções fundamentais da OIT		X		X	X	X	X	X	X	X	X	X
9. Pacto Nacional pela Erradicação do Trabalho Escravo		X		X	X	X			X	X	X	X
10. Programa Empresa Amiga da Criança	X				X	X			X	X	X	
11. AA1000		X			X	X	X	X	X	X	X	X
12. ISO 9001		X		X	X	X	X	X	X	X	X	X
13. ISO 14001		X		X	X	X	X	X	X	X	X	X
14. OHSAS 18001		X		X	X	X	X	X	X	X	X	X
15. Balanço Social Ibase		X	X		X	X			X	X	X	X

(continua)

Quadro 11 – Desenvolvimento, escopo e alcance das ferramentas mais aderidas pelas empresas do ISE de 2012. (*continuação*)

Ferramentas/iniciativas	Desenvolvimento				Escopo				Alcance			
	1	2	3	4	1	2	3	4	1	2	3	4
16. Global Reporting Initiative	X	X			X	X	X	X	X	X	X	X
17. ISO 14064	X		X		X	X	X	X	X	X	X	X
18. Programa Brasileiro do GhG Protocol	X	X			X	X			X	X	X	X
19. Empresas pelo Clima		X			X	X			X	X		
20. Carbon Disclosure Project	X				X	X	X	X	X	X		X
21. Prêmio Abrasca	X				X	X			X	X	X	
22. Índice Carbono Eficiente		X			X	X			X	X		
23. Índice de Ações com Governança Corporativa Diferenciada	X				X	X			X	X		
24. Índice de Sustentabilidade Empresarial	X	X			X	X			X	X		
25. Índice Dow Jones Sustainability World	X				X	X	X	X	X	X		

Desenvolvimento: 1. Única parte; 2. Várias partes; 3. Transparência; 4. Países subdesenvolvidos e países desenvolvidos
Escopo: 1. Regional; 2. Nacional; 3. Continental; 4. Global
Alcance: 1. Empresas privadas; 2. Empresas públicas; 3. Organizações não governamentais; 4. Organizações governamentais

A maior parte das ferramentas das empresas do ISE, cerca de 75%, envolveram várias partes em seu processo de desenvolvimento. Apenas 36% das ferramentas analisadas, no entanto, tiveram a participação de países subdesenvolvidos e desenvolvidos nesse processo. Cerca de um terço das ferramentas foram desenvolvidas por meio de um processo transparente.

Metade das ferramentas mais aderidas pelas empresas do ISE de 2012 é global. Das ferramentas analisadas, nenhuma apresenta alcance exclusivamente regional.

Quanto ao alcance dessas ferramentas, todas podem ser aderidas por empresas privadas e públicas, e cerca de 60% podem ser utilizadas por organizações governamentais e não governamentais.

Princípios, temas centrais e práticas para integrar a RSC

Os resultados referentes à identificação dos princípios, temas centrais e práticas para integrar a RS das ferramentas mais aderidas pelas empresas do ISE de 2012 podem ser visualizados no Quadro 12.

É forte a presença dos princípios de RS nas ferramentas de estrutura normativa: 60% das ferramentas se estruturam com base em três ou mais princípios de RS; o princípio "comportamento ético" foi identificado em todas ferramentas; o respeito pelas partes interessadas, seguido do princípio de prestação de contas e responsabilidade e do princípio de transparência, foi enfatizado em pelo menos metade das ferramentas de estrutura normativa.

Acerca dos temas centrais de RS nas ferramentas de estrutura normativa, pode-se afirmar: as ferramentas de estrutura normativa analisadas fornecem orientações, regras, diretrizes para todos os temas centrais da ISO 26000 (ISO, 2010); quatro ou mais temas centrais puderam ser identificados em 70% das ferramentas; os temas centrais de "direitos humanos" e "práticas justas de operação" foram abordados em 90% das ferramentas.

Referente às práticas para integrar a RS na organização das ferramentas de estrutura normativa, as seguintes considerações podem ser feitas: as ferramentas não fornecem orientações acerca da prática 1, que compreende o processo de identificar as características da organização com RS; boa parte das ferramentas, cerca de 80%, fornecem orientações e diretrizes para as práticas 3, 4 e 5; as práticas 2 e 6 são abordadas por pelo menos metade das ferramentas.

As ferramentas de sistema de gestão consideram em sua estrutura os princípios de prestação de contas e responsabilidade, comportamento ético e respeito pelos interesses das partes interessadas. Todos os temas centrais da ISO 26000 (ISO, 2010) são abordados pela ferramenta AA1000. A ferramenta ISO 9001 trata em sua estrutura dos temas de práticas trabalhistas, práticas justas de operação e questões relativas ao consumidor. As ferramentas de sistema de gestão contribuem de forma significativa para integrar as práticas 3, 4, 5 e 6 nas organizações.

Quadro 12 – Princípios, temas centrais e práticas das ferramentas de estrutura normativa.

Ferramentas/iniciativas	Princípios							Temas centrais							Práticas					
	1	2	3	4	5	6	7	1	2	3	4	5	6	7	1	2	3	4	5	6
1. Objetivos do Milênio			X	X			X		X		X			X	X	X			X	
2. Pacto Empresarial pela Integridade e contra a Corrupção		X	X				X		X	X		X		X		X	X	X	X	
3. Pacto Global		X	X	X		X	X		X	X	X	X		X		X	X	X	X	X
4. Código Abrasca de Autorregulação e Boas Práticas	X	X	X	X				X	X	X	X	X	X			X	X	X	X	X
5. Código das melhores práticas de GC do IBGC	X	X	X	X				X	X	X	X	X	X		X	X	X	X	X	X
6. Lei Sarbanes-Oxley	X	X	X	X	X			X	X	X	X	X	X				X	X	X	X
7. Níveis 1 e 2 de Práticas Diferenciadas de GC e Novo Mercado	X	X	X	X	X	X		X		X		X					X	X	X	X
8. Convenções fundamentais da OIT			X	X	X	X	X	X	X	X		X		X			X	X	X	X
9. Pacto Nacional pela Erradicação do Trabalho Escravo	X	X	X				X		X	X		X		X		X	X	X	X	X
10. Programa Empresa Amiga da Criança			X		X		X		X	X		X		X		X	X	X	X	X
11. AA1000	X	X	X	X	X			X	X	X	X	X	X	X	X	X	X	X	X	X
12. ISO 9001	X	X	X	X	X				X	X	X	X	X				X	X	X	X
13. ISO 14001	X	X	X	X	X				X	X	X						X	X	X	X
14. OHSAS 18001	X	X	X	X	X				X	X	X						X	X	X	X
15. Balanço Social Ibase	X	X	X						X	X	X	X		X			X	X	X	X
16. Global Reporting Initiative	X	X	X	X			X	X	X	X	X	X	X	X	X		X	X	X	X
17. ISO 14064	X	X	X					X	X	X	X						X	X	X	X
18. Programa Brasileiro do GhG Protocol	X	X	X								X						X	X	X	X
19. Empresas pelo Clima			X								X							X	X	X
20. Carbon Disclosure Project		X	X								X						X	X	X	X
21. Prêmio Abrasca	X	X															X	X		
22. Índice Carbono Eficiente												X					X	X		X
23. Índice de Ações com Governança Corporativa Diferenciada							X										X			
24. Índice de Sustentabilidade Empresarial	X	X	X		X	X	X	X	X	X		X	X	X	X	X	X	X	X	X
25. Índice Dow Jones Sustainability World	X	X	X		X	X		X	X	X	X	X	X	X	X	X	X	X	X	X

Princípios: 1. Prestação de contas e responsabilidade; 2. Transparência; 3. Comportamento ético; 4. Respeito pelos interesses das partes interessadas; 5. Respeito pelo estado de direito; 6. Respeito pelas normas internacionais de comportamento; 7. Respeito pelos direitos humanos.

Temas centrais: 1. Governança organizacional; 2. Direitos humanos; 3. Práticas trabalhistas; 4. Meio ambiente; 5. Práticas justas de operação; 6. Questões relativas ao consumidor; 7. Participação comunitária e desenvolvimento

Práticas para integrar a RSC: 1. Características da organização com a RS; 2. Compreensão da RS da organização; 3. Práticas para integrar a RS; 4. Comunicação sobre RS; 5. Fortalecimento da credibilidade em relação à responsabilidade social; 6. Análise e aprimoramento das ações e práticas relativas à RS

Grande parte das ferramentas de diretriz de processos se fundamenta nos princípios de prestação de contas e responsabilidade, transparência, comportamento ético e respeito pelos interesses das partes interessadas. A ferramenta Global Reporting Initiative apresenta diretrizes para evidenciação das informações de todos os temas centrais abrangidos pela ISO 26000 (ISO, 2010). Diretrizes referentes às práticas 3, 4 e 6 são fornecidas por três ou mais ferramentas de diretriz de processos.

O princípio de transparência se apresenta como elemento basilar de boa parte das ferramentas de iniciativas. A ferramenta Índice de Sustentabilidade Empresarial incorporou as diretrizes de RS da ISO 26000 (ISO, 2010) em seu instrumento de análise; assim, os princípios, os temas centrais e as práticas para integrar a RS na organização são todos considerados pela ferramenta. O Índice Dow Jones de Sustentabilidade Global incorpora grande parte dos princípios, temas centrais e práticas para integrar a RS em seu questionário de avaliação das empresas.

Acessibilidade

Os resultados sobre a acessibilidade das ferramentas mais aderidas pelas empresas do ISE de 2012 podem ser visualizados no Quadro 13.

FERRAMENTAS DE RESPONSABILIDADE SOCIAL CORPORATIVA: UMA ANÁLISE COMPARATIVA | 733

Quadro 13 – Acessibilidade das ferramentas de estrutura normativa.

Ferramentas/iniciativas	Periodicidade	Acessibilidade					
		1	2	3	4	5	6
1. Objetivos do Milênio	–						
2. Pacto Empresarial pela Integridade e contra a Corrupção	Anual	X	X	X	X		
3. Pacto Global	Anual		X	X	X	X	
4. Código Abrasca de Autorregulação e Boas Práticas	Indeterminado		X	X		X	
5. Código das melhores práticas de governança corporativa do IBGC	–						
6. Lei Sarbanes-Oxley	–						
7. Níveis 1 e 2 de Práticas Diferenciadas de GC e Novo Mercado	–		X	X		X	X
8. Convenções fundamentais da OIT	–						
9. Pacto Nacional pela Erradicação do Trabalho Escravo	Anual		X	X		X	
10. Programa Empresa Amiga da Criança	Anual		X	X	X		X
11. AA1000	–		X	X	X	X	X	X
12. ISO 9001	–		X	X	X	X	X	X
13. ISO 14001	–		X	X	X	X	X	X
14. OHSAS 18001	–		X	X	X	X	X	X
15. Balanço Social Ibase	–						
16. Global Reporting Initiative	–				X		
17. ISO 14064	–		X	X	X	X	X	X
18. Programa Brasileiro do GhG Protocol	Anual					X	
19. Empresas pelo Clima	2 anos				X	X	
20. Carbon Disclosure Project	–		X				
21. Prêmio Abrasca	Anual		X	X			

(continua)

GESTÃO EMPRESARIAL E SUSTENTABILIDADE

Quadro 13 – Acessibilidade das ferramentas de estrutura normativa. *(continuação)*

Ferramentas/iniciativas	Periodicidade	Acessibilidade					
		1	2	3	4	5	6
22. Índice Carbono Eficiente	Quadrimestral	X	X				
23. Índice de Ações com Governança Corporativa Diferenciada	Quadrimestral	X					
24. Índice de Sustentabilidade Empresarial	Anual	X		X			
25. Índice Dow Jones Sustainability World	Anual	X		X			

Acessibilidade: 1. Pré-condições, anteriores à adesão; 2. Termo de adesão; 3. Outros documentos; 4. Prestação de contas 5. Investimento; 6. Verificação externa.

Algumas ferramentas de estrutura normativa não determinam condições para o seu uso ou participação. Outras, no entanto, exigem condições pré-determinadas para a sua adesão, como é o caso da ferramenta Programa Empresa Amiga da Criança. Para aderir a essa ferramenta, a empresa precisa ter realizado ações sociais para crianças e adolescentes de comunidades no ano anterior à adesão. Eventualmente, exige-se que a organização preste contas referente aos compromissos assumidos, como é o caso da ferramenta Pacto Global, que exige um relatório anual sobre os progressos realizados.

As ferramentas de sistemas de gestão passam por um processo complexo de implementação, que envolve terceiros, uma série de documentos e investimento, quando se opta pela certificação.

Referente à acessibilidade das ferramentas de diretriz de processos, pode-se afirmar que as exigências variam bastante. Na ferramenta Global Reporting Initiative, a empresa pode optar pela verificação externa, o que garante uma maior credibilidade às informações prestadas no relatório. A ferramenta GhG Protocol exige um investimento anual para poder ser utilizada.

Boa parte das ferramentas de iniciativas só podem ser aderidas por organizações se atenderem a certos critérios, como ser uma empresa de capital aberto com ações registradas na BM&FBovespa.

Análise comparativa a partir das dimensões da RSC e do modelo de DSC

Os resultados referentes à presença das dimensões da RSC nas ferramentas mais aderidas pelas empresas do ISE de 2012 podem ser visualizados no Quadro 14.

Quadro 14 – Análise comparativa: dimensões da RSC.

Ferramentas	Carroll (1991)				Dahlsrud (2008)				
	1	2	3	4	1	2	3	4	5
1. Objetivos do Milênio	X		X	X	X	X	X		X
2. Pacto Empresarial pela Integridade e contra a Corrupção		X	X	X	X			X	X
3. Pacto Global		X	X	X		X	X	X	X
4. Código Abrasca de Autorregulação e Boas Práticas	X	X	X	X	X	X	X	X	X
5. Código das melhores práticas de governança corporativa do IBGC	X	X	X	X	X	X	X	X	X
6. Lei Sarbanes-Oxley		X	X	X	X			X	X
7. Níveis 1 e 2 de Práticas Diferenciadas de GC e Novo Mercado		X	X	X	X			X	X
8. Convenções fundamentais da OIT		X	X	X	X			X	X
9. Pacto Nacional pela Erradicação do Trabalho Escravo		X	X	X	X				X
10. Programa Empresa Amiga da Criança		X	X	X	X			X	X
11. AA1000	X	X	X	X	X	X	X	X	X
12. ISO 9001	X	X	X	X	X	X		X	X
13. ISO 14001	X	X	X	X	X	X	X	X	X
14. OHSAS 18001	X	X	X	X	X	X		X	X
15. Balanço Social Ibase	X		X	X	X	X	X	X	X
16. Global Reporting Initiative	X	X	X	X	X	X	X	X	X
17. ISO 14064	X		X	X	X				X
18. Programa Brasileiro do GhG Protocol			X	X		X			X
19. Empresas pelo Clima			X	X		X			X
20. Carbon Disclosure Project				X		X			X
21. Prêmio Abrasca	X				X	X	X	X	X

(continua)

Quadro 14 – Análise comparativa: dimensões da RSC. *(continuação)*

Ferramentas	Carroll (1991)				Dahlsrud (2008)				
	1	2	3	4	1	2	3	4	5
22. Índice Carbono Eficiente							X		
23. Índice de Ações com Governança Corporativa Diferenciada									
24. Índice de Sustentabilidade Empresarial	X	X	X	X	X	X	X	X	X
25. Índice Dow Jones Sustainability World	X		X	X	X	X	X	X	X

Dimensões da RSC de Carroll (1991): 1. Econômico; 2. Legal; 3. Ético; 4. Voluntário
Dimensões da RSC de Dahlsrud (2008): 1. Econômico; 2. Social; 3. Ambiental; 4. *Stakeholder*;
5. Voluntário

A maior parte das ferramentas de estrutura normativa não fornece orientações acerca de questões econômicas. No entanto, as dimensões legal, social, ética e voluntária estão bastante presentes nessas ferramentas.

As ferramentas de sistemas de gestão abordam todas as dimensões de RSC, conforme descritas por Carroll (1991) e Dahlsrud (2008). As ferramentas ISO 9001 e OHSAS 18001 não fornecem diretrizes a respeito dos aspectos ambientais.

Entre as ferramentas de diretriz de processos, a ferramenta Global Reporting Initiative integra todas as dimensões da RSC em seu instrumento. A ferramenta Balanço Social Ibase, por sua vez, não cobra das empresas a evidenciação de aspectos legais, mas as demais dimensões da RSC podem ser observadas nos indicadores que compõem a ferramenta. As ferramentas ISO 14064 e GhG Protocol não se referem em seus manuais a questões legais, sociais e com *stakeholders*.

A iniciativa Índice de Sustentabilidade Empresarial incorpora todas as dimensões da RSC em seu instrumento de avaliação. Com exceção da dimensão legal, todas as demais dimensões foram identificadas na iniciativa Índice Dow Jones de Sustentabilidade Global. A iniciativa Prêmio Abrasca, na avaliação dos relatórios das empresas, considera a qualidade das informações econômicas, socioambientais, não obrigatórias e de governança corporativa.

FERRAMENTAS DE RESPONSABILIDADE SOCIAL CORPORATIVA: UMA ANÁLISE COMPARATIVA **737**

A partir das dimensões da RSC de Carroll (1991) e de Dahlsrud (2008) pode-se afirmar qual a aproximação das ferramentas mais aderidas pelas empresas do ISE de 2012 do conceito de RSC. Os resultados apontam que a maior parte das ferramentas trata de questões relacionadas ao conceito de RSC.

O modelo de DSC, conforme proposto por Wood (1991), possibilita analisar a contribuição das ferramentas para a gestão da RSC. Os resultados referentes à identificação das três partes do modelo nas ferramentas de RSC podem ser visualizados no Quadro 15.

Quadro 15 – Análise comparativa: modelo de DSC de Wood (1991).

Ferramentas	Princípios			Processos			Resultados		
	1	2	3	1	2	3	1	2	3
1. Objetivos do Milênio		X					X	X	
2. Pacto Empresarial pela Integridade e contra a Corrupção		X					X	X	
3. Pacto Global		X					X	X	X
4. Código Abrasca de Autorregulação e Boas Práticas		X	X		X	X	X	X	X
5. Código das melhores práticas de governança corporativa do IBGC		X	X		X	X	X	X	X
6. Lei Sarbanes-Oxley	X	X	X				X	X	
7. Níveis 1 e 2 de Práticas Diferenciadas de GC e Novo Mercado		X	X				X	X	
8. Convenções fundamentais da OIT		X					X	X	
9. Pacto Nacional pela Erradicação do Trabalho Escravo		X					X	X	X
10. Programa Empresa Amiga da Criança	X	X					X	X	
11. AA1000		X	X	X	X	X	X	X	X
12. ISO 9001		X	X	X	X	X	X	X	X
13. ISO 14001	X	X	X	X	X	X	X	X	X

(continua)

Quadro 15 – Análise comparativa: modelo de DSC de Wood (1991). *(continuação)*

Ferramentas	Princípios			Processos			Resultados		
	1	2	3	1	2	3	1	2	3
14. OHSAS 18001	X	X	X	X	X	X	X	X	X
15. Balanço Social Ibase	X	X	X				X	X	X
16. Global Reporting Initiative	X	X	X	X	X	X	X	X	X
17. ISO 14064		X				X	X	X	X
18. Programa Brasileiro do GhG Protocol						X		X	X
19. Empresas pelo Clima		X				X	X	X	X
20. Carbon Disclosure Project		X	X	X	X	X	X	X	x
21. Prêmio Abrasca		X	x			X	X		X
22. Índice Carbono Eficiente									X
23. Índice de Ações com Governança Corporativa Diferenciada									
24. Índice de Sustentabilidade Empresarial	X	X	X	X	X	X	X	X	X
25. Índice Dow Jones Sustainability World		X	X	X	X	X	X	X	X

Princípios de responsabilidade social corporativa: 1. Legitimidade (institucional); 2. Responsabilidade pública (organizacional); 3. Discrição gerencial (individual)
Processos de responsividade social corporativa: 1. Avaliação do ambiente; 2. Gestão dos *stakeholders*; 3. Gestão das questões
Resultados do comportamento corporativo: 1. Políticas sociais; 2. Programas sociais; 3. Impactos sociais

As ferramentas de estrutura normativa mais aderidas pelas empresas do ISE de 2012 estabelecem padrões comportamentais para as organizações por meio de orientações, princípios e regras. As ferramentas normativas 4, 5, 6 e 7 definem o comportamento dos gestores; assim, estabelecem princípios de discrição gerencial. Por serem ferramentas voluntárias, as ferramentas normativas, em sua grande maioria, não obrigam nem estabelecem sanções para as organizações que não cumprirem com seus princípios e recomendações.

Apenas duas ferramentas normativas (4 e 5) oferecem orientações para a gestão dos *stakeholders* e a gestão das questões. Dessa forma, é pequena a contribuição dessas ferramentas para a segunda parte do modelo de DSC.

Quanto aos resultados do comportamento corporativo, as ferramentas de estrutura normativa auxiliam consideravelmente na elaboração de políticas sociais e de programas sociais. As ferramentas de estrutura normativa 3, 4, 5 e 9 exigem que a organização proceda à avaliação dos resultados alcançados e informe esses resultados em determinados períodos de tempo.

As ferramentas de sistema de gestão, de uma forma geral, contribuem de forma significativa para todas as partes do modelo de DSC de Wood (1991). A ferramenta AA1000 e ISO 9001, por não exigirem o cumprimento de questões legais por parte das empresas, deixam de atender ao princípio de legitimidade.

As ferramentas de diretriz de processos fornecem diretrizes para que as empresas realizem a avaliação dos impactos organizacionais. As ferramentas analisadas exigem, em diferentes níveis, a evidenciação por parte das empresas dos princípios de RSC, dos processos de responsividade, das políticas sociais e dos programas sociais realizados. Em termos de diretrizes para elaboração de relatórios, a ferramenta Global Reporting Initiative exige uma maior evidenciação por parte das empresas, se comparado com as demais ferramentas de diretriz de processos.

As iniciativas Índice de Sustentabilidade Empresarial e Dow Jones de Sustentabilidade Global realizam a avaliação da sustentabilidade empresarial por meio de questionários de avaliação. Pode-se afirmar que essas ferramentas possibilitam a avaliação de todas as partes do modelo de DSC de Wood (1991). O questionário da iniciativa Carbon Disclosure Project também abrange as categorias do modelo de DSC. A iniciativa Empresas pelo Clima auxilia as organizações na definição de parâmetros organizacionais, na gestão de questões relacionadas à emissão de GEE, na elaboração de políticas e programas de GEE e na elaboração de relatórios de GEE.

Os resultados indicam que as ferramentas mais aderidas pelas empresas do ISE de 2012 contribuem para as diversas partes do modelo de DSC, pois fornecem orientações, avaliam/definem os princípios de RSC, os processos de responsividade e os resultados do comportamento corporativo.

CONSIDERAÇÕES FINAIS

Este capítulo buscou identificar e analisar comparativamente as ferramentas mais aderidas pelas empresas que compõem o ISE de 2012. Os resultados apontam para uma arquitetura de ferramentas de 4 tipologias – de estrutura normativa, de sistema de gestão, de diretriz de processos e de iniciativas de responsabilidade social –, as quais contribuem para o alcance de diferentes objetivos RS.

As ferramentas de estrutura normativa fornecem orientações que auxiliam na elaboração das políticas e programas organizacionais. Por meio dessas ferramentas, as organizações definem parâmetros de comportamento e de ação organizacional. Esses parâmetros contribuem para a definição de objetivos, metas e estratégias organizacionais.

As ferramentas de sistema de gestão estabelecem um sistema para gerir aspectos relacionados à responsabilidade social. São ferramentas mais complexas que as anteriores e geralmente exigem um grande esforço por parte das organizações para que sejam implementadas. Essas ferramentas fazem uso do ciclo PDCA (*Plan-Do-Check-Act*), que visa à melhoria contínua dos processos organizacionais. Nesse sentido, são úteis para tratar de assuntos mais amplos da RSC que exigem uma atenção contínua por parte da organização.

As ferramentas de diretriz de processos contribuem para medir e comunicar os resultados da organização. Auxiliam, portanto, na definição do estado atual da organização.

As ferramentas de iniciativas de RS são programas externos à organização, mas que interferem na motivação dos gestores para um comportamento mais responsável. Uma parte das iniciativas procura fornecer respostas às organizações acerca do seu desempenho, permitindo compará-lo com outras organizações. Uma outra parte contribui para a formação de lideranças empresariais em assuntos específicos de RS.

Os resultados permitem concluir que as ferramentas analisadas contribuem para o avanço da RS nas organizações ao oferecer orientações, diretrizes, princípios, regras, objetivos, metas, sistemas de gestão, sistemas de avaliação, programas de orientação, programas de melhorias, prêmios etc. Pode-se afirmar que as ferramentas de RSC fornecem detalhes aos gestores sobre "como fazer", ou seja, como colocar em prática a RS nas organizações.

As dimensões da RSC de Carroll (1991) e Dahlsrud (2008) se fazem presentes nas ferramentas de estrutura normativa, de sistema de gestão, de diretriz de processos e nas iniciativas. Sendo assim, essas ferramentas atendem, em grande medida, ao conceito de RSC. As ferramentas de RSC tratam dos assuntos referentes ao modelo de DSC de Wood (1991) da seguinte maneira: as ferramentas de estrutura normativa contribuem para a definição dos aspectos normativos da RSC; as ferramentas de sistemas de gestão fornecem os requisitos para gerir a RSC na organização; e as ferramentas de diretriz de processos e iniciativas possibilitam a avaliação da RSC como um todo.

Boa parte das ferramentas analisadas neste trabalho teve participação de várias partes em seu processo de desenvolvimento; tem escopo nacional; pode ser utilizada por empresas públicas e privadas; orienta/aborda/descreve princípios de RS, temas centrais de RS e práticas para integrar a RS; e é voluntária e de acesso facilitado.

A maior parte das ferramentas mais aderidas se complementa e pode ser utilizada em conjunto para alcançar diferentes objetivos relacionados à RSC. As ferramentas analisadas cumprem com o papel de auxiliar na construção, implementação, gestão e avaliação da RS.

As empresas interessadas em gerir sua sustentabilidade precisam aderir a um conjunto de diferentes tipos de ferramentas de RS. As ferramentas descritas neste trabalho contribuem de forma significativa para a construção e gestão da RS nas organizações empresariais.

REFERÊNCIAS

AGUILERA, R.V.; RUPP, D.E.; WILLIAMS, C.A. et al. Putting the s back in corporate social responsibility: a multilevel theory of social change in organizations. *Academy of Management Review.* v. 32, n. 3, p. 836-63, 2007.

AMARAL, J.P.; ZANDER, K. *Ferramentas normativas de responsabilidade social.* 2008. Disponível em: http://www.ahk.org.br/upload_arq/Ferramentas%20RS.pdf. Acessado em: 1 ago. 2012.

BALBONI, F.; BUTE, K.; SOOKRAM, R. *Mapping corporate social responsibility in Trinidad & Tobago: private sector and sustainable development.* UNDP/STCIC, 2007.

BARBIERI, J.C.; CAJAZEIRA, J.E.R. *Responsabilidade social empresarial e empresa sustentável: da teoria à prática.* São Paulo: Saraiva, 2009, p. 230.

GESTÃO EMPRESARIAL E SUSTENTABILIDADE

BM&FBOVESPA. *Carteira 2012*. Disponível em: http://www.bmfbovespa.com.br/Indices/download/Nova-carteira-ISE-2012.pdf. Acessado em: 16 jul. 2012.

_____. *Índice de Sustentabilidade Empresarial – ISE*. Disponível em: http://www.bmfbovespa.com.br/indices/ResumoIndice.aspx?Indice=ISE&idioma=pt-br. Acessado em: 30 mar. 2013.

CARROLL, A.B. A three-dimensional conceptual model of corporate performance. *Academy of Management Review*. p. 497-505, 1979.

_____.The pyramid of corporate social responsibility: toward the moral management of organizational stakeholders. *Business Horizons*. v. 34, n. 4, p. 39-48, 1991.

_____. Corporate social responsibility: evolution of a definitional construct. *Business and Society*. v. 38, n. 3, p. 268-95, 1999.

CLARO, P.B. DE O.; CLARO, D.P.; AMÂNCIO, R. Entendendo o conceito de sustentabilidade nas organizações. *Revista de Administração da Universidade de São Paulo*. v. 43, p. 289-300, 2008.

DAHLSRUD, A. How corporate social responsibility is defined: an analysis of 37 definitions. *Corporate Social Responsibility and Environmental Management*. v. 15, n. 1, p. 1-13, 2008.

EUROPEAN COMMISION. *ABC of the main instruments of corporate social responsibility*. European Communities, 2004.

GARRIGA, E.; MELÉ, D. Corporate social responsibility theories: mapping the territory. *Journal of Business Ethics*. v. 53, n. 1, p. 51-71, 2004.

GODFREY, P.C.; HATCH, N.W. Researching corporate social responsibility: an agenda for the 21st century. *Journal of Business Ethics*. v. 70, n. 1, p. 87-98, 2007.

GOEL, R.; CRAGG, W. *Guide to instruments of corporate responsibility: an overview of 16 key tools for labour fund trustees*. 2005. Disponível em: http://www.yorku.ca/csr/_files/file.php?fileid=fileHcYGcdedut&filename=file_Guide___Oct_05.pdf. Acessado em: 13 jun. 2012.

GOVERNMENT OF CANADA. *Corporate social responsibility: an implementation guide for canadian business*. 2005. Disponível em: http://www.ic.gc.ca/eic/site/csr-rse.nsf/eng/rs00126.html. Acessado em: 14 ago. 2012.

HOHNENM, P. *Corporate social responsibility: an implementation guide for business*. International Institute for Sustainable Development, 2007.

INSTITUTO ETHOS; UNIETHOS. *Ferramentas que as empresas utilizam no processo de gestão*. 2004. Disponível em: www1.ethos.org.br/EthosWeb/arquivo/0-A-871Apresentação_Assoc2004_15_12_def%2520FINAL.ppt+&cd=1&hl=en&ct=clnk&gl=br. Acessado em: 1 ago. 2012.

[ISO] INTERNATIONAL ORGANIZATION FOR STANDARDIZATION. *ISO 26000 Guidance on social responsibility*. ISO/TMB WG, 2010.

JAMALI, D.; MIRSHAK, R. Corporate social responsibility (CSR): theory and practice in a developing country context. *Journal of Business Ethics*. v. 72, n. 3, p. 243-262, 2007.

JOYNER, B.E.; PAYNE, D. Evolution and implementation: a study of values, business ethics and corporate social responsibility. *Journal of Business Ethics*. v. 40, p. 297-311, 2002.

LEE, P. A review of the theories of corporate social responsibility: Its evolutionary path and the road ahead. *International Journal of Management Reviews*. v. 10, n. 1, p. 53-73, 2008.

LIGTERINGEN, E.; ZADEK, S. *The future of corporate responsibility standards: in conversation with Ernst Ligteringen of the Global Reporting Initiative and Simon Zadek of AccountAbility*. Accountability Forum. 2004. Disponível em: http://www.greenleafpublishing.com/content/pdfs/af04zade.pdf. Acessado em: 1 ago. 2012.

_____. *The future of corporate responsibility codes, standards and frameworks. An executive briefing by The Global Reporting Initiative and AccountAbility*. 2005. Disponível em: http://www.greenbiz.com/sites/default/files/document/CustomO-16C45F63376.pdf. Acessado em: 20 jun. 2012.

LOUETTE, A. *Gestão do conhecimento: compêndio para a sustentabilidade: ferramentas de gestão de responsabilidade socioambiental*. São Paulo: Antakarana Cultura, Arte e Ciência, 2007, p. 186.

LYDENBERG, S.D. *Corporations and the public interest: guiding the invisible hand*. São Francisco: Berrett-Koehler, 2005.

MCWILLIAMS, A.; SIEGEL, D.S.; WRIGHT, P.M. Corporate social responsibility: strategic implications. *Journal of Management Studies*. v. 43, n. 1, p. 1-18, 2006.

OLIVEIRA, L.G.L. et al. Responsabilidade social corporativa: estudo comparativo das normas socioambientais. *Revista Contemporânea de Economia e Gestão*. v. 5, n. 2, p. 41-54, 2007.

PIERICK, E.T. et al. A framework for analysing corporate social performance: beyond the Wood model. *Agricultural Economics Research Institute*, 2004.

PORTER, M.E.; KRAMER, M.R. Strategy and society: the link competitive advantage and corporate social responsibility. *Harvard Business Review*. v. 84, n. 12, p. 78-92, 2006.

RABELO, N. de S.; SILVA, C.E. Modelos de indicadores de responsabilidade socioambiental corporativa. *Revista Brasileira de Administração Científica*. v. 2, n. 1, 2011.

SERVA, M. A dimensão sócio-organizacional do desenvolvimento sustentável. *Anais do I EBANGRAD – Encontro dos Cursos de Graduação em Administração*. Salvador, 2009.

SUPERTI, C. *Corporate responsibility: driven towards standardisation?* MCs Environmental Management for Business, MSc Thesis, Cranfield University at Silsoe, 2005.

THE CONFERENCE BOARD OF CANADA. *Corporate responsibility assessment tool: international codes, standards, and principles.* Disponível em: http://www.conferenceboard.ca/topics/gcsr/cr-at/standards.aspx. Acessado em: 28 jun. 2013.

VAN MARREWIJK, M. Concepts and definitions of CSR and corporate sustainability: between agency and communion. *Journal of Business Ethics.* v. 44, n. 2, p. 95-105, 2003.

VISSER, W. *Cracking the CSR Codes Puzzle.* Disponível em: http://www.waynevisser.com/blog/cracking-the-csr-codes-puzzle. Acessado em: 20 jul. 2012.

WADDOCK, S.A.; BODWELL, C.; GRAVES, S. Responsibility: the new business imperative. *Academy of Management Executive.* v. 16, n. 2, p. 132-48, 2002.

WARTICK, S.L.; COCHRAN, P.L. The evolution of the corporate social performance model. *Academy of Management Review.* p. 758-69, 1985.

WOOD, D.J. Corporate social performance revisited. *Academy of Management Review.* p. 691-718, 1991.

WOOD, D.J.; JONES, R.E.; Stakeholder mismatching: a theoretical problem in empirical research on corporate social performance. *The International Journal of Organizational Analysis,* v. 3, n. 3, p. 229-267, 1995.

Empresas do Sistema B – Inovação em Sustentabilidade

27

Pedro Roberto Jacobi
Cientista social, USP

Gina Rizpah Besen
Psicóloga, USP

INTRODUÇÃO

Os avanços para uma sociedade sustentável ocorrem à medida que se ampliam as iniciativas que, pautadas pelo paradigma da complexidade, conduzem os diversos atores da sociedade para a formação de novas mentalidades, conhecimentos e atitudes. Isso implica a necessidade de se multiplicarem políticas públicas e empresariais e práticas sociais que tenham a capacidade de alterar gradualmente a lógica de insustentabilidade prevalecente. Trata-se de estimular e promover uma ampliação de uma visão crítica sobre a lógica de insustentabilidade, por meio da expansão do acesso aos canais que multiplicam ideias e práticas que apresentam visões alternativas e promovem a corresponsabilidade na sociedade.

A mudança dos padrões de produção e de consumo, estratégicos para a construção de uma sociedade sustentável, depende fundamentalmente da mudança de comportamento ético dos governos, das empresas e das escolhas dos consumidores. Para tanto, é necessária uma transformação cultural profunda que, ao avançar na disseminação de práticas que promovam a ampliação da percepção sobre a crise socioambiental, estimule ações para consolidar as bases de uma sociedade sustentável.

A resposta aos desafios sociais, econômicos e ambientais depende, sobretudo, das iniciativas de empresas e das corporações, instituições responsáveis hoje pela criação da maior parte da riqueza da economia mundial. Nesse sentido, estão em curso diversas iniciativas que têm como foco a necessidade de construir uma nova economia que promova o desenvolvimento econômico e a equidade social, e reduza os riscos ambientais e a escassez ecológica.

A manutenção do modelo de negócios tradicional, construído em grande parte a partir de 1820 até o inicio do século XX, tem gerado custos à sociedade, denominados externalidades negativas. Incluem danos à saúde e ao meio ambiente decorrentes da poluição e do descarte de resíduos tóxicos, e aos efeitos provocados pelas alterações climáticas nos diversos setores – habitação, transporte, fontes de energia e saneamento básico sobre a saúde –, e notadamente dos setores mais excluídos e vulneráveis da sociedade (Pavan, 2013).

A transição para "uma sociedade assentada em valores de sustentabilidade é permeada de conflitos, e as causas básicas que provocam atividades ecologicamente predatórias podem ser atribuídas às instituições sociais, aos sistemas de informação e de comunicação e aos valores individualistas, competitivos e consumistas, adotados pela sociedade contemporânea" (Jacobi, 2012, p. 346-7). A sustentabilidade como novo critério básico e integrador implica "uma mudança de percepção e de valores, gerando um saber solidário e um pensamento complexo, aberto às indeterminações, às mudanças, à diversidade, e ainda à possibilidade de construir e reconstruir, num processo contínuo de novas leituras e interpretações, configurando novas possibilidades de ação" (Jacobi, 2012, p. 347).

As pressões humanas sobre o sistema terrestre têm se ampliado, o impacto sobre os recursos naturais tem se intensificado e diversos limiares críticos globais, regionais e locais já estão muito próximos do seu esgotamento. Isso pode significar que é possível que ocorram mudanças ambientais globais, notadamente no clima e na superfície terrestre, mudanças estas que afetam diretamente a vida do planeta, com implicações profundas, configurando uma situação na qual os seres humanos desempenham papel central.

A ênfase na economia verde e a mobilização na Conferência Rio+20 nos leva a refletir sobre seu significado, seu alcance e as práticas empresariais. A transição para uma economia verde ou, como Pavan Sukhdev denomina, "economia de permanência", no contexto do desenvolvimento sustentável e da erradicação da pobreza, tem despertado questionamentos e polêmicas. Na visão do Programa das Nações Unidas para o Meio

Ambiente (Pnuna), a economia verde se sustenta em três pilares: pouca intensidade em carbono, eficiência no uso dos recursos naturais e ênfase na inclusão social. A temática é recente, e a palavra-chave transição abre espaço para um debate sobre os padrões de produção e consumo e a necessidade de rever o modelo de desenvolvimento ainda prevalecente, e seus impactos diretos na saúde (Jacobi e Sinisgalli, 2012).

É consenso que não se pode manter a perspectiva de crescimento econômico constante, mesmo com ganhos em eficiência energética e no uso de matérias-primas, em um planeta finito, e nesse sentido as empresas são cada vez mais demandadas a repensar suas lógicas, tanto as produtivas como em relação às comunidades. Abramovay (2012) introduz alguns aspectos em relação à necessidade de redefinir estratégias e avançar para uma nova economia baseada efetivamente na finitude dos recursos. Considera que o sentido não pode ser dado pelo incessante aumento do consumo, mas por mudanças na relação entre sociedade e natureza, por sistemas de inovação orientados para a sustentabilidade, pela emergência de um metabolismo social e ecossistêmico regenerador, e pela necessidade de reduzir as desigualdades. O autor também enfatiza que a transição para uma nova economia supõe que a ética seja um referencial nas decisões sobre os recursos materiais e energéticos, e que as medidas de eficiência empresarial atuais sejam substituídas por práticas que consideram a resolução de problemas sociais e ambientais. Nesse contexto, têm emergido novos modelos de organização empresarial, entre os quais se abordam neste capítulo as empresas do Sistema B, que têm como missão promover a unidade entre sociedade e natureza, e entre economia e ética.

PODER CRESCENTE E ANACRONISMO DAS CORPORAÇÕES

As corporações são os maiores agentes da economia, e sua maneira de atuar, construída na base de um modelo de desenvolvimento insustentável, precisa de rápidas e urgentes transformações na direção de uma maior responsabilidade.

Pavan (2013), um dos principais estudiosos sobre as corporações, considera a corporação atual uma espécie de anacronismo resultante de uma história de desenvolvimento que começou na antiga Índia e em Roma, continuou na Europa medieval e culminou na América e Inglaterra no século XIX. Mas destaca que a maior parte de seu desenvolvimento atual ocorreu entre os anos de 1820 até o início do século XX. Argumenta que nesse período elas se libertaram de qualquer objetivo social e estabeleceram a primazia dos lucros sobre qualquer outro fator, inclusive ambiental. Nessa época, os principais fatores de sucesso foram expansão, criação de demanda, inovação de produtos e produção barata.

O modelo de corporação atual, iniciado em 1920, baseia-se, segundo Pavan (2013), em quatro premissas:

- Busca de tamanho e escala.
- *Lobby* agressivo para a obtenção de vantagens regulatórias e competitivas.
- Ampla utilização da publicidade sem considerações éticas para influenciar o consumo e frequentemente criação de uma demanda inteiramente nova por meio da manipulação das inseguranças humanas e que, de acordo com Bakan (2004), transforma vontades em necessidades que só podem ser satisfeitas com a compra de novos produtos.
- Uso agressivo de fundos emprestados para alavancar os investimentos feitos pelos acionistas em sua corporação.

Relatório do Pnuma (2011) aponta que, ao defender a economia verde nas empresas, aqueles que consideram a necessidade de crescimento com baixas emissões de carbono e outras receitas econômicas cuja meta é o desenvolvimento sustentável têm se defrontado com barreiras de acesso ao mercado, leis e impostos inúteis e imensos subsídios dados ao modelo da empresa tradicional. Por exemplo, estimativas globais apontam que os subsídios aos combustíveis fósseis atinjam 650 milhões de dólares por ano, ou cerca de 1% do PIB mundial e subsídios agrícolas mundiais cheguem a pouco mais de um décimo da produção agrícola total.

Pavan (2013) propõe a criação de um ambiente de sucesso para uma nova corporação cujo DNA tenha foco em quatro principais vertentes:

- Alinhamento das metas com a sociedade.
- Corporação como comunidade.
- Como instituto.
- Como uma fábrica de capital.

EMPRESAS DO SISTEMA B – INOVAÇÃO EM SUSTENTABILIDADE | **749**

No entanto, apesar dos grandes avanços que Pavan (2013) propõe para as corporações para o ano de 2020, um novo movimento está emergindo e tem propostas mais ousadas. Este movimento sugere mudanças muito mais profundas na lógica da ação empresarial e é denominado Sistema B.

TRANSFORMAÇÕES NA LÓGICA DA AÇÃO EMPRESARIAL – O SISTEMA B

Na direção das transformações que se colocam para transcender o que Abramovay (2012) define como "mercados muito além da oferta e da procura", na qual se coloca a ética e o respeito aos ecossistemas no centro das decisões econômicas, emerge recentemente o movimento global do Sistema B. Este representa uma inovação em relação às formas existentes de certificação e/ou autodefinição focada na responsabilidade empresarial e socioambiental. As iniciativas de certificação socioambiental que se multiplicaram a partir de 1990 configuram um avanço, como é o caso dos produtos florestais (Forest Stewardship Council – FSC), que são os que mais se beneficiaram da pressão das organizações da sociedade civil. O setor empresarial tem sido objeto de pressão de diversas organizações da sociedade civil, e muitas empresas cujo comportamento é considerado destrutivo modificaram sua dinâmica de relacionamento e integram indicadores como referenciais e relatórios de sustentabilidade como maneira de refletir e internalizar o tema, além de tornar públicos sua própria visão e os resultados econômicos, sociais e ambientais. Além desses selos, existem também organizações globais, sendo a mais representativa no âmbito internacional o Global Reporting Initiative (GRI). Criado em 1997 enquanto articulação de representantes de fundos socialmente responsáveis, ambientalistas e ativistas sociais, caracteriza-se como uma organização *multistakeholder*, sem fins lucrativos, que desenvolve uma estrutura de relatórios de sustentabilidade adotada por mais de 1.000 organizações em todo o mundo. O GRI auxilia as empresas a elaborar relatórios voluntários por meio dos quais seus acionistas e os principais atores que com elas se relacionam possam conhecer seu desempenho socioambiental.

Os relatórios de sustentabilidade baseados na GRI constituem uma plataforma para as empresas divulgarem suas ações relacionadas a diversas iniciativas, como é o caso dos Objetivos do Milênio e dos Princípios do

Equador[1], além de estarem alinhados com os índices de sustentabilidade da bolsa de Nova York e de Londres. No Brasil, os relatórios GRI estão em sintonia com diversas iniciativas, como o Índice de Sustentabilidade Empresarial (ISE) da Bovespa, os Indicadores de Autoavaliação do Instituto Ethos, as melhores práticas propostas pelo Instituto Brasileiro de Governança Corporativa (IBGC), entre outras (Green Mobility, 2013).

No movimento global do sistema B, as empresas baseiam seus negócios para o desenvolvimento de comunidades, a busca de soluções climáticas e a redução da pobreza. Este conceito das Benefit Corporations foi criado pela organização sem fins lucrativos B-Lab, sediada na Pennsylvania, nos Estados Unidos, em 2006. Em 2013, o movimento Empresas B já reúne 850 companhias em 28 países, e na América do Sul existem 67 empresas certificadas em quatro países, sete delas brasileiras[2].

No Brasil, a iniciativa do Sistema B coube ao Comitê para Democratização da Informática (CDI), cujo objetivo é capacitar jovens de baixa renda por meio da tecnologia. Em parceria da Fundação BMW, do Instituto Cidadania Empresarial e do Instituto Arapyaú, o CDI estabelecerá com a B-Lab a relação para certificar empresas brasileiras dentro do Sistema B (Instituto Ethos, 2013). O objetivo é fortalecer o Sistema B, alavancar organizações de apoio e estimular políticas públicas.

O início do movimento ocorreu quando a Benefit Corporation contestou o princípio legal que exigia das firmas, pela lei norte-americana, de responder única e exclusivamente às demandas dos acionistas, e defendeu a permissão que objetivos como o socioambiental sejam parte componente da exigência legal das empresas. Representa uma iniciativa deliberada de mudar a natureza dos negócios, modificando as leis societárias. A organização B Lab segue a tradição de certificação privada, como a Det Norske Veritas (fundação norueguesa que opera como certificadora), a UL (companhia privada norte-americana cujos padrões são reconhecidos pelo setor de seguros) e a TÜV's na Alemanha (que certifica empresa no setor de segurança técnica). Essas organizações são formalmente entidades do setor privado, porém sua proposta de atuação é complementar e comparável a organismos públicos ou intergovernamentais de fixação de padrões de certificação (Certified Corporation, 2013).

---

[1] Os Princípios do Equador são um conjunto de exigências socioambientais aplicadas na concessão de financiamento de grandes projetos. O objetivo é garantir a sustentabilidade, o equilíbrio ambiental, o impacto social e a prevenção de risco de inadimplência.

[2] Ouro Verde Amazônia, CDI, Abramar, Maria Farinha Filmes, Aoka e Kapa+EcoSocial.

EMPRESAS DO SISTEMA B – INOVAÇÃO EM SUSTENTABILIDADE | 751

A informação sobre as empresas do Sistema B são recentes e ainda escassas, e a B Lab disponibiliza uma página na web que oferece informação substantiva sobre as B Corps e os avanços na legislação estadual nos Estados Unidos. Isso tem atraído o interesse da mídia sobre o Sistema B e seus alcances.

Para os idealizadores, Jay Coen Gilbert, Bart Houlahan e Andrew Kassoy,[3] a filosofia das empresas B é de gerar prosperidade durável e compartilhada, porque as futuras gerações serão diretamente afetadas pelas ações dessas empresas. Eles redefinem o significado do sucesso empresarial, para "não somente ser as melhores *do* mundo, mas também ser as melhores para o mundo". Desde 2010, a Justiça americana começa a aceitar, em vários estados, que essa exigência seja flexibilizada e permite a formação de empresas cujo objetivo explícito é fazer dos negócios e dos mercados um meio de promover transformações sociais. O primeiro estado a autorizar o B Corps foi Maryland em 2010, e atualmente somam-se 19 estados. Isso atrai o envolvimento de empresas, inclusive aquelas de muita visibilidade, como é o caso da Patagônia no setor de roupas esportivas (Certified B Corporation, 2013).

Cinco aspectos da Empresa B são destacados pelos seus idealizadores:

- Pessoas e problemas.
- Finalidade, para além da estratégia empresarial.
- Pertencimento, comunidade e redarquia[4].
- Ampliação da responsabilidade financeira da direção e dos gerentes.
- Certificação, transparência e legislação (Innodriven, 2013).

As empresas B nascem da articulação de atores com uma história pessoal, seja de um indivíduo ou grupo de pessoas, apoiada em lógica de cooperação e uma convicção de promover mudanças e de fazer a diferença. A missão foca na resolução de um problema social e/ou ambiental visando

---

[3] Antes da criação de B Lab, Jay Coen Gilbert e Bart Houlahan eram cofundador e presidente, respectivamente, da AND1, uma fabricante de equipamento esportivo.

[4] A redarquia é um modelo organizativo que substitui a hierarquia. Caracteriza-se por redes abertas e interativas de colaboração e é baseado nas interações que múltiplos agentes mantêm quando compartilham seu talento de forma aberta e transparente, em relações de igual a igual. As relações de participação surgem de maneira espontânea e se baseiam em relações de confiança entre pessoas com interesses parecidos.

gerar um impacto positivo material mensurável. A sua estratégia se apoia na importância de dar uma razão da opção, a importância do para que social ou ambiental. O diferencial é esse novo objetivo corporativo acrescentado no estatuto da empresa, e não apenas na estratégia, como ocorre na área de responsabilidade social.

Uma vez certificadas, as empresas B fazem parte de uma comunidade global pautadas por um referencial que as diferencia. Entre os aspectos que as tornam diferentes, destaca-se a sua visão de aprendizagem coletiva, a redução de custos por serviços coletivos, a interdependência entre empresas B, na medida em que se cria cadeia de valorizar e comprar de outras empresas parceiras. Seu sucesso e *status* não são medidos apenas pelos dividendos e a satisfação dos empregados, como é o caso das cooperativas, mas, principalmente, pela capacidade de resolver a maior quantidade de problemas sociais ou ambientais mensurando e apresentando resultados.

Um terceiro aspecto que as diferencia é que nessas empresas a direção não responde apenas aos acionistas para receber benefícios, mas se amplia à responsabilidade dos demais *stakeholders* da cadeia de valor, do meio ambiente e das comunidades onde operam. Essa formalização se expressa legalmente nos estatutos internos, nas resoluções das assembleias ou nos acordos entre acionistas. Isso fortalece a confiança com os cidadãos, clientes, colaboradores e novos investidores.

A certificação da empresa B se dá sobre a sustentabilidade integral da empresa, não apenas relacionadas com produtos ou processos. O diferencial é que a avaliação é realizada sobre toda a constelação de *stakeholders* e *shareholders* e na sua transparência.

A legislação especial para esta nova geração de empresas é ainda incipiente, mas já existem iniciativas de governos estaduais nos Estados Unidos e propostas em países da America Latina no sentido de constituir o marco jurídico comercial que possa oferecer a opção societária para estes novos modelos de negócios e formas de organização em direção a uma era de sustentabilidade.

Frequentemente e de forma justificada existe confusão quanto à classificação das *Benefit Corporations* e as empresas B (certificadas). É bastante comum ambas serem denominadas de B Corps. No entanto, embora compartilhem muitos aspectos em comum, existem diferenças relevantes a serem consideradas. Enquanto a certificação de empresa B é dada pelo B Lab, a *Benefit Corporation* é um *status* legal administrado pelo estado no qual a empresa se situa. As *Benefit Corporations* não precisam ser certifica-

EMPRESAS DO SISTEMA B – INOVAÇÃO EM SUSTENTABILIDADE | **753**

das, e é garantido um conjunto de serviços pelo B Lab às empresas B que receberam certificação por terem alcançado um resultado elevado quanto ao desempenho social e ambiental.

Nos Estados Unidos, qualquer empresa, independentemente da sua estrutura legal, pode ser certificada como B Corp pelo B Lab se atingir os padrões de transparência, *accountability* (responsabilidade) e resultados. A certificação por B Lab iniciou-se em 2007, e o sistema se assemelha aos padrões definidos pelo US Green Building Council, que certifica edificações que atingem os padrões da Leadership in Energy & Environmental Design (LEED). Dessa maneira, a certificação protege a missão da empresa e possibilita uma avaliação multidimensional do negócio, trazendo, além de perspectivas econômicas, as dimensões de impacto no meio ambiente, relações com colaboradores e comunidades.

O acesso à certificação é disponível publicamente no site do sistema B, e qualquer empresa pode participar. A partir de uma escala de 0 a 200 pontos, pode-se obter a certificação da B-Lab, precisando, para tanto, somar no mínimo 80 pontos. Esse total é composto de cinco pontuações obtidas em cada área de impacto, que são responsabilidade, empregados, consumidores, comunidade e meio ambiente[5]. O custo da certificação varia de acordo com o faturamento. Das empresas certificadas em todo o mundo, 80% são negócios de pequeno e médio porte. O processo de certificação é realizado nos Estados Unidos e auditado pela Deloitte. A empresa que obtiver a pontuação ganha um selo que vale por dois anos. Depois de receber o selo, a empresa assina um termo de compromisso e altera seu estatuto para reforçar o compromisso em considerar os impactos socioambientais de suas operações antes de tomar decisões estratégicas. Quem descumpre esse termo perde a certificação e não pode renová-la ao final dos dois anos de validade (Sistema B, 2013).

O processo demanda várias etapas, e o primeiro passo é criar uma comunidade de empresas certificadas, comprometidas em medir o que realmente importa e em usar o poder de seus negócios como acelerador de uma evolução sustentável sinérgica.

Ao se tornar uma *Benefit Corporation*, a empresa assume um compromisso com parâmetros de desempenho, e isso envolve, além da sua governança e transparência, a relação com toda a cadeia de *stakeholders*. Dessa maneira, estimula um processo de inovação da empresa com obje-

---

[5] O questionário está disponível no site do sistema B: www.sistemab.org.

tivos cada vez mais direcionados para o cumprimento de metas socioambientalmente sustentáveis. Essas empresas não se contentam em cumprir a lei ou em reduzir os impactos negativos de sua atuação. Seu lema é o que dá o título a este capítulo: inovação em sustentabilidade, pois não se trata apenas de encontrar e explorar uma oportunidade de mercado, mas mudar o modelo de negócio. A forma como o empresário e sua equipe concebem a ideia de sucesso econômico não faz do ganho financeiro um elemento autônomo com relação ao conjunto da vida social em que a empresa está inserida. Os valores financeiros são certamente indicadores de peso quanto à gestão empresarial: mas eles não podem ser aceitos como independentes dos resultados da atividade sobre as pessoas e os ecossistemas.

DA GÊNESE À VISIBILIDADE, REPERCUSSÃO E LEGITIMIDADE AMPLIADA

A *Benefit Corporation* é parte de um conjunto maior que os pesquisadores norte-americanos Nardia Haigh e Andrew Hoffman chamam de organizações híbridas (2012). Para estes autores, esse modelo organizacional tem sido caracterizado como direcionado pela sustentabilidade, já que, em vez de focar sobre como reduzir os aspectos negativos da atividade empresarial quanto aos impactos sociais e ambientais, enfatiza promover melhorias socioambientais por meio de suas práticas e produtos. Esta premissa as distancia das noções prevalecentes sobre sustentabilidade, uma vez que se configuram como agentes positivos, os quais promovem o que denominam de "conexões mútuas e enriquecedoras entre negócios, as comunidades e os ambientes naturais que as sustentam".

Para Abramovay, o segredo da *Benefit Corporation* é que, embora se trate de um compromisso voluntário, uma vez assumido, ele passa a ter força legal, visto que a empresa se compromete a ser avaliada por um corpo independente que verifica se, de fato, ela tem um impacto material e significativo naquilo que se propõe a fazer. E este compromisso torna-se uma obrigação jurídica. Se, por exemplo, uma empresa do tipo *Benefit Corporation* tiver dificuldades e precisar adiar o cumprimento de seus compromissos socioambientais para preservar sua rentabilidade, sua direção pode ser processada e punida formalmente por descumprimento de cláusulas contratuais tão poderosas quanto a própria geração de lucros.

O início do Sistema B Corps teria um componente anedótico se não fosse por uma controvérsia judicial que obrigou Ben Cohen e Jerry Greenfield, os criadores da marca de sorvetes Ben & Jerry's, a vender sua empresa à Unilever no ano 2000, e abriu um precedente para desenvolver empresas com finalidade não lucrativa. Essa maneira inovadora de empreendimento, que de certa maneira contradiz as bases da lógica capitalista, não teria condições de se realizar. A história é muito ilustrativa, pois revela como o sistema é implacável para fortalecer uma lógica tradicional de capitalismo. A Corte Suprema dos Estados Unidos obrigou os donos da companhia a aceitar a oferta milionária feita pela Unilever de US$ 326 milhões, apesar da negativa deles e de querer constituir uma empresa diferente pautada por uma premissa de sustentabilidade face ao meio ambiente e à sociedade, apoiada na utilização de produtos orgânicos, aderindo ao comércio justo, promovendo mudanças na dinâmica de relacionamento transparente com os funcionários, doando parte significativa dos ganhos à comunidade, e com uma preocupação de reduzir a pegada de carbono. A situação revelou como o sistema judiciário é refém de uma lógica que não aceita desvios da premissa de que uma empresa deve acima de tudo dar lucro. O ditame judicial foi enfático, os donos foram obrigados a vender porque não puderam demonstrar que na sua forma de produzir poderiam gerar mais receita do que aquela oferecida pela empresa multinacional. E como a lei estabelece que o papel fundamental de uma empresa é de maximizar os lucros para os acionistas, se os donos da empresa se negassem ou recusassem a oferta, estariam incorrendo no não cumprimento da lei e poderiam ser processados[6]. Já no caso de Bart Houlahan e Jay Coen, eles não recusaram a oferta feita por uma corporação gigante da área esportiva, e tendo como referência o caso dos donos de Ben & Jerry's, buscaram um novo caminho para desenvolver uma empresa cujo objetivo principal fosse o de introjetar os problemas sociais e ambientais, gerando um mínimo de externalidades negativas, e destacando mecanismos de transparência inovadores. Para tanto, associaram-se a Andrew Kassoy, e iniciaram uma trajetória visando a promover uma nova legislação para garantir este enfoque o mais abrangente possível e criar empresas pautadas por colocar novas premissas para a gestão de empresas[7].

---

[6] Disponível em: http://www.bcorporation.net/what-are-b-corps/the-non-profit-behind-b-corps/our-team.

[7] Disponível em: http://www.bcorporation.net/what-are-b-corps/the-non-profit-behind-b-corps/our-team.

Na América Latina, cinco empresários de pequeno e médio porte do Chile, Argentina e Colômbia[8] se colocaram o desafio de propor um Sistema B que integrasse as dimensões econômica, social e ambiental. Após pesquisa, verificaram a existência do B Lab, que já tinha criado as B Corporation nos Estados Unidos e possuía o instrumental necessário para avaliar e certificar. Decidiram criar com apoio do B-Lab o Sistema B, uma organização sul-americana que tem como meta impulsionar um novo paradigma de desenvolvimento efetivamente sustentável. A organização se pauta pelos mesmos princípios já apresentados, mas com um viés associado à realidade latino-americana. A premissa dos criadores é de mudar as regras do jogo dentro do mesmo sistema, impulsionando um novo setor econômico onde os interesses privados e públicos possam convergir.

Pedro Tarak atribui o crescimento dos negócios sociais ao atual momento histórico e econômico, e à existência de uma demanda latente por novas formas de organização econômica que inclui, cada vez mais, a busca pela melhoria das condições sociais e do meio ambiente nos negócios. A melhor imagem para descrever essa iniciativa é a frase de Pedro Tarak que enfatiza a "necessidade de mudar para uma economia baseada na distribuição da escassez para uma economia baseada na finitude dos recursos naturais". Segundo Célia Cruz, diretora-executiva do Instituto de Cidadania Empresarial, essas empresas não têm características homogêneas porque se propõem a gerar o impacto social de diferentes formas (Página 22, 2013).

CASOS EMBLEMÁTICOS

São diversos os casos que podem ser analisados principalmente nos Estados Unidos, onde empresas B Corps que incluem marcas famosas de vestuário, alimentação, produtos de higiene, reconhecidas por promoverem ações em prol da sustentabilidade, reforçam seu *branding* e agregam valor a partir da obtenção de uma certificação independente.

Foram escolhidos dois casos emblemáticos para ilustrar os alcances e possibilidades que representam as empresas que compõem o Sistema B.

Um primeiro caso emblemático de empresa B nos Estados Unidos é o da Guayakí, que produz erva mate e derivados. Foi criada em 1996 com a

---

[8] Pedro Tarak (Argentina), Maria Emilia Correa (Chile), Claudia Martinez (Colômbia) Gonzalo Muñoz (Chile) e Juan Pablo Larenas (Chile).

finalidade de se constituir em modelo de negócios *triple bottom line*[9] e de ter uma função social e ambiental. A Guayakí, que durante vários anos foi um híbrido entre uma fundação e uma empresa, gerou uma alternativa para produzir erva-mate sem desflorestar. Esta atitude representa a possibilidade de garantir a regeneração de ecossistemas a partir da produção de erva-mate; e, como esta precisa da sombra de árvores mais altas para se desenvolver, demanda ter no mesmo terreno outras espécies nativas. Plantam-se principalmente espécies frutíferas, como jabuticaba e pitanga. A iniciativa promoveu um significado comunitário entre as comunidades indígenas, e nos pequenos produtores, que se juntam para formar cooperativas. A meta é de restaurar, até 2020, 60 mil hectares de Mata Atlântica da América do Sul e criar mais de mil empregos. O objetivo quando a empresa foi criada era de promover uma estratégia de uso sustentável dos recursos naturais e que fosse operada sob a filosofia do comércio justo. A Guayakí é, atualmente, uma das principais referências do conceito de negócio social, e a empresa vende erva-mate cultivada por comunidades rurais da Argentina, do Paraguai e do Brasil aos consumidores dos Estados Unidos e do Canadá.

Além de gerar trabalho e renda, a empresa oferece projetos de capacitação para que as comunidades cultivem novas áreas de floresta nativa. Nos projetos da Guayakí, o mate que produzem é orgânico, certificado pela California Certified Organic Farmers (CCOF), creditado pelo Departamento de Agricultura dos Estados Unidos, e o comércio justo, pela Fair for Life. Os objetivos fundacionais estão se concretizando e a Guayakí integra um grupo de empresas que tem como propósito lucrar apoiando-se na lógica da competitividade e eficiência do mercado ao mesmo tempo que gera impacto positivo, contribuindo para a solução de problemas ambientais e sociais.

O segundo caso é o da empresa TriCiclos, por ser a primeira companhia latino-americana a obter a certificação B. É uma empresa chilena criada em 2009 com a finalidade de estimular e gerir sistemas de reciclagem. Composta por 40 funcionários, atua na maior parte do território do país, e desenvolve ferramentas para minimizar os problemas sociais e ambientais em sua comunidade.

A solução mais emblemática dessa empresa B é o que se denomina ponto limpo, que, embora não seja uma iniciativa inovadora, facilita para

---

[9] No tripé estão contidos os aspectos *econômicos, ambientais* e *sociais*, que devem interagir, de maneira holística, para satisfazer o conceito.

a comunidade um espaço onde as pessoas podem levar seus resíduos inorgânicos destinados à reciclagem e, simultaneamente, ter acesso a conhecimento sobre sustentabilidade, materiais e consumo responsável. Alguns dos pontos limpos são operados por recicladores seguindo um modelo de negócios inclusivo. Entre sua diversas ações, a TriCiclos tem se destacado por criar a principal rede de pontos limpos do Chile, que representava em 2015 um total de 52. Garante a coleta de até 20 tipos diferentes de materiais recuperáveis para transformá-los em matéria-prima que será utilizada novamente pelos fabricantes. A empresa também oferece diversos produtos, dentre eles mini módulos de reciclagem, compostagem e bolsas recicladoras, no sentido de reforçar iniciativas que estimulem os cidadãos e/ou organizações a reduzir de maneira significativa a produção de resíduos, tendo todos os parâmetros de mensuração de desempenho dessa solução.

Para os idealizadores da TriCiclos, além da redução do impacto ambiental, tem sido possível desenvolver dois modelos de significativo impacto social. Um primeiro relacionado com a criação de um eficiente sistema de reciclagem inclusivo e um segundo que implica repartir igualmente um terço dos lucros com os funcionários com mais de três meses na empresa. A diferença salarial entre os trabalhadores não supera 11 vezes entre quem ganha mais e quem ganha menos, e o salário mínimo pago é 25% mais alto do que é fixado por lei. Além disso, são garantidos benefícios de capacitação para além do próprio trabalho desenvolvido (Innodriven, 2013).

Portanto, os fundamentos da empresa se pautam pela premissa de transformar reciclagem em negócio, obtendo elevada rentabilidade social, e se caracterizando também como espaços educativos inovadores. O que diferencia TriCiclos de outras empresas é que a governança, os estatutos e as responsabilidades dos executivos e diretores apresentam uma definição muito diferente do modelo tradicional. A gestão de TriCiclos levou dois anos para progredir nas sete áreas que compreendem a certificação das empresas B. Os seus fundadores, antes da criação de TriCiclos, viviam com uma grande frustração de não poder orientar todos seus talentos a serviço de uma população socialmente justa e ambientalmente equilibrada. Porém, estavam convencidos de que as empresas eram capazes de fazer a diferença, e assim se modificava a primeira norma que as define, ou seja, maximizar os lucros para os acionistas, sem levar em conta as externalidades negativas que as geram. Assim, os lucros se transformam em recurso a ser aplicado para promover o bem-estar dos funcionários. Isso representa uma mudança cultural, fortalecendo o papel do consumidor responsável e colaborando para impulsionar e promover as empresas B na América do Sul.

CONSIDERAÇÕES FINAIS

Um futuro incerto, ameaçado pelas mudanças do clima e uma sociedade cada vez mais complexa, exige posturas e ações por parte dos governos, empresas e sociedades que de fato modifiquem com urgência os padrões vigentes de produção e consumo.

Nesse cenário, no âmbito empresarial emergem as empresas B. Estas se caracterizam por uma atuação diferenciada da usual no mundo corporativo, investindo numa gestão mais igualitária e com menor impacto socioambiental, porém, mantendo a concepção de lucro. Tratam-se de empresas que, sem deixar de ser lucrativas, assumem a incorporação de impactos sociais, ambientais e comunitários no seu modelo de negócios, e consideram estes fatores junto com as receitas nas decisões estratégicas das empresas. O número de adesão de empresas tem tido um crescimento acima das expectativas e atraído atenção cada vez maior, o que se constata nos Estados Unidos pelo reconhecimento legal de uma nova estrutura empresarial, a *Benefit Corporation*, baseada no modelo B Corp.

O papel do B Lab tem sido fundamental para garantir a certificação para fins lucrativos organizacionais. O B indica que as empresas certificadas atendem voluntariamente a padrões de transparência, responsabilidade, sustentabilidade e desempenho, com a finalidade de criar valor para a sociedade, e não apenas para os acionistas, conforme o modelo tradicional. A certificação, da empresa B se dá sobre a sustentabilidade integral da empresa, não apenas relacionadas com produtos ou processos. O diferencial é que a avaliação é feita sobre toda a constelação de *stakeholders* e *shareholders* e baseada na transparência.

Cabe observar que os requisitos necessários para converter-se em empresa B devem estar permanentemente incorporados nos estatutos da companhia, não representando apenas uma iniciativa voluntária de um líder da empresa, e isso permite que os consumidores, cidadãos e investidores reconheçam as diferenças entre empresas, diferenciando o que é *marketing* e o que tem uma finalidade de mudança.

As empresas precisam de um esquema de proteção para poder alavancar seu trabalho social e ambiental, e uma certificação confiável para separar o real do *greenwashing*. A certificação protege a missão da empresa, e possibilita uma avaliação multidimensional do negócio, trazendo, além de perspectivas econômicas, as dimensões de impacto no meio ambiente, relações com colaboradores e comunidades.

Na América do Sul, tem se ampliado significativamente o número de empresas B, e a demanda de empresas para se certificar como empresas B revelam o potencial de mudança e, principalmente, a possibilidade de se converter em atores que se tornam agentes relevantes para fazer frente aos desafios sociais e ambientais. Isso mostra a necessidade de multiplicar o número de empresas que podem fazer parte da comunidade, gerando um mercado capaz de se conectar aos consumidores, aos investidores e ao setor público e promovendo essa nova forma de ação baseada no resultado social, ambiental e econômico.

As empresas certificadas representam diversos setores produtivos e têm diversos tamanhos, e, como afirmam seus idealizadores, representam aquelas que existem para resolver problemas específicos, porém de elevado impacto, vinculados com o meio ambiente, a reinserção social e laboral, alimentação e tantos outros que verificaram que sua orientação estratégica era convergente com os objetivos que devem ter enquanto empresas B. Estas se caracterizam porque, sem renunciar a funcionar como empresas e gerar lucros para seus acionistas, priorizam uma missão relacionada com o bem comum e a qualidade da vida humana.

Talvez um dos maiores desafios atualmente seja avançar para uma legislação adequada ao escopo das empresas B, como é o caso dos Estados Unidos, e para tanto se torna necessário o apoio governamental, a fim de viabilizar uma legislação adequada que garanta sua atividade econômica sem contraditórios. Isso demanda, portanto, uma convergência multissetorial na qual os atores envolvidos terão de pressionar por políticas públicas que garantam espaço para as empresas B.

A certificação e a crescente legitimidade das empresas B sejam a possibilidade de que estas contribuam de maneira efetiva para promover atividades econômicas pautadas por princípios de sustentabilidade socioambiental assentada na existência das bases legais para fazer negócios, e que representem uma lógica diferente não apenas guiada pela lucratividade a qualquer custo. Portanto, torna-se muito necessária a definição de uma legislação que as proteja igualmente para que, assim, possam atrair investidores que estejam efetivamente motivados pelo papel de mudança que estas podem promover no âmbito social e ambiental.

Essa nova postura empresarial, que em suas experiências iniciais está sendo bem-sucedida e se contrapõe aos modelos e valores de corporações existentes em âmbito global, sinaliza para uma transformação necessária. Ao redefinir o significado do sucesso empresarial, para "não somente ser as melhores do mundo, mas também ser as melhores para o mundo", as empresas B apostam em uma prosperidade durável e compartilhada com a sociedade, e na promoção de impactos positivos na economia, no ambiente, na comunidade e na relação com seus funcionários. Propõem também uma ruptura paradigmática com empresas que ainda funcionam no modelo superado e ainda das que praticam de maneira antiética o *greenwashing*.

No entanto, uma mudança significativa das empresas e das corporações em grande escala só se dará quando o consumidor entender de fato o impacto destas diferenças de postura empresarial em sua qualidade de vida e da sociedade e cobrar das empresas essa transformação.

REFERÊNCIAS

ABRAMOVAY, R. *Muito além da Economia Verde*. São Paulo: Planeta Sustentável, 2012.

_____. Não a melhor do mundo, mas sim a melhor para o mundo. *Folha de São Paulo* [on line]. Disponível em: http://www1.folha.uol.com.br/empreendedorsocial/colunas/1242924-nao-a-melhor-do-mundo-mas-sim-a-melhor-para-o-mundo.shtml. Acessado em: 12 nov. 2013.

BAKAN, J. A. *Corporação: a busca patológica por lucro e poder*. Nova York: FreePress, 2004.

CERTIFIED B CORPORATION. *The Non Profit Behind B Corps*. Disponível em: http://www.bcorporation.net/what-are-b-corps/the-non-profit-behind-b-corps. Acessado em: 08 nov. 2013.

_____. *What are B Corps?* Disponível em: http://www.bcorporation.net. Acessado em 10 nov. 2013.

GREEN MOBILITY. *O que é o Global Reporting Iniciative*. Disponível em: http://greenmobility.wordpress.com/2008/07/23/o-que-e-gri. Acessado em: 08 nov. 2013.

INNODRIVEN. *Sistema B, Las mejores empresas para el mundo*. Disponível em: http://innodriven.com/sistema-b-las-mejores-empresas-para-el-mundo. Acessado em: 05 nov. 2013.

INNOVATION CL. *Benefit Corporation o B Corps. Las Nuevas Empresas del Siglo XXI*. Disponível em: http://www.innovacion.gob.cl/reportaje/las-nuevas-companias-del-siglo-xxi. Acessado em: 13 nov. 2013.

INSTITUTO ETHOS. *Construindo o Sistema B Brasil*. Disponível em: http://www3.ethos.org.br/cedoc/contruindo-o-sistema-b-brasil/#.UpCf38Q_t3o. Acessado em: 30 out. 2013.

GESTÃO EMPRESARIAL E SUSTENTABILIDADE

HAIGH, N.; HOFFMAN, A. Hybrid organizations. The next chapter of sustainable business. *Organizational Dynamics*. v. 41, p. 126-34, 2012.

JACOBI, P.R. Governança ambiental, participação social e educação para a sustentabilidade. In: PHILIPPI JR, A. et al. (eds.) *Gestão de Natureza Pública e Sustentabilidade*. Barueri: Manole, 2012, p.343-61.

JACOBI, P.R.; SINISGALLI, P.A. Governança ambiental e economia verde. *Ciênc. saúde coletiva* [online]. 2012, vol.17, n.6 [cited 2014-11-02], p. 1469-78 . Disponível em: http://www.scielo.br/scielo.php?script=sci_arttext&pid=S1413-812320120006 00011&lng=en&nrm=iso. Acessado em: 25 jun. 2014.

PÁGINA 22. *Informação para o novo século. 2 + 3= 2,5.* Disponível em: http://www.pagina22.com.br/index.php/2013/04/23-25/. Acessado em: 13 nov. 2013.

PAVAN, S. *Corporação 2020.* São Paulo: Abril, 2013.

[PNUMA] PROGRAMA DAS NAÇÕES UNIDAS PARA O MEIO AMBIENTE. *Caminhos para o Desenvolvimento Sustentável e a Erradicação da Pobreza – Síntese para Tomadores de Decisão.* Nova York: Pnuma, 2011. Disponível em: www.unep.org/greeneconomy. Acessado em: 8 nov. 2013.

PNUMA GEO 5. *Panorama ambiental Global – Resumo para formuladores de políticas.* Nova York: Pnuma, 2012.

SISTEMA B. Disponível em: http://www.sistemab.org/portugues/a-empresa-b. Acessado em: 15 out. 2013.

Modelo de Gestão do Fluxo de Materiais e Energia | 28

Rebecca M. Dziedzic
Engenheira civil, University of Toronto

Maurício Dziedzic
Engenheiro civil, Universidade Positivo

INTRODUÇÃO

Atividades antropogênicas se traduzem em impactos ambientais muitas vezes negativos. Na busca de soluções para esse cenário e todos seus efeitos, ainda não há uma resposta definitiva. Como na natureza, diferentes condições solicitam diferentes adaptações; cada local deve ser estudado e os processos inerentes otimizados, de acordo com essas condições.

Uma similaridade entre processos naturais diversos, como fluxos de energia e materiais, é a propriedade de serem cíclicos. Saídas de certos processos são entradas para outros, levando a um maior aproveitamento de insumos e à minimização de resíduos.

Contrariamente, processos industriais, tipicamente lineares, ou sequenciais (em contraposição a processos circulares, que reaproveitam resíduos), consumindo grande quantidade de matéria-prima e energia, e gerando muitos resíduos, somados ao crescimento populacional, atingem todas as esferas ambientais. Este princípio cíclico pode ser aplicado aos processos em empresas e indústrias, assim como em regiões maiores. Dessa forma, iniciativas locais para a gestão de fluxo de materiais podem levar a importantes reduções de impactos que, acumuladas, geram uma diminuição ao menos regional de problemas ambientais e, principalmente, emissões de gases de efeito estufa, grande preocupação ambiental atual.

O presente capítulo descreve a metodologia de análise do fluxo de materiais e energia. O Capítulo 38 mostra sua aplicação, analisando o fluxo de materiais de um *campus* universitário, propondo diversas alterações a esse fluxo, objetivando a minimização de emissões de gases de efeito estufa, avaliando o tempo de retorno dos investimentos propostos e a relação custo-benefício.

A gestão do fluxo de materiais procura evitar a depleção de recursos naturais escassos e a produção de resíduos. Um projeto dessa natureza tem o potencial de estabelecer um exemplo importante a ser seguido pela comunidade local e regional, pois se torna um lugar de visitação onde os interessados podem observar na prática a implementação dos conceitos e verificar sua viabilidade.

PRINCÍPIOS DA GESTÃO DO FLUXO DE MATERIAIS

O significado de emissão zero, como apontado por Kuehr (2006), envolve dois aspectos: uma perspectiva sistêmica, devido à necessidade de análise do processo inteiro em questão, assim como um padrão de gestão de melhoria contínua. Para Pauli (1996), zero é o único objetivo viável, com uma associação em cadeia, de indústrias e empresas, na qual os resíduos de um elo são matéria-prima de outro.

Como simplificado por Souza (1994 apud Kuehr, 2006), o conceito de emissão zero se baseia na utilização de tudo e consequente nulificação de resíduos. Dessa maneira, quatro princípios foram estabelecidos por Robert et al. (2002):

*   Anular a contribuição ao aumento sistemático da concentração de substâncias na crosta terrestre.

*   Anular a contribuição ao aumento sistemático de substâncias produzidas pela sociedade.

*   Anular a contribuição à degradação física da natureza por demasiada agricultura, introdução de espécies não nativas e outras formas de modificação.

*   Contribuir o máximo possível para o atendimento das necessidades globais, principalmente seguindo os três primeiros princípios.

Pauli (1998) definiu três elementos básicos para a realização de um projeto de emissão zero: melhoria da produtividade total de material, separação entre subprodutos e resíduos e criação de biossistemas integrados para coordenação de entrada e saída. Como produtividade é a razão entre produtos e insumos, o aumento desta proporciona benefícios econômicos e ecológicos, com a diminuição de investimentos e custos e a redução de consumo de recursos, emissões e produção de resíduos. Ainda, por meio da separação de resíduos, emissões e produtos, há maiores oportunidades de reutilização e, mesmo que essa atividade aumente os custos de tratamento de resíduos, possibilita seu uso futuro para reciclagem ou venda em forma de nova matéria-prima. Biossistemas integrados se referem a redes de cooperação para resíduos e energia, por exemplo, podendo se limitar a pequenas dimensões ou abranger várias empresas.

De acordo com Baumgartner e Zielowski (2006), o conceito de emissão zero pode contribuir com o desenvolvimento sustentável. A Figura 1 ilustra a relação entre desenvolvimento sustentável e os três elementos básicos da técnica de emissão zero, já mencionados. A seta A se refere à evolução de uma empresa que necessita passar por todo o processo de adaptação na área organizacional e de desenvolvimento sustentável. Em contraposição, a empresa representada pela seta B já detém a cultura organizacional, mas tem de se aperfeiçoar no quesito desenvolvimento sustentável.

Figura 1 – Contribuição dos elementos da técnica de emissão zero ao desenvolvimento sustentável e necessidades organizacionais.

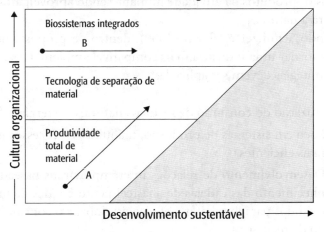

Fonte: Baumgartner e Zielowski (2006).

Fujie e Goto (2000) lembram que, na realidade, emissão zero é inexequível, mas é um conceito que mostra o propósito de minimização de emissões em todos os âmbitos. Para eles, o primeiro passo é analisar o fluxo de materiais e energia no processo e então propor um cenário para redução de emissões, com as novas características do processo produtivo, sistema social e outras alterações.

Gravitis (2006) explica que, de acordo com a segunda lei da termodinâmica, apenas se pode minimizar a perda de energia (entalpia) ou diminuir o aumento de entropia. Entalpia é a energia interna total de um sistema, seu conteúdo calorífico. Já entropia é a parte da energia que não pode ser transformada em trabalho e então é dissipada na forma de calor. Reações químicas, por exemplo, não apresentam 100% de eficiência e inevitavelmente há emissão de calor. Adicionalmente, Braga et al. (2006) indicam que, de acordo com essa lei, todo processo de transformação de energia ocorre de uma forma de maior qualidade para outra forma de menor qualidade, e toda transformação de energia tem rendimento inferior a 100%. Consequentemente, se a taxa de crescimento industrial se mantiver, apesar dos esforços para aumento do índice de reciclagem, sempre haverá a necessidade de se obter mais matéria-prima e sempre sobrará detrito não reciclável.

Entretanto, para Braungart et al. (2006), o conceito de emissão zero é uma tentativa de romper a ligação entre as pessoas e seu ambiente ao buscar eliminar as emissões de suas atividades. Eles defendem a ecoeficiência, com todos os produtos da atividade humana sendo aproveitados positivamente para a natureza.

Segundo Schnitzer e Ulgiati (2006), dentro da proposta de emissão zero, para tornar uma indústria mais compatível ambiental e socialmente, quatro estratégias devem ser aplicadas:

- Minimização do consumo de recursos naturais e energia:
  - Foco em sistemas de produção, máquinas e processos industriais mais eficientes.
  - Desenvolvimento de relações interempresariais baseadas no conhecimento das cadeias de abastecimento e redes de produção e métodos para aumentar a eficiência global e o consumo otimizado de recursos.
  - Substituição de combustíveis fósseis por renováveis.

MODELO DE GESTÃO DO FLUXO DE MATERIAIS E ENERGIA | **767**

- Desenvolvimento em direção à prevenção de produção de resíduos e produção zero de resíduos:
  - Modernização de processos industriais por meio de técnicas de produção limpa direcionadas à redução de emissões, efluentes e resíduos sólidos, diminuindo impactos ambientais.
  - Desenvolvimento de produtos e serviços com uma abordagem de ciclo de vida.
- Alteração do padrão de produção e consumo:
  - Minimização de riscos com melhoria das condições de trabalho.
  - Otimização do monitoramento de consumo de recursos e geração de produtos e serviços durante todo o ciclo de vida.
  - Recuperação, tratamento e reutilização de produtos e resíduos industriais.
  - Planejamento e promoção de padrão e comportamento sustentável de consumo.
- Aprendizado com a natureza:
  - Sistema de interação, análogo a uma teia, para processos e componentes.
  - Desenvolvimento de processos baseados na natureza: tecnologias amenas, uso de bactérias e enzimas, química "verde" e substratos renováveis.

Pauli (2006) explica que um projeto de emissão zero é dividido em cinco etapas. A primeira fase se dedica à verificação de possibilidades para atingir rendimento total dentro do processo estudado, o que é fisicamente impossível, como já discutido, devendo-se buscar a maximização do rendimento. Em seguida, é montada uma matriz produtos-insumos. A terceira fase é a identificação de conglomerados industriais. Após esse passo, devem ser estabelecidas soluções para se aproximar da meta de emissão zero. A formulação de políticas é a última etapa.

De acordo com Sonnemann et al. (2004), a análise de entrada e saída, produtos e insumos ou fluxo de materiais refere-se à avaliação, em unidades físicas (geralmente toneladas), de extração, produção, transformação, consumo, reciclagem e deposição de materiais no sistema estudado. Uma das principais aplicações dessa metodologia é a possibilidade de visualização das relações entre fluxos de materiais e serviços, mostrando, também, a conexão entre produtores e consumidores, assim como a interdependência entre indústrias.

Heck (2003) esclarece que a gestão de fluxo de materiais se dedica a moldar os sistemas de materiais de maneira objetiva, responsável, integrada e eficiente. Os objetivos desse procedimento são inspirados em aspectos econômicos, ecológicos e sociais. Assim, essa gestão deve atingir um consumo otimizado de recursos, combinado a um aumento de valor regional adicional, descrevendo os benefícios que podem ser obtidos com as alterações no fluxo de materiais da região.

Resíduos sólidos

A natureza opera em um sistema de nutrientes e metabolismos no qual não há desperdício. Uma cerejeira, por exemplo, produz muitas flores e frutos para alguns germinarem e crescerem. No entanto, as flores produzidas a mais não são inúteis; elas caem ao chão, se decompõem, alimentam diversos organismos e microrganismos e enriquecem o solo. Ao redor do planeta, animais e humanos expiram dióxido de carbono, que as plantas captam e usam para seu crescimento. Nitrogênio proveniente de dejetos é transformado em proteína por microrganismos, animais e plantas. Cavalos comem grama e produzem esterco, que serve de abrigo e alimento para as larvas de moscas. Os nutrientes principais da Terra (carbono, hidrogênio, oxigênio, nitrogênio e fósforo) são constantemente reciclados. Resíduos de alguns processos são insumos para outros (McDonough e Braungart, 2002).

Para Juhasz et al. (2004), a produção de resíduos é e continuará sendo um problema crescente enquanto a civilização humana existir. A taxa atual de crescimento populacional associada a um estilo de vida baseado no consumo e à rápida obsolescência dos produtos resulta em um incremento global de produção de resíduos, exercendo pressão sobre a demanda de produção agrícola e os recursos finitos mundiais.

Cassini (2003) lembra que em países em desenvolvimento, como o Brasil, a situação de saneamento e gestão de resíduos é mais precária que nos países desenvolvidos. No país, segundo IBGE (2010), 82% dos resíduos sólidos urbanos coletados têm destino apropriado; o restante não tem disposição adequada e afeta a qualidade da água em razão da percolação da chuva pelos resíduos. Essa classificação, entretanto, é discutível, pois considera disposição adequada aquela realizada em "aterros controlados", que, de fato, são apenas "menos piores" que lixões a céu aberto, mas não reúnem todas as condições dos aterros sanitários. Da mesma forma, vale ressaltar que a porcentagem de destinação adequada de resíduos cresce com o porte do município. Assim, a porcentagem de municípios com destinação "adequada" é menor que a porcentagem de resíduos com destinação "adequada". Por exemplo, apenas 60% dos municípios têm coleta seletiva e 42% ainda possuem lixões a céu aberto (Abrelpe, 2012).

Dentre os resíduos urbanos, os que mais requerem disposição são esgoto e resíduos sólidos. Os sólidos são definidos como:

> Resíduos nos estados sólido e semi-sólido, que resultam de atividades de origem industrial, doméstica, hospitalar, comercial, agrícola, de serviços e de varrição. Ficam incluídos nesta definição os lodos provenientes de sistemas de tratamento de água, aqueles gerados em equipamentos e instalações de controle de poluição, bem como determinados líquidos cujas particularidades tornem inviável o seu lançamento na rede pública de esgotos ou corpos de água, ou exijam para isso soluções técnica e economicamente inviáveis em face à melhor tecnologia disponível. (ABNT, 2004)

Gerenciamento de resíduos sólidos

Tchobanoglous e Kreith (2004) listam os maiores problemas da gestão de resíduos sólidos:

- Quantidade crescente de resíduos.
- Resíduos não listados em relatórios.
- Carência de definições claras.
- Carência de dados de boa qualidade.
- Necessidade por cargos claros e liderança em governos locais, estaduais e federais.
- Necessidade de aplicação de normas e padrões.
- Resolução de problemas de resíduos inter-regionais, interestaduais e internacionais para resíduos sólidos e seus componentes.

O tema de gerenciamento de resíduos normalmente evoca os termos reúso, reciclagem, recuperação e descarte. Twardowska et al. (2004) citam The Framework Council Directive 75/442/EEC sobre resíduos, que define reúso como o uso de uma embalagem por mais tempo que sua vida útil, ao preenchê-la novamente ou usá-la para o mesmo propósito para o qual foi idealizada. Quando essa embalagem não é mais sujeita a reúso, torna-se resíduo. Reciclagem se refere ao reprocessamento de um resíduo para o fim original ou outro, incluindo reciclagem orgânica, mas excluindo recuperação de energia.

McDonough e Braungart (2002) estabelecem quatro R's: redução, reúso, reciclagem e regulamentação. E ainda advertem que redução de insumos não cessa a depleção e destruição de recursos naturais, apenas as desacelera, deixando que ocorram em incrementos menores e durante mais tempo. Ainda, o reúso, apesar da impressão positiva, pode ser apenas um meio de realocação de toxinas e contaminantes. Adicionalmente, a reciclagem pode reduzir a qualidade do material ao longo do tempo e forçar um material a passar por mais ciclos de vida que o número de ciclos para os quais foi projetado. Por fim, regulamentações são apenas licenças para causar danos dentro de padrões aceitáveis.

Bagchi (2004) mostra uma hierarquia de gestão de resíduos, ilustrada pela Figura 2, na qual as melhores opções têm base maior. No entanto, apesar de essa ordem ser muito aplicada na gestão de resíduos, o autor nota que ela pode nem sempre promover a solução ótima entre custos e impactos ambientais. Assim, os analistas podem escolher diferentes opções em conjunto, que resultem em menor consumo de energia, menor impacto ambiental e menor espaço de aterro por um custo acessível à comunidade.

Figura 2 – Hierarquia de gestão de resíduos.

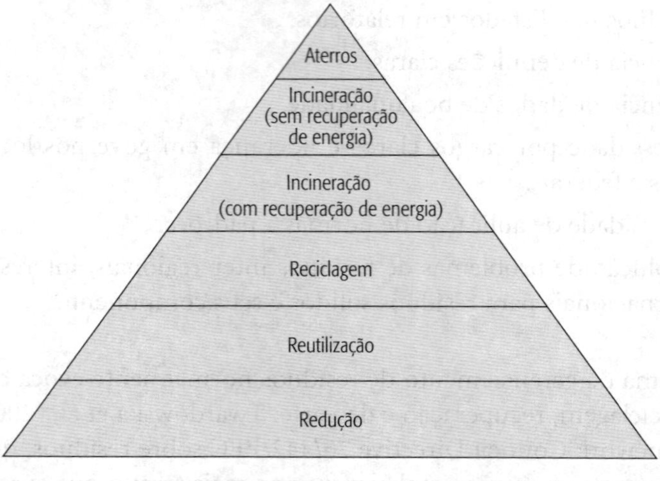

Fonte: adaptada de Bagchi (2004).

Tchobanoglous e Kreith (2004) explicam as cinco estratégias para a gestão de resíduos definidas pela U.S. Environmental Protection Agency (EPA):

- Redução: diminuição de volume e/ou toxicidade de resíduos gerados, levando à utilização de processos de produção cíclicos, matérias-primas diferentes e processos alternativos.

- Reciclagem: devolução das matérias-primas ao mercado por separação do restante dos resíduos, diminuindo o uso de recursos finitos e a necessidade por matérias-primas virgens, reduzindo o impacto ambiental por mineração e processamento e a energia consumida, além de estender a capacidade do aterro e melhorar a eficiência e qualidade das cinzas em usinas de incineração e combustão.

- Compostagem: área da reciclagem que pode levar a problemas sem o devido controle, como contaminação de solo, água e ar.

- Combustão: redução do volume de resíduos e produção de energia, com alto custo inicial e de manutenção e necessidade de operação com muita segurança.

- Aterro: a única forma de gestão de resíduos necessária e suficiente, pois nenhuma das anteriores é completa em si devido à impossibilidade de reciclar certos materiais.

Outro sistema é baseado no potencial de geração de gases pela decomposição de matéria orgânica contida nos resíduos sólidos. Como enfatizado por Hessami et al. (1996), biogás pode ser produzido facilmente por digestão anaeróbia de resíduos orgânicos, além de ser um combustível para suprir demandas de aquecimento e eletricidade.

Muitas comparações foram feitas entre as diversas estratégias de gestão de resíduos, concluindo-se que as tecnologias anaeróbias necessitam de maior investimento e têm maior grau de complexidade. No entanto, em comparações que privilegiam o aspecto ecológico, a digestão anaeróbia torna-se a melhor opção, devido ao seu melhor balanço energético (Alvarez et al., 2000b).

Parâmetros para análise de resíduos sólidos

Para análise das opções de gestão de resíduos, a qualidade destes e suas propriedades devem ser estudadas, como a densidade dos resíduos sólidos, cujos valores para componentes são apresentados na Tabela 1.

772 | GESTÃO EMPRESARIAL E SUSTENTABILIDADE

Tabela 1 – Intervalos de valores de densidade para componentes de resíduos sólidos.

Material	Densidade (kg.m^{-3})
Latas de alumínio	32 a 48
Papelão	30 a 80
Areia, brita, concreto	1.187 a 1.780
Resíduos de comida	475 a 890
Garrafas de vidro (inteiras)	237 a 356
Ferrosos leves, incluindo latas	59 a 148
Papel misturado	47 a 148
Papel empilhado	237 a 356
Plástico	36 a 89
Borracha	119 a 237
Têxteis	36 a 107
Madeira	119 a 356
Resíduos de jardinagem	59 a 356

Fonte: Liu et al. (1997).

Juhasz et al. (2004) definem as características físico-químicas a serem analisadas:

- Potencial hidrogeniônico (pH).
- Condutividade elétrica.
- Teor de carbono orgânico – quanto mais alto este teor, melhor é o resíduo para compostagem e utilização subsequente como adubo.
- Demanda química de oxigênio – depende da quantidade de matéria orgânica e a parcela decomposta.
- Nitrogênio total – diretamente proporcional à quantidade de matéria orgânica.
- Fósforo total – proveniente de matéria orgânica e alguns materiais inorgânicos como solo fino, cinzas, metais e borrachas.
- Potássio total – derivado de materiais orgânicos e inorgânicos como solo fino, cinzas, matéria vegetal e metais.

- Sódio total – oriundo de matéria orgânica, solo fino, cinzas e sais inorgânicos.
- Íons solúveis em água – apontam a presença de sais.
- Razão carbono/nitrogênio – indica a maturidade dos resíduos; é maior para resíduos frescos e menor para os estabilizados.
- Total de oligoelementos – microminerais essenciais aos processos biológicos como Fe, Zn, Cu, Mn, Se, Co, Cr, Cd, Pb, S, F, B.

Além desses, Corbitt (1998) especifica outros parâmetros, incluindo teor de umidade, conteúdo inerte (cinzas), poder calorífico, matéria volátil, carbono fixo, cloro e cloretos solúveis.

Liu et al. (1997) explicam algumas dessas propriedades. O teor de umidade é calculado com base em uma secagem de uma hora a 105°C. As cinzas designam o material restante após a combustão. Matéria volátil é o material expulso em forma de gás ou vapor quando os resíduos são submetidos a uma temperatura de 950°C por 7 minutos, mas sem queimar, pois oxigênio não é incluído. Carbono fixo é o material combustível remanescente após a eliminação da matéria volátil.

Usinas de biogás

Como as usinas de biogás representam, atualmente, a opção mais ecológica de gerenciamento de resíduos, serão detalhadas a seguir. De acordo com Isat (1998a), biogás é produzido por bactérias no processo de biodegradação de material orgânico em condições anaeróbias. O biogás é uma mistura de gases composta principalmente por metano (40 a 70%), dióxido de carbono (30 a 60%), hidrogênio (0 a 1%) e ácido sulfídrico (0 a 3%). Em princípio, todos os materiais orgânicos podem ser fermentados ou digeridos. No entanto, apenas substratos líquidos e homogêneos podem ser considerados para usinas de biogás.

A digestão de resíduos para subsequente produção de biogás apresenta três etapas: fermentação composta por hidrólise e acidogênese, acetogênese e metanogênese, ilustradas na Figura 3. Na primeira fase, carboidratos, proteínas e gorduras são despolimerizados por enzimas extracelulares, produzindo monômeros que são decompostos em ácidos graxos voláteis de cadeia curta (acético, butírico e propiônico), ácido lático e compostos minerais. Durante a acetogênese, outro tipo de bactéria converte os produtos anteriores em acetato, hidrogênio e dióxido de carbono. Por último, ocorre a formação de metano e dióxido de carbono por microrganismos metanogênicos classificados como arqueas (Isat, 1998a; Lastella et al., 2000; Gonçalves et al., 2001; Cassini, 2003).

Figura 3 – Os três estágios da digestão anaeróbia de biomassa.

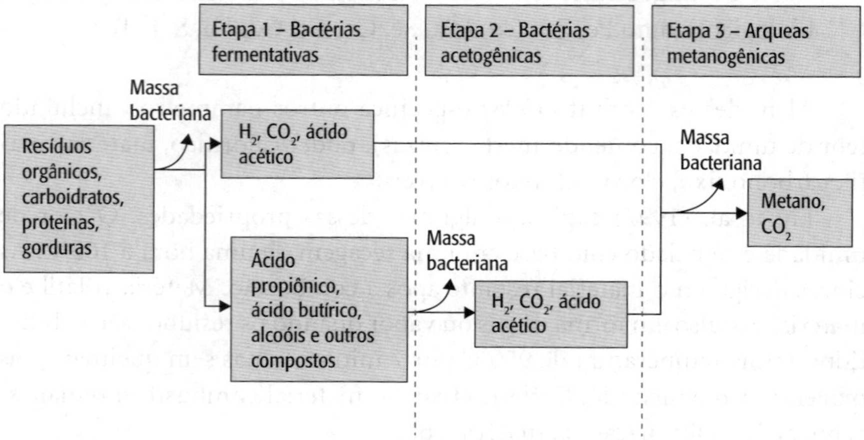

Fonte: adaptada de Isat (1998a) e Chernicharo (1997).

Segundo Alvarez et al. (2000a), as condições ótimas para a atuação das bactérias na formação de biogás incluem temperatura ao redor de 35°C, pH entre 6,6 e 7,6, conteúdo sólido menor que 10% e presença de carbono, nitrogênio, enxofre e sais minerais. Concentrações elevadas de amônia, sais minerais e algumas substâncias orgânicas como detergentes e pesticidas inibem o crescimento das bactérias. Existem três tipos principais de biodigestores: de balão, de cúpula fixa e de tambor flutuante, mostradas na Figura 4. O primeiro tipo é composto por um saco de plástico ou borracha para digestão, tem baixo custo, pequena complexidade e pouca manutenção, mas é de vida útil curta (aproximadamente cinco anos) e pode ser facilmente danificado. Biodigestores de cúpula fixa têm um digestor fechado com um espaço fixo para os gases, também têm baixo custo, vida útil maior (cerca de vinte anos), não têm partes móveis, mas as altas pressões de gás produzidas podem causar vazamentos se a vedação não for boa. O tipo C tem um espaço variável para os gases, com a pressão interna se mantendo constante, mas o custo de material é alto e a vida útil é menor (Sasse, 1988).

Figura 4 – Tipos de biodigestores: (A) Balão; (B) Cúpula fixa; (C) Tambor flutuante.

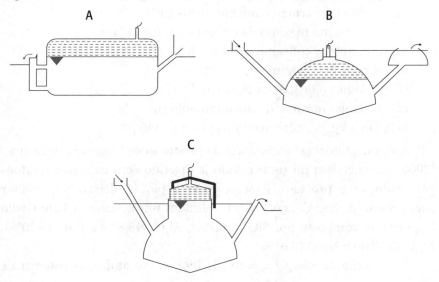

Fonte: adaptada de Sasse (1988).

Para dimensionar um biodigestor, pode-se seguir o procedimento descrito adiante (Isat, 1998b). O volume do digestor é dado pela Equação 1.

$$Vd = Sd.RT \qquad (1)$$

Em que:
Vd = volume do digestor (m³)
Sd = volume diário de substrato (m³.d⁻¹)
RT = tempo de retenção do material (d), com um mínimo de 40 dias

O volume para armazenamento de gás (Equação 2) deve suprir a taxa de consumo máxima de gás (Equação 3) e armazenar o gás durante o maior período de consumo nulo (Equação 4).

$$Vg_1 = gc_{máx}.tc_{máx} = vc_{máx} \qquad (2)$$

$$Vg_2 = Gh.tz_{máx} \qquad (3)$$

$$Vg = 1{,}15(\pm 0{,}5).máx(Vg_1, Vg_2) \qquad (4)$$

Em que:

Vg = volume de armazenamento de gás (m^3)

$gc_{máx}$ = consumo máximo de gás por hora ($m^3.h^{-1}$)

$tc_{máx}$ = tempo de consumo máximo (h)

$vc_{máx}$ = consumo máximo de gás (m^3)

Gh = produção de gás por hora ($m^3.h^{-1}$)

$tz_{máx}$ = tempo máximo de consumo nulo (h)

máx (Vg_1, Vg_2) = valor máximo entre Vg_1 e Vg_2

A fim de aumentar a eficiência da produção de biogás, Lastella et al. (2000) recomendam misturar o lodo já digerido com os novos resíduos para otimizar o processo. Para purificar o biogás, deixando-o melhor para geração de energia, podem ser utilizados filtros, como o Tufo Giallo Napoletano, composto por SiO_2 (56,7%), Al_2O_3 (18,84%), CaO (3,20%), MgO (0,58%) e Na_2O (0,61%).

Na geração de energia a partir de biogás, são utilizados sistemas de cogeração, contendo um motor de combustão interna que possibilita o aproveitamento de 50 a 70% da energia em forma de calor e 23 a 30% em eletricidade (São Paulo, 2006).

Biswas et al. (2007) estudaram o potencial energético de resíduos sólidos domésticos com diferentes composições, segundo a relação entre carboidratos, lipídios e proteínas. Para resíduos domésticos, com maior concentração de alimentos, para umidade de 89,14%, sólidos totais 10,76% e sólidos voláteis 9,78%, a produção de biogás resultou em aproximadamente 12 $L.L^{-1}.d^{-1}$ (12 litros de gás por litro de resíduo por dia).

Água e esgoto

Para Biswas (1997), o aumento da população e os níveis crescentes de atividades humanas, incluindo a disposição de efluentes em águas superficiais e subterrâneas, têm tornado a gestão sustentável de recursos hídricos uma tarefa complexa. De acordo com Roaf et al. (2001), a crescente demanda por água pode ser suprida pelo aumento da capacidade de oferta, redução do consumo ou reutilização onde possível. No entanto, o aumento da capacidade de oferta não é uma solução viável a longo prazo nem sustentável; também devem ser analisados a diminuição da poluição e o tratamento da água.

A perspectiva de fluxo de materiais ajuda a enfatizar a necessidade de criar um ciclo de reaproaveitamento de recursos escassos e não renováveis como a água. Para suprir a necessidade de cada vez mais consumidores, estratégias de redução de perdas, conservação, reúso e tratamento adequado devem ser seguidas. Por exemplo, nas redes de distribuição do Brasil, 37% da água já é perdida antes de chegar aos consumidores (Snis, 2014). Do total de água retirado no Brasil, 1.842 $m^3.s^{-1}$, 47% se destina à irrigação, 28% ao consumo urbano, 17% ao consumo industrial, 8% ao consumo animal e 2% ao consumo rural (ANA, 2011).

Da Silva e Goodman (2014) recomendam o reúso de água em todos os setores para aumentar a eficiência dos processos e reduzir custos. Para uso industrial, a água pode ser reutilizada para resfriamento, aquecimento e limpeza. Na irrigação, esse reúso depende do tipo de plantação e forma de consumo. A eficiência na irrigação também pode ser melhorada pelo monitoramento das condições climáticas e de umidade do solo (Hastbacka et al., 2012). Pfeiffer e Lin (2014) notam, no entanto, que uma maior eficiência nem sempre é sinônimo de redução de consumo. A diminuição de custos pode incentivar um aumento na produção. Nesse caso, regulamentações podem ajudar a manter os níveis de consumo reduzidos.

Segundo Corbitt (1998), para a redução do consumo de água, podem ser feitos programas de irrigação otimizada, detecção de vazamentos, otimização de processos e reciclagem de água. Em residências, comércios e indústrias, o uso pessoal também pode ser reduzido pelo consumo consciente e utilização de vasos sanitários com opção dupla de descarga, para líquidos e sólidos (Randolph e Troy, 2008). Adicionalmente, Cheng (2003) indica a utilização de torneiras e urinóis eficientes e regulagem de vazão.

Daniels (1997) observa que 56% da água potável consumida nas residências poderia ser substituída por água cinza, considerando que apenas preparação de comida, lavagem de louça e higiene pessoal são afazeres que necessitam de água potável. Água cinza é definida por Liv et al. (2010) como água pouco contaminada por atividades humanas, por exemplo, aquela proveniente da lavadora de roupa e do banho, mas que requer tratamento específico.

Em virtude da grande dependência da conscientização do consumidor para redução do consumo de água, Verdugo e Pinheiro (2006) argumentam que os indivíduos devem ser motivados por campanhas de conservação de água. Já Randolph e Troy (2008) mostram que os custos atuais de água não encorajam a sua conservação, mas consumidores não acham que preços devem aumentar para diminuir consumo e subsidiar políticas e práticas de conservação.

Mays (2001) acredita que o armazenamento de água da chuva tem sido a solução para os efeitos da urbanização sobre os volumes de deflúvio causados pela redução da área permeável em espaços urbanos devido à pavimentação e pela modificação da magnitude e velocidade de fluxo referente a canais artificiais, tubos, valetas, sarjetas e sistemas de coleta de água da chuva.

Dentro dessa ideologia, a cidade de Curitiba instituiu legislação, a partir de 2003, definindo que, para construções com menos de 25% de área permeável ou com área superior a 3 mil m², a água da chuva deve ser coletada no local, conduzida a um tanque e destinada para usos que não requerem tratamento.

Lee et al. (2010) demonstraram que água da chuva não é indicada para consumo, mas pode ter melhor qualidade do que água armazenada em reservatórios. No entanto, as condições locais de poluição e variações sazonais da qualidade da água, como maior emissão de gases poluentes no inverno, devem ser analisadas.

Gomes et al. (2010) sugerem uma metodologia para cálculo do volume de reservatório de águas pluviais, baseada no cálculo de custos de implantação, manutenção e operação do sistema, comparados aos custos de consumo de água tratada para diferentes volumes de reservatório, de acordo com o histórico pluvial da região. Assim, utilizando o método do valor presente para análise financeira, é adotado o reservatório cujo volume ofereça menor custo total.

Tratamento de esgoto

Considerando a água após sua utilização, surge a necessidade de tratamento desta. Metcalf e Eddy (1995) colocam em questão quais níveis de tratamento devem ser atingidos, além daqueles prescritos pela norma vigente para assegurar proteção da saúde pública e do meio ambiente.

Segundo Eckenfelder et al. (1988), os tipos de tratamentos podem ser divididos em aeróbios e anaeróbios, mas ambos têm como força motriz o suprimento energético a bactérias para manter suas funções básicas, crescimento e mobilidade. A diferença entre esses processos provém do ambiente imposto aos sistemas. Em condições aeróbias, o oxigênio livre dissolvido é receptor de elétrons, em um processo altamente eficiente de tratamento de efluentes. No entanto, em estado anóxico, o oxigênio é obtido a partir de nitrato, e o enxofre pode ser utilizado como receptor de elétrons, que resulta na formação de gás sulfídrico. Portanto, só há produção de biogás em condições anaeróbias.

Para escolha e dimensionamento de sistemas de tratamento de esgoto, deve ser determinada a demanda bioquímica de oxigênio (DBO). Esta é uma medida da matéria orgânica presente na água, determinada pela medição do oxigênio necessário para bioestabilizar essa matéria (Liu et al., 1997). A resolução Conama n. 375, de 2005, estabelece cinco classes de água doce, listadas na Tabela 2 junto aos valores máximos de DBO para cinco dias a 20°C.

Tabela 2 – Valores máximos de DBO para cinco dias a 20°C para as classes de água doce definidas pela resolução Conama n. 375, de 2005.

Classe	máx. DBO 5 a 20°C (mg.L⁻¹)
Especial	Condição natural
1	3
2	5
3	10
4	

Fonte: Adaptada da Resolução Conama n. 375, de 2005.

A demanda química de oxigênio (DQO) é definida por Clesceri et al. (1998) como a quantidade de um oxidante específico que reage com uma amostra sob condições controladas, e é usualmente utilizada como medida de poluentes em águas. Como o ensaio de DQO é mais simples que o de DBO, muitas vezes é realizado o primeiro e o segundo valor inferido aproximadamente a partir deste. Henze et al. (2008) identificaram que em esgoto urbano a relação DBO_5^{20}/DQO para água proveniente de uso doméstico varia entre 0,57 e 0,69. Já para esgoto doméstico e industrial essa razão fica em torno de 0,51. Segundo Metcalf e Eddy (1995), a DBO_5^{20} de esgotos domésticos é de aproximadamente 220 mg.L⁻¹.

Para Muga e Mihelcic (2007), a sustentabilidade geral de sistemas de tratamento de esgoto depende de fatores econômicos, sociais, ambientais e geográficos. O uso de sistemas descentralizados, como tanques sépticos, banhados construídos e compostagem, tem maior contribuição à sustentabilidade, pois estes não necessitam de energia e seus processos químicos reintroduzem nutrientes no ambiente circundante.

Segundo Andrade Neto (1997), o grande desafio nos países em desenvolvimento é elevar o patamar da qualidade das águas, sendo a implantação de sistemas de tratamento o maior esforço a empreender. Ainda, destaca como sistemas simples, no contexto da realidade brasileira, os sistemas anaeróbios, que são eficientes na remoção de matéria orgânica e sólidos suspensos, produzem pouco lodo, não consomem energia, não necessitam de equipamentos eletromecânicos e requerem construção e operação simples; porém precisam de pós-tratamento.

Para esse autor, o sucesso do tanque séptico deve-se à construção e à operação simples. Entretanto, o efluente desse sistema contém elevadas concentrações de organismos patogênicos, sólidos, carga orgânica solúvel, nutrientes inorgânicos e produz mau odor. Portanto, é indicado pós-tratamento por filtros anaeróbios, com leito fixo de pedras.

Gonçalves et al. (2001) comentam que, embora filtros anaeróbios possam ser utilizados como unidade principal do tratamento de esgoto, são mais adequados para pós-tratamento. O efluente destes é geralmente clarificado e com baixa concentração de matéria orgânica, mas rico em sais minerais.

Para Jenkins (2005), compostagem é uma solução para tratamento e disposição de esgoto, fechando um ciclo a partir da utilização deste para fertilizante. No entanto, segundo Naylor (2004), o composto pode conter patogênicos, que não seriam eliminados nesse processo. Além disso, a compostagem gera odor, pó e umidade, que devem ser gerenciados, e sua eficiência está sujeita a condições ambientais, como temperatura e umidade, atividades de micro-organismos, nutrientes e concentração de compostos de carbono e nitrogênio.

Banhados construídos, que são parcialmente anaeróbios e, portanto, apresentam maior eficiência, não necessitam de equipamento ou energia quando funcionam apenas por gravidade, e não produzem lodo. De acordo com Kivaisi (2001), banhados construídos estão entre as tecnologias mais eficientes de tratamento de esgoto. Comparados aos sistemas convencionais, são de baixo custo, facilmente operados e mantidos, e têm um forte potencial para aplicação em países em desenvolvimento.

Banhados construídos

Philippi e Sezerino (2004) classificam banhados construídos com os sistemas de lâmina livre ou de escoamento superficial subdivididos a seguir e ilustrados na Figura 5.

- Macrófitas emergentes.
- Macrófitas flutuantes.
- Macrófitas de folhas flutuantes e solo enraizado.
- Substrato flutuante.
- Macrófitas submersas.

Já os sistemas de fluxo subterrâneo podem ser classificados de acordo com o fluxo, como verticais, horizontais ou híbridos.

Figura 5 – Representação esquemática de banhados construídos de escoamento superficial: (A) Macrófitas emergentes; (B) Macrófitas flutuantes; (C) Macrófitas de folhas flutuantes e solo enraizado; (D) Substrato flutuante; (E) Macrófitas submersas.

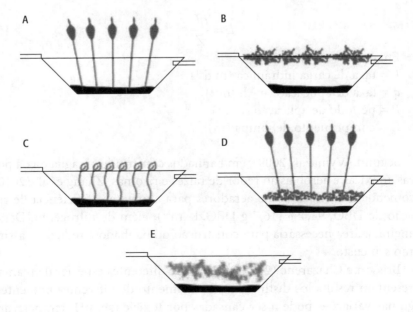

782 | GESTÃO EMPRESARIAL E SUSTENTABILIDADE

Surampalli (2004) nota que esses sistemas não são eficientes na remoção de nitrogênio na forma de amônia e devem ser combinados com sistemas de tratamento com solo, como areia. Este também indica a Equação 5 para dimensionamento de banhados construídos.

$$As = \frac{Q.ln(Co / Ce)}{Kt.y.n} \tag{5}$$

Em que:
As = área de superfície (m^2)
Q = vazão ($m^3.d^{-1}$)
Co = demanda bioquímica de oxigênio (DBO) para o afluente ($mg.L^{-1}$)
Ce = DBO desejada para o efluente ($mg.L^{-1}$)
Kt = taxa constante de reação para 20°C: $0,678.d^{-1}$ para escoamento superficial e $1,104.d^{-1}$ para fluxo subterrâneo
y = profundidade: 0,45 m para fluxo superficial e 0,6 para fluxo subterrâneo
n = porosidade: 0,25 a 0,4 para escoamento superficial e 0,65 a 0,75 para escoamento subterrâneo

Para os banhados construídos também se deve determinar a distância de rampa, assim como a taxa de aplicação das águas residuais às plantas, a partir da Figura 6. Crites et al. (2000) indicam, também, outro parâmetro de projeto, a taxa de carga hidráulica, dada pela Equação 6.

$$L = \frac{qP}{Z} \tag{6}$$

Em que:
L = taxa de carga hidráulica ($m.d^{-1}$)
q = taxa de aplicação ($m^3.h^{-1}m^{-1}$)
P = período de aplicação ($h.d^{-1}$)
Z = comprimento de rampa (m)

Segundo Vymazal (2009), em banhados construídos, a água escoa por áreas anóxicas e aeróbias ao redor de raízes e rizomas. Zhang et al. (2010) recomendam a utilização de aeradores para aumentar a eficiência de remoção de DBO, 94,4% (16,7 g $DBO.d^{-1}.m^{-1}$), além de nitrogênio. Dessa maneira, a área necessária para construção do banhado é reduzida, assim como seu custo.

Brisson e Chazarenc (2009) notam que diferentes espécies de plantas apresentam resultados distintos para tratamento de diferentes poluentes. Algumas variações podem ser causadas por toxicidade, pH, temperatura ou presença de herbívoros. Eficiências de remoção variam mais para nitrogênio, principalmente nitratos. Já sólidos suspensos e matéria orgânica oscilam menos, e não foram verificadas tendências para fósforo. Assim, a escolha das macrófitas para um banhado construído deve se fundamentar na adequação dessas características para o tipo de água residuária, matriz, clima e outras condições. Complementarmente, segundo Hu et al. (2010), pode ser utilizado um consórcio de macrófitas no banhado contruído para aumentar a eficiência.

Surampalli (2004) aconselha a colocação de uma camada de 0,45 m de espessura de pedregulho de diâmetro entre 15 e 40 mm e outra sobrejacente de 0,15 m de espessura com material de diâmetro de 10 mm. Kivaisi (2001) recomenda, para banhados construídos no Brasil, o plantio de junco (*Zizanopsis bonariensis bra*), taboa (*Typha* spp.) e *Eleocharis* spp.

Bregunce (2008) avaliou a utilização da macrófita *Sagittaria montevidensis Cham. & Schltdl.* para tratamento de águas urbanas poluídas com águas residuárias na remoção de matéria orgânica carbonácea e coliformes. Determinou eficiências de 62% ± 21% na remoção de sólidos totais, 64% ± 14% na redução da DQO e 99,99% na remoção de coliformes fecais. Entretanto, o sistema não foi eficiente na remoção de nitrogênio e fósforo.

Energia

Minimizar o consumo de energia tem se tornado, como descreve Daniels (1997), um desafio inevitável. A solução, mesmo não totalmente difundida, tem sido fontes renováveis de energia, que, de acordo com Hinrichs e Kleinbach (2003), representam 9% da matriz energética global ou 22% se forem incluídos os usos de biomassa.

De acordo com Kaltshcmitt et al. (2007), o termo "energia renovável" refere-se a energias primárias, que ainda não tenham passado por uma conversão tecnológica, que são consideradas inacabáveis em termos de dimensões (tempo) humanas. Um exemplo é a energia solar.

Sheperd e Sheperd (1999) afirmam que os pontos principais na utilização eficiente de energia são: evitar gastos; monitoramento e controle de energia; replanejamento para reduzir custos de energia; manutenção de equipamento e fonte de corrente; correção do fator de potência e carga; uso de motores elétricos e escolha dos sistemas de iluminação.

Baker e Steemers (2000) observam que uma construção com um planejamento sem preocupações ecológicas cria uma demanda de energia 2,5

Figura 6 – Fração de DBO restante por distância de rampa para diferentes taxas de aplicação.

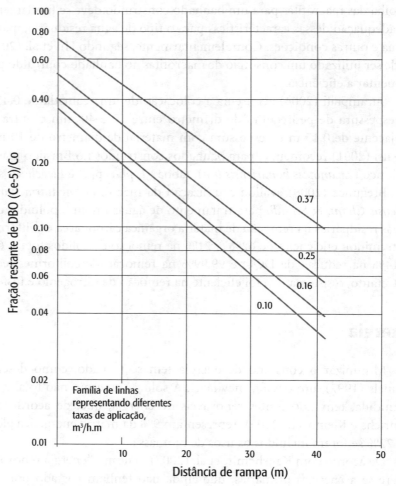

Fonte: adaptada de Crites et al. (2000).

vezes maior que uma construção de planejamento ótimo. Se uma edificação ambientalmente mal planejada for equipada com sistemas mecânicos de projeto deficiente, estes consumirão duas vezes mais que a mesma edificação com um bom sistema. Se, ainda, essa edificação for mal gerenciada, causará também o dobro da demanda. A combinação desses fatores leva ao pior caso, que consome dez vezes mais energia comparado ao melhor.

A Iaea (2006) realizou um estudo sobre o desenvolvimento sustentável do Brasil, baseado na demanda de energia de 2005. Ressaltou-se que a matriz energética brasileira à época tinha uma fatia significativa de energia renovável, sendo 27% de biomassa, 14% hidráulica, 42% de petróleo, 8% de gás natural, 7% de carvão e 2% nuclear.

Assim, percebe-se que a energia solar é pouco explorada no Brasil, lembrando ainda que a insolação recebida na superfície da Terra varia entre 0 e 1.050 W/m^2, dependendo da latitude, estação, hora do dia e nebulosidade (Hinrichs e Kleinbach, 2003), o que representa uma grande quantidade de energia disponível.

De acordo com Daniels (1997), a utilização de energia solar pode incluir sistemas fototérmicos ou fotovoltaicos. O primeiro tipo utiliza transformadores de energia da radiação incidente para calor radiante, aplicando o mesmo princípio de superfícies de cor preta que absorvem bem a luz solar e a transformam em calor.

Segundo Roaf et al. (2001), os sistemas fotovoltaicos são formados por células, com uma estrutura de sanduíche de materiais semicondutores com uma junção positivo-negativo. Silicone, por exemplo, pode ser dopado por diferentes elementos que ditam se uma carga positiva (silicone tipo-n) ou negativa (silicone tipo-p) restará. Quando a luz (*quanta*) atinge a célula, fótons são absorvidos e elétrons são soltos, criando pares elétron-abertura (elétron livre e abertura deixada na camada de valência). Se o sistema for conectado a um circuito externo, será criada uma corrente direta.

Para Sheperd e Sheperd (1999), as vantagens dos sistemas fotovoltaicos incluem pouca manutenção, vida útil longa, possibilidade de utilização em locais remotos e não produção de resíduos contaminantes.

Todavia, Matthews et al. (2004) afirmam que existem impactos consideráveis da fabricação e descarte das células fotovoltaicas similares aos de semicondutores. Esses impactos tendem a ser desprezíveis em comparação com os efeitos da aplicação da tecnologia. O custo anual da rede conectada ao sistema pode atingir cinco a seis vezes o custo de uso da rede pública, devido ao alto custo de instalação ou reposição das baterias ou até do sistema inteiro em vinte anos.

Outra solução é a geração de energia a partir de biogás, como já comentado na seção Usinas de biogás deste capítulo. Baker e Steemers (2000) indicam que sistemas de cogeração, como aqueles ligados a usinas de biogás e que combinam calor e potência, são uma solução para a ineficiência da geração centralizada de eletricidade. Assim, eletricidade pode ser gerada no local por um sistema e o calor produzido também utilizado.

Outro método de geração de energia, de acordo com Sanner et al. (2003), é o uso de bombas de calor, que utilizam a diferença de temperatura entre solo, água e ar. Assim, por transferência de calor com o solo, por exemplo, água e ar podem ser aquecidos ou resfriados.

Para redução do consumo de energia, Muldavin (2010) indica a aplicação das seguintes tecnologias:

- Sistemas de aquecimento, ventilação e ar condicionado (Savac) de alta eficiência.
- Iluminação interna de alta eficiência com controle automático de acordo com o nível de luz solar incidente e a ocupação.
- Janelas com vidros de alto desempenho (isolantes térmicos).
- Fotovoltaicos ou outra energia renovável no local.
- Isolamento térmico.

Li e Lam (2001) relatam que iluminação controlada por níveis de iluminação solar reduzem a demanda energética de edifícios em aproximadamente $0,3$ kWh.m^{-2}. Reinhart (2004) analisou a utilização de controle de iluminação por ocupação, resultando em redução de aproximadamente 20% do consumo de energia. De acordo com Córdoba et al. (1998), o uso combinado de janelas com aplicação de filme de controle solar e isolamento térmico reduz em até 12% o consumo energético.

Emissões

Para Psomopoulos et al. (2010), o aumento das emissões de gases de efeito estufa é uma ameaça ambiental e um fator limitante de crescimento econômico. As consequentes mudanças climáticas causarão impactos nas próximas décadas, afetando os sistemas naturais e humanos. Nesse contexto, em 1997 foi estabelecido na Terceira Conferência das Partes que o mundo industrial diminuísse suas emissões de 6 a 8% em relação a 1990 até 2012.

De acordo com Houghton et al. (1990), o clima da Terra é afetado por mudanças em forçamento radioativo por várias fontes, que incluem gases radioativamente ativos (de efeito estufa), radiação solar, aerossóis e albedo. Forçamento radioativo é definido por IPCC (2001) como uma perturbação externamente imposta no balanço radioativo e energético do sistema climático da Terra, que é medido por mudanças em irradiação ($W.m^{-2}$) na troposfera.

Houghton (1992) define que o parâmetro de comparação de emissões, o potencial de aquecimento global (PAG), relaciona o aquecimento médio global devido a emissões de gases de efeito estufa. Smith e Wigley (2000) lembram que esse potencial está atrelado ao forçamento radioativo integrado, razão entre o forçamento radioativo em um período específico e emissões em massa do gás produzido.

Assim, potenciais de aquecimento global são estabelecidos em relação a valores de referência do dióxido de carbono, como mostrado na Tabela 3, para metano e óxido nitroso, para diferentes horizontes de tempo.

Os relatórios do Painel em Mudanças Climáticas (IPCC) são realizados para os três horizontes de tempo mostrados na Tabela 3. No entanto, segundo Fearnside (2002), para comparações de PAG são escolhidos arbitrariamente os valores para cem anos. A Tabela 3 mostra os valores do PAG para dióxido de carbono, metano e óxido nitroso, considerando o segundo relatório do IPCC, referencial para o estudo de caso apresentado a seguir, e os valores atualizados no relatório IPCC (2007). Nota-se que, na atualização, o PAG do metano aumentou para todos os horizontes de tempo considerados, tornando ainda mais preocupantes as emissões desse gás gerado nos processos de tratamento de resíduos.

Tabela 3 – Potenciais de aquecimento global para CO_2, CH_4 e N_2O para horizontes de tempo de 20, 100 e 500 anos.

Espécie	Fórmula química	Tempo de vida (anos)	Potencial de Aquecimento Global, segundo IPCC (2007) (horizonte de tempo)		
			20 anos	100 anos	500 anos
Dióxido de carbono	CO_2	variável	1/1	1/1	1/1
Metano	CH_4	12	56/72	21/25	6.5/7,6
Óxido nitroso	N_2O	114	280/289	310/298	170/153

Fonte: IPCC (2007).

788 | GESTÃO EMPRESARIAL E SUSTENTABILIDADE

Água

No cálculo de emissões a partir do consumo de água, o UNFCCC (2005) sugere a utilização da Equação 7.

$$BE_{H_2O} = M_y^3 . PPER . EF_y \qquad (7)$$

Em que:

BE_{H_2O} = total de emissões na linha de base para o ano y (kgCO$_2$)
M_y^3 = volume total de água consumida no ano y (m³)
$PPER$ = eficiência pré-projeto (kWh.m^{-3})
EF_y = fator de emissão por consumo de energia no ano y (kgCO$_2$.kWh^{-1})

A UNFCCC (2008a) apresenta a metodologia de cálculo da mitigação de emissões, consequente do tratamento de águas residuais. O cálculo da linha de base é feito por meio da Equação 8.

$$BE_{W, y} = BE_{CH_4, ww, y} + BE_{EL, y} + BE_{HG, y} + BE_{TR, sl, y} \qquad (8)$$

Em que:

$BE_{W,y}$ = emissões de linha de base para o ano y (tCO$_2$e.a^{-1})
$BE_{CH_4,ww,y}$ = emissões provenientes do tratamento anaeróbio (tCO$_2$e.a^{-1})
$BE_{CH4,sl,y}$ = emissões provenientes do tratamento do lodo (tCO$_2$e.a^{-1})
$BEE_{EL,y}$ = emissões associadas com o consumo de eletricidade para o tratamento (tCO$_2$e.a^{-1})
$BE_{HG,y}$ = emissões associadas com a queima de combustíveis fósseis para aquecimento no ano y (tCO$_2$e.a^{-1})
$BE_{TR,sl,y}$ = emissões associadas com o transporte do lodo no ano y (tCO$_2$e.a^{-1})

Já para as emissões de projeto são consideradas emissões de metano do tratamento de água e lodo, provenientes de consumo de energia e associadas a transporte.

As emissões provenientes do tratamento anaeróbio são determinadas pela Equação 9 por fluxo de massa.

$$BE_{CH_4, ww, y} = GWP_{CH_4} . B_o . COD_{BL, ww, y} . MCF_{BL, ww, y} \qquad (9)$$

Em que:

GWP_{CH_4} = potencial de aquecimento global do metano válido para o período em questão (tCO$_2$e.tCH$_4^{-1}$)

B_o = capacidade máxima de produção de metano das águas residuais de acordo com a demanda química de oxigênio ($tCH_4.tCOD^{-1}$)

$COD_{BL,ww,y}$ = quantidade de demanda química de oxigênio tratada na linha de base, ano y ($tCOD.a^{-1}$)

$MCF_{BL,ww,y}$ = fator de conversão de metano, representando a fração de carga orgânica degradada a CH_4 no ano y para o tratamento de esgoto.

Para cálculo das emissões causadas pelo tratamento do lodo, UNFCCC (2008a) define a Equação 10, também por fluxo de massa.

$$BE_{CH_4, \, sl, \, y} = \frac{16}{12} GWP_{CH_4} \cdot F \cdot DOC_F \cdot B_o \cdot MCF_{BL, \, sl} \cdot DOC_{Bl, \, sl} \cdot QB_{BL, \, sl, \, y} \quad (10)$$

Em que:

$\frac{16}{12}$ = razão entre a massa molar do metano e do carbono

F = fração de metano em gás

DOC_F = fração de carga orgânica convertida em biogás

$MCF_{BL,sl}$ = fator de conversão de metano, representando a fração de carga orgânica degradada a CH_4 no ano y para o tratamento do lodo

$DOC_{BL,sl}$ = conteúdo orgânico degradável

$Q_{BL,sl,y}$ = quantidade de lodo produzida e tratada por ano ($t.a^{-1}$)

Energia

Segundo Rosa e Schaeffer (1995), o forçamento radioativo integrado equivalente para combustíveis fósseis varia entre 2,52 e 5,80 $MtC.a^{-1}.TWh^{-1}$ para um horizonte de tempo acima de cinquenta anos e entre 4,45 e 10,23 $MtC.a^{-1}.TWh^{-1}$ para um horizonte de tempo acima de cem anos. Os componentes das emissões geradas por combustão desses estão apresentados na Tabela 4. Em contraposição, para energia proveniente de usinas hidrelétricas no Brasil esses valores situam-se entre 0,07 e 2,93 para cinquenta anos e 0,04 e 1,50 $MtC.pa.TWh^{-1}$ para cem anos.

Tabela 4 – Emissões típicas de processos de combustão (em g por kg de combustível).

Forma de geração	CO	HC	NO_x	SO_x
Gás natural	0,1a 0,3	0,05 a 0,08	2 a 4	0
Óleo residual	0,5 a 2	0,2 a 0,7	5 a 10	15 a 30

(continua)

GESTÃO EMPRESARIAL E SUSTENTABILIDADE

Tabela 4 – Emissões típicas de processos de combustão (em g por kg de combustível).
(continuação)

Forma de geração	CO	HC	NO_x	SO_x
Carvão	0,1 a 2	0,03 a 0,1	1 a 10	5 a 20
Combustão de resíduos municipais	0,2 a 2	0,02 a 0,1	1 a 3	0,5 a 1,5
Queima de madeira/carvão	20 a 120	2 a 50	1 a 5	2 a 10
Motor a diesel	3 a 30	0,5 a 10	5 a 20	0,5 a 5

Fonte: Neeft et al. (1996).

Kazunari (2005) informa valores padrão de valor calorífico líquido (NCV) e fatores de conteúdo de carbono (CCF) atualizados em relação aos estabelecidos pelo IPCC em 1996. Para diesel, CCF é 20,1 $tC.TJ^{-1}$ e NCV 43 $GJ.t^{-1}$; em gás liquefeito de petróleo, 17,4 $tC.TJ^{-1}$ e 47,3 $GJ.t^{-1}$; e para gás natural, 17,2 $tC.TJ^{-1}$ e 44,2 $GJ.t^{-1}$.

A EIA (2007) mostra os fatores de emissão para geração de eletricidade em diversos países. No Brasil, no período de 1999 a 2002, em média, 0,093 toneladas de CO_2 foram emitidas por MWh gerado, além de 0,00251 kg de metano e 0,00106 kg de óxido nitroso. Fatores de emissão atualizados são divulgados mensalmente pelo Ministério de Ciência e Tecnologia (Brasil, 2014).

Para o cálculo de emissões de combustíveis fósseis, o UNFCCC (2008b) define a Equação 11, com fluxo de massa.

$$PE_{FC,\,j,\,y} = \sum_i FC_{i,\,j,\,y}.COEF_{i,\,y} \tag{11}$$

Em que:

$PE_{FC,\,j,\,y}$ = total de emissões de dióxido de carbono no processo de combustão j no ano y ($tCO_2.a^{-1}$)

$FC_{i,\,j,\,y}$ = quantidade de combustível i queimado no processo j durante o ano y ($t.a^{-1}$)

$COEF_{i,\,y}$ = coeficiente de produção de dióxido de carbono do combustível i no ano y ($tCO_2.t$)

i = tipo do combustível no processo j no ano y

Para calcular o coeficiente de produção de dióxido de carbono, o UNFCCC (2008b) ainda sugere a Equação 12.

$$COEF_{i,y} = NCV_{i,y}.EF_{CO_2, i, y}$$ (12)

Em que:

$NCV_{i,y}$ = valor calorífico líquido do combustível i no ano y

$EF_{CO_2, i, y}$ = emissão média em massa de dióxido de carbono por tipo i de combustível no ano y.

Para cálculo de emissões provenientes do consumo de eletricidade (UNFCCC, 2008c), é aplicada a Equação 13, que considera perdas de energia na transmissão e distribuição.

$$BE_{EC, y} = \sum_{j} EC_{BL, k, y}.EF_{EL,k, y}.(1 + TDL_{k,y})$$ (13)

Em que:

$BE_{EC, y}$ = emissões de linha de base para consumo de energia no ano y $(tCO_2.a^{-1})$

$EC_{BL, k, y}$ = quantidade de eletricidade que seria consumida pela linha de base para k no ano y $(MWh.a^{-1})$

$EF_{EL, k, y}$ = fator de emissão para k no ano y $(tCO_2.MWh^{-1})$

$TDL_{k, y}$ =perdas médias durante transmissão e distribuição para k no ano y

k = fonte de consumo de energia na linha de base

Resíduos

De acordo com o UNFCCC (2008d), para determinar as emissões de metano evitadas pela não disposição de resíduos sólidos em aterros ou lixões, no procedimento de cálculo da linha de base é aplicada a Equação 14, obtida por análise de fluxo de massa.

$$BE_{CH_4,SWDS, y} = \varphi .(1-f) . GWP_{CH_4}.(1-OX)\frac{16}{12}F .DOC_f .MCF . \sum_{x=1}^{y}\sum_{j}W_{j, x}$$

$$DOC_j .e^{k_j(y x)}.(1\ e^{k_j})$$ (14)

Em que:

$BE_{CH4, SWDS, y}$ = emissões de metano evitadas durante o ano y em função da não disposição de resíduos sólidos em aterros ou lixões (SWDS) durante o período do início da atividade de projeto até o final do ano y (tCO_2e)

j = fator de correção do modelo para considerar incertezas

f = fração de metano capturado e utilizado

GWP_{CH_4} = potencial de aquecimento global do metano

OX = fator de oxidação (parcela de metano oxidada)

$\frac{16}{12}$ = fator para conversão de carbono para metano

F = fração de metano no gás proveniente dos resíduos

DOC_f = fração de carbono orgânico degradável (em volume)

MCF = fator de correção do metano

$W_{j,x}$ = quantidade de resíduo orgânico do tipo j evitada de ser levada a aterro ou lixão no ano x (em toneladas)

DOC_j = fração de carbono orgânico degradável (em massa)

k_j = taxa de decaimento para o resíduo do tipo j

φ = tipo de resíduo

x = ano durante o projeto

y = ano para o qual emissões são calculadas

Os fatores de conversão de metano, presentes nas equações 9, 10 e 14, dependem do tipo de tratamento utilizado. Para isso, o UNFCCC (2008a) define uma classificação de tratamentos. Tratamento anaeróbio controlado é considerado disposição controlada de resíduos e deve incluir ao menos uma das seguintes características: material de cobertura, compactação mecânica ou nivelamento dos resíduos. O tratamento semi-anaeróbio controlado deve incluir sistemas para aeração, como material permeável de cobertura, drenagem de lixiviados ou ventilação de gases. Tratamentos não controlados são aqueles que não podem ser classificados como controlados. Para disposições com profundidades maiores que 5 m (tratamento profundo) ou em locais onde o nível de água é próximo da superfície, como lagos, rios ou banhados, é adotado o mesmo valor de fator de conversão de metano. Ainda, para profundidades menores que 5 m, o tratamento é considerado *raso*.

CONSIDERAÇÕES FINAIS

O capítulo 38 apresenta a descrição de uma ferramenta construída para analisar o fluxo de materiais e um estudo de caso, exemplificando a aplicação dos princípios aqui descritos. A ferramenta, criada na forma de uma planilha, calcula as emissões provenientes do consumo e tratamento de água, consumo de energia e produção e disposição de resíduos, com base nas equações apresentadas e as quantidades de recursos (água, energia e materiais) utilizados e/ou descartados no local estudado. A Figura 7 apresenta um fluxo de materiais esquemático, como considerado na ferramenta. Ao lado de cada tipo de recurso também estão indicadas as propriedades do sistema que influenciam o total de emissões que devem ser informadas pelo usuário. A ferramenta contém as constantes e os fatores de conversão utilizados nas equações apresentadas na seção anterior, para que o usuário possa selecionar os valores adequados ao cenário analisado. O Capítulo 38 contém imagens da entrada de dados e descreve as informações necessárias para usar a ferramenta, os fatores fornecidos, os valores dos fatores e os resultados gerados. A ferramenta apresentada também possibilita a avaliação de diferentes cenários. Alternativas para redução de emissões são comparadas de acordo com o tempo de retorno dos investimentos e relação custo-benefício.

A metodologia proposta foi aplicada ao estudo do fluxo de materiais de um *campus* universitário, avaliando o consumo de energia e água, e a produção de esgoto e resíduos sólidos, visando à minimização dos impactos ambientais. Com base nos resultados obtidos com a ferramenta para o cenário atual do *campus*, modificações foram indicadas para redução das emissões. As modificações analisadas incluem captação de água da chuva, válvulas para redução de vazão em vasos sanitários, banhado construído para tratamento de efluentes, sensores de presença para controle de iluminação, painéis fotovoltaicos para geração de energia e usina de biogás para disposição de resíduos e geração de energia.

Figura 7 – Fluxo de materiais esquemático de um sistema e as propriedades desse fluxo que determinam o total de emissões.

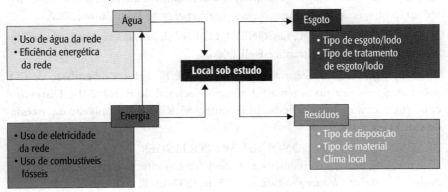

REFERÊNCIAS

[ABNT] ASSOCIAÇÃO BRASILEIRA DE NORMAS TÉCNICAS. NBR 10004: Resíduos Sólidos – Classificação. Rio de Janeiro, 2004.

ABRELPE. Panorama dos Resíduos Sólidos no Brasil, 2012.

ALVAREZ, J.M.; CANETA, L.; MOYANO, C. *Biomassa y Biogas*. Universidad Nacional del Nordeste, 2000a.

ALVAREZ, J.M.; MACÉ, S., LLABRÉS, P. Anaerobic digestion of organic solid wastes: an overview of research achievements and perspectives. *Bioresource Technology*. v. 74, p. 3-16, jan. 2000b.

[ANA] AGÊNCIA NACIONAL DE ÁGUAS. Conjuntura dos recursos hídricos no Brasil: Informe 2011. Brasília: Ministério do Meio Ambiente – Agência Nacional de Águas, 2011.

ANDRADE NETO, C.O. *Sistemas simples para tratamento de esgotos sanitários: experiência brasileira*. Rio de Janiro: Abes, 1997.

BAGCHI, A. *Design of landfills and integrated solid waste management*. 3. ed. New Jersey: John Wiley & Sons, 2004.

BAKER, N.; STEEMERS, K. *Energy and environment in architecture: a technical design guide*. New York: E & FN Spon, 2000.

BAUMGARTNER, R.J.; ZIELOWSKI, C. Analyzing zero emission strategies regarding impact on organization culture and contribution to sustainable development. *Journal of Cleaner Production*. v.15, p.1321-1327, sep. 2006.

BISWAS, A. *Water Resources: environmental planning, management, and development*. New York: McGraw-Hill, 1997.

BISWAS, J.; CHOWDHURY, R.; BHATTACHARYA, P. Mathematical modeling for the prediction of biogas generation characteristics of an anaerobic digester based on food/vegetable residues. *Biomass & Bioenergy*. v. 31, p. 80-86, 2007.

BRAGA, B.; HESPANHOL, I.; CONEJO, J.G.L. et al. *Introdução à engenharia ambiental*. 2.ed. São Paulo: Prentice Hall, 2006.

BRASIL. Ministério da Ciência e Tecnologia (MCT). Fatores de emissão de CO_2 pela energia elétrica no Sistema Interligado Nacional do Brasil, 2014. Disponível em: http://www.mct.gov.br/index.php/content/view/321144.html#ancora. Acessado em: 13 set. 2014.

BRAUNGART, M.; MCDONOUGH, W.; BOLLINGER, A. Cradle to cradle design: creating healthy emissions – a strategy for eco-effective product and system design. *Journal of Cleaner Production*. v.15, p. 1337-1348, nov. 2006.

BREGUNCE, D.T. *Avaliação de sistema de leito cultivado com a macrófita* Sagittaria montevidensis Cham. & Schltdl. *para tratamento de águas urbanas poluídas com águas residuárias – estudo de caso, Ribeirão dos Müller.* Curitiba, 2008. Dissertação (Mestrado) – Universidade Positivo.

BRISSON, J.; CHAZARENC, F. Maximizing pollutant removal in constructed wetlands: Should we pay more attention to macrophyte species selection? *Science of the Total Environment.* v. 407, p. 3923-30, 2009.

CASSINI, S.T. *Digestão de resíduos sólidos orgânicos e aproveitamento do biogás.* Rio de Janeiro: Abes/Rima, 2003. Projeto Prosab.

CHENG, C. Evaluating Water Conservation Measures for Green Building in Taiwan. *Building and Environment.* v. 38, p. 369-379, 2003.

CHERNICHARO, C.A.L. *Princípios do tratamento biológico de águas residuárias: reatores anaeróbios.* Belo Horizonte: Desa/UFMG, 1997, p. 23-95.

CLESCERI, L.S.; GREENBERG, A.E.; EATON, A.D. *Standard methods for the examination of water and wastewater.* 20. ed. Maryland: United Book Press, 1998.

CORBITT, R. *Standard handbook for environmental engineering.* 2. ed. New York: McGraw-Hill, 1998.

CÓRDOBA, J.; MACÍAS, M.; ESPINOSA, J.M. Study of the potential savings on energy demand and HVAC energy consumption by using coated glazing for office buildings in Madrid. *Energy and Building.* 37, p. 13-9, 1998.

CRITES, R.; REED, S.; BASTIAN, R. *Land treatment systems for municipal and industrial wastes.* McGraw-Hill, 2000.

DANIELS, K. *The technology of ecological building: basic principles and measures, examples and ideas.* Berlim: Birkhäuser, 1997.

DA SILVA, A.K.; GOODMAN, A. Reduce water consumption through recycling. *Chemical Engineering Progress.* v. 110, n. 4, p. 29-37, 2014.

ECKENFELDER, W.W.; PATOCZKA, J.B.; PULLIAM, G.W. Anaerobic *versus* Aerobic treatment in the USA. *Anaerobic Digestion.* E.R. Hall and P.N. Hobson ed., Pergamon Press New York, 1988.

[EIA] ENERGY INFORMATION ADMINISTRATION. Electricity Emission Factors, 2007.

FEARNSIDE, P.M. Time preference in global warming calculations: a proposal for a unified index. *Ecological Economics.* v. 41, p. 21-31, 2002.

FUJIE, K.; GOTO, N. Materials flow analysis and modeling to establish a zero-emission network in regional areas. *Integrative Approaches towards Sustainability Proceedings of German – Japanese Workshop.* Munich, 2000.

GOMES, J.; WEBER, D.C.; DELONG, C.M. Dimensionamento de reservatórios de armazenamento de águas pluviais, usando um critério financeiro. *Revista Brasileira de Recursos Hídricos.* v. 15, p. 89-100, 2010.

GONÇALVES, R.F.; CHERNICHARO, C.A.L.; NETO, C.O. et al. Pós-tratamento de efluentes de reatores anaeróbios por reatores de biofilme. In: CHERNICHARO, C.A.L. (Coord.). *Pós-tratamento de efluentes de reatores anaeróbios.* Belo Horizonte: Projeto Prosab 2, 2001. p. 171-278.

GRAVITIS, J. Zero Techniques and systems – ZETS strengths and weakness. *Journal of Cleaner Production.* v. 15, p. 1190-7, 2006.

HASTBACKA, M.; DIECKMANN, J.; BRODRICK, J. "Smart" irrigation systems. *ASHRAE Journal.* v. 54, n. 8, p. 76-9, 2012.

HECK, P. *Material flow management.* Institute for Applied Material Flow Management, Birkenfeld, 2003.

HENZE, M.; LOOSDRECHT, M.C.M.; EKAMA, G.A.; BRDJANOVIC, D. *Biological wastewater treatment: principles, modelling and design.* Cambridge University Press, 2008.

HESSAMI, M.; CHRISTENSEN, S.; GANI, R. Anaerobic Digestion of Household Organic Waste to Produce Biogas. WREC, 1996.

HINRICHS, R.A.; KLEINBACH, M. *Energia e meio ambiente.* São Paulo: Thomson, 2003.

HOUGHTON, J.T. *Climate Change 1992: the supplementary report to the IPCC scientific assessment.* New York: Cambridge University Press, 1992.

HOUGTON, J.T.; JENKINS, G.J.; EPHRAUMS, J.J. Climate Change, The IPCC Scientific Assessment. New York: Cambridge University Press, 1990.

HU, L.; HU, W.; DENG, J. et al. Nutrient removal in wetlands with different macrophyte structures in eastern Lake Taihu, China. *Ecological Engineering.* v. 36, p. 1725-32, 2010.

[IAEA] INTERNATIONAL ATOMIC ENERGY AGENCY. *Brazil: a country profile on sustainable energy development.* Vienna: Iaea, 2006.

[IBGE] INSTITUTO BRASILEIRO DE GEOGRAFIA E ESTATÍSTICA. Pesquisa Nacional de Saneamento Básico 2008. Brasil, 2010. Disponível em: http://www.ibge.gov.br/home/estatistica/populacao/condicaodevida/pnsb2008/PNSB_2008.pdf. Acessado em: 14 maio 2014.

[IFAS] INSTITUT FÜR ANGEWANDTES STOFFSTROMMANAGEMENT. *Zero Emission Campus*: Umwelt Campus-Birkenfeld. Birkenfeld, 2007.

[IPCC] INTERGOVERNMENTAL PANEL ON CLIMATE CHANGE. *Climate Change 2001: the scientific basis.* United Kingdom: Cambridge University Press, 2001.

_____. IPCC Fourth Assessment Report: Climate Change 2007. 2.10.2 Direct Global Warming Potentials. Disponível em: http://www.ipcc.ch/publications_and_data/ar4/wg1/en/ch2s2-10-2.html#table-2-14. Acessado em: maio 2014.

[ISAT] INFORMATION AND ADVISORY SERVICE ON APPROPRIATE TE-CHNOLOGY. *Biogas Digest.* v. 1, ISAT e GTZ, Alemanha, 1998a.

_____. *Biogas Digest.* v. 2, ISAT e GTZ, Alemanha, 1998b.

JENKINS, J. *The humanure handbook: a guide to composting human manure.* 3.ed. Pennsylvania: Joseph Jenkins Inc, 2005.

JUHASZ, A.L.; MAGESAN, G.; NAIDU, R. *Waste management.* Enfield, NH: Science Publishers, 2004.

KALTSCHMITT, M.; STREICHER, W.; WIESE, A. *Renewable energy: technology, economics and environment.* Germany: Springer, 2007.

KAZUNARI, K. *Revision of default net calorific value, carbon content factor and carbon oxidation factor for various fuels in 2006 IPCC GHG inventory Guideline.* Japan: Government of Japan, 2005.

KIVAISI, A. The potential for constructed wetlands for wastewater treatment and reuse in developing countries: a review. *Ecological Engineering.* v. 16, p. 545-60, 2001.

KUEHR, R. Towards a sustainable society: United Nations University's Zero Emission Approach. *Journal of Cleaner Production.* v. 15, p. 1198-204, 2006.

LASTELLA, G.; TESTA, C.; CORNACCHIA, G. et al. Anaerobic digestion of semi-solid organic waste: biogas production and its purification. *Energy Conversion and Management.* v. 43, p. 63-75, 2000.

LEE, J.Y.; YANG, J.S.; HAN, M. et al. Comparison of the microbiological and chemical characterization of harvested rainwater and reservoir water as alternative water resources. *Science of the Total Environment.* v. 408, p. 896-905, 2010.

LI, D.H.W.; LAM, J.C. Evaluation of lighting performance in office buildings with daylighting controls. *Energy and Buildings.* v. 33, p. 703-803, 2001.

LIU, D.H.; LIPTAK, B.G.; BOUIS, P.A. *Environmental engineers' handbook.* 2.ed. Florida: Lewis, 1997.

LIV, S.; BUTLER, D.; MEMON, F.A. et al. Impacts of residence time during storage on potential of water recycling system. *Water Research*, v. 44, p. 267-277, 2010.

MATTHEWS, H.S.; CICAS, G.; AGUIRRE, J.L. Economic and environmental evaluation of residential fixed solar photovoltaic systems in the United States. *Journal of Infrastructure Systems.* v. 10, n. 3, p. 105-110, 2004.

MAYS, L.W. *Stormwater collection systems design handbook.* New York: McGraw--Hill, 2001.

MCDONOUGH, W.; BRAUNGART, M. *Cradle to cradle: remaking the way we make things.* New York: North Point Press, 2002.

METCALF & EDDY INC. *Wastewater engineering: treatment and reuse.* New Delhi: Tata McGraw-Hill, 1995.

MUGA, H.E.; MIHELCIC, J.R. Sustainability of wastewater treatment technologies. *Journal of Environmental Management.* v. 88, p. 437-47, 2007.

MULDAVIN, S. *Value beyond cost savings: how to underwrite sustainable properties.* Green Building Finance Consortium, 2010.

NAYLOR, L.M. *Advances in water and wastewater treatment.* Reston, VA: American Society of Civil Engineers, 2004.

NEEFT, J.P.A.; MAKKEE, M.; MOULIJN, J.A. *Diesel particulate emission control.* Fuel Processing Technology. v. 47, p. 1-69, 1996.

PAULI, G. *Emissão zero: a busca de novos paradigmas: o que os negócios podem oferecer a sociedade.* Porto Alegre: EDIPUCRS, 1996.

_____. Technology forecasting and assessment: the case of zero emissions. *Technological Forecasting and Social Change.* v. 58, p. 53-62, 1998.

_____. Zero emissions: the ultimate goal of cleaner production. *Journal of Cleaner Production.* v. 5, p.109-13, 2006.

PFEIFFER, L.; LIN, C.C.-Y. Does efficient irrigation technology lead to reduced groundwater extraction? Empirical evidence. *Journal of Environmental Economics and Management.* v. 67, n. 2, p. 189-208, 2014.

PHILIPPI, L.S.; SEZERINO, P.H. *Aplicação de sistemas tipo wetlands no tratamento de águas residuárias: utilização de filtros plantados com macrófitas.* Florianópolis, 2004.

PSOMOPOULOS, C.S.; SKOULA, I.; KARRAS, C. et al. Electricity savings and CO_2 emissions reduction in buildings sector: how important the network losses are in the calculation? *Energy.* v. 35, p. 485-90, 2010.

RANDOLPH, B.; TROY, P. Attitudes to conservation and water consumption. *Environmental Science and Policy.* v. 11, p. 441-55, 2008.

REINHART, C.F. Lightswitch-2002: a model for manual and automated control of electric lighting and blinds. *Solar Energy.* v. 77, p. 15-28, 2004.

ROAF, S., FUENTES, M., THOMAS, S. *Ecohouse: a design guide.* New Delhi: Architectural Press, 2001.

ROBERT, K.H.; SCHMIDT, B.B.; LADEREL, J.A. et al. Strategic sustainable development — selection, design and synergies of applied tools. *Journal of Cleaner Production.* v. 10, n. 3, p. 197-214, 2002.

ROSA, L.P.; SCHAEFFER, R. Global warming potentials: the case of emission from dams. *Energy Policy.* v. 23, n. 2, p.149-58, 1995.

SANNER, B.; KARYSTAS, C.; MENRINOS, D. et al. Current status of ground source heat pumps and underground thermal energy storage in Europe. *Geothermics.* v. 32, p. 879-88, 2003.

SÃO PAULO. *Biogás: pesquisas e projetos no Brasil.* São Paulo: Cetesb, 2006.

SASSE, L. *Biogas plants.* Alemanha: GTZ, 1988.

SCHNITZER, H.; ULGIATI, S. Less bad is not good enough: approaching zero emissions techniques and systems. *Journal of Cleaner Production.* v. 15, p. 1185-9, 2006.

SHEPERD, W.; SHEPERD, D.W. *Energy studies.* London: Imperial College Press, 1999.

SMITH, S. J.; WIGLEY, T.M.L. Global warming potentials: climatic implications of emissions reductions. *Climatic Change.* v. 44, p. 4445-57, 2000.

[SNIS] SISTEMA NACIONAL DE INFORMAÇÕES SOBRE SANEAMENTO. Diagnóstico dos serviços de água e esgotos – 2013. Brasília: Ministério das Cidades – Secretaria Nacional de Saneamento Ambiental, 2014.

SONNEMANN, G.; CASTELLS, F.; SCHUMACHER, M. *Integrated life-cycle and risk assessment for industrial processes.* Florida: Lewis Publishers, 2004.

SURAMPALLI, R.Y. *Advances in water and wastewater treatment.* Reston, VA: American Society of Civil Engineers, 2004.

TCHOBANOGLOUS, G.; KREITH, F. *Handbook of solid waste management.* New York: McGraw-Hill, 2004.

TWARDOWSKA, I.; ALLEN, H.E.; KETTRUP, A.A. *Solid waste: assessment, monitoring and remediation.* Amsterdam: Elsevier, 2004.

[UNFCCC] UNITED NATIONS FRAMEWORK CONVENTION ON CLIMATE CHANGE. Baseline methodology for water pumping efficiency improvements. UNFCCC, 2005.

_____. Mitigation of greenhouse gases emissions with treatment of wastewater in aerobic wastewater treatment plants. UNFCCC, 2008a.

_____. Tool to calculate project or leakage CO_2 emissions from fossil fuel combustion. UNFCCC, 2008b.

_____. Tool to calculate the emission factor for an electricity system. UNFCCC, 2008c.

_____. Tool to determine methane emissions avoided from disposal of waste at a solid waste disposal site. UNFCCC, 2008d.

VERDUGO, V.C.; PINHEIRO, J.Q. Sustainability, future orientation and water conservation. *Revue européene de psychologie appliquée.* v. 56, p. 191-8, 2006.

VYMAZAL, J. The use constructed wetlands with horizontal sub-surface flow for various types of wastewater. *Ecological Engineering.* v. 35, p. 1-17, 2009.

ZHANG, L.Y. Effect of limited artificial curation on constructed wetland treatment of domestic wastewater. *Desalination*, v. 250, p. 915-920, 2010.

29 | Gestão Ambiental para Implantação de Empreendimentos

Cleverson Vitório Andreoli
Engenheiro agrônomo, Isae e Consultoria Andreoli Engenheiros Associados

Annelissa Gobel Donha
Engenheira agrônoma, Consultoria Andreoli Engenheiros Associados

Jorge Justi Junior
Engenheiro agrônomo, Consultoria Andreoli Engenheiros Associados

Izabella Brito
Bióloga, Consultoria Andreoli Engenheiros Associados

Tamara Vigolo Trindade
Engenheira ambiental, Consultoria Andreoli Engenheiros Associados

INTRODUÇÃO

O cenário de crescimento da população prevê o aumento da demanda por recursos naturais e áreas de ocupação. Segundo o relatório "Perspectivas Globais de Urbanização" das Nações Unidas (United Nations, 2014), teremos um acréscimo populacional de cerca de 2,6 bilhões de habitantes até o ano 2050. Além disso, o modelo de desenvolvimento deve considerar a necessidade de incluir no mercado 1,2 bilhão de pessoas que vivem em condições de pobreza extrema. O crescimento econômico em todas as regiões do mundo é essencial para melhorar os meios de vida dos pobres, para sustentar a população crescente e, eventualmente, estabilizá-la em níveis adequados (BCSD, 1992). No entanto, para atender a essa demanda é necessária a utilização de novas áreas, fato que implica um processo acelerado e crescente de degradação ambiental (Ribeiro et al., 2005).

GESTÃO AMBIENTAL PARA IMPLANTAÇÃO DE EMPREENDIMENTOS | **801**

A implementação de práticas que induzam à sustentabilidade é uma premissa que deve orientar as ações da sociedade em busca do desenvolvimento, especialmente do setor empresarial por se caracterizar como um dos principais responsáveis pelo suprimento dos meios e produtos necessários ao crescimento econômico. Como o crescimento econômico e a proteção ambiental devem estar interligados, e a qualidade de vida presente e futura se fundamenta em suprir as necessidades humanas básicas sem destruir o meio ambiente, consignamos que o setor empresarial deve estar comprometido com o desenvolvimento sustentável e que buscará instrumentos para alcançá-lo (Pires, 2005).

A Gestão Ambiental[1] na implantação de empreendimentos se configura como ferramenta imprescindível para a compatibilização do desenvolvimento social e econômico com a proteção ambiental, os três pilares da Declaração de Desenvolvimento Sustentável de Joanesburgo (ONU, 2002).

É importante que o entendimento sobre o papel da empresa como atividade modificadora do meio ambiente não se restrinja à preocupação com as suas consequências ambientais. É preciso que a concepção das iniciativas considere a sustentabilidade como o macro orientador de todo o processo produtivo, desde a escolha do local mais adequado, a seleção dos métodos construtivos até sua efetiva implantação, o planejamento das atividades operacionais, sempre considerando a cadeia produtiva, desde a produção da matéria-prima até a desativação final do produto.

Entre os desafios para as empresas na implantação e na operação de empreendimentos está, sem dúvida, a definição de uma concepção de negócio que tenha como pressuposto a sustentabilidade, e não apenas práticas capazes de mitigar os impactos dos empreendimentos.

Deve-se compreender o licenciamento ambiental como uma ferramenta essencial para orientação e estímulo de práticas sustentáveis que agregue valor ao negócio, e não apenas como uma barreira burocrática a ser superada para a implantação do empreendimento. Contudo, o aten-

---

[1] A Gestão Ambiental é definida como "um sistema constituído por uma estrutura organizacional, por atividades de planejamento, por responsabilidades práticas, procedimentos e processos, e por recursos que visam desenvolver, implementar, atingir, analisar criticamente e manter uma política ambiental afinada com a natureza, a escala e os impactos ambientais de suas atividades, produtos e serviços. Deve ser comprometida com o atendimento à legislação e às normas ambientais, e ser transparente tanto para o público como para os empregados. Deve, ainda, incluir os aspectos ambientais na etapa de planejamento e definição de objetivos" (ISO, 1996).

dimento das questões ambientais definidas no âmbito do processo de licenciamento e relacionadas às suas atividades é, muitas vezes, dificultado pela complexidade da normatização, que permite diferentes interpretações e que se reflete na burocratização dos processos de licenciamento.

A complexidade da legislação se reflete em uma gestão pública extremamente complexa, que permite diferentes interpretações, o que leva, muitas vezes, à judicialização dos processos de licenciamento ambiental. A dificuldade em saber o que se pode ou não fazer a partir da interpretação da legislação, tanto por parte dos empresários quanto dos técnicos dos órgãos ambientais, gera um nível de insegurança jurídica incompatível com o desenvolvimento econômico.

As regulamentações têm por objetivo geral orientar o uso e a ocupação do meio em conformidade com os aspectos ambientais. Porém, no Brasil, todo o arcabouço legal voltado à regulamentação do uso, da proteção e da manutenção do meio ambiente é extremamente complexo, muitas vezes inapropriado, e com parâmetros para aplicação insuficientes ou incorretos, principalmente ao se considerar toda a variabilidade ambiental encontrada no território brasileiro. A redação generalista permite interpretações diversas, dificultando a efetiva aplicação dos princípios legais, e a preservação fica comprometida devido ao detalhamento inapropriado, especialmente pela grande diversidade das condições ambientais brasileiras (Justi Junior, 2013).

Isso mostra a importância de um adequado embasamento técnico e científico multidisciplinar na elaboração das regulamentações, buscando uma maior eficiência na conservação de espaços geográficos de grande fragilidade ambiental e importância ecológica. O aparato legal deve ter uma fundamentação teórica e uma forma de redação que permita a redução da subjetividade na interpretação das normas, incluindo parâmetros técnicos que definam padrões ambientais baseados nos serviços ecossistêmicos. Além disso, as normas nacionais devem orientar as normas gerais, enquanto que o seu detalhamento referente às peculiaridades regionais deve ser regulado por legislação complementar no âmbito estadual e municipal.

Segundo Pires (2005), saber lidar com as normas jurídicas, consciente de que elas não protegem, *per se*, os interesses ambientais e de que o estado burocrático brasileiro está em crise, é um dos grandes desafios do gestor ambiental, e sem esquecer o significado da palavra "responsabilidade", que, como bem conceituam Sá e Carrera (1999), é a capacidade de assumir as consequências dos atos ou das omissões.

Atualmente, os órgãos ambientais brasileiros concentram grande parte de sua estrutura na avaliação prévia do impacto ambiental do empreendimento e nos processos de licenciamento, incluindo a sua renovação. Uma vez emitidas as licenças e iniciado o empreendimento, geralmente não há um processo sistemático de fiscalização que acompanhe e verifique o efetivo cumprimento das exigências ambientais. Essa opção não atende à demanda de proteção do meio ambiente. Boa parte dos danos ambientais ocorre não no momento do lançamento do empreendimento, mas em fases subsequentes, durante sua implantação e operação, independentemente das medidas mitigadoras e compensatórias previstas no licenciamento. A proteção eficaz do meio ambiente exigiria distribuição de esforços do órgão ambiental, depositando parte de seu tempo e energia na fiscalização *ex post* em vez de concentrá-los integralmente na fiscalização *ex ante* (SAE, 2009).

A presente análise busca apresentar de forma sucinta os fatores inerentes à gestão ambiental para implantação de empreendimentos, com foco nos estudos ambientais necessários ao planejamento dos empreendimentos, que devem anteceder os processos de licenciamento, nos estudos ambientais necessários aos processos de licenciamento, e nos procedimentos para acompanhamento das obras e da operação, fazendo uma correlação com as dificuldades atualmente encontradas nas etapas da gestão ambiental de empreendimentos no Brasil.

ESTUDOS AMBIENTAIS ANTERIORES AO LICENCIAMENTO AMBIENTAL

O planejamento de empreendimentos diversos, que visem ao uso ou à ocupação do solo, dentre os aspectos relacionados à viabilidade do projeto, deve definir práticas ambientais necessárias para compatibilizar a obra com as características decorrentes das fragilidades e potenciais ambientais, assim como a observância das regulamentações legais. O fator ambiental deve ser uma variável decisiva na concepção de empreendimento, podendo influenciá-lo de duas formas. A primeira relacionada a eventuais passivos ambientais existentes, considerando desde entraves jurídicos e administrativos, até alterações ambientais, como a presença de contaminação (solo ou água). Esses fatores podem exigir o investimento de grandes montantes financeiros para sua correção ou remediação, principalmente quando o sítio indicar contaminação. Além disso, os processos, tanto administrativos quanto técnicos, são geralmente morosos, impondo prazos estendidos desde o início até a conclusão de obra, fator que, ao final do balanço financeiro, não necessariamente indica despesas, mas pode indicar ausência de retorno financeiro esperado até a conclusão do empreendimento. De acordo com a Norma Americana ASTM E1527-05 (ASTM, 2012), as avaliações relacionadas à existência de contaminações têm base voluntária por aqueles que desejam avaliar as condições ambientais de imóveis, levando em conta informações razoavelmente determinísticas.

O outro fator a ser considerado é a área efetiva em que o empreendimento poderá ser instalado, levando em conta a totalidade de um determinado terreno, que dependerá do prévio mapeamento das potencialidades e fragilidades do terreno, confrontando esses dados, baseados nos aspectos ambientais levantados, com a legislação correlata, permitindo definir as diretrizes e os critérios de uso e ocupação do solo.

De posse dessas informações, o empreendedor poderá estimar o balanço ambiental inicial, ou seja, o custo esperado com as ações ambientais definidas no licenciamento, na remediação, compensação ou em medidas e programas ambientais, perante o retorno esperado ocupando áreas aptas à proposta de ocupação. Cabe citar que essas estimativas ocorrem ainda na fase de planejamento do empreendimento e que devem considerar a possibilidade de eventuais despesas envolvidas com demandas específicas decorrentes de solicitações adicionais dos órgãos ambientais envolvidos no processo de licenciamento ambiental.

Em relação aos Passivos Ambientais, segundo Kraemer (2003), representa toda e qualquer obrigação de curto e longo prazo, destinada única e exclusivamente a promover investimentos em prol de ações relacionadas à extinção ou amenização dos danos causados ao meio ambiente, inclusive percentual do lucro do exercício, com destinação compulsória, direcionado a investimentos na área ambiental, podendo também ser relacionados a pendências legais de terrenos que resultem em aplicação de montante financeiro para sua regularização.

No que diz respeito às áreas contaminadas, segundo Cetesb/GTZ (2001), podem ser conceituadas como um local cujo solo sofreu dano ambiental significativo que o impede de assumir suas funções naturais ou legalmente garantidas, sendo causado pela introdução de quaisquer substâncias ou resíduos que nela tenham sido depositados, acumulados, armazenados, enterrados ou infiltrados de forma planejada, acidental ou até mesmo natural.

Nesse contexto, a contaminação pode atingir diferentes extratos. No solo são considerados dois níveis: zona saturada, quando a contaminação atinge o aquífero freático; e não saturada, quando a contaminação fica restrita ao solo. Determinados tipos de contaminantes, considerados mais densos que a água, podem, inclusive, ultrapassar camadas impermeáveis (rochas), seja por fissuras ou por poros.

Para caracterizar uma contaminação, seja no solo e/ou na água (superficial ou subterrânea), utilizam-se avaliações e investigações específicas, normalmente aplicadas em fases, objetivando a otimização de prazos, custos e técnicas. A primeira delas, denominada "Avaliação Preliminar" serve para levantar o histórico do terreno, seja por meio de avaliações em campo ou análise histórica com uso de imagens aéreas ou entrevistas. Nessa fase, será elaborado o modelo conceitual preliminar de contaminação, quando houver a suspeita.

Havendo a suspeita de contaminação, segue para a próxima etapa, que consiste na "Investigação Confirmatória". Para isso, são necessárias avaliações técnicas realizadas a campo, com coleta de amostras de água e solo e análises em laboratório, considerando os parâmetros citados na Resolução Conama n. 420, de 28 de dezembro de 2009, e pelas eventuais regulamentações específicas dos estados e municípios, que definem os níveis de concentração em que determinadas substâncias representam uma contaminação. Confirmada a contaminação, será realizada a terceira etapa, que se refere à "Investigação Detalhada". Nessa fase, haverá o detalhamento das concentrações e extensões da pluma de contaminação, permitindo a elaboração da Avaliação do Risco na etapa seguinte.

Na "Avaliação do Risco", são considerados três fatores: receptor, via de exposição e contaminante; na ausência de algum deles, não há risco. Nessa avaliação, é calculada a concentração encontrada de um determinado contaminante e verificado se ultrapassa os valores que inferem risco ao receptor, além de valores considerados como metas de remediação, que nem sempre são compatíveis aos definidos em lei, tendo em vista que os parâmetros legais muitas vezes são herdados ou adaptados de outras regulamentações, por exemplo, as de potabilidade, ou não consideram fatores externos envolvidos na determinação dos limites, como as vias de exposição, tipo e características do meio e suas interações com o contaminante.

Na remediação ambiental, serão aplicadas as técnicas responsáveis por reduzir as concentrações de contaminantes, seja no solo ou na água, até os valores estabelecidos como metas de remediação. Essa etapa demanda os maiores custos, que podem comprometer o balanço financeiro e até mesmo inviabilizar a instalação de determinado empreendimento.

Atestado que o terreno objeto de interesse é livre de contaminação, deve-se partir para a segunda etapa, que diz respeito à definição e delimitação das áreas de potencial à ocupação, das fragilidades ambientais e dos aspectos ambientais restritivos conforme legislação incidente.

Segundo Keller e Sherar (2003), a avaliação ambiental para fins de uso do solo é um processo sistemático e interdisciplinar usado para identificar a finalidade de uma ação proposta, desenvolver alternativas práticas para a ação proposta, e prever os potenciais efeitos ambientais da ação, identificando problemas, conflitos ou restrições de recursos que podem afetar o meio ambiente natural ou a viabilidade de um projeto, além de examinar como uma ação proposta pode afetar as pessoas, suas comunidades e seus meios de subsistência.

O uso e a ocupação de determinados terrenos por um empreendimento ou atividade que leve em consideração os aspectos ambientais e legais pertinentes, além de gerarem empregos e renda, também contribuem para a preservação e manutenção de remanescentes ambientais. Dessa forma, áreas com baixo potencial de ocupação definidos por aspectos ambientais restritivos, que normalmente inviabilizam a inversão de recursos para sua conservação, devem apresentar uma proposta que busque obter sua máxima valorização por meio da ocupação orientada de áreas aptas ou de baixa fragilidade ambiental, permitindo o financiamento de ações e medidas ambientais por parte do poder privado, melhorando assim a qualidade ambiental do local e da região onde se insere.

Sendo assim, a ocupação regular desses imóveis, levando em consideração seus aspectos ambientais, além de evitar usos informais não autorizados, que poderiam causar o aumento da degradação ambiental, contribui para uma melhoria da qualidade de vida da região onde se localizam.

Porém, para determinar a viabilidade de uso e ocupação de um imóvel de forma sustentável, faz-se necessário o conhecimento dos aspectos ambientais e suas inter-relações, para isso, devem-se analisar diversas disciplinas ambientais, distribuídas entre os meios físicos, bióticos e antrópicos, sempre a par das normas ambientais vigentes, permitindo ao empreendedor conhecer a situação ambiental real de um terreno, indicando, do ponto de vista de uso e ocupação do solo, se este apresenta viabilidade para receber o empreendimento ou a atividade proposta. Além disso, quando demonstrada a viabilidade ambiental para o uso pretendido, as informações constantes nesse estudo poderão subsidiar o processo de licenciamento/ autorização ambiental.

De forma geral, essas informações identificam os potenciais e as restrições de um terreno na ótica ambiental, considerando as inter-relações dos fatores bióticos e abióticos, assim como o entorno onde está inserido (fator antrópico). A avaliação das restrições ambientais se dá primordialmente por dados primários coletados em campo, apoiados por interpretação de imagens aéreas, elaboração e sobreposição de cartas temáticas, levantamento bibliográfico e análise da legislação aplicável.

Há um escopo mínimo de aspectos ambientais a serem avaliados, que permitirão, em conjunto, a determinação das fragilidades e potencialidades ambientais de um terreno. Esses estudos devem ser correlacionados com a legislação pertinente, definindo as áreas aptas e de restrição à ocupação, e, quando cabível, apresentando as diretrizes ambientais para o uso ou ocupação do terreno como um todo.

O escopo do estudo dos aspectos ambientais é dividido em três meios: físico, biótico e antrópico, que devem, contudo, ser avaliados de maneira sistêmica, identificando as sua inter-relações, de forma a produzir um diagnóstico ambiental integrado capaz de orientar precisamente o potencial de uso.

Dentre as disciplinas necessárias para a caracterização do meio físico, devem-se considerar o clima, a geologia, a geomorfologia, a pedologia e a hidrografia; em relação ao meio biótico, a fauna e a flora; e quanto ao meio antrópico, o uso e a ocupação do entorno e a infraestrutura.

Em relação ao clima, deverá haver a indicação de fatores climáticos, como precipitação, temperatura, umidade relativa, ventos e insolação; e suas inter-relações com o terreno ou atividade proposta. O clima tem importância no planejamento e na compatibilização do cronograma de obras com os períodos de menor pluviometria, reduzindo a possibilidade da instalação de processos erosivos, ou ainda na questão da dispersão de poluentes atmosféricos. Também tem relação na definição de fachadas de lotes e edificações, considerando melhor faixa de conforto térmico, baseado na temperatura e ventilação.

O levantamento dos aspectos geológicos, formações, grupos e suas inter-relações com o terreno e atividade proposta permitirá determinar a capacidade de suporte do local ou, ainda, a profundidade do aquífero freático, aspectos que podem implicar demandas específicas por parte do projeto de engenharia no tocante a fundações, cortes e aterros.

A geomorfologia, incluindo a hipsometria, a declividade, a orientação de vertentes e as formas de rampa, bem como suas relações com o terreno ou atividade proposta, permite definir sua interação com a dinâmica hídrica superficial, principalmente quando voltada ao controle de processos erosivos. Também pode ser aplicada para indicar as faces do terreno com maior suscetibilidade à incidência direta de ventos ou insolação, permitindo determinar zonas de conforto térmico, quando considerado o fator climático. O planejamento de construções sustentáveis deve considerar desenhos arquitetônicos que aproveitem os potenciais ambientais para viabilizar projetos mais eficientes energeticamente, em especial no que se refere à iluminação e ao controle da temperatura.

A caracterização dos solos por meio de um levantamento detalhado permite estabelecer uma série de definições ambientais. Ao considerar a textura, profundidade do perfil e a Capacidade de Troca de Cátions (CTC) dos solos, é possível inferir a capacidade de filtro que ele possui, permitindo determinar sistema de tratamento de efluentes e risco de contaminação do aquífero freático. Além disso, essa caracterização pedológica também é empregada para determinar a suscetibilidade à erosão dos solos (erodibilidade), sua capacidade de suporte e recalques, e risco de deslizamentos. Considera-se também o potencial de uso de material de subsuperfície, para aterros ou base de pistas de rodagem. Outro aspecto importante está relacionado aos solos de planície, com elevados teores de carbono armazenado, que quando drenados ou manejados podem liberar grandes quantidades de Gases de Efeito Estufa (GEE) para a atmosfera.

Normalmente, o principal aspecto do meio físico a se considerar em levantamentos ambientais é a hidrografia, por afetar diretamente a disponibilidade da água (por aspectos qualitativos e quantitativos) e pela sua inter-relação com a preservação da biodiversidade. Há uma grande quantidade de normativas legais que regulamentam seu uso e sua proteção; portanto, em estudos ambientais, essa disciplina irá orientar o uso e a ocupação do solo por meio das restrições desencadeadas por essa feição. Conforme a Lei n. 12.651, de 2012 (Código Florestal), alterada pela Lei n. 12.727, também de 2012, feições hídricas, como nascentes, sejam elas perenes ou intermitentes, rios, reservatórios, brejos, entre outras, são consideradas protegidas e demandam faixas ao seu redor conhecidas como Áreas de Preservação Permanente, cuja largura é definida pelas suas características e dimensões. Essas áreas não são passíveis de ocupação ou uso, salvo casos específicos, previstos no próprio Código Florestal ou na

Resolução Conama n. 369, de 28 de março de 2006, como utilidade pública, interesse social ou baixo impacto ambiental.

Em relação ao meio biótico, é fundamental a avaliação da vegetação, considerando não só sua tipologia, mas também o estágio de desenvolvimento. Existem leis específicas que regem essa caracterização, definindo restrições à supressão, normalmente relacionadas ao estágio de desenvolvimento da floresta, e algumas tipologias, que por sua importância ou posição na paisagem, também podem apresentar proibições quanto à supressão para uso e ocupação. Além disso, mesmo que permitido o corte, normalmente os órgãos ambientais responsáveis pelas licenças e autorizações ambientais requerem estudos de quantificação de volume de madeira para a emissão de licenças, inclusive de transporte. Também devem ser consideradas as espécies vegetais, mesmo que de ocorrência isolada, ou seja, sem a formação de dossel, encontradas em listas oficiais de espécies ameaçadas ou em risco de extinção. A integração do meio biótico com os recursos hídricos define a localização de corredores de biodiversidade, que devem sempre que possível interligar os remanescentes florestais à rede de drenagem, formando blocos maiores de preservação, garantindo para a fauna existente o acesso à água.

Para fins de planejamento, geralmente não é necessário o levantamento da fauna de forma detalhada, a menos que seja constatada a ocorrência de espécies endêmicas, que, conforme regramentos, pode resultar no enquadramento do local como sendo área de preservação permanente, ou seja, restrita ao uso. Contudo, é de grande importância ainda nessa etapa de planejamento, que os estudos da fauna sejam realizados de forma expedita, priorizando a pesquisa bibliográfica sobre as espécies de ocorrência regional, ou a partir de técnicas convencionais de estudos faunísticos não interventivos, como a instalação de armadilhas fotográficas e a observação em campo.

Além dos fatores ambientais, certos aspectos antrópicos devem ser integrados ao escopo dessa análise inicial, tendo em vista as possíveis interações entre o meio ambiente, o empreendimento e a população afetada. Dessa forma, é necessário avaliar o entorno do terreno objeto de uso ou ocupação, permitindo caracterizar as tendências sociais da região, a infraestrutura disponível, a ocorrência de possíveis sítios de interesse cultural ou arqueológico e condições de tráfego, e os fatores diretamente relacionados ao que se pretende empreender.

De posse das informações sobre os eventuais custos relacionados ao gerenciamento de áreas contaminadas, com o mapeamento das potencialidades e fragilidades do terreno, será possível estimar a viabilidade de uso e ocupação do terreno.

Depois de levantados todos os aspectos ambientais e antrópicos observados no terreno e seu entorno, deverá haver sua correlação com a legislação vigente e aplicável ao terreno e atividade a ser empreendida. Nessa análise, deverão ser consideradas as legislações no âmbito federal, estadual e municipal, abrangendo não só os aspectos ambientais, mas também outros assuntos como zoneamento, incidência de unidades de conservação ou biomas protegidos, faixas não edificáveis ou de domínio, ou ainda outras delimitações que impliquem restrições incidindo no terreno objeto de estudo. A par dessa correlação, será possível indicar as áreas de restrições, em conformidade com a legislação pertinente, bem como as diretrizes de uso e ocupação do solo por meio de mapeamentos.

A qualidade da legislação ambiental reflete a sua capacidade de induzir uma utilização racional do meio, estimulando a adoção de práticas sustentáveis dentro da realidade socioeconômica e ambiental do país. Contudo, nem sempre os regramentos mais restritivos induzem à melhor qualidade ambiental e das condições de vida da população (Justi Junior, 2013).

Enquanto não forem elaborados termos de referência claros para os estudos ambientais necessários, com indicação de metodologias a serem empregadas e definição do nível de detalhamento exigido, é imprescindível que as empresas tenham uma postura proativa, fornecendo as informações adequadas, que permitam que os técnicos dos órgãos ambientais tenham pleno conhecimento das questões que envolvem o empreendimento e possam tomar suas decisões com segurança.

LICENCIAMENTO AMBIENTAL

Até a década de 1960, o conceito de desenvolvimento significava apenas crescimento econômico, em que a manutenção da qualidade de vida não era percebida como um fator dependente da qualidade ambiental, considerada incompatível com o desenvolvimento (Barros et al., 2012). O pensamento mundial dominante era de que o meio ambiente seria fonte inesgotável de recursos e que qualquer ação de aproveitamento da natureza fosse infinita (Senado Federal, 2012). Entretanto, as mudanças ambientais ocorridas no mundo pós-guerra, como o aparecimento de chuva ácida no Canadá e nos Estados Unidos (Likens et al., 1972) e a publicação do livro *Primavera Silenciosa* (Carson, 1969), que alertava sobre o desaparecimento de espécies pelo uso incontrolado de pesticidas, principalmente o DDT, tornaram perceptível a necessidade de se encontrar um modelo de desenvolvimento que não ameaçasse à sustentabilidade planetária (Farias, 2006), bem como a urgência em implementar normas de controle ambiental.

Em resposta às crescentes pressões ambientais advindas de um mundo em franco desenvolvimento econômico, instituíram-se fundamentos de Avaliação de Impacto Ambiental nos Estados Unidos em 1969 e a promulgação da National Environmental Policy of Act (Nepa) em 1970. Essa regulamentação foi considerada o principal marco da conscientização ambiental mundial, pois exigiu pela primeira vez que os aspectos ambientais passassem a ser considerados na tomada de decisão sobre projetos capazes de causar significativa degradação ambiental (Dias, 2001), fato pelo qual ainda hoje o Nepa é conhecido como "Constituição Ambiental" dos Estados Unidos. O modelo de política ambiental norte-americana foi adotado por diversos países que estavam constituindo suas ações de Gestão Ambiental, além de instaurar participação da sociedade civil no processo de decisão acerca da viabilidade ambiental dos empreendimentos (MMA, 2009b).

Diante das questões ambientais que começavam a entrar no discurso internacional, foi realizada em 1972 a 1ª Conferência das Nações Unidas para o Meio Ambiente, em Estocolmo, que produziu a Declaração de Estocolmo (ONU, 1972), advertindo que os recursos naturais como a água, o ar, o solo, a flora e a fauna deveriam ser conservados em benefício das gerações futuras – nasce o conceito de sustentabilidade[2], de forma que cada país deveria regulamentar esse princípio em sua legislação, sob tutela do Estado. A Conferência inseriu definitivamente na pauta de discussões da agenda econômica internacional o problema da degradação ambiental e do esgotamento dos recursos naturais, catalisando um movimento ecológico em todo o planeta. No Brasil, uma das repercussões dessa Conferência foi a criação, em 30 de outubro de 1973, da Secretaria Especial do Meio Ambiente – Sema (MPF, 2004).

---

[2] A ideia de ecodesenvolvimento, concebida por Maurice Strong e Ignacy Sachs, surgiu em 1972, em Estocolmo, durante a Primeira Conferência das Nações Unidas sobre Meio Ambiente e Desenvolvimento. Entretanto, o conceito de desenvolvimento sustentável tornou-se notório somente após o Relatório Brundtland, também chamado de Nosso Futuro Comum, documento final da Comissão Mundial sobre Meio Ambiente e Desenvolvimento, promovida pela ONU nos anos de 1980 e chefiada pela então primeira-ministra da Noruega, Gro Harlen Brundtland.

Os desdobramentos da Conferência de Estocolmo repercutiram de forma que os Bancos Mundiais (Bird e BID) passaram a exigir a realização de estudos e avaliações de impacto ambiental como condicionante de tomada de empréstimos. O apelo internacional forçou o Brasil a submeter, pela primeira vez em 1972, os empreendimentos à Avaliação de Impacto Ambiental, como a Usina Hidrelétrica de Sobradinho/BA, seguida pela Usina Hidrelétrica de Tucuruí/PA e o terminal porto-ferroviário Ponta da Madeira/MA (MMA, 2009; Cetesb/GTZ, 2014). No entanto, os estudos foram realizados segundo as normas das agências internacionais, já que o Brasil ainda não dispunha de normas ambientais próprias (Absy et al., 1995).

Entre as décadas de 1970 e 1980, o Brasil atravessou um período de amplo crescimento econômico, definido pela construção de duas grandes obras de infraestrutura como a Rodovia Transamazônica e a Usina Hidrelétrica de Itaipu. Esse período fez emergir a necessidade de prevenir a degradação ambiental advinda de um país em construção, que desencadeou o estabelecimento de uma Política Ambiental Nacional, cujo objetivo fosse compatibilizar o desenvolvimento econômico com a qualidade ambiental. Diante desse contexto, em 31 de agosto de 1981, foi publicada a Lei n. 6.938 que instituiu a Política Nacional do Meio Ambiente (PNMA) estabelecendo conceitos, princípios, objetivos, instrumentos, penalidades, mecanismos de formulação e aplicação, no intuito de estabelecer normas de gestão e proteção dos recursos ambientais.

A PNMA consolidou o Licenciamento Ambiental como um dos seus instrumentos[3] e a sua obrigatoriedade[4] para atividades utilizadoras de recursos ambientais considerados efetiva e potencialmente poluidores, bem como os capazes, sob qualquer forma, de causar degradação ambiental, com a finalidade de promover o controle prévio à construção, instalação, ampliação e funcionamento.

O licenciamento ambiental é, portanto, um dos mais importantes mecanismos de controle da poluição[5], condicionado a um conjunto de leis

---

[3] Art. 9º, IV, da Lei n. 6.938/81.

[4] Art. 10 da Lei n. 6.938/81.

[5] Do ponto de vista jurídico, o conceito de poluição é tratado na Lei n. 6.938/81. Do ponto de vista técnico, poluição é a degradação da qualidade ambiental resultante das atividades que direta ou indiretamente prejudiquem a saúde, a segurança e o bem-estar da população, criem condições adversas às atividades sociais e econômicas, afetem desfavoravelmente a biota, afetem as condições estéticas ou sanitárias do meio ambiente e lancem materiais ou energia em desacordo com os padrões ambientais (IBGE, 2004). Do ponto de

GESTÃO AMBIENTAL PARA IMPLANTAÇÃO DE EMPREENDIMENTOS | **813**

estabelecidas pela Administração Pública. As principais diretrizes para sua execução estão expressas na Lei federal n. 6.938/81, regulamentada pelo Decreto federal n. 99.274/90, que atribuem ao Conselho Nacional do Meio Ambiente (Conama) a competência para estabelecer normas e critérios para o licenciamento de atividades efetiva ou potencialmente poluidoras (MMA, 2009). Assim, o Conama instituiu um conjunto de resoluções disciplinando o processo de licenciamento ambiental, sendo as mais importantes a Resolução n. 001/86 e a Resolução n. 237/97.

A Resolução Conama n. 001/86 estabeleceu diretrizes gerais para a elaboração do Estudo de Impacto Ambiental (EIA) e respectivo Relatório de Impacto Ambiental (Rima) para obras ou atividades potencialmente causadoras de significativa degradação do meio ambiente, inserindo esses procedimentos no processo de licenciamento ambiental. Posteriormente, a Resolução do Conama n. 006/86 estabeleceu os modelos para publicação de pedidos, concessões e renovações de licenças, dando publicidade ao processo, também presente no parágrafo 1° da Lei n. 9.638/81, e a Resolução Conama n. 009/87 instituiu a obrigatoriedade de realização de Audiências Públicas no processo de licenciamento ambiental, também presente no art. 2° da Resolução Conama n. 1/86.

Em 19 de dezembro de 1997, foi instituída a Resolução do Conama n. 237, sendo uma das normativas mais importantes que tange a questão do licenciamento, apresentando todo o detalhamento e os procedimentos para obtenção da licença ambiental. A Resolução atribui a competência de licenciar aos diferentes entes federativos, em razão da localização do empreendimento, da abrangência dos impactos diretos ou em razão da matéria. Adicionalmente, consta nessa Resolução uma lista de atividades com obrigatoriedade de licenciamento ambiental, que, embora não englobe todas as atividades passíveis de licenciamento, apresentou-se como um modelo de procedimento, de acordo com Teixeira (2010), a ser complementado pelos estados e municípios, de modo mais adequado às suas especificidades.

Em 2011, foi publicada a Lei complementar n. 140 visando fixar normas referentes aos incisos III, VI e VII do *caput* e do parágrafo único do art. 23 da Constituição Federal (Vidal de Souza e von Zuben, 2012), referente à competência da gestão compartilhada, que substituiu parte das diretrizes para a

---

vista ecológico, poluição é o recurso fora do lugar; perde-se o recurso em si e perdem-se o uso e as funções do ambiente receptor (Margalef, 1981).

execução do licenciamento ambiental da Lei n. 6.938/81 e das Resoluções n. 001/86 e 237/97 do Conama, tendo como fundamento a localização do empreendimento, depositando maior responsabilidade aos municípios.

Diante desse histórico, o licenciamento ambiental passou a ser disciplinado por diversas leis, decretos, resoluções e portarias. Dentre as normas públicas que regem a matéria, cabe destacar a Lei n. 9.985/2000, que criou o Sistema Nacional de Unidades de Conservação da Natureza (Snuc) e a Lei n. 12.651/2012, que dispõe sobre o Código Florestal, pois ambas se referem aos espaços territoriais especialmente protegidos, e a Lei n. 9.605/98, que dispõe sobre as sanções penais e administrativas para os crimes ambientais.

No âmbito da PNMA, foi instituído o Sistema Nacional de Meio Ambiente (Sisnama), formado por órgãos nas esferas federal, estadual e municipal, os quais são responsáveis pela proteção e melhoria da qualidade ambiental. Dessa forma, todos os órgãos ligados ao Sisnama podem elaborar normas nas suas respectivas áreas de jurisdição, desde que respeitada a Lei Maior de 1988. Segundo Dantas e Pilati (2011), os estados e municípios podem legislar apenas em caráter suplementar à legislação federal. O estado exercerá a competência legislativa plena, somente na ausência de lei federal que discipline o assunto. Como se pode observar, a legislação e as competências são um capítulo a parte do processo licenciatório.

O Licenciamento Ambiental é o procedimento administrativo pelo qual o órgão ambiental competente autoriza o empreendimento ou a atividade, cuja obrigação é compartilhada pelas partes integrantes do Sisnama, sendo a competência para expedição de licença ambiental um dos pontos mais complexos do processo (Dantas e Pilati, 2011). A PNMA e a Constituição Federal de 1988 atribuem a competência ambiental comum entre União, Estados, Distrito Federal e Municípios (MMA, 2009), reafirmados pela Resolução Conama n. 237/97, adicionando que, para o exercício de tal competência, são necessárias a implementação do Conselho de Meio Ambiente com caráter deliberativo e a participação obrigatória da sociedade civil.

Para a condução e o acompanhamento do licenciamento ambiental, foi concebido um processo de avaliação preventiva que tange diferentes fases de planejamento, instalação e operação, sistematizando o processo nas seguintes etapas[6]:

---

[6] De acordo com a Resolução Conama n. 237/97, essas licenças poderão ser expedidas isolada ou sucessivamente, em função de sua natureza, características e fase do empreendimento ou atividade.

GESTÃO AMBIENTAL PARA IMPLANTAÇÃO DE EMPREENDIMENTOS | **815**

- (I) Licença Prévia (LP): concedida na fase preliminar do planejamento do empreendimento, com a aprovação da sua localização e o projeto básico de concepção. Determina os princípios para sua viabilidade ambiental e estabelece os requisitos básicos e condicionantes a serem atendidos nas próximas fases de sua implantação. É nesse momento que as audiências públicas acontecem, quando exigidas. A LP não autoriza o início de quaisquer obras destinadas à implantação do empreendimento.

- (II) Licença de Instalação: autorização para a implantação da atividade de acordo com as especificações dos projetos executivos aprovados previamente pelo órgão e o cumprimento das condicionantes presentes na LP. Inclui as medidas de controle ambiental e o monitoramento das obras durante a instalação do empreendimento.

- (III) Licença de Operação: permissão para o funcionamento da atividade ou empreendimento, após a verificação do efetivo cumprimento das licenças anteriores, com as medidas de controle ambiental e condicionantes determinadas para a operação.

Para empreendimentos de baixo impacto poluidor/degradador, poderão ser estabelecidos procedimentos de licenciamento mais simplificados, de forma a instituir critérios técnicos mais objetivos, facilitando a análise do processo. No entanto, as atividades sujeitas à Licença Ambiental Simplificada (LAS) devem ser definidas pelos órgãos competentes e submetidos à aprovação dos respectivos conselhos. Outros empreendimentos, em função de suas particularidades, como baixo impacto[7] ou interesse social, podem ser disciplinados por processos licenciatórios únicos, como o caso de novos empreendimentos destinados à construção de habitações de interesse social para realocação de habitações situadas em áreas de risco, conforme a Resolução Conama n. 412/2009.

De acordo com a particularidade de cada empreendimento, devem ser obtidas autorizações específicas para supressão de vegetação e intervenção em APP, além de outorgas de uso da água, mediante procedimento administrativo próprio.

---

[7] As Resoluções Conama n. 23/94, 385/2006, 377/2006 e 387/2006 dispõem de algumas atividades enquadradas como baixo impacto ou utilidade pública, em que se aplica um processo de licenciamento com etapas compatibilizadas de planejamento, instalação e operação.

Mesmo com a localização pontual de um empreendimento, como usinas hidrelétricas, os impactos ambientais podem ser propagados por toda paisagem do entorno e, frequentemente, a extensão dos danos só será conhecida após a fase de monitoramento (Koblitzet et al., 2011). Dessa forma, os estudos ambientais são imprescindíveis na detecção prévia dos impactos, indicando a melhor alternativa econômica, social e ambientalmente viável, propondo medidas de controle e mitigação para subsidiar o processo de expedição da licença ambiental. Assim, a principal razão de se exigir esses estudos é garantir que as intervenções causadas pela implantação da obra ou atividade não comprometam a qualidade dos ecossistemas.

A Avaliação de Impactos Ambientais (AIA) tem um relevante papel como instrumento de política ambiental, atuando de forma preventiva, mitigadora e de recuperação de danos causados, além da identificação e punição dos responsáveis. Ressalta-se que a nomenclatura utilizada para definição dos estudos ambientais pode variar, na medida em que os entes federativos têm autonomia para criar essas especificações. Contudo, procura-se manter uma ordem crescente de detalhamento e complexidade dos estudos compatíveis com o potencial poluidor da atividade a ser licenciada.

Durante o processo de licenciamento, o objetivo da AIA é para subsidiar a fase de viabilidade, por meio de três tipos de estudos ambientais principais, definidos em função da significância dos impactos, sendo:

- Estudo de Impacto Ambiental (EIA) – documento técnico, elaborado por equipe multidisciplinar, que tem como finalidade avaliar os impactos ambientais gerados por atividades e/ou empreendimentos potencialmente poluidores ou que possam causar significativa degradação ambiental. Deve conter como requisitos básicos: diagnóstico ambiental da área de influência do projeto, avaliação dos impactos, medidas mitigadoras e monitoramento. Necessárias consulta e participação da sociedade civil, por meio de realização de audiências públicas[8], quando couber, de acordo com a regulamentação.

---

[8] A audiência pública é a forma de permitir a participação da sociedade civil ao processo de licenciamento durante a fase de solicitação de Licença Prévia, cujo objetivo é a divulgação das informações sobre o projeto do Rima. Dependendo do porte e do impacto gerado pelo empreendimento, podem ser realizadas uma ou várias audiências públicas com a finalidade de informar, esclarecer e discutir junto à sociedade sobre a viabilidade da implantação do empreendimento.

GESTÃO AMBIENTAL PARA IMPLANTAÇÃO DE EMPREENDIMENTOS | **817**

- Relatório de Impacto Ambiental (Rima) – documento técnico que apresenta as conclusões do EIA de forma sintetizada e simplificada à sociedade civil. Deve conter como requisitos básicos: descrição do projeto, síntese do estudo ambiental, impactos, medidas mitigadoras e programas de monitoramento do empreendimento ou atividade. Deve ser colocado à disposição dos interessados para consulta em centros de documentação e/ou bibliotecas do órgão ambiental competente.

- Estudo Ambiental Simplificado (EAS) – destina-se a avaliar sistematicamente as consequências de atividades ou empreendimentos considerados potencial ou efetivamente causadores de degradação do meio ambiente, em que são propostas medidas mitigadoras com vistas à sua implantação. É um documento mais simples que o EIA em relação ao nível de detalhamento e complexidade dos estudos necessários, e não está sujeito a consulta e participação da sociedade civil.

- Relatório Ambiental Preliminar (RAP) – destina-se a avaliar as consequências ambientais de atividades e empreendimentos considerados de impactos ambientais de pequena magnitude e não significativos, podendo ser apresentada apenas a caracterização ambiental da área de influência, tendo em vista a baixa complexidade dos impactos previstos, os quais podem ser identificados e avaliados pela equipe técnica do órgão licenciador.

Todos esses estudos ambientais constituem um importante meio de aplicação de uma política preventiva, sendo, portanto, subsídios ao processo de licenciamento ambiental prévio. O estudo é desenvolvido à custa do empreendedor, com participação de consultorias ambientais. Compete ao órgão ambiental estadual e federal fornecer instruções para elaboração dos estudos, por meio de Termos de Referência[9].

---

[9] O Termo de Referência (TR) é o documento que orienta a elaboração do estudo específico de cada empreendimento, de acordo com suas especificidades e o local proposto para sua implantação, concebido pelo órgão ambiental. O Ministério do Meio Ambiente disponibiliza acesso a todos os órgãos licenciadores no Brasil por meio do site http://www. mma.gov.br. No caso de dúvida sobre o instrumento de licenciamento mais apropriado para condução do licenciamento, em virtude da complexidade de estudos ambientais existentes, deve-se proceder com uma consulta ao órgão ambiental, expondo as características gerais da implantação e operação do empreendimento e sua localização.

Os estudos de avaliação de impactos ambientais não são os únicos considerados no processo de licenciamento. Outros estudos, que abordam os aspectos ambientais relacionados à localização, instalação e operação de uma atividade ou empreendimento, podem se configurar como subsídios à análise de licença requerida, como os Planos de Controle Ambiental (PCA) e os Relatórios de Controle Ambiental (RCA), dentre outros:

- (I) Plano de Controle Ambiental (PCA) – exigido pela Resolução Conama n. 009/90 para a concessão da Licença de Instalação de atividade de extração mineral de todas as classes. O PCA é uma exigência adicional ao estudo apresentado na fase anterior à concessão da Licença Prévia. No entanto, o Plano de Controle Ambiental tem sido exigido, também, para o licenciamento de outros tipos de atividades, conforme instruções do órgão competente.

- (II) Plano de Recuperação de Áreas Degradadas (PRAD) – inicialmente, objetivava a recomposição de áreas degradadas pela atividade de exploração de recursos minerais. Hoje, tem sido utilizado para os diversos tipos de empreendimentos, e geralmente é previsto no escopo dos Estudos Ambientais.

- (III) Relatório de Controle Ambiental (RCA) – exigido pela Resolução Conama n. 010/90, em caso de dispensa do EIA/Rima para a obtenção da Licença Prévia de atividades de extração mineral da classe II. Deve ser elaborado de acordo com as diretrizes estabelecidas pelo órgão ambiental competente. Hoje, tem sido exigido por alguns órgãos de meio ambiente também para o licenciamento de outros tipos de atividade.

Quando o empreendimento ou atividade for potencialmente causador de impactos no ambiente urbano, faz-se necessária a elaboração do Estudo de Impacto de Vizinhança (EIV), de acordo com a Lei n. 10.257/2001[10], que estabelece as diretrizes gerais da política urbana. Os procedimentos e critérios para a elaboração do EIV são definidos por Lei municipal.

Ainda dentro das exigências do processo de licenciamento ambiental, faz-se necessária a solicitação de anuências e/ou autorizações de órgãos específicos, sob responsabilidade do empreendedor, como:

---

[10] Arts. 36, 37 e 38 da Lei n. 10.257/2001, Estatuto da Cidade.

GESTÃO AMBIENTAL PARA IMPLANTAÇÃO DE EMPREENDIMENTOS | **819**

- (I) Instituto do Patrimônio Histórico e Artístico Nacional (Iphan)[11], órgão responsável pela preservação do patrimônio histórico nacional e por autorizar a pesquisa durante o processo de licenciamento ambiental de empreendimentos que possam interferir em áreas com sítios arqueológicos e/ou de interesse histórico. No caso de ocorrência, o resgate de peças e artefatos e o respectivo envio a museus devem ser também autorizados e registrados pelo Iphan.

- (II) Fundação Nacional do Índio (Funai)[12], órgão responsável pela proteção de terras indígenas e regulamentação das interferências de empreendimentos e/ou atividades na área. Em caso de interesse de utilização de recursos hídricos e/ou minerais nesses territórios, faz-se necessária autorização do Congresso Nacional, com anuência das comunidades indígenas locais.

- (III) Fundação Cultural Palmares, entidade pública vinculada ao Ministério da Cultura para promoção e manutenção dos valores culturais, sociais e econômicos decorrentes da influência negra, que deve se manifestar quando se tratar de empreendimentos e/ou atividades que possam causar interferências nas áreas onde se localizam as comunidades.

- (IV) Laudo de Avaliação do Potencial Malarígeno e Atestado de Condição Sanitária[13], fornecidos pela Secretaria de Vigilância em Saúde para empreendimentos e/ou atividades a serem licenciadas em áreas endêmicas para ocorrência de malária. Previamente, são realizados os estudos epidemiológicos e, quando positivos para a presença dos vetores da malária, são conduzidos programas de controle da doença e de seus vetores, a serem implementados em todas as fases do empreendimento.

- (V) Secretaria do Patrimônio da União (SPU)[14], órgão responsável pela regularização de bens imóveis de domínio da União, que deve se

---

[11] Portaria Iphan n. 230/2002. Dispõe sobre os procedimentos de licenciamentos de empreendimentos potencialmente capazes de afetar o patrimônio arqueológico.

[12] Lei n. 6.001/73, que dispõe sobre o Estatuto do Índio e Decreto n. 1.141/94, e suas alterações, que dispõe sobre as ações de proteção ambiental, saúde e apoio às atividades produtivas para as comunidades indígenas.

[13] Portaria n. 47/2006. Dispõe sobre procedimentos internos com os de licenciamento ambiental e obtenção, pelo empreendedor, do Laudo de Avaliação do Potencial Malarígeno (LAPM) e do Atestado de Condição Sanitária (ATCS).

[14] Lei n. 9.636/98. Dispõe sobre a regularização e administração de bens imóveis de domínio da União.

manifestar por meio de parecer técnico para intervenções e pesquisa que visam à utilização de recursos da União, como obras de dragagem em ambiente marinho.

Indiscutivelmente, a legislação ambiental brasileira é muito completa e moderna. No entanto, a efetividade de sua aplicação na garantia de proteção ambiental não tem sido satisfatória. Muitos motivos são apontados para a ineficiência desses instrumentos legais, como grande quantidade de normativas contraproducentes na agilidade do processo de licenciamento, em virtude do grande número de instâncias decisórias. Segundo Barros et al. (2012), o poder legislativo encontra facilidades para criar leis que, no entanto, não atingem a meta de minimização dos impactos ao meio ambiente, seja pela ineficiência dos agentes fiscalizadores da lei ou por sua inaplicabilidade. O cumprimento da lei ambiental, por sua vez, depende de alguns fatores, como a contratação de técnicos especializados, infraestrutura adequada e recursos financeiros para a consecução dos trabalhos, além da sua assimilação pela sociedade civil, considerando o perfil cultural, socioeconômico e educacional do país. Dessa forma, sob a ótica da PNMA, o Brasil necessita de um amplo esforço na divulgação da educação ambiental, capacitação técnica dos profissionais que atuam no licenciamento ambiental e execução de outros instrumentos da política ambiental, pois existe uma relação de complementaridade entre eles (Montaño et al., 2007).

O licenciamento ambiental como um instrumento da PNMA objetiva compatibilizar o desenvolvimento econômico-social com o equilíbrio ecológico. Entretanto, no Brasil, muitos são os relatos dos casos de falha no licenciamento de empreendimentos com impactos negativos não previstos ou mitigados de forma insatisfatória (Pereira, 2011). A falta de efetividade no processo de licenciamento ambiental é causada principalmente pela estrutura institucional dos órgãos ambientais, extremamente burocratizados, morosos e, muitas vezes, sob influência política. A conduta do serviço público do país resulta em retardamento de análises de processos, falta de clareza nos procedimentos e decisões, marcada por conflitos de interesse entre o empreendedor, o órgão ambiental e a população do município afetado, quando chamada à participação.

A complexidade da normatização, que permite diferentes interpretações, determina muitas vezes a necessidade de contatos preliminares com os responsáveis pela gestão ambiental pública para orientação sobre

GESTÃO AMBIENTAL PARA IMPLANTAÇÃO DE EMPREENDIMENTOS | **821**

a interpretação das normas, que em alguns casos são divergentes entre as diferentes instâncias, ampliando a insegurança jurídica. Além disso, geralmente são adotados procedimentos de licenciamento que, em vez de definirem com clareza as metas ambientais a serem alcançadas, muitas vezes exigem a análise técnica e aprovação de projetos, que, em decorrência da carência de pessoal em relação ao número de processos, determinam prazos de tramitação incompatíveis com a dinâmica do mercado. E ainda, em virtude de normas imprecisas, ou mesmo da baixa qualidade dos estudos apresentados, tem-se a necessidade de informações complementares ou adequação de projetos, retardando ainda mais os processos de licenciamento.

A própria Associação Brasileira de Entidades Estaduais de Meio Ambiente (Abema) entende que:

> são muitos os fatores que contribuem para o atual colapso do Sistema Nacional de Licenciamento, entre eles: a exigência de normas ultrapassadas e imprecisas; a fragilidade institucional do Sistema Nacional de Meio Ambiente – Sisnama; e a demanda crescente de regularização dos empreendimentos, a par da qualidade discutível dos Estudos de Impacto Ambiental apresentados hoje por grande número de empreendedores. (Abema, 2013, p. 92)

Destaca-se que os riscos são inerentes às atividades produtivas, contudo, trata-se aqui de uma ampliação artificial desses riscos, que poderia ser evitada com o estabelecimento de regulamentos mais objetivos, preferencialmente definindo as metas ambientais, dando flexibilidade para a resposta, sem, evidentemente, reduzir as exigências de padrões ambientais e o rigor em sua aplicação.

O conflito de competências para licenciar é outro gargalo a ser enfrentado. Alguns autores questionam a validade da atribuição trazida pela Resolução Conama n. 237/97, sob o argumento de que a atribuição do conselho é instituir normas e critérios para o licenciamento e não o de conferir competência para os entes federativos licenciarem. Nesse caso, uma Resolução estaria alterando uma Lei federal (Lei n. 6.938/81), a qual atribuía aos estados e à União a competência para licenciar e, ao estender aos municípios essa competência, violaria a hierarquia administrativa (MMA, 2009).

É de entendimento jurídico que a Lei complementar n. 140 foi criada objetivando destravar o licenciamento ambiental no Brasil, delegando maior responsabilidade aos municípios, que realmente deveriam participar de forma ativa da avaliação de viabilidade de um empreendimento, pois são de fato receptores diretos dos impactos gerados pela instalação de obra ou atividade. Mas também são, de longe, os órgãos componentes do Sisnama com menor capacidade técnica, jurídica e processual para licenciar. Esses conflitos geram incertezas por parte do servidor público, não só na competência técnica para decidir, mas principalmente na habilidade política para tomar decisões que atendam ao interesse da sociedade (Ferreira, 2010), dos empreendedores e investidores, além de privar pela sustentabilidade ambiental.

O art. 13 da Lei complementar n. 140/2011 dispõe que os empreendimentos devem ser licenciados por único ente federativo. Aparentemente, a intenção era evitar a sobreposição de atuações e conflitos entre os órgãos, que, para alguns, seria um facilitador na aprovação de diversos empreendimentos por falta de pessoal técnico para acompanhamento do procedimento de licenciamento e concessão de licenças. No entanto, o que se tem percebido é justamente o contrário, com a imposição de licenciamento pulverizada sobre os municípios, que, na ausência de experiência, termos de referência próprios e segurança técnica e jurídica para expedição das licenças, mantêm os processos parados por tempo indeterminado soterrados na burocracia, até que consigam realizar essas atividades.

É nítida a falta de diálogo entre os poderes legisladores e executores da PNMA, diante de um período de grande questionamento sobre o futuro ecológico e econômico do país e do mundo. Discussões cada vez mais influenciadas pelos eventos climáticos extremos, pelo aumento da emissão de dióxido de carbono (IPPC, 2007), por períodos de estiagem prolongados, perdas financeiras na agricultura e pela falta de água que desestruturou a maior cidade do país (Marchezini et al., 2014) e pautou a urgência de se tomar medidas preventivas. Falta planejamento em longo prazo no que se refere a projetos de infraestrutura, como construção de usinas hidrelétricas, estradas e portos, que, diante da necessidade urgente de adequar o licenciamento ambiental com o desenvolvimento econômico e, ainda, equitabilidade social, assinala cada vez mais da imprescindibilidade na construção de marcos regulatórios que conciliem esses interesses, implementando maior critério e rigor técnico no processo de licenciamento, condicionando harmoniosamente a ocupação do território.

Esse cenário torna-se ainda mais preocupante ao ter sido verificado que boa parte dos empreendimentos planejados para os próximos anos se sobrepõe a algumas zonas de maior conflito na Mata Atlântica, no Cerrado e na Amazônia, as quais devem ser consideradas como prioritárias para a conservação, e cujos empreendimentos necessitam de especial atenção quanto aos seus processos de licenciamento (Tôrres e Vercillo, 2012). Há, contudo, uma desinformação quanto à fauna e à flora, e a ausência deve ser vista com muita cautela na decisão de viabilidade ambiental de um empreendimento, pois a biodiversidade é fundamental no suporte à vida. De acordo com IAIA (2005), a biodiversidade é provedora de bens como alimentos e medicamentos e de serviços essenciais como regulação do clima, sequestro do carbono, formação do solo, purificação da água, polinização de colheitas com valor comercial e controle biológico de pragas e doenças, tornando-se imprescindível o seu uso com reserva e planejamento, pois a perda de uma espécie ou de serviços ecossistêmicos são irreparáveis.

Estudos apontam que estamos diante de uma crise de biodiversidade, conhecida pelos ecologistas como a sexta extinção em massa (Dirzo e Raven, 2003; Barnosky et al., 2011), dadas as altas taxas de extinção atual. Apesar de muito debatida, a atual crise da biodiversidade, independentemente do número real de espécies extintas, é uma questão de interesse global. Dentre as principais causas da extinção de espécies, encontra-se a fragmentação de habitat, principalmente para a conversão de terras para agricultura e desenvolvimento urbano (Barnosky et al., 2011; Pimm et al., 2014). Crutzen e Stoermer (2000) utilizaram o termo "Antropoceno" para denominar a atual era geológica, dada a intensa transformação humana na terra pelo aumento da população e o desenvolvimento econômico.

Evidentemente, a urbanização promove o bem-estar social por meio de melhoria de acesso aos serviços públicos. No entanto, parte dos problemas ambientais deriva do acentuado crescimento populacional por conta da pressão exercida sobre os sistemas de água e coleta de esgoto, produção de energia e alimentos, especialmente em países emergentes. De fato, cessar o crescimento é improvável, portanto ressalta-se, mais uma vez, a importância do licenciamento ambiental, principalmente no que tange à avaliação dos impactos ambientais causados por empreendimentos, como um instrumento de planejamento para uso de recursos, visando à minimização de perdas ambientais, de saúde e bem-estar humanos e mitigação de danos.

Por outro lado, dar celeridade aos procedimentos de licenciamento ambiental para promoção do desenvolvimento econômico, principalmente os que envolvem grandes obras de infraestrutura, deve ser prioridade na agenda ambiental do país, sem, contudo, que essa urgência de crescimento se sobreponha à qualidade das análises técnicas requeridas a todas as etapas do licenciamento ambiental, bem como ao atendimento de suas condicionantes.

O Brasil possui proporções continentais e diferentes condições ecológicas, o que torna o desafio de conciliar a conservação da biodiversidade, incluindo os processos evolutivos, ao desenvolvimento humano e aos novos empreendimentos ainda mais desafiador, sem, contudo, tornar o processo de licença ambiental um empecilho ao desenvolvimento, pois de fato não o é. O licenciamento ambiental e os estudos e análises que o compõem são, na verdade, os únicos meios de garantir que os empreendimentos potencialmente causadores de degradação do meio ambiente sejam implantados com os devidos cuidados técnicos ou, quando necessário, tenham sua negação por parte do órgão licenciador ambiental (Brasil e Câmara dos Deputados, 2004). Ao contrário do que é julgado pela maioria da população e pelos meios de comunicação, o licenciamento é justamente o disciplinamento do uso de bens comuns à sociedade.

GERENCIAMENTO AMBIENTAL: INSTRUMENTO DE GESTÃO AMBIENTAL DURANTE A IMPLANTAÇÃO DE EMPREENDIMENTOS

As atividades necessárias para a instalação de novos empreendimentos, como terraplanagem e remoção de cobertura vegetal, provocam impactos ambientais. Esses impactos geralmente são previstos no processo de licenciamento ambiental, em que se antecipa a proposição de medidas mitigadoras e compensatórias. Além disso, em alguns casos, as condições ambientais, como chuvas de grande intensidade, que dificilmente podem ser avaliadas no planejamento ou mesmo por acidentes e outros imprevistos, podem também causar impactos que precisam ser mitigados e recuperados o mais rapidamente possível. Assim, a implementação dessas medidas deve ser orientada e acompanhada durante a execução da obra.

Nesse cenário, insere-se o gerenciamento ou acompanhamento ambiental em obra como instrumento de gestão nas corporações, a ser implantado durante a execução das obras de empreendimentos, buscando minimizar possíveis impactos ambientais, aumentando a sustentabilidade dos empreendimentos.

Segundo Pinto (2008), consiste na aplicação e/ou fiscalização das medidas de gestão ambiental, incluindo medidas minimizadoras e de monitorização, durante a realização de uma empreitada de construção civil, e sempre em conformidade com a legislação em vigor.

O gerenciamento ambiental se caracteriza por um conjunto de ações que tem por objetivo geral proporcionar um adequado andamento da obra do ponto de vista ambiental, tendo como objetivos específicos: a) orientar os engenheiros quanto aos aspectos ambientais pertinentes a implantação de obras; b) fazer o registro das ações de boa conduta tomadas pela obra; c) apresentar as recomendações de ações preventivas e corretivas para determinadas situações evidenciadas em campo; e d) realizar o acompanhamento das condicionantes constantes nas licenças ambientais emitidas pelos órgãos ambientais.

A principal função do gerenciamento ambiental é definir um padrão construtivo coerente com o planejamento ambiental, que seja capaz de orientar a adoção de medidas preventivas e corretivas.

O gerenciamento ambiental produz também informações que podem se configurar como indicadores da eficiência de gestores e responsáveis da obra, quantificando as medidas de boa conduta, preventivas (servem para evitar que um problema potencial se materialize) e corretivas (para evitar que um problema real volte a ocorrer).

Esse procedimento gera evidências das práticas ambientais adotadas, que se configuram como um sistema de automonitoramento[15], podendo inclusive ser enviado aos órgãos ambientais, demonstrando de forma transparente os resultados da implementação prática do planejamento ambiental do empreendimento.

Para Florencio (2010), o automonitoramento é um dos principais instrumentos de gestão ambiental, na medida em que objetiva acompanhar a relação de um empreendimento com o meio ambiente, permitindo a identificação e a quantificação dos possíveis impactos ambientais.

Nesse contexto, vale destacar que a adoção de boas práticas ambientais durante a construção de empreendimentos deve ser integrada às questões de engenharia, visto que essa atitude proporcionará aspectos positivos à obra, tanto do ponto de vista interno da organização, quanto do externo em relação à população residente no entorno e órgão ambiental, podendo fornecer uma garantia aos executivos da organização quanto à conformidade com os padrões legais e procedimentos de boas práticas de gerenciamento, avaliar

---

[15] O automonitoramento ambiental é um instrumento de avaliação periódica do desempenho ambiental de atividades ou empreendimentos considerados efetiva ou potencialmente degradadores do meio ambiente e pode abranger aspectos físicos, químicos, biológicos e toxicológicos (Idema, 2007).

os potenciais passivos (impactos ambientais) e demonstrar às partes interessadas (nesse caso órgão ambiental e clientes/parceiros) a realização do gerenciamento efetivo das obrigações ambientais da companhia (Braga, 2008).

A metodologia do monitoramento ambiental[16] consiste no acompanhamento durante as obras de implantação do empreendimento por meio da realização de vistorias[17] no local, com periodicidade definida, por técnicos especializados na área ambiental.

A partir dos dados levantados previamente ao licenciamento, ou na fase de planejamento do empreendimento, é possível determinar os locais de maior fragilidade ambiental. A sobreposição do projeto do empreendimento no mapa e fragilidades ambientais permite definir os pontos de monitoramento.

Nesses pontos, devem ser realizados um registro fotográfico, com indicação das ocorrências, e proposição de medidas preventivas (que antecedem o dano ambiental) e/ou corretivas (após o dano ambiental), dependendo da ocorrência ambiental[18] evidenciada.

Quanto mais ações de boa conduta e preventivas forem evidenciadas, maior o índice de eficiência dos responsáveis. Cabe destacar que medidas preventivas são geralmente mais econômicas quando comparadas às medidas corretivas, e a imediata correção dos impactos observados pode evitar maiores custos à obra e ao empreendedor, além dos problemas decorrentes com a fiscalização.

---

[16] O monitoramento ambiental consiste na realização de observações específicas, dirigidas a alguns indicadores e parâmetros, de modo a verificar se determinados impactos ambientais estão ocorrendo, podendo ser dimensionada sua magnitude e avaliada a eficiência de eventuais medidas preventivas adotadas (Bitar e Ortega, 1998). A Deliberação Normativa n. 89/2005 do Copam (2005) define o monitoramento como um conjunto de medições ambientais sistemáticas, periódicas ou contínuas, que objetiva o registro, o controle ou o acompanhamento do ambiente ou de fonte de poluição, sendo utilizado para a verificação do atendimento à legislação ou para subsidiar políticas ambientais.

[17] O objetivo da vistoria de campo é a identificação e o registro de "ocorrências" e "não conformidades ambientais" resultantes de intervenções ou procedimentos de obra, bem como o acompanhamento do atendimento às solicitações propostas para as anteriormente identificadas (DER, 2007).

[18] A ocorrência ambiental é o resultado de uma intervenção ou procedimento de obra que tenha provocado, ou venha a provocar, alterações na qualidade ambiental, como escorregamentos e outros processos da dinâmica superficial em geral, assoreamentos, vazamentos ou outros, a qual deve ser devidamente registrada, avaliada e acompanhada, e pode ser positiva, constituindo-se em ações proativas para prevenção de impactos ambientais e controle das atividades (DER, 2007).

Além do monitoramento da obra, o gerenciamento ambiental inclui a análise e o acompanhamento das condicionantes listadas nas licenças ambientais do empreendimento (licença prévia, licença de instalação, autorização de supressão, outorga etc.), de modo a atestar seu cumprimento e atentar aos prazos estabelecidos.

Todas as informações levantadas durante as visitas de monitoramento ambiental são compiladas em relatórios mensais que contêm: o croqui de localização com indicação do ponto em relação ao projeto de implantação do empreendimento, informação relativa à gestão de resíduos e efluentes, principais ocorrências ambientais, as medidas implementadas e apresentação de fotos ilustrativas das ocorrências. Além disso, são apresentados os documentos comprobatórios do cumprimento de condicionantes das licenças ambientais em formato de *check-list*, além das recomendações gerais e, por fim, as ações pendentes (Pinto, 2008).

O conjunto de informações levantadas pela equipe responsável pelo gerenciamento ambiental da obra serve de apoio à tomada de decisões internas da corporação, bem como uma proteção externa contra possíveis denúncias. Assim, o gerenciamento ambiental precisa dar um posicionamento frequente para a corporação do andamento da obra considerando os aspectos ambientais.

Nesse sentido, Machado (1995) afirma que a elaboração de um registro dos resultados do monitoramento é de fundamental importância para o acompanhamento da situação, tanto para a empresa quanto para o Poder Público.

A visão corporativa para gerenciamento ambiental pode ter ainda o caráter de auditoria ambiental, e nesse caso corresponderia a uma avaliação crítica da obra por meio da captura de evidências e da comparação com determinados padrões, de modo a verificar o grau de conformidade destas com os aspectos ambientais preestabelecidos. A Figura 1 apresenta os agentes e fatores participantes do acompanhamento ambiental de obras, segundo Mendes (2009).

Os procedimentos de inspeção e supervisão resultam na proposição de ações corretivas, os quais surgem para dar cumprimento a uma exigência legal ou para garantir a introdução de boas práticas na obra, sendo este um princípio de excelência do empreiteiro, indo assim ao encontro do sistema de gestão ambiental das organizações (Mendes, 2009).

Figura 1 – Agentes e fatores no acompanhamento ambiental de obras.

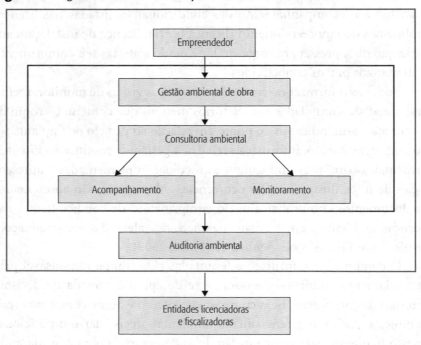

Fonte: adaptada de Mendes (2009).

CONSIDERAÇÕES FINAIS

A gestão ambiental de empreendimentos se baseia no princípio do desenvolvimento sustentável, que entende a conservação da qualidade ambiental como uma premissa à geração de riquezas, garantindo à sociedade os benefícios da maior eficiência da ocupação ambiental.

É fundamental que o planejamento de empreendimentos diversos tenha como princípios norteadores práticas que visem compatibilizar o uso ou a ocupação do solo com as características ambientais, suas fragilidades e seus potenciais, sempre observando as regulamentações legais. Para isso, são necessários estudos multidisciplinares que busquem uma valorização do ambiente natural integrado à proposta do empreendedor, visto que na análise conjunta das diferentes disciplinas haverá a indicação das áreas sem restrições e de baixa fragilidade ambiental para serem ocupadas.

A legislação ambiental brasileira é muito completa e moderna, contudo as dimensões continentais e as diferentes condições ecológicas a tornam complexa, mostrando a importância de um embasamento técnico e científico na elaboração das regulamentações, as quais devem ser elaboradas regionalmente, a fim de serem compatíveis com a realidade de cada ecossistema, buscando uma maior eficiência na conservação de espaços geográficos de grande fragilidade ambiental e importância ecológica.

O Brasil é a oitava economia mundial (IMF, 2015), riquíssimo em biodiversidade e detém cerca de 12% da água doce superficial do planeta (FAO, 2014), o que nos torna uma potência, pois disponibilidade de recursos naturais significa mais do que capacidade de produção de riquezas, mas potencial para estimular o desenvolvimento sustentável. Entretanto, não se pode mais ignorar os limites ecológicos, pois, exaurindo os ecossistemas e os serviços por eles prestados, não será possível garantir desenvolvimento em nenhum dos seus aspectos. Para tanto, é imprescindível uma reestruturação nos recursos humanos e financeiros dos órgãos componentes do Sisnama, de modo a dar qualidade e agilidade ao procedimento de licenciamento ambiental.

O Ministério de Meio Ambiente vem discutindo que uma das formas de se qualificar as pesquisas sobre licenciamento é a definição de critérios mínimos e padronizados nacionalmente. Ora, uniformizar o sistema e aprender com as experiências é um excelente começo. A adoção desses critérios visa também a articulação entre as etapas de licenciamento com os demais instrumentos da gestão ambiental, como planejamento, monitoramento e fiscalização, geralmente esquecidos após a expedição da licença ambiental.

A melhoria da qualidade ambiental do empreendimento pode representar um aumento nos custos iniciais do processo de implantação, porém a longo prazo esse resultado, a princípio negativo, se converte, gerando um ganho ambiental e financeiro, assegurando que a empresa esteja sempre inserida no mercado competitivo, buscando sempre o desenvolvimento sustentável.

O desenvolvimento sustentável somente será alcançado quando as empresas aceitarem e entenderem que o meio ambiente não é apenas fonte de imposições e custos extras, é preciso rever conceitos e incorporar o respeito ao meio ambiente como parte da responsabilidade social da empresa, e fazer disso um diferencial competitivo.

REFERÊNCIAS

ABAZA, H.; BISSET, R.; SADLER, S. *Environmental impact assessment and strategic environmental assessment: towards an integrated approach, economics and trade branch*. Genebra: Unep, 2004.

ABELHA, H. *Acompanhamento Ambiental em Obra – pertinente ou inconveniente?* Disponível em: http://www.tterra.pt/?p=9. Acessado em: 15 set. 2014.

[ABEMA] ASSOCIAÇÃO BRASILEIRA DE ENTIDADES ESTADUAIS DE MEIO AMBIENTE. *Novas propostas para o licenciamento ambiental no Brasil*. In: CARVALHO, J.C. Brasília: Abema, 2013. 92p.

ABSY, M.L.; ASSUNÇÃO, F.N.A.; FARIA, S.C. *Avaliação de impacto ambiental: agentes sociais, procedimentos e ferramentas*. Brasília: Instituto Brasileiro do Meio Ambiente e dos Recursos Naturais Renováveis, 1995.

ASTM: Designation: E1527 – 05. Standard practice for environmental site assessments: phase I environmental site assessment process. 2012.

BARNOSKY, A.D.; MATZKE, N.; TOMIYA, S. et al. Has the Earth's sixth mass extinction already arrived? *Nature*, v. 471, p.51-57, 2011.

BARROS, D.A.; BORGES, L.A.C.; NASCIMENTO, G.O. et al. Breve análise dos instrumentos da política de gestão ambiental brasileira. *Política & Sociedade*, Florianópolis. v. 11, n. 22, 2012.

[BCSD] BUSINESS COUNCIL FOR SUSTAINABLE DEVELOPMENT. Declaração. In: SCHMDHEINY, S. *Mudando o rumo. Uma perspectiva empresarial global sobre desenvolvimento e meio ambiente*. Rio de Janeiro: Fundação Getúlio Vargas, 1992.

BITAR, O.Y.; ORTEGA, R.D. Gestão Ambiental. In: OLIVEIRA, A.M.S.; BRITO, S.N.A. (Eds.). *Geologia de Engenharia*. São Paulo: Associação Brasileira de Geologia de Engenharia (ABGE), 1998, p.499-508.

BRAGA, B. (Coord.). *Introdução à engenharia ambiental – o desafio do desenvolvimento sustentável*. São Paulo: Pearson Prentice Hall, 2008.

BRASIL. *Constituição da República Federativa do Brasil de 1988*. Disponível em: http://www.planalto.gov.br. Acessado em: 01 set. 2014.

_____. *Lei 6.938, de 31 de agosto de 1981*. Dispõe sobre a Política Nacional de Meio Ambiente. Disponível em: http://www.planalto.gov.br. Acessado em: 01 set. 2014.

_____. *Lei 9.605, de 12 de fevereiro de 1998*. Dispõe sobre as sanções penais e administrativas derivadas de condutas e atividades lesivas ao meio ambiente. Disponível em: http://www.planalto.gov.br. Acessado em: 05 set. 2014.

_____. *Lei Complementar nº 140, de 8 de dezembro de 2011*. Define as competências da gestão compartilhada do licenciamento ambiental. Disponível em: http://www.planalto.gov.br. Acessado em: 08 set. 2014.

_____. *Lei 10.650, de 16 de abril de 2003*. Dispõe sobre o acesso público aos dados e informações existentes nos órgãos e entidades integrantes do Sistema Nacional de Meio Ambiente (Sisnama). Disponível em: http://www.planalto.gov.br. Acessado em: 05 set. 2014.

_____. *Lei 12.651, de 25 de maio de 2012*. Dispõe sobre a proteção da vegetação nativa; altera as Leis n. 6.938, de 31 de agosto de 1981, 9.393, de 19 de dezembro de 1996, e 11.428, de 22 de dezembro de 2006; revoga as Leis n. 4.771, de 15 de setembro de 1965, e 7.754, de 14 de abril de 1989, e a Medida Provisória n. 2.166-67, de 24 de agosto de 2001; e dá outras providencias. Disponível em: http://www.planalto.gov.br/ccivil_03/_ato2011-2014/2012/lei/l12651.htm. Acessado em: 11 jul. 2014

_____. *Lei Federal n. 11.516, de 28 de agosto de 2007*. Dispõe sobre a criação do Instituto Chico Mendes de Conservação da Biodiversidade. Disponível em: <http://www.planalto.gov.br>. Acessado em: 05 set. 2014.

_____. *Lei nº 10.257, de 10 de julho de 2001*. Regulamenta os arts. 182 e 183 da Constituição Federal e estabelece diretrizes gerais da política urbana. Disponível em: <http://www.planalto.gov.br>. Acessado em: 14 set. 2014.

_____. *Resolução do Conama n. 001, de 23 de janeiro de 1986*. Dispõe sobre critérios básicos e diretrizes gerais para a avaliação de impacto ambiental. Disponível em: <http://www.mma.gov.br/port/conama>. Acessado em: 08 set. 2014.

BRASIL; CÂMARA DOS DEPUTADOS. *Projeto de Lei n. 3.729-B/2004. Dispõe sobre o licenciamento ambiental, regulamenta o inciso IV do § 1º do art. 225 da Constituição Federal, e dá outras providências*. Disponível em: http://www2.camara.leg.br. Acessado em: 18 fev. 2016.

BRASÍLIA. *Programa Nacional de Capacitação de Gestores Ambientais do Ministério do Meio Ambiente e Ibama.Cadernos de Formação*. v. 5. Brasília, DF, 2009.

CARSON, R. *Primavera silenciosa*. São Paulo: Melhoramentos, 1969.

[CETESB/GTZ] COMPANHIA AMBIENTAL DO ESTADO DE SÃO PAULO. *Manual de gerenciamento de áreas contaminadas*. 2.ed. São Paulo, 2001.

_____. *Manual para Elaboração de Estudos para o Licenciamento com Avaliação de Impacto Ambiental*, 2014.

[CMMAD] COMISSÃO MUNDIAL SOBRE MEIO AMBIENTE E DESENVOLVIMENTO. *Nosso futuro comum*. Rio de Janeiro: FGV, 1988. 430 p.

[COPAM] CONSELHO ESTADUAL DE POLÍTICAS AMBIENTAIS. *Deliberação Normativa Copam n. 89, de 15 de setembro de 2005*. Estabelece normas para labora-

832 | GESTÃO EMPRESARIAL E SUSTENTABILIDADE

tórios que executam medições para procedimentos exigidos pelos órgãos ambientais do Estado de Minas Gerais e dá outras providências. Belo Horizonte: Copam, 2005.

COSTA, S. *Curso: Gestão e Acompanhamento Ambiental em Obra.* Material disponível na empresa de formação Ecovisão, 2008.

CRUTZEN, P.J.; STOERMER, E.F. *The "anthropocene" global change newsletter.* v. 41, p. 17 e 18, 2000.

DANTAS, M.B.; PILATI, L.C. *Direito Ambiental Simplificado.* 1.ed. São Paulo: Saraiva, 2011. 115 p.

DE MARCO JR, P.; COELHO, F.M. Services performed by the ecosystem: Forest remnants influence agricultural cultures, pollination and production. *Biodiversity and Conservation* v. 13, n. 7, p. 1245-1255, 2004.

[DER] DEPARTAMENTO DE ESTRADAS DE RODAGEM. *Especificação Técnica Supervisão Ambiental de Empreendimentos Rodoviários.* São Paulo, 2007.

DIAS, E.G.C.S. *Avaliação de Impacto Ambiental de projetos de mineração no Estado de São Paulo: a etapa de acompanhamento.* Tese (Doutorado em Engenharia Mineral) – Escola Politécnica da Universidade de São Paulo, São Paulo, 2001.

DIRZO, R.; RAVEN, P.H. Global state of biodiversity and loss. *Annual Review of Environment and Resources,* v. 28, p. 137-67, 2003. DOI: 10.1146.

[FAO] ORGANIZAÇÃO DAS NAÇÕES UNIDAS PARA ALIMENTAÇÃO E AGRICULTURA. Disponível em: <https://www.fao.org.br>. Acessado em: 15 set. 2014.

FARIAS, T. Princípios gerais do direito ambiental. *Revista Prima Facie,* Paraíba, v. 5, n. 9, p. 126-148, 2006.

FERRAZ, S. *Direito Ecológico: perspectivas e sugestões.* Ver. Procuradoria Geral do Rio Grande do Sul. Rio Grande do Sul, 1972.

FERREIRA, P. *O Sistema de licenciamento ambiental e o desafio econômico – Proposta para o estado de São Paulo.* Tese (Doutorado em Engenharia Hidráulica e Sanitária) – Escola Politécnica da Universidade de São Paulo, São Paulo, 2010.

FLORENCIO, E. *O Automonitoramento no Estado de Minas Gerais - Estudo de Caso: Bacia Hidrográfica do Rio Itabirito.* Dissertação (Mestrado em Sustentabilidade Socioeconômica e Ambiental) - Universidade Federal de Ouro Preto. Ouro Preto, 2010.

GODARD, O. *Gestão integrada dos recursos naturais e do meio ambiente: conceitos, instituições e desafios de legitimação.* In: VIEIRA, P.F.; WEBER, J. (Org.). Gestão dos recursos naturais renováveis e desenvolvimento – novos desafios para a pesquisa ambiental. São Paulo: Cortez, 1997.

[IAIA] INTERNATIONAL ASSOCIATION FOR IMPACT ASSESSMENT. *Biodiversity in Impact Assessmen.* Special Publication Series n. 3, 2005.

[IBGE] INSTITUTO BRASILEIRO DE GEOGRAFIA E ESTATÍSTICA. Disponível em: <http://www.ibge.gov.br>. Acessado em: 20 set. 2014.

_____. *Vocabulário Básico de Recursos Naturais e Meio Ambiente*. 2.ed. Rio de Janeiro, 2004.

IDEMA. *Instruções Técnicas para Apresentação do Programa e do Relatório de Automonitoramento Ambiental*. Rio Grande do Norte, 2007.

[IMF] INTERNATIONAL MONETARY FUND. *World Economic Outlook Database*, 2015.

[IPCC] INTERGOVERNMENTAL PANEL ON CLIMATE CHANGE. *The 4th assessment report to the intergovernamental panel on climate change*, Cambridge: Cambridge University Press, 2007.

[ISO] INTERNATIONAL ORGANIZATION FOR STANDARDIZATION. *Sistema de gestão ambiental – SGA. NBR ISO 14001*. Geneve, 1996.

JUSTI JUNIOR, J. *Interpretações Legais, Ambientais e Proposta Metodológica para Determinação do Regime de Fluxo de Canais de Drenagem nas Bacias Hidrográficas*. Dissertação (Mestrado em Organizações e Desenvolvimento) – FAE Centro Universitário, Curitiba, 2013.

KELLER, G.; SHERAR, J. *Low-Volume Roads Engineering – Best Management Practices Field Guide*. Carolina do Norte, 2003.

KOBLITZ, R.V.; JUNIOR, S.J.P.; AJUZ, R.C.A.; GRELLE, C.E.V. Ecologia de paisagens e licenciamento ambiental. *Revista Natureza e Conservação*, v. 9, n. 2, p. 244--248, 2011.

KRAEMER, M.E.P. *Passivo Ambiental*. 2003. Disponível em: <http://www.amda.org.br/imgs/up/Artigo_21.pdf>. Acessado em: 30 ago. 2014

LIKENS, G.E.; BORMANN, F.H.; JOHNSON, N.M. Acid rain. *Environment*, v. 14, n. 2, p. 33-40, 1972.

MACHADO, P.A.L. *Direito ambiental brasileiro*. 5.ed. São Paulo: Malheiros Editores, 1995. 696p.

MARCHEZINI, J.; TAMARI, M.; MARTINS, P. *Sistema Cantareira e a Crise da Água em São Paulo: A Falta de Transparência no Acesso à Informação*. São Paulo, 2014.

MARGALEF, R.L. *Ecologia*. Barcelona: Editora Planeta, 1981.

MENDES, L.M.G.M. *Acompanhamento Ambiental em Obra: Avaliação da utilidade/eficácia em Portugal*. Dissertação (Mestrado em Engenharia do Ambiente) - Escola Superior Agrária de Coimbra, Instituto Politécnico de Coimbra, 2009.

[MMA] MINISTÉRIO DO MEIO AMBIENTE. Resolução Conama n. 369, de 28 de março de 2006. Disponível em: <http://www.mma.gov.br>. Acessado em: 10 jul. 2014.

_____. *Resolução Conama n. 420, de 28 de dezembro de 2009*. 2009a. Disponível em: <http://www.mma.gov.br>. Acessado em: 30 ago. 2014.

_____. *Programa Nacional de Capacitação de Gestores Ambientais: Licenciamento Ambiental*. Brasília: MMA, 2009b. 90p.

MONTAÑO, M.; OLIVEIRA, I.S.D.; RANIERI, V.E.L. et al. O zoneamento ambiental e a sua importância para a localização de atividades. *Revista Pesquisa e Desenvolvimento Engenharia de Produção*. Itajubá, n. 6, p. 49-64, 2007.

[MPF] MINISTÉRIO PÚBLICO FEDERAL. *Deficiência em estudo de impacto ambiental. Síntese de uma experiência*. Brasília: Ministério Público Federal/4ª Câmara de Supervisão e Coordenação/Escola Superior do Ministério Público da Uniã, 2004.

[ONU] ORGANIZAÇÃO DAS NAÇÕES UNIDAS. *Declaração de Johanesburgo sobre Desenvolvimento Sustentável*. Johanesburgo, 2002. Disponível em: <http://www.riomaisdez.gov.br/documentos/680-DeclaraçãoPolíticajoanesburgo.doc>. Acessado em: 13 nov. 2003.

_____. *Declaração de Estocolmo de 1972*. Disponível em: <www.mma.gov.br/estruturas/agenda21/_arquivos/estocolmo.doc>. Acessado em: 01 set. 2014.

PEREIRA, P.J.C.R. *Desafios do licenciamento ambiental de usinas hidrelétricas: um estudo de caso da UHE Itapebi*. Dissertação (Mestrado em Ciências Políticas Públicas, Estratégias e Desenvolvimento) – Universidade Federal do Rio de Janeiro, 2011.

PIMM, S.L.; JENKINS, C.N.; ABELL, R. et al. The biodiversity of species and their rates of extinction, distribution and protection. Science, v. 344, 2014, 6187p.

PINTO, L. *Acompanhamento Ambiental de Obra*. Tektónica – Lisboa, 2008. Disponível em: <http://www.tterra.pt/rsc/workshop-gao-tek/acompanhamento_ambiental_deobras-LPinto.pdf>. Acessado em: 30 ago. 2014

PIRES, L.F.A. *Gestão ambiental da implantação de sistemas de transmissão de energia elétrica – estudo de caso: interligação norte/sul i*. Dissertação (Mestrado em Ciência Ambiental) – Universidade Federal Fluminense. Niterói, 2005.

RIBEIRO, C.A.A.S.; SOARES, V.P.; OLIVEIRA, A.M.S.O. et al. O desafio da delimitação de áreas de preservação permanente. *Revista Árvore*, Viçosa, n. 2 p. 203-212, 2005.

SÁ, E.; CARRERA, F. Responsabilidade Ambiental. In: *Planeta terra: uma abordagem de Direito Ambiental*. Rio de Janeiro: Lúmen Júris, p. 89-117, 1999.

[SAE] SECRETARIA DE ASSUNTOS ESTRATÉGICOS PRESIDÊNCIA DA REPÚBLICA. *Resolução Conama nº 006, de 24 de janeiro de 1986*. Dispõe sobre critérios básicos e diretrizes gerais para a avaliação de impacto ambiental. Disponível em: http://www.mma.gov.br/port/conama. Acessado em: 08 set. 2014.

_____. *Resolução Conama nº 009, de 3 de dezembro de 1987*. Dispõe sobre a realização de audiências públicas no processo de licenciamento ambiental. Disponível em: <http://www.mma.gov.br/port/conama>. Acessado em: 08 set. 2014.

_____. *Resolução Conama nº 23,de 12 de dezembro de 1994*. Dispõe sobre critérios específicos para licenciamento ambiental visando o melhor controle e gestão ambiental das atividades relacionadas à exploração e lavra de jazidas de combustíveis líquidos e gás natural. Disponível em: <http://www.mma.gov.br/port/conama>. Acessado em: 12 set. 2014.

_____. *Resolução Conama nº 237, de 19 de dezembro de 1997.* Dispõe sobre procedimentos e critérios utilizados no licenciamento ambiental. Disponível em: <http://www.mma.gov.br/port/conama>. Acessado em: 08 set. 2014.

_____. *Resolução Conama nº 279, de 27 de junho de 2001.* Dispõe procedimento simplificado para o licenciamento ambiental de empreendimentos de geração de energia elétrica de baixo impacto, através da elaboração do relatório Ambiental Simplificado. Disponível em: <http://www.mma.gov.br/port/conama>. Acessado em: 22 set. 2014.

_____. *Resolução Conama nº 377, de 9 de outubro de 2006.* Dispõe sobre licenciamento ambiental simplificado de Sistemas de Esgotamento Sanitário. Disponível em: <http://www.mma.gov.br/port/conama>. Acessado em: 12 set. 2014.

_____. *Resolução Conama nº 385, de 27 de dezembro de 2006.* Dispões sobre o licenciamento ambiental de agroindústrias de pequeno porte e baixo potencial de impacto ambiental. Disponível em: <http://www.mma.gov.br/port/conama>. Acessado em: 12 set. 2014.

_____. *Resolução Conama nº 387, de 29 de dezembro de 2006.* Dispõe sobre procedimentos para o Licenciamento Ambiental de Projetos de Assentamentos de Reforma Agrária. Disponível em: <http://www.mma.gov.br/port/conama>. Acessado em: 12 set. 2014.

_____. *Licenciamento ambiental – Documento para discussão. Versão preliminar.* Brasília, 2009.

SENADO FEDERAL. Estocolmo marcou a quebra de paradigma. *Revista de audiências públicas do Senado Federal,* ano 3, n. 11, jun. 2012. Disponível em: <www.senado.gov.br/emdiscussao>. Acessado em: 05 set. 2014.

TEIXEIRA, D.M. *Populações e Meio Ambiente.* Boletim Científico. Escola Superior do Ministério Público da União, Brasília, ano 9, n. 32/33, p. 37-69, jan./dez. 2010.

TÔRRES, N.M.; VERCILLO, U.E. Como ferramentas de modelagem de distribuição de espécies podem subsidiar ações de governo? *Natureza e Conservação.* v. 10, n. 2, 2012, p. 228-230.

[UN] UNITED NATIONS. Department of Economic and Social Affairs, Population Division (2014). *World Urbanization Prospects: The 2014 Revision.* Disponível em: <http://esa.un.org/unpd/wup/CD-ROM/Default.aspx>. Acessado em: 15 set. 2014.

VIDAL DE SOUZA, J.F.; VON ZUBEN, E. O licenciamento ambiental e a Lei complementar n. 140/2011. *Cadernos de Direito,* Piracicaba, v. 12, n. 23, 2012, p. 11-44.

PARTE IV

Boas Práticas

Capítulo 30
Sustentabilidade como Estratégia de Inovação
Monica Kruglianskas, Marc Vilanova Pichot e
Isak Kruglianskas

Capítulo 31
Contabilização de Lucros e Perdas Ambientais
Carlos Rossin e Cecília Michellis

Capítulo 32
Responsabilidade Socioambiental Empresarial
Supermercadista: Sustentabilidade como Fator de
Transformação da Cadeia de Valor da Carne
Fabiana Farah e Taísa Cecília de Lima Caires

Capítulo 33
Empreendedorismo Agroecoturístico
Thaise Costa Guzzatti

Capítulo 34
Desafios da Gestão Ambiental de Empresas
Sucroalcooleiras
Maria do Carmo Sobral, Maiara Melo e Gustavo Melo

Capítulo 35
Gestão Sustentável na Construção e na Operação de
Empresa Certificada Leed
Marlus Kormann

Capítulo 36
Ecossocioeconomia Empresarial
Manon Garcia, Paula Vaccari Toppel,
Carlos Alberto Cioce Sampaio, Ivan Sidney Dollabrida e
Oklinger Mantovaneli Jr.

Capítulo 37
A Aplicação da Comunicação Integrada de Marketing
como Estratégia para a Sustentabilidade
Schirlei Mari Freder, Luciane Cristina Ribeiro,
Saulo Ribeiro dos Santos e Evandro Lau de Andrade

Capítulo 38
Minimização de Impactos Ambientais em um
Campus Universitário
Rebecca M. Dziedzic e Maurício Dziedzic

Capítulo 39
Relações Sustentáveis entre Universidade e Empresa:
o Projeto do Escritório Verde da UTFPR
Eloy Fassi Casagrande Jr.

Sustentabilidade como Estratégia de Inovação[1] | 30

Monica Kruglianskas
Administradora e consultora associada,
Cambridge Institute for Sustainability Leadership

Marc Vilanova Pichot
Economista, Esade Business School

Isak Kruglianskas
Engenheiro aeronáutico, USP

INTRODUÇÃO

Atualmente, existe uma certa predominância de estratégias baseadas em competitividade e sustentabilidade, adotadas por empresas e organizações no mundo todo. Existe até mesmo um certo consenso de que a complexidade dos processos organizacionais vividos pela sociedade hoje em dia acaba levando estas organizações a colocar a inovação e a sustentabilidade no centro de suas agendas. Competitividade não mais é o único fator que move a economia mundial. Ela precisa estar acompanhada por responsabilidade, desenvolvimento sustentável e a diminuição de impactos negativos, por meio da inovação de produtos e serviços, processos e modelos.

---

[1] Esta versão, na forma de capítulo de livro em português, é uma adaptação de KRU-GLIANSKAS, M.; VILANOVA, M. Sustainability as Innovation Strategy: How Sustainability and Innovation Drive Each Other and Company Competitiveness at Danone. Innovating Innovation. In: MCKINSEY&COMPANY. *Harvard Business Review.* 7 jan. 2013. Disponível em: http://www.mixprize.org/story/sustainability-innovation-strategy-how-sustainability--and-innovation-drive-each-other-and-comp. Acessado em: 12 jul. 2016.

Na Danone, a sustentabilidade é uma excelente maneira de se gerar inovação, já que estimula a criatividade ao apresentar novos desafios a serem superados e estabelece metas ambiciosas que levam as pessoas a pensar de novas maneiras, estimulando a diversidade. A busca da sustentabilidade é um *driver* poderoso de inovações, que induz a criatividade pela colocação de novos problemas e pelo estabelecimento de metas, obrigando as pessoas a pensar de maneira diferente. Além disso, também fomenta contradições dentro da empresa. Os funcionários são empoderados para agir e, dessa maneira, gerar inovações. Sustentabilidade e inovação interagem mutuamente e, juntas, promovem a competitividade.

O texto tem por objetivo mostrar como, no caso específico da Danone, a busca da sustentabilidade socioambiental alavanca a estratégia de inovação da empresa e, reciprocamente, como a inovação promove a sustentabilidade. Para melhor entender esse círculo virtuoso são apresentados vários aspectos que permitem um melhor entendimento do caso estudado, como o contexto em que o caso se achava inserido, as mudanças organizacionais introduzidas, os critérios e métricas para avaliação de desempenho e as principais lições que podem ser extraídas do caso.

CONTEXTO

A Danone, sediada em Paris, é uma das maiores multinacionais no setor de alimentação. A companhia iniciou suas atividades em 1919 e conta hoje com 101 mil funcionários. Seus principais negócios estão ligados a produtos lácteos frescos, água e nutrição infantil e clínica. Algumas de suas marcas mais conhecidas são Danone, Activia, Stonyfield Farm, Evian, Volvic e Aqua. A missão da companhia é "levar saúde e nutrição para o maior número de pessoas".

A primeira coisa que deve ser compreendida com relação à cultura corporativa da Danone é que ela é uma empresa que desde o início teve um compromisso social bastante claro, conduzido pela visão pessoal e pelos valores de seu primeiro CEO, Antoine Ribaud. O filho de Antoine, Franck Ribaud, assumiu seu cargo posteriormente, até 2014. Atualmente é *chairman* do Conselho de Diretores do Grupo Danone, dirigindo a empresa junto a Emanuel Faber, CEO. Já em 1972, Antoine Ribaud falava sobre o que chamava de Projeto Duplo da Danone, que, resumidamente, fundamenta-se na crença de que a Danone não poderia estabelecer um plano de negócios sem ao mesmo tempo considerar uma ideia mais ampla a respeito de como queria contribuir para o mundo. As famosas palavras de Franck Ribaud, "não podemos crescer no deserto", significam que a companhia precisa de uma sociedade que cresça e se desenvolva, caso queira ser sustentável. Essas ideias, que estão na base da cultura corporativa, e que são compartilhadas por toda a organização, são os fundamentos sobre os quais todo o modelo de negócios é construído. Hoje, o atual *chairman* sustenta que "nosso futuro depende de nossa habilidade de explorar e inventar novos modelos de negócios e novos tipos de negócios. Minha visão para a Danone: um negócio que cria valor econômico ao criar valor social".

Essa cultura corporativa explica por que, para ser fiel à missão da companhia de gerar saúde, nos últimos anos o Grupo Danone reorganizou seus ativos vendendo companhias lucrativas que fabricavam cerveja e biscoitos, adquirindo companhias de nutrição infantil e clínica, ou direcionando grande parte de seus esforços em P&D para o desenvolvimento de produtos saudáveis.

Essa importante mudança permitiu ao grupo repensar sua estratégia, fortalecendo ainda mais a posição da sustentabilidade como parte central de seu modelo de negócios e proposta de valor. Hoje, o Grupo Danone concentra seu crescimento em cinco áreas-chave: pessoas, saúde, inovação, Danone para todos e a natureza.

A estratégia de sustentabilidade da Danone baseia-se em três pilares: as plataformas ambiental, social e econômica. Parte significativa da estratégia organizacional do Grupo Danone é descentralizar, compreender que é necessário gerenciar operações de maneiras diversas, de acordo com diferenças de contexto, e que, portanto, unidades, escritórios e subsidiárias diferentes precisam ser capazes de desenvolver soluções distintas e únicas baseadas em diferenças sociais, culturais e econômicas. Além disso, igualmente importante para a cultura organizacional é a ideia de estimular as pessoas a não apenas tomar decisões, mas serem responsáveis por quaisquer atividades que gerenciem ou coordenem, mesmo quando estas não tenham resultado de suas próprias decisões (em outras palavras, se você aceita executar a decisão de outra pessoa, você a estará aceitando como a sua própria). Nesse contexto, a estratégia de sustentabilidade não é diferente: a corporação estabelece diretrizes e metas, mas cada unidade de negócios local desenvolve sua própria maneira de implementar essas ideias em termos de estratégias, políticas e ações específicas.

GESTÃO EMPRESARIAL E SUSTENTABILIDADE

Quanto às diretrizes e objetivos gerais corporativos, a plataforma ambiental é trabalhada a partir de cinco prioridades estratégicas, e tem sido mensurada principalmente pelas emissões de CO_2. A plataforma social se concentra prioritariamente em políticas voltadas a funcionários – que na companhia são chamados de *Danoners* – e comunidades locais, com os programas *Danone Supporting Life* e *Danone Ecosystems Fund*. A mensuração da plataforma social baseia-se em diferentes aspectos de impacto social, medidos por meio do *Labor Footprint* (pegada laboral), que visa a administrar responsavelmente o impacto positivo e negativo que a Danone tem sobre todas as pessoas cujo trabalho é diretamente afetado pela empresa, independentemente se eles tenham um vínculo contratual direto com a Danone ou não. A plataforma econômica foca em assuntos tangíveis, como o desempenho financeiro, ou intangíveis, por exemplo, gestão de reputação.

Um exemplo claro de como esses assuntos são conduzidos são as iniciativas para a redução nas emissões de CO_2. Em 2009, o Grupo Danone estabeleceu que as emissões precisavam ser reduzidas em 30% até 2012, mas não especificou como. Assim, por exemplo, a Danone Espanha trabalhou como unidade piloto (em linha com o conceito de laboratório, a ser detalhado a seguir) para o desenvolvimento de uma série de políticas voltadas à redução de CO_2, como mudar os sistemas de transporte, realizar melhorias nas embalagens e reduzir o consumo de energia. Depois, a Danone Espanha avaliou seus resultados e se reportou à matriz, e o escritório central consolidou os dados de diferentes unidades para calcular o resultado total.

GATILHOS

Integrar aspectos sociais, ambientais e econômicos em uma proposição de valor é algo que sempre esteve presente no modelo de negócios da Danone. No início, o iogurte da Danone era um produto saudável vendido em farmácias, o que refletia a filosofia de negócios dos fundadores e estabeleceu o DNA corporativo. No entanto, à medida que cresceu em tamanho e alcance, a Danone inevitavelmente começou a, de certo modo, diluir essas ideias centrais, e aos poucos foi se tornando apenas outra multinacional da indústria alimentícia, fabricante de produtos diversos, como biscoitos, doces, cereais, molhos, carne, queijo, cerveja e refrigerante. A gestão da

Danone começou a sentir que a companhia tinha perdido seu foco, já que não tinha mais uma visão e missão claras do tipo de companhia que queria ser e, particularmente, de como queria contribuir com o mundo.

O gatilho para a mudança foi a percepção de que havia uma combinação de fatores, tanto internos como externos, gerando um impacto negativo na empresa. Internamente, havia uma percepção clara de que a Danone tinha perdido o foco, e que isso parecia estar afetando o engajamento dos funcionários e a cultura organizacional. Externamente, a reputação da Danone parecia ter se afastado da de uma companhia singular, especializada em produtos específicos, tornando-se apenas outra multinacional em busca de oportunidades para entrar em qualquer área possível, orientada apenas pelo lucro. Isso gerou um profundo processo de reflexão em que a companhia buscou se reconectar com o espírito inicial da Danone.

A busca da Danone para se reconectar com sua missão original foi construída em torno de duas ideias centrais de saúde e crescimento. A Danone, em sua origem, havia sido uma empresa de produtos alimentícios saudáveis que almejava ter um projeto duplo: social e econômico. Como a companhia era bem-sucedida, foi crescendo, mas esse crescimento aparentemente adquiriu vida própria. Então, a companhia decidiu que queria crescer, mas não a qualquer custo. Ela queria manter visão e missão claras em torno desse tema central de saúde e crescimento. Além disso, a Danone reconheceu que um dos desafios centrais que o mundo deve encarar no futuro é a nutrição a partir de todos os pontos de vista: hábitos alimentares, populações em transformação, epidemias, sustentabilidade e assim por diante. Assim, reajustar o foco em saúde e crescimento fazia sentido não apenas de uma perspectiva de se reconectar com a cultura corporativa da Danone, mas também em termos de aproveitar uma oportunidade no mercado, como empresa líder no fornecimento de produtos alimentícios saudáveis e deliciosos.

Esse é, em parte, o motivo pelo qual, de 2000 a 2007, a Danone vendeu a maior parte das divisões consideradas incompatíveis com essa estratégia saudável, tais como marcas de cerveja (2000), carne e queijo (2002), cereais e biscoitos (2004 e 2007) e molhos (2005 e 2006). Simultaneamente, expandiu e melhorou as operações em suas duas divisões estratégicas restantes (produtos lácteos e água) e ao mesmo tempo entrou nos mercados de alimentos para bebês (ao adquirir a holandesa Numico em 2007) e também nutrição clínica. Na verdade, a mudança estratégica foi tão profunda que, em 2007, a Danone passou, em âmbito mundial, de segunda fabricante de cereais e biscoitos para a segunda em nutrição de bebês, por meio da venda da Lu para a Kraft e com a compra da Numico.

Ao mesmo tempo, a Danone iniciou um processo de reflexão interno em torno da questão central "Que Danone queremos para os próximos 10 anos?" O fim desse processo de reflexão estratégico foi uma decisão de reajustar o foco da companhia em quatro áreas centrais: (1) inovação, (2) pessoas, (3) natureza e (4) Danone for All. Em termos de operação, isso significou realizar mudanças organizacionais bastante profundas, muitas das quais voltadas à busca de uma estratégia central para manter o crescimento por meio da inovação, mas apenas como uma companhia de alimentos saudáveis. Em outras palavras, a proposição central de valor para a Danone foi voltar às suas origens e se tornar uma companhia com uma missão clara de produzir produtos saudáveis e sustentáveis por meio da inovação. Isso, por sua vez, se traduziu em se reconectar com alguns dos valores originais que haviam dado forma à cultura corporativa. Os novos (e antigos) valores centrais precisavam ser integrados à cultura atual, o que significava traduzir esses valores em conceitos que fizessem sentido para a comunidade interna, os Danoners. Para atingir isso, a Danone desenvolveu políticas para incorporar e disseminar os valores corporativos por toda a organização. Um bom exemplo de tais políticas foi um programa chamado Phoenix, criado pelas Relações Humanas (é assim que a área de Recursos Humanos é chamada na Danone) na matriz, envolvendo gerentes de nível sênior em nível mundial para discutir e desenhar como os novos valores seriam incorporados e disseminados por toda a organização. O programa incluía diferentes atividades, como *workshops* nos quais se debateriam os valores que precisavam ser desenvolvidos e como estes estavam ligados ao futuro da companhia. Então, esses debates se traduziram em práticas específicas que buscam compreender como a implementação desses novos valores resultariam em termos de práticas de contratação, descrição de funções profissionais, objetivos e competências dos funcionários.

Para implementar os novos valores, a companhia teve de gerar inovações em sua estrutura organizacional, como:

- Buscar novas parcerias com laboratórios e universidades externos.
- Criar a vice-presidência da Danone Nature e lançar uma agenda ambiental ambiciosa.

- Designar pessoas para serem responsáveis pelas articulações junto a todas as interfaces organizacionais visando à busca da redução nas emissões de CO_2 em cada unidade de negócio que são conhecidos internamente como Carbon Masters.
- Criar o comitê de inovação social na matriz, o que inclui muitos dos membros do comitê executivo, incluindo o CEO.
- Gerar Comitês de Inovação em cada país.
- Associar o pagamento de um terço do bônus de seus principais executivos no mundo todo ao desempenho em sustentabilidade.

Em resumo, os gatilhos para algumas das inovações mais radicais implementadas na Danone foram saúde e sustentabilidade, o que resultou na inovação do modelo de negócios da companhia, que concentra seus esforços em Saúde e nutrição como essência da estratégia.

INOVAÇÕES PRINCIPAIS E LINHA DO TEMPO

Como mencionado anteriormente, a Danone começou a reestruturar a organização ainda no ano 2000. No entanto, foi a partir de 2007 que a empresa se reposicionou radicalmente para alinhar os negócios centrais à missão renovada de trazer saúde por meio da alimentação para o maior número de pessoas possível ao redor do mundo. Essa estratégia precisava ser apoiada por toda a organização e, para isso, uma série de mudanças precisava acontecer. Com novas companhias se unindo ao grupo, nutrição infantil e clínica, as novas áreas de foco, bem como a cultura da companhia, precisavam de atenção.

Assim, à época, o desafio da transformação tornou-se uma grande oportunidade para o desenvolvimento e a implementação de inovações que poderiam alimentar a sustentabilidade dentro da organização. Inovações foram implementadas em toda a organização para máximo impacto. A seguir, serão descritas algumas delas.

Inovações na estrutura organizacional

O Grupo Danone tradicionalmente tem uma cultura que permite que iniciativas descentralizadas aconteçam, assuntos e necessidades locais inspiram a promoção de inovação. A matriz em Paris também trabalha intensivamente na promoção de modo que diferentes unidades de negócios se comuniquem e troquem experiências sistematicamente.

Assim, inovações nas estruturas organizacionais foram introduzidas para se beneficiar dessa cultura de descentralização e inovação. Uma das principais ações foi a criação de comitês formados por pessoas de diferentes departamentos e unidades designadas para gerar inovação por toda a organização inspiradas em dois pilares centrais: (1) sustentabilidade; e (2) competitividade. Diferentes comitês foram criados para trabalhar assuntos ligados ao meio ambiente, inovação social e inovação tecnológica, coordenadas pelo cargo recém-criado de vice-presidente da Danone Nature, e com grupos de trabalho em diferentes países e unidades. Esses comitês incorporaram os gerentes mais seniores para mostrar à organização a seriedade de seu comprometimento, incluindo presidentes, membros do comitê executivo e outras chefias.

Na Danone, o foco nas pessoas (os chamados Danoners, mas também comunidades locais impactadas de alguma maneira pela companhia) é bastante pronunciado, mais intensamente do que na maioria das empresas. A área de relações humanas possui um papel fundamental na Danone tanto em termos de desempenho como de estratégia. Historicamente, nos anos 1970, o primeiro CEO Antoine Ribaud defendeu a ideia de que a responsabilidade da companhia não terminava nos portões das fábricas, estendendo-se para a comunidade do entorno, conforme o Projeto Duplo explicado anteriormente. Nesse sentido, para a Danone, as pessoas estão no centro, tanto do ponto de vista de negócios como de sustentabilidade. Na verdade, a Danone considera assuntos ambientais um gatilho crítico para atividades de inovação social, porque a principal preocupação da Danone é como o meio ambiente afeta as pessoas. A orientação está tão incorporada e é tão aceita na Danone, que já faz parte da cultura corporativa a crença de que qualquer gerente que tenha o objetivo de se tornar um executivo sênior, por exemplo, precisará ter experiência na área social, ou seja, ter trabalhado em uma organização desse gênero ou com um programa social específico, para ter certeza de que ele ou ela tenham essa vivência em sua carreira.

Ainda assim, a nova divisão corporativa e o cargo de vice-presidente (VP) foram batizados de Danone Nature, e isso não foi uma decisão pequena. A meta era refletir uma abordagem holística na relação entre o meio ambiente e as pessoas. O cargo de VP da Danone Nature (ou simplesmente Nature, como é denominado internamente) foi ocupado por um presidente que originalmente tinha formação em *marketing*, mas também interesse pessoal por assuntos ligados à sustentabilidade, e que já estava na companhia há muitos anos. O *sponsor* da Nature era um executivo bastante sênior no Grupo Danone, ocupando um cargo global. Esse executivo foi um grande incentivador do pensamento inovador na Danone e seu apoio permitiu que Nature fosse estabelecido como aspecto-chave para o impulso inovador da companhia de lidar com os desafios à frente.

Assim, embora até aquele momento a maioria das iniciativas relacionadas à sustentabilidade estivesse ainda sob a gerência de recursos humanos, a criação da Nature iniciou uma mudança interna.

Compromisso com a pegada de carbono

Quando a Danone começou a calcular sua pegada de carbono, ainda era incerto quais ferramentas iria usar. Muito de pesquisa e grande parte de ousadia foram necessárias para decidir que direção tomar. De acordo com um gerente sênior, "passamos mais de um ano testando e desenvolvendo a ferramenta de avaliação". No entanto, a questão nunca foi se a Danone deveria fazer isso, mas, que mudanças precisavam ser feitas para fazer isso acontecer. Na verdade, aqui se vê um claro exemplo da cultura da Danone de estabelecer metas ousadas que criam inovação, já que em 2010 o CEO da Danone assumiu um compromisso público com a comunidade de reduzir em 30% a pegada de carbono até 1º de janeiro de 2012, quando a companhia ainda não fazia ideia de como esse grande objetivo poderia ser atingido. "No entanto, todos na Danone sabem que, quando um compromisso público claro é assumido, a equipe tem de fazer acontecer. Então, trabalhamos arduamente, em conjunto com diferentes unidades, para chegar a uma inovação que se traduziu em uma ferramenta confiável que ajudaria a cumprir a promessa que nosso CEO havia feito", destacou o mesmo gerente.

De acordo com o Diretor Global de Meio Ambiente e Qualidade do Leite, "estabelecer uma meta tão ousada obrigou toda a companhia a se distanciar de sua zona de conforto, nós sabíamos que poderíamos reduzir de 15 a 20%, mas não sabíamos como reduzir em 30%. Tivemos que inventar, redesenhar, criar e ousar para atingir isso. Estou convencido hoje de que essa grande ambição gerou inovações e grandes investimentos em muitas áreas: logística, embalagem e agricultura. Gerou muitas novas ideias e laboratórios".

Comitês de inovação

Formalmente, a inovação na Danone faz parte das estruturas de P&D, que têm dedicação específica ao assunto. Assim, no novo modelo de negócios, P&D foi responsável pelos comitês de inovação, que existem em cada unidade de negócios nos países e também mundialmente. Em âmbito mundial, P&D coordena e prioriza os projetos. Já no âmbito local, cada unidade/país propõe inovações específicas criadas para seu contexto, ou decide trazer para seus domínios o que internamente é chamado de boa prática. Essas boas práticas são testadas e implementadas em âmbito local ou nacional e, se bem-sucedidas, são então apresentadas ao comitê global, que decide por estender ou não a inovação ou boa prática para uma região maior, outros países, ou mesmo às operações em âmbito mundial.

O comitê global prioriza diferentes projetos utilizando a abordagem gargalo, e o comitê segue os passos do projeto (geração, seleção, execução e implementação) dando um *go* ou *no-go* a cada estágio. Parte do trabalho do comitê é incorporar o pensamento sustentável e associar seu impacto a projetos, bem como avaliar a sustentabilidade do processo de inovação. Como o Diretor Global de Meio Ambiente e Qualidade do Leite afirma, "pragmatismo sempre é o principal critério para os comitês". Essa maneira de desenhar inovações ou melhores práticas, testando-as e então transformando histórias de sucesso em aprendizado corporativo, é conhecido internamente como *From Lab to Land* (De Laboratório a Território), ou abreviadamente denominado na Danone como *Labs* (Laboratório).

From Lab to Land

A ideia é simples: experimentar em menor escala, e então replicar e ganhar escala com sucesso em projetos ou programas nacional, regional ou mundialmente. Esse processo faz parte do DNA da Danone, e está enraizado em sua cultura de tornar a inovação parte central de seu modelo de negócios. Quando um projeto em qualquer área (impacto social, tecnologia, agricultura, qualidade, produto etc.) tem uma história bem-sucedida, com aprendizados centrais, e está desenvolvido ou maduro o suficiente para ser disseminado para outras unidades de negócios ou países, comitês internos, como os de inovação, compartilham os resultados entre seus membros e apoiam uns aos outros na implementação. Diferentes comitês se comunicam com suas comunidades via intranet ou pela rede de P&D, e então o profissional de P&D responsável no país ou região combina oportunidades locais com o que está acontecendo em outro país ou unidade, e ele ou ela pode trazer o projeto bem-sucedido para sua área, conforme vê-se nos exemplos a seguir.

Entre 2003 e 2008 na França, um projeto laboratório foi desenvolvido para reduzir as emissões de metano e foi chamado de Linus. Inicialmente, a ideia foi passar a alimentar as vacas com linhaça, e isso conseguiu reduzir significativamente as emissões de metano das vacas e, assim, a emissão de CO_2 da companhia. Mas a ideia inicial teve não só impacto ambiental, mas também uma melhora na qualidade nutricional do leite. A alimentação foi mais tarde incrementada com diferentes tipos de elementos nutritivos, e a qualidade do leite gerou um produto que atendeu a muitos desejos e expectativas em potencial do consumidor em termos de nutrição e sustentabilidade. O projeto foi muito bem-sucedido e, em 2010, outras unidades de negócio em países como os Estados Unidos (Stonyfield Farm) e depois a Bélgica e a Alemanha decidiram implementá-lo também, transformando, assim, o pequeno laboratório francês original em um território internacional.

Uma inovação interessante na área de embalagens foi criada por outro projeto laboratório inicial chamado *Pick up out*. Impulsionada pela necessidade de reduzir o impacto ambiental e as emissões de CO_2, a Danone decidiu remover o papel da embalagem nos potes de seus iogurtes. O ganho em redução de CO_2 foi bastante importante, bem como a redução em custos. Mas o impacto nas vendas, de acordo com pesquisas de mercado e diversos testes, foi terrível, já que os consumidores enxergaram isso não como uma redução no impacto ambiental, pelo contrário, uma redução na qualidade. Além disso, sem o papel, a Danone perdeu visibilidade nas prateleiras das lojas, fatores que, combinados, geraram uma significativa redução nas vendas. Inicialmente conduzido em pequena escala, o projeto *Pick up out* obrigou a companhia a repensar suas embalagens e redesenhá-las completamente. Isso gerou inovações que transformaram esse projeto em um laboratório muito bem-sucedido, com ganho real em participação de mercado e redução significativa em custos e impacto ambiental. O projeto foi então estendido para território mundial.

Na área de logística, outro laboratório chamado de codistribuição terminou por gerar um grande impacto em toda a companhia. A ideia era simples, impulsionada pela necessidade de redução de emissões de CO_2 e custos, e consistiu em distribuir produtos Danone junto a vários outros produtos para os mesmos clientes. Começou no Reino Unido com uma parceria com a Arla, um grande revendedor local. Uma vez que o projeto foi implementado e todos os principais aprendizados estavam prontos para serem compartilhados, foi estendido a muitos outros países e companhias, como Romênia e outros no sul da Europa, incluindo companhias como a Ferrero Rocher, por exemplo, tornando-se assim outro laboratório bem-sucedido.

Tais inovações, seguidas de processos bastante similares, podem ser encontradas em quaisquer áreas ou unidades da Danone, como produtos, tecnologias, questões sociais, questões ambientais, planos de *marketing*, processos administrativos e até modelos de negócios. Quando há uma iniciativa ou projeto interessante, ele rapidamente recebe atenção de um dos comitês transversais, então é testado e, uma vez que se vê que há potencial, com o apoio do Grupo, a companhia explora a possibilidade de os estender para outras unidades.

É importante destacar que os laboratórios não são criados para desenvolver apenas ou até principalmente inovações radicais. Na verdade, a abordagem de laboratório a território é construída mais para desenvolver inovações incrementais, pois-se entende que, para permanecer em águas tranquilas, a companhia deve constantemente inovar, já que inovações radicais serão por definição mais raras e dramáticas, enquanto inovações incrementais podem ser mais facilmente absorvidas pela organização e seus públicos.

Um outro exemplo claro dos laboratórios da Danone é o laboratório de inovação social, um evento anual que une indivíduos de todas as unidades de negócios pertencentes à Danone para compartilhar histórias, conversar sobre sucesso e desafios relacionados a projetos sociais e ambientais de cada unidade de negócios, trocar ideias, promover debates e escutar perspectivas provocadoras. O evento dura alguns dias em Paris e tem alimentado uma grande comunidade de Danoners que, embora venham de diferentes formações e experiências, dividem a crença de que a inovação social está no coração da estratégia de longo prazo da companhia, alimentando conversas inspiradoras que impulsionam trabalho árduo e inovações interessantes em toda a organização. Por exemplo, o laboratório realizado em 2010 em Paris incluiu uma discussão *online* em tempo real com muitos blogueiros e ativistas convidados sobre assuntos relacionados à sustentabilidade. A discussão foi transmitida para todos os Danoners e o blog, aberto, e chamou a atenção para diversos assuntos, como confiança e reputação. "Tivemos que ouvir alguns duros comentários e opiniões

SUSTENTABILIDADE COMO ESTRATÉGIA DE INOVAÇÃO | 851

sobre nosso negócio, mas também aprendemos muito sobre como interagir com públicos que não necessariamente concordam com o que e como fazemos as coisas", explicou um participante do evento.

AVALIAÇÃO DE SUCESSO E REMUNERAÇÃO

Para testar e selecionar, filtrar ou agregar os diversos projetos, principalmente os sociais, que a companhia de alguma maneira apoiou ao longo dos anos, um novo critério para a avaliação de projetos foi criado. A Danone introduziu a ideia de ganho triplo para mudar a maneira como o sucesso é medido. Instituiu políticas para que, quando os executivos estiverem considerando novos projetos, estudem não apenas os indicadores financeiros tradicionais, mas também o que é chamado de ganho triplo, que significa que o projeto deve gerar valor econômico no curto e médio prazo, ter impacto positivo no meio ambiente (ou nas comunidades), e beneficiar os funcionários. Essa terceira parte sobre gerar um ganho para os funcionários trata de projetos que geram aprendizado, desenvolvimento e motivação para os colaboradores, de modo que os funcionários possam expandir seus horizontes e aprender novas competências que, em última instância, beneficiarão a organização como um todo.

Em outras palavras, o ganho triplo trata de gerar valor de competitividade para a empresa e, consequentemente, para a sociedade e pessoas diretamente envolvidas no projeto. Muitos dos projetos sociais que a Danone historicamente apoiou não possuíam algum dos três aspectos do ganho triplo. Ou o projeto era apenas uma doação financeira, ou se tratava da iniciativa de funcionários não relacionada à estratégia de negócios, ou era um plano de *marketing* sem impacto social claro ou significativo.

Assim, sob essa nova ótica de ganho triplo, muitos desses projetos tiveram de ser revisados. Alguns foram descontinuados e os mais significativos para a companhia tiveram que ser adaptados.

Na Espanha, por exemplo, havia dois projetos sociais que precisavam ser revisados. Um dizia respeito a uma grande doação financeira ao hospital infantil local, que a maior parte dos Danoners nem ao menos conhecia. Do ponto de vista de negócios, era importante manter o apoio e trabalhar em conjunto com a comunidade médica em assuntos relacionados à obesidade e má nutrição infantil. Foi necessário considerar o aspecto interno, envolvendo os funcionários e a comunidade. Assim, como resultado, uma inovação foi desenvolvida pela implementação de um programa de contadores de histórias para crianças, em que os funcionários visitavam o hospital semanalmente, interagiam com a equipe de voluntários e sentiam-se orgulhosos e conectados à iniciativa da Danone. Contadores de histórias e professores de teatro treinaram os funcionários, uma biblioteca foi construída na companhia, e um grupo de voluntários foi formado. A mesma questão surgiu com outro importante projeto social para dar apoio a crianças em áreas subdesenvolvidas na Espanha. Nesse caso, a inovação consistiu em repensar um projeto já existente envolvendo 17 iniciativas pós-aulas para crianças entre 6 e 12 anos de idade, que recebiam apoio acadêmico e social por meio de esportes, teatro e assuntos ligados à saúde. Os funcionários não estavam cientes, e o projeto, embora muito bem-sucedido, não teve impacto internamente e teve muito pouco impacto na reputação da companhia. Criar consciência e a possibilidade de interação foi chave para que o projeto pudesse contemplar a abordagem de ganho triplo. A transformação levou um ano inteiro, mas posicionou esses projetos como bem-sucedidos sob esse novo parâmetro de gerar um ganho triplo para a companhia, a sociedade e os Danoners.

Do ponto de vista de avaliação, para a sustentabilidade se tornar parte central da estratégia organizacional, teria de ser refletida em como os bônus dos executivos eram calculados e pagos. Com isso em mente, a Danone tomou a decisão de basear um terço da avaliação de bônus de todos os executivos seniores (em âmbito mundial e local, incluindo mais de 1.000 executivos) no desempenho em sustentabilidade. Hoje, de maneira geral, os bônus de todos os executivos estão divididos em três partes:

- Um terço é definido por indicadores tradicionais de desempenho (objetivos organizacionais, que são principalmente metas econômicas compartilhadas pela companhia ou unidade).

- Um terço é definido por objetivos pessoais (objetivos de negócios, que são os objetivos individuais que cada funcionário deve buscar com base nas particularidades de suas responsabilidades).

- Um terço é definido pelo desempenho social, que inclui o desempenho ambiental (indicadores de sustentabilidade, que são as metas definidas para a companhia ou unidade em assuntos como pegada de carbono, inovação social ou programas sociais).

Além de estimular a transformação comportamental em executivos seniores, essa medida também funciona como mensagem simbólica para todos os executivos e aspirantes a gerentes de que a sustentabilidade na Danone é tão importante quanto o alcance de metas de negócios e o desempenho pessoal. Além disso, alinha o sistema de premiação e avaliação com a abordagem de ganho triplo, em que a Danone deve considerar atividades baseadas em três indicadores igualmente importantes: a organização, o indivíduo e a sociedade.

FERRAMENTAS E MÉTRICAS

O Grupo Danone desenvolveu ferramentas para ajudar a mensurar objetivos. Por exemplo, todas as subsidiárias utilizam uma ferramenta comum desenvolvida internamente pela empresa, chamada Danone Way, para definir objetivos sociais e ambientais, que então são ratificados pelo grupo. Uma vez que o objetivo tenha sido ratificado, ele se torna um objetivo para os respectivos executivos das subsidiárias. Um exemplo de um objetivo desenvolvido por uma subsidiária é "a implementação de um modo de calcular o impacto em termos de emissão de carbono para todos os estágios da cadeia de valor", explica um Carbon Master.

O Danone Way, criado em 2001, desenvolveu-se para o que hoje é chamado de Danone Way Fundamentals e estabelece objetivos específicos em cinco áreas:

- Direitos humanos: a meta é garantir confiança onde quer que a Danone opere por meio do controle de assuntos básicos, como trabalho forçado, diversidade e segurança.

- Relações humanas: a meta é construir uma base sólida para atingir o sucesso nos negócios e nos projetos sociais (o projeto duplo) por meio de assuntos como o diálogo social, horário de trabalho, benefícios e desenvolvimento pessoal).

- Meio ambiente: a meta é reduzir a pegada ambiental das operações, incluindo a cadeia de fornecimento, por meio de assuntos como o gerenciamento do risco ambiental, matérias-primas ou embalagem.

- Clientes: a meta é estar em linha com as necessidades dos consumidores, por meio de assuntos como controle de qualidade, nutrição e saúde.

- Governança e relações com parceiros externos: a meta é oferecer um sistema de referências claro que estabeleça um resumo de como a Danone conduz os negócios, por meio de assuntos como políticas de conduta de negócios, fornecedores e comunidades locais.

Os Danone Way Fundamentals não são metas, mas padrões mínimos. Assim, para cada um dos assuntos há diferentes níveis de realização, do nível 1, que é o mínimo requerido, ao nível 4, que é o mais avançado. No sistema, pontos são distribuídos para cada nível (0 para o nível 1, 10 para o nível 2, 20 para o nível 3 e 40 para o nível 4). Cada subsidiária do grupo é classificada de acordo com um sistema de estrelas (similar a hotéis) e então é dada uma classificação geral comparada a outras subsidiárias do grupo de características similares. Dessa maneira, a Danone pretende gerar transparência interna, enquanto ao mesmo tempo alimenta a competitividade saudável entre as subsidiárias na área de sustentabilidade. O processo completo é auditado externamente pela KPMG antes de ser publicado.

A respeito da área específica de impactos ambientais, em 2008, o grupo Danone identificou as cinco áreas onde seu impacto ambiental é mais significativo, como risco climático, embalagem, água, agricultura e biodiversidade, e desenvolveu políticas e objetivos para cada uma dessas prioridades. A Danone escolheu o CO_2 como um indicador único que agrega grande quantidade de indicadores ambientais. Assim, cada uma das prioridades estratégicas deve ter uma tradução em termos da redução das emissões de CO_2.

A Danone considera a sustentabilidade como atributo central de toda a sua linha de produtos, não como característica de uma linha específica. Nem todos os produtos têm o mesmo critério de sustentabilidade, mas todos preenchem um conjunto mínimo de padrões definidos pela companhia. Como um indicador de sua ambição, a Danone se comprometeu com a meta de tornar cinco de suas principais marcas neutras em termos de emissão de carbono até 2012.

A Danone eliminou alguns sistemas de embalagens e distribuição. Adicionalmente, a companhia chegou à conclusão de que 70% do impacto de seus produtos vêm de matérias-primas e outros fornecedores, não de suas fábricas. Isso significa trabalhar ao longo de toda a cadeia de fornecimento para implementar sustentabilidade em longo prazo na área de produtos. A Danone avalia fornecedores em assuntos ligados à sustentabilidade e faz parte da plataforma global Sedex[2], esforço coletivo para avaliar fornecedores compartilhados por muitas outras multinacionais.

GRANDES METAS E EMPODERAMENTO COMO PROMOTORES DE INOVAÇÃO

A Danone desafia a si própria ao definir grandes metas que inspiram as pessoas a gerar inovação. A ideia é "nos colocarmos em situações que levem as pessoas a pensar sobre tudo de cabeça para baixo", resumiu um gerente. A experiência com uma fábrica de produtos lácteos em Bangladesh é simbólica: "Dissemos que não poderíamos ter leite frio. Isso nos forçou a pensar 'o que vamos fazer?'. E então pensamos que primeiro iríamos pasteurizar e depois trabalhar o leite diferentemente do que costumávamos fazer. E então dissemos: não podemos ter uma fonte consistente de energia. Isso nos obrigou a pensar novamente 'o que vamos fazer?'. E então concluímos que iríamos produzir biogás com as vacas e ver como poderíamos utilizar isso etc.", continua o gerente.

Outro exemplo de uma grande meta na Danone foi o projeto de fabricar todas as garrafas de Actimel a partir da cana-de-açúcar: se conquistado, isso significaria reduzir as emissões de CO_2 da empresa drasticamente.

Internamente, a Danone está formando equipes de inovação composta por diversos membros de diferentes unidades e formações para pensar fora da caixa. A companhia está buscando evitar ter funções muito definidas de P&D para contar com mais pessoas flutuantes que gerenciem redes espalhadas por diferentes países e unidades de negócios. A meta é ter equipes de trabalho que quase que organicamente tornem-se criativas e inovadoras.

A companhia também estabeleceu um programa de companhia enxuta dirigido à redução de hierarquia e ao empoderamento de funcionários, com o objetivo de aumentar a produtividade, criatividade e engajamento. Não há manual de implementação: uma ideia pode se disseminar e a companhia permite que cada unidade de negócios, fábrica e departamento implemente uma ideia que se dissemine por si só, de acordo com suas possibilidades. Várias iniciativas das subsidiárias seguiram adiante sem a aprovação ou vínculo com a matriz, como uma mobilização para a doação

---

[2] Disponível em: http://www.sedexglobal.com/. Acessado em: 12 jul. 2016.

de produtos de alimentação e um programa de conscientização com um banco de alimentos na Espanha.

Sustentabilidade e inovação não são tarefas ou políticas que os funcionários devam implementar, mas sim valores nos quais devem acreditar e que cada funcionário deve traduzir em uma maneira de pensar sobre seu trabalho. Políticas de sustentabilidade são definidas como um conjunto de frentes ou metas gerais nas quais a companhia deve evoluir, não uma lista de ações. Essas frentes são entendidas como metas claras que as pessoas devem integrar em sua rotina e que as estimulam a ser criativas e a pensar globalmente para antecipar expectativas de mercado e da sociedade.

Na maior parte das vezes, as inovações geradas pela sustentabilidade e que foram desenvolvidas na Danone não começaram a partir de um conjunto de investimentos em P&D, e os projetos não tinham orçamentos iniciais. Na verdade, quando as pessoas sentem que têm uma ideia pela qual podem justificar a necessidade e mostram os números e o racional sobre o valor que agregará em longo prazo para a empresa, a porta se abre e os recursos surgem. Na Espanha, por exemplo, o Comitê de Sustentabilidade realiza reuniões frequentes em que essas ideias, projetos e iniciativas podem ser apresentados. Esse comitê é composto pela gestão sênior e por especialistas em assuntos específicos, e ajuda na elaboração de novas ideias ao apontar fraquezas, fortalezas e soluções possíveis para melhorá-las. Isso criou um ambiente aberto para que novos líderes e talentos, que de outro modo não teriam a oportunidade de expor suas ideias, apresentem essas ideias e recebam devolutivas de seniores e especialistas. Ainda assim, os comitês de sustentabilidade em toda a companhia têm suas fórmulas e composição próprias, permitindo diversas maneiras de se trabalhar, que se alinham a cada unidade de negócios. Algumas unidades têm comitês e outras não, é uma escolha interna.

INOVAÇÃO ABERTA

A Danone também ampliou o alcance de seus processos de inovação para permitir que pequenas – e ao mesmo tempo quase sempre radicais – inovações fossem desenvolvidas no mundo todo. A companhia tem uma unidade formal de P&D, mas também muitas parcerias externas para desenvolver projetos de inovação. Ela está trabalhando mais e mais com uma rede externa para desenvolver inovação orientada pela sustentabilidade e vem se envolvendo em novas maneiras de trabalhar por meio de parcerias, *joint ventures*, colaborações, engajamento de públicos interessados e diálogos.

Isso levou a companhia a questionar suas noções a respeito de seus *stakeholders*. "Eles não são as grandes companhias que vendem maquinário. Então, com quem devemos conversar? Devemos conversar com veterinários, pessoas da comunidade, fornecedores locais, e assim por diante. E uma vez que você aceita isso, tudo muda. Seus públicos-alvo e os recursos de que você precisa para mobilizar ou iniciar o projeto são diferentes", explica um gerente sênior. Isso também significa que a empresa busca outros recursos, como financiamento público, ou procura encontrar sinergias com parceiros ou clientes de negócios.

A Danone utiliza plataformas e tecnologias sociais para se comunicar com sua ampla rede de públicos interessados. "Gerenciamos uma rede, blogs e uma página no Facebook para dar às pessoas ao nosso redor a oportunidade de crescer e se desenvolver no mesmo ritmo que nós, porque se isso não acontece, estamos limitando nosso próprio potencial de crescimento", continua o gerente. O objetivo geral das ferramentas utilizadas para avaliar e gerenciar inovações motivadas pela busca de sustentabilidade é "checar se estamos sendo inovadores, e também avaliar tudo a partir de um ponto de vista de sustentabilidade. Temos que garantir que estamos indo na direção correta". Na França, a Danone criou um blog chamado Down to Earth, hoje uma ferramenta global. O blog convidou ativistas, blogueiros de sustentabilidade e personalidades afins para interagir e até mesmo desafiar nossos projetos ambientais e sociais.

Outra plataforma social bastante importante foi o Danone Ecosystems Fund, criado em 2009. Sua meta é fortalecer o ecossistema da companhia, de uma perspectiva econômica e social. "Nosso ecossistema constitui-se de todas as pequenas empresas e das pessoas que trabalham com e para a Danone todos os dias. De fazendeiros a motoristas de caminhão e microdistribuidores, há muitas pessoas que trabalham fora da Danone, mas próximas à companhia. Se temos um ecossistema forte, isso significa que temos raízes fortes a partir das quais podemos crescer. Somos interdependentes em relação a esses atores." afirma a vice-presidente de Relações Humanas. Por isso, a missão do fundo é financiar projetos que consolidem o ambiente econômico da Danone. Hoje, o fundo apoia 40 projetos em 20 países, e é basicamente uma doação para ajudar financeiramente (embora outros tipos de apoio, como técnico, tecnológico ou em termos de recursos humanos, possam ser doados) ONGs ou fornecedores locais a fazer um projeto decolar.

GESTÃO EMPRESARIAL E SUSTENTABILIDADE

Segue um trecho do *website* do Ecosystem Fund:

Talvez a contribuição mais valiosa dessas plataformas e iniciativas sociais seja a possibilidade de inovar em áreas que a companhia pode não compreender totalmente ou nas quais não tem experiência prévia. Conhecimento e experiências únicas abrem novas possibilidades para os funcionários trazerem diferentes perspectivas para seus negócios.

DESAFIOS E SOLUÇÕES

Os principais desafios que a Danone encara para implementar essa mudança estratégica em direção à inovação orientada pela sustentabilidade têm sido:

- Trazer a gerência sênior a bordo.
- Reconciliar objetivos e resultados de curto e longo prazo.
- Desenvolver ferramentas para implementar e avaliar corretamente as novas políticas e ações.
- Desenvolver processos de comunicação.

Deve-se notar que esses quatro desafios geralmente são gerados onde uma inovação é implementada, porque geralmente ela se choca com as pressões do dia a dia e responsabilidades de diferentes executivos da companhia, requerem investimentos em curto prazo e recursos enquanto os resultados em longo prazo são incertos, há poucas ferramentas para se trabalhar, e não há mensagem coerente e clara de comunicação. Nesse sentido, os desafios, embora importantes, não são considerados tão significativos. Além disso, os motivadores por trás dessas políticas são convicções, a intuição e determinação da organização.

Incluir a gestão

Assim que a vice-presidência da Danone Nature foi criada, um dos maiores desafios foi trazer a bordo muitos dos principais líderes da organização. Na época, um desafio foi lançado pelo CEO, mas a maneira como iriam fazer isso ainda tinha de ser definida. Na matriz do grupo havia muitas tentativas para engajar esses líderes nesse desafio, criar empatia e oferecer apoio para a superação dos obstáculos à frente. Como explicado anteriormente, na Danone, cada unidade é responsável por descobrir sua própria maneira de entregar resultados. Então, em uma reunião de gerência sênior realizada em Evian, a ideia de embaixadores foi levantada. O VP da Danone Nature precisava de uma estratégia para incluir esses líderes e obter seu apoio às iniciativas. A equipe de Nature preparou uma surpresa para seus líderes. Um filme de curta duração foi produzido entrevistando os filhos desses gerentes, onde se perguntava a eles o que achavam da responsabilidade ambiental da Danone. Seus pais não sabiam o que seus filhos iriam dizer, mas o resultado foi bastante emocionante e refletia a visão que a companhia queria retratar de maneira espontânea e genuína. Foi como se as crianças estivessem dizendo a seus pais o que eles deveriam fazer pelo planeta. Embora, como já mencionado, tenha ajudado ligar parte de seu bônus ao desempenho em sustentabilidade, havia essa sensação de que, embora importante, a sustentabilidade não estava no mesmo nível dos outros dois aspectos. Em outras palavras, havia a sensação de que se poderia ser demitido por falhar em atingir certos indicadores de desempenho organizacional ou individual, mas não com base no desempenho de sustentabilidade.

PRESSÕES DE CURTO PRAZO *VERSUS* METAS DE LONGO PRAZO

Focar em sustentabilidade e inovação significa aceitar que às vezes um projeto pode ser valioso no longo prazo, mas gera perdas no curto e até mesmo no médio prazo. A Danone descobriu isso quando decidiu inovar ao eliminar a embalagem de seus *packs* de quatro unidades de iogurte, como o trecho sobre o laboratório *Pick up out* descreveu anteriormente. Ela realizou um projeto-piloto em alguns supermercados franceses e a resposta dos consumidores foi bastante negativa, já que eles não enxergaram a iniciativa como parte de uma política de sustentabilidade, mas, ao contrário, sentiam que a Danone estava reduzindo a qualidade de seu produto. Apesar disso, a companhia decidiu proceder com a eliminação progressiva de sua embalagem. A percepção é de que, no fim, essa política não terá um impacto negativo, talvez graças a melhores campanhas de *marketing* ou a uma maior conscientização. O pensamento era de que: "se não fizermos isso, começaremos a encarar críticas externas, e um dia alguns governos começarão a aprovar regulamentações mais rígidas a respeito das embalagens e dos resíduos, e nós somos líderes, então temos de sair na frente. Então nós dissemos 'vamos fazer isso, e se perdermos dinheiro, paciência'", explicou um diretor.

Às vezes o mercado não está pronto para as inovações realizadas pela Danone. Para que a sustentabilidade se torne verdadeiramente estratégica ela deve passar de centro de custo a centro de lucro, continua o gerente, o que pode demandar, entre outras coisas, que os especialistas em sustentabilidade se envolvam mais também com o lado comercial, para dar à inovação a melhor chance de obter sucesso.

Na companhia, fala-se sempre sobre inovações que algumas unidades possam abraçar e que podem não ser apropriadas para outras. Porque a Danone é uma companhia multinacional e lida com diferentes produtos para diferentes sociedades; em muitas ocasiões, o que é uma ótima inovação para uma unidade não o é para outra.

Falta de Ferramentas

Um problema que a Danone encontrou, como pioneira em inovação gerada pela sustentabilidade, é que havia poucas ferramentas disponíveis para avaliar, medir e gerenciar as atividades em desenvolvimento. A companhia tinha que ser inovadora no desenvolvimento de ferramentas técnicas para medir as atividades de sustentabilidade ou para mudar ferramentas existentes. Por exemplo, para medir o desempenho básico de sustentabilidade, a Danone desenvolveu a já citada ferramenta chamada Danone Way Fundamentals, que avalia como as subsidiárias em cada país em que a Danone está presente vem se saindo em termos dos requerimentos mínimos definidos pelo grupo. A ferramenta não fornece *benchmarks* ou referências de melhores práticas, mas define requerimentos de *compliance* mínimos, funcionando assim como uma ferramenta de gestão de risco. A Danone investe bastante tempo e recursos no desenvolvimento de ferramentas específicas para mensurar, avaliar e verificar atividades ligadas à sustentabilidade. A Danone já "mensurou tudo, passamos grande parte de 2008 avaliando, e agora podemos dizer quanto CO_2, água ou outros impactos geramos para cada grama de iogurte ou outros produtos que produzimos", afirma um gerente Carbon Master.

Essas avaliações não são desenvolvidas apenas a propósito de verificação, mas também são parte fundamental do entendimento da companhia da sustentabilidade como uma questão estratégica. Por exemplo, a Danone tem tentado integrar as avaliações de impacto em seu sistema SPA, com a ideia de que o impacto será automaticamente medido por toda a companhia. A razão para isso é sua compreensão de que "como agora todos os produtos alimentícios devem incluir informações sobre ingredientes e nutrição em seus rótulos, acreditamos que muito em breve também terá de incluir a pegada ambiental, e queremos estar prontos para isso", continua o Carbon Master.

AUTENTICIDADE, TRANSPARÊNCIA E COMUNICAÇÃO

Os clientes estão se tornando mais exigentes no que se refere à sustentabilidade: apenas dizer que é sustentável já não é mais suficiente, é necessário fornecer métricas. Ser transparente e preciso quanto ao desempenho em sustentabilidade é uma questão de legitimidade: "O Grupo Danone se comprometeu publicamente, temos divulgado isso. Definimos isso como um objetivo central da companhia, nosso presidente afirmou que faríamos isso. O presidente certamente não quer descumprir sua palavra", afirma um gerente sênior. Às vezes, é difícil obter percentuais do conteúdo reciclado dos produtos, mas, apesar da dificuldade em medir e avaliar, a companhia deve fazer isso, já que se trata de uma demanda de seus públicos.

Na Danone, incorporar o pensamento de sustentabilidade às decisões de negócios tem sido uma jornada longa, porém estável. A companhia aprendeu que às vezes é mais importante contar a história de como o progresso tem sido feito do que apresentar, de fato, um resultado final que pode ou não ser valorizado pelo consumidor. Na maior parte das vezes, há um entendimento comum de que a reputação vem de uma mistura de diferentes públicos interessados que interagem com a companhia em diferentes posições. O que pode ser chave para o governo ou para a mídia, pode não ser igualmente importante para os consumidores ou para a comunidade científica. Então mudanças ou inovações incrementais devem ser comunicadas diferentemente a públicos distintos. Há uma mistura de orgulho e humildade, isso aproxima a companhia de seus fornecedores e parceiros de tal modo que falar sobre dificuldades com eles não é um problema. É o aprendizado e o progresso que melhoram as relações com esses públicos. O blog e os sites que as empresas do grupo oferecem estão cheios desses exemplos, com líderes contando histórias interessantes sobre o caminho, os desafios e os sonhos que cercam a sustentabilidade na Danone.

BENEFÍCIOS E MÉTRICAS

O impacto positivo da estratégia de inovação liderada pela sustentabilidade tem facetas múltiplas, como ser bom para a reputação da companhia e reduzir custos drasticamente. Não apenas isso, mas também reforçar o foco na missão e na reputação como líder, se antecipar a regulações futuras, melhorar a eficiência (ecoeficiência) com produtos mais competitivos (melhor relação preço-qualidade) e, por fim, melhor integrar as unidades de negócios no grupo.

Assim, algumas métricas, já descritas para serem destacadas são o ganho triplo, a ferramenta de pegada de carbono e o Danone Way Fundamentals.

A seguir, serão detalhados alguns dos benefícios para a organização.

Aprendizado

Ao buscar inovação, a Danone aprende fazendo. Os projetos geraram oportunidades inesperadas e transformaram a organização e seus pontos de vista. Um gerente sênior afirmou que, por exemplo, o projeto de Bangladesh (uma colaboração entre o Banco Grameen e a Danone) permitiu à Danone "aprender muito sobre nossa capacidade e nossas habilidades de construir uma fábrica sob condições adversas. Se não tivéssemos feito esse projeto, hoje teríamos uma visão diferente de como gerenciar uma ferramenta industrial desse tipo. Então, esse tipo de inovação vem do que aprendemos a partir de lugares inesperados, tanto dentro como fora da companhia, por exemplo, com veterinários ou pessoas de um vilarejo". Os gerentes industriais da Danone não estavam preparados para montar uma fábrica nas condições inicialmente encontradas em Bogra, com fluxo de energia instável, infraestruturas precárias e dificuldades para se controlar a qualidade, problemas de transporte, água, veterinários etc. Eles "tinham de criar uma maneira inovadora de desenvolver uma fábrica de iogurte, o que culminou em nossos gerentes industriais desenvolvendo inovações que mais tarde resultaram em melhorias no processo de produção em outras fábricas do grupo", continua o gerente. Dessa maneira, o projeto de inovação, independentemente dos benefícios sociais para as pessoas de Bangladesh, gerou um grande valor para a Danone em termos de conhecimento e inovação tecnológica.

Comprometimento/engajamento

Inovação gerada pela sustentabilidade funcionou como uma maneira de envolver a força de trabalho da Danone não apenas em projetos de sustentabilidade, mas com a própria companhia. A sustentabilidade é fator motivador para os trabalhadores, que podem ajudar a gerar uma atmosfera empreendedora na qual as pessoas se sintam responsáveis e empoderadas para integrar a sustentabilidade em suas atividades diárias. Em alguns casos, a sustentabilidade é um fator para as pessoas desejarem trabalhar na Danone; assim, ela atrai novos tipos de talento.

CONSIDERAÇÕES FINAIS

A Danone percebeu que a sustentabilidade pode ser uma poderosa via de inovação, já que estabelece grandes e, às vezes, contraditórias metas que estimulam as pessoas a pensar de novas maneiras e encarar desafios. Isso tem funcionado como experiência geradora de aprendizados e como um estímulo para funcionários e tem aproximado a companhia de uma rede externa de públicos.

A experiência da Danone também mostra como a inovação guiada pela sustentabilidade pode representar atributos de competitividade centrais para uma empresa.

De maneira resumida, alguns dos aprendizados dessa abordagem podem ser descritos como:

- Uma cultura para inovação com valores claros e compartilhados em torno da sustentabilidade é central para se ter uma visão e missão claras na Danone. Os valores são conhecidos transversalmente e vividos pelos funcionários e acionistas diariamente, e a companhia tenta permanentemente oferecer mecanismos para o reconhecimento e a promoção do pensamento inovador.

GESTÃO EMPRESARIAL E SUSTENTABILIDADE

- Grandes metas: a competitividade é um resultado do pensamento visionário associado à flexibilidade de ações. Lançar grandes metas e eliminar limitações ao permitir a tomada de decisões de maneira descentralizada a respeito do como provou ser uma fórmula de sucesso que obriga a organização a ser competitiva por meio da inovação.

- Visões, valores e estratégias precisam de ativos organizacionais apropriados para serem desenvolvidos e incorporados na organização como um todo. Isso exige estrutura organizacional adequada, também modelo de negócios e proposição de valor que correspondentes, para que a estratégia esteja alinhada e coerente.

- Inovação aberta: ao trabalhar com redes expandidas tanto internas (formadas por pessoas de diversas funções e unidades de negócios) como externas (fornecedores, comunidades, consumidores etc.), a Danone conseguiu desenvolver soluções e encontrar oportunidades que não teriam nunca sido desenvolvidas apenas a partir de uma cultura de P&D linear clássica. Além disso, interagir com os públicos interessados enriqueceu exponencialmente o papel da Danone, e também sua reputação.

- Talento: à medida que a Danone se torna conhecida como um ótimo lugar para se trabalhar, em grande parte graças à sua cultura de sustentabilidade e inovação, pessoas talentosas que compartilham dos valores da Danone e de sua visão tendem a querer trabalhar nessa empresa e, assim, a companhia atrai melhores talentos.

- Inovação atrai inovação: a experiência da Danone mostra que sua reputação como uma companhia que possui essa cultura produz alguns benefícios inesperados, tais como um efeito de atração, em que muitas organizações ou indivíduos que têm ideias criativas geralmente optam por as discutir primeiramente em uma companhia como a Danone do que com outras companhias que não inspiram cultura semelhante.

- Compromisso: o envolvimento e o apoio da gestão sênior são condições *sine qua non* para o crescimento e o sucesso da Danone.

- Ferramentas de avaliação específicas capacitaram a Danone a demonstrar com confiança o seu desempenho, estabelecendo metas que são realistas ao grupo e também individualmente desafiadoras para cada unidade.

- O empoderamento dos funcionários é a chave para se atingir inovação gerada pela sustentabilidade. Da mesma maneira, o reconhecimento é o combustível para a manter viva e em desenvolvimento constante.

- A Danone tem uma predisposição para assumir riscos que parecem engajar seus funcionários em um nível muito alto de motivação e empolgação.

- A lição mais importante aprendida é que desenvolver uma cultura de inovação e sustentabilidade é uma fonte bastante poderosa de vantagens competitivas, porque são atitudes muito complexas para serem incorporadas na organização e, portanto, quase impossíveis de se replicar.

- E por fim, mas igualmente importante, ter humildade para aprender provou ser uma qualidade importante que permite fazer questionamentos e não deixa que o próprio sucesso se torne um problema.

31 | Contabilização de Lucros e Perdas Ambientais

Carlos Rossin
Engenheiro civil, PwC

Cecília Michellis
Gestora ambiental, PwC

INTRODUÇÃO

Com o objetivo de construir a ponte entre economia e sustentabilidade, conceitos complexos, como economia verde, economia de baixo carbono e economia solidária vêm sendo apresentados, e novos eixos surgem a cada dia.

Entre as diferentes propostas, a questão a ser respondida é como incorporar, no capitalismo, objetivos que vão além do crescimento do lucro e do Produto Interno Bruto (PIB). Essa questão pode ser exemplificada da seguinte forma:

> Se houver um desastre ambiental, o PIB do Brasil avançará ou recuará? O Produto Interno Bruto, um dos principais indicadores de crescimento de um país, deveria baixar, mas o fato é que ele sobe, porque o socorro aos danos gera uma série de atividades econômicas interpretadas como positivas. O mesmo vale para indústrias poluentes, que, normalmente, têm boa influência sobre o PIB. Tamanha distorção não pode ser atribuída apenas à metodologia utilizada no cálculo do PIB, no entanto, ela é um reflexo do paradigma maior da visão cartesiana, que dificulta a transformação das relações entre a economia, a sociedade e o meio ambiente em prol da sustentabilidade. Seria preciso substituí-lo pelo paradigma da visão sistêmica, cujo princípio máximo é o de que vivemos em um grande sistema composto de serviços ecossistêmicos que têm relações entre si. (Rossin, 2013, p. 40)

Com a visão cartesiana predominante, esse serviço ecossistêmico é prestado, mas não contabilizado, por exemplo, por seus usuários. O ponto de partida está em redefinir o que é riqueza e o que é crescimento econômico: pelas contas atuais, em muitos países em desenvolvimento os investimentos em água e saneamento representam menos de 0,5% do PIB, abaixo do recomendado pela ONU, que é de 1% do PIB (United Nations Development Programme, 2006). No entanto, a água é um dos recursos mais essenciais à sobrevivência da humanidade (Rossin, 2013).

Embora cada vez mais pessoas admitam ser impossível manter as riquezas naturais do planeta com os padrões de produção e consumo atuais, poucos concordam sobre a maneira como as mudanças deveriam ocorrer.

Um estudo realizado pela PwC ("Do investors care about sustainability?") identificou que existe um alinhamento crescente entre as estratégias empresarias e as de sustentabilidade. Algumas evidências incluem pesquisas junto a executivos que colocam riscos ambientais entre os principais riscos para o negócio (World Economic Forum, 2013). O World Economic Forum realiza anualmente uma pesquisa com mais de mil especialistas da indústria, do governo, da academia e da sociedade civil. O maior risco global com a maior probabilidade de ocorrência nos próximos 10 anos é o aumento severo da disparidade de renda; já o de maior impacto esperado é a falência do sistema financeiro. Figuram também entre os cinco maiores riscos aqueles relacionados ao meio ambiente, incluindo crises no suprimento de água e aumento de emissões de gases de efeito estufa (Figura 1).

Figura 1 – Cinco maiores riscos por probabilidade e impacto.

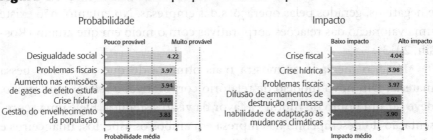

Fonte: World Economic Forum (2013).

Outros reflexos da aproximação entre os negócios e a sustentabilidade incluem o aumento de investimentos considerados sustentáveis e a formação de equipes de sustentabilidade por instituições financeiras. No entanto, o estudo também destaca:

> A questão mais importante agora é determinar se o investimento sustentável irá se tornar uma prática comum [...] Muitas empresas *reconhecem a importância da sustentabilidade* para diversos stakeholders, mas a maior parte dos negócios *tem dificuldade em mensurar o impacto* de suas iniciativas de sustentabilidade no "*core business*" da empresa como geração de receita, redução de custos, riscos e perda de reputação. Como resultado as empresas *têm dificuldade em explicar os benefícios de estratégias de sustentabilidade*. (PWC, 2011, p. 7, grifo nosso)

É razoável entender que as empresas se perguntem como a sustentabilidade irá beneficiá-las e agregar valor. Afinal, manter uma estratégia sólida requer esforços e investimento. O "*buy-in*" e o engajamento das partes são com frequência uma das principais barreiras apresentadas para a implementação de políticas e estratégias de sustentabilidade. Valorar os benefícios é condição fundamental para o engajamento das partes interessadas e consequentemente obtenção de resultados efetivos.

Portanto, as dificuldades em demonstrar o valor agregado de práticas sustentáveis são apontadas como entraves tanto no âmbito macroeconômico, como o PIB, quanto no microeconômico, no dia a dia das empresas que têm dificuldade em justificar a seus acionistas e à sociedade os resultados obtidos por meio de suas iniciativas de sustentabilidade.

Alguns modelos de relatório, como o *Global Reporting Initiative* (GRI), já incorporam indicadores que visam contabilizar os impactos, positivos e negativos, gerados pelas operações das empresas. No entanto, não existe uma valoração das relações corporativas com o meio em que atuam (Rossin, 2013).

Hoje, o mercado se mostra mais otimista do que pessimista nessa matéria. Um novo modelo de relatório corporativo, *o relatório integrado*, deve ser um ponto de ruptura a favor da visão sistêmica. Ele é uma representação do desempenho da empresa em ambos os aspectos, financeiros e não financeiros, e, assim, contabiliza os impactos ambientais do negócio – "internaliza as externalidades" (Rossin, 2013, p. 41).

Segundo Rossin (2013, p. 41), "um relato integrado é uma forma concisa de comunicar sobre o quanto a estratégia, a governança, o desempenho e as perspectivas de uma organização – no contexto do seu ambiente externo – colaboram com a criação de valor no curto, médio e longo prazo".

As principais diferenças em relação aos relatos atuais incluem um escopo mais amplo, compreendendo capitais financeiro e não financeiro como criadores de valor a longo prazo e relação mais forte entre a organização e o ambiente externo; além de um pensamento integrado, unindo diferentes partes do negócio e revelando o pensamento gerencial em relação a temas como impulsionadores do mercado, estratégia, risco, remuneração, governança e desempenho.

Uma pesquisa realizada pela PwC avaliou relatórios de 2011 de cerca de 60 das mais importantes empresas de capital aberto no Brasil. Algumas das conclusões do estudo foram:

- 58% das empresas brasileiras já explicam suas prioridades estratégicas em seus relatórios, em comparação com 74% da Europa, porém apenas 39% integram essas prioridades de forma adequada no restante do relatório.

- 72% das empresas no Brasil divulgam os principais riscos para o negócio, porém muitas vezes de forma genérica, não especificando a natureza do risco e as consequências para seu negócio em particular.

- Um dos grandes *"gaps"*, tanto na Europa quanto no Brasil, é a maneira como as empresas abordam os diversos tipos de capital (humano, social, ambiental etc.), que são fundamentais para sua operação em longo prazo.

- Associado a isso, o aspecto mais crítico identificado foi a falta de indicadores de desempenho (KPIs) não relacionados à função financeira. Menos de 10% das empresas brasileiras explicitam seus KPIs para as diferentes áreas ou demonstram um alinhamento com as prioridades estratégicas definidas. Na Europa, esse número corresponde a 86%. Isso gera uma relativa falta de coerência entre as informações divulgadas no relatório anual e aquelas apresentadas nas demonstrações financeiras.

Isso não significa que as empresas não monitorem os resultados da área de sustentabilidade. Cerca de 40% identificam indicadores para medir o progresso na área, no entanto esses indicadores não são considerados indicadores de desempenho ou não estão relacionados às prioridades estratégicas levantadas.

GESTÃO EMPRESARIAL E SUSTENTABILIDADE

A Tabela 1 apresenta um reporte de desempenho considerando KPIs financeiros e não financeiros da Rexam.

Tabela 1 – Indicadores de desempenho (KPIs) não relacionados ao desempenho financeiro da Rexam.

Melhor desempenho	Metas	2011	2010	2009	2008	2007
Crescimento da venda de orgânicos (%)	GDP+	4	3	(7)	7	11
Crescimento do lucro operacional (%)	Gdp++	8	22	(17)	3	(7)
Fluxo de caixa livre (£m)	Nota 2	245	316	290	(128)	24
Retorno no capital empregado	15% até 2013	13,7	12,3	9,5	11,0	11,9
Expectativa dos clientes						
Índice de satisfação dos clientes 1-10	A ser definido	7,8	n/a	n/a	n/a	n/a
% de vendas de mercados emergentes em relação ao total de vendas (%)	Melhoria contínua	32	31	27	27	23
Pesquisa para o desenvolvimento de novos produtos (£m)	Nota 2	17	19	20	19	14
Excelência operacional						
Redução de custos anual e eficiência (£m)	£30m	35	34	42	35	32
Índice de horas perdidas com acidentes (LTAR)	Acidente zero	0,28	0,30	0,63	0,76	1,13
Intensidade de carbono ratio	−10% em 2013 em relação a 2010	0,83	0,86	0,91	n/a	n/a

KPI: Key Performance Indicators (indicadores de desempenho) são utilizados pela gestão para mensurar o desempenho relacionado a temas estratégicos da empresa no longo prazo; n/a: não aplicável.

Fonte: Rexam (2011).

Entre as iniciativas desenvolvidas para transformar essa situação, destaca-se o Conselho Internacional de Relatos Integrados (IIRC, do inglês International Integrated Reporting Council), que une líderes das principais agências reguladoras internacionais com empresas, investidores e outros importantes representantes para desenvolver uma estrutura de relatos integrados que seja aceita internacionalmente. Atualmente, 85 empresas aderiram ao programa-piloto de relato integrado, incluindo no Brasil nomes como AES Brasil, Fibria, Petrobras, Natura, Via Gutemberg, BNDES, CCR e Itaú (Figura 2).

Figura 2 – Distribuição das empresas que aderiram ao programa piloto de relato integrado (*Integrated Reporting*).

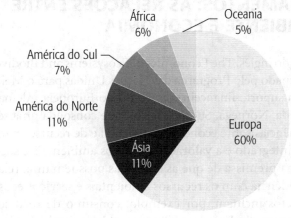

Fonte: PWC (2011).

De acordo com Rossin (2013, p. 41):

> dois desafios precisarão ser superados, contudo, para que o relato integrado se concretize em uma mudança real para as empresas: (1) identificar e mapear todas as relações do processo produtivo, considerando o ciclo de vida do produto e os ecossistemas com os quais este interage, e (2) conseguir contabilizar todas as questões intangíveis que afetam as empresas – além dos impactos ambientais, há o capital intelectual, a marca etc.

Ainda segundo Rossin (2013, p. 41), "é preciso levar em conta que muitas das iniciativas em prol da sustentabilidade oferecem um ciclo de retorno de longo prazo, o que dificulta ainda mais sua valoração". O conceito "longo prazo", essencial à visão sistêmica, não é fácil para o universo corporativo". As empresas ainda encontram dificuldades para visualizar o longo prazo, tanto nas questões ambientais quanto nos próprios aspectos operacionais dos negócios, de acordo com Ernst Ligteringen, do GRI.

Rossin (2013, p. 41) acredita que:

> traduzir as relações de impacto e dependência dos serviços ecossistêmicos em termos monetários é um exercício extremamente complicado. Porém cada vez mais especialistas afirmam que seria essa a única maneira de equacionar a complexa conta do equilíbrio da sustentabilidade.

OS FUNDAMENTOS: AS RELAÇÕES ENTRE MEIO AMBIENTE E ECONOMIA

O TEEB (do inglês, The Economics of Ecosystems and Biodiversity) é um estudo coordenado pelo Programa das Nações Unidas para o Meio Ambiente (Pnuma) com suporte financeiro da Comissão Europeia, Alemanha, Reino Unido, Holanda, Noruega, Suécia e Japão, que consolida uma série de conceitos e experiências sobre economia ambiental e de recursos naturais.

O relato integrado e a valoração de ativos ambientais e sociais partem de uma mesma premissa de que as empresas possuem uma relação de impacto e dependência com os recursos ambientais e serviços ecossistêmicos.

Os impactos incluem, por exemplo, consumo de recursos naturais, poluição dos corpos hídricos, geração de resíduos, perda de biodiversidade e mudanças climáticas (Figura 3).

Figura 3 – Relação de impacto entre economia e meio ambiente.

Já a relação de dependência ocorre pelos serviços ecossistêmicos, que geram valor para a sociedade humana a partir da qualidade do capital natural por meio da provisão de matérias-primas, regulação de processos, como controle de cheias e reposição de nutrientes no solo (Quadro 1).

Quadro 1 – Serviços ecossistêmicos (Teeb para o Setor de Negócios Brasileiro, 2012).

Tipos de serviços	Descrição	Exemplos
Provisão	Serviços que se referem a produtos obtidos dos ecossistemas	Água
		Fibras
		Combustível
		Alimentos
Regulação	Benefícios obtidos da regulação de processos ecossistêmicos	Purificação da água
		Regulação climática
		Controle de doenças
		Controle de enchentes
		Polinização
Suporte	Serviços necessários para a produção de todos os outros serviços ecossistêmicos	Ciclagem de nutrientes
		Formação dos solos
Culturais	Benefícios intangíveis obtidos dos ecossistemas	Estética
		Cultura
		Educação

Com o crescimento da população das atividades econômicas, a demanda por recursos naturais aumenta, assim como os impactos por ela causados. A economia ambiental faz a ponte entre a ciência ambiental e a economia, procurando entender o valor dos bens ambientais para a sociedade e as empresas, e, assim, tratar falhas no mercado para alocar de forma mais eficiente esses bens.

A incorporação de externalidades é um dos pilares no qual se sustenta a economia ambiental. No Quadro 2 encontra-se um esquema que demonstra de que forma o preço pago pelos bens atualmente não necessariamente representa seu real custo para a sociedade.

874 GESTÃO EMPRESARIAL E SUSTENTABILIDADE

Quadro 2 – Custos internalizados e externalidades de bens privados.

Bem	Custos internalizados no preço	Custo público (externalidade)
Eletricidade	Construção Geração de energia Transmissão Manutenção Matérias-primas Monitoramento Marketing e vendas Tributos e encargos	Redução de serviços ecossistêmicos por perda de áreas florestadas Impactos à saúde humana causados pela poluição atmosférica Redução da qualidade ou disponibilidade de água Perdas e danos ocasionados pelas mudanças climáticas

No momento em que o mundo começa a enfrentar a escassez de recursos, é provável que o conceito de como as empresas consomem recursos se torne essencial para o processo de redefinição de valor. O desafio das empresas será fazer uma reengenharia dos seus negócios para garantir que elas sejam vistas como parte da solução do consumo e não do problema (PWC, 2011, p. 23).

Compreender os conceitos básicos da economia ambiental é um requisito fundamental para uma análise crítica sobre o que se deve valorar e como. Uma pesquisa realizada junto às empresas brasileiras pela PwC identificou que as dúvidas mais frequentes quando se trata de traduzir as relações com o meio ambiente em termos monetários são:

* Como a valoração pode refletir em ganhos efetivos para a receita e para a reputação das empresas?

* Como posso aplicar conceitos complexos de economia ambiental de forma prática no âmbito empresarial?

Existe certa apreensão em relação às ferramentas atualmente existentes e se estas seriam capazes de incluir o valor ambiental dentro de modelos econômicos tradicionais de tomada de decisão. Ainda são poucos os casos que demonstram a aplicação da valoração ambiental entre as empresas, considerando que a maior parte dos estudos ainda se concentra no meio acadêmico, condicionados a escopos específicos ou ações pontuais.

Este capítulo busca trazer luz a essas duas questões apresentando o Environmental Profit & Loss como ferramenta e o *case* da Puma, empresa alemã de equipamentos esportivos, para exemplificar os principais fatores motivacionais por trás da implementação de um novo modelo de tomada de decisão para a sustentabilidade.

O QUE É *ENVIRONMENTAL PROFIT & LOSS ACCOUNT*

Uma valoração ambiental por meio da contabilização de lucros e perdas (E P&L, do inglês *environmental profit and loss account*) é o resultado em valores monetários dos impactos ambientais da empresa, incluindo todas as operações do negócio, e na cadeia de valor. Uma análise E P&L internaliza as externalidades e valora o custo dos negócios para a natureza a partir da contabilização dos serviços ecossistêmicos de que a empresa depende para operar, adicionado ao custo direto e indireto dos impactos negativos ao meio ambiente. O principal objetivo do E P&L é permitir que gestores e *stakeholders* visualizem a magnitude desses impactos e onde eles ocorrem na cadeia de valor.

O E P&L também proporciona uma métrica para mensurar e monitorar a pegada ecológica das operações da empresa e seus fornecedores, que pode englobar até estágios iniciais de extração de matérias-primas e funciona como uma ferramenta para:

- Comunicar a importância da natureza para a sustentabilidade dos negócios.
- Aprofundar o entendimento sobre a cadeia de valor e, assim, priorizar ações de sustentabilidade.
- Melhorar estratégias de gestão de risco relacionadas ao meio ambiente.
- Fornecer uma visão holística do desempenho da empresa, com maior clareza e transparência na comunicação com *stakeholders* em diferentes níveis.
- Identificar novas oportunidades de melhorar o desempenho ambiental nos produtos da empresa.

O E P&L, assim como a metodologia a ele associada, foi desenvolvido com o apoio da Pricewaterhouse Coopers LLP e da Trucost PLC em um trabalho diretamente com a Puma com o objetivo de quantificar seus impactos ambientais mais significativos e aplicar valores para contabilizar os impactos econômicos a eles associados.

Foram utilizados modelos de entrada e saída (*"input-output"*) já existentes associados às novas metodologias de valoração, baseadas em um extenso número de trabalhos sobre economia ambiental e de recursos naturais, como o Teeb, o estudo das Nações Unidas sobre a Economia dos Ecossistemas e Biodiversidade.

A metodologia para valoração inicia-se com a definição do escopo e limites da avaliação onde são identificados os principais impactos ambientais da organização, como mudanças climáticas, escassez de água, perda de biodiversidade e serviços ecossistêmicos, contaminação e efeitos de desconforto devido à disposição de resíduos. Também nessa etapa são definidos os limites da cadeia de valor a serem considerados.

Em seguida, são coletados dados para medir as causas desses impactos resultantes das operações da empresa e seus fornecedores, por exemplo, a quantidade de gases de efeito estufa (GEE) emitidos, o volume e água consumido, toneladas de poluentes atmosféricos e resíduos gerados, entre outros.

A terceira etapa consiste na construção de modelos econômicos. Modelos de entrada e saída são utilizados para estimar principalmente impactos da cadeia de suprimento, uma vez que empresas possuem cadeias de suprimento globais e complexas, não sendo possível obter dados primários de todos os seus fornecedores.

Um conjunto de premissas é então estabelecido para a valoração das externalidades ambientais. Em alguns casos, mais de 80% dos impactos ambientais podem ser estimados por meio de premissas e modelos. Premissas são estabelecidas com bases em estudos anteriores e abordagens de valoração que incluem uma grande variedade de técnicas para estimar mudanças no bem-estar humano, disposição a pagar, compensação necessária para alterações ambientais, entre outras.

A partir desses modelos é então realizada a valoração dos impactos ambientais da cadeia de valor. Os valores de toneladas de resíduos gerados, por exemplo, são convertidos em valores monetários, considerando diferentes cenários de disposição e seu custo incorrido para a sociedade. Entram na valoração externalidades como as emissões de GEE, a geração de percolados e efeitos indesejados como ruído e odores.

Após a valoração, os resultados são agrupados para identificar áreas sensíveis, que apresentam maiores externalidades. Essas informações podem então subsidiar o processo de tomada de decisão em relação à estratégia de sustentabilidade da empresa.

Case da Puma

A Puma foi a empresa-piloto a publicar em novembro de 2011 seu relatório de E P&L, com base em dados de 2010, podendo ser considerada uma das empresas que deu um importante passo em relação a relatórios corporativos. A Puma considera que este ainda é um primeiro estágio em um processo no qual a empresa irá contabilizar a totalidade de seus impactos ambientais, sociais e econômicos, incluindo salários justos, condições de trabalho, criação de empregos e contribuição de impostos.

Recentemente, sua empresa matriz, a PPR, anunciou que suas marcas de luxo para esportes e *lifestyle* – incluindo Gucci, Yves Saint Laurent, Bottega Venetta e Stella McCartney – irão seguir os passos da Puma e implementar um E P&L para o Grupo PPR em 2015. O setor de vestuário e acessórios para esportes se destaca por ter um modelo de produção com alto grau de terceirização. Essas empresas reconhecem que dessa forma "é mais difícil controlar os impactos e questões relacionadas à sustentabilidade".

O relatório que apresenta os resultados do E P&L da Puma inicia com uma abertura do próprio presidente executivo da empresa e chefe executivo de sustentabilidade do Grupo PPR, Jochen Zeitz, respondendo à pergunta, frequentemente dirigida a ele, "como a ideia do E P&L se estabeleceu?". Jochen afirmou:

> Nosso P&L tem sido indispensável para compreendermos o imenso valor dos serviços ambientais que atualmente são pouco considerados, mas sem os quais as empresas não seriam capazes de se sustentar. No grupo PPR, consideramos o E P&L da Puma como uma ferramenta essencial para direcionar as ações de desenvolvimento sustentável nas nossas empresas. Avaliar nossos impactos ambientais por meio de um E P&L nos auxilia a identificar quais são as medidas ambientais necessárias que irão garantir não só a preservação dos serviços ecossistêmicos, mas também a manutenção de nossos negócios em longo prazo. (Puma, 2012)

Além disso, desde 1999 a Puma estabelece iniciativas voltadas à sustentabilidade, incluindo metas de redução de emissões e impactos ambientais. Houve uma percepção de que era preciso avançar um próximo passo e demonstrar o impacto dessas ações para os negócios. Após buscar por soluções e ferramentas e não encontrar, a Puma decidiu que o mais lógico, seria utilizar a essência de sua estrutura de contabilidade para atribuir valores monetários aos impactos ambientais, como um modelo tradicional de Contabilidade de Lucros & Perdas. [...] A valoração econômica dos impactos ambientais da Puma não afeta diretamente nossos lucros, mas provê um meio de identificar necessidades urgentes de ação, assim como transparência em relação a onde devemos direcionar nossas iniciativas de sustentabilidade para obter melhorias reais na redução de nossa pegada ambiental. (Puma, 2012, p. 6)

A empresa compartilhou esses resultados com governos, empresas e corporações para mobilizar as diferentes partes em relação aos impactos ambientais e riscos relacionados às cadeias globais de valor.

Fundamentalmente, a análise da Puma foca na gestão de riscos ambientais para os negócios. Isso concede à Puma uma visão única de sua cadeia de suprimentos. Trata-se de uma transformação na maneira pela qual as empresas integram meio ambiente e modelos de negócio, porque fornece uma base para considerar a dependência dos serviços ecossistêmicos em suas estratégias. Mapear impactos demanda esforços por parte das empresas e de seus fornecedores, considerando que a Puma compartilha responsabilidades comuns, porém diferenciadas com outras marcas em uma mesma unidade produtiva. O E P&L da Puma demonstra o comprometimento da empresa com seu objetivo estratégico de "fazer da sustentabilidade uma parte integral do DNA da Puma que está incorporada em toda nossa cadeia de valor".

O E P&L também estabelece um retrato do custo de produção dos produtos em termos de recursos naturais utilizados e de impactos das operações, da extração de matéria-prima até a comercialização dos produtos. Os custos "ocultos" reportados pela Puma chamam a atenção de qualquer empresa. É possível observar, por exemplo, as consequências das decisões comerciais, assim como aquelas resultantes da redução de recursos naturais.

O primeiro passo dado pela Puma irá auxiliar outras empresas a considerar como análises similares podem ser aplicadas em suas organizações. Empresas, grandes e pequenas, dependem de cadeias globais de suprimento, resultando em uma pegada ambiental muito maior do que aquela efetivamente contabilizada. Atribuir valores econômicos aos impactos ambientais das operações de uma empresa permite que gestores se questionem, não só sobre seus impactos, mas também sobre os riscos para o negócio, oportunidades de redução de custos e novos modos de promover a eficiência.

CONTABILIZAÇÃO DE LUCROS E PERDAS AMBIENTAIS | **879**

Depois de publicar uma valoração econômica das suas emissões de GEE e consumo de água no valor de € 94 milhões em maio de 2011, a Puma finalizou seu E P&L de 2010 adicionando os custos de € 51milhões causados pelo uso da terra para produção de matérias-primas, poluição atmosférica e geração de resíduos ao longo de sua cadeia (Tabela 2).

Tabela 2 – Impactos por tipo.

	Água	GEE	Uso da terra	Poluição do ar	Resíduo	TOTAL	
	M€	M€	M€	M€	M€	M€	%
	33%	32%	26%	7%	2%	100%	
TOTAL	47	47	37	11	3	145	100
Operações da Puma	<1	7	<1	1	<1	8	6
Fornecedor 1ª camada – Manufatura	1	9	<1	1	2	13	9
Fornecedor 2ª camada – Processadores terceirizados	4	7	<1	2	1	14	9
Fornecedor 3ª camada – Matéria-prima	17	7	<1	3	<1	27	19
Fornecedor 4ª camada – Recursos naturais	25	17	37	4	<1	83	57
Análise geográfica							
Europa/Oriente Médio/África	4	8	1	1	<1	14	10
Américas	2	10	20	3	<1	35	24
Ásia/Pacífico	41	29	16	7	3	96	66

(continua)

Tabela 2 – Impactos por tipo. *(continuação)*

	Água	GEE	Uso da terra	Poluição do ar	Resíduo	TOTAL	
Análise por segmento							
Calçados	25	28	34	7	2	96	66
Roupas	18	14	3	3	1	39	27
Acessórios	4	4	<1	1	<1	10	7

Fonte: PWC (2011).

A maior contribuição para o impacto total de € 145 milhões foram das emissões de GEE e do consumo de água. As estimativas de emissões de GEE foram baseadas no "custo social do carbono", que tem por objetivo valorar o custo para a sociedade resultante das alterações climáticas ocorridas atualmente e no futuro. A Puma aplicou um valor de €66/tCO$_2$, que resulta em um valor total de € 47 milhões para 2010.

O impacto do consumo de água foi calculado com valores diferentes para refletir a escassez relativa em diferentes regiões. O E P&L utilizou uma estrutura de Valor Econômico Total, levando em consideração fatores como a oferta de água na bacia em relação à captação, para chegar a um valor médio de € 0,81 por metro cúbico de água. Com esse valor, o consumo de água foi valorado em € 47 milhões em 2010.

A Puma definiu seu E P&L como uma condição imperativa para introduzir modelos de negócios mais sustentáveis no âmbito global. Por exemplo, as operações diretas da Puma representam apenas € 8 milhões dos € 145 milhões dos custos ambientais estimados para 2010. Os € 137 milhões foram resultantes das operações de sua cadeia de suprimento, da produção de matérias-primas até o processamento e manufatura.

A Puma avança para completar seu modelo de reporte ambiental, social e econômico, e está em contato constante com diversos *stakeholders* para definir de forma colaborativa como comunicar seus diferentes tipos de capitais (Figura 5).

Figura 4 – Impactos por categoria de agente de impacto ambiental (%).

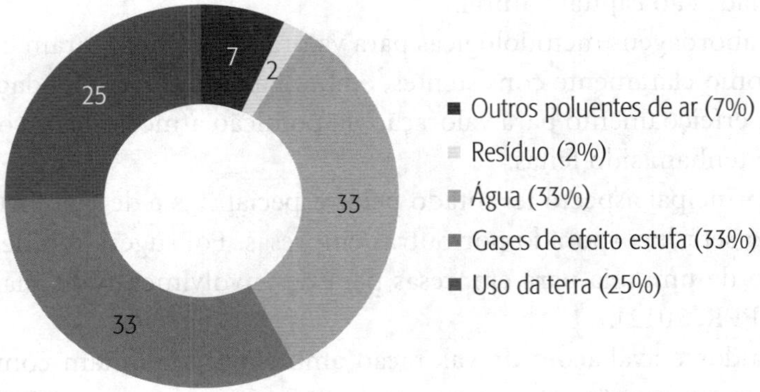

- Outros poluentes de ar (7%)
- Resíduo (2%)
- Água (33%)
- Gases de efeito estufa (33%)
- Uso da terra (25%)

Fonte: PWC (2011).

Figura 5 – Impactos por tipo de operação da Puma e de fornecedores (%).

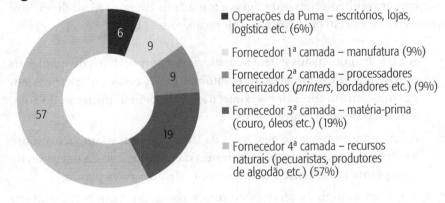

- Operações da Puma – escritórios, lojas, logística etc. (6%)
- Fornecedor 1ª camada – manufatura (9%)
- Fornecedor 2ª camada – processadores terceirizados (*printers*, bordadores etc.) (9%)
- Fornecedor 3ª camada – matéria-prima (couro, óleos etc.) (19%)
- Fornecedor 4ª camada – recursos naturais (pecuaristas, produtores de algodão etc.) (57%)

Fonte: PWC (2011).

CONSIDERAÇÕES FINAIS

No final de 2012, a Puma realizou uma consulta a especialistas para revisarem a metodologia do E P&L realizado. O painel de especialistas responsáveis pela revisão da metodologia concluiu que se trata de uma ferramenta de gestão com real contribuição para tomada de decisões estratégicas e como subsídio para análise dos potenciais riscos para o negócio relacionados ao capital natural.

As abordagens metodológicas para valoração também foram consideradas como claramente consistentes, embora algumas recomendações sobre o aperfeiçoamento para valoração da poluição atmosférica e consumo de água tenham sido feitas.

O principal aspecto levantado pelos especialistas é de que forma esse conceito será incorporado por outras empresas. Foi sugerido o desenvolvimento de um guia para empresas para desenvolvimento de análises de EP&L (PPR, 2012).

Estudos e avaliações de valoração ambiental despontam como uma tendência emergente entre as empresas. A PwC assessorou o WBCSD no desenvolvimento de um guia compreensivo para utilização de técnicas de valoração ambiental em um contexto corporativo. O Corporate Ecosystem Valuation Guide (WBCSD, 2014) oferece às empresas um guia passo a passo para diferentes abordagens disponíveis para quantificar, valorar e incorporar resultados nas estratégias e tomada de decisão. Além disso, lista uma série de iniciativas e *cases* de valoração, entre eles:

- A EDP avaliou custos e benefícios sociais e corporativos de manter os níveis mais altos em seus reservatórios de diversas hidrelétricas em Portugal, incluindo valores como uso recreacional, proteção do solo, consumo de água, entre outros.

- A Eni, uma empresa de óleo e gás da Itália, valorou os impactos sobre os serviços ecossistêmicos decorrentes da manutenção da operação de uma planta já existente e da construção de uma nova planta.

- A Eskom avaliou os serviços culturais associados com o turismo em uma área protegida relacionada a um de seus sistemas de bombeamento de água na África do Sul.

- A Hitachi Chemical no Japão avaliou o custo associado com suas emissões de carbono para um sistema produtivo alternativo para laminados de cobre.

- A Rio Tinto avaliou os custos e benefícios financeiros e sociais de manter áreas de conservação como parte da política da empresa de Impacto Líquido Positivo sobre a biodiversidade. Serviços ecossistêmicos avaliados incluem sequestro de carbono, ecoturismo, conservação de habitats e regulação hidrológica.

- A Singenta avaliou o valor dos serviços de polinização fornecidos por abelhas em fazendas nos Estados Unidos para justificar o investimento em habitats nativos em regiões adjacentes às plantações.

- A Veolia utilizou a valoração ambiental para priorizar usos da água e do solo em uma região da Alemanha, incluindo opções de recreação, produção de biocombustíveis e outras plantações.

- A Weyehaeuser avaliou o valor econômico dos serviços ecossistêmicos fornecidos sob diferentes cenários de manejo florestal para os Estados Unidos e o Uruguai.

- A Holcim na Inglaterra realizou estudos de valoração de serviços ecossistêmicos para definir a melhor alternativa para reabilitação de uma área como parte do processo de licenciamento ambiental. O estudo examinou o valor dos serviços como habitat para espécies, controle de enchentes, recreação, sequestro de carbono para diferentes cenários e alternativas de restauração.

Embora diferentes estudos de valoração venham sendo desenvolvidos no âmbito corporativo, o caso da Puma é único, no sentido em que abrange os impactos ambientais de todo o negócio, em diferentes níveis da cadeia de valor, enquanto as demais iniciativas tendem a ter uma abrangência limitada, seja em relação à localização, às atividades ou aos impactos.

A metodologia do E P&L foi aplicada também em um levantamento realizado recentemente (Natural Capital Coalition, 2013), que identificou, em nível macro, os maiores riscos para as empresas associados ao capital natural. Os riscos foram apresentados em valores monetários. Os cem maiores riscos identificados foram estimados em cerca de USD 4,7 trilhões por ano, em termos de custos ambientais e sociais.

Setores que geram externalidades muito maiores que suas receitas operacionais incluem, por exemplo:

- Geração de energia a partir de carvão na Ásia e na América do Norte.

- Produção agrícola na Ásia.

- Pecuária na América do Sul e na Ásia.

- Produção de ferro e aço na Ásia.

O propósito de identificar setores de maior risco é reconhecer em quais áreas da cadeia de valor os investimentos em sustentabilidade serão capazes de trazer maiores resultados e benefícios.

Por isso, é importante que metodologias de valoração contabilizem os impactos da cadeia de valor, como realizado no caso da Puma, caso contrário setores primários seriam penalizados em relação a setores que produzem bens para consumo. O próprio relatório da Puma reconhece que existem limitações metodológicas na abordagem e que é preciso ser criterioso na interpretação de resultados.

No entanto, é preciso considerar que essas ferramentas oferecem uma oportunidade única de demonstrar o valor dos esforços despendidos pelas empresas em relação a práticas mais sustentáveis.

REFERÊNCIAS

[IIRC] INTERNATIONAL INTEGRATED REPORTING COUNCIL. Disponível em: http://www.theiirc.org. Acessado em: 12 nov. 2014.

NATURAL CAPITAL COALITION. *Natural capital at risk: the top 100 externalities of business.* 2013. Disponível em: www.naturalcapitalcoalition.org/. Acessado em: 3 nov. 2014.

PPR. *An expert review of the environmental profit & loss account. What the experts say: the way forward.* 2012. Disponível em: http://www.kering.com/sites/default/files/e--pl-review_final-for_publicationwebsitefinal_final_1.pdf. Acessado em: 3 nov. 2014.

PUMA. *Environmental Profit and Loss Account,* 2012, p. 6.

[PWC] PRICEWATERHOUSECOOPERS. *O que seus relatórios dizem sobre você?: Relatório integrado (Integrated Reporting),* p. 23, 2011. Disponível em: http://www.pwc.com.br/pt_BR/br/publicacoes/assets/relatorios-integrados-11-a.pdf. Acessado em: 3 nov. 2014.

_____. Puma's reporting highlights global business challenges, 2011, p. 2.

REXAM. Anual Report, 2011, p. 15.

ROSSIN, C. Internalização das externalidades. CEO Brasil, ano 8, n. 24, p. 40-43, 2013.

UNITED NATIONS DEVELOPMENT PROGRAMME. *Human Development Report 2006 – Beyond Scarcity: Power, Poverty and the Global Water Crisis.* 2006.

WBCSD. *Guide to Corporate Ecosystem Valuation.* Disponível em: http://www.wbcsd.org/Pages/EDocument/EDocumentDetails.aspx?ID=104. Acessado em: 3 nov. 2014.

CONTABILIZAÇÃO DE LUCROS E PERDAS AMBIENTAIS

WORLD ECONOMIC FORUM. *Global Risks 2013: Eighth Edition*. Disponível em: http://www3.weforum.org/docs/WEF_GlobalRisks_Report_2013.pdf. Acessado em: 3 nov. 2014.

Sites

TEEB para o Setor de Negócios Brasileiro. 2012. Disponível em: http://www.teeb-negociosbrasil.com.br. Acessado em: 3 nov. 2014.

32 | Responsabilidade Socioambiental Empresarial Supermercadista: Sustentabilidade como Fator de Transformação da Cadeia de Valor da Carne

Fabiana Farah
Consultora em cadeia de produção de carnes

Taísa Cecília de Lima Caires
Psicóloga, Fundação Espaço ECO

INTRODUÇÃO

A adoção de um modelo de gestão orientado à sustentabilidade atualmente tem sido vista pelas empresas como diferencial importante aos negócios, principalmente pelo desafio de aumentar a produtividade com menos recursos, para atender à demanda crescente de consumidores (Santos, 2010).

Algumas empresas começam a interiorizar a sustentabilidade como estratégia de negócio e entendem que o tema não se restringe às "portas de sua empresa", mas sim a todos os elos da cadeia de valor, da qual fazem parte, incluindo todo o ciclo de vida do produto ou serviço oferecido. Tais empresas têm influenciado sua cadeia de valor na adoção desse modelo, tornando a sustentabilidade uma premissa essencial para se fazer negócio.

O grande elo entre os que produzem e os que consomem é o setor varejista. As grandes redes de supermercados têm um importante papel na disseminação de boas práticas, já que a pulverização de suas redes tem alcance em todo o país, criando-se assim a possibilidade de influenciar as duas pontas principais de seu relacionamento – seus fornecedores e seus consumidores (Caires, 2012).

Os consumidores, por sua vez, estão cada vez mais conscientes de seu papel, e passam a priorizar produtos e serviços provenientes de empresas que degradem menos o meio ambiente, que respeitem seus colaboradores e a comunidade de seu entorno e que possuem postura ética em suas relações.

Um dos segmentos de grande importância na economia brasileira que tem atraído discussões sobre os impactos socioambientais inerentes ao processo produtivo é a pecuária, em função do volume produzido anualmente, do modelo de produção extensiva (Amaral et al., 2012), das precárias condições de trabalho e do desmatamento gerado para a ampliação das áreas de pastagem (FGV, 2009).

Desde 2008, o Brasil é o maior exportador de carne bovina no mundo. Estima-se que a exportação crescerá ainda mais nos próximos anos – cerca de 2,15% ao ano – e que até 2019/2020 o mercado interno será responsável pelo consumo de 50% do produto pecuário (Mapa, 2013).

Possui cerca de 200 milhões de cabeças de gado e produziu aproximadamente 8.900 toneladas de carne bovina em 2013 (Conab, 2013). Segundo o Ministério da Agricultura, estima-se que a produção de carnes no Brasil até 2020 suprirá 44,5% do mercado mundial (Mapa, 2013).

O agronegócio (agricultura, pecuária, silvicultura e pesca) é responsável por fornecer alimentos para mais de 2,6 bilhões de pessoas. No entanto, utiliza cerca de 60% da superfície terrestre, é responsável por 31% das emissões globais de gases do efeito estufa (FAO, 2012), concentra 80% dos casos de trabalho em condições análogas à escravidão e é responsável por quase 60% dos casos de trabalho infantil no Brasil (OIT, 2005).

Considerando a relevância do agronegócio no Brasil e que as grandes redes de supermercado possuem potencial de indução de práticas socioambientais e de sustentabilidade em sua cadeia, este capítulo apresentará a experiência do Grupo Pão de Açúcar (GPA) com seu programa de Qualidade da Carne, em que atua como indutor de práticas de sustentabilidade em sua cadeia de valor.

A CADEIA DE VALOR DA PECUÁRIA DE CORTE

Este item procurará esclarecer o que é cadeia de suprimentos e cadeia de valor, apresentando suas principais diferenças e ainda aprofundando na composição da cadeia de valor da carne.

A cadeia de suprimentos ou cadeia produtiva de uma empresa é composta por todas as empresas que contribuem para o processo produtivo de um produto e/ou serviço. Considera-se neste caso desde as etapas de extração da matéria-prima até a saída do produto final para distribuição (Scavarda e Hamacher, 2001).

Já o conceito de "cadeia de valor" apresentado por Porter em seu livro *Competitive advantage: creating and sustaining superior performance* (1985) é um pouco mais abrangente: considera, além das questões inerentes à produção estabelecidas entre tais elos, o sistema de valor gerado e agregado pelas relações entre fornecedores, distribuidores e clientes/consumidores.

Quando a cadeia de suprimentos é considerada "verde", entende-se que esta leva em conta o conhecimento quantitativo dos impactos ambientais localizados em cada uma das etapas da cadeia e do ciclo de vida do produto e, ainda, possui uma orientação para minimização e/ou eliminação de tais impactos (Barbieri et al., 2009).

Dessa forma, a cadeia de suprimentos como proposto por Boechat et al. (2006) é uma parte de uma cadeia de valor em que cada um de seus elos gera valor à etapa seguinte

No setor varejista, a cadeia de valor é composta por sete elos principais (Figura 1), que são inicialmente a matéria-prima/produtores, a indústria, o distribuidor, as lojas varejistas, o consumidor e o pós-consumo (descarte final e/ou reciclagem).

Figura 1 – Cadeia de valor do varejo.

A cadeia de valor da pecuária é composta por uma série de atores que podem ser agrupados segundo a atividade, produção, distribuição e comercialização de insumos (Figura 2) ou por etapa produtiva antes e depois da porteira (Figura 3).

Figura 2 – Cadeia de valor da pecuária por atividades.

Fonte: adaptada de Amaral et al. (2012).

Nesse modelo (Figura 2), a etapa de insumos é composta pela terra, insumos de saúde e nutrição animal, máquinas e implementos, entre outros. A seguinte é da produção pecuária, tanto leiteira quanto de corte, seguida pelo abate e distribuição realizados pelos frigoríficos; na sequência, a comercialização via exportação ou varejo local e, por fim, o consumidor (Amaral et al., 2012).

Figura 3 – Cadeia de valor da pecuária por etapa produtiva.

Segundo Pires (2002), no modelo de cadeia de valor que divide os elos por etapas produtivas (Figura 3), a fase inicial, chamada de "antes da porteira", acontece antes do sistema biológico de produção. É constituída pelo material genético (reprodutores, sêmen e embrião), a indústria de insumos (produtos veterinários, rações, adubos), a indústria de máquinas e equipamentos e a comercialização de animais.

Na segunda, "dentro da porteira", encontra-se o sistema biológico de produção, que, dentro da estrutura da cadeia produtiva de bovinos de corte, é caracterizado pelas atividades de cria, recria e engorda. Essas atividades da produção é que dão as características dos pecuaristas classificados por ou denominados criadores (cria), recriadores (recria) e invernistas (engorda).

A última fase, "depois da porteira", acontece logo após o sistema biológico de produção e compreende os abatedouros, frigoríficos, a indústria de couros (curtumes), de calçados e manufaturados, a indústria química e farmacêutica, a de rações, entre outras.

SUSTENTABILIDADE E IMPACTOS SOCIOAMBIENTAIS DA AGROPECUÁRIA

Dois marcos históricos impulsionaram as discussões sobre um novo paradigma acerca do modelo de desenvolvimento adotado até então: o primeiro deles foi em 1972, com a publicação do relatório "Limites do crescimento", pelo Clube de Roma, e o segundo em 1987, com o relatório "Nosso futuro comum", publicado pela Comissão Mundial de Desenvolvimento e Meio Ambiente da ONU (WCED, 1987).

O Clube de Roma, organização sem fins lucrativos que reúne profissionais de diversas áreas, publica o relatório "Limites do crescimento" (em inglês, *The limits to growth*), em que apresenta uma projeção sobre as consequências do rápido crescimento da população mundial em um período de cem anos, bem como a finitude de recursos naturais do planeta, e alerta que para haver um equilíbrio econômico e ambiental seria necessário o congelamento no crescimento da população global (Jacobi, 1999).

O relatório "Nosso futuro comum" ou "Relatório Brundtland" retoma as discussões sobre os impactos causados pelo desenvolvimento, chamando a atenção para a necessidade de uma nova postura ética diante do meio ambiente, além da responsabilidade de todos os atores da sociedade. Além disso, apresenta o conceito de desenvolvimento sustentável como aquele que "satisfaz às necessidades do presente sem comprometer a capacidade das gerações futuras satisfazerem as suas próprias necessidades" (WCED, 1987, p. 300).

A partir de então, esse paradigma passa a ser o centro das discussões mundiais que impulsionou outros marcos históricos, conforme Figura 4.

Figura 4 – Principais marcos nas discussões sobre sustentabilidade.

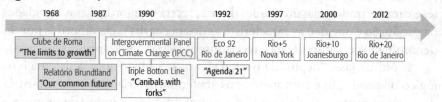

No mesmo ano em que o Painel Intergovernamental de Mudanças Climáticas (IPCC) introduz as discussões sobre aquecimento global e alerta a sociedade sobre o tema, Elkington apresenta o conceito do *Triple Botton Line* (TBL – People, Planet, Profit)[1], como uma tradução da sustentabilidade ao mundo dos negócios. Ressalta a necessidade das empresas priorizarem os aspectos sociais, ambientais e econômicos equilibradamente como fator de sustentabilidade (Elkington, 1997).

---

[1] Pessoas, meio ambiente e lucro.

Em 1992, realizou-se a Eco-92, no Rio de Janeiro, para discutir formas de promover o desenvolvimento em relação à humanidade e às questões ambientais. Durante o evento, foi aprovado um documento, a Agenda 21, contendo compromissos dos países para mudança do padrão de desenvolvimento no próximo século.

Cinco anos após a Eco-92, a comunidade internacional se reúne novamente, desta vez em Nova York, para verificar as metas estabelecidas anteriormente. Tal encontro ficou conhecido com Rio+5.

Posteriormente, em 2002, dez anos após a Eco-92, acontece a Rio+10, em Joanesburgo, onde foi evidenciada uma piora nos indicadores socioambientais dos países pobres e, assim, define-se uma nova perspectiva de sustentabilidade em que o pilar social, representado pela justiça social e governança, passa a ter maior peso. E em 2012 é realizada a Rio+20, com o objetivo inicial de discutir a renovação dos compromissos assumidos entre os países para o desenvolvimento sustentável.

Os desafios globais associados à sustentabilidade, observados por meio de uma visão de negócios, podem ajudar a identificar estratégias e práticas que contribuam para um mundo mais sustentável, além de gerar valor para os acionistas (Hart e Milstein, 2003).

No entanto, as empresas precisam adotar um novo modelo de gestão, que ao mesmo tempo garanta a viabilidade econômica do negócio, se preserve a integridade ambiental e mantenha relacionamentos harmoniosos com seus *stakeholders*. Tudo isso refletirá numa reputação mais positiva e sólida (IBGC, 2007).

O agronegócio deve desenvolver um olhar cada vez mais voltado às questões socioambientais inerentes ao seu negócio. Dentre os principais impactos destacam-se questões como a do desmatamento, os impactos sobre a biodiversidade, a utilização e a degradação dos recursos hídricos, a perda de fertilidade e erosão do solo, a utilização inadequada de defensivos agrícolas e a perda das matas ciliares (Salati et al., 2006).

A pecuária também está fortemente relacionada com os problemas ambientais da Amazônia Legal. Estima-se que tal atividade seja a principal responsável pelo desmatamento desde a década de 1970. Segundo um estudo do Greenpeace e dados do Censo de 2006, 79% das áreas utilizadas na Amazônia Legal, excetuando-se o Maranhão, estão ocupadas por pastagens (Greenpeace, 2008).

No cerne dos impactos sociais presentes no agronegócio, há a questão do trabalho forçado e/ou análogo ao escravo. Ele configura-se pelo trabalho degradante (ausência de condições adequadas de trabalho, alojamento, saneamento, alimentação, maus tratos etc.), aliado ao cerceamento da liberdade, por meio de ameaças físicas, psicológicas, financeiras ou ainda pela distância da fazenda a outras propriedades.

Em estudos realizados em 2005 pela Organização Internacional do Trabalho (OIT) no Brasil, estimava-se que havia 25 mil casos de pessoas mantidas em condições análogas à de escravidão, com 80% dos casos na agropecuária e 17% na agricultura (OIT, 2005).

A respeito do trabalho infantil, outro tema crítico relacionado ao agronegócio, segundo estudo realizado pelo Ministério do Trabalho em 1998, a agropecuária concentra 58,3% dos casos de trabalho infantil no Brasil, seguido pelo comércio, com 12,4%, e pela indústria e prestação de serviços, com 1,2%. Um dos fatores de tal concentração deve-se ao fato de que as famílias incluem as crianças no trabalho como forma de complementação da renda familiar (OIT, 2005).

Além do trabalho análogo ao escravo e do trabalho infantil, é muito comum a existência de trabalho informal (trabalhadores são contratados por empreitadas de trabalho e sem qualquer vínculo empregatício).

Pecuária de corte: panorama e perspectivas

A pecuária de corte brasileira evoluiu muito nos últimos anos. O Brasil, reconhecido como grande celeiro mundial, vem perseguindo a ideia de não ser mais um grande produtor de carne, e, sim, um produtor de carne com qualidade e responsabilidade. Mas o caminho é longo.

Voltando alguns anos na história da pecuária brasileira, foi no período pós-guerra, no final da década de 1940, que se iniciou o processo de ocupação oficial do que atraiu expressivo contingente populacional de diversas regiões para o Centro-Oeste do país.

Em torno de 1965, o Estatuto da Terra sinalizou a possibilidade de traçar delimitações de terras, criando políticas agrárias aos produtores. Programas especiais como a Superintendência de Desenvolvimento da Amazônia (Sudam) estimularam de vez a ocupação das terras da região da Amazônia e, principalmente, do Centro-Oeste.

A política do Governo Federal para a região ficou popularmente conhecida como "integre ou entregue", para que definitivamente as terras fossem realmente ocupadas e se tornassem produtivas.

Esse processo de ocupação, de forma despreparada, incentivava as pessoas a desmatar sem quaisquer critérios ambientais. É comum proprietários que ocuparam suas terras nesse período relatarem que todos, com medo da malária, desmatavam as beiras dos rios, as nascentes de água, para se "proteger da doença".

Atualmente esses homens recuperaram suas matas ciliares, suas áreas de preservação permanente, suas nascentes, não somente para se adequar à legislação ambiental vigente, mas para implantar processos sustentáveis já percebidos em suas propriedades rurais.

Alguns produtores, a exemplo de Lorival Antonio Sguissardi, que, ao conseguir autorização do órgão competente para formação de uma nova área de pastagem em sua propriedade no Mato Grosso (Figura 5), inovou optando por um modelo de pasto ecológico, ou sistema agrosilvopastoril, que permite que a área de pastagem seja entre as árvores, sem a necessidade de derrubá-las.

Figura 5 – Exemplo de pasto ecológico (produtor Lorival A. Sguissardi).

Fonte: GPA (2013).

A metodologia empregada na formação desses pastos foi absolutamente diferente de anos atrás, quando se utilizava mecanismo para derrubada de todas as árvores para então plantar o capim. No formato atual, adotado pelo produtor citado, nenhuma árvore foi derrubada, somente os cipós, e só então plantou-se capim entre as árvores.

Para o produtor Lorival A. Sguissardi, esse tipo de pasto é o melhor que existe em sua propriedade, pois o gado engorda mais, há sombra para seu bem-estar e ainda possibilita produzir respeitando a fauna e a flora locais (GPA, 2013).

Apesar de iniciativas como as do produtor Lorival, o grande entrave à pecuária de corte no Brasil é a qualidade dos produtos, mesmo com o volume de produção atual.

Friedman (2005), em seu livro *The world is flat* (*O mundo é plano*), afirma que o mundo não é redondo, e, sim, plano. Claro que ele não se refere ao globo terrestre, em sua configuração física. O mundo se torna "plano" pela globalização, que derruba espaços, tempo, culturas e até o preço da arroba do boi.

Os exportadores de carne do Rio Grande do Sul sentiram isso na pele quando não puderam comercializar seu gado de alta qualidade devido a um foco de febre aftosa no Mato Grosso do Sul mesmo a quilômetros de distância. O fato é que todos os elos da cadeia (Figura 2) coexistem em interesses, competências, práticas e forças.

Atualmente, o Brasil possui 1,8 milhão de propriedades rurais; somente 200 mil possuem perfil de produção profissional, sobre dois pontos de vistas: o primeiro é o da qualidade, que está aquém dos países concorrentes no segmento; o segundo ponto de vista é o da eficiência – somente as 200 mil propriedades têm capacidade de implantar sistemas de gestão eficientes para garantir a lucratividade (Vila, 2013).

Em razão da grande valorização dos preços de terra nos últimos anos, em que se chegou a registrar aumentos de até o dobro do valor nos últimos três anos, são comuns casos de fazendeiros que não investem em sistemas de gestão do negócio e tecnologia para melhoria da qualidade do produto, uma vez que pela valorização das terras acreditam que já garantiram o patrimônio de seu crescimento (Vila, 2013).

Toda a cadeia de valor perde quando um dos atores, como esses, faz parte dos elos de produção. Uma vez que, além da falta de investimento na gestão em insumos importantes, como suplementação nutricional, também deixam de adotar técnicas de bem-estar animal, e o consumidor final perde muito com isso, pois terá acesso a um produto de menor qualidade.

Nos últimos anos, vivemos uma inversão de valores na cadeia de produção da carne. Há décadas a lógica de produção era determinada pelo produtor rural, que definia o que produziria e com qual sistema produtivo, e o consumidor comprava o que estivesse disponível. Um novo paradigma vem se moldando, em que o consumidor define o que deseja comprar, exigindo qualidade, segurança e critérios socioambientais. Dessa forma, o produtor precisa ter um olhar no mercado consumidor e buscar produzir a necessidade deste mercado.

No entanto, as 200 mil propriedades rurais buscam melhorar seus processos e produtos, e é com esse modelo de cadeia e com a visão desses modernos empresários rurais que os elos se fortalecem e passam a entender o consumidor. Este, por sua vez, deixa de ser um elo passivo da cadeia e torna-se ativo, de forma a exigir um produto de mais qualidade e que gere menos impacto ao longo de seu processo produtivo (Vila, 2013).

É esta visão de pecuária mais moderna, mais plana, mais eficiente, que vai dinamizar o setor como um todo, trazendo para todos os elos da cadeia de valor da carne mais maturidade e valor.

O GRUPO PÃO DE AÇÚCAR COMO INDUTOR DE SUSTENTABILIDADE NA CADEIA DE VALOR DA CARNE

O Grupo Pão de Açúcar (GPA) é a maior companhia varejista do Brasil, com mais de 2.100 pontos de venda. Com estratégia multinegócio e multiformato, o GPA opera com cinco Unidades de Negócios – Multivarejo (Pão de Açúcar, Extra e Proximidade), Via Varejo (Pontofrio e Casas Bahia), Assaí, Cnova e GPA Malls –, atuando nos setores de super e hipermercados, atacado (*cash&carry*), lojas especializadas em eletroeletrônicos, eletrodomésticos e móveis, além de postos de combustíveis, drogarias e comércio eletrônico (GPA, 2013).

Em 2008 lançou o programa de Qualidade desde a Origem com a finalidade de desenvolver sua cadeia produtiva de frutas, legumes e verduras (FLV) e proporcionar ao consumidor maior segurança e informação sobre o produto adquirido em suas lojas.

Seguindo o mesmo padrão do programa de qualidade estabelecido na cadeia de FLV, o GPA investe também em um programa de produção de carne de qualidade, com a premissa de desenvolver um produto que apresente menores riscos à saúde pública, maior segurança sanitária aos rebanhos pecuários, maior segurança alimentar aos consumidores e ainda maior qualidade, valor nutricional e maciez da carne (GPA, 2014).

O primeiro passo iniciou-se em 2005, na busca por uma raça paternal de gado europeu que fosse adaptável às condições climáticas brasileiras, que apresentasse alto índice muscular em idade jovem, já que o gado jovem apresenta maior maciez na carne e traria maior eficiência de produção e rentabilidade aos produtores em virtude de seu abate precoce.

O resultado desse estudo foi um animal meio-sangue, fruto da inseminação da raça Nelore (mãe) com o sêmen do Rubia Gallega, raça do noroeste da Espanha que apresenta baixo índice de gordura no animal de idade jovem, conforme Tabela 1.

Tabela 1 – Comparativo do valor nutricional entre um bovino tradicional e um meio--sangue Rubia Gallega.

Informação nutricional complementar por 100 g de produto			
	Rubia Gallega Taeq	Bovino comum adulto	% redução
Valor energético	114 kcal = 479 kJ	157 kcal = 655 kJ	27
Gorduras totais	1,3 g	6 g	78
Gorduras saturadas	0,6 g	2,7 g	78

Fonte: Adaptado de GPA (2013).

Os animais fruto desse processo são abatidos com 16 meses em média e apresentam cerca de 180 kg, enquanto que um da raça Nelore leva 30 meses para produzir essa mesma quantidade de massa muscular. São cerca de 2,5 vezes a menos de animais no pasto. Após o desmame, o gado fica de 2 a 12 meses em fase de recria, com alimentos balanceados. Antes da desossa das carcaças identificadas uma a uma, todos os lotes de carnes são identificados, o controle de qualidade é total, e o transporte é fiscalizado (Figura 6).

Nessa primeira etapa do programa, o GPA objetivou o desenvolvimento de um manejo intensivo de produção de bovinos com alta tecnologia, abate de animais jovens com alto desenvolvimento de massa magra, manejo alimentar, manejo ambiental e índices zootécnicos positivos.

Figura 6 – Processo de registro e rastreabilidade da carne do Programa de Qualidade GPA.

Fonte: Adaptado de GPA (2013).

No processo, foram envolvidos alguns elos da cadeia de valor da pecuária (Figura 7). Participaram do primeiro elo (insumos) uma empresa especialista em genética animal, que desenvolveu estudos sobre a inseminação da raça espanhola no Brasil, e uma empresa de insumos para saúde e alimentação animal.

Figura 7 – Elos da cadeia de valor envolvidos no processo.

Na sequência, as fazendas produtoras foram selecionadas a partir de critérios socioambientais que assegurassem sua idoneidade e índice de produtividade:

- Estar de acordo com a legislação e possuir programa de gestão ambiental com mitigação de seus impactos causados pela produção.
- Cumprir a legislação trabalhista e desenvolver programas de incentivo aos colaboradores para o crescimento pessoal e profissional, bem como contribuir para que todas as crianças filhas de seus funcionários frequentem a escola.
- Adoção de tecnologias para aumentar a eficiência produtiva na fazenda, gerando mais carne por hectare de terra.

Outro elo envolvido foram empresas frigoríficas, contratadas para o carregamento, transporte, abate e desossa dos animais, sendo este trabalho feito separadamente dos demais animais já produzidos por elas, garantindo a rastreabilidade de origem do produto que vai para o ponto de venda.

O projeto começou com a participação de oito fazendas e hoje conta com 40 fazendas distribuídas nos estados de São Paulo, Mato Grosso e Goiás, e representantes da empresa parceira fornecedora da genética animal.

Em 2008, um ano após seu início, o programa inicia uma nova etapa com a incorporação da Metodologia Tear de Trabalho em Cadeia de Valor, e passa a ser intitulado "Tear – tecendo redes sustentáveis", desenvolvido pelo Instituto Ethos em parceria com o Business Meets Social Development (BSD), Fundo Multilateral de Investimento (Fumin) e Banco Interamericano de Desenvolvimento (BID), ao trabalho já iniciado com a cadeia de valor do Rubia Gallega.

A Metodologia Tear tem por objetivo aumentar a competitividade de pequenas e médias empresas (PME's) por meio da indução da responsabilidade social corporativa e sustentabilidade na cadeia de valor de grandes empresas, dos principais setores da economia (Stoicov, 2007).

A estrutura pauta-se no ciclo PDCA (*plan, do, check and act*), e é constituída por quatro macro etapas de trabalho (Figura 8): sensibilização e análise da sustentabilidade do negócio, seguida do diagnóstico da gestão, na sequência, há a proposição de planos de ação e, por fim, a comunicação e elaboração de relatórios. No centro dessas etapas, está a consolidação de uma rede de trabalho para a construção de capacidades e implantação da responsabilidade social empresarial (RSE). Além disso, propõe a disseminação do aprendizado dentro da rede de relacionamentos do programa (Stoicov, 2007).

A metodologia de capacitação é fundamentada em ferramentas de diagnóstico e gestão, tais como os Indicadores Ethos de Sustentabilidade e Responsabilidade Empresarial, a série ABNT ISO 14001, ISO 9001, além de uma série de convenções e tratados internacionais, como Objetivos de Desenvolvimento do Milênio, Agenda 21, OHSAS 18001, SA 8000, NBR 160010, entre outros (Stoicov, 2007).

Ao longo de 2 anos de capacitação, fizeram parte deste processo o grupo de fazendas produtoras, o GPA e as empresas fornecedoras da genética, vacinas e alimentação animal. Foram realizados encontros bimestrais para discussão e implementação da metodologia Tear no negócio, bem como

Figura 8 – Estrutura da Metodologia Tear.

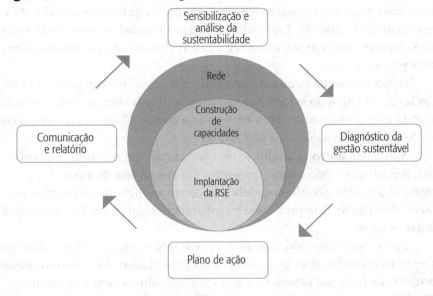

Fonte: Adaptada de Stoicov (2007).

reuniões locais em cada uma das propriedades para supervisão e orientação direcionada.

Além do processo de capacitação e acompanhamento proposto pela Metodologia Tear, os produtores são submetidos a avaliações técnicas, trabalhistas e sanitárias, auditorias regulares que abordam aspectos como garantias na proteção aos direitos humanos, entre elas, o combate ao trabalho escravo ou uso de mão de obra infantil, e devem comprovar o cumprimento de requisitos legais ambientais (GPA, 2014).

Comprometem-se também com a entrega contínua dos animais ao decorrer do ano, independentemente da safra ou entressafra.

O GPA garante a compra de toda a produção de animais Nelore x Rubia Gallega com garantia de pagamento aos produtores. Aliado a esse processo, o produtor pode também conseguir premiações extras. A frequência e a qualidade dos produtos são fatores fundamentais para o sucesso do programa. Com entrega do gado no decorrer do ano, um animal bem conformado que dará excelentes cortes de carne e com um relatório socioambiental, essa premiação extra pode chegar até 7% mais do valor da arroba do boi.

O trabalho que foi iniciado pelo GPA em 2005 se consolidou após oito anos com resultados progressivos em volume de carne comercializado e em resultado financeiro. Essa evolução refletiu o amadurecimento da visão do Grupo em perguntar e entender o que realmente seu cliente busca nas suas gôndolas de carne.

O delineamento técnico do programa e o encontro com parceiros certos fez do objetivo do setor de carnes uma realidade. Encomendar para os elos da cadeia que o antecede a carne que o cliente deseja: uma carne com maciez garantida, saudável e sustentável.

Não havia outro caminho se não endereçar esse trabalho aos parceiros, frigoríficos e pecuaristas, presentes em sua cadeia de valor. No princípio, alguns dos elos dessa cadeia pareceram indiferentes e incertos pela nova abordagem, que propunha transparência e garantias de ganho para todas as partes.

Outro fator que pode ter sido importante no sucesso foi o diálogo aberto diretamente com os produtores rurais. Muitos deles tiveram neste projeto sua primeira experiência de negociação direta com um varejista.

Durante esses anos de trabalho, o GPA garantiu e efetuou o pagamento para algumas fazendas em momentos de crise com as indústrias frigoríficas, fortalecendo ainda mais a relação entre o GPA e os produtores rurais.

Em 8 anos de trabalho, foi iniciado diálogo com a indústria frigorífica, que passou de vendedora de carnes a prestadora de serviços diferenciados, e que, com isso, começou a oferecer produtos e serviços melhores, contribuindo para o desenvolvimento da cadeia de valor como um todo.

Além disso, cada bife, cada pedaço de carne comercializado como a marca Taeq Rubia Galega recebe uma identificação em código 2D (duas dimensões), que assegura ao consumidor a sua origem. O GPA reconhece o trabalho dessa cadeia tão complexa levando a história deste processo para o consumidor final. O GPA expõe esses produtos e dá a possibilidade para os clientes, por meio de sua opção de compra, de reconhecer a qualidade desse produto e, consequentemente, fazer uma escolha mais criteriosa.

A seguir apresentam-se alguns achados nos aspectos sociais, econômicos e ambientais, ao término dos 12 meses de capacitação. As fazendas participantes foram submetidas a uma avaliação quantitativa, realizada pelo Instituto Ethos e chamada de Linha de Base Tear. Tais dados foram consolidados em setembro de 2007, com a proposta de analisar os incrementos sociais, ambientais e econômicos alcançados pelas fazendas, bem como pontos de atenção para melhoria.

Aspectos sociais

Quanto aos aspectos sociais atingidos por meio do processo de capacitação dos produtores rurais, observou-se que, antes do processo de capacitação, a maior parte das fazendas não possuía uma visão de negócios estruturada, com definições sobre visão, missão e valores de seu negócio. Após 12 meses do início das capacitações, todas as fazendas participantes realizaram análise da gestão de seu negócio, construindo e formalizando sua visão, sua missão e seus valores, e o mapeamento das partes interessadas foi um diferencial da metodologia e passa a ser adotado por algumas fazendas.

Nesse mesmo período, os produtores passaram a incorporar, em seu planejamento, ações de responsabilidade social empresarial (RSE). Observou-se uma média de dez ações planejadas por fazendas, 75% destas foram implantadas e o restante estava em processo de implantação (Figura 9).

Figura 9 – Ações de RSE implementadas pelas fazendas após 12 meses de projeto.

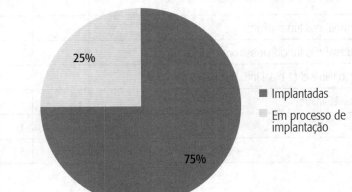

Outro critério foi o aprimoramento das práticas de gestão a partir da aplicação da Metodologia Tear. Conforme a Tabela 2, observou-se que, após 12 meses de implantação do programa, as fazendas passaram a ter um modelo de gestão participativa e um desenvolvimento de produtos e serviços que respeitam critérios socioambientais.

GESTÃO EMPRESARIAL E SUSTENTABILIDADE

Tabela 2 – Total e tipo de práticas de RSE incorporadas ao negócio.

Tipos de práticas	Antes Tear	Após 12 meses
Código de ética (conduta)	-	2
Programa de voluntariado	-	1
Coleta seletiva	1	3
Inserção da participação dos funcionários na gestão da empresa	-	9
Participação em prêmios relacionados a RSE e sustentabilidade	1	-
Premiações recebidas relacionadas a RSE e sustentabilidade	-	-
Compras com aspectos e critérios socioambientais	-	5
Desenvolvimento de produtos/serviços com aspectos e critérios socioambientais	-	9
Prática de realização de eventos com aspectos e critérios socioambientais	-	4
Avaliação formal dos funcionários	-	-
Avaliação formal dos funcionários com critérios de RSE	-	-
Remuneração variável (14º salário, PLR etc.)	-	-
Política de diversidade	-	-
Outros	-	1
TOTAL	2	34

Na Figura 10, observa-se que os maiores impactados nesse processo foram os colaboradores e seus familiares, seguidos da comunidade e dos fornecedores.

Observa-se que após um ano de trabalho das fazendas do GPA, houve avanço na incorporação de critérios de sustentabilidade na estratégia de atuação das empresas, além da tentativa de influenciar outros elos de seu negócio (fornecedores, colaboradores e comunidades) na adoção de práticas de responsabilidade social empresarial e sustentabilidade.

Figura 10 – Número de pessoas sensibilizadas na temática da RSE e sustentabilidade.

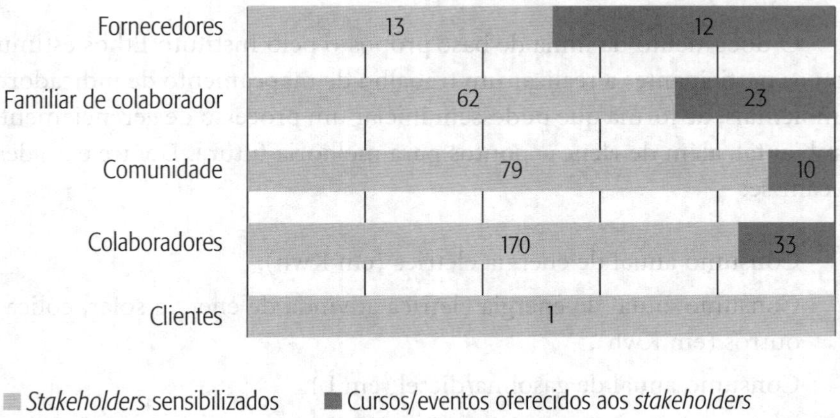

- ▨ *Stakeholders* sensibilizados
- ▪ Cursos/eventos oferecidos aos *stakeholders*

Aspectos econômicos

Quanto ao aspecto econômico, foram aferidos indicadores no período de 2005 a 2007, no qual se apresentou uma queda no custo da produção de aproximadamente 200 mil reais, que pode ser atribuída à evolução tecnológica, ao treinamento técnico da equipe e ao aumento de produtividade.

Mesmo com tal redução dos custos de produção, houve o aumento no valor da folha de pagamento, de aproximadamente 300 mil reais. A hipótese é a de que houve um aumento na contratação formal de profissionais para as "empreitadas", além do aumento de salários devido à melhora na qualificação e profissionalização da equipe.

Os três primeiros anos de parceria com o GPA, bem como a participação nas capacitações, foram marcados por aumento nas despesas. Tal custo foi entendido pelos produtores como investimento em melhorias do sistema produtivo. Mesmo com o aumento na folha de pagamento, as fazendas registraram um incremento de 14% da receita bruta após o Programa Tear. Ainda sobre esse item, observa-se o movimento de compra coletiva de fornecedores, aumentando a escala de compra e, consequentemente, melhorando as condições comerciais.

Aspectos ambientais

O documento da linha de base proposto pelo Instituto Ethos estimulou os participantes a realizar um trabalho de mapeamento de indicadores ambientais, de forma que pudessem iniciar um processo de gerenciamento ambiental, além de elencar pontos para melhoria futura. Dentre eles, destacam-se:

- Consumo anual de energia elétrica (em Kwh).
- Consumo anual de energia elétrica advinda de energia solar, eólica e outros (em Kwh).
- Consumo anual de gasolina/diesel (em L).
- Consumo anual de combustíveis advindos de energia limpa como álcool, biodiesel etc. (em L).
- Consumo anual de gás GLP/GN (em m^3).
- Consumo anual de água (em m^3).
- Quantidade anual de resíduos sólidos gerados (em t).
- Quantidade anual de resíduos encaminhados para reciclagem (em t).

As fazendas passaram a se preocupar com a adequação de sua propriedade rural junto à legislação ambiental vigente, restaurando áreas de preservação permanente (APP), mantendo áreas de reserva legal e preservação de nascentes. Desenvolveram, ainda, ações de engajamento do município, bem como de outros produtores do entorno em projetos de educação ambiental, restauração de nascentes dos rios e produção de mudas nativas.

Além disso, a própria produção do gado foi intensificada e teve seu abate antecipado, possivelmente resultando em menores impactos ambientais, do ponto de vista de emissões atmosféricas e uso de solo, mostrando que é possível produzir mais em menos áreas e com menos recursos naturais.

CONSIDERAÇÕES FINAIS

Inúmeras práticas socioambientais têm sido adotas atualmente como uma tentativa de orientação dos negócios à sustentabilidade, algumas com resultados factíveis de seu desempenho, ou ambiental ou social. No entanto, muitas vezes são desenvolvidas de forma desordenadas e com foco em apenas um dos eixos da sustentabilidade. Abordar um dos eixos desconectados não é negativo, pelo contrário. Porém, cada vez mais faz-se necessário que os setores e seus diversos atores atuem com foco em um único objetivo e em conjunto para que haja de fato sustentabilidade nos negócios.

Dizer que a carne fruto do programa do GPA é mais sustentável que outras é errôneo, assim como o contrário também o é. Para tal alegação, faz-se necessária a profunda análise de ciclo de vida desses produtos, uma vez que, para tal constatação, não se pode perder de vista que a sustentabilidade é muito mais do que pensar nas emissões de gases de um processo produtivo, devendo-se considerar todos os impactos gerados por todos os elos da cadeia.

A atuação na cadeia de valor é uma forma de se fazer negócios de maneira holística e integrada, aferindo resultados para todos os elos da cadeia, em especial para o consumidor final. Este processo de incorporação da sustentabilidade na cadeia de valor da carne não se deu apenas na adoção de ações com foco em cada dimensão (ambiental, social e econômica), mas com o planejamento e definição de planos estratégicos de longo prazo. O foco foi o desenvolvimento sustentável do negócio, do meio ambiente e das pessoas, sejam estas colaboradores, da comunidade do entorno e/ou clientes, estes últimos beneficiados diretamente por um produto que, além de passar por um processo de rastreabilidade seguro, é mais saudável e de melhor qualidade, oferecido no ponto de venda, por um valor justo para todas as partes.

Os principais articuladores desse processo mostram, com resultados bem consolidados, que é possível, sim, produzir carne com respeito ao meio ambiente e às pessoas, e com lucratividade. Sendo assim, a carne produzida neste processo possui orientação à sustentabilidade, ou seja, é economicamente viável, já que mesmo com o aumento dos custos de produção e de valor de venda, ainda assim é acessível aos consumidores. É ambientalmente correta, pois atende aos critérios rigorosos de respeito e manutenção do meio ambiente. É socialmente aceita, em questão de cuidado com a saúde e qualidade de vida de todas as pessoas envolvidas na produção, no consumo ou no entorno das fazendas.

REFERÊNCIAS

AMARAL, G. et al. Panorama da pecuária sustentável. *BNDES Setorial – Agroindústria*, Brasilia, n. 36, p. 249-288, set. 2012.

BARBIERI, J.C.; CAZAJEIRA, J.E.R.; BRANCHINI, O. Cadeia de suprimento e avaliação do ciclo de vida do produto: revisão teórica e exemplo de aplicação. *Revista o Papel*. 2009. Disponível em: http://www.revistaopapel.org.br. Acessado em: 26 fev. 2013.

BOECHAT, C.B.; GRASSI, M.R.; SOARES FILHO, R. Estratégias empresariais brasileiras à luz da sustentabilidade. *Caderno de Idéias – FDC*. p. 1-24, 6 maio 2006.

BUAINAIN, A.M.; BATALHA, M.O. (Coords.). *Cadeia produtiva da carne bovina.* Brasília: IICA: Mapa/SPA, 2007. 8v. (Agronegócios). Ministério da Agricultura, Pecuária e Abastecimento, Secretaria de Política Agrícola, Instituto Interamericano de Cooperação para a Agricultura.

CAIRES, T.C.D.L. Rubia gallega: sustentabilidade como fator de transformação da cadeia de valor da pecuária de corte. In: *VI Encontro Nacional dos Pequisadores em Gestão Social (Enapegs)*. Temática 05 – Sustentabilidade, Mercado e Sociedade. 2012, São Paulo. *Anais...* 21-23 maio 2012, São Paulo, p. 1-19.

CONAB, C.N.D.A. *Quadro de suprimentos. Indicadores da Agropecuária.* Brasília: CONAB, Ano XXII – n. 7, p. 53, jul. 2013. Disponível em: http://www.conab.gov.br/conab/Main.php?MagID=3&MagNo=186. Acessado em: 15 jul. 2013.

ELKINGTON, J. *Cannibals with forks: The Triple Bottom Line of 21st Century Business.* Oxford: Capstone, 1997. 410p.

[FGV] FUNDAÇÃO GETÚLIO VARGAS. *Fórum de varejo e consumo sustentável: experiências, debates e desafios.* São Paulo: FGV, 2009.

[FAO] FOOD AND AGRICULTURE ORGANIZATION OF THE UNITED NATIONS. *Sustainability Assessment of Food and Agriculture systems – Safa Guidelines.* Roma: FAO/Natural Resources Management And Environment Department, 2012. 108p.

FRIEDMAN, T.L. *The world is flat 3.0: a brief history of the twenty-first century.* Nova York: Farrar, Straus and Giroux, 2005. 641p.

GREENPEACE. *O rastro da pecuária na Amazônia: Mato Grosso, o Estado da destruição.* São Paulo: Greenpeace, 2008. 15p. Disponível em: www.greenpeace.org.br/amazonia/pdf/atlasweb.pdf. Acessado em: 3 abr. 2011.

[GPA] GRUPO PÃO DE AÇÚCAR. *Grupo Pão de Açúcar*, 2013. Disponível em: http://www.grupopaodeacucar.com.br/o-grupo/nossa-historia/. Acessado em: 10 jul. 2013.

_____. *Conheça a Taeq–Carnes, o Programa*. 2014. Disponível em: http://www. taeq.com.br/conheca-a-taeq/#rubia. Acessado em: 31 out. 2014.

HART, S.L.; MILSTEIN, M.B. Creating sustainable value. *Academy Of Management Executive*. Nova York, v. 17, n. 2, p. 56-69, 1 jan. 2003. Disponível em: http://www.aomonline.org/. Acessado em: 20 jul. 2011.

[IBGC] INSTITUTO BRASILEIRO DE GOVERNANÇA CORPORATIVA. Coordenação: Carlos Eduardo Lessa Brandão e Homero Luís Santos. *Guia de Sustentabilidade para as Empresas*. São Paulo: IBGC, 2007. 48p. (Série Cadernos de Governança Corporativa, 4.)

JACOBI, P.R. Meio ambiente e sustentabilidade: o complexo desafio da sustentabilidade. In: CEPAN, F.P.F.L. *O município do século XXI*. São Paulo: Cepan, 1999, p. 175-184.

MAPA, M.D.A.P.E.A. *Exportação. Ministério da Agricultura, Pecuária e Abastecimento MAPA, 2013*. Disponível em: http://www.agricultura.gov.br/animal/exportacao. Acessado em: 10 jul. 2013.

OIT. *Sumário Relatório Global 2005 – Uma Aliança Global Contra o Trabalho Forçado*, 2005, p.1-2.

PIRES, J.A.À. *A cadeia produtiva de carne bovina no Brasil – Mercado internacional e nacional*. In: III Simpósio de Produção de Gado de Corte. Universidade Federal de Viçosa. 2002, Viçosa, p. 16.

PORTER, M.E. *Competitive advantage, creating and sustaining superior performance*. Nova York: The Free Press – Macmillan, 1985. 557p.

SALATI, E.; SANTOS, A.A.; KLABIN, I. Temas ambientais relevantes. *Estudos avançados*. Instituto de Estudos Avançados da Universidade de São Paulo. v. 20, n. 56, p. 107-127, 2006.

SANTOS, C.A.D. Pequenos negócios e desenvolvimento sustentável no Brasil. In: SANTOS, C.A.D. (Org.). *Pequenos negócios: desafios e perspectivas – desenvolvimento sustentável*. Brasília: Sebrae, 2010, p. 350.

SCAVARDA, L.F.; HAMACHER, S. Evolução da cadeia de suprimentos da indústria automobilística no Brasil. *RAC*. v. 5, n. 2, p. 201-210, 2001.

STOICOV, C. et al. (Coord.). Correalização: Instituto Ethos, Fundo Multilateral de Investimentos (Fumin), Banco Interamericano de Desenvolvimento (BID). *Metodologia Tear de trabalho em cadeia de valor. Sustentabilidade para as empresas* – versão para consulta pública. São Paulo: Instituto Ethos, 2007. 48p. São Paulo, 2007. 27p.

VILA, F. *Produtividade*. Beef Point, 2009. Disponível em: http://www.beefpoint. com.br. Acessado em: 20 jul. 2013.

_____. O caminho do boi: a revolução na pecuária. In: Congresso Internacional da Carne. Goiânia, 25-27 jun. 2013. Disponível em: http://www.congressodacarne2013.com.br/. Acessado em: 20 jul. 2013.

[WCED] WORLD COMMISSION ON ENVIRONMENT AND DEVELOPMENT. *Report of the World Commission on Environment and Development: Our Common Future.* [s.l.]: WCED, 1987, p. 300.

Empreendedorismo Agroecoturístico | 33

Thaise Costa Guzzatti
Engenheira agrônoma, UFSC

INTRODUÇÃO

A extraordinária migração campo-cidade, combinada com a hegemonia de um modelo de vida urbano, tem levado muitos pesquisadores a concluir que o campesinato está em processo de extinção. Para esses estudiosos, somente aqueles que se integrarem à agroindústria patronal e se subordinarem às exigências do mercado dominado pela agricultura capitalista terão condição de resistir. Dentro dessa lógica, a agricultura familiar camponesa, destinada à subsistência e ao mercado local, tem sido abandonada pelas políticas públicas (Fernandes et al., 2004).

> [...] a partir de uma visão idealizada das condições materiais de existência na cidade e de uma visão particular do processo de urbanização, alguns estudiosos consideram que a especificidade do campo constitui uma realidade provisória que tende a desaparecer, em tempos próximos, face ao inexorável processo de urbanização que deverá homogeneizar o espaço nacional. (Conselho Nacional de Educação, 2001, p. 2)

No Brasil, como em outros países, temos presenciado uma importante transformação no cenário agrícola – o aumento da produção e a redução do número de produtores, especialmente os agricultores familiares. Isso se deve à adoção de técnicas modernas ou industriais de produção na agricultura (máquinas, equipamentos, insumos químicos de síntese para cultivo ou criação, variedades e raças melhoradas e de alto rendimento etc.), que são responsáveis pelo aumento do rendimento físico (quilogramas por área) e da produtividade do trabalho (quilogramas por trabalhador) (Béteille, 1994; Hervieu, 1996; Graziano da Silva, 1996, 1999; Delgado, 1997; Costa Neto, 1999; Romeiro et al., 2003).

Um dos resultados deste processo para o país tem sido o aprofundamento das desigualdades e dos conflitos sociais, pois o acesso a este padrão tecnológico está restrito a um número cada vez menor de usuários mais capitalizados e, consequentemente, inacessível e inadequado aos agricultores familiares que, apesar disso, continuam tendo uma grande representatividade econômica e social na agricultura brasileira (Gomes, 1997; Guanziroli et al., 2000; Plein, 2006).

Autores como Schneider (1994a; 1994b), Abramovay (1998), Veiga (1991; 2002) e Navarro (2001) fazem fortes críticas ao avanço desse modelo de desenvolvimento, que privilegia a grande propriedade e a grande escala, pautado no consumo de combustível fóssil e baseado em macroplanos, não considerando o local, nem as formas de produção mais flexíveis. Assim, os autores apontam severas limitações desse modelo, especialmente em termos socioambientais. Destacam, ainda, que os atuais processos de desenvolvimento devem ser pautados pelo local e pelas pessoas, o que só seria possível por meio do fortalecimento da agricultura familiar.

É fato que a população camponesa vem diminuindo no mundo inteiro, mas sua trajetória não está determinada, nem mesmo pelo fato de a população urbana superar a população rural. Este é, até hoje, um processo linear e, assim o concebendo, até pode-se supor o fim do campesinato. Deste ponto de vista é inquestionável que a tendência mundial projeta cada vez mais um mundo de predominância urbana. Para o século XXI, no princípio da terceira década, as estimativas indicam que mais de 60% da população mundial irá concentrar-se nas cidades. No entanto, ainda viverão no campo pelo menos 3,2 bilhões de pessoas, das quais 3 bilhões serão das regiões mais pobres do planeta. A América Latina terá uma população rural de 108 milhões de habitantes (Abramovay & Sachs, 1995). No caso do Brasil, segundo projeções do Anuário Estatístico do Brasil (apud Fernandes, 1999), haverá aproximadamente 27 milhões de pessoas vivendo no campo em 2020.

Nesse contexto, há de se considerar novas tendências que apontam para possibilidade de outro desfecho para a agricultura familiar, fundamentadas em mudanças na sua base de organização do trabalho, sistemas de produção, inserção de atividades rurais não agrícolas nas propriedades, dentre outras estratégias.

O espaço rural, nas últimas décadas, passou a ser palco de realização de atividades econômicas múltiplas e dinâmicas, incorporando papéis que atendem a interesses de toda a sociedade: serviços, habitação, preservação ambiental e de valores, produção de alimentos diferenciados etc. Surgem, especialmente a partir dos anos de 1990, os conceitos de multifuncionalidade (Cazella, 1999; Laurent, 2000; Carneiro e Maluf, 2003; Maluf, 2003) e de pluriatividade (Schneider, 1994a; 1994b; Graziano da Silva, 1997; Carneiro, 1998; Kageyama, 1998; Laurent, 2000; Anjos, 2001; 2003; Schneider, 2005), que buscam explicar o desenvolvimento destes novos fenômenos nas sociedades rurais contemporâneas.

A noção de multifuncionalidade aponta para a diversificação econômica dos territórios rurais e potencializa a valorização dos seus recursos materiais e imateriais. Ilustrando esta perspectiva, Carneiro e Maluf (2003) citam:

> A noção de multifuncionalidade rompe com o enfoque setorial e amplia o campo das funções sociais atribuídas à agricultura familiar que deixa de ser entendida apenas como produtora de bens agrícolas. Ela se torna responsável pela conservação dos recursos naturais (água, solos, biodiversidade e outros), do patrimônio natural (paisagens) e pela qualidade dos alimentos. (Carneiro e Maluf, 2003, p. 19)

Os autores fazem um interessante debate, justificando que a noção de multifuncionalidade é mais ampla que a da pluriatividade, sendo que a primeira englobaria bens públicos e a segunda estaria restrita aos bens privados (Carneiro e Maluf, 2003). Assim, a pluriatividade remete a um fenômeno no qual os componentes de uma unidade familiar executam diversas atividades com o intuito de obter por elas uma remuneração. Essas atividades tanto podem se desenvolver no interior como no exterior da própria exploração, por meio da venda da força de trabalho familiar, da prestação de serviços a outros agricultores ou de iniciativas centradas na própria exploração – industrialização no âmbito da propriedade, agroturismo, artesanato e diversificação produtiva – que conjuntamente impliquem o aproveitamento de todas as potencialidades existentes na propriedade e/ou em seu entorno (Anjos, 2003). Baumel e Basso (2004, p. 139), para justificar o desenvolvimento da pluriatividade, afirmam:

> [...] se estabelece como prática social, decorrente da busca de formas alternativas para garantir a reprodução das famílias de agricultores, um dos mecanismos de reprodução, ou mesmo de ampliação das fontes alternativas de renda; com o alcance econômico, social e cultural da pluriatividade, as famílias que residem no espaço rural integram-se em outras atividades ocupacionais, além da agricultura.

Esta nova configuração do rural e dos agricultores responde à necessidade da construção social de novas funções para o rural. Trata-se de um fenômeno relevante para promover o bem-estar social e o desenvolvimento econômico do espaço rural. As atividades de turismo desenvolvidas nesse espaço ganham destaque e passam a ser implementadas em vários municípios brasileiros, como no caso daqueles de atuação da Acolhida na Colônia.

Trata-se de uma associação formada por agricultores familiares catarinenses que conquistou em 2005, após 6 anos de fundação, o Prêmio ODM (Objetivos de Desenvolvimento do Milênio), promovido pelas Nações Unidas. Foi valorizada, naquela oportunidade, a contribuição do trabalho desenvolvido pela associação em quatro das oito metas estabelecidas, sendo elas: erradicar a extrema pobreza e a fome; promover a igualdade de gênero e a autonomia das mulheres; garantir a sustentabilidade ambiental; e estabelecer uma parceria mundial para o desenvolvimento. Além desse prêmio, outros se sucederam, valendo destacar o reconhecimento da Acolhida na Colônia pelo Ministério do Turismo como a "referência nacional em turismo rural[1]" em 2007.

O presente capítulo tem como objetivo sintetizar a trajetória de construção desta experiência, considerando-a um "caso de sucesso" no que diz respeito ao empreendedorismo na agricultura familiar e na gestão de territórios rurais para a sustentabilidade, e destacando aspectos fundamentais ao seu desenvolvimento.

Para atingir este objetivo, fez-se um esforço de sintetização da dissertação de mestrado e tese de doutorado da autora (Guzzatti, 2003; 2010),

---

[1] Projeto Destinos Referência - Ministério do Turismo. Disponível em: http://www. turismo.gov.br/turismo/programas_acoes/regionalizacao_turismo/Destinos_Segmentos_ Turisticos.html. Acessado em: 5 de fev. de 2014.

além da agregação de novas informações provenientes de sua atuação direta como "técnica responsável" pela implementação do projeto dentre os anos de 1998 até 2005. É importante destacar, neste contexto, que este trabalho constitui-se em um esforço dialógico de proximidade e distanciamento da experiência pesquisada, em que a proximidade é explicitada pela pesquisa participante (Brandão, 1991), e o distanciamento pelo esforço de análise dos dados coletados e sistematizados à luz de diferentes teorias.

Além desta introdução e de um item considerações finais, o texto encontra-se organizado em três tópicos. O primeiro busca situar o leitor sobre a atividade foco de análise neste artigo, ou seja, o agroturismo; o segundo busca apresentar a Acolhida na Colônia, evidenciando sua trajetória, principais pontos de sua constituição, além de princípios fundamentais da entidade; e o terceiro apresenta o caso de um dos agricultores associados, demostrando o processo de transição de uma situação de quase êxodo rural para a construção de uma oportunidade de desenvolvimento local sustentável, evidenciando o empreendedorismo e pioneirismo na agricultura familiar e a construção de novas alternativas por meio do aproveitamento do potencial local e da gestão sustentável dos recursos naturais.

DO TURISMO AO AGROTURISMO

A Organização Mundial do Turismo (OMT) compreende o turismo como as atividades que as pessoas realizam durante suas viagens e estadas em lugares diferentes do seu entorno habitual, por um período de tempo consecutivo inferior a um ano, com finalidade de lazer, negócios ou outras (OMT, 2001).

A partir deste conceito, a atividade turística é estruturada para fins de planejamento, gestão e, especialmente, mercado, em segmentos concebidos pelo conjunto de elementos que os constituem, compondo a oferta de produtos e serviços, além de definir as características e variáveis da demanda. Segundo o Ministério do Turismo (2006),

> [...] a partir da oferta, a segmentação define tipos de turismo (ecoturismo, turismo rural, turismo de aventura, turismo cultural, turismo de pesca, etc.) cuja identidade pode ser conferida pela existência, em um território, de atividades, práticas e tradições (agropecuária, pesca, esporte, manifestações culturais, manifestações de fé); aspectos e características (geográficas,

históricas, arquitetônicas, urbanísticas, sociais) e determinados serviços e infraestrutura (de saúde, de educação, de eventos, de hospedagem, de lazer). Com enfoque na demanda, a segmentação é definida pela identificação de certos grupos de consumidores caracterizados a partir das suas especificidades em relação a alguns fatores que determinam suas decisões, preferências e motivações, ou seja, a partir das características e das variáveis da demanda. (Ministério do Turismo, 2006, p. 3)

Analisar a atividade de turismo rural como segmento do turismo pressupõe reconhecer a diversidade da realidade rural no Brasil, onde existem variações na organização fundiária; nos tipos de uso conferidos ao solo; nos modelos produtivos; dentre outras características. Desta maneira, apresentam-se formas distintas de segmentação no próprio turismo rural, as quais podem coexistir de forma harmônica ou não no mesmo espaço geográfico.

No caso da agricultura familiar, Marafon (2006) destaca que o desenvolvimento de atividades de turismo resultam principalmente da necessidade de os agricultores garantirem sua reprodução e sobrevivência. Conforme destacado anteriormente, esse novo cenário está relacionado diretamente ao fenômeno da pluriatividade na agricultura familiar e do reconhecimento da multifuncionalidade do espaço rural.

Neste sentido, o turismo passa a ser um forte aliado para manter as famílias no campo, configurando-se como uma possibilidade para melhorar os rendimentos de proprietários rurais e valorizar os modos de vida tradicionais, a ruralidade e o contato harmonioso com o ambiente natural. Os agricultores buscam no turismo uma complementação da renda ou, muitas vezes, mudam a atividade original, configurando um novo uso do território, baseado no patrimônio histórico, cultural, arquitetônico etc. Pode-se dizer que o espaço rural está recebendo seu valor turístico, que se caracteriza como sendo:

> Conjunto da produção humana material e imaterial, individual e coletivo, fruto de relações sociais historicamente estabelecidas por uma comunidade em sua localidade, os quais são capazes de gerar um sistema organizado que agregue um composto de bens e serviços como informação, transporte, hospedagem, alimentação, entretenimento, eventos, fatores climáticos e geográficos (*in natura*), e os elementos das infraestruturas gerais e específicas. Este conjunto tem por unidade a força de atração que mobiliza o deslocamento

EMPREENDEDORISMO AGROECOTURÍSTICO | **915**

e a permanência nessa localidade de pessoas residentes em espaços sociais distintos, chancelando seu valor e estabelecendo uma nova relação social: hospitalidade. (Lemos, 2005, p. 207)

Para a realidade brasileira, passa-se a considerar, a partir das leituras realizadas e experiências conhecidas, a existência de três conceitos que auxiliam na análise do fenômeno: a) turismo no espaço rural; b) turismo rural; e c) agroturismo (aqui entendido como sinônimo de turismo rural na agricultura familiar, definição atualmente adotada pelo Ministério do Desenvolvimento Agrário e aceita pelo Ministério do Turismo).

O primeiro deles, turismo no espaço rural, estaria justamente relacionado ao conjunto de atividades turísticas desenvolvidas no ambiente rural. É conceituado como

> Todas as atividades praticadas no meio não urbano, que consistem de atividades de lazer no meio rural em várias modalidades definidas com base na oferta: turismo rural, agroturismo, turismo ecológico ou ecoturismo, turismo de aventura, turismo de negócios, turismo de saúde, turismo cultural, turismo esportivo, atividades estas que se complementam ou não. (Graziano da Silva et al., 1998, p. 14)

O segundo conceito, o turismo rural, diz respeito a atividades agrárias, passadas e presentes, que conferem à paisagem sua fisionomia nitidamente rural. Para o Ministério do Turismo (2008, p. 11), o turismo rural é caracterizado como

> O conjunto de atividades turísticas desenvolvidas no meio rural, comprometido com a produção agropecuária, agregando valor a produtos e serviços, resgatando e promovendo o patrimônio cultural e natural da comunidade.

Percebe-se, no conceito proposto, que o empreendimento não precisa ser "ativo" no que diz respeito à produção de alimentos. Tem destaque, neste conceito, a expressão "comprometido" com a produção agropecuária, que pode ser explicada como:

> [...] existência da ruralidade, de um vínculo com as coisas da terra. Dessa forma, mesmo que as práticas eminentemente agrícolas não estejam presentes em escala comercial, o comprometimento com a produção agropecuária pode

GESTÃO EMPRESARIAL E SUSTENTABILIDADE

ser representado pelas práticas sociais e de trabalho, pelo ambiente, pelos costumes e tradições, pelos aspectos arquitetônicos, pelo artesanato, pelo modo de vida, considerados típicos de cada população rural. (op. cit., p. 20)

O terceiro conceito, agroturismo, é entendido como

Um segmento do turismo desenvolvido no espaço rural por agricultores familiares organizados, dispostos a compartilhar seu modo de vida, patrimônio cultural e natural, mantendo suas atividades econômicas, oferecendo produtos e serviços de qualidade, valorizando e respeitando o ambiente e a cultura local e proporcionando bem-estar aos envolvidos. (Guzzatti, 2003, p. 53)

Esse conceito, ao contrário dos dois primeiros apresentados, demarca de forma clara que a atividade de turismo se processa no espaço rural por agricultores familiares ativos nas atividades agrícolas e/ou pecuárias; e pressupõe o intercâmbio com o visitante. Este é o conceito praticado pela Acolhida na Colônia.

A ACOLHIDA NA COLÔNIA

A Associação Acolhida na Colônia – ligada à francesa Accueil Paysan – iniciou suas atividades em 1999, no território conhecido como Encostas da Serra Geral, no estado de Santa Catarina. Trata-se de uma região que foi marcada, nas últimas décadas, por profundas transformações econômicas, sociais e ambientais. Diferentemente de outras realidades brasileiras e latino-americanas similares que perdem atratividade, o território em questão apresenta fortes indícios de superação de seus problemas, por meio da implementação de novas estratégias de desenvolvimento. Estas iniciativas estão baseadas no capital social local, valorização de fatores endógenos e construção de alternativas socioambientais e econômicas, tendo como estratégia a cooperação e a solidariedade.

Um exemplo é a Associação dos Agricultores Ecológicos das Encostas da Serra Geral (Agreco), entidade fundada em 1996 com foco na produção, beneficiamento e comercialização de alimentos orgânicos. Ao longo de sua trajetória a Agreco adotou estratégias pioneiras e inovadoras que a credenciaram como uma referência nacional e internacional na produção orgânica e na promoção do desenvolvimento rural sustentável (Guzzatti et al., 2012).

Em 1997, durante a realização do planejamento estratégico da Agreco, os agricultores familiares associados indicaram a necessidade do desenvolvimento de atividades de turismo no escopo das ações incentivadas no território. Esta demanda estava relacionada ao fato daqueles agricultores estarem sendo visitados por produtores, técnicos e lideranças de várias localidades do estado e do país, os quais buscavam conhecer o sistema de produção ecológico (sem uso de agrotóxicos e adubos sintéticos) adotado e a forma de organização e comercialização empreendida. No entanto, as estruturas para hospedagem e alimentação para esses visitantes nos municípios eram bastante deficientes (quando existiam), vislumbrando-se uma nova possibilidade de complementação de renda para as propriedades rurais.

Em atenção a esse indicativo, iniciou-se um processo de sensibilização das lideranças locais dos municípios de atuação da Agreco, alertando para os potenciais da atividade de turismo rural. Algumas constatações desse processo inicial foram:

- O termo turismo rural usado inicialmente assustava pois os participantes o associavam à ideia do turismo praticado nas grandes fazendas, ou seja, aos hotéis-fazenda. Assim, imediatamente se discutiu um termo mais apropriado, optando-se pela utilização do agroturismo, o qual identificava de forma clara e direta o foco do trabalho: turismo junto à agricultura familiar.

- A baixa autoestima dos participantes com relação à sua profissão e ao seu território. Muitos diziam: "o que os turistas viriam fazer aqui neste meio do mato"? Ou então: "aqui ninguém vem, só vai", em uma referência ao processo do êxodo rural vivenciado na região.

- Graves problemas de infraestrutura, especialmente no que diz respeito à péssima condição das estradas, à falta de sinalização, problemas relacionados à qualidade da energia elétrica e deficiências de canais de comunicação.

- Graves problemas ambientais, sobretudo com relação à derrubada da mata nativa para a fabricação do carvão vegetal ou implantação de reflorestamento; à utilização excessiva de agrotóxicos; e à falta de saneamento básico das propriedades rurais. Esses pontos foram, desde o início do processo, trabalhados no projeto dentro de uma perspectiva de construção de mudança da realidade no médio e longo prazo. Cabe

GESTÃO EMPRESARIAL E SUSTENTABILIDADE

destacar que, ao invés deste cenário colocar em questão a viabilidade da proposta, ajudou a ratificar a necessidade do seu desenvolvimento.

Feita a sensibilização e de posse deste diagnóstico prévio, técnicos responsáveis pelo desenvolvimento do agroturismo iniciaram uma série de ações nos municípios com vistas à implementação da atividade e à constituição de um circuito agroturístico no território. Estas ações deram origem à "Metodologia Acolhida na Colônia para o desenvolvimento do agroturismo em municípios rurais", descrita por Guzzatti em 2003. Em síntese, esse processo é formado pelas seguintes etapas:

- 1) Definição da área de abrangência:
  - 1.1 Estabelecimento da região de atuação.
  - 1.2 Diagnóstico das características locais.
  - 1.3 Estabelecimento de compromisso com o projeto.
- 2) Sensibilização:
  - 2.1 Realização de palestras nos municípios envolvidos.
  - 2.2 Realização de viagem de estudos e intercâmbio.
  - 2.3 Formação do grupo municipal de agroturismo.
- 3) Associativismo:
  - 3.1 Realização de diagnóstico participativo nas propriedades rurais.
  - 3.2 Formatação do circuito municipal/territorial de agroturismo.
  - 3.3 Constituição de uma associação de agroturismo.
- 4) Implementação dos negócios nas propriedades rurais:
  - 4.1 Capacitação Acolhida Empreendedora/Elaboração de planos de negócios individuais ou coletivos.
  - 4.2 Realização de investimentos.
  - 4.3 Capacitação em serviços turísticos.
  - 4.4 Realização de estágio.
  - 4.5 Certificação.
- 5) Comercialização:
  - 5.1 Inserção da propriedade no portal www.acolhida.com.br e na central de reservas.

As propriedades associadas ainda recebem assistência técnica e participam de iniciativas específicas da entidade como, por exemplo, programa de cicloturismo, turismo pedagógico e festival gastronômico.

Cabe destacar que dentre os serviços oferecidos pelos agricultores associados estão aqueles relacionados a hospedagem rural (pousada ou quartos coloniais); restauração (restaurante, café ou mesa colonial); comercialização de alimentos e artesanato (venda direta de produtos coloniais e artesanais nas propriedades rurais); atividades de lazer (pescaria, cavalgada, trilhas, banhos de rio e cachoeira, dentre outros); atividades educativas por meio do turismo pedagógico; roteiros de cicloturismo, dentre outros.

A implantação de cada um dos serviços descritos anteriormente tem como referência o "Caderno de Normas". Trata-se de um documento construído com a participação ativa dos agricultores e que tem o objetivo de estabelecer um conjunto de regras em função do tipo de serviço oferecido, garantindo a qualidade deste e a segurança dos visitantes, bem como a manutenção dos princípios éticos da entidade.

Com relação aos objetivos estabelecidos no Estatuto da Acolhida na Colônia, o segundo descrito resume o foco da entidade: fortalecimento da agricultura familiar e proteção ambiental. Nesse sentido, prevê

valorizar as atividades dos agricultores familiares associados, oferecendo alternativas para que permaneçam no meio rural, resgatando sua história e sua cultura e fortalecendo uma prática produtiva dentro dos princípios da agroecologia, de proteção e de recuperação do ambiente natural. (Acolhida na Colônia, 1999, p. 1)

No que diz respeito ao fortalecimento da agricultura familiar, a entidade busca a geração de renda rural não agrícola; fomentar a cooperação e o associativismo; trabalhar a capacitação dos agricultores, com destaque para mulheres e jovens; dentre outras ações.

A proteção e recuperação ambiental também é princípio fundamental da entidade. Nesse sentido, adotou-se a obrigatoriedade da produção orgânica nas propriedades associadas; e passou a existir a necessidade de as famílias realizarem a proteção das nascentes e a destinação adequada das águas utilizadas nas propriedades (saneamento ambiental). A Acolhida na Colônia também desenvolve um programa de eficiência energética, incluindo a implantação de fontes de energia renováveis nas propriedades rurais.

Em 2005, após seis anos de trabalho nas Encostas da Serra Geral, a Acolhida na Colônia atende à demanda de vários municípios e entidades governamentais, em especial do Ministério do Turismo e da Santur (Santa Catarina Turismo S/A), e inicia o seu processo de expansão. Tendo em vista o apoio governamental, este processo foi proposto utilizando a divisão administrativa oficial do estado de Santa Catarina, ou seja, a divisão das Secretarias de Desenvolvimento Regional. As regiões escolhidas para o início do trabalho foram as de São Joaquim, Ituporanga, Ibirama e Rio do Sul, englobando um conjunto de 38 novos municípios.

A proposta de expansão partia da capacitação de multiplicadores municipais na metodologia Acolhida na Colônia (Guzzatti, 2003). Esta capacitação ocorria em cada Secretaria de Desenvolvimento Regional envolvida, por meio da realização de oficinas com os multiplicadores indicados a cada município. Os multiplicadores podiam ser qualquer pessoa ligada ou não ao poder público municipal ou estadual, desde que disposta e comprometida a implementar as ações indicadas pelo programa. Era recomendado que o multiplicador tivesse um conhecimento da agricultura familiar do município. As oficinas eram modulares (quatro módulos de dois dias cada) e com um intervalo de um até dois meses entre cada encontro. No intervalo, os multiplicadores tinham atividades a desenvolver (aplicação dos conhecimentos adquiridos) em seus municípios de atuação. Os encontros eram realizados em forma de rodízio entre os municípios participantes em cada uma das Secretarias de Desenvolvimento Regional envolvidas. Após a oficina, o passo seguinte era o lançamento de novos circuitos da Acolhida na Colônia, como resultado do trabalho desenvolvido pelos multiplicadores. Estes novos circuitos passavam então pelo processo de certificação da entidade e entravam para comercialização por meio de site, de participação em feiras e eventos e de material impresso.

Como resultado desse processo inicial, dos 38 municípios que iniciaram a expansão, 18 completaram o processo e passaram a integrar a Acolhida na Colônia. Atualmente, a entidade abrange 24 municípios, incluindo uma iniciativa de expansão no município de Imbituba, junto a pescadores artesanais. São aproximadamente 170 famílias associadas no conjunto dos municípios, os quais se encontram em momentos diferentes em termos de desenvolvimento turístico em suas propriedades, conforme Figura 1.

Figura 1 – Área de abrangência da Acolhida na Colônia.

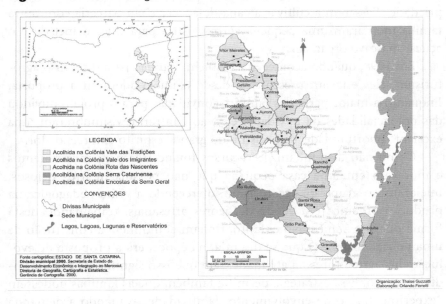

Fonte: Guzzatti (2010).

EXEMPLO DE PROPRIEDADE ASSOCIADA: CONDOMÍNIO DOCE ENCANTO

A família Assing é pioneira na Acolhida na Colônia, integrando o grupo de sócios fundadores da entidade. O casal, Valnério e Leda, mora na Comunidade Rio dos Índios, Santa Rosa de Lima. Em meados da década de 1990, com dois filhos e depois de terem tentado diversas atividades na agricultura, dentre as quais a fumicultura e a avicultura de postura, chegaram à conclusão de que não era mais possível continuar a sobreviver no meio rural.

A decisão era migrar para São Paulo, destino de muitas famílias da região que abandonavam o campo para trabalharem como caseiros de famílias de classe média-alta naquela cidade. No entanto, os Assing se depararam com uma restrição dos futuros patrões para a mudança: os filhos do casal não seriam aceitos em São Paulo.

Paralelamente, nesse período, em Santa Rosa de Lima, dava-se início à movimentação em torno da Agreco, Associação de Produtores Orgânicos. Os Assing então, diante das dificuldades em migrar para São

Paulo, decidiram fazer a conversão para a produção orgânica na propriedade. Passaram a cultivar a cana-de-açúcar e em parceria com outra família montaram uma pequena agroindústria para fazer o melado e o açúcar mascavo orgânico.

Em 1998, quando aconteceu a primeira reunião para discutir o agroturismo, eles estavam presentes e desde o início aderiram à proposta. Enquanto a maior parte das famílias convidadas para o projeto duvidou das potencialidades da atividade, eles, ao contrário, vislumbraram uma excelente oportunidade, demonstrando grande espírito empreendedor.

Como não dispunham de recursos financeiros para investimentos e moravam em uma casa pequena que não possuía quartos ociosos, iniciaram no grupo de agroturismo, oferecendo a visita pedagógica na produção orgânica e a venda de licores artesanais, trabalhando desta forma durante 2 anos. No entanto, tinham como meta a construção de uma pousada rural. O que se discutia, na época, era a proposta de evolução dos agricultores na atividade, sem que isso significasse grande endividamento. Essa estratégia permitia também que as famílias pudessem "experimentar" o desenvolvimento da atividade, avaliando a demanda de trabalho gerada e a relação com os visitantes em casa, diminuindo o risco de frustações.

No caso dos Assing, a atividade inicial – visita pedagógica e venda de produtos coloniais – possibilitou que percebessem que receber visitantes não era "um bicho de sete cabeças" e que a atividade poderia gerar renda complementar.

A família continuou participando do grupo de agroturismo, realizando capacitações e foi, então, incentivada a reformar o paiol de fumo para transformá-lo em um espaço de alimentação. Como não tinham recursos, a Acolhida na Colônia fez um empréstimo de seu fundo de financiamento solidário de R$ 1.500,00. A família então limpou o paiol, tirou todos os entulhos e, com o recurso, comprou mesas, cadeiras e a louça necessária. Leda, excelente cozinheira, começou a fazer almoços e a servir café colonial para grupos, sob encomenda (Figura 2). Neste período, a cozinha e o banheiro utilizados eram o da casa de moradia do casal, situada em frente ao paiol.

Um ano depois, em 2001, com a atividade se desenvolvendo e somente após devolverem o empréstimo para a Associação, a família deu mais um passo em direção à estruturação do agroturismo na propriedade. Investiram na construção de banheiros e uma cozinha anexa ao paiol.

Na sequência, em 2004, foi feito o maior investimento da família. A estufa de fumo foi transformada em pousada (Figura 3). A estrutura passou a contar com sete quartos, sendo cinco suítes. Para realizar o investimento, a família contou com financiamento do Pronaf e de familiares. Após esta obra, outros investimentos se sucederam, sendo constante a necessidade de melhorias. Atualmente a propriedade oferece hospedagem, alimentação, área de pesca (Figura 4), trilha ecológica, turismo pedagógico e venda de produtos coloniais. Em termos de energia renovável, a propriedade implantou sistema de aquecimento de água através de serpentina instalada junto ao fogão a lenha e um sistema de aquecimento solar por placas.

Cerca de 80% dos produtos servidos nas refeições são produzidos na propriedade. Em termos de mão de obra, trabalham o casal e uma funcionária. O agroturismo se constitui na principal fonte de renda da família, correspondendo a 90% do total auferido mensalmente. Cabe destacar que na composição da renda, a utilização de produtos produzidos pela família e a venda de excedente contribuem significativamente para o lucro do negócio, além de aumentar a atratividade para os visitantes. A propriedade recebeu em 2012, aproximadamente, 3 mil visitantes.

Todo esse processo foi desenvolvido contando com o acompanhamento direto de técnicos e agricultores que desde o início envolveram-se na gestão coletiva de todo o trabalho, seja nas propriedades individuais, como no caso dos Assing, ou na estruturação da Acolhida na Colônia enquanto entidade representativa da proposta.

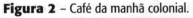

Figura 2 – Café da manhã colonial.

Figura 3 – Estufa de fumo convertida em pousada.

Figura 4 – Área de pesca.

Figura 5 – Antiga fornalha de fumo transformada em lareira para sala de estar.

CONSIDERAÇÕES FINAIS

O estudo demostra que o início da implantação do agroturismo está fortemente associado à história do desenvolvimento da agroecologia nas Encostas da Serra Geral. O aparecimento de um discurso que propunha uma nova perspectiva de desenvolvimento para a região, materializado na consolidação da Agreco, criou as condições para o surgimento de novas iniciativas. Nesta linha, a proposta do agroturismo coincidiu com a lógica de criação de novas oportunidades no meio rural, baseada nos conceitos de pluriatividade (do agricultor) e de multifuncionalidade (do meio rural) e respondeu de forma significativa o enfrentamento do êxodo rural e o uso indiscriminado dos recursos naturais.

A metodologia adotada também foi um dos fatores que preveniu possíveis frustrações decorrentes do pioneirismo da atividade. Os trabalhos começaram com iniciativas "experimentais" nas propriedades rurais e que foram submetidas ao monitoramento e à avaliação permanente, como no caso relatado da família Assing.

O empreendedorismo dos agricultores no desenvolvimento desta experiência é explicitado, dentre outras coisas, pelo fato de que a difícil realidade local, evidenciada sobretudo por problemas de infraestrutura e pela degradação resultante da exploração dos recursos naturais, não foi fator limitante para o desenvolvimento da atividade. Ao contrário, tendo-se consciência dessa realidade, buscou-se transformá-la ao longo do processo.

O agroturismo nas Encostas da Serra Geral foi concebido como mais um instrumento na construção do desenvolvimento sustentável da região. Desde o início buscou-se sinergia com outras ações que estão contribuindo para alterar a aparência da região. Um projeto de desenvolvimento deve buscar diminuir as disparidades entre os espaços territoriais urbanos e rurais (em termos de incidência da pobreza, acesso a serviços públicos etc.). Nesse sentido, o agroturismo se configura como uma oportunidade para diversos agricultores que, ao longo do tempo, foram excluídos do processo de desenvolvimento, resultando em uma possibilidade de inclusão social e desenvolvimento territorial sustentável.

REFERÊNCIAS

ABRAMOVAY, R. *Agricultura familiar e desenvolvimento territorial.* São Paulo, 1998. 20p.

GESTÃO EMPRESARIAL E SUSTENTABILIDADE

ABRAMOVAY, R.; SACHS, I. Habitat: a contribuição do mundo rural. *São Paulo em Perspectiva*. v. 9, n. 3, 1995.

ACOLHIDA NA COLÔNIA. *Estatuto da Associação de Agroturismo Acolhida na Colônia*. Santa Rosa de Lima, 1999.

ANJOS, F.S. Pluriatividade e ruralidade: enigmas e falsos dilemas. *Estudos Sociedade e Agricultura*. Rio de Janeiro, n. 17, out. 2001.

_____. *Agricultura familiar, pluriatividade e desenvolvimento rural no sul do Brasil*. Pelotas: Egufpel, 2003. 374p.

BAUMEL, A.; BASSO, L.C. Agricultura familiar e a sustentabilidade da pequena propriedade rural. In: CAMARGO, G.; CAMARGO FILHO, M.; FÁVARO, J.L. (Orgs.). *Experiências em desenvolvimento sustentável e agricultura familiar*. Guarapuava: Unicentro, 2004.

BÉTEILLE, R. *La crise rurale: col. Que sais-je?* Paris: PUF, 1994.

BRANDÃO, C.R. *Pesquisa Participante*. São Paulo: Brasiliense, 1991.

CARNEIRO, M.J. O ideal rurbano: campo e cidade no imaginário de jovens rurais. In: SILVA, F.C.T.; SANTOS, R.; Costa, L.F.C. (Orgs.). *Mundo Rural e Política: ensaios interdisciplinares*. Rio de Janeiro: Campus, 1998.

CARNEIRO, M.J.; MALUF, R.S. Introdução. In: CARNEIRO, M.J.; MALUF, R.S. (Orgs.). *Para além da produção: multifuncionalidade e agricultura familiar*. Rio de Janeiro: Mauad, 2003, p. 17-27.

CAZELLA, A.A.; ROUX, B. Agribusiness em questão: a emergência da agricultura multifuncional. In: *Estudos Sociedade e Agricultura*, n. 13, out. 1999.

CONSELHO NACIONAL DE EDUCAÇÃO. *Parecer 36/2001, da relatora Edla de Araújo Lira Soares às Diretrizes Operacionais para a Educação Básica nas escolas do Campo. Processo 23001000329/2001-55*. Brasília, 2001.

COSTA NETO, C. Agricultura Sustentável, Tecnologias e Sociedade. In: COSTA, L.F.C.; MOREIRA, R.J.; BRUNO, R. (Eds.). *Mundo Rural e Tempo Presente*. Rio de Janeiro: Mauá, 1999, p. 299-321.

DELGADO, G.C. Capital e política agrária no Brasil: 1930-1980. In: SZMREC-SÁNYI, T.; SUZIGAN, W. (Orgs.). *História econômica do Brasil contemporâneo*. São Paulo: Hucitec, 1997, p. 209-263.

FERNANDES, B.M. Por uma educação básica do campo. In: ARROYO, M.; FERNANDES, B.M. *Educação básica e o movimento social no campo*. Brasília: MST/UNB/UNICEF/UNESCO/CNBB, 1999, p.13-52. (Coleção Por uma Educação Básica do Campo, v. 2).

FERNANDES, B.M.; CERIOLI, P.R.; CALDART, R.S. Primeira Conferência Nacional "Por uma educação básica do campo": texto preparatório. In: ARROYO,

M.G.; CALDART, R.S.; MOLINA, M.C. *Por uma educação do campo*. Petrópolis: Vozes, 2004.

GOMES, S.T. *Os destinos do pequeno produtor. Boletim Técnico*. Piracicaba: Fundação de Estudos Agrários Luiz de Queiroz, 1997.

GRAZIANO DA SILVA, J. *A nova dinâmica da agricultura brasileira*. Campinas, SP: Unicamp, 1996.

_____. O novo rural brasileiro. In: SHIKI, S.; GRAZIANO DA SILVA, J.; ORTEGA, A.C. (Orgs.). *Agricultura, meio ambiente e sustentabilidade do cerrado brasileiro*. Uberlândia: UFU, 1997.

_____. *Tecnologia e agricultura familiar*. Porto Alegre: Ed. Universidade/ UFRGS, 1999.

GRAZIANO DA SILVA, J. et al. Turismo em áreas rurais: suas possibilidades e limitações no Brasil. In: ALMEIDA, J.A. et al. (Org.). *Turismo Rural e Desenvolvimento Sustentável*. Santa Maria: Centro Gráfico, 1998.

GUANZIROLI, C.E. et al. *Novo Retrato da Agricultura Familiar: o Brasil redescoberto*. Brasília: Incra/FAO, 2000. 74p.

GUZZATTI, C.T. *O agroturismo como instrumento de desenvolvimento rural: sistematização e análise das estratégias utilizadas para a implantação de um programa de agroturismo nas encostas da Serra Geral*. Dissertação (Mestrado) - Programa de Pós-Graduação em Engenharia de Produção. Centro Tecnológico, Universidade Federal de Santa Catarina, Florianópolis, 2003.

_____. *O agroturismo como elemento dinamizador na construção de territórios rurais: O caso da Associação de Agroturismo Acolhida na Colônia em Santa Rosa de Lima (SC)*. Tese (Doutorado) – Programa de Pós-Graduação em Geografia. Centro de Filosofia e Ciências Humanas, Universidade Federal de Santa Catarina, Florianópolis, 2010.

GUZZATTI, C.T.; TURNES, V.A; BASTEZINI, D.A. Cooperagreco: seus desafios e suas conquistas. *Série Estudos de Caso*, v. 1, Rio de Janeiro: Centro de Inteligência em Orgânicos, 2012. 44p.

HERVIEU, B. *Les agriculteurs: col. Que sais-je?* Paris: Presses Universitaires de France, 1996. 128p.

KAGEYAMA, A. Pluriatividade na agricultura: alguns aspectos conceituais. In: CONGRESSO BRASILEIRO DE ECONOMIA E SOCIOLOGIA RURAL, 1998, Poços de Caldas. *Anais...* Poços de Caldas, 1998, v.2, p.555-566.

LAURENT, C. *La multifunciotnalité de l'agriculture*. Paris: Inra-SAD, 2000.

LEMOS, L. *O valor turístico na economia da sustentabilidade*. São Paulo: Aleph, 2005.

MALUF, R.S. A multifuncionalidade da agricultura na realidade brasileira. In: MALUF, R.S.; CARNEIRO, M.J. (Orgs.). *Para além da produção: multifuncionalidade e agricultura familiar*. Rio de Janeiro: Mauad, 2003.

MARAFON, G.J. Agricultura familiar, pluriatividade e turismo rural: reflexões a partir do território fluminense. *Campo-território: Revista de Geografia Agrária*, Uberlândia, v. 1, n.1, p. 17-60, fev. 2006.

MINISTÉRIO DO TURISMO. *Programa de regionalização do turismo – Roteiros do Brasil: Segmentos do Turismo*. Brasília: Secretaria Nacional de Políticas de Turismo, 2006.

_____. *Diretrizes para o Desenvolvimento do Turismo Rural no Brasil*. Brasília, 2008.

NAVARRO, Z. Desenvolvimento rural no Brasil: os limites do passado e os caminhos do futuro. *Revista Estudos Avançados*, v. 15, n. 43. São Paulo: Instituto de Estudos Avançados, USP, dez. 2001.

[OMT] ORGANIZAÇÃO MUNDIAL DO TURISMO. *Introdução ao Turismo*. São Paulo: Roca, 2001.

PLEIN, C. A modernização da agricultura brasileira e seus efeitos sobre a agricultura familiar no Oeste catarinense. *Revista Faz Ciência*, v. 8, n. 1, 2006, p. 35-72. Unioeste. Disponível em: <http://e-revista.unioeste.br/index.php/fazciencia/article/viewArticle/340>. Acessado em: 2 ago. 2013.

ROMEIRO, A.R.; BUAINAIN, A.M.; GRANZIROLLI, C. *Agricultura Familiar e o Novo Mundo Rural*. Porto Alegre: Sociologias, 2003.

SCHNEIDER, S. O desenvolvimento agrícola e as transformações da estrutura agrária nos países capitalistas avançados: a pluriatividade. *Revista Reforma Agrária*. Campinas, v. 24, n. 3., set/dez., 1994a.

_____. *Os colonos da indústria calçadista: expansão industrial e as transformações da agricultura no Rio Grande do Sul*. Dissertação (Mestrado) – Programa de Pós-Graduação em Sociologia. Universidade Estadual de Campinas, Campinas, 1999b.

_____. *O papel da pluriatividade numa estratégia de desenvolvimento rural*. In: Seminário Nacional de Desenvolvimento Rural Sustentável. Brasília: MDA, ago. 2005.

VEIGA, J.E. *O desenvolvimento agrícola: uma visão histórica*. São Paulo: Hucitec/USP, 1991.

_____. *Cidades imaginárias: o Brasil é menos urbano do que se calcula*. Campinas: Autores Associados, 2002.

Desafios da Gestão Ambiental de Empresas Sucroalcooleiras

34

Maria do Carmo Sobral
Engenheira civil, UFPE

Maiara Melo
Gestora ambiental, IFPB

Gustavo Melo
Biólogo, UFPE

INTRODUÇÃO

A agroindústria canavieira representa uma atividade historicamente consolidada para a economia brasileira, que gera grande quantidade de empregos. A comercialização do açúcar e do álcool garante no mercado nacional e internacional notória expressividade. Aliado a isso, a utilização do etanol como um recurso energético renovável e menos poluente faz da cana-de-açúcar uma das matérias-primas mais relevantes para o desenvolvimento.

A indústria da cana-de-açúcar torna o Brasil o principal produtor e exportador de açúcar do mundo e o principal exportador de bioetanol (Oliveira e Walter, 2012). Nesse sentido, países com disponibilidade de terra e clima favorável à produção de cana-de-açúcar como Brasil, Cuba e alguns países da África tendem a expandir as áreas de cultivo, o que pode aumentar a pressão e a degradação ambiental.

É necessário então estabelecer uma relação entre os impactos socioambientais causados por essa cadeia produtiva e as medidas de gestão ambiental necessárias para maximizar os impactos positivos e reduzir os negativos, bem como cumprir a legislação que regulamenta essa atividade de modo a garantir sua sustentabilidade e rentabilidade.

A seguir são apresentados um histórico da atividade e os principais impactos socioambientais positivos e negativos gerados pela indústria sucroalcooleira na fase de produção agrícola e na industrial. Conseguintemente são discutidos alguns procedimentos necessários para fortalecer a gestão ambiental da atividade, visando à prevenção e à mitigação dos impactos ambientais negativos existentes. Como estudo de caso, a análise concentra-se nas agroindústrias localizadas no estado de Pernambuco, comparando os avanços obtidos na gestão ambiental dessa atividade em outras regiões do país.

HISTÓRICO DA ATIVIDADE SUCROALCOOLEIRA

Importante e tradicional atividade geradora de emprego e renda, a produção de cana-de-açúcar esteve por um longo período associada a impactos socioambientais sem controle. Desde a implantação da cultura nos tempos coloniais até a recente utilização do etanol como um combustível verde, as atividades de controle e gestão foram tratadas, quase sempre, como um obstáculo ao aumento da produção.

Apesar disso, esse setor agrícola de produção alcança grandes avanços e está presente de norte a sul do país. Da safra 2005/2006 para a safra 2013/2014, a área plantada aumentou de 5.840,3 para 8.799,2 hectares (Conab, 2013). De acordo com dados da União dos Produtores de Bioenergia (Udop, 2014), no Brasil destaca-se a produção de São Paulo, Minas Gerais e Goiás, conforme dados da Tabela 1, com Pernambuco sendo o oitavo produtor nacional.

Tabela 1 – Dados da área plantada, área colhida e produção de cana-de-açúcar no Brasil em 2014.

Local	Área plantada em hectares	Área colhida em hectares	Produção em toneladas
São Paulo	5.417.391	5.045.885	404.679.977
Minas Gerais	1.084.125	944.630	71.386.067
Goiás	1.000.674	858.898	69.307.411
Pernambuco	319.152	301.559	15.307.707
Brasil	10.646.505	9.866.958	738.789.232

Fonte: Udop (2014).

Outro fator que aponta para a expressividade do setor é a geração de empregos. No Brasil, estima-se que, para cada 100 milhões de toneladas de cana-de-açúcar processados, são gerados 125 mil empregos diretos (77 mil na área agrícola e 47 mil na indústria) e 136 mil indiretos (32 mil na área agrícola e 104 mil na indústria) (NAE, 2005 apud Duarte, 2013).

Algumas políticas ambientais e sociais, em nível federal e estadual, têm avançado de uma forma muito positiva, a exemplo do Zoneamento Agroecológico da Cana-de-açúcar (ZAE Cana), identificando: as áreas adequadas para a expansão da produção essencialmente para cana não irrigada, proibindo o uso de áreas com vegetação nativa; políticas para promover a utilização do bagaço de cana gerando excedentes de eletricidade na rede nacional; regulamentação da disposição da vinhaça (Macedo, 2012).

Destaca-se que a produção no Sudeste, principalmente de São Paulo, possui diferenças da produção na região Nordeste, onde há prevalência da mão de obra local, as empresas são tradicionalmente familiares, há dificuldade para a mecanização e a produtividade é considerada baixa. Por outro lado, a implementação da mecanização, sobretudo no estado de São Paulo, principalmente na colheita da cana, permite um aumento de produção com um menor número de trabalhadores envolvidos em atividades de produção de cana no setor agrícola (Furtado et al., 2012). As usinas de Pernambuco estão tradicionalmente localizadas em áreas com relevo irregular, o que se constitui como uma limitação, sobretudo com relação às práticas agrícolas, à mecanização, à produtividade do trabalho e, consequentemente, ao retorno econômico da atividade.

Durante todo o processo produtivo do açúcar e do álcool existem restrições ambientais, como também a geração de impactos ambientais negativos, como pode ser observado na Figura 1.

Em Pernambuco, particularmente, os reflexos dos impactos socioambientais da agroindústria canavieira são perceptíveis em várias áreas. Como exemplo, pode-se citar o desmatamento da porção leste do estado, com apenas 2,5% de vegetação da Mata Atlântica restante em pequenas ilhas entre os canaviais, a poluição hídrica causada pelo lançamento descontrolado de vinhoto por meio da fertirrigação e a poluição atmosférica ocasionada pela queima da palha da cana anteriormente à colheita, que marcam a vida das comunidades que habitam na região conhecida popularmente como Zona da Mata.

Em 2008, por causa do não cumprimento das medidas relativas à manutenção da reserva legal e das áreas de preservação permanente previstas

Figura 1 – Representação esquemática dos impactos ambientais negativos decorrentes do processo de produção da agroindústria canavieira.

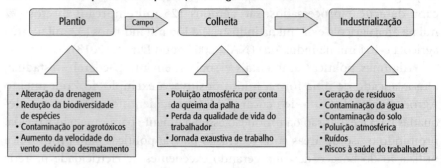

no Código Florestal, o Instituto Brasileiro do Meio Ambiente e dos Recursos Naturais Renováveis (Ibama) realizou a "Operação Engenho Verde", na qual foram autuadas todas as usinas sucroalcooleiras de Pernambuco, com aplicação de R$ 120 milhões em multas e assinatura de um Termo de Ajuste de Conduta (TAC) (Momesso, 2011).

O lançamento indiscriminado de vinhoto nos rios foi responsável por um grande acidente em agosto de 1983, no qual a poluição do rio Capibaribe se estendeu pelo oceano até uma distância de 10 km da costa (Andrade, 1988), demonstrando que esse ainda era um grande problema a ser enfrentado pelo Estado e pela população. De acordo com Sobral et al. (2005), as indústrias do tipo sucroalcooleira localizadas na Zona da Mata pernambucana têm como principal resíduo o vinhoto rico em matéria orgânica e minerais, com destaque para a presença do potássio. Mesmo sendo utilizado para a fertirrigação, sua disposição sem controle no solo constitui risco de a poluição dos recursos hídricos. Além disso, a maioria dessas empresas são localizadas nas proximidades de reservatórios utilizados para abastecimento público ou de importantes cursos d'água da região, o que compromete a qualidade dos recursos hídricos e encarece o serviço de tratamento de água (Figura 2).

Em Pernambuco, recentemente os reflexos da expansão do Complexo Industrial Portuário de Suape, localizado nas proximidades da Zona da Mata Sul, vêm concorrendo com a agroindústria canavieira. Além da diminuição da mão de obra disponível para corte da cana, por causa da alternativa de empregos gerados no complexo portuário, houve valorização das terras localizadas na região, fazendo com que muitas áreas, antes

DESAFIOS DA GESTÃO AMBIENTAL DE EMPRESAS SUCROALCOOLEIRAS | 933

Figura 2 – Localização dos 18 empreendimentos sucroalcooleiros mais expressivos de Pernambuco, rede hidrográfica local e remanescentes de Mata Atlântica na Zona da Mata.

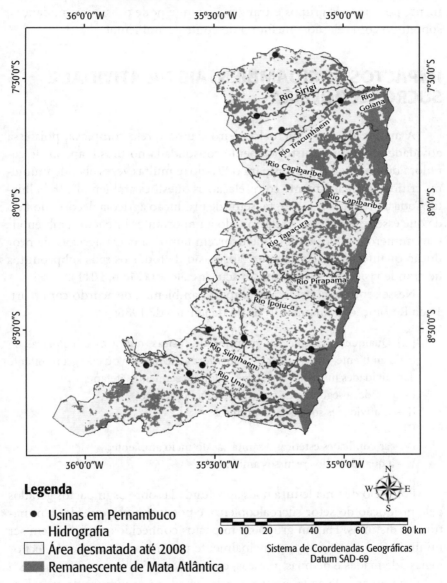

Legenda
- Usinas em Pernambuco
— Hidrografia
▢ Área desmatada até 2008
▬ Remanescente de Mata Atlântica

Sistema de Coordenadas Geográficas
Datum SAD-69

Fonte: IBGE (2007); Ibama (2011); Embrapa (2001).

destinadas ao plantio da cana-de-açúcar, passassem a ser utilizadas para expansão do setor imobiliário. Com isso, esse setor econômico que historicamente possuía característica familiar vem sendo absorvido paulatinamente por grandes grupos estrangeiros, o que pode ocasionar mudanças, sobretudo com relação à melhoria do controle ambiental.

IMPACTOS SOCIOAMBIENTAIS DA ATIVIDADE SUCROALCOOLEIRA

A análise do setor sucroalcooleiro é uma tarefa complexa, pois essa atividade econômica, historicamente consolidada no Brasil, apesar de geradora de empregos e divisas para o Estado, é muitas vezes alvo de inúmeras críticas, principalmente com relação às questões ambiental e trabalhista. Toda a preocupação com tal setor de produção agrícola decorre do fato de que esse segmento está relacionado a importantes impactos ambientais (em número e intensidade), que ocorrem tanto na etapa agrícola de produção quanto na industrial e na fabricação de todos os seus subprodutos de grande visibilidade econômica: açúcar e álcool (Melo, 2011).

Nesse sentido, considera-se impacto ambiental, de acordo com o art. 1º da Resolução Conama n. 1, de 23 de janeiro de 1986:

[...] Qualquer alteração das propriedades físicas, químicas e biológicas do meio ambiente, causada por qualquer forma de matéria ou energia resultante das atividades humanas que, direta ou indiretamente, afetam:
I – a saúde, a segurança e o bem-estar da população;
II – as atividades sociais e econômicas;
III – a biota;
IV – as condições estéticas e sanitárias do meio ambiente;
V – a qualidade dos recursos ambientais.

Por meio de uma leitura mais aprofundada sobre os impactos gerados pela produção do setor sucroalcooleiro, é possível notar que eles têm naturezas distintas. Há um grupo de impactos conhecidos e que podem ser minimizados e mitigados, principalmente por meio da adoção de tecnologias adequadas e de boas práticas, como ocorre em casos relacionados à poluição do ar e da água, e aqueles relacionados à segurança do trabalho. Há impactos parcialmente conhecidos, dos quais se conhece apenas potenciais efeitos, como o caso do uso de insumos agrícolas e sua dispersão no ambiente (Duarte, 2013).

A atividade sucroalcooleira é de grande expressividade social, pois gera emprego e renda em grande escala, sobretudo no período de safra. Essa atividade configura-se também como um dos pilares econômicos da região Nordeste e a comercialização do açúcar, uma *commodity* tradicional de bastante expressividade no Brasil, é responsável pelo incremento econômico do Estado. Aliado a isso, a geração do etanol e sua tecnologia de produção pode ser expandida para outros países, proporcionando mais benefícios para o mercado nacional.

Os impactos socioambientais negativos potenciais correspondentes ao cultivo e à industrialização da cana-de-açúcar e respectivas medidas para mitigá-los são descritos posteriormente. Evidencia-se, no entanto, que dentre esses impactos alguns se apresentam de maneira mais intensa e crítica, como a redução da biodiversidade da Mata Atlântica local, a poluição atmosférica e sonora, a geração de resíduos e os riscos à saúde e à segurança dos trabalhadores.

Redução da biodiversidade da Mata Atlântica

Pode ocorrer redução da biodiversidade em casos de desmatamento para plantio, aumento de área de produção ou incêndio acidental de remanescentes florestais, quando a queima da palha da cana-de-açúcar é realizada sem o devido aceiro, que corresponde a um espaço desbastado de vegetação para evitar a propagação do fogo, previsto pelo Ibama.

As medidas para atenuar esse impacto correspondem à conservação dos elementos naturais de paisagem, com a conservação dos principais biótopos, considerando a necessidade de manutenção da reserva legal e das áreas de proteção permanente, utilização de práticas de cultivo que gerem menos impactos ambientais, como a realização dos aceiros, e recomposição florestal das áreas de matas ciliares e reservas legais.

Poluição dos recursos hídricos

Todos os processos da agroindústria canavieira demandam grande quantidade de água, com consequente geração de águas residuárias de lavagens e processos industriais, sendo potencial poluidor hídrico. De acordo com Dias (1999), apenas durante a lavagem de uma tonelada de cana-de-açúcar são utilizados até 10 m³ de água. A vazão dos cursos d'água e/ou do manancial subterrâneo deve ser suficiente para abastecer a unidade agroindustrial e "diluir" os efluentes tratados (manancial superficial) sem comprometer os demais usos do manancial.

Há necessidade também de controlar a qualidade dos efluentes, de acordo com padrões de qualidade ambiental estabelecidos pelas resoluções Conama, especialmente da temperatura, pH, níveis de óleos e graxas, sólidos totais dissolvidos e suspensos, DBO e DQO. Além disso, deve-se procurar diminuir a quantidade de água utilizada na agroindústria, bem como a utilização de métodos de tratamento e reúso dessa água no processo industrial.

Geração de resíduos sólidos

De acordo com os inventários de resíduos sólidos industriais realizados em Pernambuco, a agroindústria canavieira gera mais de 90% dos resíduos industriais do estado. Pesquisa realizada em 2011 nas declarações anuais de resíduos sólidos das usinas pernambucanas demonstra que os principais resíduos gerados são o bagaço, a torta de filtro, cinzas de caldeira e o vinhoto, resíduo líquido que se obtém no processo de destilação para a produção de álcool (Melo, 2011). Aliado a estes, acrescenta-se a palha da cana, no caso específico de Pernambuco queimada antes da colheita.

O bagaço é o subproduto quantitativamente mais expressivo na agroindústria canavieira. Cada tonelada de cana, com teor médio de 12% a 13% de fibra, produz 250 a 300 kg de bagaço. A torta de filtro pode ser definida como resíduo que se elimina no processo de clarificação do caldo de cana durante a fabricação do açúcar (ICIDCA, 1999).

Além desses, destaca-se a geração de embalagens de agrotóxicos, ainda grande em Pernambuco. De acordo com o BNDES/CGDE (2008) a cana-de-açúcar situa-se em quarto lugar no consumo de adubos químicos no Brasil. A Lei federal n. 9974/2000 disciplina a destinação final de embalagens vazias de agrotóxicos determinando as responsabilidades para o agricultor, o canal de distribuição, o fabricante e o poder público. Essas embalagens devem ser destinadas a um ponto de recebimento. O mais próximo dessas empresas localiza-se na cidade de Carpina, na Zona da Mata Norte.

Nesse sentido, de acordo com o BNDES/CGDE (2008) os processos de produção e beneficiamento de cana-de-açúcar apresentam particularidades, pois seus resíduos são considerados não como rejeitos, mas como subprodutos e por isso são valorizados pelo setor industrial. Para Santos

(2007), os resíduos sólidos nada mais são do que recursos desviados de sua rota natural, que seria a reabsorção pela sociedade que o gerou. Eles formam um conjunto de materiais que precisam ser geridos, uma vez que se constituem em diversos tipos, com diversas utilidades, e que podem ser tratados por diversas tecnologias. As cinzas de caldeira e a torta de filtro são incorporadas em solo agrícola, enquanto todo o bagaço pode ser utilizado nas caldeiras e para a geração de biocombustível de segunda geração.

Com relação ao vinhoto, observa-se que a prática da fertirrigação reduz as possibilidades de poluição pontual por descarga direta da vinhaça no corpo hídrico superficial, mas aponta para outros tipos de poluição, inclusive a poluição difusa na ocasião da lixiviação de nutrientes para o manancial. Além disso, há riscos de poluição do solo e de águas subterrâneas. Para tentar minimizar esses riscos, Dias e Rosseto (2006) afirmam que se deve calcular a dosagem de vinhaça com base em seu teor de potássio, de tal forma que a necessidade da cultura possa ser suprida pela vinhaça, o que minimizaria o uso de fertilizantes químicos e evitaria a utilização de excedente de vinhaça.

No estado de São Paulo, o uso da vinhaça é regulado conforme normativa da Companhia de Tecnologia de Saneamento Ambiental (Cetesb), que leva em consideração os teores de potássio do solo e a remoção pela cultura. Em Pernambuco não existe normativa que regulamente o lançamento da vinhaça nos canaviais; o controle do órgão ambiental se dá majoritariamente nos casos de poluição de reservatório superficial.

Para o tratamento e armazenamento dos resíduos sólidos, deve-se considerar a vulnerabilidade natural e ambiental do local em suportar a disposição dos resíduos para evitar acidentes e contaminação. Deve-se também procurar formas alternativas de reciclagem ou reutilização dos resíduos sólidos, nos processos (como a utilização do bagaço para geração de energia e da torta de filtro como adubo) ou por outras unidades agrícolas da região, bem como procurar diminuir a quantidade de resíduos gerados.

Contaminação dos recursos naturais

A utilização indiscriminada de agrotóxicos e fertilizantes pode comprometer os recursos naturais de maneira geral. No caso específico do tratamento da terra por meio da fertirrigação, deve-se realizá-lo de maneira adequada e verificar as condições de absorção do solo, bem como as condições das águas subterrâneas para que não haja contaminação, assim como o controle no tratamento e lançamento do efluente lançado nos corpos hídricos.

Para evitar que isso ocorra, recomenda-se a utilização do controle biológico e integrado de pragas e outras técnicas que evitem ao máximo a utilização de agrotóxicos e a consequente contaminação das águas, dos solos e dos outros componentes dos ecossistemas da propriedade e vizinhos, além da utilização de cercas vivas para minimizar a incidência de pragas e a dispersão direta dos agroquímicos.

Alteração do solo

Como outras culturas agrícolas, a da cana-de-açúcar acelera processos erosivos e causa compactação dos solos devido à exposição e movimentação de máquinas agrícolas (Duarte, 2013). Além disso, pode haver modificação dos recursos naturais (biota do solo), culturais e sítios arqueológicos que estejam nesses locais.

É importante procurar localizar as unidades distantes de áreas frágeis, com a finalidade de reduzir os efeitos negativos potenciais sobre o ambiente e realizar o manejo adequado do solo a fim de evitar perdas biológicas ou danos ao patrimônio cultural.

Poluição atmosférica

O monóxido de carbono e o material particulado proveniente da queima do canavial para realização da colheita podem ocasionar poluição do ar. A queima da palha é praticada como um método preparatório da colheita, que facilita o corte manual e afasta animais peçonhentos do canavial (Avolio, 2002).

A contaminação do ar pode se dar majoritariamente por partículas suspensas provenientes da queima da palha da cana-de-açúcar ou da chaminé da agroindústria, acarretando a poluição pontual. Além disso, podem ocorrer vazamentos eventuais de solventes e materiais ácidos e alcalinos potencialmente perigosos. Essas ações podem gerar incômodos aos trabalhadores ou às comunidades de entorno, em razão dos gases e odores indesejáveis. No tocante à saúde, Ribeiro e Pesquero (2010) indicam que em períodos de queima de cana há maior quantidade de visitas hospitalares, inalações e internações por doenças respiratórias nas áreas de queimada de cana.

De acordo com Dias (1999, p. 65):

Deve-se procurar locais que não se posicionem em direção favorável aos ventos predominantes as áreas habitadas, além de, com relação à área industrial, procurar técnicas de filtragem e coletores ou precipitadores eletrostáticos e verificar a manutenção dos equipamentos de controle ambiental das emissões. A redução das emissões com adequação do processo às características das matérias-primas utilizadas e instalação de equipamentos de controle de emissões atmosféricas também deve ser realizada.

Poluição sonora

A geração de ruídos durante o processo produtivo pode provocar incômodos para os trabalhadores, sobretudo se não houver utilização do equipamento de proteção individual, e nas comunidades que residem no entorno do empreendimento.

As medidas mitigadoras sugeridas para esse impacto são: isolamento de máquinas, equipamentos e saídas de ar; realização de projeto específico de tratamento acústico; e fornecimento aos funcionários dos devidos equipamentos de proteção individual (EPIs), como protetor auricular. Também é prudente evitar operar em horários que causem maior incômodo à população do entorno, como no horário noturno, por exemplo.

Aumento da velocidade do vento

A velocidade do vento nas áreas de cultivo pode aumentar devido ao desmatamento e à inexistência de cercas vivas. Nesse sentido, a divisão da propriedade em parcelas, com a implantação de quebra-ventos transversalmente à direção principal do vento e a recomposição florestal são práticas que podem auxiliar a melhorar as condições locais.

Aumento da circulação de veículos

O aumento da circulação de veículos, sobretudo no período de safra, pode acarretar a geração de ruídos, pó e riscos de acidentes. Nesses casos, deve ser feito o planejamento integrado com os organismos responsáveis

GESTÃO EMPRESARIAL E SUSTENTABILIDADE

pelo tráfego de veículos e instalação de medidas de controle de acidentes, como por exemplo sinalização dentro da propriedade e no entorno, cobertura de carrocerias, quando possível (Dias, 1999).

Risco à saúde e segurança dos trabalhadores

Os trabalhadores estão sujeitos a ruídos, poeira, manejo de materiais, efluentes e resíduos sólidos. A qualidade de vida do trabalhador também pode ser afetada devido à contaminação pelo uso de agrotóxicos, à liberação do material particulado pelas queimadas dos canaviais e à jornada de trabalho exaustiva, já que o pagamento é realizado de acordo com a produtividade do cortador de cana-de-açúcar.

Além disso, apesar da grande empregabilidade que o setor oferece, sobretudo nos períodos de safra, em Pernambuco há prevalência do trabalho informal, sem carteira de trabalho assinada, o que coloca o trabalhador rural em condições de vulnerabilidade. Nesse sentido, fazem-se necessários o respeito à legislação trabalhista vigente e a fiscalização pertinente do Ministério do Trabalho.

A criação de programas de segurança e saúde ocupacional, com capacitações envolvendo o detalhamento de todas as fases dos processos e suas relações com a ocorrência de acidentes e prejuízo à saúde dos trabalhadores, pode auxiliar a minimizar as pressões sofridas pelo trabalhador. A instalação de equipamentos, individuais e coletivos, de prevenção e proteção de acidentes sem custos adicionais contribuirá para atenuar esses efeitos deletérios. Esses inúmeros impactos ambientais têm seus efeitos ainda pouco conhecidos, dada a sua intensidade distinta e as várias consequências de efeito cumulativo.

Como medidas atenuantes para essas questões, sugere-se evitar a utilização dos agrotóxicos; quando necessária a utilização de agrotóxicos, deve-se seguir o receituário agronômico e florestal, com as dosagens e recomendações pertinentes. Além disso, realizar treinamento com os trabalhadores rurais para aplicação correta dos agroquímicos e utilização adequada dos EPIs, que devem ser disponibilizados sem custos adicionais para os trabalhadores. Outro fator importante corresponde a respeitar tempo limite entre a queimada e o corte da cana-de-açúcar, para que o trabalhador rural não inale o ar quente.

PROCEDIMENTOS PARA A GESTÃO AMBIENTAL NAS EMPRESAS SUCROALCOOLEIRAS EM PERNAMBUCO

A regulação ambiental na agroindústria canavieira é indispensável por ser uma atividade potencialmente poluidora. Dessa forma, durante todo o processo produtivo são necessárias anuências dos órgãos estaduais de meio ambiente e recursos hídricos, conforme demonstra a Figura 3.

Figura 3 – Requisitos ambientais para atuação da agroindústria canavieira.

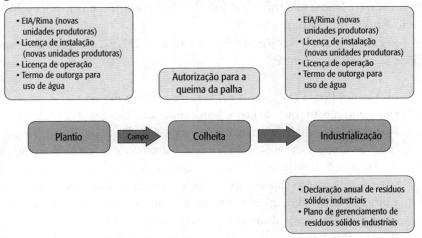

Segundo informações do Ministério da Agricultura (s/d), a política nacional para a produção da cana-de-açúcar se orienta na expansão sustentável da cultura, com base em critérios econômicos, ambientais e sociais. O programa Zoneamento Agroecológico da Cana-de-Açúcar regula o plantio da cana, levando em consideração o meio ambiente e a aptidão econômica da região. A partir de um estudo minucioso, são estipuladas as áreas propícias ao plantio com base nos tipos de clima, solo, biomas e necessidades de irrigação.

A seguir são detalhados os procedimentos necessários para a gestão ambiental da atividade sucroalcooleira.

Licenciamento ambiental

O licenciamento ambiental de qualquer atividade potencialmente causadora de impactos ambientais é previsto na Lei federal n. 6938/81, que institui a Política Nacional de Meio Ambiente. De acordo com a Lei federal Complementar n. 140/2011, compreende-se por licenciamento ambiental o procedimento administrativo destinado a licenciar atividades ou empreendimentos utilizadores de recursos ambientais efetiva ou potencialmente poluidores ou capazes, sob qualquer forma, de causar degradação ambiental. A emissão da licença ambiental depende da realização de Estudo de Impacto Ambiental (EIA) e do Relatório de Impacto sobre o Meio Ambiente (Rima).

Segundo o art. 8º da Resolução Conama n. 237/97, poderão ser expedidas as seguintes licenças:

I – Licença Prévia (LP) – concedida na fase preliminar do planejamento do empreendimento ou atividade aprovando sua localização e concepção, atestando a viabilidade ambiental e estabelecendo os requisitos básicos e condicionantes a serem atendidos nas próximas fases de sua implementação;
II – Licença de Instalação (LI) – autoriza a instalação do empreendimento ou atividade de acordo com as especificações constantes dos planos, programas e projetos aprovados, incluindo as medidas de controle ambiental e demais condicionantes, da qual constituem motivo determinante;
III – Licença de Operação (LO) – autoriza a operação da atividade ou empreendimento, após a verificação do efetivo cumprimento do que consta das licenças anteriores, com as medidas de controle ambiental e condicionantes determinados para a operação.

Por se tratar de uma atividade historicamente consolidada e desde 1981 não haver criação de novas unidades, apenas sua expansão, não foram realizados EIA/Rimas para a instalação das principais unidades agroindustriais produtoras de açúcar e álcool em Pernambuco. Dessa forma, para garantir o controle ambiental efetivo das agroindústrias em operação, é necessário o licenciamento anual no início da moagem da cana para fabricação de açúcar e álcool (conforme Anexo 1 da Resolução Conama n. 237/97). Em Pernambuco, particularmente, esse procedimento é denominado de licenciamento agroambiental. Essa licença garante tanto um novo plantio como o funcionamento industrial.

Os outros tipos de licença são solicitados pelos empreendimentos sucroalcooleiros para outras atividades realizadas em sua propriedade, como extração de areia, cogeração de energia elétrica, dentre outros. Destaca-se também que, segundo a assessoria do Instituto Brasileiro do Meio Ambiente e dos Recursos Naturais Renováveis (Ibama), as usinas não possuem, apesar de ser obrigatório, licenciamento para plantio de cana, mas apenas para a moagem.

As licenças de operação destinadas ao setor sucroalcooleiro são compostas por uma breve descrição do empreendimento, as exigências/condicionantes para a concessão da licença e os requisitos que correspondem às legislações aplicáveis às atividades.

Estudo realizado envolvendo 18 das principais usinas em Pernambuco observou que dentre as condicionantes mais frequentes destacam-se: proibição de lançar efluentes no corpo hídrico ou efluentes que causem danos ambientais; restrições com relação às águas das colunas barométricas; restrições relacionadas às águas de lavagem de cana e equipamentos; e exigências e diretrizes para fertirrigação (Melo, 2011). O descumprimento de alguma condicionante contida nas licenças pode acarretar a modificação das condicionantes e as medidas de controle e adequação, suspensão ou cancelamento uma licença expedida (art. 19 da Resolução Conama n. 237/97).

De acordo com pesquisa realizada pela Federação das Indústrias do Estado de Pernambuco (Fiepe, 2010), no primeiro trimestre de 2010, o licenciamento ambiental é elencado como o segundo maior responsável pela adoção de procedimentos gerenciais associados à gestão ambiental em Pernambuco, com 70,6% respostas, seguido pelo quesito atender ao regulamento ambiental, que obteve 72,5%, o mesmo percentual que o quesito melhorar a imagem da empresa perante a sociedade. Dessa forma, acredita-se que, por ser o licenciamento uma questão tão importante para os empreendedores – pois pode limitar o funcionamento de sua empresa –, se o órgão ambiental realizasse mais ações de fiscalização e controle ambiental, as exigências do licenciamento (ou a maior parte delas) seriam cumpridas com mais rigor.

Termos de outorga para uso da água

A outorga para uso de água está prevista pela Lei federal n. 9433/97, que dispõe sobre a Política Nacional de Recursos Hídricos. Segundo Silva e Monteiro (2001), a outorga caracteriza-se por ser um ato administrativo de autorização mediante o qual o poder público outorgante faculta ao outorgado previamente ou mediante o direito de uso dos recursos hídricos, por prazo determinado, nos termos e nas condições expressas no respectivo ato, consideradas as legislações vigentes.

De acordo com a Agência Nacional de Águas (ANA), esse instrumento tem como objetivo assegurar o controle quantitativo e qualitativo dos usos da água e o efetivo exercício dos direitos de acesso à água. Em Pernambuco, a Lei estadual n. 11426/97 dispõe sobre a Política Estadual de Recursos Hídricos e estabelece a outorga do direito de uso dos recursos hídricos como instrumentos de gerenciamento de recursos hídricos.

O período de safra da cana-de-açúcar coincide com o verão, considerada uma época crítica para o abastecimento das cidades. Por isso, a outorga para uso de água faz-se uma ferramenta imprescindível para aprimorar a gestão ambiental dessa atividade.

Para as usinas sucroalcooleiras, são necessários termos de outorga para uso de água que compreendam finalidades distintas, visto que, além da demanda de água para irrigação, existe necessidade de água para uso industrial, normalmente em volume maior. Evidencia-se que o termo de outorga pode prever alterações das vazões autorizadas a depender de variações climáticas locais, como um longo período de estiagem. Além disso, faz-se necessária a realização de fiscalização objetivando averiguar a correspondência entre a vazão outorgada pelas agências de recursos hídricos e a vazão captada pelo empreendedor.

Em Pernambuco, os termos de outorga para uso de água são liberados pela Agência Pernambucana de Águas e Clima (Apac). Esse órgão ainda não realiza, porém, a outorga para o lançamento de efluentes no corpo hídrico. Destaca-se que o mesmo corpo hídrico que recebe resíduos de agrotóxicos por meio da poluição difusa recebe também efluentes como vinhoto *in natura* e águas residuárias, que, além de produtos químicos, caracterizam-se pela temperatura elevada, tendo-se uma amostra das consequências danosas que a realização sem controle dessa atividade causa no ecossistema.

Dos 18 empreendimentos sucroalcooleiros filiados ao Sindicato da Indústria do Açúcar e Álcool no Estado de Pernambuco (Sindaçúcar) até o ano de 2010, todos possuem afluentes ou rios principais de importantes bacias litorâneas do estado passando por suas propriedades. Além disso, das 29 bacias hidrográficas existentes em Pernambuco, 11 estão nas áreas desses empreendimentos e são utilizadas há mais de quatro séculos, tanto para abastecimento como para lançamento dos efluentes produzidos por essas empresas. Em Pernambuco ainda não foi implementado o instrumento de cobrança pelo uso da água instituído pela Política Nacional de Recursos Hídricos, que poderá ocasionar restrições de uso.

Autorização para a queima da palha da cana-de-açúcar

O sistema tradicional de colheita da cana-de-açúcar, ainda utilizado em cerca de 70% das áreas cultivadas no Brasil, envolve a queima prévia no canavial e o corte manual da cana inteira (BNDES/CGEE, 2008). Em Pernambuco, hoje em dia, praticamente toda a cana é colhida após a queima, excetuando-se áreas de experiências piloto onde é colhida crua. Normalmente, o canavial é queimado na tarde do dia anterior ao corte ou na madrugada que precede o corte. Essa queima é calculada de acordo com a capacidade média de corte diária da unidade produtiva (BNDES/CGEE, 2008).

Grande parte dos empreendedores alega que a queima facilita o corte e protege a saúde do trabalhador. Como exposto pelo BNDES/CGEE (2008), no corte da cana crua o desgaste físico do trabalhador é muito maior que na cana queimada, fazendo com que a capacidade de corte diária seja menor. Observa-se, na realidade, que o corte da cana queimada é mais produtivo que o da cana crua, o que implica para o empreendedor menor contratação de mão de obra e pagamento inferior ao corte da cana crua.

A Resolução Conama n. 409/09 inclui a queima controlada da palha de cana-de-açúcar como atividade poluidora sujeita a Estudo de Impacto Ambiental (EIA). Porém, em Pernambuco, essa atividade é sujeita apenas ao pagamento da taxa do Sistema Nacional de Prevenção e Combate aos Incêndios Florestais (Prevfogo) no Ibama. De acordo com ex-funcionário do Ibama, o processo inicia com o simples pagamento de uma taxa de queima controlada pelo produtor rural, que informava o nome, o tamanho e a localização da área de queima. Não havia necessidade de o instituto emitir autorização. O simples recebimento do formulário com a guia de taxa recolhida já correspondia a um tipo de autorização prévia[1]. Além disso, conforme o art. 3º da Portaria do Ministério do Meio Ambiente n. 345/99:

---

[1] Correspondência pessoal em outubro de 2010.

A toda queima controlada deverá ser exigida a construção de aceiros de, no mínimo, cinquenta metros de distância das áreas florestais, áreas de preservação permanente, áreas de reserva legal e da faixa de domínio das rodovias.

São frequentes, porém, os acidentes em que o fogo da queima, comumente realizada sem aceiro, atinge áreas da já restrita Mata Atlântica. Quando esses casos são denunciados, a empresa deverá pagar uma multa ou se comprometer por meio de um Termo de Ajustamento de Conduta (TAC) com o órgão ambiental para recuperar a área. Essas ações correspondem à aplicação do princípio do Poluidor Pagador, descrito por Milaré (2004) como o fato de imputar ao poluidor o custo social da poluição por ele gerada, engendrando um mecanismo de responsabilidade por dano ecológico abrangente dos efeitos da poluição não somente sobre bens e pessoas, mas sobre toda a natureza.

No estado de São Paulo, houve um grande avanço de negociação e os plantadores deveriam até 2021 extinguir a prática de queimada de cana, de acordo com a Lei estadual n. 11241, de 19 de setembro de 2002. Mas a União da Indústria de Cana-de-açúcar (Unica) assinou um protocolo Agroambiental com o Governo de São Paulo, que prevê a eliminação da queima da palha da cana para 2014 em áreas mecanizáveis e em 2017 para áreas não mecanizáveis.

Declaração Anual de Resíduos Sólidos Industriais

Um dos principais problemas causados pela industrialização é justamente a destinação dos resíduos de qualquer tipo (sólido, líquido ou gasoso) decorrentes do processo produtivo, que afetam o meio ambiente natural e a saúde humana (Dias, 2010).

Nesse sentido, a Política Nacional de Resíduos Sólidos instituída pela Lei federal n. 12305/2010 estabelece a obrigatoriedade da entrega dos Planos de Gerenciamento de Resíduos Sólidos (PGRS), que devem contemplar medidas específicas que incentivem a conservação e a recuperação de recursos naturais e forneçam condições para a destinação final adequada dos resíduos. Em Pernambuco, a Lei estadual n. 12008/2001, substituída pela Lei estadual n. 14236/2010, já fazia essa exigência.

Além disso, a Instrução Normativa n. 3/2006 da Agência Estadual de Meio Ambiente (CPRH) prevê o envio da Declaração Anual dos Resíduos Sólidos Industriais (Darsi) para empreendimentos que gerem uma quantidade de resíduos anual superior a 50 toneladas/ano e/ou gerem qualquer tipo de resíduo classificado como perigoso (Classe I da Norma ABNT NBR 10004:2004). Segundo a CPRH, essa declaração tem por objetivo disciplinar o envio dos dados de gerenciamento de resíduos sólidos desde a geração até a destinação final, e deve ser entregue antes do pedido da licença anual para a safra.

Plano de Gerenciamento de Resíduos Sólidos Industriais

Desde 2001, em Pernambuco existe a obrigatoriedade legal de que nos pedidos de licenciamento ambiental seja realizada a apresentação do Plano de Gerenciamento de Resíduos Sólidos (PGRS), que deve contemplar medidas específicas que incentivem a conservação e a recuperação de recursos naturais e forneçam condições para a destinação final adequada dos resíduos.

Para disciplinar esse processo, a Instrução Normativa da CPRH n. 4/2006 estabeleceu os critérios para a apresentação do Plano de Gerenciamento de Resíduos Sólidos Industriais (PGRSI), tornando-o obrigatório para indústrias com geração total de resíduos acima de 1.000 toneladas/ano e/ou indústrias que gerem resíduos perigosos (Classificação ABNT NBR 10004:2004) num total acima de 250 toneladas/ano. O PGRSI deve ser atualizado sempre que houver mudanças no processo produtivo que afetem a geração ou gestão dos resíduos.

Acredita-se que, com as informações obtidas através desse mecanismo é possível definir diretrizes para aprimorar a gestão de resíduos sólidos no estado, mediante a responsabilização do setor industrial pelos resíduos que gera e, consequentemente, pela disposição final adequada.

Desafios para o fortalecimento das empresas sucroalcooleiras em Pernambuco

A fim de avançar na gestão ambiental da atividade sucroalcooleira em Pernambuco, são realizadas propostas com vistas ao melhor desempenho das agroindústrias locais.

São necessários também esforços no sentido de realizar o replantio de espécies vegetais nativas nas matas ciliares em que há predominância do plantio de cana-de-açúcar e a recomposição florestal das áreas desmatadas, além da manutenção das áreas de preservação permanente e reservas legais com o respectivo georreferenciamento.

Devido aos efeitos negativos gerados pela queima da palha, sugere-se uma parceria entre os produtores de cana-de-açúcar e o Ibama, a fim de que seja realizado um esforço para a negociação, diminuindo paulatinamente a área de queima no estado. Essa negociação deve ser acompanhada de pesquisas realizadas por instituições de ensino e pesquisa sobre possibilidades de reutilização desse resíduo.

De acordo com Melo e Poppe (2010), a ampla adoção de tecnologias mais eficientes e disponíveis pode reduzir ainda mais os custos, e nisso tem um potencial considerável o uso de tecnologias que ainda estão sendo desenvolvidas, incluindo a agricultura de precisão, novos sistemas de transporte, melhoramento genético e o aperfeiçoamento dos processos industriais.

Há o possível uso da palha da cana, aliada ao bagaço, para a geração do biocarvão, produzido pela queima da biomassa da planta sem oxigênio e que pode ser utilizado como fertilizante na lavoura. Segundo Lehmann (2007), o biocarvão estoca carbono duas vezes mais e de forma mais durável que a biomassa das plantas e é rapidamente degradado no solo, permitindo o aumento de sua fertilidade.

Com relação à poluição atmosférica relacionada a área industrial, é importante buscar tecnologias que auxiliem na redução de emissões, além da manutenção adequada dos equipamentos. Indica-se que seja evitada a prática de queima de cana-de-açúcar para a colheita, buscando processos mais eficazes e que causem menos impactos ambientais. Contudo, enquanto as queimadas ainda forem praticadas, devem ser feitos os aceiros devidos, além de buscar orientação quando houver solicitação da autorização para queima no órgão de controle ambiental.

Recomenda-se ainda a utilização do controle biológico e integrado de pragas e doenças, a utilização de cercas vivas e quebra-ventos para aprimorar o processo produtivo. Faz-se necessário também estimular práticas de redução do consumo de água na produção, bem como a utilização de métodos de tratamento de efluentes e reúso de água.

Em razão da quantidade e da diversidade de resíduos gerados, é imprescindível realizar o controle de sua geração, bem como incentivar pesquisas e a utilização de técnicas mais eficazes para o seu reaproveitamento.

A sinalização da unidade produtora, aliada à utilização adequada dos equipamentos de proteção individual e da sensibilização dos funcionários para o cumprimento das medidas de segurança, poderá auxiliar na diminuição dos riscos aos trabalhadores.

Aliado a isso, propõe-se a capacitação dos funcionários dos órgãos ambientais locais para a realização do controle ambiental de maneira mais efetiva.

CONSIDERAÇÕES FINAIS

A atividade sucroalcooleira é um dos pilares econômicos do Nordeste, mas sua gestão ambiental enfrentará ainda muitos desafios para continuar garantindo a expressividade socioeconômica da atividade, historicamente consolidada em Pernambuco. Espera-se uma expansão dessa atividade para atender o mercado do Nordeste, em razão da crise energética brasileira.

Na região Sudeste, onde os investimentos são mais vultosos e o controle ambiental mais rígido, os avanços podem ser observados mais claramente. Ações envolvendo planejamento ambiental estratégico tornam-se então a alternativa viável para continuar garantindo o funcionamento da agroindústria. Nesse sentido, dentre as ações prioritárias destaca-se a necessidade da realização de acordos entre os órgãos de controle ambiental, federal e estadual, com o empresariado visando à adequação ambiental da atividade, enfocando sobretudo os impactos socioambientais negativos considerados críticos.

A proibição da queima da palha da cana para fins de colheita, o controle dos efluentes agroindustriais e o cumprimento de todas as condicionantes das licenças de operação são algumas das ações consideradas prioritárias. Além disso, o respeito às legislações ambiental e trabalhista é imprescindível para a execução adequada da produção de açúcar e álcool.

A possibilidade de expansão comercial da agroindústria sucroalcooleira para novos mercados, sobretudo das tecnologias de produção do etanol a partir da demanda por biocombustíveis, deve vir acompanhada de apoio governamental para fortalecimento do setor. Contudo, essa nova "modernidade" não pode se dar apenas no âmbito dos processos produtivos, mas deve ser estendida às práticas ambientais e às questões trabalhistas, para que a atividade passe a ser desempenhada de maneira mais satisfatória.

REFERÊNCIAS

[ABNT] ASSOCIAÇÃO BRASILEIRA DE NORMAS TÉCNICAS. NBR 10004 – Resíduos sólidos: Classificação. Rio de Janeiro, 2004.

ANDRADE, M.C. de. *Área do sistema canavieiro.* Recife: Sudene-PSU-SER, 1988.

AVOLIO, E. G. *Da (i)licitude das queimadas da palha da cana-de-açúcar.* São Carlos, 2002, 218p. Tese (Mestrado) – Escola de Engenharia de São Carlos, Universidade de São Paulo.

BNDES; CGEE (Org.). *Bioetanol de cana-de-açúcar: energia para o desenvolvimento sustentável.* Rio de Janeiro: BNDES, 2008.

BRASIL. Lei n. 6938/81, de 31 de agosto de 1981. Dispõe sobre a Política Nacional do Meio Ambiente, seus fins e mecanismos de formulação e aplicação, e dá outras providências. *Diário Oficial da União,* 2 de setembro de 1981.

_____. Lei n. 12305, de 2 de agosto de 2010. Institui a Política Nacional de Resíduos Sólidos, altera a Lei n. 9605, de 12 de fevereiro de 1998, e dá outras providências. *Diário Oficial da União,* 3 de agosto de 2010.

[CONAB] COMPANHIA NACIONAL DE ABASTECIMENTO. *Série histórica da safra de cana-de-açúcar.* Disponível em: www.conab.gov.br. Acessado em: set. 2013.

[CONAMA] CONSELHO NACIONAL DE MEIO AMBIENTE. Resolução n. 1, de 23 de janeiro de 1986. Dispõe sobre os critérios básicos e diretrizes gerais para a avaliação de impacto ambiental. *Diário Oficial da União,* 17 de fevereiro de 1986.

_____. Resolução n. 237, de 19 de dezembro de 1997. Dispõe sobre a revisão e complementação dos procedimentos e critérios utilizados para o licenciamento ambiental. *Diário Oficial da União,* 22 de dezembro de 1997.

_____. Resolução n. 409, de 4 de maio de 2009. Revoga a Resolução n. 408, de 14 de abril de 2009, em face da decisão judicial liminar monocrática proferida pelo Tribunal Regional Federal da 4ª Região no Mandado de Segurança n. 2009.04.00.010675-9/PR. *Diário Oficial da União,* n. 83, 5 de maio de 2009.

[CPRH] AGÊNCIA ESTADUAL DE MEIO AMBIENTE. *Instrução Normativa n. 3, de 2006. Disciplina o art. 4º, § 2º, do Decreto Estadual n. 23941, de 11/01/2002, que regulamenta a Política Estadual de Resíduos Sólidos, prevendo o envio do Relatório Anual de Resíduos Sólidos Gerados.* Recife, 10 de abril de 2006.

_____. *Instrução Normativa n. 4, de 2006. Disciplina o art. 20 da Lei n. 12008, de 1 de junho de 2001, que dispõe sobre a Política Estadual de Resíduos Sólidos, criando critérios para a apresentação de Plano de Gerenciamento de Resíduos Sólidos Industriais (PGRSI), e aprova o Termo de Referência para apresentação do PGRSI.* Recife, 10 de abril de 2006.

DIAS, M.C.O. (Org.). *Manual de impactos ambientais: orientações básicas sobre aspectos ambientais de atividades produtivas*. Fortaleza: Banco do Nordeste, 1999.

DIAS, F.L.F.; ROSSETO, R. Calagem e adubação da cana-de-açúcar. In: SEGATO, S.S.; PINTO, A.S.; JENDIROBA, E.; NÓBREGA, J.C. M (Org.). *Atualização em produção de cana-de-açúcar*. Piracicaba: CP 2, 2006.

DIAS, R. *Gestão ambiental: responsabilidade social e sustentabilidade*. São Paulo: Atlas, 2010.

DUARTE, C.G. *Planejamento e sustentabilidade: uma proposta de procedimentos com base na avaliação de sustentabilidade e sua aplicação para o caso do etanol de cana-de--açúcar no Plano Decenal de Expansão de Energia*. São Carlos, 2013. 281p. Tese (Doutorado) – Escola de Engenharia de São Carlos da Universidade de São Paulo.

EISENBERG, P. *Modernização sem mudança: a indústria açucareira em Pernambuco 1840-1910*. Rio de Janeiro: Paz e Terra, 1977.

[EMBRAPA] EMPRESA BRASILEIRA DE PESQUISA AGROPECUÁRIA; SILVA, F.B.R. et al. Zape Digital (Zoneamento Agroecológico do Estado de Pernambuco). Recife: Embrapa Solos – Unidade de Execução de Pesquisa e Desenvolvimento (UEP); Governo do Estado de Pernambuco (Secretaria de Produção Rural e Reforma Agrária), 2001. [CD-Rom/Embrapa Solos. Documentos, 35]

[FIEPE] FEDERAÇÃO DAS INDÚSTRIAS DO ESTADO DE PERNAMBUCO. *Sondagem industrial nas indústrias de transformação e extrativa mineral – Suplemento Especial – Gestão Ambiental*, set. 2010.

FURTADO, A.T.; CARDOSO, T.F.; CUNHA, M.P. Evolution of environmental, social and economic indicators. In: [CGEE] CENTRO DE GESTÃO E ESTUDOS ESTRATÉGICOS. *Sustainability of sugarcane bioenergy - Updated edition*. – Brasília, DF: Center for Strategic Studies and Management (CGEE), 2012.

[IBAMA] INSTITUTO BRASILEIRO DE MEIO AMBIENTE E DOS RECURSOS NATURAIS RENOVÁVEIS. Probio – Programa de Monitoramento do Desmatamento dos Biomas Brasileiros por Satélite. Monitoramento da Mata Atlântica. Disponível em: http://siscom.ibama.gov.br/monitorabiomas/mataatlantica/index. htm. Acessado em: 06 jan. 2011.

[IBGE] INSTITUTO BRASILEIRO DE GEOGRAFIA E ESTATÍSTICA. Mapas municipais estatísticos de Pernambuco, 2007. Disponíveis em: ftp://geoftp.ibge. gov.br/MME2007/PE/. Acessado em: 07 jan. 2011.

[ICIDCA] INSTITUTO CUBANO DE PESQUISAS DOS DERIVADOS DA CANA-DE-AÇÚCAR. *Manual dos derivados da cana-de-açúcar: diversificação, matérias-primas, derivados do bagaço, derivados do melaço, outros derivados, resíduos, energia*. Brasília: ABIPTI, 1999.

LEHMANN, J. A handful of carbon. *Nature*. v. 447/10, p. 143-144, May 2007.

MACEDO, I.C. Main trends on sustainability of sugarcane production systems. In: [CGEE] CENTRO DE GESTÃO E ESTUDOS ESTRATÉGICOS. *Sustainability of sugarcane bioenergy — Updated edition*. Brasília: CGEE, 2012.

MELO, L.C.P.; POPPE, M.K. Challenges in research, development, and innovation in biofuels in Brazil. In: CORTEZ, L.A.B. (Ed.) *Sugarcane bioethanol. R&D for productivity and sustainability*. São Paulo: Blücher, 2010.

MELO, M.G.S. *Gestão ambiental no setor sucroalcooleiro de Pernambuco: entre a inesgotabilidade dos recursos naturais e os mecanismos de regulação*. Editora Universitária da UFPE: Recife, 2011.

MILARÉ, E. *Direito do ambiente*. 3. ed. São Paulo: Revista dos Tribunais, 2004.

MINISTÉRIO DA AGRICULTURA. Cana-de-açúcar. Disponível em: http://www.agricultura.gov.br/vegetal/culturas/cana-de-acucar? Acessado em: 12 nov. 2014.

MOMESSO, M.A. *Função social da propriedade rural das usinas sucroalcooleiras do estado de Pernambuco: desdobramentos da operação Engenho Verde*. Recife, 2011, 187p. Dissertação (Mestrado) Centro de Filosofia e Ciências Humanas, Universidade Federal de Pernambuco – UFPE.

OLIVEIRA, C.O.F.; WALTER, A. Certification for sugarcane production processes. In: [CGEE] CENTRO DE GESTÃO E ESTUDOS ESTRATÉGICOS. *Sustainability of sugarcane bioenergy – Updated edition*. Brasília: CGEE, 2012.

PERNAMBUCO. Lei estadual n. 11426, de 17 de janeiro de 1997. Dispõe sobre a Política Estadual de Recursos Hídricos e o Plano Estadual de Recursos Hídricos, institui o Sistema Integrado de Gerenciamento de Recursos Hídricos e dá outras providências. *Diário Oficial do Estado de Pernambuco*, Poder Executivo, Recife, 18 de janeiro de 1997.

_____. Lei estadual n. 12008, de 01/06/2001. Dispõe sobre a Política Estadual de Resíduos Sólidos e dá outras providências. *Diário Oficial do Estado de Pernambuco*, Poder Executivo, Recife, 2 de junho de 2001.

_____. Lei estadual n. 14236, de 13 de dezembro de 2010. Dispõe sobre a Política Estadual de Resíduos Sólidos e dá outras providências. *Diário Oficial do Estado de Pernambuco*, Poder Executivo, Recife, 14 de dezembro de 2010.

RIBEIRO, H.; PESQUERO, C.L. Queimadas de cana-de-açúcar: avaliação de efeitos na qualidade do ar e na saúde respiratória de crianças. *Estudos Avançados*. n. 24 (68) – USP, 2010.

SANTOS, S.M. *Gerenciamento do destino final dos resíduos sólidos municipais na região metropolitana do Recife: histórico e proposições*. Recife, 2007. 202p. Tese (Doutorado) Universidade Federal de Pernambuco.

SILVA, L.M.C.; MONTEIRO, R.A. Outorga do direito de uso dos recursos hídricos: uma das possíveis abordagens. 2001. Disponível em: http://www.ana.gov.br/PortalConhecimento/LucianoMenesesCardosoSilva/OutorgaDirUsoRecHid_UmaDasPossiveisAbordagens.pdf. Acessado em: 5 jan. 2011.

SOBRAL, M.C., GUNKEL, G., ROHN, H., AURELIANO, J. Avaliação do monitoramento da qualidade da água de rios intermitentes: o caso do rio Ipojuca, Pernambuco. In: XVI Simpósio Brasileiro de Recursos Hídricos, 2005, João Pessoa. *Anais do XVI Simpósio Brasileiro de Recursos Hídricos*, 2005.

TAGLIANI, C.R. Técnica para avaliação da vulnerabilidade ambiental de ambientes costeiros utilizando um sistema geográfico de informações. In: XI SBRS, Belo Horizonte, MG, Anais. 2003, p. 1657-1664.

[UDOP] UNIÃO DOS PRODUTORES DE BIOENERGIA. Área plantada, área colhida e produção de cana-de-açúcar na safra 2014. Disponível em: www.udop.com.br. Acessado em: 4 jul. 2014.

35 | Gestão Sustentável na Construção e na Operação de Empresa Certificada Leed

Marlus Kormann
Biólogo, Coca-Cola/Leão Alimentos e Bebidas

INTRODUÇÃO

Em tempos de franco crescimento da consciência ecológica, tanto entre os especialistas e estudantes como na sociedade como um todo, principalmente nos setores comercial e industrial, falar de sustentabilidade tornou-se no mínimo uma obrigação moral para pessoas e empresas. Aí então reside o maior desafio: fazer dessa obrigação moral uma real consciência e desta uma ação efetiva e definitiva na busca de um equilíbrio factível e sustentável.

Alguns optaram por encarar esse desafio, acreditando em um mundo melhor, estável e duradouro. O custo de quem escolheu esse caminho é certamente maior, porém os frutos serão também maiores e melhores, a curto, médio e longo prazo, dependendo do tamanho, intensidade e impacto das ações tomadas. Entre os que optaram por enfrentar este desafio, estão desde simples cidadãos e suas rotinas diárias até empresas e conglomerados. Entre as grandes empresas que enfrentaram as questões sociais e ambientais efetivamente estão a Coca-Cola e uma empresa agora pertencente a seu grupo, a Leão Junior S.A.

A Leão Junior S.A. foi constituída em 9 de maio de 1901, por seu fundador e filho do Desembargador Agostinho Ermelino de Leão, o Sr.

Agostinho Ermelino de Leão Junior. Com sede em Curitiba, no bairro Batel, importante área industrial do município, que surgiu a partir de 1894, erguia-se uma importante fábrica de erva-mate, que escreveria história e iria se tornar uma empresa de destaque nacional e internacional.

Seu principal negócio girava em torno do comércio de erva-mate, o chamado ouro verde da época (século XVII), por sua importante contribuição para a balança comercial do país. Não se tratava da primeira investida da Família Leão no ramo da erva-mate, pois já atuava nesse mercado muito antes disto, em outras cidades do Paraná. Ao final do primeiro ano de existência, a firma já exportava 798.415 kg de chimarrão para o Uruguai, a Argentina e o Chile.

A partir daí, a Leão Junior S.A só cresceu, atravessando períodos de prosperidade e também períodos conturbados da história do país e do mundo, sempre sob a gestão da família Leão, até ser definitivamente comprada pela americana The Coca-Cola Company, em meados de 2007.

Enquanto ainda familiar, a empresa Leão já instituía um forte laço com a sociedade, gerando muitos empregos e divisas para o estado. Este estilo de gestão não se modificou com a aquisição e ganhou ainda mais foco, vindo de encontro com as políticas socioambientais que a empresa Coca-Cola já possuía, em âmbito mundial e também no Brasil.

Por ser, no princípio, uma fábrica de erva-mate e depois também de diversos tipos de infusões (chás), tem forte relação com o meio ambiente e na maneira como este é gerenciado, uma vez que demanda recursos naturais renováveis minimamente processados como seus principais produtos.

Apesar de ser óbvio, para entender melhor a afirmação de que uma fábrica de chá tem íntima relação com o meio ambiente, suas mudanças e impactos resultantes destas, vale relembrar que a palavra chá no Brasil tem um significado bastante amplo. Neste conceito, englobam-se todos os tipos de plantas e misturas vegetais destinadas à infusão em água quente e também as bebidas prontas para consumo à base dessas plantas. Então, a cadeia de suprimentos das matérias-primas deste setor é fortemente baseada na agricultura. Suas práticas e seus desafios globais estão muito relacionados à preservação do meio ambiente.

Apesar do mercado de chás no Brasil ainda ser pequeno se comparado à Europa e à Ásia (Tabela 1), o crescimento anual é significativo e cada vez mais a cultura de espécies vegetais destinadas à indústria de chá vem sendo considerada uma boa opção de fonte de renda para pequenos agricultores ou pelo menos como alternativa de renda, durante as entressafras de outras culturas, para agricultores de médio porte.

GESTÃO EMPRESARIAL E SUSTENTABILIDADE

Tabela 1 – Consumo *per capita* de chá em diferentes regiões do mundo.

		Chá pronto para beber		Chá infusão	
	Litros	População	Consumo *per capita*	Litros	Consumo *per capita*
Quênia	124.436.129	43.054.228	2,9	3.107.041.465	72,2
Egito	1.207.534.582	87.423.966	13,8	7.037.313.200	80,5
Israel	101.878.537	7.507.888	13,6	245.306.946	32,7
Arábia Saudita	261.400.000	27.313.578	9,6	2.289.510.000	83,8
Síria	112.594.740	23.428.149	4,8	1.122.994.840	47,9
Áustria	206.333.038	8.424.754	24,5	172.105.099	20,4
Itália	622.360.559	60.417.609	10,3	351.341.711	5,8
Polônia	824.445.600	37.946.828	21,7	2.925.873.400	77,1
Suíça	348.991.887	7.650.587	45,6	172.832.380	22,6
Alemanha	9.719.228.772	81.803.143	11,9	2.161.046.800	26,4
Portugal	238.550.505	10.767.468	22,2	11.801.741	1,1
França	477.376.863	63.180.398	7,6	1.265.592.132	20,0
Grã--Bretanha	829.163.280	62.559.041	13,3	7.528.460.200	120,3
Brasil	123.952.043	198.585.394	0,6	748.115.629	3,8
Equador	121.841.863	14.095.689	8,6	197.026.600	14,0
México	327.496.691	112.666.946	2,9	980.933.563	8,7
Chile	6.253.996	17.458.169	0,4	825.918.158	47,3
Peru	18.699.053	30.171.433	0,6	427.497.848	14,2
Canadá	995.287.177	34.528.057	28,8	1.407.550.875	40,8
Estados Unidos	8.282.285.613	323.576.817	25,6	2.876.549.120	8,9
Japão	5.481.537.319	126.607.880	43,3	16.283.414.811	128,6
China	64.672.703.900	1.371.129.026	47,2	74.551.572.200	54,4

Fonte: Ferramenta interna de pesquisa de mercado da empresa Coca-Cola.

GESTÃO SUSTENTÁVEL NA CONSTRUÇÃO E NA OPERAÇÃO DE EMPRESA CERTIFICADA LEED | **957**

Sabendo disso, a empresa Coca-Cola, após ter adquirido a empresa Leão Junior S.A., vem apostando cada vez mais neste negócio, e, como consequência, trazendo para a Leão Junior S.A seus programas socioambientais relacionados ao gerenciamento sustentável do agronegócio. O que confirmou esta iniciativa foi a construção de uma nova fábrica de chás Leão para produção de toda a linha de chás em saquinhos, com conceitos básicos e também avançados de sustentabilidade. A visão de gerenciamento sustentável não parou apenas na construção da nova fábrica, mas se infiltra na gestão diária dessa unidade, com práticas e processos ilustrados adiante neste capítulo e seus respectivos resultados.

A decisão de se construir uma fábrica nova veio a princípio da necessidade de ampliar a capacidade produtiva e deslocar a antiga fábrica das proximidades do centro da cidade de Curitiba. Quando construída, nos anos de 1940, a fábrica anterior se localizava relativamente longe do centro da cidade. Com o passar dos anos, a cidade cresceu e praticamente englobou a fábrica. Como consequência, a coexistência para todos os envolvidos (residentes locais, trabalhadores, empresários e governo) tornou-se um desafio. A empresa tinha maiores responsabilidades e preocupações quanto aos aspectos ambientais e sociais, por se localizar agora em uma área mista, residencial e comercial. Isso representava despesas e investimentos superiores. Como exemplo de pontos de atenção, é possível citar a propagação de ruídos, a gestão dos resíduos industriais, o tráfego de caminhões, entre outras implicações. Todos esses pontos, somados à necessidade de ampliar o negócio, levaram à tomada de decisão de se investir em uma nova fábrica.

NOVA FÁBRICA

A princípio, a nova fábrica viria apenas para solucionar os problemas maiores de proximidade com o centro da cidade e a capacidade produtiva. No entanto, ao iniciarem as discussões sobre os pontos a serem observados para escolha do novo local, notou-se que, em um contexto geral, se somados todos os pontos levantados em um único projeto, isso representaria um grande avanço em gestão socioambiental. Surgiu então, sob a visão dos gestores da Coca-Cola, um novo projeto, maior e ainda mais desafiador – a construção de uma fábrica verde, ou melhor, de uma fábrica com o maior número possível de conceitos de sustentabilidade, na construção e na sua operação.

Outro fato importante constatado pela Pesquisa Akatu[1] n. 7, que fortaleceu a decisão da construção de uma fábrica verde, foi sobre o consumo consciente. A pesquisa demonstrou uma forte tendência nessa direção, uma vez que 63% dos consumidores brasileiros já têm alguma afinidade mais consciente e sustentável sobre seus atos de consumo, sendo: 35% iniciantes; 23% engajados e 5% conscientes (Belinky, 2007).

Em junho de 2008 foi então elaborada uma lista de diretrizes ambientais para o projeto da nova fábrica. Baseada nesta lista foi elaborada uma Declaração de Diretrizes para a Responsabilidade Ecológica e Sustentabilidade da Nova Fábrica. Essa declaração de diretrizes tinha seu ponto forte nos seguintes aspectos:

- Área de ocupação do solo: o novo terreno deveria ter mais de 100.000 m^2 frente a uma previsão de 50.000 m^2 de construção necessária, mantendo assim a taxa de ocupação inferior a 50%.

- Terraplanagem: nenhuma terra ou material de preenchimento seria retirado ou importado do local de construção. Para nivelamento dos pavimentos da fábrica, toda movimentação deveria ser interna ao local de construção. Isso evitaria uma série de impactos negativos, como transporte, exploração e comercialização de material de preenchimento.

- Manutenção do cinturão verde e flora nativa: com a existência de um córrego no fundo do terreno, o projeto deveria prever um sistema de proteção da mata ciliar e recuperação de espécies nativas da região.

- Coleta de água pluvial: um sistema de coleta de água pluvial deveria ser contemplado no telhado da nova fábrica.

- Contenção de inundações e assoreamento: um sistema de contenção de água de inundações deveria ser contemplado para evitar o assoreamento do córrego.

- Telhado verde: a maior área possível de telhado verde deveria ser utilizada na cobertura das novas instalações.

- Otimização do uso de iluminação natural: o uso de iluminação natural deveria ser priorizado para reduzir o consumo de energia e gerar maior conforto visual aos trabalhadores.

---

[1] O Instituto Akatu é uma organização não governamental sem fins lucrativos que trabalha pela conscientização e mobilização da sociedade para o consumo consciente.

GESTÃO SUSTENTÁVEL NA CONSTRUÇÃO E NA OPERAÇÃO DE EMPRESA CERTIFICADA LEED | 959

- Ventilação natural: da mesma maneira como na iluminação, a ventilação natural deveria ser contemplada e um sistema de resfriamento natural do ar deveria ser projetado para reduzir a necessidade de aparelhos de ar-condicionado.

- Material de construção ecoamigável e local: o máximo possível de material de construção ecológico deveria ser utilizado, sendo que este deveria serobtido o mais próximo possível do local de construção, reduzindo assim a necessidade de transporte.

- Uso de mão de obra local: a mão de obra também deveria ser local, na medida do possível.

Estes eram alguns dos principais pontos da declaração de diretrizes para a nova construção.

Além dessas diretrizes, outros fatores importantes para a sustentabilidade não relacionados diretamente à construção também foram considerados, principalmente durante a escolha do novo local. Entre eles, pode-se destacar:

- Transporte e deslocamento de funcionários: o novo local deveria ser mais próximo possível da área de residência da maioria dos funcionários, evitando assim longos trechos e períodos de deslocamento.

- Transporte de matéria-prima: o novo local da fábrica deveria também considerar a distância a ser percorrida pelos fornecedores para trazer as matérias-primas para a produção de chás.

A seguir, serão retomados os pontos apresentados e cada uma das diretrizes, com relatos de como foram conduzidos na implantação da nova fábrica.

Primeiramente, sobre os pontos de escolha do novo terreno da construção, vários estados e municípios vizinhos a Curitiba demonstraram interesse em receber a nova fábrica de chás, por motivos óbvios. No entanto, a escolha levou em consideração, muito além dos incentivos fiscais oferecidos, as questões mencionadas anteriormente.

O primeiro estudo realizado foi o de transporte de matéria-prima. Nesse critério, outros estados foram descartados, pela distância que teriam com os principais produtores. Isso aumentaria consideravelmente a dependência do transporte rodoviário e, consequentemente, a emissão de CO_2

originada desse tipo de transporte, o que não era desejado. Além disso, é claro, aumentariam os custos com transporte bem como volumes de estoque regulador, o que impactaria diretamente no projeto.

Uma vez definido que a nova fábrica seria no estado do Paraná, passou-se a discutir em que município. Nesse ponto então, considerou-se a questão de mão de obra e deslocamento de funcionários.

Um outro estudo de moradia e meios de transporte foi realizado para identificar qual seria o melhor local de construção em relação à distância a ser percorrida pelos funcionários.

Como a empresa já empregava cerca de 280 funcionários e estes residiam em municípios vizinhos a Curitiba, levando em consideração os custos de desmobilização e de treinamento e mobilização de novos funcionários em municípios distantes de Curitiba, ficou claro que a melhor opção seria manter a fábrica nos arredores da cidade. Restava identificar onde. Quase todos os municípios vizinhos ofereciam áreas para receber a nova fábrica. A escolha fundamentou-se fortemente na questão de manutenção do maior número possível de funcionários do quadro já existente e na proximidade de moradia da grande maioria deles ao novo local de trabalho. Dessa maneira, otimizaria-se o uso do transporte coletivo e se reduziria o tempo de deslocamento da maioria dos funcionários (qualidade de vida). Como cerca de 170 funcionários residiam em Curitiba e outros 40 em São José dos Pinhais, ficou claro que a escolha por municípios vizinhos a estes atenderiam aos critérios de transporte, como mostra a Figura 1.

Piraquara, São José dos Pinhais e Fazenda Rio Grande seriam as melhores opções. Após considerarem os demais aspectos para a escolha como sistema de transporte coletivo, vias de acesso, geografia do terreno, incentivos fiscais e outros, definiu-se por Fazenda Rio Grande como o local de construção da nova fábrica.

Iniciada a construção, as diretrizes estabelecidas na declaração mencionada anteriormente deveriam ser seguidas. A seguir, estão listados resultados e desafios enfrentados.

Área de ocupação do solo: o terreno encontrado no município de Fazenda Rio Grande possui 110.000 m^2, o que atendeu à primeira diretriz de manter menos de 50% de taxa de ocupação do terreno.

Terraplanagem: a diretriz foi seguida à risca e nenhum material externo foi necessário. Toda a movimentação foi interna, sem necessidade de compra ou despejo de material de preenchimento de solo.

Figura 1 – Distribuição geográfica de moradia dos funcionários da empresa Leão em 2006.

Fonte: Base de dados da empresa Leão.

Manutenção da mata ciliar e plantas nativas: foi respeitada a distância mínima de 30 m do eixo do córrego, e a vegetação ciliar foi isolada com cerca ecológica para garantir a não exploração e não invasão do local, mas manter a livre circulação da fauna local. Além disso, está previsto o plantio de espécies nativas da região, formando um cinturão verde no perímetro do terreno para auxiliar a manutenção de um microclima natural.

Coleta de água pluvial: no galpão industrial, foi construído um telhado de 11.000 m² adaptado para captação de água de chuva, que é utilizada para limpeza de pátios, sanitários e irrigação, o que ajuda a reduzir o consumo de água tratada na fábrica.

Contenção e inundações: foram construídas duas lagoas de captação de efluentes, de 200 m³ cada uma. Todo o sistema de drenagem profunda e do piso industrial é dirigido para essas lagoas.

Telhado verde: construído sobre os prédios não industriais (administrativo, social, refeitório, portaria e cobertura da portaria), foi feito com placas de 60 x 90 cm, formadas por oito nichos. Estas placas foram confeccionadas com resíduos de solado de sapatos e chinelos (comprados da Alpargatas®). Usou-se um substrato orgânico como base nutritiva para o plantio. No total, foram instalados 2.300 m² de teto verde, o maior da América Latina até a data da inauguração, em 2009.

Iluminação natural: janelas com tamanho calculado para potencializar a captação da iluminação natural reduziram a necessidade do uso de luz artificial. Áreas como refeitório não necessitam de luz artificial durante todo o dia. Além disto, 10% das telhas do galpão industrial são translúcidas (20% de opacidade) para também reduzir a necessidade de luz artificial na linha de produção.

Ventilação natural: parte da construção usa o sistema de laterais com persianas para reduzir o calor e melhorar a circulação de ar de forma natural. Os testos possuem exaustores tipo Roberts (exaustores de ventilação natural) e saídas de ar estrategicamente instaladas. Um sistema de resfriamento natural do ar por meio de dutos subterrâneos foi cogitado, porém o projeto foi abortado por causa do alto custo de instalação e manutenção. Este é um dos exemplos das barreiras financeiras que projetos sustentáveis enfrentam. A escala ainda é uma condicional para viabilizar custo de itens que resultariam em ótimas soluções para reduzir impactos ambientais.

Materiais de construção ecologicamente corretos: foram utilizados, preferencialmente, materiais de construção certificados, de origem conhecida e próxima à construção, que causassem baixo impacto ambiental na sua extração/fabricação. Utilizaram-se somente madeira certificada e materiais de baixo índice de emissão de compostos orgânicos voláteis (COV). Evitou-se o uso de PVC, solventes, metais cromados, alumínio e amianto. O cimento utilizado foi do tipo CP III e CP IV[2]. Os tubos de água de PP. Planejou-se o uso de tijolos de solo-cimento, mas este item também foi abortado em virtude da natureza e objetivo da fábrica (alimentício). Vários ambientes internos foram pintados com tinta à base de terra para evitar o uso de solventes e emissões de COV.

Mão de obra local: mais de 90% da mão de obra da construção foi local, garantida por meio de contratos com as construtoras, gerando empregos, movimentando a economia da região e evitando a comutação de pessoas para longe de suas cidades de origem.

Transportes de funcionários: uma vez construída em local mais próximo da maioria dos funcionários, a necessidade de transporte de longas distâncias diminuiu. Além disso, a fábrica incentiva o transporte solidário e o uso de fontes renováveis de energia, oferecendo vagas exclusivas e privilegiadas para aqueles que aderirem a essas práticas com seus veículos.

---

[2] Cimento CP III e CP IV são cimentos ecologicamente corretos, pelo menor uso de clínquer e, consequentemente, menor emissão de CO_2 e preservação das jazidas. Aproveita o rejeito das siderúrgicas, a escória.

GESTÃO SUSTENTÁVEL NA CONSTRUÇÃO E NA OPERAÇÃO DE EMPRESA CERTIFICADA LEED | **963**

Transportes de matéria-prima: a permanência da fábrica no estado do Paraná, especificamente na região de Curitiba, colaborou para reduzir a necessidade de transporte rodoviário, uma vez que cerca de 65% dos fornecedores são do estado (Figura 2). Com isso, contribuiu-se para a redução das emissões de CO_2 originadas a partir da queima de diesel dos caminhões e sua obtenção.

Figura 2 – Distribuição geográfica dos fornecedores de matéria-prima para a empresa.

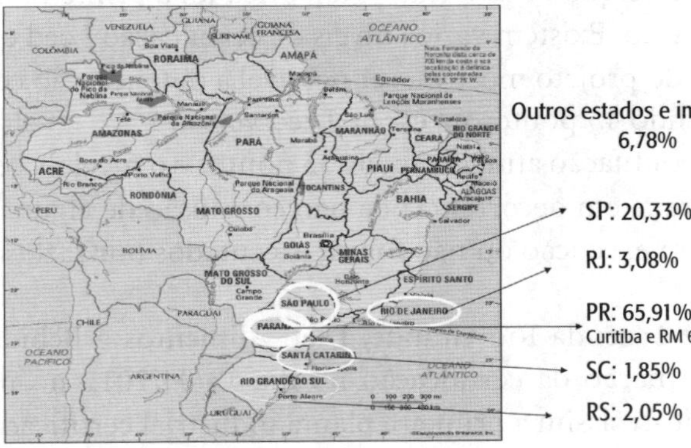

Fonte: Base de dados da empresa Leão.

Além das diretrizes e pontos de atenção preestabelecidos para a execução da obra, outras oportunidades de melhoria para a sustentabilidade surgiram no decorrer da obra e também depois dela, já durante a operação. Um dos principais foi o uso da gravidade para movimentações de materiais dentro do processo fabril. Com o desnível já existente, o projeto foi desenvolvido para aproveitar o uso da gravidade no abastecimento de máquinas e na estocagem de materiais. Com isto, reduziu-se o consumo de energia elétrica no processo.

Ainda com o intuito de reduzir o consumo de energia elétrica, implantou-se uma grande área de painéis solares para aquecer a água dos vestiários dos funcionários, da cozinha e dos laboratórios da fábrica.

Com relação às áreas de absorção, surgiu também a ideia de se pavimentar as áreas externas de estacionamento e de pedestres com pisos permeáveis do tipo Paver, permitindo assim que a absorção do solo permanecesse nessas áreas.

CERTIFICAÇÃO LEED

Visto que diversos aspectos de sustentabilidade estavam sendo descobertos e aproveitados durante o processo, a alta gestão da Coca-Cola decidiu ir além e buscar uma certificação ambiental, visto que a fábrica caminhava para ser uma das mais sustentáveis do Brasil. Depois de avaliadas as possibilidades, decidiu-se obter a certificação Leadership in Energy and Environmental Design (Leed) do United States Green Building Council (USGBC). A certificação obteve êxito e a fábrica foi a primeira do Brasil a obter tal certificação. Existem vários níveis de certificação Leed e uma avaliação criteriosa do projeto mostrou ser possível a obtenção do certificação nível ouro, obtendo 43 pontos na escala Leed versão 2.2.

Ao final, a pontuação atingida foi de 33 pontos e o nível da certificação atingido foi o prata, em decorrência da não conclusão de alguns itens que ainda estavam em execução ou não foram executados por razões financeiras ou de prazo.

A planta de Fazenda Rio Grande, Leão Alimentos e Bebidas LTDA, recebeu a confirmação da certificação no dia 13/04/2012 no nível *silver* (prata), tornando-se assim a primeira planta industrial certificada Leed no Brasil e na América Latina.

Na Figura 3, estão em destaque alguns dos pontos mencionados nas diretrizes da construção.

UM NOVO PRODUTO SUSTENTÁVEL END-TO-END

Durante o período de execução do projeto da fábrica, surgiu ainda mais uma oportunidade de implantar práticas sustentáveis mais profundas e impactantes.

Atendendo ao desafio de uma grande rede de supermercados americana, que também implantava um sistema de gestão ambiental sustentável e nesse programa desafiava seus principais fornecedores a lançar pelo menos um produto com essas características, ou seja, sustentável em todo o seu ciclo de vida, a Coca-Cola lançou o projeto de desenvolvimento de um produto sustentável em todo o seu ciclo de vida, com requisitos de sustentabilidade desde a origem até o seu consumo e disposição final de sua embalagem.

A utilização da nova fábrica seria um reforço para o desenvolvimento desse novo produto, portanto foi escolhido para o projeto um novo chá mate que atendesse ao conceito do desafio *end-to-end*.

Figura 3 – Desenho esquemático dos pontos diferenciais sustentáveis da fábrica.

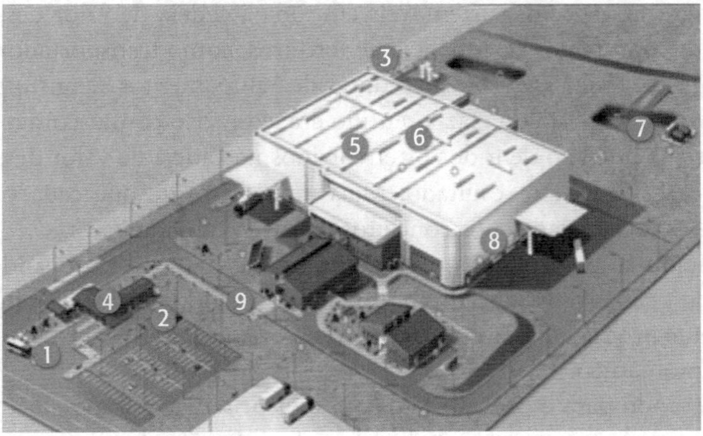

Fonte: adaptada de Coca-Cola Brasil (2013).

1. Ponto de ônibus em frente à fábrica incentiva uso de transporte coletivo.
2. Vagas de estacionamento exclusivas para quem der carona.
3. Coleta de água da chuva.
4. Telhado verde.
5. Telha translúcida.
6. Ventilação natural.
7. Lagoa de contenção.
8. Paredes em persiana.
9. Piso permeável.

Na posição de biólogo da empresa e também com a função de desenvolvimento de novos produtos, o novo projeto foi designado ao autor deste capítulo e pôde contar com a assessoria do Cetea-Ital[3], para que o máximo de oportunidades de sustentabilidade fosse efetivado.

De imediato, imaginou-se em um produto orgânico, o que atenderia parte do desafio. Então, foram realizados o prospecto e desenvolvimento de

---

[3] Centro de estudos tecnológicos de embalagens para alimentos do Instituto Tecnológico de Alimentos.

um fornecedor de erva-mate orgânica. O pontapé inicial estava dado. Mas como agregar aspectos sustentáveis em toda a cadeia de valor desse novo produto tendo tanta dependência de terceiros, como transportadoras, fornecedores de embalagens, fornecedores de equipamentos e consumidores?

A única resposta que fazia sentido era: é preciso contar com a participação e colaboração de todos os envolvidos na cadeia de valor desse novo produto. E foi esse o resultado. Mais uma prova de que cada vez mais pessoas estão engajadas nos conceitos de sustentabilidade.

Iniciou-se pelo plantio orgânico da erva-mate, comprovando e garantindo apenas o uso de adubo orgânico e métodos agrícolas naturais. A erva-mate produzida por esse fornecedor recebia a certificação Ecocert[4] de produto orgânico.

Passando para o transporte da matéria-prima do campo até a fábrica, foi acordado com o transportador que, além dos 5% de biodiesel previsto por Lei a ser usado no caminhão, seriam adicionados também outros 5%, elevando o percentual de uso de biodiesel a 10%. Como a emissão de CO_2 pelo biodiesel é considerada neutra, automaticamente reduziriam-se em 10% as emissões de CO_2 com o transporte da erva-mate. Parece pouco, mas se todos os caminhões da frota brasileira, que segundo o Denatran (2013) é de 2.400.000 veículos, diminuíssem em 10% as emissões de CO_2, seria o mesmo que diminuir em 240.000 veículos o número da frota e suas consequentes emissões. Apenas como informação complementar, a emissão total *per capita* de CO_2 do Brasil em 2008, segundo o Relatório de Desenvolvimento Humano (RDH) 2011, foi de 2,1 toneladas.

A próxima etapa era atuar nas embalagens desse produto. Foi então definido que utilizaríamos embalagem primária 100% reciclada, sendo 33% pós-consumo, proveniente de 23 cooperativas de catadores e 67% pré-consumo, proveniente da indústria papeleira. Com isso, para cada tonelada de mate vendido nessas embalagens, são retirados do meio ambiente 50 kg de papel reciclado e 100 kg de resíduos industriais.

Para a embalagem de embarque (terciária), optamos por utilizar apenas papelão certificado Forest Stewardship Council (FSC) ou, em português, Conselho de Manejo Florestal, colaborando assim para o manejo sustentável das florestas.

---

[4] Organismo de inspeção e certificação fundado na França, em 1991, por engenheiros agrônomos conscientes da necessidade de desenvolver um modelo agrícola baseado no respeito ao meio ambiente e de oferecer reconhecimento aos produtores que optam por essa alternativa.

GESTÃO SUSTENTÁVEL NA CONSTRUÇÃO E NA OPERAÇÃO DE EMPRESA CERTIFICADA LEED | 967

Uma das maiores mudanças feitas nas embalagens foi na impressão. Reduziu-se cerca de 90% a quantidade de tinta utilizada e também se optou por uma nova tinta de baixa emissão de COV, que agridem a camada de ozônio. Veja na Tabela 2 uma comparação entre as tintas comuns e as de baixo COV.

Tabela 2 – Comparação entre tintas convencionais e de baixo COV.

Verniz *off set*	Convencionais	Baixo VOC
Resina fenólica	38%	38%
Resina alquídica	15%	20%
Óleo mineral (derivado de petróleo)	34,5%	2,5%
Óleo vegetal	10%	37%
Geleificante	0,5%	0,5%
Plastificante	2%	2%

Fonte: Print Color Indústria e Comércio de Tinta Ltda.

O resultado disso foi uma redução de 93% na quantidade de óleo mineral consumido para a tinta desta embalagem. Menos óleo mineral = menor emissões de COV = menor agressão à camada de ozônio.

Como mencionado anteriormente, a produção (processo de padronização e embalagem do mate tostado) seria feita já na nova fábrica verde, com todos os seus pontos sustentáveis já implantados, o que garantia a concordância do processo no ciclo de vida sustentável do produto.

Finalizando o ciclo, as embalagens levam mensagens de educação ambiental, instruindo o consumidor a destinar a embalagem final para reciclagem e sugerindo o uso do resíduo do chá, depois de preparado e consumido (folhas esgotadas), como adubo para plantas ornamentais caseiras (Figura 4).

Mas, como tudo na vida tem seu custo, todas as ações tomadas para transformar esse produto em *end-to-end* (sustentável do início ao fim de seu ciclo de vida) também implicaram diferença no valor necessário para a produção.

A seguir, a relação dos principais impactos financeiros na implementação deste projeto:

Figura 4 – Embalagem do produto mostrando o verso com as mensagens de educação ambiental e ciclo de vida do produto.

Embalagem antiga
(preenchida com tinta)

Embalagens E2E – 90% menos tinta e mensagens
de educação ambiental.

Fonte: Banco de imagens da Leão Alimentos e Bebidas®.

- A matéria-prima tornou-se cerca de 90% mais cara. Produtos orgânicos possuem maior valor de mercado e, consequentemente, os fornecedores aumentam seus preços, independentemente da produção ser mais onerosa ou não para eles.
- Aumento do custo no processo fabril, por causa das certificações exigidas (certificação e manutenção para produzir produtos orgânicos).
- Acréscimo de cerca de 2,5% no custo do transporte, pelo uso de biodiesel.
- Embalagens aproximadamente 60% mais caras, por causa do uso de papel certificado, 100% reciclado e uso de tinta de baixo COV.

O resultado final é obviamente um produto mais caro, com maior valor agregado. Ao se manter o compromisso de não repassar custos do projeto para os consumidores, conforme pedia a gestão do projeto da cadeia de supermercados, certamente seria um produto de menores margens para a indústria. Este é o grande balanço que devemos todos fazer: até onde uma indústria sobrevive se decidir incorporar totalmente os conceitos sustentáveis em seus produtos e processos? Qual o custo dessas ações para o meio ambiente e para os consumidores? E para a indústria?

Talvez o ganho de escala, quando todas as indústrias optarem por esse caminho, reduza os custos inerentes às ações sustentáveis e isso torne ainda mais viável a busca para o equilíbrio entre crescimento populacional, consumo e meio ambiente.

Para contrabalancear, há ganhos paralelos oriundos de outras decisões do projeto que minimizarão, no futuro, os custos do investimento de modo gradativo, à medida em que esta fábrica se mantiver em funcionamento. Uma espécie de amortização. Entre esses ganhos, considera-se o retorno futuro com a redução do custo do transporte público gerado pela escolha de um local estratégico para instalar a nova fábrica, a desmobilização e o treinamento de novos funcionários, que também foi evitado pela localização da nova fábrica e controle de consumo e gerenciamento de combustível pelo incentivo ao uso de veículos que utilizam combustível não fóssil, entre outros programas ainda a serem implementados.

Voltando aos dois projetos, o lançamento desse produto sustentável ganhou força e importância quando se uniu ao projeto da fábrica sustentável. Juntos, representavam um grande avanço na busca de soluções ambientais viáveis e importantes para o mercado e para a população.

O SISTEMA DE GESTÃO AMBIENTAL DA EMPRESA COCA-COLA

Todos os resultados obtidos neste e em outros projetos ambientais e sociais da Coca-Cola são mérito principal de seus colaboradores e do Sistema de Gestão Ambiental chamado eKOsystem. Implementado em 1997, o eKOsystem é responsável por iniciativas importantes para garantir a sustentabilidade das operações e a preservação do meio ambiente. Os principais programas deste sistema são:

- Conservação de água e energia.
  Água e energia são fundamentais para uma indústria ecoeficiente. Para garantir o uso sustentável desses dois insumos, a Coca-Cola Brasil implantou dois programas pioneiros na indústria de bebidas no país: Programa Água Limpa e Programa de Conservação de Energia.
  - Programa Água Limpa.
    Criado em 1995, o Programa Água Limpa desenvolveu e implantou um plano de ação para reduzir o consumo, evitar o desperdí-

cio, promover a reutilização, buscar fontes alternativas de captação e gerenciar riscos em recursos hídricos. Entre outras conquistas, o Programa Água Limpa reduziu pela metade o volume de água consumido em todas as etapas de produção de 1 litro de bebida.

- Programa de conservação de energia.

  Desde 1997, a Coca-Cola Brasil implementa um programa de otimização do consumo de energia elétrica nas fábricas do Sistema Coca-Cola Brasil. Entre os objetivos desse programa está o permanente investimento em novos e modernos equipamentos capazes de operar com menor consumo de energia e o emprego de tecnologias limpas.

- Qualidade do ar.

  A Coca-Cola Brasil e seus fabricantes estão engajados em assegurar que suas atividades não prejudiquem a qualidade do ar. Para isso, foram implementados dois programas que reduzem a emissão de gases poluentes na atmosfera.

  - Programa de proteção da camada de ozônio.

    A Coca-Cola Brasil foi uma das primeiras empresas em âmbito mundial a adotar medidas efetivas de preservação da camada de ozônio, entre estas, a eliminação em suas atividades industriais de gases nocivos à atmosfera como o CFC (clorofluorcarboneto, ou gás CFC), um dos gases mais utilizados em sistemas de refrigeração e isolamento térmico.

  - Operação Qualidade do Ar.

    Projeto pioneiro de controle de emissão de gases da frota automotiva distribuidora, destina-se ao controle do consumo e gerenciamento do combustível utilizado pelos mais de 9 mil veículos pertencentes ao sistema Coca-Cola Brasil. Seu escopo abrange um trabalho de conscientização e esclarecimento dos motoristas e a adoção de uma ferramenta para monitorar a qualidade da fumaça emitida pelos veículos.

- Tratamento de resíduos industriais.

  Com o objetivo de praticar a ecoeficiência industrial, o sistema Coca-Cola Brasil busca soluções para reduzir os despejos industriais e controlar a qualidade desses resíduos, para que não sejam lançadas no Meio Ambiente substâncias nocivas ao seu equilíbrio. Em 1992, o sistema Coca-Cola Brasil participou da criação do Compromisso Empresarial para Reciclagem (Cempre). Em parceria com o Instituto de Pesquisa Tecnológica de São Paulo (IPT), suas atuações se concentram em pesquisa tecnológica, orientação de projetos e difusão de informações sobre o gerenciamento de resíduos sólidos e reciclagem (Coca Cola Brasil, 2013).

Estes são os programas que fortalecem e impulsionam projetos como o da construção da primeira fábrica certificada Leed do Brasil e da América Latina e do primeiro produto sustentável do início ao fim do sistema Coca-Cola, que são constantes no planejamento e gerenciamento ambiental da Coca-Cola.

CONSIDERAÇÕES FINAIS

A nova fábrica verde da Leão trouxe ganhos e aprendizado ambiental, econômico e social. Alguns dos melhores exemplos destes aprendizados foram:

- É possível gerenciar uma obra de grande porte sem gerar impactos negativos significativos. Do total de resíduos gerados durante a construção, apenas 5% foram destinados a aterros sanitários e 95% foram reaproveitados dentro da própria obra.
- É possível obter ganho financeiro direto e indireto de uma obra sustentável. A nova fábrica consome 23% menos energia elétrica. Isso significa uma economia de 33.000 kw/h mês (suficiente para atender 100 casas com quatro habitantes por mês). Além disso, houve também redução de 36% no consumo de água (aproximadamente 486 m³). Essa economia é suficiente para produzir 1 milhão de copos de mate de 300 mL por mês.
- Responsabilidade social começa pelos próprios funcionários da empresa. Mais de 75% dos funcionários fazem uso do transporte coletivo fretado pela empresa para o deslocamento casa/trabalho; o número de funcionários residentes no município passou de 33% para 45% e tende a aumentar nos próximos anos.

- É viável construir ocupando menos espaço e ainda assim sendo efetivo: 44% da área total do terreno é composta de área gramada ou vegetada, aumentando a capacidade de absorção da água pelo solo e contribuindo para a redução do efeito ilha de calor no local.
- Algumas ações sustentáveis são de difícil implantação enquanto não ganharem escala ou mais tecnologia. Vários aspectos sustentáveis identificados no início porém abortados durante o projeto poderiam ter sido implementados se houvesse maiores investimentos em tecnologia sustentável e/ou fossem aceitos e incorporados como ações rotineiras. Por exemplo, o uso de painéis solares fotovoltaicos, que foram cogitados e planejados no início, mas não foram implantados por causa da falta de tecnologia viável e do alto custo; a construção de ductos subterrâneos para resfriamento do ar de ventilação, que também foram abortados em decorrência do alto custo e do tempo de execução, entre outros.

Considerando esse exemplo prático, em que foram contemplados e implementados modernos conceitos de sustentabilidade na construção e gerenciamento de uma fábrica alimentícia de grande porte, fica clara a viabilidade do emprego desses conceitos, tanto na construção como na gestão de grandes, médios e pequenos empreendimentos.

Desde o princípio, não houve resistência dos funcionários ou do pessoal técnico envolvido diretamente no projeto. Pelo contrário, as pessoas aceitaram o desafio e se engajaram. Acredita-se que a principal razão disso é a clara associação que é feita de imediato em se ter uma fábrica com melhores condições de trabalho e menores impactos ambientais negativos com o benefício direto e indireto para a sociedade em geral. Isso demonstra o que foi mencionado no início deste capítulo, ou seja, que a sociedade em geral vem cada vez mais amadurecendo sua consciência sustentável e dando valor a produtos e empresas que optam por esse caminho.

Todos os conceitos efetivamente empregados e mesmo os que foram tentados e não atingidos (células fotovoltaicas, ductos subterrâneos de resfriamento de ar, telhado verde em toda a fábrica) tiveram seus custos, porém o retorno é certo. Pode não ser mensurável ou pelo menos não mensurável em curto prazo, mas é claro e certo, como, por exemplo, o grande impacto positivo que originou na mídia local e nacional. A nova fábrica Leão apareceu nos mais variados veículos de comunicação, sempre

GESTÃO SUSTENTÁVEL NA CONSTRUÇÃO E NA OPERAÇÃO DE EMPRESA CERTIFICADA LEED | **973**

se destacando em primeiro lugar os conceitos sustentáveis implantados e depois outros pontos favoráveis, como a geração de emprego, a movimentação da economia local, etc.

Os ganhos mensuráveis advindos dessa obra já foram mencionados, como a economia de água e de energia. Infelizmente, só foi possível abordar estes ganhos em termos percentuais e não em moeda corrente, por se tratar de uma informação sigilosa da empresa. No entanto, isso não impede uma clara e objetiva avaliação de viabilidade e retorno deste tipo de investimento. Outros ganhos somente puderam ser notados pelo alto desempenho da fábrica em razão do alto grau de satisfação dos funcionários que nela trabalham. Conforto físico, ambiental e reconhecimento foram pontos fortes no início dos trabalhos nessa nova localidade.

Outros ganhos financeiros que permitiram o equilíbrio da obra, entre investimento e retorno, ainda não possuem dados concretos e/ou não são divulgáveis, mas se pode mencionar que a redução da necessidade de transporte e comercialização de material na terraplanagem, a redução do custo do transporte público gerado pela escolha de um local estratégico para instalar a nova fábrica, a desmobilização e treinamento de novos funcionários, que também foi evitado pela localização da nova fábrica, e o controle de consumo e gerenciamento de combustível estão contribuindo enormemente para o equilíbrio dessa conta.

Quanto aos impactos ambientais oriundos das ações tomadas durante a construção, das benfeitorias e dos processos na nova fábrica, pode-se dizer que o balanço é excepcionalmente positivo, pois, se comparada com outras construções de fábricas de mesmo porte e função, a certificação Leed garantiu que as ações e suas consequências estivessem sempre de acordo com as melhores práticas ambientais, desde a compra de um simples parafuso até a implantação dos telhados verdes. O máximo de pontos possíveis foi buscado e, como dito anteriormente, mesmo que não atingidos, tiveram resultado positivo, ao menos pelo aprendizado da tentativa.

Pode-se citar a certificação Leed como a maior superação desse projeto, uma vez que se iniciou apenas com a ideia de se construir uma nova fábrica com conceitos sustentáveis. A certificação não era o objetivo inicial e se tornou um grande desafio no projeto, visto que, para conseguir a certificação, tudo seria auditado e deveria garantir perpetuidade e gerenciamento.

Como sempre, as maiores dificuldades foram financeiras, para as implementações ainda pouco exploradas no mercado e também de prazo, para as que demandam subprojetos longos e que requerem muito mais planejamento em decorrência de seu impacto. Buscar fornecedores que atendam aos requisitos ecológicos propostos também foi um desafio, pelo baixo investimento nesta área por parte da maioria das empresas.

Por se tratar de uma obra inédita e desafiadora, eram esperadas dificuldades da parte legal e de licenças. No entanto, talvez por ser uma obra muito bem planejada e altamente benéfica para a sociedade local e para o meio ambiente, as licenças ambientais e dos órgãos de fiscalização locais (Prefeitura, Bombeiros, Vigilância Sanitária, Ibama, etc.) foram conseguidas sem maiores problemas.

Por fim, pode-se dizer que este exemplo pode ser considerado um modelo viável e servir de base para empreendimentos similares, com a certeza de retorno positivo, seja em prol do meio ambiente, da sociedade ou da própria empresa. Na verdade, ao se falar de retorno positivo para o meio ambiente, é intrínseco e inseparável o retorno para a sociedade e, consequentemente, para a empresa também.

Na posição de autor deste capítulo, reforço que os fatos aqui relatados são pontos de vista pessoais e não representam a opinião da empresa Coca-Cola como entidade, porém foram baseados em vivências e realizações de mais de 20 anos como funcionário da Leão e cerca de 5 anos como funcionário da Coca-Cola, enquanto tive a grande oportunidade de participar direta e indiretamente destes projetos.

AGRADECIMENTOS

Agradeço ao apoio direto e enriquecedor do ex-colega de trabalho, Clelso Cleto Valeski, que, por participar diariamente do projeto de construção da nova fábrica Leão, com eficiência e dedicação, forneceu informações valiosas para o conteúdo deste capítulo.

REFERÊNCIAS

BARKIN, D. *Riqueza, pobreza y desarrollo sustentable.* Ciudad de México: Editorial Jus, 1998.

BELINKY, A. Como e por que os brasileiros praticam consumo consciente. *Pesquisa Akatu nº 7 – 2006,* 80 p, 2007.

Coca-Cola Brasil. Relatório de sustentabilidade 2010/2011. Disponível em: http://www.cocacolabrasil.com.br/ coca-cola-brasil/relatorios. Acessado em: 15 jul. 2013.

Coltro, L. *Avaliação do ciclo de vida como instrumento de gestão.* Campinas: Cetea-Ital, 2007.

HERZOG, T. (ed.). *Solar energy in architecture and urban planning.* Munich: Prestel, 1998.

LEFF, Enrique. *Complexidade, interdisciplinaridade e saber ambiental.* In: PHILIPPI JR, A.; TUCCI, C.E.M; HOGAN, D.J. et al. (eds.). Interdisciplinaridade em Ciências Ambientais. São Paulo: Signus, 2000. p.19-51.

ROGERS, R.; GUMUCHDJIAN, P. *Cidades para um Pequeno Planeta.* Barcelona: Gustavo Gili, 1997.

SENAI – Departamento Regional do Paraná. *Cenários Energéticos Globais 2020.* 2.ed. Curitiba: Senai/IEL/PR, 2007.

36 | Ecossocioeconomia Empresarial[1]

Manon Garcia
Administradora, PUCPR

Paula Vaccari Toppel
Arquiteta, PUCPR

Carlos Alberto Cioce Sampaio
Administrador, UP e Furb

Ivan Sidney Dallabrida
Administrador, Furb

Oklinger Mantovaneli Jr.
Relações Internacionais, Furb

INTRODUÇÃO

Nas últimas décadas, verificou-se em todo o mundo uma preocupação crescente com questões ambientais, fundamentalmente em decorrência da degradação do meio ambiente e de práticas não sustentáveis no uso de recursos naturais, que acarretam perda da diversidade ambiental nos ecossistemas. A relação entre empresas e meio ambiente sempre foi complexa e alvo de controvérsias: o fato que não pode ser ignorado é que a empresa constitui o núcleo fundamental da economia de mercado. Permanece como agente fundamental no papel de perpetuação da lógica capitalista,

---

[1] Os autores gostariam de agradecer e reconhecer a contribuição de Carla da Costa Hoffmann Belarmino, autora principal da primeira versão e colaboradora na elaboração deste capítulo. A versão atual, entretanto, passou por uma série de atualizações, tornando-se completamente nova.

historicamente exercendo suas atividades para a maximização dos lucros e sua acumulação, adaptando-se para tal aos ganhos crescentes de escala por meio do uso intensivo de insumos produtivos (eficiência), de maneira predatória e exploratória da natureza.

Nesse sentido, a responsabilidade social, concebida como modelo de relações sociais, econômicas e políticas, pode ser compreendida por meio de arranjos socioprodutivos de base comunitária constituídos por redes de encadeamento produtivo verticais e horizontais da economia local. Esses arranjos transpõem o nível microeconômico (organizacional) desdobrando-se por meio das relações interorganizacionais para além de sua cadeia produtiva, atingindo aspectos ambientais, culturais e territoriais ampliados.

Este capítulo tem por objetivo demonstrar de que modo as empresas se estruturam para incorporar os princípios da sustentabilidade em seus negócios. Utiliza-se o estudo de caso de uma experiência de responsabilidade social empresarial (RSE), considerado um dos desdobramentos da denominada ecossocioeconomia – uma outra economia que surge na tentativa de contribuir para se pensar alternativas de enfrentamento às problemáticas das crises ambiental, social e econômica. Para tanto, o texto explora o caso da Natura Cosméticos, que possui uma política bem sucedida nesta questão socioambiental, a linha Natura Ekos.

Esta linha é desenvolvida com produtos presentes na flora brasileira. Para a extração desses ativos, que constituem a matéria-prima de produção, a empresa mantém associação com 23 comunidades rurais produtoras, envolvendo um total de 2.731 famílias, dado do ano de 2011 (Natura Ekos, 2013). Dessa maneira, a Natura Ekos acaba por estimular o desenvolvimento social, o fortalecimento da economia e a sustentabilidade ambiental dessas comunidades, além de conservar e manter a biodiversidade, as tradições e a cultura comunitárias.

A pesquisa apresenta cunho qualitativo e se baseou em pesquisa exploratória fundamentada em dados públicos aplicada a um estudo de caso. Caracteriza-se como estudo de caso referente à experiência da Natura Cosméticos, em especial, à sua linha Natura Ekos. As informações do estudo de caso foram coletadas em relatórios e *websites* institucionais da empresa Natura Cosméticos, assim como em artigos científicos. Considera-se que as informações disponibilizadas em *websites* institucionais refletem o nível de estruturação e organização institucional, bem como o nível de atenção despendido ao tema.

ECOSSOCIOECONOMIA DAS ORGANIZAÇÕES: POR UMA OUTRA ECONOMIA

No contexto da escala econômica, com o ideal da maximização dos lucros, o consumo como base social e utilitarismo econômico, constatam-se impactos visíveis no modo de vida, assim como nas manifestações socioculturais das comunidades rurais, extrativistas, quilombolas e indígenas. Esse cenário demonstra a necessidade de se construir uma outra economia, denominada socioeconomia, a qual, com o agravamento da problemática ambiental instaurada, vem recebendo a nomenclatura de ecossocioeconomia (Sampaio et al., 2008).

Os termos ecossocioeconomia,[2] ecodesenvolvimento, desenvolvimento sustentável, e talvez tantas outras denominações, podem ser considerados como derivativos da obra de Karl William Kapp (1963), a qual revela custos socioambientais das empresas, o que atualmente se denomina como externalidade, o que implica a crítica à lógica de privatizar lucros de curto prazo e socializar custos socioambientais de médio e longo prazo.

A ecossocioeconomia, mesmo que não seja denominação normalmente utilizada no âmbito empresarial, pode ser compreendida como experiências em curso que vêm demonstrando que é possível operacionalizar ou colocar em prática uma outra gestão e que resulte um outro desenvolvimento, no sentido de incorporar no processo de tomada de decisão a variável socioambiental, que na maioria das vezes possui a predominância da lógica mercantil, como se a vida pudesse ser reduzida a mero cálculo econômico (Sampaio, 2015).

A ecossocioeconomia privilegia o enfoque metodológico-empírico, no sentido de atender à afirmativa de que se saberá o que é desenvolvimento sustentável quando ele realmente existir no mundo da vida. Diante das mudanças paradigmáticas em curso, motivadas pelo que a mídia intitula mudanças climáticas, não se deve ser muito rigoroso no processo de transição do velho para o novo paradigma, mesmo porque não se sabe bem quais são seus delineamentos epistemológico-teóricos, por mais que haja hipóteses. A ecossocioeconomia ocorre no mundo da empiria das organizações, sejam grupos produtivos (não necessariamente para resultar ganhos econômicos), empresas, associações (cooperativas inclusive), comunidades

---

[2] Ver recente trabalho de Sachs (2007) organizado por Paulo F. Vieira, intitulado *Rumo à Ecossocioeconomia*.

e povoados onde os problemas e as soluções acontecem e nem sempre são devidamente qualificados (Sampaio, 2015). Trata-se de uma teoria pensada a partir das experimentações e da complexidade do cotidiano (Sachs, 1986a, 1986b).[3] Mas, peculiaridades à parte, ambas as abordagens têm como alicerces dois fatores indispensáveis ao desenvolvimento local sustentável: a participação dos atores envolvidos no processo de desenvolvimento e a consideração espaço territorial (em todos os seus aspectos) na definição do planejamento para o desenvolvimento, ou seja, a contemplação de problemas microeconômicos com soluções de base territorial, os quais perpassam pelas perspectivas da endogenia e autonomia das comunidades locais.

Surge, então, o termo ecossocioeconomia das organizações, que possibilita pensar a viabilidade interorganizacional para tal proposta e a efetividade extraorganizacional para o território, além de relevar a chamada extrarracionalidade nos processos de tomada de decisão, que podem se constituir de saberes e práticas cotidianas bem compreendidas em dado território, mas que podem ser de difícil entendimento fora dele. A ecossocioeconomia das organizações privilegia os estudos que possibilitam a viabilidade macro (interorganizacional) e microeconômica (organizacional) de pessoas e grupos organizados ou quase organizados articulados, chamados de socioempreendimentos compartilhados (Sampaio, 2010).

Como apontado anteriormente, a ecossocioeconomia não exclui as iniciativas individuais socioprodutivas, no entanto, compreende-se que as experiências paradigmáticas, ditas mais sistêmicas, com maior possibilidade de resultados consistentes e duradouros, são aquelas que estão estruturadas em arranjos institucionais ou socioprodutivos, o que Etzioni (2015) denomina *the new normal* (2015).

Diante disso, o parágrafo anterior refere-se à ecossocioeconomia das organizações, na qual as iniciativas se entrelaçam, como arranjos, onde há eminência de uma ação extraorganizacional, isto é, o agente organizacional relevando os impactos de sua ação sobre o entorno territorial (Sampaio, 2010). Acordos institucionais, pensados como arranjos sociopolíticos e socioprodutivos de base comunitária, constituem capital social a partir da relação sinérgica dos representantes das organizações que irão compor os acordos, a reunir e estimular as bases para pensar três diferentes ações: interorganizacionais, extraorganizacionais e extrarracionais (Sampaio et al., 2008).

---

[3] Na concepção de Sachs (1986b, p. 115), uma constatação banal e não obstante essencial salta aos olhos: "o desenvolvimento só se pode manifestar lá onde vivem as pessoas, isto é, localmente".

Tendo-se por base os princípios da ecossocioeconomia das organizações, sugere-se que a gestão de empresas, organizações públicas, organizações não governamentais, bem como o arranjo interorganizacional que é composto por esses três tipos de organizações devam ser pautados por critérios extraorganizacionais, no sentido de incorporar demandas socioambientais oriundas do território ao qual a interorganização está instalada; em que a racionalidade seja conduzida pelo cálculo de consequências societárias, privilegiando as dimensões socioeconômico-ambientais (sustentáveis) para poder corrigir os equívocos provocados por um modelo de gestão que privilegia apenas critérios intraorganizacionais (para dentro da organização), cuja base apoia-se em uma racionalidade econômica de cálculo de consequências apenas organizacionais (Sampaio, 2000; 2004).

A ecossocioeconomia das organizações não tem a pretensão de ser uma nova base conceitual para se pensar um outro modo de vida, como sugere o desenvolvimento sustentável. Porém, em que pese o fato de ser considerada uma teoria em construção, com quantidades reduzidas de produções científicas nacionais, propugna-se a ambição de encampar a ecossocioeconomia como contributiva para se pensar alternativas plausíveis às problemáticas ambientais, sociais e econômicas, especialmente em âmbito territorial.

Arranjos socioprodutivos de base territorial: arranjos produtivos locais pensados como institucionais

Como citado inicialmente, emprestou-se de estudos recentes sob a perspectiva da ecossocioeconomia (Sampaio et al., 2008) o esquema denominado arranjo socioprodutivo de base territorial, que permite visualizar e sistematizar as relações interorganizacionais dentro de um arranjo institucional. A derivação do termo arranjo socioprodutivo de base comunitária origina-se de, pelo menos, dois enfoques: sociopolítico e socioeconômico.

Enfoque sociopolítico

O primeiro enfoque está atrelado à sociopolítica, sob a denominação arranjo institucional, que designa um conjunto de inter-relações de entidades e normas legislativas com a finalidade de organizar as atividades societárias de modo a alcançar objetivos sociais (Fox, 1976). As referências que tratam diretamente de arranjos institucionais geralmente exploram apenas a estrutura do modelo organizacional adotado em determinada experiência, por exemplo, em bacias hidrográficas e em planejamentos territoriais e setoriais. Ou ainda, como ressalta Favareto (2004, p. 2), a origem da ideia de arranjo institucional é intrínseca às tentativas de explicação da *performance* econômica. Por isso, enfatiza o autor, é comum utilizar-se o termo instituição como sinônimo de organização. No entanto, esses termos divergem, pois instituições são constituídas por arranjos sistêmicos, seja em função social, econômica e política, bem como suas inter-locuções. Esses acordos podem ser formais ou informais, explícitos ou tácitos, mas o que determina sua legitimidade é a compreensão de território, o que muitas vezes é designado como as regras do jogo.

A participação interorganizacional é o que age como ligamento nesse ambiente institucional e deve, então, girar em torno do espaço mediado entre o interesse público e privado, que é uma ação coletiva, que opera sobre as bases da intersubjetividade e do entendimento genérico pela linguagem trivial do cotidiano, em distinção dos símbolos específicos vigentes nas diferentes instituições.

Nesse arranjo, o processo de tomada de decisão organizacional e interorganizacional deve necessariamente considerar a participação (direta ou indireta) dos atores sociais que vão sofrer as consequências de tais atos, como sua principal estratégia. Participação é o processo de se tornar parte de alguma coisa por opção, entretanto, a participação por si só tem sido insuficiente como estratégia que possibilite a emergência de uma racionalidade mais solidária. Sugere-se, então, adjetivá-la: participação compromissada, isto é, que vai além de um estado de participação. É um sentimento de total responsabilidade na transformação do ideal desejado (visão) em ação realizável (Dowbor, 1987; Tratemberg, 1987; Scherer-Warren, 1993; Senge, 2001).

Enfoque socioeconômico

Para tornar mais complexa a problemática que trata de arranjos produtivos locais, surgem experiências em curso qualificadas como participativas e associativas, nas quais ainda predomina o reconhecimento do entorno territorial e se valoriza o conhecimento tradicional-comunitário, caracterizado pela capacidade de gerar demandas e propostas que não se distanciam nem se desvinculam das nuances e peculiaridades do cotidiano, a partir do olhar das próprias pessoas. Assim, quando se trata de arranjo socioprodutivo, privilegiam-se grupos organizados ou quase organizados, articulados, chamados de empreendimentos compartilhados, e que sobrevivem sob a égide da economia de mercado; entretanto, preservando sua dinamicidade comunitária. Parte-se da convicção de que arranjos socioprodutivos possam ser considerados uma estratégia que fomente comunidades tradicionais a protagonizarem seus modos de vida próprios e a definirem os rumos do seu próprio processo de desenvolvimento, tornando-se uma alternativa possível à sociedade de consumo que se quer menos hegemônica.

O associativismo designa toda ação coletiva baseada em modalidade qualificada de cooperação, não necessariamente apenas com finalidade econômica, mesmo porque as coações da competitividade econômica não se restringem à esfera produtiva, mas também abrangem a esfera socioespacial (Laville, 2003). O arranjo socioprodutivo de base comunitária é um microempreendimento compartilhado (articulado) no qual se privilegiam ações no âmbito de uma rede de cooperação que revela a complexidade da economia real, com suas assimetrias contornadas por grupos de interesses.

Trata-se de agregar valor aos pequenos socioempreendimentos e, assim, aumentar as possibilidades de sobrevivência socioprodutiva diante de uma sociedade que se estrutura a partir da economia de mercado, designada por sociedade de consumo. Uma outra gestão e, consequentemente, um outro desenvolvimento se estabelecerão quando for dado aos socialmente excluídos tratamento especial, isto é, possibilitando acesso às políticas públicas que combatam a alta mortalidade (ou taxa de falência) de empreendimentos populares que, em geral, não encontram meios de se estruturar na sociedade de consumo, na qual predominam organizações bem estruturadas e que conhecem, como dito, as regras do jogo.

O arranjo socioprodutivo de base territorial é composto por uma microrrede interorganizacional principal que desencadeia outras microrredes. A microrrede principal não é a mais importante do arranjo, mas é aquela que tem como função nuclear as demais, constituída por encadeamentos socioprodutivos verticais a montante (para trás) e a jusante (para frente). Isto é, a relação vertical predominante entre fornecedor de insumos/provedores de informação-produtor caracteriza-se como a montante, e a relação produtor-distribuidores/consumidores dos produtos/informações caracteriza-se como a jusante. A microrrede possui também encadeamentos produtivos horizontais. A relação horizontal predominante é entre produtores (serviços e bens) terceirizados, todavia sem ser espúria, isto é, sem ser economicamente desigual, socialmente injusta e ecologicamente imprudente (Sampaio et al., 2004). A dinâmica pode ser visualizada na Figura 1.

Figura 1 – Microestrutura do arranjo socioprodutivo de base territorial.

	Encadeamento produtivo vertical (a montante)	
Encadeamento produtivo horizontal (organização de apoio)	Microrrede principal	Encadeamento produtivo horizontal (terceirização não espúria)
	Encadeamento produtivo vertical (a jusante)	

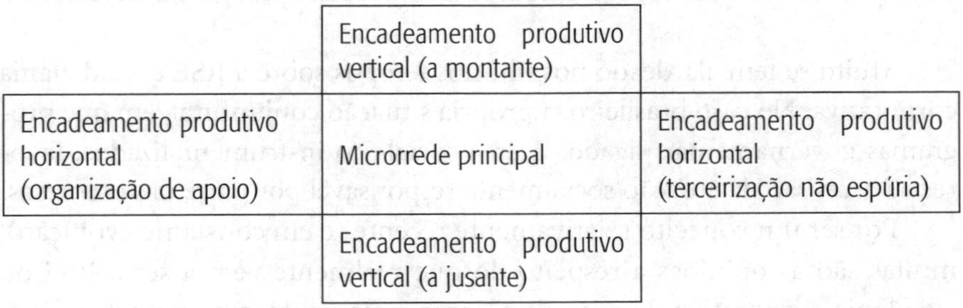

Fonte: baseada em Sampaio et al. (2004); inspirada em Sachs (2003).

Para se constituir uma microrrede interorganizacional são utilizados encadeamentos socioprodutivos do território. Os encadeamentos socioprodutivos são as relações interorganizacionais pelas quais passam e vão sendo transformados e transferidos insumos/informações, produtos intermediários e acabados/relações institucionalizadas, processos de produção de produtos ou de informação, distribuição/disponibilização de bens/serviços. Cada membro ou conjunto de membros do encadeamento se especializa em etapas distintas do ciclo econômico. No entanto, quando vislumbradas em estrutura de arranjo, potencializa a identificação de externalidades, diante do fato de que se tornam visíveis quando são compreendidas como um sistema socioprodutivo encadeado (Albagli e Brito, 2003; Martin et al., 2011).

O arranjo socioprodutivo de base territorial transpõe o nível microeconômico (organizacional), já que atinge o nível territorial, comunitário, contextualizado na região, e seus desdobramentos. Isso presume contemplar relações interorganizacionais não só no contexto da cadeia produtiva (dimensão econômica), mas também nos aspectos sociais, ambientais, políticos, culturais, institucionais, históricos etc., o que traduz, assim, toda a sua complexidade sistêmica.

Utilizou-se o esquema para a empresa Natura em sua linha Ekos, pois se acredita que essa estrutura é capaz de retratar as inter-relações de todos os agentes que a compõe, não só no aspecto produtivo, mas também do ponto de vista sociopolítico, no que se refere a fluxos de informações, decisões, posturas, acordos etc.

Responsabilidade socioambiental empresarial

Muito se tem alardeado nos últimos tempos sobre a RSE e a cidadania corporativa. No caso brasileiro, a própria situação conjuntural, em que programas governamentais ligados à área social são instrumentalizados, favorece a ascensão da atuação socialmente responsável por parte das empresas.

Por ser um conceito relativamente recente (e em constante evolução), muitas são as opiniões a respeito do que realmente vem a ser a RSE ou cidadania corporativa. Uns a veem como uma vantagem competitiva em mercado sem fronteiras (Tachizawa, 2002); outros a encaram como obrigação desvirtuada da verdadeira função organizacional (Friedman, 1988); outros ainda ressaltam a atuação cosmética de empresas que utilizam o *marketing* social como estratégia exclusiva de responsabilidade social (Pinto, 2001; Amoroso, 2003); outros tantos enaltecem que a materialização do desenvolvimento sustentável passará necessariamente por projetos de responsabilidade social de iniciativa empresarial (Melo Neto e Fróes, 2002; Ashley, 2005).

Um dos grandes desafios dos pesquisadores do tema consiste em identificar as condutas empresariais que utilizam a responsabilidade social como maquiagem para fins que não tenham o compromisso ético como referencial. Não são raros os casos em que empresas utilizam o conceito unicamente como modo de estabelecer vantagem competitiva ou uma boa imagem perante a opinião pública. Neste último caso, enquadram-se aquelas organizações que utilizam o conceito como filantropia estratégica (Kanter, 1996) ou como forma de sensibilização mercadológica por meio de estratégias escusas de marketing ecológico (Layrargues, 2000).

A essência daquele desafio é estabelecer meios para diferenciar a atuação de uma empresa compromissada com os valores da responsabilidade social de uma empresa oportunista (Alves, 2001), cuja racionalidade instrumental (cálculo utilitário entre fins e meios) se constitua na essência exclusiva para a adoção do conceito.

Ashley et al. (2000, p. 9) chegam à conclusão de que, embora se esteja em um contexto em que prepondere a racionalidade econômica, "percebemos que o conceito de responsabilidade social corporativa requer, como premissa para sua aplicabilidade não reduzida à racionalidade instrumental, um novo conceito de empresa e, assim, um novo modelo mental das relações sociais, econômicas e políticas".

Evolução do conceito

Desdobrando-se da própria evolução das gerações de direitos de cidadania e dos processos sociais a eles subjacentes, pode-se afirmar que a origem da ideia de responsabilidade social tal qual é concebida no presente remonta ao final do século XIX e início do século XX. Andrew Carnegie, autor de Evangelho da riqueza, concebe que o conceito da responsabilidade social baseia-se na premissa de que as organizações são instituições sociais e, por consequência, têm na caridade e no zelo seus princípios (Alves, 2003).

Em 1953, Howard Bowen publica o estudo *Responsibilities of the businessman*, em que descreve como fins específicos da responsabilidade social dos homens de negócios "conseguir melhores relações com os trabalhadores e maior produção destes" (Bowen apud Alves, 2003, p. 41). Naquela época, o conceito da responsabilidade social ainda estava atrelado a uma concepção religiosa, carregado de significados éticos e morais, os quais permeavam toda a filosofia a respeito da adoção da responsabilidade social por parte dos executivos. É o que se pode notar na afirmação de Bowen citada por Alves, que reitera o dever cristão do homem de negócios, que prega que este [o homem de negócios] "deve estar imbuído de respeito pela dignidade e pelo valor essencial de todos os homens, e de um espírito de compaixão revelado em suas relações com os operários, fregueses, fornecedores, competidores e outros com quem tenha transações comerciais" (Alves, 2003, p. 44).

A partir deste momento, o conceito da RSE começa a transpor a ideia de obrigação e passa a incorporar a questão da ética na atuação empresarial. É o esboço de um conceito mais abrangente da RSE.

Paralelamente ao acontecimento de grandes eventos em torno da discussão sobre a sustentabilidade a partir da década de 1970, o conceito vem sendo constantemente ampliado. Esta ampliação se configura na incorporação ao conceito de todos os *stakeholders* (primordialmente con-

GESTÃO EMPRESARIAL E SUSTENTABILIDADE

figurados exclusivamente pelos acionistas), ou seja, para todos os públicos que afetam ou são afetados pelas atividades desenvolvidas pelas empresas.

Em 1998, na Holanda, o Conselho Empresarial Mundial para o Desenvolvimento Sustentável (WBCSD) lançou a base do conceito moderno de responsabilidade social corporativa (RSC), que se constitui no "comprometimento permanente dos empresários de adotar um comportamento ético e contribuir para o desenvolvimento econômico, melhorando, simultaneamente, a qualidade de vida de seus empregados e de suas famílias, da comunidade local e da sociedade como um todo" (Almeida, 2002, p. 137).

Diante disso, conclui-se que o conceito da responsabilidade social remete a uma nova maneira de gestão empresarial ancorada na responsabilidade pelo todo, em abordagem sistêmica da concepção dos negócios, mas ainda preocupada com a questão econômica do desenvolvimento.

Com a criação, em 1998, do Instituto Ethos de Empresas e Responsabilidade Social, o conceito da RSE começou a ser disseminado de modo mais ativo e efetivo e se estabeleceu uma conceituação inovadora que acabou por incorporar as dimensões da sustentabilidade socioambiental do desenvolvimento.

Neste patamar, a RSE é definida como:

> a forma de gestão que se define pela relação ética e transparente da empresa com todos os públicos com os quais ela se relaciona e pelo estabelecimento de metas empresariais compatíveis com o desenvolvimento sustentável da sociedade, preservando recursos ambientais e culturais para gerações futuras, respeitando a diversidade e promovendo a redução das desigualdades sociais (Ethos, 2004).

Dimensões da responsabilidade social empresarial

A partir do momento em que se incorpora ao conceito da RSE o compromisso ético com os *stakeholders* e o estabelecimento de metas para a construção de uma sociedade sustentável, acaba-se por definir as dimensões encampadas pelo conceito. Conforme ressalta Almeida (2003), a RSE obrigatoriamente envolve um conjunto de valores fundamentais: respeito aos direitos humanos, respeito aos direitos trabalhistas, proteção ambiental, valorização do bem-estar das comunidades e valorização do progresso social. Silveira de Mendonça (2002), ao instituir uma proposta para autoavaliação das empresas quanto ao grau de comprometimento destas com os valores da RSE, descreve como dimensões:

a) Público interno

A dimensão público interno fortalece a atuação empresarial nas questões ligadas à sustentabilidade social, política e cultural do processo de desenvolvimento. Ela determina que a organização crie ambientes que favoreçam o bem-estar do trabalhador e seus familiares, assumindo a responsabilidade em combater todas as formas de discriminação, aproveitando, dessa maneira, as oportunidades oferecidas pela diversidade da riqueza étnica e cultural da sociedade.

b) Meio ambiente

Nessa dimensão, encontra-se o compromisso ético da empresa com a sustentabilidade ambiental do processo de desenvolvimento. As empresas socialmente responsáveis têm uma preocupação com os possíveis impactos ambientais causados pela sua atividade produtiva; agem preventivamente nos processos que ofereçam dano potencial à saúde e segurança de seus trabalhadores; analisam e aperfeiçoam ecologicamente a cadeia produtiva independentemente do cumprimento de obrigatoriedades legais, redefinindo o design de produtos, utilizando matérias-primas menos agressivas ao meio ambiente, reduzindo a emissão de resíduos e o consumo de energia, utilizando embalagens reaproveitáveis; estabelecem políticas de utilização coerente dos recursos naturais e materiais, etc.

c) Fornecedores e consumidores

Essa dimensão relaciona-se com a sustentabilidade institucional na qual os valores éticos são internalizados às ações empresariais. O autor interpreta que, sob este prisma, uma atuação socialmente responsável por parte da organização faria com que fornecedores e consumidores fossem tratados de maneira igualitária como parceiros, privilegiando-se a satisfação de todos. Considera-se também, a preocupação da empresa na formação de hábitos de consumo das pessoas e na criação de uma imagem que inspire credibilidade e confiança.

Em suma, entende-se que a valorização das relações com os fornecedores oferece à organização uma oportunidade ímpar de a intermediar em prol dos seus clientes, garantindo-se assim, equilíbrio e equidade no desdobramento dos processos de comercialização. Entende-se também que agir com probidade e equilíbrio na consecução dos negócios assume um viés diferenciado nos relacionamentos verificados entre aqueles atores. Portanto, ao praticar para com seus clientes o mesmo leque de atributos obtidos junto aos fornecedores, a organização passa a demonstrar de maneira clara, objetiva e inequívoca que está angariando e, concomitantemente, disseminando valores, sob os quais o mundo dos negócios ainda carece de um maior grau de amadurecimento (Silveira de Mendonça, 2002, p. 10).

d) Comunidade

Esta dimensão está relacionada às questões relativas à sustentabilidade espacial, social, cultural e política. A dimensão comunidade já era amplamente considerada na década de 1970, em que a filantropia e a caridade constituíam os princípios básicos.[4]

Silveira de Mendonça (2002, p. 10) ressalta que, antes mesmo de qualquer ação, inclusive filantrópica, a responsabilidade social passa obrigatoriamente por:

* Identificação, reconhecimento e caracterização dos seus próprios aspectos sociais, como também das crenças e padrões de conduta que interagem com os meios de vida e organização social da comunidade na qual está inserida.
* Avaliação e determinação do tipo e magnitude do grau de mudança causada por tais aspectos na qualidade de vida das pessoas e suas inter-relações.
* Estabelecimento e gerenciamento de planos de ação que promovam a melhoria nos padrões de desempenho social da organização. Para buscar o desenvolvimento econômico da comunidade local, a empresa pode utilizar entidades ligadas à comunidade como fornecedores.
* Vale ressaltar que a sustentabilidade social, no que diz respeito ao desenvolvimento local, constitui-se na estratégia que privilegia as vantagens competitivas e comparativas de uma localidade, aproveitando as potencialidades e oportunidades convergindo e inter-relacionando fatores econômicos, sociais, políticos, institucionais e ambientais para favorecer a melhoria da qualidade de vida da população, o crescimento econômico e fortalecer o seu capital social, a boa governança e o uso sustentável do capital natural. (Kronenberg, 2011)

e) Governo e sociedade

Pode-se afirmar que essa dimensão vincula-se, a princípio, à sustentabilidade social, política e institucional. Como afirma Grajew (2000, p. 40), "toda empresa é uma força transformadora poderosa, é um elemento de criação e

---

[4] Nesse sentido, na necessidade de se promover uma justiça social por meio da satisfação das principais demandas comunitárias, muitas empresas acabam por enveredar para o caminho do assistencialismo.

exerce grande ascendência na formação de ideias, valores, nos impactos concretos na vida das pessoas, das comunidades, da sociedade em geral".

Esse papel de disseminador de valores atribui à empresa a responsabilidade de servir de exemplo por seu comportamento ético. Quanto aos relacionamentos e ações direcionadas aos aspectos governamentais, as empresas são reconhecidas por sua força no campo político. Empresas que estão relacionadas a escândalos, como publicização de sonegação de impostos ou favorecimentos ilícitos, são cada vez mais repudiadas pela sociedade. Silveira de Mendonça (2002, p. 11) aponta que as empresas que adotam atitudes de comprometimento e atendimento a requisitos legais e regulatórios, conjugados com uma atuação de mesmo calibre, evidenciada no campo social, têm sido premiadas pela sociedade. Essa atuação, representada também pela participação efetiva em entidades deliberativas (associações e fóruns empresariais), seja na destinação de recursos diversos, seja na elaboração de programas, processos e propostas concretas de interesse público e caráter social reconhecidamente comprovados, reflete na credibilidade da empresa.

f) Estratégia e transparência

Por ser uma forma de gestão, a RSE pressupõe a divulgação dos resultados das ações desenvolvidas pelas empresas. Essa dimensão é a que mais representa a sustentabilidade econômica, por envolver o aspecto estratégico. A dimensão procura demonstrar até que ponto a organização evidencia e dissemina, por meio de suas linhas estratégicas globais, a prática de uma gestão socialmente responsável. Dessa maneira, os *stakeholders* podem analisar as ações da empresa e os resultados dessas ações. A empresa socialmente responsável é uma empresa aberta, que proporciona aos públicos com quem se relaciona uma participação na discussão de estratégias de negócios e questões a elas relacionadas. A disseminação de informações, na maioria das vezes é compartilhada com os *stakeholders* pela publicação do balanço social e dos relatórios de gestão.

ESTUDO DE CASO: LINHA EKOS DA EMPRESA NATURA

Histórico

Socioambiental

A empresa Natura foi criada em 1969, quando Antônio Luiz da Cunha Seabra abriu uma loja e um laboratório em São Paulo. Ao relacionar a empresa às questões socioambientais, já em 1983, a Natura tornou-se uma das primeiras fábricas de bens de consumo contínuo a comercializar produtos com recargas ou refil. Em 1999, a Natura comprou o fabricante de produtos fitoterápicos Flora Medicinal para aquisição de tecnologia na produção de produtos à base de plantas, seguindo sua estratégia de desenvolvimento de produtos baseados na biodiversidade brasileira. A compra também visava adquirir conhecimento quanto aos canais de venda de varejo – considerável potencial de distribuição de cosméticos a médio e longo prazo (Natura, 2013).

A empresa passou a década de 1990 reorientando a carteira de produtos para linhas com base nos conceitos de biodiversidade. Também em 1999, estabeleceu a primeira parceria com comunidades tradicionais: ao associar-se à Cooperativa do Desenvolvimento Agroextrativista do Médio Juruá, na Amazônia, começou a construir o alicerce conceitual que passaria a nortear a futura linha Ekos (Natura, 2013).

No ano de 2000, foi lançada a linha Natura Ekos, na qual a empresa passa a utilizar e pesquisar extratos da biodiversidade brasileira de maneira sustentável, contribuindo assim para a sua preservação, ao produzir integralmente a partir de ativos da flora nacional. Os princípios que norteiam o desenvolvimento de produtos da linha são responsabilidade ambiental, embalagens com menor quantidade de materiais, embalagens recicladas e recicláveis, refis para todos os itens e fórmulas biodegradáveis (Natura, 2013).

Com a adoção dessa política socioambiental, a empresa tem prospectado projetos em âmbito internacional: na América Latina, os produtos da Natura Ekos são vendidos na Argentina, no Peru, no Chile, na Colômbia, na Venezuela, no Equador, na Costa Rica e no Uruguai. Para mercados fora da América Latina, como o já consolidado na França, a empresa tem em andamento o projeto chamado Ekos International, com a estratégia de vender apenas 78 produtos desta linha, explorando a imagem da biodiversidade brasileira com produtos compostos unicamente de ingredientes naturais (Natura, 2013).

Outro destaque da empresa com relação às questões ambientais foi em 2007, com a implantação do Programa Carbono Neutro, que visa reduzir em 33% as emissões relativas de gases de efeito estufa em suas operações até o final de 2013 e, segundo dados atuais da empresa, a meta foi cumprida. Para isso a empresa passou a usar álcool orgânico e óleo 100% vegetal; e politereftalato de etileno (PET) reciclado na produção das embalagens (Natura Ekos, 2013).

Nessa mesma linha ecológica, em 2010 foi implementado para todos os produtos Natura o uso do refil ecologicamente correto, o plástico verde. Todo o plástico utilizado nas embalagens de refis passou a ser produzido a partir da cana-de-açúcar, uma fonte de energia vegetal e renovável, diferente do plástico comum, derivado do petróleo (Natura, 2013).

Em 2011, com a comemoração dos 10 anos de Natura Ekos, a marca lançou novos produtos compostos de óleos da biodiversidade brasileira, extraídos de ativos fornecidos por oito novas comunidades. Com essa iniciativa, mais 263 famílias foram beneficiadas, além das 1.714 que já eram parceiras da Ekos, assim, a marca valoriza e reconhece a importância do patrimônio natural e do conhecimento tradicional para a conservação das tradições e da biodiversidade (Natura Ekos, 2013).

Na busca de relações com uma visão socioambiental dentro da empresa Natura, em 2012, foi estabelecida uma parceria com o professor Stuart Hart, da Universidade Cornell (EUA), um dos principais especialistas mundiais em negócios na base hierárquica da pirâmide econômica; ou seja, nas classes de menor poder aquisitivo ou baixa renda, com o objetivo de conectar uma rede de laboratórios que pesquisa soluções e negócios empreendedores para as classes menos favorecidas em todo o mundo. Além de gerar conhecimento para as comunidades fornecedoras, a intenção é aproveitar essa experiência para promover a educação para o empreendedorismo sustentável e viabilizar soluções inovadoras e criativas para concretizar novos negócios (Natura, 2013).

Econômico

Com relação aos aspectos econômicos, desde 2004 a companhia possui capital aberto, com ações listadas no Novo Mercado da Bolsa de Valores de São Paulo (Bovespa) e possui ações valorizadas por sua imagem positiva e pelo alto desempenho financeiro apresentado. Comparando a Natura com o Ibovespa, que é o mais importante indicador do desempenho médio das cotações do mercado de ações brasileiro, nos últimos 12 meses, a empresa Natura chegou a subir 40% enquanto o Ibovespa não passou de 10% (Figura 2).

A empresa Natura apresenta também um bom desempenho no Índice de Sustentabilidade Empresarial (ISE): das 52 empresas analisadas, a Natura está na 11ª posição, ficando à frente de grandes companhias, como os bancos Bradesco e Santander. O ISE é uma ferramenta para análise comparativa do desempenho das empresas listadas na BM&FBovespa sob o aspecto da sustentabilidade corporativa, baseada em eficiência econômica, equilíbrio ambiental, justiça social e governança corporativa. Também amplia o entendimento sobre empresas e grupos comprometidos com a sustentabilidade, diferenciando-os em termos de qualidade, nível de compromisso com o desenvolvimento sustentável, equidade, transparência e prestação de contas, natureza do produto, além do desempenho empresarial nas dimensões econômico-financeira, social, ambiental e de mudanças climáticas.

Figura 2 – Desempenho Natura x Ibovespa em 12 meses.

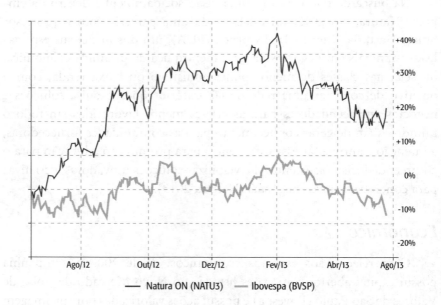

Fonte: Infomoney (2013).

Segundo dados da Associação Brasileira da Indústria de Higiene Pessoal, Perfumaria e Cosméticos (ABHIPEC, 2013) disponíveis para o acumulado até junho de 2013, a Natura corresponde a 21,4% do mercado total e o mercado-alvo cresceu 13%, com destaque para as categorias de cabelos, sabonetes, desodorantes e perfumaria.

Linha Natura Ekos

A linha Ekos, da empresa Natura, foi lançada no ano 2000, e possui produtos de perfumaria, higiene pessoal e ambientação, tendo como insumo fundamental na sua fabricação ingredientes da biodiversidade brasileira (Natura Ekos, 2013).

Os produtos são biodegradáveis e utilizam vidros e embalagens que contêm material reciclado e refis, que, além de diminuir o impacto ambiental, têm menor custo aos consumidores (Natura Ekos, 2013).

A empresa, ao criar a linha Ekos, tinha por objetivo o lançamento de um produto que demonstrasse a rica biodiversidade brasileira. Contudo, para que isso fosse viabilizado de maneira otimizada, era preciso criar novas formas de cultivo e extração dos produtos naturais. Assim, adotou-se um sistema de parceria com comunidades tradicionais para extração dos insumos dos produtos, como forma de preservação e valorização da cultura e biodiversidade brasileira (Natura Ekos, 2013).

Para o beneficiamento dos insumos da Unidade Industrial de Benevides, localizada no Pará, a empresa encontrou dificuldades: uma delas e a principal foi a de ser a primeira indústria de cosméticos a atuar fora do estado de São Paulo. Também enfrentou problemas por ser pioneira na negociação direta com fornecedores rurais, a primeira a implantar uma gerência de ecorrelação, abordar um novo modelo de produção, desenvolver alta qualidade associada a baixos custos, impactos e resíduos. A proposta representava o grande desafio da empresa em ser ecoeficiente e sustentável, o que necessitaria de uma gestão estratégica (Natura Ekos, 2013).

Além da Unidade de Benevides, a Natura possui um programa de pesquisas denominado Programa Natura Campus, que realiza pesquisas com o objetivo de prospectar, desenvolver e implementar conceitos e tecnologias para promover o uso sustentável dos produtos e serviços da sociobiodiversidade, incluindo a pesquisa de sistemas ecológicos de produção, novos materiais de embalagens, tecnologias sociais e modelos de avaliação de impactos socioambientais. Por meio dessas pesquisas, foi possível incluir nos produtos ingredientes para formulações de origem vegetal e/ou biotecnológica, incluindo extratos com funcionalidades cosméticas, óleos fixos e essenciais, entre outros (Natura Ekos, 2013).

Considerando a rica biodiversidade brasileira a ser explorada, a possibilidade de criação de produtos com os mais variados aromas é imensa. O Brasil é um país que possui a maior biodiversidade do mundo; para Sachs

(2008), nenhum outro país possui condições tão favoráveis para aumentar de maneira sustentável a produtividade das biomassas e os produtos dela derivados por meio da exploração sistêmica do trinômio biodiversidade, biomassa e biotecnologia (Natura Ekos, 2013).

Relação com as comunidades tradicionais: extração sustentável

A marca Natura Ekos possui um modelo pioneiro de fazer negócios de modo sustentável. A extração dos ativos de seus produtos é realizada em parceria com 23 comunidades rurais, envolvendo um total de 2.731 famílias. São 14 ativos da biodiversidade brasileira, cujo fornecimento e repartição de benefícios já geraram mais de R$ 20 milhões em recursos (Figura 3). Dessa maneira, a Natura Ekos apoia o desenvolvimento social, o fortalecimento da economia, a inclusão social e a sustentabilidade ambiental das comunidades envolvidas (Natura Ekos, 2013).

O primeiro contrato com comunidades rurais para extração dos insumos foi assinado em 2004, com a comunidade que trabalha na Reserva de Desenvolvimento Sustentável do Rio Iratapuru, localizada no Amapá, e com a Associação das Erveiras e Erveiros do Ver-o-Peso, em Belém do Pará. Eles utilizavam a resina do breu-branco, entre outros, como incenso em rituais religiosos por causa do seu odor agradável e a Natura se inspirou nesse conhecimento para criar um de seus perfumes (Natura Ekos, 2013).

O principal objetivo no contato com as cooperativas das comunidades rurais, que fornecem os insumos, é estabelecer um acordo entre todos os envolvidos no processo. Entre outros, os itens que envolvem esse acordo são adequação dos padrões de produção, de qualidade e sustentabilidade, desenvolvimento de fornecedores locais, negociação direta da empresa com seus fornecedores rurais e respeito aos aspectos culturais distintos (Natura Ekos, 2013).

Atualmente, a empresa possui uma Política de Uso Sustentável da Biodiversidade e do Conhecimento Tradicional Associado, que contém uma série de princípios que guiam a realização da repartição de benefícios. Seu objetivo é promover a utilização sustentável da biodiversidade, desenvolver as comunidades provedoras e valorizar as riquezas naturais e o patrimônio cultural de grupos de agricultores familiares e comunidades tradicionais e unidades de conservação de uso sustentável, preservando-os para as gerações futuras (Natura Ekos, 2013).

Figura 3 – Mapa de comunidades rurais tradicionais.

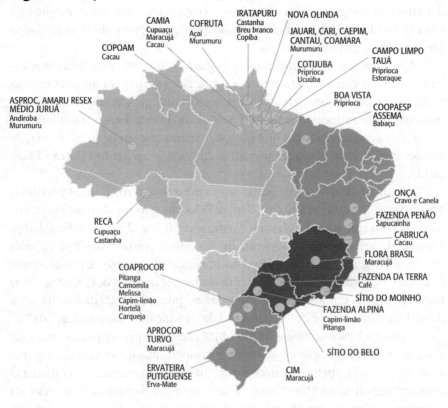

Fonte: baseada em Castellani (2011).

Ao incluir o conhecimento tradicional em seu processo produtivo, a empresa paga um valor à comunidade pelo fato de seus conhecimentos terem enriquecido seu acervo intelectual. E, se o conhecimento for utilizado, de alguma maneira, em um produto lançado e comercializado pela empresa, seja como inspiração para uma nova linha, ou na inovação de uma técnica de processamento, por exemplo, paga-se mais um valor fixo por isso. A política da empresa prevê que o contato com o conhecimento tradicional sempre ocorra em comunidades ou grupos que estejam organizados de modo a preservar aquela sabedoria (Natura Ekos, 2013).

Os fornecedores são escolhidos com base em alguns critérios: ser uma cooperativa legalizada, ou seja, possuir registros junto à receita federal no cadastro nacional de pessoa jurídica; ter uma diretoria estabelecida de acordo com seu estatuto; ter capacidade produtiva para atender à demanda da empresa; ter cultura local compatível com os princípios da sustentabilidade e estar organizada ao ponto de possibilitar negociação (Natura Ekos, 2013).

Para a extração dos insumos, a Natura utiliza recursos humanos locais, em geral carentes, fazendo com que eles participem ao máximo do processo de produção. Criou-se uma importante geração de renda na comunidade, garantindo uma melhor qualidade de vida a esses trabalhadores e melhora à economia local, que deixou, mesmo que em pequena escala, de vender insumos para vender produtos com valor agregado (Natura Ekos, 2013).

Apesar desse sistema de gestão apresentar inúmeros pontos positivos, em entrevista aberta no site com Sergio Talocchi, gerente de relacionamento com comunidades da Natura, a empresa elenca algumas dificuldades. Entre elas, destaca-se: as cooperativas são pouco controladas e planejadas por seus dirigentes, dificultando o cumprimento de prazos e metas, o que necessita da interferência da Natura sobre as instituições. Outro fator negativo é que, em algumas comunidades, por serem afastadas, há uma dificuldade na coleta e no escoamento da produção (Vasconcelos, 2013).

Segundo Vasconcellos e Sousa (2010) há uma preocupação com essa relação interorganizacional (Natura e cooperativas), no sentido de que essa relação seja apenas fornecedor x comprador, e ainda se o discurso socioambiental é efetivo. Nesse último aspecto, levantou-se o caso da cooperativa Coopaexpa (Pará), cujo fechamento, sem nenhum tipo de assistência por parte da Natura, deixou a comunidade local à mercê de problemas sociais e ambientais, em especial o desmatamento da região para exploração madeireira e criação de gado. Assim, acabou-se por questionar se o discurso socioambiental da Natura dura somente enquanto há a parceria com a cooperativa e a comunidade, ou seja, se não houver demanda não há preocupação socioambiental.

Para capacitação das comunidades locais, a Natura, em parceria com a ONG Labor, entidade que promove cursos e treinamento para avaliar o cuidado durante as atividades dos fornecedores rurais, instrui periodicamente os membros das cooperativas sobre segurança no trabalho, realizam manutenção e troca de equipamentos, além de distribuição de equipamentos de proteção individuais. Em parceria com a ONG Fase – Solidariedade e Educação, assegura o bom andamento das atividades produtivas dos fornecedores e emitem certificados aos pequenos agroextrativistas. Em parceria principalmente com a Empresa Brasileira de Pesquisa Agropecuária (Embrapa), monitora os fornecedores por meio de satélites para mensurar seus impactos produtivos no entorno (Vasconcellos e Sousa, 2010).

Arranjo institucional

Desde 2004, a Natura é uma companhia de capital aberto, com ações negociadas no Novo Mercado da Bolsa de Valores de São Paulo. A negociação de ações no Novo Mercado começou a funcionar, em dezembro de 2000, na Bovespa. Esse novo segmento tem como propósito atrair companhias abertas dispostas a fornecer maiores informações ao mercado e aos seus acionistas a respeito de seus negócios e que se comprometam a adotar práticas de governança corporativa, como práticas diferenciadas de administração, transparência e proteção aos acionistas minoritários (Natura, 2013).

Como a empresa possui capital aberto, os acionistas acabam sendo os principais *stakeholders* que influenciam o processo. Assim, a estratégia de sustentabilidade da empresa tem o desafio de tornar o tema um dos principais vetores de inovação e geração de novos negócios por meio de soluções que criem valor compartilhado para toda a rede de relações, inclusive dos acionistas. Essa estratégia se concretiza por meio da inserção de diretrizes em todos os processos da empresa. Para garantir sua efetividade é definida uma matriz de materialidade, que determina, em conjunto com os diversos públicos de relacionamento, os temas que devem ser priorizados, e direciona iniciativas em todo o negócio.

A matriz de materialidade é a representação gráfica dos temas prioritários para a Natura no que se refere à sustentabilidade (Figura 4). Entre os anos 2012 e 2013, foram definidos os seguintes temas prioritários em sustentabilidade: água, educação, empreendedorismo sustentável, mudanças climáticas, qualidade das relações, resíduos e sociobiodiversidade (Natura, 2013).

Além dos acionistas, outros atores envolvidos são as comunidades rurais. Por meio da participação das comunidades tradicionais no processo de extração e cultivo dos insumos dos produtos da Natura Ekos, as comunidades locais, com suas cooperativas, acabam sendo atores sociais desse processo.

Sobre as relações da empresa com o Estado, durante a pesquisa não foram encontradas referências de atuação específica do poder público junto à Natura. Mesmo no que diz respeito às relações com as cooperativas, a participação do Estado para mediar a interação entre empresa e comunidade é pequena e por vezes inexistente. Também não foram encontradas políticas públicas relacionadas diretamente com a empresa Natura que a beneficiem por apresentar ações socioambientais (Vasconcellos e Souza, 2010).

Figura 4 – Matriz de Materialidade.

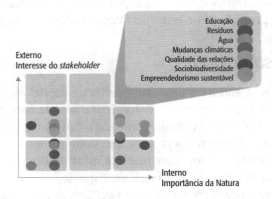

Fonte: Natura (2013).

No relacionamento com as organizações da sociedade civil, principalmente no caso das comunidades rurais, existem ONG interessadas na conservação ambiental e cultural do local. Essas ONG também atuam como divulgadoras e mantenedoras de políticas socioambientais, porém não há muitas referências e informações sobre o tema.

A Natura apresenta práticas de gestão de relacionamento com os diversos públicos envolvidos, incluindo a realização de consultas e diálogos contínuos na maioria dos projetos estratégicos executados pela empresa. Entre esses públicos, um dos principais relacionamentos é com as consultoras, tendo em vista que a empresa opera com o sistema de vendas diretas. Assim, a empresa busca manter os prazos estipulados para entrega e continua investindo para manter essas metas. No ano de 2012, o nível dos serviços prestados evoluiu e mais consultoras foram atendidas em menos tempo. Em 2012, 25% delas recebem seus pedidos em até 48 horas, contra 5% em 2011. Além disso, o prazo médio geral de entrega, considerando as consultoras de todo o Brasil, chegou a 4,5 dias no segundo semestre do ano. Se comparada à média dos 12 meses, o prazo foi de 5,1 dias em vez dos 6,8 dias de 2011 (Natura, 2013).

Outro público fundamental dentro da estratégia de sociobiodiversidade são as comunidades fornecedoras. A empresa estabelece relacionamento com 23 comunidades fornecedoras, envolvendo em 2011 aproximadamente 2.700 famílias. O repasse de recursos subiu 16,6% no ano de 2012, possibilitando a ampliação dos negócios e de expansão de benefício social gerado pelo acesso ao patrimônio genético e ao conhecimento tradicional (Natura Ekos, 2013).

Figura 5 – Esquema arranjo institucional.

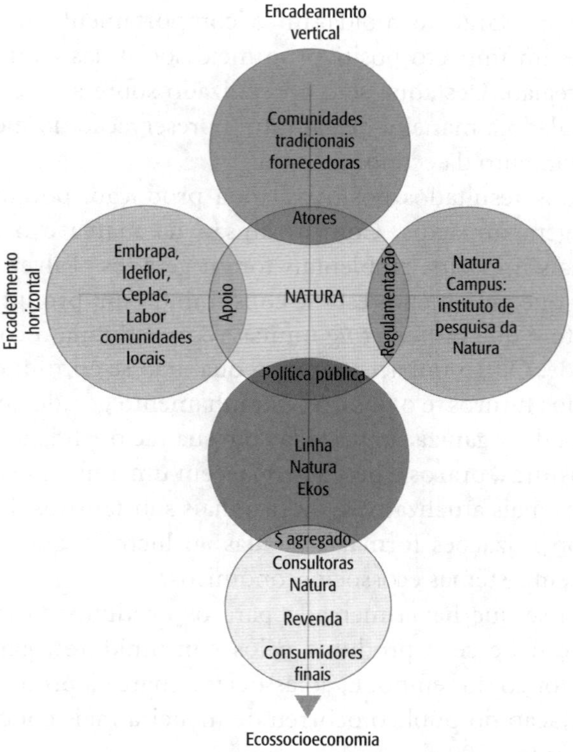

Encadeamento vertical

Comunidades tradicionais fornecedoras

Atores

Encadeamento horizontal

Embrapa, Ideflor, Ceplac, Labor comunidades locais

Apoio

NATURA

Regulamentação

Natura Campus: instituto de pesquisa da Natura

Política pública

Linha Natura Ekos

$ agregado
Consultoras Natura

Revenda

Consumidores finais

Ecossocioeconomia

Fonte: baseada em Sampaio (2010).

Resultados

Com base nos relatórios e demonstrativos disponibilizados pela empresa, a implementação de sistema de gestão integrando as comunidades, com a produção ainda que tradicional, passou a ter um respaldo sustentável, visto que a empresa investe em tecnologias e pesquisas verdes, assim há melhor aproveitamento dos insumos e do processo produtivo, consequentemente, aumento econômico. Isso permitiu que ao longo do desenvolvimento da marca seus produtos fossem sendo vegetalizados, ou seja, sua composição foi cada vez mais utilizando insumos de origem vegetal.

GESTÃO EMPRESARIAL E SUSTENTABILIDADE

Essa implementação da parceria com comunidades tradicionais também promoveu o cooperativismo, intercâmbios, cursos, treinamentos e medidas que mudaram e moldaram o comportamento do fornecedor, o que sugere um impacto positivo no meio social das comunidades envolvidas na região. Destaque-se o aprendizado sobre a diversificação das plantas, vinculado à maneira de garantir a preservação do meio ambiente e o desenvolvimento da economia local.

Apesar dos resultados positivos, toda produção, por mais que seja sustentável, gera impactos. Com a difusão da marca e o aumento do consumo, mais impactos ambientais foram gerados. Talvez seja possível a reflexão de que pelo menos está se consumindo um produto verde, mas o contraponto é que o *marketing* muitas vezes estimula o consumo além da necessidade. Outro impacto, sobre o qual não se aprofundou análise e merece estudos futuros, é o possível estranhamento gerado ao meio social, de uma lógica de organização privada com sua racionalidade instrumental cobrando posturas, prazos e perfis formais em um ambiente ainda mediado por lógicas mais atualizativas, ou racionais substantivas do que aquelas típicas das organizações formais voltadas ao lucro, o que é um aspecto significativo em sistemas ecossocioeconômicos.

Percebeu-se que havia mercado para os produtos da marca e, com a boa aceitação de seus produtos pelos consumidores, garantiu-se sua expansão ao longo do tempo. E, ao associar a marca à produção sustentável, essa aceitação do público ocorreu de maneira mais concreta e rápida (Louzada e Santos, 2006).

CONSIDERAÇÕES FINAIS

Acredita-se ter-se alcançado o objetivo proposto de demonstrar a gestão da responsabilidade socioambiental da Natura Cosméticos como uma experiência de ecossocioeconomia. Tomando-se por base os princípios da ecossocioeconomia das organizações, sugere-se que a gestão de empresas, de organizações públicas, de organizações não governamentais, bem como o arranjo interorganizacional composto por esses três tipos de organizações, devam ser conduzidos pautados por critérios extraorganizacionais, no sentido de incorporar demandas socioambientais oriundas do território ao qual a interorganização está instalada.

Para tanto, utilizou-se o esquema denominado arranjo socioprodutivo, em que ficam evidenciados o estímulo e a consideração a empreendimentos compartilhados, que, mesmo em uma economia de mercado altamente competitiva, preservam sua dinamicidade comunitária e seus modos de vida: é o caso das cooperativas e associações comunitárias fornecedoras dos ativos para a linha Natura Ekos.

Na experiência da linha Ekos da Natura, constataram-se práticas atreladas ao desenvolvimento sustentável e à responsabilidade socioambiental. Isso ficou evidenciado ao se analisar o arranjo institucional constituído pela Natura e as comunidades produtoras, uma vez que as relações interorganizacionais se dão não só no contexto da cadeia produtiva (dimensão econômica), mas, também, nos aspectos sociais, ambientais, políticos, culturais, tradicionais, históricos, etc.

Nesse sentido, verificou-se que a empresa Natura busca desenvolver novos formatos e soluções de negócio com enfoque no desenvolvimento local, buscando modos inovadores de relacionamento com seus *stakeholders*, pautados nas questões fundamentais de direito do trabalho, da proteção ambiental e do envolvimento da comunidade. A relação com os fornecedores que compõem a cadeia produtiva da linha Natura Ekos tem como alicerce o compromisso com o uso equilibrado dos recursos naturais e maior justiça social e inclusão.

Com essa linha-objeto do estudo, observou-se que a empresa busca aumentar a consciência dos consumidores sobre o patrimônio ambiental do país ao obter ingredientes naturais de maneira sustentável, de modo a preservar a natureza para as futuras gerações e estimular o desenvolvimento e a qualidade de vida nas comunidades que cultivam ou extraem esses ingredientes.

A interação da Natura com as comunidades rurais para extração dos ativos propicia um aumento da geração de trabalho e renda para essas comunidades, compreendido como prática de sustentabilidade social e econômica. Além da questão econômica, o uso da tradição popular unido ao uso sustentável de ativos da biodiversidade brasileira, citados por Sachs (2008) como uma riqueza brasileira, fomenta a consciência pública de que todos somos parte de uma só natureza e responsáveis pelo que nos cerca. Todavia, preservar e difundir o patrimônio ambiental, cultural e social do país gera riqueza para todos.

Convém ressaltar, porém, que a relação com as cooperativas, por mais que apresentem resultados positivos – divulgados em relatórios, artigos e informações disponibilizadas oficialmente –, deve ser vista como passível de questionamentos, entre os quais, o de que tal prática poderia ser apenas uma

GESTÃO EMPRESARIAL E SUSTENTABILIDADE

relação simplista entre fornecedor (comunidades) e comprador (empresa) – uma vez que não é mediada por órgãos do Estado e acaba tendo grande reflexo econômico para a empresa, como demonstram os índices financeiros – ou, se vai além desse enfoque, com vistas à sustentabilidade.

Fato é que tem-se evidenciado que a responsabilidade socioambiental influi cada vez mais no desempenho econômico das empresas: a própria criação do Índice Bovespa de Sustentabilidade demonstra essa preocupação e tendência. Assim, a realização de uma gestão ambiental correta e sustentável, mais do que ser condição para manutenção das organizações no mercado, torna-se um importante diferencial competitivo para estas.

REFERÊNCIAS

[ABHIPEC] ASSOCIAÇÃO BRASILEIRA DA INDÚSTRIA DE HIGIENE PESSOAL, PERFUMARIA E COSMÉTICOS. Disponível em: http://www.abihpec.org. br. Acessado em: 11 ago. 2013.

ALBAGLI, S.; BRITO, J. Glossário de arranjos e sistemas produtivos e inovativos locais: uma nova estratégia de ação para o SEBRAE. Disponível em: http://www. ie.ufrj.br/redesist/Glossario/Glossario%20Sebrae.pdf. Acessado em: 1º mar. 2003.

ALMEIDA, F. *O bom negócio da sustentabilidade*. Rio de Janeiro: Nova Fronteira, 2002.

_____. O mundo dos negócios e o meio ambiente no século 21. In: TRIGUEIRO, A. (coord.). *Meio ambiente no século 21: 21 especialistas falam da questão ambiental nas suas áreas de conhecimento*. Rio de Janeiro: Sextante, 2003, p. 123-41.

ALVES, E.A. Dimensões da responsabilidade social da empresa: uma abordagem desenvolvida a partir da visão de Bowen. *Revista de Administração*. São Paulo, v. 38, n. 1, p. 37-45, jan./fev./mar. 2003.

ALVES, L.E.S. Governança e Cidadania Empresarial. *Revista de Administração de Empresas*. São Paulo, v. 41, n. 4, p. 78-86, out./dez. 2001.

AMOROSO, S. Responsabilidade social: menos marketing e mais ações. *Jornal Valor Econômico*. Caderno A, p. 12, col. 4-6, 20 ago. 2003.

ASHLEY, P.A. (org.). *Ética e responsabilidade social nos negócios*. 2. ed. São Paulo: Saraiva, 2005.

ASHLEY, P.A.; COUTINHO, R.B.G.; TOMEI, P.A. Responsabilidade social corporativa e cidadania empresarial: uma análise conceitual comparativa. In: Encontro Anual da Anpad, 24, 2000, Florianópolis. *Anais...* Florianópolis: Anpad, 2000.

BERKES, F. Social systems ecological systems and property rights. In: HANNA, S. et al. (eds.). *Right to nature: ecological, economics, cultural and political principles of institutions.* Washington, DC: Island Press, 1996, p. 87-107.

BM&FBOVESPA: NATU3, Natura Cosméticos S.A. *Relatório de resultados do segundo trimestre de 2013.* Disponível em: http://natura.infoinvest.com.br/ptb/s-9-ptb.html. Acessado em: 11 ago. 2013.

CASTELLANI, D.C. Relacionamento entre produtor e empresa: da pesquisa à comercialização. In: Congresso Brasileiro de Olericultura, 51, Horticultura Brasileira v. 29, n. 2, 2011, Viçosa. *Anais...* Viçosa: ABH.S5766-S5776, 2011.

DOWBOR, L. *Introdução ao planejamento municipal.* São Paulo: Brasiliense, 1987.

ETZIONI, A. *The new normal: finding a balance between individual rights and the common good.* Brunswick: Transaction, 2015.

FAVARETO, A. *Os arranjos institucionais de implementação das iniciativas locais para o desenvolvimento territorial.* Brasília: MDA/SDT, 2004. – Nota técnica para a Oficina de capacitação em Desenvolvimento Territorial Fase III – Indicadores de Monitoramento e Avaliação.

FOX, I.K. Institutions for water management in a changing world. *Natural Resources Journal.* New Mexico, v. 16, p. 743-758, oct. 1976.

FRIEDMAN, M. *Capitalismo e liberdade.* 3ª ed. São Paulo: Nova Cultural, 1988.

GIL, A.C. *Métodos e técnicas de pesquisa social.* São Paulo: Atlas, 1999.

GRAJEW, O. Negócios e responsabilidade social. In: ESTEVES, S.A.P. (org.) *O Dragão e a Borboleta: Sustentabilidade e Responsabilidade Social nos Negócios.* São Paulo: Axis Mundi, 2000, p. 39-49.

INFOMONEY. Informações que valem dinheiro. Disponível em: http://www.infomoney.com.br/natura-natu3. Acessado em: 30 ago. 2013.

INSTITUTO ETHOS DE EMPRESAS E RESPONSABILIDADE SOCIAL. Disponível em: http\\:www.ethos.org.br. Acessado em: 24 jan. 2004.

KANTER, R.M. *Classe Mundial.* Rio de Janeiro: Campus, 1996.

KAPP, K.W. *The social costs of business enterprise.* Nottingham: Spokesman Books, 1963.

KRONEMBERG, D. *Desenvolvimento local sustentável: uma abordagem prática.* São Paulo: Senac, 2011, p. 277.

LAVILLE, J.L. A new European socioeconomic perspective. *Review of Social Economy.* v. 61, n. 3, Sep. 2003.

LAYRARGUES, P.P. Sistemas de gerenciamento ambiental, tecnologia limpa e consumidor verde: a delicada relação empresa meio-ambiente no ecocapitalismo. *Revista de Administração de Empresas.* São Paulo, v. 40, n. 2, p. 80-8, abr./jun. 2000.

LOUZADA, R.; SANTOS, F.C.A. Estratégia competitiva na indústria de cosméticos: estudo de caso na Natura. XIII SIMPEP – Bauru, SP, Brasil, 6 a 8 de novembro de 2006.

MARTIN, P.; MAYER, T.; MAYNERIS, F. Public support to clusters: A firm level study of French "Local Productive Systems". *Regional Science and Urban Economics*, v. 41, n. 2, p. 108-23, 2011.

MAX-NEEF, M. *Desarrollo a escala humana: conceptos, aplicaciones y reflexiones.* Montevideo: Nordan Comunidad/Redes, 1993.

MELO NETO, F.P.; FRÓES, C. *Empreendedorismo social: a transição para a sociedade sustentável.* Rio de Janeiro: Qualitymark, 2002.

NATURA. Disponível em: http://www.natura.com.br/www/a-natura/. Acessado em: 06 ago. 2013.

NATURA EKOS. Disponível em: http://naturaekos.com.br/rede-ekos/conheca-nossas-comunidades-fornecedoras/. Acessado em: 06 ago. 2013.

PINTO, C.C. Valor ou modismo? O marketing social deve ser um reflexo da personalidade da empresa. *Guia Exame de boa cidadania corporativa.* São Paulo: Abril, p. 28, nov. 2001.

SACHS, I. *Ecodesenvolvimento: crescer sem destruir.* São Paulo: Vértice, 1986a.

_____. *Espaços, tempos e estratégias do desenvolvimento.* São Paulo: Vértice, 1986b.

_____. *Inclusão social pelo trabalho: desenvolvimento humano, trabalho decente e o futuro dos empreendedores de pequeno porte.* Garamond, 2003.

_____. *Rumo à ecossocioeconomia: teoria e prática do desenvolvimento.* São Paulo: Cortez, 2007.

_____. *Desenvolvimento includente, sustentável, sustentado.* Rio de Janeiro: Garamond, 2008.

SAMPAIO, C.A.C. *Cities and solutions: urban ecosocioeconomics.* Washington, DC: United States Department of State, Bureau of Educational and Cultural Affairs, Fulbright Scholar Program, 2015.

_____. *Gestão que privilegia uma outra economia: ecossocioeconomia das organizações.* Blumenau: Edifurb, 2010.

_____. *A construção de um modelo de gestão que o promove o desenvolvimento sustentável.* Cadernos Ebape (FGV-RJ), Rio de Janeiro, n. 5, 2004.

_____. *Gestão organizacional estratégica para o desenvolvimento sustentável.* Itajaí: Univali, 2000.

SAMPAIO, C.A.C.; LEÓN, I.C.; DALLABRIDA, I.S.; et al. Arranjo socioprodutivo de base comunitária: o aprendizado a partir das cooperativas de Mondragón. *Organizações & Sociedade*, v. 46, p. 77-98, 2008.

SAMPAIO, C.A.C.; MUNDIM, R.S.A.; DIAS, A. Arranjo Produtivo Local (APL) voltado para a promoção do turismo educativo na área da Lagoa de Ibiraquera (Garopaba e Imbituba-SC): pesquisa-ação de um experimento em comunidades localizadas em zona costeira sob o enfoque do Ecodesenvolvimento. In: ENCONTRO NACIONAL DE TURISMO DE BASE LOCAL, 8, 2004, Curitiba. *Anais...* Curitiba: Unicenp, 2004.

SCHERER-WARREN, I. *Redes de movimentos sociais.* São Paulo: Loyola, 1993.

SEN, A. *Desenvolvimento como liberdade.* São Paulo: Companhia das Letras, 2000.

SENGE, P. *A quinta disciplina.* São Paulo: Best Seller, 2001.

_____. *Introdução à economia solidária.* São Paulo: Fundação Perseu Abramo, 2002.

SILVEIRA DE MENDONÇA, R.R. *As dimensões da Responsabilidade Social: uma proposta de instrumento para avaliação.* Instituto Ethos de Empresas e Responsabilidade Social: São Paulo, 2002. Disponível em: http://especiais.valoronline.com.br/parceiros/ethos/pdf/219%20-%20Ricardo%Mendonca.pdf. Acessado em: 15 jun. 2003.

TACHIZAWA, T. *Gestão ambiental e responsabilidade social corporativa: estratégias de negócios focadas na realidade brasileira.* São Paulo: Atlas, 2002.

TRATEMBERG, M. Uma prática de participação nas coletivizações na Espanha (1936/1939). In: VENOSA, R. (org.). *Participação e participações.* São Paulo: Babel Cultural, 1987.

VASCONCELLOS, A.M. de A.; SOUSA, Y.M. de. Interação entre empresas e comunidades rurais na Amazônia: uma análise da relação entre a empresa Natura e duas cooperativas fornecedoras. *Revista Movendo Ideias,* v. 17, n. 2, p. 105-21, jul./dez. 2010. Disponível em: http://www.unama.br/editoraunama/attachments/article/123/Artigo%208%20Yana%20Moura%20e%20Ana%20Maria.pdf. Acessado em: 05 ago. 2013.

VASCONCELOS, Y. O elo com as comunidades. Disponível em: http://naturaekos.com.br/valores-da-marca/o-elo-com-as-comunidades/. Acessado em: 10 ago. 2013.

37 | A Aplicação da Comunicação Integrada de Marketing como Estratégia para a Sustentabilidade

Schirlei Mari Freder
Administradora, PUCPR

Luciane Cristina Ribeiro
Tecnóloga RH, PUCPR

Saulo Ribeiro dos Santos
Turismólogo, UFMA

Evandro Lau de Andrade
Tecnólogo RH, PUCPR

INTRODUÇÃO

Nas últimas décadas, vem aumentando o número de empresas que adotam a responsabilidade social empresarial em suas estratégias de negócio. Uma das justificativas para tal decisão é o fato de que os consumidores têm sido cada vez mais exigentes ao optar por uma ou outra empresa em função da forma de produção dos produtos ou serviços, especialmente no quesito sustentável.

Essa pressão tem levado as empresas a se comprometerem cada vez mais em atender às demandas do público consumidor e também a desenvolverem ações que contribuam com o bem-estar da sociedade em aspectos sociais, ambientais ou culturais.

Realizar ações que vão além do cumprimento de exigências legais tem se tornado um diferencial competitivo, fortalecendo o posicionamento das empresas no mercado.

Sabe-se que a comunicação é uma das aliadas das empresas no momento em que precisam externalizar suas ações com a sociedade, com seu público consumidor, contribuindo até para que se diferenciem dos concorrentes.

A comunicação integrada de marketing (CIM) é uma das ferramentas que compõem o cenário da comunicação e que integra de forma harmônica o público-alvo com o produto ou serviço, mediante mensagens que geram interesse e, consequentemente, uma possível compra.

Por essa perspectiva, o presente capítulo abordará o caso da empresa Goóc, que tem a sustentabilidade em sua estratégia empresarial e que adota a CIM como principal processo de comunicação. Um dos diferenciais da empresa tem sido o segmento de calçados, com a produção de sandálias que utilizam o pneu reciclado como matéria-prima.

Neste capítulo, pretende-se identificar como a empresa Goóc vem trabalhando com a Comunicação Integrada de Marketing, por meio de dois canais (rede social Facebook e venda pessoal) para o alcance das propostas e intenções futuras de fazer com que todo brasileiro adote a ideia de utilizar calçados de pneu reciclado.

O desenvolvimento metodológico do capítulo é de caráter qualitativo, com o uso de bibliografia e documentos sobre sustentabilidade e comunicação integrada de marketing. Para a coleta de dados, realizou-se entrevista com a gerente de marketing da Goóc, via e-mail, nos meses de novembro de 2013 a janeiro de 2014, além de uma visita à sede da empresa em São Paulo, para entrevista em fevereiro de 2014.

SUSTENTABILIDADE EMPRESARIAL: INOVAÇÃO E RESPONSABILIDADE

O modelo de desenvolvimento adotado pela maior parte da população mundial gerou crescimento econômico em um grande número de países e estes se abstiveram diante de vultosas degradações e reorganizações do ecossistema (Vieira, 2007).

Há algumas décadas, a partir do esforço de organizações internacionais, vêm sendo realizados pesquisas e estudos para que seja possível a adoção de modelos que promovam o desenvolvimento equilibrado, tanto econômica quanto socialmente, e também sob essa ótica está o papel desempenhado pelas empresas.

Questões como essas possuem respostas variadas, pois, neste início de século, as preocupações com o meio ambiente, em virtude dos impactos antrópicos, assumem proporções cada vez maiores (Boff, 2012). Discute-se, em diversas áreas do conhecimento, que o atual modelo de desenvolvimento tem comprometido a vida no planeta, assim como impactado negativamente a economia de muitas nações e afetado os recursos naturais para as gerações futuras.

Nesse contexto, cresceu o envolvimento de empresas com políticas e práticas socioambientais, trazendo para a dinâmica empresarial a perspectiva da sustentabilidade (Mazur e Miles, 2010).

No entendimento de Zambon e Ricco (2010, p. 2):

> sustentabilidade empresarial também deve ser vista como uma oportunidade de novos negócios para as empresas. Conciliar progresso econômico, equidade social e preservação ambiental podem gerar bons dividendos, imagem e reputação, contribuindo também para o crescimento e perenidade dos negócios.

Além desta visão de adotar a sustentabilidade sob a ótica de oportunidade de negócios, há o entendimento do Banco Mundial, que define as ações sustentáveis de uma empresa como um compromisso com o desenvolvimento sustentável de toda a sociedade, seja por meio "do trabalho com os funcionários, suas famílias, a comunidade local e a sociedade como um todo, a fim de melhorar suas vidas de maneira que isto reflita nos negócios e no desenvolvimento como um todo" (Oliveira, 2013, p. 56).

A ideia de responsabilidade social é apoiada em três pilares: impactos ambientais, econômicos e sociais. Ou seja, para que uma ação sustentável ocorra é necessária a preservação da biodiversidade e dos ecossistemas naturais, a viabilidade econômica para a sua implementação e manutenção, com garantias de que toda ação atinja todos os grupos humanos sem distinção social e sem agressão aos valores e culturas (Neal, 2008; Elkington, 2001).

A responsabilidade social pode ser traduzida como dever de todo cidadão perante as necessidades básicas dos indivíduos, tais como: alimentação, vestuário, educação, moradia, saúde, transporte e lazer (Zarpelon, 2006).

O objetivo da responsabilidade social é o resgate da função social nas empresas. Seu foco é promover o desenvolvimento humano e sustentável, o que cada vez mais está relacionado aos aspectos ambientais, e se amplia nas áreas sociais, culturais, econômicas e políticas, em que seu impasse é como superar a distância entre o social e o econômico, mudando a forma de conduzir seus negócios (Instituto Ethos, 2005).

A empresa objeto deste estudo vem trabalhando de forma a reduzir os impactos ambientais causados pelos pneus em desuso. E a inovação é um passo estratégico *sine qua non* para o crescimento, estabelecimento e perenidade de uma empresa, como afirma Almeida (2002, p. 82):

> [...] cabe às empresas, de qualquer porte, mobilizar sua capacidade de empreender e de criar para descobrir novas formas de produzir bens e serviços que gerem mais qualidade de vida para mais gente, com menos quantidade de recursos naturais.

Dentre os resíduos sólidos nocivos ao meio ambiente e ao ser humano, o destaque neste estudo se dá para o pneu inservível, pois, segundo Veloso (2014), o problema ambiental ocasionado pelo pneu inservível é mundial, em virtude do grande volume de unidades geradas anualmente. O seu agravante é ainda maior devido ao tempo de decomposição do pneu, que é indeterminado.

A preocupação com a sustentabilidade exige que as empresas busquem a inovação para aumentar a produtividade dos seus recursos, e, assim, enfrentar a competitividade (Porter e Van der Linde, 1995).

Empresas industriais estão adotando uma nova postura para o desenvolvimento ambiental – a gestão ambiental proativa. Com essa atitude as empresas podem ganhar competitividade perante o acirrado mercado (Sanches, 2000).

As empresas responsáveis no âmbito socioambiental aceitam o compromisso moral de responder pelos impactos de suas decisões e atividades sobre o meio ambiente e a sociedade, como é o caso da Goóc, que vem criando produtos a partir de pneus reciclados (Figura 1) e inserindo na sociedade um comportamento sustentável por meio de suas campanhas (Carlson et al., 1996).

Santos et al. (2012, p. 41) acredita que:

> esse novo posicionamento pró-ativo das organizações frente às questões ambientais está ligado ao conceito do desenvolvimento sustentável, no qual a ideia central parte do princípio de responder às necessidades do presente sem comprometer as gerações futuras em satisfazer as suas necessidades.

Partindo desse cenário, destaca-se a importância de se dedicar à responsabilidade socioambiental, em que cidadãos e empresas desenvolvam projetos e assumam funções sociais que visem ao bem de toda a sociedade.

Figura 1 – Sandália de pneus reciclados.

Fonte: Goóc (2014a).

Na perspectiva do marketing socioambiental, o qual preconiza que as organizações devem atender às necessidades dos clientes e consumidores adotando práticas que equilibrem o lucro da empresa, o interesse do consumidor e o bem-estar da sociedade (Oliveira, 2013, p. 97), a Goóc se destaca em sua iniciativa do reúso dos pneus.

Acerca da problemática que envolve os pneus, o volume da produção atingiu mais de 63 milhões de unidades, no período de janeiro a novembro de 2013, registrando um aumento de 9,2% quando comparamos com o ano de 2012 (Anip, 2014). Certamente, é um número preocupante ao se considerar a destinação final desse material, conforme destaca Carvalho (2014, p. 20):

> a quantidade de pneumáticos em desuso converteu-se em um sério problema ambiental, já que contêm metais pesados, hidrocarbonetos e substâncias cloradas. Quando são lançados nos rios, os pneus contaminam o solo e a água. A armazenagem em locais abertos propicia o acúmulo de água no interior das carcaças e a proliferação de mosquitos transmissores de dengue, febre amarela e encefalite. Quando queimados os pneus produzem emissão

de gases tóxicos. Por isso, o descarte de pneus em aterros sanitários, mar, rios, lagos ou riachos, terrenos baldios ou alagadiços e sua queima a céu aberto estão proibidos pelo Conselho Nacional do Meio Ambiente.

A Goóc tem contribuído com o meio ambiente na transformação de pneus inservíveis em sandálias (Figura 2) e, de acordo com Motta (2014), até o ano de 2013 a empresa produziu mais de 15 milhões de pares de calçados, utilizando aproximadamente 3 milhões de pneus inservíveis.

Figura 2 – Sandálias de pneu.

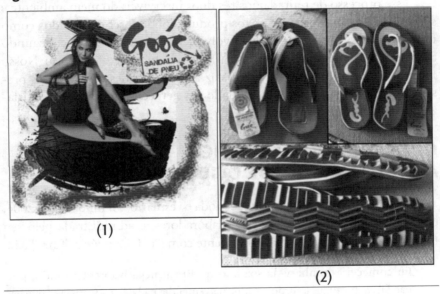

Fonte: Goóc (2014b) (1); dos autores (2).

No intuito de minimizar o impacto ao meio ambiente causado pelo acúmulo de pneus inservíveis, várias ações vêm sendo desenvolvidas pela Goóc, que, além de utilizar o pneu como matéria-prima, também promove campanhas de conscientização para a sociedade (Figura 3).

No caso da coleta dos pneus inservíveis no Brasil, esta ação é realizada pela organização Reciclanip, instituída por um grupo de fabricantes de pneus novos: Bridgestone, Goodyear, Michelin, Pirelli, Continental e Dunlop.

A empresa realiza o processo de coleta e destinação de pneus inservíveis em todas as regiões do Brasil e possui parceria com empresas que adquirem o material que servirá de matéria-prima na criação de um novo produto.

Figura 3 – Campanha sobre pneu reciclado.

Fonte: Goóc (2014a).

Esse processo de retirada dos resíduos inservíveis do meio ambiente e sua utilização na geração de novos produtos podem ser entendidos como uma forma de promover o desenvolvimento sustentável, que, segundo Sampaio e Mantovaneli (2007, p. 6), ao lembrarem o relatório Nosso Futuro Comum, "é aquele que satisfaz as necessidades das gerações presentes sem comprometer a capacidade das gerações vindouras de satisfazerem às suas necessidades".

GOÓC: DO SONHO ASIÁTICO À SUSTENTABILIDADE OCIDENTAL

A Goóc Eco Sandal, do ramo de moda e vestuário, foi fundada em 2004, com um quadro funcional de 50 colaboradores, e administrada pelo seu fundador, Thái Quang Nghiã, juntamente com sua filha e sócia, Tâm Thái.

> Eu comecei a minha vida sozinho no Brasil negativamente: mudo, pois não falava português; surdo, porque não entendia nada, e cego, uma vez que não sabia onde estava e para onde deveria ir. Além da saudade enorme da família, dos amigos e do país... Além de tudo sem um tostão, sem futuro. A única coisa que ganhei foi a liberdade, consegui sair do regime comunista. A responsabilidade de cuidar da minha própria vida. (Goóc, 2014c)

A trajetória da Goóc confunde-se com a história do seu criador, Thái Quang Nghiã, vietnamita que aos 21 anos (1979) fugiu do seu país em busca de liberdade e novas possibilidades. À deriva no mar, no Sudeste Asiático em um barco pesqueiro, foi resgatado por um petroleiro da Petrobras e viu nessa oportunidade sua chance real de ser livre em outro país. Alguns anos depois, o jovem tornou-se cidadão naturalizado brasileiro e formou-se em Matemática na Universidade de São Paulo.

O imigrante vietnamita inspirou-se na sua cultura, na qual se utilizavam pneus para o solado de sandálias artesanais, e seu estilo empreendedor o levou a iniciar a empresa na produção de sandálias e outros calçados com solado de borracha reciclada de pneus.

Assim, a ideia se tornou o produto mais forte de seu portfólio, tornando-se parte dos valores e referências da empresa: "alma oriental, mente ocidental e corpo brasileiro".

Ele iniciou no segmento de calçados comercializando sandálias e bolsas artesanais, e em 1986 fundou a empresa Domini, que utilizava material reciclado na produção de calçados e acessórios. Toda a sua produção tinha a cultura e a identidade vietnamitas em seus produtos.

COMUNICAÇÃO INTEGRADA DE MARKETING: SINERGIA E INTEGRAÇÃO

A relação do marketing com as organizações tem assumido uma presença que vai além da relação entre "clientes, desejos, satisfação e lucro" (Mattana et al., 2008, p. 2), pois, na visão de Ogden (2002), é melhor superar do que atender às expectativas do cliente.

Dessa forma, acredita-se que a empresa alcança de maneira eficaz e eficiente as necessidades e os desejos do cliente. E, para tanto, o papel da comunicação deve estar implícito, porque é ele que ajudará na conquista de um resultado satisfatório para ambos.

Compreender o papel da comunicação de forma holística e ampla é um dos compromissos que a empresa precisa assumir. Na elaboração da CIM, "é imperativo que se conheçam o posicionamento estratégico da empresa, a sua visão e missão" (Mattana et al., 2008, p. 3), fato enfatizado pela Goóc em sua comunicação com o cliente. Um dos exemplos são as mensagens acerca da visão da empresa que constam nas embalagens dos produtos (Figura 4).

Para que a comunicação influencie ou afete diretamente o comportamento do cliente:

> é preciso começar o processo com o conhecimento sobre o cliente já existente ou o provável cliente potencial, e utilizar todas as formas de comunicação para que se consiga transmitir a mensagem ao público determinado. Por fim, deve-se verificar a sinergia entre as formas de comunicação utilizadas para transmitir uma mensagem e, desta forma, efetivar a integração da comunicação. (Mattana et al., 2008, p. 2)

Figura 4 – Sandálias e embalagem de calçado da empresa.

Se a empresa entender o conceito e acreditar nele, é possível consolidar sua imagem e agregar valor da sua marca (Chernatony e Drury, 2004).

Para Boff (2012) e Carlson et al. (1996), o mundo mudou, as pessoas mudaram, nós mudamos, a sociedade mudou, as tecnologias são outras e, junto a tudo isso, novos conceitos e estilos de vida estão surgindo, como o modelo de vida sustentável adotado no século XXI, em que o ser humano tem buscado qualidade de vida, por meio de práticas responsáveis.

Por essas exigências mercadológicas, surge a necessidade de as empresas trabalharem uma comunicação mais ágil, dinâmica, eficaz e eficiente (Kitchen e Burgmann, 2010).

> A mensagem enviada ao consumidor tem de ser uma comunicação integrada (Ogden, 2002, p. 11)

Os desafios dos gestores de marketing para que a CIM possa ser executada qualitativamente é implantar ferramentas acionáveis no sentido de disseminar a mensagem ou então construir a imagem que pretenda ter associada à sua oferta.

As ferramentas utilizadas pelas empresas devem ser contínuas, de forma que para cada canal exista um plano de atividades. Portanto, para os autores Kotler e Armstrong (1998), Kotabe e Helsen (2000), Engel et al. (2000), Leiss et al. (1997), as principais ferramentas da CIM que compõem o conjunto de ferramentas da comunicação do marketing são: propaganda, promoção de vendas, relações públicas, marketing direto, patrocínio, venda pessoal, feiras e eventos, marketing boca a boca, e-marketing, material de ponto de venda, design do produto e embalagem (Kitchen e Burgmann, 2010; Fill, 2002; Guissoni e Neves, 2011). A utilização dessas ferramentas são desafios que os gestores de marketing vivenciam para ampliar a *customer relationship* entre a empresa e o cliente.

Assim, a empresa deve reconhecer que essas variáveis da CIM são fundamentais e que o impacto no consumidor deve ser medido para identificar o *market share* (participação de mercado) e as vendas, de forma a canalizar estratégias que levem a empresa a atender e satisfazer às necessidades dos clientes, assim como obter lucro (Guissoni e Neves, 2011).

Mas, para que ocorra uma integração eficaz, a empresa precisa entender quais são as funções do marketing e o seu gerenciamento, que envolve: missão, visão organizacional, análise da situação, análise de oportunidades do mercado, mercado alvo, objetivos do marketing, comportamento do consumidor, estratégia de marketing, conjunto de ferramentas do marketing e a resposta do mercado (Fill, 2002).

BRANDING

Compreender o comportamento do consumidor tornou-se um grande desafio para as empresas no século XXI. E, para os gestores de marketing, materializar a subjetividade das necessidades e dos desejos é o que fará da empresa uma organização competitiva.

Na visão de Churchill e Peter (2003), a psicologia do consumidor está baseada em ações, pensamentos, sentimentos e influências que este possui quanto ao valor dos produtos.

Nessa perspectiva, a adoção da CIM pode ser um diferencial para as empresas (Guissoni e Neves, 2011). Quanto mais vantagens a empresa tiver para oferecer aos seus clientes, mais bem posicionada estará no mundo empresarial. Partindo desse cenário, as empresas estão trabalhando fortemente na construção de marcas que tragam valor a seus produtos (Balmer e Gray, 2003).

Desde a Antiguidade, havia maneiras diferentes de promover as mercadorias. Uma marca possui diversos elementos, que servem para diferenciá-la e identificá-la. Quando um consumidor realiza uma compra, ele não está levando apenas um produto, mas uma combinação, um conjunto de benefícios (Baker e Balmer, 1997).

A marca da Goóc está alinhada a sete combinações (Figura 5):

- Goóc = raiz.
- Eco Sandal: sandália de pneu reciclado.
- Terra; 5 oceanos + 5 continentes.
- Superação: 7 fênix.
- Guerreiros e dançarinos: pessoas e povos.
- Pinheiros: reino vegetal.
- Direção: pontos cardeais.

Figura 5 – Simbologia da marca Goóc.

Fonte: Goóc (2014d).

Esses símbolos desempenham funções valiosas para os consumidores. Por meio deles é possível distinguir a marca, ajudando o cliente a fazer sua escolha.

A marca assume o papel de facilitadora na hora da tomada de decisão, tendo em vista as rotinas atribuladas e a falta de tempo dos consumidores (Baker e Balmer, 1997).

Porém, para que a marca da Goóc propicie valor e aproxime o cliente da empresa, deve ser capaz de influenciar, ou seja, a CIM deve se fazer presente mediante estratégias de marketing. E isso pode se dar por meio dos compostos elencados anteriormente que combinem a sustentabilidade da missão, visão e objetivos da empresa, juntamente com o conhecimento sobre o público-alvo para, então, influenciar no comportamento do consumidor, de modo que este se torne fiel, bem como no seu reconhecimento do nicho de mercado onde atua.

A marca, na visão de Kotler e Keller (2006, p. 270):

> é o valor agregado atribuído a produtos e serviços. Esse valor pode se refletir no modo como os consumidores pensam, sentem e agem em relação à marca, bem como nos preços, na participação de mercado e na lucratividade que a marca proporciona à empresa.

O *brandequity* representa o valor que a marca possui, reunindo as vantagens que significam um diferencial na hora em que os consumidores decidem que produto escolher, os quais, consequentemente, optarão por aqueles que lhes oferecerem maiores vantagens (Balmer e Gray, 2003). Cabe à empresa, portanto, desenvolver práticas inovadoras para permanecer sempre atuante no mercado. *Branding*:

> é muito mais que planejamento estratégico da marca, está ligado diretamente à relação de afetividade que determinada marca tem com o cliente. É um conceito que está baseado nas relações humanas e nas experiências do cliente em relação à marca e todos os pontos de contato 'experienciados' por ela. (Costa, 2002, p. 14)

Quando uma empresa escolhe o nome e o logotipo, não deve escolher aleatoriamente, mas, sim, ter uma fundamentação para que, no momento em que o consumidor identificar a marca, saiba associar o produto por ela oferecido e, desse modo, obterá valor.

Por outro lado, "o *brandequity* baseado no cliente é definido formalmente como o efeito diferencial que o conhecimento de marca tem sobre a atitude do consumidor em relação àquela marca" (Keller e Machado, 2006, p. 36). Tudo aquilo que o consumidor aprendeu e ouviu, ou tudo o que ficou em sua mente, deve representar algo vantajoso em relação ao produto, traduzindo a percepção adequada por meio da marca.

As marcas consideradas fortes são aquelas que fazem com que os consumidores desenvolvam um forte elo, a ponto de tornarem-se seus defensores, tendo em vista que quem possui o poder nas mãos são os consumidores, que irão definir por meio de suas escolhas a posição que a marca ocupará no mercado. Ela deve ser mais que um nome, um símbolo, é preciso que ela passe a ser uma imagem que esteja fixada na mente dos consumidores (Baker e Balmer, 1997). Para isso, deve ser bem elaborada, e construída, oferecendo, assim, uma diferenciação em seus produtos.

Para criar um *brandequity* significativo, "é preciso atingir o topo ou o pico da pirâmide de marca, o que ocorrerá apenas se os alicerces corretos forem estabelecidos" (Kotler e Keller, 2006, p. 274). Esse, portanto, seria o fluxo a ser adotado para o estabelecimento do equilíbrio do valor da marca eficiente diante da relação empresa e cliente.

O *brandequity* passa a ser construído nas empresas a partir da elaboração de estruturas baseadas no conhecimento da marca com seus consumidores. Segundo Kotler e Keller (2006, p. 275), existem três conjuntos principais para a construção do *brandequity*:

- As escolhas iniciais dos elementos ou identidades da marca (nomes da marca, logos, símbolos, caracteres, representantes, slogans, *jingles*, embalagens e sinais, por exemplo).
- O produto, o serviço que o acompanha, e todas as atividades de marketing associadas e programas de marketing de apoio.
- Outras associações indiretamente transferidas para a marca, vinculando-a a alguma outra entidade (uma pessoa, local ou coisa, por exemplo).

As empresas devem procurar desenvolver nomes que façam com que os consumidores associem-nos à marca. Uma marca não é construída apenas pela publicidade, mas também por meio da observação, uso pessoal, indicações de amigos, pela internet ou pelo telefone. O nome da marca deve ser algo fácil de ser lembrado, interessante e criativo, pois fica ligado ao produto e na mente do consumidor (Aaker, 1991).

Os logotipos e símbolos são representações do nome da marca, o que é algo fácil de lembrar, e possuem uma natureza visual, por isso facilmente são reconhecidos, o que fica fácil na hora de identificar o produto. Podem ser modificados sem muita burocracia, para acompanhar a modernidade do produto. Os slogans são representados em poucas palavras, demonstrando o que a empresa representa. Eles auxiliam os consumidores a entenderem melhor a marca e o que ela representa. A embalagem é um meio importante de reconhecer a marca (Kotler e Keller, 2006; Aaker, 1991).

As atividades de marketing da empresa estão ligadas a programas, ações e eventos que servem para divulgar tanto a marca quanto os produtos. Por meio das informações presentes na mente dos consumidores, são

A APLICAÇÃO DA COMUNICAÇÃO INTEGRADA DE MARKETING | **1019**

feitas associações a esses conhecimentos, e pode até ser utilizada a imagem de personagens conhecidos na mídia.

O bom gerenciamento de uma marca requer uma visão de longo prazo, pois os consumidores devem ter a mesma visão em sua mente. Caso isso não ocorra, a empresa não terá resultados favoráveis. Para reforçar a marca, os profissionais de marketing devem estar sempre à procura de diferenciais que venham a satisfazer seus clientes (Aaker, 1991).

Com o advento das tecnologias e o surgimento de novos nichos de mercado, cabe às empresas estarem preparadas para enfrentar possíveis crises em sua marca; portanto, é importante que elas tornem-se confiáveis para superar possíveis obstáculos (Balmer e Gray, 2003).

METODOLOGIA

Objetivando a compreensão da CIM adotada pela Goóc, os desafios que ela enfrenta em suas práticas, bem como as oportunidades que têm sido geradas, foram adotadas a metodologia de natureza qualitativa, por meio de entrevista via e-mail e visita à sede da empresa em São Paulo, pesquisa bibliográfica e documental.

A entrevista ocorreu mediante a aplicação de questionário estruturado, com perguntas abertas direcionadas à gerência do setor de marketing da empresa em estudo. O questionário é composto de perguntas de cunho profissional e dados históricos da empresa. Na sequência, questões sobre o entendimento de como a Goóc vem trabalhando com a CIM, as ferramentas adotadas pela empresa, o retorno obtido, de que maneira é medida a satisfação dos clientes, a visão da empresa pertinente ao produto sustentável, entre outros.

Na visita à sede da empresa, foi realizada uma entrevista informal, em que a responsável pelo setor de marketing destacou diversos aspectos sobre a Goóc em termos de estratégias de marketing, assim como das parcerias existentes e o modelo de comunicação com os clientes.

ANÁLISE DOS DADOS

A preocupação com a sustentabilidade está em alta (Boff, 2012), pois a busca por produtos e serviços que têm foco na responsabilidade socioambiental é o passo para a diferenciação no mercado. As organizações já compreenderam também que a adoção de práticas sustentáveis aumenta potencialmente o valor da empresa (Machado Filho, 2011). Partindo desse contexto, a empresa que utiliza material inservível como matéria-prima e o transforma em produtos de qualidade com valor agregado gera diferencial no mercado (Carlson et al., 1996), como é o caso da Goóc.

Aliar sustentabilidade, produto e reciclagem compõe o tripé que move a Goóc no cumprimento de seus objetivos ambientais. E por meio da CIM é possível fazer com que esse conceito seja percebido pelo consumidor brasileiro.

A partir da CIM, a Goóc pode alcançar excelentes resultados, gerando benefícios para a empresa e para o consumidor.

De acordo com informações levantadas nas entrevistas e nos documentos da Goóc, é possível esclarecer que a empresa prioriza duas ferramentas da CIM, entre elas a rede social, por meio do Facebook e do blog, e por meio da Avon Brasil, mediante catálogos em que são comercializadas as sandálias.

A Goóc viu nas redes sociais (Twitter, YouTube e Facebook) uma excelente oportunidade de aproximar-se do consumidor final, pois, por meio do Facebook e do blog, eles mantêm um canal aberto de comunicação e divulgação dos produtos. Os resultados com o Facebook têm sido favoráveis, visto que os clientes, em sua maioria mulheres (60%), fazem comentários e sugestões dos produtos comercializados pela empresa.

Ao realizar pesquisa de mercado por meio do Facebook, especialmente sobre novos modelos, por exemplo, ou aspectos das cores, a taxa de retorno tem sido elevada e satisfatória. Possuindo 880 mil usuários, o engajamento dos consumidores é alto, de cerca de 80% nesta rede social, o que a torna uma ferramenta estratégica com "custo zero" para a empresa.

Por outro lado, o carro chefe de vendas da Goóc está na parceria com a Avon Brasil, que vem gerando excelentes resultados. Um dos pontos fracos na comunicação com esse canal de venda é a ausência de uma "aproximação" com o cliente no momento da comercialização, pois quem as realiza são as consultoras da Avon Brasil. Ocorre que nem sempre essas consultoras detêm informações suficientes sobre o produto e a empresa.

Para resolver essa questão, a Goóc desenvolveu uma metodologia de apresentação da empresa para as executivas, que repassam para as suas 120 consultoras. A apresentação aborda pontos como valores, diferencial do produto, missão e valores da empresa.

Além disso, elas mantêm contato com as consultoras via Facebook para estreitar relações, incluindo promoções de vendas, como um caso ocorrido em que uma consultora da Avon Brasil que vendesse quatro pares de sandálias ganharia um par. Assim, a promoção que faz parte da CIM ganha espaço na comunicação também com seus parceiros. Entretanto, o foco dessa promoção é estimular vendas, ou seja, fazer com que as consultoras lembrem-se do ideal da Goóc.

Outro aspecto desenvolvido pela Goóc para aproximar-se das consultoras da Avon Brasil, fazendo com que elas possam repassar o conceito da empresa, está na embalagem (ou cartucho, como eles chamam), das sandálias, que contêm mensagens direcionadas exclusivamente para elas, assim como um agradecimento por adquirir a sandália.

A Goóc acredita que dessa forma é possível demonstrar e alcançar resultados satisfatórios com o cliente final, pois as consultoras estarão mais preparadas para informar os diversos aspectos que fazem da Goóc uma empresa que preza pela responsabilidade socioambiental.

Para confirmar isso tudo, a Goóc possui três raízes que acompanham a essência da empresa:

- Raiz pessoal – superação.
- Raiz cultural – preservação das origens.
- Raiz ambiental – prática da reutilização do pneu.

Essas raízes são oriundas da trajetória da empresa, ou seja, da visão empreendedora do fundador, Thái Quang Nghiã, para a questão cultural do Brasil e do Vietnã e da reciclagem. Esses conceitos são perceptíveis nas ferramentas da CIM adotadas pela empresa.

Das ferramentas adotadas podem ser citadas: propaganda, promoção, parcerias estratégicas com organizações, relacionamento com clientes, fornecedores e imprensa (Figura 6).

O foco principal da CIM não está no produto em si, como é o caso das sandálias, mas em difundir e apresentar o conceito de um produto sustentável, pois "a redução e reutilização dos pneus já representam aspectos ambientais fortes" (Motta, 2014).

O principal público consumidor são as classes C e D, que têm obtido informações sobre as causas socioambientais por meio de anúncios, no *Jornal Meia Hora*, e ação no domingo de Carnaval, na cidade do Rio de Janeiro. Além disso, há uma ação de suporte para os consumidores que são as mídias regionais e online, pois acredita-se que dessa forma a empresa está próxima de seus clientes.

Figura 6 – Principais diretrizes de marketing da Goóc.

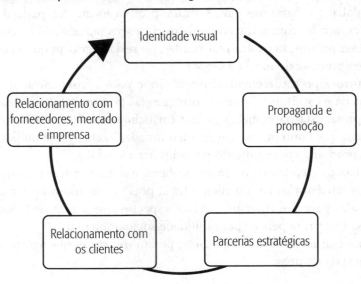

Fonte: Goóc (2014e).

No âmbito social, a Goóc mantém parceria com o Instituto de Reintegração do Refugiado – Brasil (Adus), em função da própria história do fundador da empresa, e já apoiou a AACD de São Paulo e de Manaus, tanto financeiramente quanto com a doação de produtos.

Para comunicar-se com o mercado existem ações para que haja contato com jornalistas e assessoria de imprensa, pois, para a Goóc, o conceito da empresa tem que estar presente na veiculação dos produtos.

Já a comunicação interna, com seus funcionários, é feita por meio de reuniões diárias entre funcionários e diretores, e de uma reunião mensal com o fundador, Thái Quang Nghiã. Essas ações compõem um programa de fortalecimento organizacional.

Um dos desafios apontados por Motta (2014) é materializar a sua missão, que é tornar o Brasil uma referência mundial de sandália de pneu reciclado mediante o Projeto Goóc, que teve início em 2014. Outro desafio, além de fazer com que o brasileiro adote essa ideia, está em expandir seu conceito para outros países, como o caso da Índia, por acreditar que existe um forte mercado asiático com preocupação similar à exposta pelo conceito da empresa.

A APLICAÇÃO DA COMUNICAÇÃO INTEGRADA DE MARKETING | **1023**

O diferencial da marca da Goóc é que "a empresa trabalha com uma linha de produtos sustentável, mas, mais do que isso, nosso *core business*[1] é justamente o produto sustentável" (Motta, 2014).

CONSIDERAÇÕES FINAIS

A abordagem deste capítulo, voltada para a identificação de como a Goóc vem trabalhando com a CIM, aponta que, além dos canais convencionais – rede social (Facebook e blog) e venda pessoal – a empresa reúne esforços agregando ferramentas como propaganda, promoção, parcerias estratégicas com organizações, relacionamento com clientes, fornecedores e imprensa, os quais englobam a CIM.

O trabalho realizado pela Goóc na CIM é conscientizar os usuários por meio das redes sociais, a fim de engajar a população para o uso dos seus produtos, abordando também as campanhas sustentáveis. Contudo, os meios de comunicação adotados pela empresa não são assertivos, pois ações isoladas não causam o impacto desejado. A CIM tem que ser desenvolvida de forma integrada. Percebe-se que a Goóc desenvolve e implanta ferramentas da CIM, mas estas não interagem sinergicamente.

É notório que há um longo caminho a ser percorrido para que a Goóc alcance sua meta de 2014, que é fazer com que "todo brasileiro adote a ideia da nova categoria de calçados (SPR) ou adquira um par de sandálias de pneu reciclado (SPR)".

O que foi percebido é que, para que a Goóc atinja seus objetivos, dentre eles de tornar o Brasil referência mundial de calçados de pneus reciclados, é necessário esforço e engajamento para a disseminação desse conceito.

Um aspecto positivo, o de repassar o seu conceito e o seu valor na venda de seus produtos, é um ponto forte dessa abordagem, visto que demonstra o comprometimento com a sustentabilidade do planeta. Existem, porém, lacunas no plano de marketing da empresa, que deixam claro que a CIM da Goóc é fragmentada.

Portanto, elaborar um plano de marketing que detalhe cada estratégia e como estas interagem para alcançar resultados com clientes internos e

---

[1] Núcleo do negócio; parte principal de um determinado negócio, é o ponto forte de uma empresa que deve ser trabalhado estrategicamente.

externos, fornecedores, parceiros e a sociedade será fundamental para que a Goóc obtenha êxito.

AGRADECIMENTO

Os autores agradecem a empresa Goóc por disponibilizar seus dados para a construção deste capítulo.

REFERÊNCIAS

AAKER, D.A. *Managing brand equity: capitalizing on the value of a brand name.* Nova York: The Free Press, 1991.

ALMEIDA, F. *O bom negócio da sustentabilidade.* Rio de Janeiro: Nova Fronteira, 2002.

[ANIP] ASSOCIAÇÃO NACIONAL DA INDÚSTRIA DE PNEUMÁTICOS. *Mercado de reposição de pneus é destaque no ano com alta de 13% nas vendas entre janeiro e novembro, ante o mesmo período de 2012.* Disponível em: http://www.anip.com.br/index.php?cont=detalhes_noticias&id_noticia=530&area=41&titulo_pagina=Press%20Release. Acessado em: 4 fev. 2014.

BAKER, M.J.; BALMER, J.M.T. Visual identity: trappings or substance? *European Journal of Marketing.* v. 5/6, n. 31, p. 366-382, 1997.

BALMER, J.M.T.; GRAY, E.R. Corporate brands: what are they? What of them? *European Journal of Marketing.* v. 7/8, n. 37, p. 972-97, 2003.

BOFF, L. *Sustentabilidade: o que é – o que não é.* Petrópolis: Vozes, 2012.

CARLSON, L.; GROVE, S.J.; LACZNIAK, R.N. et al. Does environmental advertising reflect integrated marketing communications?: an empirical investigation. *Journal of Business Research.* v. 3, n. 37, p. 225-232, *1996.*

CARVALHO, A.M. *Meio ambiente e consumo.* Disponível em: http://www.inmetro.gov.br/inovacao/publicacoes/cartilhas/ColEducativa/meioambiente.pdf. Acessado em: 4 fev. 2014.

CHERNATONY, L.; DRURY, S. Identifying and sustaining service brands' values. *Journal of Marketing Communications.* v. 2, n. 10, p. 73-93, *2004.*

CHURCHILL, G.A. JR.; PETER, P. J. *Marketing: criando valor para os clientes.* 2.ed. São Paulo: Saraiva, 2003.

A APLICAÇÃO DA COMUNICAÇÃO INTEGRADA DE MARKETING | **1025**

COSTA, A.S. *Branding & design: identidade no varejo.* Rio de Janeiro: Rio Books, 2002.

DUARTE, C.O.S.; TORRES, J.Q.R. Responsabilidade social das empresas: a contribuição das universidades. *Prêmio Ethos.* 4.ed. São Paulo: Peirópolis, 2005.

ELKINGTON, J. *Canibais de garfo e faca.* São Paulo: Makron Books, 2001.

ENGEL, J.F.; BLACKWELL, R.D.; MINIARD, P.W. *Comportamento do consumidor.* 8.ed. Rio de Janeiro: LTC, 2000.

FILL, C. *Marketing communications: contexts, strategies and applications.* Londres: Financial Times Prentice Hall, Harlow, 2002.

GOÓC. Material promocional. Disponível em: http://goocecosandal.com.br. Acessado em: 19 abr. 2014a.

_____. Blog. Disponível em: http://goocecosandal.com.br/category/blog/?. Acessado em: 19 abr. 2014b.

_____. História. Disponível em: http://goocecosandal.com.br/marca/historia/. Acessado em: 19 abr. 2014c.

_____. Material promocional. Disponível em: http://goocecosandal.com.br. Acessado em: 19 abr. 2014d.

_____. Marketing. In: *Manual de gestão da unidade.* São Paulo: Grupo Bittencourt, 2014e. p. 1-23.

GUISSONI, L.A.; NEVES, M.F. *Comunicação integrada de marketing baseada em valor: criando valor com estratégias de comunicação de marketing.* São Paulo: Atlas, 2011.

INTITUTO ETHOS. *Responsabilidade social.* 2005. Disponível em: http://www.ethos.org.br. Acessado em: 04 maio 2014.

KELLER, K.L.; MACHADO, M. *Gestão estratégica de marcas.* São Paulo: Pearson Prentice Hall, 2006.

KITCHEN, P.J.; BURGMANN, I. Integrated marketing communication: advertising and integrated communication. v. 4. In: SHETH, J.; MALHOTRA, N. (Orgs.). *Wiley International Encyclopedia of Marketing.* Nova Jersey: John Wiley & Sons, 2010.

KOTABE, M.; HELSEN, K. *Administração de marketing global.* São Paulo: Atlas, 2000.

KOTLER, P. *Administração de marketing.* 10.ed. São Paulo: Prentice Hall, 2001.

KOTLER, P.; ARMSTRONG, G. *Princípios de marketing.* 7.ed. Rio de Janeiro: Prentice-Hall, 1998.

KOTLER, P.; KELLER, K.L. *Administração de marketing*. São Paulo: Pearson Prentice-Hall, 2006.

LEISS, W.; KLINE, S.; JHALLY, S. *Advertising as social communication: persons, products and images of well-being*. Londres: Routledge, 1997.

MACHADO FILHO, C.P. *Responsabilidade social e governança: o debate e as implicações*. São Paulo: Cengage Learning, 2011.

MATTANA, L. et al. Metodologia de comunicação integrada de marketing: o caso Orium. In: Congresso Internacional de Administração, Ponta Grossa, set. 2008.

MAZUR, L.; MILES, L. *Conversas com os mestres da sustentabilidade*. São Paulo: Gente, 2010.

MOTTA, A.P. *Goóc Eco Sandal: Gerente de Marketing*. São Paulo, 2014. (Entrevista concedida a Luciane Cristina Ribeiro dos Santos).

NEAL, A.C. Corporate social responsibility: governance gain or laissez-faire figleaf?. *Comparative Labor Law & Policy Journal*. v. 29, n. 4, p. 459-474, 2008.

OGDEN, J.R. *Comunicação integrada de marketing*. São Paulo: Prentice Hall, 2002.

OLIVEIRA, A.C.C. *Os esforços da comunicação integrada para constituir e fortalecer a imagem de uma organização do mercado de luxo perante seu público-alvo: o caso Baccarat*. Monografia (Especialização em Gestão Estratégica em Comunicação Organizacional e Relações Públicas) – Universidade de São Paulo, 2006, 191p.

OLIVEIRA, J.A.P. *Empresas na sociedade: sustentabilidade e responsabilidade social*. Rio de Janeiro: Elsevier, 2013).

PORTER, M.; VAN DER LINDE, C. Verde e competitivo: acabando com o impasse. In: PORTER, M. *Competição: estratégias competitivas essenciais*. 13.ed. Rio de Janeiro: Elsevier, 1995.

SAMPAIO, C.A.C.; MANTOVANELI, O. Sustentabilidade política e administrativa: contribuições para a reformulação da agenda para o ecodesenvolvimento. *Revista de Gestão Social e Ambiental (RGSA)*. v. 1, n. 2, p. 3-21, 2007.

SANCHES, C.S. Gestão ambiental proativa. *Revista de Administração de Empresas (RAE)*. v. 40, n. 1, p. 76-87, 2000.

SANTOS, R.M.S.; VASCONCELOS, M.A.; BEZERRA, S.A. et al. O gerenciamento de resíduos sólidos e efluentes na indústria: aspectos ambientais, econômicos, sociais e estratégicos. *Educação Ambiental em Ação*. v. 41, 2012.

VELOSO, Z.M.F. Ciclo de vida dos pneus. Disponível em: http://www.inmetro. gov.br/painelsetorial/palestras/Zilda-Maria-Faria-Veloso-Ciclo-Vida-Pneus.pdf. Acessado em: 4 fev. 2014.

VIEIRA, P.F. Ecodesenvolvimento: do conceito à ação. In: SACHS, I. *Rumo à ecossocioeconomia: teoria e prática do desenvolvimento*. São Paulo: Cortez, 2007.

ZAMBON, B.P.; RICCO, A.A. *Sustentabilidade empresarial: uma oportunidade para novos negócios*. CRA/ES, 2010. Disponível em: http://www.craes.org.br/interna/artigosTecnicos.php. Acessado em: 3 mar. 2014.

ZARPELON, M.I. *Gestão e responsabilidade social: NBR 16.001/AS 8.000: implementação e prática*. Rio de Janeiro: Qualitymark, 2006.

38 Minimização de Impactos Ambientais em um *Campus* Universitário

Rebecca M. Dziedzic
Engenheira civil, University of Toronto

Maurício Dziedzic
Engenheiro civil, Universidade Positivo

INTRODUÇÃO

O presente capítulo expõe um estudo de caso para demonstrar a aplicação dos conceitos abordados no Capítulo 28, sendo recomendada, portanto, a sua leitura anteriormente à deste. A aplicação foi demonstrada para o *campus* da Universidade Positivo, em Curitiba (PR), mas deve ficar claro que a metodologia é aplicável a qualquer sistema, como uma empresa, um conjunto de empresas, uma cidade, uma região e até mesmo um país. Esse *campus* se localiza na região Sul do Brasil, tem cerca de 420 mil metros quadrados e é composto por 7 blocos didáticos, 5 dos quais têm as mesmas dimensões. Possui 3 praças de alimentação, refeitório para funcionários, prédio para reitoria, biblioteca, clínica de fisioterapia, centro esportivo, laboratório de informática, teatro e centro de exposições.

Na época da realização do estudo, o *campus* tinha uma população fixa de 547 funcionários, 559 professores, 99 estagiários, 120 prestadores de serviço e 11 mil alunos de graduação e pós-graduação. Recebia cerca de 200 prestadores de serviços e 250 a 300 fornecedores de materiais e serviços durante o ano, e 3 mil visitantes mensalmente.

O *campus* foi analisado quanto ao seu fluxo de materiais. Como proposto por Pauli (1998), esta análise não se restringe à produção de resíduos, mas também inclui água e energia. No entanto, a proposta de Pauli

(1996) não foi integralmente adotada, pois preconiza a emissão zero, o que é impossível como já explicado por Gravitis (2006), Braga et al. (2006) e Braungart et al. (2006). Além disso, apenas o fluxo de materiais no *campus* foi estudado e não de conglomerados industriais adjacentes, que pudessem ser agregados ao sistema para formar uma ecologia industrial. Emissões de transporte também não fizeram parte do escopo.

As seções e equações citadas por número no presente capítulo são aquelas apresentadas no Capítulo 28.

METODOLOGIA

Fluxo de materiais do *campus* – cenário atual

O consumo total de água por mês foi fornecido pelo setor administrativo do *campus*, para 2009, dividido por pontos de medição. A quantidade de esgoto produzida foi considerada 80% do volume de abastecimento, conforme pressuposto por Sanepar (2005) para fins de cobrança.

Dados de consumo de energia da rede também foram fornecidos pelo setor administrativo do *campus*, assim como o consumo de gás e óleo diesel.

O volume de resíduos produzido por ano, dividido por tipo, foi informado pelo setor administrativo, e o peso específico de resíduos orgânicos e o de jardinagem foram determinados separadamente por pesagem de material em caixa de volume conhecido, com dimensões de 58 × 48 × 40 cm, com tara para o peso da caixa.

Emissões

Uma ferramenta computacional foi criada, na forma de planilha de cálculo, para analisar fluxo de materiais, incluindo emissões, consumo e tratamento de água, consumo de energia, produção e disposição de resíduos, com base na metodologia apresentada no Capítulo 28. Para utilização da ferramenta, os dados relativos às fontes de emissões devem ser informados. Para os vários fatores de cálculo, o usuário tem as opções de adotar os valores-padrão disponíveis na planilha ou especificar fatores diferentes.

Emissões a partir do consumo de água, como dado pela equação 7, dependem do consumo de eletricidade na distribuição local. Como esta é uma parcela do consumo total de eletricidade da rede, emissões provenientes dessa atividade não são calculadas separadamente, mas englobadas nas emissões de uso de energia.

Emissões provenientes do tratamento de águas residuais, equação 8, contemplam tratamento da água, do lodo, consumo de eletricidade, aquecimento e transporte de lodo. Como as três últimas fontes são características da estação de tratamento e apresentam grande variabilidade por estação, principalmente transporte de lodo, não foram incluídas no cálculo. Para determinação de emissões a partir do processo de tratamento de água, foi aplicada a equação 9. O potencial de aquecimento global do metano foi adotado como 21 (Tabela 3 do Capítulo 28). Ainda, foram utilizados, segundo a UNFCCC (2004), valores-padrão de capacidade máxima de produção de metano das águas residuárias (Bo), 0,25 kg CH_4.kg COD^{-1} e fator de conversão de metano (MCF) definido de acordo com o tipo de tratamento ou local, indicado na Tabela1. Como a DQO não era conhecida para esgoto doméstico, foi determinada a partir do volume de esgoto produzido, razão entre DQO e DBO_5, dada por Henze et al. (2008) e DBO_5 para esgotos domésticos, segundo Metcalf e Eddy (1995), listados no item "Tratamento de esgoto" do Capítulo 28.

Tabela 1 – Valores de MCF por tipo de tratamento ou local para tratamento de esgoto. Os valores indicados para as diversas regiões referem-se a tratamento anaeróbio.

Tipo/local	MCF
Anaeróbio	1,0
Aeróbio	0,0
África	0,9
Ásia	0,9
América do Norte	0,7
América Latina e Caribe	0,9
Austrália e Nova Zelândia	0,7

Fonte: UNFCCC (2004).

Na determinação de emissões a partir do tratamento do lodo, foi aplicada a equação 10, e foram utilizados valores-padrão, definidos pela

UNFCCC (2008a). Assim, a fração de metano em gás (F) adotada foi 0,5; fração de carga orgânica convertida em gás ($DOCF$), 0,5; e conteúdo orgânico degradável ($DOCBL_{sl}$), 0,05 para lodo doméstico e 0,09 para industrial. O fator de conversão de metano ($MCFBL_{sl}$) também depende do tipo de tratamento, como descrito na Tabela 2.

Tabela 2 – Valores de MCF por tipo de tratamento ou local para tratamento de lodo ou disposição de resíduos.

Tipo	MCF
Tratamento anaeróbio controlado	1,0
Tratamento semi-anaeróbio controlado	0,5
Tratamento não controlado – profundo ($\geq$5 m) ou nível de água alto, próximo ao nível do solo	0,8
Tratamento não controlado – raso (< 5 m)	0,4

Fonte: UNFCCC (2008a).

A quantidade de lodo produzida por ano foi calculada a partir da relação de 150 g de sólidos suspensos por 1.000 g de DQO, conforme Pegorini et al. (2003), considerando sistemas com reator anaeróbio de lodo fluidizado (Ralf), utilizados na região do *campus*.

Emissões provenientes do consumo de eletricidade da rede, equação 13, foram determinadas a partir do fator de emissão da rede, dada por EIA (2007), de acordo com a região ou pelas características de B (linha de base), L (vazamento) e P (projeto), como mostra a Tabela 3. Perdas médias durante transmissão e distribuição, TDL, têm valores-padrão definidos por UNFCCC (2008b), sendo 0,2 para $L + P > B$ e 0,03 para $L + P + < B$. Outra forma de estimar essas emissões é considerando os fatores de emissão publicados pelo Ministério da Ciência e Tecnologia (MCT).

Tabela 3 – Valores de fator de emissão da rede de acordo com região ou características de linha de base, vazamento e projeto.

Características/local	EF ($tCO_2.MWh^{-1}$)
P, L ou L + P > B	1,300
Energia hidrelétrica < 50%, B ou L + P < B	0,400

(continua)

Tabela 3 – Valores de fator de emissão da rede de acordo com região ou características de linha de base, vazamento e projeto. *(continuação)*

Características/local	EF (tCO$_2$.MWh^{-1})
Outros, B ou L + P < B	0,250
Europa – OECD	0,387
Europa	0,513
Ásia – OECD	0,511
Ásia	0,809
Oriente Médio	0,743
África	0,683
América Central e do Sul	0,204
Brasil	0,093
Canadá	0,223
Estados Unidos	0,676
México	0,596

Fonte: EIA (2007).

Emissões de combustíveis fósseis, equação 11, dependem do coeficiente de produção de dióxido de carbono do combustível ($COEFi,y$), calculado a partir da equação 12 pelo valor calorífico líquido do combustível ($NCVi,y$) e emissão média em massa de dióxido de carbono ($EFCO2,i,y$), dados por Kazunari (2005) e mencionados no item "Energia" do Capítulo 28.

Para determinação de emissões causadas pela disposição de resíduos sólidos em aterros foi aplicada a equação 14, segundo metodologia sugerida pela UNFCCC (2008c). Nesta, valores-padrão de fração de carbono orgânico degradável em massa ($DOCj$) são função do tipo de resíduo, como se pode ver na Tabela 4.

Tabela 4 – Valores-padrão de fração de carbono orgânico degradável em massa por tipo de resíduo.

Tipo	$DOCj$ (% massa úmida)
Madeira e produtos madeireiros	43

(continua)

Tabela 4 – Valores-padrão de fração de carbono orgânico degradável em massa por tipo de resíduo. *(continuação)*

Tipo	DOC_j (% massa úmida)
Papel e papelão	40
Alimentos e bebidas	15
Têxteis	24
Jardins, pátios e parques	20
Vidro, plástico, metal, inertes	0

Fonte: UNFCCC (2008c).

As taxas de decaimento anual dos resíduos, *kj*, são fornecidas de acordo com a temperatura média anual (*MAT*) do local, precipitação anual média (*MAP*) e evapotranspiração potencial (*PET*), como na Tabela 5. Ainda, o fator de conversão do modelo (*j*) é 0,9, em virtude das incertezas associadas ao modelo e para estimar redução de emissões de maneira conservativa. O fator de oxidação (*OX*) é 0,1 para aterros cobertos por solo ou composto e 0 para outros. A fração de carbono degradável em volume (*DOC*) é 0,5, mostrando que parte do carbono orgânico degradável não se decompõe ou o faz de forma lenta. Já o *MCF* varia, como na Tabela 2.

Tabela 5 – Valores de taxa de decaimento anual de acordo com a *MAT, MAP* e *PET* do local.

	Papel, papelão, têxteis	Madeira e produtos madeireiros	Jardins, pátios e parques	Alimentos e bebidas
MAT < 20°C *MAP/PET* < 1	0,040	0,020	0,050	0,060
MAT < 20°C *MAP/PET* > 1	0,060	0,030	0,100	0,185
MAT > 20°C *MAP* < 1.000 mm	0,045	0,025	0,065	0,085
MAT > 20°C *MAP* > 1.000 mm	0,070	0,035	0,170	0,400

Fonte: UNFCCC (2008c).

Proposta de soluções

Após a simulação do fluxo de materiais da situação vigente do *campus*, novos cenários foram criados com diferentes combinações de alterações propostas e modeladas na ferramenta computacional. Além das reduções do consumo de água ou energia e da produção de resíduos proporcionadas pelas alterações, os custos associados também foram determinados, incluindo instalação, operação e manutenção, assim como vida útil. Assim, estudos de viabilidade foram realizados para cada modificação, considerando diferentes panoramas de consumo e produção futuros e custos de água, eletricidade e transporte de resíduos.

Para consumo de água nos banheiros, foram consideradas porcentagens de indivíduos do sexo feminino de 40 a 60%. Ainda, considerou-se que todos os indivíduos do sexo masculino utilizam mictório para urinar. A frequência de utilização dos banheiros para urinar foi adotada por tipo de pessoa: empregado permanente, visitante ou estudante para valores altos e baixos diários, conforme indicado na Tabela 6.

Tabela 6 – Frequência de utlização dos banheiros para urinar por tipo de indivíduo por dia.

	Empregado	Visitante	Estudante
Baixa	2	0,20	0,50
Alta	3	0,33	0,75

Fonte: Dziedzic (2009).

Para análise do consumo de energia, foram criados três cenários – máximo, médio e mínimo consumo –, com utilização de equipamentos como computador ou iluminação, variando para diferentes locais, como banheiro ou corredor, e ao longo do dia, dividido em três períodos – manhã, tarde e noite. Todos esses cenários para consumo de energia e água foram considerados para um ano com 235 dias úteis.

O potencial de captação de água da chuva foi analisado levando em conta a área coberta do *campus*, a precipitação média no local e a sua variabilidade sazonal, como sugerido por Gomes et al. (2010). Desse modo, foi determinado um volume para reservatório de água da chuva (Ecoracional, 2010). Para redução de consumo de água, várias alternativas foram propostas, como modificações em torneiras e válvulas de descarga. Ainda, a partir da demanda química de oxigênio estimada (Henze et al., 2008; Metcalf e Eddy, 1995), um banhado construído foi dimensionado segundo a equação 5.

Propostas também foram consideradas para reduzir o consumo de energia a partir de alterações na eficiência de equipamentos ou mudanças no padrão de consumo. Ainda, opções de geração de energia a partir de painéis fotovoltaicos foram analisadas. A partir de valores dados por Biswas et al. (2007) e São Paulo (2006), foi estudado o potencial de produção de biogás para os resíduos orgânicos do *campus* e uma usina foi dimensionada com base nas equações 1 a 4. Para redução de emissões provenientes da disposição de resíduos também foi considerada uma melhor separação de resíduos recicláveis.

Por fim, comparando cenários e considerando a viabilidade das alternativas analisadas por tempo de retorno dos investimentos e relação custo-benefício dos mesmos, foi proposta uma estratégia de redução de emissões com as alterações julgadas mais apropriadas.

FLUXO DE MATERIAIS DO *CAMPUS*

Resíduos

O *campus* analisado possui um programa de gerenciamento de resíduos sólidos e da saúde com medidas específicas para materiais perfurocortantes, lâmpadas e eletrônicos, além de separação dos materiais recicláveis. Cada tipo de resíduo é recolhido por empresa especializada específica. Os resíduos recicláveis são coletados, e os ganhos, revertidos em cestas básicas para funcionários. O resíduo orgânico, proveniente principalmente das cantinas, é destinado a aterros para resíduos não perigosos.

Em 2008, foram comercializados 30.300 kg de papel, 10.500 kg de plástico e 1.412 kg de metal. A quantidade de resíduo orgânico somou naquele ano 2.725 m³. No entanto, esse volume contém parcelas de resíduos recicláveis não separados adequadamente. O óleo vegetal utilizado no refeitório e nas cantinas é coletado periodicamente. No mesmo ano, foram gerados 725 m³ de resíduo de jardinagem. Ainda, em 2008 foram descartadas 2.873 lâmpadas fluorescentes.

Água

O consumo de água no *campus* é divido por pontos de medição, conforme indicado na Tabela 7, mas a destinação não é dividida por blocos. Os pontos são:

* Principal: junto ao Centro Esportivo.
* Expo: junto ao Centro de Exposições.
* Portão 1: junto ao portão principal.
* Poço 1: junto ao prédio da pós-graduação.
* Poço 2: junto ao gerador.

Tabela 7 – Consumo de água (m³) mensal no ano de 2009 para os diferentes pontos de medição do *campus*.

Consumo (m³)						
Mês	Principal	Expo	Portão 1	Poço 1	Poço 2	Total
Janeiro	3.128	165	1.663	106	2.825	7.887
Fevereiro	2.637	49	90	783	3.097	6.656
Março	2.616	468	95	1.699	3.158	8.036
Abril	2.815	203	109	1.538	3.324	7.989
Maio	2.577	312	92	1.060	2.692	6.733
Junho	3.158	0	88	1.173	2.466	6.885
Julho	1.887	0	116	1.268	3.210	6.481
Agosto	1.734	0	131	273	943	3.081
Setembro	1.869	0	146	659	1.532	4.206
Outubro	651	663	122	1.011	2.366	4.813
Novembro	313	560	121	1.275	2.936	5.205
Dezembro	911	355	104	943	2.097	4.410
					Média	6.031,833

Energia

A maior parte da energia consumida no *campus* é elétrica, sendo utilizado um gerador a diesel para fornecer energia no horário de ponta, quando o custo de eletricidade da rede é mais alto, em torno de 0,9 R\$.kWh^{-1}, ao contrário de 0,12 R\$.kWh^{-1}, fora do horário de ponta. O gerador principal é composto de três motores com potências de 1.000 kW, 750 kW e 500 kW. Também há um motor para o teatro, com 500 kW e dois para o centro de exposições, de 380 kW.

O consumo de eletricidade em 2008 e 2009 para todos os prédios, excluindo o centro de exposições e o teatro, é mostrado na Tabela 8, com a porcentagem consumida na ponta e o valor faturado. A Tabela 9 mostra o consumo de diesel no mesmo período, mas os dados no final de 2009 não foram disponibilizados.

A partir das Tabelas 8 e 9, também foi possível observar que, concomitantemente, há um aumento de consumo de eletricidade no final de 2008, a partir de setembro, e decréscimo de consumo de diesel. Essa alteração deve-se a problemas de manutenção no gerador nesse período.

Tabela 8 – Consumo mensal de eletricidade, porcentagem desse consumo na ponta e valor faturado para todos os prédios do *campus*, excluindo o Centro de Exposições e Teatro.

Mês	Principal 2009			Principal 2008		
	Consumo (kWh)	% Consumo ponta	R\$	Consumo (kWh)	% Consumo ponta	R\$
Janeiro	239.770	4,09	63.176,51	251801	0,68	58.739,56
Fevereiro	319.438	4,34	80.371,12	278070	2,33	66.099,60
Março	324.379	6,58	98.739,53	366053	6,76	98.758,16
Abril	394.273	0,53	82.136,47	385728	4,40	96.105,90
Maio	351.252	0,00	79.530,50	375820	1,32	89.871,25
Junho	407.412	0,57	92.797,55	428945	4,14	110.084,08
Julho	335.501	1,24	81.351,14	384693	3,99	100.195,03
Agosto	309.443	0,05	71.406,80	397730	3,04	99.590,03

(continua)

GESTÃO EMPRESARIAL E SUSTENTABILIDADE

Tabela 8 – Consumo mensal de eletricidade, porcentagem desse consumo na ponta e valor faturado para todos os prédios do *campus*, excluindo o Centro de Exposições e Teatro. *(continuação)*

Mês	Principal 2009			Principal 2008		
	Consumo (kWh)	% Consumo ponta	R$	Consumo (kWh)	% Consumo ponta	R$
Setembro	338.103	1,72	84.088,31	474397	16,08	191.728,61
Outubro	364.950	0,52	84.244,68	480186	15,40	186.359,78
Novembro	394.248	0,32	89.172,30	435824	4,79	120.282,54
Dezembro	364.179	0,86	79.511,72	447917	13,03	158.021,86
Média	345.245,67	1,73	82.210,55	392263,67	6,33	114.653

Tabela 9 – Consumo mensal de diesel e custo por litro para 2008 e 2009 no *campus*.

Mês	2008		2009	
	Consumo (L)	R$.L⁻¹	Consumo (L)	R$.L⁻¹
	Consumo (L)	$R\$.L^{-1}$	Consumo (L)	$R\$.L^{-1}$
Janeiro	5.000	1,758	8.500	1,988
Fevereiro	12.500	1,758	9.000	1,989
Março	19.500	1,758	21.500	1,989
Abril	20.000	1,758	18.000	1,989
Maio	15.000	1,918	22.500	1,989
Junho	20.000	1,918	12.500	1,889
Julho	19.000	1,698	-	-
Agosto	5.000	1,978	-	-
Setembro	0	1,978	-	-
Outubro	15.000	1,978	-	-
Novembro	4.500	1,978	-	-
Dezembro	9.000	1,978	-	-

A variabilidade de consumo de diesel no gerador pode ser explicada por variações do consumo de energia geral apenas em períodos não letivos, quando esse consumo diminui em razão da menor taxa de ocupação do *campus*. Em outros casos, são apenas consequências de problemas no gerador.

Dados de consumo de eletricidade para o Teatro e o Centro de Exposições em 2009, indicados na Figura 1, estão listados na Tabela 10, pois no início de 2008 os dois prédios estavam em fase final de construção. Os valores são menores em janeiro e agosto e maiores no final do ano.

Figura 1 – Imagem do *campus* com indicação do teatro e do centro de exposições.

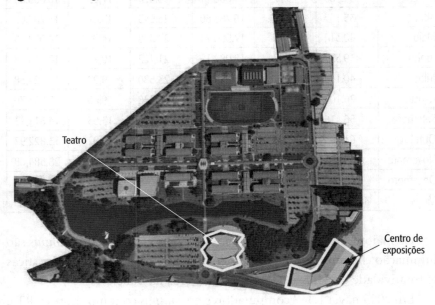

Fonte: Google Earth (2009).

Tabela 10 – Consumo mensal de eletricidade, porcentagem desse consumo na ponta e valor faturado, para Teatro e Centro de Exposições do *campus*.

Mês	Expo 2009			Teatro 2009		
	Consumo (kWh)	% Consumo ponta	R$	Consumo (kWh)	% Consumo ponta	R$
Janeiro	14.058	8,83	6.526,34	11.609	7,59	5.816,32

(continua)

Tabela 10 – Consumo mensal de eletricidade, porcentagem desse consumo na ponta e valor faturado, para Teatro e Centro de Exposições do *campus*.
(continuação)

Mês	Expo 2009			Teatro 2009		
	Consumo (kWh)	% Consumo ponta	R$	Consumo (kWh)	% Consumo ponta	R$
Fevereiro	28.323	9,63	12.399,27	23.428	16,41	13.283,96
Março	34.709	11,22	14.686,11	30.424	17,05	16.000,05
Abril	35.187	13,45	16.785,80	25.943	13,69	13.787,02
Maio	40.314	12,49	17.986,74	27.378	14,00	14.092,45
Junho	39.527	14,02	18.082,15	21.422	10,76	10.693,18
Julho	40.144	14,27	18.558,03	23.580	9,92	11.124,38
Agosto	26.100	12,55	12.882,38	16.378	9,00	8.851,70
Setembro	56.416	15,00	24.758,09	28.509	13,63	14.611,13
Outubro	61.963	11,98	24.752,59	28.808	11,02	13.822,97
Novembro	45.834	9,12	18.026,46	59.084	16,10	28.584,68
Dezembro	39.374	14,60	18.424,47	48.246	18,74	24.734,66
Média	38.495,75	12,26	16.989,04	28.734,08	13,16	14.616,88

Os maiores responsáveis pelo consumo de eletricidade no *campus* são iluminação e computadores. O número de computadores e características de rotatividade de 2005 a 2009 estão indicados na Tabela 11.

Em 2009 havia 1.347 computadores no *campus* com monitores CRT e 1.209 LCD, cujas características de consumo estão descritas na Tabela 12, segundo medição de Zanetti (2010).

Tabela 11 – Número de computadores e a rotatividade deles no *campus*, de 2005 a 2009.

Ano	PCs novos	PCs reutilizados	PCs removidos	Total de computadores
2005	286	124	72	1.614
2006	539	153	324	1.829

(continua)

Tabela 11 – Número de computadores e a rotatividade deles no *campus*, de 2005 a 2009. *(continuação)*

Ano	PCs novos	PCs reutilizados	PCs removidos	Total de computadores
2007	499	319	344	1.984
2008	524	163	356	2.152
2009	710	421	306	2.556
Média	511,6	236	280,4	2.027

Fonte: Zanetti (2010).

Tabela 12 – Potência de equipamentos com monitores CRT e LCD para modos ligado, desligado e de espera (em watts).

Equipamento	Tensão monitor ligado (média 10 PCs)	Tensão monitor desligado (média 10 PCs)	Tensão monitor modo de espera (média 10 PCs)
PC + CRT	129	60	70
PC + LCD	100	60	64.5

Fonte: Zanetti (2010).

Nas cantinas, no refeitório e no Centro Esportivo (indicados na Figura 2), é utilizado gás liquefeito de petróleo para aquecimento. Os dados de consumo de gás para 2009 estão indicados na Tabela 13. Para o Centro Esportivo, esse combustível é utilizado para aquecimento de água para banho e para duas piscinas, uma de $12,75 \times 8,25$, $0,6$ m e outra de $50 \times 21 \times 1,5$ m. O aquecimento da piscina maior é auxiliado por uma bomba de calor que utiliza a água do lago localizado no *campus*. As paredes da piscina são formadas por concreto armado, com condutividade térmica de aproximadamente $1,9$ $W.m^{-1}.K^{-1}$, segundo valores de referência recomendados por Hammond e Jones (2008). Há ainda uma camada de azulejos cerâmicos cuja condutividade é de aproximadamente $1,2$ $W.m^{-1}.K^{-1}$ de acordo com valores indicados pelos mesmos autores.

Figura 2 – Imagem do *campus* com indicação do Centro Esportivo, cantinas e refeitório.

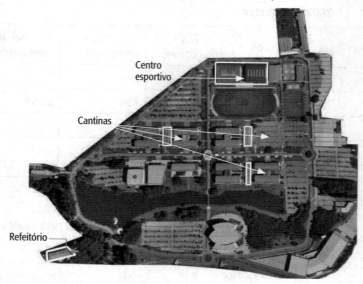

Fonte: Google Earth (2009).

Tabela 13 – Consumo mensal de gás liquefeito de petróleo no ano de 2009 e custo por quilograma.

Mês	Consumo (kg)	R$.kg^{-1}
Janeiro	7.715	2,02
Fevereiro	5.365	2,03
Março	8.525	2,03
Abril	8.792	2,02
Maio	12.874	2,14
Junho	17.446	2,09
Julho	12.613	2,10
Agosto	10.506	2,10
Setembro	11.354	2,10
Outubro	9.765	2,10
Novembro	6.682	2,10

(continua)

Tabela 13 – Consumo mensal de gás liquefeito de petróleo no ano de 2009 e custo por quilograma. (*continuação*)

Mês	Consumo (kg)	R\$.kg^{-1}
Dezembro	4.274	2,10
Média	9.659,25	2,08

As bombas que conduzem água do lago ao Centro Esportivo, para utilização na bomba de calor, têm potência de 17 kW e 6,8 kW; a menor é utilizada como reserva. No trocador de calor há duas bombas de 2,7 kW e duas de 1,4 kW, e na cisterna que envia água para o trocador há uma bomba de 2 kW. Para os aquecedores a gás, que têm potência instalada de 27,9 cv, são utilizadas duas bombas de 2 kW.

O consumo de gás dividido por destinação no *campus*, Centro Esportivo, refeitório e praças de alimentação (PA) é apresentado na Tabela 14.

Tabela 14 – Porcentagem de consumo de gás por destinação no *campus*.

Destino	% consumo
Centro Esportivo	50%
Refeitório	7%
Praça de alimentação do bloco marrom	12%
Praça de alimentação do bloco vermelho	12%
Praça de alimentação do bloco bege	12%
Praça de alimentação do bloco bosque	7%

Dessa maneira, a matriz de consumo energético do *campus* é composta por energia da rede elétrica, diesel e gás liquefeito de petróleo. Foram considerados os consumos de cada fonte e conteúdo calorífico dos combustíveis, descrito no item "Emissões" do Capítulo 28. A densidade do diesel adotada foi de 0,85 kg.L^{-1} como sugerido por Maricq e Xu (2004); foram adotados rendimentos de 40% para os motores. Assim, a porcentagem de consumo de energia proveniente de cada fonte é ilustrada na Figura 3.

Figura 3 – Porcentagens de consumo de energia por fonte no *campus*.

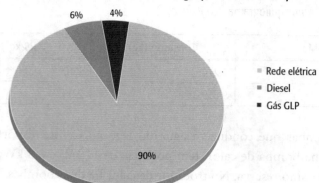

O fluxo geral de materiais no *campus* está ilustrado na Figura 4, com valores de consumo de energia, água e produção de resíduos. Nesse fluxo, o *campus* está configurado como uma caixa preta, sem detalhamento dos processos internos, mas estes, que transformam entradas em saídas, também devem ser alvo de alterações. A Figura 5 apresenta um diagrama esquemático do fluxo de materiais no *campus*.

Figura 4 – Fluxo de materiais em escala do *campus*.

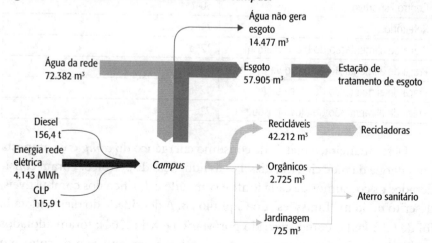

Figura 5 – Fluxo esquemático de materiais do *campus*.

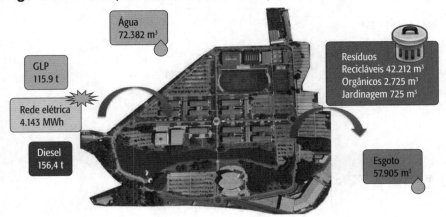

Emissões

A ferramenta criada para cálculo das emissões tem entrada de dados ilustrada nas Figuras 6, 7 e 9. O usuário pode optar pelos valores-padrão pré-disponíveis na planilha, correspondentes a várias situações típicas, ou informar outros. Fatores ou valores que devem ser obrigatoriamente informados são indicados por células de coloração cinza claro.

Água e esgoto

Na determinação de emissões a partir do consumo de água, especificamente tratamento de esgoto e lodo, a entrada de dados pode ser visualizada na Figura 6. Informações, fatores e resultados estão detalhados na Tabela 15.

O consumo total de água em 2009 foi de 72.382 m³ e a geração de esgoto, considerando 80% desta, foi de 57.905,6 m³. Portanto, as emissões a partir do tratamento de esgoto no *campus* resultaram em 30,60 tCO$_2$e · a^{-1}, e do tratamento do lodo, 0,043 tCO$_2$e · a^{-1}, totalizando 30,64 tCO$_2$e · a^{-1}.

Figura 6 – Entrada de dados para cálculo de emissões provenientes da geração de esgoto.

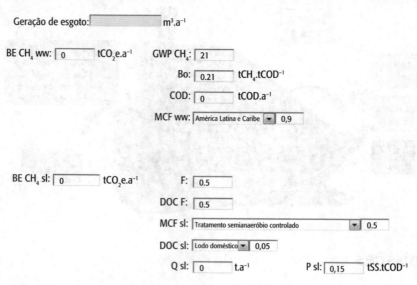

BE CH_4 ww: emissões provenientes do tratamento de esgoto; GWP CH_4: potencial de aquecimento global do metano; Bo: capacidade máxima de produção de metano; COD: demanda química de oxigênio tratada; MCF: fator de conversão de metano; BE CH_4 sl: emissões provenientes do tratamento do lodo; F: fração em gás de metano; DOC F: fração de carga orgânica convertida em biogás; DOC sl: conteúdo orgânico degradável do lodo; Q sl: quantidade de lodo produzido; P sl: massa de sólidos suspensos.

Energia

Para consumo de energia, a entrada de dados da ferramenta pode ser visualizada na Figura 7. Detalhes das informações necessárias, fatores e resultados desta parte da ferramenta encontram-se na Tabela 16.

Tabela 15 – Informações necessárias, fatores fornecidos e resultados do cálculo de emissões provenientes da geração de esgoto para a ferramenta criada.

Informações necessárias	Fatores fornecidos	Valores dos fatores	Resultado
Geração de esgoto ($m^3.a^{-1}$)	GWP CH_4: potencial de aquecimento global do metano	21	BE CH_4 ww: emissões provenientes do tratamento de esgoto $tCO_2e.a^{-1}$
	Bo: capacidade máxima de produção de metano	$0,21\ tCH_4.COD^{-1}$	
	COD: demanda química de oxigênio tratada	Para $DBO_5 = 400\ mg.L^{-1}$ tCOD. a^{-1}	
	MCF ww: fator de conversão de metano para o tratamento do esgoto	Anaeróbio 1	
		Aeróbio 0	
Geração de esgoto ($m^3.a^{-1}$)	MCF ww: fator de conversão de metano para o tratamento do esgoto	África 0,9	BE CH_4 ww: emissões provenientes do tratamento de esgoto $tCO_2e.a^{-1}$
		Ásia 0,9	
		América do Norte 0,7	
		América Latina e Caribe 0,9	
		Austrália e Nova Zelândia 0,7	
	F: fração em gás de metano	0,5	BE CH_4 sl: emissões provenientes do tratamento do lodo $tCO_2e.a^{-1}$
	DOC F: fração de carga orgânica convertida em biogás	0,5	
	DOC sl: conteúdo orgânico degradável do lodo	Lodo doméstico 0,05	
		Lodo industrial 0,09	
	Q sl: quantidade de lodo produzido	Calculado a partir de P sl e COD	
	P sl: massa de sólidos suspensos	$0,15\ tSS.tCOD^{-1}$ (Curitiba)	
	MCF sl: fator de conversão de metano para o tratamento do esgoto	Tratamento anaeróbio controlado 1	
		Tratamento semianaeróbio controlado 0,5	
		Tratamento não controlado – Lagoa de estabilização profunda 0,8	
		Tratamento não controlado – Lagoa de estabilização rasa 0,4	

Figura 7 – Entrada de dados para cálculo de emissões provenientes do consumo de energia.

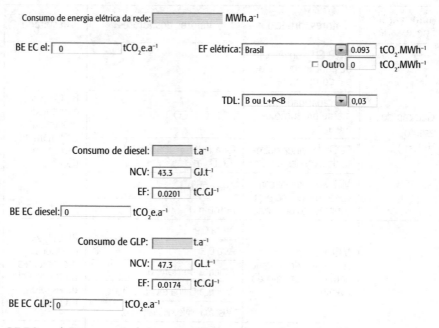

BE EC: emissões a partir do consumo de energia; EF elétrica: fator de emissão da rede elétrica; TDL: perdas médias durante transmissão e distribuição; NCV: valor calorífico líquido do combustível; EF: emissão média em massa de dióxido de carbono.

Tabela 16 – Informações necessárias, fatores fornecidos e resultados do cálculo de emissões provenientes do consumo de energia para a ferramenta criada.

Informações necessárias	Fatores fornecidos	Valores dos fatores	Resultado
Consumo de energia elétrica da rede (MWh.a^{-1})	EF elétrica: fator de emissão da rede elétrica	0.093 tCO$_2$.MWh^{-1}	BE EC: emissões a partir do consumo de energia da rede elétrica tCO$_{2e}$.a^{-1}
	TDL: perdas médias durante transmissão e distribuição	P, L ou L + P > B 20%	
		B ou L + P < B 3%	

(continua)

Tabela 16 – Informações necessárias, fatores fornecidos e resultados do cálculo de emissões provenientes do consumo de energia para a ferramenta criada. *(continuação)*

Informações necessárias	Fatores fornecidos	Valores dos fatores	Resultado
Consumo de diesel $(t.a^{-1})$	NCV: valor calorífico líquido do combustível	43.3 $GJ.t^{-1}$	BE EC diesel: emissões a partir do consumo de diesel $tCO_{2e}.a^{-1}$
	EF: emissão média em massa de dióxido de carbono	0,0201 $tC.GJ^{-1}$	
Consumo de GLP $(t.a^{-1})$	NCV: valor calorífico líquido do combustível	47,3 $GJ.t^{-1}$	BE EC diesel: emissões a partir do consumo de GLP $tCO_{2e}.a^{-1}$
	EF: emissão média em massa de dióxido de carbono	0,0174 $tC.GJ^{-1}$	

No cálculo das emissões a partir do consumo de energia foram considerados dados de 2009, total de 4.142,948 $MWh.a^{-1}$ da rede elétrica, 156,4 $t.a^{-1}$ de diesel e 115.911 $t.a^{-1}$ de GLP. Aplicando o fator de emissão da rede elétrica para o Brasil (Tabela 3) e admitindo que o consumo de energia da rede diminua em relação à linha de base, emissões provenientes desta atividade somam 396,85 $tCO_2e.a^{-1}$. Para valor calorífico líquido de combustível e emissão média em massa de dióxido de carbono foram utilizados os valores apresentados no item "Emissões" do Capítulo 28. Assim, emissões a partir do consumo de diesel resultaram 499,11 $tCO_2e.a^{-1}$ e para GLP, 349,79 $tCO_2e.a^{-1}$.

A Figura 8 mostra as porcentagens de emissões por fonte de energia, que, comparada à Figura 3, com porcentagens de consumo de energia por fonte no *campus*, mostra que o diesel tem maior potencial de geração de emissões e a rede elétrica, menor.

Figura 8 – Porcentagens de emissões por fonte de energia consumida no *campus*.

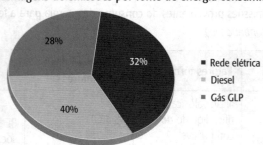

Resíduos

A relação de informações necessárias, fatores e resultados para cálculo de emissões provenientes da geração de resíduos está detalhada na Tabela 17, e a entrada de dados, ilustrada na Figura 9. No cálculo das

Figura 9 – Entrada de dados para cálculo de emissões provenientes da produção de resíduos.

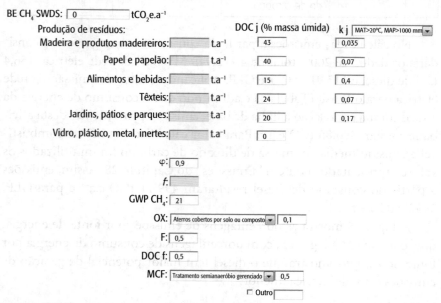

BE CH_4 SWDS: emissões provenientes da produção de resíduos; DOCj: fração de carbono orgânico degradável (em massa); kj: taxa de decaimento; fator de conversão do modelo; f: fração de metano capturado e utilizado; GWP CH_4: potencial de aquecimento global do metano; OX: fator de oxidação; F: fração de metano no biogás; DOCf: fração de carbono orgânico degradável (em volume); MCF: fator de conversão do metano.

MINIMIZAÇÃO DE IMPACTOS AMBIENTAIS EM UM *CAMPUS* UNIVERSITÁRIO | **1051**

emissões provenientes da produção de resíduos, foram adotados valores--padrão, descritos no item "Resíduos" do Capítulo 28, temperatura média menor que 20ºC e razão entre precipitação e evapotranspiração menor que 1. Considerou-se aterro coberto por solo ou composto e tratamento semi-anaeróbio controlado. Foi considerado que não há fração de metano capturado e utilizado. Desta maneira, as emissões causadas pelos resíduos resultaram 52,44 $tCO_2e.a^{-1}$.

Considerando as emissões do fluxo de materiais determinado, o *campus* é responsável por 1.328,84 $tCO_2e.a^{-1}$. A Figura 10 mostra as porcentagens de emissão por setor, água, energia ou resíduos, indicando que o maior valor corresponde à energia.

Tabela 17 – Informações necessárias, fatores fornecidos e resultados do cálculo de emissões provenientes da produção de resíduos.

Informações necessárias	Fatores fornecidos	Valores dos fatores	Resultados
Produção de resíduos: madeira e produtos madeireiros (t.a⁻¹)	$DOCj$: fração de carbono orgânico degradável em massa	43%	BE CH_4 SWDS: emissões provenientes da produção de resíduos
	k_j: taxa de decaimento anual f (temperatura anual, precipitação média, evapotranspiração potencial)	0,035 (MAT < 20ºC, MAP/PET > 1)	
Papel e papelão (t.a⁻¹)	DOC_j	40%	
	k_j	0,07 (MAT < 20ºC, MAP/PET > 1)	
Alimentos e bebidas (t.a⁻¹)	$DOCj$	15%	BE CH_4 SWDS: emissões provenientes da produção de resíduos
	kj	0,4 (MAT < 20ºC, MAP/PET > 1)	
Têxteis (t.a⁻¹)	$DOCj$	24%	
	kj	0,07 (MAT < 20ºC, MAP/PET > 1)	

(continua)

1052 | GESTÃO EMPRESARIAL E SUSTENTABILIDADE

Tabela 17 – Informações necessárias, fatores fornecidos e resultados do cálculo de emissões provenientes da produção de resíduos. (*continuação*)

Informações necessárias	Fatores fornecidos	Valores dos fatores	Resultados
Jardins, pátios e parques ($t.a^{-1}$)	DOC_j	20%	
	k_j	0,17 (MAT < 20°C, MAP/PET > 1)	
Vidro, plástico, metal, inertes ($t.a^{-1}$)	DOC_j	0	
	k_j	0	
f: fração de metano capturado e utilizado	GWP CH_4: potencial de aquecimento global do metano	21	
	OX: fator de oxidação	Aterros cobertos por solo ou composto 0,1	BE CH_4 SWDS: emissões provenientes da produção de resíduos
	F: fração de metano no biogás	Outros aterros: 0	
		0,5	
	DOCf: fração de carbono orgânico degradável em volume	0,5	
	MCF: fator de conversão do metano	Tratamento anaeróbio controlado: 1	
		Tratamento semianaeróbio controlado: 0,5	
		Tratamento não controlado – Lagoa de estabilização profunda: 0,8	
		Tratamento não controlado – Lagoa de estabilização rasa: 0,4	

Figura 10 – Porcentagens de emissões por setor, água, energia e resíduos no *campus*.

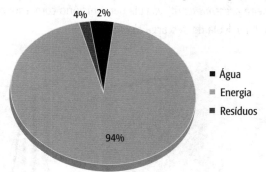

PROPOSTA DE ALTERAÇÕES

Com base no fluxo de materiais determinado, são indicadas alterações para redução de emissões, descritas a seguir.

Água e esgoto

O consumo de água no *campus* é destinado principalmente ao uso dos sanitários. Todavia, há também gastos com cozinhas, chuveiros do centro esportivo e limpeza do *campus*, utilizando lavadoras de alta pressão. Nos banheiros há torneiras do tipo *pressmatic*, com aeradores, como na Figura 11, para redução de consumo, mictórios e vasos sanitários convencionais. Segundo o fabricante, uma lavagem em torneira desse tipo consome 0,7 L, considerando 14 segundos de utilização e vazão de 3 L.min^{-1}; uma descarga em mictório, 3 L; e uma descarga em vaso sanitário, 6,8 L. Já chuveiros proporcionam vazão de 25 L.min^{-1}, mas com registro regulador de vazão, 8 L.min^{-1}. As torneiras nas cozinhas não têm aeradores ou reguladores de vazão e, portanto, têm vazão de 6 L.min^{-1}, de acordo com a mesma fonte.

Figura 11 – Exemplos de metais sanitários para redução de consumo de água: (a) torneira *pressmatic*; (b) válvula para mictório com acionamento automático; (c) válvula de descarga *duoflush*.

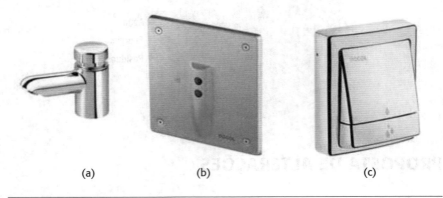

(a)   (b)   (c)

Fonte: Docel (2008)

Para redução de consumo de água, é possível utilizar válvulas de controle de vazão para mictório de acionamento automático (Figura 11). O modelo que opera a bateria custava R$ 816,55 e o modelo que opera conectado à rede elétrica, R$ 628,11; o primeiro opera a pilha e o outro, a eletricidade. Para os vasos sanitários, podem ser instalados acabamentos para válvula de descarga, com duas opções: para líquidos, com menor consumo por descarga, 4 L, e para sólidos, 6,8 L, conforme mostrado na Figura 11. Esses acabamentos, com alterações apenas em forma e material, apresentavam opções com custo de R$ 62,95, R$ 54,72 e R$ 23,59, respectivamente.

A redução de consumo de água a partir dessas alternativas foi estimada com a população e frequência de utilização dos sanitários de empregados permanentes, visitantes e estudantes, considerando o mesmo número de homens e mulheres. Para os mictórios, foi selecionado o modelo conectado à rede elétrica por causa do custo e, apesar do consumo de energia, não seria responsável pela geração de resíduos sólidos perigosos, ou seja, pilhas, como a outra opção. Assim, o aumento do consumo de energia elétrica da rede proveniente dessa modificação foi determinado para corrente, potência e tempo de acionamento por utilização, resultando em 2,88 kWh.a^{-1}. O consumo de água seria reduzido 2,53%. Já as válvulas para descarga diminuiriam 3,94% esse consumo.

O aproveitamento de água da chuva é outra solução para o uso racional desse recurso. O *campus* tem aproximadamente 2.600 m² de área de telhado que poderia ser aproveitada para captação. Uma empresa especializada sugeriu um volume de 200 m³ para o reservatório, considerando a precipitação anual média em Curitiba de 1.410 mm e sua variação ao longo do ano, ilustrada na Figura 12, que mostra o volume de captação mensal no *campus* para esses valores. A captação total anual seria de 2.932,8 m³; máxima em janeiro, 343,2 m³, e mínima em agosto, 156 m³, reduzindo em 5% o consumo de água.

Figura 12 – Potencial de captação mensal de água da chuva no *campus*.

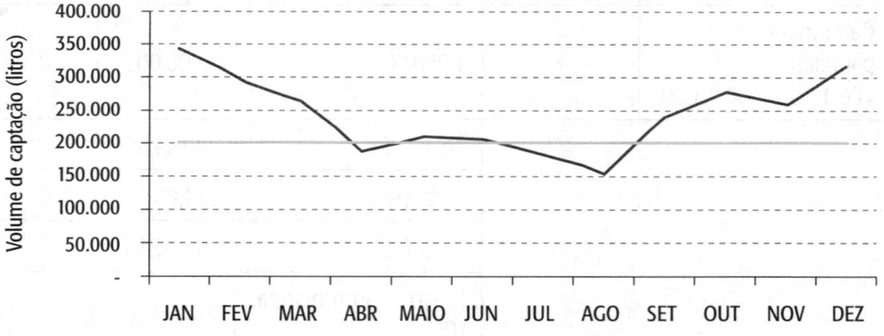

Fonte: Ecoracional (2010).

O sistema de captação é composto por um conjunto de calhas e tubos de descida, que já existem no *campus*, e filtro para água da chuva. A água com resíduos segue à galeria pluvial e a filtrada é direcionada para uma cisterna, da qual é redistribuída para pontos de consumo. Na Tabela 18 pode-se visualizar o orçamento dos equipamentos de filtragem. Um orçamento completo do sistema de captação deveria incluir, ainda, tubulação e reservatório.

Tabela 18 – Orçamento dos equipamentos de filtragem para sistema de captação de água da chuva.

Produto	Quantidade	Custo unitário (R$)	Subtotal (R$)
Filtro VF6	2	7.866,00	15.732,00
Freio de água 200 mm	2	549,10	1.098,20
Sifão ladrão 200 mm	2	746,70	1.493,40

(continua)

GESTÃO EMPRESARIAL E SUSTENTABILIDADE

Tabela 18 – Orçamento dos equipamentos de filtragem para sistema de captação de água da chuva. *(continuação)*

Produto	Quantidade	Custo unitário (R$)	Subtotal (R$)
Conjunto flutuante de sucção 2"	1	486,40	486,40
Sistema realimentador automático 1.1/2"	1	450,00	450,00
Bomba 1,5 cv submersível 220 V pressurizada	1	1.204,35	1.204,35
Caixa metálica para filtro VF6 1,10 x 1,00 x 1,00	2	1.950,00	3.900,00
		Total (R$)	24.364,35
		Frete (R$)	274,80
		Total (R$)	24.639,15
		Preço promocional (R$)	23.400,00

Fonte: Ecoracional (2010).

Considerando valor padrão de DBO_5^{20} para esgoto doméstico, e incremento de 10% à geração de esgoto de 2009, para vida útil de 20 anos de um banhado construído, aplicou-se a equação 5 para dimensionamento deste. Foram adotados fatores para escoamento subterrâneo, de um filtro plantado com macrófitas e DBO_5^{20} desejada do efluente, 5 mg · L^{-1}, para Classe 2, segundo Brasil (2005), sem considerar diluição do efluente por não haver dados do corpo receptor. Ainda, de acordo com Philippi e Sezerino (2004), o material de recheio do filtro pode ser de camadas escalonadas de brita, areia, saibro e casca de arroz, e a macrófita empregada poderia ser junco brasileiro (*Zizaniopsis bonariensis*) ou alguma planta ornamental.

Analisando a sensibilidade da equação 5, foi aplicada inicialmente uma faixa de valores para DBO_5^{20} da vazão afluente, de 200 a 300 mg · L^{-1}, resultando em áreas de 1.388 e 1.540 m², respectivamente, indicando uma variação de apenas 10% da área de banhado para 50% de aumento de capacidade de tratamento. A partir da área necessária para a $DBO_5{}^{20}$ sugerida, 1.424 m², foram adotados 1.450 m², com profundidade de 0,7 m, como sugerido por Philippi e Sezerino (2004). Para definição do custo do banhado construído, foram aplicados fatores de Pini (2008) e valores de mercado (12 de agosto de 2010), resultando em aproximadamente R$ 100.000,00. Como não há produção de lodo, e com aeração das águas residuárias, o tratamento pode ser considerado aeróbio; essa solução conduz à anulação de emissões por tratamento de água.

Apesar do banhado construído não ser o sistema mais eficiente em termos de remoção de matéria orgânica e nutrientes e requerer mais área que outros, seu baixo custo e fácil manutenção, junto à anulação de emissões por tratamento de esgoto, tornam-no uma ótima opção para pequenas populações, como no caso do *campus* em análise.

Energia

Para aumentar a porcentagem de consumo de energia produzida por fontes renováveis e que causem menos emissões, uma das soluções é a instalação de painéis solares fotovoltaicos. Uma empresa especializada consultada oferece painéis de policristal de tensão nominal 17,4 V e 36 células, temperatura 47°C, eficiência de 16% e moldura de alumínio. Os preços dos diferentes modelos de painéis e suas características são listados na Tabela 19.

Tabela 19 – Preços promocionais de painéis solares fotovoltaicos de acordo com modelo e suas características.

Modelo/ características	KS 5T	KS 10T	KS 20T	KC 40T	KC 50T	KC 65T	KC 85T	KC 130T
Potência máxima (W)	5	10	20	43	54	65	87	130
Corrente nominal (A)	0,29	0,58	1,16	2,48	3,11	3,75	5,02	7,39
Dimensões (mm)	206	305	540	526	639	751	1.007	1.425

(continua)

GESTÃO EMPRESARIAL E SUSTENTABILIDADE

Tabela 19 – Preços promocionais de painéis solares fotovoltaicos de acordo com modelo e suas características. *(continuação)*

Modelo/ características	KS 5T	KS 10T	KS 20T	KC 40T	KC 50T	KC 65T	KC 85T	KC 130T
Dimensões (mm)	352	352	380	652	652	652	652	652
	22	22	22	54	54	54	58	58
Massa (kg)	1,5	1,8	2,9	4,5	5,0	6,0	8,3	11,9
Preço promocional (R$)	140,00	230,00	380,00	560,00	730,00	920,00	1.080,00	1.450,00
Preço por m² (R$)	1.930,71	2.142,32	1.851,85	1.632,88	1.752,16	1.878,89	1.644,93	1.560,65
Preço por W (R$)	28,00	23,00	19,00	13,02	13,52	14,15	12,41	11,15

Fonte: Solar Brasil (2010)

A empresa consultada também oferece painéis fotovoltaicos com células de outro fabricante. Estes têm tensão nominal de 17,2 V, 36 células, temperatura de operação entre 40 e 80ºC e eficiência de 14,2%. Outras características para o modelo de 130 W, incluindo preço, estão na Tabela 20. Estes, portanto, têm menor efciência e maior custo que a opção mostrada na Tabela 19. O potencial de geração de energia a partir de painéis fotovoltaicos foi determinado com dados de Weather Underground (2010) de incidência média de raios solares desde 1996 em Curitiba para estação no aeroporto Afonso Pena, obtendo-se aproximadamente 213 kWh.a^{-1} para cada painel.

A utilização de sistemas de rastreamento solar que rotacionam os painéis fotovoltaicos de acordo com a direção de incidência de raios solares permite melhorar o desempenho desses painéis. Esses aparelhos aumentam de 25 a 35% a eficiência dos painéis, têm baixo consumo de energia (1,25 kWh.a^{-1}) e potência nominal de 20 V. O preço informado para um dispositivo desse tipo, com área para painéis de 15 m², é de R$ 6.000,00, incluindo fundação, haste, motor, bateria, armação e elementos para fixar os painéis.

MINIMIZAÇÃO DE IMPACTOS AMBIENTAIS EM UM *CAMPUS* UNIVERSITÁRIO | 1059

Tabela 20 – Preço de painel solar fotovoltaico alternativo de acordo com suas características.

Modelo/características	HG130
Potência máxima (W)	130
Corrente nominal (A)	7,56
Comprimento (mm)	1.440
Largura (mm)	652
Altura (mm)	50
Peso (kg)	11,5
Preço (R$)	1700
Preço por m²	1.810,67
Preço por W	13,08

Fonte: Solarterra (2010).

A maior parcela do consumo de energia no *campus* advém do uso de computadores e da iluminação. A troca de monitores CRT por LCD seria uma solução, custando aproximadamente R$ 404.000,00. Para diminuição de gastos com iluminação, poderiam ser instalados sensores de presença que acionam a iluminação a partir de movimentação, nível de iluminação natural e período de funcionamento. A Tabela 21 apresenta características de alguns modelos desses sensores. Todos possuem ajuste de sensibilidade, ajuste de tempo entre 15 segundos e 8 minutos, e podem ser aplicados para qualquer tipo de lâmpada.

Tabela 21 – Características e preços de sensores de presença.

Modelo	Descrição	R$/peça
G10P-120	Sensor de presença com articulador e fotocélula – parede	27,31
G10T-360	Sensor de presença com articulador e fotocélula – teto	27,54
G10E-120	Sensor de presença de embutir 120°, com espelho 4 × 2" e fotocélula	28,02
G10E-360	Sensor de presença de embutir 360°, com espelho 4 × 2" e fotocélula	28,28

Fonte: Pescarolli (2010).

A instalação desses sensores foi considerada para banheiros e corredores, contemplando o raio de ação do sensor de até 6 m, dimensões dos locais e frequência de utilização das áreas. Assim, nos banheiros seriam responsáveis por uma redução de 0,37% do consumo total de energia elétrica da rede, e nos corredores, 0,33%. No entanto, o tempo de acionamento deve ser controlado, acima de 5 minutos para banheiros, prevenindo pequenos intervalos entre ligar e desligar, que reduzem a vida útil da lâmpada e têm o efeito contrário do desejado, aumentando o consumo de energia e o custo de operação e manutenção.

Para aquecimento de água no centro esportivo, podem ser utilizadas bombas de troca de calor, que utilizam ar para aquecimento de água, cujas características estão listadas na Tabela 22.

Tabela 22 – Características e preços de trocadores de calor.

Modelo	Dimensões	Tubo	Tensão	Pot. térmica	Consumo	Capacidade	Preço unitário
BC12070T	855 × 965 × 970 mm	1 ½″ PVC	380 V	19000 kcal/h	8.38 kW	422 L/h 70°C	R$ 20.220,00
BC120T	855 × 965 × 970 mm	1 ½″ PVC	380 V	20848 kcal/h	7.43 kW	695 L/h 55°C	R$ 15.260,00

Fonte: Pires (2010).

Outra empresa também oferece bombas de calor, e as características do modelo mais indicado para empresas, hospitais, hotéis e academias estão apresentados na Tabela 23, considerando umidade relativa do ar de 80%, temperatura ambiente 25°C e temperatura da água 37°C. Assim, estas têm maior capacidade de aquecimento e poderiam suprir toda a demanda de aquecimento do Centro Esportivo, representando 50% do consumo de GLP no *campus*.

Tabela 23 – Características e preço de trocador de calor de maior capacidade.

Características	FT-105
Capacidade (BTU/h)	93.016
(kcal/h)	23.254

(continua)

Tabela 23 – Características e preço de trocador de calor de maior capacidade.
(continuação)

Características	FT-105
Tensão nominal (V)	380
Consumo (W)	7,7
Corrente nominal (A)	11,9
Vazão de água (L/h)	5.000
Peso (kg)	115
Largura (mm)	1.165
Altura (mm)	815
Profundidade (mm)	835
Preço	R$ 15.796,00

Fonte: Fastern (2010).

O consumo de energia para aquecimento da piscina é intensificado pelo mau isolamento desta. Portanto, poderiam ser instaladas placas de poliuretano nas paredes externas da piscina pela facilidade de aplicação e baixo coeficiente de condutividade térmica. Um fornecedor consultado recomenda placas com coeficiente de condutividade térmica de 0,016 $kcal.m^{-1}.h^{-1}.°C^{-1}$, ou 0,0186 $W.m^{-1}.K^{-1}$, a 10°C. Segundo Simepar (2010), a temperatura mínima média em Curitiba é 13,3°C e a máxima média, 22,6°C e, de acordo com Botelho et al. (2006), a cidade tem aproximadamente 130 horas de frio ($< 7,2°C$) por ano. Comparando esses valores com a temperatura da água da piscina, 28°C, para umidade relativa de 85%, são recomendadas pela empresa placas de espessura de 65 mm. Assim, considerando essas características, essas placas poderiam reduzir em 12,5% o consumo total de GLP no *campus*. O preço do metro quadrado da placa de poliuretano, com 34 $kg.m^{-3}$ e espessura de 65 mm, é R$ 40,75. Assim, como as dimensões da piscina são 21 × 50 × 1,5 m, e a área externa a ser revestida é de 219 m², o revestimento custaria R$ 8.924,25.

Outra alternativa para redução do consumo de energia para aquecimento da piscina é a utilização de capas térmicas. Um fornecedor consultado vende capas térmicas de polietileno com bolhas, mas com

1062 | GESTÃO EMPRESARIAL E SUSTENTABILIDADE

durabilidade média de apenas dois anos. Para a piscina em questão, a capa seria dividida em, no mínimo, 8 módulos e custaria R$ 11.550,00. Ainda, recolhedores para esses módulos custariam R$ 12.750,00 e, mesmo assim, seria necessário entrar na piscina para cobri-la. No entanto, o material dessas capas é o mesmo das lonas já utilizadas na piscina e, portanto, com o mesmo coeficiente de condutividade térmica ($0,04$ W.m^{-1}.K^{-1}), mas a espessura é maior.

Resíduos

Contemplando a produção de resíduos no *campus*, a geração de biogás a partir destes poderia ser realizada por uma usina no local, como sugerido no item "Usinas de biogás" do capítulo 28. Adotou-se uma vida útil de 20 anos e aumento anual da produção de resíduos igual a 10% para fins de dimensionamento. Foram utilizados valores característicos para resíduos orgânicos com maior conteúdo de vegetais dados por Biswas et al. (2007).

Também foram aplicados nas equações 1 a 4 os seguintes valores: tempo de consumo máximo de 4 horas e tempo máximo de consumo nulo de 6 horas, além de tempo de retenção de 40 dias, como sugerido por Isat (1998). O volume do digestor resultou em 900 m^3, e o volume de armazenamento de gás, 80 m^3. O custo da usina de biogás foi estimado a partir de fatores dados por Pini (2008), e custo de cogeradores de IEA (2005), em aproximadamente 46800 R$.kWh^{-1}, resultando em um total de R$ 100.000,00.

A geração anual de biogás seria de aproximadamente 98.000 m^3, e com as eficiências sugeridas no item "Usinas de biogás" (Capítulo 28) – em 27% elétrica e 60% térmica – seriam produzidos, respectivamente, 162.925,74 kWh.a^{-1} e 368.888,47 kWh.a^{-1}. Portanto, a geração elétrica corresponderia a apenas 4% da energia utilizada da rede, mas a térmica poderia superar a demanda de aquecimento do *campus*.

Como os resíduos orgânicos e de jardinagem representam 98% da origem de emissões por resíduos, medidas estruturais ainda poderiam ser aplicadas, como maior separação de resíduos e reciclagem. A fim de diminuir a produção de resíduos, poderiam ser escolhidos fornecedores que optam por utilizar menos embalagens, reduzir impressões e imprimir frente e verso, usar toners recarregáveis, reduzir o uso de copos descartáveis, usar pilhas recarregáveis, entre outros.

Análise de viabilidade

A análise de viabilidade foi realizada a partir do cálculo do tempo de retorno dos investimentos das alterações propostas. Aumentos de tarifas de água, esgoto e energia foram estimados com base em históricos para tarifas de energia elétrica da rede dados por Mendes (2010), de água por Adasa (2010) e de GLP e diesel fornecidos pela administração do *campus*. Já a correção monetária foi adotada igual ao Índice Nacional de Preços ao Consumidor (IBGE, 2010). A Tabela 24 apresenta os tempos de retorno dos investimentos das alternativas estudadas, assim como o custo por emissões reduzidas ou geradas.

Tabela 24 – Investimento inicial, redução de impacto, tempo de retorno e custo por emissões reduzidas para soluções analisadas.

Solução	Investimento inicial (R$)	Redução de consumo ou geração (%)	Tempo retorno (em ano)	R$/tCO$_2$
Válvula mictório	125.622,00	2,53	7,84	16.190,12
Válvula *duoflush*	10.379,00	3,94	1,15	860,08
Captação de água da chuva	23.400,00	5,06	1,87	1.508,92
Banhado construído	100.000,00	100,00	1,05	163,14
Painéis fotovoltaicos	4.096.250,00	14,52	7,97	3.553,38
Rastreamento solar	90.000,00	0,35	7,65	3.267,47
Bomba calor	15.796,00	50,00	0,13	9,03
Usina de biogás	100.000,00	3,93	0,40	20,66
Sensores de presença – WC	2.457,90	0,37	0,44	166,62

(continua)

Tabela 24 – Investimento inicial, redução de impacto, tempo de retorno e custo por emissões reduzidas para soluções analisadas. *(continuação)*

Solução	Investimento inicial (R$)	Redução de consumo ou geração (%)	Tempo retorno (em ano)	R$/tCO$_2$
Sensores de presença – corredor	682,75	0,33	0,14	52,03
Placas poliuretano – piscina	8.824,25	12,49	0,28	10,10
Troca de monitores	404.000,00	0,27	14,69	62.761,77

Pode ser observado na Tabela 24 que as alternativas de maior tempo de retorno são as válvulas para mictórios, os painéis fotovoltaicos, o rastreamento solar e a troca de monitores. No caso dos monitores, esse tempo é maior que a vida útil dos computadores no *campus* — seis anos; então essa substituição deve ser feita somente ao final da vida útil. As válvulas para mictórios apresentaram alto custo pelo benefício de redução de emissões e outras alternativas poderiam ser estudadas, como apenas regulagem da vazão. Apesar do alto tempo de retorno dos painéis fotovoltaicos e dos rastradores solares, este ainda é menor que a vida útil, — aproximadamente vinte anos —, e o uso dos painéis representa grande potencial de redução de emissões. Assim, poderiam ser instalados no *campus* como investimento de longo prazo. Dentre as melhores opções estão a bomba de calor, as placas de poliuretano, os sensores de presença, a usina de biogás e o banhado construído. Dessas modificações, a bomba de calor e a usina de biogás teriam a mesma aplicação de aquecimento, mas a segunda apresenta outras utilidades e menor tempo de retorno do investimento, sendo mais indicada.

Restringindo a análise da relação custo-benefício para as melhores opções nesse quesito, a Figura 13 compara esses valores com os valores de créditos de carbono. Foram considerados (Müller, 2010) valores de créditos por European Union Allowances (EUAs) de 15,07 €.t^{-1} (33,91 R$.t^{-1}), Reduções Certificadas de Emissões (RCEs) de 13,37 €.t^{-1} (30,08 R$.t^{-1}), comércio de emissões de Tóquio de 142,2 US$.t^{-1} (246,01 R$.t^{-1}) e Regional

Greenhouse Gas Initiative (RGGI) de 1,92 US$.$t^{-1}$ (3,32 R$.$t^{-1}$). Taxas de câmbio foram adotadas de New York Times (2010), 2,25 R$.$€^{-1}$ e 1,73 R$ US$$^{-1}$. Dessa maneira, as únicas alternativas que apresentam valores próximos ou menores que os créditos de EUAs e RCEs são a bomba de calor, a usina de biogás, os sensores de presença nos corredores e as placas de poliuretano para a piscina.

Figura 13 – Comparação de custo de emissões reduzidas com valores de créditos de carbono.

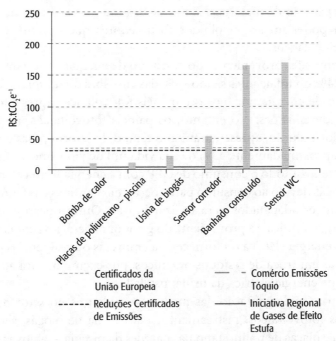

Com esses custos atuais de créditos de carbono ainda é possível avaliar que as emissões totais do *campus* (1328,84 $tCO_2e.a^{-1}$) se traduziriam em baixo investimento para compensação. No entanto, a iniciativa localizada do *campus* para redução de emissões e da depleção de recursos naturais poderia oferecer melhorias intangíveis, como na imagem da organização.

PROPOSTA FINAL

As emissões provenientes de esgoto são anuladas com a implementação de um banhado construído para tratamento no *campus*, que poderia ser localizado ao lado do biotério, com baixo tempo de retorno e melhor custo-benefício. No entanto, outras mudanças no setor de água, que não acarretam em reduções significativas de emissões, também podem ser feitas, pois têm baixo tempo de retorno e reduzem os impactos provenientes do consumo. Essas alterações são a instalação de válvulas para descarga com duas opções de fluxo e a captação de água da chuva.

Quanto aos resíduos, a maior parte das emissões é reduzida com a usina de biogás, que também apresentou baixo tempo de retorno. Para zerá-las, medidas estruturais deveriam ser instituídas, como maior reciclagem e separação de materiais. A fim de diminuir a produção de resíduos, também poderiam ser escolhidos fornecedores que optam por utilizar menos embalagens.

As emissões provenientes do consumo de energia poderiam ser reduzidas a 24% do total, antes sendo 94% das emissões do *campus*. Nesse caso, a geração de energia por biogás e painéis fotovoltaicos apresentou maior redução de emissões. No entanto, os painéis fotovoltaicos, responsáveis pela maior redução, apresentaram alto tempo de retorno, mas correspondente a aproximadamente 43% de sua vida útil de vinte anos. Ainda não é possível reduzir todo o consumo de GLP com a energia térmica proveniente do biogás devido ao consumo para cocção nas cantinas e refeitório. Estes poderiam ser adaptados para utilizar biogás. Outra opção é aproveitar essa energia térmica e a proveniente do gerador a diesel no *campus* para gerar mais energia elétrica ou fornecê-la a empresas ou residências próximas ao *campus* em troca de resíduos orgânicos, por exemplo, para aumentar a geração de energia elétrica da usina instalada.

Com a implementação das melhores mudanças no setor de energia – painéis fotovoltaicos, rastreamento solar, usina de biogás, sensores de presença e placas de poliuretano nas paredes da piscina –, a nova porcentagem de emissões por fonte de energia pode ser visualizada na Figura 14. As emissões poderiam ser reduzidas ainda mais com a substituição de diesel por biodiesel, 40% menos emissor. No entanto, este tem custo mais alto que o diesel e causaria aumento de gastos.

Figura 14 – Porcentagens de emissões por fonte de energia consumida no *campus*.

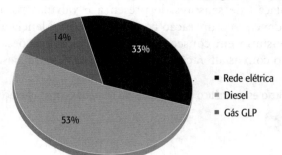

Implementando essas modificações, as emissões do *campus* provenientes apenas do consumo de energia seriam de 948,77 $tCO_2e.a^{-1}$, 29% menores que no cenário inicial. O fluxo de materiais alterado tem a configuração apresentada na Figura 15, com mais fontes de energia, painéis fotovoltaicos em conjunto com rastreadores e usina de biogás. Formou-se também um ciclo com a utilização de resíduos orgânicos e de jardinagem para geração de energia. A água proveniente do banhado contruído, classe 2, poderia ser lançada no rio que passa pelo *campus*, contribuindo para a melhoria da qualidade de sua água.

Figura 15 – Fluxo de materiais em escala do *campus* com alterações propostas.

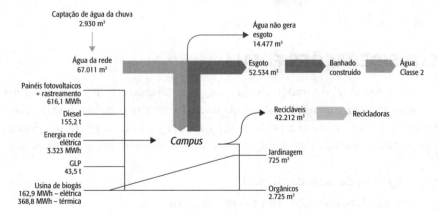

GESTÃO EMPRESARIAL E SUSTENTABILIDADE

A ilustração do fluxo não mostra alterações menores e mais internas, como a instalação de sensores de presença e válvulas para redução de consumo. Todavia, a comparação com a Figura 4 evidencia a redução dos valores de consumo em consequência dessas modificações. A Figura 16 mostra o fluxo com as alterações propostas e suas ilustrações.

Figura 16 – Fluxo esquemático de materiais do *campus* com as alterações propostas.

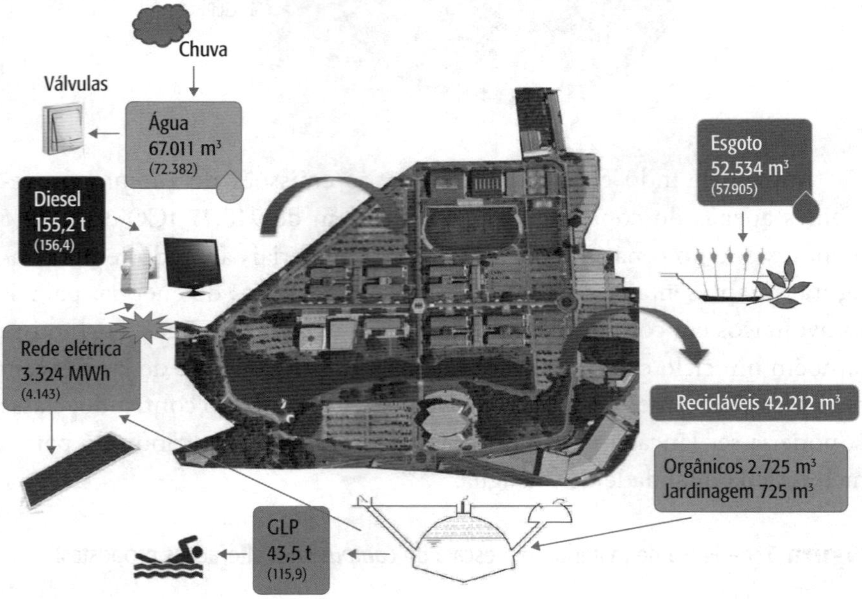

CONSIDERAÇÕES FINAIS

O fluxo atual de materiais do *campus* analisado é linear e não explora os potenciais presentes no local, levando ao gasto desnecessário com recursos como água, que poderia ser captada da chuva. Portanto, foram propostas alterações sistemáticas que levam à maior redução de emissões:

- Captação de água da chuva.
- Painéis fotovoltaicos com rastreadores solares.
- Usina de biogás.
- Banhado construído.

Apesar de essas alterações sugeridas serem responsáveis pela redução de 25% das emissões, comparativamente a 29% no total possível com todas as alterações analisadas, as alterações menores, processuais, reduzem impactos com o consumo de água e energia não inteiramente supridos de maneira cíclica, além de reduzir emissões. Ainda, estas requerem investimento inicial menor e podem ser realizadas antes no *campus* desenvolvendo a cultura organizacional e promovendo o desenvolvimento sustentável.

A maioria das modificações apresentou tempo de retorno do investimento menor que um ano. Assim, seriam investimentos com retorno de curto prazo para o *campus*, atrelados a um aumento de qualidade intangível pela melhora de qualidade de vida dos usuários, contribuição com a condição geral do meio ambiente e imagem da universidade como precursora na redução de impactos ambientais na região.

Este diagnóstico do fluxo de materiais permite avaliar possibilidades de melhoria do objeto de estudo e pode ser aplicado a regiões, para incentivar a cooperação entre empresas e residências, como na produção de energia a partir de resíduos, levando à redução de emissões em maior escala, para todos os envolvidos. Dessa maneira, o presente estudo poderia ser extendido à região circundante para criação de novos ciclos e interações entre sistemas. A usina de biogás poderia receber resíduos orgânicos dos vizinhos em troca de energia térmica, por exemplo.

As emissões durante o ciclo de vida dos materiais utilizados nas alterações também poderiam ser analisadas, como o concreto para a usina de biogás e os painéis fotovoltaicos. A criação de resíduos por substituições também poderia ser avaliada, como a instalação das válvulas de descarga com duas opções de fluxo. No entanto, o benefício criado por essas substituições ultrapassaria as desvantagens, pois a parte trocada é pequena e poderia ser reciclada, além de o investimento na substituição possuir baixo tempo de retorno.

Todos os cálculos de emissões foram realizados com base em metodologias da UNFCCC, observando que sempre deve ser utilizado o valor mais específico e atualizado possível para os fatores de emissão, pois a falta de dados pode afetar a qualidade dos resultados. Assim, a criação de bases de dados regionais com fatores locais para tratamento de resíduos e esgoto deve ser alvo de futuros trabalhos para refinamento das características locais de emissões.

REFERÊNCIAS

[ADASA] AGÊNCIA REGULADORA DE ÁGUAS, ENERGIA E SANEAMENTO BÁSICO DO DISTRITO FEDERAL. *Histórico dos reajustes tarifários anuais.* Disponível em: http://www.adasa.df.gov.br/index.php?option=com_content&view=article&id=359&Itemid=298. Acessado em: 4 ago. 2010.

BISWAS, J.; CHOWDHURY, R.; BHATTACHARYA, P. Mathematical modeling for the prediction of biogas generation characteristics of an anaerobic digester based on food/vegetable residues. *Biomass & Bioenergy.* v. 31, p. 80-6, 2007.

BOTELHO, R.V.; AYUB, R.A.; MÜLLER, M.M.L. Somatório de horas de frio e unidades de frio em diferentes regiões do estado do Paraná. *Scientia Agraria.* v. 7, n. 1-2, p. 89-96, 2006.

BRAGA, B.; HESPANHOL, I.; CONEJO, J.G.L. et al. *Introdução à Engenharia Ambiental.* 2.ed. São Paulo: Prentice Hall, 2006.

BRASIL. Conselho Nacional do Meio Ambiente. Resolução n. 375, 2005.

BRAUNGART, M., MCDONOUGH, W., BOLLINGER, A. Cradle to cradle design: creating healthy emissions – a strategy for eco-effective product and system design. *Journal of Cleaner Production.* v. 15, p. 1337-48, 2006.

DOCOL. Engenharia de produto Docol® (mensagem recebida pelos autores do capítulo em 22 mar. 2008).

DZIEDZIC, R. Redução de impactos ambientais de edificações (Projeto de Iniciação Científica). Universidade Positivo, 2009.

ECORACIONAL. Orçamento Ecoracional® (mensagem recebida pelos autores do capítulo em 12 abr. 2010).

[EIA] ENERGY INFORMATION ADMINISTRATION. Electricity Emission Factors, 2007.

FASTERM. Orçamento – Fasterm® (mensagem recebida pelos autores do capítulo em 26 mar. 2010).

GOMES, J.; WEBER, D.C.; DELONG, C.M. Dimensionamento de reservatórios de armazenamento de águas pluviais, usando um critério financeiro. *Revista Brasileira de Recursos Hídricos.* v. 15, p. 89-100, 2010.

GOOGLE EARTH. (Versão 4.2.0205.5730) [Software]. Mountain View, CA: Google Inc., 2009.

GRAVITIS, J. Zero Techniques and systems – ZETS strengths and weakness. *Journal of Cleaner Production.* v. 15, p. 1190-7, 2006.

HAMMOND, G.; JONES, C. *Inventory of Carbon and Energy (ICE)*. v. 1. 6a. University of Bath, 2008.

HENZE, M.; LOOSDRECHT, M.C.M.; EKAMA, G.A. et al. *Biological wastewater treatment: principles, modelling and design*. Cambridge University Press, 2008.

[IBGE] INSTITUTO BRASILEIRO DE GEOGRAFIA E ESTATÍSTICA. Índices de Preço ao Consumidor. Disponível em: http://www.ibge.gov.br/home/estatistica/indicadores/precos/inpc_ipca/ipca-inpc_201007_1.shtm. Acessado em: 3 ago. 2010.

[IEA] INTERNATIONAL ENERGY AGENCY. *Residential cogeneration systems: a review of the current technologies*. Ottawa: IEA, 2005.

[ISAT] INFORMATION AND ADVISORY SERVICE ON APPROPRIATE TECHNOLOGY. *Biogas Digest*. v. 2, ISAT e GTZ, Alemanha, 1998.

KAZUNARI, K. *Revision of default net calorific value, carbon content factor and carbon oxidation factor for various fuels in 2006 IPCC GHG Inventory Guideline*. Japan: Government of Japan, 2005.

MARICQ, M.M.; XU, N. The effective density and fractal dimension of soot particles from premixed flames and motor vehicle exhaust. *Journal of Aerosol Science*. v. 3, n. 10, p.1251-74, 2004.

MENDES, T.R. Energia elétrica: tarifas. Disponível em: <http://www.al.sp.gov.br/StaticFile/documentacao/dpl_20000601_energia_eletrica_tarifas_tania.htm>. Acessado em: 2 ago. 2010.

METCALF & EDDY. *Wastewater engineering: treatment and reuse*. New Delhi: Tata McGraw-Hill, 1995.

MÜLLER, F.B. O mercado de carbono entre 16 e 24 de agosto. Disponível em: http://www.carbonobrasil.com/?item=137&id=725842. Acessado em: 27 ago. 2010.

NEW YORK TIMES. Currencies: Foreign Exchange. Disponível em: http://markets.on.nytimes.com/research/markets/currencies/currencies.asp. Acessado em: 20 set. 2010.

PAULI, G. *Emissão zero: a busca de novos paradigmas: o que os negócios podem oferecer a sociedade*. Porto Alegre: EDIPUCRS, 1996.

_____. Technology forecasting and assessment: the case of zero emissions. *Technological Forecasting and Social Change*. v. 58, p. 53-62, 1998.

PEGORINI, E.S.; ANDREOLI, C.V.; SOUZA, M.L.P. et al. Produção e disposição final de lodo de esgoto na reciclagem agrícola da região metropolitana de Curitiba – PR. III Simpósio sobre Biossólidos no Âmbito do Mercosul. São Paulo, 2003.

PESCAROLLI, P.M. Orçamento – GND eletrônica® (mensagem recebida pelos autores do capítulo em 05 abr. 2010).

PHILIPPI, L.S.; SEZERINO, P.H. Aplicação de sistemas tipo wetlands no tratamento de águas residuárias: utilização de filtros plantados com macrófitas. Florianópolis, 2004.

PINI. *TCPO: tabelas de composições de preços para orçamentos*. 13. ed. São Paulo: Pini, 2008.

PIRES, F.A. Orçamento – Hydrohop® (mensagem recebida pelos autores do capítulo em 30 mar. 2010).

[SANEPAR] COMPANHIA DE SANEAMENTO DO PARANÁ. Tabela de tarifas de saneamento básico, 2005.

SÃO PAULO. *Biogás: pesquisas e projetos no Brasil*. São Paulo: Cetesb, 2006.

[SIMEPAR] SISTEMA METEOROLÓGICO DO PARANÁ. Histórico. Disponível em: http://www.simepar.br/tempo/clima/teste_historic.jsp. Acessado em: 14 maio 2010.

SOLAR BRASIL. Orçamento (mensagem recebida pelos autores do capítulo em 25 mar. 2010)

SOLARTERRA. Etatrack Active 1500. Disponível em: http://www.solarterra.com. br/pdf/lorentz/tracker%20Etatrack1500.pdf. Acessado em: 24 mar. 2010.

[UNFCCC] UNITED NATIONS FRAMEWORK CONVENTION ON CLIMATE CHANGE. Forced methane extraction from organic waste-water treatment plants for grid-connected electricity supply. UNFCCC, 2004.

_____. Mitigation of greenhouse gases emissions with treatment of wastewater in aerobic wastewater treatment plants. UNFCCC, 2008a.

_____. Tool to calculate the emission factor for an electricity system. UNFCCC, 2008b.

_____. Tool to determine methane emissions avoided from disposal of waste at a solid waste disposal site. UNFCCC, 2008c.

WEATHER UNDERGROUND. History for Curitiba, Brazil, January 1, 2009 through January 1, 2010. Disponível em: http://www.wunderground.com/history/ airport/SBCT/2009/1/1/CustomHistory.html?dayend=1&monthend=1&yearend =2010&req_city=NA&req_state=NA&req_statename=NA. Acessado em: 11 mar. 2010.

ZANETTI, M. A avaliação do ciclo de vida dos computadores e prolongamento da vida útil como alternativa ambiental. Dissertação (Mestrado). Universidade Positivo, 2010.

Relações Sustentáveis entre Universidade e Empresa: o Projeto do Escritório Verde da UTFPR

39

Eloy Fassi Casagrande Jr.
Designer, UTFPR

INTRODUÇÃO

No atual modelo de desenvolvimento, onde a extração de recursos naturais não renováveis ainda segue a lógica do mercado e a poluição é tratada como uma externalidade, seguindo um conceito econômico conservador, há um conjunto interligado de desafios a ser superado para se alcançar o desenvolvimento sustentável. Esta lógica também influencia as políticas públicas que estão mais voltadas para investimentos dos grandes empreendimentos e na produção industrial em larga escala, do que na escala mais biológica, respeitando a capacidade de carga dos ecossistemas. Com um modelo produtivo predominantemente baseado em intensivo uso de energia não renovável, consequentemente, tem-se aumento de emissões de gases do efeito estufa, além do fato de serem usados, de forma irresponsável, recursos já escassos em algumas regiões, como a água potável.

Estatísticas demonstram que o crescimento econômico a qualquer custo somente aumenta a degradação ambiental em âmbito global. No dia 19 de agosto de 2014, o Global Footprint Network-GFN (Rede Global da Pegada Ecológica), uma organização não governamental (ONG), que mensura o consumo de recursos naturais pela humanidade, anunciou que nesse ano os recursos do planeta já haviam sido esgotados[1]. Isso significa que a população mundial já tinha um déficit ecológico, pois esgotou em oito meses o que a Terra pode produzir sem comprometer a renovação. De acordo com a WWF (Fundo Mundial para a Natureza), parceira nos estudos da ONG Global Footprint Network-GFN, "86% da população mundial vive em países que exigem mais da natureza do que seus próprios ecossistemas podem renovar" (WWF, 2015).

Desde a primeira Conferência do Clima (COP), realizada em 1995, pela Organização das Nações Unidas (ONU), pouco se avançou nos acordos internacionais para se conter o aquecimento global. O Protocolo de Kyoto, que entrou em vigor em 2005, envolvendo somente países ricos (exceto os Estados Unidos, que não assinou) que se comprometeram a reduzir suas emissões de gases de efeito estufa (GEE) em 5,2%, levando em consideração as medições dos anos 1990, não obteve êxito. Em fato, as emissões cresceram 16,2% de 2005 a 2012 (Tuffani, 2012). Sem uma cobrança juridicamente mais eficaz, basta os países declararem que qualquer controle prejudica seu crescimento econômico, sendo assim desobrigados de cumprir suas metas de redução de emissões. Dentro desse panorama, discutem-se as diversas atividades industriais, incluindo a cadeia industrial da construção civil, associada a diversos materiais energo-intensivos no seu processamento, como o cimento/concreto, o aço, alumínio, tijolos e materiais de acabamentos, como porcelanato, entre outros. Estima-se que o cimento, por exemplo, seja responsável por cerca de 7% das emissões globais de dióxido de carbono (CO_2), superando as emissões das aeronaves[2]. Em 2011, a China aumentou a produção de cimento em 11% e foi responsável por 57% do cimento produzido no mundo. Enquanto a produção na Alemanha, Brasil e Rússia aumentou em 10%, 6% e 3%, respectivamente (Olivier et al., 2012).

Mesmo com o surgimento da discussão de um novo modelo de desenvolvimento, onde a proposta do desenvolvimento sustentável foi ganhando

---

[1] Para chegar a essa data, a GFN faz o rastreamento do que a humanidade demanda em termos de recursos naturais (como alimentos, matérias-primas e absorção de gás carbônico) – ou seja, a pegada ecológica – e compara com a capacidade de reposição desses recursos pela natureza e de absorção de resíduos.

[2] O setor da indústria do cimento constitui um dos principais responsáveis pela emissão de gases como CO_2 em razão do processo de calcinação das matérias-primas para gerar o clinquer – intermediário para a produção do cimento Portland –, além do consumo de combustíveis necessário para a manutenção das altas temperaturas exigidas pelo processo.

força a partir dos anos 1980, buscando alertar para a necessidade de se mudar o rumo para um desenvolvimento que traga mais equilíbrio entre o socioeconômico e o ambiental, observa-se que os princípios ecológicos ainda estão subjugados às regras da produção a qualquer custo, não muito diferente das primeiras décadas da Revolução Industrial. Basta ver no que se baseia o crescimento da China nos últimos 30 anos, com taxas superiores a 6% ao ano. Para suprir mais de dois terços de suas necessidades energéticas, a China queima hoje um quarto de todo o carvão do mundo, tornando-se o maior emissor mundial de CO_2, um dos principais responsáveis pelo aquecimento global. Associado a esse crescimento, há outros impactos, citados por Wasserman (2015), como:

- Poluição: 20 das 30 cidades mais poluentes do mundo encontram-se no país.

- Mais de 400 mil chineses morrem por ano por conta de doenças causadas pela poluição.

- O governo perde entre 3 e 5% do seu produto interno bruto (PIB) ao ano por causa de problemas ambientais.

- Muitos dos rios do país estão poluídos por metais pesados, o que prejudica o uso da água para irrigação e contamina a cadeia alimentar.

- Cerca de um terço do território chinês é afetado pela chuva ácida provocada pela poluição, com um impacto direto na produção de alimentos.

Por outro lado, pode-se observar certos avanços de algumas áreas da sustentabilidade, como o aumento das energias renováveis, onde a China hoje se destaca como a maior fabricante mundial de equipamentos de energia eólica e solar, além de corresponder à maior demanda para esses equipamentos. Um estudo que analisa o mercado de energias renováveis de 55 países em desenvolvimento constata que a demanda para esse tipo de energia está crescendo mais rápido (em porcentagem) do que em países desenvolvidos. De 2008 a 2013, esses países adicionaram 142GW (um pouco mais que a atual capacidade instalada da França) de nova capacidade de energia renovável (excluindo grandes hidrelétricas). Isso representou um crescimento de 143%. Em comparação, países da Organização para a Cooperação e Desenvolvimento Econômico (OECD) adicionaram 213GW, registrando um crescimento de 84% (BID, 2014).

EDUCAÇÃO INSUSTENTÁVEL

As tecnologias limpas podem contribuir para reduzir impactos sobre o meio ambiente, no entanto, é preciso ressaltar que tecnologia por si só não resolverá nossos problemas se não estiver acompanhada de uma nova educação voltada para os princípios da sustentabilidade. De acordo com Sato (2015), ao decifrarmos a palavra "desenvolvimento", observaremos que o termo tem significações semelhantes ao inglês (*development*); espanhol (*desarrollo*) ou francês (*développement*), apontando para uma conotação altamente economicista, como sinônimo de progresso e avanços tecnológicos. Possui uma significação histórica de avançar no sentido de maximizar potencialidades, desprezando os "mais fracos".

Indo além dos significados, Leff (2001) é mais incisivo, alertando para o fato de que "a crise ambiental não é crise ecológica, mas crise da razão. Os problemas ambientais são, fundamentalmente, problemas do conhecimento". Nesse sentido, a complexidade ambiental implica uma revolução do pensamento, isto é, uma mudança de mentalidade, uma transformação do conhecimento e das práticas educativas, para se construir um novo saber, uma nova racionalidade – uma racionalidade alternativa à do capital – que guie a edificação de um mundo de sustentabilidade, igualdade, justiça e democracia.

Já Edgar Morin (2004), ao criticar a educação tradicional, preconiza os sete saberes, indispensáveis na edificação do futuro da educação. No quarto saber, Morin defende que a identidade terrena deve ser prioridade, pois é fundamental conhecer o lugar no qual se habita, suas necessidades de sustentabilidade, a variedade inventiva, os novos implementos tecnológicos, os problemas sociais e econômicos que ela abriga.

Ao se analisar a ciência ensinada e praticada, percebe-se o excesso do cartesianismo presente, sendo esse um dos fatores que não permite a implantação de uma linha pedagógica que leve nossos discentes a terem um olhar mais sistêmico sobre os problemas. O entendimento de que a vida se resolve em ciclos interligados e interdependentes só pode ser compreendido sob a ótica da interdisciplinaridade, uma condição básica para as mudanças que desejamos, de acordo com diversos especialistas (Freire, 1987; Maturana, 1998; Morin, 2004; Capra, 2007; Frigotto, 2008).

Para Thiesen (2008) a interdisciplinaridade é um movimento importante de articulação entre o ensinar e o aprender. Compreendida como formulação teórica e assumida enquanto atitude, tem a potencialidade de auxiliar os educadores e as escolas na ressignificação do trabalho pedagógico em termos de currículo, de métodos, de conteúdos, de avaliação e nas formas de organização dos ambientes para a aprendizagem.

Nas universidades brasileiras, as grades curriculares engessadas estão defasadas e submetidas a um padrão do Ministério da Educação (MEC), que não acompanha as rápidas mudanças que ocorrem de geração para geração e que necessita ser capacitado sob uma nova dialética educacional, ou quando acompanha e tenta implantá-las, normalmente encontra gestores e/ou educadores despreparados. Isso se revela no aprendizado dos alunos, acompanhado de uma lenta reação dos responsáveis pela política educacional do país, mesmo quando por anos seguidos o Brasil tem um baixo desempenho no programa mundial de avaliação comparada, o Programa Internacional de Avaliação de Estudantes (Pisa)[3].

Na área de ciências, por exemplo, que seria a base para entendimento de biologia e ecologia, o desempenho do país em 2012 foi o mesmo de 2009: 405 pontos, quase 100 abaixo da média dos países da OCDE, que é de 501. Entre 2003 e 2006, o Brasil havia estagnado em 390 pontos. Na última edição, 61% dos estudantes estavam no patamar considerado de "baixo desempenho", demonstrando capacidade de apresentar apenas explicações científicas óbvias e seguir somente evidências explícitas. Só 0,3% dos alunos conseguiram demonstrar alto desempenho na área, incluindo habilidades como "identificar, explicar e aplicar conhecimento científico em uma variedade de situações complexas de vida" (Moreno, 2013).

Um exemplo clássico é o do problema de educação ambiental, que apesar de a Política Nacional de Educação Ambiental, instituída em 1999, pela Lei n. 9.795, estabelecer que deveria ser desenvolvida como uma prática educativa integrada, contínua e permanente e de forma transversal e interdisciplinar, a introdução de uma disciplina específica é predominante no meio acadêmico. Para Dias (2001), cursos como Administração, Jornalismo, Direito, Economia e Engenharia, entre outros, em sua maioria, ainda não incorporaram devidamente a dimensão ambiental em seus currículos, uma vez que os professores focam apenas nas atividades reducionistas com seus alunos, com pouca ou quase nenhuma prática interdisciplinar.

---

[3] O *Programme for International Student Assessment* (Pisa) é uma iniciativa de avaliação comparada, aplicada a estudantes na faixa dos 15 anos, idade em que se pressupõe o término da escolaridade básica obrigatória na maioria dos países.

Em geral, há uma grande falta de gestores e professores qualificados e capacitados para articular esse conjunto de saberes, atitudes e sensibilidades ambientais nas disciplinas existentes. Para Sorrentino (2001), professor de Política e Educação da Esalq/USP, em Piracicaba, algumas ações modelares podem ser destacadas, mas falta-lhes organicidade com políticas públicas que possibilitem a multiplicação dos seus aprendizados. Alguns projetos promovidos por universidades, empresas, ONGs, órgãos públicos municipais e estaduais, e até mesmo financiados pela Fapesp, sofrem com a descontinuidade e com a falta de acompanhamento dos seus desdobramentos. Professores que participaram de cursos de aperfeiçoamento/reciclagem/especialização declararam que se sentem impotentes para promover processos mais significativos de mudanças no cotidiano da escola.

De acordo com Bernardes e Prieto (2010), mesmo havendo um consenso sobre a necessidade de problematização das questões ambientais, ainda há resistência e/ou incompreensões sobre a interdisciplinaridade e transversalidade que resultam em uma aparente baixa eficácia nas ações de educação ambiental nos ambientes escolares.

Em 2010, o Grupo de Pesquisa Tecnologia e Meio Ambiente (Tema), do Programa de Pós-Graduação em Tecnologia (PPGTE), da Universidade Tecnológica Federal do Paraná (UTFPR), que fazia 100 anos, publicou uma edição especial da revista *Educação & Tecnologia* em sua comemoração. Com o título "Sustentabilidade na Academia: Contribuições do Grupo de Pesquisa Tecnologia e Meio Ambiente (Tema), da Universidade Tecnológica Federal do Paraná (UTFPR)", foram reunidos nove artigos sobre o assunto, constatando que, por exemplo, de 1.000 teses e dissertações defendidas até 2009 em oito programas analisados, somente 5% delas estavam relacionadas à temática ambiental e sustentabilidade. Um número considerado baixo, tendo em vista que o assunto vem sendo discutido com mais ênfase no Brasil desde a realização da Eco 92 (ou Rio 92), realizada no Rio de Janeiro, e as implantações das Agendas 21, em estados e municípios (Casagrande Jr. e Côrrea Da Silva, 2009).

RELAÇÕES UNIVERSIDADE-EMPRESA

Um dos argumentos de parte da sociedade que critica nosso atual modelo de educação se refere à distância acadêmica dos problemas reais da sociedade, principalmente, no que se refere às necessidades do setor produtivo. Para Goergen (1998), se a universidade quiser sobreviver como instituição de pesquisa e produtora do saber, ela deve ser capaz de integrar-se àquilo que é inovador em nossa época. Caso contrário, outras instituições – como institutos avançados ou centros de excelência – serão criadas para a produção de conhecimentos de ponta dos quais a nação necessita. Isso não quer dizer que o papel da academia deva ser abreviado e reduzido à função de prestar serviços e cooperar com empresas, mas que é preciso discutir o seu papel social, em um sentido mais amplo.

As relações entre universidade-empresa se tornam complexas uma vez que empresas esperam respostas mais rápidas às suas necessidades, como entregas de "pacotes tecnológicos" de produtos e processos. Em muitos casos, o sistema produtivo descarta a produção das universidades em termos de cultura, ciência e tecnologia, conforme a análise de Cunha (1997). Esse entendimento não se alinha ao tempo necessário para a pesquisa, seu amadurecimento e resultados que são obtidos a médio e longo prazo.

No entanto, a universidade que não se renova está fadada a ser uma "instituição-museu", como este é compreendido por muitos, um lugar onde se visita o passado. Ensinamentos que não acompanham o seu tempo são como peças sem importância que acumulam poeira ao longo dos anos, até acabarem sendo esquecidas em um canto de uma sala. O quadro da relação Universidade-Empresa no Brasil não é animador, pois 70% dos empresários consideram esta de baixa importância, segundo pesquisa realizada pelo IBGE, no período entre 1998 e 2008, junto às "empresas inovadoras" (as que introduziram produto ou processo novo no mercado). Somente 7% das "inovadoras" estabelecem algum vínculo com Universidades e Institutos de Pesquisa. Outra relação que poderia levar ao aumento da inovação, a absorção de mestres e doutores na P&D nas empresas, tampouco é utilizada. Dos 90 mil que saíram da universidade, entre 2006 e 2008, apenas 68 foram contratados para isso (Dagnino, 2015).

O estudo sobre a infraestrutura da pesquisa científica e tecnológica do Brasil, coordenado pelo Instituto de Pesquisa Econômica Aplicada (Ipea, 2014), revela que nos Estados Unidos existem 111 centros multidisciplinares mantidos por universidades e instituições americanas, por meio de subvenções específicas. Esses centros atuam em cinco diferentes áreas (química, ciência e tecnologia, engenharia e materiais, tecnologia educacional e aprendizagem), nas quais desafios complexos são estudados com parcerias entre a academia, a indústria e outros setores. Enquanto isso, no Brasil, no levantamento do Ipea, feito junto a 1.760 laboratórios, apenas 43% efetivamente cooperam para o desenvolvimento tecnológico com as empresas e menos de 20% da amostra receberam pesquisadores de empresas em 2012.

Encontrar novas linguagens entre universidade-empresa é um grande desafio para o século XXI, principalmente para as respostas rápidas que necessitamos para, por exemplo, reduzir a intensa carbonização da atmosfera. Nesse sentido, a pergunta para o modelo de ensino seria: o que estamos ensinando nas salas de aula para que isso seja revertido? Quais são as novas propostas de desenvolvimento baseado em negócios de menor impacto socioambiental discutidas nos departamentos de administração, economia e engenharia? Quais são as diretrizes sustentáveis para que incubadoras estimulem as *startups* a ter isso no seu escopo? Como se pode incluir a discussão da inovação tecnológica sustentável nas práticas de engenharia, *design*, arquitetura, entre outros?

CAMPUS CINZA

No caso de *campi* universitários, muitas vezes seus impactos socioambientais podem ser considerados iguais ou superiores ao de uma indústria ou empresa, dependendo do tamanho desta e do seu ramo de produção. O alto consumo de energia e água, associado a uma grande geração de resíduos orgânicos e sólidos, sem contar o deslocamento diário de professores, funcionários e centenas (ou milhares) de estudantes, pode contribuir significativamente para emissões de gases de efeito estufa, a poluição atmosférica e hídrica, além de impactos no seu entorno, como aumento de tráfego, ruído, entre outros. Na Figura 1, os estudos de Careto e Vendeirinho (2003), demonstram como os fluxos de um *campus* podem ser comparados aos de um município de tamanho médio.

Independentemente da função nobre da educação oferecida à sociedade por uma Instituição de Ensino Superior (IES), o fato é que suas estruturas cada vez maiores, pela crescente demanda de criação de novos cursos e vagas para estudantes, passam a impactar de forma negativa o meio ambiente. Isso se dá pelo fato de suas administrações ainda não enxergarem o problema, estando presos a velhos modelos de gestão concentrados apenas na função pedagógica das IES. Prova disso é o número de universidades públicas aderentes à Agenda Ambiental na Administração Pública (A3P), que se tornou o principal programa da administração pública de gestão socioambiental do país. Criado em 2001, pelo Ministério do Meio Ambiente,

Figura 1 – Analogia entre os fluxos de um *campus* e os de um município.

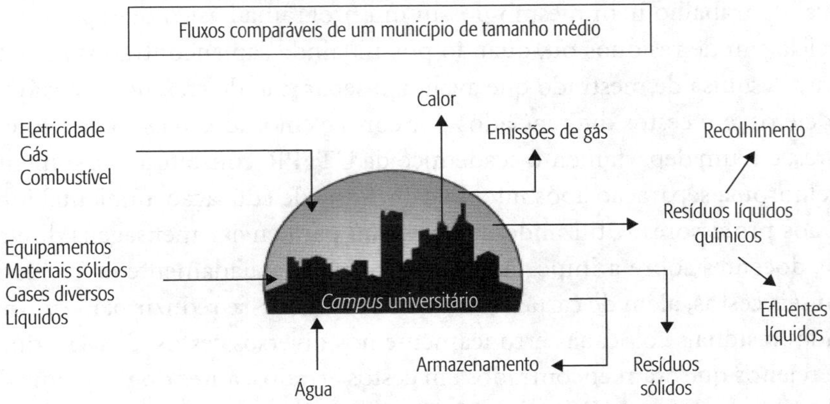

Fluxos comparáveis de um município de tamanho médio

Calor

Eletricidade
Gás
Combustível

Emissões de gás

Recolhimento

Resíduos líquidos
químicos

Equipamentos
Materiais sólidos
Gases diversos
Líquidos

Campus universitário

Efluentes
líquidos

Água

Armazenamento

Resíduos
sólidos

Fonte: Careto e Vendeinho (2003).

o A3P tem apenas 30 universidades cadastradas, em um universo de 63 universidades federais. No total são 241 instituições públicas municipais, estaduais e federais, que possuem termo de adesão vigente com o programa, até o ano de 2015 (A3P, 2015).

No segundo semestre de 2013, três episódios ocorridos no *Campus* Leste da Universidade de São Paulo (USP) ilustram como a falta de uma gestão ambiental pode comprometer o funcionamento de um *campus*. Primeiro, a USP é multada por contaminação do solo por gás metano e em seguida tem seus pontos de água interditados pela Companhia de Saneamento Básico de São Paulo (Sabesp), que constatou turbidez da água e presença indevida de bactérias, pela falta de limpeza periódica dos reservatórios de água (Cambricoli e Vieira, 2013). Para completar o quadro, três salas de aula foram interditadas após professores e alunos apresentarem problemas de sarna, causados por infestação de piolhos de pombos que faziam seus ninhos nos forros do edifício. "Como uma universidade do porte da USP pode ter um problema como esse?", questiona uma aluna do segundo ano de Gestão Ambiental.

Também se constata uma baixa preocupação do corpo docente por ações básicas da gestão ambiental de um *campus*. Não é raro vermos nossos professores especialistas participarem de congressos com artigos científicos analisando impactos socioambientais da mineração, da produção industrial, do consumismo, do agronegócio, dos meios de transporte, da falta de planejamento das cidades etc., sem prestar atenção ao fato de que seu local de trabalho nem mesmo possui um programa básico de separação e reciclagem de resíduos ou, quando possui, ainda são encontrados problemas. Pesquisa de mestrado que avaliou a separação de resíduos recicláveis e dejetos, em cestos diferenciados por cores e colocados na sala de professores, em um departamento acadêmico da UTFPR, constatou que somente melhorou a separação após intensa campanha de educação ambiental junto aos professores. Utilizando-se do *e-mail* para enviar mensagens diretas aos docentes sobre a importância de separar adequadamente os resíduos em seis cestos, além de cartazes informativos, pode-se reduzir para 47 unidades residuais colocadas erroneamente nos diversos cestos, dos 437 tipos de rejeitos que eram encontrados em cestos errados, antes do programa de educação ambiental (Gonzales, 2006).

CAMPUS VERDES

Os Centros Universitários Sustentáveis (ou verdes), conhecidos como *greencampi*, constituem uma realidade nos Estados Unidos, Europa Austrália e Nova Zelândia. Principalmente nos Estados Unidos, os *campi* universitários assumem função ainda mais relevante, por se tratarem de verdadeiras vilas, uma vez que englobam também as moradias dos estudantes, como algumas semelhantes no Brasil, principalmente no interior. Grande parte dessas universidades são membros de organizações que estimulam práticas ambientais acadêmicas, como a *"Association for the Advancement of Sustainability in Higher Education (Aashe)"*, com mais de dez anos de existência, *"Green Schools Alliance"*, *"North American Association for Environmental Education"* e o *"Cloud Institute for Sustainability Education"*, normalmente gerenciadas por um *Green Office*, localizado nos próprios *campi*, ou seja, um escritório voltado à "administração verde". Compras sustentáveis, economia de água e energia, uso de energias renováveis, separação e reciclagem de resíduos, redução da emissão de carbono e mobilidade são temas enfocados, entre outros (Aashe, 2015).

É preciso ressaltar que todas essas organizações também têm como missão estimular a implantação de diretrizes pedagógicas voltadas para a sustentabilidade. Por exemplo, um programa nos Estados Unidos da América estimulou mais de 600 universidades e faculdades comunitárias a cortarem a emissão de dióxido de carbono e de outros gases do aquecimento global. Dessas instituições, cerca de 500 apresentaram inventários de emissão de gases de efeito estufa e mais de 300 elaboraram planos explicando em detalhes como e quando atingirão as metas de emissão zero (Rives, 2015).

Na Universidade de Duke há um serviço de aluguel de bicicletas administrado eletronicamente para incentivar os alunos a reduzir sua pegada de carbono relacionada ao deslocamento. A universidade também tem quase 30 edifícios certificados com o selo *Leardship in Energy and Environmental Design* (LEED), que é a certificação ambiental americana para edificações sustentáveis. Sua central elétrica também vem passando por um processo para eliminar o uso do carvão, substituindo por outras formas de combustíveis, como o petróleo reciclado e o gás natural, a fim de reduzir suas emissões (Duke University, 2015).

Na Europa, foi lançado o *Copernicus Alliance,* uma Rede Europeia de Instituições de Ensino Superior que promove a aprendizagem transformacional e mudança para o desenvolvimento sustentável no setor do ensino superior. Por meio de parceria com a sociedade, visa reorientar os programas de ensino superior e de pesquisa para o desenvolvimento sustentável, bem como promover as melhores práticas em matéria de gestão sustentável dos *campi* universitários. Ela procura construir parcerias com empresas, agências governamentais e da sociedade civil para o progresso da sustentabilidade em âmbito local e global (Copernicus, 2015).

Copernicus Alliance tem suas origens em 1993, quando a Associação Europeia de Universidades reconhecia o papel fundamental das universidades no avanço da Agenda 21, lançando Copernicus Campus e a CRE Copernicus Carta em Genebra, que foi endossada por 326 universidades europeias, mostrando o seu compromisso na mudança de liderança para o desenvolvimento sustentável. Em 2007, um grupo de universidades parceiras que tinham participado ativamente na iniciativa Campus Copérnico se uniu para reenquadrar as atividades e reforçar o potencial da rede. Devido à mudança no programa original, o Campus Copernicus foi relançado e rebatizado como o Copernicus Alliance.

A Copernicus Carta 2.0 de 2011 reflete os novos objetivos da rede e apela a um maior empenho das universidades para reorientar-se no sentido do desenvolvimento sustentável. Copernicus Alliance visa alcançar os seguintes objetivos:

- Rede: trocar e melhorar o conhecimento sobre a Educação para o Desenvolvimento Sustentável entre o ensino superior europeu e organizações de estudantes que trabalham para a sustentabilidade.
- Política: promover a Educação Superior para o Desenvolvimento Sustentável junto à política europeia.
- Serviço: divulgar ferramentas para a integração da sustentabilidade no ensino superior.
- Meta: promover o desenvolvimento sustentável do ensino superior europeu.
- Representação: representar o Ensino Superior Europeu para o Desenvolvimento Sustentável em comitês internacionais sobre Educação para o Desenvolvimento Sustentável.

INICIATIVAS NO BRASIL

As administrações socioambientais dos *campi* universitários no Brasil também têm de encontrar canais de comunicação com os colegiados de departamentos, e vice-versa, para poderem implantar práticas sustentáveis, tanto do ponto de vista de infraestrutura, como de ensino. Educar por meio do exemplo é sempre mais eficiente. De nada adianta professores estarem em sala de aula ensinando sobre como edifícios podem ser ecoeficientes, do ponto de vista de economia de energia e água, quando as estruturas da universidade são geralmente o oposto. Por outro lado, também é incoerente um *campus* ter implantado um programa modelo de gestão de resíduos, quando em sala de aula, o professor não aborda esse assunto referente à sua disciplina, por não estar no conteúdo curricular.

Os casos de gestão ambiental em âmbito universitário, encontrados no Brasil e no mundo, na maioria das vezes constituem práticas isoladas em situações que a instituição já está implementada e funcionando. Tauchen e Brandli (2006) identificaram a iniciativa de quatro universidades brasileiras voltadas à gestão ambiental:

- Universidade Vale do Rio dos Sinos (Unisinos); por meio do Projeto Verde Campus, é a primeira universidade da América Latina a ser certificada segundo a ISO 14001.

- Universidade Federal de Santa Catarina (UFSC) criou uma coordenadoria de Gestão Ambiental para promover uma política de gestão ambiental responsável e privilegiou o ensino como busca contínua para melhorar a relação entre o homem e o ambiente, trazendo a comunidade como parceira dessa proposta (Projeto Sala Verde).
- Fundação Universitária Regional de Blumenau (FURB), desde 2000 implanta seu Sistema de Gestão Ambiental (SGA), integrando as ações ambientais na Universidade. O SGA está estruturado com a Coordenadoria do Meio Ambiente (Coma), que é o órgão permanente de assessoramento à administração superior da Furb.
- Universidade Federal do Rio Grande do Sul (UFRGS) criou a Coordenadoria de Gestão Ambiental (CGA), localizada no *campus* do centro da UFRGS, tornou-se responsável por realizar as implantações do SGA e de reunir as informações, de cada unidade, referentes a essa atividade.

Já em estudos mais recentes, de Vaz et al. (2010), por meio de pesquisa bibliográfica são apontadas treze universidades onde estão em andamento algumas iniciativas relacionadas à gestão ambiental. Sua conclusão é que algumas IES brasileiras estão preocupadas com o gerenciamento dos resíduos, desenvolvendo programas externos de reciclagem, controles no consumo de água, energia e descartes dos resíduos líquidos gerados nos laboratórios, principalmente nas áreas químicas. No entanto, em alguns casos, a falta de comprometimento da direção ocasiona problemas com a manutenção dos devidos procedimentos, não permitindo haver uma continuidade desse tipo de iniciativa.

Algumas iniciativas positivas podem ser destacadas, como no caso da Universidade de São Paulo (USP), que implementou um projeto interno para resolver a geração do lixo eletrônico (E-Lixo), um dos maiores problemas das instituições de ensino. Desde 2009, funciona no próprio *campus* da universidade, o Centro de Descarte e Reúso da Informática (Cedir), como parte da política de gestão ambiental da Prefeitura do *Campus* USP da Capital (Pusp-C). O projeto funciona em um galpão de 400 m² com acesso para carga e descarga de resíduos, área com depósito para categorização, triagem e destinação de 500 a 1.000 equipamentos por mês. Os resíduos de informática da USP passam por processos que possibilitam o seu reaproveitamento na cadeia produtiva, sendo que os equipamentos e peças que ainda estiverem em condições de uso são avaliados e enviados para projetos sociais, atendendo, assim, a população carente no acesso à informação e educação. No final de sua vida útil, esses equipamentos deverão ser devolvidos pelos projetos sociais à USP, para que seja possível dar-lhes uma destinação adequada (Cedir, 2015).

No estado do Paraná, a comissão da Agenda 21, da Secretaria de Estado do Meio Ambiente e Recursos Hídricos (Sema) coordena o "Pacto 21 Universitário", assinado por quinze universidades, em 2007, incluindo a UTFPR, onde estas se comprometem a:

- Institucionalizar os princípios da Agenda 21 do Paraná, por meio de práticas e Ensino, Pesquisa e Extensão, programas e ações proativas.
- Divulgar o contexto da Agenda 21 Paraná, por meio da formação de multiplicadores e da disseminação de conteúdos.
- Promover pensamento reflexivo, para tomada de atitudes transformadoras com vistas à sustentabilidade.

GESTÃO AMBIENTAL NA UTFPR: COMEÇANDO PELO BÁSICO

Um dos maiores problemas de um *campus* é a geração de diferentes resíduos provenientes tanto de sua rotina administrativa e de alimentação quanto dos diversos laboratórios que envolvem as atividades de ensino e pesquisa. Geralmente, um *campus* é considerado grande gerador e deve apresentar um Programa de Gerenciamento de Resíduos Sólidos (PGRS) à prefeitura local para que possa obter licenciamento de operação. Sua manutenção diária gera desde o resíduo orgânico comum até resíduos perigosos, como lâmpadas fluorescentes e equipamentos eletrônicos defasados. Também é possível observar que, em qualquer reforma e/ou ampliação de infraestrutura, várias caçambas são carregadas de resíduos da construção civil sem que haja uma prévia separação de materiais, de acordo com o Conama n. 307/2002.

O PGRS do *campus* Curitiba, da Universidade Tecnológica Federal do Paraná (UTFPR) foi implantado em 2005, ano da transformação do então Cefet (Centro Federal de Educação Tecnológica) em universidade, tendo em vista a solicitação da Prefeitura Municipal de Curitiba para que fosse atendido o art. 33 do Decreto municipal n. 983/2004. O primeiro passo para elaboração do PGRS foi realizar o inventário de resíduos sólidos gerados nos departamentos acadêmicos e administrativos (Barbosa et al., 2009).

No mesmo ano de implantação do PGRS, muitas ações foram empreendidas para adequação a normas e legislação, inclusive campanhas educativas e treinamento para os funcionários. Em 2007, ocorre a elaboração do manual do programa e de uma série de procedimentos indicando forma de coleta, armazenamento e destinação dos resíduos. Na sequência, em 2010, há uma revisão e melhoria do manual e uma cartilha de segregação de resíduos é elaborada.

Um dos problemas verificados nesses modelos, por causa da falta de técnicos administrativos qualificados, foi a dependência de portarias que convocam professores para implantação de determinadas ações, de acordo com suas competências. Nota-se, nesses casos, que, apesar da dedicação dos professores, as portarias são de tempo limitado e nem sempre conseguem que o professor fique "preso" às ações permanentemente, mesmo porque, estes têm suas atribuições acadêmicas que já ocupam grande parte de seu tempo. Assim, buscando a melhoria contínua, em 2009, foi sugerido à administração do *campus* Curitiba a criação de um órgão interno que pudesse centralizar as ações socioambientais da UTFPR.

O Escritório Verde da UTFPR

O Escritório Verde (EV) da UTFPR nasce como um projeto inédito no Brasil, com base no Grupo de Pesquisa Tema da UTFPR, registrado junto ao CNPq. Planejado e projetado no ano de 2010, sendo construído e inaugurado em dezembro de 2011, seu objetivo é de "implantar as ações da Agenda 21 dentro da universidade e servir como modelo de uma construção sustentável integrando tecnologias e materiais para atingir a ecoeficiência".

Vários programas estão atualmente em desenvolvimento para aumentar a eficiência ambiental do *campus* Curitiba como resultado do esforço para se atingir os objetivos preconizados no "Pacto 21", que consiste em um documento oficial retificado pela UTFPR e também outras instituições de ensino superior no Paraná (Casagrande Jr., 2010). Sendo que essas ações em desenvolvimento são:

- Caza: Carbono Zero na Academia: um programa que visa reduzir os impactos ambientais relacionados à emissão de gases do efeito estufa pela universidade por meio da substituição de materiais e projetos de compensação e mitigação de emissões.

- Rezto: Resíduo Zero Tecnológico e Orgânico: a continuação do programa de gerenciamento de resíduos do *campus* Curitiba (PGRCC), que tem como principal objetivo a coleta correta, o armazenamento, o reúso e a disposição dos resíduos orgânicos, recicláveis e não recicláveis produzidos.

- Treco: Tratando Resíduos Eletrônicos e da Computação: estudar soluções para o reaproveitamento de resíduos eletrônicos que em seu desuso acabam por ocupar espaço na universidade. O programa também prevê a oportunidade de criar parcerias com a comunidade externa por meio de projetos de extensão universitária.

- Compra Verde: essa ação tem por objetivo implantar políticas de compras que levam em consideração o fator sustentabilidade nos fornecedores, incluindo nos editais requisitos ambientais específicos dependendo de cada material ou equipamento.

- Selo Verde: estudo das condições ambientais locais e aspectos de avaliação para criar um selo de eficiência em sustentabilidade que contempla tecnologias para a construção de edifícios, processos e escolha de materiais.

- Consultoria Verde: prestação de serviços na área de gestão e educação ambiental para Empresas, Certificações.

- Educação para a Sustentabilidade: programa que visa, por meio do *Regional Center of Expertise (RCE)*, implantar a educação para a sustentabilidade nos vários níveis de ensino, contando com uma revista de lançamento periódico e vários pesquisadores.

Tendo em vista que não havia recursos financeiros para a construção da sede do Escritório Verde, foram estabelecidas parcerias com cerca de 60 empresas selecionadas pelas suas tecnologias, materiais e serviços na área da sustentabilidade. A estratégia usada para convencer as empresas a participarem do projeto foi oferecer a elas o nome da universidade como uma das contrapartidas. Associar o nome da empresa a uma universidade que tem mais de 100 anos de história e credibilidade junto à comunidade, significa um grande valor agregado em termos de marketing para os negócios. Esse custo pode ser bem inferior a alguns segundos de propaganda veiculada em canais de televisão, sendo que não houve desembolso direto de capital, já que sua participação se deu por meio de seus produtos. Os ganhos são dos dois lados, ganha a universidade ao ter uma nova edificação modelo sem utilizar dinheiro público, ganham as empresas como integrantes de um projeto vitrine. Outros diferenciais do projeto são as pesquisas de avaliação da edificação, sendo estes dados também fornecidos às empresas sem custos, e a abertura do projeto à comunidade, que passou a visitá-la e entender melhor as vantagens de uma construção sustentável.

Tendo grande repercussão na mídia, pelas suas características de inovação e sustentabilidade, o Escritório Verde recebeu cerca de 500 visitas, até maio de 2015, em uma média de 140 por ano. Sendo essas as mais variadas que vão desde grupos de estudantes de escolas de ensino médio, ensino técnico e universitário, até profissionais de escritórios de engenharia e arquitetura, delegações de professores de universidades nacionais e internacionais, comitivas de profissionais de empresas públicas, empresários, entre outros.

O espaço também é oferecido para seminários das empresas, projetos comunitários e cursos de extensão, muitas vezes em parceria com organizações não governamentais, associações de classes, órgãos públicos, sindicatos etc., cumprindo uma função social da universidade. Entre esses, o Escritório Verde abriga as discussões sobre mobilidade sustentável de Curitiba, conduzida por grupos ativos em prol da ciclomobilidade, promovendo em 2014 a bênção de proteção aos ciclistas (Figura 2); participação no movimento das hortas urbanas, incluindo uma feira aos sábados pela manhã (Figura 3); educação ambiental para escolas de visitantes do ensino fundamental; reuniões dos pesquisadores do Programa de Pós-Graduação em Tecnologia (PPGTE) para cooperação na revisão do Plano Diretor de Curitiba, em parceria com o Instituto de Pesquisa e Planejamento Urbano de Curitiba (IPPUC). Todas essas ações dão uma nova dimensão comunitária à universidade, incluindo aspectos da educação informal, atendimento às demandas sociais e integração com as iniciativas locais.

Figura 2 – Bênção de proteção aos ciclistas com um padre capuchinho e um mestre budista.

Figura 3 – Feira de produtos orgânicos nos sábados do movimento das hortas urbanas.

Projeto de Extensão envolvendo a comunidade

Em 2013, o Escritório Verde iniciou o projeto de extensão: "Encontros da Biodiversidade: Compartilhando Saberes e Sementes para a Agricultura Urbana", que basicamente visa criar um espaço de diálogo entre especialistas da agricultura, agricultores orgânicos com experiência e os moradores da cidade que buscam cultivar seus alimentos no ambiente domiciliar, melhorando sua prática e ajudando a preservar espécies de hortaliças pouco cultivadas e conhecidas. Como parte do projeto, já foram organizados cursos em parceria com a ONG Casa de Videira e a Emater, sobre cultivo de morangos sem agrotóxicos, cultivo de espécies de tomates, usando sementes crioulas, além de oficinas de compostagem e minhocultura.

Na segunda etapa do projeto, também em parceria com a Casa da Videira, iniciou-se em 2015 um programa denominado "Comida Relacional", no qual são entregues cestas orgânicas semanalmente para funcionários, docentes e estudantes da UTFPR cadastrados, tendo como ponto de coleta o Escritório Verde (Figura 4). O projeto visa fortalecer a cooperativa de agricultores orgânicos certificados de Palmeira, a 50 km de Curitiba, aumentando seu volume de vendas e ajudando a evitar que eles recorram a plantios de grandes impactos ambientais na região, como do fumo, que tem comprovadamente trazido problemas de saúde aos que praticam este cultivo, pelo grande volume de agrotóxicos utilizado. Eventualmente, serão organizados encontros entre plantadores e consumidores.

Figura 4 – Programa Comida Relacional – entrega de cestas orgânicas no EV.

Plano de Gestão de Logística Sustentável/PLS

O projeto do Escritório Verde e suas as ações se adiantaram ante a demanda do governo para as instituições federais que hoje devem elaborar o "Plano de Gestão de Logística Sustentável/PLS", do Decreto Federal n. 7.746 de 05 de junho de 2012 e a Instrução Normativa n. 10 de 12 de novembro de 2012, da Secretaria de Logística e Tecnologia da Informação do Ministério do Planejamento, Orçamento e Gestão.

Estes quatro itens do art. 2º da Instrução Normativa resumem bem as diretrizes que as IES devem seguir:

I. Logística sustentável: processo de coordenação do fluxo de materiais, de serviços e de informações, do fornecimento ao desfazimento, que considera a proteção ambiental, a justiça social e o desenvolvimento econômico equilibrado.

II. Critérios de sustentabilidade: parâmetros utilizados para avaliação e comparação de bens, materiais ou serviços em função do seu impacto ambiental, social e econômico.

III. Práticas de sustentabilidade: ações que tenham como objetivo a construção de um novo modelo de cultura institucional, visando à inserção de critérios de sustentabilidade nas atividades da Administração Pública.

IV. Práticas de racionalização: ações que tenham como objetivo a melhoria da qualidade do gasto público e contínua primazia na gestão dos processos.

O PLS da UTFPR está atualmente em elaboração, sendo que muitas dessas demandas já foram ou estão sendo atendidas. Uma das estratégias adotadas foi veicular as necessidades da universidade às pesquisas conduzidas nos programas de Pós-graduações, como a tese de doutorado "Compras públicas sustentáveis na UTFPR: estudo de caso do *campus* Curitiba – sede central" (Galli, 2014). A pesquisa está servindo de base para UTFPR se adequar à Instrução Normativa.

Em relação a cursos, destacam-se alguns a seguir:

- Seis edições de cursos do Processo Alta Qualidade Ambiental (Aqua) de certificação sustentável para a construção civil, para formação de consultores Aqua, em parceria com a Fundação Vanzolini, da USP.

- Quatro edições de curso de curta duração sobre planejamento e instalação de energia solar fotovoltaica.

- Quatro sobre compostagem, minhocultura e hortas urbanas em parceria com a ONG Casa da Videira, como parte do projeto de extensão (Figura 5).

- Dois sobre projeto e instalações de telhados vivos ou verdes.

- Dois internacionais, sendo um com o Prof. Ezio Manzini, da Universidade Politécnica de Milão, autor do livro *Design para a Inovação Social e Sustentabilidade* e outro sobre "Poluição Eletromagnética e como a Arquitetura pode contribuir para Construções mais Saudáveis e Livres de Radiação", com o especialista alemão Robert Steller, Diretor e fundador do International Institute for Building-Biology & Ecology (Figura 6). É importante ressaltar que o Escritório Verde não usa carteiras enfileiradas como nas tradicionais salas de aula; estas são substituídas por mesas redondas para maior interação entre os alunos.

Figura 5 – Curso Hortas Urbanas com Eduardo Feniman da Casa da Videira.

Figura 6 – Curso sobre medições de poluição eletromagnética com o professor Robert Steller.

A abertura para a participação direta das empresas e da comunidade no projeto permitiu estabelecer uma nova relação "Universidade-Empresa-Sociedade", criando um ambiente de aprendizado múltiplo e diversificado, que serve tanto para divulgação de produtos ecologicamente corretos quanto para discussão interdisciplinar da relação entre tecnologia e impactos socioambientais, aberto a pesquisas de professores e alunos de todos os departamentos que compõem a UTFPR. Do ponto de vista de pesquisa sobre a edificação, esta se tornou um "laboratório vivo" de 150 m^2

que permite a avaliação da integração de tecnologias e materiais por meio de Trabalhos de Conclusão de Curso (TCCs) de graduação, monografias de especializações, mestrados e doutorados da área (Casagrande Jr., 2015).

O Escritório Verde também abriga o "Centro Regional de Integração de Expertise em Educação para o Desenvolvimento Sustentável – Crie Curitiba-Paraná", o primeiro centro aprovado na América Latina pela Universidade das Nações Unidas (UNU) – Instituto de Estudos Avançados (IAS), em 2007, integrando uma rede internacional de cerca de 120 centros (Regional Center of Expertise – RCE) que atuam para implantar as metas da "Década de Educação para o Desenvolvimento Sustentável das Nações Unidas (DEDS 2005-2014)". O Crie é composto por representantes da UTFPR, Universidade Federal do Paraná (UFPR), Pontifícia Universidade Católica do Paraná (PUC-PR), Federação das Indústrias do Paraná--Sesi-Senai, além de organizações não governamentais. Pelas iniciativas práticas no projeto, em 2012, o Escritório Verde foi contemplado com a premiação *"Best Practices in Sustainable Development Education"*, da Universidade das Nações Unidas (UNU), no encontro anual dos RCEs, realizado na Coreia do Sul. No mesmo ano, também recebeu o prêmio na área de sustentabilidade do Santander Universidade – Destaque do ano, em parceria com a Editora Abril.

Programas especiais conduzidos pelo escritório verde

Apesar de o *campus* Curitiba da UTFPR possuir um PGRS que contempla contratos terceirizados com empresas especializadas e também acordos com cooperativa de catadores para os resíduos sólidos recicláveis serem coletados, o Escritório Verde implantou dois outros programas por meio de projetos de extensão. Um para a coleta de resíduos especiais, como pilhas, baterias, computadores e aparelhos eletroeletrônicos em geral, o chamado "Lixo Eletrônico" ou E-Lixo (Figuras 7, 8 e 9), e o outro para incentivar a comunidade universitária a dar destino correto ao óleo de cozinha usado, que pode ser recolhido em containers especiais, conforme Figuras 10 e 11.

Figura 7 – Cartaz da campanha para coleta de E-Lixo.

Figuras 8 e 9 – Coletor de pilha utilizando carcaça de monitor e caixa para coleta de E-Lixo.

O projeto

Os parâmetros sustentáveis para a realização do projeto do Escritório Verde foram desenvolvidos em conjunto com diferentes professores especialistas de diferentes áreas e em parceria com a empresa EcoStudio – Soluções Sustentáveis, conforme a seguir:

- Projeto arquitetônico seguindo orientações bioclimáticas.
- Construção modular a seco (*wood-frame*) com paredes duplas em estrutura de pinus tratado e painéis de OSB (*Oriented Strand Board*).

Figura 10 – Coletor de óleo de cozinha usado.

Figura 11 – Banner da campanha.

- Isolamento térmico-acústico com mantas de PET reciclado e pneu reciclado.
- Janelas em esquadrias de madeira Lyptus e vidros duplos especiais.
- Telhado verde – uso de vegetação local em dois módulos da edificação.
- Iluminação natural.
- Uso de lâmpadas LEDs para maior eficiência energética.
- Uso de sistema de controle de umidade e resfriamento do ar por meio de aparelhos climatizadores.

- Geração de energia solar usando painéis fotovoltaicos por meio dos dois modelos existentes (2.100 Watts conectados diretamente na rede elétrica e 850 Watts em baterias).
- Uso de sistema de coleta e uso da água da chuva para vasos sanitários, irrigação e limpeza externa.
- Uso de piso elevado fabricado em polipropileno reciclado.
- Uso de materiais de baixo impacto ambiental como: piso externo drenante em granito para maior permeabilização do terreno, acabamento do piso interno em madeira certificada com selo FSC (*Forest Stewardship Council*), madeira plástica (compósito usando pó de madeira e plástico reciclado), carpete em material reciclado e parte do revestimento das paredes.
- Mobiliário em bambu.
- Instalação de sistemas inteligentes de lógica, automação e segurança.

Podem-se destacar dois aspectos importantes do projeto, sendo o primeiro, a preocupação em ser uma edificação modular (Figura 12), de baixa emissão de resíduos, rápida e "carbono zero", isto é, reduzir o impacto da emissão de dióxido de carbono (CO_2) causado pela construção convencional de alvenaria, em que a energia embutida por conta do processamento de seus materiais, como cimento, aço, cal, tijolo e telhas cerâmicas e areia, tem uma grande pegada de emissão de carbono.

Figura 12 – Vista externa do Escritório Verde da UTFPR.

Ao selecionar o sistema construtivo de construção a seco (*wood-frame*) utilizando painéis de madeira aglomerada OSB (*Oriented Strand Board*) e montantes em pinus (*Pinus taeda*) tratado (Figura 13), vigas I de suporte do telhado compostas por pinus e OSB, além de utilizar a madeira de reflorestamento, como o Lyptus (*Eucalyptus urograndis*), para as janelas de vidros duplos, reaproveitamento de resíduos de madeira cedrinho (*Erisma ucinatum*) para a construção da escada (Figura 14) e o deck externo utilizando madeira plástica, um compósito que utiliza 50% de serragem de madeira e 50% de plástico reciclado, foi possível inverter as emissões e demonstrar o quanto se pode estocar carbono em uma edificação.

Figura 13 – Construção *wood-frame* e manta PET para isolamento.

Figura 14 – Janelas com vidro duplo em Lyptus e escada de reaproveitamento de madeira.

Nos estudos de Kobiski (2014), relacionados à sua pesquisa de mestrado junto ao Programa de Pós-Graduação em Engenharia Civil (PPGEC), da UTFPR, foram avaliadas a espécie e a densidade das madeiras utilizadas em relação à fixação de CO_2, demonstrando que o Escritório Verde conseguiu estocar cerca de 9,52 toneladas de carbono, sendo os painéis de OSB e os montantes os materiais com maior porcentagem de carbono estocado, 32% e 30%, respectivamente (Figura 15).

Figura 15 – Estoque de carbono de acordo com espécies de madeira utilizadas no Escritório Verde.

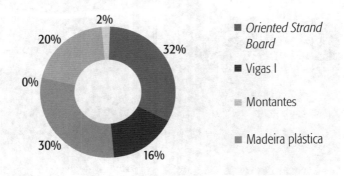

Fonte: Kobiski (2014).

O projeto também possui um sistema de coleta e uso da água da chuva que abastece as bacias dos vasos sanitários (Figura 16) e serve na rega dos telhados verdes, além da limpeza externa. O mictório no banheiro masculino é feito em policarbonato e usa um sistema de filtro que necessita de água para a descarga. Tudo isso permite uma economia de água de até 30%.

Os telhados vivos ou verdes são uma excelente alternativa para coberturas, visando à redução de ilhas de calor em centros urbanos, onde ruas de asfalto, calçadas em pedras e lajes dos edifícios aumentam a temperatura. Esse tipo de telhado serve também para aumentar a eficiência térmica dos ambientes, ao reduzir a temperatura interna de 3 a 5ºC no verão e isolar do frio no inverno. Outras vantagens estão na absorção de CO_2 e redução do impacto da chuva. Além de poder ser usado como mais um ambiente da edificação, por exemplo, na produção de alimentos (Figura 17).

O projeto também seguiu todas as normas de acessibilidade NBR 9050, de setembro de 1994, estabelecidas pela Associação Brasileira de Normas Técnicas (ABNT), como o grau correto de inclinação de rampas para cadeirantes (Figura 18). Na rampa, assim como nos pisos externos, foram utilizados materiais permeáveis, para melhor penetração da água no solo, por exemplo, pedras de granitos drenantes, módulos plásticos

Figura 16 – Sistema de coleta da água de chuva e banheiros.

com pedriscos utilizados em jardim e pisos emborrachados. É importante ressaltar que é preciso que áreas urbanas aumentem sua drenagem para manter o equilíbrio de lençóis freáticos e evitar os alagamentos comuns que ocorrem com chuvas intensas.

Eficiência energética

Outro aspecto de relevância inovadora do projeto é o fato de ser a primeira edificação autônoma em energia solar fotovoltaica do Paraná, com 2.950 watts instalados, sendo 2.100W no Sistema Fotovoltaico Conectado à Rede Elétrica (SFVCR) ou *grid-tie*. O projeto complementa a eficiência

Figura 17 – Telhados vivos ornamentais e hortas.

Figura 18 – Rampa para acessibilidade de cadeirantes com pisos drenantes.

energética, que já conta com o aproveitamento de iluminação natural, uso de lâmpadas LEDs e isolamentos térmico-acústicos das paredes e janelas.

O SFVCR do Escritório Verde da UTFPR tem uma potência instalada de 2,1kWp (10 módulos Kyocera de tecnologia de silício policristalino, modelo KD210GX-LP ligados em série) e um inversor monofásico em 220V de 2kW de potência nominal (PVPOWERED modelo PVP2000) entrou em operação em 14 de dezembro de 2011. A área ocupada na cobertura da edificação para esse painel é de apenas 15m². A Figura 19 ilustra o painel fotovoltaico e o inversor do SFVCR do EV da UFTPR.

Após três anos de avaliação, é possível afirmar a viabilidade técnica do uso de energia solar para a cidade de Curitiba, conforme indicada a média solar diária na Tabela 1. Mesmo assim, essas medições servem também para derrubar um mito popular de que não há irradiação solar suficiente em Curitiba para aproveitamento da energia solar. É bom destacar que de acordo com o Atlas Brasileiro de Energia Solar, para Curitiba, temos uma irradiação solar de 4,5 a 5 kWh/m²/dia.

Figura 19 – Painéis fotovoltaicos e inversores do Escritório Verde.

Para melhor compreensão, a irradiância solar global é a quantidade de energia por unidade de área e unidade de tempo que incide sobre a superfície da Terra. A unidade de irradiância é a unidade de potência por metro quadrado da superfície da Terra (W/m2). Para termos uma comparação de como desperdiçamos nosso potencial solar, a região mais ensolarada da Alemanha recebe um índice de irradiação solar 40% menor que o índice da região menos ensolarada do Brasil. A região menos ensolarada do nosso país apresenta índices solares em torno de 1,642 kWh/m²/ano, acima dos valores apresentados na área de maior incidência solar da Alemanha, que recebe cerca de 1,3 mil kWh/m²/ano e, no entanto, é o país que tem a maior cobertura de painéis solares fotovoltaicos do planeta (Casagrande Jr. e Urbanetz Jr., 2015).

Na Tabela 2, é possível observar os índices de irradiações mensais no plano inclinado do sistema instalado no Escritório Verde, de 2012 a 2014. Exceto nos meses de inverno, onde há baixa irradiação, a média/ano de 4,38 kWh/m² dia de irradiação para Curitiba nos anos medidos é considerada viável para uma boa geração de energia elétrica. Isso está acima da média de cidades como Florianópolis, por exemplo, derrubando um mito de que a cidade é sempre "nublada".

Nas medições efetuadas, o SFVCR do Escritório Verde gerou em média aproximadamente 200kWh/mês em três anos de operação, energia superior à necessária para atender as cargas existentes na edificação, tornando-a uma edificação de energia zero (ZEB – *Zero Energy Building*). Nos meses de verão (maior incidência solar), a geração chegou a mais de 300kWh em janeiro de 2014, o que permitiu exportar energia para as instalações adjacentes, e, nesses momentos, o Escritório Verde tornou-se uma edificação de energia positiva.

Outro sistema solar paralelo foi instalado de 850 W (dez painéis fotovoltaicos de 85 W) conectado em baterias. Esse sistema alimenta a bomba solar que joga a água coletada da chuva da cisterna para uma caixa d'água separada e o sistema de automação de irrigação dos telhados verdes. Apesar de não haver necessidade desse sistema solar extra, optou-se por sua instalação para servir como um modelo demonstrativo de sistema solar isolado, permitindo aos alunos e visitantes entenderem os dois modelos.

O sistema solar utilizando baterias estacionárias era o único que se tinha no Brasil até 2012, quando entrou a Resolução Normativa n. 482 de 17 de abril de 2012, da Agência Nacional de Energia Elétrica (Aneel), regulamentando a conexão dos sistemas solares à rede elétrica das concessionárias. Com a conexão direta à rede, o custo de instalação ficou mais econômico, uma vez que não havia mais necessidade de armazenar energia em baterias, cujo custo pode chegar a 40% do sistema. Obviamente que em lugares isolados, onde não passa a rede elétrica, esta será a única alternativa.

É importante também ressaltar que as baterias têm um tempo de vida útil de 5 a 10 anos, dependendo da qualidade. Outro problema é em relação aos danos ao meio ambiente, que as baterias podem causar ao serem

Tabela 1 – Irradiação diária média no plano inclinado do sistema solar do Escritório Verde obtida pelo programa Radiasol (kWh/m² dia).

	Jan	Fev	Mar	Abr	Mai	Jun	Jul	Ago	Set	Out	Nov	Dez	média/ano
2012	5,64	5,53	5,26	4,40	3,60	3,50	3,70	4,70	4,52	5,13	5,95	5,86	4,52
2013	5,12	4,73	3,96	4,50	3,40	2,60	3,50	4,20	3,91	5,23	4,74	5,45	4,27
2014	6,08	5,37	4,49	3,28	3,46	3,03	2,84	3,90	3,95	5,10	5,30	5,25	4,34

Obs: As médias poderiam ser maiores se a edificação não estivesse situada no centro da cidade, onde recebe sombreamento de edifícios sobre suas placas fotovoltaicas a partir das 16h30.

Fonte: Urbanetz Jr. et al. (2015).

Tabela 2 – Geração mensal (kWh) do sistema solar do Escritório Verde.

	Jan	Fev	Mar	Abr	Mai	Jun	Jul	Ago	Set	Out	Nov	Dez	Média/ano
2012	273,00	240,00	272,00	187,00	137,00	112,00	158,00	196,00	211,00	206,00	218,00	234,00	203,66
2013	225,00	188,00	175,00	185,00	147,00	112,00	144,00	170,00	184,00	258,00	216,00	202,00	193,16
2014	304,00	278,00	193,00	150,00	150,00	133,00	148,00	197,00	181,00	244,00	215,00	221,00	201,16

Fonte: Urbanetz Jr. et al. (2015).

descartadas de forma irresponsável, uma vez que contêm metais pesados, como chumbo, cádmio ou lítio, dependendo do modelo. O Conama determina que estas devam ser destinadas para a coleta e reciclagem, pois, caso contrário, sua deterioração contaminará solo e água.

Outro fator positivo do sistema do Escritório Verde conectado à rede é que, no acumulado de geração de energia solar gerada de 2012 a 2014, cerca de 7,1 MWh, foi possível evitar a emissão de 2,388 toneladas de CO_2 à atmosfera. Esse valor tem como base os dados fornecidos pelo Ministério de Ciência e Tecnologia para "Cálculo dos Fatores de Emissão de CO_2 pela Geração de Energia Elétrica no Sistema Interligado Nacional do Brasil" (MCT, 2015). Apesar de a matriz energética brasileira estar baseada na hidroeletricidade, o sistema interligado com as termelétricas e outras fontes de combustíveis fósseis acaba por ter um fator de emissão de carbono por kWH produzido.

Cálculo de Emissão de CO_2 evitada no Escritório Verde
7,1 MWh x 336,2977 kgCO_2-eq = 2388 kgCO_2-eq

O projeto solar do Escritório Verde é pioneiro no estado do Paraná, sendo o primeiro a entrar em operação, em dezembro de 2011, em um acordo com a Companhia Paranaense de Energia (Copel), antes da resolução da Aneel. Como o Escritório Verde em média gera mais energia elétrica do que consome, o seu excedente é repassado ao Bloco V, um edifício mais antigo na universidade, onde funcionam aulas do departamento de línguas e de cursos de extensão.

CONSIDERAÇÕES FINAIS

Todas essas iniciativas descritas neste capítulo para minimizar os impactos ambientais do *campus* universitário também demonstraram um ganho na educação e na proposta pedagógica da universidade para além da sala de aula. Buscar a sustentabilidade em todos os seus aspectos deve fazer parte hoje da missão das IES públicas, que podem reduzir drasticamente seus custos operacionais, afinal é de dinheiro dos impostos dos contribuintes que estamos falando.

Desde sua inauguração, o Escritório Verde teve destaque na mídia local e nacional, atraindo outras empresas, órgãos públicos e o terceiro setor, na busca de parcerias sustentáveis. Seu modelo diferenciado de tornar mais público os resultados de seus ganhos, não somente ambientais, mas também econômicos, indicam que é possível ter uma universidade que cumpre seu papel social, saindo do seu modelo intramuros.

Quando se demonstra a possibilidade real de se ter uma edificação com maior conforto térmico-acústico (principalmente em uma cidade considerada fria), economizar água, viabilizar o uso de energia solar, entre outras inovações, como seu sistema construtivo em madeira modular, mais rápido e sem gerar resíduos, aplicação de telhados verdes e uso de produtos reciclados, a sociedade reconhece a importância da pesquisa aplicada.

Um dos seus resultados diretos, por exemplo, é ter servido como inspiração para se projetar os novos cinco centros de educação ambiental da Companhia de Saneamento do Paraná (Sanepar), com a inauguração do primeiro centro previsto para 2016. Após visita técnica do núcleo de educação ambiental da empresa e profissionais da área de projeto, foi possível demonstrar os ganhos que teria a educação do Paraná, ao permitir que mais escolas pudessem ter acesso a edificações sustentáveis. Em uma parceria entre a empresa Junior Econsultoria da UTFPR, empresas que participaram do projeto do Escritório Verde e a Sanepar, foi desenvolvido um projeto modelo de cerca de 450 m² a ser construído em Curitiba e mais quatro no interior do estado. A Sanepar será a primeira empresa pública do Paraná a realizar uma obra sustentável.

O projeto também permitiu identificar como pesquisas de mestrado e doutorado poderiam ser conduzidas para soluções de problemas reais do setor da construção civil, por exemplo. Ao selecionarmos os materiais e tecnologias de baixo impacto ambiental que iriam ser utilizados na obra, nos deparamos, na sua maioria, com produtos de "autodeclarantes", quer dizer, a empresa anuncia o seu "produto verde" sem passar por uma avaliação isenta e idônea de um certificador, de preferência institucional, que os testou e aprovou. Isso gerou uma pesquisa de doutorado junto a PPGTE que avalia a possibilidade de implantar uma rotulagem ambiental (selo verde) emitida pela UTFPR para produtos que estão no mercado ou pretendem ser lançados na categoria de produtos ecológicos. Normalmente, esse é um procedimento comum em países mais avançados nessa área, em que o mercado exigiu essa prática para evitar o chamado *greenwashing* (lavagem verde), onde se tenta enganar o consumidor com o falso apelo da sustentabilidade.

A aproximação com o terceiro setor também demonstra como a universidade pode atuar mais fortemente na dimensão social da sustentabilidade, uma vez que todos os resíduos separados para a reciclagem são inicialmente destinados às cooperativas de catadores. Em eventos, como a Semana de Meio Ambiente do Escritório Verde, realizados em junho de todos os anos, trazemos os catadores para explicarem o modelo de organização no qual atuam, qual a importância de se separar o resíduo limpo, para facilitar sua reciclagem e valorização, além de trazer a realidade social de uma categoria muitas vezes discriminada.

Também se promove a educação ambiental por meio de alunos da UTFPR junto a alunos de escolas públicas de municípios carentes da região metropolitana de Curitiba, onde essa interação permite um duplo aprendizado. Ao mesmo tempo que a percepção ambiental é absorvida por alunos de escolas públicas, o projeto possibilita o contato direto dos alunos universitários envolvidos (muitas vezes de classe média), pelo qual estes podem compreender outras realidades sociais da cidade.

O projeto do Escritório Verde tem nos ensinado como a prática pedagógica para a sustentabilidade, em todas suas dimensões, pode ir além da sala de aula e do papel da universidade decretado pelas diretrizes do MEC. Novos modelos podem ser desenvolvidos, experimentados e reproduzidos. Estamos no século XXI e é urgente um novo olhar sobre este planeta e a educação, ou as alternativas para as futuras gerações podem se esgotar antes do tempo.

REFERÊNCIAS

[AASHE] ASSOCIATION FOR THE ADVANCEMENT OF SUSTAINABILITY IN HIGHER EDUCATION. Disponível em: http://www.aashe.org/. Acessado em: 30 jun. 2015.

[A3P] AGENDA AMBIENTAL NA ADMINISTRAÇÃO PÚBLICA. Disponível em: http://www.mma.gov.br/responsabilidade-socioambiental/a3p. Acessado em: 02 jul. 2015.

BARBOSA, V.M.; CASAGRANDE JR., E.F.; LOHMANN, G. O Programa de Gerenciamento de Resíduos na UTFPR – Campus Curitiba e a contribuição de trabalhos acadêmicos do DAQBI. Coletânea TEMA (PPGTE-UTFPR), *Revista Educação e Tecnologia*, Curitiba, n. 9, p. 66-76, jun. 2009.

BERNARDES, M.B.J.; PRIETO, É.C. Educação Ambiental: Disciplina versus Tema Transversal. v. 24, Rio Grande do Sul: Remea – *Revista Eletrônica de Mestrado em Educação Ambiental*, PPGEA/Furg, 2010.

GESTÃO EMPRESARIAL E SUSTENTABILIDADE

[BID] BANCO INTERAMERICANO DE DESARROLLO. Estudio global muestra aumento en actividades de energía limpia en naciones en desarrollo a través del mundo. Comunicados de Prensa, 28-oct-2014. Disponível em: http://www.iadb.org/es/noticias/comunicados-de-prensa/2014-10-28/climascopio-2014,10962.html. Acessado em: 01 jul. 2015.

CAMBRICOLI, F.; VIEIRA, V. USP Leste tem água imprópria e piolho. *Jornal O Estado de São Paulo*, 13 de dezembro de 2013. Disponível em: http://sao-paulo.estadao.com.br/noticias/geral,usp-leste-tem-agua-impropria-e-piolho--imp-,1107948. Acessado em: 19 abr. 2015.

CARETO, H.; VENDEIRINHO, R. *Sistemas de Gestão Ambiental em Universidades: Caso do Instituto Superior Técnico de Portugal.* Relatório Final de Curso, 2003. Disponível em: http://meteo.ist.utl.pt/~jjdd/LEAMB/LEAmb%20TFC%20 site%20v1/2002-2003 /HCareto_RVendeirinho%20artigo.pdf. Acessado em: 20 abr. 2015.

CASAGRANDE JR., E.F. Site oficial do Escritório Verde criado em 2010. Disponível em: http://www.escritorioverdeonline.com.br. Acessado em: 16 abr. 2015.

CASAGRANDE JR., E.F.; CÔRREA DA SILVA, M. (org.). Sustentabilidade na Academia: Contribuições do Grupo de Pesquisa Tecnologia e Meio Ambiente (TEMA), da Universidade Tecnológica Federal do Paraná-UTFPR, Revista Educação & Tecnologia, Nº 9, Edição Especial em comemoração ao centenário da Universidade Tecnológica Federal do Paraná (UTFPR), Programa de Pós-Graduação em Tecnologia (PPGTE). Curitiba, 2009.

CASAGRANDE JR., E.F.; URBANET JR., J. *Uma usina solar no centro de Curitiba. Artigo Opinião Jornal Gazeta do Povo*, Curitiba, PR. Disponível em: http://www.gazetadopovo.com.br/opiniao/artigos/uma-usina-solar-no-centro-de-curitiba-e-c26d650jo1ilfojnz52gc026. Acessado em: 26 abr. 2015.

CAPRA, F. *Alfabetização ecológica: o desafio para a educação do século 21.* São Paulo: Cultrix, 2007.

[CEDIR] CENTRO DE DESCARTE E REUSO DE RESÍDUOS DE INFORMÁTICA. Prefeitura do Campus da Universidade de São Paulo (USP) da Capital. Disponível em: http://www.cedir.usp.br/. Acessado em: 24 abr. 2015.

COPERNICUS, A. *Background.* Disponível em: http://www.copernicus-alliance.org/index.php/about-ca/background. Acessado em: 20 abr. 2015.

CUNHA, L.A. Universidade e sociedade: uma nova competência. *Revista Adusp*, n. 9, abr. 1997, p. 22-25.

DAGNINO, R. Inovação: o problema não é falta de dinheiro. FAI-UFSCAR. Disponível em: http://www.fai.ufscar.br:8080/noticias/inovacao-o-problema-nao--e-falta-de-dinheiro-artigo-de-renato-dagnino. Acessado em: 17 abr. 2015.

DAVIDOVITS, J. Geopolymer Cement for mitigation of Global Warming. Geopolymer Institute, 8 ago. 2014. Disponível em: http://www.geopolymer.org/applications/global-warming. Acessado em: 02 jul. 2015.

DIAS, G.F. *A situação da Educação Ambiental no Brasil é fractal. Panorama da Educação Ambiental da Educação Ambiental no Ensino Fundamental.* Secretaria de Educação Fundamental – SEF/MEC, Brasília: 2001. p. 76. Disponível em: http://portal.mec.gov.br/secad/arquivos/pdf/educacaoambiental/panorama.pdf. Acessado em: 01 jul. 2015.

DUKE UNIVERSITY. *Bicycling at Duke.* Disponível em: http://parking.duke.edu/commuting/bicycling/. Acessado em: 25 jun. 2015.

FREIRE, P. *Pedagogia do oprimido.* Rio de Janeiro: Paz e Terra, 1987.

FRIGOTTO, G. A interdisciplinaridade como necessidade e como problema nas ciências sociais. *Revista Ideação.* v. 10, n. 1, Unioste – Campus de Foz do Iguaçu, 2008.

GALLI, A. *Compras públicas sustentáveis na UTFPR: estudo de caso do Campus Curitiba* – Sede Centro. 2014. Tese de Doutorado. Programa de Pós-Graduação em Tecnologia, Universidade Tecnológica Federal do Paraná, Orientador: Eloy Fassi Casagrande Junior.

GEORGEN, P. Ciência, sociedade e universidade. *Educação e Sociedade: Revista de Ciência da Educação.* v. 19, n. 63, Campinas, ago. 1998.

GONZALES, C.E.F. *Educação pela Ação Ambiental: A Coleta Seletiva de Resíduos Sólidos em um Departamento de Instituição Superior de Ensino.* Dissertação de Mestrado, Programa de Pós-Graduação em Tecnologia (PPGTE), Universidade Tecnológica Federal do Paraná (UTFPR), Curitiba: 2006. Disponível em: http://repositorio.utfpr.edu.br/jspui/bitstream/1/169/1/CT_PPGTE_M_Gonzalez,%20Carlos%20Eduardo%20Fortes_2006.pdf. Acessado em: 30 jun. 2015.

[IPEA] INSTITUTO DE PESQUISAS ECONÔMICA APLICADA. Estudo evidencia a fragilidade da ciência brasileira. *Revista Desafios do Desenvolvimento*, Ano 11, Edição 82. São Paulo: IPEA, 2014. Disponível em: http://desafios.ipea.gov.br/index.php?option=com_content&view=article&id=3121&catid=28&Itemid=39. Acessado em: 04 maio 2015.

KOBISKI, B.V. *Contribuição de uma edificação como reservatório de carbono: Um estudo de caso do Escritório Verde da UTFPR.* Dissertação de Mestrado. Programa de Pós-Graduação em Engenharia Civil (PPGEC) da UTFPR, 2014, 94 p.

LEFF, E. *Epistemologia Ambiental.* Tradução de Sandra Valenzuela. São Paulo: Cortez, 2001. p. 217.

MATURANA, H. *Emoções e linguagem na educação.* Belo Horizonte: UFMG, 1998.

[MCT] MINISTÉRIO DE CIÊNCIA E TECNOLOGIA. *Fatores de Emissão de CO2 de acordo com a ferramenta metodológica.* Disponível em: http://www.mct.gov.br/index.php/content/view/74689.html. Acessado em: 02 jul. 2015.

MORENO, A.C. *Brasil evolui, mas segue nas últimas posições em ranking de educação.* Disponível em: http://g1.globo.com/educacao/noticia/2013/12/brasil-evolui-mas-segue-nas-ultimas-posicoes-em-ranking-de-educacao.html. Acessado em: 02 jul. 2015.

MORIN, E. *Os sete saberes necessários à educação do futuro.* Tradução de Catarina Eleonora F. da Silva e Jeanne Sawaya. 9. ed. São Paulo: Cortez, 2004.

OLIVIER, J.G.J.; JANSSENS-MAENHOUT, G.; PETERS, J.A.H.W. Trends in Global CO2 Emisson – 2012 Report, PBL Netherlands Environmental Assessment Agency. Disponível em: http://edgar.jrc.ec.europa.eu/CO2REPORT2012.pdf. Acessado em: 02 jul. 2015.

RIVES, K. *Universidades americanas correm para cortar emissões de gases de efeito estufa.* Disponível em: http://portuguese.brazil.usembassy.gov/pt/estufa.html. Acessado em: 22 abr. 2015.

SATO, M. *Debatendo os desafios da Educação Ambiental.* Partes – A Sua Revista Virtual. Disponível em: http://www.partes.com.br/meio_ambiente/educacao.htm. Acessado em: 01 jul. 2015.

SORRENTINO, M. Reflexões sobre o panorama da Educação Ambiental no ensino formal. Panorama da Educação Ambiental da Educação Ambiental no Ensino Fundamental. Secretaria de Educação Fundamental – SEF/MEC, Brasília: 2001. p. 39. Disponível em: http://portal.mec.gov.br/secad/arquivos/pdf/educacaoambiental/panorama.pdf. Acessado em: 01 jul. 2015.

TAUCHEN, J.; BRANDLI, L.L. A gestão ambiental em instituições de ensino superior: modelo para implantação em campus universitário. In: *Gestão & Produção.* v. 13, n. 3, p. 503-515, 2006.

THE GLOBAL CCS INSTITUTE. An update on CO2 capture from cement production. 20 de Fevereiro de 2013. Disponível em: http://www.globalccsinstitute.com/insights/authors/dennisvanpuyvelde/2013/02/20/update-co2-capture-cement-production. Acessado em: 26 abr. 2015.

THIESEN, J. da S. A interdisciplinaridade como um movimento articulador no processo ensino-aprendizagem. *Revista Brasileira de Educação.* v. 13, n. 39, Rio de Janeiro, 2008.

TUFFANI, M. Dez anos depois, o Protocolo de Kyoto falhou em reduzir emissões globais. *Folha de São Paulo,* 16/02/2012. Disponível em: http://www1.folha.uol.com.br/ambiente/2015/02/1590476-dez-anos-depois-protocolo-de-kyoto-falhou-em-reduzir-emissoes-mundiais.shtml. Acessado em: 18 maio 2015.

RELAÇÕES SUSTENTÁVEIS ENTRE UNIVERSIDADE E EMPRESA | **1111**

URBANETZ, J.J.; CASAGRANDE JR. E.F.; TIEPOLO, G.M. Acompanhamento do Desempenho do Sistema Fotovoltaico Conectado à Rede Elétrica do Escritório Verde da UTFPR. *Anais do IV CBPE* – Congresso Brasileiro de Planejamento Elétrico. Florianópolis, SC, 2014.

URBANETZ JR., J.; MARIANO, J.D.; CAMPOS, H.M. et al. Acompanhamento e análise de três anos de operação do sistema fotovoltaico conectado à rede elétrica da UTFPR. Revista Sodebras, v. 10, n. 116, ago. 2015. In: XXXIII International Sodebras Congress, 29-31 maio 2015, Salvador. Disponível em: http://sodebras. com.br/edicoes/N116.pdf. Acessado em: 4 mar. 2016.

VAZ, C.R; FAGUNDES, A.B.; OLIVEIRA, I.L.; et al. Sistema de Gestão Ambiental em Instituições de Ensino Superior: Uma revisão. GEPRO-Gestão da Produção, Operação e Sistema. n. 3, ano 5, Jul-Set/2010, p. 45-58.

WASSERMAN, R. *China terá de provar que pode crescer sem destruir meio ambiente, dizem analistas.* BBC News. Disponível em: http://www.bbc.co.uk/portuguese/noticias/2009/04/090403_china_ambiente_dg.shtml. Acessado em: 15 abr. 2015.

[WWF] WORLD WIDE LIFE FUND. *Planeta no vermelho – Chegamos ao Overshoot Day!* Disponível em: http://www.wwf.org.br/natureza_brasileira/especiais/ pegada_ecologica/overshootday/. Acessado em: 10 jun. 2015.

Índice Remissivo

A

Abastecimento de água 202
Abiquim 235
Acordo setorial 319
Acreditadoras 296
Agroindústria canavieira 929
Agropecuária 548
Ambientalismo 17
Análise comparativa 734
Análise do ciclo de vida 405
Área contaminada 134
Arranjos produtivos 980
Aspectos ambientais 519
Atuação responsável 235

B

Brownfields 152

C

Cadeia de valor 886
Centros Nacionais de P+L 678
Cerflor 624

Certificação da agricultura 285
Certificação de cadeia de custódia 628
Certificação de sistemas de gestão 486
Certificação do manejo florestal 628
Certificação florestal 621
Chá 955
Ciclo de vida 166
Cidadão 1008
Comando e controle 688
Competitividade 840
Comunicação integrada de marketing 1007
Consciência ecológica 954
Consumo 747
Cooperativas de catadores 305

D

Desempenho ambiental 428, 515
Desempenho econômico 428
Desenvolvimento sustentável 259, 343, 1073
Diagnóstico ambiental 807
Dimensões da responsabilidade social corporativa 704

ÍNDICE REMISSIVO 1113

Direito ambiental 160
Direito minerário 155

E

Ecodesign 412, 428
Economia circular 415
Economia de mercado 259
Economia verde 696
Eficiência energética 101
Emissão zero 764
Emissões globais 58
Empreendimento 803
Empreendimento minerário 156
Empresas 745, 1006
Energia 100
Equilíbrio 954
Esgotamento sanitário 202
Estratégia de inovação 840
Estratégia global de produtos 245
Externalidades 868

F

Ferramentas de responsabilidade social
    corporativa 715
Fiscalização 174
Fluxo de materiais 1029
Fluxo de materiais e energia 764

G

Garantias financeiras 162
Gerenciamento de áreas contaminadas
    138
Gerenciamento de resíduos sólidos
    641
Gestão 206
Gestão ambiental 91, 569, 677, 803,
    930
Gestão da sustentabilidade 466
Gestão de recursos humanos 570
Gestão do ciclo de vida 406
Gestão do fluxo de materiais 764
Gestão empresarial 73, 100, 570

Gestão energética 100
Governança 549

I

Impactos ambientais 259, 513, 763,
    1028
Impactos socioambientais 929, 1080
Indústria moveleira 637
Indústria química 233
Inovações 18
ISO 14.000 513
ISO 26.000 480

L

Legislação 133
Licenciamento 174
Licenciamento ambiental 801, 942
Logística reversa 304, 427

M

Marketing ambiental 637
Matrizes energéticas 102
Meio ambiente 955
Mercado 287
Mercado verde 636
Metodologia 764, 1028
Modelo de cadeia de conhecimento
    601
Modelo de desempenho social corpo-
    rativo 707
Modelo de gestão do capital intelectual
    599
Modelo de gestão do conhecimento
    598
Modelo de negócio 226
Modelo de organização em hipertexto
    598
Modelo organização individualizada
    600
Modelo organização inovadora 597
Modelos de gestão 596
Mudanças climáticas 74

N

NBR 16.001 480
Norma internacional de responsabilidade social 718
Normatização da produção 296

O

Outorga para uso da água 943

P

Pagamento por serviços ambientais 352
Passivo ambiental 136
Pegada de carbono 847
Perfil verde 428
Planejamento estratégico 412
Plano de ação em produção e consumo sustentáveis 680
Plano de gerenciamento de resíduos sólidos industriais 947
Polímeros verdes 255
Política ambiental 515, 811
Política Nacional de Resíduos Sólidos 305, 641
Políticas ambientais 385
Políticas energéticas 103
Políticas públicas 687
Poluidor pagador 676
Práticas GSCM 439
Práticas responsáveis 1014
Prevenção da poluição 657, 676
Proatividade corporativa 428
Processo administrativo ambiental 173
Produção 747
Produção mais limpa (P+L) 657, 676
Produto verde 617
Produtores orgânicos 287

Q

Qualidade do solo 135

R

Reciclagem 655
Rede Ecovida 299
Regulação ambiental 941
Relações universidade-empresa 1078
Remediação 153
Reparação integral do dano 145
Requisitos legais 521
Resíduos eletroeletrônicos 304
Resíduos sólidos 641, 768
Responsabilidade estendida do produtor 310
Responsabilidade social 470
Responsabilidade social corporativa 703
Responsabilidade social empresarial 986, 1006
Responsabilidade subsidiária 161
Reutilização 655
Risco 139

S

Serviços públicos 226
Significância 516
Sistema de Avaliação de Segurança, Saúde, Meio Ambiente e Qualidade 241
Sistema de gestão 260
Soluções energéticas 102
Supply Chain Council 428
Sustentabilidade 73, 259, 801, 886, 466, 548, 569, 746, 14, 954, 1008
Sustentabilidade corporativa 260
Sustentabilidade socioambiental 840

T

Tecnologias limpas 1076
Tratamento de esgoto 642, 778
Tratamento "fim de tubo" 676

V

Vulnerabilidade 202

ANEXO

Dos Editores
e Autores

Dos Editores

Arlindo Philippi Jr – Engenheiro civil (UFSC), sanitarista e de segurança do trabalho (USP), mestre em Saúde Ambiental e doutor em Saúde Pública (USP). Pós-doutorado em Estudos Urbanos e Regionais (MIT). Livre-docente em Política e Gestão Ambiental. Na Coordenação de Aperfeiçoamento de Pessoal de Nível Superior (Capes), foi membro do Conselho Técnico Científico do Ensino Superior e do Conselho Superior, bem como diretor de avaliação. Finalista do Prêmio Jabuti em cinco edições, tendo recebido o 2º lugar na categoria Educação, com a obra *Interdisciplinaridade em Ciência, Tecnologia e Inovação*, em 2011; o 3º lugar na categoria Ciências Naturais, com a obra *Gestão do Saneamento Básico: Abastecimento de Água e Esgotamento Sanitário*, em 2014; e o 1º lugar em 2015, na categoria Educação e Pedagogia, com a obra *Práticas da Interdisciplinaridade no Ensino e Pesquisa*; todos publicados pela Editora Manole. É professor titular do Departamento de Saúde Ambiental, tendo sido presidente da Comissão de Pós-Graduação da Faculdade de Saúde Pública, pró-reitor e adjunto de pós-graduação e prefeito (*Campus Capital*) da USP.

Carlos Alberto Cioce Sampaio – Administrador, mestre e doutor nas temáticas planejamento e gestão organizacional para o desenvolvimento sustentável. Pós-doutor em Ecossocioeconomia, Cooperativismo Corporativo e Ciências Ambientais. Pesquisador visitante do Interpersonal Process Lab, da Washington State University. *Alumni* da Fulbright Foundation, Estados Unidos, em 2015. Pesquisador visitante no Centro Transdisciplinario de Estudios Ambientales y Desarrollo Humano Sostenible da Universidad

Austral de Chile, em 2005, e no Centre de Recherches sur le Brésil Colonial et Contemporain da École des Hautes Études en Sciences Sociales, Paris, em 1996. Coordena o Núcleo de Estudos em Ecossocioeconomia/ UFPR/UP/PUC-PR e, em parceria, o Núcleo de Políticas Públicas da Universidade Regional de Blumenau (Furb). Coordenador da área em Ciências Ambientais da Coordenação de Aperfeiçoamento de Pessoal de Nível Superior (Capes) e professor dos programas de pós-graduação em Desenvolvimento Regional da Furb, em Gestão Ambiental da Universidade Positivo (UP) e em Meio Ambiente e Desenvolvimento da Universidade Federal do Paraná (UFPR).

Valdir Fernandes – Cientista social, mestre e doutor em Engenharia Ambiental (UFSC). Pós-doutor em Saúde Ambiental (USP). Finalista do Prêmio Jabuti em três edições, tendo recebido o 2º lugar em 2011 na categoria Educação com a obra *Interdisciplinaridade em Ciência, Tecnologia e Inovação*, da qual foi editor executivo e coautor de dois capítulos; finalista em 2013 na categoria Economia, Administração e Negócios com *Gestão de Natureza Pública e Sustentabilidade*; e o 1º lugar em 2015 na categoria Educação e Pedagogia, com a obra *Práticas da Interdisciplinaridade no Ensino e Pesquisa*; todos publicados pela Editora Manole. Na Coordenação de Aperfeiçoamento de Pessoal de Nível Superior (Capes), foi coordenador adjunto da área de Ciências Ambientais para mestrados profissionais e exerceu o cargo de coordenador geral de avaliação e acompanhamento. É professor titular-livre da Universidade Tecnológica Federal do Paraná (UTFPR).

Dos Autores

Alejandro Dorado – Biólogo (UBA), mestre em Ecologia (USP), doutor em Saúde Ambiental (USP) e pós-doutor em Gestão Ambiental (USP). É professor da Faculdade Senai Meio Ambiente (Escola Mário Amato) e dos cursos de pós-graduação da Faculdade Mackenzie e do Ipog. Foi pesquisador do Conicet/Argentina e consultor da FAO (Chile) e da Comunidade Europeia (IES/Itália). Auditor Líder Internacional ISO 14.001 e auditor nas áreas de saúde pública e biodiversidade para os princípios do Equador. Atua nas áreas de licenciamento ambiental, *due diligence* e geotecnologias. Atuou profissionalmente e publicou trabalhos de pesquisa e divulgação em África do Sul, Argentina, Brasil, Chile, Colômbia, Equador, Espanha, França, Guyana, Holanda, Itália, Paraguai, Peru, Uruguai e Venezuela.

Alexandre de Oliveira e Aguiar – Engenheiro químico. Mestre e doutor em Saúde Pública (USP) com concentração em saúde ambiental. É professor da Universidade Nove de Julho (Uninove), com atuação nos projetos-eixo de pesquisa em sistemas e ferramentas de gestão ambiental e em eficiência energética. Consultor, instrutor e gerente de projetos de implantação de sistemas de gestão ambiental e de sistemas de gestão de segurança e saúde ocupacional. Auditor-líder de certificação de sistemas de gestão ISO 14001 e OHSAS 18001, com experiência em diversos países da América Latina.

Ana Luiza Silva Spínola – Graduada em Direito (Faculdade de Direito de São Bernardo do Campo), especialista em Direito Ambiental, Direito do Consumidor e Ações Coletivas pela Escola Superior de Advocacia, especialista em Direito Ambiental (FSP/USP), mestre e doutora em Saúde

Ambiental (FSP/USP). De 2002 a 2011 exerceu o cargo de advogada do Departamento Jurídico da Cetesb. Em 2012 formou-se em mediação de conflitos, facilitação de diálogo e construção de consenso. É autora de diversos artigos e capítulos de livros na área ambiental. Atualmente é consultora autônoma, professora e palestrante, direcionando seus trabalhos para gestão de resíduos, de áreas contaminadas e ecogastronomia.

Annelissa Gobel Donha – Engenheira agrônoma (UFPR), mestre em Ciência do Solo com especialidade em Geoprocessamento pela UFPR. Trabalhou na UFPR, Setor de Ciências Agrárias, Departamento de Solos, realizando serviços técnicos especializados no Laboratório de Fotointerpretação e Geoprocessamento de 1999 a 2003. É autora de 17 trabalhos científicos publicados em congressos e revistas especializadas e de um capítulo de livro. É sócia da Andreoli desde 2004 atuando como gerente de projetos e especialista em geoprocessamento responsável pela execução e coordenação de processos de licenciamento ambiental, avaliação de impactos ambientais e trabalhos técnicos especializados na área ambiental.

Antonio Rioyei Higa – Engenheiro florestal (USP), mestre em Ciências Florestais (USP), doutor em Ciências Florestais (Australian National University) e pós-doutor em Ciências Florestais (Universidade de Freiburg, Alemanha). Professor dos cursos de graduação e pós-graduação em Engenharia Florestal da UFPR.

Beatriz Luz – Engenheira química (UFRJ), mestre em Engenharia Ambiental (Universidade de Surrey, Inglaterra), especialista em Marketing (Universidade de Oxford) e Estratégia e Inovação (Fundação Dom Cabral). Responsável pelo 1º piloto de simbiose industrial UK-Brasil em parceria com a Fiemg. Idealizadora da Rede Empresarial Brasileira de ACV e coautora do 1º guia de ACV para executivos publicado pela International Chemical Council Association. Atuou como especialista em modelos de gestão ambiental e projetos de pesquisa tecnológica na Inglaterra nos temas de valorização de resíduos, uso eficiente de recursos, simbiose industrial e avaliação ambiental de projetos. Atualmente lidera a plataforma Exchange4ChangeBrasil que visa promover a economia circular como fator impulsionador de inovações tecnológicas, novas oportunidades de negócio e criação de valor para empresas e cidades.

Carlos Rossin – Engenheiro civil (Universidade de Maryland, Estados Unidos) e mestre em Administração de Empresas (George Washington University, Estados Unidos). Iniciou sua carreira na indústria da Construção Civil Americana antes de ingressar na PwC Brasil em 2001. Com mais de 15 anos de experiência na área socioambiental, é diretor responsável por soluções em sustentabilidade na PwC no Brasil, onde coordena projetos nos temas de responsabilidade social corporativa, mudanças climáticas, auditoria ambiental e análise da cadeia de suprimentos. Certificado pela Project Management Institute como Project Management Professional (PMP), vem desenvolvendo soluções voltadas à valoração socioambiental de empresas e de empreendimentos.

Cecília Michellis – Gestora ambiental (Universidade de São Paulo), pós--graduada em Sistema de Gestão Integrada – Saúde & Segurança, Meio Ambiente e Qualidade (Senac). Supervisora na área de soluções em sustentabilidade na PwC no Brasil. Com oito anos de experiência em consultoria em sustentabilidade, iniciou carreira atuando no mercado global de carbono com a certificação de projetos de redução de emissão. Na PwC, desenvolveu trabalhos de estratégias para gestão da água, energia, carbono e biodiversidade no setor privado, incluindo a elaboração do relatório "TEEB para o setor de negócios Brasileiros" sobre economia da biodiversidade e dos serviços ecossistêmicos.

Cláudia Echevenguá Teixeira – Doutora em Engenharia Civil e Ambiental (Universidade de Sherbooke, Canadá), mestre em Engenharia Civil, área de concentração em recursos hídricos e saneamento (Unicamp). Bióloga (Universidade de Caxias do Sul). Pós-doutora (Universidade do Estado do Arizona). Atuou como professora de graduação e pós-graduação na Universidade de Caxias do Sul e Universidade Nove de Julho. Atualmente é pesquisadora do Instituto de Pesquisas Tecnológicas de São Paulo (IPT), no Laboratório de Resíduos e Áreas Contaminadas. Possui experiência em gestão ambiental, atuando principalmente nos seguintes temas: gestão de resíduos sólidos, processos biológicos de tratamento de resíduos, avaliação ambiental de processos e produtos (abordagens produção mais limpa e avaliação do ciclo de vida), e remediação de áreas contaminadas.

Cleverson Vitório Andreoli – Engenheiro agrônomo, mestre em Ciências do Solo e doutor em Meio Ambiente e Desenvolvimento. Diretor da empresa de consultoria ambiental Andreoli Eng. Associados e professor do Programa de Mestrado em Governança e Sustentabilidade do Isae. Coordenador e autor de 25 livros na área ambiental e publicou mais de 200 artigos científicos. Foi superintendente da Surehma (órgão ambiental do Paraná), presidente da Associação Brasileira de Entidades de Meio Ambiente (Abema) e consultor das Nações Unidas, no Programa das Nações Unidas para o Meio Ambiente (Pnuma), do Programa das Nações Unidas para o Desenvolvimento (Pnud) e da Organização Mundial da Saúde (OMS). Ganhador do Prêmio Finep de inovação tecnológica nos anos de 1998 e 2007 e do prêmio Abel Wolman de melhor trabalho científico apresentado no Congresso da Aidis em 2014.

Eliane Pereira Rodrigues Poveda – Graduada em Administração (UnG) e Direito (FMU), especialista em Direito Ambiental (USP) e em Gestão Ambiental (Unicamp), mestre em Geociências (Unicamp), doutora em Ciências dos Recursos Naturais (Unicamp) e extensão em Direito Europeu do Ambiente (Universidade de Lusíada). Atuou como advogada no Departamento Jurídico da Cetesb. Professora convidada em programas de pós-graduação em gestão da qualidade integrada, auditoria, perícia, gestão e direito ambiental, sustentabilidade e responsabilidade corporativa. Advogada ambientalista e consultora em mineração, meio ambiente, riscos ambientais e sustentabilidade. Autora de artigos em publicações diversas e livros em Direito Minerário Ambiental.

Eloy Fassi Casagrande Jr. – Graduado em Desenho Industrial (PUCPR), PhD em Engenharia de Recursos Minerais e Meio Ambiente (Universidade de Nottingham, Reino Unido), pós-doutor em Inovação Tecnológica e Sustentabilidade (Instituto Superior Técnico de Lisboa, Universidade Técnica de Lisboa). Tem curso de Auditoria Ambiental pelo Eara (Reino Unido) e estágio no programa DAAD na Alemanha, junto ao Instituto de Pesquisa em Energia e Meio Ambiente (Ifeu, Heidelberg). É professor do Departamento Acadêmico de Construção Civil (Dacoc) da Universidade Tecnológica Federal do Paraná (UTFPR), assim como dos Programas de Pós-Graduação em Tecnologia (PPGTE) e do Programa de Pós-Graduação em Engenharia Civil, da mesma universidade. Coordena o curso de Especialização em Construções Sustentáveis (Cecons, *lato sensu*) e o Projeto Escritório Verde.

Eryka Eugênia Fernandes Augusto – Mestre e doutoranda em Administração (FEI-SP). Graduação em Informática com ênfase em Gestão de Negócios (Fatec). Professora em Administração na FEI-SP, na Faculdade Sumaré em Administração, Gestão de RH e Sistema de Informação no programa de Graduação e de TIC no Pronatec, no MBA da UMC em Supply Chain e Logística, e Marketing e Vendas, professora convidada do Senac em MBA de Mídias Digitais e foi monitora do MBA de Gestão de Negócio da FIA. Experiência na área da administração, T&D empresarial, E-commerce, TI, treinamentos corporativos e responsabilidade socioambiental, atuando nos seguintes temas: logística reversa, PNRS, ecoeficiência, energias renováveis, TI verde, resíduos sólidos, inclusão social, práticas sustentáveis de gestão e cidades inteligentes.

Ester Feche Guimarães – Engenheira elétrica com especialização em Engenharia Sanitária (FSP/USP). MBA (College of Business Ohio University, EUA, com Escola de Economia da FGV-SP), doutora em Ciências da Engenharia Ambiental (USP). Assessora de assuntos regulatórios da Sabesp e pesquisadora do Núcleo de Apoio à Pesquisa em Mudanças Climáticas/Incline (USP). É membro titular da Câmara Técnica de Planejamento-CTPL do Comitê de Bacias PCJ como representante da sociedade civil. Auditora ambiental pelo Iema/Emas Institute of Environmental Management and Assessment in UK for The European Union Eco Management and Audit Scheme.

Evandro Lau de Andrade – Formado em Tecnologia em Gestão de Recursos Humanos (PUCPR), pós-graduado em Gestão do Comportamento em Organizações (PUCPR). Atua como analista de RH na área de desenvolvimento humano e organizacional da Coca-Cola em Curitiba, vivência nas áreas de recrutamento e seleção, treinamento e desenvolvimento e gestão de pessoas. Conhecimento em gestão por competência, políticas de recursos humanos e inclusão de pessoas com deficiência.

Fabiana de Nadai Andreoli – Engenheira civil (Ufes), mestre em Engenharia Ambiental (Ufes), doutora em Educação (PUCPR). Coordenadora e professora do curso de Engenharia Ambiental da PUCPR.

Fabiana Farah – Zootecnista (Unesp). É consultora autônoma em cadeia de produção de carnes. Atuou como gerente de desenvolvimento de proteínas de origem animal no Grupo Pão de Açúcar.

Fabio Ytoshi Shibao – Administrador de Empresas (Fasp), mestre em Ciências Contábeis (Fecap) e doutor em Administração de Empresas (Mackenzie). É professor titular da Universidade Nove de Julho. No curso de graduação em Administração de Empresas ministra a disciplina de Contabilidade. No Programa de Pós-Graduação *Stricto Senso* – Mestrado Profissional em Administração – Gestão Ambiental e Sustentabilidade ministra as disciplinas de Metodologia e Gestão da Cadeia de Suprimentos Verde.

Fátima Pereira Pinto – Engenheira química (FEI). Mestre em Tecnologia Ambiental (IPT). Especialista em Conhecimento, Tecnologia e Inovação – MBA e em Engenharia da Qualidade (USP). Sócia diretora da empresa Ecouniverso Projetos Ambientais, com atuação em projetos corporativos na área de gestão de emissões de gases de efeito estufa. Docente da Fundação Instituto de Administração e do Centro Universitário Senac. Atuou durante 12 anos como gestora em indústrias químicas e 8 anos na indústria cosmética. Ministra palestras e cursos dentro do tema "Governança e Gestão de Emissões de Carbono" em empresas, universidades, associações e eventos.

Fernando Soares Pinto Sant'Anna – Engenheiro civil, mestre em Hidráulica e Saneamento (EESC/USP) e doutor em Química Industrial e Meio Ambiente (Escola de Química de Rennes e Universidade de Rennes, França). É professor do Departamento de Engenharia Sanitária e Ambiental (ENS) da UFSC. É coordenador de Gestão Ambiental da UFSC, cargo que ocupou também de 1998 a 2000. É presidente do Conselho Permanente de Sustentabilidade da UFSC.

Gilberto Montibeller-Filho – Doutor em Ciências Humanas: Sociedade e Ambiente, mestre e especialista em Desenvolvimento Urbano e Regional (USP, UFSC e Sorbonne, Paris). Professor da UFSC por mais de 30 anos; professor de programas de mestrado e doutorado; coordenador-científico de projetos de pesquisa Fapesc. Autor de livros e artigos. Foi, por 10 anos, gerente de Estudos e Pesquisas no Sebrae-SC.

Gina Rizpah Besen – Psicóloga. Mestre em Saúde Pública e doutora em Ciências da Saúde (FSP/USP). Pós-doutora no Instituto de Energia e Ambiente no Instituto de Energia – Programa de Pós-Graduação em Ciências Ambientais. Editora associada da *Revista Ambiente e Sociedade.*

Graciane Regina Pereira – Bióloga, mestre em Engenharia Ambiental (Furb) e doutora em Engenharia Ambiental (UFSC). É professora na área ambiental do IFSC – *Campus* Gaspar. É coordenadora de pesquisa e inovação do IFSC – *Campus* Gaspar – desde 2013. É coordenadora da Comissão de Gestão Ambiental desse *Campus* desde 2011.

Gustavo Melo – Biólogo, mestre e doutor em Tecnologia Ambiental e Recursos Hídricos (UFPE). Realizou estágio de doutorado sanduíche na Universidade Técnica de Berlim e na Universidade de Évora, e pós-doutorado sanduíche em Engenharia Ambiental na Universidad Nacional de Cuyo. Atualmente é pesquisador e pós-doutorando do Grupo de Gestão Ambiental do Departamento de Engenharia Civil da UFPE. Atua na área de gestão ambiental, licenciamento ambiental, avaliação de impactos ambientais e gestão de recursos hídricos.

Hans Michael van Bellen – Engenheiro mecânico, mestre em Administração, doutor em Engenharia de Produção (UFSC e Universidade de Dortmund) e pós-doutor (University of California, Berkeley). Professor associado da UFSC, vinculado ao Departamento de Engenharia do Conhecimento do Centro Tecnológico. Atua como docente e pesquisador nos programas de pós-graduação em Administração e Contabilidade. Tem experiência na área de administração atuando principalmente nos seguintes temas: indicadores de sustentabilidade, desenvolvimento sustentável, desenvolvimento e meio ambiente, governança e economia ecológica. Coordena o grupo de pesquisa Observatório da Sustentabilidade e Governança da UFSC.

Isak Kruglianskas – Professor titular da FEA/USP. Engenheiro de produção (ITA) e doutor em Administração (USP) com formação complementar em cursos de pós-graduação na França e Estados Unidos. Professor Visitante da Bentley University e da Young University, Estados Unidos. Diretor geral e presidente da Comissão de Cursos da FIA. Professor sênior da FEA/USP e coordenador na FIA do MBA Gestão de Negócios, Inovação e Empreendedorismo e da Pós-Graduação Gestão Socioambiental para a Sustentabilidade. Foi coordenador do Programa de Pós-Graduação em Administração da USP e chefe do Departamento de Administração da USP. Autor de mais de 250 publicações sobre temas de administração relacionados com gestão socioambiental, gestão da inovação e gestão de projetos. Autor, coautor e organizador de diversos livros e capítulos de livros.

Izabella Brito – Bióloga, mestre (UFPR) e doutora (UFPR) em Ecologia e Conservação com ênfase em Ecotoxicologia. Membro da Sociedade Brasileira de Ecotoxicologia Aquática. Estagiária voluntária do Centro de Apoio Operacional às Promotorias Ambientais da Região Metropolitana de Curitiba (Caopa), auxiliando nas visitas técnicas e confecção de laudos (2007). Experiência na área de educação ambiental, chefiando a divisão na Secretaria de Meio Ambiente de São José dos Pinhais, onde também atuou como Bióloga e Diretora do Departamento de Monitoramento e Biodiversidade (2008/2012). Possui diversos cursos na área ambiental, tais como Perícia, Licenciamento e EIA/Rima, bem como a participação em diversos simpósios e congressos técnicos e acadêmicos. Atua na Andreoli Engenheiros Associados Ltda. desde fevereiro de 2014 na área de licenciamentos ambientais.

Ivan Sidney Dallabrida – Administrador (Furb), especialista em Gestão Estratégica de Negócios pelo INPG/Furb, em Direito Tributário pela Universidade Uniderp/Anhanguera e mestre em Desenvolvimento Regional pela Universidade Regional de Blumenau.

Jacques Demajorovic – Economista (PUCSP), mestre em Administração Pública e Governo (FGV-SP) e doutor em Educação (USP). Foi coordenador dos cursos de Tecnologia em Gestão Ambiental (2001-2003) e do curso de bacharelado em Administração, e professor do mestrado em Sistemas Integrados de Gestão do Centro Universitário Senac (2003-2009). É professor do Programa de Mestrado em Administração do Centro Universitário da FEI. Atua desde 1990 na área ambiental desenvolvendo projetos nas áreas de resíduos sólidos, ecoeficiência, planejamento e gestão ambiental. Foi vencedor do Prêmio Santander Práticas de Educação para Sustentabilidade em 2012. É editor científico da Revista de Gestão Social e Ambiental (RGSA).

Jorge Justi Junior – Engenheiro agrônomo (UFPR), especialista em Gestão, Auditoria e Perícia Ambiental (Instituto Martinus de Educação e Cultura), mestre em Políticas Públicas e Desenvolvimento (Centro Universitário Franciscano do Paraná – FAE). Atua no setor de meio ambiente desde 2002. Professor da disciplina de Estudos Ambientais e Auditoria Ambiental da Pós-graduação em Gestão Ambiental da Universidade Paranaense (Unipar) e da disciplina de Cartografia e Sensoriamento Remoto no Curso de Gerenciamento Ambiental pela Faculdade de Tecnologia Camões. Professor no curso de Estudo de Impacto Ambiental da Fundação Getulio Vargas. Professor no curso de Extensão em Licenciamento Ambiental na Unipublica. Ingressou na Andreoli Engenheiros Associados em 2004, ocupando hoje o cargo de coordenador de projetos.

José Gustavo de Oliveira Franco – Graduado em Direito (PUCPR), especialista em Direito Ambiental (PUCPR), mestre em Direito Econômico e Social (PUCPR), doutor em Meio Ambiente e Desenvolvimento (UFPR). Professor da PUCPR e coordenador da especialização em Direito Ambiental da mesma instituição.

Laércio Antônio Gonçalves Jacovine – Engenheiro florestal, mestre e doutor em Ciência Florestal (UFV). Professor do Departamento de Engenharia Florestal dessa mesma universidade. Atua nas áreas de: certificação ambiental e florestal; prestação de serviços ambientais; inventário e remoção de gases de efeito estufa; gestão da qualidade. Publicou dezenas de artigos em revistas científicas. É pesquisador 1B do CNPq. Possui vários livros e capítulos de livros publicados.

Lina Pimentel Garcia – Especialista em Direito Ambiental Constitucional (Escola Superior de Direito Constitucional) e em Gestão Responsável para Sustentabilidade (Fundação Dom Cabral). Foi professora de Legislação ambiental, Águas subterrâneas e Licenciamento ambiental na Cetesb e na Escola Superior da Procuradoria Geral do Estado. Docente no curso de especialização em Direito Imobiliário da Universidade Secovi e no mestrado de Negócios Sustentáveis da Escola Superior de Conservação Ambiental e Sustentabilidade. Coordenadora do Comitê de Direito Ambiental do Centro de Estudos das Sociedades de Advogados e membro executivo do Comitê de Environment, Health and Safety Law Committee of the

GESTÃO EMPRESARIAL E SUSTENTABILIDADE

International Bar Association. Atua na área de Direito Ambiental, também com ênfase em Life Sciences e Agronegócio.

Lineu Belico dos Reis – Engenheiro eletricista, doutor em engenharia elétrica e livre-docente (Poli/USP). Professor de Engenharia Elétrica e Engenharia Ambiental. Consultor no setor energético brasileiro e internacional desde 1968 com mais de cem artigos técnicos apresentados e publicados em congressos e eventos nacionais e internacionais. Atua como consultor, coordena e dá aulas em cursos multidisciplinares de especialização e extensão e educação a distância, nas áreas de energia, meio ambiente e desenvolvimento sustentável. É autor e couator de diversos livros nessas áreas.

Luciane Cristina Ribeiro – Graduação em Tecnologia em Gestão de Recursos Humanos (PUCPR), recebeu o prêmio Marcelino Champagnat, por mérito acadêmico. Mestre em Gestão Urbana (PUCPR) e doutoranda no Programa de Pós-Graduação em Engenharia de Produtos e Sistemas (PPGEPS/PUCPR). Integra o Núcleo de Estudos em Ecossocioeconomia (NEcos). Possui experiência na área de administração, atuando com gestão de pessoas, consultoria interna e análise de crédito. Temas de pesquisa: políticas públicas, governança, arranjos sociopolítico e socioprodutivo, desenvolvimento, participação, sustentabilidade, ecossocioeconomia, economia solidária e turismo de base comunitária.

Lucila Maria de Souza Campos – Engenheira de Produção (UFSCar), mestre e doutora em Engenharia de Produção (UFSC) e pós-doutora em Sustainable Operations Management (University of London). É professora do Departamento de Engenharia de Produção (EPS) da UFSC. Foi coordenadora do Programa de Pós-graduação em Engenharia de Produção da UFSC. É bolsista produtividade em pesquisa do CNPq na área de engenharia de produção. É coeditora da *Revista Produção Online* da Abepro. É auditora ambiental líder pela ERM/CVS desde 1999.

Luís Fernando Guedes Pinto – Gerente de certificação do Imaflora. Agrônomo (Esalq/USP) e doutor em Fitotecnia (Esalq/USP). É professor colaborador do mestrado profissionalizante da Escola Superior de Conservação Ambiental e Sustentabilidade e foi pesquisador associado do Oxford Centre of Tropical Forests, do Environmental Change Institute da

Universidade de Oxford. É membro da Rede Folha de Empreendedores Sociais e é *fellow* da Ashoka.

Luiz Shizuo Harayashiki – Químico (Faculdade São Bernardo). Possui pós-graduação em Química Analítica, Qualidade e Produtividade (USP), MBA em Gestão e Tecnologias Ambientais (USP), além de especialização em Avaliação e Gerenciamento de Riscos (UFRJ) e em Análise de Investimentos em Projetos (FGV-SP). Possui mais de 40 anos de experiência profissional nas áreas de saúde, segurança, meio ambiente e qualidade em empresa petroquímica multinacional de grande porte líder em seu segmento. Atualmente é gerente de Gestão Empresarial da Associação Brasileira da Indústria Química.

Maiara Melo – Graduação em Gestão Ambiental (IFPE), mestre em Desenvolvimento e Meio Ambiente (Prodema/UFPE), doutora em Engenharia Civil, com ênfase em tecnologia ambiental e recursos hídricos (UFPE). Professora do IFPB, onde exerce função de diretora de Extensão Tecnológica e Assuntos Comunitários. Atua nas áreas de gestão ambiental, adequação ambiental, modelagem institucional, governança ambiental, análise de constelação e gestão integrada de recursos hídricos.

Manon Garcia – Doutoranda em Gestão Urbana (PUCPR), mestre em Gestão Urbana (PUCPR), administradora (Unibrasil), MBA em Marketing (UTP), MBA em Logística (UTP) e Metodologia (UTP). Coordenadora do curso de Administração e Tecnólogo no Centro Universitário Uniandrade. Na carreira organizacional atua nas áreas de métricas e gestão empresarial. Atuação docente: marketing, recursos humanos, sustentabilidade e metodologia.

Marc Vilanova Pichot – Graduado em Ciências (Universidade Shepherd, EUA) e doutor em Administração (Universidade Ramon Llull, Espanha). Em 2001, começou a colaborar com o Instituto para o Indivíduo, Negócios e Sociedade da Esade (agora Instituto de Inovação Social), primeiro como assistente de pesquisa e depois como um associado de pesquisa. Professor associado do Departamento de Ciências Sociais e pesquisador do Instituto para o professor de Inovação Social. Seu trabalho acadêmico concentra-se nas áreas de competitividade responsável, responsabilidade social corporativa (CSR), estratégica e prestação de contas.

Marco Aurélio Soares de Castro – Engenheiro mecânico, mestre e doutor em Hidráulica e Saneamento (USP). É professor contratado da Escola de Engenharia de São Carlos (EESC-USP), professor e coordenador do curso de Engenharia Mecânica do Centro Universitário Anhanguera (Pirassununga, SP) e professor das Faculdades Logatti (Araraquara-SP). É membro regular e um dos fundadores do Núcleo de Estudo e Pesquisa em Resíduos Sólidos.

Margarete Casagrande Lass Erbe – Engenheira Química (UFPR), mestre em Tecnologia (UTFPR) e doutora em Geologia Ambiental (UFPR). Professora da UFPR no Departamento de Engenharia Química. É coordenadora do Programa de Pós-Graduação em Meio Ambiente Urbano e Industrial do Setor de Tecnologia da UFPR, em parceria com o Senai e a Universidade de Stuttgart, Alemanha.

Maria do Carmo Sobral – Engenheira civil (UFPE), mestre em Engenharia Civil (Universidade de Waterloo, Canadá), PhD em Planejamento Ambiental (Universidade Técnica de Berlim, Alemanha), pós-doutora em Tecnologia Ambiental (Instituto de Educação para Água da Unesco, Delft, Holanda). Professora da Pós-Graduação em Engenharia Civil, Área de Tecnologia Ambiental e do Programa de Pós-Graduação em Desenvolvimento e Meio Ambiente (Rede Prodema) da UFPE. Produção científica em gestão ambiental, gestão de bacias hidrográficas, qualidade de água e tecnologia ambiental.

Mariana Rubim P. Accioli Doria – Bacharel em Engenharia Química (UFRJ) e doutora em Economia e Administração (Universidade de Trento, Itália). Sua tese analisa o impacto da regulamentação ambiental na inovação da indústria química europeia. Possui 15 anos de experiência em análise regulatória, inovação industrial e desenvolvimento sustentável. Nos últimos anos, tem crescente atuação nos temas: química verde, biotecnologia industrial e bioeconomia.

Mario Roberto dos Santos – Engenheiro elétrico, modalidade Eletrônica (IMT), mestre em Ciências Contábeis (Fecap), doutor em Administração pelo Programa de Pós-Graduação em Administração (Uninove), especialista em gestão de projetos com MBA em Gestão de Projetos (FGV). Professor com especialização profissional em telecomunicação. Atuou como gerente de Engenharia, Projetos e Implantação de Equipamentos e Redes de Transmissão na empresa Telefônica. Avaliador de artigos de Congressos e Periódicos, desenvolve pesquisas nas áreas de gestão da cadeia de suprimentos verde, logística reversa, avaliação de ciclo de vida (ACV) e ecoeficiência.

Marlus Kormann – Biólogo (UFPR), MBA em Gerenciamento de Projetos (FGV). A partir de 1990 ingressou no setor privado, quando montou e implantou os sistemas de Controle da Qualidade da primeira empresa onde trabalhou. Seguiu carreira nas áreas de qualidade, meio ambiente, segurança alimentar e desenvolvimento de novos produtos. Nesta última função, atuou como ligação entre empresa e instituições de ensino e pesquisa, como USP, Unifesp, UFSC, USF, UFRJ, Uerj e UFPR quando colaborou com projetos de pesquisa em parceria com os respectivos pesquisadores de cada instituição. A partir de 2010, passou a atuar como gerente de projetos. A partir de 2015, assumiu os projetos de Inovação na primeira Fábrica Leed do Brasil, onde atua como Especialista de Inovação, com foco em produtividade e sustentabilidade.

Maurício Dziedzic – Engenheiro civil (UFPR), mestre em Engenharia de Recursos Hídricos e Ambiental (UFPR) e doutor em Engenharia Civil, Hidráulica e Mecânica dos Fluidos (University of Toronto). Atualmente é professor titular da Universidade Positivo, onde atua como coordenador do Programa de Pós-Graduação em Gestão Ambiental (mestrado e doutorado). Coordenou a implantação do curso de graduação em Engenharia Civil da Universidade Positivo, bem como do Programa de Pós-Graduação em Gestão Ambiental. Tem experiência nas áreas de modelagem da qualidade da água, engenharia hidráulica, mecânica dos fluidos, inventário de gases de efeito estufa, modelagem da qualidade do ar, análise do ciclo de vida, gestão do fluxo de materiais, projeto de equipamentos de laboratório de hidráulica, análise de ruptura de barragens e desenvolvimento docente.

Michel Epelbaum – Engenheiro químico e economista, mestre em Engenharia de Produção (USP). Tem mais de 20 anos de experiência nacional e internacional em qualidade, meio ambiente, segurança e saúde ocupacional, e em sistemas de gestão nestes temas e outros como responsabilidade social, energia e *compliance*. É consultor, auditor, instrutor e coordenador de projetos, estudos, levantamentos de legislação aplicável e auditorias legais, e é sócio-diretor da Ellux Consultoria. Foi professor convidado de cursos de pós-graduação da USP, FEI e Mauá, e professor de graduação do Senac. É autor de capítulo de livro na área de gestão ambiental. É membro dos Comitês Técnicos de Gestão Ambiental e Energia, e da Comissão de Estudo Especial de Responsabilidade Social da ABNT. É colunista da revista *O Setor Elétrico*.

Monica Kruglianskas – Administradora de empresas (USP), profissional com 15 anos de experiência nas áreas de sustentabilidade e reputação corporativa. Atualmente sediada em Londres, trabalha como consultora associada no Cambridge Institute for Sustainable Leadership e Forum for the Future. Foi responsável pela área de sustentabilidade e reputação da Danone na Espanha, onde liderou a criação e implementação de várias iniciativas e parcerias, consolidando o desenvolvimento sustentável como pilar fundamental no sucesso da empresa. Doutora pela Universidade Autônoma de Barcelona, em conjunto com Manchester Business School no Reino Unido. Sua pesquisa enfocada na relação entre estratégias de comunicação, reputação e responsabilidade corporativa foi conduzida no Brasil com apoio do Instituto Nacional de Relações com Investidores e analisou mais de 100 empresas líderes nestas áreas presentes no Índice Bovespa.

Oklinger Mantovaneli Jr. – Bacharel em Relações Internacionais (UnB), mestre em Administração com ênfase em política e planejamento governamental (UFSC) e doutor em Sociologia (Unesp) com pós-doutorado em Planejamento e Gestão do Território pela UFABC.

Patrícia de Sá Freire – Doutora e mestre em Engenharia e Gestão do Conhecimento pelo Programa de Pós-Graduação em Engenharia e Gestão do Conhecimento (UFSC). Possui graduação em Pedagogia, com habilitação em Tecnologias da Educação (PUCRJ). Especialista em Marketing (ESPM) e em Psicopedagogia (Universidade Castelo Branco). Professora do Programa de Pós-Graduação em Engenharia e Gestão do Conhecimento da UFSC, é líder do Grupo de Pesquisa Engenharia da Integração e Governança do Conhecimento (Engin/UFSC/CNPQ) e membro do Grupo de Pesquisa Interdisciplinar em Conhecimento, Aprendizagem e Memória Organizacional (Klom/UFSC/CNPQ).

Paula Vaccari Toppel – Arquiteta e Urbanista (PUCPR), mestranda no Programa de Pós-Graduação em Gestão Urbana (PPGTU/PUCPR), bolsa obtida por meio do prêmio Marcelino Champagnat. Tem experiência na área de arquitetura, com ênfase na construção civil. Atualmente trabalha como profissional liberal na área de projetos arquitetônicos, interiores e paisagismo.

Paulo Luiz A. Coutinho – Engenheiro químico com mestrado (Coppe/UFRJ) e doutorado (Escola de Química/UFRJ). Pós-graduação na área de gestão tecnológica e industrial no setor Químico (UFRJ/INT). Trabalhou entre 1983 e 2008 como engenheiro de processo, pesquisador, coordenador de área e gerente técnico da Petroflex Indústria e Comércio S.A. tendo sido responsável no desenvolvimento de diversos processos/produtos na área de elastômeros. Trabalhou na Braskem S.A. Idealizou, desenvolveu e implantou o Roadmap Braskem de produtos químicos a partir de matérias primas renováveis. Foi também responsável pelas áreas de gestão do conhecimento e propriedade intelectual da empresa, implantando o Portal de Conhecimento da Braskem e estabelecendo metodologia para avaliação do portfólio de patentes da empresa. Em janeiro de 2016 deixou a Braskem para assumir a implantação do Instituto Senai de Inovação em Biossintéticos no Rio de Janeiro.

Pedro de Menezes Niebuhr – Doutor em Direito (PUCRS), com estágio doutoral na Universidade de Lisboa (Portugal) em Direito Administrativo e Ambiental. Mestre em Direito (UFSC), com pesquisa em Direito Administrativo. Professor de Direito Urbanístico do Complexo de Ensino Superior de Santa Catarina. Membro nato do Instituto de Direito Administrativo de Santa Catarina (Idasc). Membro titular do Conselho Estadual do Meio Ambiente de Santa Catarina (Consema) e da Câmara Técnica Jurídica do Conselho Municipal de Defesa do Meio Ambiente de Florianópolis (Comdema). Autor de livros e artigos da área em que atua.

Pedro Roberto Jacobi – Sociólogo (USP), mestre em Planejamento Urbano e Regional pela Harvard University, doutor em Sociologia (USP) e livre-docente em Educação (USP). É professor titular na FE/USP e do Programa de Pós-Graduação em Ciência Ambiental do Instituto de Energia e Ambiente da USP. Chefe da Divisão Científica de Gestão, Ciência e Tecnologia Ambiental do Instituto de Energia e Ambiente/USP.

Coordenador do Grupo de Acompanhamento e Estudos em Governança Ambiental (GovAmb/IEE/USP). Editor da *Revista Ambiente e Sociedade*.

Rafael Küster de Oliveira – Engenheiro ambiental (PUCPR), especialista em Sistema de Gestão Ambiental (PUCPR), mestre em Manejo e Ecologia de Florestas (Universidade de Freiburg, Alemanha), doutor em Engenharia Florestal (UFPR). Professor do curso de Engenharia Ambiental da PUCPR.

Rebecca M. Dziedzic – Engenheira civil (Universidade Positivo), doutora em Engenharia Civil e Ambiental (University of Toronto). Durante sua graduação foi estagiária no Institute of Applied Material Flow Management (IfaS) da Trier University Environmental Campus em Birkenfeld, Alemanha. Essa experiência a inspirou a desenvolver um projeto de redução de emissões para o *campus* da Universidade Positivo em Curitiba. Atualmente sua pesquisa é direcionada à avaliação e melhora da sustentabilidade de sistemas de distribuição de água. As ferramentas desenvolvidas são aplicadas a sistemas de água no Canadá para planejamento econômico, conservação de água, satisfação do consumidor e aumento da eficiência energética.

Ricardo Ribeiro Alves – Administrador, mestre e doutor em Ciência Florestal (UFV). Pós-doutor em Marketing Ambiental (Universidad de Zaragoza, Espanha). Professor dos cursos de bacharelado em Gestão Ambiental e mestrado acadêmico em Administração da Universidade Federal do Pampa (Unipampa). Membro da Câmara de Responsabilidade Social e Sustentabilidade do Conselho Regional de Administração do Rio Grande do Sul (CRA/RS). Autor de diversos livros nas áreas em que atua.

Roberto Antônio Finatto – Licenciado em Geografia (Universidade Federal de Pelotas), mestre e doutor em Geografia (UFSC), área de concentração: Desenvolvimento Regional e Urbano com atividades de doutorado sanduíche (Universidad de Córdoba e Universidad Internacional de Andalucía, Espanha). Membro do Núcleo de Estudos e Pesquisas sobre Região, Urbanização e Desenvolvimento (Nerud). Professor adjunto da Universidade Federal da Fronteira Sul, *Campus* Laranjeiras do Sul/PR.

Roberto Giro Moori – Engenheiro mecânico (Unesp), mestre e doutor em Engenharia de Produção (USP) e pós-doutor em Gestão da Cadeia de Suprimentos (University of Bath, UK), e em Logística Urbana (Tokyo University of Marine Science and Technology, Japão). É professor titular da Universidade Presbiteriana Mackenzie. No curso de graduação em Administração de Empresas ministra a disciplina de Logística Empresarial. No Programa de Pós-graduação *Stricto Senso* em Administração de Empresas ministra a disciplina de Gestão Estratégica da Logística e da Cadeia de Suprimentos.

Rodrigo Claudino Cortez – Administrador (UFSC), especialista em Gestão Pública (UFSM) e mestre em Administração (UFSC). Atuou como pesquisador em projetos de empreendedorismo e inovação do Centro de Empreendedorismo Inovador da Fundação Certi. É servidor público federal da Companhia Nacional de Abastecimento (Conab).

Rodrigo Eduardo Córdoba – Engenheiro civil, mestre e doutor em Engenharia Hidráulica e Saneamento (USP). Foi docente temporário do Departamento de Ciências Ambientais (DCAm) da UFSCar. É professor titular na Unip (Araraquara, SP), e também atua junto ao programa de pós-graduação *lato sensu* do Centro Universitário Central Paulista (São Carlos, SP). É membro regular do Núcleo de Estudo e Pesquisa em Resíduos Sólidos (Neper).

Rosa Maria Fischer – Professora titular da FEA/USP com livre-docência pela Faculdade de Administração, doutorado em Ciências Políticas e mestrado em Ciências Sociais (FFLCH/USP). Fundou e dirige o Centro de Empreendedorismo Social e Administração em Terceiro Setor, o MBA Gestão e Empreendedorismo Social e o MBA em Negócios Socioambientais, além de cursos de especialização em Responsabilidade Social e Sustentabilidade. Tem assento nos conselhos da Fundação Itaú Social, do Fundo Itaú de Excelência, da Fundação Orsa, da Biblioteca Brasiliana Guita e José Mindlin – USP, e do Centro Ruth Cardoso, onde é vice-presidente da Comunitas. Cofundadora do SEKN – Social Enterprise Knowledge Network, rede ibero-americana de universidades coordenada pela Harvard Business School, dedicada à pesquisa e ensino do Empreendedorismo Social.

Saulo Ribeiro dos Santos – Bacharel em Turismo (Fama), mestre em Administração e Desenvolvimento Empresarial (Unesa), doutor em Gestão

Urbana (PUCPR) e doutorando em Geografia (UFPR). Professor adjunto do Departamento de Turismo e Hotelaria e coordenador do Curso de Turismo da UFMA. Membro dos Grupos de Pesquisa Gestão, Marketing e Sustentabilidade no Turismo e Planejamento e Projeto em Espaços Urbanos e Regionais. Atua como professor nos programas *lato sensu* da Uema e UFMA. Membro do Conselho Editorial de Revistas em Administração e Turismo. Coordenou o Núcleo de Pesquisa e Documentação em Turismo da UFMA. Atua principalmente com os seguintes temas: turismo urbano, planejamento turístico, paisagem, indicadores, gestão urbana e meio ambiente.

Schirlei Mari Freder – Administradora, doutoranda em Gestão Urbana (PUCPR), mestre em Gestão Urbana (PUCPR) e especialista em Gestão Social e Sustentabilidade (UP). É pesquisadora e consultora na área de políticas públicas para a cultura e economia criativa. Na área acadêmica é avaliadora de projetos de iniciação científica e prêmios e também professora, orientadora e conteudista em cursos de pós-graduação, presencial e à distância, em disciplinas relacionadas ao campo da cultura e políticas públicas, economia criativa, gestão e empreendedorismo sustentável.

Solange Maria da Silva – Doutora em Engenharia de Produção (UFSC). Possui graduação em Administração (Esag/Udesc). Professora adjunta na UFSC no curso de Tecnologias da Informação do *Campus* Araranguá. É líder do Grupo de Pesquisa Tecnologia, Gestão e Inovação e pesquisadora do Núcleo de Engenharia da Integração e Governança do Conhecimento para a Inovação e do Klom – Interdisciplinar em Conhecimento, Aprendizagem e Memória Organizacional.

Tadeu Fabrício Malheiros – Engenheiro civil (Poli/USP), engenheiro ambiental (FSP/USP), mestre em Resources Engineering – Universitat Karlsruhe, doutor e pós-doutor em Saúde Pública (USP). Professor associado na Escola de Engenharia de São Carlos da USP. Tem experiência na área de engenharia ambiental, com ênfase em saúde ambiental e sustentabilidade, atuando principalmente nos seguintes temas: indicadores de sustentabilidade, desenvolvimento sustentável, meio ambiente, saúde pública, resíduos sólidos e gestão ambiental.

Taísa Cecília de Lima Caires – Psicóloga, psicopedagoga. MBA em Gestão Ambiental e Práticas de Sustentabilidade (Instituto Mauá de Tecnologia). Mestre em Gestão Ambiental e Sustentabilidade (Uninove). É consultora de Educação para Sustentabilidade na Fundação Espaço ECO. Professora autora do curso de Extensão de Sustentabilidade (EAD) da Unesp. Atuou como coordenadora de Sustentabilidade na Odebrecht Realizações Imobiliárias e como Analista de Sustentabilidade no Grupo Pão de Açúcar.

Talita Cristina Zechner Lenz – Bacharel em Turismo e Lazer (Furb), mestre em Desenvolvimento Regional (Furb) e doutora em Geografia (UFSC). Membro do Grupo de Pesquisa Núcleo de Políticas Públicas (Furb).

Tamara Vigolo Trindade – Engenheira Ambiental e Sanitária (FAE Centro Universitário) e mestre em Meio Ambiente Urbano e Industrial (UFPR). Fez parte do Grupo de Desenvolvimento do Inventário de Gases de Efeito Estufa do Estado do Paraná enquanto estagiária da Sanepar, e participou da elaboração do "Inventário de Emissão de Gases de Efeito Estufa do Setor de Resíduos no Paraná – Ano Base 2005", realizado em parceria com IAP, Sanepar, Sema, PUCPR, Instituto das Águas do Paraná e Governo do Estado do Paraná. Atua na Andreoli Engenheiros Associados Ltda. desde julho de 2010 e na FAE Centro Universitário como professora do curso de Engenharia Ambiental e Sanitária.

Tatiana Tucunduva Philippi Cortese – Pós-doutoranda em Arquitetura e Urbanismo (FAU/USP), doutora em Ciências (FSP/USP), mestre em Saúde Pública (USP), especialista em Direito Ambiental FSP e FD/USP). Graduada em Direito (UniFMU). Docente do Programa de Mestrado em Cidades Inteligentes Sustentáveis e do Programa de Mestrado Profissional em Administração – Gestão Ambiental e Sustentabilidade da Uninove.

Thaise Costa Guzatti – Engenheira agrônoma e doutora em Geografia. Professora da UFSC no curso de licenciatura em Educação do Campo. É cofundadora da Associação Acolhida na Colônia, entidade catarinense referência nacional no desenvolvimento do Agroturismo.

Valdir Schalch – Engenheiro químico e pós-doutor (Universidade de Nebraska, EUA). Professor associado 2 junto ao Departamento de Hidráulica e Saneamento (SHS) da Escola de Engenharia de São Carlos

(USP). Coordenador do Núcleo de Estudo e Pesquisa em Resíduos Sólidos (Neper). Responsável pelo Laboratório de Saneamento (EESC – SHS). Coordenador do programa USP Recicla (EESC).

Vânia Gomes Zuin – Bacharel e licenciada em Química (USP), mestre e doutora em Ciências – Química Analítica (USP), com estágio doutoral (Universitá degli Studi di Torino, Itália). Doutora em Educação (USP), pós-doutora em Química (Helmholtz-Zentrum für Umweltforschung, UFZ, Alemanha), com apoio da Alexander von Humboldt Foundation (AvH, Alemanha). Professora da UFSCar, Honorary Visiting Fellow e Guest Professor da University of York (Reino Unido), junto ao Green Chemistry Centre of Excellence (GCCE). É membro do Subcommittee on Green Chemistry da IUPAC, Fellow da Royal Society of Chemistry (FRSC, Reino Unido) e fundadora da Seção de Química Verde da Sociedade Brasileira de Química (SBQ).

Walter Lazzarini – Engenheiro agrônomo (Esalq-USP). Titular da Walter Lazzarini Consultoria Ambiental Ltda., empresa de consultoria em meio ambiente fundada em agosto de 1993. Presidente do Conselho Superior de Meio Ambiente (Cosema-Fiesp). Ocupou os cargos de presidente da Cetesb; secretário da Agricultura e Abastecimento do Estado de SP; deputado estadual à Assembleia Legislativa do Estado de São Paulo; presidente da Federação das Associações de Engenheiros Agrônomos do Brasil; e Presidente da Associação de Engenheiros Agrônomos do Estado de São Paulo.

Yáskara Barrilli – Bacharel em Química com Atribuições Tecnológicas (USP) e mestre em Físico Química (USP). Atuou por 32 anos na indústria química nas áreas de processos, P&D e em saúde, segurança e sustentabilidade. Com experiência na implementação de sistemas integrados de gestão, atualmente atua na Abiquim como assessora técnica coordenando o Programa Atuação Responsável junto às associadas.

Títulos Coleção Ambiental

Gestão empresarial e sustentabilidade
Arlindo Philippi Jr, Carlos Alberto Cioce Sampaio e Valdir Fernandes

Restauração de sistemas fluviais
Márcio Baptista e Valter Lúcio de Pádua

Energia e sustentabilidade
Arlindo Philippi Jr e Lineu Belico dos Reis

Direito Ambiental e Sustentabilidade
Arlindo Philippi Jr, Vladimir Passos de Freitas e Ana Luiza Silva Spínola

Energia Elétrica e Sustentabilidade: Aspectos Tecnológicos, Socioambientais e Legais (2.ed. revisada e atualizada)
Lineu Belico dos Reis e Eldis Camargo Santos

Educação Ambiental e Sustentabilidade (2.ed. revisada e atualizada)
Arlindo Philippi Jr e Maria Cecília Focesi Pelicioni

Curso de Gestão Ambiental (2.ed. atualizada e ampliada)
Arlindo Philippi Jr, Marcelo de Andrade Roméro e Gilda Collet Bruna

Indicadores de Sustentabilidade e Gestão Ambiental
Arlindo Philippi Jr e Tadeu Fabrício Malheiros

Gestão de Natureza Pública e Sustentabilidade
Arlindo Philippi Jr, Carlos Alberto Cioce Sampaio e Valdir Fernandes

Política Nacional, Gestão e Gerenciamento de Resíduos Sólidos
Arnaldo Jardim, Consuelo Yoshida, José Valverde Machado Filho

Gestão do Saneamento Básico: Abastecimento de Água e Esgotamento Sanitário
Arlindo Philippi Jr, Alceu de Castro Galvão Jr

Energia, Recursos Naturais e a Prática do Desenvolvimento Sustentável (2.ed. revisada e atualizada)
Lineu Belico dos Reis, Eliane A. F. Amaral Fadigas, Cláudio Elias Carvalho

Saneamento, Saúde e Ambiente: Fundamentos para um Desenvolvimento Sustentável
Arlindo Philippi Jr

Reúso de Água
Pedro Caetando Sanches Mancuso e Hilton Felício dos Santos

Gestão Ambiental e Sustentabilidade no Turismo
Arlindo Philippi Jr e Doris van de Meene Ruschmann

Conheça também a Série Sustentabilidade.
Coordenada pelo Prof. Dr. Arlindo Philippi Jr, apresenta temas relevantes em diversas áreas do conhecimento, tratados de forma inter e multidisciplinar, com enfoque no desenvolvimento sustentável.

SAIBA MAIS EM:
http://manole.in/2t7